HISTOIRE GÉNÉRALE DE PARIS

TOPOGRAPHIE
HISTORIQUE
DU VIEUX PARIS

OUVRAGE COMMENCÉ

PAR FEU A. BERTY

CONTINUÉ ET COMPLÉTÉ

PAR L.-M. TISSERAND

INSPECTEUR PRINCIPAL HONORAIRE DU SERVICE HISTORIQUE DE LA VILLE

RÉGION OCCIDENTALE DE L'UNIVERSITÉ

Sceau du collège d'H―――― (1475)

PARIS
IMPRIMERIE NATIONALE

M DCCC LXXXVII

HISTOIRE GÉNÉRALE DE PARIS

COLLECTION DE DOCUMENTS

PUBLIÉE

SOUS LES AUSPICES DE L'ÉDILITÉ PARISIENNE

TOPOGRAPHIE HISTORIQUE

DU

VIEUX PARIS

L'Administration municipale laisse à chaque auteur la responsabilité des opinions exprimées dans les ouvrages publiés sous les auspices de la Ville de Paris.

TOUS DROITS RÉSERVÉS.

COMMISSION PERMANENTE

PRISE AU SEIN DE LA COMMISSION DES TRAVAUX HISTORIQUES
ET CHARGÉE DE LA SURVEILLANCE.

MM. DELISLE (Léopold-Victor), C. ✻, I. ✿, Membre de l'Académie des Inscriptions et Belles-Lettres, Administrateur général Directeur de la Bibliothèque nationale, *Président*.

COUSIN (Jules), ✻, Conservateur de la Bibliothèque et des Collections historiques de la Ville de Paris.

GUIFFREY (Jules), ✻, Archiviste aux Archives nationales.

DE LA GOUBLAYE DE MÉNORVAL (Eugène), I. ✿, Membre du Conseil municipal.

RENAUD (Armand), A. ✿, Inspecteur en chef des Beaux-Arts et Travaux historiques, *Secrétaire*.

LE VAYER (Paul-Marie-Victor), A. ✿, Inspecteur des Travaux historiques, *Secrétaire adjoint*.

ATTACHÉS AU SERVICE DES TRAVAUX HISTORIQUES
POUR LA PARTIE TECHNIQUE.

MM. BONNARDOT (François), I. ✿, Archiviste paléographe.

PETIT (Auguste), Commis paléographe.

AVANT-PROPOS.

Le volume que nous publions appartient à la série qui a pour titre général *Topographie historique du vieux Paris*, et, pour désignations particulières, les différentes régions à l'étude desquelles chaque partie de l'ouvrage est consacrée. C'est ainsi que le travail a été divisé originairement, et qu'il se poursuit aujourd'hui à l'aide des notes, des croquis et autres indications fragmentaires laissées par le premier auteur, puis recueillies, interprétées et complétées par ceux que la Ville a chargés de continuer l'œuvre. Après la région du Louvre et des Tuileries sont venues celles du Bourg et du Faubourg Saint-Germain; nous avons dit, au moment où les quatre premiers volumes ont paru, quels liens les unissent entre eux ; à l'heure où paraît le cinquième, notre devoir est de faire connaître quelle place il occupe dans l'histoire topographique de la vieille cité.

Il se rattache à deux autres régions plus distinctes peut-être, et leur sert de trait d'union; ce sont : l'*Université*, quartier traditionnel des études, et le domaine ou territoire suburbain de l'Abbaye. Par le voisinage immédiat des grandes écoles et du couvent des Mathurins, siège des assemblées du Corps enseignant, la région que nous décrivons est à moitié universitaire, tandis que par les accensements qui s'y opèrent, par les deux paroisses qu'on y crée, par les grands monastères qui s'y établissent, par les manoirs et les *séjours* qu'y possède la haute noblesse, par les nombreux hôtels que les évêques, les abbés, les dignitaires du Parlement et de la Chambre des comptes s'y font construire, elle semble plutôt appartenir au Bourg et au Faubourg Saint-Germain. Elle présente donc un double aspect et offre, par conséquent, un double intérêt.

Une autre particularité la recommande à l'attention du lecteur : portion intégrante de la censive de Saint-Germain-des-Prés, avant la construction de la muraille dite de Philippe-Auguste, elle est, par le fait même de l'établissement de cette enceinte, incorporée à la Ville, et devient ainsi, comme nous la désignons en tête du présent volume, la « région occidentale de l'Université ». Garantis contre toute entreprise du dehors par la fortification qui les couvre, les habitants de ce territoire annexé y multiplient les constructions ; de nouvelles rues sillonnent le vieux clos de Laas, et les censives des deux abbayes, Sainte-Geneviève et Saint-Germain, séparées jadis par des chemins et des *barres*, semblent s'unir pour offrir une plus vaste surface aux établissements scolaires. Les deux grands monastères conservent, il est vrai, la partie de leurs terres située au delà des murs, et en font l'objet d'une exploitation rurale ; mais la partie enclose dans la nouvelle enceinte est bien distincte de l'autre : elle vit désormais d'une vie propre ; c'est et ce sera, pendant plusieurs siècles, la région à la mode, la transition entre l'humble quartier de la place Maubert, près duquel se cache la classique rue du Fouarre, et le somptueux faubourg Saint-Germain encore à naître.

Là est la note caractéristique de la « région occidentale de l'Université ». Nous venons de dire comment elle se distingue des deux zones *extra muros*, auxquelles elle se rattachait autrefois, ainsi que du vieux centre universitaire fixé depuis longtemps sur les pentes orientale et septentrionale du mont Leucotitius, au lieu même où fut le Paris gallo-romain ; il nous reste à marquer d'un trait ce qui la sépare de la Ville, c'est-à-dire du Paris de la rive droite.

Au milieu de ces collèges, de ces couvents, de ces hôtels de prélats et de grands seigneurs, il y a peu de place pour les artisans et les gens de commerce ; aussi les enseignes y sont plus rares. Les alentours du Grand Châtelet, les quartiers de la Grève, des Lombards, de Saint-Josse et de Sainte-Opportune, les bourgs qui se forment autour des Halles des Champeaux et du prieuré de Saint-Martin-des-Champs, attirent et retiennent le monde des métiers ; dans la nouvelle zone que la construction de l'enceinte de Philippe-Auguste ouvre au développement de la cité, se fixe, au contraire, le monde qui prie, qui étudie et qui enseigne, le monde que le rang, la

AVANT-PROPOS.

fortune, les fonctions appellent aux environs du Louvre et du Palais. L'industrie du manuscrit et celle du livre sont à peu près les seules qui s'y soient établies et perpétuées.

Circonscrite par trois grandes lignes (au levant, les rues de la Harpe et de la Bouclerie orientale; au couchant, la partie de l'enceinte qui s'étendait entre la tour de Philippe Hamelin et la porte de Gibard; au nord, la rive gauche de la Seine, depuis la place du Pont-Saint-Michel jusqu'au manoir de Nesle), la région occidentale de l'Université figure une sorte de triangle dont nous avons réuni les trois côtés sur une planche unique. On sait que le plan de restitution du vieux Paris, conçu sous forme de carrés arbitrairement délimités, empiète sur les diverses régions et ne concorde pas avec le texte de chaque volume. Nous avons, pour celui-ci, remédié à l'inconvénient que présente une telle disposition : la région occidentale de l'Université a son plan distinct, quoique rattaché à l'ensemble, et le lecteur peut y suivre chacune des parcelles décrites dans le texte.

L'espace enfermé dans ce vaste triangle est considérable et a fourni la matière de plusieurs petites monographies, qui se détachent du parcellaire général et s'imposent à l'attention du lecteur. Des monastères qui ont joué un rôle dans notre histoire, des églises dont il ne reste plus rien, mais qui ont eu aussi leur importance historique, des collèges de fondation et de destination très diverses, des hôtels pleins de souvenirs graves ou légers, méritaient d'être décrits un peu moins sommairement que les maisons ordinaires et les logis «sans désignation». Nous signalerons, entre autres restitutions ayant leurs articles distincts dans le texte et leurs *preuves* dans les appendices :

La partie de l'enceinte de Philippe-Auguste comprise entre la tour de Nesle et la porte de Gibard, d'Enfer ou de Saint-Michel, avec ses murs et allées des murs, ses escarpes et ses contrescarpes, ses tours, portes, poternes, pont-levis et fossés ;

Les deux manoirs de Nesle, la tour, le pourpris qui contenait le tout, et les nobmreuses transformations opérées en ce lieu, l'un des points les plus tourmentés du vieux Paris ;

Les couvents des Cordeliers et des Grands-Augustins, fondés et dotés royalement, ouvrant successivement leurs salles aux disputes des théologiens, aux réunions des États généraux, aux chapitres des ordres royaux, aux audiences du Parlement et de la Chambre des comptes, aux assemblées du clergé de France, aux conférences des littérateurs, aux travaux des topographes, et finalement aux clubs et aux cérémonies d'ordre politique, pendant la période révolutionnaire;

L'église de Saint-André-des-Ars, paroisse parlementaire, véritable musée de sculpture, où Alexandre Lenoir a trouvé plusieurs des chefs-d'œuvre dont se composait son Musée des monuments français;

Saint-Côme, sans importance comme édifice, mais inséparable de l'histoire d'une corporation célèbre, celle des chirurgiens;

Le collège de Bourgogne, qui est devenu, après sa transformation et celle du couvent des Cordeliers, le siège de l'enseignement médical à Paris;

Les collèges d'Harcourt et de Justice, qui se sont, en se transformant aussi, perpétués jusqu'à nos jours sous le vocable de Saint-Louis;

Les grandes résidences seigneuriales, épiscopales, abbatiales, parlementaires qui peuplaient les rues Pavée, des Grands-Augustins, Saint-André-des-Ars, Hautefeuille, Serpente, des Poitevins, du Paon, du Jardinet, et qui ont laissé quelques traces de leur ancienne magnificence.

Une telle région devait être décrite avec un soin particulier, et mise sous les yeux de la génération contemporaine par une série, aussi complète que possible, de représentations figurées. Nous n'avons pas failli à ce double devoir: en présence du peu de documents historiques et graphiques amassés par Adolphe Berty, nous nous sommes livré à de longues et minutieuses recherches pour réunir tout ce qui lui avait échappé, c'est-à-dire les neuf dixièmes du volume, texte et figurations. Dans cette tâche multiple, nous avons été puissamment aidé par divers collaborateurs, au premier rang desquels nous plaçons MM. Albert Lenoir, Hochereau et Camille Platon.

M. Albert Lenoir, à qui la *Topographie historique du vieux Paris* doit son existence, puisqu'elle se rattache, par le lien le plus étroit, à la *Statistique monumentale*, œuvre si puissamment conçue et si fâcheusement abandonnée,

M. Albert Lenoir, disons-nous, a bien voulu nous ouvrir ses riches portefeuilles, et nous y avons puisé de précieux éléments, tant pour la région occidentale de l'Université que pour les volumes ultérieurs.

M. Hochereau, conservateur du plan de Paris et ami zélé des antiquités parisiennes, a mis gracieusement à notre disposition son talent de dessinateur, sa science d'archéologue et l'expérience consommée que de longues années de travaux graphiques lui ont acquise. Il a voulu voir par ses yeux les restes des murailles et des édifices que nous décrivons; il en a relevé soigneusement les divers aspects, en les interprétant avec la plus remarquable sagacité.

M. Camille Platon, chargé de nous prêter son concours pour le débrouillement des notes informes de Berty, ainsi que pour les recherches bibliographiques rendues nécessaires par l'état incomplet de ces documents, a fait preuve, pendant la longue durée de ce travail, du plus louable dévouement. Il a beaucoup contribué à combler les nombreuses lacunes existant dans la restitution du parcellaire, ainsi qu'à éclairer, au moyen d'études historiques et généalogiques fort étendues, les points obscurs que présentait la transmission des grands hôtels. Un index général, préparé par ses soins, s'ajoutera au dernier volume de la région universitaire, et fera suite aux excellents travaux de cet ordre accomplis par M. Auguste Petit.

Divers autres concours nous ont été obligeamment prêtés pour la recherche et la mise en état des éléments de figuration graphique, ainsi que pour la préparation matérielle du volume. M. Jules Cousin, conservateur de la Bibliothèque et du Musée historique de la ville de Paris, nous a signalé plusieurs estampes rares, parmi celles que contient son riche dépôt. M. Th. Vacquer, sous-conservateur des collections historiques, a fourni des indications, des relevés et des notes diverses pour d'importantes restitutions. Enfin M. P. Le Vayer, inspecteur des travaux historiques, chargé de centraliser les rapports entre les auteurs, l'imprimerie et les graveurs, s'est occupé, avec une sollicitude aussi éclairée que sympathique, de tous les détails relatifs à la publication.

Notre reconnaissance est acquise à tous ces collaborateurs; ils ne nous ont point mesuré leur coopération; nous ne leur mesurerons point nos remerciements. Associé, dès la première heure, à l'œuvre historique de la Ville, chargé d'en poursuivre l'une des parties les plus importantes, après avoir mis la main à presque toutes, nous demeurons fidèle à une mission qui nous honore, et nous consacrerons à cette tâche nos dernières années de travail.

L.-M. TISSERAND.

SOMMAIRES DU TEXTE [1].

CHAPITRE PREMIER.

ASPECT GÉNÉRAL ET HISTOIRE TOPOGRAPHIQUE DE LA RÉGION OCCIDENTALE AVANT LE XIIIe SIÈCLE.

Sommaire : Ce que nous entendons par *Région occidentale de l'Université*. — Période gallo-romaine. — Voies et chemins existant à cette époque. — Constructions qui les bordaient. — Découvertes faites sur leur emplacement. — Les clos de Paris. — Le clos de Laas. — Ses limites. — Ligne brisée formant un angle rentrant. — Terre de Gibard. — Peuplement de ce territoire. — Accensement de 1179. — Enceinte de Philippe-Auguste. — Antiquité relative des voies de cette région. — Extraits des *dits* des rues de Paris.

CHAPITRE II.

ENCEINTES, TOURS, PORTES, POTERNES, FOSSÉS, ALLÉES DES MURS SUR LA RIVE GAUCHE DE LA SEINE, DANS LA RÉGION OCCIDENTALE DE L'UNIVERSITÉ.

Sommaire : Le clos de Laas coupé par l'enceinte de Philippe-Auguste. — Obscurités que présente la question des anciennes enceintes de Paris. — Conditions requises pour affirmer l'existence d'une enceinte. — Hypothèse d'une première enceinte sur la rive gauche de la Seine. — Arguments des partisans et des adversaires de cette hypothèse. — Sauval, Toussaint du Plessis, Le Beuf, Le Clerc du Brillet, Jaillot, Dulaure, De la Mare, Mauperché, Ramond du Poujet, A. Bonnardot, Adolphe Berty. — Tracé conjectural de cette enceinte. — Conclusion probable. — Enceinte dite de Philippe-Auguste sur la rive gauche. — Témoignages contemporains. — Expropriations, travaux de constructions, mur de clôture, tours, portes, poternes, allées des murs, fossés et autres accessoires de l'enceinte. — Travaux exécutés par ordre de Charles V. — Dégradation des murs, comblement des fossés, dons, locations, ventes de diverses parties de l'enceinte. — Faiblesse de l'enceinte comme moyen de défense.

CHAPITRE III.

TOUR, HÔTEL ET PORTE DE NESLE; HÔTELS DE NEVERS, DE GUÉNÉGAUD, DE CONTI, COLLÈGE MAZARIN, HÔTEL DES MONNAIES.

Sommaire : Enceinte de Philippe-Auguste sur la rive gauche. — Tournelle de Philippe Hamelin. — Acqui-

---

[1] L'index général, par ordre alphabétique, qui doit embrasser les trois volumes dont se composera l'histoire topographique de la région dite de l'Université, ne paraîtra qu'avec le tome troisième, ainsi du reste qu'il a été fait pour les régions du Louvre, des Tuileries et de Saint-Germain-des-Prés. En tête de ce volume, on place seulement une table sommaire du texte, des appendices, des plans et autres figurations.

sitions de terrains et constructions par un seigneur de Nesle. — Le concierge de Nesle en 1292. — Description de la tour. — Philippe le Bel l'achète en 1308. — Cette acquisition le détermine à faire construire le quai dit des Augustins. — L'hôtel de Nesle passe à Louis X, puis à Philippe le Long et à son épouse Jeanne de Bourgogne. — Légende de la tour de Nesle. — Achat de l'hôtel par Philippe de Valois. — Raoul II, comte d'Eu, y demeurait, lorsqu'il y fut jugé et mis à mort par ordre du roi Jean. — Charles, roi de Navarre, possède l'hôtel, à charge de retour à la couronne. — Travaux de défense exécutés à la tour, à l'hôtel et à la porte de Nesle. — Le pourpris de Nesle revient aux rois de France. — Charles VI le vend à son oncle, le duc Jean de Berry. — Celui-ci y fait de grandes réparations et des agrandissements considérables; il crée le *séjour de Nesle* au delà de l'enceinte. — Cession par échange, aux religieux de Saint-Germain-des-Prés, de l'hôtel de Navarre et des terrains sur lesquels on établit la foire Saint-Germain. — Le duc de Berry appuie ses constructions sur la muraille de Philippe-Auguste. — Il fait de la poterne de Nesle la porte de son hôtel. — Fêtes données, à l'hôtel de Nesle, par le duc Jean de Berry. — L'hôtel pendant la domination anglaise. — Charles VII rentre en possession du pourpris de Nesle, et en fait don à François, duc de Bretagne. — Nouveau retour à la couronne. — Don, par Louis XI, au comte de Charolais. — Cession temporaire à l'abbaye de Saint-Germain. — Les droits de la ville de Paris sur la partie de l'hôtel longeant les murs. — Établissement d'un bailliage à l'hôtel de Nesle. — François Ier y installe Benvenuto Cellini. — L'hôtel transformé en un atelier de monnayage. — La porte de Nesle rendue à la circulation. — Le pourpris de Nesle mis en vente par Henri II. — Expertise faite en 1570 et procès-verbal de cette opération. — Acquisition de la presque totalité du pourpris de Nesle par Louis de Gonzague, prince de Nevers. — Le droit de propriété de la ville de Paris est méconnu. — Le nouvel hôtel de Nevers. — Transaction avec l'abbaye Saint-Germain-des-Prés. — Procès avec la Ville. — Revendication persistante des prévôts et des échevins. — L'hôtel de Nevers, quartier général de la Ligue et résidence du duc de Mayenne. — La maison de Gonzague-Nevers-Clèves se défait de l'hôtel de Nevers. — La ville de Paris fait rebâtir la porte de Nesle et confie cette entreprise à Ravière, constructeur de la porte Dauphine. — Acquisition d'une partie du pourpris de Nesle par Henri de Guénégaud, et construction d'un nouvel hôtel. — Description de cet édifice. — Sa porte principale. — Fondation du collège Mazarin. — Destruction de la tour et de la porte de Nesle. — Commencement de la démolition des tours, des portes et de la muraille de Philippe-Auguste. — Protestations de la Ville contre les plans de Le Vau. — Transaction, indemnités et récompenses. — Dépenses de construction du collège Mazarin. — Sa situation dans l'Université. — Opposition aux volontés du donateur. — Bâtiments qu'on néglige d'élever. — Distribution intérieure du collège. — État descriptif de cet établissement. — Transformation de l'hôtel Guénégaud, devenu la propriété de la princesse de Conti. — Circonstances qui déterminèrent les Conti à ne plus habiter l'hôtel. — On établit sur son emplacement un nouvel hôtel des monnaies. — Description sommaire de cet édifice. — Conclusion.

CHAPITRE IV.

PORTE DAUPHINE.

SOMMAIRE : Date de la construction de la porte Dauphine. — Traité conclu avec Edme Ravière, concessionnaire de l'entreprise; plans, devis et clauses de la concession. — L'architecte Le Mercier, chargé de construire le nouvel édifice. — Réception des travaux. — Démolition de la porte, nécessitée par le prolongement de la rue Dauphine. — Inscription qui en perpétue le souvenir. — Vues diverses de cette porte.

CHAPITRE V.

PORTE DE SAINT-GERMAIN, DITE PLUS TARD PORTE DE BUCI.

SOMMAIRE : Origine et dénomination primitive de la porte de Buci. — Concession qui en est faite à l'abbaye de Saint-Germain-des-Prés. — Changement de nom et appellations diverses. — Événements dont cette porte a été le théâtre. — Fermetures et réouvertures successives de la porte de Buci. — Réparations et reconstructions. — Additions d'ouvrages de défense. — Travaux d'assainissement exécutés aux abords de la porte. — Circonstances qui en amenèrent la démolition.

CHAPITRE VI.

PORTE DES CORDÈLES, DES CORDELIERS OU DE SAINT-GERMAIN.

Sommaire : Date de l'ouverture de la porte des Cordeliers. — Réfutation de l'opinion qui en fixe l'ouverture à l'année 1240. — Époque à laquelle la porte des Cordeliers prend le nom de porte Saint-Germain. — Fermetures et réouvertures de cette porte. — Sa reconstruction en 1597. — Louages et concessions. — Droits de la Ville. — Dessins et vues de la porte. — Époque de sa démolition.

CHAPITRE VII.

PORTE DE GIBARD, D'ENFER OU DE SAINT-MICHEL.

Sommaire : Origine, importance et dénomination successives de la porte Gibard. — Mode de construction et aspect. — Additions aux ouvrages primitifs. — Événements dont cette porte a été le théâtre. — Utilisation d'un reste de tour ayant fait partie de la porte Saint-Michel, pour la distribution des eaux d'Arcueil. — Devis des travaux à exécuter. — État des concessions servies par le château d'eau de la porte Saint-Michel. — Marché de la porte Saint-Michel. — Fausse porte Saint-Michel.

CHAPITRE VIII.

VOIES PUBLIQUES COMPRISES DANS LA RÉGION OCCIDENTALE DE L'UNIVERSITÉ.

Sommaire : Rue de l'Abreuvoir Mâcon, ou du Cagnard. — Rue Saint-André-des-Ars. — Étymologies diverses du nom de cette rue. — Collège d'Autun. — Grand hôtel d'Arras. — Petit hôtel d'Arras. — Hôtel d'Eu, puis de Nevers. — Maison de l'évêque ou des évêques de Thérouanne. — Grand hôtel de Navarre, puis séjour d'Orléans.

CHAPITRE IX.

ÉGLISE SAINT-ANDRÉ-DES-ARS.

Sommaire : Origine de l'église. — Chapelle de Saint-Andéol. — Époque probable de la construction de cet oratoire. — Territoire et paroisse sur lesquels elle fut bâtie. — Création de deux nouvelles paroisses dans l'ancien clos de Laas, par suite de l'établissement d'une enceinte fortifiée. — Église Saint-André, édifiée de 1210 à 1220 ; ses diverses parties, leur style et leur époque. — Importance des chapelles ; leur situation sur les deux faces latérales et au chevet de l'église ; époque de leur construction. — Monographie sommaire de chacune de ces chapelles : *La Résurrection*, *l'Annonciation*, *Saint-Jérôme*, *Saint-Augustin*, *Saint-Jean-Baptiste*, *la Trinité*, *Sainte-Anne*, *Saint-Antoine*, *Saint-Sacrement* ou *la Communion* ; chapelle des *Fonts*, seconde chapelle de *la Résurrection*, chapelles *de Sainte-Marthe*, *de Saint-Pierre*, *de Saint-François*, *de Saint-Laurent*, *de Saint-Nicolas*, *Sacristie*, chapelle de *la Vierge*, oratoire de *Saint-Mathias*. — Difficulté matérielle de placer toutes les chapelles dont il est fait mention. — Interprétation du mot *chapelle* dans le sens de *chapellenie*. — Fondation «aux autels», ce qui n'implique point la fondation d'une chapelle. — Identification probable des titres ou vocables mentionnés par les historiens. — Confréries, *ex-voto*, logettes de recluses. — Entretien et réparation des chapelles *vacantes*, *impétrables* ou *contestées*. — Procès-verbal d'une visite de l'architecte Antoine, en 1772. — Vente de l'église en 1797 ; sa destruction. — Tombeaux et inscriptions funéraires qu'elle renfermait.

CHAPITRE X.

SUITE DE LA DESCRIPTION DES VOIES PUBLIQUES
COMPRISES DANS LA RÉGION OCCIDENTALE DE L'UNIVERSITÉ.

SOMMAIRE : Rue d'Anjou-Dauphine. — Ancien chemin sur Seine, rue et quai des Augustins, quais du Pont-Neuf (partie orientale). — Établissement et réfection de ces quais. — Le bas-relief des sergents. — Hôtel de Sancerre, puis d'Hercule, de Clérieux et de Nantouillet. — Théâtre de Brioché. — Rue des Grands-Augustins, autrement appelée à l'Abbé, aux Écoles, aux Écoliers de Saint-Denis, et rue de la Barre. — Maison et jardins des Charités de Saint-Denis. — Hôtel et collège de Saint-Denis.

CHAPITRE XI.

COUVENT DES SACHETS ET DES GRANDS-AUGUSTINS.

SOMMAIRE : Fondation du couvent des Sachets. — Départ de ces religieux. — Les Augustins leur succèdent, et font exécuter d'importants travaux dans le monastère. — Le meurtre de Pierre Gougis, et l'amende honorable faite par les huissiers. — Le tabernacle donné par Éléonora Galigaï. — Description intérieure et extérieure du couvent par Millin. — Usages divers auxquels ont servi les bâtiments du monastère : salles du clergé, de l'ordre du Saint-Esprit, etc. — Vente et démolition. — Établissement du marché de la Vallée.

CHAPITRE XII.

SUITE DE LA DESCRIPTION DES VOIES PUBLIQUES
COMPRISES DANS LA RÉGION OCCIDENTALE DE L'UNIVERSITÉ.

SOMMAIRE : Rue du Battoir. — Rue de la Grande-Bouclerie, dite aussi de la Vieille-Bouclerie et de Mâcon, et désignée plus exactement par le nom de Bouclerie orientale. — Rue Regnault ou Richard-le-Harpeur, dénommée plus tard de la Petite-Bouclerie, de la Vieille-Bouclerie, Neuve-Saint-Michel, de l'Abreuvoir Mâcon, de Mâcon, et désignée plus exactement par le nom de Bouclerie orientale. — Rue Christine. — Séminaire ou noviciat des écoliers de Saint-Denis. — Rue du cimetière Saint-André, actuellement rue Suger. — Maison des Sachettes. — Collège de Boissy. — Cimetière Saint-André. — Quai Conti, ou partie occidentale du quai des Augustins et des quais du Pont-Neuf. — Le Château-Gaillard. — Dépossession de Brioché et sa réinstallation sur le pont Marie. — Rue de la Contrescarpe Saint-André ou Dauphine, ancienne allée des Murs, aujourd'hui rue Mazet. — Petit séjour de Navarre, hôtel de Bussy et de Lyon. — Portions de l'allée des Murs louées à des cordiers, à des archers et à des arbalétriers. — Rue Dauphine : partie primitive, partie prolongée. — Oubli regrettable, lors du prolongement. — Passage, tour et porte Dauphine. — Communication établie par les Augustins entre les deux côtés de la rue. — Rue de l'École-de-Médecine, ancienne rue des Cordeliers. — Fontaine des Cordeliers. — Hôtel de Saint-Jean-en-Vallée. — Collège de Bourgogne. — Écoles de chirurgie. — Partie latérale du collège de Prémontré. — Le Petit-Champ et l'hôtel de Touraine.

CHAPITRE XIII.

COUVENT DES CORDELIERS, OU FRÈRES MINEURS.

SOMMAIRE : Fondation et établissement du pourpris ; donations diverses. — L'église des Cordeliers avant l'incendie de 1580. — Les chapelles, la sacristie, les bâtiments conventuels, la salle de théologie ; les agrandissements et les reconstructions. — Incendie, réfections et restaurations. — Incidents de la vie monastique intéressants au point de vue de la topographie. — Utilisations diverses des salles du couvent des Cordeliers : les chapitres de l'ordre de Saint-Michel, le musée de Paris, le club; Camille-Desmoulins, Danton, Marat et sa pompe funèbre. — Reconstitution de l'ancien pourpris des Cordeliers pour former l'enclos de l'École pratique de médecine.

CHAPITRE XIV.

ÉGLISE DES SAINTS CÔME ET DAMIEN.

Sommaire : Circonstances auxquelles cette église doit son érection. — Style et dimensions de cet édifice; sa spécialité universitaire, et les incidents qui en résultèrent. — Son presbytère, ses charniers, son cimetière, sa fontaine et autres dépendances. — Vente et démolition.

CHAPITRE XV.

SAINT-CÔME ÉCOLE DE CHIRURGIE (COLLEGIUM CHIRIATRICUM).

Sommaire : La confrérie des chirurgiens a son siège à Saint-Côme, qui lui doit son vocable. — Protecteurs de cette confrérie, ses démêlés, son dispensaire, ses anciennes salles, ses examens, son nouvel amphithéâtre. — Affectation donnée, de nos jours, à cet édifice.

CHAPITRE XVI.

SUITE DE LA DESCRIPTION DES VOIES PUBLIQUES COMPRISES DANS LA RÉGION OCCIDENTALE DE L'UNIVERSITÉ.

Sommaire : Rue de l'Éperon. — Rue des Étuves. — Les anciennes étuves de Paris. — Côté occidental du collège de Prémontré. — Rue Gît-le-Cœur, successivement dénommée Guy-le-Queux, Guy-le-Conte, Guille-Queulx, Guy Le Preux ou Lepreux, Gilles-le-Queux et Gilles-Cœur. — Maison des évêques de Chartres, de Sancerre, des évêques de Besançon, de Chartres et de Clermont, puis Palais d'Amour. — Hôtel d'Arras. — Hôtel Montholon. — Rue Guénégaud; circonstances qui amenèrent le percement de cette voie. — Le petit Dunkerque. — Rue de la Harpe; ses dénominations diverses; partie basse, partie haute; ce qui en reste aujourd'hui. — La Juiverie, ou le cimetière des Juifs. — Hôtel de Forez, puis de Bourbon, de Bretagne et de Malestroit; son morcellement et ses diverses transformations. — Maisons de l'évêque de Clermont et de l'abbé de Molesme. — Collège de Justice. — Collège d'Harcourt : ses agrandissements, sa reconstruction. — Hôtel des évêques d'Auxerre. — Rue Hautefeuille; explications diverses du nom qu'elle porte; son étendue primitive, son raccourcissement. — Le Petit-Champ; identification probable de ce terrain. — Le château de Hautefeuille. — Hôtel de Longueil. — Hôtel de Beaulieu. — Hôtel d'Alègre. — Hôtel de Miraulmont. — Hôtel de Fescamp. — Hôtel de Cramault. — Collège de Prémontré; sa fondation, ses agrandissements, sa chapelle, destruction successive de ses bâtiments. — Rue de l'Hirondelle; ce qui en reste aujourd'hui. — Partie postérieure de l'hôtel de Luynes. — Maison de Jean de la Vaquerie. — Rue de Hurepoix. — Partie latérale de l'hôtel de Luynes. — Rue du Jardinet; ses diverses dénominations; ce qui en reste aujourd'hui. — Collège ou hôtel de Vendôme. — Parties latérales des hôtels des archevêques de Rouen et de Reims. — Rue Mignon; ses dénominations diverses. — Collège Mignon, puis de Grandmont. — Rue et impasse de Nevers. — Rue et place de l'Observance, actuellement rue Antoine Dubois. — Le portail des Cordeliers. — Le Petit-Champ. — Hôtel des archevêques de Rouen. — *Aula theologica*. — Rue du Paon, dénommée en dernier lieu rue Larrey. — Hôtel de Tours. — Hôtel des archevêques de Reims. — Impasse du Paon. — Partie antérieure et latérale de l'hôtel de Reims. — Rue Pavée Saint-André-des-Ars, actuellement rue Séguier. — Communauté des frères cordonniers. — Maison des évêques de Lodève et de Rodez. — Hôtel de Châtillon; de l'évêque d'Autun; des évêques de Laon; des ducs de Savoie et de Nemours; phases diverses de l'histoire de cette résidence. — Rue Percée, dite aussi des Deux-Portes; voies ayant porté et portant encore cette dernière dénomination. — Rue Pierre-Sarrazin. — Cimetière des Juifs. — Grand hôtel de Longueil. — Hôtel des évêques de Laon. — La famille et la maison de Pierre Sarrazin. — Collège de Daimville, Dampville, d'Aymville et d'Ynville; transformation d'une maison privée en collège. — Rue des Poitevins; ses deux parties; ses diverses dénominations. — Hôtel de Thou. — Rue et place du Pont-Saint-Michel; carrefour de l'Abreuvoir Mâcon. — Limite de la censive de l'Abbaye; poteau de justice; pressoir; barrière des sergents; étaux de boucherie; marché au pain; blanque; ventes par ministère d'huissiers-priseurs. — Rue des Deux-Portes; comment elle se distingue de celles qui ont porté le même nom dans la région occidentale de l'Université. — Rue Poupée, ses appellations diverses. — Cul-de-sac ou impasse de Rouen, considéré comme le prolongement de la rue du Jardinet; son passé, son aspect actuel. — Rue de Savoie; époque de son ouverture à travers le pourpris de l'hôtel qui lui a donné son nom. — Rue Serpente. — Maison aux écoliers de Suesse. — Collège de Tours. — Maisons taxées par l'Université. — Rue de Touraine, actuellement rue Dupuytren. — Moyen de remédier aux inconvénients que présente la description des rues par ordre alphabétique.

APPENDICES ET PIÈCES JUSTIFICATIVES.

I. Documents originaux relatifs aux enceintes, murailles, fossés, contrescarpes, allées des murs, tours, portes, pourpris et manoirs de Nesle, aux hôtels de Nevers, Guénégaud et Conti, au collège Mazarin et à l'hôtel des Monnaies.
Copies de documents relatifs aux deux hôtels de Nesle.
Consultation relative à la propriété du sol sur lequel ont été établis les remparts, fossés, escarpes, contrescarpes et allées des murs, de la porte de Nesle à celle de Buci ou Bussy, en censive de l'abbaye Saint-Germain-des-Prés.
Documents extraits des Registres du Bureau de la Ville.
Documents relatifs au Château-Gaillard, aux quais du Pont-Neuf (des Augustins et Conti), à la descente et à la place du pont Saint-Michel, au transfert des étaux de la place du pont à la porte Saint-Michel.
Documents relatifs à la porte de Buci, à la porte et à la rue Dauphine.
Projet d'établissement d'un nouvel Hôtel de Ville, sur l'emplacement du grand et du petit hôtel Conti.
Transformation du grand hôtel Conti en hôtel des Monnaies.

II. Documents relatifs à la propriété immobilière dans la région occidentale de l'Université. — Les maisons de Paris pendant l'occupation anglaise.

III. Fragments de récits et de descriptions en latin, relatifs à la destruction des enceintes de Philippe-Auguste et de Charles V, à l'Hercule gaulois, à l'hôtel d'Hercule, aux collèges et aux bibliothèques de la région occidentale de l'Université.

IV. Documents relatifs à la fondation et aux statuts des collèges de la région occidentale de l'Université : Boissy, Bourgogne, Dainville, Harcourt, Justice, Mazarin, Mignon, Prémontré, Saint-Denis, Tours, Vendôme.

V. Inventaires des pièces d'archives que possédaient les collèges de Paris au moment où ceux qui étaient sans exercice furent réunis à Louis-le-Grand : indication de leurs propriétés urbaines et rurales, de leurs ressources mobilières et immobilières; maisons de Paris sur lesquelles ils avaient des rentes.

SOMMAIRES DES PLANCHES.

I. — PLANCHES HORS TEXTE.

Pages.

I. La région occidentale de l'Université, d'après les anciens plans de Paris :

Plans de Braün (1509?); de la Tapisserie (1520?), réduit par Gaignères; de Truschet et Hoyau (1552); de Saint-Victor (1555)............................ 6–7

Plans de Quesnel (1609); de Gomboust (1652); de La Caille (1714); de Turgot (1735)... 14–15

N. B. Tous ces plans régionaux sont extraits de l'*Atlas des anciens plans de Paris*, publié par ordre du Conseil municipal.

II. Restes de l'enceinte de Philippe-Auguste, relevés et dessinés par M. Hochereau....... 28–29

III. Fragments de l'enceinte de Philippe-Auguste, relevés et dessinés par le même......... 34–35

IV. La tour, la porte et le manoir de Nesle, série d'anciennes estampes comprenant :

La Samaritaine, le Pont-Neuf, le Cheval de bronze, la place Dauphine, le Château-Gaillard, la tour et la porte de Nesle, les arcades de l'hôtel portant sur le mur de ville, les fossés et le pont-levis (fac-similé d'une estampe de Callot)................ 51

La tour et la porte de Nesle, vues du Pont-Neuf (fac-similé d'une estampe du même).. 57

Le Pont-Neuf, le Château-Gaillard, la flèche de l'église des Augustins, la tour, la porte de Nesle et son pont dormant (réduction d'une estampe d'Israël Sylvestre)........ 59

Plan et perspective de l'hôtel de Nevers et de ses jardins, tels qu'ils devaient être après leur achèvement (réduction d'une estampe de Châtillon)...................... 60

Plan du collège des Quatre-Nations, avec l'indication des voies environnantes, de la tour, de la porte, du pont de Nesle et de l'enceinte de Philippe-Auguste (dessin original de Le Vau, conservé aux Archives nationales)............................ 69

V. L'église Saint-André-des-Ars, série comprenant :

Plan restitué de l'église [1]... 163

Vue du portail occidental, plan linéaire de l'église, bâtiments en arrachement sur les rues de Saint-André et du Cimetière (réduction d'une planche de Marot)......... 165

Vue de la démolition de l'église Saint-André-des-Ars, en 1800 (fac-similé d'une lithographie contemporaine).. 193

---

[1] Ce plan, dressé pour l'*Epitaphier général de Paris*, l'un des ouvrages de la collection, redresse certaines erreurs commises par Marot dans le cartouche que contient sa planche. Il nous a été obligeamment communiqué par MM. Hochereau et Raunié.

VI. Les quais, du pont Saint-Michel à la tour de Nesle, série comprenant :

Les quais du Pont-Neuf, vus d'amont en aval, le mur de soutènement et ses demi-tourelles, le couvent des Augustins et le Pont-Neuf (réduction d'une estampe d'Israël Sylvestre).. 199

Les quais du Pont-Neuf, vus d'aval en amont, mur de soutènement et descentes du quai, couvent des Augustins, hôtel de Luynes, rue de Hurepoix, pont Saint-Michel (réduction d'une planche du même)... 201

Le pont Saint-Michel, la rue de Hurepoix, le mur du quai des Augustins, l'hôtel de Luynes, ancien hôtel des évêques de Besançon, de Chartres et de Clermont (réduction d'une estampe du même).. 203

Les quais du Pont-Neuf à la descente occidentale du Pont, le Château-Gaillard, l'hôtel de Nevers, la tour et la porte de Nesle, vus du milieu du Pont-Neuf (réduction d'une estampe de La Belle).. 205

VII. Le couvent des Sachets et des Grands-Augustins, série comprenant :

Plan du couvent, d'après un dessin manuscrit déposé à la Bibliothèque nationale, et vue de la façade de l'église, du côté du quai... 242

Amende honorable faite aux Grands-Augustins par les huissiers du Châtelet, pour réparation du meurtre commis sur la personne de Pierre Gougis (bas-relief placé autrefois au chevet de l'église des Augustins, et conservé aujourd'hui à l'école des Beaux-Arts).. 246

VIII. Le couvent des Cordeliers, série comprenant :

Plan général du couvent vers le milieu du xvie siècle, embrassant tout le pourpris du monastère, dans lequel étaient contenus l'église, les bâtiments conventuels, le réfectoire et l'infirmerie, d'après les relevés de Th. Vacquer............................... 340-341

Le réfectoire du couvent, dans l'intérieur duquel a été installé le musée Dupuytren (état actuel d'après une photographie).. 345

Quatre vues intérieures du couvent, d'après les dessins originaux du cordelier René Rocheran, montrant la distribution détaillée des bâtiments conventuels........... 350-351

IX. Hôtels et collèges, série comprenant :

Tourelles relevées dans la partie occidentale de la région de l'Université (fac-similés réduits de planches de la *Statistique monumentale*, publiée par M. Albert Lenoir)... 433

Hôtel de Longueil, à l'angle des rues Hautefeuille et Pierre-Sarrazin, plan, façades et détails (d'après une planche du même ouvrage).................................. 439

Tourelle de l'hôtel de Fécamp, élévation, coupe, plans, poutres, solives et consoles (fac-similé réduit d'une planche du même ouvrage)............................... 449

Restes de l'ancien collège de Dainville, relevés et dessinés par M. Hochereau......... 531

II. — FIGURATIONS DIVERSES INSÉRÉES DANS LE TEXTE.

XI.	Sceau du collège d'Harcourt (1475)..	Frontispice.

Pages.

XII.	Porte de l'hôtel de Conti, construite par François Mansard....................	63
XIII.	Façade du collège Mazarin, vue du Jardin de l'Infante (fac-similé d'une gravure du recueil de Béguillet)..	71
XIV.	Vue de l'intérieur de l'église du collège des Quatre-Nations, prise de la principale porte (fac-similé d'une gravure du même recueil)...........................	73
XV.	Mausolée du cardinal Mazarin (fac-similé d'une gravure du même recueil)..........	75
XVI.	Troisième cour du collège, séparée du jardin par un mur (fac-similé d'une gravure du même recueil)...	76
XVII.	Le collège d'Autun et ses environs, d'après le plan de La Caille, et emplacement actuel de cet établissement...	132
XVIII.	Lucarne d'un corps de bâtiment construit sur l'emplacement du couvent des Sachettes, et ayant fait partie de l'hôtel de Thou [1]................................	153
XIX.	Tombeau du président de Thou (fac-similé d'une planche de Millin)...............	169
XX.	L'église Saint-André-des-Ars et ses environs (d'après le plan de Verniquet).......	186
XXI.	Le couvent des Augustins et ses abords en 1797 (fac-similé du plan de Verniquet)..	248
XXII.	Façade latérale de l'église des Grands-Augustins, avec les boutiques de librairie créées entre les contreforts (fac-similé d'une planche de Millin)...............	249
XXIII.	Le chœur de l'église des Grands-Augustins, et le tabernacle donné par Léonora Galigaï (fac-similé d'une planche de Millin)...	255
XXIV.	Un chapitre de l'ordre du Saint-Esprit dans l'église des Grands-Augustins (fac-similé d'une estampe de Sébastien Le Clerc)..	258
XXV.	La rue Dauphine coupée par la porte de ce nom, à la hauteur de la rue Contrescarpe (fac-similé du plan de J. Boisseau, 1654)..	308
XXVI.	La fontaine des Cordeliers (1674), marquant l'emplacement de l'ancienne porte Saint-Germain (d'après une photographie).......................................	318
XXVII.	Tourelle d'angle élevée au coin des rues du Paon et des Cordeliers, d'après une photographie..	319
XXVIII.	Les écoles de chirurgie (ancien collège de Bourgogne), le collège des Prémontrés et une porte du couvent des Cordeliers (d'après le plan de Verniquet)............	325
XXIX.	La cour et les abords de la maison habitée par Marat, vue dessinée et plan relevé par M. Hochereau..	355

[1] C'est par erreur que cette lucarne a été attribuée à une autre maison très voisine de l'hôtel de Thou, et ayant vue également sur la place Saint-André-des-Ars.

		Pages.
XXX.	Le groupe des Cordeliers, de Saint-Côme, des anciens collèges de Bourgogne et des Prémontrés (d'après le plan de Verniquet)........................	356
XXXI.	Le portail de l'église de Saint-Côme (fac-similé d'une planche de Millin)............	359
XXXII.	La fontaine de Saint-Côme (fac-similé d'une planche de Millin)...................	364
XXXIII.	Saint-Côme (église et écoles), d'après le plan de Verniquet......................	374
XXXIV.	Façade extérieure du collège d'Harcourt (fac-similé d'une planche de l'ouvrage de Béguillet)..	425
XXXV.	Cour du collège d'Harcourt (fac-similé d'une planche du même ouvrage)...........	426
XXXVI.	Le collège d'Harcourt et ses environs (d'après le plan de Verniquet)..............	427
XXXVII.	La partie occidentale de la rue de l'Hirondelle, vue de la nouvelle place Saint-Michel; restes de contreforts ayant appartenu à la chapelle du collège d'Autun.............	463
XXXVIII.	Rue Mignon et partie de la façade du collège (d'après une photographie)..........	486
XXXIX.	Porte latérale de l'hôtel d'Eu et de Nevers..................................	518
XL.	Tourelle de l'hôtel de Fécamp, à l'angle des rues Percée et de Hautefeuille (d'après une photographie)..	524
XLI.	Tourelle à l'angle des rues Hautefeuille et Pierre-Sarrazin (d'après une photographie).	535
XLII.	Aspect actuel de la rue des Poitevins (partie orientale). Entrée des maisons ayant remplacé les hôtels de Thou, de Mesgrigny, des États de Blois, etc. (d'après une photographie)............	540
XLIII.	Impasse formant le prolongement de la rue du Jardinet et aboutissant à la cour de Rouen (d'après une photographie)......................................	556
XLIV.	Maisons construites sur l'emplacement du séjour d'Orléans, et ayant vue sur la cour de Rouen (d'après une photographie)......................................	557
XLV.	Puits de la cour de Rouen (anciennes dépendances de la maison de Jacques Coytier)....	558
XLVI.	Restes de l'hôtel de Miraulmont, reconstruit à l'angle des rues Serpente et Hautefeuille (d'après une photographie)......................................	566

III. — FEUILLE DE PLAN.

Plan restitué de la région occidentale de l'Université, juxtaposition des fragments du plan archéologique dressé par Berty.

TOPOGRAPHIE
HISTORIQUE
DU VIEUX PARIS.

RÉGION OCCIDENTALE DE L'UNIVERSITÉ.

CHAPITRE PREMIER.

ASPECT GÉNÉRAL ET HISTOIRE TOPOGRAPHIQUE DE LA RÉGION AVANT LE XIII° SIÈCLE.

Sommaire : Ce que nous entendons par *Région occidentale de l'Université*. — Période gallo-romaine. — Voies et chemins existant à cette époque. — Constructions qui les bordaient. — Découvertes faites sur leur emplacement. — Les clos de Paris. — Le clos de Laas. — Ses limites. — Ligne brisée formant un angle rentrant. — Terre de Gibard. — Peuplement de ce territoire. — Accensement de 1179. — Enceinte de Philippe-Auguste. — Antiquité relative des voies de cette région. — Extraits des *Dits* des rues de Paris.

La portion du sol parisien que nous allons étudier appartient à l'ancienne région de l'Université, dont elle constituait la partie occidentale; c'est ainsi qu'elle nous apparaît au xiii° siècle, époque où des documents certains et suffisamment précis nous permettent d'en reconstituer l'aspect. Mais elle avait subi auparavant plusieurs transformations, qu'il importe de rappeler, parce qu'elles ont préparé l'état ultérieur et qu'elles en expliquent les particularités.

Durant la période gallo-romaine, l'espace compris entre la berge de la Seine, d'une part, la grande ligne de communication reliant *Lutetia* à *Genabum* et le versant occidental du mont Leucotitius, d'autre part, était occupé par les jardins du palais des Thermes. On sait que les plateaux et les plans inclinés du mont étaient, pour les *Parisii* de *l'oppidum*, indigènes ou conquérants, un lieu de plaisance, et qu'un certain nombre de *villæ*, dont ont on a retrouvé les substructions, s'étageaient sur les pentes de la montagne. Au delà des jardins s'étendaient, dans la direction du couchant, des terres en culture, que traversaient diverses voies secondaires conduisant au palais des Thermes et au pont par où l'on pénétrait dans la Cité. On s'accorde à en reconnaître quatre ou cinq : la première, assez rapprochée de la Seine, dont elle desservait les bords; la seconde et la troisième, qui coupaient le territoire par le milieu, et dont la trace est représentée par les rues de Sèvres et de Vaugirard; la quatrième, parallèle à la voie romaine, de *Lutetia* à *Genabum*, et conduisant à ce légendaire château de Hautefeuille, qui n'était sans doute qu'une villa ou peut-être un ouvrage de défense destiné à couvrir les abords du palais [1]; elle est représentée aujourd'hui par la rue Hautefeuille.

Quelques écrivains, s'inspirant uniquement des textes anciens, et négligeant les découvertes archéologiques, qui seules peuvent déterminer un tracé, ont indiqué une cinquième voie, qui aurait rejoint le chemin de Sèvres, et qui serait représentée aujourd'hui par les rues de la Huchette, Saint-André-des-Ars, de Buci et du Four-Saint-Germain. Ils y ont placé, à peu près au point où s'élève la basilique de Saint-Germain-des-Prés, un « temple d'Isis ou de Cérès » [2]. M. Albert Lenoir, interprétant les travaux de l'ingénieur Jollois et résumant les découvertes faites dans cette région, pense que les deux voies centrales s'infléchissaient, à partir du point qui répond à notre moderne Champ-de-Mars, avant d'atteindre l'enceinte des jardins du palais des Thermes, et qu'elles longeaient cette enceinte au sud, pour aboutir, comme les autres voies secondaires, à une sorte de carrefour établi devant la façade occidentale du palais. Le tracé actuel des rues de l'École-de-Médecine et Du Sommerard représenterait, selon les constats de M. Jollois, la direction que ces voies auraient suivie; elles auraient par conséquent passé devant le théâtre dont les substructions ont été reconnues sous le sol actuel de la rue Racine, longé la façade méridionale du palais et rejoint la grande voie de *Lutetia* à *Genabum*, à l'endroit où l'on a bâti depuis l'église de Saint-Benoît. M. Lenoir croit, en outre, qu'on avait pratiqué dans l'*area* du palais un passage ou guichet analogue à ceux qui existent aujourd'hui entre la rue de Rivoli, le Carrousel et le quai des Tuileries.

Ces diverses voies, dont nous rappelons l'existence parce qu'elles se sont, avec le temps, transformées en rues et sont ainsi devenues les principales artères de la région que nous allons étudier, ont été reconnues tant par les traces qu'elles ont laissées dans le sol que par les tombeaux élevés, selon la coutume romaine,

---

[1] Le continuateur de Guillaume de Nangis, qui vit creuser les fossés au fond desquels apparurent les substructions de cet édifice, émet lui-même cette double opinion : *Ibi erat palatium, sive castrum, quod ab antiquis Altum Folium vocatur.* (Voir, à l'article de la rue Hautefeuille, le résumé du savant travail de M. Quicherat sur le château de ce nom.)

[2] Cette voie figure sur le plan imaginé par le commissaire de Lamare et dressé par le géographe Nicolas de Fer. De nos jours, l'ingénieur Jollois a repris cette idée, en donnant le tracé d'une voie qui aurait traversé les jardins du palais et serait venue aboutir à la Seine au lieu où a été construit le Petit-Pont.

le long de leur parcours [1]. Dans ces tombeaux, sous le sol de ces voies, dans le dallage ou dans le cailloutis qui en formait la chaussée, on a découvert des fragments d'architecture, des débris de statues, des bas-reliefs, des médailles, des menues monnaies et divers autres objets.

De nombreux points de repère ont permis de retracer, sinon avec une entière certitude, du moins avec un degré suffisant de probabilité, le périmètre des édifices détruits.

Cette œuvre de restitution du Paris gallo-romain ne saurait être tentée partiellement : elle constitue un tout que l'historien et l'archéologue ne doivent point fractionner. Le premier auteur de cet ouvrage n'a pas voulu aborder cette tâche, qu'il considérait comme indépendante de la sienne; ses continuateurs doivent user de la même circonspection. Qu'il leur suffise de rétablir le parcellaire du *vieux Paris*, et, pour eux comme pour lui, le vieux Paris, c'est la cité du moyen âge, postérieure aux ravages des Normands.

Ces barbares, les derniers venus des envahisseurs de la Gaule, trouvèrent la région que nous étudions, non point en l'état où la domination romaine l'avait laissée, mais telle que les ravages des guerres l'avaient faite, avec les appropriations et les distributions opérées par les premiers rois mérovingiens. Aux jardins des palais et des *villæ*, que leurs nouveaux possesseurs avaient cessé d'entretenir et qui étaient redevenus des vignes, des prés ou des terres labourables, avaient succédé des *clos* acquis ou reçus à titre de don par les évêques, les monastères, les églises et les seigneurs. Le plateau et les versants de la montagne Sainte-Geneviève étaient couverts de ces clos, auxquels Sauval et Félibien ont consacré plusieurs pages de leurs livres [2]. Des bords de la Seine au sommet de la montagne et le long de la voie romaine de *Lutetia* à *Genabum*, on en comptait plus de vingt qui ont reçu plus tard différents noms : les deux clos de Garlande et Mauvoisin, du Chardonnet, de Tyron, des Arènes, de Saint-Victor, les deux clos Bruneau, ceux de Saint-Symphorien, de Sainte-Geneviève, des Jacobins, des Bourgeois, des Poteries, des Mureaux, le fief des Tombes, les clos le Roy, Drapelet, Entelechière, Vigneray, de Saint-Sulpice, et enfin le clos ou terre de Laas qui occupait, avec la terre de Gibard, la plus grande partie de la région dont nous entreprenons de restituer l'aspect. «Le clos de Laas, dit Félibien, estoit un grand espace plein de vignes qui descendoit le long de la Seine depuis la rue de la Huchette jusqu'à la porte de Nesle, et enfermoit la rue Serpente, la rue Poupée, celle de Saint-André et du cimetière de Saint-André, avec quelques autres qui sont

---

[1] Les bergers de Virgile, allant d'*Andes* à Mantoüe, passent devant les tombeaux qui bordent la route :
.............Ecce sepulcrum
Incipit apparere Bianoris...

[2] *Histoire et recherches des antiquités de la ville de Paris*, p. 69 et suiv. — *Histoire de la ville de Paris*, I, p. 166 et suiv.

depuis là jusqu'à la rivière, y compris le couvent des Augustins et l'ancien oratoire de Saint-Andéol, autrefois basti au milieu d'un vignoble [1]. »

Le nom de ce territoire a été diversement écrit, et l'on a proposé plusieurs étymologies qui prêtent également à contestation : on trouve, en effet, *Laas*, *Laes*, *Lias*. En vieux français, dit M. Cocheris [2], *las* ou *lassiere* signifie grange, lieu où l'on entasse les gerbes; *lassée* et *lassie* désignent les bas-côtés d'une grange; on a donc pu nommer cette terre *Laas*, comme on dit « la grange », dénomination très fréquente dans nos campagnes. D'autre part, *laes*, en gaël, signifie feu, et *li ars* ou *li as*, par suite de la chute de l'*r*, équivalent aux mots *les brûlés*, *les rôtis*; ce qui nous ramène aux incendies allumés par les Normands.

Dulaure, relevant dans le poème de Fortunat une expression qui avait jusque-là passé inaperçue — le mot *arx* appliqué aux deux palais des Thermes et de la Cité, ou peut-être à cette « œuvre sarrasine », *opus Sarracenorum*, qui n'était autre chose qu'une construction romaine — a mis en avant une étymologie nouvelle que Berty a considérée comme fort spécieuse, et à laquelle s'est rallié M. Albert Lenoir [3]. Dans cette hypothèse, *laas* serait une forme de l'*arx*, citadelle ou palais; on aurait dit d'abord les jardins de l'*arx*; puis la chute de la consonne aurait donné *lax*, *las* et *laas*. Cette explication vaut peut-être mieux que les étymologies tirées du gaël et du vieux français.

Quoi qu'il en soit, les jardins de l'*arx* ou les terres de *Laas* furent, en 553, l'objet d'un don royal qui comprit également le vaste territoire connu sous le nom de *fiscus Isciacus* ou *Isciacensis*, fief d'Issy [4]. Dans la fameuse charte apocryphe dont les éléments ont été empruntés à Gislemar, auteur de la Vie de saint Droctovée, il est dit : *fiscum largitatis nostre qui vocatur Isciacus, qui est in pagis Parisiorum prope alveum Secane... cum areis et casis in Parisius civitate, cum terra, cum vinea et oratorio in honore sancti Andeoli martiris*.

Les terrains et les maisons, *areæ et casæ*, situés dans la ville de Paris, *in Parisius civitate*, et le vignoble au milieu duquel s'élevait l'oratoire de Saint-Andéol, c'est bien là, dans sa partie la plus orientale, le vaste domaine donné par Childebert à saint Germain. Le clos de Laas s'identifie donc avec les jardins de l'*arx*, devenus les jardins du roi ou de la reine Ultrogothe, puisque Fortunat, poète contemporain, raconte que le roi les traversait quand il allait visiter la nouvelle basilique :

> Hinc iter ejus erat, quum limina sancta petebat.

Selon toute apparence, Childebert suivait l'une des voies que nous avons indi-

---

[1] *Histoire de la Ville de Paris*, I, p. 166.
[2] *Notes et additions au texte de Le Beuf*, III, p. 275.
[3] Nous revenons sur cette question d'étymologie à l'occasion de la rue Saint-André-des-Ars.
[4] Voir TOPOGRAPHIE HISTORIQUE DU VIEUX PARIS, volume du *Bourg Saint-Germain*, p. 1 et 2.

quées et qui partaient, soit du palais des Thermes, soit du pont établi sur le petit bras de la Seine; il passait donc au milieu des terres de Laas, qui avaient dû être aliénées en tout ou en partie, car il dut en racheter une portion pour arrondir le domaine dont il fit présent à la nouvelle abbaye. La charte de fondation porte en effet ces mots : *fiscum* NOSTRUM *Isciacensem*, mais elle ajoute : *cum terra, vinea et oratorio que dato precio* COMPARAVIMUS.

Un cartulaire de l'abbaye de Saint-Germain-des-Prés, que nous avons déjà cité, détermine les limites de la portion orientale de ce domaine, enclose plus tard dans la ville par la construction de l'enceinte de Philippe-Auguste :

« C'est assavoir — en ladicte ville de Paris — depuis la porte Sainct Michel, autrefois appellée la porte d'Enfer, du costé de Sainct Cosme jusques au coing de l'église dudit Sainct Cosme, et jusques au ruyssel de ladicte rue, et depuis ledict coing jusques à la porte dudict Sainct Germain, du costé des Cordeliers, ainsi que la rue s'extend, jusques au ruyssel d'icelle rue [1].

« *Item*. En retournant devant la grant porte des Cordeliers, en la rue faisant le coing du collége de Prémonstré, jusques à la porte Sainct Germain, tant de l'un des costez comme de l'autre.

« *Item*. Et depuis icelluy coing du collége de Prémonstré, allant droict au coing de l'église Sainct Andry des Ars, du costé dudict Sainct Andry et dudict Prémonstré.

« *Item*. Dudict coing Sainct Andry des Ars, jusques à la vielle porte Sainct Germain appellée la porte de Bussy (laquelle de présent est fermée), tant de l'un des costez comme de l'autre, et d'icelle porte venant directement jusques à l'abruvouer de Mascon.

« *Item*. Dudict coing de l'abruvouer de Mascon, tirant droit au viel pont Sainct Michel.

« *Item*. Et depuis ledict viel pont, tirant à la Tour de Nesle [2]. »

Le cartulaire dont nous avons tiré les indications pour la région qui fait l'objet de nos études est de 1523, mais il reproduit exactement les limites données par les cartulaires antérieurs, et notamment par la sentence arbitrale de 1210 [3]. A la

---

[1] Le ruisseau, coulant alors au milieu de la rue, était considéré comme la limite séparative des censives de Saint-Germain et de Sainte-Geneviève, qui se touchaient du côté de l'Orient.

[2] Archives nationales, reg. LL 1119, fol. 1 v°.

[3] Cette sentence arbitrale que Félibien a publiée dans ses *Preuves* et que Le Beuf invoque à l'appui de son opinion sur les origines de la chapelle Saint-Andéol, n'a trait qu'au règlement des juridictions spirituelles; cependant elle donne des limites précises à une époque fort importante topographiquement, c'est-à-dire au moment où s'achevait l'enceinte de la rive gauche.

Nous en extrayons le passage suivant relatif aux délimitations. Voici d'abord pour le territoire *extra muros* :

« Totum territorium quod continetur a tornella Philippi Hamelini supra Secanam usque ad metam

fin du xviiie siècle, au moment de la sécularisation des biens d'église, le receveur général des économats de l'Abbaye, pendant la vacance du bénéfice, interrogé par les commissaires chargés de l'exécution de la mesure, répondit en formulant une déclaration d'ensemble qui est consignée dans le procès-verbal du 26 février 1790. Cette pièce, que nous avons publiée en entier dans le volume du *Bourg Saint-Germain*[1], établit que le point de départ de la censive, en amont de la Seine, était bien le Petit-Pont; mais cette partie extrême du fief, toujours contestée, s'était fort réduite avec le temps. La censive de Saint-Germain ne comprenait plus alors, à cette extrémité orientale, qu'une maison dans la rue du Petit-Pont, sept dans la rue de la Huchette, trois dans celle du Chat-qui-pêche (rue Berthe ou des Bouticles), et une dans celle des Trois-Chandeliers (partie septentrionale de la rue Zacharie). Ce qui semble prouver que l'Abbaye n'était réellement pas sur son terrain entre le Petit-Pont et le pont Saint-Michel, c'est qu'elle n'avait pu obtenir, sur la berge gauche du petit bras de la Seine, la « perche légale » que lui concédait la charte de fondation depuis le Petit-Pont jusqu'à la rue de Sèvres: *unam perticam terre legalem ad ducendas naves et reducendas, ad mittenda retia et retrahenda*. Les maisons des rues que nous venons de citer aboutissaient, en effet, sur le fleuve, et l'on a dû les démolir pour établir le moderne quai Saint-Michel.

Arrivé à la place du pont qui porte ce nom, on se trouvait réellement et sans conteste sur les terres de l'ancien fief de Saint-Germain; le procès-verbal de 1790 le constate positivement, en indiquant toutefois les enclaves et les *prétentions*:

« *Rue de Hurpoix*: Toutes les maisons qui sont des deux côtés de ladite rue sont de la censive de l'abbaye Saint-Germain.

« *Place du Pont Saint-Michel*: Toutes les maisons qui font face sur la place du Pont Saint-Michel, depuis la rue de Hurpoix jusqu'à la rue Saint-André-des-Arts, du côté du faubourg, sont de la censive de l'abbaye de Saint-Germain.

« *Rue de Mâcon, par la rue de la Vieille-Bouclerie, à droite*: Les trois premières maisons sont prétendues par la Sorbonne, à cause de leur fief de Rosières. Les deux suivantes relèvent de l'abbaye Saint-Germain. La sixième, dite l'Hôtel

---

que dividit terram Beati Germani, ex una parte, et terram Sancte Genovefe, ex altera, versus *Garnelles*, sicut Secana comportat, et ab eadem secunda meta usque ad metam que est prope cheminum Issiaci, que similiter dividit utramque predictam terram; et ab alia meta usque ad quartam metam quam nos posuimus extra muros versus Sanctum Stephanum, sicut cheminum Issiaci comportat ab illa tertia meta usque ad quartam predictam metam, et ab illa meta usque ad supra dictam tornellam Philippi Hamelini, sicuti muri extra se comportant, exemptum maneat ab omni jure episcopali et parrochiali spirituali Paris. in perpetuum. »

Voici maintenant l'indication sommaire de la partie de la censive de Saint-Germain-des-Prés enclose dans la ville par l'enceinte de Philippe-Auguste:

« Totum territorium quod est infra muros erit in perpetuum de juridictione episcopali Parisiensi. » (Félibien, *Preuves*, t. I., p. 92.)

[1] Page 337.

TOPOGRAPHIE HISTORIQVE DV VIEVX PARIS

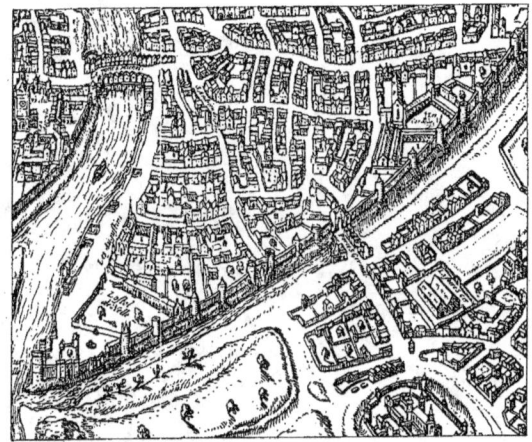

RÉGION OCCIDENTALE DE L'VNIVERSITÉ
EXTRAIT DV PLAN DE BRAVN (1509)

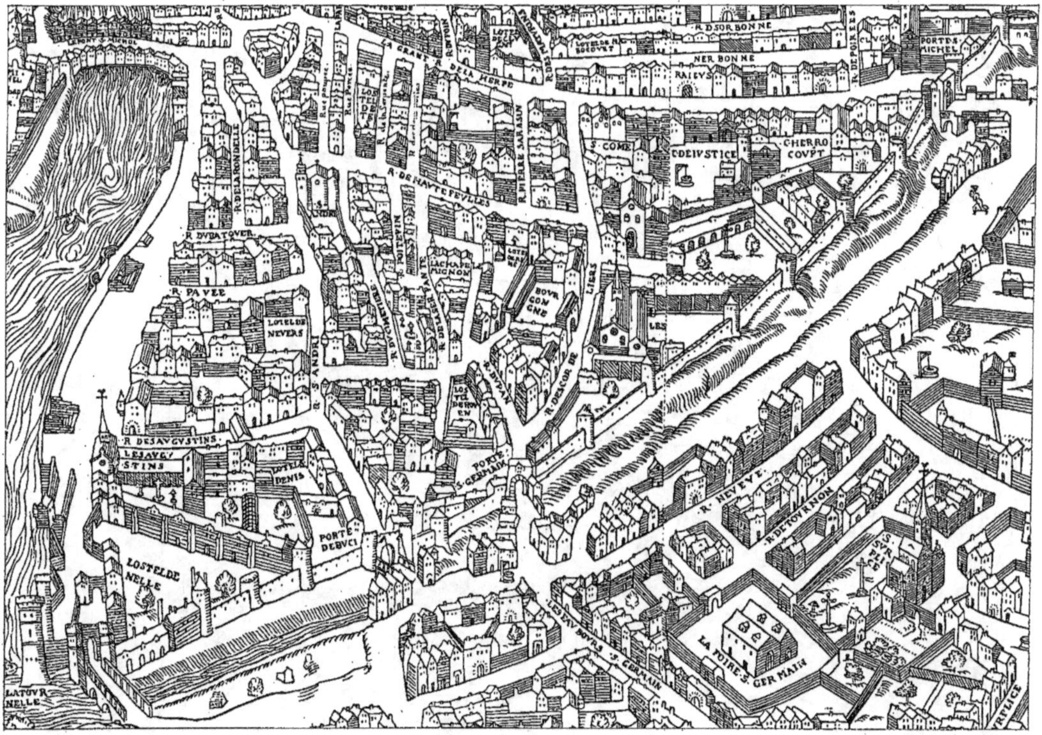

RÉGION OCCIDENTALE DE L'VNIVERSITÉ
EXTRAIT DV PLAN DE TRVSCHET ET HOYAV (1552)

TOPOGRAPHIE HISTORIQUE DV VIEVX PARIS

RÉGION OCCIDENTALE DE L'VNIVERSITÉ
EXTRAIT DV PLAN DE TAPISSERIE (1520) RÉDVIT PAR GAIGNIÈRES

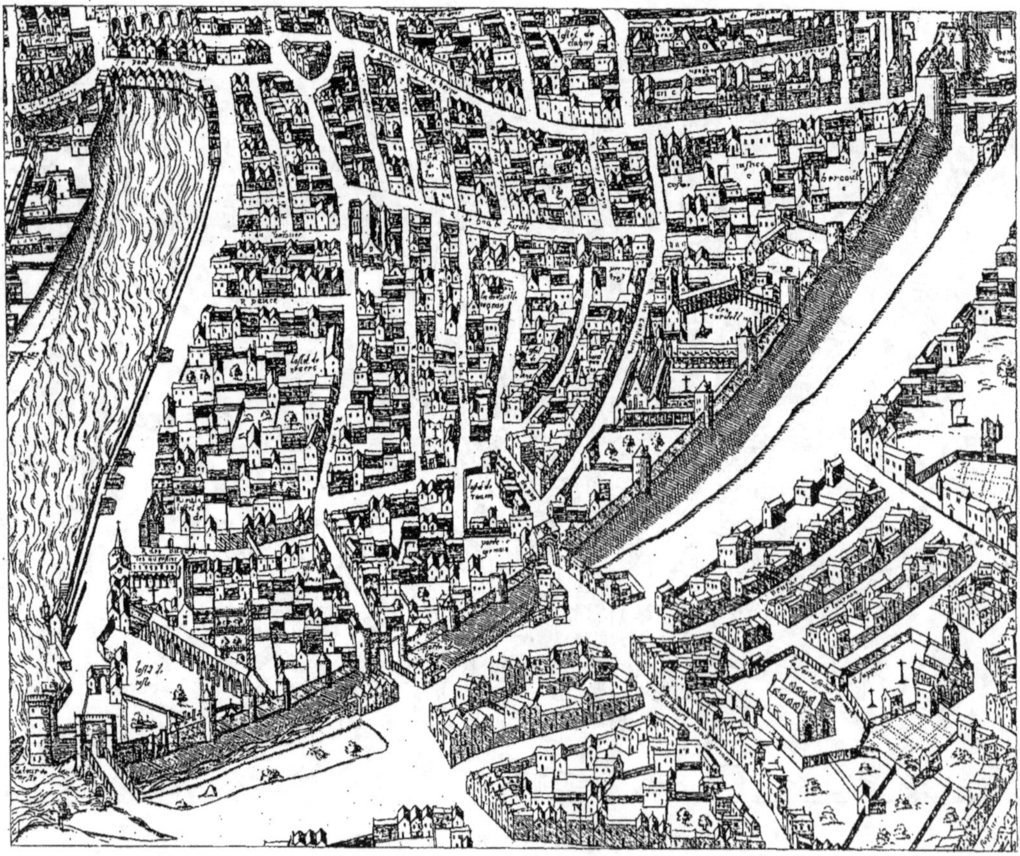

RÉGION OCCIDENTALE DE L'VNIVERSITÉ
EXTRAIT DV PLAN DIT DE SAINT VICTOR (1555)

d'Ausa, est prétendue par le Parloir aux bourgeois. Les autres maisons de ce côté, jusqu'à la rue Saint-André-des-Arts, sont de la censive de l'abbaye Saint-Germain.

« *Rue Mâcon par la rue de la Vieille-Bouclerie, à gauche :* Toutes les maisons de ce côté sont dans la censive de l'abbaye Saint-Germain.

« *Rue Poupée :* Toutes les maisons de ce côté sont dans la censive de l'abbaye Saint-Germain.

« *Rue Percée :* Toutes les maisons de cette rue des deux côtés sont de la censive de l'abbaye Saint-Germain, à l'exception des deux maisons en entrant par la rue de la Harpe, à gauche, l'une appartenant à la fabrique de Saint-Séverin et l'autre au sieur Dumesnil, prêtre.

« *Rue Serpente, à droite, en entrant par la rue de la Harpe :* Il n'y a que deux maisons, qui appartiennent actuellement au sieur Bazan, ainsi que celle du coin de la rue Hautefeuille, qui lui appartient aussi, qui sont dans la censive de l'abbaye. Et, de l'autre coté de ladite rue, il n'y a que quatre maisons, qui appartiennent aux Chartreux, qui seraient dans la censive de ladite abbaye Saint-Germain.

« *Rue des Deux-Portes par la rue de la Harpe, à droite :* Il y a trois maisons, mais l'on n'a aucune déclaration de ces maisons qui constate qu'elles soient de la censive de l'abbaye Saint-Germain ; cependant il paraît qu'il y en a deux qui en dépendent et en font partie, et qui forment le derrière des maisons rue Serpente appartenant aux Chartreux, et qu'elles doivent faire partie de la censive de l'Abbaye.

« *Par la rue de la Harpe, à gauche :* Il y a trois maisons, mais on ne voit rien qui constate la censive de l'abbaye sur ces maisons.

« *Rue Hautefeuille, par la rue Saint-André-des-Arts, à droite :* Toutes les maisons de ladite rue de ce côté, compris l'église de Saint-André-des-Arts jusqu'aux Prémontrés, sont de la censive de l'abbaye Saint-Germain.

« *L'autre côté de ladite rue :* Les maisons de l'autre côté, à commencer de ladite rue Saint-André-des-Arts, à main gauche : il y a onze maisons, jusques et compris les maisons des Chartreux qui sont de la censive de l'abbaye Saint-Germain jusqu'à la maison faisant le premier coin de la rue des Deux-Portes, dont la censive est prétendue par la ville.

« *Rue des Cordeliers, par la rue de la Harpe, à droite :* Toutes les maisons, depuis le second coin de la rue Hautefeuille jusques à la rue du Paon, sont de la censive de l'abbaye Saint-Germain.

« *De l'autre côté, par la rue de la Harpe, à gauche :* Tout le côté est de la censive de l'abbaye, étant observé que l'abbaye Saint-Germain-des-Prés a originairement concédé aux religieux Cordeliers le terrain où ils se sont établis dans ladite rue, sous la réserve expresse, de la part de ladite abbaye, de rentrer dans la propriété dudit terrain, dans le cas où lesdits Cordeliers ne l'occuperaient plus.

« *Rue de la Harpe, à main droite, à commencer du coin de l'église Saint-Cosme :* Toutes les maisons et colléges qui sont dans ladite rue de la Harpe, de ce côté, depuis et compris Saint-Cosme jusques à la porte Saint-Michel, où il y avait autrefois, comme à la place du pont Saint-Michel, un pressoir à verjus, sont de la censive de l'abbaye Saint-Germain.

« Des remarques cy-dessus faites de toutes les maisons qui sont dans la censive de l'abbaye Saint-Germain depuis le bout du pont Saint-Michel jusqu'à la porte Saint-Michel, par le chemin tracé de la rue Saint-André-des-Arts, Hautefeuille, des Cordeliers, de la Harpe, il résulte que toutes les maisons des rues de Hurpoix, de l'Hirondelle, de Saint-André-des-Arts, du cimetière Saint-André, des Poitevins, du Battoir, des Cordeliers, du Paon, du Jardinet, Mignon, de l'Éperon, cul-de-sac de la cour de Rouen, Gît-le-Cœur, Pavée, Grands-Augustins, Savoye, Christine, Dauphine, d'Anjou et autres, qui se trouvent renfermées dans l'enceinte cy-dessus décrite, sont dans la censive de l'abbaye Saint Germain[1]. »

La portion de censive décrite dans le passage du procès-verbal que nous venons de citer n'est pas d'un seul tenant : on y remarque des enclaves, ou plutôt des « prétentions », comme dit le texte; mais ces prétentions ne font que confirmer ce que nous apprennent les anciens documents, à savoir que l'Abbaye avait reçu originairement en don le territoire de Laas et la plus grande partie des terres appelées plus tard « de Gibard »; qu'elle en avait accensé ou aliéné certaines parcelles, et qu'elle avait conclu, à différentes époques, divers arrangements modificatifs de sa censive primitive.

L'un des plus importants est celui de 1272, conclu entre le roi Philippe le Hardi et l'abbé de Saint-Germain-des-Prés. Dom Bouillart l'a imprimé dans ses *Pièces justificatives :* nous en extrayons seulement la partie qui a trait à notre sujet :

Facta fuit concordatio in hunc modum, dit le texte latin, *videlicet quod a cuneo adaquatorii Matisconensis comitis, eundo directe usque ad cuneum murorum fratrum Minorum, a dextera parte, et a predicto cuneo fratrum Minorum usque ad cuneum murorum ecclesie sanctorum Cosme et Damiani, et ab eodem cuneo usque ad portam Gybardi, a dextera parte.*

---

[1] Procès-verbal du 26 févier 1790.

La part des religieux faite, au point de vue de la juridiction, le Roi se fait la sienne : *ad nos et successores nostros, ex nunc in perpetuum, pertinebit tota via, cheminum et viaria, que est a predicto adaquatorio usque ad dictum cuneum murorum Sancti Andree, et ab eodem cuneo usque ad cuneum murorum fratrum Minorum, et ab predicto cuneo fratrum Minorum usque ad cuneum murorum ecclesie sanctorum Cosme et Damiani, et ab eodem cuneo usque ad portam Gybardi*[1].

Nous avons fait remarquer plus haut que la ligne constituant la limite orientale de cette censive se brisait à une certaine hauteur, et formait une sorte d'angle rentrant.

Cet angle résultait-il du périmètre originaire du jardin de l'*arx*, ou constituait-il une emprise sur les jardins, emprise déterminée par la fondation de certains établissements religieux ayant, eux aussi, leur censive? C'est ce qu'il est fort difficile de déterminer. Nous n'affirmerons donc rien à cet égard, nous bornant à prévenir le lecteur que nous ne tiendrons pas compte de cette brisure, et que le triangle que nous nous proposons de décrire, composé, pour la plus grande partie, des terres du fief de Saint-Germain encloses dans la ville par la construction de l'enceinte de Philippe-Auguste, comprend trois côtés réguliers représentés : 1° par la berge de la rive gauche du petit bras de la Seine, depuis l'abreuvoir Mâcon jusqu'à la porte de Nesle; 2° par la muraille de Philippe-Auguste, depuis la tour de Philippe-Hamelin jusqu'à la porte Gibard; 3° par les rues de la Harpe et de la Petite-Bouclerie, depuis cette porte jusqu'à l'abreuvoir Mâcon et au pont Saint-Michel.

De ces trois côtés, deux sont d'origine ancienne; ce sont : la berge de la Seine et la ligne séparative formant, à l'orient, démarcation entre les censives de Saint-Germain et de Sainte-Geneviève; le troisième, seul, est de création relativement récente. Il résulte de la construction du mur d'enceinte, dit de Philippe-Auguste, qui coupa le clos de Laas et les terres de Gibard, ainsi que la plupart des clos situés tant sur le plateau que sur les versants de la montagne Saint-Geneviève. L'établissement de cette enceinte est un fait des plus importants dans l'histoire topographique du vieux Paris; nous lui consacrons plus loin un chapitre spécial.

Comment se peupla ce territoire? Quelles furent les premières rues ouvertes

---

[1] Cet angle de *censive* était moindre que l'angle de *justice*; la pièce que nous venons de citer l'indique parfaitement : «Les religieux, abbé et convent de Sainct Germain des Prez, non seulement au bourg dudit sainct, ont toute justice, haute, moyenne et basse, mais aussi dedans la Ville de Paris, suivant leur privilége de fondation, confirmé par les rois Dagobert, fils de Clotaire second, Charlemagne, Loys et Lothaire, frères, Charles le Chauve, Robert, Henri premier, Loys le Gros, Loys cinquiesme, Philippes Auguste, saint Loys et par Philippes troisième, lequel nous borna ladicte justice, selon qu'il est contenu en la transaction faite entre ledict roy Philippes et lesdicts religieux.» Suit le texte : *A cuneo adaquatorii Matisconensis* (l'abreuvoir Mâcon), etc.

Nous faisons remarquer de nouveau qu'il s'agit ici de la *justice* et non de la *censive* de l'Abbaye.

et bordées d'habitations? On peut répondre à cette question par des probabilités et par des documents. En thèse générale, on peut affirmer que les quatre ou cinq voies, principales et secondaires, existant à l'époque gallo-romaine et qualifiées *itinera* par le poète Fortunat, durent, les premières, provoquer un mouvement de construction. Avec les pierres des *villæ* en ruines, on éleva des chapelles ou oratoires, des maisons d'habitation, des bâtiments pour la culture et autres abris nécessaires à une population suburbaine. Le long des chaussées mal entretenues depuis le départ des légions romaines, s'alignèrent des étables, des bergeries, des tuileries, des fours, des pressoirs, comme il advint plus tard dans le faubourg Saint-Germain, aux abords de l'Abbaye.

Avec le développement de la ville, la culture recula de proche en proche, et les anciens sentiers ruraux se transformèrent successivement en voies transversales. Il y a donc toute apparence que les rues de la Harpe, des Cordeliers ou de l'École-de-Médecine, Hautefeuille et Saint-André-des-Ars, comptèrent parmi les premières voies de la région.

Pour passer de l'une à l'autre, il existait des chemins ou *traverses*, comme on les a nommés plus tard dans les faubourgs[1]. Ces chemins devinrent des rues secondaires, en bordure desquelles on construisit, au fur et à mesure que la population se développait et que les propriétaires fonciers trouvaient intérêt à accenser.

Cette circonstance se présenta tout d'abord en 1179, époque où l'abbé de Saint-Germain, Hugues V, accensa une partie du clos de Laas, et bailla à bâtir les terrains situés le long de quatre ou cinq chemins, les plus importants parmi ceux qui le traversaient. Du Breul, Félibien, et dom Bouillart ont fait ressortir l'importance de cet acte : « Hugues, abbé de Saint-Germain, dit Félibien, aliéna la plus grande partie de ce clos ou territoire, en 1179, pour fonder son anniversaire, à la charge qu'on y bastiroit des maisons. »

Une seconde occasion plus favorable encore se présenta bientôt après : ce fut la construction de l'enceinte de Philippe-Auguste sur la rive gauche, *a parte australi*. Ouvert du côté de la campagne, sans autres ouvrages de défense que les vieilles ruines romaines, qualifiées improprement de châteaux, le territoire de Laas ne présentait aucune garantie de sécurité. Il en fut tout autrement, lorsqu'un solide rempart eut enclos les vignes, les champs, les marais et les maisonnettes des cultivateurs. « L'Université, dit Malingre ou plutôt Du Breul, estant ainsi enclose de murs, sous le règne de ce sage et prudent roy Philippes Auguste, fust bastie

---

[1] Le nom générique de *traverse* est resté, jusqu'à ces dernières années, à l'une des rues du faubourg Saint-Germain, qui porte aujourd'hui le nom du frère Philippe. De nos jours, les diverses rues *traversières*, existant notamment aux faubourgs Saint-Honoré et Saint-Antoine, ont échangé cette dénomination contre des noms propres.

presque tout de neuf, tant à cause des lieux vagues et inutiles où furent lors basties de belles maisons et dressées de belles et grandes rues, comme aussy la pluspart des maisons là basties, n'estans bien commodes ni logeables, estans ré-édifiées de neuf. Il fallut aussy lors ériger de nouvelles églises et parroisses, pour tant de nouveaux habitans, qui venoient demeurer esdites maisons. »

L'antiquité relative des voies de la région pourrait être le sujet d'une étude intéressante; mais on ne saurait la déterminer avec quelque précision. Tout ce qu'on peut affirmer à cet égard, c'est que les artères principales datent de l'époque mérovingienne, et que les rues secondaires sont ou d'anciens chemins transformés, ou des percements faits à travers le clos de Laas, à la fin du XIIe siècle et au commencement du XIIIe.

De nombreux baux à cens furent la conséquence de l'accensement de 1179; le bâtisseur des terrains accensés exigea naturellement la mise en état des anciens sentiers ou chemins de desserte dont nous avons déjà parlé, et l'ouverture de quelques rues destinées à délimiter les îlots, de même que l'achèvement de la clôture, mit en valeur les parties excentriques des territoires de Laas et de Gibard. Telle est certainement l'origine de la plupart des voies secondaires que nous allons décrire et à l'établissement desquelles nous ne pouvons assigner qu'une date approximative.

On trouve mention des rues Saint-André-des-Ars et du cimetière Saint-André en 1179;

Des rues Poupée et de l'Hirondelle en 1200;

Du « Chemin-sur-Sainne » (plus tard quai des Augustins) en 1215;

Des rues Pavée et Gilles-le-Queux à la même époque;

Des deux Boucleries en 1236;

De la rue et de l'impasse du Paon en 1246;

De « la Serpente » en 1247;

De la rue des Étuves en 1252;

De la rue des Poitevins en 1253;

Des rues Mignon et Pierre-Sarrazin en 1255;

De la rue de l'Éperon en 1257;

De la rue des Augustins en 1262;

De l'abreuvoir Mâcon en 1272;

De la rue Percée en 1284;

De la rue du Battoir en 1292;

De la rue du Jardinet en 1299;

Du quai des Augustins et de la rue de Nevers en 1312.

Deux documents bien connus confirment l'ancienneté relative des voies de cette région : ce sont le *Dit* de Guillot, qui est de la fin du XIIIe siècle ou du commencement du xive, et la liste contenue dans un manuscrit de l'annee 1450, dit manuscrit de Sainte-Geneviève. Nous empruntons à ces deux pièces la nomenclature des rues du quartier que nous étudions.

I. — LE DIT DE GUILLOT (1300).

RUES COMPRISES DANS LA RÉGION OCCIDENTALE DE L'UNIVERSITÉ.

La *rue de la Huchete* à Paris
Première, dont pas n'a mespris.
Assez tost trouva Sacalie
Et la *petite Bouclerie*
Et la *grant Bouclerie* après,
Et *Herondale* tout en près.
En la rue *Pavée* alé,
Où a maint visage balé.
La rue à l'*Abé Saint Denis*
Siet assez près de Saint Denis.
De la *grant rue Saint Germain
Des prez*, si fait *rue Cauvain*,
Et puis la *rue Saint Andri*.
Dehors mon chemin s'estendi
Jusques en la *rue Poupée*,
A donc ai ma voie adrecée,
En la *rue de la Barre* vins,
Et en la *rue à Poitevins*,
En la *rue de la Serpent*;
De ce rien ne me repent.
En la *rue de la Plastrière*
Là maint une dame loudière
Qui maint chapel a fait de fueille.
Par la *rue de Haute-fueille*
Ving en la *rue de Champ-Petit*,
Et au dessus est un petit
La *rue du Paon* vraiement;
Je descendi tout belement
Droit à la *rue des Cordeles* :
Dames i a; le descort d'elles
Ne voudroie avoir nullement.
Je m'en aldai tout simplement
D'iluecques au *Palais de Termes*,
Où il a celiers et citernes;
En cele rue a mainte court,
La *rue aux hoirs de Harecourt*;
La *rue Pierre Sarrazin*
Où l'on essaie maint roncin
Chacun an, comment c'on le hape,
Contre val *rue de la Harpe*....

II. — LISTE DU MANUSCRIT DE SAINTE GENEVIÈVE (1450).

Rue du Pont Saint Michel.
Rue Saint Andrieu des Ars.
Rue Poinpée (Poupée).
Rue des Porteurs.
Rue à l'Evesque de Rouan.
Rue aux deux Portes.
Rue du Four.
Rue Mignon.
Rue Saint Germain des Prez.
Rue de l'Abbé de Saint Denis.
Rue Pavée.
Rue d'Arrondelle.
Rue des Cordeliers.
Rue Saint Cosme.
Rue Pierre Sarrazin.
Rue de la Serpente.
Rue de Harpe.

La formation de ce quartier est donc l'œuvre d'un siècle et demi environ. Au XVe siècle, la construction du pont Saint-Michel détermine un remaniement de la viabilité aux abords du fleuve; la place du pont se forme, et change l'aspect des petites rues avoisinantes. Le XVIe siècle, qui fait tant d'innovations dans l'ordre politique et religieux, modifie peu, en topographie, l'ancien état de choses; mais le XVIIe, qui fut cependant essentiellement conservateur, y apporte de grands changements. La construction du pont Neuf et l'ouverture de la rue Dauphine, qui en fut la conséquence, déterminent le percement des rues d'Anjou (aujourd'hui de Nesle) et Christine, ainsi que la régularisation de celle de la Bazoche ou Contrescarpe-Saint-André, portion de l'ancienne allée des murs.

L'établissement du collège Mazarin, ou des Quatre-Nations, après avoir complètement modifié les abords de l'ancienne tour de Nesle, en dedans et en dehors de la muraille dite de Philippe-Auguste, donne le signal de la destruction de cette enceinte, déjà entamée par le percement de la rue Dauphine, et permet de créer, sur les fossés, ainsi que dans les « allées des murs », de nouvelles voies qui se raccordent avec les anciennes. De cette époque datent la rue Guénégaud, la place et l'impasse Conti, les rues de l'Observance et de Touraine, qui portent aujourd'hui les noms de deux médecins célèbres, Antoine Dubois et Dupuytren. Vers le même temps, la démolition de l'hôtel de Laon, de Nemours ou de Savoie fournit le terrain nécessaire à l'ouverture d'une nouvelle rue portant cette dernière dénomination.

Depuis, la région que nous étudions n'a eu à subir que quatre opérations édilitaires; mais elles ont été capitales. A la construction du nouveau Théâtre-Français, sur les terrains de l'ancien hôtel de Condé, et au percement de voies nouvelles, qui en a été la conséquence, se rattache l'ouverture de la rue Racine, dont le prolongement a causé la ruine de l'église Saint-Côme. Peu d'années après la création de ce nouveau quartier, la transformation du collège de Bourgogne en école de chirurgie et la destruction du couvent des Cordeliers amenèrent l'élargissement de la rue de ce nom et la formation d'une place devant le nouvel édifice. De nos jours, l'ouverture des boulevards Saint-Michel et Saint-Germain a radicalement changé l'aspect de la région sur tout le parcours de ces deux grandes voies; une nouvelle place Saint-Michel a pris le nom de l'ancienne, qui touchait à la porte de ce nom; les deux Boucleries, les rues de la Harpe, de l'Hirondelle, des Deux-Portes, Percée, Poupée, Serpente, du Jardinet, du Paon, ont ou complètement ou partiellement disparu. Pour retrouver l'ancienne physionomie du quartier, il faut aujourd'hui s'engager dans la rue Hautefeuille, suivre celle des Poitevins, gagner l'impasse de Rouen ou la rue de l'Éperon, traverser celle de Saint-André et déboucher sur le quai par la rue Séguier (ancienne rue Pavée), ou par la rue Gît-le-Cœur, à l'extrémité de laquelle on trouve encore quelques restes de la rue de Hurepoix. Un percement projeté, celui du boulevard Saint-André, dont une amorce a été ménagée à l'angle occidental de la fontaine Saint-Michel, achèvera de faire disparaître ce coin du vieux Paris.

TOPOGRAPHIE HISTORIQVE DV VIEVX PARIS

RÉGION OCCIDENTALE DE L'VNIVERSITÉ
EXTRAIT DV PLAN DE QUESNEL (1609)

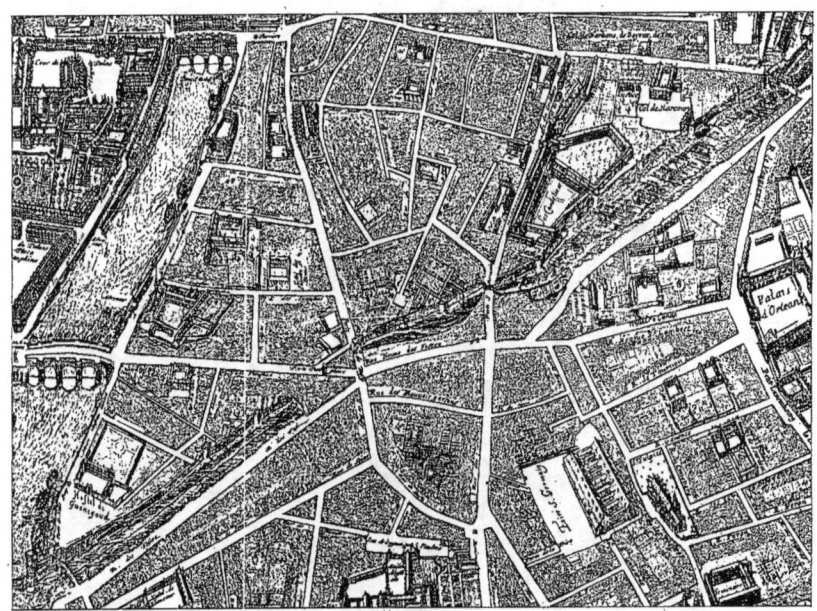

RÉGION OCCIDENTALE DE L'VNIVERSITÉ
EXTRAIT DV PLAN DE GOMBOUST (1652)

TOPOGRAPHIE HISTORIQVE DV VIEVX PARIS

RÉGION OCCIDENTALE DE L'VNIVERSITÉ
EXTRAIT DV PLAN DE LA CAILLE (1714)

RÉGION OCCIDENTALE DE L'VNIVERSITÉ
EXTRAIT DV PLAN DE TVRGOT (1735)

CHAPITRE II.

ENCEINTES, TOURS, PORTES, POTERNES, FOSSÉS, ALLÉES DES MURS SUR LA RIVE GAUCHE DE LA SEINE, DANS LA RÉGION OCCIDENTALE DE L'UNIVERSITÉ.

Sommaire : Le clos de Laas coupé par l'enceinte de Philippe-Auguste. — Obscurités que présente la question des anciennes enceintes de Paris. — Conditions requises pour affirmer l'existence d'une enceinte. — Hypothèse d'une première enceinte sur la rive gauche de la Seine. — Arguments des partisans et des adversaires de cette hypothèse. — Sauval, Toussaint du Plessis, Le Beuf, Le Clerc du Brillet, Jaillot, Dulaure, de la Mare, Mauperché, Ramond du Poujet, A. Bonnardot, Adolphe Berty. — Tracé conjectural de cette enceinte. — Conclusion probable. — Enceinte dite de Philippe-Auguste sur la rive gauche. — Témoignages contemporains. — Expropriations, travaux de construction, mur de clôture, tours, portes, poternes, allées des murs, fossés et autres accessoires de l'enceinte. Travaux exécutés par ordre de Charles V. — Dégradation des murs, comblement des fossés, dons, locations, ventes de diverses parties de l'enceinte. — Faiblesse de l'enceinte comme moyen de défense.

Nous avons dit, dans le chapitre précédent, comment le clos de Laas fut coupé, vers la fin du XIIe siècle et au commencement du XIIIe, par le mur fortifié que fit construire le roi Philippe-Auguste. L'établissement de la nouvelle enceinte fut un évènement topographique considérable : il eut, en effet, pour conséquence d'enclore dans la ville une portion du sol appartenant à l'abbaye et de motiver la création de deux paroisses urbaines, Saint-André et Saint-Côme, qui formèrent plus tard la circonscription d'un quartier — celui de Saint-André-des-Ars — et partie d'un autre — celui de Saint-Germain-des-Prés. — Il importe donc de s'y arrêter, avant d'entreprendre l'histoire descriptive de la région. C'est par une série d'enceintes, en effet, que Paris s'est incorporé la censive de l'Abbaye ; de suburbain qu'il était d'abord, ce vaste territoire est devenu successivement et de proche en proche partie intégrante de la ville. Il y a bientôt sept siècles que ce mouvement d'assimilation a commencé, et nous l'avons vu, il y a peu d'années, s'étendre jusqu'aux limites extrêmes de la donation de Childebert [1] : c'est une raison de plus pour en rechercher les origines.

[1] L'enceinte fortifiée sur la rive gauche a enclos dans Paris une partie de la censive de Sainte-Geneviève, laquelle continuait, vers le midi, celle de Saint-Germain-des-Prés.

La question des enceintes de Paris, assez négligée par les anciens historiens, a été, au contraire, fort étudiée par les topographes contemporains. Les documents à l'aide desquels on a cherché à l'élucider sont de divers ordres; les textes, les comptes, les plans, les substructions mises au jour par les fouilles et les analogies que fournissent les études d'archéologie comparée, concourent, dans des proportions diverses, à faire la lumière sur les obscurités que présente le problème. Cependant, pour la période ancienne et en particulier pour les temps antérieurs au xiie siècle, bien des points restent encore dans l'ombre.

L'un des chercheurs qui ont le plus contribué à préparer une solution, M. A. Bonnardot, place modestement cet aveu en tête de ses *Dissertations* : « L'histoire des clôtures qui ont précédé celle de Philippe-Auguste est fort obscure; je doute qu'elle puisse jamais être dégagée des ténèbres qui l'enveloppent, sans la découverte fortuite de quelque ancien manuscrit, ou l'exhumation d'une continuité de débris matériels cachés jusqu'ici sous le sol. La solution complète de cette curieuse question est réservée, je l'espère, aux archéologues de l'avenir. »

Il s'est écoulé trente années depuis que ces lignes sont écrites, et le problème, du moins en ce qui concerne la région que nous étudions, semble encore tout aussi insoluble. A-t-il existé, sur la rive gauche de la Seine, une muraille, un fossé, un *vallum*, un travail quelconque de défense, avant l'enceinte de la fin du xiie et du commencement du xiiie siècle ? En l'absence de cet « ancien manuscrit » et de cette « continuité de débris matériels » considérés comme pouvant seuls aider au dégagement de la vérité, nous ne pouvons qu'exposer les idées émises sur ce point, les discuter et nous ranger à l'opinion la plus probable.

L'affirmative a été soutenue avec plus ou moins de force par Sauval, Toussaint du Plessis, Le Beuf, Le Cler du Brillet, Jaillot, et Dulaure. La négative a pour adhérents de la Mare, Mauperché, Ramond du Poujet, A. Bonnardot et Adolphe Berty.

Sauval, se fondant sur un document dont il n'indique pas la source et ne donne pas le texte, ce qui en infirme singulièrement la valeur, parle en termes fort vagues d'une clôture qui aurait embrassé la place Maubert et son voisinage, depuis le Petit-Pont jusqu'à la rue de Bièvre. Bien que cette prétendue clôture, en admettant qu'elle ait jamais existé, soit en dehors de la région qui nous occupe, nous la mentionnons, parce qu'on l'a étendue hypothétiquement vers l'occident et fait aboutir à un point de la berge du fleuve, à travers le clos de Laas. Le « rôle des carrefours » dont parle Sauval [1], et qui ne serait, en somme, qu'une sorte de livre de la taille pour le Paris suburbain, a pu indiquer les murs des clos Mauvoisin et du Chardonnet, sans qu'on puisse en induire l'existence d'une fortifica-

---

[1] *Antiquités de Paris*, I, 29 et 30.

tion quelconque. Aucun des auteurs qui ont tenté d'indiquer la ligne de cette prétendue clôture n'a pu, dit M. A. Bonnardot, s'expliquer, même approximativement, ni sur la date de la construction, ni sur l'époque où elle a disparu; de plus, on n'a jamais rencontré le moindre débris qui pût être considéré comme un jalon.

A défaut de constats matériels, on s'est appuyé sur des textes. On a cité d'abord la charte apocryphe relative à la fondation de l'abbaye Saint-Vincent par Childebert. Ce document, dont la critique moderne a démontré la fausseté, contient le passage suivant: *cœpi instruere templum in urbe Parrhisiaca prope muros civitatis.* Mais, en admettant même l'authenticité de la pièce, les mots *in urbe Parrhisiaca* n'auraient pas de sens, puisque le bourg Saint-Germain a été, jusqu'en 1551, considéré comme étant *extra urbem* et ne faisant point partie de Paris. D'ailleurs, ainsi que l'a fait remarquer M. A. Bonnardot, les murs de ville dont il est question peuvent fort bien avoir été ceux de la cité ou de la rive droite, et l'expression *prope*, comme notre mot *près*, est assez élastique pour exprimer une distance de plusieurs centaines de toises.

On a aussi tiré argument d'un second passage de la même charte : à propos d'une donation faite par Childebert, il est dit que le moulin, objet de cette libéralité, est situé *inter portam civitatis et turrim.* Les partisans d'une ancienne enceinte sur la rive gauche regardent cette porte et cette tour comme ayant appartenu aux murs de ville mentionnés plus haut, et ils en concluent que l'enceinte a réellement existé. Mais on objecte, d'autre part, que le petit Châtelet a toujours été considéré comme une porte et comme une tour; le moulin dont il s'agit pouvait donc être contigu au Petit-Pont et au petit Châtelet, et il ne résulterait point de ce passage une preuve en faveur de l'enceinte contestée.

A l'appui de cette hypothèse, on a cité également une phrase de la *Vie de saint Martin* écrite par Sulpice Sévère vers la fin du IVe siècle. Il y est dit que ce saint, revenant de Tours à Paris, et par conséquent traversant, pour arriver au Petit-Pont, les faubourgs de la rive gauche, rencontra «à l'entrée de la ville» un lépreux qu'il guérit en l'embrassant. A l'endroit où le miracle se serait accompli, on aurait élevé une chapelle formée de branches d'arbres, laquelle aurait encore existé au temps de Clotaire Ier.

Sur ce fait un des partisans de l'enceinte, Toussaint du Plessis, a construit une nouvelle hypothèse. Il suppose gratuitement qu'une *entrée* implique une *porte*, comme si l'on ne qualifiait pas d'entrée les premières maisons d'une ville ouverte, ou le commencement des faubourgs d'une ville fermée. Il prétend, en outre, identifier le chétif oratoire dont parle Sulpice Sévère avec la chapelle Saint-Yves, qui était située à l'angle des rues Saint-Jacques et du Plâtre et qu'on n'a jamais représentée comme attenant à une porte ou à une muraille. De cette entrée, que

Toussaint du Plessis appelle porte du *Lépreux*, l'enceinte aurait suivi, à l'orient, la rue du Plâtre ou celle des Noyers, pour aboutir au cours primitif de la Bièvre, représenté par la rue de ce nom; à l'occident, elle se serait dirigée parallèlement aux rues de la Parcheminerie ou du Foin, pour aller, dans le sens des rues Serpente, du Jardinet, de l'Éperon ou de la Cour-de-Rouen, rejoindre soit la rue Pavée, soit celle des Augustins, qui l'aurait conduite à la Seine.

Toussaint du Plessis, que M. A. Bonnardot cite et discute, paraît avoir soupçonné le peu de solidité de son hypothèse; il n'ose affirmer que cette enceinte ait consisté en un mur de clôture : « Peut-être, dit-il, n'y avoit-il là qu'un simple fossé, qui aura été comblé par succession de temps, ou un mur si foible qu'il sera facilement tombé de lui-même, sans qu'on se soit jamais mis en devoir de le relever, à moins qu'il n'ait été abattu jusqu'aux fondements par le normand Ragenaire, ou Renier, en 845; car, dit un savant académicien (Bonamy), Saint-Julien-le-Pauvre et Saint-Séverin, c'est-à-dire les deux quartiers dont ces églises étoient le centre, étoient encore réputés faubourgs sous Louis le Jeune[1]. »

Ce texte est loin de militer en faveur de l'opinion émise par Toussaint du Plessis : outre que les destructions opérées par les Normands fournissent un argument par trop commode aux amateurs d'hypothèses (témoin l'étymologie donnée au mot *Laas* désignant le clos et l'église Saint-André[2]) l'auteur dont nous nous occupons se réfute lui-même, en disant que les deux édifices religieux les plus anciens de la région, Saint-Julien-le-Pauvre et Saint-Séverin « étaient encore réputés faubourgs sous Louis le Jeune ». Si, vers le milieu du XIIe siècle, deux églises (ou deux quartiers) sensiblement plus rapprochées de la Seine que ne l'était Saint-Yves, passaient pour être situées hors de la ville, comment expliquer que cette dernière ait pu être contiguë à une porte de la cité, et que la tradition ne s'en soit pas conservée ?

Sans prendre ouvertement parti dans la question, Le Beuf a fourni un dernier argument aux tenants de l'hypothèse que nous exposons. Dans l'une de ses *Dissertations*[3], il cite un passage d'une ancienne vie de sainte Geneviève écrite en latin, et dont le manuscrit original remonterait au VIe siècle. Selon ce document, la sainte aurait été inhumée *in basilica in monte sita, juxta nova mœnia Parisii in monte Locutitio*. « Toute la valeur de ce document, dit avec raison M. A. Bonnardot, repose sur l'époque précise du manuscrit; or cette époque est sujette à controverse. Le Beuf lui-même avoue que, à en juger par les caractères, il était du XIe siècle. » Le judicieux auteur des *Dissertations archéologiques sur les enceintes de Paris* ajoute

---

[1] Toussaint du Plessis, *Nouvelles annales de Paris*, p. 33 et 77.

[2] *Nouvelles annales de Paris*, p. 78.

[3] Voir l'article relatif à la rue Saint-André-des-Ars, où cette étymologie est discutée.

que le latin de cette vie de sainte Geneviève, dont il n'a pu juger que sur l'imprimé, lui a paru « trop correct » pour un écrivain du vi^e siècle, et il incline à croire que l'œuvre est du commencement du xiiie, alors que l'enceinte de Philippe-Auguste venait d'être achevée; ce qui expliquerait parfaitement l'expression *nova mœnia*. On ne comprendrait pas, en effet, qu'une muraille antérieure à celle-là eût gravi, comme elle, la montagne Sainte-Geneviève et occupé exactement le même emplacement.

Le continuateur du *Traité de la police* semble s'être rendu compte de cette impossibilité; tout en admettant, en principe, l'existence d'une enceinte méridionale antérieure à celle de Philippe-Auguste, il reconnaît qu'« il seroit essentiel d'en connoistre les bornes, ou du moins d'en désigner quelques-unes »; mais il faut convenir, ajoute-t-il « que jusqu'ici l'on n'a point découvert de vestiges de cette enceinte ou du moins qu'on les aura méconnus si l'on en a trouvé, prévenu qu'on étoit qu'il n'y en avoit point eu [1] ».

C'est donc avec une certaine défiance et en faisant ses réserves que Le Cler du Brillet adhère à l'hypothèse de Sauval.

Après avoir résumé les arguments fournis par les historiens en faveur d'une enceinte antérieure à celle de Philippe-Auguste sur la rive droite, il conclut ainsi :

« Tout ce que l'on peut dire, par comparaison à l'enceinte opposée, c'est qu'elle auroit dû s'étendre depuis la rivière de Bièvre, qui tomboit alors dans la Seine un peu au-dessus de la place Maubert, jusques vis-à-vis le pont Neuf, renfermant les églises de Saint-Julien-le-Pauvre, de Saint-Séverin et de Saint-André-des-Arts; encore faut-il faire deux remarques essentielles : 1° Que cette enceinte auroit été fort resserrée du côté de la place Maubert, n'étant pas probable qu'elle renfermât aucune partie du territoire appartenant à l'abbaye de Sainte-Geneviève, qui s'étendoit jusques à l'entrée du prieuré de Saint-Julien, suivant une bulle d'Innocent III, de l'an 1202, pour cette abbaye, où les bornes du bourg de Sainte-Geneviève, de ce côté-là, sont indiquées; il est vraisemblable aussi que l'abbaye de la sainte étoit elle-même, comme les autres grandes abbayes, environnée de bonnes murailles, pour y être à couvert du pillage dans les temps de troubles et pour y donner retraite aux habitans de son bourg; 2° Que les seigneurs de Garlande, si puissans au commencement du xiie siècle, avoient un château de leur nom au lieu où est la place Maubert; c'est du nom de ce château que la rue Gallande, qui y conduisoit, a pris le sien; ce château étant assez proche du prieuré de Saint-Julien, qui devoit aussi avoir un enclos d'une certaine étendue, parce qu'il étoit considérable, à en juger par ce qui reste de son ancienne église; on peut supposer qu'il joignoit l'enclos du château et qu'ils formoient l'enceinte de ce côté là jusqu'au petit Châtelet, soit qu'on eût abattu les murs de la ville dont il est parlé

[1] T. IV, p. 399.

dans la *Vie de sainte Geneviève*, pour faire les murs de ces édifices, ce qui n'auroit point été sans exemple, soit qu'ils leur servissent de clôture; cela paraît assez naturel [1]. »

Jaillot, critique judicieux, admet, comme Le Cler du Brillet, la possibilité plutôt que la réalité d'une enceinte méridionale antérieure au xiie siècle, et il emprunte ses arguments à Sauval; son opinion n'ajoute donc rien aux raisons données par l'auteur des *Antiquités de Paris*. Mais Dulaure, groupant avec soin toutes les probabilités, et mettant les présomptions à la place des faits, arrive presque à faire accepter son hypothèse: il insiste particulièrement sur le Château-Gaillard, dont nous parlerons à l'article du quai Conti, et sur la tour des Bernardins, considérés comme les deux extrémités de l'enceinte; il tire également parti des deux *barres* ou barrières de la rue des Sachets et de la rue de la Vieille-Plâtrière, et incline à voir une enceinte coupée par une porte, là où une rue change de nom. Bien que cet historien ne fasse pas autorité, nous croyons devoir rapprocher son texte de celui de Le Cler du Brillet.

« La ligne de l'enceinte méridionale, dit Dulaure, devait partir du bord de la Seine qui avoisinait les bâtiments et dépendances du couvent des Grands-Augustins. Sur cette rive, il a existé depuis longtemps un vieil édifice qui ne fut démoli que sous le règne de Louis XIV. Cet édifice, ou espèce de fortification, était remarquable par une tour ronde. Il a porté le nom de Château-Gaillard; il était isolé et on ignore le motif de sa construction; on ne s'en servait nullement, excepté Brioché qui y a donné quelquefois le spectacle de ses marionnettes.

« De ce point fortifié, qui correspondait alors à la pointe de l'île de la Cité et servait à sa défense, la ligne d'enceinte atteignait la rue Saint-André-des-Arts. Là se trouvait une porte indiquée par le nom de *la Barre*; deux rues voisines du couvent des Augustins portaient le même nom; c'était à la barre que l'on percevait les droits d'entrée.

« Ce mur aboutissait ensuite à la rue de Hautefeuille, qui portait anciennement le nom de *la Barre*, nom qui indiquait une autre porte. De la rue Hautefeuille, le mur devait suivre la direction de la rue Pierre-Sarrazin et traverser la rue de la Harpe. Cette rue était coupée là, puisqu'elle portait deux noms: depuis la rue Saint-Séverin jusqu'à celle des Mathurins, elle se nommait rue de la Herpe, ou de la Harpe, et depuis la rue des Mathurins jusqu'à la place Saint-Michel, elle recevait les noms des hoirs d'Harcourt, de Saint-Cosme, etc.

« De ce point, le mur devait se diriger à peu près comme la rue des Mathurins et aboutir à la rue Saint-Jacques. Sur cette rue, et dans l'espace qui se trouve

---

[1] *Traité de la police*, t. IV, p. 400.

entre l'extrémité de la rue des Mathurins et celle de la rue du Foin, devait se trouver une porte. Il en existait certainement une dans cette rue qui, depuis longtemps, était une voie publique, une *voie royale*, la *grande rue*. Lorsque, dans sa partie supérieure fut établie une chapelle de Saint-Jacques, cette partie en reçut le nom, ainsi que ceux de Saint-Benoît, de Saint-Mathelin; la partie inférieure conserva celui de rue du *Petit-Pont*. Cette différence dans les dénominations données à une même rue me fait conjecturer que la partie inférieure, séparée par une porte, était dans la ville, et la partie supérieure dans le faubourg. Cette conjecture s'appuie encore sur le fait suivant : il existait autrefois, près et au dehors des villes, une maison religieuse qui servait d'hospice ou d'hôtellerie aux étrangers. L'église Saint-Julien-le-Pauvre et les bâtiments qui en dépendaient avant l'établissement de la seconde enceinte étaient destinés à cet usage dans la rue Saint-Jacques, qui était une des principales entrées de Paris; lorsque cette seconde enceinte fut établie, une autre hôtellerie ou hospice fut fondée sur cette rue, au delà et près de l'enceinte nouvelle. Cet hospice était l'aumônerie de Saint-Benoît.

«De la porte Saint-Jacques, le mur d'enceinte suivait évidemment la direction de la rue des Noyers, jusqu'à la place Maubert, où se trouvait une autre porte qui ouvrait sur la voie qui conduit à Sainte-Geneviève, à Saint-Marcel. De là, le mur, se prolongeant entre les rues Perdue et de Bièvre, aboutissait à la rive gauche de la Seine, vers le point de cette rive appelé les *Grands-Degrés*, point qui correspondait à l'extrémité orientale de l'île de la Cité.

«En cet endroit de la rive était une tour nommée *tour de Saint-Bernard* et *tournelle des Bernardins*, qui devait terminer l'enceinte. Cette tour est indiquée par des articles de deux comptes du domaine de Paris, l'un de l'an 1462, et l'autre de 1475; ils en fixent la position sur la rive de la Seine, près du point de cette rive appelé les *Grands-Degrés*, et aux extrémités des rues Perdue et de Bièvre : «Maison sise au port Saint-Bernard, devant la rue Perdue, tenant par «derrière à la tour dudit Saint-Bernard. Maison sise en la rue par laquelle on va «du pavé de la place Maubert à la tournelle des Bernardins faisant le coin d'icelle «rue, du côté du pavé de ladite place Maubert, et aboutissant par derrière à «la rivière de Seine» (SAUVAL, *Antiquités de Paris*, III, 411)[1].

Il n'y a évidemment rien en matière d'archéologie conjecturale de plus spécieux que ce passage de Dulaure : pour qui veut se contenter de présomptions et négliger les textes, ainsi que les constats matériels, l'argumentation de cet auteur semble assez probante. Mais les objections ne font pas défaut. Il y a d'abord celle du commissaire de la Mare, qui se contente de passer sous silence la prétendue

---

[1] *Histoire physique, civile et morale de Paris*, II, 56 et suiv.

enceinte méridionale antérieure à celle de Philippe-Auguste : « Avant le règne de ce monarque, il y avoit déjà, dit-il, deux clostures de Paris, l'une dans l'intérieur de l'Isle, qui renfermoit l'ancienne Ville, et l'autre aux environs de son premier accroissement, du côté du nord[1]. » On peut inférer de ce texte et de l'omission calculée qu'on y remarque, que De La Mare n'admettait point l'existence d'une clôture sur la rive gauche, avant celle des xiie et xiiie siècles.

Mauperché et Ramond du Poujet, contemporains de Dulaure, sont beaucoup plus explicites : « Au midi de la Cité, dit ce dernier, ce qu'on a appelé le quartier de l'Université ne fut enclos de murs que sous le règne de Philippe-Auguste, et c'est contre la commune opinion que Sauval soutient le contraire[2]. » Quant à Mauperché, dont le travail a été publié presque en même temps que la première édition de celui de Ramond du Poujet, après avoir cité le texte de Raoul de Presles, duquel il résulte que la partie de la rive gauche voisine du palais des Thermes « commença lors à estre premierement habitée », il s'exprime ainsi au sujet de l'enceinte hypothétique :

« Quoique rien n'annonce, dans le récit de Raoul de Presles, qu'il y ait eu des murs au delà des maisons élevées au midi de Paris, il a plu à Sauval, Piganiol et Jaillot de le vouloir, et c'est ainsi qu'ils les ont établis. Du Petit-Pont, dont ils les font partir, ils les conduisent à la place Maubert, qu'ils renferment dans cette enceinte, et les font finir à l'endroit où est aujourd'hui la rue de Bièvre. Il y a apparence qu'ils se sont déterminés sur un ancien rôle des carrefours, duquel il résulte que les proclamations des jurés crieurs finissoient au Petit-Pont et à la place Maubert; ce qui a fait croire que ces deux lieux étoient les limites de cette clôture, l'usage des jurés crieurs étant de ne pas sortir de la ville, et tels cris n'ayant jamais été faits dans les faubourgs. Tout ceci n'est que des présomptions, et il n'est pas possible d'en conclure qu'il y eût une clôture au midi de Paris[3]. »

Ces conclusions sont à peu près les mêmes que celles de M. A. Bonnardot; après avoir fait remarquer que les deux tours dont on arguë, celle de la rue Saint-Victor et celle des Bernardins, pouvaient fort bien n'être que des tourelles attenant à des habitations et contenant des vis, ou escaliers circulaires, genre de tour fort commun à Paris et ailleurs, il fait remarquer avec raison que rien ne montre ces tours attenant à une enceinte dont on n'a jamais montré un seul débris. « Les prétendues preuves alléguées en faveur de l'existence de cette clôture, dit-il en terminant, courent grande chance de n'être que des méprises; nulle chronique, nulle charte ne cite positivement un mur ou une porte de ville de ce côté de

---

[1] *Traité de la police*, liv. I, titre 6, p. 73. — [2] *Notice sur les anciennes enceintes de la Ville de Paris*, p. 10. — [3] *Paris ancien, Paris moderne*, p. 77 et 78.

Paris, et la moindre découverte matérielle n'est jamais venue jeter le plus faible jour sur cette obscure matière [1]. »

Adolphe Berty était l'un des adversaires résolus de l'hypothèse qui admet l'existence d'une enceinte mérovingienne ou carlovingienne sur la rive gauche. Nous l'avons souvent entendu s'exprimer sur ce point, et les notes que nous avons pu recueillir dans ses papiers ne laissent, malgré leur confusion, aucun doute sur l'opinion qu'il s'était faite. Autant il tenait pour une enceinte sur la rive droite, bâtie antérieurement à la construction de la muraille de Philippe-Auguste, autant il trouvait dénuée de preuves la thèse soutenue par Sauval, Toussaint du Plessis, Le Beuf, Le Cler du Brillet, Jaillot et Dulaure, en faveur d'une fortification mérovingienne, ayant couvert les faubourgs du midi. « N'est-ce pas, écrit-il, quelque chose de très probant que cette absence même de toutes preuves, surtout lorsqu'on la compare au nombre des indications retrouvées pour la rive droite? Pour notre part, il nous semble matériellement impossible que, si la supposition que nous combattons était fondée, nous n'en eussions trouvé aucune trace dans la multitude de titres, de toutes les époques, qui nous ont passé par les mains [2]. »

Cette conviction, chez le savant topographe dont nous continuons les travaux, s'appuyait sur ce que les mathématiciens appellent « la preuve par l'impossible ». Aux yeux de Berty, une enceinte mérovingienne, ou carlovingienne, sur la rive gauche, n'avait pas sa raison d'être; on ne pouvait donc avoir eu aucun motif de la construire : « Avant la fin du XIIe siècle, ajoute-t-il, et l'histoire est là pour le constater, les clos de Laas, Sainte-Geneviève, Saint-Symphorien, Bruneau, Mauvoisin ou de Garlande, de Chardonnet, de Tiron, de Saint-Étienne-des-Grès, etc. n'étaient pas bâtis; de sorte que les quelques rares maisons qu'on pouvait alors rencontrer dans ces régions devaient se borner à celles qui étaient sans doute situées le long de la voie principale, voie romaine de *Lutetia* à *Genabum*, ou groupées dans les environs de l'abbaye Saint-Geneviève, et aux pauvres habitations semées çà et là et servant à abriter les cultivateurs des clos [3]. »

L'étude que nous avons faite des deux régions du bourg et du faubourg Saint-Germain prouve que la période rurale a existé, pendant plusieurs siècles, dans la région occidentale de la rive gauche, représentée aujourd'hui par des quartiers florissants. Il en a été de même dans la partie orientale; les nombreux clos entourant celui de Laas offraient, à l'époque mérovingienne et carlovingienne, un aspect identique; qu'y avait-il alors à défendre, dans ce *suburbium*, et quelle nécessité d'entourer d'une fortification des terres, des vignes, des prairies divisées en *clos*

---

[1] *Dissertations archéologiques*, p. 26 et 27. — [2] Notes manuscrites non classées par l'auteur. — [3] Notes manuscrites non classées.

ayant eux-mêmes leurs murailles, ou clôtures? C'est la conclusion à laquelle arrive Adolphe Berty :

« Bien différent du faubourg septentrional déjà florissant, dit-il à la fin de sa note, le faubourg méridional ne méritait pas qu'on le défendît; c'est pour cette raison qu'il n'a point dû être fortifié. Ce fut seulement lorsque Philippe-Auguste, par une grande pensée d'avenir, le fit entourer de remparts, que ce faubourg commença à prendre une importance qui devint fort vite considérable. Il l'aurait, suivant toute apparence, acquise beaucoup plus tôt, s'il avait été auparavant ceint de murailles. Or, c'est un fait authentique que, à la fin du xie siècle, il était à peine habité. On ne saurait citer l'indication d'une seule de ses rues avant 1190, quoique l'on ne puisse douter que ses grandes artères existassent alors : mais ce n'étaient alors que des voies rurales et non des rues; ce qui prouve bien que le quartier tout entier, ne renfermant encore presque exclusivement que des champs et des vignes, ne possédait pas la sécurité que lui aurait procurée et que lui procura plus tard une enceinte [1]. »

Rejetant *a priori* l'hypothèse de l'existence d'une enceinte mérovingienne ou carlovingienne sur la rive gauche, Berty n'a point discuté les arguments tirés des *tours* et des *barres* sur lesquelles s'appuie l'opinion contraire. S'il était entré dans ce détail, il n'eût point manqué de faire remarquer que les barres des rues des Sachets et de la Vieille-Plâtrière étaient des marques de juridiction ou des limites de censives, que les tours dont on a parlé et que personne n'a vues se rattachaient soit aux portes Saint-Victor et Saint-Bernard, comme ouvrages en arrière, soit à des habitations privées, soit à des travaux de défense pour couvrir les rives du fleuve, ainsi que les deux Châtelets. Il eût insisté particulièrement sur un point d'attache que les constructeurs de la prétendue enceinte n'auraient pas manqué d'utiliser : nous voulons parler du palais des Thermes, que tous les tracés, même celui de Dulaure, laissent en dehors, tandis qu'il était si naturel d'y appuyer une muraille, ainsi qu'on l'a fait pour le *palatium* ou *castrum* de Hautefeuille, lors de la construction de l'enceinte de Philippe-Auguste. Enfin il n'eût pas, aussi facilement que Le Beuf, passé sur l'absence de constats matériels : « Si ces murs n'existent plus, si l'on n'en a vu aucun vestige, c'est à leur peu de solidité, dit cet historien, qu'il faut s'en prendre [2]. » Un tel argument est comme celui qu'on tire des incendies allumés par les Normands : il prouve trop ou trop peu.

Le lecteur a maintenant sous les yeux toutes les pièces du procès : d'une part, des textes ambigus ou mal interprétés, des présomptions et pas un seul argument

---

[1] Notes manuscrites non classées. — [2] *Dissertations*, I, 33.

décisif; d'autre part, des raisons tirées de la configuration des lieux, de leur état avant le xiie siècle, tel que l'attestent les plus anciens documents, raisons corroborées par l'absence de toute pièce probante et de tout constat matériel. Dans cette situation, un topographe prudent ne peut que se renfermer dans la négative, en attendant la découverte d'un « manuscrit ancien » ou l'exhumation d'une « continuité de débris », double condition que M. A. Bonnardot regarde comme absolument indispensable pour affirmer l'existence d'une enceinte mérovingienne ou carlovingienne sur la rive gauche.

Entre cette enceinte hypothétique et celle de Philippe-Auguste, en faveur de laquelle abondent tous les genres de preuves, se placerait celle de l'an 900, que Le Cler du Brillet a imaginée; mais comme cette opinion ne repose sur aucun argument qui vaille la peine d'être discuté, nous ne nous y arrêterons point; c'est une pure conjecture.

L'existence de la muraille dite de Philippe-Auguste est, au contraire, un fait attesté par une masse de documents, tels que les chroniques contemporaines, les comptes de la Ville, les vieux plans, les anciennes estampes, des portions de murs, de tours, et autres débris dont le nombre va diminuant chaque jour, mais qui, au siècle dernier, étaient encore assez « continus » pour permettre à un archéologue de restituer le périmètre de cette enceinte. Le seul point douteux est celui-ci : la clôture, dite de Philippe-Auguste, est-elle entièrement et exclusivement son œuvre? N'existait-il rien sur le parcours de cette muraille avant que le monarque donnât l'ordre de commencer les travaux, et n'a-t-il rien été fait après lui pour compléter cette ligne de défense?

Bonamy, se fondant sur un prétendu devis ou compte des frais du mur élevé sur la rive gauche par les ordres de Philippe-Auguste — pièce dans laquelle il est dit que l'enceinte du midi est accompagnée de tournelles ayant la même épaisseur que celles du vieux mur de la rive droite, *cum tornellis de spissitudine veteris muri ex parte Magni Pontis* — en conclut que le demi-cercle du nord, qualifié de *vieux mur*, ne saurait être la partie septentrionale de l'enceinte de Philippe-Auguste, et admet, ainsi que nous l'avons dit plus haut, une fortification antérieure, qui aurait été seulement réparée par ce monarque, et sur le modèle de laquelle il eût fait construire le mur de la rive gauche[1]. Discuter cette opinion serait hors de propos, puisque nous n'avons à nous occuper ici que du demi-cercle méridional, et, en particulier, du quart de cercle compris entre la tour de Nesle et la porte Gibard.

On sait que le mur de la rive droite fut commencé le premier. Rigord, historien contemporain, place à l'année 1190 l'ouverture des travaux : *Rex precepit*

---

[1] *Mémoires de l'Académie des inscriptions*, t. XXXII.

etiam civibus Parisiensibus quod civitas Parisii, quam Rex multum diligebat, muro optimo, cum tornellis decenter aptatis et portis, diligentissime clauderetur; quod brevi temporis elapso spatio completum vidimus. Sur la rive gauche, les travaux ne furent commencés que dix ans plus tard, et l'on s'explique parfaitement alors que le mur septentrional ait servi de modèle. Rigord dit, en effet, *eodem anno* (1211) *Rex totum in circuitu circumsepsit, a parte australi* [1]. Le *breve temporis spatium* dont il est parlé plus haut, à l'occasion du mur de la rive droite, fut plus court encore pour celui de la rive gauche, puisque en 1211 tout était terminé. Guillaume le Breton, qui refit et continua en vers la chronique latine écrite en prose par Rigord, confirme tous les détails donnés par son devancier [2].

L'achèvement de cette enceinte sur les deux rives, et particulièrement sur celle dont nous nous occupons, suivant de près le grand accensement de 1179, ordonné par Hugues V, abbé de Saint-Germain [3], détermina un vif mouvement de construction dans une région vouée jusqu'alors à la culture et dépourvue de moyens de défense. Quand ils se virent à l'abri des rôdeurs de grands chemins et protégés contre toute déprédation par une bonne muraille munie de tours et de portes bien closes, les propriétaires et les locataires à cens firent construire à l'envi. C'est précisément ce qu'avaient voulu l'abbé Hugues et le roi Philippe-Auguste. Rigord, témoin de ce mouvement, en parle dans des termes qui s'appliquent surtout au territoire de la rive gauche, lequel était alors un grand vignoble : *Maximam terre amplitudinem infra murorum ambitum concludens, et possessores agrorum et vinearum compellens in terras illas et vineas ad edificandum, in eis novas domos habitatoribus locarent, vel ipsimet novas ibidem domos construerent, ut tota civitas usque ad muros plena domibus videretur* [4]. Tout concourt donc à nous représenter la fin du XII° siècle et surtout le commencement du XIII° comme la date du peuplement de la région que nous allons décrire. Le lecteur verra plus tard, dans le détail de cette description, que les plus anciennes mentions de rues, de maisons, d'hôtels, de couvents, d'églises, de collèges, etc., ne remontent pas au delà de cette époque.

La construction de l'enceinte de Philippe-Auguste donna lieu à deux opérations distinctes : une expropriation des immeubles bâtis ou non bâtis qui se trouvaient sur son parcours, et un travail de maçonnerie comprenant deux murs reliés entre eux par un blocage de moellons noyés dans le ciment.

Au témoignage de Rigord et de Guillaume le Breton, l'acquisition des terrains se fit aux dépens du roi, qui indemnisa, sur son trésor privé, les propriétaires dépossédés : *damna sua que per hoc homines incurrebant fisco proprio compensabat* [5],

---

[1] Rigord, *De gestis Augusti Philippi.*
[2] Guillaume le Breton, *Philippide*, l. XII.
[3] Voir à l'art. de la rue Saint-André-des-Ars.
[4] Rigord, *loco citato*.
[5] *Ibidem.*

dit Rigord; quant à Guillaume le Breton, il exprime la même idée en trois vers :

> Cujuscumque domus, fundus, seu vinea, propter
> Fossas aut turres periit, seu menia, damni
> Totius pretium patiens a Rege recepit [1].

Les expressions *fiscus* et *pretium* ne doivent pas être prises dans un sens trop étroit : les bourgeois de Paris, que la nouvelle muraille protégeait dans leurs intérêts, durent contribuer, sinon aux frais d'expropriation, du moins aux dépenses de construction. D'autre part, le roi fit quelques échanges qui diminuèrent, dans une certaine mesure, les sommes à payer. Dans la région qui nous occupe, du Breul cite notamment un acte de 1200, contemporain de l'achèvement du mur sur la rive gauche, aux termes duquel Philippe-Auguste donne à l'abbé de Saint-Germain, pour l'indemniser des emprises faites sur les terres de sa censive, une porte de ville non encore achevée, qu'il nomme *posternam murorum nostrorum* [2].

On trouve dans un grand nombre d'actes l'expression « murs du Roy » ou « murs le Roy »; mais on rencontre également, dans les anciens registres des comptes de la Ville, ces mots « les murs de la Ville »; ce qui permet de supposer que les frais de la nouvelle clôture furent partagés entre les bourgeois de Paris et le monarque. Celui-ci n'était d'ailleurs, dit Rigord, nullement obligé d'indemniser, en nature ou en argent, les propriétaires du sol sur lequel il élevait sa muraille : en qualité d'ouvrage de défense, la nouvelle clôture constituait une servitude que les possesseurs et locataires du sol devaient subir. Rigord, interprète du sentiment public à cette époque, dit formellement que Philippe-Auguste les indemnisa, parce qu'il préféra l'*équité* au *droit*.

Les terrains qu'il fallut occuper pour établir la nouvelle enceinte dans la région que nous étudions — c'est-à-dire du bord de la Seine faisant face au Louvre, points où s'arrêtait le demi-cercle de la rive droite, jusqu'aux abords du château de Hautefeuille — faisaient partie du clos de Laas, ainsi que des terres de Gibard et confinaient au « fisc » d'Issy, domaine de l'Abbaye. L'accensement de 1179 venait précisément de morceler ces terrains pour les mettre en valeur, le fond demeurant, en qualité de bien de mainmorte, la propriété des religieux de Saint-Germain-des-Prés. Ce fut donc avec eux et leurs locataires à cens que Philippe-Auguste eut à traiter. Ceux-ci furent indemnisés par le roi, *fisco proprio* : ils perdaient en effet, leur droit de jouissance, et l'on ne pouvait rien leur donner en échange; ceux-là, au contraire, reçurent, comme nous l'avons dit, leur « récompense » en nature : la porte de Buci, encore inachevée, leur fut cédée, avec les revenus y attachés, comme l'archet Saint-Merri l'avait été, un siècle auparavant, à l'abbé de Saint-Denis [3]. Les détails de cette expropriation ne sauraient être précisés : Rigord

---

[1] *Philippide*, l. XIII. — [2] *Antiquitez de Paris*, p. 382. — [3] *Paris et ses historiens aux XIVe et XVe siècles*, notes ajoutées au texte de Raoul de Presles.

et Guillaume le Breton en ont dit tout ce qu'il paraît possible d'en savoir. Ce qui nous importe, c'est de suivre le tracé de la fortification nouvelle, de décrire les tours qui la flanquaient et les portes dont elle était percée, après avoir toutefois expliqué la composition et le mode de construction de cet ensemble.

M. A. Bonnardot, qui a beaucoup vu, beaucoup comparé, beaucoup discuté, et qui a fait preuve d'une véritable sagacité dans l'étude de cette difficile question, expose d'abord ce qu'était la muraille. «Elle se composait, dit-il, de deux murs reliés entre eux par un blocage de moellons noyés dans un ciment assez tenace. Les faces de ces deux murs de soutien étaient formées de pierres de petit appareil, équarries, mais inégales dans leurs dimensions. Le plus grand nombre de ces pierres avaient environ vingt-sept centimètres en carré, terme moyen; elles étaient de nature calcaire; mais leur surface est devenue, à l'air, presque aussi dure que le grès, et a contracté une teinte d'un gris foncé [1]. » M. A. Bonnardot a constaté l'intercalation, dans l'appareil général, de pierres d'une autre dimension et d'une autre nature, par suite des nombreuses réparations dont la muraille a été l'objet; mais il a remarqué également — et plusieurs archéologues ont fait après lui la même observation — que les blocs du revêtement primitif dominent encore assez pour permettre de reconnaître le mur et de le distinguer des constructions voisines.

Mauperché, dont M. A. Bonnardot a utilisé les travaux, tout en rejetant plusieurs de ses conclusions, a constaté, de son côté, que les fondements de la muraille consistaient en un massif de cailloux réunis par un ciment dur et ferme [2]. Ce blocage, enfermé dans les deux murs formant les faces interne et externe de la clôture, lui donnait une épaisseur moyenne d'environ trois mètres à fleur de sol, et de deux mètres trente centimètres à une hauteur de trois ou quatre toises au-dessus des fondations. Les portions qui en subsistent encore sur la rive droite présentent généralement cette épaisseur, là où les riverains n'ont pas aminci la muraille pour en utiliser les matériaux. Sur la rive gauche, moins exposée aux incursions que l'autre rive, les fragments encore conservés — notamment celui qui se voit dans un jardin dépendant jadis du Petit-Boncourt et dominant aujourd'hui la partie déclive de la rue Clovis — semblent d'une construction moins serrée et moins homogène.

La hauteur de cette fortification paraît n'avoir pas été uniforme sur tout son parcours. Dans la région que nous étudions, le terrain s'élève en pente douce, depuis la rivière jusqu'à l'ancienne porte Gibard, et le mouvement s'accentue davantage à partir de l'ancienne porte des Cordeliers. Il semble donc que ces différences de niveau ont dû motiver des différences de hauteur. Si l'on tient compte,

---

[1] *Dissertations archéologiques*, p. 28. — [2] *Ibid.*, p. 29.

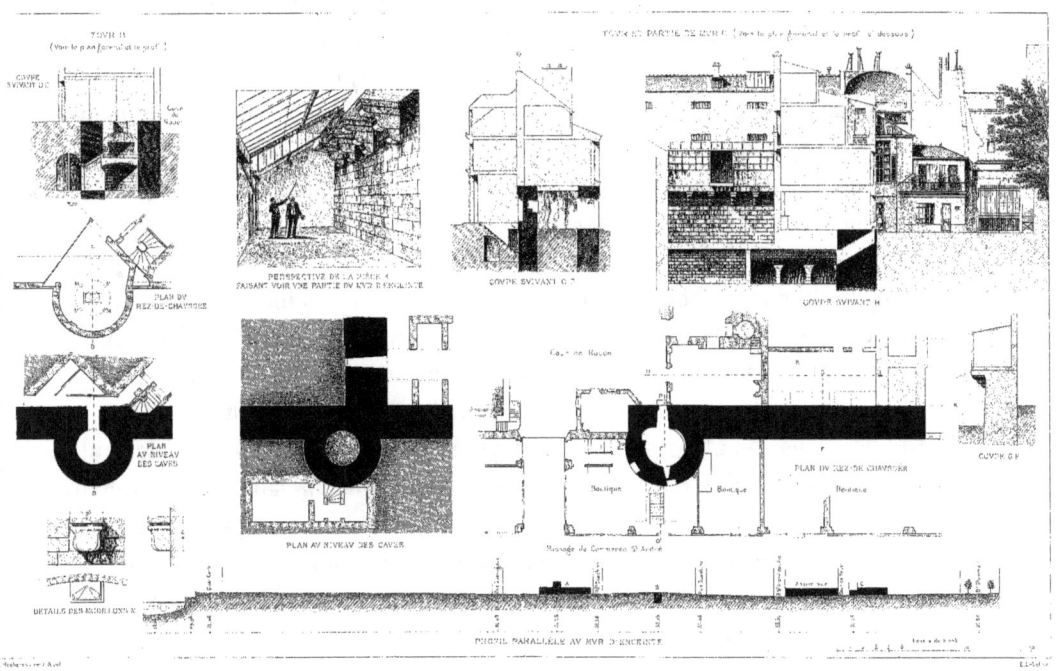

en bas, de l'exhaussement du sol produit par les détritus — ce qui a dû enterrer d'autant le pied de la muraille — et, en haut, du dérasement causé par l'enlèvement du chaperon, des créneaux et des dalles formant le parapet de la plate-forme — matériaux de grosse dimension et toujours utilisables — on peut évaluer à neuf mètres la hauteur moyenne de la muraille.

Des tours, ou tournelles, destinées à fortifier le mur, le flanquaient de distance en distance; elles étaient assez régulièrement espacées à une distance moyenne d'environ trente-cinq toises, ou soixante-dix mètres; construites d'après le même type et avec les mêmes matériaux, elles étaient de forme cylindrique, mais incorporées au mur de telle sorte qu'elles faisaient, à l'extérieur, saillie d'un peu plus de la moitié de leur diamètre. L'autre partie du cylindre se perdait dans la muraille, et ne débordait pas sur la face intérieure; au dedans, les tournelles étaient de forme complètement circulaire, du moins à l'origine, car elles ont subi plus tard divers remaniements. Elles avaient un diamètre de deux toises, ou quatre mètres.

Sur la rive gauche et dans le quart de cercle dont nous avons à nous occuper, la forme de quelques-unes de ces tournelles a pu être modifiée à l'époque de la construction de l'enceinte de Charles V : cette dernière fortification n'ayant été exécutée que sur la rive droite, il est possible qu'on ait accommodé quelques-unes des tours de la rive gauche au nouveau système de fortification rendu nécessaire par la découverte de la poudre à canon et l'emploi des pièces d'artillerie. Celles qui subsistent, en tout ou en partie, dans la région que nous étudions, sont restées à peu près cylindriques, et la forme quadrangulaire des tours de l'enceinte de Charles V ne semble pas avoir été imposée à toutes celles qui n'existent plus. Les altérations qu'elles ont subies proviennent surtout du fait des propriétaires voisins, qui, après en avoir enlevé les matériaux, les ont appropriées à divers usages.

Il faut distinguer entre les tournelles ordinaires courant le long du mur et les tours qui flanquaient les portes, ou formaient tête d'enceinte. Ces dernières étaient sensiblement plus élevées, avaient deux ou trois étages voûtés, et constituaient de petits donjons.

Les vieux plans et les vieilles estampes qui seuls, en l'absence de documents écrits, peuvent nous donner une idée du couronnement de ces tours, les représentent tantôt avec une terrasse garnie d'un parapet crénelé, tantôt sans créneaux, ou coiffées d'un toit conique, commes les *poivrières*. M. A. Bonnardot pense avec raison que, dans leur état primitif, elles étaient crénelées, sans toit, et recouvertes d'une plate-forme de pierre soutenue à l'intérieur par un voûte. Les infiltrations d'eau pluviale ayant plus tard détruit cette voûte, on les aura couvertes d'un toit pour les sauver de la destruction.

Nous n'avons point à nous occuper du nombre total des tours de l'enceinte de Philippe-Auguste; on les évalue généralement à une soixantaine sur les deux rives.

Dans le quart de cercle que nous étudions, M. A. Bonnardot en compte dix-sept, y compris la tour de Nesle; Adolphe Berty n'en a fait figurer que quatorze sur son plan, non compris celles qui flanquaient les portes [1].

Trois portes seulement ont été ménagées primitivement dans la partie de l'enceinte qui nous occupe : celles de Buci, des Cordeliers et Gibard. Celle de Nesle n'a été ouverte que plus tard. Quant à la porte Dauphine, elle est contemporaine du prolongement de cette rue au delà du mur, c'est-à-dire de la première moitié du xviie siècle.

Avant de les décrire, il nous reste à parler des *allées hautes*, ou promenoirs élevés, que formaient les plates-formes de la muraille, et qu'on trouve désignées dans les anciens comptes par les expressions suivantes : « l'allée de dessus le mur, l'allée d'entre les tours, l'allée haute des murs. » Les *allées basses* qui régnaient à l'intérieur, sur certains points de l'enceinte, nous intéressent davantage, parce qu'elles touchent à plusieurs points de la topographie parisienne.

Les *allées hautes* furent d'abord les seules en usage : avant l'invention de la poudre, on combattait du haut des murailles, et les assiégés avaient sur les assiégeants l'avantage de la position, avantage que ceux-ci s'efforçaient de contre-balancer en faisant approcher de la place des échelles, des tours roulantes et autres machines qui les mettaient au niveau de la plate-forme des murs. Une curieuse miniature, que nous avons reproduite dans un autre ouvrage [2], montre les assiégeants précipités du haut des remparts par les assiégés qui occupent les *allées hautes*, et ceux-ci se cachant derrière les créneaux « pour doubter le trait » [3].

On arrivait à ces *allées hautes* soit par des escaliers appliqués au mur, du côté de la ville, soit par des degrés placés dans les tourillons flanquant les portes et les tours élevées qui formaient tête d'enceinte. Le sommet du mur de Philippe-Auguste fut donc, dès l'origine, couronné d'un parapet crénelé, aussi bien sur la rive gauche que sur la rive droite : « Tout le prouve, dit M. A. Bonnardot, les vieux plans, les estampes, les registres des comptes et les chroniques. » Et, comme la partie septentrionale de l'enceinte a servi de modèle pour la construction du demi-cercle méridional, on peut tirer des conclusions, dans ce sens, des textes relatifs aux plates-formes, parapets et créneaux de la rive droite.

Terrasson, dans ses *Mélanges d'histoire* [4], cite un passage de Jean Boivin, ou Bauyn, dit Jean de Saint-Victor, écrivant, en 1327, que Philippe-Auguste en-

[1] La recherche et la description de ces tours, entre celle de Philippe-Hamelin et la porte Gibard, ont été faites avec le plus grand soin par M. A. Bonnardot, et les études postérieures à la date de son livre (1852) ont peu ajouté à ces constats. Nous renvoyons donc le lecteur aux *Dissertations archéologiques sur les enceintes de Paris*, p. 40 à 50.

[2] *Paris et ses historiens*, page 582 : il s'agit de la miniature tirée de Jean de Courcy.

[3] *Description de la maison de Jacques Duchie, par Guillebert de Metz*, même ouvrage, p. 199.

[4] TERRASSON, *Mélanges d'histoire*, p. 133.

toura Paris « bono muro cum *carnellis* et portis ». Bouquet, dans son *Mémoire*[1], reproduit le passage d'un document de la même époque, relatif à une portion des murs de la rive droite où il est dit que *l'allée* — évidemment la partie supérieure du mur — contenait treize « carneaulx ». Enfin Sauval, dans les extraits qu'il a donnés des *Comptes de la Prévosté*[2], enregistre le témoignage suivant se rapportant aussi à la partie septentrionale de l'enceinte : « douze toises et demie des anciens murs, emprez la porte Saint-Martin-des-Champs, contenant douze carneaulx de long...; murs anciens à la porte Barbette, contenant iceulx seize toises ou environ, et y a quinze carneaulx ».

« On peut, dit M. A. Bonnardot, déduire de ces textes l'espacement des créneaux ; on peut aussi en conclure que, par chaque toise, le gros mur était surmonté d'un merlon ayant une longueur d'environ un mètre, et que le vide, entre chaque merlon ou créneau, était d'une égale étendue. Les parapets qui couronnaient la muraille s'appuyaient-ils sur des dalles formant une saillie soutenue par ces consoles à redans qu'on nomme mâchicoulis ? Cela ne paraît pas probable, d'abord parce qu'on n'en a trouvé aucune trace, puis parce que l'usage de ces ouvertures, destinées à livrer passage aux projectiles qu'on lançait sur les assiégeants, ne paraît s'être établi que postérieurement à la construction de notre enceinte. »

Les *allées basses*, ou intérieures, étaient des espèces de chemins de ronde, qui furent établis le long de certaines portions de la muraille, et notammant aux abords des portes, pour faciliter les mouvements des troupes chargées de les défendre, ainsi que le transport des engins de guerre. Nous avons déjà fait remarquer que ces allées basses étaient devenues une nécessité par suite de l'usage des pièces d'artillerie : les projectiles lancés par pierriers, fauconneaux et couleuvrines eussent, en effet, atteint les combattants sur la plate-forme crénelée où ils se tenaient auparavant; la création des allées basses, ou chemins de ronde, les en garantissait.

Mais, pour créer un chemin de ronde intérieur, ainsi qu'on le jugea nécessaire après le désastre de Poitiers et la prise du roi Jean, il fallut opérer de nombreuses démolitions et occuper plusieurs jardins qui touchaient directement à la muraille. Les concessions gracieuses faites antérieurement aux grands couvents des deux rives, dont les bâtiments étaient contigus à l'enceinte en dedans et en dehors, durent être révoquées; c'est ce que nous apprend Jean de Venette, continuateur de Guillaume de Nangis : Il fallut abattre, dit-il, *domos omnes que intus et extra muros antea jungebantur*. Il ne semble pas que la mesure ait été appliquée, sur la rive droite, aux couvents des filles Sainte-Avoye, des Blancs-Manteaux et des Béguines de l'Ave-Maria; mais il est certain qu'elle le fut sur la rive gauche, aux

---

[1] *Mémoire*, p. 181. — [2] Sauval, III, p. 282.

Cordeliers et surtout aux Jacobins, qui, dit le même chroniqueur, *non solum domos quas edificaverant perdiderunt exterius, sed etiam domos intra menia..., ut inter ipsorum habitaculum et dictos muros aditus fieret atque via* [1]. Les mots *aditus* et *via* désignent précisément le chemin de ronde intérieur qui manquait primitivement à certaines parties de l'enceinte, et qu'on jugea nécessaire d'y ajouter.

Adolphe Berty fait figurer, sur son plan, les parties d'allées basses dont il a constaté l'existence; il les appelle tantôt *ruelles du mur* ou *des murs*, tantôt *allées des murs;* nous décrivons plus loin ces ruelles ou allées.

Une opération analogue à celle de la création d'un chemin de ronde eut lieu lorsqu'on creusa des fossés le long et en dehors de l'enceinte. Les maisons et dépendances qu'on avait permis aux religieux de construire ou de conserver à l'extérieur, en les autorisant à ouvrir une porte de communication à travers la muraille elle-même, durent être sacrifiées pour la plupart, et c'est alors, selon le témoignage du chroniqueur que nous venons de citer, qu'apparurent les substructions du château de Hautefeuille, œuvre *sarrasine*, dit le narrateur, qui, partageant les idées de son temps, attribuait aux Sarrasins les constructions élevées à Paris et dans le midi de la France pendant la période gallo-romaine [2].

L'enceinte de Philippe-Auguste sur la rive gauche fut, à la même époque, l'objet de travaux de terrassement, de réparation, de consolidation et d'exhaussement, travaux qui ont laissé des traces dans les anciens comptes de la Ville et ont fourni à M. Robert de Lasteyrie la matière d'une fort intéressante étude [3]. Sur les indications de M. Paul Meyer et grâce aux excellents catalogues dressés par M. Léopold Delisle, M. de Lasteyrie a retrouvé, à la Bibliothèque nationale, des fragments de comptes, se référant à l'année 1366, du mois de février à la fin de décembre, et ayant trait aux ouvrages ordonnés par Charles V pour mettre la vieille muraille de Philippe-Auguste en état de défense. Du moment, en effet, qu'on renonçait à poursuivre, sur la rive gauche, la nouvelle enceinte dont on entourait la rive droite, il était naturel qu'on cherchât à égaliser la valeur défensive des deux fortifications.

Ici la part que prit la ville de Paris à «l'entretenement des murs le Roy» est mise en pleine lumière. C'est Philippe d'Acy, payeur des œuvres de la Ville, qui fait les versements et enregistre les sommes versées.

---

[1] Continuation de la *Chronique de Guillaume de Nangis*, citée par A. Bonnardot, p. 32.

[2] On connaît le passage de Jean de Venette, continuateur de Guillaume de Nangis, relatif à cette découverte. Sauval (III, 126) mentionne d'anciens comptes, ceux de Philippe d'Acy, où il est dit que Robert de Pierre-Fons, pionnier, chargé de réparer les fossés «qui sont derrière la maison de la ville» — ancien Parloir aux bourgeois contigu au couvent des Jacobins — trouva «une grande partie des forts murs anciennement faits par les Sarrasins, qui donnèrent grant peine à rompre et despecier».

[3] *Mémoires de la Société de l'histoire de Paris*, t. IV, p. 270.

« Tous les travaux dont il est ici question, dit M. de Lasteyrie, appartiennent à la rive gauche; à peine est-il fait mention d'une ou deux réparations sans grande importance dans l'île de la Cité. Il est facile de voir, par les comptes de Philippe d'Acy, que les travaux ordonnés par Charles V furent entrepris à la fois sur toutes les parties de l'ancienne enceinte de Philippe-Auguste. Ce furent en général de simples travaux de restauration. On se contenta de relever les pans de murs écroulés, d'exhausser tout ou partie des murailles, de recreuser les fossés, de réparer les toitures des tourelles et autres bâtiments élevés le long des murs; enfin, on refit la plupart des portes, ou du moins on compléta leur système de défense, qui ne répondait plus sans doute aux progrès de l'art militaire. »

A l'appui de cet exposé sommaire, M. de Lasteyrie cite les articles contenus dans les fragments de comptes de Philippe d'Acy : « Pour lever et haucier les murs ... entre la porte de Saint-Germain-des-Prez et la première tournelle en montant à la porte d'Enfer... Pour iiij^x xvii toises de fossés réallargis et ranforciés plus bas qu'ils n'estoient... Pour les couvertures faictes sur les portes et les tournelles qui sont entre la porte de Saint-Victor et celle de Bucy. »

« C'est aux portes, semble-t-il, ajoute M. Robert de Lasteyrie, que les ingénieurs de Charles V s'attachèrent de préférence. Presque toutes celles de la rive gauche sont ici mentionnées, et de nombreux détails concernant l'une d'elles, la porte Bordelle, nous permettent de nous représenter les travaux qui durent être faits aux autres, et dont la trace se reconnaît encore aux plans du xvie siècle [1]. »

La porte Bordelle est en dehors de la région que nous étudions; cependant, comme les travaux dont elle a été l'objet furent sans doute, selon la judicieuse remarque de M. de Lasteyrie, exécutés aux autres portes de la rive gauche, et notamment à celles de Gibard, des Cordeliers et de Buci, nous les résumons d'après le texte même de Philippe d'Acy.

Il est question d'abord de « faire les murs et les eschives (guérites en pierres) du pont-leveys et pont-dormant », puis de « couvrir de entablemens de lyois les sieges qui sont selon les murs de la basse-court qui est devant ladicte porte », ensuite de « faire avec parpains de hautban de Gentilly couvertures sur les archieres, enchappemens et enchaperonnemens, amortissemens et enseuillemens dessus les murs de ladicte basse-court », et encore de fournir « meirien pour la bacule du pont-leveys, fer en virolles, en semailles, en torillons, en chevilles (doubles et sangles) pour le pont-leveys et la planchette », ainsi que « plonc viez et net pour mettre et asseoir les graffes des enchaperonnemens, parpains pour faire les murs et puyes (appuis) ou parapets [2]. »

---

[1] *Mémoires de la Société de l'histoire de Paris*, p. 274. — [2] *Ibid.*, p. 285 et suiv.

v.

Ces travaux constituent d'importantes réparations; nous nous bornons à citer ici ceux de la porte Bordelle, comme type général, et nous indiquerons, à chaque porte de la rive gauche, ceux qui sont mentionnés nommément dans les fragments de comptes de Philippe d'Acy.

La portion de l'enceinte que nous étudions ne devait avoir primitivement de fossés qu'aux abords de la Seine et de la tour de Philippe-Hamelin; l'eau du fleuve, refluant en hiver et en temps d'inondation, produisait une sorte de douve en avant du donjon et des murs dont il formait le point de départ. Au delà des portes de Buci et des Cordeliers, la pente du sol ne permettait point de continuer le rudiment de fossé et surtout d'y faire arriver l'eau. Le creusement des fossés fut donc, sur ce point, une œuvre toute nouvelle, et comme les Anglais occupaient le sud-ouest de la France, il parut nécessaire de fortifier sans retard la partie de l'enceinte devant laquelle ils pouvaient se présenter à bref délai, ainsi que nous l'avons dit plus haut.

Les terrains à exproprier appartenaient, dans la région qui nous occupe, aux religieux de Saint-Germain-des-Prés; ceux qu'ils concédèrent aux Cordeliers ne leur ayant été remis qu'à titre de prêt, aucune compensation n'était due à ces derniers. Quant à l'Abbaye, déjà en possession d'une porte et des revenus qu'elle donnait, elle ne reçut probablement point d'indemnité nouvelle. Restait le Clos-aux-Bourgeois, dépendance de l'ancien Parloir, et formant un territoire qu'il fallait traverser pour conduire les fossés jusqu'à la porte Gibard; aucune « récompense » ne pouvait également être due de ce chef, les « murs le Roy » ainsi que leurs dépendances, étant aussi « les murs la Ville ». La capitale avait d'ailleurs tout intérêt à être défendue contre l'assaillant, et le Dauphin pouvait, même pendant la prévôté d'Étienne Marcel, lui demander, pour une œuvre de ce genre, toute espèce de sacrifice.

Adolphe Berty, dont les notes ne contiennent presque rien sur les tours, les portes, les allées hautes et basses et les fossés, n'a figuré ce dernier ouvrage de défense sur son plan qu'à partir du couvent des Cordeliers; mais il a écrit le mot *fossé* le long de la partie de l'enceinte comprise entre le fleuve et la porte de Buci, et dessiné le filet d'eau de Seine qui refluait, en temps d'inondation, jusqu'au point où se trouve aujourd'hui le débouché de la rue Dauphine. Au delà, il n'y a plus d'indication géographique; mais l'ancien nom des rues Mazarine, de l'Ancienne-Comédie, Monsieur-le-Prince et des Francs-Bourgeois — « chemins sur les fossez » — témoigne de la continuité du fossé depuis la tour de Philippe-Hamelin jusqu'à celle de Saint-Bernard. Plus ou moins remplis d'eau dans les extrémités qui touchaient à la Seine, en amont et en aval, les fossés étaient à sec, dans toute la région haute de la rive gauche; ce qui diminuait évidemment, aux yeux et dans la réalité, la puissance et la majesté de cette partie de l'enceinte.

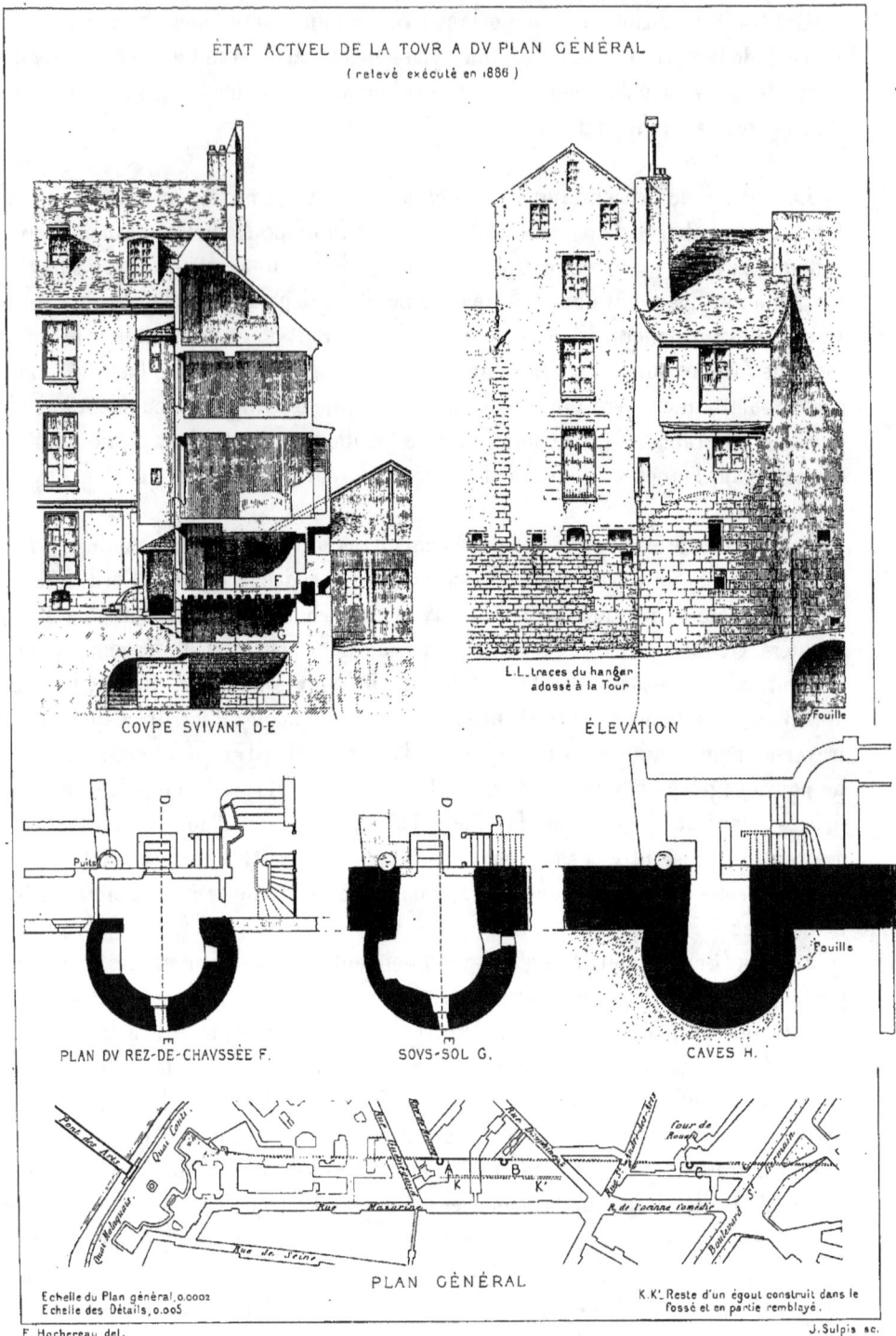

Rabelais en parle fort irrévérencieusement : plein de l'antiquité classique, il considère les poitrines des combattants comme le meilleur rempart de la cité; cependant, avec cette pointe d'ironie qui lui est familière, il reconnaît que « il fait bon avoir quelque visage de pierre, quand on est envahi par les ennemis [1]. » Paris en a fait naguère la douloureuse expérience.

La dégradation et la démolition successive des murs, des tours, des portes et poternes, la transformation des fossés en pal-mails, en filoirs, en lieux de décharge et en égouts, tout ce travail de destruction et de comblement, qui n'a jamais été raconté d'ensemble, parce qu'il s'est toujours opéré par places et à différentes époques, ne saurait être convenablement exposé qu'à l'article des édifices et des voies publiques dont la construction et le percement en ont été la cause déterminante. Ce que nous savons par les récits et les documents contemporains, c'est que l'enceinte de Philippe-Auguste, regardée depuis longtemps comme inutile sur la rive droite, où une autre fortification l'avait remplacée, devint aussi, vers la fin du xvie siècle et au commencement du xviie, un obstacle à l'extension de la ville sur la rive gauche. Les *Registres du Bureau de la Ville* sont remplis de pièces relatives aux difficultés sans cesse renaissantes qui résultaient, soit du mauvais entretien de la muraille et des emprises qu'y faisaient les propriétaires riverains, soit de la location des allées des murs et de certains emplacements dans les fossés, soit de la projection des vidanges et des boues dans les ruisseaux qui pourtournaient l'enceinte.

Nous reproduisons, aux appendices, les parties les plus intéressantes de ces documents, au double point de vue des discussions juridiques auxquelles donnent lieu les prétentions de chacun et des opérations édilitaires qui motivent l'intervention de la municipalité parisienne dans ces fréquents débats.

---

[1] Ce passage, relatif à la muraille de Philippe-Auguste sur la rive gauche de la Seine, mérite d'être cité :

« Pantagruel, quelque jour, pour se récréer de son estude, se pourmenoit vers les fauxbourg Sa'nct Marceau, voulant voir la Folie Gobelin. Panurge estoit avec luy. A leur retour, Panurge consideroit les murailles de la ville de Paris, et, en irrision, dist à Pantagruel : « Voyez cy ces belles murailles. « O que fortes sont et bien en poinct pour garder « des oysons en mue! Par ma barbe, elles sont compé-« temment meschantes pour une telle ville comme « ceste-cy, car une vache, avecques un ped, en « abattroit plus de six brasses. — O mon ami, dist « Pantagruel, sçais-tu bien ce que dist Agesilaus, « quand on lui demanda pourquoy la grande cité « de Lacédémone n'estoit ceincte de murailles? Car « monstrant les habitans et citoyens de la ville tant « bien experts en discipline militaire et tant forts « et bien armés : « Voicy, dist-il, les murailles de « la cité, » signifiant qu'il n'est muraille que de os, « et que les villes et cités ne sçauroient avoir mu-« raille plus seure et plus forte que la vertu des « citoyens et habitans. Ainsy ceste ville est si forte « par la multitude du peuple belliqueux qui est « dedans, qu'ils ne songent de faire aultres mu-« railles. D'advantage, qui la vouldroit emmurailler « comme Strasbourg, Orléans ou Ferrare, il ne se-« roit possible, tant les fraiz et despens seroient ex-« cessifs. — Voire; mais, dist Panurge, si faict il « bon avoir quelque visage de pierre quand on est « envahi par les ennemis, et ne fust ce que pour « demander : qui est là?» (*Pantagruel*, ch. xv, p. 142.)

Nous consacrons un chapitre distinct à chacune des portes percées dans la partie de l'enceinte comprise entre la Seine et l'extrémité du territoire de Gibard. La tour de Philippe-Hamelin, qui est notre point de départ, donne lieu à une importante monographie : dans cette région, en effet, des constructions considérables, rattachées plus ou moins directement à la muraille de Philippe-Auguste, se succèdent pendant près de six siècles. Les autres parties de l'enceinte — portes, poternes, tours, fossés — ont une histoire moins touffue; toutefois, elles tiennent leur place dans l'ensemble, et l'on ne saurait trop regretter que Berty, tout occupé de son parcellaire, ait négligé de porter ses investigations sur ce point. Nous nous sommes efforcé de suppléer au silence de ses notes.

CHAPITRE III.

TOUR, HÔTELS ET PORTE DE NESLE,
HÔTELS DE NEVERS, DE GUÉNÉGAUD, DE CONTI,
COLLÈGE MAZARIN, HÔTEL DES MONNAIES.

Sommaire : Enceinte de Philippe-Auguste sur la rive gauche. — Tournelle de Philippe-Hamelin. — Acquisition de terrains et construction par un seigneur de Nesle. — Le concierge de Nesle en 1292. — Description de la tour. — Philippe le Bel l'achète en 1308. — Cette acquisition le détermine à faire construire le quai dit des Augustins. — L'hôtel de Nesle passe à Louis X, puis à Philippe le Long et à son épouse Jeanne de Bourgogne. — Légende de la tour de Nesle. — Achat de l'hôtel par Philippe de Valois. — Raoul II, comte d'Eu, y demeurait, lorsqu'il y fut jugé et mis à mort par ordre du roi Jean. — Charles, roi de Navarre, possède l'hôtel, à charge de retour à la couronne. — Travaux de défense exécutés à la tour, à l'hôtel et à la porte de Nesle. — Le pourpris de Nesle revient aux rois de France. — Charles VI le vend à son oncle, le duc Jean de Berry. — Celui-ci y fait de grandes réparations et des agrandissements considérables; il crée le *séjour de Nesle* au delà de l'enceinte. — Cession par échange aux religieux de Saint-Germain-des-Prés de l'hôtel de Navarre et des terrains sur lesquels on établit la foire Saint-Germain. — Le duc de Berry appuie ses constructions sur la muraille de Philippe-Auguste. — Il fait de la poterne de Nesle la porte de son hôtel. — Fêtes données à l'hôtel de Nesle par le duc Jean de Berry. — L'hôtel pendant la domination anglaise. — Charles VII rentre en possession du pourpris de Nesle, et en fait don à François, duc de Bretagne. — Nouveau retour à la couronne. — Don, par Louis XI, au comte de Charolais. — Cession temporaire à l'abbaye de Saint-Germain. — Les droits de la ville de Paris sur la partie de l'hôtel longeant les murs. — Établissement d'un bailliage à l'hôtel de Nesle. — François Ier y installe Benvenuto Cellini. — L'hôtel transformé en un atelier de monnayage. — La porte de Nesle rendue à la circulation. — Le pourpris de Nesle mis en vente par Henri II. — Expertise faite en 1570 et procès-verbal de cette opération. — Acquisition de la presque totalité du pourpris de Nesle par Louis de Gonzague, prince de Nevers. — Le droit de propriété de la ville de Paris est méconnu. — Le nouvel hôtel de Nevers. — Transaction avec l'abbaye Saint-Germain-des-Prés. — Procès avec la Ville. — Revendication persistante des prévôts et des échevins. — L'hôtel de Nevers, quartier général de la Ligue et résidence du duc de Mayenne. — La maison de Gonzague-Nevers-Clèves se défait de l'hôtel de Nevers. — La ville de Paris fait rebâtir la porte de Nesle et confie cette entreprise à Ravière, constructeur de la porte Dauphine. — Acquisition d'une partie du pourpris de Nesle par Henri de Guénégaud, et construction d'un nouvel hôtel. — Description de cet édifice. — Sa porte principale. — Fondation du collège Mazarin. — Destruction de la tour et de la porte de Nesle. — Commencement de la démolition des tours, des portes et de la muraille de Philippe-Auguste. — Protestations de la Ville contre les plans de Le Vau. — Transaction, indemnités et «récompenses». — Dépenses de construction du collège Mazarin. — Sa situation dans l'Université. — Opposition aux volontés du fondadeur. — Bâtiments qu'on néglige d'élever. — Distribution intérieure du collège. — État descriptif de cet établissement. — Transformation de l'hôtel Guénégaud, devenu la propriété de la princesse de Conti. — Circonstances qui déterminèrent les Conti à ne plus habiter l'hôtel. — On établit sur son emplacement un nouvel hôtel des monnaies. — Description sommaire de cet édifice. — Conclusion.

Après avoir achevé, sur la rive droite, la muraille qui devait enclore Paris sur l'un et l'autre bord de la Seine, Philippe-Auguste fit entreprendre les travaux sur la rive gauche, *a parte australi,* disent les historiens du temps. Les chroniques de Saint-Denis nous ont conservé le souvenir de cet événement : «En celle année (1211) fist li rois Phelippe, clore de murs la cité de Paris devers le miedi jusqu'à l'iaue de Saine, si largement que on a ceint, dedenz la closture des murs, les chans et les vignes; puis commanda que on feist maisons et habitations par tout, si que toute la cité semblast plene jusques aux murs [1]. »

Le point de départ du demi-cercle méridional fut naturellement l'endroit de la rive gauche qui faisait face au donjon du Louvre, et où s'élevait déjà, à l'état de pierre d'attente, la «tournelle de Philippe-Hamelin». En effet, malgré le témoignage du chroniqueur que nous venons de citer, et qui se borne à constater l'achèvement de l'enceinte en 1211, cette tournelle, premier jalon de la muraille, avait été élevée dès l'an 1200; il en est question dans un acte de 1210, où elle est nommée *tornella Philippi Hamelini super Secanam.*

Prévôt de Paris au moment de la construction et ayant, comme Hugues Aubryot l'eut un siècle et demi plus tard, la «superintendance» des travaux, Philippe Hamelin donna ou laissa donner son nom à la tournelle qui était le premier et le plus important ouvrage de cette partie de l'enceinte.

Comment l'échangea-t-elle contre celui de «tour de Nesle», *de Nigella,* sous lequel elle est beaucoup plus connue? Ce fut le fait d'une construction dont nous ne connaissons point la date précise, mais qui dut être élevée dans le courant du XIIIe siècle. Pour entrer dans les vues de Philippe-Auguste, qui voulait, disent les chroniques de Saint-Denis, «que on feist maisons et habitations par tout», un seigneur de Nesle acquit des religieux de Saint-Germain la partie du clos de Laas qui touchait à la tournelle de Philippe-Hamelin, en arracha les vignes et autres plantations; puis, avec l'agrément du roi, il résolut d'accoler à ce petit donjon une sorte de Louvre formant, sur la rive gauche, le pendant du manoir royal [1]. La première mention que l'on trouve de cette résidence est consignée dans le rôle de la taille levée en 1292; parmi les contribuables figure «le concierge de

---

[1] Quatre siècles et demi plus tard, Le Vau, l'architecte du nouveau Louvre et du collège Mazarin, obéit à la même pensée de symétrie.

Nesle »[1]. L'hôtel était donc alors construit et habité. A partir de cette époque, l'histoire de l'hôtel et celle de la tour se confondent, avec cette différence toutefois que la tour, antérieure à l'hôtel, a subsisté plus longtemps; l'une et l'autre ont eu leurs vicissitudes et leur sinistre histoire.

Bâtie sur une sorte de talus, que les eaux de la Seine submergeaient en hiver et qui existe peut-être encore sous le sol de la place de l'Institut, la tour de Nesle avait vingt-cinq mètres de hauteur; son diamètre en mesurait dix. Formant la tête occidentale du mur d'enceinte sur la rive gauche, elle présentait une certaine force de résistance, et constituait sans doute un poste d'observation. Il semble qu'elle ait été, à l'origine, couronnée d'un toit conique; mais peu après, peut-être lors de la construction du mur de Charles V, époque où l'on crut devoir remanier, sur la rive gauche, celui de Philippe-Auguste, qui paraissait insuffisant, elle reçut une plate-forme ceinte de créneaux, du haut de laquelle les sentinelles purent surveiller plus facilement le cours de la Seine, et embrasser du regard les abords du Louvre, ainsi que la campagne environnante. Un escalier à vis, placé dans un tourillon accolé à la tour principale et plus élevé qu'elle, conduisait à cette plate-forme, d'où l'on jouissait d'une vue magnifique.

La tour était, dans le sens de sa hauteur, divisée en trois étages formés de voûtes solides, qui retombaient, selon toute apparence, sur un pilier central, comme la grande salle du donjon de Jean sans Peur, à l'ancien hôtel de Flandre et d'Artois. Des armes, des munitions et autres engins de guerre remplissaient sans doute les trois étages, et faisaient de la tour un petit donjon correspondant à la forteresse du Louvre.

Il nous reste de la tour de Nesle, dit M. A. Bonnardot, un si grand nombre de vues peintes ou gravées, qu'on ne sait, au milieu de tous ces portraits, où trouver le véritable. Israël Silvestre, qui l'a plusieurs fois dessinée vers 1655, ne lui donne pas toujours les mêmes proportions ni les mêmes détails. Le côté qui regardait la ville a été moins souvent reproduit, parce qu'il était masqué par des maisons; celui qui faisait face au Louvre n'a pas été dessiné, ou du moins il ne nous en reste aucune représentation; quant à l'aspect de la tour vers la campagne, c'est celui que les artistes ont préféré, parce qu'il donnait plus de champ et plus d'air à leur dessin. Callot, Perelle et Israël Silvestre ont dû se placer sur le chemin des fossés, au bord de la rivière ou aux fenêtres de l'une des maisons élevées sur l'emplacement de l'hôtel de la reine Marguerite[2], pour embrasser, dans leur ensemble,

---

[1] Le manoir dont le «concierge» avait la garde est mentionné sous la rubrique suivante : «Sur la rivière jusques aus *Sas*», c'est-à-dire aux Sachets. C'était bien l'espace qu'occupait le pourpris de l'hôtel le long du fleuve.

[2] Il s'agit de l'hôtel que Marguerite de Valois, première femme de Henri IV, fit élever dans les premières années du XVIIe siècle, qui fut vendu, puis démoli peu après. Voir le volume du *Bourg Saint-Germain*, à l'article de la rue de Seine.

la tour, la porte et les restes de l'hôtel. Toutefois, il ne faut ajouter à ces diverses figurations, qu'une confiance limitée : amis du pittoresque, les artistes que nous venons de citer ont surtout voulu produire un « effet de ruines ». N'oublions pas, d'ailleurs, ajoute sagement M. Bonnardot, que la tour a subi plus d'un remaniement. Les larges fenêtres carrées dont elle est percée sur les estampes que nous possédons ont remplacé, à une époque que nous ne saurions préciser, des baies plus étroites, de forme ogivale, et garnies de treillis en fer. Quant à la tournelle primitive, aucune miniature ou « pourtraicture » contemporaine ne nous en donne l'aspect.

Réunie à l'hôtel qui lui était contigu, selon le singulier usage du temps — lequel donnait aux religieux, aux seigneurs, et même aux simples particuliers, la propriété, la jouissance ou le revenu d'une tour et d'une porte — la tour de Nesle ne fut pas longtemps possédée par les seigneurs *de Nigella*. En 1308, dit Sauval, Amaury de Nesle vendit à Philippe le Bel, moyennant cinq mille livres de « bons petits parisis » son hôtel de Nesle, situé sur le bord de la rivière, près du couvent des Augustins [1]. Le voisinage de la Seine en rendait l'accès difficile à l'époque des hautes eaux, et le fleuve venait battre les bâtiments, dont il minait les fondations; aussi le monarque s'empressa-t-il de remédier à cet état de choses. Le 23 mai 1313, il enjoignit au prévôt des marchands de faire disparaître « une saulsaye à l'ombre de laquelle, dit du Breul, les habitans s'alloient promener et rafraischir en été », et qui, en hiver, était couverte par les eaux. Un revêtement en pierre remplaça la berge en pente douce qui ne pouvait contenir les débordements de la rivière, et le quai fut continué le long du couvent des Sachets jusqu'à la rue de Hurepoix [2]. Cette région était, en effet, le point le plus bas de la rive gauche du fleuve, et le plus sujet aux inondations. Le travail dont il s'agit contribua beaucoup à l'assainir.

A la mort de Philippe le Bel, l'hôtel de Nesle, partie intégrante du domaine royal, devint la propriété de Louis X, puis celle de Philippe V dit le Long, qui succéda peu après à son frère, et qui, en 1319, fit don de ce manoir à Jeanne de

---

[1] *Histoire et recherches des antiquités de Paris*, II, 181. — « Le registre des chapitres généraux du chapitre de Notre Dame de Chartres » (fol. 73 v°) contient, à cet égard, un article fort curieux : c'est le reçu d'une somme payée par le chapitre au vendeur Amaury de Nesle, en l'acquit du Roi, créancier de ce même chapitre. La pièce est ainsi conçue : « Quittance par Almaury de Nesle, prevost de Lylle, comme ayant reçu du doyen du chapitre de Notre Dame de Chartres la somme de trois mille livres tournois, au nom du Roi de France, assavoir seize cens livres tournois pour le Roi, du chapitre, et deux cens minos de bled, de la valeur de quatorze cens livres tournois, reçus par... Gautier... sergent à cheval du Chastelet; C'estoit pour la vendue de nostre maison dicte la Maison de Neelle, séant à Paris sur la riviere de la Seyne, de lez les Augustins. Scellé de mon sceau l'an 1310, novembre, le lundi apres la Saint Martin d'Yver. » (Note recueillie par Adolphe Berty.)

[2] Les lettres patentes du roi Philippe le Bel ordonnant l'établissement de ce quai ont été publiées par Félibien. Voir le présent volume, à l'article du quai des Augustins.

Bourgogne, son épouse «avec la liberté de le convertir en monastères et autres œuvres pieuses». De fait, en 1325, cette princesse, par acte de dernière volonté, chargea les exécuteurs testamentaires de le vendre pour «frayer» à la fondation du collège de Bourgogne; mais la médisance, ou la calomnie historique, on ne saurait dire quel est le mot propre sous la plume de Bayle, a prétendu qu'elle devait bien cette réparation aux écoliers pour tout le mal qu'elle leur avait fait.

Ici se place la fameuse légende accréditée par le drame moderne et en possession, depuis un demi-siècle, d'une véritable popularité. «Tout ce qui est merveilleux, dit M. A. Bonnardot, est adopté par le vulgaire comme une vérité incontestable; mais le fait des prétendues orgies de Jeanne ou de Marguerite de Bourgogne, orgies dont la tour de Nesle passe pour avoir été le théâtre, est loin d'être authentique: c'est au moins une vérité fardée par des ornements d'emprunt. Une reine, quittant la nuit son palais et traversant un souterrain pour venir se livrer à des scènes de débauche, que termine, à la face d'une pleine lune, le *flac* mystérieux, dans la Seine, d'un cadavre palpitant sous un sac funèbre, tout cela est ravissant. Mais le froid archéologue, qui se plaît à souffler sur les fables, est tenté d'envoyer cette histoire sinistre *au diable.... de Vauvert*[1].»

Le judicieux auteur des *Dissertations archéologiques* ne prétend pas rejeter, comme purement fictive, la tradition relative aux crimes commis dans la tour de Nesle, mais il en trouve le récit trop vague et trop nébuleux; ce récit nous a été transmis, dit-il, «par des poètes et des anecdotiers, deux sortes d'auteurs fort enclins à l'exagération».

Quoi qu'il en soit, la plus ancienne accusation portée contre la royale châtelaine de Nesle est formulée par Villon, dans la *Ballade des dames du temps jadis*:

> Semblablement où est la royne
> Qui commanda que Buridan
> Fust jeté en ung sac en Seine?

Mais ce poète de carrefour, ce «robeur» qui eut tant de fois maille à partir avec la justice, n'est pas précisément une autorité. Robert Gaguin, historien grave, que sa qualité de général de l'ordre des Mathurins et les nombreuses missions dont il fut chargé par les rois de France doivent faire prendre au sérieux, appuie, il est vrai, le récit de Villon, son contemporain. Après avoir parlé des débauches auxquelles se livraient les trois princesses, épouses des trois fils de Philippe le Bel, il ajoute que ces désordres donnèrent naissance à une tradition injurieuse pour Jeanne de Navarre, femme de ce dernier. On prétend, dit-il, que cette reine recevait des écoliers dans son lit, et, pour effacer toute trace de ce crime,

---

[1] *Dissertations archéologiques sur les enceintes de Paris*, p. 37.

les faisait jeter ensuite dans la rivière par la fenêtre de sa chambre : *eosque, ne pateret scelus, protenus in Sequanam amnem, de cubiculi sui fenestra, abjecisse.* Un seul de ces écoliers, Jean Buridan, aurait, par hasard, échappé à cette exécution, et n'aurait pas craint de divulguer le danger qu'il avait couru [1]. Gaguin défend avec raison Jeanne de Navarre des infamies qu'on lui imputait alors, car, lorsque cette reine mourut, en 1304, Buridan venait de naître. Il croit que ces crimes doivent être attribués à trois princesses : Marguerite de Bourgogne, première femme de Louis le Hutin, Blanche, qui avait épousé Charles le Bel, et Jeanne de Bourgogne, femme de Philippe le Long [2].

Il y a deux raisons péremptoires pour que la fondatrice du collège de Navarre ne soit pas l'objet d'une pareille imputation : la première, c'est qu'elle avait son hôtel patrimonial dans la rue Saint-André-des-Ars, proche la porte de Buci [3]; la seconde, c'est qu'elle est morte quatre ans avant l'acquisition de l'hôtel de Nesle par Philippe le Bel, en 1308. Les reines Marguerite et Blanche, quoiqu'elles aient laissé dans l'histoire une mémoire peu respectable, ne sont point nommément inculpées; il n'en est pas de même de Jeanne de Bourgogne, femme de Philippe le Long, qui fut contemporaine de Buridan, et qui habita l'hôtel de Nesle pendant les huit années de son veuvage. Elle y pénétrait, dit Sauval, par un passage secret.

Elle y mourut en 1329, et ordonna, par testament, qu'une partie du domaine de Nesle serait vendue pour construire un collège destiné à de pauvres écoliers du duché de Bourgogne [4]. C'est probablement à elle que Brantôme fait allusion, quand il parle d'une « reyne qui se tenoit à l'hostel de Nesle, à Paris, laquelle faisoit le guet aux passants, et ceux qui lui revenoient et agréoient le plus, de quelque sorte de gens que ce fussent, les faisoit appeler et venir à soy, et, après en avoir tiré ce qu'elle en vouloit, les faisoit précipiter du haut de la tour qui paroist encore, en bas en l'eau, et les faisoit noyer [5]. » Le poète hollandais Jean Second, *Johannes Secundus*, qui fut secrétaire de Charles-Quint et composa de nombreuses pièces de vers latins, parmi lesquelles il en est une consacrée à la tour de Nesle [6], confirme le récit de Brantôme. Enfin, un des premiers historiens

---

[1] L'édition in-folio (1504) du *Compendium Roberti Gaguini super Francorum gestis* paraît être la seule où il est fait mention des féroces amours de Marguerite de Bourgogne et notamment de l'aventure de Jehan Buridan. On sait que ce docteur échappa à la noyade, si toutefois il en courut le danger, et que, par une singulière coïncidence, il fut reconnu professeur de philosophie au collège de Navarre, fondé par la reine Jeanne, épouse de Philippe le Bel.

[2] *La Tour de Nesle*, par M. Alfred Franklin, dans *Paris à travers les âges*, p. 6.

[3] Voir, à l'article de la rue Saint-André-des-Ars, la monographie de cet hôtel.

[4] Voir la monographie du collège de Bourgogne à l'article de la rue des Cordeliers ou de l'École-de-Médecine.

[5] *Vies des dames galantes.*

[6] Elle figure parmi les *Epigrammata* de Jean Second publiés à Leyde, en 1631, et a pour titre :

de Paris, contemporain de Brantôme et de Jean Second, nous voulons parler de Corrozet, mentionne un fait qui semble prêter quelque consistance à toute cette histoire de souterrains, de meurtres et de noyades : « L'an 1538, dit-il, en édifiant des maisons sur la rive de Seine, delà la tour de Nesle, vis à vis du chasteau du Louvre, furent trouvez unze caveaux, en l'un desquels estoit un corps mort armé de toutes pièces, qui tourna en poudre si tost qu'on le toucha [1]. » C'est avec ces divers éléments que deux dramaturges modernes ont composé leur pièce.

Quant à l'hôtel de Nesle auquel se rattache cette sombre histoire, nous le voyons, en 1330, c'est-à-dire après la mort de Jeanne de Bourgogne, passer à Philippe de Valois, « qui l'eut, dit Sauval, pour dix mille livres de bonne et forte monnoie ». Le nouveau souverain qui, en vertu de la loi salique, héritait de la couronne, mais non des biens personnels de ses prédécesseurs, ne put acheter de Thomas de Savoie, exécuteur testamentaire de la reine Jeanne, que la partie de l'hôtel non vendue pour la fondation du collège de Bourgogne; le reste, c'està-dire la partie la plus rapprochée de la ville, fut couvert de constructions, qui enserrèrent peu à peu l'hôtel et l'isolèrent des maisons et jardins situés dans la rue et sur le quai des Augustins. Devenu la propriété des Valois, l'hôtel de Nesle ne fut point habité par eux; nous le voyons passer à divers personnages, tantôt à titre d'usufruit viager, tantôt comme concession gracieuse, mais tem-

In arcem Reginæ albæ. On sait que les veuves des rois de France portaient le deuil en blanc, et qu'elles se choisissaient une retraite, après la mort de leur époux; d'où l'appellation de « maison de la Reine blanche » appliquée à plusieurs anciens hôtels de Paris. Jean Second avait donc bien en vue Jeanne de Bourgogne et la tour de Nesle, quand il écrivit son épigramme. Malgré sa prodigieuse érudition et la sagacité dont il fait ordinairement preuve, Bayle s'y est mépris; il dit, en effet (p. 206, t. II de son *Dictionnaire*), à propos de l'aventure de Buridan : « Ce conte est semblable à celui d'une reine dont l'hostel ne subsistoit plus au temps de François Ier. Lisez cette épigramme de Jean Secundus, poëte hollandais qui mourut en 1536 : *In arcem Reginæ albæ Parisiis.* » Suit le texte de l'épigramme :

Cernite, flaventes ubi volvit Sequana lymphas,
  Semirutam, fertur quam coluisse prius
Effera funestæ Regina libidinis, arcem,
  Nunc ultore mali ut tempore solo jacet!
Et, quassata undis, ventis habitatur et imbri,
  Multa ubi ferales nocte querantur aves :
Cypris ubi mitis, flammas exosa cruentas,
  Chaoniæ sedem ponere nolit avis :
Quà strix, quà Furiæ volitent, quà plurima fatum
  Exululet raucis questibus umbra suum.
Sic domus æternum, numerosæ conscia cædis,
  Impia lascivæ facta luit dominæ.
Labuntur, lentis et condemnata ruinis
  Implorant hominum pendula saxa manus.
Implorant frustra : stant hæc rata lege severa,
  Instauratricem ne ferat ullus opem,
Aut subeat gladios, pretium pietatis iniquæ :
  Et quis adhuc ausit facta nefanda sequi?
En, etiam saxis mortem censura minatur;
  Longaque post cineres stant monimenta mali.

(*Johannis Secundi Epigrammata*, lib. I, ep. LXXII, p. 140.)

Ainsi que tous ses confrères en poésie, Jean Second exagère en représentant l'hôtel de Nesle comme une ruine. Il était simplement inhabité, et n'avait probablement point été réparé depuis longtemps. C'est à peu près au moment où écrivait Jean Second que Benvenuto Cellini y fut installé, et le célèbre artiste le trouva, malgré son état d'abandon, parfaitement propre aux travaux qu'il projetait.

[1] *La fleur des antiquitez de Paris*, éd. de 1561, fol. 11.

poraire, tantôt enfin en qualité de domaine aliénable [1]. En 1350, Raoul II, comte d'Eu et de Guines, dont l'hôtel patrimonial était situé dans la rue Saint-André-des-Ars [2], l'occupait, à titre gracieux sans doute, lorsqu'il y fut arrêté par ordre du roi Jean et retenu prisonnier comme accusé du crime de lèse-majesté. Jugé par ses pairs et condamné à la peine de mort, il y fut décapité. Ce drame sanglant a été sévèrement jugé par l'histoire; Sauval s'en exprime dans les termes suivants : «Manière d'agir, sans doute digne d'être observée, de dire qu'en ce tems-là le Roi faisoit arrêter prisonnier, juger et décapiter tout ensemble un connétable dans sa propre maison [3].»

Jean, qui s'était empressé de confisquer le comté d'Eu, en Normandie, et l'hôte de la rue Saint-André-des-Ars, ne jouit pas longtemps de son triomphe : on sait qu'après avoir été vaincu et pris, en 1356, à la bataille de Poitiers, il fut conduit en Angleterre, et la régence dévolue à son fils aîné Charles «dalphin de Viennois». Soit que le régent ait eu horreur de ce séjour, théâtre de tant de crimes, soit qu'il ait voulu suivre la tradition des dons et concessions gracieuses constamment suivie à l'égard de cet hôtel, il s'en défit, l'année même qui suivit le désastre de Poitiers, en faveur de son beau-frère et ennemi Charles, roi de Navarre, à charge de retour à la couronne de France, si ce prince et sa femme décédaient sans enfants mâles [4].

C'est à cette époque que la tour, l'hôtel, la poterne de Nesle et leurs abords, furent l'objet de divers remaniements. La tour fut probablement surélevée, munie d'une plate-forme et de «carneaulx», en vue d'une défense sérieuse, si la ville était attaquée par les Anglais. Des fossés furent creusés à partir de la Seine jusqu'au point où la pente naturelle du terrain permit d'y introduire les eaux du fleuve, c'est-à-dire jusqu'à la porte Saint-Germain, et un pont-dormant, auquel on ajouta plus tard un pont-levis, établit une communication sur ce point entre la ville et la campagne. Il existait là, en effet, dès 1292 et probablement dès la construction de l'hôtel, une petite porte, ou poterne, mentionnée dans le rôle de la Taille publié par H. Géraud, sous le nom de poterne de Philippe-Hamelin. M. Bonnardot incline à croire que cette poterne ne fut d'abord qu'une issue particulière, au moins jusqu'à l'établissement du quai, et qu'elle ne devint une porte publique

---

[1] «Il semble, dit Adolphe Berty dans une de ses notes isolées, que, lorsque l'hôtel était dans les mains des particuliers, et peut-être mieux en celle des princes, le roi en conservait la propriété; ce qui explique qu'elle paraît toujours lui revenir.»

[2] Voir, à l'article de cette rue, l'historique sommaire de cet hôtel.

[3] *Antiquités de Paris*, II, 144.

[4] «En 1357, Charles de France, régent du royaume pendant la prison du roi Jean, ayant été contraint de recevoir à Paris Charles, roi de Navarre, le flambeau fatal de la France, son beau-frère, lui donna l'hostel de Nesle, situé près du pont Neuf, à la charge que, mourant sans enfant mâle, il seroit réuni à la couronne. Cependant, il y a grande apparence que cette donation n'eut pas lieu, puisque enfin le logis ne passa point à Charles le Noble, son fils et son successeur au royaume de Navarre.» (*Antiquités de Paris*, II, 249.)

qu'à l'époque où on la flanqua de deux tours, après l'avoir munie d'un pont de bois ou de pierre, et d'un fossé. Cette époque, c'est la captivité du roi Jean et la régence de Charles V.

Nous ne savons comment Charles le Mauvais usa de l'hôtel de Nesle; mais, ainsi que nous l'avons déjà fait remarquer plus haut, ce séjour n'avait dû sans doute lui être concédé qu'à titre d'usufruit, car la clause de retour à la couronne, en cas de décès du roi de Navarre et de sa femme sans enfants mâles, impliquait, dans l'hypothèse opposée, la légitimité d'une transmission héréditaire. Charles laissa un fils qui lui succéda sur le trône de Navarre, et l'hôtel n'en revint pas moins à la couronne de France, puisque nous le voyons, en 1380, vendu par Charles VI à son oncle, le duc Jean de Berry.

On sait que ce prince fut un des seigneurs les plus magnifiques de son temps : bibliophile passionné, ami du luxe et des arts, il eut à cœur de transformer l'hôtel de Nesle, un peu délaissé par ses anciens habitants, en une résidence aussi agréable que somptueuse. A l'intérieur, il fit restaurer et embellir tous les appartements, construire des galeries, une chapelle, un bâtiment pour sa riche «librairie», et deux hangars pour un jeu de paume. Au dehors, se trouvant trop à l'étroit, depuis l'aliénation d'une partie du pourpris de l'hôtel pour les frais de construction et de dotation du collège de Bourgogne, il résolut de s'agrandir tant du côté de la ville que du côté de la campagne, afin d'installer commodément ses «estables», ou écuries, et d'entourer son hôtel de «communs» convenables. Dans ce dessein, il fit deux acquisitions successives à cinq ans d'intervalle.

C'était la belle et brillante époque du règne de Charles VI. Paris, dit Guillebert de Metz, descripteur contemporain, était alors «dans sa fleur», et il ajoute superbement : «Grant chose estoit de Paris, quant... les roys de France, de Navarre et de Cecille, plusieurs ducs, contes, prelas et autres seigneurs notables fréquentoient illec assiduelment..., quand les disciples de Gobert, le souverain escripvain, furent retenus des princes, par leur bien escripre, comme le juenne Flamel, du duc de Berry». C'est sans doute à l'hôtel de Nesle que le frère de Nicolas Flamel allait offrir au duc ses belles «escriptures[1].»

Le duc Jean avait acquis du roi, son neveu, l'hôtel de Nesle au prix de vingt mille livres tournois. Cinq ans après cet achat, il devint, moyennant cinquante autres livres tournois, propriétaire de deux maisons, de deux tuileries et de deux jardins y attenant «estant en la censive de l'abbaye Saint-Germain, les dicts lieux «situés entour des fossés de Nesle et du Pré aux Clercs, sur la riviere de Sainne[2].» Le tout couvrait une superficie de sept arpents et demi : ce terrain, qui s'étendait

---

[1] *Paris et ses historiens aux XIV° et XV° siècles*, dans la collection de l'Histoire générale de Paris, p. 233.

[2] Extrait de l'acte de vente, qui est daté du 13 janvier 1385.

au delà de l'enceinte fortifiée et occupait l'espace compris aujourd'hui entre la rue de Seine, la rue Bonaparte, le quai et la rue Jacob, fut enclos de murs et prit le nom de séjour de Nesle[1].

En 1390, le duc de Berry, ayant pourvu, en dehors des murs, au logement de ses gens et de ses chevaux, voulut s'étendre du côté de la ville et agrandir ses jardins aux dépens de ceux de l'hôtel des abbés de Saint-Denis, qui confinaient aux limites orientales du pourpris de Nesle[2]. Il acquit donc de cette abbaye, au prix de trois cents livres tournois, une certaine portion de terrain qu'il joignit au pourpris de son hôtel. En 1397, dit Adolphe Berty, l'hôtel de Nesle se trouvait chargé d'une rente annuelle de neuf livres tournois, neuf sols et quatre deniers. Dans le total de cette redevance étaient compris l'hôtel lui-même, les terrains acquis de l'abbaye de Saint-Germain-des-Prés pour la création du séjour de Nesle, ceux qu'avait cédés l'abbé de Saint-Denis, et un jardin dit «aux Augustins», parce qu'il avait été détaché du pourpris de l'ancien couvent des Sachets, contigu, comme les jardins de l'hôtel des abbés de Saint-Denis, à l'extrémité orientale de l'enclos de Nesle [3].

En 1399, le duc Jean de Berry, ayant achevé d'arrondir son domaine, obtint de son neveu Charles VI l'amortissement des «maisons, masures, jardins, terres et autres appartenances qui furent au roi de Navarre, assis en la ville de Sainct-Germain-des-Prez [4]». Le 23 avril de cette même année, voulant éteindre les rentes annuelles dont son hôtel était grevé au profit de l'abbaye de Saint-Germain, il donna en échange aux religieux, qui acceptèrent, les «maisons, masures, jardins, terres et autres dépendances qui furent au roy de Navarre, énoncées aux lettres d'amortissement cy-dessus». Cet emplacement, qui avait fait partie de l'hôtel de Navarre, hors des murs [5], et qui représentait une superficie de six à sept arpents, fut utilisé par l'Abbaye pour l'agrandissement de la foire Saint-Germain.

Le duc Jean de Berry a donc été le transformateur de l'hôtel de Nesle, et les travaux, ainsi que les agrandissements, qu'il y a faits ont notablement modifié le manoir et ses abords. Nous ne savons s'il toucha à la tour; mais il disposa de la muraille de Philippe-Auguste, à laquelle il appuya ses constructions et qu'il ren-

---

[1] «Le séjour de Nesle, auquel on parvenait par le pont sur les fossés, était construit sur les sept arpents et demi qui s'étendaient sur la rue de Seine, depuis celle des Marais jusqu'à la rivière.» (Note de Berty.) — Le séjour de Nesle a été décrit dans le volume du *Bourg Saint-Germain*, p. 191.

[2] Voir l'historique sommaire de cet hôtel à la rue des Grands-Augustins.

[3] «Le jardin qui fut aux Augustins avait ancien-nement appartenu à un nommé Jean L'Épicier.» (Note de Berty.)

[4] Note recueillie par Adolphe Berty.

[5] Il ne faut pas confondre cet hôtel de Navarre *extra muros* avec celui qui était situé dans la rue Saint-André-des-Ars, proche la porte de Buci. Voir, pour l'un et l'autre, le volume du *Bourg Saint-Germain*, p. 157, et le présent volume à l'article de la rue Saint-André.

força de six arcades. Quant à la porte, ou poterne, il la confisqua sans doute, à son profit personnel, afin de pouvoir se rendre commodément au séjour de Nesle, qui s'étendait au delà du mur d'enceinte. « Il est vraisemblable, dit M. Alfred Franklin après M. Bonnardot, qu'il trouva cette entrée indigne de son hôtel; peut-être lui doit-on la construction du pont de pierre et de la porte monumentale, dite porte de Nesle, qui subsista jusqu'au xviie siècle [1]. » Les mêmes écrivains ont résumé ce que les auteurs et les artistes nous ont laissé relativement à cette porte, figurée, ainsi que la tour et l'enceinte, sur les anciennes estampes dont nous avons déjà parlé; nous faisons le même résumé un peu plus loin.

Pendant le séjour que fit le duc de Berry à l'hôtel de Nesle, il y eut des réceptions solennelles, et il s'y donna des fêtes que la spécialité topographique de ce livre ne nous permet pas de relater. Nous mentionnerons seulement la tentative de réconciliation que le pacifique duc essaya entre le duc Louis d'Orléans et Jean sans Peur, tentative qui n'aboutit point, on le sait, puisque les deux ennemis tombèrent successivement, victimes de la haine qu'ils s'étaient jurée. Quelques années après, alors que Paris n'était plus « en sa fleur », mais en proie aux discordes civiles, le séjour de Nesle fut pillé par les Cabochiens, alors maîtres de la ville (1411). « En faisant plusieurs aultres maulx, dit Monstrelet, ils vindrent encore abbatre et destruire une maison sur la rivière de Sainne, où iceluy duc de Berry tenoit ses chevaulx, et n'estoit point loing de l'ostel de Neelle, au dehors de la porte. » Il ne paraît pas que l'hôtel ait eu à souffrir des incursions de ces factieux; mais le duc, bien qu'il ait vécu cinq ans encore après cet acte de pillage, ne fit point rétablir le séjour de Nesle, annexe de son hôtel.

Après la mort du prince, arrivée en 1416, l'hôtel fit retour au roi Charles VI, héritier de son oncle, et fut donné, avec toutes ses dépendances, à Isabeau de Bavière alors toute puissante. L'épouse prodigue, la mère dénaturée y donna des fêtes, une entre autres qui est relatée par les historiens du temps et dans laquelle figurait la représentation du mystère de saint Georges. C'était en 1422, l'année même de la mort de Charles VI; parmi les spectateurs se trouvait le jeune Henri VI, roi d'Angleterre, que la veuve du roi de France avait fait déclarer héritier du trône et à qui elle avait promis la main de sa fille Catherine. Le rédacteur du *Journal d'un bourgeois de Paris* raconte le fait dans les termes suivants : « Item pour l'amour du roy d'Angleterre et de la royne et des seigneurs du dict païs, firent les gens de Paris, les festes de la Penthecoste, qui fut le derrain jour de may, le mistere de la passion saint George, en l'ostel de Nelle [2]. »

---

[1] *La Tour de Nesle*, p. 7.

[2] Le nouvel éditeur, M. Alexandre Tuetey, ajoute au récit du Bourgeois la glose suivante : « Cette représentation théâtrale, organisée par aucuns habitans qui s'entretenoient d'iceulx jeux, dura deux jours consécutifs, les mardi 2 et mercredi 3 juin. La nouveauté du spectacle attira une brillante affluence; l'élite de la noblesse anglo-

Ce détail montre ce que fut l'hôtel pendant la domination anglaise : séjour intermittent de la reine mère, lieu de réception et de fête, habitation de quelques favoris de Bedfort ou de Henri VI, il ne cessa point de faire partie du domaine royal, et, comme nous l'avons fait remarquer plus haut, il revint toujours à la couronne, après une donation viagère ou une concession en usufruit. C'est ce qui advint après le départ des Anglais : Charles VII rentra naturellement en possession de ce manoir, et nous ne voyons pas qu'il en ait disposé avant l'année 1446, époque où il en fit don à François, duc de Bretagne, en considération des services que celui-ci lui avait rendus en l'aidant à chasser les Anglais. La donation comprenait l'hôtel et le séjour ruiné depuis 1412, « ensemble une place appelée le séjour du dict Nesle, que tenoit en son vivant le duc de Berry, avec toutes ses dépendances [1] ». Il semble cependant que le duc de Bretagne ne reçut pas le tout à titre complètement gracieux : une partie des terrains sur lesquels avait été créé le séjour de Nesle fut aliénée, et, l'année même où le duc François prenait possession de son nouveau domaine, l'abbaye Saint-Germain-des-Prés faisait saisir les récoltes pour assurer le paiement des cens qui lui étaient dûs.

Nous ne savons si le duc de Bretagne habita l'hôtel; mais il mourut, en 1460, sans postérité, et le manoir revint encore une fois à la couronne de France. Un an avant que Louis XI montât sur le trône, il fut donné au comte de Charolais, son plus redoutable ennemi, qui ne dut point y séjourner, car il possédait, à Paris, l'hôtel de Flandre et d'Artois, et, quand il y venait, il habitait de préférence le donjon de Jean sans Peur, qui lui offrait sans doute plus de sécurité.

Il y vint, d'ailleurs, d'autant moins que son hostilité contre Louis XI s'accentua davantage. Bien que son royal ennemi habitât ordinairement le château de Plessis-lez-Tours, Charles s'abstenait de loger dans Paris, craignant sans doute qu'on ne l'y retînt, comme il avait lui-même retenu le roi de France à Péronne.

Inhabité pendant tout le temps que dura la lutte entre le rusé monarque et le dernier représentant de la grande féodalité, l'hôtel de Nesle fit, comme toujours, retour à la couronne, après la défaite et la mort du Téméraire devant Nancy. Cependant Louis XI n'en disposa que cinq ans après : en 1482, il le céda, à titre temporaire, aux religieux de Saint-Germain-des-Prés, sur la censive desquels il avait été construit, et probablement pour les dédommager des arrérages de cens et rentes qui leur étaient dus. On se rappelle, en effet, que des saisies de récoltes

---

française, se pressant sur les pas du roi et de la reine d'Angleterre, assista à la fête. »

Corrozet est moins précis dans ses dates : selon lui, ce ne serait pas le « derrain jour de may » que le spectacle aurait commencé, mais le 29 de ce mois : « le 29 may 1422, on ioua devant le roy d'Engleterre et la Royne, le mystere de la passion S. George, en l'hostel de Nelle. » (Édit. de 1532, fol. 44.)

[1] Note recueillie par Adolphe Berty.

avaient eu lieu précédemment sur des terres labourables dépendant du domaine de Nesle.

Pendant les dernières années du xve siècle et jusqu'au règne de François Ier, il n'est plus question de l'hôtel, de la tour et de la porte de Nesle. On ne voit pas que Charles VIII en ait disposé, ainsi que ses prédécesseurs, soit comme propriété, soit comme usufruit. L'échevinage parisien seul s'en occupe, au point de vue de la défense et en qualité de copropriétaire des murs de ville. Or, on sait que, depuis les travaux d'agrandissement exécutés par le duc Jean de Berry, l'hôtel s'appuyait sur la muraille, qu'on avait renforcée de six arcades, et faisait, en quelque sorte, partie intégrante de l'enceinte fortifiée. C'est pour ce motif que le petit Nesle avait été donné à la Ville, à charge par elle d'y faire les travaux nécessaires pour la «deffense et tuicion d'icelle».

Il ne faut donc point s'étonner de voir la prévôté des marchands disposer d'une partie de l'hôtel, comme de chose lui appartenant, et s'opposer à ces concessions intermittentes que les rois avaient coutume de faire et dont nous avons déjà vu tant d'exemples. De là des actes de propriété et des conflits que nous devons également mentionner.

En 1470, le prévôt des marchands donne à bail «un logeis assis sur l'alée des murs et closture de la ville, en l'espace de quatre thoises de large par bas, par lequel on a acoustumé aler et venir pour la défense de ladicte ville; ensemble le dangier d'aler et venir par les haultes alées des dictz murs d'icelle ville, depuis ledict logeis jusques à l'endroict de galleries de Nesle; iceluy logeis situé à l'endroict du bout du jardin d'iceluy hostel de Nesle, par devers la court dudict hostel, et avec un jardin ouquel souloit estre rue commune alant des Augustins à la porte joignante de la tour⁽¹⁾, faisant l'une des gardes de la rivière de Seyne, proche du dict hostel de Nesle, tenant tout au long à iceluy hostel, ayant jadis une entrée par devers la dicte porte, et de présent près de l'entrée du dict hostel de Nesle⁽²⁾.»

Cette sollicitude de la prévôté des marchands pour tout ce qui touchait à la défense de la ville explique, nous le répétons, son intervention fréquente dans les affaires relatives aux actes de concession royale et aux entrées en jouissance qui résultaient de ces actes. Le groupe de Nesle tout entier, hôtels, tour, porte et remparts, étant considéré comme «faisant l'une des gardes de la rivière de Seyne», l'échevinage parisien avait peine à comprendre que le roi eût pu concéder, gracieusement et à titre privé, une tête de pont, un poste avancé qui défendait à la fois le fleuve, la ville et le Louvre. Aussi fit-il, en 1523, opposition à l'installa-

---

⁽¹⁾ Cette «rue commune» ne peut être que le quai dont la construction fut ordonnée par Philippe le Bel, en 1313, comme moyen d'arriver plus commodément à l'hôtel de Nesle. Voir l'article relatif au quai des Augustins.

⁽²⁾ Note recueillie par Adolphe Berty.

tion dans l'hôtel de Nesle, d'un bailli spécial chargé de connaître des délits commis par les écoliers; et pourtant la création d'une juridiction particulière, à proximité des deux Prés-aux-Clercs, était fort nécessaire après les graves désordres dont cette promenade avait été le théâtre[1]. Une note annexée aux *Mémoires* de Benvenuto Cellini, dont nous parlerons plus loin, résume ainsi la courte histoire de cette juridiction : « En 1522, François Ier y établit, dans le petit hôtel de Nesle, un bailli chargé de conserver les privilèges et de juger les procès de l'Université de Paris; mais, quatre ans après, ayant aboli cette charge et rendu au prévôt de Paris le soin de protéger l'Université, il lui laissa tacitement le château de Nesle, bien que ce magistrat demeurât au Châtelet; voilà ce qui occasionna la difficulté de Cellini avec le prévôt Jean d'Estouteville, seigneur de Villebon. »

En 1540, opposition nouvelle de la part de la Ville, et d'autant mieux motivée qu'il s'agissait encore du petit hôtel de Nesle, donné, ainsi que la tour et la porte, à la prévôté parisienne, en vue d'assurer la défense de la Ville. Une concession en jouissance avait été accordée par François Ier à son artiste bien aimé, le fameux Benvenuto Cellini. Celui-ci nous a laissé, dans ses *Mémoires*, une relation fort curieuse du litige qui survint à cette occasion. Nous en extrayons les passages suivants :

« J'appris au Roi, dit le célèbre ciseleur, que j'avais trouvé un emplacement qui me semblait convenir parfaitement à mes travaux. « Cet endroit, ajoutai« je, se nomme le petit Nesle et appartient à Votre Majesté, qui l'a cédé au prévôt « de Paris; mais comme celui-ci ne l'utilise point, Votre Majesté peut le donner à « moi qui en tirerai bon parti pour son service. — Ce château est à moi, répliqua « le Roi, et je sais très bien que celui à qui je l'ai laissé ne l'habite point; ainsi, « prenez le donc pour vos travaux. » — Et aussitôt, il enjoignit à l'un de ses lieutenants de m'en mettre en possession. Cet officier lui représenta que c'était impossible. Mais le Roi se fâcha et déclara qu'il entendait donner son bien à qui bon lui semblait, et surtout aux gens qui travaillaient pour lui; que ce château ne servait à rien, et enfin qu'il voulait qu'on ne lui parlât plus de cela. Le lieutenant ajouta qu'il faudrait employer un peu de force. — « Allez, allez, s'écria le « Roi, et si un peu de force ne suffit pas, employez-en beaucoup. » — Le lieutenant me conduisit alors au petit Nesle, et fut, en effet, obligé d'employer la force pour m'y installer. Il m'avertit ensuite de bien me tenir sur mes gardes, si je désirais ne point y être tué. Dès que j'eus pris possession du château, je m'entourai de domestiques, et j'achetai une grande quantité d'armes. »

L'opposition du prévôt de Paris — qui aurait fort bien pu, pour les motifs déduits plus haut, être appuyée par celle du prévôt des marchands — fut longue

---

[1] 1531. — Hôtel de Nesle «en partie duquel hostel se tient le bailliage de Paris, le dict bailliage de nouvel érigé». (Note recueillie par Berty.)

TOPOGRAPHIE HISTORIQUE DU VIEUX PARIS

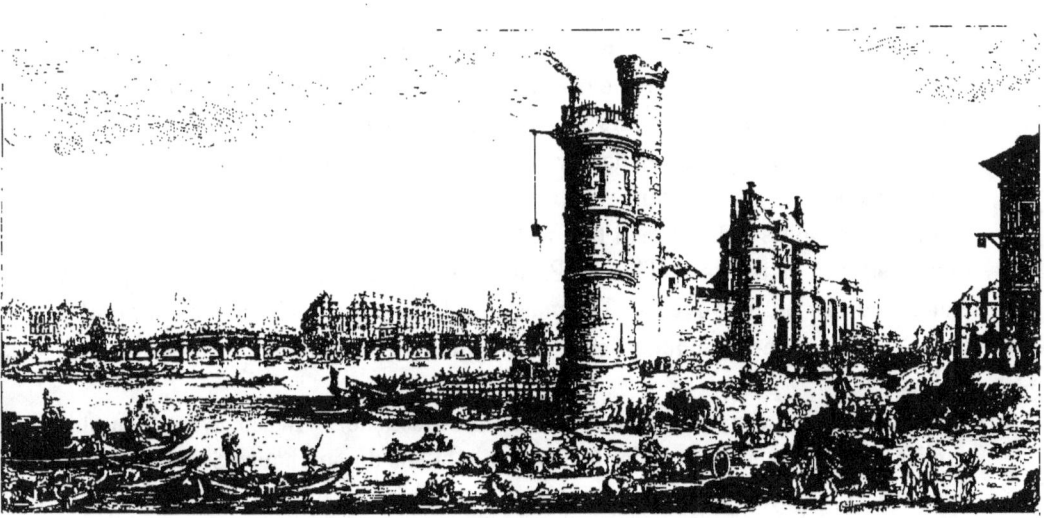

et acharnée; cependant, la victoire resta à l'artiste italien. Nous savons combien de temps il demeura au petit Nesle dont il avait été nommé seigneur par le roi, et quels travaux il y exécuta [1]. Le séjour de la cour à Fontainebleau et dans d'autres maisons royales l'y ramena plus tard, et d'ailleurs son royal protecteur mourut en 1547. Aussi, deux ans après, le petit hôtel de Nesle fut-il affecté à un autre usage.

Il s'agissait cette fois d'en faire un atelier de monnayage. L'endroit avait été choisi sans doute parce que l'artiste florentin l'avait abandonné. Pour la vingtième fois depuis le duc Jean de Berry, « ce château ne servait à rien ». De plus, il était voisin de la rivière, dont on se proposait d'employer le courant comme moteur. Trois documents des années 1549, 1550 et 1551 nous apprennent ce qu'on en fit. Le 25 mars 1549, Henri II ordonna, par édit, d'installer au petit Nesle une forge pour la fabrication des pièces de deux sols six deniers, et enjoignit de « contraindre les detempteurs du dict lieu de Nesle par toutes voyes, nonobstant le don qu'ils en ont ou pourroient avoir obtenu ». Ces détenteurs étaient encore les prévôts et échevins, toujours chargés de « la defense et tuicion de la ville », toujours empressés de rentrer dans ce qu'ils regardaient comme leur domaine. Il leur fallut néanmoins obtempérer aux ordres royaux.

Les monnayeurs s'installèrent tant à l'hôtel de Nesle que dans l'îlot de la Gourdaine, situé à la pointe de l'île du Palais. Deux pièces nous apprennent qu'ils y étaient encore en 1550 et 1551; mais une troisième, datée de janvier 1552 (v. s.), prouve que le monnayage a cessé, puisque le domaine de Nesle est mis en vente.

La première pièce (13 avril 1550) est ainsi conçue : « Receu avons l'humble suplicacion de nos bien amez les manans et habitans du fauxbourg Sainct Germain des Prez et les monnoyers de nos monnoyes besongnans ordinairement en nostre hostel de Nesle, contenant que, de tout temps et ancienneté, entre les portes de nostre dicte ville, y en ait deux fort propres et usitées pour entrer et sortir de nostre dicte ville, au dict fauxbourg, l'une appellée de Bucy l'autre le pont-levis de Nesle; lesquelles sont demourées closes et fermées dès et depuis le temps des guerres, par lesquelles ledict fauxbourg fut ruiné et réduict en terre labourable, mesme à l'endroict des deux portes. Le feu roy, nostre père, avoit ordonné qu'on rouvrist la porte de Bucy, et refist le pont; nous ordonnons qu'on en fasse de mesme pour la porte de Neelle, les piétons et les chevaulx sellés devant y passer, comme les charrettes » [2].

La porte de Nesle était, en effet, « estoupée » depuis un quart de siècle. Murée en 1525, après le désastre de Pavie, elle n'avait point été rouverte depuis, et le pont qui la précédait tombait en ruines. Au moment où elle fut rendue à la circu-

---

[1] Voir aux appendices les extraits de la *Vie de Benvenuto Cellini*, écrite par lui-même et traduite par Farjasse (Paris, Audot, 1833). — [2] Note recueillie par Adolphe Berty.

lation, selon le vœu des «monnoyers besongnans en l'hostel de Nesle», on établit au-dessus du fossé, pour remplacer l'ancien pont de pierre, un petit pont de bois qui subsistait encore quatre-vingt-dix ans plus tard, puisqu'on le voit figurer sur le plan de Mérian (1615). Il fut plus tard reconstruit en pierre, et c'est dans cet état que nous le montrent les estampes du xviie siècle.

L'année suivante (1551), les monnayeurs travaillaient toujours à l'hôtel de Nesle, et ils durent y «besongner» quelque temps encore, puisqu'on leur donne comme annexe le vieux moulin de la Gourdaine, situé à la pointe occidentale de la Cité, presque en face de leurs ateliers. Les *Registres du Bureau de la Ville* contiennent, à cet égard, une pièce importante que nous transcrivons en note [1], et qui se trouve corroborée, un demi-siècle plus tard, par L'Estoile. On lit, en effet, à la date de 1600, dans le journal de ce bourgeois de Paris : «Aubin Olivier, natif de Boissy, en France, inventeur et conducteur des engins de la monnoye du moulin, qui est en l'isle du Palais, à Paris [2].» Il s'est donc créé, sur ce point de Paris, une tradition de monnayage qui a été continuée, inconsciemment peut-être, par le roi Louis XV, lorsqu'il a ordonné, en 1765, la construction du nouvel hôtel des monnaies.

Mais le moment était venu où l'hôtel de Nesle, entré dans le domaine royal en 1308 et concédé tant de fois, tantôt en propriété viagère, tantôt en usufruit, allait sortir définitivement des mains du roi. Depuis les agrandissements ou plutôt les empiétements opérés par le duc Jean de Berry, depuis la cession à la Ville de la tour, de la porte et du petit Nesle, comme partie intégrante de l'enceinte fortifiée dont elle avait la «deffense, tuicion et entretenement», le conflit était per-

---

[1] Du xiie jour de may mil ve li.

Au jour d'huy ont été apportées par la poste les lettres missives du Roy, dont la teneur en suit :

Lettres missives du Roy.

A nostre amé et féal notaire et secrétaire, controlleur général de nostre Chancellerie, maistre Claude Guyot, prévost des marchans de nostre ville de Paris.

De par le Roy :

Nostre amé et féal, nous avons faict venir d'Allemagne certains engins à monnoye, dont, pour l'espérance qu'il y a d'en tirer grande utillité, nous voullons faire faire preuve et expérience, pour lequel effect il est besoing s'ayder d'un vieil moulin, qui est à la porte de nostre jardin du palais de Paris, nommé *La Gourdine*, appartenant à ceulx de l'église Saint-Eustace, ausquelz nous inscripvons présentement estre comptant baillé led. moulin à nostre amé et féal varlet de chambre ordinaire Guillaume Marillac, ayant de nous charge et superintendance desd. engins, les advertissant que vous adviserez avec eulx sur la récompense dud. moulin, ainsi que vous verrez par noz lettres que led. Marillac vous montrera, vous priant vous transporter devers eulz, comme aussi fera led. Marillac, et tant faire qu'ils veullent promptement satisfaire à la requeste que nous leur en faisons, affin que lad. affaire ne soit aucunement retardée, et au demeurant regarder d'accorder avec eulx, sur la récompense que leur en deverons faire, au plus raisonnable pris que faire se pourra, eu esgard à la valeur du moulin, pour après nous en advertir, afin d'y faire satisfaire à leur contentement; et vous nous ferez service très agréable en ce faisant. Donné au Plessis lez Tours, le ixe jour de may mil ve li.

Signé : Henry de Laubespine. (*Registres du Bureau de la Ville, H 1781.*)

[2] *Journal de L'Estoille*, année 1600.

manent entre la prévôté bourgeoise et les concessionnaires de l'hôtel. Le roi, qui ne tirait aucun profit de cette singulière propriété, était à chaque instant obligé d'intervenir pour concilier les parties. Henri II résolut de faire cesser cet état de choses : par lettres patentes du mois de janvier 1552, il ordonna que « la maison, place, pourpris et tenue du grand Nesle, ainsy qu'ils se poursuivent et comportent, seroient vendus au plus offrant et dernier enchérisseur, à charge de cens et rentes ».

Le petit hôtel de Nesle était, ainsi que la tour, la porte et le fossé, nommément exclus de la vente; il constituait une sorte de propriété collective, qui, dans les usages du temps et d'après la jurisprudence royale, ne faisait pas obstacle à une concession en usufruit, temporaire et même viagère. François II, suivant en cela l'exemple que lui avait donné son aïeul François Ier, fit, en 1559, don à sa mère, Catherine de Médicis, du petit Nesle, « sa vie durant, pour y mettre sa chambre des comptes et en disposer à sa volonté ». On sait, en effet, que la reine mère avait sa comptabilité particulière et son gouvernement à elle. Dès ce moment, elle méditait une grande construction dans le voisinage du Louvre et en dehors de la muraille de Charles V : le château des Tuileries; le petit Nesle devait être, en quelque sorte, l'*agence* des travaux qu'elle projetait, et qui commencèrent cinq années après, en 1564 [1].

Cependant, la vente ordonnée par Henri II n'avait pu avoir lieu, et le domaine de Nesle se trouvait encore dans le même état en 1570 [2]. Les besoins d'argent qui en avaient conseillé l'aliénation, en 1552, étaient encore plus impérieux; aussi Charles IX renouvela-t-il, en 1571, l'ordre donné par son père [3]. L'argent à provenir de la la vente devait, dit Sauval, « servir à payer comptant les Suisses et

---

[1] Voir les volumes *du Louvre et des Tuileries*.

[2] M. Franklin a fait remarquer que l'hôtel de Nesle figure encore, comme intact, sur le plan de Saint-Victor, attribué à du Cerceau. Or on s'accorde à considérer ce plan comme postérieur à l'année 1552.

[3] La même année (1571), la Ville avait usé de ses droits sur la tour, la porte, le fossé et certaines dépendances du petit Nesle. Elle loua, en effet, à un marchand, nommé Balthasar Bordier, la tour, « les chambres, cellier, jardin, terrasse et autres petits édifices formant ladite tour », moyennant trente livres tournois par an. Et lorsque le duc de Nevers se présenta pour acquérir le domaine et pourpris de Nesle en entier, la Ville obtint des lettres du roi « rémémorant que les murailles, porte et tour de Nesle, et jardin des Archers, n'ont pu estre acquises en mesme temps que l'hostel, parce que elles servent à la défense de la Ville ». (Note recueillie par Berty et enregistrée par lui sous la date de 1571.)

Quarante ans plus tard, les droits de la Ville furent exposés dans un *Mémoire de la Ville, présenté au roy Louis XIII et à son conseil au sujet des murs, fossés et anciennes portes de Paris*. Il y est dit textuellement : « L'on fera apparoir des lettres du feu roy Charles IX, que Dieu absolve, datée du xxve jour de may MDLXXI, adressantes à monsieur Saincton, procureur de S. M. au Trésor, par lequel S. M. lui enjoinct de se départir de la poursuite qu'il faisoit pour bailler à monsieur le duc de Nevers la tour de Nesle, porte, fossé, arrière-fossé et bordage, voulant S. M. qu'ils soient delaissez aux prevost des marchands et eschevins, comme à eulx appartenant, et dont ils avoient jouy de tout temps. » (FÉLIBIEN, *Preuves*, III, p. 818.)

les reistres, et autres étrangers qu'il falloit licencier». Pour faciliter cette opération, il parut utile de faire une visite générale des lieux, d'en expertiser la valeur et de lotir les terrains de manière à les morceler au besoin. Les experts allèrent jusqu'à proposer de percer, à travers le grand hôtel de Nesle, «une rue de quatre toises et demie de largeur, depuis le devant sur le quay des Augustins, jusques contre le mur qui sépare la grande cour et le jardin de derrière le petit Nesle».

Le procès-verbal de cette expertise nous a été conservé. Adolphe Berty l'a transcrit sur une copie défectueuse; mais nous en avons collationné le texte sur le manuscrit que possède la bibliothèque de la ville de Paris.

PROCÈS-VERBAL

DE L'ESTAT DES LIEUX DU GRAND ET DU PETIT NESLE.

DRESSÉ PAR ESTIENNE GRANDREMY ET LÉONARD FONTAINE, MAISTRES DES OEUVRES DE MAÇONNERIE ET CHARPENTERIE DU ROY [1].

..... Et premièrement l'hostel du grand Nesle contient cinquante et une toises du long du chemin du quay des Augustins, et du costé des galleries le long d'une ruelle, entre les dits Augustins et le dit hostel et par laquelle on entre et sort dudit quay au jardin de l'hostel Sainct-Denys, quatre vingts thoises et demye haboutissant où sont les bastiments du petit Nesle, et le long du jardin du dit petit Nesle, cinquante et quatre toises, et le tenant le long de la court du petit Nesle, quarante neuf toises; le tout ou environ qui sont troys mil troys cens quatre vingts six toises trois quars de toise de parterre, sans comprendre l'espaisseur des murs, dedans la superficie duquel parterre sont les édifices cy-après déclarez.

C'est assavoir ung petit corps d'hostel pour le portier, à l'entrée du dit lieu, du costé du quay et chemin de quatre thoises quatre pieds de long sur dix pieds de large, où il n'y a qu'ung estage par bas et le grenier dessus; ung grand portail entre le dit petit logis et la ruelle, entre le dict hostel et l'églisze des Augustins [2]; contenant le dit portail douze pieds de large, comprins les murs des deux costés. Du long et costé de la dite ruelle, y a une grande gallerie contenant trente quatre arches, dont les neuf premières sont bouschées, et y a bastiments accommodez à quelques sallettes, chambres, garde-robbes, aysances et aultres petites commoditez avec les greniers au dessus; et les vingt-cinq autres sont à jour, sans aultre bastiment que l'ancien; réservé que quelques unes sont closes pour magasins et greniers. Au bout desquelles galleryes

[1] Le manuscrit conservé à la bibliothèque de la ville de Paris donne à ce document la date du 28 novembre 1572, tandis que la transcription faite par Berty indique celle du 7 avril 1571 avec cette mention : «C'est une copie peu exacte et un peu postérieure.» Il paraît certain que cette dernière date est la vraie, car les lettres du roi «rémémorant que les murailles, porte et tour de Nesle n'ont pu estre acquises en mesme temps que l'hostel», sont de 1571. Donc à cette époque, l'hôtel était vendu; or la visite et expertise des lieux n'avaient été faites qu'en vue de faciliter la vente, ce qui en implique l'antériorité. Il semble du reste peu probable qu'on ait procédé à cette opération trois mois seulement après la Saint-Barthélemy, les préoccupations étant ailleurs. La date de 1572 ne serait donc que celle de la copie.

[1] M. Alfred Franklin, qui a publié une partie de ce procès-verbal, constate que cette ruelle, au moyen de laquelle le jardin de l'hôtel des abbés de Saint-Denis communiquait avec le quai, n'est indiquée sur aucun plan. Il pense, et nous sommes de son avis, qu'il faut y voir l'origine de la rue de Nevers actuelle.

y a bastiments de treize toises et demye de long, et apentiz de quatre thoises deux pieds de long, servans à salles, chambres et autres commoditez. Au rez de chaussée et au dessus, plusieurs chambres, garde-robbes, cabinets, estudes, greniers et montée en escallier; les dits édifices de trois thoises de large. Et, oultre les dictz logis, une allée avec l'espoisseur des gros murs de la ville, comme le tout se comporte et estend de touttes parts et de fonds en comble.

Du dict grand Nesle nous nous sommes transportez en l'hostel du petit Nesle, lequel petit Nesle se consiste du costé et tenant aux gros murs de la dicte closture de la ville, depuis la porte de Nesle, sçavoir : est ung jardin clos à murs, servant pour la commodité du logis, et jeu de paulme, portion duquel jardin sert à une petitte court, au quel y a ung puys[1]; un corps de logis apliqué à sallette basse, des chambres dessus et greniers par hault, avec une montée et jeu de paulme, garny de son rabat et galleryes; le tout contenant vingt huict toises de long sur la rue et chemin tendant le quay des Augustins le long de la rivière à la dicte porte de Nesle, et neuf thoises de large, raporté le fort au foible, comme le dict jardin, paulme, corps de logis et jardin se comportent. Item, attenant au dict jeu de paulme, le long du dict chemyn et quay, y a ung corps de logis contenant dix toises deux pieds de long, comprins ung petit apentiz, près le dict jeu de paulme, de quatre toises et demye de large dans euvre, accommodé à deux belles salles basses, garnies de garde-mangiers; une viz hors euvre, et une petite cuisine à costé sur laquelle y a une chambre, et, sur les dictes salles, deux chambres et greniers dessus; ung apentiz à estables, et une petite court à mettre les fyens avec des privez; ung jardin, dont portion est en court, contenant trente-deux thoises et demye de long sur six thoises de large, sans comprendre une enclave estant au dict jardin, de troys thoises de large sur neuf thoises et demye de longueur, raporté le fort au foible. Au bout du dict jardin qui finist contre les dictz gros murs, y a une granche entrant dedans le fossé de la dicte closture de ville, contenant sept thoises de long sur quatre et demye de large, comme lesdits corps d'hostel, viz, cuisines, estables, jardins et granches se comportent.

Item un petit corps de logis tenant et estant entre le grand corps d'hostel dessus dict et le grand portail et entrée du dict petit Nesle, apliqué et accommodé au rez de chaussée, une sallette, une chambre, ung grenier, et une montée avec cave dessoubs, contenant les dictz corps d'hostel quatre thoises et demye de long, sur seize pieds de large. Contre les dictz corps d'hostel est le grand passage et entrée du dit hostel de Nesle. A l'ung des costés de la dicte entrée, le long du chemyn du quay, une masure de cinq thoises sur six thoises cinq pieds de profondeur; le long de la dicte entrée, une aultre masure suivant, de cinq thoises quatre pieds de long sur dix-sept pieds et demy de large, dedans laquelle y a une meschante estable.

Entrant en la grant court du dict hôtel, ung petit corps de logis suivant, de trois thoises quatre pieds de long et quinze pieds de large, ung petit apentiz au bout, de quatorze pieds de long et demy de large, et une petitte court et masure, de trois thoises et demye de long et de la dicte largeur de douze pieds, le tout dans euvre. En ladite petitte court ou masure y a ung privé. A costé de la première masure, entre icelle et le petit corps d'hostel dessus dict, est l'entrée de la grand court du dict lieu, contenant quatre thoises cinq pieds de large sur huit thoises deux pieds de long. De la dicte entrée on entre en ladite grande court, laquelle contient vingt quatre thoises de long sur trente deux thoises de large au bout d'embas, et par le bout d'en hault, au commencement de la dicte entrée de court, vingt-six thoises de large. Plus, la court se poursuit sur le devant du logis estant au bout de la dite court, de quatre thoises ung pied de long, sur la largeur de unze thoises. Ung jardin et court au bout de la dicte court, de vingt et une thoises sur quatre thoises un pied de large.

[1] M. Franklin fait remarquer que ce puits figure sur les plans de Saint-Victor et de Truschet.

Et y a, à l'aboutissant du dict hostel, le long et dessus les anciens murs de la ville, plusieurs corps de logis anciens et restabliz de nouvel, de la longueur de trente troys thoises sur troys thoises de long dedans euvre, comprins ung édifice sortant sur les fossez, servant à estables à chevaulx; lesquels corps de logis sont à deux estages, comprins l'estage du rez de chaussée, et sont accommoder à salles basses, cuisines, garde-mangiers et aultres aysances et commoditez. Et en l'estage au dessus y a plusieurs chambres, garde-robbes, estuves, comptorers, cabinets, passages et aultres; et par hault, plusieurs greniers, troys montées, partie hors œuvre et partie dedans œuvre, servant à monter esdictz logis; caves soubz le logis à costé du jardin cy après déclairé. Plus, une granche aussi sortant sur le fossé, de sept thoises et demye de long et quatre thoises et demye de large; ung donjon derrière le dict logis, enclavé dedans les ditz fossés de la ville.

Plus, ung long jardin le long des gros murs, contenant trente une thoises et demye de long sur quatre thoises de large, sans comprendre l'espoisseur des gros murs qui sont des appartenances du dict hostel; contenant le dict logis et hostel du petit Nesle dessus déclairé la quantité de dix sept cent soixante et unze thoises et demye en platte forme et parterre.

[Une partie du grand Nesle paroist s'estre appelée l'hostel Bellebranche; l'enclave dans le jardin en étoit, et jardin de l'hostel Saint Denis, qui, à notre avis, est commun aux dits lieux, parce que les bastiments qui sont dans les galleries ont leurs égouts en la dite ruelle, leurs entablements des fenestres et aux divers indices et vestiges [1].]

Plus, avons trouvé, depuis l'angle et bout du grand Nesle derrière les bastiments qui y sont, à l'endroit d'un pignon auquel y a apparence et forme de verrière pour une chappelle et verre sur les fossés jusqu'à la porte de Bussy, un grand jardin entre les gros murs et une muraille de closture séparant le dit jardin et le jardin de l'hostel Saint-Denis, contenant cent thoises et demye de longueur et quatre thoises deux pieds et demye de largeur le tout ou environ, réserve contre ladite porte à l'entrée sur la rue, où ladite entrée ne porte que trois thoises de largeur, servant à présent à jouer de l'arc aux archers de la ville de Paris, et auquel il y a des petits apentis sur le devant pour loger un concierge, ou garde-mur, par lesdits archers; auquel jardin appert que dudit grand Nesle on entroit par une porte de taille de sept pieds de large portant un tiers point au-dessus de la voussure, laquelle porte a été bouchée de pierre et plastre. Aussi en l'estage au-dessus, il y a une autre porte de pierre de taille, par laquelle on entroit dudict grand Nesle sur les gros murs le long dudict jardin et jusqu'à ladite porte de Bussy et en la rue, lesquelles portes sont faites de mesme structure que les bastiments dudit grand Nesle, et où lesdits jardins et dessus des gros murs servoient de dépendances dudit grand hostel.....

N. B. — Nous ne donnons ici que la partie du procès-verbal relative à la description du bâtiment de Nesle. Le commencement, qui est un protocole, et la fin, qui est un lotissement, se trouvent aux appendices.

Tel était le vaste domaine dont le roi désirait se défaire, et qui fut acquis, presque en entier, par Louis de Gonzague, prince de Nevers. Cette fois encore, a royauté se déjugea, et, après avoir tant de fois assuré à la Ville la possession

---

[1] Cette partie du procès-verbal paraît être une interpolation. Nous la reproduisons, entre crochets, à l'endroit où Berty l'a placée, en faisant remarquer avec lui qu'elle provient d'une copie défectueuse et postérieure à la visite que relate le procès-verbal.

LA TOUR ET LA PORTE DE NESLE

des tour, porte, muraille et fossé de Nesle[1], elle en gratifia le nouvel acquéreur. En août 1572, intervint un arrêt du conseil décidant que « le roy ayant déclaré que la grosse tour de Nesle, la porte, portail, logis et chambre du portier, les murailles, galeries, tours et grands fossés estans hors d'iceluy hostel, avoient toujours esté dans son domaine, en conséquence ils estoient comprins dans la vente et adjudication des grand et petit Nesle[2] ».

Le prince de Nevers ne se prévalut point de cet arrêt : l'hôtel qu'il fit construire fut assis en retrait de la tour et de la muraille qui lui servirent de clôture et de perspective. Ce logis, dont la construction dura longtemps, était d'une telle magnificence, que le roi Henri IV, à ce qu'on assure, dit un jour en riant à son fastueux possesseur : « Mon neveu, j'irai loger chez vous quand votre maison sera achevée[3]. » Elle ne le fut jamais complètement, et, malgré sa splendeur, elle n'eut qu'un très court destin.

Les plans contemporains, ceux de Quesnel (1609) et de Mérian (1615), ainsi que les estampes du temps, permettent d'apprécier l'aspect et l'étendue que devait avoir l'hôtel de Nevers. Sa façade principale, perpendiculaire à la rivière et tournée vers l'ouest, regardait la tour et la porte de Nesle. Elle devait se composer de trois pavillons, dont un central, à coupole et à lanternon, à peu près dans le style de l'ancien pavillon dit de l'Horloge, aux Tuileries, œuvre de Philibert Delorme. Deux corps de logis devaient relier le pavillon central au pavillon d'angle. L'un de ces pavillons, celui de gauche, se profilait librement sur le quai; mais l'autre, celui de droite, était, en partie, engagé dans la muraille et masqué par une tour. Le pourpris de l'hôtel comprenait une vaste cour, avec deux arrière-corps de logis, l'un sur le quai, l'autre sur la rue ou ruelle qui en prit le nom, et qui lui servait de dégagement vers l'est. La construction du pont Neuf lui donna un accès beaucoup plus commode que l'étroit passage de la porte de Nesle, et cette résidence princière, quoique inachevée, devint bientôt le rendez-vous de toutes les élégances parisiennes.

---

[1] Félibien a imprimé dans ses *Preuves* (III, 818), une pièce datée du 25 mai 1571, d'où il résulte que le duc de Nevers ne devait point avoir la jouissance des «tour de Nesle, porte, fossé, arrière-fossé et bordage, voulant Sa Majesté qu'ils soient délaissez au prévost des marchands»; ce qui précise encore la date de la vente.

[2] Note recueillie par Adolphe Berty.

[3] Raoul Boutrays, dont le poème est contemporain de Henri IV, décrit pompeusement le «palatium ducis Nivernensis». Dans son enthousiasme, il compare la Seine à l'Hellespont, et ses bords à Sestos et Abydos. Le Louvre et l'hôtel de Nevers se contemplent sur les deux rives :

Seston uti bimarem Læandria spectat Abydos
Littore ab adverso, brevis et ni tractus utromque
Dissociet, socias prope navita dixerit arces;
Non aliter late, opposita, minor æmula, fronte
Nunc Lupara ingenti Luparæ Nivernia certat,
Gonzagæ Clevensis opusque heroidis ingens;
Ni forsan vetet heroas se æquare minores
Regibus impatiens consortis summa potestas.
Tecta caput lapide Andino, sudi ætheris instar
Illa colorata est, rubet illa bitumine cocto,
Marmoribus crebro intexis et iaspide multa.

(*Rodolphi Boterei* LUTETIA (1612), p. 53.)

Dans les années qui suivirent l'acquisition faite par le duc de Nevers, les détails de l'opération furent régularisés. Le 7 septembre 1575, dit Félibien, on vendit ce qui restait des «places du grand et du petit Nesle» et n'avait pu, sans doute, entrer dans le pourpris du nouvel hôtel [1]. En janvier 1576, une commission fut «obtenue par le duc de Nivernois» et adressée aux seigneurs de Thou et Jacques Violle, en leur qualité de prévôts des marchands «pour l'arpentage et mesurage d'une place usurpée par les archers de Paris, laquelle estoit des appartenances de l'hostel de Nesle» [2]. C'était sans doute une partie de ces allées des murs, objets de tant de locations et concessions à titre gratuit ou onéreux [3].

Le 3 juin 1580, l'abbaye Saint-Germain-des-Prés cède «au duc de Nivernois un fossé et place jusques à la porte de Bussy, contenant environ un arpent [4]». Le 12 octobre 1582, un arrêt du Conseil ordonne que «les récompenses du prevost des marchans et aultres, pour les places qu'ils occupoient au dict hostel de Nesle, seront assignées au pavé des Tournelles, le long et environs des remparts de la ville, jusques à la quantité de quatre mille trois cens thoises [5]». Enfin, le 12 mars 1586, un contrat intervient entre l'Abbaye, dans la censive de laquelle l'hôtel de Nesle avait été construit originairement, et le duc de Nevers, acquéreur de la plus grande partie des terrains qui composaient le pourpris, contrat aux termes duquel l'hôtel est érigé en fief, moyennant une rente annuelle de cinquante sols parisis.

Il semble que ce double traité aurait dû mettre le duc de Nevers à l'abri de toute revendication; cependant nous le voyons encore, lui ou ses ayants cause, en procès avec la Ville, et appelant, en 1626, d'une sentence rendue en 1612 par le prévôt des marchands «pour raison de place sur le bord et mur du fossé de la ville, derrière la rue Dauphine et place des Archers».

Charles de Gonzague de Clèves, qualifié de «duc de Nyvernois et de Rethelois» faisait alors construire sur les allées des murs et sur la muraille elle-même, et la Ville, toujours en sa qualité de propriétaire des divers ouvrages de l'enceinte, dont elle avait la «garde, tuicion et entretènement», lui contestait ce droit. Défenses furent faites en son nom, «tant à Nicolas Buisson qu'à Simon Mestonnier, massons, de travailler au bastiment sciz sur le bord et mur de la dicte ville, derrière la rue Dauphine, suivi à trois thoises de distance du dict mur du fossé». Par

---

[1] Histoire de Paris, Preuves, t. III, p. 3.

[2] Note recueillie par Berty.

[3] Une autre note, de même provenance, et portant les dates de 1572 et 1573, est ainsi conçue: «Le petit Nesle était à l'ouest. La place des archers de la ville était depuis l'hôtel du grand Nesle jusqu'à la porte de Buci. Elle contenoit cent toises de long sur quatre toises deux perches six pouces de large; elle fut adjugée moyennant 1,537 livres 17 sous et 12 deniers parisis de cens.»

[4] Note de même origine, trouvée dans les papiers d'Adolphe Berty.

[5] Il s'agit d'un dédommagement territorial: en échange de l'allée des murs comprise entre les portes de Nesle et de Buci, la Ville reçoit des «places» longeant «le pavé des Tournelles», c'est-à-dire circonscrites entre l'ancien palais de ce nom et la muraille de Charles V.

Veües et Perspectiue de la Tour de Nesle et de l'Hostel de Neuers.

demande reconventionnelle, comme on dit au palais, le duc requérait que la Ville lui payât « la valleur de vingt-huict thoises faisant partie de la place des Archers, desquelles avoit esté faict partye de la rue Dauphine, les dix pieds de largeur sur la longueur de quatre thoises et deux pieds qui avoient esté pris pour faire un esgoust pour la conduicte des eaues de la dicte rue Dauphine, et trente thoises de long sur quatre thoises deux pieds et demy de large, qui avoient esté pareillement prises sur la dicte place pour la décoration de ceste ville de Paris et commodité publique d'icelle [1] ». Le parlement trancha la question en mettant les parties « hors de cour et de procès, sauf au dict de Gonzague de Clèves à se pourvoir pour le remboursement des dictes places contre qui il verra estre à faire [2] ».

Nous ne suivrons point, année par année, les phases diverses par lesquelles passa la transformation du vieux manoir de Nesle. Les guerres de religion, les deux sièges de Paris, puis les procès, furent des causes successives d'atermoiement, et ces motifs réunis eurent sans doute quelque influence sur la détermination, prise plus tard par la famille de Gonzague, de se défaire de l'hôtel.

[1] *Registres du Bureau de la Ville*, H 1801, f° 228. La ville de Paris ne laisse échapper aucune occasion de faire ses réserves à l'endroit des tour, porte, murailles, allées des murs et fossés touchant à l'ancien manoir et pourpris de Nesle. — En 1619, apprenant que « Messieurs le présidens et trésoriers de France ont faict mettre des affiches en ceste ville, pour publier et rendre en leur bureau les places à la dicte ville appartenant, sizes le long de la contrescarpe du fossé de la ville entre la porte de Bucy et celle de Nesle », elle déclare qu'elle « s'opposera à la dicte publication et vente des dictes places, pour les causes, raisons et moyens qu'elle desduira en temps et lieu ». (*Ibid.*, H 1799, f° 369.) — En 1624, elle obtient un arrêt contre un sieur Claude Grelain « pour raison de quelques places par luy prétendues le long des murs de la ville entre les portes de Nesle et de Bucy, après avoir remonstrez que, pour mesme faict, il y a eu arrest de ladicte cour contre Monsieur de Nevers ». (*Ibid.*, H 1801, f° 253.) — En 1635, elle s'oppose « au bail judiciaire de la tour de Nesle et deppendances, poursuivy au Chastellet sur la saisie de ladicte tour et lieux, faicte sur Claude Guérin locataire d'icelle ». (*Ibid.*, H 1804, f° 388.) — En 1638, elle déclare s'opposer formellement à « l'entérinement des brevet et lettres patentes en vertu desquelles le Roy a donné et octroyé à Claude Greveron la jouissance, habitation et logement de la tour de Nesle », et réserver tous ses droits à la propriété du fondz sur lequel « ledit Greveron a faict construire quelque bastiment entre ladite tour et la porte de Nesle..., et ce pour les raisons et moyens qu'elle entend desduire et alléguer ». (*Ibid.*, H 1805, f° 590 et 591.) — En 1639, elle s'oppose « au décret qui se poursuyt en cour de Parlement » relativement à « deux maisons proches la porte de Nesle, applées l'une *le Petit Chantier*, et l'autre *le Petit Corps de garde* ». (*Ibid.*, f° 487.) — En 1648, elle s'oppose à la vente aux criées « d'un appenty et filouer scis dans les fossez de la ville entre les portes Sainct Germain et Sainct Michel, saisis sur Jean Martin Cordier, à qui elle en a faict bail », et elle demande « main levée de la dicte saisie, comme faicte sur un homme qui n'a rien à prétendre au fondz ny à la propriété de la chose saisie, la ville estant résolue de faire abattre ce qu'il y a de bastimens dans ledit fossé, au delà de ce qu'il en faut audict Martin pour serrer ses ustenciles et outilz de son mestier. » (*Ibid.*, H 1806, f° 180.)

[2] La Ville renvoyait les plaideurs, contre lesquels elle avait gain de cause en justice, au roi de qui émanaient toutes ces concessions, cause de perpétuels conflits. Le monarque se trouvait donc mis en demeure de chercher d'autres compensations pour ses protégés.

Cette résidence, si lentement et si somptueusement construite, fut, dit L'Estoile, le quartier général de la Ligue; on la confondait alors avec l'hôtel de Nesle, qu'elle avait remplacé, et on lui donnait indifféremment l'une ou l'autre appellation. Après avoir dit que les chefs du parti catholique s'y réunissaient fréquemment (*Journal*, VI, 37), L'Estoile ajoute que «ce jour (22 juin 1593), le duc de Maïenne vint loger à l'hostel de Neelé». Quelques pages plus loin, il mentionne «l'hostel de Nevers, logis du duc de Maïenne». Il faut croire que ce personnage s'y trouvait bien, car il y était encore sept ans après la réduction de Paris, ainsi que l'affirme l'Estoille : «1601, le samedy 15 de ce mois d'aoust, le Roy arriva de Calais à Paris, où il ne fist que disner chez M. de Maïenne, à l'hostel de Nevers, et de là il s'en alla en poste coucher à Fontainebleau.»

Nous ne savons à quel titre le duc de Mayenne logeait chez le duc de Nevers, en 1601, et s'il y demeura longtemps encore; nous ignorons également le nom des locataires qui lui succédèrent; mais ce qui est historiquement certain, c'est que l'hôtel n'abrita que deux ou trois générations des Nevers-Clèves-Gonzague, et que cette magnifique demeure n'eut guère qu'un demi-siècle de durée. En 1641, Marie, petite-fille de Henriette de Clèves et de Louis de Gonzague, acquéreur du manoir de Nesle, appelée en Pologne par son mariage avec le souverain du pays, ne se contenta pas de louer, ni même d'aliéner la riche demeure de la famille; elle en ordonna la démolition, et obtint du roi des lettres patentes qui l'autorisaient à vendre l'emplacement de l'hôtel à des particuliers, pour y percer des rues et y bâtir des maisons.

Alors commence une nouvelle métamorphose de l'antique pourpris de Nesle, déjà si tourmenté, et ce n'est pas la dernière. Un nouveau logis va s'élever sur ce sol foulé par tant de possesseurs et d'usufruitiers: c'est l'hôtel Guénégaud dont nous parlons plus loin. On démolit, on déblaie, on vend les terrains, et la Ville profite de cette occasion pour faire reconstruire la porte de Nesle, fort caduque et fort peu protectrice en ces temps, car, dès l'année 1616, la Ville avait cru devoir suppléer aux moyens de défense qu'elle présentait, en faisant «faire une palissade de moyens pieulx, à prendre deux thoises avant dans l'eau, continuer jusques contre la tour de ladicte porte, et mettre les pieulx prez à prez, en sorte que l'on ne puisse passer entre deulx[1]».

Dix-huit ans plus tard (1634), Augustin Guillain, maître des œuvres, avait été chargé «de faire parachever et abattre les thuyaux de cheminée, tant de la première que seconde chambre du logement de la porte de Nesle, du costé de la porte de Bussy, lesquels sont en partie tumbez et ont gasté la couverture d'ardoyse». Guillain devait en outre «latter et couvrir de plastre le pan de bois de charpenterie, y faire mettre un chesneau et godet de plomb, et refaire le total

---

[1] *Registres du Bureau de la Ville*, H 1806, fol. 340.

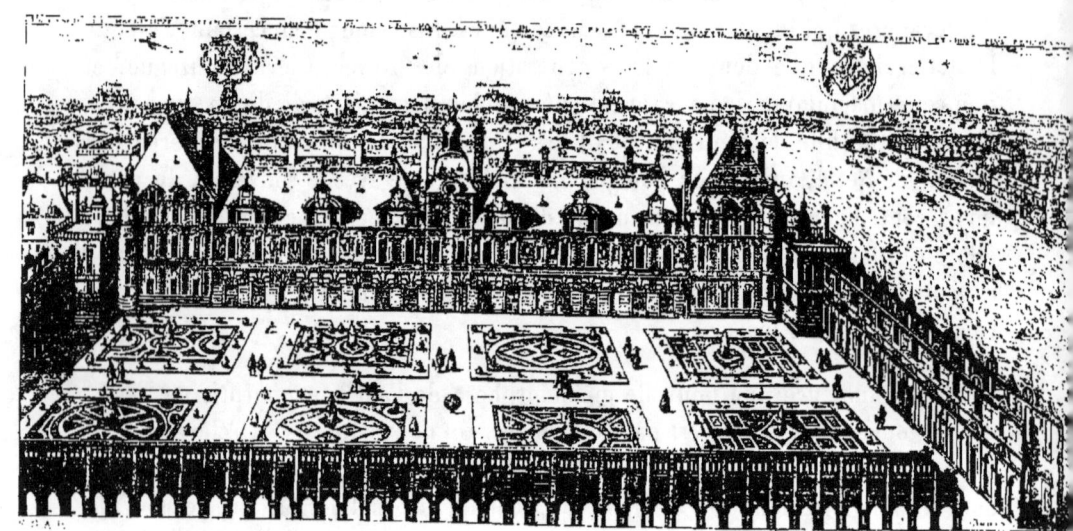

PLAN PERSPECTIVE DE L'HÔTEL DE NEVERS ET DES CAPUCINS

du pan couppé servant à entrer de la montée en la gallerie». Léon Thomas, « maistre des œuvres de couverture de la Ville », et Simon Baillou, « maistre des œuvres de charpenterie », furent, par mandement du 10 juin 1636, invités à compléter, en ce qui les concernait, les travaux exécutés par Guillain [1].

Mais ces réfections partielles étaient insuffisantes ; la vieille poterne de Nesle, jadis simple sortie à l'usage de l'hôtel, puis passage étroit pour les piétons et fort difficile pour les voitures, ne pouvait demeurer en cet état, depuis l'achèvement du pont Neuf et l'accroissement de circulation qui en avait été la conséquence. La Ville résolut donc de faire construire une nouvelle porte ; elle s'adressa à l'architecte qui venait de bâtir la Sorbonne, et auquel on avait déjà demandé « le desseing de la porte Dauphine ».

Par ordonnance du 26 mars 1643, il fut enjoint à « maistre Edme Ravière, bourgeois de Paris, de retirer des mains du sieur Lemercier, architecte du Roy, le plan et devis des ouvrages qui sont à faire à la porte de Nesle, et de lui paier et advancer, pour ses peines et sallaires, la somme de quatre cens livres, sur et tant moins des frais que ledict sieur Ravière doibt faire pour l'entreprise de ladicte porte [2] ».

Le 2 octobre 1645, un traité fut conclu entre la Ville et Ravière. Les *Registres du Bureau de la Ville* nous en ont conservé la teneur :

Articles et conditions accordez par M. Jean Scaron, conseiller du Roy en ses conseils et grand chambre de sa cour de parlement, prevost des marchandz, nobles hommes, Gabriel Langlois conseiller au Chastellet, Martin du Fresnois bourgeois, Jean Gaigny commissaire examinateur audict Chastellet, et René de la Haye bourgeois, eschevins de la Ville de Paris, M. Robert Aubry aussy conseiller du Roy en ses dictz conseilz, president en sa chambre des comptes, Anthoine Barthellemy, sieur Doinville, maistre ordinaire en ladite chambre des comptes, et Pamphille de la Court conseiller de ladite Ville, commissaires depputez pour la revente du domaine d'icelle à Edme Ravière bourgeois de Paris, pour raison des places, fossez, contrescarpes et autres terres joignans la porte de Nesle, ensemble du bastiment d'une autre porte au lieu d'icelle construction des quays, d'une part pour la descharge des marchandises, abbrevoirs et autres ouvrages cy après déclarez. Le tout au dire de gens à ce cognoissans dont les partis conviendront ainsy qu'il en suit.

L'entrepreneur fera la construction d'une autre porte au lieu de celle de Nesle, plus bas que l'ancienne, par le moïen de laquelle le quay de la ville et celluy du faux-bourg seront raccordez l'un à l'autre, afin de passer en droicte ligne de la ville au faux-bourg, et deux petites portes à costé, le dessus de laquelle sera couronné d'un fronton avec une architecture honneste, où les armes du Roy, par dehors, et de la ville, par dedans, seront appliquées suivant le desseing quy sera paraphé par Messieurs de la ville. Laquelle grande porte aura onze à douze piedz d'ouverture, et les petites portes chacunes trois piedz et demy, le tout basty de pierres de cliquart depuis le rez de chaussée jusques aux impostes et au dessus de Sainct-Leu. La masse de laquelle sera faict retraite, le tout proprement massonné de chaux et sable . . . . .

---

[1] *Registres du Bureau de la Ville*, H 1799, fol. 13. — [2] *Registres du Bureau de la Ville*, H 1804, fol. 429.

L'entrepreneur fera les portes de bois garnies de leurs ferrures convenables qu'il mettra en place.

Il sera tenu mettre quatre bornes aux entrées et sorties de ladicte porte, pour empêcher qu'elle ne soit endommagée par les harnois et carrosses.

L'entrepreneur fera un petit logement bas, auprès de ladicte porte, en cas que la tour de Nesle ne sera audict logement, jugée à propos à cet effect, afin de n'incommoder le passage.

Suivent diverses stipulations relatives à la réfection du quai et à son raccordement avec celui des Augustins « depuis Malaquest jusqu'au chasteau Gaillard », au canal, ou égout sous voûte commencé antérieurement par Ravière, à la substitution d'une voûte au pont-levis de la porte de Bussy, au pavage de la rue Neuve-des-Fossés (rue Mazarine), à la démolition du Château-Gaillard, et à la création d'un abreuvoir sur son emplacement.

En considération desquelz ouvrages et despenses à faire cy dessus, Messieurs de la ville donnent et délaissent audict entrepreneur, et promettent le faire jouyr à l'advenir en plaine propriété de toutes les places des fossez et contrescarpes en longueur depuis ladicte nouvelle porte qu'il doibt bastir cy dessus speciffiée jusques aux maisons basties sur les places cy devant baillées pour la construction de la porte et nouvelle rue Dauphine, sur toute la profondeur et largeur des fossez et contrescarpes. Ensemble le bastion qui est dans ledict fossé à l'endroict de l'hostel de Nevers et les murs de la ville de leur espoisseur entière, les tours y attachées de fondz en comble en toute l'estendue desdictes places et fossez; mesme l'ancienne porte de Nesle, ensemble ce quy se pourra conserver et mesnager de place en dedans la ville proche de ladicte porte sans incommoder le passage[1].

Ces travaux coïncidèrent avec ceux que fit entreprendre Henri de Guénégaud, qui n'entra en possession des terrains de l'hôtel de Nevers qu'en 1646. Pour lui faire sa part et pour faciliter, en même temps, la vente des « places » qui restaient à l'orient du nouveau pourpris, on en revint à l'idée qu'avaient eue Henri II et Charles IX, et qui consistait à « percer par le milieu du grand Nesle une rue de quatre thoizes et demye de large, depuis le devant sur le quay » jusqu'à l'allée des murs, à la muraille et aux fossés de la ville. Mais la configuration des lieux n'était plus la même : le duc de Nevers, en reculant vers l'orient la façade de son hôtel, avait ménagé vers l'occident une sorte de place, ou avant-porte intérieure, que représentent aujourd'hui la petite place et l'impasse Conti. Une rue n'était donc plus possible « par le milieu du grand Nesle »; c'est à l'est et à l'extrémité du lot acquis par Guénégaud qu'il fallut la percer. Cette voie existe encore aujourd'hui et porte le nom de celui dont elle longeait l'hôtel, ou plutôt les jardins. Elle fut tracée parallèlement à la ruelle de Nevers, et les deux rues marquent encore aujourd'hui, celle-ci, la limite du pourpris de l'hôtel de Gonzague-Nevers-

---

[1] *Registres du Bureau de la Ville*, loc. cit.

Clèves, celle-là les bornes de l'enceinte moins étendue dans laquelle Henri de Guénégaud enferma le sien.

L'hôtel Guénégaud ne fut point une copie de celui de Nevers. Ce dernier avait été construit dans le style dit de Henri IV, et rappelait assez les pavillons de la place Royale, avec des corps de logis intermédiaires dans le goût de la place Dau-

Fig. 1. — Porte de l'hôtel de Conti.

phine; celui-là, bâti sur les dessins de François Mansard, annonçait plutôt le style de l'hôtel des Invalides. La porte d'entrée, qui passait pour une des merveilles de Paris, est ainsi décrite par un auteur contemporain : « La baie, ou l'ouverture, est ornée d'un chambranle couronné d'un entablement dorique, soutenu de deux consoles, avec quelques autres ouvrages qui sont d'une excellente manière. Cette porte se trouve dans l'enfoncement d'une voussure en manière de niche, enrichie de refends, et le tout ensemble, d'une grande apparence, fait que cet ouvrage paroit le plus magnifique de Paris[1] ». L'éloge peut sembler excessif, si l'on en juge par le dessin de cette entrée; toute l'originalité de l'architecte consiste à avoir simulé une porte de ville, avec pavillon pyramidal, et d'avoir inscrit, dans une voussure simulant la baie de cette porte, le chambranle rectangulaire d'une porte ordinaire; disposition reproduite depuis par les architectes qui ont construit les hôtels du faubourg Saint-Germain. L'auteur que nous venons de citer le reconnaît, et il ajoute : « l'invention de cette porte a paru si ingénieuse qu'elle a été imitée en plusieurs endroits, mais d'une manière si grossière et si vicieuse que cet excellent original n'en paroit que plus remarquable et plus beau ». La façade principale, perpendiculaire au quai, correspondait au côté occidental de notre moderne hôtel des monnaies, faisant face à la petite place Conti. Celle qui donnait sur les jardins était basse et couronnée d'une balustrade à l'italienne; c'était alors le goût dominant, et l'on sait que le chevalier de Bernin voulait en généraliser l'emploi au Louvre. Le jardin, que les plans de l'époque nous représentent, était, au contraire, dessiné à la française, et représentait un compartiment de celui des Tuileries.

L'intérieur de l'hôtel renfermait un théâtre, où se donnaient des représentations dramatiques et lyriques; on y répéta l'opéra-ballet de *Pomone*, la première œuvre française de ce genre. La littérature proprement dite y avait aussi ses grandes et ses petites entrées : Boileau et Racine y lurent, l'un, ses premières satires, l'autre, ses premières tragédies. En somme, l'hôtel Guénégaud, moins vaste que celui de Nevers, était encore une magnifique résidence, fort à la mode dans la seconde moitié du xviie siècle; il ne lui fut pas donné de vivre beaucoup plus longtemps que son devancier.

Avant de raconter cette nouvelle transformation qui ne fut pas la dernière, nous devons, pour suivre l'ordre chronologique, exposer sommairement la fondation du collège Mazarin ou des Quatre-Nations, qui entraîna la destruction de la tour et de la porte de Nesle, derniers restes de ce groupe de bâtiments ayant occupé une si grande place dans l'histoire du vieux Paris. Mazarin avait depuis longtemps le projet de fonder un collège où seraient élevés les jeunes gentilshommes nés dans les provinces conquises pendant son ministère. La réédification de la Sorbonne par son illustre prédécesseur lui faisait ombrage : imitateur en tout du cardinal de Richelieu, il voulut, comme lui, attacher son nom à une œuvre durable, et il prit soin, avant de mourir, de dicter à deux notaires du Châtelet le plan, les statuts, l'organisation entière du futur établissement.

---

[1] Voir l'article consacré à la rue Guénégaud.

La maison devait comprendre deux institutions distinctes, un collège et une académie. Le collège serait ouvert à soixante écoliers, quinze du territoire de Pignerol, quinze des États romains, quinze de l'Alsace, quinze de la Flandre, de l'Artois, du Hainaut et de la Cerdagne. L'académie, complément de l'éducation reçue au collège, ne devait compter que quinze élèves choisis, auxquels on apprendrait en outre l'équitation, l'escrime et la danse, sciences frivoles aux yeux de l'Université, qui les appelait dédaigneusement *artes palestricæ, gladiatoriæ et saltatoriæ*. Mazarin plaçait son collège et son académie sous la surveillance de quatre docteurs de Sorbonne, c'est-à-dire sous le patronnage de Richelieu, léguait sa magnifique bibliothèque au futur établissement, et ordonnait — nouveau trait de ressemblance avec le grand ministre auquel il avait succédé — qu'il fût construit, au milieu des bâtiments scolaires, une chapelle où serait élevé son tombeau.

L'emplacement seul n'avait point été prévu : on hésita longtemps entre la pointe du Pré-aux-Clercs, les environs de la Sorbonne, les portes Saint-Jacques et Saint-Michel, le collège du cardinal Lemoine, les jardins des Plantes et du Luxembourg et le plateau de Sainte-Geneviève. Enfin, l'architecte Le Vau, consulté par Colbert, proposa de «bastir le collège proche la porte de Nesle, vis-à-vis le Louvre, auquel lieu on pourroit faire une place publique, qui serviroit d'ornement à l'aspect du Louvre»; c'était reproduire le parallélisme qu'offraient autrefois la vieille forteresse et la tour de Philippe-Hamelin. Louis XIV opta pour cet emplacement, et son choix mit à néant la protestation du prévôt des marchands et des échevins.

Le roi n'avait en vue que la perspective de ses palais; moins égoïste, la municipalité parisienne désirait, d'une part, que les bâtiments à construire, en rétrécissant le lit de la rivière, ne fussent point un obstacle à la navigation et une cause d'inondation pour les maisons des rues environnantes, aux époques des grandes eaux; d'autre part, que les pavillons en saillie sur le quai n'interrompissent ni la vue ni la circulation publique le long du «chemin sur Sainne». La protestation, présentée sous forme d'avis, occupe une place importante dans les *Registres du Bureau de la Ville;* nous la reproduisons en entier aux appendices, nous bornant à en citer ici les passages les plus significatifs.

L'échevinage parisien s'adjoignit, pour opiner avec compétence, trois architectes du roi, les maîtres des œuvres des ponts, six «marchans voicturiers par eau» et autant de «passeurs d'eau», pour examiner les «propositions et desseins présentés pour la construction de *certains bastiments* sur et le long du quay Malaquest, joignant la porte de Nesle à l'entrée de la rue de Seyne». Ces «certains bastimens» sont suffisamment désignés: il s'agit évidemment du collège Mazarin.

Or voici les objections qu'éleva la commission municipale :

« 1° Le desseing proposé ruineroit la navigation, mesmes les maisons qui sont sur le bord de la rivière, d'aultant que, dans le temps des grandes eaues, la rivière, estant resserrée et n'ayant pas son cours à l'endroit dudict fossé de Nesle, se gonflera, et que, dans le temps des glaces, les glaces prendront en peu de temps; ce qui causera infailliblement la perte de tous batteaux, sans parler des inondations auxquelles le desseing proposé pourroit contribuer, en faisant rentrer et regorger l'eau dans la ville;

« 2° On doit continuer le quay encommancé du costé du pont Neuf, suivant son allignement, en droicte ligne jusques à la tour de Nesle, et, depuis icelle, le conduire aussy en ligne droicte jusques à la rue des Petits Augustins, conformément aux alignemens donnez aux propriétaires des maisons basties sur ledict quay;

« 3° Quant à ce qui concerne la disposition de deux grans pavillons proposez à bastir sur ledict quay, en advançant vers la rivière, l'un vers la tour de Nesle, icelle comprise, l'autre au devant de la rue de Seyne, nous estimons que cela seroit fort préjudiciable à la décoration du dict quay et au bel aspect de toutte cette advenue, qui seroit couppée et interrompue de part et d'autre par les deux pavillons : au lieu de la dicte tour, estant abattue, on pourra voir du bout du pont Neuf jusques au pont Rouge, tout le long du quay, et d'iceluy, en montant, on verra toujours l'isle du Palais et la Saincte Chapelle, qui font une des plus belles veues et perspectives de l'Europe; de façon que, sans avoir esgard aux maisons des particuliers qui sont sur le dict quay, nous croyons qu'il est de l'interest publicq de conserver cette décoration, sans qu'il soit fait aucune advance ni saillie considérable de bastiments sur ledict quay, tant pour n'oster pas cette belle veue, que pour n'occuper pas le chemin et le passage destiné à quantité de carrosses qui passent incessamment par cet endroict là;

« 4° On pourroit faire d'autres observations touchant les incommoditez qu'on recevroit sy la rue de Seyne estoit bouchée, ou du moins coudée par ce bout; ce qui est de l'intérêt de quelques particuliers et du faubourg Sainct Germain;

« 5° On espargneroit de grands fraiz à bastir dans le courant de la rivière, à ne pas boucher la rue de Seyne ny achepter des maisons pour y faire une rue en esquaire; on pourroit faire, du costé du pavillon, une grande arcade, et en feindre aultant du costé de la tour de Nesle; ce qui ne changeroit rien au desseing, ni au bel effect que cette façade peut causer à la vue du Louvre [1]. »

On ne sauroit nier que ces observations ne fussent parfaitement fondées; aujour-

---

[1] *Registres du Bureau de la Ville*, H 1816, fol. 152 et suiv.

d'hui encore les deux pavillons interrompent la ligne des quais et masquent la vue; la rue de Seine, bouchée et coudée en équerre, finit brusquement alors qu'elle a pour point de départ la façade du palais Médicis. Quant aux arcades proposées, elles ont été réduites, d'un côté seulement, à d'étroits guichets qui ne ménagent aucune perspective.

Le roi ne tint aucun compte des protestations de la Ville, et le prévôt des marchands fut invité à s'entendre avec l'architecte pour le règlement des indemnités auxquelles elle avait droit comme copropriétaire des « places » qu'il fallait occuper, places dépendant tant du petit hôtel de Nesle, dont elle avait, malgré tout, conservé la possession, que des murailles, allées des murs, fossés et portions de quai, dont l'expropriation était nécessaire.

Deux ans auparavant « pour continuer les bastimens encommencez entre le pont Neuf et la tour de Nesle », ainsi que pour remplacer l'ancienne porte par une nouvelle, le roi avait ordonné qu'il fût fait « vente des terres vaines et vagues du fossé de Nesle jusqu'à la rivière ». Après plusieurs tentatives d'adjudication, dont il est parlé fort au long dans les *Registres du Bureau de la Ville* [1], la Ville réussit à aliéner une partie de ces terrains, à la condition que les adjudicataires seraient « tenus de faire abattre et démolir incessamment la tour de Nesle, porte et petites maisons joignant icelle, pont-levis et pont-dormant, faire faire et construire le quay, depuis le lieu où il est cessé devant l'hostel de Guénégaud jusques au coin de la rue de Seyne [2] ».

La fondation de Mazarin et le choix de l'emplacement de la tour, de la porte, du fossé et du petit hôtel de Nesle, pour réaliser les intentions du cardinal, interrompaient le « desseing arrêté » en 1659, lequel avait déjà reçu un commencement d'exécution.

Les adjudicataires de la Ville n'eurent donc rien à démolir, et c'est à Le Vau qu'échut le triste honneur de faire de nouvelles ruines en ce lieu déjà si tourmenté. C'est lui, en effet, qui, avant de jeter bas le peu qui restait de l'ancien manoir, nous a conservé le dernier aspect de la tour, de la porte de Nesle, et de la portion de muraille, percée de six arcades, sur laquelle le duc Jean de Berry avait appuyé ses constructions.

Quant à la Ville, après avoir vu ses observations repoussées et l'ancien « desseing » abandonné pour le nouveau, elle n'avait plus qu'à renoncer à la vente de ses terrains et à recevoir, pour la cession en bloc qui lui était imposée, l'indemnité fixée par le roi.

C'est ce qu'elle fit; l'ordonnance suivante extraite des *Registres du Bureau de la Ville* est donc la dernière pièce du procès.

---

[1] Voir aux appendices l'ordonnance de mise en adjudication, que nous publions *in extenso*. — [2] *Registres du Bureau de la Ville*, H 1816, *ibid*.

Pour recevoir les 120,000 livres des exécuteurs de la fondation de M. le cardinal Mazarin.

De par les prevost des marchans et eschevins de la ville de Paris,

Il est ordonné, ouy et ce consentant le procureur du Roy et de la Ville, à maistre Nicolas Boucot, receveur du domaine, dons et octroys de la dicte Ville, de recevoir de Messieurs les exécutteurs de la fondation de feu Monsieur le cardinal Mazarin, la somme de six-vingts mil livres, à laquelle Sa Majesté a réglé touttes les prétentions que la dicte Ville avoit, à cause des places de la porte de Nesle et des contrescarpe et fossé d'icelle, par arrest du Conseil, du huitiesme aoust mil six cens soixante-deux, aux charges et conditions portées par le dict arrest, pour estre, la dicte somme de six-vingts mil livres, employée au payement des sommes de deniers esquelles les debets des derniers comptes rendus par le dict Boucot, tant des dicts domaine, dons et octroys de la dicte Ville, que de icelluy revenu des dicts solz pour muid de vin d'entrée à Paris, se trouveront monter; lesquelles à cette fin il retiendra par ses mains, et en fera recepte et despense au premier compte du dict domaine qu'il rendra, et le surplus employé ainsy qu'il sera par nous ordonné.

Faict au Bureau de la Ville, le dix neufviesme jour d'aoust mil six cent soixante-deux [1].

Mais il ne suffisait pas de désintéresser la Ville; il fallait encore indemniser ses ayants droit et particulièrement les concessionnaires des «places vaines et vagues de l'ancien fossé et porte de Nesle, contrescarpe et fossé d'icelle»: c'étaient Ravière et ses associés, dont il est amplement question à l'article des rue et porte Dauphine, ainsi qu'à propos du quai des Augustins. L'entrepreneur Jean Rupalley, bourgeois de Paris, et l'architecte Lambert, qui représentaient ce syndicat, reçurent dix mille deux cent douze livres.

La liste des «récompenses» était loin d'être épuisée: il fallut encore dédommager le garde-clef de la porte de Nesle, qui reçut huit cents livres «pour son logement et charge de portier», ainsi que les locataires et sous-locataires des échoppes situées aux environs de la tour et de la porte. Il fut payé, de ce chef, douze mille livres à Madeleine Gruin, veuve de Guillaume Sachet, premier valet de chambre de la reine Marguerite.

M. Alfred Franklin, qui a consulté aux Archives nationales le registre original des délibérations tenues par les exécuteurs testamentaires de Mazarin, les comptes fournis par leurs fondés de pouvoir, par les trésoriers et procureurs du collège, ainsi que les devis et mémoires de l'architecte Le Vau, donne un excellent résumé de ces diverses pièces dans sa monographie du collège Mazarin. Les expropriations, sur lesquelles nous insistons parce qu'elles représentent le côté topographique de l'entreprise, comprirent encore les maisons construites à l'extrémité septentrionale de la rue de Seine et du chemin sur les fossés, ainsi que sur le quai et aux environs de la porte de Nesle. La plus chère fut payée trente-quatre mille livres; elle

---

[1] *Registres du Bureau de la Ville*, H 1817, folios 11 et 12.

TOPOGRAPHIE HISTORIQVE DV VIEVX PARIS

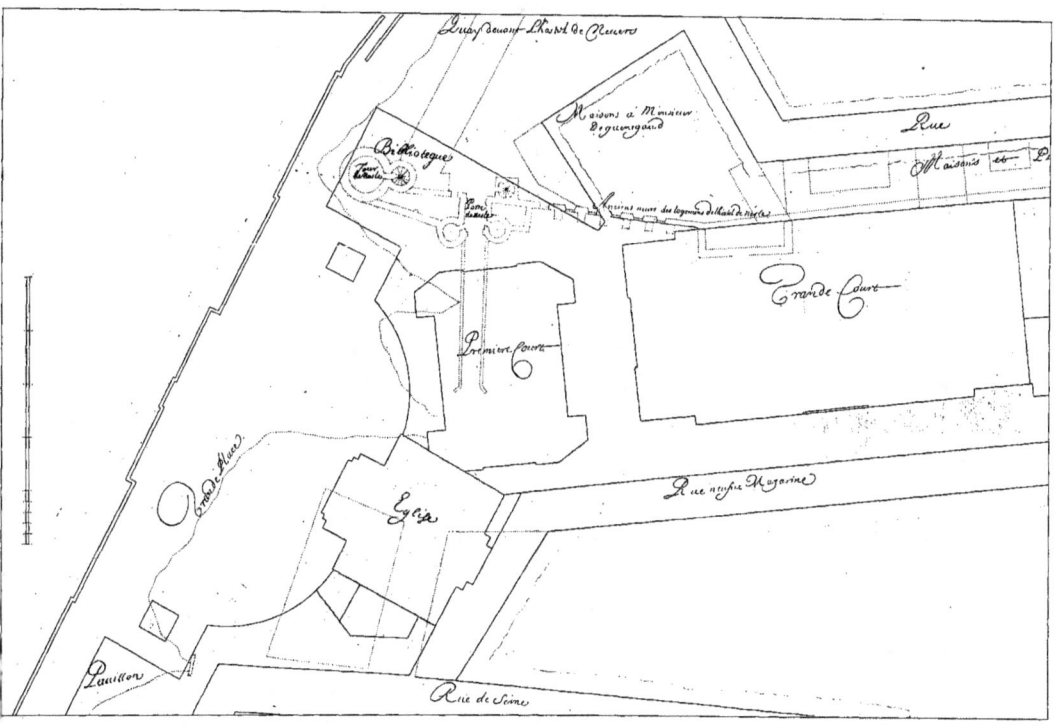

PLAN DV COLLÈGE DES QVATRE-NATIONS
avec l'indication des voies environnantes, de la Tour, de la Porte, du Pont de Nesle et de l'enceinte de Philippe-Auguste.
(d'après le dessin original de Le Vau, conservé aux Archives Nationales – Plans, 3ᵉ Cⁱᵉ N° 1)

faisait le coin de la rue de Seine et du quai, et appartenait à François Popineau, procureur au parlement. Une autre, située dans la petite rue de Nesle qui joignait le chemin sur les fossés à la rue de Seine, fut achetée trente mille livres à Pierre Ariste, premier commis de M. de Brienne, ancien secrétaire d'État.

On donna trente-cinq mille livres à l'avocat Jean Mingot, pour six maisons « faisans l'encoignure de la rue du fossé de la porte de Nesle et de la rue de Seine ». On accorda encore onze mille livres à Marie Petit, veuve de Christophe Cruchet, « juré porteur de charbon », vingt mille livres à Jean Onfroy, « conseiller général du Roy », douze mille livres à Geneviève Jeallin, veuve de Jean le Comte, « fourrier des Cent-Suisses de la garde du Roy », et neuf mille cinq cents livres à André Maurice, « sergent à verge au Chastelet »; Bernard du Bus, « marchand espicier », reçut dix mille cinq livres pour une maison « scize au coing de la petite rue de Nesle ». Nous trouvons encore vingt-six mille livres accordées à Antoine Tournaire, « scellier », dix-huit mille livres à Claude Robert, serrurier, et sept mille livres à « Esloy Antheaume, marchand chandelier », dont les maisons étaient situées dans la petite rue de Nesle.

En somme, les dépenses faites pour l'achat du terrain, les expropriations et les diverses indemnités s'élevèrent à cinq cent soixante-quatorze mille cinq cents livres.

On commença aussitôt les constructions. Le plan de Le Vau ayant été adopté, c'est lui qui fut chargé d'en diriger l'exécution. Deux autres architectes de mérite, Lambert et d'Orbay, furent placés sous ses ordres et conduisirent les travaux. Un arrêté des exécuteurs testamentaires fixa à trois mille livres les honoraires de Le Vau, qui devaient lui être payés « par chacun an, tant et sy longtemps qu'il seroit employé pour conduire et controller les bastimens de la fondation ». Lambert et d'Orbay recevaient seulement douze cents livres.

Nous avons dit déjà en quoi consistait le plan de Le Vau. La façade du collège formait une place demi-circulaire. Au centre s'élevait le portail de la chapelle; il faisait face au Louvre, et se trouvait dans l'axe de la porte que Le Vau venait d'y construire. Enfin deux pavillons massifs arrêtaient les limites de la place.

Dès l'origine, le pavillon occidental, où l'on avait eu l'intention d'établir le manège et les salles d'escrime et de danse, porta le nom de *pavillon des Arts*, qu'il conserva jusqu'à la Révolution. L'autre fut appelé *pavillon de la Bibliothèque*; il fut bâti le dernier, et marque très exactement l'endroit où se trouvait la tour de Nesle. Les travaux marchèrent fort lentement. En 1664, rien n'était encore arrêté pour la distribution intérieure des logements, car l'architecte alla visiter le collège Saint-Lazare, dit *séminaire Saint-Charles*, qu'il voulait prendre pour modèle.

Quant aux dépenses, d'après un devis dressé par Le Vau lui-même et conservé aux Archives nationales, voici comment elles devaient se répartir:

Construction de la chapelle.............................	300,000 livres.
Construction de la bibliothèque, des pavillons et des logements donnant sur la place........................	340,000
Construction des bâtiments intérieurs.................	362,000
Pavé des cours......................................	20,000
Construction du manège.............................	150,000
Travaux pour seize maisons.........................	310,000
Mausolée du cardinal...............................	30,000
Total......................	1,512,000
Achat des terrains, expropriation, etc.................	574,000
Total......................	2,086,000

Ce devis paraît être fort au-dessous de la vérité. Le seul revêtement du quai, dont il n'est pas fait mention, coûta cent cinquante mille livres. Les seize maisons construites dans les rues Mazarine et Guénégaud, sur les terrains expropriés, exigèrent certainement une dépense de plus de cent dix mille livres.

Enfin, l'on sait que, du mois d'août 1665 au mois d'octobre 1666, c'est-à-dire dans un intervalle de quatorze mois seulement, il fut payé à l'entrepreneur en maçonnerie une somme de un million deux cent quatre-vingt-quatre mille sept cent cinquante livres. Les comptes de construction, conservés aux Archives nationales, sont fort détaillés, et nous ne pouvons qu'y renvoyer le lecteur. Cependant, malgré l'abondance des ressources mises à la disposition de l'architecte, les bâtiments n'étaient point complètement terminés en 1672; on travaillait encore au pavillon oriental, ou de la Bibliothèque, ainsi qu'à la chapelle. Le manège n'était pas construit, et l'on dut y renoncer parce que l'Université désapprouva formellement l'établissement d'un cours d'équitation, d'escrime et de danse dans le nouveau collège. Les procureurs des Quatre-Nations (France, Picardie, Normandie et Allemagne), dont la maison devait porter le nom, repoussèrent unanimement ce qu'ils appelaient *academia palæstrica;* les professeurs d'escrime et de danse furent qualifiés par eux de *gladiatores* et de *saltatores*. La vieille Université, dans le domaine de laquelle se trouvait la fondation nouvelle, s'en tint obstinément à ses us et coutumes, et voulut faire un collège ordinaire, comme ceux qui peuplaient le quartier dit Latin et la montagne Sainte-Geneviève. Il en résulta que le nouvel établissement ne répondit point à sa destination et resta une sorte de collège mixte, trop relevé pour les étudiants pauvres et insuffisamment approprié à l'éducation spéciale que recherchait alors la jeune noblesse. Les manèges, ou *academiæ palæstricæ*, fondés pour les fils de gentilshommes qui se destinaient au métier des armes, continuèrent à prospérer tant au faubourg Saint-Germain que dans les environs du Louvre et des Tuileries, et, un siècle plus tard, la création de l'École militaire répondait au besoin que le cardinal Mazarin avait constaté [1].

M. Alfred Franklin, dans son excellente monographie du collège Mazarin, en a décrit fort exactement les bâtiments, les cours, la chapelle et les dépendances; il a également résumé l'histoire des diverses transformations que cet édifice a subies et qui en ont modifié, sinon l'aspect général, du moins l'agencement et les distributions intérieures. Nous ne saurions mieux faire que de lui emprunter cette partie descriptive :

« La façade actuelle du palais de l'Institut ne donne qu'une idée très inexacte de ce qu'était celle du collège des Quatre-Nations. La grille qui ferme l'entrée de la chapelle n'existait pas alors; les sept marches qui y conduisent étaient entourées de lourdes bornes en pierre... Au-dessus du portail, l'inscription suivante rappelait que la chapelle avait été consacrée sous l'invocation de saint Louis :

D·O·M·
SUB INVOCATIONE SANCTI LUDOVICI

« Plus haut, sur la frise du fronton, on lisait :

JUL. MAZARIN S. E. R. CARD. BASILICAM. GYMNAS. E. C. MDCLXII.

« Six massifs de pierre, qui se voient encore au pied du dôme, supportaient six

FAÇADE DU COLLEGE MAZARIN.
Vue du Jardin de l'Infante.

groupes sculptés, composés chacun de deux personnages : les quatre évangélistes

---

[1] Voir, dans le volume consacré au *Faubourg Saint-Germain*, l'appendice relatif à l'École militaire.

d'abord; puis les Pères de l'Église grecque, saint Basile, saint Athanase, saint Jean Chrysostome et saint Grégoire de Nazianze; enfin, quatre docteurs de l'Église latine, saint Jérôme, saint Augustin, saint Ambroise et saint Grégoire le Grand. Le dôme était « couvert d'ardoises taillées en écailles de poissons, avec « des bandes de plomb doré ». La lanterne qui a été reconstruite était moins large et plus élevée; elle était entièrement à jour, soutenue par des consoles et surmontée d'un globe doré qui supportait une croix.

« La porte qui conduit aujourd'hui dans la première cour servait également d'entrée au collège. Mais toutes les autres baies étaient fermées par des devantures vitrées et formaient une série non interrompue de vingt-quatre boutiques. La loge actuelle des concierges de l'Institut était alors coupée en deux, et on louait la pièce qui prenait jour sur le quai.

« Neuf boutiques étaient établies sous le pavillon de la Bibliothèque, et cinq d'entre elles donnaient sur la place Conti. Des documents conservés aux Archives nationales nous apprennent qu'en 1689, les deux premières étaient louées au sieur Le Roux, maître tailleur; la troisième était occupée par le sieur Dor, vitrier, les quatre suivantes, par le sieur Valfontaine, limonadier; les deux autres, donnant sur la place du collège, par un tapissier nommé Lamy.

« Entre le pavillon de la Bibliothèque et la porte d'entrée du collège se trouvaient les dixième et onzième boutiques; « l'horlogeur » Hanet y demeurait. La librairie classique d'Éclassan était établie dans les deux suivantes.

« De la chapelle au pavillon des Arts, on voyait cinq autres boutiques, louées aux sieurs Coquet, chandelier, Le Blanc, aubergiste, et Taboureux, vitrier.

« Sous le pavillon des Arts étaient six boutiques, partagées entre les sieurs Audijer et Lopinot. Enfin, un peu plus tard, trois autres boutiques furent ouvertes en retour de ce pavillon sur la rue de Seine; un charron et un menuisier les occupèrent d'abord. Le prix de location des vingt-quatre boutiques fut plus que doublé dans l'espace de cent ans. Les sept premières rapportaient douze cents livres en 1698, douze cent quatre-vingt-dix livres en 1745, et deux mille sept cents livres en 1789. Le revenu des vingt-quatre boutiques était, en 1696, de huit mille livres environ. Ce chiffre comprend les sommes perçues pour le loyer de quelques échoppes adossées au collège, près de la Seine, et pour plusieurs chambres et greniers situés dans la rue de l'établissement, et qui servaient de dépôt à différents commerçants.

« Deux appartements donnant sur la place du collège étaient loués à des particuliers : le premier s'étendait entre la porte d'entrée du collège et la chapelle; le second, beaucoup plus vaste, occupait toute la façade située entre la chapelle et le pavillon des Arts...

« La partie du quai faisant face au collège fut complètement refaite; une somme de cent cinquante mille livres avait été affectée à ces travaux. Une balustrade en pierres de taille avait remplacé l'ancien parapet. En dehors, sur le mur qui fait face au Louvre, les armes de Mazarin étaient répétées trois fois à distances égales, et, au milieu, on lisait sur une plaque de marbre noir l'inscription suivante :

LUDOVICO MAGNO

LUPARAM ABSOLVENTE

RIPAM HANC UT RIPÆ ALTERIUS

DIGNITATI RESPONDERET

QUADRO SAXO VESTIRI C. C.

PRÆF. ET ÆDILES

Anno M.DC.LXIX et

M.DC.LXX.

«Faute de fonds suffisants, on ne put jeter un pont entre les deux rives; mais, en face du pavillon des arts, à l'endroit où se trouvait le port à charbon, on installa de petits bateaux qui, moyennant six deniers par personne, transportaient devant le Louvre.

«La première cour du collège des Quatre-Nations offrait alors exactement le même aspect qu'aujourd'hui. A droite et à gauche s'élèvent deux portails, dont l'un conduit à la chapelle et l'autre à la bibliothèque. Tous deux, placés au-

COLLEGE DES QUATRE NATIONS.

Vue de l'intérieur de l'Église, prise de la principale porte.

dessus d'un large perron de pierre, sont composés de quatre pilastres cannelés, d'ordre corinthien, qui supportent un fronton; et chacun de ces frontons représente deux vertus cardinales, appuyées, d'un côté, sur les armes de Mazarin, de l'autre, sur le cadran d'une horloge.

« La chapelle a été entièrement métamorphosée sous l'empire, lorsque l'Institut a pris possession des bâtiments du collège. Le sanctuaire était sous la coupole du petit dôme qui se trouve au fond de l'église, et, aux deux côtés, s'ouvraient deux chapelles qui devaient servir de lieu de sépulture aux membres de la famille Mazarin. Un peu plus loin, une nef était réservée pour les élèves du collège. Comme aujourd'hui, on parvenait à quatre petites tribunes par quatre escaliers à vis. Un autre montait jusqu'au-dessus du dôme, qui présente une particularité fort curieuse : sa forme, parfaitement circulaire au dehors, est elliptique à l'intérieur, et c'est dans l'espace que laissent libre ces deux dispositions différentes qu'ont été pratiqués les escaliers.

« Rien n'avait été épargné pour la décoration de cette chapelle. Le pavé, formé de compartiments en marbres blanc, noir et jaspé, était semé d'étoiles, pièces principales des armoiries de Mazarin. Sous les archivoltes des quatre grands arcs de la nef principale, Desjardins avait sculpté les huit béatitudes, et sur les clefs de voûte se détachaient les armes des quatre provinces en faveur desquelles le collège avait été fondé. Le tableau du grand autel, peint par Paul Véronèse, représentait la *Circoncision*. Tout autour de la frise qui règne au-dessous du dôme, on lisait cette inscription, qui s'aperçoit encore sous la couche de badigeon dont on l'a recouverte :

Sedebit sub umbraculo ejus in medio nationum.

(Ezéchiel, cap. xxxi, v. 17.)

et sur les quatre fausses portes qui semblent soutenir le dôme, se trouvaient les inscriptions suivantes :

Præcedebat sapientiam omnium orientalium.

(Reg., lib. III, cap. iv.)

Cor ejus adversum regem austri.

(Daniel, xi.)

Ab oriente patet usque in occidentem.

(Math., cap. xxiv.)

Extendet manum suam super aquilonem.

(Sap., xi.)

« Le mausolée de Mazarin est le chef-d'œuvre de Coysevox. Sur un sarcophage de marbre noir, soutenu par des consoles en bronze doré, repose la statue en marbre blanc du cardinal. Il est représenté à genoux, les mains jointes, dans l'attitude d'un homme en prière; derrière lui un ange supporte un faisceau, une des pièces de son blason. La base du cénotaphe se compose de trois marches de marbre blanc, sur lesquelles sont assises trois figures allégoriques en bronze, qui représentent la Prudence, l'Abondance et la Fidélité. Les seules critiques que ce mausolée ait soulevées ont été dirigées contre le grand ministre de Louis XIV. Dulaure prétend que Mazarin semble demander à Dieu le pardon des maux qu'il a fait souffrir à la France ; enfin, les figures allégoriques ayant toutes trois la bouche close, on a dit que Coysevox avait voulu rappeler ainsi le silence que Mazarin, pendant son ministère, avait imposé à la Prudence, à l'Abondance et à la Fidélité. Sous l'arc qui s'élevait derrière ce mausolée, la Charité et la Religion, sculptées en bas-relief, soutenaient les armes du cardinal ; et au-dessus, on lisait une longue inscription commémorative gravée en or sur une épaisse plaque de marbre noir.

« Le tombeau de Mazarin était placé au fond de la petite chapelle qui existait à droite du maître autel, précisément à l'endroit où se trouve aujourd'hui la statue de Napoléon Ier ; le corps reposait dans les caveaux qui s'étendent sous toute cette partie de l'édifice. Le mausolée, transporté d'abord au musée des Petits-Augustins, est aujourd'hui au Louvre, ainsi que l'inscription qui le surmontait ; mais, lors du descellement ou pendant le transport, la plaque de marbre a été brisée en trois morceaux dans le sens de la longueur.

« Le bâtiment qui s'étend entre la première et la seconde cour du collège renfermait les logements de deux professeurs et de deux sous-maîtres, avec les chambres nécessaires pour les écoles de deux nations. Ce corps de logis n'a plus que deux étages. En 1800, on réunit le premier et le second, en supprimant le plancher de division, et on obtint ainsi une galerie fort élevée et éclairée par deux rangs de fenêtres placées l'une sur l'autre. Cette galerie est aujourd'hui la salle de travail de la bibliothèque de l'Institut.

« La seconde passait alors pour « une des plus grandes qu'il y eût dans Paris ». Elle n'était construite que d'un seul côté; un mur absolument nu la bornait à gauche dans toute la longueur. Le grand bâtiment qui s'étend à droite était, comme le précédent, partagé en chambres nombreuses, et cette distribution se retrouve encore dans une partie des logements actuels. Le rez-de-chaussée a été complètement modifié; on y voyait les deux classes de philosophie, le réfectoire, une grande salle garnie de tribunes, où les élèves subissaient leurs examens et soutenaient leurs thèses. Le premier et le second étage étaient occupés par les principaux fonctionnaires du collège, quelques professeurs et deux sous-maîtres. Au-dessous logeaient les écoliers des deux autres nations.

3ᵉ COUR DU COLLÈGE SÉPARÉE DU JARDIN PAR UN MUR

« Deux grandes portes cintrées donnaient accès dans la troisième cour. Elle avait alors la même largeur que les deux autres; mais, pendant la Révolution, l'hôtel des monnaies s'empara de la moitié de cet espace. La cour était construite de deux côtés seulement, et au milieu s'étendait un petit parterre planté d'arbres. Autour, se groupaient la cuisine, l'office, le garde-manger, l'écurie, la buanderie et les chambres occupées par les domestiques. Le parterre était soigné par un jardinier payé à l'année, et qui recevait cent cinquante livres; en 1770, les arbres, petits et malingres, qui s'y trouvaient, furent abattus et remplacés par de beaux tilleuls.

« ... Sur l'excédent des terrains expropriés pour l'érection du collège, on avait construit des maisons, qui lui appartenaient. Trois d'entre elles, s'élevaient entre le pavillon de la bibliothèque et l'hôtel Guénégaud; leur emplacement est tout indiqué. Seize autres étaient situées rue Mazarine et rue Guénégaud; l'aspect des lieux qu'elles occupaient n'ayant subi presque aucun changement, il est facile aussi de se rendre un compte exact de leur situation.

« La première « touchoit la porte de la cour des cuisines » qui, de ce côté, sert encore d'entrée au palais de l'Institut. Elle était suivie de six autres, qui formaient toute la face gauche de la rue Mazarine jusqu'à la rue Guénégaud. Les septième et huitième maisons étaient adossées l'une à l'autre, et faisaient le coin de ces deux rues. Les quatre maisons placées à la suite de la huitième appartenaient encore au collège. La treizième était située du côté opposé, à l'angle des deux mêmes rues; et les trois dernières s'étendaient à la suite, ayant leurs façades sur la rue Mazarine [1]. »

L'admission au collège des Quatre-Nations, le régime intérieur, les études et les questions scolaires en général ne sont point de notre ressort. Nous ne nous sommes, d'ailleurs, arrêté à cette fondation que pour ne pas interrompre l'histoire des démolitions et des constructions successives dont ce coin de Paris a été le théâtre.

Tandis que le côté occidental de l'ancien pourpris de Nesle était l'objet d'une transformation aussi radicale, la partie orientale, sur laquelle s'étaient déjà succédé les hôtels de Nevers et de Guénégaud, en subissait deux autres que nous devons raconter d'autant plus sommairement qu'elles se rapprochent davantage de l'époque contemporaine : nous voulons parler du grand et du petit hôtel de Conti, ainsi que de l'hôtel des monnaies, construits en grande partie sur leur emplacement.

Par acte passé le 30 avril 1670, l'hôtel de Guénégaud avait été cédé à Anne-Marie Martinozzi, nièce du cardinal Mazarin et veuve d'Armand de Bourbon, prince de Conti. Elle conserva d'abord cet hôtel, tel que Mansard l'avait construit; mais, peu d'années après, elle fut obligée de faire exécuter des travaux d'agrandissement, analogues à ceux que cet architecte avait imposés à l'hôtel Carnavalet, œuvre de Pierre Lescot et de Jean Bullant. En conséquence, on acheta deux maisons contiguës, qui furent appropriées à usage de résidence princière, et qui devinrent, l'une, le petit hôtel de Guénégaud, l'autre, le petit hôtel Conti. Ce dernier subsiste encore, englobé dans le pourpris de l'hôtel des monnaies; quant au premier, il a dû disparaître lors de la construction de cet édifice.

Les Conti demeurèrent propriétaires de l'hôtel principal jusqu'en 1750, époque où la Ville fut sollicitée de l'acquérir pour y transférer le siège de l'administration municipale. Le prince de Conti, nommé grand prieur du Temple et ayant dès lors le droit de loger au prieuré, se défit volontiers d'une résidence devenue inu-

---

[1] *La Tour de Nesle et l'Institut,* p. 18 et suiv.

tile, et des plans furent immédiatement dressés pour la transformer en hôtel de ville. Mais le projet, vivement critiqué, n'eut pas de suites. Nous donnons aux appendices le texte des pièces relatives à cette affaire [1].

Le grand hôtel Conti servit, pendant quelques années, de garde-meubles pour le mobilier de la couronne, en attendant l'achèvement des deux palais que construisait alors l'architecte Gabriel. Enfin, par lettres patentes du 16 avril 1765, ce provisoire fit place à une affectation définitive : le roi prescrivit d'acquérir les deux hôtels Conti et le pourpris dans lequel ils étaient enclos, pour y établir un nouvel atelier monétaire. De la rue de la Vieille-Monnaie, où il était situé primitivement, l'ancien atelier avait été transféré, au xive siècle, dans celle qui en porte encore aujourd'hui le nom et qui s'ouvre dans l'axe du pont Neuf.

Nous avons vu, en parlant de l'hôtel de Nesle, qu'une fabrication de ce genre y avait été installée sous le règne de François Ier, et qu'on avait utilisé, pour cet objet, le vieux moulin de la Gourdaine. Par un singulier retour, et sans que personne rappelât ce précédent, ignoré peut-être de ceux qui prirent la mesure dont il s'agit, la monnaie revint, deux siècles plus tard, dans ce pourpris de Nesle, théâtre de tant de révolutions.

Cette dernière et radicale transformation exigeait l'expropriation de « toutes les maisons particulières situées même quai Conti, jusques et y compris celles faisant l'encoignure de la rue Guénégaud »; ce sont les termes mêmes des lettres patentes. La superficie de ces divers immeubles était de 179 toises.

Les formalités de l'expropriation et la démolition des bâtiments, sur l'emplacement desquels devait s'élever le nouvel édifice, exigèrent trois années. Le 30 avril 1771, l'abbé Terray, surintendant des finances, posa la première pierre de l'édifice; les plans en avaient été dressés par l'architecte Antoine, qui en dirigea la construction.

Le pourpris du nouvel hôtel des monnaies est de 11,000 mètres. La façade principale, qui se développe sur le quai Conti, est percée de vingt-sept fenêtres, et consiste en un avant-corps de six colonnes ioniques, élevées sur un soubassement de cinq arcades, ornées de refends en bossages; un grand entablement, avec consoles et modillons, couronne l'édifice dans toute sa longueur. Au-dessus de l'avant-corps est un attique, au devant duquel ont été placées six statues représentant la Loi, la Prudence, la Force, le Commerce, l'Abondance et la Paix; sur la rue Guénégaud se développe une façade latérale de 118 mètres, coupée au milieu par un avant-corps orné de quatre statues, qui représentent les quatre éléments.

Quand on compare l'hôtel des monnaies à l'hôtel de Conti, on voit qu'il en

---

[1] Voir aux appendices, à la fin du volume.

occupe assez exactement la place, sauf rectification de la grande ligne de façade qui est droite, tandis que celle de l'hôtel de Conti se brisait en trois endroits. L'hôtel des monnaies, relativement à ce dernier, est donc en retrait du côté de la rue Guénégaud, où le quai était jadis fort étroit et la descente du pont Neuf assez difficile; mais il offre une légère avance du côté de la petite place, sur laquelle l'hôtel Conti avait son entrée. Il en occupe, d'ailleurs, les cours et les jardins, et l'architecte Antoine a pu conserver, parce qu'il ne gênait pas ses plans, le petit hôtel Conti accolé à la muraille de Philippe-Auguste.

La disposition actuelle des lieux rappelle encore, dans une certaine mesure, l'ancien état de choses. Le « cul-de-sac de Conty » a été conservé, et n'a fait qu'échanger son nom contre celui d'impasse; la petite place, qui séparait la façade de l'hôtel Conti du pavillon oriental du collège Mazarin, existe encore, bordée de constructions privées qui y furent élevées lors de la vente des terrains du petit Nesle; le quai seul a été rectifié, une première fois lors de la construction de l'hôtel des monnaies, et une seconde, au moment où fut établi le pont des Arts. Quant à l'ancien pourpris du grand et du petit Nesle, il est représenté aujourd'hui par l'espace enclavé dans les trois lignes suivantes: le quai, la rue de Nevers, avec son impasse, et l'emplacement de la muraille de Philippe-Auguste, formant, sur presque tout son parcours, séparation entre l'hôtel des monnaies et le collège Mazarin. Ce terrain historique, déjà coupé à l'est, par l'ouverture de la rue Guénégaud, est menacé de l'être à l'ouest, par un projet de voie publique tendant de la place Saint-Germain-des-Prés au quai Conti et à la rue du Louvre; opération qui en consommerait le morcellement.

CHAPITRE IV.

PORTE DAUPHINE.

Sommaire : Date de la construction de la porte Dauphine. — Traité conclu avec Edme Ravière, concessionnaire de l'entreprise; plans, devis et clauses de la concession. — L'architecte Le Mercier chargé de construire le nouvel édifice. — Réception des travaux. — Démolition de la porte, nécessitée par le prolongement de la rue Dauphine. — Inscription qui en perpétue le souvenir. — Vues diverses de cette porte.

Comme la rue à laquelle elle livrait passage, la porte Dauphine était d'origine récente : elle ne fut construite que pour fermer et régulariser la brèche faite dans la muraille de Philippe-Auguste, au moment où l'on prolongea la rue Dauphine jusqu'aux deux chemins sur les fossés : rues Mazarine et de l'Ancienne-Comédie. C'était en l'année 1639, trente-deux ans après l'ouverture de la première section de la voie ouverte pour donner, sur la rive gauche, un débouché au pont Neuf. Un traité intervint alors entre la Ville, copropriétaire du mur, du fossé, des allées des murs, et le représentant du roi, d'une part, et le sieur Edme Ravière, qualifié de «secrétaire de monsieur le prince [1]», d'autre part, tant pour édifier la porte que pour exécuter les travaux accessoires rendus nécessaires par cette construction. Ce traité, que Bouquet cite dans son *Mémoire*[2], et qui est consigné tout au long dans les *Registres du Bureau de la Ville*, est une pièce fort intéressante au double point de vue topographique et administratif. Nous la reproduisons en entier, sous la rubrique où elle figure dans le recueil municipal.

Porte au bout de la rue Dauphine.

Articles et conditions accordez par M. Charles de Cambout, chevalier S. de Pont-Chasteau, conseiller du Roy en ses Conseilz, gouverneur de la Ville et chasteau de Brest, Mre Oudart Le Féron, aussy conseiller du Roy en ses Conseilz, président ès enquestes de sa Cour de parlement, prévost des marchandz; nobles hommes Germain Piètre conseiller au Chastelet, Jacques Tartarin bourgeois, Claude Boué aussy conseiller du Roy en ses Conseilz et président en sa Chambre des comptes, Anthoine Barthélemy conseiller du Roy et maistre ordinaire de ladicte chambre, Pierre Sainctot et Pamphille de la Cour, conseillers de ladicte Ville, commissaires à ce depputez.

Aesme (sic) Raviere, secrettaire de Monseigneur le Prince, pour la construction d'une porte au bout de la rue Dauphine et continuation de ladite rue au travers du fossé, pour aller d'un droict

---

[1] Il était, en effet, le secrétaire du prince de Condé; on le trouve aussi qualifié de «advocat et bourgeois de Paris». — [2] P. 181.

allignement rencontrer et joindre les autres rues du fauxbourg Saint-Germain, laquelle sera nommée.....

Premierement sera ledict Ravière tenu faire ladite porte de onze piedz de large et douze pieds jusques à l'imposte, et six piedz soulz clef de hault, avec deux petites portes à costé, de trois piedz et demy de large et sept piedz de hault, pour desgager la grande; les deux trumeaux entre les petites et grandes portes auront quatre piedz et demy de face, et ce qui restera entrera entre les petites portes, et les murs voisins auront un pied et demy chacun.

Les fondations seront basties dans terre de huict piedz d'espaisseur au bas de la fondation, revenant à sept piedz au rez de chaussée, basties avec libage au droict des tonneaux, et les intervalles remplis de moellon, le tout massonné de chaux et sable fondez sur vif fondz et piloté, sy besoing est, et les murs de dessus de six piedz d'espaisseur nécessaire, et le tout conformement au desseing de ce faict, dont la maçonnerie, jusques audict impostes, sera bastie avec quartier de pierre de cliquart et du franc ban, et le reste, de Saint-Leu, le tout taillé proprement et ayant pareille face dedans que dehors.

A costé de laquelle porte cy dessus, du costé des eschoppes, ledict Ravière sera tenu de récompenser la première desdittes eschoppes du costé de laditte porte, et icelle délaisser, avec la petite place tenant en eschaudé, pour en icelles y pouvoir loger un portier, sy mieux n'ayme ledit Ravière faire et bastir audict lieu un bastiment de dix à douze pieds, pour y loger ledict portier.

Sera tiré deux murs à l'issue de ladite porte au travers du fossé, pour former et construire ladicte rue Dauphine, à la distance l'un de l'autre de cinq thoises ou environ, qui est la largeur de laditte rue, laquelle passera d'un droict alignement pour rencontrer les autres rues du faulxbourg. Lesquelz murs seront bastis avec libage par voies et chesnes, es endroictz nécessaires, et moillon entre deux. Le tout mis en œuvre avec chaux et sable, de quatre piedz d'espoisseur, fondez sur vif fonds, revenant à trois piedz au rez de chaussée, aiant leur tallus du costé hors œuvre; et ledict Ravière se pourra servir du dessoulz du passage de la rue entre lesdicts murs pour faire caves, à condition que les murs et vouttes d'icelles seront basties de pierre de taille jusques à la haulteur des plus haultes caves, et d'espoisseur capable pour porter lesdittes vouttes, afin qu'il n'en puisse arriver accident lors que les charrois passeront sur icelle en l'estendue de la rue; et le tout appartiendra audict Ravière, pour sur vieux et au dedans des places y bastir maisons, ainsy qu'il sera dict cy-après, mesmes au rendu des murs qui se rencontreront dans la ville, depuis le mur d'icelle jusques à la dicte porte.

Sera faict ung autre gros mur au travers du fossé, du costé de la porte de Nesle, lequel prendra depuis la muraille de la Ville et sera poursuivy jusques à la rue du fauxbourg qui descend à la rivière, pour avoir seulement ses quinze thoises de fasse dans œuvre par devant, depuis l'encogneure du regard des eaues, sur la profondeur de vingt une thoises ou environ qui se rencontrent jusques au mur de ladicte Ville. Lequel gros mur sera fondé sur vif fondz et d'espoisseur capable pour soustenir les terres qui sont posées contre iceluy et faire bastiment sur iceluy, comme il advisera.

Fera un canal ou aqueduc de sept pieds dans œuvre, de largeur et de plus grande haulteur que les lieux le permettront, observant les pantes nécessaires à ce suject, le tout pour recevoir les eaues qui tombent de la porte de Bucy, jusques et hors les places délaissées audict Ravière, dont les murs seront garnis chacun de trois assises de bonne pierre dure, au rez de chaussée du dedans œuvre dudict canal, avec chesne et voussoirs de douze piedz en douze piedz, et le reste de bon moislon, le tout fondé sur vif fondz et mis en œuvre avec mortier de chaux et sable dans l'estendue de ses places.

Quant au tuyau qui passe au travers le fossé pour la conduitte des eaues, il demeurera au lieu où il est aprésent sictué et en la mesme haulteur; pour lequel supporter il sera faict un massif à vif fondz de sept piedz et demy de large, pour sur iceluy massif eslever les murs d'un aqueduc qui aura trois piedz de large dans œuvre et six piedz de haulteur soulz clef, et lesdictz murs de deux d'espoisseur, et contre l'un d'iceux, de six piedz en six piedz, il sera arraché des encorbellemens, pour sur iceux poser et soustenir le tuyau desdictes eaux; au dessus de laquelle voulte sera faict une ouverture de deux pieds de large et quatre piedz de long, recouverte de pierre de brodisaire, au lieu qu'il sera désigné avec le sieur Francine, intendant desdictes eaues, pour servir à donner de l'air aux ouvriers lorsqu'il sera besoing d'y travailler, laquelle ouverture sera libre, sans estre engagée d'aucun bastiment sur icelle; et sera le fondz dudict aqueduc pavé de grais pour luy donner son égoust, pente et descharge, depuis le regard desdittes eaues jusques dans le canal de l'esgoust.

Les grandes et petites portes de menuiseries, avecq les ferrures convenables et nécessaires, seront faictes aux despens dudict Ravière, suivant le mémoire qui luy en sera baillé par lesdictz sieurs de la Ville, et tous lesditz ouvrages faicts et parfaicts suivant deux plans et devis qui seront paraphez semblables l'un à l'autre, l'un desquels demeurera au greffe de la Ville et l'autre es mains dudict Ravière, qui fournira les clefs à mesditz sieurs, du jour qu'il aura ses expéditions necessaires, comme il sera dict cy après. Ledict Ravière fera paver laditte rue nouvelle ouverte pour la première fois seulement, comme pareillement le fonds de l'esgout et canal cy-dessus.

Tous lesquels ouvrages seront faictz et parfaictz bien et duement des matériaux et qualitez des murs cy-dessus, le tout soubz bonne et dure visitation, au dire du maistre des œuvres de la ville et gens à ce cognoissans, et rendra le tout faict et parfaict comme dict est. Sera tenu ledict Ravière desdommager les nommez Turpin, Maisonneupfve et Bonnefille de leurs maisons qu'il convient abattre et desmollir pour la construction de laditte rue, suivant la prisée et estimation qui en sera faicte par expertz, en esgard qu'ilz les tiennent à baux amphiteotiques de la ditte Ville, aux conditions apposées par iceux de la desmolir, sy laditte Ville en a affaire en cas de nécessité publicque et au temps qu'il leur en reste à jouir, demeurant ledict Ravière subrogé pour ce regard aux droictz de laditte Ville, et s'il en restoit quelque chose desdites maisons après laditte rue passée, luy appartiendra en propriété.

En considération des despences à faire par ledict Ravière pour l'accomplissement de ce que dessus et de la perte qu'il souffre, en ce qu'il convient passer lesdictes rues au travers des cours et places à luy appartenantes, Messieurs de la Ville et de Pontchasteau luy donnent, deslaissent et promettent de faire jouir à l'advenir en plaine propriété toutes les places qui se trouveront dans le fossé, des deux costez de laditte nouvelle rue, sans en rien reserver ny excepter, et ce depuis la porte de Bucy, en deça, jusques au susdict mur qui sera faict du costé de ladicte porte de Nesle et tiré de la muraille de la Ville, jusques sur la rue du fauxbourg qui descend à la rivière, pour avoir quinze thoises de face dans œuvre sur laditte rue, à prendre de l'encogneure dudict regard sur la profondeur que le fossé de la Ville ne trouvera de largeur, en ce compris le mur de la Ville aux endroictz desdittes places, et le tout de fondz en comble en toutte l'estendue des susdittes places, à la charge de souffrir les passages des canaux seulement; pour de tout jouir, par ledict Ravière, ses hoirs ayans cause en toutte propriété, et en disposer ainsy que bon luy semblera, avec la propriété des places et courtz à luy appartenant, procédans de l'acquisition de Denis Jacolet qui avoit les droits des Jacobins, et lesdictz Jacobins, de la royne Louyse de Lorraine, mesme ce qui luy restera, après laditte rue passée, des places qu'il tient apresent à bail emphiteotique, par luy acquises de Christophle Gamard, et par ledict Gamard, de laditte Ville, sans que laditte propriété luy puisse estre contestée cy après, ny que pour raison d'icelle il puisse à l'advenir estre inquiété en quelque sorte et manière que ce soit. Messieurs feront lever et oster incessamment à leurs frais touttes les oppositions et empeschemens qui pourroient survenir, en quelque temps et par qui que ce soit, à l'exécution du présent traité, soit pour la construction des ouvrages ou pour la jouissance des places et choses généralement cy-dessus spécifiées, et feront iceluy enregistrer et homologuer dans un mois au Parlement, après laquelle homologation ladite Ville en-demeurera deschargée, ledit Ravière ne pourra estre dépossédé pour quelque cause et occasion que ce soit.

Fait et arresté au Bureau de la Ville, le septiesme avril mil six cens trente-neuf; signez Charles du CAMBOUT, Piètre TARTARIN, LE FÉRON, GALLAND, BOUÉ, AUBRY, BARTHÉLEMY, SAINCTOT, DE LA COURT et RAVIÈRE.

Le concessionnaire de la porte Dauphine avait été bien inspiré en s'adressant à Le Mercier, architecte de la Sorbonne, pour lui demander le plan du nouvel édifice. Le Mercier, dont le cardinal de Richelieu s'était montré fort satisfait, et à qui la Ville venait de donner un nouveau témoignage de confiance en le chargeant de reconstruire la porte de Nesle, fournit les dessins nécessaires et fit exécuter les travaux. Ils ne furent terminés qu'en 1641, ainsi que le témoigne la pièce suivante empruntée aux *Registres du Bureau de la Ville*.

L'an mil six cens quarante cinq, le lundy unziesme jour de febvrier, nous Pierre de la Tour, conseiller secrétaire du Roy et de ses finances, Jean Chuppin, conseiller et bourgeois de la Ville, Pierre Eustache, aussy bourgeois, et Charles Coiffier, maistre des requestes ordinaires de la Royne et commissaire examinateur au Chastelet de Paris, et eschevin de laditte ville, sommes partis de l'hostel d'icelle ville, neuf heures du matin, accompagnez de MM. Germain Piettre, Martin Le Maire et Nicolas Boucot, procureur du Roy, greffier et receveur de laditte Ville, et transportez au bout de la rue Dauphine, au lieu où est à present basty la porte Dauphine, construite par Esme Romet (*sic*), secretaire ordinaire de Monsieur le prince de Condé[1], pour voir et recognoistre si les ouvrages mentionnez au traicté fait avecq ledict sieur Ramet (*sic*), dès le septiesme avril mil six cent trente neuf, pour raison de la construction de ladite porte, sont bien et deuement parachevez, ainsy qu'il est porté par le dixiesme article dudict traicté, auquel lieu se seroit rendu, de nostre ordonnance verballe. Cristofle Gamard, juré du Roy ès œuvres de maçonnerye, et Augustin Guillain, maistre des œuvres de maçonnerye de ladicte Ville, ausquelz Gamard et Guillain nous avons enjoinct de bien et fidellement voir et visitter lesdictz ouvrages, comme ils ont faict en nostre présence, et verifiier, article par article, les conditions et charges portées par ledict traicté, ledit Raviere présent en personne; lesquelz ouvrages ilz ont trouvé bien et deuement faictz et parfaictz suivant et au désir et conformément audict traicté, et tout ainsy et en les mesmes formes et manières qu'il est représenté par les plans qui en ont esté dressez et mis au greffe de ladicte Ville, à l'exception d'un trou ou regard, que ledict Ravière est obligé de laisser depuis le regard jusques au canal dans la voulte, au lieu le plus commode de l'acqueduc, de deux piedz de large et quatre piedz de long, lequel trou doibt estre couvert d'une pierre de liaiz pour servir aux ouvriers lorsqu'il sera besoing d'y travailler; à quoy satisfaisans, ainsy qu'il est porté par ledict traicté, iceluy Raviere demeurera entièrement deschargé et aura

---

[1] La qualification donnée à l'entrepreneur de la porte Dauphine nous permet de l'identifier, malgré l'altération de son nom : il s'agit bien d'Edme Ravière.

satisfaict à ce qu'il est tenu et obligé par sondict traicté. Signé : DE LA TOUR CHUPPIN, EUSTACHE, COIFFIER, PIETTRE, BOUCOT [1]. »

Augustin Guillain certifie, de son côté, « avoir veu et visité tous lesdictz ouvrages, et les avoir trouvez bien et deuement faictz et parfaictz », à l'exception du trou ou regard dont il est question plus haut [2]. Edme Ravière avait donc rempli ses engagements.

Quelques mois après la réception des travaux, la Ville recevait une assignation prouvant que le vieux conflit existant entre elle et le roi, au sujet des portes et de tout ce qui touchait à l'enceinte, était encore vivant. Un sieur Daniel Cadet, « garde à cheval des plaisirs de Sa Majesté », avait été nommé portier de la nouvelle porte, et demandait à être mis en possession de son office; mais la Ville remontrait que, « dès le septiesme jour de septembre mil six cent trente neuf, elle avoit pourveu Pierre Jonglet de la charge de garde-clos et portier de la porte Dauphine, à la nomination et présentation de maistre Claude Bourot, l'ung des quartiniers de ladicte ville, aprez avoir donné pour caultion de sa fidellité René Buisson, maistre brodeur de Paris, certiffié bon et solvable par ledict Bourot, ainsy qu'il s'est pratiqué de tout temps, sans que Sa Majesté à présent régnante ni les rois ses prédécesseurs en ayent jamais disposé. Aussy seroit ce pervertir tout l'ordre de la premiere ville du royaume, et judicieusement estably, contre l'intention de sadicte Majesté, qui n'a pas sceu que ladicte charge de portier fût en la disposition de ladicte Ville, laquelle a faict construire ladicte porte et le logement du portier à ses propres cousts et despens, lesdictz portiers estant gaigés de ladicte Ville, comme serviteurs domestiques d'icelle [3]. »

Moins heureuse que son voisin l'hôtel de Nevers, la porte Dauphine ne devait subsister que trente-deux ans et demi : le 24 septembre 1673, le Bureau de la Ville assemblé recevait communication d'un arrêt du Conseil d'État rendu à Nancy, « Sa Majesté y estant », par lequel la nouvelle porte était condamnée. Il y était dit que « pour faciliter la communication du fauxbourg Saint-Germain avec les quartiers des Cordeliers et de Saint-André-des-Arts, et sadite Majesté désirant rendre plus commode le passage de la rue Dauphine, quy se trouve embarrassé par la porte Dauphine à présent inutille, sadite Majesté, en son Conseil, a ordonné et ordonne que ladite porte Dauphine sera desmolye, à la dilligence des prevost des marchands et eschevins de sa bonne ville de Paris, ausquelz Sa Majesté enjoinct de faire mettre des marbres, tant è l'endroict où est à présent ladicte porte Dauphine, qu'aux endroictz où estoient celles de Saint-Germain et de

---

[1] *Registres du Bureau de la Ville*, H 1806, fol. 87 et 88. — [2] *Ibid.* fol. 88 et 89. — [3] *Ibid.* fol. 257.

Bucy, sur lesquelz sera faict mention de la démolition des dictes portes, pour servir ce que de raison [1]».

En exécution de cet ordre, la porte Dauphine fut abattue. On ne la connaît qu'imparfaitement, et le devis que nous avons reproduit ne suffit pas pour qu'on s'en représente exactement l'aspect. Elle devait ressembler, dans son ensemble, aux portes de Pidoux, élevées, vers la même époque, sur le parcours de la nouvelle enceinte bastionnée. Le plan de Gomboust la montre de profil, sous la forme d'un pavillon rectangulaire percé d'une arcade. Sur une pièce du recueil intitulé *Topographie françoise*, et publié, en 1648, par Jean Boisseau, on l'aperçoit en perspective : c'est un bâtiment sans étage et à toit aigu, dans lequel s'ouvre une grande baie à plein cintre, entourée d'une chaîne de pierres en bossage. Le plan publié en 1654 par le même topographe la représente avec deux ouvertures, ou fenêtres, au dessus de la baie principale; ce qui indiquerait l'addition d'un étage au-dessous du comble. Il semblerait que la démolition n'en a pas été complète, dit M. Bonnardot, car, en 1760, le géographe Robert de Vaugondy signalait, comme subsistant encore, «un jambage de l'arc», c'est-à-dire un pied droit analogue à celui du fameux archet Saint-Merri, que Raoul de Presles dit avoir vu à l'entrée du cloître de ce nom. Le seul souvenir qui en reste aujourd'hui est le «marbre» dont il est parlé dans l'arrêt du Conseil d'État. Voici quelle est la teneur de cette inscription commémorative :

DU REGNE DE LOUIS LE GRAND,
LA PORTE DAUPHINE QUI ÉTOIT EN CE LIEU,
A ÉTÉ DÉMOLIE EN L'ANNÉE 1673,
PAR L'ORDRE DE MESSIEURS LES PRÉVOT DES MARCHANDS ET ÉCHEVINS,
EN EXÉCUTION DE L'ARRET DU CONSEIL DU 19 AOUT, AUDIT AN;
ET LA PRESENTE INSCRIPTION
APPOSÉE SUIVANT L'ARRET DU CONSEIL DU 29 SEPTEMBRE 1673,
POUR MARQUER L'ENDROIT OU ÉTOIT CETTE PORTE
ET SERVIR CE QUE DE RAISON.

---

[1] *Registres du Bureau de la Ville*, H 1824, fol. 494.

CHAPITRE V.

PORTE DE SAINT-GERMAIN, DITE PLUS TARD PORTE DE BUCI.

Sommaire: Origine et dénomination primitive de la porte de Buci. — Concession qui en est faite à l'abbaye de Saint-Germain-des-Prés. — Changement de nom et appellations diverses. — Événements dont cette porte a été le théâtre. — Fermetures et réouvertures successives de la porte de Buci. — Réparations et reconstructions. — Additions d'ouvrages de défense. — Travaux d'assainissement exécutés aux abords de la porte. — Circonstances qui en amenèrent la démolition.

Située dans l'axe du chemin qui conduisait devant la principale entrée de l'Abbaye, la porte Saint-Germain, appelée plus tard porte de Buci, s'ouvrait à l'extrémité de la rue Saint-André-des-Ars et établissait une communication assez directe entre le bourg Saint-Germain, le Petit-Pont et la Cité. Elle a donc eu, de bonne heure, une certaine importance, et il en est parlé dans plusieurs documents des xiiie et xive siècles. L'origine de sa première appellation n'est pas douteuse; quant à celle de la deuxième, nous renvoyons le lecteur à l'article de la rue de Buci, où nous l'avons indiquée, en exposant les diverses formes données à ce nouveau vocable: *Buci* et *Bucy*, *Bussy*, *Bissy*, *Buxi* et *Buxy* [1].

L'établissement de la porte dont il s'agit est contemporain de la construction du mur d'enceinte; ce fait résulte non seulement des textes de Rigord et de Guillaume le Breton, mais encore d'une charte que cite Du Breul et dont nous avons déjà parlé [2]. Au moment où l'on bâtissait la muraille, Philippe-Auguste, voulant indemniser les religieux de Saint-Germain-des-Prés des emprises qu'il avait faites sur leur territoire, leur donna la porte encore inachevée, et leur concéda en même temps les revenus qu'elle devait produire après son achèvement. Elle n'était, en effet, pas encore terminée, à l'époque où cette transaction eut lieu (1209), et le roi, en la donnant à l'Abbaye, eut soin de stipuler que celle-ci devrait la tenir en bon état, en renouveler la toiture quand cela serait nécessaire, et n'y épargner ni le merrain ni la tuile: *Quando constructa fuerit, abbas Sancti Germani debet eam totam de novo cooperire de merreno et tegula, et tenere in tali statu quod non depereat* [3].

M. A. Bonnardot, qui cite ce texte, fait remarquer avec raison que la porte Saint-Germain, au moment où elle fut cédée aux religieux, avait ou devait

---

[1] Volume du *Bourg Saint-Germain*, p. 37. — [2] Du Breul, p. 382. — [3] Charte citée précédemment et imprimée par Du Breul, p. 382.

avoir un toit en charpente recouverte de tuile, puisque les religieux sont obligés de rétablir cette toiture, quand besoin sera : *de novo cooperire*. Faut-il en conclure que la porte Gibard et la seconde porte Saint-Germain, ou des Cordeliers, étaient couvertes de la même façon ? On inclinerait à le croire, au moins en ce qui concerne cette dernière, étant admis le système de construction uniforme qui dut être adopté pour la construction de l'enceinte. Quant à la porte Gibard, flanquée de deux grosses tours, et à la porte de Nesle, ouverte postérieurement aux autres, on ne saurait affirmer qu'elles furent couvertes en merrain et en tuile.

Au moment où elle fut cédée à l'Abbaye, la porte prit le nom de Saint-Germain, parce qu'elle conduisait au monastère et qu'elle devenait la propriété des religieux ; plusieurs titres des xiiie et xive siècles lui donnent en effet cette dénomination. Mais à quelle date précise prit-elle le nom de Buci ? S'il faut en croire du Breul, le changement de dénomination eut lieu en 1350, ou 1352, époque où l'Abbaye vendit la porte, ou plutôt céda et transporta le traité fait avec le roi, aux mêmes clauses et conditions. L'acquéreur était Simon de Buci, conseiller du roi et probablement parent de l'évêque Matifas de Buci, qui gouverna l'église de Paris dans la seconde moitié du xiiie siècle. Ce nouveau possesseur, substitué aux droits et devoirs des religieux, s'engagea en outre, dit du Breul, à leur payer une rente annuelle et perpétuelle de vingt livres parisis, moyennant quoi il dut être autorisé à percevoir les revenus que donnaient les entrées [1]. Il peut paraître étonnant, dit M. A. Bonnardot, qu'une porte de ville soit l'objet d'un don et d'une vente ; de tels agissements sont, en effet, absolument contraires aux usages modernes. Mais, au moyen âge, la notion de l'État n'existait pas ; les abbayes étaient des individualités puissantes avec lesquelles la royauté comptait, et les personnages qui entraient, comme Simon de Buci, dans les conseils du souverain, pouvaient être considérés comme ses délégués dans la possession et la régie d'une porte de ville.

S'il était naturel que la porte Saint-Germain prît le nom de son nouveau propriétaire, il ne l'était pas moins que l'ancienne dénomination passât à la porte des « Cordèles » ou « frères Meneurs », laquelle permettait également de se rendre à l'Abbaye par le chemin ou rue des Boucheries. Elle la porta depuis lors, et cependant on la trouve encore appelée porte des Cordeliers, de même que celle de Buci, comme la rue Saint-André-des-Ars qui y conduisait, est quelquefois désignée par le vocable de Saint-Germain.

Une dernière dénomination a été donnée à la porte dont nous nous occupons : Guillebert de Metz, dans sa *Description de Paris*, mentionne « la porte d'Orléans,

---

[1] Du Breul, *loco cit.*

PORTE DE SAINT-GERMAIN, DITE PLUS TARD PORTE DE BUCI.

emprez laquelle est l'issue de Nele, où est au dehors le pré appellé aus clers[1]». Il s'agit évidemment de la porte de Buci, puisque le descripteur ne la nomme pas ailleurs et qu'il la désigne suffisamment par ses aboutissants. Mais comment lui donna-t-on, dans la première moitié du xve siècle, le nom d'Orléans? Elle le devait au voisinage du grand hôtel situé à l'extrémité occidentale de la rue Saint-André-des-Ars et ayant, précisément à cette époque, appartenu au duc Louis d'Orléans, que Jean sans Peur fit assassiner; Valentine de Milan, sa veuve, y demeurait au moment où elle demanda justice du meurtre de son époux. On comprend donc que Guillebert de Metz, écrivant peu après ce tragique événement, ait donné à la porte de Buci le nom de l'hôtel dont elle était voisine [2].

Le *Journal d'un bourgeois de Paris* ne mentionne qu'une seule porte Saint-Germain, et il paraît désigner sous ce nom celle qui était voisine du couvent des Cordeliers : c'était, dit-il, la seule ouverte, en 1418, avec la porte Saint-Denis. Cependant comme la porte de Buci était encore, à cette époque, appelée porte Saint-Germain, il n'est pas impossible que le bourgeois de Paris l'ait eue en vue quand il dit que, en l'année 1422, «les Arminaz estoient au costé de la porte Sainct Jacques, de Saint Germain, de Bordelles jusques à Orléans». L'incertitude dans laquelle ce texte laisse le lecteur a conduit du Breul et plusieurs autres historiens à placer la trahison de Périnet-le-Clerc et l'entrée des Bourguignons dans Paris à la porte de Buci plutôt qu'à celle des Cordeliers.

De fait, le texte du *Journal* peut s'appliquer à l'une et à l'autre de ces entrées de Paris : «Dieu, y est-il dit, qui scet les choses abscondées, regarda en pitié son peuple et esveilla Fortune, qui en sursault se leva comme chose estourdie, et mist les pans à la saincture, et donna hardement à aucuns de Paris de faire assavoir aux Bourguignons que ilz, tout hardiement, venissent le dimanche ensuivant, qui estoit le xxixe jour de may, à heure de mynuyt, et ils les mettroient dedens Paris par la porte Saint Germain, et que point n'y eust de faulte, et que pas ne leur fauldroient pour mourir, et que point ne doubtassent fortune, car bien sceussent que la plus grande partie du peuple estoit des leurs. En icelle sepmaine s'esmeurent les Bourguignons de Pontoise, et vindrent au jour dit à l'eure en Garnelles, et là compterent leurs gens, et ne se trouverent que environ vi ou vii{c} chevaulx, quant fortune leur dist que avec eulx seroit la journée. Adonc prindrent cuer, et hardement, et vindrent à la porte Saint-Germain, entre une heure et deux devant le jour», etc.[3]

---

[1] Voir l'édition que nous avons donnée de la *Description de Paris* par Guillebert de Metz dans l'ouvrage intitulé : *Paris et ses historiens aux xive et xve siècles*, p. 223 et 224.

[2] Voir, à l'article de la rue Saint-André-des-Ars,
la monographie de l'hôtel, ou séjour, de Navarre et d'Orléans.

[3] *Journal d'un bourgeois de Paris*, édition publiée par Alexandre Tuetey, p. 87, 88 et 163.

Les Bourguignons se rendent de Pontoise à «Garnelles», c'est-à-dire dans la vaste plaine que se partageaient les censives de Saint-Germain et de Sainte-Geneviève; ils suivent, pour arriver de Garnelles sous les murs de Paris, l'un des deux «chemins des vaches» qui portent aujourd'hui les noms de rues de Grenelle et Saint-Dominique. Cette dernière voie les aurait conduits, par le chemin qui est devenu plus tard la rue Taranne, sous les murs même de l'Abbaye, dont ils auraient été obligés de longer les fossés : il est donc plus probable qu'ils suivirent le «bas chemin des vaches» représenté aujourd'hui par la rue de Grenelle, et qu'ils continuèrent leur marche par la «grant rue du Four et de la blanche Oye», qui était alors la principale artère du bourg Saint-Germain. Mais, arrivés au Pilori qui était situé au centre du carrefour, ils pouvaient prendre ou la «grant rue Saint Germain, dicte des Boucheries», ou la rue du Pilori continuée par celle de la porte de Buci. Le texte du *Journal* et l'étude de la configuration des lieux n'apportent donc aucun argument décisif.

Malgré l'autorité qui s'attache à l'érudition de du Breul et à la sagacité de Jaillot, M. A. Bonnardot penche pour la porte des Cordeliers; il ne tient compte ni d'une tradition orale selon laquelle la porte de Buci aurait été appelée, pendant quelque temps, «porte des Anglois», ni de l'existence d'une borne placée à l'extrémité orientale de la rue Saint-André-des-Ars, et sur laquelle on croyait voir sculptée l'effigie de Périnet-le-Clerc [1].

Si ce petit monument, tout informe qu'il était, existait encore, on pourrait y voir un témoignage matériel de la trahison de Périnet, et en tirer un argument en faveur de la porte de Buci.

Comme plusieurs autres portes de Paris, celle de Buci a été «estoupée», c'est-à-dire fermée à diverses reprises, en temps de guerre ou de trouble, puis rouverte et réparée. Murée, dit-on, après l'entrée des Bourguignons, elle serait demeurée plus d'un siècle en cet état, puisqu'on ne la rouvrit, selon Jaillot, qu'en 1530 et, selon du Breul, qu'en 1542. D'autres historiens placent cette réouverture à l'année 1538.

Corrozet, auteur contemporain, nous apprend qu'alors «on feit ouverture de la porte de Bussy bastie toute de neuf», et que «à ceste occasion les grands seigneurs, mesme ceux de la Justice, et les bourgeois feirent bastir hors d'icelle porte... grand nombre de beaux hostels et riches maisons [2]».

Il ne faudrait peut-être pas interpréter l'assertion de Corrozet dans le sens d'une réfection totale : la porte de Buci pourrait bien n'avoir été que réparée plus ou moins complètement. Les deux tours dont elle était flanquée paraissent avoir subsisté jusqu'au temps de du Breul (1612), puisque cet auteur raconte que Simon

---

[1] *Dissertations archéologiques sur les anciennes enceintes de Paris*, p. 242, 243. — [2] Corrozet, édition de 1532, fol. 161.

de Buci la fit réparer, recouvrir, et prit à rente « la maison qui est au-dessus de ladicte porte et *les tours qui la costoyent*[1] ». Cette maison, c'est le pavillon surmontant la baie de la porte; quant aux tours, elles la *côtoyaient* encore au moment où écrivait du Breul.

Lors du creusement des fossés, après la bataille de Poitiers, la porte de Buci dut subir quelques modifications : on la disposa pour recevoir les flèches d'un pont-levis, et un peu plus tard, dit M. A. Bonnardot, on y ajouta de nouvelles constructions, probablement des ouvrages extérieurs, tels que ravelin et barbacane[2].

Bouquet, dans son *Mémoire*, rapporte que, vers 1465, un cordier du nom de Simon Aubert « avoit à louaige la porte de Bussy et les allées des murs depuis laditte porte aux galeries de Neelle, tant hault que bas, pour y filer de son mestier[3] ». Moins d'un siècle plus tard, en mars 1558, dit Sauval, « le logis de la porte de Bussy, avec les allées des murs jusqu'à l'hostel de Nesle et deux tours estans esdits murs », avait été baillé par la Ville aux capitaines et archers, « pour y édifier, bastir et entretenir buttes et autres choses nécessaires et convenables pour l'exercice du jeu de l'arc[4] ».

Il y a tout lieu de croire que la porte de Buci et sa voisine, la porte des Cordeliers, furent l'objet de quelques travaux, au moment où l'on creusa la tranchée. Les guerres de religion, succédant à celles que François Ier et Henri II eurent à soutenir contre les Impériaux, rendirent nécessaires l'établissement d'ouvrages nouveaux en avant des portes, pour former une seconde ligne de défense, au cas où la première aurait été emportée.

Les pont-levis, les barbacanes et ravelins, dont on constate la présence à plusieurs entrées de Paris, datent de cette époque. A la porte de Buci, ces ouvrages, s'ils ont été exécutés, n'ont eu qu'une courte durée; car, sauf le pont-levis, on ne les distingue point sur les plans contemporains.

Il est fréquemment fait mention de la porte de Buci dans les *Registres du Bureau de la Ville* : tantôt il s'agit de diverses réparations à faire au pont-dormant ou au pont-levis, à la toiture du pavillon ou aux tours flanquant la porte; tantôt il est question du « curement et nettoiement de l'égoust du fossé », ainsi que des mesures à prendre pour en empêcher l'obstruction. La proximité du bourg Saint-Germain et l'habitude que les « manans et habitants » de ce bourg avaient prise de

---

[1] M. A. Bonnardot (p. 243) prend au pied de la lettre l'affirmation de Corrozet : il pense que la porte fut reconstruite, non pas sur le même emplacement, mais « un peu plus vers l'ouest. »

[2] Il est question de ces travaux dans les fragments de comptes de Philippe d'Acy, payeur des œuvres de la Ville, fragments dont nous avons déjà cité quelques extraits : il s'agit de « couvertures faictes sur les portes et les tournelles qui sont entre la porte de Saint-Victor et celle de Bucy. » (*Mémoires de la Société de l'histoire de Paris et de l'Île-de-France*, t. IV, p. 290.)

[3] *Mémoire* de Bouquet, p. 194.

[4] Sauval, III, 630.

se débarrasser de tous leurs résidus en les jetant dans les fossés produisaient une accumulation continuelle d'immondices sur ce point. De la porte des Cordeliers à celle de Nesle, la pente est à peu près nulle, en sorte que la porte de Buci, se trouvant entre les deux, était la plus incommodée.

Indépendamment des travaux d'assainissement qu'elle faisait exécuter par mesure ordinaire de voirie[1], la Ville mettait à profit toutes les occasions qui se présentaient pour remédier au mal : c'est ainsi qu'elle avait toujours soin d'ajouter aux cahiers des charges dressés en vue d'opérations spéciales — tels que le percement et la continuation de la rue Dauphine, la construction de la porte de ce nom, la réfection des portes de Buci et de Nesle — une ou plusieurs clauses concernant l'établissement d'égouts dans les fossés, leur nettoiement, la pose de grillages destinés à prévenir les dépôts d'ordures, et en général l'assainissement de tout le pourtour de la ville [2]. La fréquence des ordonnances et mandements relatifs à ce sujet fait pressentir la prochaine destruction de l'enceinte et des divers ouvrages dont elle se composait, ouvrages devenus inutiles pour la défense; la muraille, les fossés, les allées des murs n'étaient donc plus que des occasions de dépense et des causes d'insalubrité.

Cette inutilité, en ce qui concerne la porte de Buci, ressort d'une singulière permission accordée par la prévôté des marchands et attaquée par les jurés de la chapellerie : la Ville avait permis, « par charité, au sieur de Cuisy, chappelier, d'establir ses chappeaulx soubz le portail, entre la porte et le pont-levis de la porte de

---

[1] Nous citerons, parmi plusieurs autres documents de ce genre, un mandement du 13 septembre 1614, adressé à Augustin Guillain, maître des œuvres pour «faire promptement et sans délay travailler à la tranchée nécessaire pour l'escoullement des eaux croupissantes dans le fossé des portes de Nesle et de Bussy, pour esviter les inconvéniens que les exalations des dictes eaues puantes et corrompues pourroient apporter aux bourgeois et habitans dudict quartier... Et pour esviter que à l'advenir les immondices des quartiers voisins des dictz fossez n'y soient poussez et avallez par les boueurs..., ledit Guillain fera faire, par le serrurier de la ville, des grilles et barreaux de fer à maille, de la largeur jugée nécessaire, et iceulx faire mettre aux trous et ouvertures par lesquels les esgoustz et eaues pluvialles entrent esdictz fossez.» (H 1796, fol. 279.)

[2] Les deux traités faits avec Edme Ravière, tant pour la construction de la porte et le prolongement de la rue Dauphine que pour la réfection de la porte de Nesle, contiennent des clauses relatives à la désobstruction et à l'assainissement des fossés de la porte de Buci. Le second cahier des charges notamment contient les stipulations suivantes : «Et d'autant que la ville faict despence de plus de deux cent livres par an, l'un portant l'autre, à l'entretenement du pont-levis de la porte de Bussy, qui ne sert qu'à incommoder le peuple au passage, à cause des chesnes de fer, garde-fous et flesches qui empeschent les passants de s'échapper, joinct les grandes puanteurs quy ne se peuvent souffrir en cet endroit, l'entrepreneur sera tenu faire une bonne et forte voute de pierres de taille, au lieu du dict pont-levis, qu'il raccordera au canal du fossé; ce fait, remontera icelluy canal vers la porte Saint-Germain..., et sera tenu rellever le pavé de la rue de Bussy..., et faire un adoucissement pour passer avec facilité à la dicte porte par dessus l'arcade, au lieu du pont-levis... et fera mettre à toutes les ambouschures dudict canal de bonnes et fortes grilles de fer, pour empescher à l'advenir que les boueurs et autres personnes n'avallent les boues dans icelluy canal, comme ils le font journellement.» (H 1807, fol. 250 et 251).

Bucy⁽¹⁾ », et la corporation des chapeliers y voyait une atteinte à ses privilèges. La porte maudite, la porte scélérate, « estoupée et murée » pendant si longtemps, pour avoir livré passage aux Bourguignons, alliés des Anglais, était donc devenue un vulgaire étalage de chapeaux !

Le mouvement de construction, auquel avait donné lieu le prolongement de la rue Dauphine, allait, d'ailleurs, enserrant chaque jour plus étroitement la porte de Buci. C'est en 1639 seulement que la Ville avait traité avec Edme Ravière pour continuer la rue Dauphine jusqu'au chemin sur les fossés, et, le 17 janvier 1641, elle s'opposait « à la vente et adjudication en cour de Parlement, de six eschoppes et boutiques basties entre la porte de Bussy et ladite rue Dauphine, sur des places à ladite ville appartenant ⁽²⁾ ».

Ces places ne pouvaient être que des dépendances de l'allée des murs et du fossé contigu à la porte de Buci, puisque le mur auquel s'adossait la porte Dauphine n'était point encore démoli.

L'urgence de cette démolition et la nécessité de combler les fossés de la porte de Buci se faisaient, d'année en année, plus impérieusement sentir. Nous avons relevé, dans les *Registres du Bureau de la Ville*, une ordonnance rendue par la prévoté des marchands, sur le rapport de Jean Dorvial, « préposé au curement et nettoyement de l'égoust de la porte de Bussy qui se descharge en la rivière, proche le collége des Quatre-Nations », et constatant que « plusieurs propriétaires des maisons voisines dudit égoust y avaient les descharges des fosses d'aysances desdites maisons; ce qui estoit une des principalles causes de l'engorgement dudit égoust ⁽³⁾ ».

Cette ordonnance est du 18 novmebre 1672; elle précède donc de très peu de temps la mesure générale prise pour le comblement des fossés, le renversement de la muraille, la démolition des portes et la vente des terrains de l'allée des murs, c'est-à-dire pour la destruction de tous les ouvrages de l'enceinte. Plusieurs pièces extraites des *Registres du Bureau de la Ville* ⁽⁴⁾, ainsi qu'un compte de 1674, cité par Bouquet dans son *Mémoire* ⁽⁵⁾, parlent de « la place ou estoit la porte de Bussy ».

M. A. Bonnardot, dont on connaît les patientes recherches, déclare n'avoir « jamais rencontré de dessin particulier, ni d'estampe concernant cette porte ». Les plus anciennes vues que nous en ayons sont celles que donnent le plan de Braun, dit aux trois personnages, dressé vers 1530, c'est-à-dire avant la reconstruction dont parle Corrozet, et la Tapisserie (1512-40), ou plutôt la Grande Gouache qui

---

⁽¹⁾ *Registres*, etc., H 1804, fol. 359.
⁽²⁾ *Ibid.*, H 1806, fol. 87.
⁽³⁾ *Ibid.*, H 1824, fol. 109 et 110.
⁽⁴⁾ Nous les avons groupées en un appendice collectif placé à la fin du volume.
⁽⁵⁾ *Mémoire*, etc., p. 277.

en avait reproduit le dessin en le modernisant. Ces deux documents ichnographiques ne laissent voir la porte de Buci que très confusément : autant qu'on peut en juger, c'est une baie entre deux tours reliées par un pan de muraille. Même aspect sur les plans de Saint-Victor (1550) et de Truschet (1552); le pont-levis est très apparent, les tours sont crénelées, et en avant de la porte s'étalent deux pâtés de maisons formant le point de départ de la rue de Buci. Belleforest ne paraît pas tenir compte de la reconstruction (1575) mentionnée par Corrozet : la porte, figurée sur son plan, est toujours une baie flanquée de deux tours crénelées, telles qu'on les voit sur ceux de Saint-Victor et de Truschet.

A dater du xviie siècle, les figurations ichnographiques de la porte de Buci sont un peu moins fantaisistes. Quesnel et Vassalieu (1609) la représentent sous la forme d'un pavillon quadrangulaire dans lequel est pratiquée une baie : ici, le pavillon est crénelé et sans toiture; là, il est surmonté d'un toit pyramidal. Mérian (1615) et Melchior Tavernier (1630) figurent également la porte de Buci sous la forme d'un pavillon flanqué, à droite, d'une tourelle, à l'intérieur de laquelle rampe l'escalier à vis. Le fossé paraît comblé en partie, et sur sa berge extérieure s'alignent les maisons destinées à former le côté oriental de la rue Neuve-des-Fossés, ou des Fossés-Saint-Germain (de l'Ancienne-Comédie). Gomboust (1652) et Jean Boisseau (1654) montrent la porte de Buci encore debout, à quelques pas de la moderne porte Dauphine. C'est toujours le pavillon quadrangulaire dessiné par les topographes du commencement du xviie siècle; mais Boisseau la représente flanquée de deux tourelles.

A partir de 1672, date de la publication du plan de Jouvin de Rochefort et de la destruction systématique des vieilles enceintes, la porte de Buci et sa voisine ne figurent plus sur les représentations ichnographiques de la ville transformée : la vieille enceinte, ses portes, ses tours, ses allées et ses fossés sont définitivement condamnés.

CHAPITRE VI.

PORTE DES CORDÈLES, DES CORDELIERS OU DE SAINT-GERMAIN.

SOMMAIRE : Date de l'ouverture de la porte des Cordeliers. — Réfutation de l'opinion qui en fixe l'ouverture à l'année 1240. — Époque où la porte des Cordeliers prend le nom de porte Saint-Germain. — Événements dont elle a été le théâtre. — Ouvrages ajoutés à la porte Saint-Germain. — Fermetures et réouvertures de cette porte. — Sa reconstruction en 1597. — Louages et concessions. — Droits de la Ville. — Dessins et vues de la porte. — Époque de sa démolition.

On a désigné successivement sous ces trois noms l'ouverture ménagée primitivement, ou pratiquée un peu plus tard, dans la muraille de Philippe-Auguste pour faire communiquer avec l'abbaye et le bourg Saint-Germain la région centrale de l'Université, à laquelle conduisait l'ancienne voie aboutissant au palais des Thermes.

Un savant auquel nous avons fait plusieurs emprunts, M. A. Bonnardot, pense que cette porte n'était pas absolument contemporaine de la construction du mur d'enceinte : il en place l'ouverture à l'année 1240, trente ans environ après l'achèvement de cette muraille. Ce furent, dit-il, les religieux de Saint-Germain qui obtinrent, à cette date, l'autorisation de percer le mur, *frangere murum*, pour y pratiquer une issue [1].

A première vue, et avant toute discussion, on ne s'explique guère que ces religieux, tout puissants au moment où furent commencés les travaux de l'enceinte, aient laissé, sans protestation, boucher par une forte muraille la voie qui conduisait directement de leur monastère dans la ville et qui formait la continuation, à peu près en droite ligne, de la principale rue du bourg, «grant rue du Four et de la Blanche Oye».

«La rue des Boucheries, dit Adolphe Berty, était l'une des deux grandes voies qui conduisait de Paris au bourg Saint-Germain. Probablement d'une origine moins

---

[1] Pour éviter tout reproche d'inexactitude, nous consignons ici le texte même de M. A. Bonnardot : «Du temps de Philippe-Auguste, il n'y avait point de porte en cet endroit. Un acte rédigé en latin permet, en 1240, aux religieux de Saint-Germain de percer le gros mur, *frangere murum*, pour y pratiquer une issue. A cette époque, ils possédaient déjà la porte voisine nommée Saint-Germain, que Philippe-Auguste leur avait donnée en 1209. Ils appelèrent la nouvelle porte des *Cordèles*, ou Cordeliers, religieux établis depuis dix ans sur l'emplacement actuel de la Clinique.» (*Dissertations archéologiques sur les anciennes enceintes de Paris*, p. 260.)

ancienne que la rue de Bussy, elle pourrait néanmoins avoir remplacé quelque voie mérovingienne reliant le monastère au palais des Thermes, et, avant la construction de l'enceinte de Philippe-Auguste, elle faisait partie du chemin qui est devenu la rue des Cordeliers. Elle n'était encore que très imparfaitement bâtie au milieu du XIIIe siècle; mais l'extension, en 1274, des boucheries qu'elle renfermait et qui, dit Jaillot, étaient établies en ce lieu de temps immémorial, dut la rendre plus fréquentée. Dans les siècles suivants, la fermeture répétée de la porte de Bussy, détournant toute circulation au profit de celle des Cordeliers, en fit le principal chemin du faubourg, l'artère où les maisons étaient le plus serrées et le plus peuplées[1]. »

On ne comprendrait donc pas l'obstruction de cette voie lors de la construction de l'enceinte, à moins que la cession de la première porte Saint-Germain, consentie aux religieux par Philippe-Auguste, pour les dédommager des emprises faites sur leur territoire, ne les ait suffisamment désintéressés et rendus indifférents ou hostiles à l'ouverture d'une nouvelle porte. En tout cas, ils auraient assez promptement changé d'avis, puisque cette seconde entrée ne serait postérieure que de trente ans à l'achèvement de l'enceinte.

M. A. Bonnardot, qui lui assigne la date de 1240, nous paraît avoir inexactement interprété le document qui sert de base à son assertion. Cette pièce, que Félibien a réimprimée après du Breul, est un « acte de reconnoissance donné par les religieux de Saint François à l'abbaye de Saint Germain ». Il y est dit que les Cordeliers tiennent de l'Abbaye deux pièces de terre, situées en dedans et en dehors de l'enceinte et comprises partie dans le domaine, partie dans la censive de ce monastère : *duas pecias terre... sitas infra et extra muros civitatis, partim in dominio, partim in censiva monasterii*[2]. Pour faire communiquer entre elles ces deux pièces de terre, ils expriment le désir d'être autorisés à percer le mur, lorsqu'une nécessité quelconque se produira, sauf à boucher l'ouverture après achèvement de l'ouvrage pour lequel ils l'auront faite. Voici le texte même de cet accord entre les Cordeliers et les religieux de Saint-Germain : *acto etiam inter partes et a nobis promisso quod, in muro secus viam que ducit a* PORTA CIVITATIS PARISIENSIS MONASTERIO NOSTRO CONTIGUA AD BURGUM SANCTI GERMANI, *nec aditum nec egressum habebimus, vel habere poterimus. Tamen si necessitas operandi in illo loco nobis immineret, murum frangere poterimus; et cum opus illud impletum fuerit, fracturam muri obstruere tenebimur et sumptibus nostris reficere murum*[3].

Ainsi, les Cordeliers s'interdisent d'abord, en principe, toute entrée et toute sortie par le mur d'enceinte; puis ils se réservent, à titre exceptionnel, de le percer

---

[1] *Topographie historique du vieux Paris, Région du bourg Saint-Germain*, p. 26. — [2] Félibien, *Preuves*, I, 116. — [3] *Ibid.*

quand ils auront à « œuvrer » dans la pièce de terre située au delà. Il n'est donc point question d'une porte de ville à ouvrir, mais bien d'une brèche à pratiquer dans la muraille pour un temps et pour un travail limités, brèche que les religieux s'obligent à boucher à leurs frais. L'expression *frangere murum* a évidemment égaré M. Bonnardot; il a oublié que ce sont les Cordeliers, et non les religieux de Saint-Germain, qui demandent à percer le mur, et, en outre, il n'a point aperçu dans le texte un passage qui constate l'existence d'une *porte de ville contiguë au couvent des Cordeliers*, à cette même date de 1240 qui lui paraît être celle où ladite porte fut ouverte. Quelle était, en effet, la porte qui touchait alors à la maison des Frères Mineurs? Ce ne pouvait être ni la porte Gibard, ni la première porte Saint-Germain, éloignées l'une et l'autre de plusieurs centaines de toises; la seconde porte Saint-Germain, dite porte des Cordèles, ou des Cordeliers, après l'installation des Franciscains en cet endroit, est la seule qui réponde aux indications fournies par le texte.

Il existait, d'ailleurs, dans l'ordre de Saint-François, une sorte de tradition sur ce point; on savait que les Cordeliers de Paris s'étaient établis dans la rue qui a pris leur nom, entre la rue Saint-Côme et la porte de la ville. Voici, à cet égard, un passage significatif du livre intitulé : *De origine seraphicæ religionis franciscanæ ejusque progressibus*, et composé par François de Gonzague, ministre général des Cordeliers, élu en 1579 par l'assemblée du couvent: *Illic ergo, anno 1230, inter portam et ecclesiam sanctorum Cosme et Damiani, simplicium Fratrum Minorum plantula, primo insita et constituta, radices egit.* Si donc le couvent des Cordeliers fut fondé, en 1230, entre l'église Saints-Côme-et-Damien et la porte de ville, il est impossible de soutenir que cette porte ne fut ouverte que dix ans plus tard. Peut-être ne fut-elle terminée qu'après l'achèvement de l'enceinte méridionale, à raison même de la cession, faite par le roi à l'Abbaye, de la porte située dans l'axe de la rue Saint-André-des-Ars. On comprend que les religieux, devenus possesseurs de cette entrée, aient employé toutes leurs ressources à la compléter et à la faire valoir, et que, par contre, la porte voisine soit restée quelque temps inachevée; mais il nous semble impossible que l'ouverture de celle-ci soit le fait d'une brèche pratiquée dans le mur, sous les clauses et conditions que nous avons exposées plus haut.

En admettant, comme tout porte à le croire, que la seconde porte Saint-Germain ait été à peu près contemporaine de la première, on est amené à penser qu'elle devait en avoir la forme et les dimensions : les deux voies qui conduisaient à l'une et à l'autre avaient, en effet, une importance à peu près égale. Nous devons seulement faire remarquer que la direction un peu oblique de la muraille par rapport à la rue dans laquelle la porte donnait accès et peut-être le désir de desservir du même coup les rues du Paon et du Jardinet, où se trouvaient les hôtels des archevêques de Reims et de Rouen et qui sont sans doute contemporaines de l'enceinte, lui firent donner un alignement légèrement biais, qu'il est facile de constater en consultant les anciens plans : la seconde porte Saint-Germain fait face à la rue du Paon, presque autant qu'à celle des Cordeliers.

Nous avons dit plus haut dans quelles circonstances eut lieu la cession, par l'Abbaye, de la première porte Saint-Germain, et comment ce vocable fut transporté à la seconde. Toutefois cette substitution de nom ne fut pas exclusive : la porte de Buci garda, dans le public, sa première dénomination, et il en résulta une confusion que les historiens de Paris n'ont pas toujours évitée.

L'une et l'autre porte passent pour avoir été le théâtre de certains événements, et en particulier de la trahison de Périnet-le-Clerc, qui introduisit les Bourguignons dans la ville, en mai 1418.

Nous avons cité, à propos de la porte de Buci, le texte du *Journal d'un bourgeois de Paris*, où le fait est raconté comme s'étant passé à la porte Saint-Germain; Corrozet, qui écrivait plus d'un siècle après, ne spécifie pas davantage : «L'an 1418, dit-il, au mois de may, Jean de Villiers, seigneur de l'Isle Adam, au nom du duc de Bourgongne, entra dedans Paris par la porte Saint Germain des Prez, avec CCC combatans; et de nuit lui feict ouverture Pernet le Clerc serrurier, qui avoit desrobé les clefs à son père.» Le passage du *Journal d'un bourgeois de Paris* que nous avons cité plus haut ne jette pas plus de jour sur la question; cependant, avons-nous dit, contrairement à l'opinion de M. A. Bonnardot, il paraît y avoir plus de probabilités pour la porte de Buci que pour celle des Cordeliers.

Construite selon le système adopté pour les entrées de Paris au XIIIe siècle, la seconde porte Saint-Germain dut, comme les autres, subir certaines modifications à l'époque où l'on creusa les fossés, c'est-à-dire en 1356 [1]. Elle fut munie, entre autres ouvrages de défense, d'un pont-dormant et d'un pont-levis, dont il est question dans un compte de 1473, où il est dit que Pierre Beaufils et Jean Megret, poissonniers, avaient la ferme «de la pescherie du pourpris de la fortiffication de la ville, prez de l'ostel de Neelle... jusques au pont-dormant de la porte Sainct Germain des Prez [2].»

M. A. Bonnardot, qui a consacré un chapitre de ses *Dissertations* aux travaux de défense entrepris, sous les règnes de Jean le Bon et de Charles V, en différents en-

---

[1] Les comptes de Philippe d'Acy, payeur des œuvres de la Ville, comptes dont nous avons déjà reproduit quelques fragments, nous apprennent qu'il fut «besongné» en 1366 «à la porte de Saint-Germain-des-Prez encoste les Cordeliers». Le travail consista à «faire la massonnerie des murs de ladicte Ville entre ladicte porte et la première tournelle, qui est en montant à la porte d'Enfer», et de plus à «faire un clochier couvert de merrien à pendre cloche». (*Mém. de la Soc. de l'hist. de Paris et de l'Île-de-France*, t. IV, p. 291 et 294.)

[2] Cité dans le *Mémoire* de Bouquet.

droits de l'enceinte méridionale, s'est efforcé de déterminer le genre d'ouvrages qui furent alors exécutés. « Comme il n'existait, dit-il, aucun faubourg important, du moins dans le voisinage immédiat de cette enceinte, mais seulement des terres en culture et de vastes clos, il fut aisé d'établir, sans de grands frais préalables, un large fossé au pied du vieux mur, et de le rendre, au moyen de quelques appendices et de certaines modifications, plus propre à la défense de la ville. On reprit à cette occasion, pour obtenir la place nécessaire aux fossés et aux chemins de ronde, tous les terrains contigus au gros mur, terrains qui, depuis Philippe-Auguste, avaient été inconsidérément accordés à diverses communautés religieuses. On déposséda, avec promesses d'indemnités ultérieures, les Cordeliers, les Jacobins, les religieux de Saint-Germain-des-Prés, de Sainte-Geneviève et de Saint-Victor, de terres ou de bâtiments qui leur appartenaient. Plus tard, on les dédommagea par des concessions de certains droits et par des propriétés sises à Paris, ou ailleurs. Outre l'addition de ce fossé et d'un arrière-fossé et l'établissement d'un chemin de ronde intérieur devenu indispensable, au moins sur certains points, on dut dès lors, si ne n'est un peu plus tard, réparer et remanier en quelques endroits l'ancien mur de clôture. Peut-être porta-t-on à l'intérieur du mur une partie des déblais du fossé; peut être forma-t-on de ces déblais, dans le voisinage, des buttes de terre en talus, nommées alors *bastides* ou *boulleverts*, espèce de forts détachés établis près des portes et garnis de canons et autres engins [1]. »

La seconde porte Saint-Germain eut certainement sa part de ces additions : sans parler du pont-dormant et du pont-levis que nous avons déjà mentionnés, Sauval et Bouquet ont cité diverses pièces des XIVe, XVe et XVIe siècles, d'où il résulte que l'entrée primitive avait subi d'importantes modifications. Dans un compte de 1366 à 1368, il est question d'un clocher couvert d'ardoises, fait, pour y pendre une cloche à la porte Saint-Germain, qui avait alors une porte latérale et une basse-cour [2]. Un autre compte, dressé sous le règne de Charles VI, mentionne « une loge assise en la basse court Saint Germain dehors œuvre, entre la basse court du boullevart et ladicte porte [3]. » Enfin, dans le *Mémoire* de Bouquet, où se trouve cette dernière mention, il est parlé, à l'année 1540, d'une maison « sise hors la porte Sainct Germain, contre la herse d'icelle [4]. »

Fermée, puis rouverte à différentes reprises, comme la plupart des autres entrées de Paris, en temps de guerre ou de troubles, la seconde porte Saint-Germain fut « rétablie », c'est-à-dire rebâtie à neuf, ou réparée complètement en 1598. Félibien a imprimé, dans ses *Preuves*, une ordonnance datée du 23 septembre de cette année, et relative à ce travail. C'est un mandement au quartenier

---

[1] *Dissertations archéologiques sur les anciennes enceintes de Paris*, p. 123 et 124. — [2] Sauval, III, 126. — [3] *Mémoire* de Bouquet, p. 178. — [4] *Ibid.*, p. 275.

Huot « de faire assembler les deux dixainiers de la ville et quatre du faubourg Sainct Germain, des dixaines plus proches de la dicte porte, et de faire eslire, en chacune des dictes dixaines, deux bourgeois, et les faire tous rendre en l'hostel de ville pour procéder à la taxe des dictes dixaines, en leur présence et à la concurrence des frais nécessaires pour le restablissement de la dicte porte [1]. »

Nous avons inutilement consulté les *Registres du Bureau de la Ville* pour y trouver les procès-verbaux des assemblées et des élections, ainsi que les rôles de la taxe à asseoir sur les bourgeois; ces documents ne s'y trouvent point.

La Ville avait fait, aux environs de la porte Saint-Germain, des louages ou concessions gracieuses à divers individus, tout en se réservant expressément les fonds et propriété des murailles, fossés et allées des murs. Elle eut soin, comme aux alentours des autres portes, de ne rien faire ou laisser faire qui pût être considéré comme une négation ou comme une prescription de son droit. Parmi les nombreuses protestations que renferment à cet égard les *Registres du Bureau de la Ville*, nous citerons celle du 18 juillet 1628 à propos « des maisons scizes sur la contrescarpe des fossez de la ville au faulxbourg Saint-Germain [2] », et celle du 9 janvier 1648 « pour s'opposer aux criées qui se poursuivent en la cour de Parlement, d'un appenty et filouer scis dans les fossez de la ville, entre les portes Sainct-Germain et Sainct-Michel [3]. » Nous passons sur les diverses conférences qui eurent lieu entre les membres du Bureau de la Ville et les religieux de Saint-Germain-des-Prés, lesquels prétendaient à une certaine part de propriété des terrains sur lesquels avait été construite la muraille de Philippe-Auguste, ainsi que ses dépendances [4], pour arriver à l'arrêt du Conseil d'État du 24 août 1691, qui reconnaît les droits de la Ville et vise notamment une sentence rendue à son profit « contre les créanciers du nommé Le Blanc, détempteur de places, maisons et lieux scituez dans les fossez de la dicte ville, entre les portes de Saint-Germain et de Saint-Michel [5] ». Nous avons groupé en un appendice collectif les pièces les plus importantes que renferment, à cet égard, les *Registres du Bureau de la Ville* [6].

M. A. Bonnardot déclare n'avoir jamais rencontré de dessin spécial et détaillé de la porte des Cordeliers; il faut donc se contenter des représentations fort imparfaites qu'en offrent les anciens plans en élévation ou à vol d'oiseau. Antérieu-

---

[1] Félibien. *Preuves* III, 480.
[2] *Registres du Bureau de la Ville*, H 1802, f° 612.
[3] *Ibid.*, H 1808, f° 180.
[4] Lire notamment le procès-verbal de la conférence du 26 février 1639 (H 1805, f° 448) et celui de l'assemblée qui fut tenue à l'hôtel de ville le 2 août 1746, « à cause de l'accommodement que cherchoient M. l'abbé et les religieux de l'abbaïe de Sainct-Germain-des-Prez sur l'aliénation que la Ville entend faire des fossez, rampars et contrescarpes d'icelle ». *Registres du Bureau de la Ville*, H 1808, f° 116.
[5] Félibien, *Preuves*, II, p. 300.
[6] Voir à la fin du volume.

rement à 1598, les figurations sont assez confuses. Munster montre, à l'extrémité de la rue des Cordeliers, une baie sans caractère. La Grande Gouache et la copie de Gaignières laissent apercevoir, dans la muraille, une ouverture à l'endroit où se trouvait la porte. Braun, qui s'est cependant inspiré de la Tapisserie, omet de figurer la porte Saint-Germain. Les plans de Saint-Victor, de Truschet, de Belleforest la représentent sous la forme d'une large baie, inscrite dans un pavillon rectangulaire, lequel est précédé de deux lignes de maisons.

Les plans du XVIIe siècle, postérieurs non seulement à la reconstruction mentionnée par Corrozet, mais encore à celle dont parle Félibien, sont assez peu précis dans leur figuration. Quesnel montre un bâtiment carré, sans toit, haut de deux étages, se composant d'un pavillon flanqué de deux ailes et ouvert du côté de la ville; un pont-levis le précède. Vassalieu fait voir la même construction; mais elle est dominée, du côté de la ville, par deux tours assez élevées et coiffées d'un toit en poivrière. En avant de la porte, on aperçoit un élégant pont-dormant construit sur le modèle du pont Neuf et décoré de quatre hémicycles en saillie sur le fossé. Mérian, qui dressait son plan-estampe six ans après, revient à la figuration de Quesnel : les tours de Vassalieu ont disparu, et le pont-dormant, à exèdres semi-circulaires, est remplacé par un pont-levis. Melchior Tavernier reproduit la porte de Quesnel et de Mérian; ce qui porterait à croire que Vassalieu a fait de la fantaisie, ou qu'il a figuré comme parachevé un édifice dont une partie seulement a été exécutée. Les tours et le pont-dormant peuvent, en effet, avoir fait partie d'un plan que l'insuffisance des fonds a obligé de simplifier.

La porte des Cordeliers apparaît encore sur les plans de Gomboust et de Jean Boisseau; mais Jouvin de Rochefort ainsi que Bullet et Blondel ne la figurent plus; elle avait été comprise dans le programme général de destruction des murs et de comblement des fossés qui coïncide avec l'achèvement du collège Mazarin, la formation de la place des Victoires et la construction des arcs de triomphe de Blondel (portes Saint-Denis et Saint-Martin).

CHAPITRE VII.

PORTE GIBARD, D'ENFER OU DE SAINT-MICHEL.

Sommaire : Origine, importance et dénominations successives de la porte Gibard. — Mode de construction et aspect. — Additions aux ouvrages primitifs. — Événements dont cette porte a été le théâtre. — Utilisation d'un reste de tour ayant fait partie de la porte Saint-Michel pour la distribution des eaux d'Arcueil. — Devis des travaux à exécuter. — État des concessions servies par le château d'eau de la porte Saint-Michel. — Marché de la porte Saint-Michel. — Fausse porte Saint-Michel.

La porte qu'on a désignée successivement sous ces trois noms était la quatrième du demi-cercle méridional de l'enceinte de Philippe-Auguste, à partir de la tour de Philippe-Hamelin, non compris la porte Dauphine, d'origine moderne. Elle avait été percée dans l'axe de la rue de la Harpe, ancienne voie gallo-romaine de second ordre conduisant au palais des Thermes, et constituait une entrée de Paris, moins importante sans doute que la porte Saint-Jacques, mais assez fréquentée par la population de la banlieue du sud-ouest. On sait, en effet, que le chemin de Vanves et de Chevreuse y aboutissait, après avoir contourné les murs du château de Vauvert, où s'établirent les Chartreux.

La construction de la porte Gibard eut lieu entre les années 1200 et 1211; peut-être fut-elle achevée un peu plus tard, comme celle que Philippe-Auguste céda aux religieux de Saint-Germain-des-Prés, pour les indemniser de l'emprise faite sur leur censive; mais, au témoignage de Rigord, l'ensemble de la fortification fut promptement terminé, « brevi tempore completum ».

Le nom qui lui fut donné tout d'abord était celui du territoire au milieu duquel elle était située. Le propriétaire ou locataire à cens de ce terrain se nommait *Gibard*, *Gibart*, *Gibert* ou *Jubert;* on trouve, en effet, ces quatre variantes dans les titres. Dans un acte de 1230, c'est-à-dire presque contemporain de la construction de la porte dont il s'agit, on lit « portam *de Gibardo*[1] »; des lettres patentes de 1272 disent « portam *Gibardi*[2] ». Un acte de 1281 mentionne « quatre mesons en la rue si come en va de sainct Estienne des Grès à la porte Gibert[3] ». Enfin, la taille de 1313 donne à la porte le nom de *Jubert*, qui doit être une altération de *Gibert* et *Gibard*.

---

[1] Du Breul, p. 515. — [2] Félibien, *Preuves*, I, 293. — [3] *Ibid.*, p. 103.

Mais, si le territoire de Gibard a servi ordinairement à désigner la porte dont nous nous occupons, le chemin ou rue d'Enfer, qui s'étendait au delà dans la campagne, lui a valu peu après une seconde dénomination. Nous n'avons point à rechercher ici les causes de cette appellation *Enfer;* nous les avons exposées ailleurs [1], et nous renvoyons le lecteur à ce que nous en avons dit. Dans un contrat de vente de 1246, la porte Gibard est nommée *hostium* pour (*estium*) *Ferti;* un autre titre, postérieur de quelques années, donne *de Ferto;* un document de 1271 contient les mots *hostium Ferri;* dans l'acte de fondation du collège d'Harcourt (1311) on lit *porta Inferni;* même locution dans la donation de la porte faite aux Jacobins, en 1317 [2]; enfin des lettres patentes de 1365 l'appellent en français *porte d'Enfer* [3].

Le mot *Enfer* se justifie, avons-nous dit, par la dénomination du chemin parallèle à la rue Saint-Jacques et conduisant au château de Vauvert [4]. Celui de *Fer* serait motivé, dit Jaillot, par l'apposition de plaques de ce métal sur les panneaux de la porte, pour la fortifier.

Quoi qu'il en soit de ces conjectures, les deux mots *fer* et *Enfer* se retrouvent sur plusieurs plans relativement modernes, ce qui prouve qu'ils étaient restés en usage, même après l'adoption d'un autre vocable.

L'appellation la plus moderne est celle de *porte Saint-Michel*. Elle la devait, dit Sauval après Corrozet, à Charles VI qui la lui avait imposée, en la faisant reconstruire. Mais pourquoi ce nom donné à la porte nouvelle, plutôt que l'un des deux sous lequel l'ancienne était connue? Ici se présentent diverses explications, entre lesquelles il faut faire un choix. On a dit que la porte d'Enfer, ou Gibard, avait pris, à partir de la fin du xive siècle, le nom de Saint-Michel, parce qu'elle donnait entrée dans la rue de la Harpe, laquelle conduisait au pont Neuf, ou pont Saint-Michel, ainsi appelé lui-même à cause du voisinage de la chapelle du Palais, placée sous l'invocation de l'archange saint Michel. La construction de ce pont fut en effet terminée en 1387, c'est-à-dire quelques années avant la réparation de la porte, et il se pourrait que cette coïncidence eût influé sur la dénomination appliquée à ces deux ouvrages.

Du Chesne, contemporain de du Breul et enclin, comme lui, à tenir compte des superstitions populaires, rattache, par un certain côté, le nom de la porte Saint-Michel à l'histoire fabuleuse du Diable de Vauvert : « Charles VI, dit-il, voulut que cette porte fust, par *contrariété,* appelée Saint Michel, du nom de ce glorieux archange qui précipita le chérubin apostat dans l'abysme de l'Enfer [5]. »

---

[1] Voir vol. du *Bourg Saint-Germain,* p. 133.
[2] Du Breul, p. 501.
[3] *Ibid.*, p. 503.
[4] Corrozet semble faire du mot *Enfer* une corruption de Vauvert : « la porte d'*Enfer,* ou *Vauvert,* dit-il, que Charles VI feit nommer porte Sainct-Michel », f° 138, v°.
[5] *Antiquitez des villes de France,* p. 138.

Ainsi, de même que l'établissement des Chartreux dans les ruines du vieux château de Vauvert en avait chassé les démons, l'imposition du vocable de Saint-Michel à la porte nouvellement réparée purifia la rue d'Enfer et acheva de purger la région de toute influence diabolique.

Moins crédule que du Chesne, Sauval donne à l'appellation dont il s'agit des motifs plus raisonnables : « Charles VI, qui fit rebastir cette porte, la nomma, dit-il, Saint-Michel, non seulement parce que cet archange avoit été choisi pour patron du royaume, mais aussi à cause qu'une de ses filles portoit ce nom-là, qui naquit en 1394[1]. »

Du Chesne place cette naissance à l'année 1401, et convient qu'elle n'a pas peu contribué à la nouvelle dénomination de la porte. M. A. Bonnardot[2], qui a recueilli et discuté ces diverses opinions, conjecture que la naissance de la princesse eut lieu le 29 septembre, jour de la fête de saint Michel et pense que, « à cette occasion, on féminisa le nom du saint, coutume assez bizarre, mais dont on a plus d'un exemple[3]. »

Au temps où écrivait Guillebert de Metz (1434), la porte n'était plus désignée par le nom de Gibard, et il y avait peu de temps qu'elle avait pris celui de Saint-Michel. Ce descripteur la mentionne, en effet, dans les termes suivants : « la porte d'Enfer, que l'on appelle maintenant la porte Saint Michel[4] ».

Nous devons enfin mentionner une quatrième dénomination assez peu connue, donnée à la porte dont il s'agit : « Je ne sais, dit Sauval, où l'auteur de la vie de saint Dominique a lu que la porte Saint Michel s'appeloit la porte de Narbonne; il le dit sans garant[5]. » Si elle a jamais porté ce nom, elle le devait très probablement au collège fondé, en 1317, par Bernard de Farges, archevêque de Narbonne, et situé dans la rue de la Harpe, à une centaine de toises plus bas. Il se peut, dit M. A. Bonnardot, que cet établissement ait, du moins pendant quelque temps, c'est-à-dire à l'époque de sa nouveauté, communiqué le nom de Narbonne à la porte dont il était voisin.

Tout porte à croire que la porte Gibard, d'Enfer ou de Saint-Michel, avait été bâtie sur le modèle de celles de Buci et des Cordeliers; elle devait donc présenter à peu près le même aspect. Sauval affirme, à tort, qu'elle fut reconstruite sous le règne de Charles VI. Il est possible, comme nous l'avons dit plus haut, que la muraille, les tours et les portes de l'enceinte de Philippe-Auguste aient été modifiées sur la rive gauche, et appropriées aux nécessités militaires créées par l'artillerie. En

---

[1] Sauval, I, p. 36.

[2] *Diss. arch. sur les enceintes de Paris*, p. 282.

[3] On peut en citer trois, pour les anges et archanges seulement : *Gabrielle, Rafaëla* et *Michelle.*

[4] Voir notre édition de Guillebert de Metz dans la collection générale de l'histoire de Paris (*Paris et ses historiens aux XIVe et XVe siècles*, p. 222).

[5] Sauval, I, p. 36.

renonçant à poursuivre la muraille dite de Charles V dans la région méridionale de Paris, on dut ajouter quelque chose aux parties de l'ancienne fortification jugées insuffisantes, et c'est ainsi qu'on fut amené à faire, principalement aux portes, des réparations et additions assez considérables pour mériter le nom de reconstruction. On crut préalablement devoir munir la porte Saint-Michel d'une avant-porte, c'est-à-dire d'un ravelin et d'une barbacane; on ajouta sans doute à ces ouvrages extérieurs un pont-levis précédant le pont-dormant; enfin, on put modifier le couronnement et les moyens de défense des tours, mais on ne les transforma point en *bastides* carrées, comme celles qui fortifiaient la nouvelle enceinte sur la rive droite. Les vieux plans représentent, en effet, les deux tours de cette porte avec la forme ronde qu'elles conservèrent jusqu'à leur destruction, du moins vers la campagne, côté que nous montrent ces plans anciens. Or l'agencement extérieur des maisons voisines de la porte influa sans doute sur ces dispositions, comme il arriva sur tout le parcours de l'enceinte et aux approches des tours, où les propriétaires riverains touchèrent aux détails de la fortification, avec ou sans autorisation pour le faire; mais il est tout à fait improbable que la porte ait été reconstruite en entier, sous le règne de Charles VI, avec des tours cylindriques, alors que le système des bastides rectangulaires avait prévalu pour la nouvelle fortification de la rive droite [1].

La porte Gibard fut, comme celle de Buci, l'objet d'un don royal. En avril 1317, Philippe le Long en fit présent aux Jacobins, dont le couvent touchait à l'enceinte. La donation comportait, sans doute, ainsi que celle de l'archet Saint-Merri [2], la perception du revenu que produisaient les entrées. Ce n'est pas, d'ailleurs, la seule faveur dont aient joui les Jacobins; nous énumérerons plus tard les concessions qu'ils obtinrent du roi et de la Ville.

Les événements dont la porte Saint-Michel fut le théâtre ne sont pas nombreux. elle ne comptait point parmi les quatre principales entrées, auxquelles on suspendait les membres de certains suppliciés; elle ne livrait pas, comme la porte Saint-Jacques, passage aux grands cortèges; toutefois, les hauts personnages qui allaient visiter les Chartreux se rendaient au monastère et en revenaient par cette voie. Le *Journal d'un bourgeois de Paris*, qui contient une foule de menus détails, ne renferme rien qui soit relatif à la porte Gibard, si ce n'est que, en l'an 1410,

[1] Philippe d'Acy, dans ses comptes dont nous avons reproduit plusieurs fragments, mentionne plusieurs fois la porte d'Enfer, comme ayant été, en 1366, l'objet de divers travaux de réparations. On y transporte, «de derrière les Augustins, xxix muis, ix septiers de chaux;» ce qui indique un chantier d'une certaine importance. On y conduit «grans quarreaulx de grès»; on s'occupe d'y «lever et haucier les murs.» (*Mémoires de la Société de l'histoire de Paris et de l'Île-de-France*, t. IV, p. 281, 282, 295.)

[2] Voir les notes ajoutées au texte de Raoul de Presles dans *Paris et ses historiens aux XIVe et XVe siècles*.

les Armagnacs la tenaient étroitement bloquée. On n'en pouvait sortir pour aller vendanger au Vigneray, près des Chartreux, et ensemencer les terres voisines. « Ceulx de devers Berry tindrent si court ceulx de devers Paris, par devers la porte Sainct-Michel, que les vignes demourèrent à vendenger et les semailles [1]. »

C'est par erreur, sans doute, que Corrozet y a placé l'entrée du connétable de Richemond et la reprise de possession de *Paris* par l'armée royale [2]. Les troupes de Charles VII, arrivant par la grande route d'Orléans, qui traversait alors le territoire de la Tombe-Issoire, et non par le petit chemin de Vanves et de Chevreuse, devaient naturellement se présenter devant la porte Saint-Jacques; c'est du reste ce que raconte le *Bourgeois de Paris* [3] et ce que disent, après lui, la plupart des historiens. Il ne faut pas oublier, d'ailleurs, que la porte Saint-Jacques était l'une des quatre grandes entrées de Paris, et que plusieurs cortèges imposants ont défilé entre ses deux tours.

Les motifs qui avaient déterminé, au xive sicle, la réfection partielle des travaux de défense de la porte Gibard, se reproduisirent cent quarante ans plus tard. Après la défaite de Pavie et la prise du roi, on entreprit certains ouvrages extérieurs, tels que tranchées et fossés. Ces travaux de retranchements sont mentionnés par les *Registres du Bureau de la Ville*. On y lit notamment un « extrait de ce qui a esté advisé et conclud es assemblées tenues en l'ostel de la ville de Paris depuys le mardi septiesme jour de mars, mil cinq cens vingt, que furent sceues les doulouzeuzes (*sic*) nouvelles de la prinse et retention de la personne du Roy, nostre souverain seigneur, par ses ennemys devant Pavie ». La porte Saint-Michel n'est pas nommément désignée dans la « délibération du conseil tenu en la court de Parlement pour la garde, seureté et déffense d'icelle ville »; mais le premier article de cette délibération porte que « est besoin de visiter les fossés, murailles, portes, harses et pontz leviz, serrures de portes, repparer les bresches des murailles, fortiffier lesdictes portes et reparer le tout de ce qui sera nécessaire ». La porte Saint-Michel était l'une des quatre par où pouvait pénétrer dans Paris un ennemi venant du midi de la France; il y a donc toute apparence qu'on y fit alors les travaux extérieurs dont nous parlons plus loin.

Dix-neuf ans plus tard, lors de l'invasion de la France par les Impériaux, de nouveaux ouvrages de défense furent entrepris sur la rive gauche, dont les forti-

---

[1] *Journal d'un bourgeois de Paris*, édition donnée par Alexandre Tuetey, p. 8.

[2] Folio 139.

[3] « Item, en celluy vendredi d'après Pasques, vindrent devant Paris les seigneurs de la bande devant dicte, c'est assavoir le conte de Richemont, qui estoit connestable de France de par le roy Charles, le bastart d'Orléans, le seigneur de l'Isle-Adam et plusieurs autres seigneurs, droict à la porte Sainct-Jacques, et parlerent aux portiers », etc. (*Journal d'un bourgeois de Paris*, édition publiée par Alexandre Tuetey, p. 314.)

fications étaient regardées comme insuffisantes. Corrozet, qui en fut témoin, les mentionne en ces termes : «En 1544, par commandement du Roy, furent faicts les rampars es portes». La porte Saint-Michel fut certainement, comme ses voisines les portes Saint-Jacques et Saint-Marcel, l'objet de quelques travaux. On n'y construisit point un rempart proprement dit, comme le donne à entendre le texte de Corrozet; ce qui est beaucoup plus probable, c'est qu'on fit, soit en arrière du gros mur, soit en avant et sur les flancs de la porte, des terrassements, ou «bouleverts», destinés à en défendre les approches. Les mouvements de terrain que présentaient les abords de la porte Saint-Michel, avant l'ouverture du boulevard de ce nom, c'est-à-dire, à l'orient, l'escarpement des rues Saint-Hyacinthe et Saint-Thomas (escarpement dont il reste encore quelque chose, même après le nivellement opéré pour le percement de la rue Soufflot) et, à l'occident, la pente de l'ancienne place de la porte Saint-Michel, à partir du sol de la rue des Francs-Bourgeois, paraissent à M. A. Bonnardot autant de témoignages matériels des travaux de défense exécutés, en 1525 et 1544, aux abords de la porte Saint-Michel.

Depuis lors, aucune addition ou modification de quelque importance n'a été faite à la porte Saint-Michel. Il faut aller, non point à l'année 1684, comme le dit M. Bonnardot, mais à l'année 1679, au plus tard, pour assister à la démolition, au moins partielle, de cette porte [1].

Le 2 février 1683, le Bureau de la Ville recevait «les ouvrages faicts par Odille Tarade, architecte et entrepreneur des bastiments du Roy, pour la construction du bastiment d'une fontaine, acqueduc et réservoir *à l'endroit où estoit cy-devant la porte Saint-Michel*», et chargeait le maître des œuvres de les expertiser [2]. Ces travaux lui parurent sans doute insuffisants; car le 15 mars de l'année suivante, le maître des œuvres de charpenterie de la Ville, Julien Pourrat adressa aux membres du Bureau un rapport, duquel il résulte qu'il était «nécessaire de faire couvrir la tour dans laquelle on veult mettre le regard des fontaines, y faire un plancher au-dessus dudict regard, et mettre une poultre à l'endroict et au-dessoubz de la cloison qui sépare le corps de logis de ladicte tour, pour porter la poultre qui supporte le comble dudict logis [3]».

Nous croyons qu'il s'agissait de métamorphoser en une sorte de château d'eau ce qui restait de l'une des tours de la porte Saint-Michel, celle d'orient sans doute, car celle d'occident et le pavillon entre deux n'existait déjà plus, ainsi que le témoigne le document cité plus haut. Ce détail, que personne n'a remarqué jusqu'ici, explique parfaitement l'établissement de plusieurs autres fontaines publiques au

---

[1] *Reg. du B. de la Ville* (H 1829, f°' 636 et 640).
[2] *Ibid.*
[3] Une pièce que nous avons extraite des Registres du *Bureau de la Ville*, et qui porte la date du 8 janvier 1680, parle du lieu «où estoit la porte Saint-Michel». (H 1828, f° 727.)

point même où s'élevaient les portes : non seulement, en effet, la Ville n'avait à payer ni expropriation ni indemnité pour adosser ces fontaines, puisque les dépendances des portes lui appartenaient; mais encore elle transformait en réservoir les restes des tours, des pavillons et des pans de murs des portes supprimées, ce qui réduisait de beaucoup la dépense. Il paraît donc certain que plusieurs fontaines de la même époque, celle des Cordeliers, par exemple, qui touchait à la porte Saint-Germain, celle du Temple, qui était voisine de la première porte de ce nom, celle de Montmorency, qui marquait l'endroit où l'enceinte bastionnée, dite de Richelieu, coupait la rue Montmartre, étaient, comme celle de la porte Saint-Michel, alimentées par un réservoir installé dans une tour ou dépendance quelconque de la porte; ce qui constitue un point de repère absolument exact.

Voici le devis des travaux que Julien Pourrat exécuta pour approprier à cet usage ce qui restait d'une des tours de la porte Saint-Michel :

«Et premièrement, la charpenterie du comble garny de sablières en platte forme sur les murs, au pourtour de ladicte tour, de sept thoises de long, vingt poulces de largeur, quatre poulces d'espoisseur, au-dessus desquelles sablières sera assemblé une maistresse ferme, garnie de deux chevrons, de trois thoises de long chacun, ou environ, quatre et six poulces de grosseur, ung entrect de dix pieds de long, cinq et six poulces de gros, un poinson de neuf pieds sept poulces de gros, quatre jambettes, deux aisseliers, le tout des longueurs qu'il appartiendra suivant le plan qui sera baillé à mes dictz sieurs.

Item, sera faict la charpenterie de cinq fermes communes, chacune ferme garnie de deux chevrons, ung entrect, deux aisseliers, quatre jambettes, le tout des longueurs que l'autre ferme cy devant escripte, et de quatre et six poulces de grosseur aux deux noullets, qui seront renversez sur le comble du vieulz logis, garny de entrects et embranchements comme il appartiendra.

Item, sera faict la charpenterie d'un charron de crouppe, garny d'un entrect, un aisselier, deux jambettes, le tout des longueurs qu'il appartiendra et des grosseurs cy devant escriptes.

Item, sera faict la charpenterie de dix huict demy fermes dans la crouppe, garny d'un entrect, ung aisselier, une jambette, le tout des longueurs qu'il appartiendra et grosseurs susdictes.

Item, sera faict la charpenterie du plancher, lequel sera garny de onze sollives de treize à quatorze pieds de long et une poutre de trois thoises de long au dessoubz de la cloison qui faict séparation de la tour et du vieux logis, au dessus de laquelle sera mis un potteau pour susporter la poultre qui porte le comble du vieux logis au dessus.

Ce que certifions à vous mes dictz sieurs estre véritable tesmoing, mon seing cy-mis.

Faict ce quinziesme jour de mars mil six cens vingt quatre; signé Julien Pourrat.

Du vingt troisiesme jour de mars mil six cent vingt quatre. Le dict jour, Messieurs les prevost des marchans et eschevins de la ville de Paris ont faict marché avec Jullien Pourrat, maistre des œuvres de charpenterie de la Ville, pour faire par le dict Pourrat les ouvraiges de charpenterie qu'il convient faire pour la Ville à la porte Sainct Michel, pour le faict des fontaines de Rongis, et cy devant mentionnées, moyennant le prix et somme de trois cens livres tournois le cent, à la charge par iceluy Pourrat de travailler promptement aus dictz ouvrages et de les faire bien et deuement; dont il sera payé par le receveur de la dicte Ville en vertu des ordonnances et mandements des dictz sieurs prevost des marchands et eschevins; ce que le dict Pourrat a promis faire[1]. »

Le château d'eau ou réservoir de la porte Saint-Michel alimentait un assez grand nombre de fontaines publiques et de concessions privées. Un état de distribution, dressé en 1669, donne la liste des concessionnaires, telle qu'elle avait été arrêtée, l'année d'avant, par le Bureau de la Ville. On lit dans les *Registres du Bureau* : « Le 4 octobre 1668, nous nous sommes rendus au regard de la prise d'eau à la porte de Saint-Michel, où nous avons reconnu que toutes les eaux appartenant à la Ville s'y rendoient, et que la distribution s'en faisoit tant aux fontaines publiques qu'aux particulières, suivant ce qui en avoit esté réglé et accordé à chacun d'eux. » (H 1821, f° 115.)

Vient ensuite l'état général de distribution : nous n'en extrayons que la partie relative au réservoir de la porte Saint-Michel[2].

A la suite de cette transformation, l'emplacement de la porte Saint-Michel fut bientôt envahi par les maisons qui se construisirent à droite et à gauche, sur les terrains de l'enceinte et des fossés. Les rues des Francs-Bourgeois et Saint-Hyacinthe, en particulier, l'enserrèrent, en dedans et en dehors de la muraille, ne laissant en avant et sur l'emplacement des ouvrages extérieurs qu'une place sur laquelle fut établi le « marché de la porte Saint-Michel ». L'écriteau qui désignait cette place a été conservé et encastré dans une maison moderne faisant l'angle du boulevard Saint-Michel et de la rue de Médicis.

Le marché de la porte Saint-Michel avait été concédé par le roi à la dame Claire de Beauffremont, comtesse de Flaix, dame d'honneur de la reine. Il devait être établi « sur une place estant hors la porte Sainct Michel, entre la rue d'Enfer et

---

[1] *Registres du Bureau de la Ville*, H 2829.

[2] *Estat de la nouvelle distribution et concessions d'eaue provenant des sources de Rungis, accordées aux communautés, monastères, collèges et particuliers en la présente année MDCLXIX,*
Au regard de la porte Sainct Michel.
Pour Monsieur le Prince, cent quarante quatre lignes;
Pour Madame la Duchesse d'Éguillon, soixante douze lignes;
Pour le publicq dans la ville, trente six lignes;
Pour le publicq dans le faubourg Saint Michel, vingt lignes;
Pour les Jésuites du collége de Clermont, trente six lignes;
Pour la maison de Sorbonne, vingt quatre lignes;

Pour l'hospital de la Charité, vingt lignes;
Pour l'hospital des Petites Maisons, vingt lignes;
Pour l'hospital des Incurables, douze lignes;
Pour les Jacobins du Grand Couvent, six lignes;
Pour le noviciat des Jésuites, douze lignes;
Pour les Carmes deschaussez, dix lignes;
Pour l'abbaye Sainct Germain des Prez, Monsieur l'Abbé et la prison, douze lignes;
Pour le collége d'Harcourt, quatre lignes;
Pour Madame la Princesse de Conti, six lignes;
Pour Monsieur de Liancourt, six lignes;
Pour Madame de Périgny, quatre lignes;
Pour les Petits Augustins, six lignes.
(*Registres du Bureau de la Ville*, H 2822, f° 487 et suivants.)

le fossé de la Ville, contenant quarante pieds de large sur quatre vingts pieds de long..., pour y vendre touttes sortes de marchandises ». Le maître des œuvres de la Ville fut chargé d'examiner le terrain et de donner son avis. Il constata que l'emplacement proposé « faisant deux encoignures, l'une sur la rue d'Enfer, et l'autre sur la rue du Fossé, l'estendue d'icelle place, jusques au poteau de bois séparant les fauxbourgs Sainct Michel et Sainct Germain, pouvoit contenir environ vingt toises de long sur neuf de large...; que cette place se réduisoit en triangle suivant l'alignement des encoigneures des dictes rues d'Enfer et du Fossé; qu'elle deviendroit peu suffisante pour l'establissement d'un marché, à moins que d'outrepasser l'alignement des dictes rues d'Enfer et du Fossé, ce qui seroit grandement embarrasser l'arrivée et la sortie de la dicte porte Sainct Michel et tenir les abords d'une grande ville dans un embarras et un désordre continuel, d'autant que par cette place arrivent et passent grand concours de forestiers et toutes les marchandises messagères, carrosses et coches d'Orléans et des autres provinces qui sont le long de la Loire, et, de plus, presque tous les matériaux venant des carrières d'Arcueil et près des fauxbourgs Sainct Jacques et Sainct Michel, de sorte qu'il est bien difficile que la commodité publique s'y puisse rencontrer, lorsque cette place sera toute occupée de traiteaux et d'estaux en forme de petites bouticques pour y débiter les denrées ».

Malgré ce rapport défavorable, le Bureau de la Ville, ne voulant pas désobliger une « dame d'honneur de la Royne », émit l'avis que « soubz le bon plaisir du Roy et de Nosseigneurs de son Conseil, on pouvoit accorder à la dicte dame de Flaix la place qu'elle demande et lui permettre d'y establir un marché en tout l'espace qu'elle peut contenir, à l'alignement des rues d'Enfer et du Fossé, et s'y faire poser le nombre de tretteaux, de bouticques et bacquets que la dicte place peut contenir ». (*Registres du Bureau de la Ville*, H 1816, f°s 108, 109, 110 et 111.)

Le marché ne put être maintenu intégralement en cet endroit. Peu de temps après, on en transféra une partie sur la place du pont Saint-Michel, et, par contre, on déplaça certains « éteaux, tréteaux, eschoppes et bouttiques installés sur le pont, pour les rétablir près la porte Saint Michel[1]. »

Le seul point de repère qu'ait conservé extérieurement la porte Saint-Michel était la fontaine de Santeuil, dont nous venons de marquer l'emplacement, et dont nous parlerons plus amplement à l'article de la rue de la Harpe. Une partie de ses puissantes substructions est restée dans le sol, et l'ingénieur Belgrand les a rencontrées en construisant la galerie d'égout qui passe sous le boulevard. Nous en avons nous-même constaté l'existence au point précis ou s'élevait la fontaine.

[1] Voir, pour l'historique de ces diverses installations, les articles relatifs au pont Saint-Michel, à la rue de Hurepoix et au quai des Augustins.

Nous ne terminerons pas cette monographie de la vieille porte Gibard sans dire un mot de la « faulse porte Saint Michel » que montrent les plans des deux derniers siècles, et qui n'a pas échappé à l'attention de M. A. Bonnardot. Cette fausse porte avait été ménagée au point où aboutissait la tranchée du faubourg Saint-Germain; c'était une simple barrière reliant entre elles les deux parties de cette fortification coupée par la rue d'Enfer, et incorporant à la ville ce qui existait alors du faubourg Saint-Michel.

CHAPITRE VIII.

VOIES PUBLIQUES COMPRISES DANS LA RÉGION OCCIDENTALE DE L'UNIVERSITÉ.

RUE DE L'ABREUVOIR-MÂCON, OU DU CAGNARD.

Cette voie, qui a disparu depuis plus d'un siècle, n'était autre chose qu'une descente au petit bras de la Seine, en aval de la ruelle des Trois-Chandeliers, et en amont du point où a été construit le pont Saint-Michel. Elle continuait, en plan incliné, jusqu'à la rivière, la Bouclerie orientale; l'autre, la Bouclerie occidentale, a pris plus tard le nom de rue Mâcon, parce que les comtes de Mâcon y avaient leur hôtel. Le même motif a fait appliquer cette dénomination à la descente qui conduisait à l'abreuvoir, ainsi que le dit Jaillot[1].

L'abreuvoir Mâcon est mentionné dans la transaction qui eut lieu, en 1272, entre Philippe le Hardi, fils de saint Louis, et les religieux de Saint-Germain-des-Prés[2]. Il s'agissait de déterminer les limites précises de la justice de l'Abbaye, et l'abreuvoir Mâcon fut indiqué comme la limite orientale de cette justice : « *A cuneo adaquatorii Matisconensis, eundo directe ad portam Sancti Germani, a dextera parte usque ad Secanam.* »

Jusqu'à la construction du pont Saint-Michel ou «Pont-Neuf», qu'il ne faut pas confondre avec celui qui fut terminé sous le règne de Henri IV, l'abreuvoir Mâcon ne fut réellement qu'une ruelle conduisant au bord de l'eau. A la fin du xive siècle, on lui donna le nom de «rue Neuve», sans doute parce qu'il était voisin du «Pont-Neuf», construit, selon Du Haillan et Du Breul, par le célèbre prévôt

---

[1] Voici le texte de cet auteur : «La rue de la vieille Bouclerie ayant porté le nom de Mâcon, on le donna également au passage qui fait la continuation de cette rue jusqu'à la rivière, et par lequel on menoit abreuver les chevaux des comtes de Mâcon; ce qui lui fit donner le nom qu'elle porte encore aujourd'hui.» (RECHERCHES CRITIQUES, etc. *Quartier Saint-André-des-Arts*, p. 96.)

[2] La pièce, datée de Saint-Germain-en-Laye, au mois de février 1272, a été publiée par D. Bouillard. (*Histoire de l'abbaye de Saint-Germain-des-Prés*, *Pièces justificatives*, n° 97.)

de Paris, Hugues Aubryot. Mais ce n'est pas la seule dénomination qu'on lui ait appliquée. « Le petit peuple, dit Jaillot, lui a souvent donné le nom de *Cagnard*, mais mal à propos. *Cagnard* est un vieux mot qui signifie un lieu sale, plein d'immondices et d'ordures, tels que sont ceux qu'on voit au-dessous des maisons qui sont sur les ponts et sous les arches sous lesquelles l'eau ne coule pas. Ces lieux sont ordinairement très malpropres et servoient quelquefois de retraite, pendant la nuit, aux fainéants, vagabonds et gens sans aveu, qu'on appeloit aussi *cagnards* par cette raison[1]. »

Dans les temps modernes, la voie dont nous nous occupons a porté simultanément plusieurs noms. Le plan de Bullet et Blondel (1676) l'appelle «rue de l'Abreuvoir-Mâcon, ou le Cagnart», et un terrier de 1682, cité par Sauval, la nomme «rue du Renard[2]». L'auteur du *Dénombrement de Paris* imprimé chez Valleyre, nomme cette rue *Petit quai Bignon*, dit encore Jaillot : la raison de cette dénomination anticipée était le projet de quai conçu par Jérôme Bignon, prévôt des marchands, pour la régularisation de la rive gauche de la Seine, à partir du pont Saint-Michel. On sait que le quai, projeté depuis longtemps, n'a été établi que sous le premier Empire, et qu'au nom de Bignon ont été substitués ceux de Saint-Michel et de Montebello.

La rue de l'Abreuvoir-Mâcon, modifiée lors de l'ouverture de celle du pont Saint-Michel, a disparu vers la fin du siècle dernier. Avant la reconstruction du pont et l'ouverture du boulevard Saint-Michel, elle était représentée par l'entrée du quai et la ligne de maisons descendant vers la rue de la Huchette. Aujourd'hui les trottoirs orientaux de la place Saint-Michel en occupent l'emplacement.

CÔTÉ ORIENTAL
(du Sud au Nord).

CENSIVE ET JUSTICE DE SAINT-GERMAIN-DES-PRÉS.

PAROISSE DE SAINT-SÉVERIN.

MAISON DES BUEFS, dans la partie de la rue touchant au carrefour de l'abreuvoir

---

[1] RECHERCHES CRITIQUES, etc., *Quartier Saint-André-des-Arts*, p. 96. — On sait que Pasquier, dans ses *Recherches de la France* (liv. VIII, ch. XLII), donne de ce mot une plaisante étymologie ; en parlant des «ruffians, caimans et bélistres» qui couchaient sous les ponts, il dit : «On les nommoit *cagnardiers*, parce que tout ainsy que les canards, ils vouaient leur demeure à l'eauë. » Borel, dans son *Nouveau Thrésor des recherches et antiquités gauloises* (p. 70), prétend que le mot vient de *canis* et que «il dénote des gens qui vivent en chiens».

[2] *Antiquités de Paris*, III, 666. Il y a là sans doute une erreur : les éditeurs de Sauval auront lu *Renard* au lieu de *Cagnard* ; ou plutôt ils auront confondu les Étuves à femmes de la rue de l'Abreuvoir-Mâcon avec celles de la ruelle du *Chat-qui-pêche*, dénommée également rue des *Bouticles* et du *Renard*.

Mâcon, et faisant le coin de la rue de la Huchette; indiquée par Berty comme renfermant des

Estuves à femmes, dans la partie aboutissant à la Seine.

Nous ne connaissons que de nom la partie de cet immeuble appelée *Maison des Bœufs*; mais nous sommes un peu plus renseignés sur celle qui renfermait les Étuves et sur le rôle que ces établissements de bains jouaient au moyen âge. Nous en parlons plus loin à l'article de la rue des Étuves, et nous y renvoyons le lecteur. En ce qui concerne plus particulièrement la rue de l'Abreuvoir-Mâcon, nous devons constater, avec Félibien et De Lamare, qu'elle fut la première où le vice alla se réfugier, sous prétexte de bains, lorsque les mœurs publiques obligèrent saint Louis à tempérer la rigueur de ses ordonnances.

« Il eût été à souhaiter, dit Félibien, que ce monarque eût pu maintenir, dans toute son étendue, la loi qu'il avoit faite contre les femmes débauchées...., mais l'excès de la corruption rendoit cette loi impraticable, surtout à Paris. Il en fit une autre, la même année, par laquelle il ordonna que « *toutes les femmes folles de leurs corps et communes* fussent mises hors des maisons particulières....; on donna un nom infâme aux lieux où elles furent obligées de se retirer..... Toutes les bonnes et grandes rues leur furent interdites; on relégua les mauvais lieux dans celles de *l'Abreuvoir-Mascon*, de la Bouclerie, du Froid-Mantel, près le Clos-Bruneau, de Glatigny, de Baillehoé, de Heuleu, Chapon, Champ-Fleuri, à la Cour Robert de Paris, et en Tyron [1]. »

Les « estuves à femmes » de l'abreuvoir Mâcon étaient donc un lupanar déguisé.

CÔTÉ OCCIDENTAL
(du Nord au Sud).

CENSIVE ET JUSTICE DE SAINT-GERMAIN-DES-PRÉS.

PAROISSE DE SAINT-SÉVERIN.

Partie postérieure des maisons en façade sur la rue du Pont-Saint-Michel et figurées au nombre de onze ou douze, depuis le carrefour de l'abreuvoir jusqu'à l'entrée du pont. Ces maisons, qui n'avaient qu'une façade très étroite et fort peu de profondeur, remplacèrent sans doute les logettes primitives où les femmes de mauvaise vie s'étaient réfugiées, lorsque la construction du « Pont-Neuf », ou pont Saint-Michel, amena l'ouverture d'une large voie destinée à lui servir de débouché. C'est alors, selon toute apparence, qu'elles cherchèrent un asile dans la maison des « estuves à femmes » (voir la rue du Pont-Saint-Michel).

[1] *Histoire de la ville de Paris*, I, 343, 345.

RUE SAINT-ANDRÉ-DES-ARS.

Cette rue, qui commence aujourd'hui à la place formée par la démolition de l'église Saint-André et se termine au carrefour où aboutissent les rues Dauphine, de Buci, Mazarine et de l'Ancienne-Comédie, avait jadis pour point de départ l'extrémité septentrionale de la Bouclerie orientale et conduisait à la porte de Buci, située à la hauteur de la rue Contrescarpe-Dauphine (aujourd'hui rue Mazet). On l'a confondue primitivement avec celle de la Huchette, qui en était, il est vrai, un démembrement : l'une et l'autre, en effet, faisaient originairement partie de cette voie dont nous avons déjà parlé et qui conduisait du Petit-Pont de la Cité au bourg Saint-Germain. Elle traversait, dans toute sa longueur, un terrain planté de vignes, qui se nommait *Laas* aux XIIe et XIIIe siècles, et que les religieux de l'abbaye de Saint-Germain, auxquels il appartenait, identifiaient avec cette vigne, où s'élevait un oratoire dédié à saint Andéol. On sait que le roi Childebert avait acheté tout ou partie de ce terrain, qui formait jadis les jardins du palais des Thermes, pour en faire don au monastère de Saint-Vincent, comme il est dit dans la charte de fondation de ce couvent[1].

Il n'est plus possible aujourd'hui de déterminer avec précision les limites du clos de Laas : selon toute apparence, il avait pour bornes : au nord, la berge du petit bras de la Seine; au sud, la petite voie romaine représentée aujourd'hui par la rue de l'École-de-Médecine; au couchant, les terrains qui ont été coupés plus tard par l'enceinte de Philippe-Auguste; au levant, la rue de La Harpe et une partie de la rue Hautefeuille[2]. Il ne semble pas qu'il se soit étendu beaucoup plus loin vers le sud. Toutefois, en admettant, avec plusieurs historiens, que le clos de Laas représentait, en tout ou en partie, les jardins de l'*Arx* ou palais des Thermes, on inclinerait à reculer les bornes de ce territoire vers le midi et vers l'orient. Il semble que ces jardins devaient faire face au palais dont ils dépendaient et en joindre les bâtiments. Les deux petites voies qui les traversaient et qui sont représentées aujourd'hui par les rues Hautefeuille et de l'École-de-Médecine, pouvaient n'en point former la limite : on ne comprendrait pas, en effet, que ces jardins, lieu de plaisance pour les habitants du palais, eussent été situés plus bas vers la Seine que le point où se trouvait l'édifice, et en eussent été

---

[1] Voir le texte de cette charte dans le volume du *Bourg Saint-Germain*, p. 337. Voir également le chapitre préliminaire du présent volume, où nous identifions le clos de Laas avec les jardins de l'*Arx*.

[2] La question de «l'angle rentrant», que nous avons déjà examinée à propos des jardins de l'*Arx*, n'a pas été résolue par Adolphe Berty : on ne saurait affirmer si cet angle résultait soit d'une délimitation primitive, soit des acquisitions faites par Childebert, soit enfin de la création de censives ayant ultérieurement diminué l'étendue de celle de Saint-Germain-des-Prés.

séparés par une certaine zone de terrain. Ils devaient au contraire, et selon toute apparence, être contigus à la résidence impériale et s'étendre vers le sud, soit jusqu'au théâtre récemment découvert aux abords de la rue Racine, soit même jusqu'aux constructions romaines dont on a retrouvé les substructions sous le sol des rues Soufflot et Gay-Lussac.

Dans cette hypothèse fort vraisemblable, les terres de Gibart, qui ont valu à la porte d'Enfer ou de Saint-Michel le premier nom par lequel on l'a désignée, auraient été un démembrement des jardins de l'*Arx*, démembrement opéré au profit d'un acquéreur ou locataire à cens, du nom de Gibart, ou Gibert, à une époque que l'on ne saurait préciser. Ce qui corrobore cette opinion, c'est que la censive de l'abbaye de Saint-Germain-des-Prés se prolongeait au delà de l'enceinte de Philippe-Auguste jusqu'au point où elle rencontrait celle de Sainte-Geneviève; les terres de Gibart ne devaient donc point primitivement former solution de continuité entre la partie haute et la partie basse du fief de Saint-Germain.

Quoi qu'il en soit et pour nous borner aux origines de la rue Saint-André-des-Ars, le percement et le lotissement des terrains du clos de Laas paraissent n'avoir été opérés que dans la seconde moitié du XIIe siècle. Du Breul, Félibien et dom Bouillard[(1)] disent que, en 1179, l'abbé Hugues V[(2)], voulant fonder son anniversaire, bailla le clos à bâtir. Les premières constructions durent s'élever le long de la voie allant du Petit-Pont à l'Abbaye, et en bordure des sentiers qui venaient y aboutir. C'était, en effet, la partie du clos de Laas la plus rapprochée de la Cité, la plus voisine des écoles de la rue du Fouarre, et l'on se rend compte ainsi de la rapidité avec laquelle les terrains furent accensés. Tout le groupe de la rue Saint-André (rues de l'Hirondelle, Gilles-le-Queux, du Cimetière-Saint-André, de l'Éperon, Pavée, des Grands-Augustins, etc.) date de cette époque.

En affirmant que la rue Saint-André-des-Ars s'est d'abord appelée rue de Laas, ainsi que la rue de la Huchette, Jaillot s'est appuyé sur la tradition et la vraisemblance, plutôt que sur des documents écrits : la petite voie romaine que représentent ces deux rues, traversait, en effet, les jardins de l'*Arx* dans une direction oblique, pour aller s'embrancher sur une autre voie plus importante représentée par la rue de Sèvres. Il est donc très vraisemblable qu'on n'a pas distingué ori-

---

[(1)] Voici le texte de dom Bouillard et de Félibien :

«L'abbé Hugues, après son voyage de Rome, permit à plusieurs particuliers de construire des maisons dans une partie considérable des vignes de son abbaye, plantées au territoire de Laas, entre la ville de Paris et le bourg de Saint-Germain, à condition que les propriétaires lui payeroient tous les ans, pour chaque maison, trois sols de redevance.» (*Histoire de l'abbaye de Saint-Germain-des-Prés*, liv. III, p. 98.)

«Hugues V de Monceaux, abbé de Saint-Germain, aliéna la plus grande partie de ce clos ou territoire, en 1179, pour fonder son anniversaire, à la charge qu'on y bastiroit des maisons.» (*Histoire de la ville de Paris*, I, 166.)

[(2)] Nous avons reproduit un sceau de Hugues V dans le volume du *Bourg Saint-Germain*, p. 124.

ginairement les deux rues, et qu'on leur a donné le nom du territoire qu'elles sillonnaient.

Les plus anciennes pièces manuscrites désignent la rue Saint-André par le monastère auquel elle conduisait ou par le point d'où elle partait; nous l'avons trouvée ainsi énoncée : *Via Sancti Germani de Pratis* (1209); *vicus per quem itur a Parvo Ponte ad Sanctum Germanum de Pratis* (1257, 1262, 1274). Depuis la fin du xiii° siècle jusque vers le milieu du xvi°, on a écrit : *ruë Sainct Germain* (1297-1476), *grant ruë Saint-Germain* (1359); *grant ruë Saint-Germain-des-Prés* (1531). Cette dénomination, qui prévaut depuis longtemps et qu'on applique exclusivement à la rue dont nous nous occupons, est partagée, aux xiv° et xv° siècles, avec la rue des Cordeliers, par suite de la fermeture de la porte de Buci. Les habitants de la Cité et de la rive gauche de la Seine ayant été obligés, pour se rendre à l'Abbaye et au bourg Saint-Germain, et réciproquement, de passer par la rue des Cordeliers, cette dernière voie prit momentanément le nom de Saint-Germain, au détriment de celle qui le portait d'abord. On s'habitua donc, peu à peu, à la distinguer de sa concurrente, par le vocable de l'église située à son extrémité orientale, tout en mentionnant son ancienne dénomination. On lit, en effet, dans un censier de 1543 : «*la grant ruë Sainct Germain, aultrement à présent appellée la ruë Sainct-Andry-des-Arcs*». Diverses variantes se rencontrent pour les deux termes de l'appellation : *andrieu, andieu, ars, arcs, arts*. Nous devons toutefois faire remarquer que le vocable de saint André apparaît dans les documents dès le xiii° siècle : nous avons trouvé la mention *Vicus Sancti Andrei* dans plusieurs pièces de 1226 et 1239.

Le Beuf, relevant dans les textes ces diverses appellations, a pensé que la rue Saint-André-des-Ars a pu recevoir deux vocables, motivés par les deux sanctuaires auxquels elle conduisait; dans sa partie orientale, elle aurait été dénommée rue Saint-*Andry* ou Saint-*Andrieu*, parce qu'elle touchait au chevet de l'église de ce nom; à son extrémité occidentale, par où elle tendait à l'Abbaye, elle aurait, au contraire, pris le nom de Saint-Germain. L'opinion n'est point déraisonnable; mais Le Beuf a tort de l'appuyer sur un passage du *Dit* de Guillot; ce passage est ainsi conçu :

> De la grant ruë Sainct Germain
> Des Prez, si fait ruë Cauvain [1];
> Et puis la ruë Sainct Andri
> Dehors mon chemin s'estendi
> Jusques à la ruë Poupée.

---

[1] La voie appelée *Cauvain* par Guillot a été très diversement orthographiée : de 1267 à 1531, on la trouve dénommée en latin *Vicus Galgani* et *Goyani*, en français, rue *Cauvain*, *Gaugain* et *Gaugai*. Voir plus loin l'article relatif à la rue de l'Éperon.

En suivant la marche de ce descripteur, on se convainc que la rue appelée par lui « Sainct Andri » ne peut être que celle du Cimetière-Saint-André, par laquelle on allait en son temps, et l'on va encore aujourd'hui, de la rue de l'Éperon à la rue Poupée[1]. On longeait alors le côté méridional de l'église; depuis la démolition de cet édifice, on débouche sur la place qui en occupe le sol.

Sauval a relevé, dans le Livre de la Taille de 1292, une autre dénomination: *rue de la Clef*, et il l'applique à la partie de la rue Saint-André s'étendant de l'une à l'autre Bouclerie[2]. Est-ce le voisinage des ateliers où l'on travaillait le fer qui aura valu à cette extrémité orientale de la rue une telle appellation? Le devait-elle à une enseigne de serrurier? cela n'est point invraisemblable. Ce qui l'est plus, c'est l'explication donnée par Sauval et renouvelée par Jaillot[3] : selon ces historiens, le nom de « rue de la Clef » serait une allusion à la trahison de Périnet Le Clerc, qui déroba à son père les clefs de la porte de Buci et introduisit par cette porte les Bourguignons dans Paris. Or, on sait que le fait est postérieur de plus d'un siècle au Livre de la Taille de 1292; il ne saurait donc constituer une explication sérieuse, le rédacteur du rôle de l'impôt n'ayant évidemment point eu le don de prescience.

Il nous reste maintenant à rechercher la raison du surnom ajouté au vocable de l'église et de la rue, des *arts*, des *arcs* et des *ars*. Ces trois formes ont donné lieu à divers commentaires que nous allons discuter.

On a dit d'abord que la véritable leçon était des *arts*, parce que l'église et la rue auxquelles on applique cette dénomination additionnelle se trouvaient à l'entrée du quartier de l'Université, où s'enseignaient les *arts* et où siégeait la faculté de ce nom. Une pareille étymologie est d'autant moins sérieuse que la rue Saint-André ne possédait qu'un collège, celui d'Autun, fondé au xive siècle seulement, et que l'église Saint-André n'a jamais eu, comme Saint-Côme et les Mathurins, le caractère universitaire.

On a prétendu ensuite qu'il fallait écrire des *arcs*, soit parce que, à l'époque mérovingienne, il se trouvait, aux environs, des arcades remarquables, celles

---

[1] La rue Poupée, raccourcie dans sa partie orientale par le percement du boulevard Saint-Michel, et élargie dans sa partie occidentale aboutissant à la place Saint-André-des-Ars, est considérée aujourd'hui comme un prolongement de la rue Saint-Séverin, dont elle porte le nom.

[2] « Cette rue commence au coin de la Bouclerie et finit au coin de la rue Mâcon, regardant la place du pont Saint-Michel. Elle est nommée ainsi, à cause de Périnet Le Clerc qui jeta les clefs de la porte de Bussy par-dessus la muraille. La maison qui lui appartenoit, au coin, fut rasée, et pour marque de sa trahison, sa figure y est posée sur la borne. » (*Antiquités de Paris*, I, 126.)

[3] « Il faut, dit Jaillot, remonter au règne de Charles VI pour rendre raison de cette dénomination. » Et alors il raconte l'histoire de la trahison de Périnet Le Clerc, surnommé Ferron, parce que son père était ferronnier. (*Quartier Saint-André-des-Arts*, p. 580.)

du palais des Thermes, par exemple, ou de l'aqueduc d'Arcueil amenant les eaux dans cet édifice, soit parce qu'on vendait, dans la rue Saint-André ou dans celles qui en étaient voisines, des arcs et des flèches. Cette étymologie, a-t-on dit, se justifierait par la dénomination de quelques rues environnantes qui semblent avoir été vouées à la fabrication de certaines pièces d'armure, telles que la boucle, l'éperon, la rondelle : d'où les noms de rues des deux *boucleries*, de l'*éperon*, de la *rondelle* ou *arondelle*. Mais on n'a pas remarqué qu'une telle dénomination aurait laissé sa trace dans les titres et qu'on devrait y lire : *Sancti Andreæ de Archiis;* ce qui ne se rencontre dans aucun document.

Plusieurs textes, il est vrai, portent le mot *de Arcubus;* mais ce n'est point une preuve. A cette époque, les rédacteurs des actes où se trouve cette expression étaient des scribes plus ou moins lettrés, qui latinisaient purement et simplement les mots qu'ils entendaient prononcer, sans se préoccuper de leur véritable origine. Le mot *arc*, dérivé probablement de *arx* et corrompu par la prononciation, a donc été traduit par eux en *arcus*, et les chercheurs d'étymologies ont donné pour pendant à ces *arcs* les *sachettes*, ou *sagettes* (*sagittæ*) mot qui servait à désigner une rue voisine. Malheureusement l'explication de ce dernier terme nous est fournie par l'histoire : on sait que les *sachets* et les *sachettes* étaient des religieux et des religieuses portant, par humilité chrétienne, un sac pour vêtement; que les uns et les autres se sont établis dans le voisinage de la rue Saint-André, et que le nom a été donné aux rues où ils ont pris domicile. Il faut donc renoncer à voir dans les *sachettes*, ou *sagettes*, des projectiles destinés aux *arcs* de Saint-André. C'est la conclusion de Sauval (I, 108).

Le Beuf a mis en avant une troisième hypothèse : en lisant les mots *de Arsiciis*[1] dans divers documents relatifs à l'église Saint-André, il a cru y voir une altération du terme *arcisterium*, diminutif de *arx* et employé dans la basse latinité[2]. Mais Jaillot a fait observer avec raison que l'expression *arcisterium* désignait seulement un endroit fortifié et non un territoire[3]. On ne voit pas non plus qu'il ait pu être appliqué à une église urbaine; certains monastères, il est vrai, situés en rase campagne et exposés aux attaques des bandes armées qui couraient les grands chemins, avaient des murailles et des portes munies de ponts-levis; l'abbaye Saint-Germain-des-Prés était dans ce cas, et l'on sait que l'église de Saint-Germain-l'Auxerrois était entourée de fossés. Cependant le mot *arcisterium* n'a jamais été appliqué à ces deux édifices qui le méritaient mieux que l'église Saint-André,

---

[1] Félibien constate que le surnom *Arsicium* a été donné à l'église Saint-Pierre-des-Arsis, l'une des petites paroisses de la Cité : «On le trouve, dit-il, dans les titres où le style de la basse latinité s'emploie, pour marquer les environs d'un chasteau ou d'une forteresse.» (*Histoire de la ville de Paris*, I, 163.)

[2] *Hist. de la v. et du dioc. de Paris*, p. 29.

[3] Recherches, etc. *Quartier Saint-André-des-Arts*, p. 11.

située à peu de distance de la Cité, du Petit-Châtelet, du Petit-Pont, et ayant, par conséquent, beaucoup moins besoin de défense que les deux basiliques de Saint-Germain.

Une autre expression, *monasterium*, que nous avons rencontrée dans une charte de 1295, relative à l'église Saint-André, semblerait militer en faveur de la thèse de Le Beuf, en représentant cet édifice comme un « moustier » fortifié. Mais, outre qu'aucun document, aucune tradition n'autorise à croire que Saint-André ait jamais été un monastère — la charte apocryphe de 553 le qualifiant seulement d'oratoire — nous devons faire remarquer que le mot « moustier », *monasterium*, s'applique parfaitement à une église paroissiale ou cathédrale, témoin le *Münster* de Strasbourg, expression qui s'est conservée en Alsace, et qui était jadis d'usage courant, ainsi que le témoigne le *Journal d'un bourgeois de Paris*, ou le mot se lit, à chaque page, dans le sens d'église [1].

Reste donc l'expression *de Arsiciis*, relevée par Félibien, expression que Le Beuf rattache au mot *arcisterium*, forme altérée de *arciterium*, petite forteresse, et diminutif de *arx*. Mais si ce terme avait été détourné parfois de son acception primitive, pour s'appliquer à des églises urbaines ou suburbaines, on devrait en trouver des exemples autres que celui d'une petite église de la Cité; Saint-Laurent, par exemple, situé au nord de la ville et fort exposé aux incursions, le prieuré de Saint-Martin-des-Champs, qui avait son enceinte, le couvent de Saint-Antoine-des-Champs, entouré d'une muraille, le monastère de Montmartre, que sa situation pouvait faire considérer comme une forteresse, n'ont jamais été qualifiés de *arcisteria*, ou *arciteria*. On ne voit donc pas ce qui aurait pu valoir ce surnom à l'église Saint-André, si ce n'est l'*arx* du palais des Thermes, ou ce château de Hautefeuille, travail romain dont nous avons parlé dans le chapitre préliminaire, et sur lequel nous revenons à l'article de la rue Hautefeuille.

Le Beuf, esprit chercheur et fort ami des conjectures, n'avait, d'ailleurs, qu'une foi limitée dans l'hypothèse que nous venons de discuter. Après l'avoir mise en

---

[1] On lit dans le *Journal d'un bourgeois de Paris*, édit. de M. Alexandre Tuetey :

Page 5, § 7 : « Quand Pierre de Candia fut élu pape, on en fist moult noble feste, et par tous les *moustiers* de Paris on sonnoit moult fort et toute nuyt aussi. »

Page 5, § 8, il est question du « *moustier* de Saint-Ladre ».

Page 21, § 33, dans une procession, quatre évêques prirent le corps de notre Seigneur Saint-Jehan-en-Grève et « le portèrent dudit *moustier* à Saincte-Geneviève ».

Page 56, § 109 : « Ne ouïstes oncques plus belle sonnerie à Paris..., que depuis le matin jusques au soir, en tous les *moustiers* de Paris on sonnoit, pour l'amour de la paix. »

Page 95, § 198 : « Le *moustyer* de Sainct-Huistace estoit tout plain de gens. »

Pages 132, 133 : « Item, à Nostre-Dame de Paris fut fait (un service pour le repos de l'âme du duc de Bourgogne), et y avoit, ou *moustier*, III mil libvres de cire. Et après ce, le firent toutes les paroisses de Paris, et estoient les *moustiers* encourtinez de noyres sarges. »

avant, il semble préférer l'étymologie que Félibien avait imaginée avant lui, et qui consiste à dire que les Normands, ayant brûlé les faubourgs de Paris en général, et ceux de la rive gauche en particulier, les habitants du quartier Saint-André purent être appelés *li ars*, c'est-à-dire *les brûlés*; ce qui aurait valu au territoire le nom sous lequel on le trouve désigné dans les anciens titres[1].

Jaillot, dont nous combattons parfois les idées, tout en rendant justice au bon sens et à l'esprit de saine critique qui le distingue, n'a point accepté cette explication : on ne trouve point, dit-il, *li as* en deux mots, et, dans les locutions de ce genre, l'article est toujours distinct du substantif[2]. A cette objection grammaticale s'ajoute une raison historique : la rive gauche, divisée en clos et très médiocrement peuplée à l'époque des Normands, quoi qu'en dise Le Beuf, a été beaucoup moins ravagée par eux que la rive droite. Leur attaque avait surtout pour objectif le Grand-Châtelet qui défendait le quartier riche et commerçant de Paris : c'est là que le poème d'Abbon nous les représente employant le fer et le feu pour vaincre la résistance des Parisiens. Après avoir promené la torche sur la rive droite, ils ne durent trouver que bien peu de chose à incendier sur le territoire de Laas, si ce n'est les arbres et les ceps, puisque ce terrain était alors en nature de vignoble. Il suit de là que les rares habitants de cette région, loin de mériter, de préférence, le nom de *li ars*, ou autre qualification équivalente, sont en réalité les derniers qu'on aurait dû appeler *les brûlés*.

Après avoir écarté les étymologies plus ou moins ingénieuses que nous venons d'exposer, nous n'en imaginerons pas de nouvelles : comme Du Breul, Sauval et Jaillot, nous pensons que le surnom de la rue Saint-André, intimement lié à celui de l'église, lui vient du territoire qu'elle traversait. Nous avons exposé, dans notre chapitre préliminaire, les raisons fort plausibles sur lesquelles s'appuie cette opinion, et nous y renvoyons le lecteur.

---

[1] Voici le passage où Le Beuf, après avoir proposé diverses étymologies, semble opter pour la dernière :

«Sur quoi donc le surnom de l'église Saint-André est-il fondé? Et pourquoi son origine est-elle si inconnue, que les uns la dérivent du territoire qui s'appeloit *Lias* pour *les as* ou *Laas*, les autres de *assisiis*, d'autres des *arcs* ou *arcades*, ou des *arcs*, autrement dits arbalètes, d'autres des *arts*? Il est vrai qu'on peut autoriser l'étymologie d'*assisiis*, qui se trouve dans les actes de 1261 et 1264, en disant que c'est le terme *arcisterium* altéré; d'autant plus que, dans un fragment de titre du XIVe siècle, qui concerne l'abbaye de Saint-Germain, on voit *arcisterium* employé pour *monasterium*; on y lit, par exemple, *sine præcepto abbatis aut arcisterii*. Mais comme les Normands brûlèrent les dehors de la cité de Paris, les habitants du quartier qui commençoit vers la rue, dite depuis de la Huchette, et qui étoit fort peuplé, purent être appelés *li ass*, comme ils l'ont été en effet, par la raison qu'ils auroient été brûlés : de même que *li arssis*, ceux qui étoient voisins de l'église de Saint-Merri, lesquels avoient été également exposés aux incendies de ces barbares. *Li*, qui venoit du latin *illi*, étoit alors l'article que l'on plaçoit avant *assi*.» (*Histoire de la ville et de tout le diocèse de Paris*, édit. H. Cocheris, III, 29.)

[2] Recherches historiques, etc., *Quartier Saint-André-des-Arts*, p. 11.

En dépouillant les archives de plusieurs établissements religieux, et en particulier celles de Saint-Germain-des-Prés, nous avons constaté qu'on a écrit *Sanctus Andreas*, sans autre désignation, en 1220, 1224, 1226, et *Sanctus Andreas in Laasio* en 1228. Dans un cartulaire de la Grande Confrérie, daté de 1232, nous avons vu une maison ainsi désignée : *meson sise en Las*, et, quelques années plus tard, *domo sita en Lars*. L'expression *de arciciis*, qui milite en faveur de l'hypothèse de Dulaure [1], se rencontre en 1254, 1260, 1264; on trouve, en 1261, *de arsiciis* et *de assibus*; en 1284, *de arcubus*; en 1292, *de artibus*, et à partir de 1296 *Sainct Andry*, ou *Andrieu des Ars*. La forme la plus ancienne, *in Laasio*, se rapporte évidemment à ce territoire de *Laas* ou *Laaz*, dont nous avons trouvé des mentions en 1100, 1194, 1202, 1207, 1212, 1220, 1228 et jusqu'en 1263.

Cette forme, qui apparaît dans les deux plus vieux documents, doit être la vraie, parce qu'elle résulte d'une tradition. Plus tard, ainsi que nous l'avons déjà fait observer, les scribes latinisent et traduisent, selon leur fantaisie, les expressions vulgaires. Ainsi nous avons constaté que, presque simultanément, la terre de Laas était indiquée par les formules *in arcitiis* et *in arcubus*. Une charte de 1160 mentionne une place *in arcitiis super Secanam;* ce qui pourrait, il est vrai, s'appliquer aux arches du Petit-Pont, ou à la forteresse du Petit-Châtelet, et prêterait ainsi à une nouvelle hypothèse. Dans une autre charte de 1257, il est parlé d'une maison *in vico qui vocatur Hyrondalle de retro magne domus defuncti Philippi Hamelyn, que sita est in arcubus*. Voilà donc deux altérations anciennes, et il n'est pas difficile de les expliquer.

On a dit d'abord *Saint-André de Laas*, comme le prouve le texte cité plus haut; mais ce dernier vocable, qui commençait, dès la fin du xiie siècle, à se modifier ou à se rapprocher du radical primitif, puisqu'on lit *in aarso* dans une charte de 1171, achève de se transformer dans la première moitié du xiiie siècle; de telle sorte que, si quelques copistes, ayant sous les yeux d'anciens titres ou connaissant bien l'ancien nom du territoire, écrivaient encore le nom correctement, la plupart des autres scribes traduisaient à leur guise l'appellation qui frappait leurs oreilles, sans se préoccuper de l'étymologie du mot qu'ils avaient à latiniser. De même que la rue des *allemandiers* a été énoncée fort anciennement *vicus amygdalis*, le terrain de *Laas*, appelé *Las* en 1232, *Ars* et *Lars* en 1228 et 1234, a donné, depuis, les traductions suivantes : *de arsitiis, arsiciis* et *arcitiis, de assibus, artibus* et *arcubus*.

Tous les philologues ont constaté la fréquence des transformations de ce genre : la chute des consonnes, la simplification des voyelles doubles, pour la facilité de

---

[1] Nous l'avons exposée et discutée dans notre chapitre préliminaire.

la prononciation, ont coïncidé avec les traductions savantes des rédacteurs d'actes; ce qui a augmenté la confusion. On sait que les appropriations et les assimilations ont toujours été dans les habitudes populaires : or, il existait dans la Cité et sur la rive droite deux rues des *Aasis* ou *Arcis*[1], terme offrant une assez grande analogie avec *arx*, *ars* et *Lars*. Il y avait, en outre, dans la rue de la Huchette, une maison dite *domus arcium*, dont l'existence est constatée en 1295, en 1317, et qui remontait probablement au xiie siècle. Le nom de cette maison, voisine de la grande arche ou baie du Petit-Châtelet, des arches du Petit-Pont, des « caignards » de l'Hôtel-Dieu, proximité qui lui avait peut-être valu sa dénomination, n'a pas été sans quelque influence sur l'appellation de la rue et de l'église Saint-André. Ce que les titres démontrent, c'est qu'on a souvent confondu les deux voies, en considérant l'une comme le prolongement de l'autre : ainsi un document de 1286 désigne la rue de la Huchette par les mots *des Ars* et *de Arcubus*. Au milieu du xive siècle, en 1347 notamment, on ne la distinguait point encore de la rue Saint-André, et en cela on demeurait fidèle à la tradition qui les regardait comme une seule et unique voie; tradition confirmée de nos jours par les découvertes faites dans le sol.

Nous avons exposé, avec une scrupuleuse impartialité, les diverses étymologies proposées pour expliquer le surnom donné à la rue, ainsi qu'à l'église Saint-André, et les hypothèses basées sur ces étymologies. Sans nous rallier complètement à celle que Dulaure a proposée et que M. Albert Lenoir a cru pouvoir adopter, nous la considérons comme l'une des plus raisonnables. L'*arx celsa* du poète Fortunat, dont la trace se retrouve dans l'expression *in Aarso* (1171), ainsi que dans les termes *ars* et *arc*, l's et le *c* finals n'étant que la décomposition de la consonne *x*, serait donc, selon toute apparence, l'origine du surnom qui nous occupe, et il n'y a pas excès de témérité à regarder le Petit-Châtelet comme l'*arcisterium* ou *arciterium*, ayant pu servir à désigner, avec la maison citée plus haut, la rue de la Huchette, ainsi que celle de Saint-André, qui en était le prolongement.

CÔTÉ SEPTENTRIONAL
(d'Orient en Occident).

CENSIVE ET JUSTICE DE SAINT-GERMAIN-DES-PRÉS.

PAROISSE DE SAINT-ANDRÉ-DES-ARS.

Maison sans désignation, faisant face au carrefour de l'abreuvoir Mâcon et formant l'angle de la rue du Pont-Saint-Michel.

---

[1] A propos de cette expression, Félibien rappelle le mot *arsicium* employé dans la basse latinité, et dit : « C'est à ceux qui approfondissent ces sortes de recherches jusqu'à ne laisser dans l'esprit aucun scrupule, à voir si le nom d'*arsis*, donné tant à l'église Saint-Pierre en la Cité qu'à une rue voisine de Saint-Jacques-de-la-Boucherie peut ou doit venir de celui d'*arsicium*. » (*Hist. de Paris*, I, 162.)

Maison sans désignation, ne s'étendant, comme la précédente, qu'à moitié profondeur dans la rue de l'Hirondelle.

Maison de la Fleur de lys (14..), s'étendant d'une rue à l'autre, c'est-à-dire ayant sa partie postérieure sur la rue de l'Hirondelle.

Maison sans désignation, formant le centre d'un ancien immeuble qui comprenait, au xvie siècle, la maison précédente et la maison suivante. On sait que les réunions de plusieurs logis en un seul, ainsi que les démembrements d'hôtels en plusieurs corps, sont très fréquents dans l'histoire topographique du vieux Paris.

Maison du Porc espic (1467), qu'il faut peut-être identifier avec la maison de l'Escu de Sancerre, dont il est fait mention dans un titre de 1446, et qui était contiguë à la maison suivante dite Maison du Croissant (1438), traversant d'une rue à l'autre, comme celle de la Fleur de lys, c'est-à-dire ayant sa partie postérieure sur la rue de l'Hirondelle.

Ces six maisons bordaient le côté septentrional de la rue de la Clef, ou extrémité orientale de celle de Saint-André-des-Ars.

Maison de l'Estoille et du Croissant (1439), comprise, au xvie siècle, dans la maison suivante.

Maison, dite sans désignation dans les notes d'Adolphe Berty (1438), mais portant sur le plan le nom de Maison de la Chaise et ayant eu, paraît-il, cette enseigne avant 1476. Cette maison et la précédente ne s'étendaient qu'à demi-profondeur vers la rue de l'Hirondelle : elles confinaient à la partie postérieure de la Maison de la Souche, ayant son entrée sur cette dernière voie.

Maison du Barillet (1440), de la Pomme de pin (1476), puis des Trois Roys (1521), aboutissant en pointe sur la rue de l'Hirondelle.

Il résulte des comptes de la fabrique de l'église Saint-Jacques-de-la-Boucherie (1444-1452) que Nicolas Flamel avait des rentes annuelles et perpétuelles assises sur l'hôtel du Barillet, en la rue Saint-André-des-Ars [1].

Maison des Escureurs (1440) et des Escureulx (1476), n'ayant qu'une faible

---

[1] *Paris et ses historiens aux xive et xve siècles*, p. 460, dans la *Collection de l'Histoire générale de Paris*.

largeur sur une grande profondeur, puisqu'elle s'étendait jusqu'à la rue de l'Hirondelle. La double orthographe donnée à l'enseigne de cet immeuble semble indiquer un jeu de mots entre *escureurs* et *escureulx* (écureuils), comme celui qu'on trouve ailleurs entre les *gras scieurs* et les *gracieulx*. La suppression de la lettre *r*, dans la prononciation, facilitait cette sorte de calembour, qui était, d'ailleurs, dans les usages du temps.

Maison du Cheval vert (1571), aboutissant aux dépendances du collège d'Autun, lesquelles s'étendaient sur la rue de l'Hirondelle. Nous avons trouvé, dans un titre de 1572, la mention suivante : « estant des appartenances du Cheval vert et dépendances du collège ».

Maison du Cocq, puis de la Bouteille (1552), ayant dépendu de l'immeuble précédent.

Un document de 1584 contient cette mention : « Maison en la ruë Sainct-Andry, à l'enseigne du Cocq. »

Collège d'Autun, fondé, en 1337, par le cardinal Pierre Bertrand, évêque d'Autun[1]. La fondation de cet établissement est racontée ainsi par Félibien, après Du Breul, dom Bouillard et Du Boullay :

« Pierre Bertrand, natif d'Annonay en Vivarez, évesque d'Autun, et,

---

[1] « Pierre Bertrand, évêque d'Autun, cardinal et de plus si renommé sous Philippe de Valois, pour avoir défendu avec tant de vigueur et de réputation les droits de l'église contre Pierre de Cugnières »; c'est en ces termes que Sauval fait connaître le fondateur du collège d'Autun. Il était effectivement, en grande renommée, non seulement à Paris, mais encore au chef-lieu de la province ecclésiastique dont le diocèse de Paris dépendait. On montre encore à la cathédrale de Sens, sous le nom populaire de « Jean du Coignot », une figure grotesque contre laquelle les bedeaux éteignaient autrefois les cierges, en signe de mépris. Ce Jean du Coignot n'est autre que Pierre de Cugnières, avocat du roi et successeur des légistes de Philippe le Bel; son adversaire Pierre Bertrand était, au contraire, en grand honneur dans la même église : on l'avait « pourctrait » dans un manuscrit du temps avec cette légende en vers doublement rimés, à l'hémistiche et à la fin, selon l'usage prosodique de cette époque :

Justitie et veri cupiens ego cultor haberi,
Juro rem cleri libertatemque tueri.

Les auteurs du *Gallia christiana* ont consacré un long article au fondateur du collège d'Autun; nous y renvoyons le lecteur. Tous les historiens de Paris en ont également parlé avec éloges. Malingre énumère les diverses fondations pieuses qu'il fit, tant dans sa ville natale et au diocèse de Vienne dont elle dépendait, qu'à Paris et en d'autres lieux : « Ce fut ce docteur fondateur, dit-il, qui, n'étant encore qu'évêque d'Autun, plaida heureusement et soutint péremptoirement les juridictions ecclésiastiques contre Maistre Pierre de Cuignières, ou du Guignet, avocat général de Philippe de Valois qui s'efforçoit de les abolir. Le plaidoyer dudit Bertrand est au tome quatrième de la *Bibliothèque des Pères*, imprimée à Paris en l'an mil cinq cens quatre vingt neuf (p. 328) ».

Ce n'est pas seulement à la cathédrale de Sens, mais en beaucoup d'autres églises qu'on avait placé, sous la forme d'un mascaron grimaçant, la figure de l'adversaire du cardinal Bertrand. « Il estoit là, dit Rabelais, en office de esteindre avec le nez, comme au jeu de Fouquet, les chandelles, torches, cierges, bougies et flambeaulx allumés. » On l'avait donc transformé en éteignoir.

depuis, cardinal du titre de Saint-Clément, l'un des prélats de son siècle les plus employez dans les grandes affaires, soit ecclésiastiques, soit civiles, donna au mois d'aoust 1337 la maison ou l'hostel qu'il avoit à Paris près de Saint-André-des-Arcs, et qu'il habitoit, ajoute Sauval, pour servir desormais d'un college qui fust appellé de son nom *le college du cardinal Bertrand, ou d'Autun*..... Pour augmenter son collège, il avoit acheté quelques maisons voisines de la sienne, et pour les exempter des droits seigneuriaux, il donna cent livres d'indemnité à l'Abbaye, et transféra, sur une autre maison qu'il acheta, la rente de douze sous dont estoit chargé le fonds sur lequel estoient assises les maisons qu'il destinoit pour son college. Il en augmenta les revenus en 1341, pour suffire à l'entretien de quinze estudians, tant en philosophie qu'en théologie et en droit canon, tous nez des diocèses de Vienne, du Puy, ou de Clermont. Pierre du Colombier évesque d'Arras, son neveu du costé maternel[1], bénit la mesme année l'autel de la chapelle, en présence de Pierre de la Palu, patriarche de Jérusalem, de Gui, archevesque de Lyon, et de Jean de Précy, abbé de Saint Germain des Prez; et l'année suivante, il dédia la chapelle sous le nom de la Sainte Vierge[2]... Du Breul nous apprend qu'il y plaça du «bois de la vraie «croix, avec plusieurs autres reliques et argenteries, comme croix, calices, en- «censoirs, livres et paremens d'autel». Nous verrons plus tard quels étaient ces livres et ces richesses artistiques. «Pierre du Colombier, ajoute Félibien, travailla beaucoup à l'ornement du mesme college... Oudard de Moulins, président en la Chambre des comptes, augmenta de trois bourses la fondation du collège d'Autun[3]. »

Un collège, fondé à Paris par un cardinal ne pouvait qu'être vu de bon œil par le Pape résidant alors à Avignon. Dans ses lettres, Benoît XII félicite Pierre Bertrand et approuve qu'il ait affecté «domum deputandam et applicandam perpetuo ad opus scolarium, in terra et sub dominio dilectorum filiorum abbatis et conventus monasterii Sancti Germani de Pratis, prope Parisius... seu alterius ipsorum etiam, si dicta domus a dictis abbate et conventu communiter sub annuo censu per emphiteosim perpetuo teneatur. »

---

[1] Félibien complète, dans les termes suivants, les détails qu'il donne sur les deux fondateurs du collège d'Autun : «Pierre Bertrand étoit fils d'un mire, ou médecin d'Aurillac, qui étoit allé s'établir à Annonay. Pierre du Colombier, son neveu, étoit, dit Malingre, «fils de Barthélemy de Colom-«bier, sieur dudit lieu, près d'Annonay, et d'une «sœur du fondateur du collège d'Autun »; mais en l'honneur de son oncle, il quitta ce nom et s'appela Pierre Bertrand: son progrès en dignité ecclé-siastique fut tel qu'après avoir été successivement évêque de Nevers et d'Arras, il devint cardinal prêtre du titre de Sainte-Suzanne et évêque d'Ostie. »

[2] «Cette chapelle, dit Le Beuf, qui est sous le titre de Saint-Pierre, patron du consécrateur, est un gothique très bien exécuté dans le temps de la fondation.» L'édifice avait donc deux vocables, à moins qu'il n'y ait erreur dans le récit de Félibien. Il était situé sur la rue de l'Hirondelle.

[3] *Histoire de la ville de Paris*, I, 592-593.

Le Pape ne se contente pas d'approuver l'affectation d'une ou de deux maisons au collège d'Autun; il autorise d'avance toute autre destination immobilière : « aliam acquisitam ad opus dictarum scolarum licite applicare valeas et perpetuo deputare [1]. »

Les maisons acquises par le cardinal Bertrand « pour augmenter son collège » étaient situées sur les rues de l'Hirondelle et Saint-André-des-Ars. Nous avons indiqué celles qui bordaient cette dernière voie : maison du *Cheval vert*, du *Cocq*, puis de *la Bouteille*; sur la rue de l'Hirondelle, ce n'était probablement que des constructions de peu d'importance, comme les collèges s'en annexaient généralement sur les rues ou ruelles formant le fond de leur pourpris, témoin les dépendances du collège de Tours sur la rue des Poitevins.

Du Breul nous apprend que le collège d'Autun, « sis en la justice haute, moyenne et basse de l'abbaye de Saint-Germain-des-Prés, » ne devait « ni droit, ni cens, ni rente, pour ce que, à telle condition, il a esté amorti, moyennant cinq cens livres parisis, que le susdit evesque d'Autun en paya. En outre, pour la censive fonciere, qui estoit de douze sols parisis, il bailla en échange une autre maison de même valeur ».

Ce n'est pas le seul renseignement topographique que nous donne Du Breul : nous savons encore de lui que « iceluy collège tient une maison assise en la rue Saint-André-des-Arcs, où pend pour enseigne le *Cheval noir* [2], laquelle leur a esté donnée par Maistre Estienne Petit, en son vivant seigneur des comptes, et devoit, par chacun an, auxdits de Saint-Germain-des-Prés, vingt sols parisis de cens. Et, pour ce qu'elle est amortie, doit pour l'indemnité, par chacun an à toujours, cens sols parisis de cens ».

Les bâtiments du collège se composaient donc de la maison du fondateur et de celles qui y furent annexées; on y fit des appropriations, dans le détail desquelles nous ne saurions entrer; ce que nous connaissons mieux, c'est la chapelle que le plan de Berty nous montre régulièrement orientée, c'est-à-dire ayant sa façade à l'ouest sur le pourpris de la MAISON DU PETIT CHEVAL NOIR, et sa nef tant le long de la rue de l'Hirondelle, que sur la cour intérieure du collège. Une aile ou galerie de jonction la rattachait aux bâtiments scolaires. L'époque de sa construction nous permet d'affirmer qu'elle était conçue dans le style ogival dit *rayonnant* : c'est ce que Le Beuf appelle « un gothique très bien exécuté dans le temps de la fondation ».

On remarquait, dans la chapelle du collège d'Autun, deux autels et deux

---

[1] *Index chronologicus* dressé par M. Charles JOURDAIN, p. 127.

[2] Les deux maisons du GRAND et du PETIT CHEVAL NOIR figurent sur le plan de Berty; il en est question dans plusieurs actes sous le nom de MAISONS DES DEUX CHEVAUX. Voir ci-après, page 133.

« tableaux » ou tablettes à inscription. Le « grand tableau » contenait l'inscription suivante :

Reverendissimus in Christo Pater, Dominus Petrus Bertrandi, Diocesis Viennensis,
Doctor in utroque jure, Lector in studiis et Universitatibus Avenionensi,
Montispessulani, Aurelianensi et Parisiensi, consequenter occupatus, certis temporibus,
in officiis ecclesiasticis et secularibus Prælatorum et Principum;
Consiliariusque Domini nostri Francorum Regis in sua Curia et magna Camera
Parlamenti Parisius, et in Consilio suo secreto unus de quatuor Clericis
tunc sequentibus dictum Dominum nostrum Regem;
Cancellarius inclyte Domine Johanne Burgundie, Regine Francie, Comitisse Burgundie,
Palatine et Atrebatensis;
Clementiaque divina Nivernensis deinde Heduensis Episcopus,
et demum, permissione divina, tituli S. Clementis
Presbyter Cardinalis.

Du Breul, qui nous a conservé le texte de cette inscription, nous apprend qu'on voyait à la suite la mention des « autres fondations dudit Révérendissime, consécutivement transcrites au susdit tableau ».

Le « petit tableau » était consacré à la mémoire de Pierre de Colombier, mort le 13 juillet 1361. On y lisait ces mots :

Reverendissimus in Christo Pater, Dominus Petrus Bertrandi,
Diocesis Viennensis, episcopus Nivernensis,
deinde Atrebatensis, postea Sancte Susane Presbyter Cardinalis et consequenter Hostiensis
et Velletrensis Episcopus,
nepos predicti Domini Cardinalis Sancti Clementis,
hujus Collegii Heduensis fundatoris.

Le même historien a relevé, sur la porte du collège d'Autun, l'inscription qui le désignait aux passants; elle était ainsi conçue :

Le collège de Maistre Pierre Bertrand, cardinal, natif d'Annonay, au diocèse de Vienne.

Aux deux côtés du portail, ajoute-t-il, sont les statues des deux susdits cardinaux, oncle et neveu, et, au-dessous, ces deux écrits gravés :

Petrus Bertrandi, Dioc. Vienn. olim Nivernensis, deinde Eduensis episcopus, et demum
Tituli S. Clementis Presbyter Cardinalis;
Petrus Bertrandi, Dioc. Vienn. olim
Nivernensis, deinde Atrebatensis Episcopus,
Postea tituli S. Susane Presbyter Cardinal.
Demum Ostien. et Velletren. Episcopus,
Cardinales.

Ces inscriptions commémoratives ont le tort de ne pas mentionner la part que prit, non point à la fondation proprement dite, mais à la consolidation de l'établissement, un personnage nommé Oudart de Moulins, *alias* Oudard de Molins. Par lettres du vendredi 3 avril 1404 [1], l'official de Paris déclara avoir visé celles des « maistres, proviseurs et escoliers fondés à Paris, devant Saint Andry des Ars, par feu monseigneur Pierre Bertrand ». Il s'agissait du legs fait par le personnage que nous venons de nommer, lequel, « en son testament et ordonnance de derrenière volonté, a ordonné estre faicte la fondation de trois escholiers au college d'Ostun scitué à Paris enprez l'esglise de Saint Andry des Ars, et, pour ycelle fondation, laissé la somme de deux mille francs pour l'acquisition de cinquante livres parisis de rentes amorties, et en outre la somme de neuf cens frans d'or, pour faire troix chambres audict college, pour la demeure et habitation desdiz troys escholiers » [2].

Cette dernière partie du legs de Oudart de Moulins a son intérêt topographique, et nous voyons, par les lettres de l'Official, que les constructions et appropriations nécessaires ne chômèrent point, puisque « lesdiz maistres et escolliers ont confessé et recogneu avoir employé et recouvert ladicte somme de neuf cens frans d'or, en massonnerie, bastimens et reflections de certaines maisons qu'ils ont faict faire de nouvel, joignant leurdict college et droit devant ladicte esglise de Saint Andry » [3].

Le collège d'Autun était en pleine prospérité au commencement du xvᵉ siècle : riche des legs du cardinal Bertrand et de ceux d'Oudard de Moulins, installé dans de bons et spacieux immeubles, héritier de la riche bibliothèque et probablement d'une partie du mobilier de son fondateur, il faisait grande figure dans le quartier de l'Université, et put traverser sans dommage la période calamiteuse du règne de Charles VI, et de l'occupation étrangère. Le nom qu'il portait lui valut peut-être la protection des Bourguignons, car nous ne voyons pas, à en juger par l'inventaire de 1462, qu'il ait eu aucune spoliation à subir.

Cet inventaire est un document fort curieux, où sont consignés l'état mobilier des salles du collège, la liste des joyaux de la chapelle et des ornements sacerdotaux, ainsi que le catalogue de la « librairie » ou bibliothèque. Hippolyte Cocheris a publié, le premier, cet intéressant document [4]. M. Alfred Franklin en a reproduit ensuite la partie relative aux dix bancs, sur lesquels étaient placés et enchaînés les deux cent un volumes formant la bibliothèque de l'établissement [5].

---

[1] Dans ses lettres du 6 mai 1403, le pape Benoît XIII avait déjà approuvé le legs fait par Oudart de Moulins.

[2] *Index chronologicus* des *Instrumenta* de l'*Histoire de l'Université de Paris*, dressé par M. Charles Jourdain, p. 211, 214.

[3] *Index chronologicus*, ibid.

[4] *Notes et additions* au texte de Le Beuf, t. III, p. 291 et suiv.

[5] *Les anciennes bibliothèques de Paris*, par M. Franklin, dans la Collection de l'histoire générale de Paris, t. II, p. 70 et suiv.

Le lecteur nous permettra de le renvoyer à ces deux écrivains pour le détail de la bibliothèque, et de donner, en appendice, la nomenclature des objets d'art, d'ameublement, d'usage religieux, scolaire et commun, formant le mobilier du collège. «De tels documents sont fort rares, dit Hippolyte Cocheris, et, quand on a la bonne fortune de les rencontrer, il faut en tirer tout le parti possible.»

Le mobilier scolaire et usuel du collège d'Autun devait être, avec des différences en plus ou en moins, celui de la plupart des autres maisons classiques du quartier de l'Université [1]. Il en était de même de ses statuts, que nous publions aux appendices, avec l'acte de fondation. Profondément empreintes de l'esprit du temps, ces pièces se retrouvent presque identiquement dans les créations scolaires de la même époque.

Il ne faut pas croire, d'ailleurs, que les règlements scolaires fussent immuables; on les remaniait, comme les constitutions monastiques, lorsque le besoin d'une réforme se faisait sentir. Ainsi le collège d'Autun, ouvert en 1341, fut, dès 1345, l'objet d'une réorganisation accomplie par le fondateur lui-même [2]. La création de trois boursiers nouveaux par Oudart de Moulins dut être l'occasion d'un supplément aux statuts; il y eut, en effet, à partir de 1404, un artien, un décrétiste et un théologien de plus. Le personnel comportait, en outre, un principal et un chapelain.

Nous ne suivrons point les vicissitudes de cet établissement : il suffit de constater que, deux siècles environ après la rédaction de l'inventaire qui témoigne de sa prospérité matérielle, son personnel scolaire était le même, malgré l'augmentation des dépenses et la diminution des ressources. Il résulte du procès-verbal d'une visite universitaire, faite le 3 décembre 1642, que «le collège d'Autun avait dix-huit boursiers, dont six théologiens, six décrétistes et six artiens. Il s'en trouva un, dans le nombre, qui avait quarante ans et n'avait jamais étudié les lettres. Le principal était l'évêque de Bethléem, André de Sauzéa, qui se plaignit que les boursiers eussent ouvert, malgré lui, la maison à beaucoup d'étrangers, usuriers, entremetteurs de procès et soldats» [3].

Complet quant au nombre, le collège d'Autun était donc fort déchu, au point de vue de la discipline et des études. Les règlements avaient fléchi; le principal, sorte d'abbé commendataire, ne possédait plus d'autorité sur les boursiers; la décadence était flagrante. Elle ne fit que s'accentuer davantage au xviiie siècle, et une réforme était devenue indispensable lorsque, sur le rapport de M. de La-

---

[1] Voir aux appendices.

[2] *Nova ordinatio domus scholarium Domini Petri Bertrandi*, dans l'*Index chronologicus* dressé par M. Charles Jourdain, p. 140.

[3] *Histoire de l'Université de Paris*, continuation du grand ouvrage de Du Boullay, par M. Charles Jourdain, p. 144.

verdy, le Parlement, par arrêt du 19 août 1763, le Roi, par lettres patentes du 21 novembre suivant, supprimèrent le collège d'Autun, comme « conservant seulement de faibles revenus affectés à des bourses....., et ayant depuis longtemps fait cesser l'instruction publique [1] ».

Par suite de la suppression du collège d'Autun ou plutôt de sa réunion à celui de Louis-le-Grand, les bâtiments devenus libres furent affectés, en 1764, à l'École gratuite de dessin, qui fut ensuite transférée rue des Cordeliers, dans l'amphithéâtre de chirurgie, où elle est encore aujourd'hui. On vendit ces bâtiments en 1807, et les acquéreurs les approprièrent de diverses façons. Rien n'y rappelle aujourd'hui un ancien collège; la chapelle elle-même, dont il reste un contrefort et quelques substructions, est complètement dénaturée par les remaniements qu'elle a subis [2].

MAISON DE L'YMAGE SAINT ESTIENNE, accolée au collège d'Autun et n'ayant qu'une très faible largeur. Ce devait être un démembrement des deux immeubles sui-

---

[1] ARCHIVES NATIONALES, M reg. 47, fol. 80 et suiv.

[2] M. Hochereau, le savant et infatigable conservateur du plan de Paris, a bien voulu visiter, le crayon à la main, les restes du collège d'Autun. Les relevés qu'il y a faits lui ont permis de sauver de l'oubli quelques détails échappés à la destruction. Nous en donnons ici la figuration graphique.

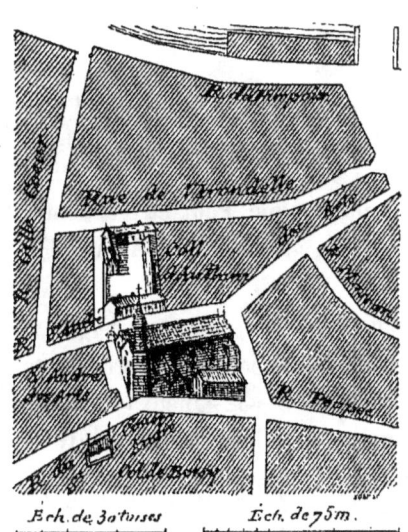

LE COLLÈGE D'AUTUN ET SES ENVIRONS d'après le plan de La Caille (1714).
L'église Saint-André-des-Arts.
Le collège de Boissy.
Les rues environnantes (Gît-le-Cœur, de Hurepoix, de l'Hirondelle, de Mâcon, Poupée, du Cimetière et Saint-André-des-Arts).

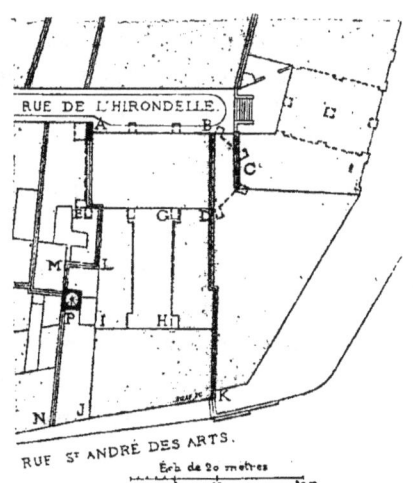

L'EMPLACEMENT ACTUEL DU COLLÈGE D'AUTUN ET DE SES ENVIRONS.
A, B, C, D, E, périmètre de la chapelle;
A, contrefort de la chapelle;
E, C, G, D, K, J, I, L, bâtiments élevés sur les fondements de ceux du collège;
M, N, L, J, maison de l'Ymage saint Étienne;
P, escalier à vis de cette maison.

vants, dans lesquels elle était enclavée. Le plan de Berty la figure; mais ses notes n'en parlent pas.

Maison du Cheval Noir (1515) et du Grand Cheval Noir (1545); ce qui implique la Maison du Petit Cheval Noir (1589), contiguë à la chapelle du collège d'Autun; elle existait, en effet, à la suite et au fond, sur la rue de l'Hirondelle. Elle touchait au portail de la chapelle du collège d'Autun, laquelle projetait sa façade latérale sur la même rue.

Ces deux immeubles étaient, sans doute, un démembrement de celui qui, en 1338, était dénommé la Maison des Deux Chevaulx, « tout à costé d'Autun », dit un titre du temps.

Maison de l'Estoille d'Or (1446). Assez vaste logis, que le plan de Berty nous montre divisé en trois parties. Ce morcellement a dû se produire après 1446.

Maison sans désignation (1523).

Autre Maison sans désignation, faisant, avec la suivante, le coin oriental des rues Gilles-le-Queux et de Saint-André.

Maison formant l'angle oriental des rues Saint-André et Gilles-le-Queux.
Ces trois derniers immeubles faisaient, en 1466, partie de la maison de l'Estoille d'Or, laquelle fut divisée à une époque que l'on ne saurait préciser, par suite de vente, d'héritage ou d'appropriation quelconque. Peut-être le démembrement fut-il opéré à la même époque que celui du grand hôtel d'Arras.

Grand Hôtel d'Arras ou d'Artois, ayant eu jadis pour enseigne l'Image Notre-Dame, et ayant enfermé primitivement dans son pourpris la presque totalité du terrain compris entre les rues Pavée (Séguier), Gilles-le-Queux (Gît-le-Cœur), le « Chemin-sur-Sainne » (quai des Augustins) et la « Grant rue Sainct Germain » (Saint-André-des-Ars). Quatre parcelles en ont été détachées d'abord, mais à une époque qu'il est difficile de préciser :

1° Le Petit Hôtel d'Arras, à l'angle sud-ouest de ce vaste trapèze;

2° La Maison de l'évêque de Rodez et celle de la Nasse, qui lui faisait suite et avait vue sur la rivière;

3° Une Maison sans désignation, marquée d'un astérique sur le plan de Berty et formant l'angle du quai et de la rue Gilles-le-Queux.

Malgré ces morcellements, le Grand Hôtel d'Arras présentait encore une assez vaste surface et comptait parmi les belles résidences de cette région de Paris.

La plus ancienne mention que nous en ayons trouvée dans les notes de Berty est celle-ci : « Le Livre de la Taille de 1298 parle d'une rue du seigneur Hue de Bonile, apparemment la rue Gilles-Cœur. La maison de ce Hue Bonile *devait être* l'Hôtel d'Arras. »

Il n'y a là que de la topographie conjecturale, sur laquelle nous ne devons point insister; ce n'est, d'ailleurs, pas le lieu d'examiner ce qu'a pu être le personnage en question; l'article relatif à la rue Gilles-le-Queux nous fournira l'occasion d'en parler [1].

Sauval, après avoir cité trois hôtels possédés à Paris par les comtes d'Artois, en mentionne un quatrième leur appartenant en la rue Saint-André-des-Ars, au coin de la rue *Villequeux* [2]. « Le P. Labbe, ajoute-t-il, prétend que Marguerite de Flandre, duchesse de Bourgogne, y mourut en 1406, bien qu'il soit constant que ce fut à Arras [3]. »

Ce ne sont donc point, comme Berty l'a écrit dans une de ses notes, les évêques d'Arras qui ont donné leur nom à l'hôtel de la rue Saint-André-des-Ars, mais bien les comtes d'Artois, successeurs de Robert III, ou plutôt de Mahaud, fille du comte Robert II, auquel le comté-pairie fut adjugé en 1309, de préférence à Robert d'Artois son neveu. Le P. Labbe a pu se tromper en indiquant l'hôtel d'Arras ou d'Artois, comme le lieu où mourut Marguerite de Flandre, duchesse de Bourgogne, l'une des descendantes de Mahaud; mais il n'a point fait erreur en désignant cet hôtel comme une ancienne résidence de la famille de cette princesse. Et ce qui corrobore son assertion, c'est que, au moment même où les comtes d'Artois possédaient et habitaient d'une façon plus ou moins continue l'hôtel d'Arras, les évêques de cette ville avaient leur résidence en la rue Chartron au quartier Saint-Victor; Sauval le dit positivement : « En l'année 1377, Thieri d'Aire ou de Hérisson, évêque d'Arras, avait son hôtel en la rue Chartron » [4]. Le *Gallia christiana* fait remonter à un demi-siècle plus haut (1328) le séjour des évêques d'Arras en ce dernier hôtel. Il faut bien en conclure que le nom donné à celui de la rue Saint-André-des-Ars vient des comtes, et non pas des prélats artésiens.

L'erreur doit avoir pour origine un passage de Sauval lui-même, conçu en termes singuliers et inexactement interprété par les commentateurs; le voici :

---

[1] Voir la monographie de la rue Gilles-le-Queux.

[2] Sauval n'a pas fait attention à l'orthographe ancienne de ce mot, qui désigne évidemment la rue Gilles-le-Queux; la mutation du G en V ou en W, et réciproquement, est d'un usage constant au moyen âge, pour les noms propres surtout. Il y avait, dans ces trois lettres, une aspiration qui les assimilait les unes aux autres, et qui n'existe plus dans la prononciation moderne.

[3] *Antiquités de Paris*, t. II, p. 113.

[4] *Id.*, t. II, p. 336.

« Louis de Luxembourg, évêque de Thérouenne, demeuroit à la rue Saint André des Arts, dans un certain hôtel d'Arras qu'on ne retrouve point, non plus que la rue Villequeux, dont il faisoit le coin, qui avoit appartenu à Gérard de Montagu, évêque de Paris[1]. Charles VI, depuis 1422, le donna à Léon de Montagu, comte de Salaberi, et, après sa mort[2], le roi d'Angleterre en pourvut le chancelier de Luxembourg[3]. »

Il résulte de ce passage que l'hôtel était passé des comtes d'Artois, non point aux évêques d'Arras, mais à Gérard de Montaigu, évêque de Paris; ce qui est confirmé par les *Comptes des confiscations*, de 1423 à 1427, et de 1427 à 1435. On y lit ce qui suit:

« L'hostel d'Arras, qui fut à M° Gérard de Montagu, en son vivant evesque de Paris, sis en la rue Saint-André-des-Arts, faisant le coin de la rue Villequeux[4]; de laquelle maison le comte de Jolly-Fleury[5] a joui pendant sa vie, et, depuis son trépas, M. Louis de Luxembourg, evesque de Thérouenne, chancelier de France[6]. »

L'expression « qui fut à » désigne généralement, dans les comptes dont il s'agit, une confiscation opérée par les Anglais sur les partisans du Dauphin. Gérard de Montaigu ne put être spolié personnellement puisqu'il était mort en 1420; mais son successeur, Jean de Courtecuisse, *Johannes Brevis Coxæ*, dans le cas où l'hôtel d'Arras lui aurait été transmis, comme propriété de l'évêché de Paris, aurait fort bien pu s'en voir dépouillé; car il était antipathique aux Anglais: « *Angliæ regi semper invisus*, dit le *Gallia christiana, apud S. Germanum secedere coactus est.* » L'année où il quitta le siège de Paris pour un autre (1422) est précisément celle où l'hôtel fut donné à Salisbury.

Le chancelier de Luxembourg, qui le reçut après la mort de ce dernier, fut l'un

---

[1] Une note de Sauval confirme cette possession; elle est ainsi conçue: «Gérard de Montaigu, evesque de Paris, n'avoit pas seulement une maison à la rue des Marmousets, mais encore à la rue Saint-André-des-Arts, au coin de celle de Villequeux» (t. II, p. 262). L'hôtel d'Arras semble donc avoir été, pour lui, une propriété privée.

[2] On sait que ce personnage fut tué au siège d'Orléans. Le fait, longuement raconté dans les *Chroniques* de Monstrelet (t. IV, p. 293-300), a été dramatisé par Shakespeare (KING HENRY VI, *first part*). Salisbury mourut le 3 novembre 1428, et Louis de Luxembourg lui succéda immédiatement dans la possession de l'hôtel d'Arras, ainsi qu'il résulte de la note suivante écrite en marge sur le *Compte des confiscations*: «Dictus de Salisbury obiit, et occupat dictam domum Ludovicus de Luceburgo cancellarius Franciæ; et ideo sciatur an de propria domo habuerit donum, quia non registratur in libro chartarum».

Le don fait à Salisbury avait été, au contraire, régulièrement enregistré, ainsi qu'il résulte de cette mention marginale reproduite par Sauval: «Ista domus fuit data per Dominum Regem Domino Thomæ de Monte-Acuto, comiti de Salisbury, per litteras Domini Regis, in filo serico et cera viridi sigillatas, datas Rothomagi in mense martii 1422, quæ fuerunt registratæ in libro chartarum.»

[3]. *Antiquités de Paris*, t. II, p. 148.

[4] On trouve dans ces *Comptes* la même initiale que celle du texte de Sauval: *Villequeux*, pour *Gilles-le-Queux*.

[5] C'est le nom de *Salisbury* altéré et francisé.

[6] SAUVAL, *Antiquités de Paris*, t. III, p. 317.

des privilégiés du monarque spoliateur[1]; aussi fit-il royalement les honneurs de sa nouvelle fortune. Il habitait, depuis plusieurs années, l'hôtel d'Arras, lorsque, en 1435, c'est-à-dire un an avant la chute de la domination anglaise, Bedford, arrivant de Normandie à Paris, vint y prendre gîte, avec sa seconde femme, laquelle était nièce du chancelier. Le *Journal d'un bourgeois de Paris* mentionne la réception enthousiaste qui fut faite au Régent, sans indiquer l'hôtel où il descendit[2]. C'est sur un document conservé aux Archives nationales (X¹ᵃ 1480, fol. 94 v°, 95 r°), que M. Tuetey se fonde pour affirmer que le « duc de Bedford et sa jeune épouse descendirent à l'hôtel du chancelier Louis de Luxembourg, oncle de la duchesse.[3] »

Une note recueillie et transcrite par Adolphe Berty, mais sans indication de source, contient, à la date de 1443, c'est-à-dire huit ans après la descente de Bedford dans le grand hôtel d'Arras, une description détaillée de cette résidence :

« 1443. Ung hostel a deux festes (faîtes ou pignons) sur rue, l'ung sur la grant rue de Saint Germain des Pres, pres de l'église Saint André des Ars, et l'aultre

---

[1] François Du Chesne, auteur de l'*Histoire des chanceliers et gardes des sceaux de France*, s'exprime ainsi au sujet de ce favori : « Dans le registre des Chartes du Thrésor du Roy, intitulé *De tempore Henrici regis Angliæ*, on trouve des lettres de don fait à Louis de Luxembourg, evesque de Thérouenne, chancelier du roy d'Angleterre, de deux hostels scis à Montreuil-sous-Bois, qui appartinrent à Charles et Jean Boitel frères, trezpassez hors l'obeyssance de Sa Majesté..... Cet homme très cruel fut chassé de Paris avec les Angloys, le jour que cette grande ville fut réduitte en l'obéissance du roi Charles VI, nonobstant la résistence qu'il y apporta avec Simon Morhier, pour lors Prevost de ladite ville; et furent contraincts de se sauver au chasteau de la Bastille, d'où ils s'enfuirent où ils purent. » (Du Chesne, p. 443.)

Le *Gallia christiana* énumère, dans les termes suivants, les faveurs dont Louis de Luxembourg fut comblé, et les *services* qu'il rendit : « ..... Ecclesiæ Morinensi prælatus est....., a Reginaldo Remensi archiepiscopo confirmatus consecratusque est. Eodem anno (1418) factus est protopræses Cameræ Computorum Parisiensis. Adfuit autem Petro Cauchon, episcopo Bellovacensi, ecclesiam suam solemniter ingredienti, anno 1420. Biennio post, in Angliam, cum aliis proceribus, missus est, qui novas adversus Carolum VII regem copias cogeret. Ei rex Angliæ donavit domum Parisiensem episcopi Laudunensis, qui in partibus Caroli VII stabat. Ab eodem, Ærario regio præfectus est..., Franciæque Cancellarius declaratus, litteris Henrici VI regis Anglorum, qui se Franciæ regem jactabat... Plurima ei dona largitus est Johannes dux Bethfordiensis, eique mandavit ut super Parisienses invigilaret... Nuptias magnæ pompæ celebravit...; Henrici, Angliæ regis, coronationi Luteciæ interfuit, anno 1431, et judicio lato a Petro Bellovacensi adversus Johannam Aurelianensem, Rothomagi... Ducis Bethfordiæ, regni gubernatoris, vices ei commisit Henricus VI rex, regnique regimen..., etc. » (T. X, p. 1564.)

[2] Édition publiée par M. Alexandre Tuetey dans la collection des *Mémoires de la Société de l'histoire de Paris et de l'Ile-de-France*, p. 301 et 302.

[3] *Ibid.* Nous faisons remarquer, à l'article de la rue Pavée-Saint-André-des-Ars, que Louis de Luxembourg, évêque de Thérouanne, occupait alors, comme l'ayant reçu en don de Bedford, l'hôtel des évêques de Laon, confisqué sur Guillaume de Champeaux, titulaire de ce siège épiscopal. La réception, dont le *Bourgeois de Paris* n'indique pas le lieu, peut donc avoir eu pour théâtre soit l'hôtel de Laon, soit l'hôtel d'Arras, et tous deux peut-être, puisqu'ils n'étaient séparés l'un de l'autre que par la largeur de la rue Pavée.

feste sur la rue Guy Le Queux; au coing duquel hostel faisant division desdictes deux festes est posée l'ymaige Nostre Dame, avec une court pavée de pierres de rabot, et, au bout d'icelle court, a ung grant corps d'ostel contenant plusieurs chambres, salles, galleries, court, puits, cuisine, caves, celiers et estables, et un grant jardin derrière, auquel y a plusieurs treilles et arbres portant fruit, avec une grant gallerie, où y a au dessus une terrasse pavée de pavement de pierre de lyaiz.....; nommé vulgairement l'ostel d'Arras, dont la maistresse entrée est en la rue Sainct Germain des Prez, tenant ledict hostel tout au long et le coin de la rue Guy le Queux, et ayant issue en icelle rue Guy le Queux, aboutissant par derriere et ayant issue oudict jardin sur le chemin qui va du pont Sainct Michel en l'église Sainct Augustin [1]. »

Cette description, qui comprend également le PETIT HÔTEL D'ARRAS, dont nous parlons plus loin, peut s'appliquer à la plupart des hôtels de cette région et de cette époque : c'était, dans de moindres proportions, ainsi que nous le faisons remarquer ailleurs, le genre de construction, de distribution et d'aménagement de l'hôtel Saint-Paul, c'est-à-dire une réunion de bâtiments séparés par des cours et des jardins, rattachés entre eux par des galeries et ayant issue sur plusieurs rues; ce qui en facilitait la vente et le morcellement.

Le grand hôtel d'Arras a survécu moins d'un siècle à Bedford et au chancelier de Luxembourg : comme il tenait « tout au long et le coing la rue Sainct Germain des Prez », c'est-à-dire Saint-André-des-Ars, et qu'il aboutissait, par ses jardins, « sur le chemin qui va du pont Sainct Michel en l'église Sainct Augustin », c'est-à-dire sur le quai, on ne tarda point à le lotir pour en aliéner les terrains. En 1534, il était déjà morcelé, et l'on y bâtissait une maison. « Il appartenait alors depuis quelques années, dit Berty, à François de Luynes, président du Parlement; François Errault, garde des sceaux, le possédait en 1543. A cette époque, le pourpris en avait été réduit : les constructions avaient dû s'étendre sur le quai, ainsi que sur les rues Pavée et Gille-le-Queux. Depuis, elles ont envahi tout l'hôtel. »

Cette note de Berty exige une rectification; l'erreur résulte d'une mauvaise lecture. Il ne s'agit pas de François de *Luynes*, président au Parlement, mais bien de François de *Loynes*, président des Enquêtes, appartenant, dit le *Dictionnaire de la noblesse*, à une famille noble de l'Orléanais, qui a possédé plusieurs fiefs aux environs de Paris, et rempli diverses charges, tant au Parlement qu'à la Cour des comptes. Comment François de Loynes était-il devenu propriétaire de l'hôtel d'Arras? Nous ne saurions le dire; il l'avait probablement acquis parce qu'il était situé dans le quartier parlementaire, et sur cette paroisse de Saint-André-des-Ars, où tant de hauts magistrats avaient leur domicile.

---

[1] Notes classées et incorporées au texte laissé par Adolphe Berty. L'acte cité est de 1443.

On s'explique mieux comment il passa à François Errault, garde des sceaux. Ce personnage qui est qualifié «seigneur de Chamans, près de Duretal, et garde des sceaux de la chancellerie de France», avait épousé, en 1525, Marie de Loynes, fille de François, le président des Enquêtes dont nous venons de parler, et le premier de sa famille qui se soit transféré à Paris. Comme on constate que, un un siècle plus tard, un Jean de Loynes mourut dans «sa maison» de la rue du Paon, au quartier Saint-Victor, il est naturel de penser que la famille de Loynes possédait plusieurs immeubles à Paris, et que, lors du partage qui se fit après la mort de François, survenue en 1524[1], l'hôtel d'Arras fut attribué à sa fille Marie, laquelle l'apporta en dot à François Errault[2].

A l'article de chacune des voies sur lesquelles l'hôtel d'Arras avait des aboutissants, nous en compléterons la monographie, en ajoutant les détails relatifs aux maisons qui s'élevèrent successivement sur les terrains détachés du pourpris de cette vaste résidence[3].

La note que nous avons reproduite plus haut se termine par la mention suivante : «Item un autre hostel contigu, ruë Sainct Germain, faisant le coin de la rue Gogain et, depuis, nommée la rue Pavée[4], avec dépendances assises à ladicte rue Pavée.»

Cet immeuble était le

PETIT HÔTEL D'ARRAS, ayant, à l'angle des rues Pavée et Saint-André-des-Ars, une situation analogue à celle du grand hôtel, au coin des rues Saint-André et Gille-le-Queux; ce qui permet de supposer qu'ils ne formaient originairement qu'une seule résidence délimitée par les trois rues, au sud, à l'est et à l'ouest. L'hôtel d'Arras pouvait alors, en raison de son étendue, être comparé au séjour de Navarre, ainsi qu'aux hôtels de Laon et de Sancerre, dont nous parlons ailleurs. Nous ignorons à quelle époque il fut divisé en grand et en petit hôtel. Le plan dressé par Berty le montre réduit à un faible pourpris, au coin des deux rues; mais les cinq parcelles qui s'étendent du sud au nord, le long de la rue Pavée jusqu'à la maison de l'évêque de Rodez, semblent en avoir été détachées, puisque la ligne du fond est la même que celle du grand hôtel d'Arras, isolé de ses dépendances.

---

[1] François de Loynes, après une carrière honorable et bien remplie, mourut à l'hôtel d'Arras et fut inhumé à Saint-André-des-Ars, près de la chapelle Du Prat.

[2] Fr. Errault fut successivement conseiller au Parlement de Paris, président au Parlement de Turin, maître des requêtes et chancelier de France après la mort de François de Montholon. Il mourut en 1544.

[3] Voir *Quai des Augustins*, rues *Pavée* et *Gilles-le-Queux*.

[4] Il résulte de ce texte que l'ancien nom de la rue de l'Éperon a été donné à la rue Pavée, probablement avant que celle-ci ait reçu un pavage. L'une n'était pourtant pas la continuation de l'autre. Nous hasardons ailleurs une autre interprétation.

HÔTEL D'EU, puis DE NEVERS, ayant occupé originairement un espace considérable à l'angle occidental des rues Pavée et Saint-André-des-Ars. Il se développait, sur une certaine étendue, le long de la rue Pavée, et aboutissait, en retour d'équerre, sur celle des Grands-Augustins (à l'abbé ou aux écoliers de Saint-Denis). Berty le figure à l'état de pourpris irrégulier, ayant déjà subi un premier démembrement sur la rue Pavée.

En 1350, cet immeuble était la propriété des comtes d'Eu. L'année suivante, il fut confisqué sur Raoul de Brienne, comte d'Eu et de Guines, connétable de France, ci-devant conseiller de Philippe de Valois. Ce personnage, ayant encouru la disgrâce du roi Jean, qui était alors dominé par son favori Charles de la Cerda, fut décapité, comme coupable de lèse-majesté, à l'hôtel de Nesle, qu'il habitait alors, et enterré « pour l'honneur des amys d'iceluy connestable », dit Froissard, à peu de distance des deux hôtels, dans une petite cour du pourpris des Grands-Augustins [1].

Les terres du malheureux connétable furent données à Louis II, duc de Bourbon, et son comté d'Eu, sans doute avec l'hôtel parisien de ce nom, à Jean d'Artois, quatrième du nom, lequel eut pour successeur médiat Philippe d'Artois, son frère, connétable de France, mort en 1397. Le comté d'Eu reste aux mains de cette famille jusqu'en 1472, époque à laquelle, Charles d'Artois étant mort sans postérité, Bonne d'Artois, sa sœur et son héritière, porte le comté et l'hôtel à son mari Philippe de Bourgogne, comte de Nevers.

C'est sur Charles d'Artois, fait prisonnier à la bataille d'Azincourt (1415), qu'avait été confisqué de nouveau l'hôtel d'Eu, ainsi qu'il résulte du *Compte des confiscations* de la ville de Paris, de 1423 à 1427. On y lit, en effet, la mention suivante : « L'hostel d'Eu, appartenant au comte d'Eu, prisonnier en Angleterre, sis en la rue Saint-André-des-Ars. » Un autre compte, celui des confiscations parisiennes, de 1427 à 1434, contient l'article suivant : « L'hostel d'Eu, *item*. » Cet *item* est d'un laconisme significatif; le propriétaire de l'hôtel d'Eu était encore de l'autre côté du détroit [2]. Il y était si bien, en effet, qu'il y demeura vingt-trois ans, et ne rentra en France qu'en 1438.

Nous avons dit plus haut que Bonne d'Artois avait apporté en dot à Philippe de Bourgogne, comte de Nevers, le comté et l'hôtel d'Eu. Leur fils, Jean de Bourgogne, n'eut qu'une fille, Élisabeth, qui épousa le duc de Clèves, lequel mourut

---

[1] Le bénéficiaire de la confiscation avait été Jean d'Artois, auquel le roi Jean fit don de l'hôtel en 1351, et du comté d'Eu en 1352.

[2] Le voyage en Angleterre n'était pas favorable à la famille d'Eu; l'un de ses membres en fit la triste expérience sous le règne de Guillaume le Roux. Il s'agit d'un comte d'Eu, qui avait été accusé par Godefroy Baynard de conspiration contre le Roi, et qui offrit le combat judiciaire à son accusateur, dans la plaine de Salisbury. Vaincu en présence de toute la cour, il fut cruellement mutilé par ordre du Roi : on lui arracha les yeux; son écuyer même fut fouetté et pendu (voir la préface du *Livre des querelles*, par Charles de Vaux).

en 1481. Voilà donc le comté dans la possession de la famille de Clèves, qui le conserva jusqu'en 1564, date de la mort du dernier descendant mâle. C'est peu après (1570) que Catherine de Clèves, l'une des deux sœurs du défunt, porta ce même comté, devenu duché-pairie, à son mari Henri Ier, duc de Guise, qui mourut en 1588. Il fut père de Charles, duc de Guise comme lui, lequel décéda en 1640 et eut pour fils Henri, deuxième du nom, dernier possesseur du comté d'Eu, puisqu'il le vendit, en 1660, pour la somme de deux millions cinq cent mille livres, à Marie-Louise d'Orléans, fille de Gaston de France.

A cette date, l'hôtel était, depuis près d'un siècle, sorti de la maison de Clèves, alliée aux Nevers-Bourgogne. François de Clèves, qui, en 1536, avait obtenu de François Ier l'érection de son comté en duché-pairie, fut le dernier possesseur de cet ancien immeuble. Son élévation dans la hiérarchie nobiliaire le détermina sans doute à se défaire de l'hôtel, qui était construit « dans le goût gothique » et ne présentait point l'aspect des nouveaux édifices dus aux architectes italiens. Il le vendit, moyennant 20,000 livres tournois, à Claude Hennequin, maître des requêtes, et à Louis de l'Estoile, président aux Enquêtes [1].

Ces deux acquéreurs se partagèrent inégalement le pourpris de l'hôtel; le second eut la plus grosse part, et les constructions qu'il fit élever occupaient l'angle des rues Pavée et Saint-André-des-Arts.

Il dépendait, de l'hôtel d'Eu, une et peut-être plusieurs maisons, construites sur des terrains détachés du pourpris de cette résidence. Berty en fait figurer une en façade sur la rue à l'abbé de Saint-Denis.

Entre l'hôtel d'Eu et la maison des évêques de Thérouenne, qui ne lui était pas contiguë, doit se placer un immeuble dont il est question dans les notes de Berty : il s'agit d'une

Maison et jardin (1381) ayant appartenu, comme la suivante, à l'hôtel d'Eu, et en ayant été détachée à une époque que nous ne saurions préciser. On voit, en effet, sur le plan de Berty, qu'elle formait hache dans le pourpris de cet hôtel, par rapport à la ligne de fond limitative des propriétés en façade sur la rue à l'abbé de Saint-Denis. L'emplacement qu'elle occupait paraît réuni à celui que couvrait la maison de l'évêque de Thérouenne; ce qui implique une annexion dont nous parlons à l'article suivant.

La maison dont il s'agit fut possédée, au XVe siècle, par Guillaume Cotin, conseiller du Roi. En 1531, elle appartenait à Me du Tillet, greffier au Parlement, et, en 1543, elle fut reconstruite par Me Mathieu Chartier, qui en était alors

---

[1] M. Le Feuve, auquel nous empruntons ces détails, rappelle que Louis de l'Estoile fut le père de l'auteur du Journal historique des règnes de Henri III et Henri IV.

propriétaire. C'est peut-être le logis que Jaillot appelle à tort « l'Hôtel du chancelier Poyet » [1], à moins que ce ne soit la

Grande Maison dite de l'Évêque ou des Évêques de Thérouenne. Adolphe Berty n'a laissé sur cet important immeuble qu'une note informe ainsi conçue : « Grande maison qui fut, en 1351 ou 1381, à Jean Labarie Aillous, évêque de Thérouanne, et auparavant à l'abbé de Jars, faisant le coin oriental de la rue des Grands-Augustins. » Cet énoncé de situation est la seule exactitude que contienne la note ; tout le reste est erroné. Nous avons donc dû rechercher quels étaient cet abbé et cet évêque possesseurs successifs de la maison.

L'abbé qui en fut d'abord propriétaire dirigeait l'une des deux abbayes du *Jard* et non *Jars*, ainsi que porte la note. Ce ne pouvait être celle de *Lieu-Dieu en Jard* (*Locus Dei in Jardo*), qui était située dans le diocèse de Luçon, et qu'on n'a jamais désignée par l'abréviation *Jard* ou *Jars*. Outre qu'elle n'a jamais eu beaucoup d'importance, il ne paraît pas probable qu'à la distance où elle se trouvait de Paris, entre la Bretagne et le bas Poitou, cette abbaye, de fondation anglaise, ait possédé, pour l'usage de ses abbés, une résidence parisienne que rien n'aurait justifiée, puisqu'elle ne devait avoir aucune affaire à traiter à Paris.

Il en est tout autrement de l'abbaye du Jard, au diocèse de Sens et à peu de distance de Melun. Cette maison religieuse, d'abord simple retraite de l'ermite Fulbert en 1171, puis prieuré reconnu par le pape Alexandre III, enfin abbaye instituée par l'archevêque de Sens, Michel de Corbeil, et transférée en 1204, par la reine Adèle, épouse de Philippe-Auguste, dans l'un de ses domaines, fut l'objet de nombreuses et constantes faveurs. Les bâtiments en étaient magnifiques : « *Opere sumptuoso, miro œdificiorum apparatu* », dit le *Gallia christiana*. On s'explique donc parfaitement que l'abbé du Jard ait eu, comme son métropolitain, un hôtel à Paris, vers le milieu du xive siècle.

A cette date, qui est celle indiquée par Berty, l'abbaye du Jard avait précisément pour chef un personnage considérable, Guillaume du Lys, docteur en droit canon, ami, conseiller et trésorier des rois Jean le Bon et Charles V, fonctions qui exigeaient une résidence constante à Paris. C'est évidemment lui qui habitait, en 1351, l'hôtel de la rue Saint-André. Il y revint, après la captivité et la mort du roi Jean, mais dans des conditions bien différentes. Après avoir été collecteur général des sommes levées pour la rançon du royal prisonnier, il vit son abbaye dépouillée de tous ses biens par les partisans de Charles le Mauvais, qui occupaient Melun, et fut contraint de se réfugier, lui et ses religieux, à Paris, — « *in tenui victu* », dit le *Gallia christiana*, — et hors d'état de payer ses dîmes à l'archevêque de Sens [2].

---

[1] L'hôtel du chancelier Poyet n'était autre que celui du chancelier d'Aguesseau, en la rue Pavée.

[2] Guillaume du Lys n'en demeura pas moins un personnage important : en 1368, un an avant

Guillaume du Lys mourut à Paris, dans la maison de la rue Saint-André-des-Ars, en l'année 1369, et c'est seulement en 1391, c'est-à-dire vingt-deux ans plus tard, que nous voyons un évêque de Thérouenne en possession de l'immeuble. S'il appartenait personnellement à Guillaume du Lys, on comprend que celui-ci s'en soit défait à la suite des pertes qu'il avait subies; s'il était la propriété de l'abbaye du Jard, on comprend aussi qu'après le pillage opéré par les soldats du roi de Navarre, les religieux aient vendu la maison abbatiale de la rue Saint-André-des-Ars, pour relever le monastère de ses ruines.

Maintenant que nous connaissons les premiers habitants de l'hôtel, il nous reste à identifier l'évêque qui en fit l'acquisition, et dont le nom a été si étrangement défiguré par Adolphe Berty. Ici encore, le *Gallia christiana* va nous servir de guide. Entre les deux dates indiquées par Berty (1351-1381), on voit se succéder, sur le siège de Thérouenne, Raymond Saquet, Gilles Aicelin, Robert de Genève, Gérard de Dainville et Adhémar Robert; mais il faut aller jusqu'à l'année 1391 pour trouver Jean *Tabari*, et non *Labarie Aillous*, en possession du siège épiscopal de Thérouenne. Ce personnage possédait plusieurs maisons à Paris, à titre personnel, sans doute, puisqu'il les hypothèque par testament : « *Legat ecclesiæ Parisiensi*, dit le *Gallia christiana*, *duodecim libras super domibus suis Luteciæ sitis.* »

Ce Jean Tabari, originaire du Limousin, clerc médecin et secrétaire du roi Charles V, avait été élevé sur le siège de Thérouenne en 1384, et mourut à Paris en 1403, dans sa maison de la rue Saint-André, peu après avoir fait, pour la fondation de son anniversaire, le legs dont nous venons de parler. Le séjour qu'il y avait fait, l'importance qu'avaient dû lui donner les fonctions exercées par lui à la cour de Charles V, valurent à sa propriété, alors même qu'elle passa en d'autres mains, le nom de Maison de l'Évêque de Thérouenne. C'est sous ce titre qu'elle figure dans le plan de Berty.

Maison faisant le coin occidental de la rue des Grands-Augustins, ou à l'abbé de Saint-Denis. Elle était habitée, en 1263, par Gilles ou Gillon Le Brun, connétable de France. Sauval le dit expressément en deux endroits de son livre; à la page 144 du tome second, il s'exprime ainsi : « Gilles le Brun, connestable de France sous saint Louis, demeuroit à la rue Saint-André-des-Arts, dans un grand logis qui tenoit au collège de Saint-Denis, fondé derrière l'hostel de Nesle, et au cou-

---

sa mort, il est nommé commissaire du pape pour régler un échange à faire entre le roi et l'archevêque de Sens, au sujet des hôtels de Sens et de Saint-Paul. Son nom figure le premier au bas de la Déclaration, avec les qualités de docteur en décrets, conseiller du roi et abbé du Jard. Cette pièce, imprimée par Félibien dans ses *Preuves* (III, 659 et suiv.), ne permet pas de douter que Guillaume du Lys habitât alors sa maison de la rue Saint-André-des-Ars, l'échange à régler étant une question toute locale qu'on ne pouvait trancher que sur les lieux.

vent des frères de la Pénitence de Jésus-Christ, occupé maintenant par les Augustins. Le Féron assure qu'il estoit connestable; Godefroy en doute [1]; mais comme son hostel estoit sur le territoire de Saint-Germain-des-Prez, les titres de l'abbaye qui en font mention l'appellent Gillon, dit Le Brun, connestable de France, et portent qu'en 1262 il logeoit là [2]. »

Plus loin, à la page 183, Sauval revient sur la résidence de Gillon Le Brun : « Il est constant, dit-il, qu'en 1263 le connétable Le Brun demeuroit dans la même rue (Saint-André-des-Ars) vers la porte Saint-Germain, dans une grande maison accompagnée de jardinages, à la façon de ce temps-là [3] ». Ces « jardinages », ce « grand logis » s'étendaient entre le collège, ou hôtel, de Saint-Denis et le long de la rue qui en portait le nom jusqu'à l'allée des Murs, à l'endroit où furent établis plus tard le Petit Séjour de Navarre et l'hôtel de Lyon. La maison suivante, dont on ne trouve mention qu'au XVIe siècle, a dû être construite sur un terrain détaché du pourpris de la maison de Gillon Le Brun. Nous avons constaté un fait identique sur plusieurs autres points de la rue Saint-André-des-Ars.

Après le « bon chevalier et preudome » Gillon le Brun, il n'est plus question de la maison qu'il habitait, ou plutôt on n'en trouve pas de mention dans les titres de l'Abbaye, où Berty a constaté de nombreuses et irréparables lacunes. Il faut aller jusqu'en 1523 pour rencontrer un nom de propriétaire : c'est celui de Me Anthoine de Jouynes, dans la famille duquel la maison était encore en 1595, puisqu'elle est dite alors appartenir « aux hoirs Jeanne de Jouynes ». Dans l'intervalle, en 1543 notamment, elle avait été la propriété de Charles de Bar et de

---

[1] La connétablie de Gillon Le Brun est controversée, comme on le voit. On lit dans l'*Histoire des connestables de France* par Jean Le Feron et Denys Godefroy : « Gilles le Brun, sieur de Trasignies, vivoit en 1252. Il en appert par titres de cet an, bien que quelques-uns doutent s'il fut connestable. Le Feron dit qu'il est appelé par Joinville Gilles *le Benin*, au lieu de Gilles *le Brun*; et qu'il tua Mainfroid le Bastard, qui se disoit roy de Sicile, l'an 1246, et portoit *d'or au chef de sable*.

N. B. — Ce blason est gravé à la page 35 de l'ouvrage de Le Feron et Godefroy.

[2] Joinville, auquel Le Feron se réfère, parle en huit endroits de sa chronique, et à propos de diverses aventures, de Gilles de Trasegnies, dit Le Brun, qui était originaire de Flandre et, comme tel, étranger au royaume de France. Nous nous bornerons à citer deux passages significatifs; voici le premier :

« Il (le roi saint Louis) ama tant toutes manieres de gens qui Dieu creoient et amoient, que il donna la connestablie de France a monsignour Gille le Brun, qui n'estoit pas dou royaume de France, pour ce qu'il estoit de grant renommée de croire Dieu et amer. Et je croy vraiement que teix fu il. »

Le second n'est pas moins probant : « Or avint ainsi que, le jour de Saint Jaque (25 juillet 1250), li roys fu revenus en sa chambre, de la messe; et appela son conseil, qui estoit demourez avecques li : c'est assavoir monsignour Perron le Chamberlain, qui fu li plus loiaus hom et li plus droituriers que je veisse onques en hostel de roy; monsignour Geffroy de Sergines, le bon chevalier et le preudome; monsignour Gilon le Brun, et bon chevalier et preudome, cui li roys avoit donné la connestablie de France aprez la mort monsignour Hymbert de Biaugeu, le preudome. » (*La Chronique du sire de Joinville*, p. 10, 155 et 156.)

Après deux affirmations si positives, on ne comprend guère que « quelques-uns » aient pu contester à Gillon Le Brun la dignité de connétable.

[3] *Antiquités de Paris*, II, 144 et 283.

Gabriel de Marillac, que des liens de parenté unissaient sans doute aux Jouynes, puisque ceux-ci en sont possesseurs un demi-siècle après.

Maison sans désignation, bâtie, ainsi que nous l'avons dit plus haut, sur un terrain détaché du pourpris de l'hôtel de Gillon Le Brun. Antérieurement à 1595, on n'en connaît pas les propriétaires; mais le censier de cette année, dans lequel Adolphe Berty a relevé les noms des de Jouynes, des de Bar et des Marillac, lui a permis de constater qu'elle appartenait alors à Me Sédille, avocat au Parlement.

Hôtel de Lyon, ou du Lyon, comme on lit, improprement sans doute, sur le plan de Berty. On le distinguait en *grand* et en *petit* hôtel. Aboutissant à la rue Saint-André-des-Ars, sur laquelle il devait avoir sa principale entrée, et touchant à la porte de Buci, il était limité à l'occident par la ruelle des Murs, et s'étendait en profondeur, vers le nord, jusqu'aux jardins des collège et hôtel de Saint-Denis. Il formait primitivement, au delà de la rue Saint-André, une dépendance du séjour de Navarre et d'Orléans, comme le séjour de Nesle se rattachait au manoir de ce nom, dont il était cependant séparé par la muraille de Philippe-Auguste, et comme la basse-cour du Petit Luxembourg se relie à cet hôtel, dont le sépare pourtant la rue de Vaugirard. Cette situation subordonnée et sa division ultérieure en deux corps d'hôtel distincts ayant entrée sur l'allée des Murs, nous ont engagé à réunir en un seul exposé les documents que nous avons pu recueillir sur cet immeuble. Le lecteur trouvera cette monographie sommaire à l'article de la rue de la Contrescarpe-Saint-André, ou Dauphine, aujourd'hui rue Mazet.

CÔTÉ MÉRIDIONAL
(d'Occident en Orient).

CENSIVE ET JUSTICE DE SAINT-GERMAIN-DES-PRÉS.
PAROISSE DE SAINT-ANDRÉ-DES-ARS.

Grand hôtel de Navarre, puis Séjour d'Orléans. — La monographie de cette résidence princière, ébauchée seulement par Adolphe Berty, a été traitée avec beaucoup de développement par le savant bibliothécaire de la Faculté de médecine, feu le docteur Chéreau[1]. Nous utilisons les travaux de ces deux érudits, et nous résumons ce que les historiens de Paris ont écrit sur cet hôtel, le plus important de la région occidentale de l'Université.

Au mois de mars 1262 (v. s.), par contrat passé devant l'official de Paris,

---

[1] M. Chéreau a été l'un des collaborateurs officieux de Berty, et celui-ci lui a fourni, à titre de réciprocité, de nombreux renseignements tant sur les anciennes écoles de médecine et de chirurgie, que sur les maisons habitées autrefois par les médecins de Paris.

Simon *de Verzellis*, clerc ou chanoine de Verceil, en Italie, qui était peut-être venu, comme Dante, suivre les cours des écoles de la rue du Fouarre, acheta une maison et une «granche» sises en la rue Saint-André-des-Ars, qu'on appelait alors rue Pavée, car c'était l'artère la plus importante du quartier. Elle avait dû recevoir un «pavement» au moment où fut construite la porte de Buci, qui lui donna une grande circulation, tandis que le sol des voies secondaires était tout simplement la terre nue.

Les dix maisons dont se composait cet ensemble devaient être des masures ou des constructions légères, à usage de vignerons et de laboureurs, car l'acquéreur les fit abattre et vendit le terrain, ainsi qu'une cuisine, *coquina*, qu'il avait fait récemment bâtir, à Thibaud II, roi de Navarre et comte de Champagne, pour la somme de deux mille deux cents livres de «provinois forts». On a, du roi de Navarre, une reconnaissance datée du mois de l'année suivante (1263); Thibaud déclare qu'il tient «en roture» la maison achetée par lui de Simon *de Verzelles*, clerc [1].

Quelque temps après, en août 1264 et janvier 1265, le même Thibaud, représenté par son clerc, Lambert de Lagny, achète, moyennant soixante-sept livres parisis, trois autres maisons sises : la première en la rue Saint-Germain-des-Prés, c'est-à-dire de Saint-André, à l'angle de la rue «Gavrin»[2] ou de l'Éperon, maison qui appartenait à Jean le Cirier de Petit-Pont et à Jeanne sa femme; la seconde, qui était située entre celle-ci et celle de feu Richard Lasurer; la troisième enfin, sise rue «Gauvain». Les vendeurs de ces trois maisons étaient Christophe le Porcher et Erambours, sa femme [3].

Thibaud de Champagne ne tarda point sans doute à faire élever des constructions dignes de lui sur les terrains qu'il avait acquis, et à la place des maisons achetées pour être démolies. Le Livre de la Taille de 1292 mentionne, en effet, parmi les contribuables parisiens, un certain Pierre de Meudon qualifié de «concierge du roi de Navarre»[4]; d'autre part, le plan dressé par M. Albert Lenoir, sur les indications fournies par H. Géraud, montre un «hôtel de Navarre» assez étroitement limité et ne s'étendant point, comme se développa plus tard le séjour d'Orléans, sur l'emplacement compris entre les rues de l'Éperon, Saint-André-des-Ars et «l'allée des Murs». On comprend que les premières constructions ordonnées par Thibaud II n'aient pas eu l'importance de celles que les possesseurs

---

[1] Notes manuscrites de Berty.

[2] Ce mot est une nouvelle variante de la dénomination *Gaugain* ou *Cauvain*, défigurée à l'envi par les scribes. Voir, à l'article de la rue de l'Éperon, les diverses formes orthographiques que cette appellation a revêtues.

[3] Ces renseignements topographiques sont tirés du Cartulaire des comtes de Champagne, dit *Liber pontificum*, manuscrit de la Bibliothèque nationale, fonds latin n° 5993, fol. 504 et suivants. M. d'Arbois de Jubainville a donné des analyses de ce document dans son *Histoire des ducs et comtes de Champagne* (Catalogue des actes, n°ˢ 92, 99, 3341, 3345).

[4] *Paris sous Philippe le Bel*, p. 158.

successifs de l'hôtel ajoutèrent aux bâtiments primitifs. C'est plus tard seulement que le pourpris de l'hôtel, ou plutôt du *séjour*, expression qui implique une résidence plus spacieuse et pourvue de plus vastes dépendances, s'étendit jusqu'à la rue de l'Éperon d'une part, puis jusqu'à la cour, impasse ou passage, séparant l'hôtel de Navarre et d'Orléans de celui des archevêques de Rouen [1].

En 1330, l'hôtel passa à Jean, fils aîné de Philippe de Valois et roi lui-même après la mort de son père. Ce prince, en montant sur le trône, céda l'immeuble à son frère Philippe, duc d'Orléans, cinquième fils de Philippe de Valois, qui l'habita pendant un certain temps et lui donna son nom : le *séjour de Navarre* fut nommé alors le *séjour d'Orléans*. Devenu ainsi l'apanage de Valois-Orléans, l'hôtel, ou le séjour, fut, après la mort de Philippe d'Orléans, la propriété de Louis de France, fils de Charles V, plus connu sous le nom de Louis d'Orléans. C'est l'époux de Valentine Visconti, c'est l'ennemi et la victime de Jean sans Peur.

«En 1401, dit Piganiol de la Force, c'est-à-dire six ans avant sa mort, il vendit cette maison à son frère Charles VI, vingt-deux mille cinq cents livres d'or, laquelle lui revint depuis, car non seulement Valentine de Milan, sa femme, y logea lorsqu'elle vint demander justice de sa mort, mais même Louis d'Orléans, son petit-fils, avant que de parvenir à la couronne, en était propriétaire, en 1484, et la vendit pour soixante livres de rente à un conseiller du Parlement, à un correcteur des Comptes et à un avocat. C'est apparemment de l'un de ces trois que Jacques Coytier acheta l'emplacement sur lequel il fit bâtir sa maison [2].»

Piganiol, en esquissant à grands traits l'histoire du séjour d'Orléans, oublie de dire que Charles VI, après en avoir octroyé la propriété ou l'usage à Amé V, comte de Savoie, le céda, à titre gracieux ou onéreux, nous l'ignorons, — car entre membres de la famille royale les questions de possession et d'usufruit se confondent souvent, — à son oncle Jean, duc de Berry, qui le transmit, en 1411, à son neveu Louis, duc de Guienne.

Nous le retrouvons, un demi-siècle plus tard, entre les mains des Valois-Orléans, puisque Louis d'Orléans, qui fut roi sous le nom de Louis XII, le possédait dans les dernières années du règne de Louis XI. Il le tenait sans doute de son père Charles d'Orléans, qui passa une partie de sa vie en Angleterre, ou de son oncle, le duc d'Angoulême, aïeul de François Ier. Le 9 janvier 1485,

---

[1] Voir, ci-après, à l'article de la *rue du Jardinet*.

[2] *Description de Paris*, VI, 109.

Ces diverses transmissions n'ont pas été toutes mentionnées par les historiens : Jaillot, qui est ordinairement fort exact, résume en quelques lignes la partie la plus obscure de cette histoire :

«L'hôtel de Navarre, dit-il, a appartenu à Philippe de France, duc d'Orléans, il passa à Louis d'Orléans, son petit-neveu, à Charles VI qui le donna, en 1400, à Amé V, comte de Savoie, ensuite au duc de Berry, puis à Louis, duc de Guienne, en 1411.» (Recherches historiques, etc., *Quartier Saint-André-des-Arts*.)

au moment de partir pour la Bretagne et de se mettre en état d'hostilité ouverte contre le roi de France, le duc d'Orléans, redoutant sans doute une confiscation, vendit le séjour de ses pères [1], et, pour en assurer la prompte aliénation, il le morcela en trois lots [2]. Les acquéreurs furent : Guillaume Ruzé, seigneur de Beaulieu [3], appartenant sans doute à la famille qui possédait déjà un hôtel dans la rue Hautefeuille; Jean Hureau ou Hurault, avocat au Parlement, et Nicolas Violle, sieur de Noiseau [4], qui acheta la partie de l'hôtel longeant la rue de l'Éperon, et y fit construire une maison que nous avons restituée et localisée, à l'article de cette dernière rue.

La vente eut lieu moyennant soixante livres de rente, et le démembrement de l'hôtel s'opéra de la manière suivante : le séjour d'Orléans, qui présentait sur la rue Saint-André-des-Ars un développement de soixante-quatre toises environ, fut divisé en trois lots, à partir de la rue de l'Éperon : le premier, qui était de quatorze toises, échut à Violle; le second, qui comprenait quinze toises, fut adjugé à Ruzé, et le troisième, qui en mesurait trente-cinq, devint la propriété de Hureau [5].

Nous venons de dire ce que Violle fit de son lot; c'était la partie latérale formant dépendances de l'hôtel; il y éleva une maison, dite maison Violle (rue de l'Éperon). Ruzé n'eut probablement pas besoin de construire, ayant acquis une

[1] Nous avons trouvé, dans les papiers de Berty, une note d'où il semblerait résulter que Louis d'Orléans ne vendit point son hôtel, mais qu'il se borna à le bailler à cens. Voici le texte de cette note : «Rue Saint-André-des-Ars, 1484. — Par le *bail* qui leur en avait été fait, par le duc d'Orléans, les sieurs Ruzé, Violle et Hurault (*sic*) *alias* Huraille, étaient *propriétaires* du séjour d'Orléans à la charge de soixante-cinq livres tournois de rente». Les mots *bail* et *propriétaire* s'excluant, il faut entendre que l'hôtel fut «baillé à rente», avec lods et vente.

[2] Le docteur Chéreau, dans sa monographie de l'hôtel Coytier, nous apprend qu'il a emprunté la plus grande partie de ces détails à un acte de partage de la *Maison de l'Éléphant*, acte daté du 28 avril 1577, et dont il est possesseur. Il a consulté également, outre les historiens de Paris, Moreri et le *Mercure de France*, l'un des censiers de Saint-Germain-des-Prés (Portefeuille S 3055), et une liasse de pièces faisant partie des anciennes minutes de l'étude de M° Brugerolles, notaire à Paris.

[3] Guillaume Ruzé, seigneur de Beaulieu, conseiller au Parlement (20 août 1482), mourut en 1504. Il avait épousé Catherine Briçonnet.

[4] Nicolas Violle, d'une très ancienne famille d'Italie, sieur de Noiseau, maître d'hôtel du duc d'Orléans, trésorier du comte de Dunois, correcteur en la Chambre des comptes (mars 1478), notaire et secrétaire du Roi (4 août 1489), enfin prévôt des marchands (16 août 1494), mourut en 1518, à l'âge de soixante-dix-huit ans, et fut enterré à Saint-André-des-Ars. Il avait épousé Catherine Poignant. Sa statue est l'une de celles qui décorent le nouvel Hôtel de ville.

[5] Ces détails précis, consignés dans le travail du docteur Chéreau et puisés par lui aux meilleures sources, sont en contradiction formelle avec le passage suivant des notes de Berty : «Louis XI donna une partie du séjour d'Orléans à son médecin Jacques Coytier; *Charles VIII le vendit en 1509*, et c'est sans doute alors qu'il fut divisé en trois parties, comme il était au commencement du XVI° siècle (1521). Chaque tiers est devenu un hôtel.»

Il est constant, en effet, que l'aliénation et le morcellement du séjour d'Orléans sont antérieurs à l'acquisition faite par Jacques Coytier, puisque celle-ci ne date que de 1490. Il n'est pas moins avéré que Coytier acheta et ne reçut pas son terrain en pur don, puisque l'inscription que nous reproduisons plus loin porte expressément ces deux mots *aream emit*. Enfin la prétendue vente par Charles VIII *en 1509*, est tout simplement un anachronisme.

portion du séjour d'Orléans, en façade sur la rue Saint-André-des-Ars; il ne fit sans doute qu'isoler et approprier les bâtiments dont il s'était rendu acquéreur. Feu le docteur Chéreau identifie sa portion avec l'immeuble occupé par la maison de librairie située au n° 45 de la rue Saint-André.

Quant à Hureau, acquéreur de la plus grande partie de l'hôtel, il ne conserva pas longtemps son lot : le 27 janvier 1489 (v. s.), il le vendit à Jacques Coytier, médecin du roi Louis XI, qui ne tarda pas à y faire élever une résidence en rapport avec sa fortune, ainsi qu'avec la haute position qu'il avait occupée à la cour. En moins d'une année, dit le docteur Chéreau, auquel nous empruntons presque littéralement la partie descriptive de son travail, on vit s'élever, sur la partie occidentale de l'ancien séjour de Navarre et d'Orléans, les constructions suivantes :

1° Un corps d'hôtel principal, en croupe sur la rue Saint-André-des-Ars, ayant vue tant sur une grande cour que sur des jardins, et composé d'un rez-de-chaussée, d'un étage et d'un grenier, le tout comprenant une cuisine, une dépense, onze chambres et un cabinet d'études;

2° Un second corps d'hôtel, en équerre sur le premier et donnant vue également sur la cour et sur les jardins;

3° Un mur de façade crénelé, dans lequel était pratiquée la principale entrée de la maison; et, derrière ce mur, en dedans de la rue, une galerie close, portée sur piliers, telle qu'on en voit si fréquemment dans les constructions du moyen âge [1];

4° A l'angle formé par la réunion des deux corps d'hôtel, une tour, ou tourelle, renfermant un escalier en forme de vis;

5° Un ensemble de constructions formant l'enceinte d'une cour et consistant en dépendances importantes, telles que : un petit corps d'hôtel à pignon, et deux autres édifices contigus;

6° Deux grands jardins plantés, l'un d'arbres fruitiers, l'autre d'arbres et arbustes d'agrément;

7° Dans la seconde cour, un puits, qui existe encore aujourd'hui, avec sa margelle capricieusement découpée en tête de dauphin;

8° Une chapelle gothique.

De plus, le nouveau propriétaire de cette magnifique demeure voulut qu'elle s'annonçât dignement au dehors. Au-dessus de la porte principale sur la rue Saint-André-des-Ars, il fit sculpter un *Éléphant* chargé d'une tour, d'où la dénomination donnée à la maison. Sur la tourelle à vis, au-dessus de la porte donnant accès à l'escalier, il fit tailler un écusson portant un oranger chargé de fruits,

---

[1] L'usage s'en est conservé jusqu'au XVII° siècle, témoin la galerie de ce genre régnant en dedans du mur de façade et de la porte principale du Petit Luxembourg, sur la rue de Vaugirard.

ainsi que les images de la Vierge, de saint Jacques et de saint Nicolas, avec l'inscription suivante en lettres « enfermées les unes dans les autres » :

JACOBUS COITIER

MILES ET CONSILIARIUS

AC VICE PRESES CAMERÆ COMPOTORUM

PARISIENSIS

AREAM EMIT ET IN EA ÆDIFICAVIT

ANNO M CCCC XC.

« Si maintenant, dit le docteur Chéreau, ouvrant indiscrètement les portes, nous pénétrons dans ce manoir, nous pourrons admirer tout à notre aise les richesses qui y étaient accumulées. Nous traversons donc la grande cour, dont l'entrée ouvre sur la rue Saint-André-des-Arts; nous tournons à droite, et, au rez-de-chaussée, nous avons les cuisines, deux grandes pièces désignées sous les noms de *salle basse* et *salle haute*, et une autre petite pièce, ou *garde-robe*, n'ayant pour meubles qu'une « couche à piliers et en bois de chêne ».

Dans la cuisine, nous pouvons admirer un grand haton garni de tréteaux; une table de cuisine; deux bancs; une petite bancette; une grande armoire en chêne à six guichets; deux chenets garnis de contre-rotiers; une crémaillère; un autre petit chenet servant de chambrier; deux grands controtiers; deux chaudrons; une marmite.

La *salle basse*, celle dans laquelle le seigneur du lieu se tenait habituellement, et où il recevait ses familiers, nous présentera : une table en noyer portée sur des tréteaux; six chaises rondes également en noyer « servant à asseoir à table »; un dressoir en chêne à deux guichets, orné de sculptures représentant des feuillages; une cuvette en bronze « servant à rafraîchir le vin », et montée sur un pied en bois; deux grands bancs, dont l'un à dossier et à coffre, l'autre garni d'un prêche et d'une marche; une table; la cheminée ornée de deux chenets à quatre pommes en cuivre; devant cette cheminée, une grande tapisserie « de même verdure »; enfin un tableau dans un cadre de bois doré et représentant Adam et Ève.

Dans la *salle haute*, que nous appellerions aujourd'hui une chambre à coucher, le mobilier se compose : d'une table en chêne; de quatre chaises, dont deux carrées et « propres à écrire à table », et deux autres basses; quatre escabelles à goussets; un buffet; huit placets recouverts en tapisseries; deux chenets en fer dans la cheminée; et enfin un lit, qui devait faire très bonne mine ici, car il était tout en chêne; les piliers en étaient artistement tournés, et le dossier couvert de velours vert et de broderie avec franges de soie rouge, tranchant agréablement sur le ciel, qui était en coutil blanc rayé. Une paillasse, un bon lit de plumes, un matelas et une couverture de « drap blanc », complétaient la couche du maître.

Après avoir ainsi visité le rez-de-chaussée, nous rentrons dans la grande cour; nous nous engageons dans la tourelle placée à l'encoignure qui sépare les deux corps d'hôtel; nous franchissons quelques marches disposées en colimaçon, et nous arrivons ainsi au premier étage, qui ne contient pas moins de huit pièces et une galerie. Suscité par la curiosité, nous prenons notre carnet, et voici les objets d'ameublement que nous y inscrivons :

1° Dans une première chambre située immédiatement au-dessus de la grande salle du rez-de-chaussée : deux coffres-bahuts, sculptés à feuillages; un dressoir en chêne, armé de ses deux guichets et sculpté pareillement à feuillages; deux grands chenets « à pommereaux de cuivre », brillant dans la cheminée; des tentures formées par un tapis de Turquie et par huit pièces de vieille tapisserie, «personnages et verdures»; un tableau dans un cadre de cuivre doré, représentant l'image de la vierge Marie; enfin deux lits en bois de poirier, à montants tournés, ornés d'un œil et d'un dossier, mi-parti velours et de satin blanc et violet.

2° Dans une petite chambre à feu, contiguë à la dernière : une table de bois de chêne, ployante et portée sur tréteaux; un dressoir à guichets, sculpté en rosettes; un coffre en chêne; trois chaises, dont deux basses recouvertes de drap vert; de nombreuses tapisseries «à bêtes et oiseaux»; un tableau représentant la vierge Marie; une couchette à piliers ronds, dont les panneaux étaient recouverts de drap, et le ciel formé par une belle tapisserie.

3° Dans une autre chambre ayant vue sur la rue Saint-André-des-Arts : deux tables en noyer, dont l'une à pied en forme de patte de griffon; deux tréteaux; une chaise pour écrire à table, «garnie de sa barre»; un banc; un petit dressoir de cuir; une grande chaise rempaillée; deux lits tout garnis, dont un sans piliers.

4° Troisième chambre donnant sur la cour. Il y avait là : deux tables en bois; deux tréteaux à pattes; un banc à dossier très élevé et fourni de deux coffres fermant à clef; un petit dressoir à guichet; un grand bahut formant coffre; deux lits en bois de noyer.

5° Dans une petite étude : comptoir de chêne, couvert de tapis vert; petit coffre; chaise carrée, «à asseoir à table»; une escabelle à goussets; deux lits, dont un «façon de sauvaiges» et l'autre garniture verte.

Quant au grenier, aux caves, à l'hôtel dit à potence et aux autres constructions qui s'élevaient au pourtour de la cour de Rouen, nous sommes obligé de les abandonner, quoique tout cela contînt des choses notables à enregistrer. Des coffres-bahuts en chêne, au nombre de plus de trente; des lits à piliers ou sans piliers; des bancs; un beau bahut sculpté, sur toutes ses faces, de fleurs de lis; deux grandes armoires, l'une à quatre guichets, l'autre à fenêtres coulisses; une chaise basse en bois de noyer, dorée en dessus et couverte de satin rouge; des tapisseries «à verdures et à bêtes»; des chaises à dossiers bas, garnies, par le fond et sur le côté, de velours cramoisi; un vieux bureau; un petit cabinet en marqueterie, renfermant sept layettes; quatre tableaux peints sur toile, dont deux représentant *la crucification*, le troisième la vierge Marie, et le quatrième la figure de deux petits enfants; enfin une foule d'ustensiles propres à la cuisine : coquemarts en cuivre, bassin pour laver les mains, bassinoires, cuillères, poêlons, casseroles, chandeliers, réchauds, lèche-frites, broches, trente écuelles d'étain, deux pots de chambre, etc., etc.

C'est dans la *maison de l'Éléphant* que mourut Jacques Coytier, dans les derniers jours du mois d'août de l'année 1505. Il fut enterré en l'église de Saint-André-des-Arts, *dans une chapelle qu'il avait consacrée à saint Nicolas.*»

Ici se termine l'intéressant travail du docteur Chéreau. Nous reverrons, dans la monographie de l'église de Saint-André-des-Ars, la chapelle de Jacques Coytier, détruite, comme tout le reste de l'édifice et comme cette curieuse maison de l'Éléphant, dont la conservation eût été si désirable. Ainsi que la plupart des vieux hôtels de cette rue, le logis du médecin de Louis XI a fait place à des maisons du XVIIe et du XVIIIe siècle qui, à leur tour, sont vieilles aujourd'hui. Le peu qui reste aujourd'hui de la maison de l'Éléphant n'est visible que de la cour ou passage de Rouen. L'un de nos anciens collaborateurs, H. Legrand, a laissé une note, prise sur place, que nous transcrivons ici, tout en la reproduisant dans l'article relatif à la rue du Jardinet :

« Quand on a pénétré dans la première cour, du côté du passage ou cul-de-sac de Rouen, on voit un hôtel du xvie siècle, mais dont les soubassements sont plus anciens. A gauche, à la porte encorbellée de l'hôtel, conduisant à un escalier, on remarque un puits, dont la margelle saillit de son épaisseur, sur le pavé de la cour. C'est le puits de la maison de Jacques Coytier, le mire ou physicien de Louis XI. »

Ce sont là de bien faibles restes; mais il importe de conserver le souvenir des choses, quand les témoignages matériels disparaissent. Le *Comité des Inscriptions parisiennes* avait eu la pensée de faire apposer en cet endroit une inscription commémorative; il est regrettable que le projet n'ait pu être mis à exécution.

ALLÉE AU LONG DU JARDIN DE L'HÔTEL DE ROUEN. — L'origine de cette allée est indiquée dans le procès-verbal des experts chargés, en 1485, de lotir les terrains du séjour d'Orléans, pour en opérer la vente: « Disons que, sur les portions du grand jardin d'iceulx premier et deuxième lot, se prendra, de la longueur d'icelles deux portions, au long des allées et édifices de l'hostel de Rouen, une allée de deux toises de large, qui demeurera commencer à toujours entre lesdits lots pour y aller et venir à toute heure... et avoir issue en la rue du Chapperon. »

Cette allée n'est autre chose que le cul-de-sac, ou impasse de Rouen, qui débouche effectivement à l'extrémité méridionale de la rue de l'Éperon, mais qui a pour continuation directe la rue du Jardinet. Nous en parlons plus amplement à l'article de cette dernière voie. Il résulte du procès-verbal des experts que cette allée n'existait pas, comme limite séparative des deux hôtels, avant le morcellement du séjour d'Orléans: elle ne fut créée que pour donner un débouché postérieur, ou rue de desserte, aux maisons à construire sur les deux principaux lots du séjour.

MAISON sans désignation, formant l'angle oriental des rues de l'Éperon et Saint-André. Avant le xvie siècle, dit Berty, elle était comprise dans la maison suivante; et, de fait, les lignes qu'il a tracées sur son plan font parfaitement comprendre qu'elle constitue un démembrement.

MAISON DE LA STATUA (1380), dont le pourpris s'étendait en profondeur jusqu'à la rue du Cimetière-Saint-André. Avant que la maison précédente en eût été détachée, elle devait probablement son nom à quelque statue de vierge, de saint ou de sainte, comme on avait l'habitude d'en mettre à toutes les maisons d'angle. Elle appartenait, en 1543, à M[e] Du Tillet, greffier.

MAISON DU BON PUYS, « appellée ainsy d'ancienneté », dit un titre de 1474, et ayant appartenu à Jean Boyleau. Le plan de Berty la fait aboutir à la rue du Cimetière-Saint-André, où elle est limitrophe de celle de « l'Abbé de Saint-Augustin », laquelle formait hache dans le pourpris de la MAISON DE LA STATUA.

Maison sans désignation, ayant même profondeur, c'est-à-dire aboutissant également à la rue du Cimetière.

Hostel de l'Image Nostre-Dame (1431), ayant été acheté, en 1349, par Guillaume de Boissy, et appartenant dès lors au collège de ce nom. Il avait alors la même profondeur que les deux maisons précédentes. Plus tard, la partie postérieure donnant sur la rue du Cimetière en fut détachée. Un membre de la famille de Thou acquit, en 1555, les bâtiments en façade sur la rue Saint-André, et quatre ans plus tard, dit une note de Berty, «toutes les maisons aboutissant à celle du collège furent achetées par de Thou».

Grand hostel du Collège de Boissy, d'ancienneté Le Dauphin (1318), et depuis la Maison des Claustres (1583), du nom de ses nouveaux propriétaires. Comme les maisons de la Statua et du Bon Puys, il aboutissait à la rue du Cimetière-Saint-André et appartenait à Godefroy de Boissy, fondateur du collège de ce nom. En 1378, pendant qu'on démolissait l'hôtel, on trouva un trésor d'or et d'argent, sur lequel le Prévôt de Paris prétendit avoir des droits; mais, ayant appris que le lieu était en haute justice de l'Abbaye, il fit remise du trésor aux religieux de Saint-Germain-des-Prés [1].

Le grand hôtel du collège de Boissy et celui de l'Image Notre-Dame furent baillés par le collège, en 1447, à Claustre et à sa veuve. De là le nom donné au premier de ces immeubles.

Maison de la Corne de Cerf (1429), ayant la même profondeur que celle du Dauphin et aboutissant, comme elle, à la rue du Cimetière-Saint-André, sur laquelle elle portait la même enseigne.

Maison sans désignation, ayant une largeur moindre, mais s'étendant également de la rue Saint-André à celle du Cimetière.

Maison de l'Ymaige saint Jehan l'Évangéliste (1543) ou peut-être de saint Jean-Baptiste, à raison de sa situation à l'angle gauche du portail de l'église Saint-André, où elle aurait occupé l'emplacement d'un ancien baptistère. On sait que Saint-Jean-le-Rond était accolé, dans les mêmes conditions, à la tour méridionale de

---

[1] Du Breul raconte le fait dans les termes suivants : «En l'an mil trois cens septante huict fut trouvé un trésor d'or et d'argent, en démolissant l'hostel du Daulphin, sis dans Paris en la rue de Sainct-Germain, maintenant dite de Bucy, et appartenant aux escolliers du collège de Boissy. Sur lequel trésor le Procureur du Roi fit arrest; mais ayant cogneu que c'estoit en la haute justice des abbés et convent de Saint-Germain-des-Prez, se desista, consentit mainlevée, et fut ledit trésor livré audit abbé par le Prevost de Paris Hugues Aubriot.» (*Les Antiquitez de la ville de Paris*, éd. de 1639, p. 335.)

la façade de l'église Notre-Dame. Adolphe Berty a relevé, en effet, à la date de 1505, la mention suivante : «Sainct-Jehan, tenant à l'église Sainct-Andry et aboutissant à la maison où est le petit huys de ladicte église[1].»

Lucarne d'une maison de la place Saint-André-des-Ars.

Cette maison, qu'on trouve qualifiée d'*hôtellerie* en 1543 et qui aboutissait à la rue du Cimetière, bien qu'elle fût d'une extrême étroitesse, fut acquise, en 1609, par les marguilliers de Saint-André, non «pour élargir l'église», comme le dit Berty, mais pour en dégager un peu l'entrée, que les constructions voi-

---

[1] Il semble résulter de ce texte que la maison où se trouvait la petite porte de l'église Saint-André était distincte de celle de l'Image saint Jean. Il faudrait admettre alors l'existence d'un bâtiment en arrière sur la rue du Cimetière, le peu de largeur de la bande de terrain sur laquelle l'Image saint Jean était bâtie excluant toute possibilité de construction accolée.

sines obstruaient complètement[1]. Ce marché, pour la démolition, porte la date de 1617. On obtint ainsi une «ruelle», dont Berty a inscrit le nom sur son plan.

Église Saint-André-des-Ars. Nous consacrons plus loin un chapitre spécial à cet édifice.

Maison presbytérale (1531). Berty, qui ne la figure pas sur son plan, nous apprend, dans ses notes, qu'en 1463 elle s'étendait sur les deux rues, celles de Saint-André, sans doute, et du Chevet-Saint-André, qui formait l'extrémité méridionale des rues de la Barre, Hautefeuille et de la Vieille-Plâtrière. Il faut croire qu'elle était accolée au chœur de l'église, et par conséquent à l'angle occidental de la rue du Chevet, puisque la maison suivante est indiquée, par Berty, comme «faisant le coin est de la rue Hautefeuille».

Dans ses notes relatives à la rue des Sachettes, des Deux-Portes, ou du Cimetière-Saint-André, Berty place la maison presbytérale à l'angle de cette rue et de celle du Chevet. Pour qu'elle pût en même temps faire le coin de cette dernière voie et de la rue Saint-André-des-Ars, il fallait qu'elle s'étendît derrière le chœur et dans toute la largeur de l'édifice. C'est ainsi seulement que l'on conçoit le presbytère de Saint-André faisant à la fois le coin de la rue du Cimetière et de la «grant rue Saint-Germain[2]».

Maison sans désignation, formant l'angle oriental des rues Saint-André et du Chevet. Il se pourrait qu'elle eût été divisée et que la maison presbytérale de Saint-André en eût occupé une partie. Cependant, il n'était pas dans les habitudes d'autrefois de séparer, par une rue, le presbytère de l'église dont il dépendait.

Maison sans désignation (1523), n'ayant formé probablement qu'un seul immeuble avec la maison suivante. A la date ci-dessus indiquée, elle était la propriété de J. Seguin.

Maison de l'Imayge saint Jehan, signalée en 1523 comme appartenant au même propriétaire.

Maison de la Longue Allée (1476), ayant, comme son nom l'indique, une plus grande profondeur que les précédentes.

---

[1] La démolition ne fut que partielle, à en juger par la lucarne que nous reproduisons. et qui caractérise parfaitement le style de la Renaissance, malgré les mutilations qu'elle a subies.

[2] Voir l'article consacré à la rue du Cimetière-Saint-André.

Ces quatre immeubles touchaient, par le fond, au pourpris de la vaste Maison de l'Échiquier ayant façade sur les rues Poupée et de Mâcon.

Maison sans désignation (1476), faisant le coin occidental des rues Saint-André et de Mâcon; elle aboutissait, par le fond, au « bourdeau » de ce nom.

Maison du Gros Tournoys, formant l'angle oriental des rues de Mâcon et de la Clef, prolongement de la rue Saint-André-des-Ars, ou plutôt trait d'union entre cette dernière voie et celle de la Huchette.

Maison du Corbeau (1430), aboutissant, comme la précédente, au pourpris du Chêne vert.

Maison de l'Escu d'Orléans, paraissant, d'après le plan de Berty, avoir fait partie de celle de l'Image saint Martin, ou du Chêne vert, laquelle se prolongeait, en retour d'équerre, sur la rue de Mâcon.

Maison de l'Ymaige saint Martin (1410), n'ayant qu'une étroite façade sur la rue de la Clef et se prolongeant vers la rue de Mâcon, dans les mêmes conditions que la maison précédente. L'une et l'autre, après avoir été séparées au commencement du xvi° siècle, furent de nouveau réunies, en 1562, sous l'enseigne du Chêne vert.

Maison de la Gallée (1488), n'ayant formé, à la fin du xiv° siècle (1390), qu'une seule propriété avec les deux maisons précédentes, sous l'enseigne de l'Ymaige saint Martin.

Ces disjonctions et ces réunions, qui sont très fréquentes dans l'histoire de la topographie parisienne, contribuent à jeter quelque obscurité sur l'ancien parcellaire.

CENSIVE DE SAINT-BENOÎT.

Maison de l'Escu de France, immeuble très étroit et de peu de profondeur, enclavé dans le pourpris de la Gallée.

CENSIVE DU PARLOIR AUX BOURGEOIS.

Maison de la Corne de Cerf (1410), à laquelle est déclarée tenir, en l'année 1407, une maison du Petit Mortier, qui ne figure pas sur le plan de Berty. La pièce où se trouve cette mention localise ainsi la maison dont il s'agit, « proche de l'église Saint-Andry, tenant à la maison du Cerf ».

Maison de la Corne de Daim, ou de Daim Rouge (1547); on la trouve, en 1465, désignée sous le nom de Saint Eloe.

Maison du Pot d'Estain (1547), aboutissant, comme la précédente, au Plat d'Estain de la Bouclerie orientale, et contiguë à la maison faisant le coin de cette rue.

Maison du Saint-Esprit et de l'Ange, formant l'angle occidental de la même Bouclerie et ayant subi, comme les deux précédentes, un retranchement par suite de l'établissement d'un pan coupé. Berty, qui le figure sur son plan, n'en donne pas l'explication dans ses notes. Résultait-il de la mesure générale d'élargissement qui fut prise, lors de la construction du pont Saint-Michel, pour la Petite Bouclerie ou Bouclerie orientale, ainsi que pour les voies qui y aboutissaient? Aurait-il été motivé par l'établissement, en ce lieu, de la fameuse borne qui était censée représenter les traits de Périnet Le Clerc, le traître qui livra l'une des portes de Paris aux Bourguignons?

Nous nous trouvons ici en présence de deux versions contraires. Selon . . . . ., les bouchers érigèrent à Périnet Le Clerc une statue sur la place Saint-Michel (*sic*), — c'est-à-dire du Pont-Saint-Michel, — de laquelle statue le piédestal subsista longtemps.

Quant à la statue elle-même, elle fut renversée, décapitée même, et l'historien Saint-Foix déclare l'avoir vue adossée, en guise de borne, à la maison qui faisait le coin de la rue Saint-André-des-Ars « et de la Vieille Bouclerie, » probablement la Bouclerie orientale, puisque la figure du traître s'élevait au carrefour de l'Abreuvoir-Mâcon.

Mais Félibien n'admet pas cette légende : « Tous les auteurs contemporains, dit-il, et ceux qui les ont suivis jusqu'à la fin du xvie siècle, n'ont point parlé de cette statue. Il y a plus : l'Hôtel-Dieu a fait acquisition de la maison qui fait le coin des deux rues en 1501, et dans les contrats qui en ont été faits, où tous les débornements sont spécifiés, il n'est fait aucune mention de cette statue. En 1761, la maison a été rebastie, et, dans le procès-verbal de l'alignement donné par les trésoriers de France, il n'est parlé que d'une borne ordinaire placée à ce carrefour, telle qu'on la voit encore et sur laquelle les tailleurs de pierre ont tracé grossièrement une espèce de visage, peut-être pour se conformer à l'erreur populaire établie dès le tems que Du Breul escrivoit ses *Antiquitez de Paris*[1]. »

Jaillot, dont on connaît l'esprit judicieux, n'admet pas davantage cette légende.

---

[1] *Histoire de la ville de Paris*, II, p. 790.

« Quelques historiens, dit-il, ont écrit que ce fut à cette occasion qu'on plaça la statue de Périnet Le Clerc au bout de la rue S. André; d'autres, comme Du Breul, disent qu'on n'y mit cette statue qu'en 1436, après l'expulsion des Anglois, en mémoire et exécration de sa perfidie. Je pense que c'est une fable qui s'est perpétuée, sans autre fondement qu'une tradition populaire, et que cette figure est celle d'une borne, dont la partie supérieure représentoit une tête d'homme. J'ai lu, dans des *Notes manuscrites* recueillies par dom Félibien et qui se conservent à Saint-Germain-des-Prés, que cette borne étoit un monument d'une amende honorable faite au chapitre *Notre-Dame*, en expiation d'une insulte faite à un chanoine lors d'une procession qui passoit en cet endroit. Si ce fait étoit vrai, on en eût vraisemblablement conservé le souvenir par une inscription, ou par quelque monument de sculpture mieux placé et moins exposé à être détruit, qu'une borne mise à l'angle de deux rues très fréquentées et qui, par sa position, pouvoit facilement être mutilée ou rompue [1]. »

En présence de ce dissentiment et en l'absence de tout texte positif, de tout débris authentique de la borne dont il s'agit, nous ne pouvons rien affirmer. Qu'il nous suffise de constater, avec Félibien, que la Maison du Saint-Esprit et de l'Ange, acquise en 1501 par l'Hôtel-Dieu, avait été reconstruite en 1701. Elle a disparu lors de la reconstruction du pont Saint-Michel et du percement du boulevard de ce nom.

---

[1] Recherches historiques, etc. *Quartier Saint-André-des-Arts*, p. 7.

CHAPITRE IX.

ÉGLISE SAINT-ANDRÉ-DES-ARS.

Sommaire : Origines de l'église. — Chapelle de Saint-Andéol. — Époque probable de la construction de cet oratoire. — Territoire et paroisse sur lesquels elle fut bâtie. — Création de deux nouvelles paroisses dans l'ancien clos de Laas, par suite de l'établissement d'une enceinte fortifiée. — Église Saint-André, édifiée de 1210 à 1220; ses diverses parties, leur style et leur époque. — Importance des chapelles; leur situation sur les deux faces latérales et au chevet de l'église; époque de leur construction. — Monographie sommaire de chacune de ces chapelles : *la Résurrection*, *l'Annonciation*, *Saint-Jérôme*, *Saint-Augustin*, *Saint-Jean-Baptiste*, *la Trinité*, *Sainte-Anne*, *Saint-Antoine*, *Saint-Sacrement* ou *la Communion*; chapelle des *Fonts*, deuxième chapelle de *la Résurrection*, *Sainte-Marthe*, *Saint-Pierre*, *Saint-François*, *Saint-Laurent*, *Saint-Nicolas*, *Sacristie*, chapelle de *la Vierge*, oratoire de *Saint-Mathias*. — Difficulté matérielle de placer toutes les chapelles dont il est fait mention. — Interprétation du mot *chapelle* dans le sens de *chapellenie*. — Fondations «aux autels», ce qui n'implique point la fondation d'une chapelle. — Identification probable des titres ou vocables mentionnés par les historiens. — Confréries, *ex-voto*, logettes de recluses. — Entretien et réparations des chapelles *vacantes*, *impétrables* ou *contestées*. — Procès-verbal d'une visite de l'architecte Antoine, en 1772. — Vente de l'église en 1797; sa destruction. — Tombeaux et inscriptions funéraires qu'elle renfermait.

Il en est des origines de l'église Saint-André-des-Ars comme du nom du territoire sur lequel elle a été construite : «On ne peut rien avancer de bien certain à cet égard», dit Le Beuf. L'esprit de légende, qui aime à reculer aussi loin que possible les commencements des édifices anciens, rattache la fondation de cette église à certaine chapelle de Saint-Andéol qui aurait précédé la fondation de l'abbaye de Saint-Germain-des-Prés; or, l'existence de cette chapelle ne repose que sur la fameuse charte de Childebert, regardée comme apocryphe par tous les savants. «On s'est contenté, ajoute Le Beuf, de l'autorité de cette charte pour avancer que l'église de S. André a succédé à une chapelle du titre de S. Andéol, laquelle, selon cette charte, étoit une dépendance de l'abbaye de S. Vincent, depuis dite de Saint-Germain au faubourg de Paris, et qui auroit existé dès le ve siècle. Mais, comme il n'est fait aucune mention de cette chapelle de S. Andéol dans le Martyrologe d'Usuard, religieux de cette abbaye, quoiqu'il eût apporté à Paris, en revenant d'Espagne, des reliques de ce saint qu'il avoit eues dans le Vivarez, ni même dans aucune des additions faites à l'apographe très ancien de ce Martyrologe, conservé en la même abbaye, et qu'on ne peut prendre à la charte de Childebert, qui nomme cet oratoire, que le seul témoignage de Gislemar, chancelier de l'abbaye de Saint-Germain en 1070, qui en parle dans la vie de S. Droctovée : pour toutes ces raisons, je pense que cette chapelle, en quelque endroit qu'elle fût, n'est pas d'un temps antérieur au xie siècle [(1)]. »

M. Jules Quicherat, qui a mis en pleine lumière la fausseté du diplôme attribué à Childebert Ier, est d'accord avec Le Beuf pour repousser l'origine mérovingienne de la chapelle de Saint-Andéol. «Est-il admissible, dit cet érudit, que la fondation de la chapelle Saint-Andéol ait précédé la fondation de Saint-Germain-des-Prés? Pour croire cela, il faudrait avoir une mention quelconque de l'existence de la chapelle Saint-Andéol à l'époque mérovingienne, et n'avoir pas la relation du voyage que le bénédictin Usuard, moine de Saint-Germain-des-Prés, fit en Espagne, en 858, pour aller chercher le corps de saint Georges le Bethléémite, voyage au retour duquel ce religieux s'arrêta au bourg Saint-Andéol et se fit donner des reliques du martyr qui y était vénéré. Or, du moment que l'arrivée des reliques de saint Andéol à Saint-Germain est expliquée par un document historique, il n'y a plus à reculer dans la nuit des temps l'origine de la chapelle qui fut dédiée à saint Andéol, *dans le voisinage de l'Abbaye*[(2)]. »

Sans la reculer «dans la nuit des temps», M. Quicherat incline à lui donner cent ans environ de plus que Le Beuf, c'est-à-dire à la faire dater du xe siècle; et l'un de ses arguments est tiré du prétendu achat de cette chapelle. En effet, d'après le diplôme de Childebert, ce roi aurait acquis l'oratoire Saint-Andéol, argent comptant, de deux individus nommés Hilaire et Chéron : *Cum terra et vinea et oratorio in honore sancti Andeoli martiris, que de Elario et Ceraunio, dato precio, comparavimus.* «Or ce trafic, dit M. Quicherat, est un acte de simonie au premier chef, qui n'aurait pas été possible au vi[e] siècle. Une date toute différente lui est assignée par la fréquence des transactions de ce genre dans les chartes du xe et du xie siècle. C'est alors, en effet, qu'un grand nombre d'églises, aliénées par la précaire ou par l'inféodation, étant usurpées par ceux qui les détenaient, devinrent des propriétés négociables. Il est très possible qu'un roi ait acheté la chapelle Saint-Andéol pour en faire cadeau à Saint-Germain; mais c'est un roi de la fin de la seconde race, et non pas Childebert Ier [(3)]. »

A part cette légère différence de temps, Le Beuf, les bénédictins et M. Quicherat s'accordent à reconnaître que la chapelle Saint-Andéol, érigée «dans les environs de l'Abbaye», dit prudemment ce dernier, est ce qui précéda et motiva l'église paroissiale dédiée plus tard à saint André. Andéol, l'apôtre du Vivarais, était un saint peu connu dans la Gaule septentrionale. Son nom, prononcé

[(1)] *Histoire de la ville et de tout le diocèse de Paris*, par l'abbé Le Beuf, édition donnée par Hippolyte Cocheris, III, p. 29 et suiv.

[(2)] *Bibliothèque de l'École des chartes*, XXVI, p. 524.

[(3)] *Ibid.*

Andéeu, à la romane, l'aura fait confondre avec *Andrieu*, qui était alors la forme du nom d'*André*. «De là, dit Le Beuf, put se former l'opinion que S. Andeu et S. Andrieu étoient le même saint[1]. »

La chapelle, simple oratoire de dévotion, n'avait et ne pouvait avoir le caractère paroissial; elle se trouvait comprise soit dans la circonscription de Saint-Sulpice, soit dans celle de Saint-Séverin, selon qu'on la place à côté de l'Abbaye ou à l'extrémité orientale du territoire de Laas. Le Beuf penche pour ce dernier emplacement, et il invoque, à l'appui de cette opinion, une tradition qui a sa force probante : «Considérant, dit-il, que la paroisse de Saint-Séverin s'étend encore à présent — Le Beuf écrivait en 1761 — jusqu'au chevet de l'église de S. André, je suis assez disposé à croire que la chapelle S. Andeu avoit d'abord été comprise dans le territoire de cette même paroisse, et que pour cela le prêtre de S. Séverin y venoit en procession, le jour de S. Andeu, avec son clergé. Il est au moins certain que, durant qu'on bâtissoit en ce lieu, un peu après l'an 1210, une plus grande église pour servir de paroisse aux habitans détachés du faubourg de S. Germain par la nouvelle clôture de Paris, l'archiprêtre de S. Séverin avait alors ces habitans en dépôt, en vertu d'une sentence arbitrale, en attendant que cette église fût achevée[2]. »

Il est vrai que Le Beuf infirme un peu plus loin la valeur de l'argument tiré de la tradition qu'il invoque : «Maintenant, dit-il, on ne connoît plus saint Andéol dans l'église de Saint-André; on n'y conserve aucune relique, et on n'y fait aucun mémoire[3]. » Or, un oubli aussi complet est peu conforme à l'esprit de l'Église : quand on construit un nouvel édifice religieux sur l'emplacement d'une ancienne chapelle, on garde le vocable et les reliques du saint; on célèbre sa fête; on en fait «mémoire» dans les oraisons; souvent même on lui dédie une chapelle dans la nouvelle église. L'absence de ces divers *memento* tendrait à faire croire soit que l'oratoire de Saint-Andéol n'avait point été érigé sur l'emplacement où l'on a bâti plus tard l'église Saint-André-des-Ars, soit que la similitude des deux noms avait fait confondre complètement saint *Andéeu* avec saint *Andrieu*.

Voilà tout ce qu'il semble possible de savoir sur la chapelle Saint-Andéol. Quant à l'église définitive qui lui succéda, la construction en est due, comme celle de l'église des Saints-Côme-et-Damien à l'établissement de l'enceinte, dite *de Philippe-Auguste*, et cette circonstance contrarie encore l'opinion émise par Le Beuf, relativement à la circonscription paroissiale dans laquelle l'oratoire de Saint-Andéol aurait été compris. En effet, si cet oratoire avait dépendu de la paroisse de Saint-Séverin, il n'eût point été nécessaire de bâtir un nouvel édifice reli-

---

[1] *Hist. de la ville et de tout le diocèse de Paris*, édition H. Cocheris, III, p. 30. — [2] *Ibid.* — [3] *Ibid.*

gieux pour les habitants que la nouvelle muraille enfermait dans la ville; il eût suffi d'étendre la circonscription paroissiale de Saint-Séverin. Mais nous devons reconnaître qu'une raison de droit féodal et canonique s'y opposait : l'emplacement sur lequel on éleva le nouveau sanctuaire faisait partie du territoire de Laas, en censive de Saint-Germain-des-Prés, et, comme tel, était soumis à la juridiction temporelle et spirituelle de l'Abbaye. La sentence arbitrale que cite Le Beuf et que Félibien a reproduite dans ses *Preuves*[1], le reconnaît formellement.

L'enceinte de Philippe-Auguste fut achevée sur la rive gauche vers 1210, et c'est en cette même année que l'abbé de Saint-Germain commença les travaux de la nouvelle église; « il les poussa si vigoureusement, dit Félibien, qu'ils furent achevés en deux ans ». Le Beuf place ce travail entre 1210 et 1220, et il estime, avec raison, qu'on ne fit d'abord que le sanctuaire et le chœur; c'est, en effet, par les parties vitales que l'on commençait la construction de toutes les églises; la nef, les bas côtés, les chapelles surtout ne venaient qu'après.

La sentence arbitrale rendue entre l'évêque de Paris, le chapitre de Notre-Dame et le curé de Saint-Séverin, d'une part, l'abbé, les religieux de Saint-Germain-des-Prés et le curé de Saint-Sulpice, d'autre part, est fort importante, non seulement au point de vue du règlement de la juridiction spirituelle entre l'autorité épiscopale et le pouvoir abbatial, mais encore comme point de départ des travaux de construction des églises Saint-Côme et Saint-André. Après avoir exactement délimité la circonscription de la paroisse de Saint-Séverin, les arbitres ajoutent :

« Dans tout le territoire bâti et à bâtir, au delà des bornes de la paroisse Saint-Séverin jusqu'aux murs du Roi, le monastère de Saint-Germain aura, à perpétuité, le droit de patronat pour construire une ou deux églises paroissiales, mais non plusieurs, et l'abbé sera tenu de présenter à l'archidiacre et à l'évêque de Paris les prêtres qui devront y être institués. Si l'on y construit deux églises, l'un et l'autre prêtre devront payer à l'abbé de Saint-Germain, chaque année et à perpétuité, une somme de trente sous. Si l'on n'en construit qu'une, le chapelain sera tenu de payer audit abbé une somme de soixante sous; de son côté, l'évêque de Paris sera tenu de payer audit abbé quarante sous, à la fête de saint Remi, et cela pendant trois ans, à moins que, avant ces trois années, on ait construit sur ledit territoire une ou deux églises, parce que, du jour où l'on en aura bâti une, le payement de ces quarante sous cessera. Et, même après trois ans, qu'une église ait été construite ou non, le payement de cette somme n'aura plus lieu.

« Et jusqu'à la construction de cette église, les paroissiens de ce territoire iront

---

[1] Tome III, p. 119.

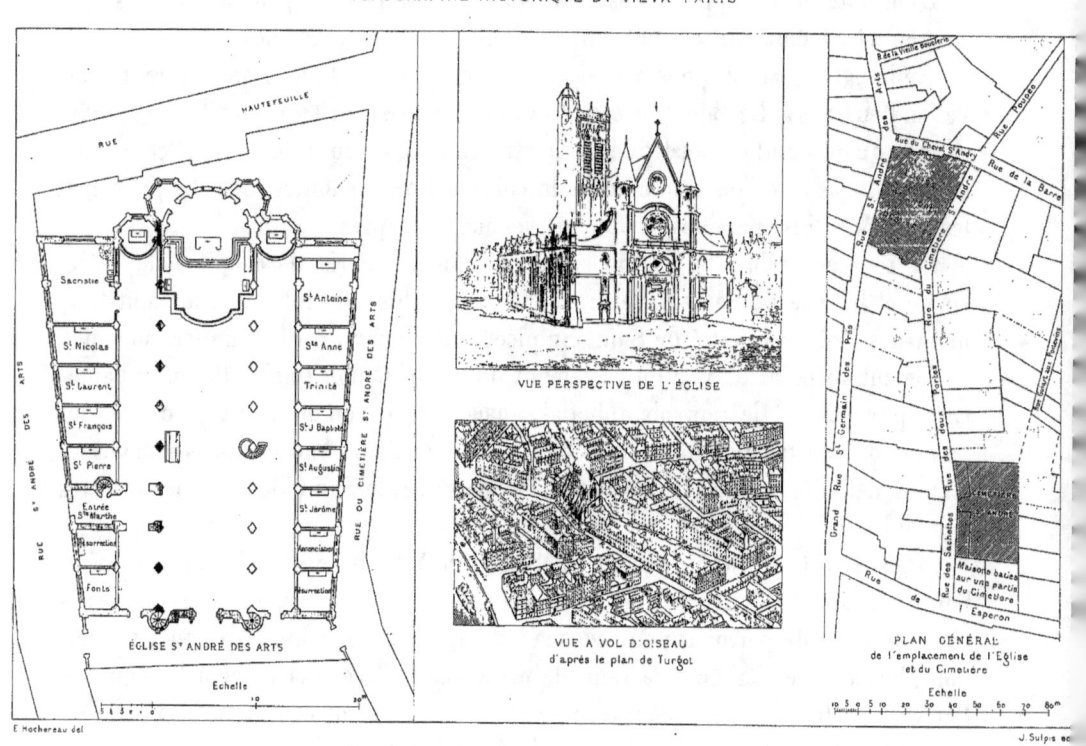

à Saint-Séverin, sauf à regagner leurs paroisses respectives, après l'édification d'une ou de deux églises. Et si l'on en construit deux, les limites des deux paroisses seront fixées par l'abbé de Saint-Germain [1]. »

Régulièrement orientée, l'église Saint-André-des-Ars avait son abside en bordure sur la rue Hautefeuille ou de la Vieille-Plâtrière, qui, en cet endroit, prenait le nom de « rue du Chevet S. Andry ». Cette abside, comprenant le chœur et le sanctuaire, était bâtie dans le style ogival de l'époque, celui que caractérise l'ogive à lancette : « A en juger par les dehors et par quelques piliers du chœur, au côté septentrional, le fond du sanctuaire, dit Le Beuf, est de la construction d'entre les années 1210 et 1220 [2]. » — « Le reste, ajoute-il, est bien postérieur, et le grand portail est du dernier siècle. Les niches et statues qui ornent le dehors de cette église, qui est le long de la rue du Cimetière, sont du seizième... La tour, qui était encore du gothique, paroît avoir été bâtie vers 1490 ou 1500. » Les vues que nous possédons de l'église Saint-André ne démentent pas ces diverses assertions.

Ce que l'église Saint-André avait de plus important, c'étaient ses chapelles; elles avaient été construites, à différentes époques, soit par les soins des marguilliers, soit par les libéralités de plusieurs riches et hauts personnages. Voisine du Parlement, de la Chambre des comptes et de la Cour des aides, l'église Saint-André renfermait dans sa circonscription de nombreux hôtels habités par des magistrats, des avocats et des procureurs, qui composaient son conseil de fabrique; elle avait également pour paroissiens des princes, des prélats, des bourgeois opulents qui désiraient y avoir leur sépulture. De là ces fondations de chapelles qui tiennent une si grande place dans l'histoire de l'église et de la paroisse : ce ne sont, pendant plusieurs siècles, que dotations et constitutions de rentes, éta-

---

[1] Voici le texte latin de cette sentence :

« In toto territorio edificato sive edificando ultra metas parrochie S. Severini usque ad muros regis, habebit monasterium S. Germani in perpetuum jus patronatus ad construendam unam vel duas ecclesias parrochiales, non plures, et presbyteros ibi instituendos tenebitur abbas presentare archidiacono et episcopo Paris. Si ibi fuerunt due ecclesie constructe, ab utroque presbytero illarum habebit abbas S. Germani singulis annis in perpetuum triginta solidos. Si vero unica fuerit ibidem ecclesia, capellanus ejusdem singulis annis in perpetuum reddet dicto abbati sexaginta solidos. Episcopus autem Parisiensis tenebitur reddere abbati predicto quadraginta solidos in festo S. Remigii, usque ad triennium, nisi ante triennium in predicto territorio constructa fuerit ecclesia una vel due : quia ex quo constructa ibi fuerit ecclesia, cessabit solutio illorum quadraginta solidorum. Et etiam post triennium, sive sit constructa ecclesia, sive non, nihilominus cessabit solutio. Et donec ibi sit constructa ecclesia, parrochiani de illo territorio ibunt ad S. Severinum, tanquam parrochiani. Ecclesia vero ibidem constructa, vel ecclesiis constructis, parrochiani illi revertentur ad ecclesiam constructam vel ecclesias. Et si due ecclesie ibi fuerint, pro voluntate abbatis parrochie limitabuntur. » (Félibien, *Preuves*, I, p. 92.)

[2] *Histoire de la ville et du diocèse de Paris*, édit. Cocheris, III, p. 31.

blissement de droits de propriété et de transmission, concessions primitives par les marguilliers constructeurs, puis aliénations et concessions nouvelles, lorsque s'éteignent les familles des fondateurs, ou des premiers concessionnaires. Nous avons dépouillé, aux Archives nationales, les cartons contenant les documents relatifs aux dix-huit chapelles, et nous en présentons ici un fidèle résumé [1]. Voici d'abord l'ordre dans lequel elles se succédaient :

En pénétrant dans l'église par le grand portail occidental, on trouvait à droite, c'est-à-dire le long de la rue du Cimetière-Saint-André, neuf chapelles ainsi disposées :

L'une des deux CHAPELLES DE LA RÉSURRECTION, la première, à partir de l'entrée de l'église;

La CHAPELLE DE L'ANNONCIATION, qui suivait;

Celle de SAINT-JÉRÔME, qui venait après;

Celle de SAINT-AUGUSTIN, qui était la quatrième;

Celle de SAINT-JEAN-BAPTISTE, la cinquième;

Celle de la TRINITÉ, la sixième;

Celle de SAINTE-ANNE, la septième;

Celle de SAINT-ANTOINE, la huitième;

Celle du SAINT-SACREMENT, la neuvième.

A gauche, en partant toujours du portail principal, et par conséquent le long de la rue Saint-André-des-Ars, neuf autres chapelles se succédaient dans l'ordre suivant :

CHAPELLE DES FONTS;

Deuxième CHAPELLE DE LA RÉSURRECTION;

Chapelle de SAINTE-MARTHE;

Chapelle de SAINT-PIERRE;

Chapelle de SAINT-FRANÇOIS;

Chapelle de SAINT-LAURENT;

Chapelle de SAINT-NICOLAS;

Une ancienne chapelle supprimée pour l'agrandissement de LA SACRISTIE;

CHAPELLE DE LA VIERGE.

---

[1] Hippolyte Cocheris avait reconnu ces cartons; mais il n'en donne que la cote, et non l'analyse. Adolphe Berty en a lu quelques pièces et fait quelques extraits. L'un de nos collaborateurs, M. Auguste Petit, les a tous inventoriés et dépouillés.

Veue de l'eglise de St André des Arts qui a esté batie par Mr Gamard et ou est la sepulture de Mr le Thou.

Il y avait, en outre, derrière le maître autel, et par conséquent sur la rue du « Chevet Saint-Andry », un oratoire de Saint-Mathias, du prénom de son fondateur.

Chacune de ces chapelles, insuffisamment décrites ou mentionnées par les historiens de Paris, doit être l'objet d'une courte monographie.

CHAPELLES SUR LA RUE DU CIMETIÈRE-SAINT-ANDRÉ.

I. — PREMIÈRE CHAPELLE DE LA RÉSURRECTION.

Cette chapelle, dont Le Beuf ne parle pas, se trouvait immédiatement à droite quand on pénétrait dans l'église par la façade occidentale ; elle était donc la neuvième et dernière, à gauche, quand on descendait du maître autel vers le portail. Elle prenait jour sur la rue du Cimetière-Saint-André. On l'appelait aussi « la chapelle des Gallards », parce qu'elle avait été concédée, par acte du 14 novembre 1617, à Claude Gallard, secrétaire du Roi et receveur des consignations, ainsi qu'à Marguerite Mandat, sa femme, « pour eux, leurs hoirs et ayants cause, à l'avenir, perpétuellement avec un droit de sépulture dans ladite chapelle, aussi pour eux, leurs hoirs ou ayants cause et ceux à qui ladite chapelle appartiendra ». Claude Gallard et Marguerite Mandat s'engagèrent à payer une somme de cinq mille trois cents livres, dont cinq mille pour subvenir aux frais de construction de la chapelle, et trois mille « pour les affaires communes de la fabrique ».

Dans la liasse relative à la première chapelle de la Résurrection, on ne trouve point la trace du payement des cinq mille trois cents livres ; mais une possession longue et ininterrompue établit suffisamment le droit de propriété des Gallard. Le fondateur a été inhumé dans la chapelle, et l'on y voyait son épitaphe avec la date de sa mort, 29 mai 1636, ainsi qu'une mention de Marguerite Mandat ; un mémoire du xviiie siècle, faisant partie de la liasse que nous avons dépouillée, conclut en reconnaissant les droits de la famille Gallard, pour elle et ses descendants, sous la condition, imposée à ceux-ci, d'établir cette descendance.

A côté de l'engagement des époux Gallard, se place celui des marguilliers ; il est ainsi conçu : « De leur costé, lesdictz sieurs marguilliers promectent et seront tenuz faire bastir et construire une chapelle qui aura treize pieds de longueur sur dix piedz de largeur en œuvre ; et sera ledict bastiment de mesme maçonnerie et symétrie que celle desdictz sieurs les Chartriers, jà bastie en ladicte église, du costé de la rue du cimetière dudict Saint André des Arts, fors les ouvrages de cuivre et aultre matière, qui sont en la surface de l'autel. En oultre, sera faict, sous ladicte chapelle, une cave voultée pour servir de sépulture auxdictz sieur et damoiselle Gallard, leurs hoirs et ayants cause, et ceulx auxquels ladicte chappelle appartiendra[1]. »

Les termes mêmes de ce contrat nous apprennent de quelle façon se fondaient les chapelles de Saint-André. Un notable paroissien, voulant avoir sa sépulture dans l'église et posséder une chapelle semblable à telle ou telle autre, fondée antérieurement par un personnage de son rang et de sa condition, s'entendait avec la fabrique et donnait pour modèle la chapelle déjà construite. Un devis était fait, et les travaux s'exécutaient à la charge du fondateur; les dépenses excédant le devis étaient payées par la fabrique. C'est à une émulation de ce genre que l'église Saint-André, fort simple primitivement, dut cette ceinture de chapelles qui lui assurait une place à part parmi les autres églises de Paris.

La liasse où se trouve le contrat de fondation de la première chapelle de la Résurrection, contient aussi divers mémoires de maçonnerie, charpente, menuiserie, serrurerie et marbrerie relatifs aux réparations et entretien de ladite chapelle, dans le cours des XVIIe et XVIIIe siècles.

II. — CHAPELLE DE L'ANNONCIATION.

Cette chapelle était la deuxième, à droite, à partir du grand portail occidental, et la huitième, à gauche, quand on descendait du maître autel. Elle avait vue sur la rue du Cimetière-Saint-André.

Sa construction suivit de près celle de la chapelle de la Résurrection; la pieuse rivalité dont nous avons parlé plus haut excita sans doute les Guillon à imiter les Gallard, comme ceux-ci avaient imité les Chartier. Par contrat du 10 janvier 1618, les marguilliers firent concession d'une chapelle nouvelle à François de Guillon et Marguerite Ranches, sa femme, ainsi qu'à Jacques de Guillon et Louise de Lépine, son épouse, à la condition de faire bâtir cette chapelle à leurs frais et de payer à la fabrique, une fois pour toutes, pour entretien et réparations, une somme de cent soixante livres. Les dispositions devaient être les mêmes que celles de la chapelle de la Résurrection; nouveau témoignage de l'émulation qui poussait les paroissiens de Saint-André à compléter la double rangée de chapelles entourant l'église. Les plus rapprochées du portail ont été, en effet, les dernières à être bâties; les premières, par ordre d'honneur et de construction, étaient voisines du chœur et du sanctuaire.

Nous relevons une particularité de quelque importance, à propos de la con-

---

[1] Arch. nat. L 63a.

struction de la chapelle de l'Annonciation : la fabrique impose aux fondateurs le ministère de l'architecte Christophe Gamard. Celui-ci, en effet, avait fourni les plans et dirigeait les premiers travaux, commencés avant que les marguilliers traitassent avec la famille Guillon.

Comme pour la chapelle de la Résurrection, il existe, dans la liasse relative à celle de l'Annonciation, divers mémoires des travaux d'entretien et de réparations. On y trouve également un « mémoire historique » où sont relatées toutes les circonstances de la fondation.

III. — CHAPELLE DE SAINT-JÉRÔME.

Cette chapelle, qui prenait jour sur la rue du Cimetière-Saint-André, était la troisième, à droite, quand on entrait par le grand portail, et la septième, à gauche, en venant du sanctuaire. Elle était antérieure de près d'un siècle à celles de la Résurrection et de l'Annonciation, ayant été fondée en 1522 par Mathieu Chartier, avocat au Parlement. Nous avons vu plus haut qu'elle avait motivé la fondation des Gallard et des Guillon.

Par contrat passé devant deux notaires au Châtelet, le 24 janvier 1522, les marguilliers de la paroisse de Saint-André-des-Ars convinrent « avec Mathieu Chartier, advocat en la court de Parlement », qu'ils feraient bâtir « la derrenière chappelle estant en ladicte église, du costé de celle que faict édiffier maistre Augustin de Thou, aussi advocat en la dicte court de Parlement, et toute grosse massonnerie, voultes, lampes, marches et aultres choses nécessaires, saulf et hors ce que cy aprez sera réservé ». Ce sont quelques travaux accessoires restant à la charge du fondateur et pouvant être exécutés plus tard. Les marguilliers concédèrent, en outre, le droit de clôture et de sépulture à Mathieu Chartier et à sa famille, moyennant une somme de deux cents livres tournois, et à charge par le concessionnaire de « faire faire, à ses despens, la voirrière, l'autel, pavé et closture d'icelle chappelle, ymages et aultres choses qui resteront pour la décoration d'icelle, à sa dévotion »[1].

Le contrat de fondation ne mentionne pas le vocable sous lequel sera placée la nouvelle chapelle; c'est plus tard seulement, et à propos de services religieux à y célébrer, qu'elle est désignée par le nom de Saint-Jérôme.

On trouve dans la liasse relative à cette chapelle, à côté de nombreux mémoires de travaux d'entretien, diverses pièces portant établissement de propriété; une liste des ornements servant à la célébration du service divin dans la chapelle; des copies d'épitaphes, parmi lesquelles celle de « Messire Michel Chartier, docteur

---

[1] Arch. nat. L 632.

en décrets, maistre de Boissy et curé de Saint-Christofle à Paris, qui décéda le 5ᵉ de juillet 1531». On y trouve également une «généalogie des Chartiers, imprimée, relativement au collège de Boissy»; fondatrice de cet établissement, dont elle s'était réservé toutes les bourses, la famille Chartier, propriétaire d'une chapelle à Saint-André, avait un double intérêt à bien établir sa filiation.

Il importe de remarquer, dans le contrat de fondation, deux particularités qui confirment ce que nous avons dit plus haut. D'une part, la chapelle Saint-Jérôme est qualifiée de «derrenière», ce qui prouve que la construction des chapelles avait commencé par le voisinage du sanctuaire; elle devint plus tard l'antépénultième, lorsqu'on eut bâti celles de l'Annonciation et de la Résurrection. D'autre part, il est dit qu'elle était «à costé de celle que fait édiffier maistre Augustin de Thou»; ce qui révèle une fois encore l'esprit d'imitation auquel l'église Saint-André dut la ceinture de chapelles dont elle était entourée.

Parmi les épitaphes que renfermait la chapelle Saint-Jérôme, on distinguait celles de Mathieu Chartier, le fondateur; de Michel Chartier; de Nicolas Sachot, conseiller du Roi et doyen des conseillers du Châtelet, mort en 1669; d'Antoine Fontaine et de Jean de Mesgrigny, décédés l'un en 1716, l'autre en 1718.

IV. — CHAPELLE DE SAINT-AUGUSTIN.

Dans l'ordre de succession, cette chapelle était la quatrième, à droite, en entrant par la façade occidentale, et la sixième à gauche, en descendant du chœur; elle avait, comme les précédentes, vue sur la rue du Cimetière.

L'acte de fondation ou de «concession», pour parler le langage des marguilliers de Saint-André, ne se trouve pas dans la liasse; mais de nombreuses pièces constatent qu'elle a été possédée par la famille de Thou, notamment le contrat de fondation de la chapelle Saint-Jérôme. Plusieurs de ces pièces sont intéressantes à un point de vue autre que celui de la topographie; elles se rapportent, en effet, à la généalogie des de Thou et à leurs alliances.

La pièce principale de cette catégorie de documents est relative à Augustin de Thou; ce qui prouve que la fabrique, ainsi qu'elle le dit d'ailleurs dans l'acte conclu avec la famille Chartier, faisait remonter à ce membre de la famille de Thou la première possession de la chapelle[1].

---

[1] François Blanchard, auteur de l'ouvrage intitulé : *Les présidents au mortier à Parlement de Paris*, n'hésite point à lui en attribuer la construction; voici ce qu'il dit à la page 189 de son livre :

«Augustin de Thou, fils de Jacques de Thou, conseiller et advocat du Roy en la Cour des Aydes, et de dame Geneviève Le Moine, etc.

«Il décéda le sixiesme jour de mars mil cinq cens quarante-quatre, et le lendemain septiesme il fut inhumé en la chapelle *qu'il avoit fait construire* en l'église de Saint André des Arcs, dans les vitres de laquelle se voit encores aujourd'huy son portrait avec celuy de dame Claude du Marle, sa femme, qu'il avoit espousée avant l'année mil cinq cens vingt.»

Il est un autre document faisant partie de la même liasse et ayant son importance au point de vue du droit de propriété; c'est un mémoire intitulé : *Observations sur la chapelle de MM. de Thou dans l'église paroissiale de Saint-André-des-Arts, dite la chapelle de Saint-Augustin*. L'auteur de ce mémoire, après avoir traité de divers autres sujets, examine si la famille de Thou a droit à la possession de la chapelle, et voici comment il résout la question : «Les mausolées et les épitaphes qui se trouvent dans cette chapelle annoncent qu'elle appartient à cette maison; les armes qui sont tant en haut de la décoration qu'aux vitres de cette chapelle, sont une preuve que la chapelle appartient à la maison de Thou. Le nom même de la chapelle confirme cette preuve : elle est qualifiée chapelle de MM. de Thou dans l'acte de fondation de messes du 8 novembre 1642.»

Tombeau de MR de Thou.

C'est à la chapelle de Saint-Augustin que s'appliquent les détails descriptifs suivants donnés par Le Beuf: «Le vitrage d'une des chapelles de l'aile méridionale a cela de singulier qu'il représente Jésus-Christ foulé comme les raisins par un pressoir, avec cette sentence d'Isaïe en lettres gothiques du XVIe siècle: *Quare rubrum est indumentum tuum?* — *Torcular calcavi solus*. La statue de saint Christophe est au-dessus de l'autel; c'étoit apparemment le patron du fondateur. Celles de sainte

Barbe et de sainte Jacqueline y sont aussi. Dans la maison qui est vis-à-vis de cette chapelle, il y a deux niches, où sont deux semblables statues de saint Christophe et de sainte Jacqueline, de hauteur naturelle; et il y a grande apparence que c'étoit la maison du fondateur [1]. »

Cette conclusion à laquelle arrive Le Beuf s'appuie, d'une part, sur l'identité du nom des saints dont il a vu les statues, et des prénoms de quelques membres de la famille de Thou; d'autre part, sur la proximité de la résidence occupée par cette famille. Aussi, il est constant que le second, sinon le premier possesseur de la chapelle est Christophe de Thou; que sa femme s'appelait Jacqueline, et l'une de ses sœurs, Barbe; enfin que l'hôtel de la famille de Thou, dont l'entrée principale était rue des Poitevins, avait une façade postérieure sur la rue du Cimetière-Saint-André, vis-à-vis de la chapelle de Saint-Augustin.

La liasse de la chapelle Saint-Augustin contient diverses pièces parmi lesquelles nous avons distingué d'abord un petit recueil d'épitaphes de la famille de Thou, recueil fait au XVIIIe siècle, puis une sorte de procès-verbal établissant l'identité des corps trouvés dans les caveaux. Il semble résulter de ce document que les restes de plusieurs membres de cette illustre famille, dont l'inhumation dans la chapelle des de Thou est certaine, n'ont pas été retrouvés [2]. En revanche, on a les épitaphes de Christophe de Thou, de dame Jacqueline Tuleu ou Tuleau, sa femme, de Marie de Barbanson-Cani, première femme de Jacques-Auguste, son fils, de Gasparde de la Châtre, seconde femme de ce dernier, et d'Aimée de Thou, fille de Christophe. Les historiens de Paris ont recueilli la plupart de ces épitaphes.

V. — CHAPELLE DE SAINT-JEAN-BAPTISTE.

Contiguë à la chapelle de Saint-Augustin, celle de Saint-Jean-Baptiste était la

---

[1] Le passage d'Isaïe, que cite Le Beuf, est tronqué; le voici en entier :

— *Quare ergo rubrum est indumentum tuum, et vestimenta tua sicut calcantium in torculari?*

— *Torcular calcavi solus, et de gentibus non est vir mecum; calcavi eos in furore meo, et conculcavi eos in ira mea; et aspersus est sanguis eorum super vestimenta mea, et omnia indumenta mea inquinavi.*

On voit que le sens d'appropriation est un peu différent du sens propre : l'homme dont parle le prophète *foule* le raisin, et le Christ, représenté sur le vitrage de la chapelle citée par Le Beuf, *est foulé* comme la grappe.

[2] Notamment ceux de Jacques de Thou, troisième du nom, le premier membre de la famille qui soit venu se fixer à Paris, ainsi que le constate Fr. Blanchard dans le livre précité :

«Jacques de Thou, troisième du nom, seigneur de Bignon, de Beville et de Lavercy, advocat général de Sa Majesté en la Cour des Aydes à Paris, vivoit en 1476, et fut le premier de sa famille qui vint s'habituer à Paris, où il contracta mariage avec Genefiève Le Moine, fille de François Le Moine des Allemans, de laquelle il eut un fils et trois filles. Et estant décédé le premier jour d'octobre de l'an 1504, il fut enterré dans le chœur de l'église de S. André des Arcs, sa paroisse.» *Les présidens à mortier du Parlement de Paris*, par François Blanchard, p. 253.

cinquième à droite, le long de la rue du Cimetière, en partant de la façade occidentale de l'église ; elle occupait le même rang dans la succession des chapelles, quand on se dirigeait du chœur vers le grand portail.

Le titre de fondation, ou de concession, manque ; mais on sait par divers autres documents que la chapelle était possédée par les familles Brinon et du Tillet. Le 6 avril 1541, Jean Brinon et Jeanne Lhuillier, sa femme, y fondèrent des messes. Hippolyte Cocheris a pris cette date pour celle de la concession, ou de la fondation[1]. Le fait est possible ; mais nous n'en avons pas de preuve certaine.

La liasse relative à la chapelle de Saint-Jean-Baptiste ne contient que peu de pièces : on y trouve notamment une copie, qualifiée informe, d'épitaphes rappelant les personnages qui y étaient inhumés : Jean Brinon, fondateur présumé, et Jeanne Lhuillier, sa femme, morts l'un le 6 février 1540, l'autre le 19 décembre 1530 ; Jean Rusé, conseiller au Parlement, décédé le 5 septembre 1537 ; il était probablement allié à l'une des familles du Tillet, Brinon, ou Lhuillier.

On trouve également dans cette liasse une généalogie des familles Brinon et du Tillet.

VI. — CHAPELLE DE LA TRINITÉ.

Située, comme les précédentes, à droite du grand portail et le long de la rue du Cimetière, la chapelle de la Trinité était la sixième en montant, et la quatrième, à gauche, en descendant vers la principale entrée de l'église.

On ne trouve pas de titre de fondation, ou de concession ; mais on sait qu'elle s'appelait, vers le milieu du xviie siècle, la chapelle de Galope, et un peu plus tard la chapelle de Dangueschin, du nom d'une famille à laquelle celle des Galope s'était alliée. En 1641, Madeleine Galope, veuve d'Antoine Dangueschin, y fait une fondation de messes ; elle y est ensuite inhumée, et son épitaphe, que nous transcrivons en entier parce qu'elle nous révèle les noms des fondateurs, ainsi que la date approximative de la fondation, établit que la chapelle fut construite dans le cours du xvie siècle, peu après celle de Saint-Augustin. L'esprit de rivalité, ou d'imitation, dut être ici encore la cause déterminante de cette fondation. Voici l'épitaphe dont il s'agit :

Cy gist

Dame Magdeleine Galope, veuve de feu Me Antoine d'Angueschin, vivant chevalier, s^r de Verdelly, conseiller au Parlement de Paris, héritière de la piété de Louis, Charles et Jean Galopes, ses père, ayeul et bisayeul, lequel Jean Galope a bâty cette chapelle, sous laquel est le lieux de sa sépulture, et de dame Claude de Thou, son épouse, et leurs descendans, ayant chacun en leur temps départis de leurs biens pour la décoration de l'église Saint-André.

On voit plus loin que Madeleine Galope mourut le 13 février 1643, à l'âge

---

[1] *Notes et additions au texte de Le Beuf*, III, p. 277.

de soixante-quatre ans; ce qui reporte environ à un siècle en arrière la fondation de la chapelle bâtie par Jean Galope, son bisaïeul. Plusieurs épitaphes sont transcrites dans les pièces que renferme la liasse relative à la chapelle de la Trinité. On y trouve, en outre, la mention de vingt plombs existant dans le caveau de cette chapelle, notamment un plomb portant la date de 1586.

La chapelle de la Trinité n'est mentionnée ni par Le Beuf ni par Hippolyte Cocheris.

VII. — CHAPELLE DE SAINTE-ANNE.

Le long de la rue du Cimetière, toujours à partir de la façade principale de l'église, cette chapelle occupait le septième rang; elle était la troisième, en suivant l'ordre inverse.

Le Beuf n'en parle pas; mais Hippolyte Cocheris lui consacre une ligne dans ses *Notes et additions*. Elle était à peu près contemporaine des chapelles de Saint-Augustin, de Saint-Jean-Baptiste et de la Trinité, c'est-à-dire qu'elle avait été construite dans la première moitié du xvie siècle.

Le 17 avril 1518, les principaux paroissiens de Saint-André-des-Ars, assemblés au «revestiaire» de cette église, c'est-à-dire dans la sacristie, entendirent et acceptèrent les propositions d'Olivier Alligret, qui offrait quatre cents livres «pour ayder et parfaire la seconde chapelle commencée à faire en icelle église, du costé de la rue des Deux-Portes-du-Cimetière-Saint-André, sous la condition ordinaire de clôture et de sépulture pour lui, sa famille et ses descendants. Les membres de l'assemblée paroissiale adhérèrent aux arrangements réciproques à prendre par la fabrique et par Alligret, en faisant toutefois une réserve analogue à celle que nous avons mentionnée pour la chapelle Saint-Jérôme, qui est de la même époque, à quatre années près, à savoir que le fondateur ferait «faire par luy les voirrieres, closures, autel, ymages, sièges, pavé et aultres choses nécessaires pour le dedans de la chapelle».

Ces deux exemples établissent nettement la combinaison selon laquelle se fondaient les chapelles de l'église Saint-André-des-Ars. La fabrique se chargeait du gros œuvre, moyennant le versement d'une certaine somme, et confiait à un architecte de son choix les plans à dresser, ainsi que l'exécution des travaux; la décoration intérieure et l'ameublement restaient à la charge du fondateur. C'est là que celui-ci pouvait se donner libre carrière, multiplier les ornements, les armoiries, les vitraux, couvrir la voûte et le pavé d'inscriptions et de bas-reliefs, *individualiser* enfin la chapelle qui, extérieurement, placée entre deux contreforts, devait nécessairement, sauf les différences de style propres à chaque époque, s'harmoniser avec le reste de l'édifice.

Le surlendemain du jour où avait eu lieu l'assemblée paroissiale, c'est-à-dire le 19 août 1518, les marguilliers prirent une délibération ratifiant celle des paroissiens et concédant la chapelle à édifier sous le vocable de Sainte-Anne. Les premiers possesseurs furent les Alligret; les Montholon vinrent après; ce qui ne les empêcha pas de faire construire, un siècle après la fondation de la chapelle de Sainte-Anne, une chapelle de Saint-François dans la partie de l'église qui longeait la rue Saint-André-des-Ars.

Les épitaphes des Alligret et des Montholon figuraient naturellement dans la chapelle Sainte-Anne. Celle du fondateur donne ses titres et la date de sa mort : il est qualifié de « conseiller et advocat du Roy en la court de Parlement, seigneur de Clichy et de Charentonneau ». Il mourut le 28 novembre 1532.

Toutes les parentés et alliances que révèlent ces épitaphes indiquent clairement que Saint-André-des-Ars était une paroisse essentiellement parlementaire.

VIII. — CHAPELLE DE SAINT-ANTOINE.

Cette chapelle était la huitième qu'on trouvait à droite, en entrant par le grand portail, et la deuxième à gauche, quand on venait du fond de l'église; elle prenait, comme les précédentes, jour sur la rue du Cimetière-Saint-André.

« Elle fut fondée, dit Le Beuf, avant 1424, par les exécuteurs du testament de Robert Coissy, clerc des comptes, fut déclarée, par arrêt du 9 juin de cette année-là, n'être pas à la nomination de l'Université; mais il y eut un changement »[1]. Il se peut que Le Beuf ait vu l'acte de fondation; mais cet acte ne se trouve point dans la liasse relative à la chapelle Saint-Antoine. On ne sait combien de temps elle fut possédée par les « hoirs ou ayants cause » de Robert Coissy; mais on la voit revendiquée, vers la fin du XVIe siècle, par la puissante famille de Séguier. Dans les notes très sommaires laissées par Adolphe Berty, nous trouvons cette mention : « chapelle Saint Anthoine, prétendue avoir été possédée par la famille Séguier; nulle preuve; mais en 1596, 1er juin, fondation, par la veuve de Pierre Séguier, de deux obits, le chapelain devant être nommé par celui des enfants qui restera sur la paroisse »[2].

Les documents que contient la liasse relative à la chapelle Saint-Antoine confirment le dire de Berty : il existe, en effet, de nombreuses pièces témoignant des prétentions de la famille Séguier à la propriété de cette chapelle. La revendication qu'elle fait s'appuie sur deux motifs principaux : l'existence, dans la chapelle Saint-Antoine, de la sépulture de Pierre Séguier, président au Parlement, mort le 25 octobre 1580, et la fondation d'obits faite par sa veuve, le 1er juin 1596. En

---

[1] *Histoire de la ville et du diocèse de Paris*, éd. Cocheris, III, p. 31 et 32. — [2] Notes manuscrites non classées.

réponse à ces deux arguments, on fait observer que le droit à la sépulture et les fondations d'obits peuvent être des présomptions, mais ne constituent pas, à eux seuls, des titres à la propriété d'une chapelle. Pour en être légitime propriétaire, il faut produire un acte de fondation, ou de concession; justification que ne fait point la famille Séguier.

Malgré l'absence de titres et en dépit des objections de la fabrique, Hippolyte Cocheris, dans ses *Notes et additions,* affirme le droit de propriété des Séguier : «La chapelle Saint Antoine, dit-il, a longtemps appartenu à la famille des Séguier.» Il ajoute qu'elle fut baillée, en 1770, à Henri Boulard, écuyer, avocat au Parlement et conseiller du Roi.

Les revendications de ce genre devaient être assez fréquentes, surtout pour les chapelles de fondation ancienne. Aussi les marguilliers prirent-ils, à la date du 8 septembre 1763, une délibération portant que «on présentera une requête tendant à ce que les personnes qui se croient des droits à la possession des chapelles, justifient de leurs titres». Deux mois après, le 13 décembre de la même année, le Parlement, ratifiant la délibération des marguilliers, rendit un arrêt qui déclarait vacantes, c'est-à-dire pouvant être concédées à d'autres par la fabrique, les chapelles dont les possesseurs ou prétendants n'ont pu représenter leurs titres. C'est sans doute en vertu de cette décision que la chapelle Saint-Antoine fut baillée à Henri Boulard; les concessions et fondations devenant de plus en plus rares, la fabrique se voyait obligée de donner les chapelles à bail.

IX. — CHAPELLE DU SAINT-SACREMENT.

Nous arrivons à la dernière chapelle latérale ayant vue sur la rue du Cimetière; c'était la neuvième à partir du portail, et la première en venant du sanctuaire.

Le Beuf et Cocheris ne la mentionnent pas; Berty, qui avait puisé aux mêmes sources que nous, a laissé la note suivante : «Je ne pense pas qu'elle ait été aliénée. En 1679, on arrête qu'il sera fait un plan pour construire une chapelle nouvelle de la Communion, et deux ou trois étages au-dessus — consécration sous le nom de *Sainte-Marguerite,* 11 décembre 1683, — changée, en 1704, en celle du *Saint-Sacrement*»[1].

Ces indications sommaires ont besoin d'être complétées; en l'absence des pièces ayant composé la liasse et manquant aujourd'hui, nous sommes obligé, comme Berty, de consulter la notice qui tient lieu de documents originaux, et où l'on trouve les renseignements dont nous donnons l'analyse.

Rien ne paraît établir qu'elle ait été fondée par des particuliers, ou qu'elle ait

---

[1] Notes manuscrites non classées par l'auteur.

fait l'objet d'une concession. Il semble, au contraire, que la fabrique en a toujours joui, ce qui impliquerait qu'elle l'a fait bâtir à ses frais. Cette présomption ressort des décisions contenues dans le troisième registre des délibérations des marguilliers. On y trouve, à la date des 21 septembre et 5 novembre 1679, la décision relatée plus haut, à savoir que «on fera un plan pour construire une chapelle nouvelle de la Communion, et deux ou trois étages au-dessus». Autre décision du 20 septembre 1682, portant qu'il est accordé à M. Le Coignieux, par M. le curé de Saint-André, de faire faire, à ses dépens, une porte à la petite chapelle joignant celle du Saint-Sacrement «pour sortir à la chapelle nouvellement construite».

Il s'agit évidemment de la chapelle de la Communion, dont le plan avait dû être dressé en vertu de la décision des 21 septembre et 5 novembre 1679. En 1683, cette chapelle est achevée, et, le 11 décembre, on la bénit sous l'invocation de *Sainte-Marguerite*. Enfin, le 1er août 1704, la chapelle Sainte-Marguerite change de vocable : elle prend le nom de *chapelle du Saint-Sacrement*, et il est permis aux membres de cette confrérie d'y prendre place, «à la charge de fournir tous les ornemens nécessaires».

Que la chapelle dont il s'agit ait été construite aux frais de la fabrique seule, et que celle-ci ait en conséquence continué à en jouir, sauf à la bailler ou à la prêter à certaines confréries ou corporations, il n'y a rien là que de très naturel; les diverses pièces que nous avons consultées établissent, en effet, que les particuliers étaient admis à «aider» aux dépenses, mais qu'ils ne les supportaient pas toutes, la fabrique y contribuant toujours dans une proportion variable.

CHAPELLE SUR LA RUE HAUTEFEUILLE.

X. — ORATOIRE DE SAINT-MATHIAS.

Cet édicule, omis par Le Beuf, et mentionné seulement par Adolphe Berty et Hippolyte Cocheris, était situé derrière le grand autel; il formait une dixième chapelle à partir du grand portail, soit qu'on suivît le côté droit, soit qu'on longeât le côté gauche de l'église. C'était une sorte de chapelle absidale, donnant sur la rue du «Chevet Saint Andry».

En vertu d'un contrat passé devant deux notaires au Châtelet, le 31 décembre 1612, les marguilliers de Saint-André-des-Ars concédèrent à «Me Mathias Mareschal, advocat à la Court de Parlement, une place estant derrière et hors le chœur de ladicte église, entre deux arcs-boutants d'icelle, sur la rue de Hautefeuille, à la charge d'y construire et faire bastir, par ledict sieur Mareschal et à ses despens, un oratoire selon ladicte place, bien fondé de pierre de taille à chaux et sable, dont le mur sera d'espaisseur compétante pour la seureté de ladicte églize, sans l'incommoder aucunement; et sera ledict Mareschal tenu, en faisant faire ledict oratoire, de faire estayer les murs, si aucuns convient estayer, et faire restablir le tout, ainsi qu'il appartiendra pour ladicte seureté d'icelle églize » [1].

Du prénom du fondateur, le nouvel oratoire fut dédié à saint Mathias; il devait être contigu au presbytère de Saint-André, que Berty place à l'angle des rues Hautefeuille et du Cimetière.

CHAPELLES SUR LA RUE SAINT-ANDRÉ-DES-ARS.

I. — CHAPELLE DES FONTS.

Nous reprenons notre marche d'occident en orient, c'est-à-dire du portail principal de l'église Saint-André, en nous dirigeant vers le chevet. A gauche, la chapelle des Fonts baptismaux apparaît la première; ce qui lui donnait le neuvième rang quand on suivait l'ordre inverse.

Le Beuf et Hippolyte Cocheris ne mentionnent pas cette chapelle; Berty lui consacre quelques lignes seulement. Il résulte des pièces que nous avons dépouillées qu'elle fut fondée ou concédée le 20 janvier 1628, par les marguilliers de Saint-André-des-Ars, à Marie Gousseau, veuve de François Boyer, à Louis Boyer, son fils, et à Marie Aubert, femme de celui-ci, moyennant le payement d'une somme de 320 livres, et à charge par les concessionnaires de faire faire, à leurs dépens, un autel, ainsi que la clôture de l'entrée. Ils étaient tenus, en outre, de l'entretenir d'ornements et de luminaire, et de la laisser libre pour les baptêmes et les processions. Ce n'était, au fond, qu'une demi-concession, qui fut consentie à l'époque de la translation des fonts baptismaux. Une pièce de la liasse relative à la chapelle dont il s'agit nous apprend, en effet, que les fonts étaient placés dans la seconde chapelle de la Résurrection, qui était aussi la seconde sur la rue Saint-André, mais qu'ils furent transférés dans la chapelle attenante, le 20 octobre 1627.

On lisait, dans la nouvelle chapelle des fonts, l'épitaphe de Louis Boyer, de sa mère et de sa femme.

---

[1] Arch. nat. L 632, 10° liasse.

II. — DEUXIÈME CHAPELLE DE LA RÉSURRECTION.

Située à l'extrémité de l'église, par conséquent à une assez grande distance du sanctuaire, la seconde chapelle de la Résurrection avait été construite l'une des dernières. Le 20 octobre 1627, elle fut concédée, par les marguilliers de Saint-André, à François Joly, sieur de Fleury, et à Charlotte Baudon, sa femme, moyennant le payement d'une somme de 850 livres, et à charge, par eux, de la faire clore à leurs dépens, avec permission d'y faire construire un caveau également à leurs frais.

Le Beuf et Cocheris passent cette chapelle sous silence; Berty la mentionne simplement sans autre détail que la translation des fonts, dont nous avons parlé à propos de la chapelle de ce nom. Les pièces que contient la liasse relative à cette chapelle ne sont guère plus explicites; elles ont spécialement trait aux épitaphes de Jean Joly de Fleury, premier du nom, de Jean II, son fils, de Guillaume-François Joly de Fleury, procureur général au Parlement, son petit-fils. La succession des Joly de Fleury s'étend, à Saint-André-des-Ars, de 1627 à 1756.

III. — CHAPELLE SAINTE-MARTHE.

La «chemise» de la liasse concernant cette chapelle porte l'annotation suivante : «On croit que cette chapelle étoit la troisième, à gauche, où est la porte de Saint-André, et la septième, à droite, y compris la sacristie, en descendant le maître autel, du côté de la rue Saint-André.»

Le Beuf l'a mentionnée dans les termes suivants : «Ce fut vers ce même temps (1424) qu'un nommé Pierre Brunet en fonda une, du titre de Sainte Marthe, ou au moins, l'exécuteur de son testament, qui étoit Girard Séguier, conseiller au Parlement.»

Dans ses *Notes et additions*, Hippolyte Cocheris confirme le fait : «La chapelle Sainte-Marthe, dit-il, fut fondée par le chanoine de Bourges, Pierre Brunet, le 5 septembre 1482. Elle était desservie, au moment de la Révolution, par l'abbé Guillaume de Villeneuve, qui déclara, le 22 mai 1791, que les revenus de cette chapelle se montaient à 2,223 livres; les charges n'étaient que de 1,085 livres 9 sous 3 deniers; le produit était donc de 1,147 livres 10 sous 9 deniers [1].»

La liasse relative à cette chapelle ne contient pas d'acte de fondation ou de concession. On y trouve seulement un testament, en date du 5 septembre 1482, par lequel Pierre Brunet, chanoine de l'église de Bourges, ordonne qu'après sa mort on célèbre, chaque jour, une messe basse dans l'église Saint-André-des-

---

[1] *Notes et additions au texte de Le Beuf*, III, p. 276.

Ars, moyennant une rente de 30 écus d'or. Le testateur exprime, en outre, le désir que la chapelle soit pourvue des ornements nécessaires. Une dernière clause prouve que Pierre Brunet est réellement le fondateur : c'est que la chapelle est «à sa présentation», c'est-à-dire qu'il a droit d'en présenter le chapelain à l'agrément de l'Ordinaire.

Ce testament, qui n'existe qu'en extrait aux Archives nationales, mentionne, comme dépendant de la chapelle Sainte-Marthe, trois maisons situées dans la rue Saint-André-des-Ars, entre autres celle du Cheval Blanc, qui aboutissait à la rue de l'Hirondelle.

Une autre pièce faisant partie de la même liasse tend à prouver que Pierre Brunet est le véritable fondateur de la chapelle : c'est un arrêt du Parlement, en date du 11 mai 1487, ordonnant que les exécuteurs testamentaires de Pierre Brunet garderont entre leurs mains les biens meubles et immeubles nécessaires, tant pour le payement des 30 écus d'or, que pour la fondation de la chapelle.

Adolphe Berty, qui avait compulsé la liasse relative à la chapelle Sainte-Marthe, en a résumé ainsi le contenu : «5 septembre 1482, testament de Pierre Brunet, chanoine de Bourges, qui ordonne la fondation d'une messe basse, chaque jour, en l'église Saint-André, moyennant trente écus d'or; laquelle chapelle (*sic*) sera à la présentation de sa famille. Trois maisons dépendent de cette chapelle : l'une est celle du Cheval Blanc, rue Saint-Andry, à présent rue de l'Hirondelle.»

IV. — CHAPELLE SAINT-PIERRE.

Cette chapelle était la quatrième à gauche, en entrant par le grand portail occidental; elle occupait le sixième rang, — y compris la sacristie, qui était une ancienne chapelle transformée, — quand on allait du sanctuaire à la façade de l'église.

Ni Le Beuf, ni Cocheris, ni Berty ne font mention de cette chapelle. La liasse qui en porte le nom aux Archives nationales ne contient pas de pièces relatives à sa fondation. Divers documents constatent que la propriété en a été longtemps contestée, et qu'elle a été possédée par la famille de La Guesle.

Il est fait mention de sépultures et d'épitaphes existant dans la chapelle; mais on n'en trouve pas le texte. Il est probable que la chapelle, construite par la fabrique, n'avait pas été concédée.

V. — CHAPELLE SAINT-FRANÇOIS.

Dans l'ordre de succession des chapelles ayant vue sur la rue Saint-André-des-Ars, celle de Saint-François était la cinquième, à gauche, à partir du grand portail occidental, et la cinquième, à droite, quand on allait du chevet à la façade.

Le Beuf la passe sous silence ; mais Cocheris la cite comme ayant été fondée par un membre de la famille de Montholon, le 6 juillet 1619. Berty lui consacre cette mention sommaire : « 6 juillet 1619, concession à maître François de Montholon de la place où était le vieux portail, à la charge d'y bâtir chapelle, et moyennant mille livres, destinées à payer les ouvrages commencés. »

La date de la construction de la chapelle Saint-François est donc facile à déterminer : elle coïncide avec la démolition de l'ancienne façade occidentale, œuvre de l'abbé Jean de Vernon, et qui fut, dit Le Beuf, remplacée « par un portail du dernier siècle ». Les Montholon, qui avaient déjà la jouissance de la chapelle de Sainte-Anne, fondée par Olivier Alligret, se décidèrent à en avoir une nouvelle fondée par eux. Aux termes d'un contrat passé par-devant deux notaires au Châtelet, le 6 juillet 1619, les marguilliers de Saint-André concédèrent à François de Montholon, pour lui et ses héritiers, « la place en laquelle était le vieux portail », et où il ferait bâtir une chapelle, avec caveau pour la sépulture de sa famille ; cette chapelle devait être symétrique aux deux chapelles voisines. Le concessionnaire avait le droit d'y faire placer ses armoiries ; on l'autorisait également à « faire closture », mais il devait fournir les ornements nécessaires à la célébration du culte. Il devait, en outre, payer une somme de 1,000 livres pour la maçonnerie et les ouvrages commencés.

L'enveloppe de la liasse où sont contenus les documents qui fournissent ces détails, annonce des épitaphes dont on ne trouve pas le texte.

VI. — CHAPELLE SAINT-LAURENT.

Pour le visiteur qui pénétrait dans l'église par le grand portail, la chapelle Saint-Laurent était la sixième, à gauche, le long de la rue Saint-André, et la quatrième, à droite, quand il marchait en sens inverse.

Omise par Le Beuf, la chapelle Saint-Laurent est à peine indiquée par Berty, qui rappelle la fondation d'un obit, à la date du 17 mai 1574.

Elle est mentionnée par Cocheris dans les termes suivants : « Elle fut fondée au XVIe siècle, et le monitoire est conservé dans les archives des comités historiques »[1]. La liasse qui contient, aux Archives nationales, les documents relatifs à cette chapelle fournit les renseignements suivants :

Elle aurait été fondée, en 1538, par un sieur Yves Coutel, si l'on ajoute foi à

---

[1] *Bulletin des comités historiques*, année 1854, p. 164.

deux mémoires émanant, l'un des marguilliers, l'autre d'une famille qui prétendait à la propriété de la chapelle. Ces deux mémoires sont d'une date bien postérieure à la fondation: l'un ne remonte qu'au 3 janvier 1674, et l'autre au mois de février suivant.

Les mémoires dont il s'agit mentionnent diverses épitaphes; mais la liasse n'en renferme pas le texte; on les trouve dans les épitaphiers manuscrits.

VII. — CHAPELLE DE SAINT-NICOLAS ET DE SAINT-CLAUDE.

Le Beuf lui donne ces deux vocables; les autres historiens de Paris ne mentionnent que le premier, de telle sorte qu'on ne saurait dire si ces vocables ont été simultanés ou successifs.

La chapelle Saint-Nicolas occupait le septième rang, quand on pénétrait dans l'église par le grand portail et qu'on se dirigeait vers le chevet, en longeant l'église Saint-André. Dans l'ordre inverse, elle était la seconde, si l'on tient compte d'une ancienne chapelle transformée en sacristie.

On s'accorde à dire qu'elle fut fondée en 1491 par Jacques Coytier, médecin de Louis XI, qui y fut inhumé. On sait que Coytier, propriétaire de la MAISON DE L'ÉLÉPHANT, qu'il avait fait construire sur une partie des terrains de l'hôtel de Navarre ou d'Orléans, était en son temps l'un des paroissiens importants de Saint-André. Son nom, que Le Beuf écrit « Coctier », et qu'on retrouve dans les archives de l'église sous la forme « Cottier », paraît s'être éteint au xviiie siècle.

La liasse conservée aux Archives nationales ne contient pas de titre de fondation ou de concession; toutes les anciennes chapelles sont, d'ailleurs, dans ce cas. On sait seulement qu'elle a été possédée par les familles Le Clerc et de Gourgues. Un membre de cette dernière famille la céda pour l'agrandissement de la sacristie, laquelle, dit un mémoire du temps, « est si petite qu'il n'y a pas de quoy ».

L'absence de pièces authentiques constatant la fondation ou la concession de la chapelle Saint-Nicolas est compensée, dans une certaine mesure, par une requête du président de Gourgues en date du 6 octobre 1722, dans laquelle il est dit que, par contrat passé devant Dreux Comtesse et Nicolas Comtesse, notaires au Châtelet, le 10 juin 1491, sur la réquisition de maître Jacques de Cottier, chevalier et vice-président de la Chambre des comptes, les curé et marguilliers de la paroisse Saint-André-des-Ars « auroient consenty et lui auroient accordé deux petites places joignantes ladicte églize de Saint-André-des-Arcs, pour y construire une chappelle de neuf, à sa disposition, et de dame Marguerite Leclerc, son épouse, et de leurs hoirs et successeurs, pour y establir leur sépulture; ce qui auroit été exécuté à la diligence et aux frais desditz sieur et dame de Cottier ».

En 1733, le possesseur de la chapelle Saint-Nicolas l'échangea contre celle de Saint-Jean-Baptiste. Ce n'était sans doute point un descendant de Coytier, et il est à croire que la famille de ce personnage s'était éteinte avec le sieur « de Cottier », dont il est question dans l'acte précité; car ce dernier n'eût point abandonné, pour une autre, la chapelle où reposait son illustre ancêtre.

Les pièces contenues en la liasse font mention des épitaphes existant dans la chapelle de Saint-Nicolas.

VIII. — CHAPELLE TRANSFORMÉE EN SACRISTIE.

Elle était la huitième à gauche, le long de la rue Saint-André, pour le visiteur entrant par la porte occidentale, et la deuxième à droite, en allant du chevet de l'église au grand portail.

Omise par Le Beuf et par Cocheris, la sacristie de Saint-André est mentionnée sommairement par Berty : « La huitième chapelle à gauche, et la deuxième à droite, dit-il, c'est la sacristie; on ignore si elle a été chapelle; elle est sacristie depuis fort longtemps. »

L'esprit de symétrie qui paraît avoir présidé à la construction des chapelles de l'église Saint-André, lesquelles étaient placées « entre les arcs-boutans de la nef », fait présumer que la sacristie, comme la première chapelle des fonts, était aussi une chapelle originairement. Cependant, l'unique pièce contenue dans la liasse et dépourvue de toute date, ainsi que de toute signature, laisse planer un doute à cet égard; elle est ainsi conçue :

« Sacristie. — On ignore si elle a formé autrefois une chapelle; on voit par l'énoncé d'anciens titres qu'elle existe depuis un temps immémorial, destinée à servir de sacristie. Cependant pour plus grande seureté, on l'a comprise comme un des objets dans lesquels rentre la fabrique par sa délibération du 1er mai 1772. »

« On voit, par une délibération du 15 août 1726, qu'il fut arrêté qu'on vendroit deux grilles de fer, qui étoient dans la cave, sous la sacristie. Il seroit à présumer qu'il y a donc une cave sous cette sacristie, qui est fermée ». — la cave sans doute, et non la sacristie.

Aucun autre document ne nous permet d'élucider la question.

IX. — CHAPELLE DE LA VIERGE.

Dans l'ordre de succession des chapelles échelonnées le long de la rue Saint-André, la chapelle de la Vierge était la neuvième à partir du grand portail, et la première en venant du maître autel; elle prenait jour sur la rue Hautefeuille ou du «chevet Saint-Andry».

Le Beuf et Cocheris l'ont mentionnée sous le nom de «chapelle des Ramays ou Ramets».

Le premier donne, à cet égard, les renseignements qui suivent : «Jean de Ramays, avocat, fonda, par son testament du 16 août 1430, la chapelle de la sainte Vierge (qui quelquefois est appelée la Conception), voulant que l'évêque la conférât sur la présentation des marguilliers. Elle a été divisée en deux parties. Germain de Ganay en avait été chapelain avant d'être élevé sur le siège épiscopal de Cahors.... Une autre chapelle de la Conception est dite fondée par Jean Ferroul dans des provisions de 1521.»

H. Cocheris qualifie d'erronées ces diverses assertions: «Le Beuf, dit-il, commet ici deux erreurs. La chapelle des Ramets, comme on l'appelait, et la chapelle de la Conception sont deux chapelles distinctes. De plus, la chapelle des Ramets a été fondée le 4 juillet 1433, et non pas en 1430. Cette chapelle possédait 108 livres de revenu en 1728. La chapelle de la Conception qui, à la même époque, avait un revenu de 101 livres 4 sous, était alors à la nomination d'une demoiselle La Bucaille, comme la plus proche parente du feu sieur Féron, descendant probablement des fondateurs. Ajoutons qu'il ne faut pas confondre la chapelle de la Vierge, autrement dite des Ramets, avec la chapelle Notre-Dame, fondée le 20 mars 1516.»

Berty a essayé de faire la lumière au milieu de toutes ces obscurités, sans y réussir pleinement. Nous avons puisé aux mêmes sources et nous sommes convaincu que Le Beuf et Cocheris ont pris pour des fondations de chapelles des créations de chapellenies et de vicaireries, faites postérieurement à la construction de l'édifice ; ce qui est bien différent. La liasse relative à la chapelle de la Vierge contient, en effet, plusieurs actes de 1313 à 1348, concernant le don du fief de Trichy par Jean Thelu ou de Thelu, chanoine de Saint-Quentin, pour fondation d'une chapellenie «à l'autel de la Vierge». Le Beuf assure que cette fondation était «du titre de la Magdeleine, à la collation de l'évêque de Paris sur la présentation de l'Université, et que l'évêque Foulques de Chanac l'avoit confirmée en 1348.»

Les historiens de l'Université n'ont eu garde de l'oublier; Crévier la mentionne en ces termes : «En la même année (1308), l'Université acquit quelques terres et biens fonds des deniers que lui avoit légués Jean Thélu, docteur en décrets, et chanoine de Saint-Quentin, pour y être employés à fonder une chapelle, dont elle auroit la présentation. L'acte de l'acquisition des biens dont cette chapelle devoit être dotée est de 1308, et cependant la fondation n'eut sa pleine et entière exécution qu'en 1348. Alors la chapelle ayant été érigée par l'évêque de

Paris dans l'église Saint-André-des-Arts, *à l'autel de la sainte Vierge*, le célèbre Jean Buridan en fut le premier nommé chapelain. Elle subsiste encore aujourd'hui (1761), et elle est la chapelle la mieux rentée de l'Université [1]. »

Cette expression « à l'autel de la Vierge », le mot *chapelle* employé évidemment dans le sens de *chapellenie*, nous semblent donner la clef de tout le mystère : au lieu de compter quatre chapelles distinctes, la Vierge, la Conception, Notre-Dame, la Madeleine, il paraît beaucoup plus naturel de voir là des créations de chapelains et de vicaires officiant « à l'autel de la Vierge », dans une seule et même chapelle, la plus vaste et la plus importante de toutes, comme le sont généralement les chapelles consacrées à la Vierge.

Nous trouvons dans l'une des pièces que nous avons consultées (Arch. nat., L 631, n° 20), une nouvelle preuve de la vérité de notre interprétation. Le 6 janvier 1626, Jean Véron, prêtre, fondateur d'une « messe de la Passion », avait demandé aux marguilliers la permission de « faire faire un autel contre la face du pillier où estoit la chaire du prédicateur, du costé dextre du crucifix ». Le 4 août 1628, il obtint l'autorisation demandée et fit « dresser et mettre ledit autel, contretable, tableau et l'image de Nostre Seigneur en *Ecce homo* ». La messe devait être dite à cet autel, qui pouvait ainsi compter pour une chapelle.

Une raison d'impossibilité matérielle vient fortifier cette interprétation : en admettant même que la chapelle de la Vierge ait été divisée en deux, ce que nie Cocheris, en supposant de plus que la sacristie ait été jadis une chapelle, on ne trouve point encore, dans la succession de ces édicules, la place nécessaire pour loger tous ceux que mentionnent les historiens, et il faut absolument recourir à l'une de ces deux explications : changements successifs de vocables, ou créations, dans une chapelle, de plusieurs titres de chapelains et de vicaires célébrant au même autel, en vertu de fondations différentes. La liasse que nous avons dépouillée contient une pièce citée par Berty, laquelle concorde parfaitement avec l'explication que nous avons donnée. A la date du 3 juillet 1433, Jean de Rameys, avocat au Parlement, fonde une vicairerie composée de deux chapelains, toujours « en la chapelle de la Vierge », et abandonne, pour constituer revenu, deux maisons sises en la rue Pavée.

On trouve dans la même liasse une mention de la chapelle, ou plutôt chapellenie de la Conception, par un sieur Feiron, dit Cocheris, en réalité Jean Feirou, avocat au Parlement ; cette mention est relative à une inscription placée « sur la porte de la sacristie ». S'il s'agit non d'une chapellenie, mais d'une véritable cha-

---

[1] *Histoire de l'Université*, II, p. 220.

pelle, il est fort possible que ladite sacristie en occupât l'emplacement et que le titre en ait été transporté ailleurs. La fondation de Jean Feirou était du 4 septembre 1506.

Enfin, il résulte des diverses pièces que nous avons dépouillées après Berty, qu'on ne trouve nulle part le nom des fondateurs de la chapelle de la Vierge, bâtie probablement par la fabrique à raison de son vocable et de son importance, et que la propriété n'en a jamais été revendiquée par ceux mêmes qui y avaient fondé des messes ou des obits.

Parvenu au terme de notre excursion dans l'église Saint-André, après avoir visité successivement les dix-neuf chapelles qu'elle renfermait, y compris l'oratoire Saint-Mathias, nous avons encore à placer, ou plutôt à identifier celles de Sainte-Geneviève et de Saint-Michel, dont parlent les historiens.

Cette dernière, dit Le Beuf, « avoit été fondée avant l'an 1431 par Pierre du Perrey, clerc-notaire du Roi, et la fondation confirmée par le cardinal de Chalant, légat en France »[1]. Il est regrettable que H. Cocheris, dans ses *notes et additions*, n'ait pas cherché à l'identifier; les pièces dont il a donné la cote, et que Berty avait consultées, sont muettes à cet égard; nous n'y avons rien trouvé qui puisse aider à une identification. Un document important, qui n'a pas encore été publié et que nous reproduisons en substance, aurait pu nous fournir quelque lumière : c'est le procès-verbal d'une visite générale de l'église Saint-André, faite par l'architecte Antoine, en 1772; malheureusement nous n'y avons trouvé qu'une simple mention de la chapelle Sainte-Geneviève et aucune indication sur celle de Saint-Michel. En revanche, il y est fait mention de deux oratoires, « derrière le chœur », au lieu du seul oratoire Saint-Mathias, et de deux chapelles « adossées aux piliers de l'entrée du chœur »; ce n'étaient sans doute que des autels, et c'est peut-être là qu'il faut placer les vocables de la Conception, de Saint-Michel et de Sainte-Geneviève. Quoi qu'il en soit, nous croyons devoir maintenir le sens de *chapellenie* attaché au mot *chapelle*, et nous pensons qu'il faut interpréter ainsi tout acte de fondation, dans lequel il n'est point parlé de construction ou d'appropriation à faire.

Aux chapelles se rattachent naturellement les confréries et les *ex-voto*. Sauval en cite une (I, 428), celle de Saint-Jean l'Évangéliste, érigée, dit-il, et fondée par les libraires qui, dans ce temps, ne vendaient que des manuscrits, les écrivains, les enlumineurs, les relieurs et parcheminiers, relevant de l'Université de Paris, comme suppôts. Elle fut confirmée par le roi Louis XI, le 15 septembre 1467; ce qui prouve qu'elle existait auparavant. H. Cocheris en retrouve deux autres: celle

---

[1] *Histoire de la ville et du diocèse de Paris*, édit. Cocheris, III, p. 31.

des Parcheminiers, qui devait être un démembrement de la précédente, fondée par Jeanne Volant, veuve d'Antoine Montor, parcheminier, le 24 mars 1659; et celle de Jésus-Marie-Joseph, instituée l'année précédente par une bulle du pape Innocent X. Quant aux *ex-voto*, nous nous bornerons à en citer un, mentionné par Dulaure : «On voyait, dit cet historien, dans une chapelle de l'église Saint-André-des-Ars, un *ex-voto* placé par Armand Arouet, frère de Voltaire [1].»

Les cellules de reclus et de recluses se lient également aux chapelles, ainsi que les confréries et les *ex-voto*. Or l'église Saint-André-des-Ars nous offre une particularité de ce genre. Un siècle environ avant les recluses du cimetière des Innocents et de la chapelle de Sainte-Marie-Égyptienne, dont il est question dans le *Journal d'un bourgeois de Paris*[2], l'abbé de Saint-Germain accordait une *licentia edificandi reclusagium*, ou autorisation «à une recluse des Filles-Dieu de Paris de se bastir une demeure attenant et touchant les piliers de l'église Saint-André-des-Ars, sur la terre et jurisdiction temporelle de l'abbaye». Voici le texte de cet acte, qui a été relevé par feu H. Legrand dans les archives de l'Abbaye :

Permission accordée à une recluse des Filles-Dieu de Paris, par l'Abbé de Saint-Germain, de se bastir une demeure attenant et touchant les piliers de l'église de Saint-André-des-Ars sur la terre et jurisdiction temporelle de l'Abbaye.

A tous ceux qui ces p̄ntes lectres verront, Jehan Lebacle de Meudon, chlr. garde de la prevosté de Paris, salut. Savoir faisons que, pardevant Guill. Deschamps et Adam Petit, clers notaires jurez du Roy n̄re sire, establis de par luy en son Chastellet à Paris, etc. — Mess. Grenier de Plaisance et Pierre Viel bō̄fis, en l'église de Paris, ou nom et com̄e amis et affins de Gilonne La Galerence, Recluse, nagueres en l'ostel des Filles Dieu de Paris, d'une part, et mess. Jacques Senvuni, curé de l'église Saint Andry des Ars à Paris, Michel Levasseur et Nicolas de Tannes, marregliers de l'église dud. Saint Andry ou nom et pour ycelle église d'autre part, asseurerent et p^r vérité confesserent que, de la droit licence et aūcté (autorité), de Monsḡr l'evesque de Paris, ilz avoient accordé et traicté ensemble pour lad. Recluse, que ycelle Recluse doresnavant, sa vie durant seulement, auroit son habitaōn et demeure tant en ladicte église de Sainct Andry q^e com̄e ou circuite d'un pié de terre de lé, joignant au pilier de ladicte église, dehors cheant sur la terre et voierie de Sainct Germain des Prez, lequel pié de terre et de long, tant com̄e lad. habitaōn durra, que Reverent pere en Dieu, Mons. l'abbé dudict Sainct Germain auroit voulu et accordé et consantu (*sic*) que l'habitaōn de ladicte Recluse y soit faicte,

---

[1] *Histoire de Paris*, II, p. 263.

[2] «Le xie jour d'octobre, au jeudy, fut la recluse, nommée Jehanne la Voirière, mise, par maistre Denis des Moulins, lors evesques de Paris, en une massonete toute neuve, dedans le cymetière des Innocens, et fist ung bel sermon devant elle et devant moult grant foison de peuple, qui là estoit pour le jour.» (*Journal d'un bourgeois de Paris*, édit. Tuetey, p. 336 et 337.)

Le nouvel éditeur de ce journal ajoute les détails suivants : «Jeanne la Verrière fut remplacée par Alix la Bougrotte, morte le 29 juin 1476. Ces deux recluses paraissent s'être cloîtrées volontairement; il n'en est pas de même de Renée de Vendemois qui fut condamnée, le 20 mars 1486, pour adultère et assassinat de son mari, à la reclusion perpétuelle en une logette construite à ses frais dans le cimetière des Innocents.» (*Ibid.*)

pour soy demourer le cours de sa vie durant seulement, sans préiuddice de sa terre et jurisdiction et sans ce que, apres son trespassement, autre Recluse y puisse demourer ou habiter sans le consentement dud. abbé. Et pour ce ycelles dessusnommees partyes, es noms q⁰ dessus, promisrent loyaument et en bonne foy ladicte habitāon abatre ou faire abatre tantost apres le decez de ladicte Recluse, sil plait aud. abbé et si come lad. habitāon se comptera, delessez la place aud. abbé, cy au tel point et estat come elle est a present, sans préiudice de lad. eglise terre et jurisdiction dud. Saint Germain des Prez, promettans par leurs sermens a non venir contre a nul jour pour quelque cause, et a faire et enteriner°et accomplir ce q⁰ dit est esdiz noms. Obligeans quant à ce lesd. mess. Grenier et Pierre Viel, euls, leurs hoirs, tous leurs biens et de leurs hoirs, et lesd. marregliers de Sainct Andry dessusd., dans tous les biens de ladicte eglise quelconques pñs et a venir, a inster et exploicter par toutes justices pour ces lr̄es acomplir. Esquelles nous, a la relacon (réclamation) desdis notaires jurez, avons mis a ces lr̄es le scel de la prevosté de Paris, l'an mil ccc cinquante et neuf, le samedy vint et vij jours de mars.

        Signé : A. Petit. (Sceau à queue avec fleur de lis.)

 La logette construite pour abriter Gilonne la Galerence ne survécut pas sans doute à cette recluse, puisqu'il avait été stipulé qu'on la « feroit abatre tantost aprez son decez ». Nous ne saurions dire à quelle partie de l'église elle était accolée ; c'était plus probablement sur la rue du Cimetière, à cause de la circulation qui encombrait la « grant rue Saint-Germain ».

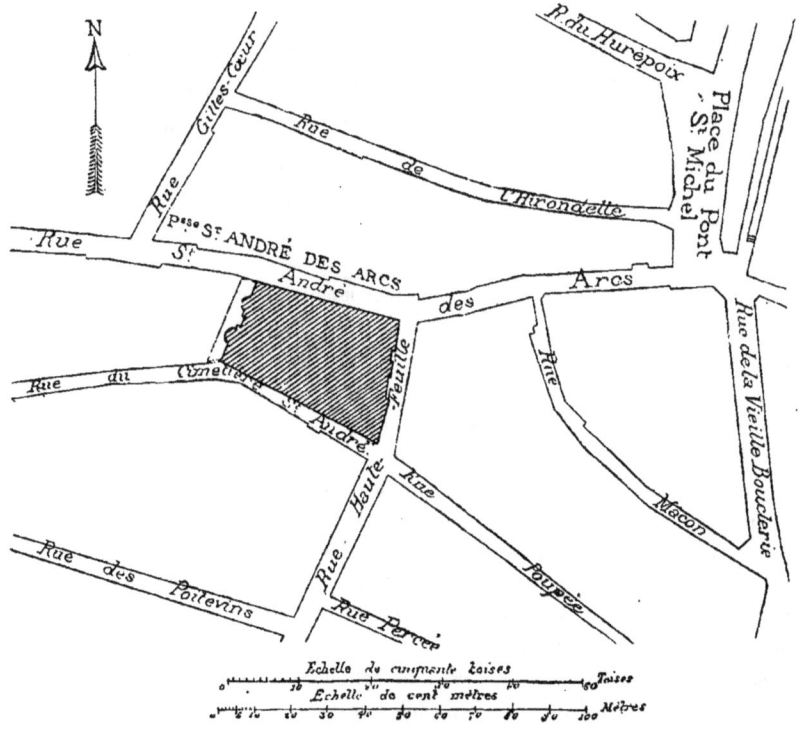

L'église Saint-André-des-Ars et ses environs, d'après le plan de Verniquet.

 Tout cet ensemble de petits bâtiments, chapelles, oratoires, logettes, accolés successivement à l'église Saint-André, offrait un aspect assez disparate et nécessitait de fréquentes réparations. L'extinction des familles des fondateurs, la diminution des revenus, l'attiédissement des paroissiens, quand il s'agissait de fondations ou de dotations nouvelles, avaient dû laisser la plus grande partie des frais d'entretien à la charge de la fabrique. C'est pour satisfaire à ce devoir et aussi pour mettre en bon état les chapelles « vacantes et impétrables », afin de les concéder ou de les bailler à des conditions avantageuses, que les marguilliers de Saint-André obtinrent, le 14 mai 1772, de François Dufour de Villeneuve, lieutenant civil de la ville, prévôté et vicomté de Paris, d'abord une homologation de leur délibération, puis une sentence en vertu de laquelle l'architecte Jacques Denis Antoine fut chargé de se transporter dans l'église Saint-André, avec Joseph Bouillerot, greffier des bâtiments, pour visiter lesdites chapelles. Il ne faut donc point s'étonner de ne pas trouver, dans le rapport de ces experts, l'indication de toutes les chapelles que renfermait l'église. Il s'agissait, nous le répétons, de réparations à exécuter dans les chapelles vacantes et impétrables, ainsi que dans d'autres pour lesquelles il pouvait y avoir quelques contestations au sujet de la propriété. Celles qui ne se trouvaient pas, en 1772, dans l'une de ces deux conditions ne reçurent point la visite de l'architecte Antoine.

La première vacation, qui eut lieu le 21 mai, consista dans une entrevue avec les marguilliers, à qui l'architecte donna lecture de la sentence et des autres actes qui s'y rattachent; elle se termina par l'examen de l'une des deux chapelles de la Résurrection. La seconde visite fut remise au 25 mai; les suivantes eurent lieu les 26 et 30 du même mois, 2, 3, 16 et 17 juin [1]. Voici quel fut le résultat de cette expertise :

Première chapelle de la Résurrection. — Cette chapelle est fermée, sur le bas côté, ou collatéral à droite de la nef, par une forte et très ancienne grille en bois plein et à panneaux jusqu'à hauteur d'appui, et à balustres par le haut, et entrelas de fer et différents ornements en sculpture évidés; le tout couronné d'une corniche enrichie de denticules et d'ornements taillés, surmonté d'un fronton triangulaire qui sert de couronnement à la porte d'entrée de la chapelle, et sur lequel sont posées deux figures très mutilées, représentant des chérubins. Aux deux côtés des frontons et sur la corniche qui sert de couronnement à la grille, sont de mauvais chardons de fer, la plupart cassés.

La porte d'entrée de la chapelle est ferrée de deux fortes fiches coudées, d'une vieille serrure à tour et demi, avec sa clef, la gâche, entrée et boucle. Plusieurs ornements de la partie supérieure sont mutilés, de même que le surplus de la grille de clôture de la chapelle. On remarque aussi à la corniche plusieurs éclats.

A gauche, en entrant dans la chapelle et au dehors, on voit, appliqué au-devant de la partie inférieure de la grille, un banc de menuiserie soutenu par des consoles, aussi de menuiserie, qui portent sur la première des deux marches de pierre qui sont à l'entrée de la chapelle;

---

[1] Le rapport de l'architecte Antoine, adressé au lieutenant civil Dufour de Villeneuve, est conservé aux Archives nationales (section historique) sous la cote S 3310.

à droite, sont des vestiges de pattes qui indiquent que le banc de ce côté a été supprimé lors de la construction du tambour de la porte du bas côté.

Sur la partie supérieure de la grille et à gauche, en entrant dans la chapelle, sont appliquées de mauvaises planches et un petit guichet ouvrant; le tout formant les ouvertures de la grille à hauteur d'homme, et, à gauche, sont appliqués deux mauvais panneaux au même effet (*sic*).

La chapelle est voûtée d'arêtes de forme gothique, avec branches d'ogive en pierres de taille, qui se réunissent et sont liées au milieu de la voûte par quatre rosaces de sculpture, au centre desquelles sont des armoiries, aussi en sculpture.

Les murs, en trois sens, de la chapelle, sont en pierre de taille. Dans celui qui est du côté de la rue du Cimetière et en face de la grille de clôture, est un grand vitrail, cintré par le haut, en forme gothique, servant à éclairer la chapelle. Ce vitrail est divisé en trois parties, sur sa largeur, par deux branches en pierre, qui se terminent dans le haut en diverses figures gothiques. Les vides de ce vitrail sont fermés de panneaux de verre montés en plomb, formant différents compartiments ornés et encadrés de bordures, sur lesquelles sont peintes des fleurs et différents ornements coloriés. Sur deux de ces panneaux et dans la partie inférieure du vitrail, sont peintes des armoiries semblables à celles qui sont au centre de la voûte et ci-devant déclarées. Presque tous ces panneaux sont en mauvais état; indépendamment du besoin qu'ils ont d'être nettoyés, il y a nombre de pièces cassées; les planches sont fracturées en beaucoup d'endroits; le défaut des châssis en fer rend ce vitrail peu solide, les panneaux n'étant soutenus que par quelques traverses mal scellées dans les côtés montants.

Au dehors du vitrail, est un grand grillage de fil de fer, monté sur un châssis de tringles arrondies formant dix-huit panneaux, la plupart percés, déchirés et hors de service.

Dans l'intérieur de la chapelle et au-devant du vitrail, est une forte tringle de fer, avec des poulies pour porter un rideau.

Le plancher inférieur est parqueté et en assez bon état, à l'exception de quelques pointes et de plusieurs petits panneaux, le long du mur de face, sur la rue du Cimetière.

L'autel de la chapelle consiste en un très vieux coffre de bois de chêne dont le devant ouvre en deux parties ferrées d'anciennes fiches à broche, d'une serrure sans clef et d'une barre de fer en deux parties, avec des supports et crampons.

Épitaphe de Claude Gallard.

Annonciation. Cette chapelle est fermée sur le bas côté ou collatéral, à droite de la nef, par une grille en bois très forte et très ancienne, à panneaux par le bas, jusqu'à hauteur d'appui.

La voûte est en pierre de taille, de même forme que celle de la chapelle de la Résurrection.

Vitrail gothique également de même forme, avec armoiries.

L'intérieur de la chapelle est décoré d'un lambris de menuiserie dans la face opposée à l'autel, de même que dans celle du vitrail. La dernière partie est moins élevée que la première; ce qui produit un détestable effet.

Épitaphe d'Hercule Vauquelin des Yvetaux.

Saint-Jérôme. On voit dans cette chapelle une grille de fer, élevée, distribuée en panneaux, avec frises, barreaux droits et enroulements; porte au milieu, surmontée d'un couronnement en fer;

Voûte semblable à celles de la chapelle de la Résurrection et de l'Annonciation;

Grand vitrail en forme gothique, s'ouvrant sur la rue du Cimetière.

La décoration du retable est en pierre de Tonnerre : elle se compose de pilastres supportant une corniche cintrée en voussures, dans laquelle est une Gloire, au-dessus d'un tableau représentant saint Jérôme qui administre la communion.

L'autel a la forme d'un tombeau; il est de marbre de différentes couleurs.

Épitaphe de Mathieu Chartier;

Épitaphe de Michel Chartier (incorrecte);

Autres épitaphes, parmi lesquelles on remarque une inscription en vers français à l'honneur de Michel Chartier.

Saint-Sacrement ou Communion. Cette chapelle, en forme de rotonde, est fermée par une grille en fer à barreaux, ouvrant à deux vantaux. Cette grille est surmontée d'un couronnement.

Elle est éclairée, sur la rue Hautefeuille, par un vitrail dont les peintures représentent une Gloire éternelle, au centre de laquelle est l'Agneau pascal, avec les attributs des évangélistes et plusieurs chérubins.

L'autel, placé au-devant du vitrail, est un coffre de bois en menuiserie.

Épitaphe de la demoiselle Claude Le Maistre, fille de Gilles Le Maistre, morte le 22 septembre 1556.

Épitaphe de Carolus Loppeus, théologien de Navarre, mort en 1633.

Fonts baptismaux. Cette chapelle est éclairée, sur la rue Saint-André, par un grand vitrail, qui est divisé en trois parties par des meneaux en pierre, se terminant dans le haut, en diverses figures gothiques : les vides sont remplis de panneaux de verre, sur lesquels sont peints : 1° le baptême de Jésus-Christ; 2° différents ornements servant de bordures; 3° des armoiries.

Les murs et voûte de ladite chapelle sont très irréguliers dans leur plan par le biais qui occasionne l'alignement du mur de face sur la rue Saint-André, qui, n'étant point parallèle au mur de la nef, produit sur toutes les chapelles de ce côté la même irrégularité.

Tableaux anciens et médiocres représentant : l'un, l'entrée de Jésus-Christ à Jérusalem; l'autre, son ensevelissement.

Grille anciennement en bois; de fer en 1772.

Épitaphe de Louis Boyer, mort en 1661.

Sainte-Marthe. — Il ne restait de cette chapelle, en 1772, que l'emplacement occupé par une allée.

Saint-Pierre. Grand vitrail sur la rue Saint-André. Ce vitrail est divisé en trois parties par des meneaux de forme gothique. On y voit peints le Paradis terrestre et diverses armoiries.

Voûte gothique, avec branches d'ogive qui se réunissent en rosaces ou culs-de-lampe.

Grille de fer.

Pourtour de forme irrégulière.

Chapelle servant de sacristie. Elle est située à l'angle des rues Hautefeuille et Saint-André, et éclairée de ces deux côtés par un vitrail gothique, où sont peintes diverses armoiries.

En face du vitrail de la rue Hautefeuille, sont différents corps d'armoires, de très ancienne menuiserie, surmontés de portions de lambris plus modernes.

Oratoire ou chapelle Saint-Mathias, derrière et à gauche du rond-point du chœur.

Autel en vieille menuiserie.

Éclairé, sur la rue Hautefeuille, par un vitrail composé de trois panneaux de verre montés en plomb.

La voûte est en pierre, avec armoiries sculptées au centre.

Oratoire à droite du chœur, ayant son entrée par la chapelle de la Communion.

Cet oratoire est sans autel. Il est éclairé, sur la rue Hautefeuille, par un vitrail et deux petits œils-de-bœuf garnis de panneaux de verre en mauvais état.

Sainte-Geneviève. Cette chapelle devait être l'une des deux adossées aux piliers du chœur. Le procès-verbal constate, en effet, qu'elle consistait en «un autel de menuiserie en forme de tombeau moderne, décoré de panneaux enrichis de divers ornements». Elle renfermait un tableau peint sur toile et représentant sainte Geneviève.

Saint-Jean-Baptiste. Cette chapelle est fermée, sur le collatéral, par une grille de bois fort ancienne, ornée de colonnes en forme de balustres, et de pilastres au dedans, avec panneaux pleins, jusqu'à hauteur d'appui.

Vitrail divisé en trois parties par des meneaux de pierre se terminant, dans le haut du vitrail, par une rose gothique; l'un des meneaux contient des armoiries.

Voûte gothique, de même que toutes celles de l'église.

Au-dessus du retable, grand tableau sur toile représentant Jésus-Christ et saint Pierre sur les eaux.

Épitaphes de Jean Rusé et de Jean Brinon.

Chapelle de la Vierge. Elle est éclairée par trois vitraux, dont deux regardent la rue Hautefeuille, et le troisième sur un petit escalier qui conduit de la sacristie au bureau des marguilliers. Ces vitraux sont garnis de panneaux de verre montés en plomb, au milieu desquels est un petit tableau peint sur verre, représentant la mort de Jésus-Christ et, au-dessus, le chiffre de la sainte Vierge.

Ladite chapelle est enfermée dans une grille de fer en plan circulaire.

Épitaphe de Lenain de Tillemont;

Épitaphes de Jean Feirou et de sa femme;

Épitaphe de Pierre d'Hozier;

Épitaphe de Claude Montmory;

Épitaphe de Michel de Lauzon, conseiller au Parlement, mort en 1610.

Trinité. Chapelle fermée sur le bas côté, à droite, par une très ancienne grille, partie en menuiserie et partie en fer, avec barreaux et enroulements d'un dessin très gothique, de même que les ornements qui décorent la partie inférieure de ladite grille, laquelle, jusqu'à hauteur d'appui, est distribuée en panneaux et pilastres.

La corniche qui termine la partie supérieure de ladite grille est aussi décorée d'ornements gothiques, de même que les pilastres qui la supportent.

La voûte est en pierre, de forme gothique, et enrichie de divers ornements.

Au-dessus de l'autel, est un très ancien tableau sur toile, représentant la Cène.

Deux des faces intérieures de la chapelle sont revêtues de lambris de menuiserie très anciens.

Sainte-Anne. Grilles en fer, d'environ 4 pieds 1/2 de hauteur.

Voûte de forme gothique, de même que toutes celles de l'église.

Autel en forme de tombeau.

Mauvais tableau peint sur toile, représentant sainte Anne et la Vierge.

Saint-Antoine. Grille en fer de 8 à 9 pieds de hauteur.

Vitraux de forme gothique.

Voûte gothique.

Deuxième chapelle de la Résurrection. Grille en barreaux de fer d'environ 3 pieds de hauteur, avec porte ouvrant dans le milieu, élevée sur une espèce de socle de pierre, de deux marches de hauteur au-dessus du carreau des collatéraux.

La portion de voûte de ladite chapelle qui se raccorde avec celle des bas côtés se trouve occupée par l'un des piliers butants de la tour; ce qui donne au plan de ladite chapelle une forme très irrégulière.

Le vitrail à jour sur la rue Saint-André est divisé par deux meneaux de pierre, qui se terminent dans le haut en espèce de rose gothique.

L'autel qui est en face de la grille et adossé au mur de face de la rue Saint-André, au-dessous du vitrail, est le seul qui soit ainsi placé; il a la forme d'un tombeau antique.

Mausolée de MM. Joly de Fleury, en marbre de différentes couleurs, surmonté d'une figure allégorique qui est appuyée sur un écusson de bronze, aux armes des Joly de Fleury. Dans le bas est un trophée de justice aussi en bronze. Sur une table de marbre blanc est gravée l'épitaphe de Guillaume Joly de Fleury.

Caveau.

Saint-François. Cette chapelle est éclairée, sur la rue Saint-André, par un vitrail divisé, sur sa largeur, en trois parties, avec meneaux de pierre, qui se terminent dans le haut en forme de rose gothique.

Voûte de forme gothique.

L'entre-colonnement du retable est rempli par un tableau peint sur toile, qui représente saint François.

Grille de clôture, de menuiserie, en forme gothique.

Tombes et épitaphes des Montholon.

Autres mausolées.

Saint-Laurent. Cette chapelle est éclairée, sur la rue Saint-André, par un vitrail divisé, comme celui de la chapelle Saint-François, avec meneaux de pierre, qui se terminent dans le haut en différentes formes gothiques. Chaque partie du vitrail est garnie de vieux panneaux de verre, montés en plomb, et scellés dans des pieds-droits et meneaux de pierre.

Voûte de forme gothique, avec branches d'ogive enrichies d'armoiries et culs-de-lampe sculptés.

L'autel est un coffre de menuiserie, de forme très ancienne.

Plancher formé de carreaux de terre cuite, en très mauvais état, par suite de vétusté.

Épitaphes de plusieurs membres de la famille Isambert. La plus ancienne est de 1587.

Chapelle Saint-Nicolas. Vitrail ouvrant sur la rue Saint-André, formé de panneaux de verre blanc montés en plomb.

Grille de clôture, d'une menuiserie très ancienne.

Épitaphe de Jean Leclerc, conseiller du roi, chanoine de Notre-Dame d'Amiens, mort le 20 septembre 1522.

CHAPELLE SAINT-AUGUSTIN. Elle est éclairée par un vitrail, plus large que celui des chapelles précédentes. Panneaux de verre montés en plomb.

Sur le vitrail sont peintes les armoiries des de Thou et autres.

La voûte est en pierre de taille et de forme gothique.

Les murs sont aussi bâtis en pierre de taille. Sur celui de gauche est appliqué l'autel, qui consiste en un grand retable de pierre de Tonnerre, composé de deux colonnes d'ordre corinthien, surmontées d'un entablement et d'un fronton, dans le tympan duquel sont les armes de la maison de Thou.

Épitaphes des de Thou.

Le rapport, dont nous avons reproduit ou analysé les parties les plus importantes, témoigne de l'état disparate et fort négligé de l'église Saint-André-des-Ars. Il est évident que cet édifice, avec ses annexes composées « de pièces et de morceaux », ne présentait que peu d'intérêt aux contemporains; il nous en offrirait, au contraire, beaucoup à l'heure présente, par les différences caractéristiques qui distinguaient les diverses parties de l'édifice de ses dix-neuf ou vingt chapelles. Il n'en reste plus rien aujourd'hui, sauf certaines substructions enfouies sous le sol de la place, que des fouilles intelligemment conduites pourraient mettre à découvert. Lors du remaniement des circonscriptions paroissiales de Paris en 1791, l'église Saint-André fut conservée, puis fermée quelque temps après, et finalement vendue le 4 fructidor an v (21 août 1797). On ne tarda point à la démolir, et l'emplacement qu'elle occupait, racheté le 24 mars 1809 par la ville de Paris, devint la place Saint-André-des-Ars. Plusieurs des objets d'art qu'elle renfermait furent détruits; le tombeau de la princesse de Conti par Girardon et celui du prince de Conti, œuvre de Nicolas Coustou, furent transportés au Musée des monuments français [1].

La reconstitution de la fortune mobilière et immobilière de l'église Saint-André sort des limites de notre cadre; nous nous bornerons à indiquer les propriétés bâties qu'elle possédait. En 1674, la fabrique acquit plusieurs lots de terrains dépendant de l'ancien hôtel de Nemours, et y fit construire des maisons de produit. La déclaration faite le 5 floréal an II constate qu'elle possédait, depuis un temps plus ou moins long, plusieurs autres immeubles : une maison sise rue Gervais-Laurent, dans la Cité; une seconde en la rue Saint-Germain-l'Auxerrois;

---

[1] La collection formée par les soins d'Alexandre Lenoir comprenait plusieurs autres reliques d'art provenant de l'église Saint-André; on y voyait notamment : (n° 130) deux figures académiques par Barthélemy Prieur; (n°ˢ 150, 165 et 166) le buste de Christophe de Thou, la statue de Jacques-Auguste de Thou, celles de Marie de Barbanson et de Gasparde de la Châtre, sa première et sa seconde femme, œuvres de Prieur et de François Anguier, un bas-relief par Girardon, etc.

Vue de la démolition de l'Église St André des Arts en 1800. (Paris)

une troisième dans la rue Pavée; deux dans la rue Saint-André-des-Ars, une autre en la rue de l'Hirondelle, la plupart à elle léguées et grevées de fondations pieuses. (Arch. nat. S 3308-3309.)

Les inscriptions funéraires étaient nombreuses à Saint-André-des-Ars; les liasses conservées aux Archives contiennent des copies de ces épitaphes, et les historiens de Paris en ont imprimé les plus remarquables. Dès le commencement du XVIIIe siècle, une partie avait péri, par suite du défaut d'entretien de l'église; de plus, un arrêt du 18 août 1721 avait autorisé le curé à retirer celles qui étaient placées derrière le chœur. Grâce aux épitaphiers manuscrits conservés dans les bibliothèques de Paris et antérieurs à l'arrêt dont il s'agit, H. Cocheris a pu allonger la liste que donnent les historiens. Nous la reproduisons dans l'ordre un peu trop arbitraire où cet érudit l'a donnée :

Anne-Marie Martinozzi, princesse de Conti (4 février 1672); François-Louis de Bourbon, prince de Conti (22 février 1709); Jean-Baptiste Bavot, chevalier, seigneur d'Ombreval, avocat général à la cour des aides (17 janvier 1699); Geneviève Berthelot, sa femme (?); Gilbert Mauguin, président en la cour des monnaies (6 juillet 1674); Claude de Maistre, fille de Gilles le Maistre, premier président de la cour du parlement, seigneur de Saint-Cehault, et femme de Claude Bergeau, conseiller du roi au grand conseil, seigneur de Marcillière (30 juillet 1545); Catherine Fremit, sa femme (1er novembre 1515); Catherine Le Febvre, sa deuxième femme (27 ..... 1532); Claude Le Maistre, notaire et secrétaire du roi (6 novembre 1562); Martin Couray ou Couvay, conseiller et secrétaire du roi (9 juillet 1598); Augustin Couvay, fils du précédent, avocat (3 ides de novembre 1601); Claude d'Aubray, chevalier-baron de Bruyères-le-Château, Saint-Sulpice, Monchamps, Saint-Chéron, la Repose et le Coudreau (31 mai 1609); Michel de Lauzon, seigneur d'Haubervilliers près Meudon, conseiller du roi au parlement, commissaire aux requêtes (2 novembre 1610); Élisabeth d'Amours, sa femme (30 janvier 1631); Anne de Lauzon, fille unique, femme d'André Potier, seigneur de Voiron, conseiller du roi et président au parlement de Bretagne (15 décembre 1611); Renée de Charnières, dame de Chize (3 avril 1622); Bitaut, seigneur de Chize, conseiller du roi, maître des requêtes et intendant de la justice au bas Languedoc, son mari (3 avril 1622); Christophe Fouquet, conseiller au parlement (1625); Pierre Seguier, marquis d'O, son petit-fils (1638); André du Chesne, historien (30 mai 1640); Olivier Alligret, conseiller et avocat du roi, seigneur de Clichy et de Charentonneau, édificateur de la chapelle qui porte son nom (23 septembre 1535); Claire Le Gendre, sa femme (16 octobre 1548); Jean Ruzé, seigneur du Jau, de Lance-Quilles et de Monceau, conseiller du roi, fils de Guillaume Ruzé, conseiller, et de Catherine Briçonnet, époux de Geneviève Brinon (?); Pierre d'Hozier, généalogiste (1er décembre 1660); Jacques-Auguste de Thou, premier président du parlement de Paris [1] (1er novembre 1582); Anne de Thou, sa femme [2] (15 des calendes de novembre 1584); Jean de Thou, seigneur de Bonneil, conseiller du roi et maistre des requêtes, fils aîné de Christophe de Thou (5 août 1579);

---

[1] Il y a là une double erreur : Jacques-Auguste de Thou ne fut jamais que président à mortier; puis la date (1582) indique qu'il s'agit de Christophe.

[2] Anne de Thou ne pouvait être la femme de Jacques-Auguste; des deux personnes qui portèrent ce nom, l'une fut la sœur, et l'autre la fille de Christophe.

Jacques-Auguste de Thou, historien (mai 1617); Marie de Barbançon-Cany (*Barbansonix-Canix*), fille de François-Michel de Barbançon, lieutenant du roi en Picardie, première femme du précédent (5 août 1601); Gasparde de la Châtre, sa seconde femme (1627); Mathieu Chartier, jurisconsulte (15 septembre 1559); Jeanne Brinon, sa femme (3 mai 1553); Geneviève Chartier, sœur du précédent, veuve de François de Montholon, garde des sceaux de France (?); Michel Chartier, docteur en droit, maître de Boissy et curé de Saint-Christophe de Paris; François de Montholon (1554); Isabelle Caille, femme de Jean Viole, conseiller à la cour seigneuriale d'Andreyel et d'Aigremont (24 octobre 1532); André des Hayes, avocat (?); Geneviève Le Noir, sa femme (?); Pierre Manguin, de Clermont, avocat (9 juillet 1527); Suzanne du Lac, sa femme (?); Guillaume de Vieilbourg, lieutenant au régiment des gardes, chevalier-seigneur de Miennes et de Cours, près Cosnes-sur-Loire (1er mars 1631); Agnès Ferroul, femme d'Ét. Boujault, conseiller-notaire et secrétaire du roi, fille de Joach. Ferroul, seigneur d'Esgriselles (25 juin 1604); Pierre Le Maistre, secrétaire du roi (1562); Robert Coiffé, greffier en chef de la chambre des comptes, fondateur d'une chapelle (7 septembre 1407); Henri Sincler, évêque de Rossem en Écosse (janvier 1564); Marguerite du Breuil, veuve de Pierre de Hacqueville, conseiller du roi et président en la chambre des requêtes (?); François de Montholon, président au parlement (18 juin 1543); Marie Boudet, sa femme; Jean Saget (9 mai 1457); Jean Goujet, conseiller au parlement (18 juin 1473); Jean Bouchard, conseiller au grand conseil (24 août 1524); Jeanne de Freineré (15 février 1534); Jacques de Thou, conseiller et avocat du roi (1er octobre 1504); Geneviève Lemoine, femme du précédent; Marie Chevalier, dame de Grigny et Saint-Marry, femme de Jean Le Boulanger, chevalier, seigneur de Hacqueville, premier président au parlement (25 septembre 1521); François de Loynes, président des enquêtes au parlement (30 juin 1524); Geneviève Le Boulanger, sa femme, dame de Grigny (?); Jeanne de Coüarmonne, femme de Pierre Belle, huissier au parlement (1491); Richard d'Elbene, Florentin, seigneur de l'Espine et de Bois-Espinard en Brie (20 septembre 1543); Jeanne de Lovan, veuve du précédent (?); Marguerite de Corbie, dame de Gamaches (5 avril 14..?); Philippes Hotman, écuyer du roi, seigneur de Germaine, conseiller du roi en la prévôté de Paris (26 novembre 1593); Pierre Hotman, son fils, conseiller à la prévôté (28 septembre 1624); Jean du Vair, procureur général du duc d'Anjou, en 1568, maître des requêtes (16 juin 1592); Barbare François, sa femme (?); Philippe du Vair, sa fille (?); Robert Nanteuil, graveur du cabinet du roi (décembre 1678); Sébastien-Louis Lenain de Tillemont, historien (30 novembre 1637); Louis Cousin, président en la cour des monnaies, membre de l'Académie française (26 février 1707); Antoine Houdard de la Mothe, membre de l'Académie française (26 décembre 1731); Charles du Moulin, jurisconsulte (26 décembre 1566); Henri d'Aguesseau, maître des requêtes de l'hôtel, président du grand conseil, etc. (17 novembre 1716); Claire Le Picard du Périgin, sa femme (?); Jean-Baptiste-Paulin d'Aguesseau, leur fils (20 janvier 1723); Claude Leger, curé de la paroisse (?); Joli de Fleury, procureur général du parlement (?); l'abbé Le Batteux, littérateur (1760).

CHAPITRE X.

SUITE DES VOIES PUBLIQUES
COMPRISES DANS LA RÉGION OCCIDENTALE DE L'UNIVERSITÉ.

RUE D'ANJOU (DAUPHINE),
ACTUELLEMENT RUE DE NESLE [1].

Cette rue, d'origine relativement moderne, fait partie du groupe de voies publiques percées à l'occasion de l'achèvement du Pont-Neuf. Les historiens de Paris en ont peu parlé : «Elle fut ouverte en 1607, dit La Tynna, et fut ainsi nommée l'année suivante, à la naissance de J. B. Gaston de France, second fils de Henri IV.» Le jeune prince reçut, en effet, le titre de *duc d'Anjou*, qui avait été porté avant lui et le fut encore après [2].

Du Breul, qui écrivait au moment où la rue fut ouverte, est aussi court et aussi précis : «Or, après que le Pont-Neuf eut esté proche de bastir, plusieurs nouveaux bastimens furent faits... Et, entre autres, en l'Université, a esté bastie de neuf la rue Dauphine..., accompagnée de trois ou quatre autres nouvelles rues, et, le long d'icelles, grand nombre de maisons belles et spacieuses,

---

[1] La rue de Nesle, ou d'Anjou, a été complètement omise par Adolphe Berty.

[2] A propos du titre de *duc d'Anjou*, l'un des historiens de Paris, Saint-Foix, rappelle certaines réflexions d'Étienne Pasquier, qui ne sont point applicables au prince dont le nom fut donné à la nouvelle rue; les voici :

«Tous les princes de la maison de France, qui ont porté le titre de *comtes* et de *ducs d'Anjou*, sont devenus rois et dans des royaumes où il n'y avoit guère d'apparence qu'ils régneroient. En effet, Charles, frère de saint Louis, chef de la première branche d'Anjou, et Louis, frère de Charles V, chef de la seconde, furent l'un et l'autre appelés, par des événements singuliers, à la couronne de Naples et de Sicile. Charles-Robert d'Anjou, vulgairement *Charobert*, devint roi de Hongrie, et joignit à ce royaume la Dalmatie, la Croatie, la Serbie et la Bosnie. Henri III qui, le premier, après l'extinction de ces deux branches d'Anjou, avoit porté le titre de *duc d'Anjou*, fut roi de Pologne.»

Saint-Foix ajoute : «Pasquier, s'il avoit vécu de nos jours, auroit vu une nouvelle branche d'Anjou sur le trône d'Espagne et des Deux-Siciles». (*Essais historiques sur Paris*, IV, 97 et suiv.)

Par une exception singulière, Gaston de France, second fils de Henri IV, ne monta sur aucun trône; il reçut seulement en apanage le duché d'Orléans.

d'une telle structure et ordonnance, que la vue extérieure seulement en est fort agréable [1]. »

La rue d'Anjou est une de ces « trois ou quatre autres »; elle a été ouverte, ainsi que ses voisines, à travers les jardins de l'hôtel ou collège des abbés de Saint-Denis. Ces jardins étaient, en effet, fort étendus et touchaient au pourpris des Augustins. Il fallut donc négocier, tant avec ces religieux qu'avec l'abbaye royale de Saint-Denis, pour opérer les percements que nécessitait l'achèvement du Pont-Neuf. Ces négociations et les entreprises de voies qui les motivaient sont exposées à l'article de la rue Dauphine, la plus importante du groupe [2].

Pour éviter les inconvénients résultant de l'homonymie, la rue d'Anjou a dû, en 1877, échanger son ancienne dénomination, qui ne la localisait point, contre celle de *Nesle*, qui a l'avantage de rappeler la tour et les deux hôtels de ce nom, ayant existé dans son voisinage.

La rue de Nesle, dont l'extrémité orientale débouche dans la rue Dauphine, se continue, à son extrémité occidentale, par celle de Nevers, qui la prolonge, en retour d'équerre, jusqu'à la Seine.

CÔTÉ SEPTENTRIONAL
(d'Orient en Occident).

JUSTICE ET CENSIVE DE SAINT-GERMAIN-DES-PRÉS.
PAROISSE DE SAINT-SULPICE.

On ne distingue que deux maisons anciennes et notables de ce côté de la rue; les autres ont été construites dans la seconde moitié du XVIIe siècle et au XVIIIe. Elles ont peu ou pas d'importance.

MAISON D'HERCULE PORTANT LE MONDE, ayant façade sur la rue de Nesle ou d'Anjou, ainsi que sur la rue Dauphine. Un marchand de drap prit, dit-on, cette enseigne sous le règne de Louis XVI.

MAISON DE LA REINE BLANCHE, ou plutôt l'un des nombreux immeubles auxquels on a donné cette dénomination, à tort ou à raison. Elle paraît avoir existé avant le percement de la rue : ce qui fait supposer qu'on y accédait par la ruelle de Nevers.

---

[1] *Théâtre des Antiquitez de Paris*, p. 367.
[2] Ainsi que nous le faisons remarquer à l'article de la rue Dauphine, la ville n'eut point à intervenir dans l'ouverture de la rue d'Anjou : le percement avait lieu, en effet, à travers le jardin du couvent des Augustins et celui de l'hôtel des abbés de Saint-Denis; les « récompenses » dues pour l'expropriation de ces biens de mainmorte, furent payées par l'entrepreneur, sur l'ordre du roi.

CÔTÉ MÉRIDIONAL

(d'Occident en Orient).

Maison sans désignation, où l'on montre encore un passage souterrain, par lequel Marguerite de Bourgogne pénétrait, dit la légende, dans l'enceinte de la tour de Nesle. Il est impossible de contrôler aujourd'hui l'exactitude de cette allégation.

Maison également sans désignation, formant l'angle de la rue Dauphine et ayant, selon la chronique galante, servi de lieu de rendez-vous à la belle Gabrielle, pour recevoir les visites du Béarnais.

L'historien n'a rien à voir dans ces traditions plus ou moins douteuses; aussi doit-il se montrer très sobre dans la description d'une rue sans passé topographique et sans importance réelle.

ANCIEN CHEMIN SUR SEINE,

RUE ET QUAI DES AUGUSTINS,

QUAIS DU PONT-NEUF (PARTIE ORIENTALE)[1].

La voie publique que nous allons décrire a porté successivement ces différents noms.

Il faut tout d'abord distinguer entre le vieux « chemin sur Sainne », qui paraît avoir existé fort anciennement sur la rive gauche du fleuve, et le quai, ou chaussée, défendu contre les grandes eaux par un mur de soutènement, dont l'établissement ne remonte pas au delà des premières années du xiv° siècle. Le chemin existait certainement dès le règne de Philippe-Auguste, puisque, dans un accensement daté de 1215, et relatif aux terrains aboutissant sur la rivière, entre les sentiers qui sont devenus plus tard les rues Pavée et Gilles-le-Queux, il est stipulé que les voitures devront toujours passer librement sur le terrain accensé.

A cette époque, le « chemin sur Sainne » n'avait pas de dénomination propre, celle-ci pouvant s'appliquer à toute voie charretière longeant le fleuve. La berge, assez basse en cet endroit, n'était ni une grève ni un port de débarquement, comme sur l'autre rive, mais un terrain en pente douce, bordé de saules isolés, de saulsaies croissant sur les bords de la rivière et y laissant pendre leurs

---

[1] La partie occidentale n'est autre que le quai Conti, auquel nous consacrons un article spécial.

branches. C'est là que se trouvait la petite île de Boute-Clou «dont les arbres pendoient sur la rivière» dit Félibien [1], et que les religieux de Saint-Victor et de Saint-Germain-des-Prés se disputèrent longtemps. On sait que cette petite île «assise entre l'église des Augustins et le jardin du Palais-Royal», c'est-à-dire les jardins du palais de la Cité, dont l'emplacement est représenté aujourd'hui par la place Dauphine, fut réunie à la terre ferme, lors de la construction du quai [2]. Des abreuvoirs étaient ménagés le long de la berge, et, en temps de grandes eaux, la rivière venait battre le mur des maisons avoisinant le couvent des Augustins, successeurs des Sachets. La partie orientale du quai, contiguë à la rue de Hurepoix, dont nous parlerons plus loin, était seule, par la pente qu'elle offrait, à l'abri des inondations.

Cet état de choses subsista jusqu'aux premières années du xive siècle : le 7 juin 1312 et itérativement le 23 mai 1313, Philippe le Bel donna l'ordre de construire un quai depuis l'hôtel de Nesle, qu'il possédait depuis cinq ans pour l'avoir acquis d'Amaury de Nesle [3], jusqu'à la maison de l'évêque de Chartres, qui était située à l'angle oriental de la rue Gilles-le-Queux. C'était précisément là que se terminait la rue de Hurepoix, dont le sol, relativement plus élevé parce qu'il montait en pente douce vers le Petit-Pont, n'était pas menacé par les eaux. Félibien expose ainsi, d'après les documents originaux, les difficultés et les lenteurs que rencontra la construction du quai :

«Tout le bord de la rivière, du costé des Augustins, n'estoit alors revestu d'aucun mur; il estoit en pente et garni de saules, à l'ombre desquels les habitans alloient se promener; mais les inondations fréquentes de la Seine minoient peu à peu le terrain et faisoient craindre pour les maisons. Cette considération porta le roi Philippe le Bel à donner ordre, par ses lettres du 9 juin 1312, au Prevost des marchans de bastir, de ce costé là, un quay de pierres de taille. Par autres lettres du 23 may de l'année suivante, il reproche au Prévost des marchans qu'il n'a pas eu soin d'obéir aux ordres réiterez qu'il lui avoit donnez de bastir un quay sur la rive qui estoit entre la maison de Nesle, alors appartenante au Roy, et celle de l'évesque de Chartres, quoique les maisons soient menacées d'une ruine prochaine, à cause des inondations de la rivière. Il renouvelle les mesmes ordres et menace le Prévost de lui faire sentir les effets de son indignation, s'il se rend encore négligent à exécuter ce qui lui a esté commandé [4].»

---

[1] *Histoire de la ville de Paris*, IV, p. 545 et 546.

Les *Registres du Parlement* (30 mars 1394) disent: «pour les arbres de ladicte isle qui pendoient sur l'iauë».

[2] Voir le volume du *Faubourg Saint-Germain*, p. 295 et 324.

[3] Voir à l'article de la Tour et pourpris de Nesle, p. 40.

[4] *Histoire de la ville de Paris*, I, p. 523. Félibien renvoie aux pièces justificatives de la dissertation de Le Roy, où se trouvent imprimées les lettres impératives de Philippe le Bel. Les termes en sont des plus vifs : «...Licet tibi non solum

Vouë du grand Convent des Augustins qui Regarde l'Isle du Palais, et une partie du Chasteau du Louvre.

Le Prévôt des marchands, si vertement tancé, était alors Étienne Barbette, « maistre de la monnoie », dont le nom est resté attaché à l'une des vieilles rues de Paris. Magistrat infatigable, en même temps qu'habile financier, il avait encouru l'impopularité en défendant les mesures fiscales du Roi, et le peuple irrité avait, dans un moment d'émoi, détruit et pillé sa maison [1]. Au moment où le Roi, peu reconnaissant des services que lui avait rendus ce prévôt, lui adressait de si dures injonctions, Étienne Barbette était à sa seconde ou troisième prévôté; l'ingratitude du roi et du peuple avait dû le désabuser, et l'état de la caisse municipale, mise à sec par les tailles extraordinaires qui se succédaient depuis plusieurs années, ne lui avait sans doute pas permis de se rendre plus promptement aux ordres du monarque. Il s'exécuta néanmoins « bien et loyaument », car le quai qu'il fit construire s'est maintenu pendant fort longtemps dans son état primitif, et avec les ouvrages de défense dont on l'avait muni à l'origine.

On n'a fait depuis que le réparer, et il était encore presque intact au commencement de ce siècle. Les plans des XVIe et XVIIe siècles le montrent sous la forme d'une large chaussée soutenue par une solide muraille s'élevant un peu en contrehaut. Des escaliers sont placés aux deux extrémités de ce mur, ainsi qu'au pied des tourelles, ou demi-tours, simples ou jumelées, qui le flanquent du côté de la rivière; quelques-uns des abreuvoirs antérieurs à l'établissement du quai ont disparu, et des échoppes apparaissent de loin en loin adossées à la muraille. Nous reproduisons, aux appendices, une pièce extraite des *Registres du bureau de la Ville*, qui ordonne la suppression de ces échoppes.

Adolphe Berty, qui a figuré huit tourelles ou demi-tours sur son plan, une vers le milieu de la rue de Hurepoix, une au débouché de la rue Gilles-le-Queux, deux accolées vis-à-vis de chacune des deux rues Pavée et Augustins, une en face de la rue Guénégaud, dit avoir vu cette dernière qui, avait subsisté jusqu'à l'établissement du barrage de la Seine par une écluse, en 1853 [2]. Cette tourelle, qui était munie de son larmier, nous a permis, dit-il, de constater que, depuis l'époque

---

semel, sed plures dederimus nostris aliis litteris in mandatis ut cayum sic faceres indilate, tu nichilominus, mandata nostra negligens et contempnens, id facere non curasti....; quod nobis quam plurimum displicet... Ideoque tibi iterato mandamus, firmiter injungentes quod ibi predictum cayum absque prolixiori more, dispendio fieri facias, dum ad hoc tempus conveniens habes, sciturus quod, nisi hoc feceris, te negligentia pugniri graviter; et nichilominus ad illud faciendum compelli viriliter faciemus. » (*Tiré*, dit Le Roy, *du livre rouge de l'Hôtel de Ville*, fol. 107 r°.)

[1] Nous avons exposé sommairement les actes administratifs d'Étienne Barbette dans l'introduction historique placée en tête de l'ouvrage intitulé : *Étienne Marcel*, p. XIII et suiv.

[2] Il ne faut pas confondre cette tourelle, qui adhérait au mur de soutènement du quai, avec celle qui était accolée au bâtiment du Château Gaillard. Cette dernière, dans laquelle les partisans d'une enceinte sur la rive gauche, antérieure à celle de Philippe-Auguste, voient quelque chose d'analogue aux tours Barbeau, de Nesle, Saint-Bernard, etc., c'est à-dire un ouvrage de défense de la muraille aboutissant à la rivière, a été démolie en 1675. Voir l'article relatif au quai Conti.

de sa construction primitive, le quai des Augustins n'avait subi que des restaurations. Nous ne doutons point, ajoute-t-il, que la partie circulaire des escaliers descendant à la berge, qu'on a détruits également il y a peu d'années, ne fût un reste des tourelles élevées au commencement du xive siècle.

La partie supérieure du quai des Augustins, qui était fort étroite et que, dans les temps modernes, on a appelée rue de Hurepoix, à cause d'une hôtellerie de ce nom qui s'y trouvait, a dû être modifiée lors de la construction du pont Saint-Michel. Le tablier de ce pont était établi, en effet, fort au-dessus du sol du quai, lequel était à peu près au même niveau que la rivière à la hauteur des rues Pavée et Gilles-le-Queux. La pente douce qu'on y remarque encore, malgré la réfection récente du pont et le rehaussement du sol dans la partie basse du quai, date certainement de cette époque.

A l'autre extrémité, le plan incliné qui conduit au Pont-Neuf et à la rue Dauphine, est contemporain de ces deux opérations édilitaires. Lorsqu'on ouvrit le nouveau pont à la circulation, il fallut bien le raccorder, d'une part au quai des Augustins, d'autre part au quai de Nesle ou de Nevers, aujourd'hui de Conti. Le percement de la rue Dauphine obligea d'ailleurs les entrepreneurs à imposer aux deux quais le niveau de la nouvelle voie.

« On ne se borna point alors, dit Berty, à changer le nivellement : on modifia en outre l'alignement du quai, en le faisant s'ouvrir vers le Pont-Neuf. En effet, si l'on continue idéalement le quai, en traçant une ligne parallèle à la façade latérale de l'ancienne église des Augustins, cette ligne va se raccorder avec la portion du quai laissée intacte et qui commence vers la rue de Nevers. Si l'on fait, ajoute Berty, la même opération en s'alignant sur l'église des Augustins, et si l'on prolonge le mur occidental d'enceinte de ce couvent jusqu'à la rue de Nevers, on arrive juste à la dimension que ce mur avait sur la ruelle, 10^m,07; ce qui n'a pas lieu sur l'alignement actuel. Enfin, la ruelle elle-même, du côté occidental, a, mesurée ainsi, 81 toises de longueur depuis la muraille de Philippe-Auguste, à laquelle elle aboutit, jusqu'au quai. Nous savons, en effet, que telles étaient ses dimensions au xvie siècle, tandis que, avec l'alignement actuel, elle a 3 ou 4 toises de plus ».

Après un long *statu quo*, le quai des Augustins, considéré comme l'un des plus beaux de Paris, témoin le dithyrambe que lui consacra Raoul Boutrays, en 1612[1], eut à subir divers remaniements dans le courant du xviie siècle. La con-

---

[1] Voici la pompeuse description qu'en fait ce versificateur :

Utque ferocis equi, forti fræno atque inpatis
Ora coercentur, tandemque assuescit herili
Imperio, dorsoque equitem, frænumque subacto
Mandit in ore, audit docilesque regentis habenas,
Aggere sic saxis strato, inter septa reclusus
Fræna velut patitur, quaque indignatus, ab imbre
Cum dat hyems vires, Pleias et aquosus Orion,

Veüe du quay des Augustins, et du Pont St Michel.
Dessigné et Gravé par Israel Silvestre 1658.

struction du Pont-Neuf, l'ouverture de la rue Dauphine et les travaux de raccordement jugés nécessaires, lui avaient valu une nouvelle appellation : on appelait «le quay ou les quays du Pont-Neuf» la double descente, à l'orient vers la rue des Grands-Augustins, à l'occident vers la rue Guénégaud[1]. C'est sous cette dénomination que nous voyons figurer, dans les *Registres du bureau de la Ville*, diverses pièces relatives aux opérations de démolition et d'élargissement des deux quais[2].

En 1657, la Ville annonce qu'elle va, «pour obéir aux ordres du Roy, faire continuer les quays du Pont-Neuf du costé de la Porte de Nesle», et elle somme les propriétaires, locataires, usufruitiers des lieux à justifier de leurs droits.

En 1659, elle fait faire «un mur rampant le long de la descente de la tournée du pont Saint-Michel», rétablir sur plusieurs points les marches et les banquettes du quai; refaire «le pissoir ou bouche d'égout, en advance hors le parapet dudict quay qui est vis-à-vis la rue Pavée; rempietter le mur en retour au fond de l'abbreuvoir qui est au devant des Augustins; restablir le pavé de la descente dudict abbreuvoir; refaire le bas de ladicte descente jusques à l'encoignure de l'arcade pour entrer dans la rivière;... mettre à ladicte encoignure une pièce de bois...; et au devant deux bons pieux bien battus, avec la toinette pour soutenir la cheute et pente du pavé dudict abbreuvoir....».

En 166. elle fait dresser le «devis des réparations à faire aux murs des quays estans le long de la rivière de Seyne, tant du costé des Augustins que de l'isle du Pallais». Ces réparations ont leur importance : elles consistent dans les travaux suivants :

«1° Au pied de la descente qui est à la tournée du pont Saint-Michel, avant l'hostel de Luynes, il convient faire et mettre trois grandes marches de dix pieds de long chacune, plus cinq marches de six pieds de long, des mesmes largeurs de giron et haulteurs que les autres marches de ladicte descente, avec le massif de maçonnerie en dessoubs;

«2° L'appuy rampant de ladicte descente sera restably et continué, au bas d'iceluy, de six pieds de hault, sur vingt et un poulces de parpin;

Jam non se capiens, solito spumosior amnis,
Hunc tamen illuvie undarum tumido ore frementem,
Vincla recusantem, ripisque urbique minacem,
Jam maria aequantem compescit saxeus obex.
Inde secat mediam fractis innoxius urbem
Viribus, et fluctu saxis insultat inani.

Rodolphi Boterci, LUTETIA (1612), p. 111.

[1] Cette dénomination commune ne fut pas de longue durée : la partie occidentale des quais du Pont-Neuf prit le nom de Conti en 1670, à l'occasion de la construction de cet hôtel sur l'emplacement de celui de Guénégaud. Nous avons donc dû consacrer un article au quai Conti; on le trouvera plus loin.

[2] Nous les avons réunies en appendices, sous une appellation commune.

« 3° Au hault de ladicte descente, sera mis une marche de dix pieds de long sur deux pieds de large, se raccordant avec le dessus du pallier ;

« 4° Vis-à-vis le coing de l'hostel de Luynes, sera continué le mur d'appuy dudict quay, de neuf pieds et demy de long sur trois pieds un quart de hault..., l'advance au derrière dudict appuy devant estre conduicte en glacis fort rampant ;

« 5° A la grande descente qui est vis-à-vis la rue Pavée, il convient mettre, de neuf, huit marches réduict à neuf thoises de long chacune, de treize poulces de large de giron et de six poulces de hault ;

« 6° Sera restably les deux fractions et manquemens de pierres, qui sont aux deux bouts des murs au hault et de part et d'autre ladicte descente..., et sera mis un quartier de pierre de taille à l'encoigneure du pillier qui porte les deux arcades de la descente ;

« 7° Sera refaict au mur du quay attenant ladicte descente, du costé de main droicte, une fraction de quinze pieds de long, sur cinq assizes de hault et de six pieds de profondeur... ;

« 8° Du costé de main gauche, en descendant et joignant le petit esperon en advance, sera restably le mur du quay, sur quatre pieds de longueur ;

« 9° A la descente qui est vis-à-vis l'église des Augustins, il y a quarante et une marches en tout... desquelles les six premières d'en bas, en la longueur de vingt huit pieds, seront refaictes de neuf, de douze poulces de giron, sur six à sept poulces de hault... ; des trente cinq marches restantes, moityé seront refaictes à neuf, et l'autre moityé sera restablye entièrement des anciennes qui se trouvent bonnes ;

« 10° Au hault de ladicte descente, sera refaicte une assize de la longueur de dix neuf pieds, et de quinze à seize poulces de hault ;

« 11° Entre les deux grandes descentes, sera faict plusieurs reprises au mur du quay, sçavoir : la première vis-à-vis la rue et le coing de l'église des Augustins...; les autres reprises en remontant d'amont l'eau [1]. »

Suit le détail de ces deux reprises, en bon langage de maçon et avec un luxe de précautions qui prouve que l'entrepreneur dut faire, sous la surveillance du « maître des œuvres », sa besogne « en bon père de famille ». Nous avons cité textuellement une partie de ce devis, comme type de documents de ce genre, et pour montrer en même temps ce qu'a été le quai des Augustins depuis sa construction par Étienne Barbette jusqu'à l'époque contemporaine. On a remplacé les marches des descentes, recouvert de dalles le mur de soutènement, comblé les brèches, relancé des pierres dans la maçonnerie, travaux de simples répa-

---

[1] *Registres du Bureau de la Ville*, H 1814, fol. 554 et suiv.

L'Hostel de Monsieur le Duc de Luynes a Paris.

rations qui ont laissé à peu près intact le quai établi par ordre de Philippe le Bel.

Aux travaux de maçonnerie se sont joints, quelques années plus tard, les travaux d'élargissement, surtout pour la partie la plus ancienne et la plus étroite du quai, qui touchait au pont Saint-Michel et qui avait à peine la largeur d'une rue. Aussi lui en avait-on donné le nom, en le faisant suivre de celui d'une hôtellerie qui se trouvait en cet endroit et qui était dite de *Hurepoix* [1].

En 1675, comme en 1313, il fut fait par le Roi injonction au Prévôt des marchands de procéder à « l'élargissement du passage qui tourne du pont Saint-Michel au quay des Augustins, et descharger ledict quay de plusieurs constructions inutiles et qui incommodent l'abord de l'église des Grands-Augustins et le passage publicq » [2]. Il est juste d'ajouter que le Roi enjoignait de faire les expropriations, démolitions et autres travaux nécessaires, « sur le vu des plans que les Prevost des marchands et Eschevins avoient faict faire par ses ordres »; il ordonnait, en outre, de « faire retrancher les bastimens des maisons à la feue dame Bordier et aux nommez Philippart et Mareschal, suivant l'allignement marqué sur lesdicts plans », mais seulement « à la charge de desdommager lesdictes maisons qui seront retranchées » [3]. Suivant la jurisprudence du temps, on devait tenir compte, non seulement de la plus-value donnée aux maisons et portions de maisons expropriées pour l'élargissement de la voie publique; mais encore il était enjoint aux commissaires à ce députés de « procéder à la liquidation de ce que les propriétaires des maisons voisines, et qui sont de l'autre costé de celles qui seront retranchées, debvront contribuer pour le desdommagement qui sera donné aux propriétaires des maisons retranchées, attandu l'advantage que lesdicts propriétaires retireront dudict eslargissement » [4].

Les ordres du Roi furent exécutés, mais avec une certaine lenteur, ainsi qu'il était advenu en 1313. Cinq ans après l'injonction dont nous venons de parler, les travaux n'étaient que commencés, et la principale expropriation restait à faire : c'était celle de la maison de « Jacques Mareschaux, advocat en la cour », personnage que la pièce précédente appelle « Mareschal », et dont l'immeuble « faisoit enclave en la rue du Heurepois ».

Par de nouvelles lettres données quelques années après, « le Roy, désirant que l'eslargissement de la rue du Heurepois, qui faict la communication du pont

---

[1] Région située au sud-ouest de Paris et ayant Dourdan pour ville principale. Les voyageurs qui en venaient, arrivant par la route d'Orléans, descendaient sans doute dans l'hôtellerie qui en avait pris le nom.

[2] *Registres du Bureau de la Ville*, H 1807, f° 154.

[3] *Ibid.*

[4] *Ibid.*

Saint-Michel au Marché au pain et à la volaille, étably depuis peu sur le quay des Augustins[1], soit continué pour la commodité publique», avait ordonné la translation hors la porte Saint-Michel du marché au pain seulement; et «voulant Sadite Majesté, que le publicq jouisse de toute la commodité qu'on avoit commencé à lui procurer», ordonnait itérativement que «la place au bout du pont Saint-Michel, occupée par ledict marché, fust rendue libre et dégagée de ce qui peult empescher le passage»[2].

A propos du couvent des Augustins, dont il a écrit une courte monographie, Millin s'est occupé du quai sur lequel se profilait l'église du monastère; après avoir reproduit ce qu'en dit Félibien, il hésite à croire, sur la foi de Germain Brice, qu'on ait reconstruit ce quai en 1619[3]. Le terme de reconstruction est trop large; Brice n'a voulu parler que des remaniements et des raccordements exigés par l'achèvement du Pont-Neuf et l'ouverture de la rue Dauphine. Ce qui est plus certain, c'est que, indépendamment des réfections partielles dont il a été l'objet et que nous avons mentionnées d'après les *Registres du Bureau de la Ville*, le quai des Augustins a été rebâti en très grande partie, dans le courant de l'année 1708. Millin, qui écrivait en 1791, nous apprend que, de son temps, il existait, au-dessous du bas-relief des Sergents dont nous parlerons à l'article du couvent, «une longue table de marbre noir, avec cette inscription en lettres d'or :

1708. DU RÈGNE DE LOUIS XIV, CE QUAI, L'UN DES PLUS FREQUENTEZ DE LA VILLE, A ÉTÉ RECONSTRUIT, DE LA QUATRIÈME PRÉVÔTÉ DE MESSIRE CHARLES BOUCHER, SEIGNEUR D'ORSAY ET AUTRES LIEUX, CONSEILLER DU ROI EN SA COUR DE PARLEMENT, PRÉVÔT DES MARCHANDS; ET ESCHEVINAGE DE GUILLAUME SCOURGEON, ÉCUYER CONSEILLER DU ROI; QUARTINIER, NICOLAS DENIS, ÉCUYER, HUISSIER ORDINAIRE DU ROI, EN TOUS SES CONSEILS D'ÉTAT, PRIVÉ ET FINANCES; ÉTIENNE PÉRICHON, ÉCUYER, CONSEILLER DU ROI ET DE L'HÔTEL DE VILLE, NOTAIRE AU CHÂTELET, ET JACQUES PEJART, ÉCUYER : ÉTANT, NICOLAS-GUILLAUME MORIAU, ÉCHEVIN-CONSEILLER, PROCUREUR DU ROI ET DE LA VILLE, ET AVOCAT DE SA MAJESTÉ EN L'HÔTEL DE VILLE; JEAN-BAPTISTE TAITBOUT, ÉCUYER, CONSEILLER DE SA MAJESTÉ, CONSERVATEUR DES HYPOTHÈQUES ET GREFFIER D'ICELLES, ET JACQUES BOUCOT, ÉCUYER, CONSEILLER DU ROI, RECEVEUR [4].

Depuis le commencement du XVIIIe siècle jusque vers le milieu du XIXe, le quai des Augustins n'a été l'objet d'aucun travail important, si ce n'est l'établissement

---

[1] L'ancien marché de la Vallée, établi en 1809 sur l'emplacement de l'église des Augustins, et supprimé lors de la création des Halles centrales, où un pavillon spécial a été affecté à la vente de la volaille, continuait la tradition de cette vente sur le quai des Augustins et au bout du pont Saint-Michel, le marché au pain ayant été transféré hors la porte de ce nom.

[2] *Registres du Bureau de la Ville*, H 1827, fol. 597, 598.

[3] Germain Brice, t. IV, p. 18.

[4] *Antiquités nationales*, III, p. 12.

d'un trottoir en contre-haut le long du mur de soutènement et le relèvement du sol du bas-port, lors de la création de l'écluse de la Monnaie. Les tourelles et les descentes ont complètement disparu; les « eschoppes », dont nous avons parlé plus haut, avaient été supprimées peu après l'achèvement du Pont-Neuf et le percement de la rue Dauphine [1].

CÔTÉ UNIQUE,
faisant face à la Seine
(d'Orient en Occident).

JUSTICE ET CENSIVE DE SAINT-GERMAIN-DES-PRÉS.

PAROISSE SAINT-ANDRÉ-DES-ARS.

Maison sans désignation, formant l'angle occidental du quai et de la rue Gilles-le-Queux, point où commençait le quai proprement dit. La partie montant au pont Saint-Michel, qui était appelée *descente* ou *tournée*, a porté le nom de rue des Augustins et se continuait par celle de Hurepoix, que Berty fait commencer au point où s'élevait la première demi-tour du mur de soutènement élevé par Étienne Barbette. Cette maison touchait, par le fond et par le flanc, au pourpris de l'hôtel d'Arras.

(Voir la monographie de cet hôtel aux articles des rues Saint-André-des-Ars, Pavée et Gilles-le-Queux.)

Dépendances de l'hôtel d'Arras, figurées par Berty sous la forme d'un carré long divisé en deux parties. Le plan dressé par Berty montre que ces dépendances, ainsi que la maison précédente, faisaient originairement partie du pourpris du grand hôtel d'Arras, lequel était de forme trapézoïdale et s'étendait depuis la rue Saint-André-des-Ars jusqu'à la rivière.

Maison de la Nasse (1476), formant l'angle oriental du quai et de la rue Pavée, et appartenant, en 1543, à Simon Cornu, procureur au Parlement. En 1215, elle faisait partie du pourpris de l'hôtel d'Arras, ainsi que la Maison de l'évêque de Lodève, ou de Rodez, à laquelle elle touchait par le fond. C'est alors qu'elle en fut détachée et accensée à Odon, queux du Roi, à la charge de laisser libre le chemin longeant le fleuve.

Quand on jette un coup d'œil sur le plan dressé par Berty, et qu'on y aperçoit le Petit hôtel d'Arras, faisant l'angle oriental des rues Pavée et Saint-André-des-Ars, on est porté à croire que le pourpris du Grand hôtel d'Arras avait primiti-

---

[1] Voir aux appendices.

vement pour limites les deux rues Pavée et Gilles-le-Queux, la rue Saint-André-des-Ars et le «chemin sur Sainne»[1].

Maison sans désignation, faisant, du côté de l'occident, le coin de la rue Pavée. En 1368, cette maison appartenait à Rifflart, jadis queux de Mgr de Beauvais, et payait quatre sols à la Pitancerie de Saint-Germain-des-Prés. Sous la domination anglaise, elle fut confisquée au préjudice de Me Jehan Mangin, qui suivait le parti de Charles VII. On trouve, en effet, dans le *Compte des confiscations de Paris*, de *1423 à 1427*, la mention suivante : «Maison faisant le coin de la rue Pavée, du costé des Augustins, tenant, d'une part, à l'hostel de Laon»; et dans le *Compte de 1427 à 1434*, cette autre mention : «Maison qui fut à Me Jehan Mengin, faisant le coin de la rue Pavée, du costé des Augustins, tenant d'un costé à l'hostel de Laon ci-dessus déclaré»[2]. Après 1436, cette propriété dut faire retour à Jean Mengin; nous la perdons de vue jusqu'à la fin du XVIIIe siècle, époque où elle est l'objet de diverses transactions[3].

Maison sans désignation, ayant, comme la précédente, fait partie du pourpris de l'hôtel de Laon et en ayant été détachée à une époque que nous ne saurions préciser. En 1368, elle appartenait à Jehan Bout, «qui fu Henry d'Autueil», et payait sept sols six deniers à la Pitancerie de l'Abbaye. A la fin du XVe siècle, elle paraît n'avoir formé qu'une seule propriété avec la maison précédente, bien qu'elle en fût séparée par une ruelle, qui subsiste encore sous forme de passage et fait communiquer le quai avec la rue des Grands-Augustins. En 1521, par suite de démembrements opérés dans cet immeuble, on mentionne trois maisons distinctes sur l'emplacement occupé par la maison primitive. C'était probablement, ainsi que nous l'avons constaté plusieurs fois ailleurs, le fait d'un partage entre plusieurs enfants. L'opération contraire se rencontre fréquemment aussi, quand il s'agit de constituer un hôtel avec plusieurs maisons contiguës au logis principal.

Maison sans désignation (1368), appartenant alors à Guitte Le Bûcheron «qui fu Jehan Huète». Cet immeuble avait de l'importance, à en juger par la redevance qu'il payait à la Pitancerie de Saint-Germain-des-Prés, savoir : vingt-cinq sols.

Maison sans désignation (1368), appartenant alors à Jehan Trouvart, dit Mi-

---

[1] «Sous Louis XIV et sous Louis XV, dit Le Feuve, la maison de la Nasse passait de Revelois en Revelois, seigneurs de Buéré.» (*Anciennes maisons de Paris*, IV, 117.)

[2] Sauval, III, p. 318 et 580.

[3] Le Feuve dit avoir constaté qu'elle fut vendue, en 1700, à un procureur du nom de Martin, par les familles Feydeau et Montholon.

taine, batelier, et grevée d'une redevance annuelle de vingt-huit deniers au profit de la Pitancerie de Saint-Germain-des-Prés.

Maison sans désignation (1368), ayant, selon toute vraisemblance, été détachée de la précédente dont elle formait le lot le plus important, puisqu'elle était chargée de cinq sols de redevance envers la Pitancerie de l'Abbaye. Jehan Trouvart l'avait démembrée et cédée à son gendre : nouvel exemple de ces partages de famille, qui jouent un grand rôle dans l'ancien parcellaire de la topographie parisienne.

Maison sans désignation (1368), appartenant alors à Gilles Chartier, «qui fu Guillaume de Neuffontaine». Elle acquittait une redevance de trois sols entre les mains du Pitancier de l'Abbaye.

Maison sans désignation (1368), «faisant le coing de la rue aux escoliers de Sainct-Denis et appartenant à M⁰ Jehan de Montargis [1].» La redevance de vingt sols qu'elle payait à la Pitancerie prouve qu'elle avait quelque importance en 1368.

Les diverses restitutions que nous venons de faire résultent d'un document relevé dans les archives de Saint-Germain-des-Prés [2], par feu H. Legrand, collaborateur de Berty; ce qui nous a permis de placer six immeubles au point où ce dernier n'en figure que deux marqués d'un astérisque, et assez étendus, d'ailleurs, pour avoir pu recevoir chacun trois constructions. Le croquis joint à sa note par H. Legrand loge ces six immeubles dans les dépendances de l'hôtel de Laon. La partie du pourpris de cet hôtel aboutissant à la rivière a dû, en effet, être détachée et vendue lors de la construction du quai qui mit ces terrains en valeur, en les préservant des inondations. L'hôtel de Laon, comme celui d'Arras, ayant son entrée sur une rue et ses dépendances sur la Seine, on pouvait facilement détacher et aliéner avantageusement l'extrémité septentrionale de son vaste pourpris.

Hôtel de Sancerre, puis d'Hercule. Berty a consacré quelques lignes seulement à cette résidence : «Elle faisait, dit-il, le coin des Grands-Augustins, appartenait au comte de Sancerre en 1355, puis au comte dauphin d'Auvergne avant 1416, et aussi à Jean Le Viste et à Jean de la Driesche, qui acheta pour l'agrandir un tiers du Jardin de l'hôtel Saint-Denis; puis à messire Loys Hallevin, seigneur de Piennes, qui la vendit au roi Charles VIII, avec tous ses meubles de bois et de

---

[1] La date de 1368 se concilie difficilement avec celle de 1355 que nous indiquons plus loin, à propos de l'Hôtel de Sancerre et d'Hercule, et à laquelle la maison est dite appartenir au comte de Sancerre.

[2] L 783, *Pitancerie*.

fer, la somme de seize mille livres tournois, le 25 juin 1493. Elle fut donnée par François Ier à Antoine Duprat, en 1543.»

Une si courte notice est évidemment insuffisante : elle ne donne aucune idée ni de l'intérieur ni de l'extérieur de l'hôtel de Sancerre. Nous sommes donc obligé d'y suppléer, en créant de toutes pièces une monographie digne de l'importance historique de cette résidence.

Comme le Grand et le Petit Nesle dont il était peu éloigné, l'hôtel dit de Sancerre et d'Hercule passa dans plusieurs mains, y compris celles du Roi, et porta plusieurs noms. En 1355 nous voyons un comte de Sancerre possesseur d'un logis faisant le coin du quai et de la rue des Grands-Augustins. Le P. Anselme nous apprend quel était ce personnage : «Jean, IIIe du nom, dit-il, comte de Sancerre et seigneur de Saint-Michel-sur-Loire, chevalier conseiller et chambellan du Roi, se trouva à «l'ost» devant Saint-Jean d'Angely, le 29 août 1351, et à la bataille de Poitiers, où il demeura prisonnier... En 1383, il commanda la compagnie des gens d'armes du duc de Berry dans l'armée de Flandres... En 1390, il accompagna Louis II, duc de Bourbon, au voyage d'Afrique et servit au siège de Thunis. Il étoit mort au mois de février 1402»[1].

Le comte Jean de Sancerre avait un frère qui portait le titre de chevalier et fut fait maréchal de France puis connétable. C'est de lui que parle Sauval quand il dit : «Le connétable de Sancerre logeoit à la rue de l'Hirondelle en 1397»[2]. Plus loin il lui consacre une plus longue mention : «Notre Louis de Sancerre, dit-il, mourut en 1402, le 6 février, et, pour les bons services rendus au Roy et à l'État, fut enterré, par ordre du Roy, à Saint-Denys, en la même chapelle de Charles V. Son tombeau est posé à main droite, dont voici l'épitaphe : «Cy gist, «Louis de Sancerre, chevalier, jadis mareschal de France, et depuis connestable «de France, frère germain du comte de Sancerre, qui trespassa le sixième jour de «février, l'an M CCCC II»[3].

Après avoir constaté de nouveau que Louis de Sancerre demeurait en la rue de l'Hirondelle, Sauval ajoute : «Ses prédécesseurs avaient encore un autre hôtel en la rue Saint-André, attaché à ceux du connétable Le Brun et de Chastillon»[4].

Ces diverses citations nous serviront à ne point nous égarer dans nos recherches. Elles nous permettent d'abord d'écarter le connétable Louis de l'hôtel de Sancerre; d'une part, en effet, il avait son logis dans la rue de l'Hirondelle; d'autre part, ses prédécesseurs, comme connétables sans doute, logeaient en la rue Saint-André, à côté de leurs pairs, Gillon Le Brun et Gaucher de Châtillon. Reste le comte Jean III, «frère germain» de Louis, qui seul put acheter, faire construire

---

[1] *Histoire généalogique*, par le P. Anselme, article SANCERRE. — [2] *Antiquités de Paris*, II, p. 647. — [3] *Ibid.*, p. 647. — [4] *Ibid.*, p. 145.

ou recevoir en héritage l'hôtel faisant l'angle du quai et de la rue des Grands-Augustins. En effet, le connétable mourut sans enfants, et à supposer même qu'il ait été l'acquéreur de l'immeuble de Jehan de Montargis, c'est à son frère Jean que cet immeuble fût allé.

Mais ce dernier ne laissa que des filles, et Marguerite, l'aînée, fit passer, par son mariage, l'hôtel de Sancerre, ainsi que le comté, dans une autre famille. C'est ce que le P. Anselme nous apprend dans les termes suivants: «Marguerite, fille de Jean III, comtesse de Sancerre, dame de Sagonne, de Marmende, de Charanton, Meillant et Faye-la-Vineuse, fut mariée quatre fois... En second lieu à Beraud II du nom, comte de Clermont, dauphin d'Auvergne et seigneur de Mercœur, à qui elle porta en dot les châtellenies de Trèves et de Rilly en Anjou, etc. ... De son second mari, elle eut, entre autres enfants, Bernard III du nom, comte de Clermont, dauphin d'Auvergne, mort le 28 juillet 1426..., et Marguerite, dauphine, femme de Jean II du nom, sire de Beuil, maître des arbalétriers de France, d'où vint Jean III du nom, sire de Beuil et comte de Sancerre, amiral de France, duquel descendent les autres comtes de Sancerre» [1].

Nous verrons reparaître plus tard les noms que nous relevons ici; qu'il nous suffise pour le moment d'expliquer de la manière la plus naturelle la possession de l'hôtel de Sancerre par un dauphin d'Auvergne avant 1416: Bernard II, qui portait ce titre avec celui de comte de Clermont, avait eu le logis du quai des Augustins par le fait de son mariage avec Marguerite de Sancerre [2].

Voici l'hôtel du quai des Augustins possédé par un dauphin d'Auvergne. Comment passa-t-il en d'autres mains, ainsi que le comté de Sancerre, annexe du dauphiné? Encore par une alliance, celle que mentionne Moréri: Jeanne, comtesse de Clermont, dauphine d'Auvergne, épouse en 1428 Louis de Bourbon, comte de Montpensier, à qui elle apporte son comté et son hôtel. Mais celui-ci possédait déjà de son chef un hôtel assis au faubourg Saint-Germain, en la rue de Mézières [3]; et ne jugea sans doute pas à propos de conserver le nouveau logis

---

[1] *Hist. généalogique* par le P. Anselme, *loc. cit.*
[2] *Ibid.*
[3] Le *Dictionnaire* de Moréri élucide en ces termes la question assez obscure du dauphiné d'Auvergne: «Cette principauté, dit-il, doit son origine à Guillaume VII, comte d'Auvergne. Ce Guillaume VII avait épousé une des filles de Guigues III, comte d'Albon, et de Marguerite de Bourgogne. Leur fils, Guillaume VIII, prit le nom de dauphin, quitta par dédain les armes d'Auvergne, prit celles des dauphins de Viennois, ses aïeuls maternels, et même donna aux terres qui lui échurent en partage, par l'accommodement qu'il fit avec Guillaume-le-Vieil, son grand-oncle, le titre de dauphiné d'Auvergne. Ce dauphiné consiste dans la châtellenie de Vodable, qui en est le chef-lieu, Lescoing, Vieille-Brioude. La postérité de Guillaume VIII en a joui jusqu'à Jeanne, comtesse de Clermont, dauphine d'Auvergne, qui fut mariée en 1428 avec Louis de Bourbon I ou III du nom, comte de Montpensier. Elle mourut sans postérité en 1436, et Anne, dauphine, sa tante, devint par sa mort dauphine d'Auvergne. Elle avait épousé Louis II du nom, duc de Bourbon, dans la maison duquel le dauphiné d'Auvergne est resté, jusqu'à ce qu'il fût entré en celle de France et d'Orléans.»

qui lui venait de sa femme. C'est donc selon toute apparence à l'époque de son mariage, en 1428, ou peu après, qu'il s'en défit. Nous n'avons point l'acte de vente et nous ne pouvons, en conséquence, affirmer sans réserve que cette résidence fut achetée par un membre de la famille Le Viste ; mais toutes les présomptions, y compris l'assertion de Berty, se réunissent pour faire d'un Le Viste l'acquéreur de l'hôtel de Sancerre, d'Auvergne et de Montpensier. Ici pas d'alliance possible, les Le Viste étant gens de robe, et les Montpensier, les Auvergne, les Sancerre gentilshommes du plus haut lignage [1].

Mais à quel membre de la famille Le Viste l'hôtel fut-il vendu? François Blanchard, auteur de l'ouvrage intitulé: *Les Présidents à mortier du Parlement de Paris*, est amené, à propos de messire Antoine Le Viste, seigneur de Fresne, conseiller du Roi en ses conseils et président en sa cour de Parlement (1523), à rechercher ce que furent les ancêtres de ce magistrat : «Il estoit issu, dit-il, d'une ancienne famille, originaire de Lion, car, entre les eschevins de cette grande ville, il est fait mention de Jean Le Viste, docteur ès droits, en 1386, d'Antoine Le Viste, en 1429, et de Marelot Le Viste, en 1442. De l'un de ceux-là estoit issu Barthélemy Le Viste, qui, après avoir longtemps suivi le barreau du Parlement de Paris, fut reçu conseiller en iceluy, le quatorziesme jour de novembre, l'an 1440. De celui-là vint Ayme Le Viste, aussi conseiller au mesme Parlement, en 1461, qui fut père de deux fils. L'aisné, nommé Jean Le Viste, fut longtemps conseiller au mesme Parlement, puis président en la Cour des aydes, et mourut le premier jour de juin de l'an 1500, laissant de dame Geneviève de Nanterre, sa femme, seulement trois filles, c'est à sçavoir : Claude Le Viste, qui fut mariée en premières nopces avec Geoffroy de Balsac, de la maison d'Entraigues, en deuxiesmes, avec N... de Chabanes, seigneur de Vandenesse, frère du mareschal de la Palisse, et mourut sans enfants; Jeanne Le Viste, première femme de Thibault Baillet, seigneur de Sceaux, président au Parlement, duquel elle eut deux fils décédés en jeunesse; Geneviefve Le Viste, qui mourut sans avoir esté mariée» [2].

Il s'agit maintenant de savoir quel est le membre de la famille Le Viste auquel

---

[1] Les Montpensier en possédèrent un autre au XVIe siècle : c'est celui que l'on connaît davantage sous le nom d'hôtel de Liancourt, ou de Larochefoucauld, sis en la rue de Seine, et sur l'emplacement duquel a été percée la rue des Beaux-Arts. Voir, pour les deux hôtels de Montpensier, le volume du *Bourg Saint-Germain*, p. 216 et 239.

Félibien a écrit sur ce point quelques lignes courtes et précises : «Louis de Bourbon, dit-il, troisième fils de Jean Ier, duc de Bourbon et chef de la branche des comtes de Montpensier, demeuroit au faubourg Saint-Germain, dans une maison appelée, à cause de lui, *l'hostel Dauphin*, parce qu'il estoit dauphin d'Auvergne. Cet hostel donna le nom à la rue Dauphine, appellation par laquelle on a désigné jadis la rue de Seine, quoiqu'on l'ait appelé plus tard l'hostel de Bouillon et l'hostel de Liancourt.» (*Histoire de la ville de Paris*, I, p. 659.)

[2] *Les Présidents à mortier de Parlement de Paris*, par François BLANCHARD, p. 144.

le comte de Montpensier vendit son hôtel, et de déterminer l'époque approximative de cette vente. Il faut, de nécessité absolue, la circonscrire entre deux dates, 1428, année où Louis de Bourbon épousa Jeanne, dauphine d'Auvergne, et 1484, année où Jean de la Driesche aliéna l'hôtel, après l'avoir reconstruit et habité un certain temps. Antoine Le Viste, qui était échevin à Lyon en 1429, serait, au seul point de vue chronologique, un acquéreur possible; mais on ne saurait admettre qu'il ait acheté un hôtel à Paris en même temps qu'il occupait l'échevinage à Lyon. D'autre part, Berty et, avant lui, Jaillot parlent expressément d'un Jean Le Viste : « On voit, dit ce dernier historien, dans les titres de l'abbaye de Saint-Germain, que l'hôtel de Sancerre et d'Hercules fut successivement occupé par le comte de Sancerre et par M⁰ Jean Le Visle » [1].

Au témoignage de Blanchard, ce prénom est porté, dès 1386, par un Le Viste « docteur ès droits » et ayant été, comme Antoine, échevin à Lyon; il l'est, un siècle plus tard, par un autre Le Viste, président de la Cour des aides. Celui-là avait évidemment quitté Lyon, et il se peut fort bien qu'il ait acquis, dans sa jeunesse, l'hôtel de Sancerre, puisqu'il avait été, avant de présider les Aides, « longtemps conseiller au Parlement ». Il se pourrait également que le premier Jean Le Viste ait vécu fort âgé et se soit rendu acquéreur de l'hôtel dans son extrême vieillesse. Nous écartons Marelot, que Blanchard nous dit avoir exercé l'échevinage à Lyon, en 1442, comme Antoine l'exerçait en 1429. Barthélemy et Aymé, qui ont été conseillers au Parlement de Paris, l'un en 1440, « après avoir longtemps suivi le barreau dudit Parlement », l'autre en 1461, seraient également des acquéreurs fort probables, s'ils avaient porté le prénom de Jean.

Il existe peut-être un moyen de tout concilier : Barthélemy et Aymé, l'un grand-père, l'autre père du second Jean Le Viste, auront pu acquérir l'hôtel de Louis de Bourbon au nom de leur petit-fils et fils aîné, Jean, chef de la famille, désormais parisienne, des Le Viste, et faire figurer son nom dans l'acte de vente. Voilà comment Jaillot l'aura trouvé dans les titres de l'abbaye Saint-Germain-des-Prés.

La succession des propriétaires de l'hôtel nous réserve encore des difficultés. Si, comme tout nous le fait croire, l'hôtel de Sancerre-Auvergne-Montpensier, devenu hôtel Le Viste, fut possédé par Barthélemy, Aymé et Jean dans le cours du XV⁰ siècle, il est certain, d'autre part, que le dernier propriétaire ne le garda pas jusqu'à sa mort. Selon Blanchard, en effet, il décéda le 1ᵉʳ juin 1500, et seize ans auparavant, Jean de la Driesche, qui le possédait alors, le vendait à son tour. « En l'an 1484, dit Du Breul, le premier jour de septembre, Jean de la Driesche vendit la *Maison d'Hercules* à messire Louys de Halermin, chevalier, seigneur de Piennes, conseiller et chambellan du Roy de France Charles VIII » [2]. Sauval con-

---

[1] Il y a là sans doute une faute d'impression : *Le Visle* pour *Le Viste*. — [2] *Th. des antiq. de Paris*.

firme le fait en deux endroits de son ouvrage : «Harmelin, seigneur de Piennes, chambellan de Charles VIII, acheta, en 1484, du Président de la Driesche, l'*hôtel d'Hercules*»; et, plus loin, avec un *lapsus* topographique qu'il faut imputer à ses éditeurs : «Le comte de Piennes acheta, au coin de la rue *Gilles-Cœur* (sic), en 1484, la maison du Président de la Driesche». Enfin Jaillot, plus explicite encore que Du Breul et Sauval, écrit : «Il (le Président de la Driesche) le vendit, le 1ᵉʳ septembre 1484, à Mᵉ Louis Hallevin, seigneur de Piennes, chambellan du Roy».

Il est à remarquer que Sauval et Jaillot donnent à l'acquéreur le titre de Président et à l'immeuble le titre d'*Hôtel d'Hercules*, qualifié de *Maison d'Hercules* par Du Breul. C'est en effet à un haut magistrat que Jean Le Viste, haut magistrat lui-même, vendit son hôtel. Tout autre mode d'acquisition, une alliance matrimoniale en particulier, doit être écarté, puisque, au témoignage de Blanchard, Jean Le Viste ne laissa que trois filles, dont aucune n'épousa un La Driesche. Celui qui acquit l'hôtel, était «Président en la Cour des comptes»; Jean Le Viste occupait la charge de président à la Cour des aides; des relations parlementaires existaient sans doute entre eux et amenèrent la négociation dont il s'agit. Mais la famille de la Driesche avait, en outre, des motifs particuliers d'acquérir. Depuis deux siècles déjà, elle était propriétaire dans la même région, dans la rue même le long de laquelle l'hôtel projetait sa façade latérale.

En racontant la formation du pourpris de l'hôtel et des écoles de Saint-Denis, Sauval est amené à parler des propriétés qu'il fallut acquérir pour en arrondir l'enclos. «Mathieu de Vendôme, dit-il, abbé de Saint-Denys et Régent du royaume, fit bâtir une maison à la rue Saint-André-des-Arts sur des terres amorties qu'il prit à cens et rente en 1263 et 1268, des religieux de Saint-Germain-des-Prés. En 1265, il l'agrandit d'une grange qu'il acheta six livres parisis, d'*Alix de la Driesche* et de ses enfants, et que les religieux amortirent en 1268»[1]. Cette grange n'était peut être pas la seule propriété de la famille de la Driesche dans la rue «aux escholles de Saint-Denys». Si cette famille y avait conservé quelque portion de son ancien domaine, ou même si elle en avait seulement gardé le souvenir, on s'explique qu'elle ait acquis un hôtel voisin, alors surtout qu'elle avait l'intention d'en faire une nouvelle et splendide demeure.

Le président de la Driesche a été, en effet, le reconstructeur du vieil hôtel de Sancerre, d'Auvergne, de Montpensier et Le Viste : c'est lui qui a valu à ce logis le nom du héros grec sous lequel il est connu.

Et d'abord, il l'a fait, non pas construire, comme le dit Du Breul, mais recon-

---

[1] *Antiq. de Paris*, II, p. 149.

struire, après en avoir agrandi le pourpris aux dépens des jardins de l'hôtel de Saint-Denis, dont il acheta un tiers, rentrant ainsi en possession de la grange et des terrains vendus par ses ancêtres.

« Au coin de la rue des Augustins, dit cet historien, il y a une grande maison appelée vulgairement la MAISON, où l'HÔTEL D'HERCULES pour ce que, par les salles et chambres et aussi extérieurement, le long des murailles d'icelle, les prouesses de cet ancien héros y sont dépeintes. Marie-Jean de la Driesche, président à la Chambre des comptes à Paris, fut le premier qui le fit *bâtir*. — Du Breul a voulu dire *rebâtir*. — Et, en l'an 1484, le premier jour de septembre, il le vendit à Mᵉ Loys de Halermin, chevalier, sieur de Piennes, conseiller et chambellan du Roy de France, Charles VIII »⁽¹⁾.

Mais pourquoi le président de la Driesche, en faisant reconstruire l'hôtel qu'il avait acquis de Jean Le Viste, y fit-il représenter « les prouesses d'un ancien héros grec »? Pourquoi, parmi tant d'antiques paladins, choisit-il, non pas Childebrand, non pas les neuf preux et les neuf preuses, comme le décorateur du château de Coucy⁽²⁾, mais Hercule? Ne serait-ce point parce que la tradition de l'Hercule gaulois n'était pas éteinte au XVᵉ siècle et qu'elle subsistait tout entière dans la mémoire des lettrés, parmi lesquels il faut compter le président de la Driesche. Un demi-siècle après la reconstruction du vieil hôtel de Sancerre, Knobelsdorf, tout plein de l'antiquité grecque et latine, met en scène le héros revendiquant pour lui-même l'honneur d'avoir fondé Paris, *sibi originem Lutetiæ vindicans* ⁽³⁾. Voici le résumé du passage où le poète allemand expose les origines *herculéennes* de notre ville :

Par ordre d'Eurysthée, Hercule, accompagné d'une élite de Parrhasiens, va conquérir les pommes d'or des Hespérides. La tempête jette le corps expéditionnaire dans le port de Monaco :

> Herculeus posthac, nostro de nomine, dictus.

Là ses compagnons, à bout de forces, demandent au héros de les établir en Gaule. Accordé! Les voilà à la recherche d'un site approprié! Enfin :

> Errantes viridis nos excipit insula dorso,
> Quam vagus undanti Sequana reddit aqua.

On pose les fondations d'une ville :

> Parrhasii condunt, priscum referentia nomen,
> Moenia, de patria Parrhisiosque vocant.

⁽¹⁾ *Théâtre des antiquitez de Paris.*

⁽²⁾ Voir, dans le poème d'Astesan, la description de la salle où figuraient ces dix-huit personnages. *Paris et ses historiens*, p. 552-559.

⁽³⁾ Nous avons reproduit *in extenso*, aux appendices, le passage du poème de Knobelsdorf où sont racontés les hauts faits de l'Hercule gaulois, et en particulier la fondation de Paris, passage dont notre texte ne contient que quelques extraits.

Ensuite, comme il leur fallait un dieu, ils adorèrent leur fondateur :

> Me triplici coluit Gallia clausa sinu.

Survint le christianisme, balayant tous les anciens dieux :

> Sed non immemores nostri vixere minores.

En effet, pénétrez dans l'église de Notre-Dame ; à main droite, voyez-vous la statue gigantesque de saint Christophe ? Lui, c'est moi, Hercule ; suit un parallèle :

> Ille gerit vastos generosi corporis artus ;
> Me non exiguum pondus habere vides.
> Æquora proculcat, mixtum fluitantibus undis ;
> Syrtis me Lybicas obstupuisse scio.
> Exerit ingentem nodoso robore clavam ;
> Hac rabidas domui concutiente feras.
> Ille poli dominum ; nos gestabamus Olympum ;
> His humeris æque nobile sedit opus.
> Hæc igitur nostri manifesta laboris imago
> Testatur titulum muneris esse mei.

Ainsi, au témoignage de Knobelsdorf qui écrivait en 1532, le saint Christophe de Notre-Dame était une réminiscence plus ou moins inconsciente de l'Hercule gaulois. Un demi-siècle auparavant, le président de la Driesche, continuant la tradition du moyen âge et devançant la Renaissance, que les ducs d'Orléans et d'Angoulême, ainsi que le roi Charles VIII, avaient importée d'Italie bien avant Louis XII et François I[er][1], faisait peindre à la fresque, et à la manière italienne, sur les murailles de son hôtel reconstruit, les faits et gestes du héros grec et gaulois tout à la fois, auquel les vieux chroniqueurs attribuaient la fondation de Paris.

Ce n'était point, du reste, un magistrat ordinaire que ce Jean de la Driesche, premier président « laïque » de la Chambre des comptes, laquelle en comptait deux, dont un clerc, archevêque ou évêque pour le moins, et un qui, n'étant pas d'église, devait avoir le titre de *baron* ou de *chevalier*. Élevé « à cette dignité » en 1467, Jean de la Driesche était, en outre, trésorier de France, conseiller du roi, concierge ou capitaine du Louvre ; il avait le titre de *monseigneur*, jouissait de pensions, droits, rentes et revenus de diverses maisons, étaux et autres louages, sans compter différents autres avantages qu'il trouvait encore dans la « ceinture du palais » [2].

---

[1] Voir, dans *Paris et ses historiens* (Collection de l'*Histoire générale de Paris*), le poème d'Astesan, avec la notice et les notes que nous lui avons consacrées.

[2] Sauval, dans son tome III, pages 388, 389 et 427, fait connaître, en ces termes, les divers emplois et sources de revenus dont jouissait le président Jean de la Driesche :

« *Vidimus* des lettres patentes du Roi, par lesquelles il donne à M. Jehan de la Driesche, con-

Ainsi, pourvu d'amples ressources, plein des souvenirs païens et mythologiques que les vieux chroniqueurs avaient perpétués dans leurs écrits et que la Renaissance allait raviver encore, Jean de la Driesche créa, sur l'emplacement du vieil hôtel de Sancerre, une résidence vaste et somptueuse, si nous en jugeons par le prix auquel l'acquéreur, Louis de Hallevin, consentit à la céder neuf ans plus tard. Du Breul dit « 1,000 livres tournois », ce qui paraît peu ; Jaillot écrit « 10,000 livres », et Berty, par une erreur de copie sans doute, « 16,000 livres », somme considérable à la fin du xve siècle.

Si Jean de la Driesche n'était point un petit compagnon, le seigneur de Piennes faisait de son côté assez bonne figure dans le monde. Il avait été d'abord l'un des favoris de Louis XI, sur les comptes duquel il est porté, au témoignage de Sauval[1], et qui lui fit don d'un domaine célèbre, avec les avantages y attachés ; sous la rubrique *Dons et modérations*, Sauval enregistre l'article suivant : « Me Louis de Hallevin, chevalier, seigneur de Piennes, auquel Louis XI avoit fait don de la chastellenie de Montl'héry, à en prendre le revenu »[2]. Son crédit ne diminua point à l'avènement de Charles VIII. En sa qualité de chambellan de ce prince, il l'accompagna dans son expédition d'Italie, et, ce qui prouve qu'il était digne d'habiter l'hôtel où étaient dépeintes les prouesses d'Hercule, c'est qu'« il fut l'un des six preux que Charles VIII choisit pour combattre à ses côtés à la bataille de Fornoue, le 5 juillet 1495 »[3]. Le généalogiste auquel nous empruntons ce détail ajoute que Louis de Hallewin « mérita depuis d'être appelé au gouvernement général de la Picardie, en 1512 »[4] ; ce qui prouve qu'il continua à jouir, près de Louis XII, du crédit qu'il avait obtenu à la cour de Louis XI et de Charles VIII. Sa situation de famille était d'ailleurs considérable, et ses ancêtres, bien alliés, bien vus des rois, étaient depuis longtemps en possession d'une bonne renommée[5].

seiller et maistre des comptes et trésorier de France, l'office de concierge du Palais Royal à Paris, et avec la somme de douze cens livres tournois, à l'avoir et prendre sur le Domaine par manière de pension, tant qu'il tiendra ledit office de concierge ; datées d'Orléans le 23 novembre 1466. »

— *Vidimus* des lettres patentes par lesquelles le Roi a octroyé à Monseigneur M. Jehan de la Driesche, président en la Chambre des comptes, trésorier de France et concierge du Palais, de prendre par ses mains tous les droits, rentes et revenus des louages de maisons, étaulx, autres lieux, et autres choses appartenans au Roi, étant dans le pourpris et closture du Palais, tant qu'il tiendra ledit office de concierge, à quelque somme qu'ils montent. Donné au Quesnoy, le 18 octobre 1468. »

— Vente de cens. Me Jehan de la Driesche, chevalier, conseiller du Roy, président, clerc en la Chambre des comptes, trésorier de France, et capitaine du Louvre, à Paris. »

[1] SAUVAL, III, 453, sous la rubrique *Dépense*.
[2] *Ibid*.
[3] *Histoire des pairs de France*, par de Courcelles.
[4] *Ibid*.
[5] Le *Dictionnaire de la noblesse* fournit les renseignements suivants sur la famille et la seigneurie de Louis de Hallewin :

« Piennes, terre et seigneurie en Artois, qui

C'est pendant le cours de ses prospérités et probablement grâce à la faveur dont il jouissait à la cour, que Louis de Hallewin vendit son hôtel au roi, après l'avoir possédé neuf ans seulement.

« En l'année 1493, le vingtième juin, dit Du Breul, ledit acquéreur — Messire Louys de Halermin, chevalier, sieur de Piennes, conseiller et chambellan du Roy de France, Charles VIII — revendit la MAISON D'HERCULES qu'il avoit acquise de Jean de la Driesche, avec les meubles de fer et de bois dont elle estoit garnye, au susdit Roy, pour la somme de mille livres tournoys. Ce contrat fut passé par devant les notaires Florent L'Huillier et Estienne Rousseau, l'an et jour que dessus [1]. »

Acquéreur de l'hôtel, Charles VIII dut acquitter, entre les mains du pitancier de Saint-Germain-des-Prés, la redevance dont le fonds de terre était grevé, et le chiffre de ce cens, que nous indique Sauval, témoigne des agrandissements de

passa, dans le xiv° siècle, de la maison de Saint-Omer en celle de Hallwin, par l'alliance de Péronne de Saint-Omer avec Waultier, II du nom, seigneur de Hallwin, qui, en 1360, fut un des otages du roi Jean. Josse de Hallwin, son petit-fils, eut cette terre en partage, et épousa, en 1449, Jeanne de la Trémoille. Il fut le quatrième ayeul de Louise de Hallwin, mariée à François de Brouilly, seigneur de Mesvilliers, tué à la bataille de Senlis, en 1589, auquel elle avait porté la seigneurie de Piennes, érigée en marquisat, par lettres du mois d'août 1668, enregistrées en la Chambre des comptes le 17 décembre suivant, et au Parlement le 15 août 1669, en faveur de Charles de Brouilly, son fils, seigneur de Piennes et de Lannoy. »

L'*Histoire des pairs de France* ajoute quelques renseignements à ceux qui précèdent :

« La maison de Hallwin était du petit nombre de ces antiques races de chevalerie qui, dès le xi° siècle, avaient déjà illustré leur nom... Les sires de Hallwin tenaient alors un rang considérable à la cour des comtes de Flandre... La petite ville de Hallwin, située près de la Lys, entre Commines et Menin, était un des principaux de leurs domaines..... Les seigneurs, puis marquis de Piennes, etc., etc., éteints en 1598, avaient pour auteur Josse de Hallwin, second fils de Jean, seigneur de Hallwin, etc., et de Jacqueline de Ghistelles. Josse fut souverain bailli de Flandre. Louis, fils aîné de Josse, fut le premier de sa maison qui s'attacha à la cour de France. Il fut fait chevalier de l'Ordre du roi et gouverneur de Béthune, accompagna le roi Charles VIII dans son expédition de Naples, et fut l'un des six preux que ce prince choisit pour combattre à ses côtés, à la bataille de Fornoue, le 5 juillet 1495. Depuis, il mérita d'être appelé au gouvernement général de la Picardie, en 1512.

« Philippe de Hallwin, son fils aîné, fut nommé en 1513 lieutenant général de l'armée que le roi Louis XII assemble à Blansy en Ternois. Le dernier fut le père d'Antoine de Hallwin, qui signala sa valeur contre les Impériaux, en Artois en 1523, en Italie en 1537, et à la défense de Metz en 1552, et qui périt glorieusement l'année suivante en soutenant l'assaut donné à la ville de Thérouenne par les Impériaux. Charles Ier de Hallwin obtint l'érection de son marquisat en duché-pairie de Hallwin, par lettres patentes données par Henri III, au mois de mai 1587... Charles Ier, duc de Hallwin, fut fait lieutenant général et gouverneur de Picardie, puis de Metz et du pays Messin, conseiller au conseil d'État et privé, et nommé chevalier des ordres du roi, le 31 décembre 1578. Charles II, duc de Hallwin, petit-fils de Charles Ier, étant mort à l'âge de sept ans, en 1598, cette pairie se trouva éteinte. Mais Anne, dame de Hallwin, sa sœur, en obtint la réintégration au mois de février 1611, et ce duché-pairie passa, en 1620, à Charles de Schomberg, son second mari. »

[1] Du Breul.

l'immeuble par le fait de Jean de la Driesche, puisqu'il faut acquitter 25 sols, au lieu de 20 que l'on payait en 1368 :

« *Ordinaire de Paris, 1494.* — Le Pitancier de l'église Sainct Germain des Prez avoit droit de prendre vingt cinq sols parisis de fonds de terre, par an, sur une maison appartenant au Roy, scize à Paris, prez les Augustins, tenant, d'une part à la ruelle et jardin de l'Hostel Sainct Denys, laquelle maison a esté nouvellement acquise par le Roy, de M. Louys de Hallevin, seigneur de Piennes, et Jehanne de Gastille, sa femme »[1].

Le roi Charles VIII habita-t-il l'hôtel, que sa récente reconstruction et ses fresques avaient déjà rendu célèbre? En fit-il tout simplement un « séjour », c'est-à-dire un lieu de promenade et de plaisir entre le vieux Louvre et le palais de la Cité? Il est difficile d'affirmer quoi que ce soit à cet égard; une circonstance toutefois permettrait de croire que Charles VIII fit quelque usage de son acquisition : c'est le changement d'appellation que subit l'hôtel, au témoignage de Sauval. « Tant qu'il appartint à des particuliers, dit l'auteur des *Antiquités de Paris*, on le nomma *l'Hôtel d'Hercules*, à cause des Travaux d'Hercules qui y étoient peints à fresque dedans et dehors; mais depuis qu'il fut au Roy, il changea de nom, et on ne l'appela plus que L'HÔTEL DU ROY, près les Augustins »[2].

Il était dans la destinée de ce logis de changer fréquemment de possesseur. Charles VIII mourut en avril 1498, cinq ans seulement après l'avoir acquis, et, soit qu'il y ait renoncé de son vivant, soit que Louis XII son successeur, dont on connaît les habitudes de simplicité et d'économie, ait jugé inutile de conserver l'hôtel, nous le voyons, en 1499, possédé par Guillaume de Poitiers, seigneur de Clérieux, qui l'habitait lorsque l'archiduc Philippe d'Autriche, allant de Flandre en Espagne, y logea en cette même année. Jaillot, qui rappelle le passage de l'archiduc à Paris et son séjour dans l'hôtel, insinue que Guillaume de Poitiers avait reçu en pur don la splendide résidence de Jean de la Driesche : « Sous le règne de Louis XII, dit-il, l'hôtel était occupé par le seigneur de Clérieu, auquel il l'avait apparemment donné, car il portait, en 1499, le nom d'HÔTEL DE CLÉRIEU[3]. »

Ici Jaillot est d'accord avec le plan de tapisserie, où se lit, en toutes lettres, L. DE CLÉRIEUX, et avec celui de SAINT VICTOR, où l'on voit « l'ostel de Rieulx », altération due soit à un vice de prononciation, soit à une faute de gravure. Du Breul et Sauval ne mentionnent pas cette nouvelle mutation; ce qui ne nous dispense point de dire sommairement ce qu'était le nouvel et éphémère possesseur de

---

[1] SAUVAL, III, p. 508. — [2] SAUVAL, II, p. 187. — [3] RECHERCHES HISTORIQUES, etc. *Quartier Saint-André-des-Arts.*

l'hôtel. Nous lui donnons cette seconde épithète, parce qu'il mourut en 1503, cinq ans seulement après l'avènement de Louis XII, de la munificence duquel il le tenait, au dire de Jaillot.

Quel était ce nouveau possesseur? « Poitiers, comtes de Valentinois, dit le *Dictionnaire de la noblesse*, maison qui a été la plus illustre et la plus puissante de tout le Dauphiné, après celle des dauphins de Viennois [1]. » Voilà pour la souche; quant au rameau, Félibien l'indique dans les termes suivants : « Le Roy pourvut au gouvernement de Paris et de l'Isle-de-France, par ses lettres données à Lyon le 3 février, par lesquelles il créa son lieutenant et gouverneur à Paris et dans les bailliages de Melun, Meaux et autres lieux, Charles d'Amboise de Chaumont... Le sire de Chaumont ne garda ce gouvernement que jusqu'au mois de juin suivant, qu'il s'en démit volontairement. A sa place, le Roy nomma, par ses lettres aussi datées de Lyon, le 2 juin, au mesme emploi, Guillaume de Poitiers, marquis de Rotheron [2] et seigneur de Clérieu, qui avoit accompagné le Roy au voyage de Sicile et s'y estoit vertueusement employé [3]. »

C'est en cette qualité, et probablement lorsqu'il habitait son hôtel, que le seigneur de Clérieux procéda à la pose solennelle de la première pierre du pont Notre-Dame, réédifié après une chute qui compte dans les annales de Paris.

Le nouvel hôte de l'antique demeure des Sancerre, des dauphins d'Auvergne, des Montpensier, des Le Viste, des La Driesche et des Hallewin, sans compter les possesseurs royaux, représentait le Roi à cette cérémonie, et ses armoiries furent, en cette qualité accolées à celle de la Ville, ainsi que le témoigne le procès-verbal suivant extrait des *Registres du Bureau de la Ville* :

« Assiète de la première pierre du pont Nostre-Dame, 28 mars 1500.

« Le vingt-huitième jour du mois de mars, a esté assise la première pierre du pont Nostre-Dame, que de nouvel on édiffie de pierre, en laquelle pierre sont trois armes entaillées, c'est assavoir les armes du Roy au-dessus, par le travers desquelles est escript : *Loys par la grâce de Dieu Roy de France, douziesme de ce nom.*

« Au dessoubz, à dextre, sont les armes de la Ville de Paris, et à senextre, les armes de monseigneur de Clericulx, lieutenant pour le Roy nostre sire et gouverneur de Paris; et au dessoubz desd. armes est escript : *L'an mil quatre cens quatre vingtz dix neuf, ceste présente pierre fut assize la première par messire Guillaume de Poistiers, le vingt-huitième jour de mars »* [4].

Deux ans après cette cérémonie, où l'hôte de la « Maison d'Hercule » avait joué le premier rôle, l'hôtel était le lieu de rendez-vous choisi pour aviser aux détails d'une autre fête, l'entrée solennelle du « très Révérend Père en Dieu » George

---

[1] *Dictionnaire de la noblesse*, article POITIERS. — [2] Le P. Anselme écrit *Cotron*. — [3] *Histoire de la ville de Paris*, II, p. 891. — [4] *Registres du Bureau de la Ville*, H 1778, fol. 35 v°.

d'Amboise, archevêque de Rouen, légat en France, qui revenait de négocier le traité de Trente (13 octobre 1501), passé entre l'empereur Maximilien et le roi Louis XII. Or, c'est dans son propre hôtel que le gouverneur de Paris convoque les personnages qui doivent figurer à cette entrée. Les *Registres du Bureau de la Ville* nous apprennent que «le xiii° jour de février mil cinq cens et ung, en *l'hostel du Roy*, près les Augustins, à Paris, estoient assemblez MM....., le gouverneur de Paris, messire Guillaume de Poistiers, chevalier de l'Ordre, etc.; pour l'entrée de, etc.; et fut dit, etc.; et fut conclu, etc.»[1].

Le seigneur de Clérieux, hôte du Roi dans le vieux logis de Sancerre réédifié par Jean de la Driesche, était, dit le P. Anselme, fort digne de cet honneur; mais ce n'était dans la «maison du Roy» qu'un habitant de passage. Comme au manoir de Nesle, comme au château des Tuileries, les rois et les reines avaient coutume de loger viagèrement, dans ceux de leurs immeubles qu'ils n'occupaient pas, leurs favoris ou leurs bons serviteurs. Après la mort du bénéficiaire, le logis occupé par lui revenait de plein droit à son propriétaire qui le retenait ou le concédait à d'autres[2].

A la mort de Guillaume de Poitiers, survenue en 1503, Louis XII ne se borna pas à retenir son hôtel du quai des Augustins: «Ce prince, dit Sauval, y logea quelquefois avec Anne de Bretagne»[3]. Mais il ne tarda point à continuer le système des concessions temporaires, en mettant cette résidence à la disposition de quelque grand personnage. Cette fois ce fut un haut dignitaire de l'église et de

---

[1] *Registres du Bureau de la Ville,* H 1778, fol. 83 r°.

[2] «Guillaume de Poitiers, seigneur de Clérieu, marquis titulaire de Cotron en Calabre, conseiller et chambellan du Roi, gouverneur de la ville de Paris et de l'Isle-de-France, bailly de Rouen, naquit peu avant la mort de son père, qui lui légua par son dernier codicille les baronnies de Clérieux, de Sabian et de Monts, etc., etc. Il avoit alors la qualité de chambellan du Roi, et jouissoit, en 1478 et 1480, de 1,200 livres de pension du Roi sur les finances du Dauphiné. Le roi Louis XI lui donna à vie la terre de Bays-sur-Bays, en récompense de ses services, et ce fut sous son règne qu'il traita avec Charles d'Amboise, seigneur de Chaumont, du gouvernement de Paris et Isle-de-France, dont il presta serment le 30 novembre 1478. Charles VIII retira de lui la terre de Bays, et lui assigna en récompense 4,000 livres tournois. Il le députa en Espagne, puis en Écosse, retira de lui la capitainerie de Montlhéry, dont il avait été gratifié; et, pour demeurer quitte envers lui de plusieurs sommes qui se montaient à 10,000 livres, il lui transporta les terres et seigneuries de la Roche-de-Cluy, de Beaumont et Montreux, scises en Dauphiné; ce que le roi Louis XII confirma par ses lettres données au chasteau d'Angers, en février 1498; il y est gratifié marquis de Cotron, seigneur de Clérieu, conseiller et chambellan ordinaire du Roi, gouverneur de Paris. Le roi Charles VIII lui avait encore accordé 6,000 livres en faveur de ses grands et louables services, et pour lui aider à récompenser Charles d'Amboise, seigneur de Chaumont, du gouvernement de la ville de Paris et Isle-de-France. Il mourut à Lyon, le 2 juin 1503.» (*Histoire généalogique,* II, p. 204.)

[3] Voir ci-avant, pour le manoir de Nesle, notre monographie de cette résidence, et pour le château des Tuileries, la *Topographie historique du vieux Paris* (Région du Louvre et des Tuileries, II).

l'État qu'il honora de cette faveur : « Le roi Louys douziesme, dit Du Breul, a *donné* cette maison à Révérend Père en Dieu Anthoine Du Prat, archevesque de Sens, et chancelier de France; laquelle doit à l'Abbaye, à cause de l'office de Pitancier, vingt-cinq sols parisis de fonds de terre, comme il appert par une copie de l'acquisition faite en 1493 par le roy Charles VIII, et expédition de la Chambre des comptes, en l'an 1509 » [1].

On comprend que le cardinal Du Prat ait été logé par le Roy dans l'antique demeure des Sancerre et des dauphins de Vienne. L'ancien hôtel des archevêques de Sens compris dans le pourpris de la résidence royale de Saint-Paul n'existait plus, et le nouveau qui se construisait alors à l'angle des rues du Figuier et du Fauconnier, n'était point en état de recevoir le haut personnage qui occupait le siège métropolitain et tenait les sceaux de France. Mais faut-il prendre à la lettre le mot *donné* dont se sert Du Breul? C'est l'avis de Sauval qui s'exprime en ces termes : « A Paris, Anthoine Du Prat logeoit à l'hôtel d'Hercules, au coin de la rue des Augustins. Louis XII lui en fit présent en 1514. » Il est vrai qu'il ajoute aussitôt : « François Ier, en 1536, après la mort de ce chancelier, se saisit de cent mille écus qui s'y trouvèrent dans des coffres bandés de fer » [2].

Était-ce le payement de vingt-deux ans de loyer, ou la compensation d'un don que rien ne justifiait, ou l'équivalent de la mesure qui atteignit plus tard le surintendant Fouquet?

La spécialité de cet ouvrage ne nous permet pas de répondre à ces questions; nous devons nous borner à recueillir sur ce point le témoignage des historiens de Paris et constater, en particulier, une divergence notable. Selon Jaillot, ce ne serait point Louis XII, mais François Ier qui, en 1515, aurait gratifié le chancelier Du Prat de l'hôtel d'Hercule « pour lui et pour ses descendants » [3]. Le mot *descendants* peut paraître singulier, appliqué à un cardinal archevêque; mais il est justifié par les faits : ce prélat avait été marié avant son ordination, et sa femme, Françoise Veny d'Arbouse, lui avait donné deux enfants, dont l'un occupa l'hôtel après la mort de son père, ainsi que nous le verrons plus loin.

Ce qui prouve toutefois que la donation avait été définitive et non viagère, c'est que François Ier, fort besoigneux d'argent pour ses plaisirs, ses guerres

---

[1] *Théâtre des antiquitez de Paris*, p. 367.

[2] Sauval, II, p. 149.

[3] Les termes de la donation sont formels :

« A icelui notre chancelier, pour ces causes, avons donné, cédé, quitté, transporté et delaissé, et par la teneur de ces présentes donnons, cédons, quittons, transportons et delaissons pour lui, ses hoirs, successeurs et ayans cause, nostredit hostel et maison nommée de Piennes, assise en nostredite ville de Paris près les Augustins . , pour en jouir et user par nostredit chancelier, sesdits hoirs et ayans cause. . .

« Donné à Paris, au mois d'apvril, l'an de grace M. DXIV avant Pasque, et de nostre règne le premier.

« *Ainsi signé* : François. »

et ses constructions, n'ordonna point que l'hôtel lui ferait retour. «Il fit, dit le *Journal d'un bourgeois de Paris,* saisir et sceller tous les biens du chancelier, et il fut trouvé en la maison d'Hercules, où il se tenoit en son vivant, la somme de trois cens mil livres, qui estoient en coffres bendez de fer, qui furent emportez par le Roy, pour et à son prouffit, dont le Roy s'en fit héritier» [1]. Il est vrai que l'année suivante, au témoignage de Sauval, l'hôtel reçut un hôte royal, envoyé sans doute par François Ier, qui s'attribuait volontiers la jouissance d'un logis donné en pur présent par lui ou par son prédécesseur: «Jacques V, roi d'Écosse, y demeura lorsqu'il vint à Paris, en 1536, pour épouser Madeleine de France, fille de François Ier» [2].

Après le départ du monarque écossais, le fils [3] ou le neveu du cardinal Du Prat (on trouve cette double qualification chez les historiens) recouvra la jouissance de l'hôtel, tout en conservant la propriété de cet immeuble, et lui donna plus tard le nom de sa charge. Il fut, en effet, nommé prévôt de Paris, en 1547, c'est-à-dire à la mort de François Ier, ainsi que le témoigne Jean Le Feron, en son *Histoire des connestables*: «Antoine Du Prat, dit-il, chevalier, baron de Thiest ou Thiers et de Viteaux, seigneur de Nantouillet et de Preux, conseiller de Henri II, gentilhomme ordinaire de sa chambre et garde de la Prévosté de Paris, fut établi en cette charge au mois de mars 1547» [4]. La confiscation financière opérée par François Ier, à la mort du cardinal, ne lui avait pas été autrement préjudiciable, malgré le fâcheux souvenir qui en était resté: «Nonobstant ledit chancelier défunt, dit Du Breul, son neveu, son fils légitime au témoignage du *Gallia christiana*, Anthoine Du Prat, seigneur de Nantouillet et prevost de Paris, en a joui depuis» [5]. Malingre, qui a réédité et amplifié Du Breul, en 1639, ajoute: «Et icelui décédé, il appartient maintenant à ses héritiers» [6]. Voilà donc l'hôtel d'Hercule, pendant plus d'un siècle, dans la maison de Nantouillet, seigneurie qui avait appartenu au cardinal, et dont ses descendants prirent le nom. On l'appela en conséquence et concurremment, *l'hôtel de Nantouillet*, du fait de ce marquisat, et *l'hôtel du Prévôt*, à raison de la charge exercée successivement par Antoine, IVe du nom, et par son fils Antoine, V[e] du nom (1547-1589).

Pendant cette période, l'antique résidence des Sancerre, des dauphins d'Auvergne, des Montpensier, des Le Viste, des Hallewin, des La Driesche, des Poitiers et des Du Prat est toujours, dans une certaine mesure, la «maison du Roy»;

---

[1] *Journal d'un bourgeois de Paris sous François Ier* (29 juillet 1535).

[2] Sauval, *Antiquités de Paris*, II, p. 149.

[3] Le *Gallia christiana* affirme que le cardinal avait été marié avant d'entrer dans les ordres, et dit positivement: «Ex connubio genuerat Antonium, præfecturæ parisiensi præpositum.»

[4] *Histoire des connestables*, article Du Prat.

[5] *Théâtre des antiquitez de Paris*, p. 367.

[6] *Ibid.*

on en use pour les réceptions, les assemblées, les cérémonies, et cela, dit Sauval, parce que ce logis « estoit si commode et si spacieux, qu'il y avoit des préaux, des jardins, des galeries, et les autres superfluités des maisons de ce temps-là »[1].

Ces agréments et la qualité d'ancienne « maison du Roy » valurent à l'hôtel d'Hercule diverses fréquentations qui se rattachent à l'histoire de cette résidence. Charles IX, notamment, y fut le héros d'une singulière équipée qui peint bien les mœurs du temps. Alors que la maison était possédée et habitée par Antoine Du Prat, V[e] du nom, seigneur de Nantouillet, prévôt de Paris, en survivance de son père, et l'un des seigneurs les plus fats de son temps, Charles IX et les futurs « mignons » de sa suite eurent un jour, après boire, la singulière idée d'aller y faire une scène de désordre. Sauval, dans ses *Amours des rois de France*, raconte ainsi cette aventure, que Saint-Foix amplifia après lui :

« Voici une chose qui arriva en 1573, et bien étonnante : le prince Charles IX, incité à cela par le duc d'Anjou, son frère, roi de Pologne alors, et depuis son successeur, résolut un jour d'aller un soir fort tard piller l'hôtel de Nantouillet, — c'était le nom que portait alors l'hôtel d'Hercule, — et en effet y vint, accompagné du roi de Pologne, du roi de Navarre, du bâtard d'Angoulême, du duc de Guise, et de quelques autres jeunes gens des principaux de la cour. Le prétexte fut que Nantouillet, homme fort riche, qui n'étoit pas marié, n'avoit pas voulu épouser une damoiselle de grande maison, que le duc d'Anjou avoit débauchée. Ce coup de jeune homme cependant pensa coûter la vie à trois rois et à leur suite ; car, comme alors Viteaux[2], homme déterminé, s'étoit caché dans ce logis pour une querelle particulière, avec quatre autres assassins, non moins déterminés que lui, au bruit que fit le Roi, ils crurent qu'on venoit pour les prendre, et aussitôt coururent aux armes, en intention de sortir l'épée et le pistolet au poing et de faire main basse sur tout ce qui se présenteroit, au cas qu'on enfonçât la porte. Mais heureusement Charles IX ne tourna point ses pas de ce côté-là ; dont bien lui prit, car enfin sans cela ces cinq hommes, à la faveur de la nuit, et n'ayant en vue que leur désespoir, auroient peut-être fait tout ce qu'ils eussent voulu, principalement dans un lieu dont ils savoient tous les détours, et contre une troupe de gens qui n'étoit pas en état de se défendre »[3].

« Le lendemain de cette équipée, dit l'Estoille, le Premier Président fut trouver le Roi et lui dit que tout Paris estoit ému par le vol de la nuit passée, et que l'on disoit que Sa Majesté estoit en personne et l'avoit fait pour rire ; à quoi le Roy ayant répondu que ceux qui le disoient avoient menti, le Premier Président répondit : J'en ferai donc informer, sire. — Non, non, répondit le Roy, ne vous en mettez

---

[1] Sauval, II, p. 187.

[2] Ce « Viteaux », qu'on représente avec raison comme une sorte de spadassin, était Guillaume, le troisième fils d'Antoine Du Prat, fils du chancelier. Il fut tué en duel en 1583.

[3] Sauval, p. III, p. 17 et 18.

en peine; dites seulement à Nantouillet qu'il aura affaire à trop forte partie, s'il en veut demander raison [1]. » Le pauvre Nantouillet avait été cependant fort maltraité, « car, dit Saint-Foix, malgré tous les prétextes qu'il put alléguer pour se dispenser de recevoir l'honneur de donner à souper à ses visiteurs, après le souper, leur suite pilla ou jeta par les fenêtres son argent, sa vaisselle et ses meubles [2] ». Sauval, qui écrivait sous Louis XIV et n'était point un contempteur de la royauté, trouve néanmoins la chose « bien étonnante [3]. »

Après la folle soirée des trois rois, il faut aller jusqu'à l'année 1585 pour assister dans l'hôtel d'Hercule, désormais qualifié d'hôtel de Nantouillet, à un événement de quelque importance. La reine Élisabeth ayant exprimé le désir de conférer au roi Henri III l'ordre de la Jarretière, « Sa Majesté, dit Sauval, commanda au sieur de Roddes, grand maître des cérémonies, de l'aller avertir qu'elle désiroit que ce fût le jeudi ensuivant, 28 du mois de febvrier, et qu'elle avoit, à cet effet, choisi l'église des Augustins. Ce que pour effectuer ledit jour, incontinent après le dîner, se trouva le comte de Derby à l'hôtel de Nantouillet, où il lui avoit été préparé et tapissé une salle et une chambre, avec tout ce qui appartenoit à la création d'un tel chevalier. Incontinent après, Sa Majesté arriva audit hôtel, accompagnée de toute sa cour, qui se retira aussi en la chambre et salle qui lui avoit été préparée à cet effet. Là où, après qu'elle eût été quelque temps, entra ledit comte de Derby et M. de Stafort, ambassadeur ordinaire, accompagné d'un roi d'armes, nommé Jarretière, et d'un hérault de la reine d'Angleterre, avec cinq ou six des principaux milords et seigneurs qui avoient accompagné ledit comte de Derby. Et est à noter qu'en ladite chambre n'entrèrent, de ceux de la cour, que les chevaliers du Saint-Esprit, lesquels eurent tous leurs grands colliez au col, mais non les manteaux. »

Nous décrirons le reste de la cérémonie à l'article de l'église des Augustins; qu'il nous suffise de faire remarquer ici que l'hôtel d'Hercule se recommandait, pour ces sortes de cérémonies, non seulement par sa proximité de l'église des Augustins, mais encore et surtout par la beauté et l'ampleur de ses salles, par l'étendue de ses galeries et de ses préaux, ainsi que par les fresques intérieures et extérieures auxquelles il devait son nom.

Nous n'avons plus à enregistrer, très sommairement et pour cause, qu'un seul incident dont l'hôtel de Nantouillet fut le théâtre, et qui eût certes mérité de trouver place dans l'opuscule que Sauval a consacré aux *Amours des rois*. A défaut de cet historien, nous avons le *Journal de l'Estoille*, les *Lettres* de Malherbe, le

---

[1] *Journal de l'Estoille*, cité par Saint-Foix. — [2] *Essais historiques sur Paris*, V, 57 et suiv. — [3] Sauval, III, p. 17 et 18.

Dictionnaire historique de l'abbé Ladvocat, l'*Histoire généalogique* du P. Anselme, le *Grand dictionnaire* de Moréri, les *Historiettes* de Tallemant des Réaux, et l'*Euphormion* de Barclay [1]. Tous ces ouvrages mentionnent le simulacre de mariage contracté entre Jacqueline de Bueil, comtesse de Moret, de la maison de Sancerre, et Philippe de Harlay, comte de Césy, mariage «pour rire», qui devait servir de couverture aux amours de Henri IV. «La cérémonie, disent Monmerqué et Paulin Paris, éditeurs de Tallemant des Réaux, se fit dans l'Hôtel d'Hercules, maison fameuse, à l'angle de la rue des Grands-Augustins, vers le quai» [2].

Le possesseur du logis était alors Michel-Antoine du Prat, seigneur de Nantouillet et de Précy, baron de Thoury, qui fut tué en duel, deux ans plus tard, par le comte du Sault; il le prêta aux pseudo-conjoints, ignorant sans doute que la fausse épouse venait consommer sa honte dans l'hôtel qui avait appartenu à ses ancêtres. «Jacqueline du Bueil descendait, en effet, de Marguerite, fille de Jean III, comte de Sancerre, laquelle, dit le P. Anselme, eut du dauphin Béraud II, une fille nommée Marguerite, aussi femme de Jean, II du nom, sire de Bueil, maître des arbalétriers de France, d'où vint Jean, III du nom, sire de Bueil et comte de Sancerre, amiral de France, duquel descendent les autres comtes de Sancerre» [3].

Plus loin, le savant généalogiste précise la descendance de la comtesse de Moret: «Claude de Bueil, dit-il, seigneur de Courcillon et de la Marchère, fils puîné de Louis de Bueil, comte de Sancerre, et de Jacqueline de la Trémoille, rendit de signalés services au roi Henri IV, pendant les guerres de la Ligue et les troubles du royaume. Il tint fort dans son château de Courcillon, au passage du duc de Mayenne, fut pris et blessé au combat de Craon, et paya dix mille écus de rançon. Il fut ensuite envoyé en Bretagne et mourut en 1596... Il eut pour femme Catherine de Montceler, et pour enfants... 3° Jacqueline de Bueil, comtesse de Moret, qui fut la maîtresse du roi Henri IV, dont elle eut Antoine, bâtard de Bourbon, comte de Moret [4].»

A partir de cette royale aventure, la vieille maison de Sancerre et d'Hercule ne fait plus parler d'elle; mais il était écrit qu'elle viendrait à mal par le fait de l'un de ces hauts et puissants seigneurs auxquels elle était vouée depuis son origine. Elle appartenait encore aux Nantouillet, en 1639, selon le témoignage de Malingre;

---

[1] Nous publions, aux appendices, le texte latin de cet auteur, d'abord parce que

    Le latin dans les mots brave l'honnêteté,

puis parce qu'on y trouve une description sommaire de l'hôtel d'Hercule.

[2] *Historiettes*, I, p. 155 et suiv. Nous reproduisons, aux appendices, le récit de Tallemant des Réaux, avec quelques extraits de L'Estoille, de Peiresc, de Moréri et de Ladvocat.

[3] *Hist. généal.*, article Du Prat-Nantouillet.

[4] *Ibid.*

mais elle avait un puissant voisin, l'ancien hôtel de Laon, devenu, par acquisition, hôtel de Savoie et de Nemours, qui se l'annexa sans autre façon. Du Breul, Malingre, Sauval ne disent rien de cette nouvelle transformation. Seul, Jaillot l'indique sommairement en ces termes : «L'hôtel d'Hercule s'étendoit depuis la rue des Augustins jusqu'à la seconde maison en deçà de la rue Pavée, et en profondeur, jusqu'aux jardins de l'abbé de Saint-Denis. Depuis, on y a construit l'hôtel de Nemours, détruit en 1671, et sur l'emplacement duquel on a ouvert la rue de Savoie. On y avoit aussi conservé une ruelle qui conduit aux jardins de Saint-Denis; il en subsiste encore des traces dans un passage de la MAISON DE LA TORTUE, qui communiquait du quai à la rue de Savoie; il est aujourd'hui fermé»[1]. Jaillot écrivait il y a plus d'un siècle; le passage dont il parle est encore fermé, mais il n'en subsiste pas moins, et permettrait à l'heure présente d'établir une communication entre la rue de Savoie et le quai des Augustins.

Nous ne savons si l'acquéreur du vieil hôtel de Laon annexa purement et simplement la «maison d'Hercules» à celle qu'il se fit construire ou approprier; nous ignorons même la date précise du contrat qui intervint entre lui et le marquis de Nantouillet; mais les agréments et les commodités de cette résidence ainsi que les fresques intérieures et extérieures dont elle était décorée à la mode italienne, durent être appréciés par un prince de Savoie quelque peu italien par le goût et les habitudes.

Reconstruite depuis un siècle seulement et dans un style moins «gothique» que l'hôtel de Laon, la «maison d'Hercules» dut être la partie la plus élégante de la nouvelle résidence princière, et nous la posséderions probablement encore, si les spéculateurs qui achetèrent le tout n'avaient eu intérêt à lotir les vastes terrains qui en composaient le pourpris, pour les vendre à des conditions avantageuses[2].

La fin de l'hôtel de Laon-Nemours fut donc, en même temps, celle de la maison d'Hercule. Malheureusement, il n'en fut pas dressé un inventaire analogue à ceux de l'hôtel de Nesle et du palais de la reine Marguerite, et, pour nous en faire une idée assez vague, nous sommes obligé de réunir les indications éparses chez les historiens. Du vieil hôtel de Sancerre, antérieur à la reconstruction du président de la Driesche, nous ne savons absolument rien; quant à la maison rebâtie par lui, Du Breul nous apprend que «par les salles et chambres et aussi extérieurement, le long des murailles d'icelle, les prouesses d'Hercules avoient esté dépeintes». Selon le même historien, elle était garnie de meubles «de fer et de bois», quand Louis de Hallewin la vendit à Charles VIII. Sauval y compte des

---

[1] RECHERCHES HISTORIQUES, etc. *Quartier Saint-André-des-Arts.* — [2] Voir, aux articles des rues Pavée et de Savoie, les détails de cette opération.

préaux, des jardins, des galeries et « autres superfluités des grandes maisons de ce temps-là ».

Dans le courant du xvie siècle, l'hôtel était jugé assez spacieux pour qu'on pût y loger un roi d'Écosse avec sa suite, y donner à dîner à trois rois accompagnés de leurs gens, y procéder à tous les préparatifs de la réception d'un chevalier de la Jarretière et à toutes les magnificences d'un mariage entre grands seigneurs. La description latine de Barclay, comme toutes celles de Jean de Jandun, d'Astesan, de Knobelsdorf et de Boutrays est malheureusement trop vague et trop poétique pour nous renseigner exactement. Le narrateur de la cérémonie matrimoniale dont nous avons parlé voit, dans les salles de l'hôtel d'Hercule, tant de peintures, tant de sculptures, tant de lustres suspendus à des lambris dorés, tant de fleurs et d'objets divers, qu'il en est ébloui et qu'il compare ce splendide logis au ciel [1].

Toutes ces merveilles tombèrent, en 1672, sous le marteau des démolisseurs : on construisit, sur l'emplacement des hôtels d'Hercule et de Nemours, des maisons d'habitation commune qui subsistent encore aujourd'hui, et dont les dispositions intérieures et extérieures accusent le style des architectes de la seconde moitié du xviie siècle.

Couvent des Sachets, puis des Grands-Augustins, formant l'angle occidental du quai et de la rue de ce nom. L'importance historique et topographique de ce monastère méritait une notice à part : on la trouvera à la suite de la description du quai et de la rue des Augustins.

Les Louages des Augustins, à l'occident du monastère des Augustins et dans la « ceinture » même du couvent, s'élevaient, dit Du Breul, au moment de l'ouverture de la rue Dauphine (1607).

« Cinq ou six corps d'hôtel servant auxdits religieux Augustins; lesquels estoient à l'avenue du Pont-Neuf, au travers desquels passe maintenant la rue Dauphine, avec de *nouveaux bastiments* faits de part et d'autre, au lieu des vieux. »

Parmi ces Nouveaux bâtiments, il y en avait qui s'élevaient à l'angle du quai et de la rue Dauphine, et en bordure sur cette dernière voie. On distinguait particulièrement un Grand corps de logis exhaussé d'un étage, en 1685, et loué ensuite à des particuliers, selon le témoignage de Le Maire, qui fait autorité parce qu'il était contemporain de cet état de choses.

---

[1] Voir, aux appendices, le texte latin de cette description.

Les nouveaux bâtiments dont il s'agit ayant été «faits de part et d'autre», sur l'emplacement de ceux «au travers desquels passe maintenant la rue Dauphine», il s'en trouvait à l'angle occidental de cette voie[1] et en bordure sur le quai, jusqu'à la rue de Nevers. Nous décrivons plus loin[2] et nous rappelons ici pour mémoire trois maisons qui appartiennent en même temps aux rues de Nevers et Guénégaud, par leur situation d'angle, ainsi qu'aux quais des Augustins et Conti; ce sont:

Une Maison sans désignation, faisant l'angle occidental de la rue de Nevers et du quai, et existant, dès 1332. Elle appartenait à Raoul le Romain, dit le Queux[3].

Maison sans désignation (1332) appartenant également à Raoul le Romain, dit le Queux. Elle était située entre les deux maisons d'angle des rues de Nevers et Guénégaud.

Maison sans désignation (1332), ayant formé plus tard le coin oriental du quai et de la rue Guénégaud. L'acte de fondation du collège des Lombards nous apprend qu'elle fut hypothéquée pour subvenir aux dépenses de cet établissement. Elle appartenait alors à Jean Renier, bourgeois de Pistoie, et tenait, d'une part, à la maison de Raoul le Romain, dit le Queux, d'autre part, au jardin de Nesle, par derrière au verger de ce manoir et par devant au quai ou «chemin sur Sainne»[4].

Ces trois maisons étaient dites «entretenantes». Nous y reviendrons aux articles du quai Conti et de la rue Guénégaud. La construction du Pont-Neuf leur donna de l'importance. Celle de Jean Renier, en particulier, qui avait dû être reconstruite entre 1332 et 1670, abritait à cette dernière date le *Théâtre des Marionnettes* du fameux Wattelin, ou Datelin, dit Brioché. Elle faisait face au Château Gaillard, point extrême du quai des Augustins ou des «quais du Pont-Neuf», comme on disait au xviie siècle[5].

La ligne du quai des Augustins a donc pour complément : à l'est, la rue de Hurepoix, formant la «descente» ou «tournée» du pont Saint-Michel; à l'ouest, la «descente» du Pont-Neuf et l'ancien chemin conduisant à la porte de Nesle. Nous consacrons un article spécial à chacune de ces deux voies.

---

[1] Voir l'article relatif à la rue Dauphine.

[2] Voir les articles relatifs aux rues de Nevers et Guénégaud.

[3] C'est la maison où Napoléon Bonaparte a, dit-on, occupé une mansarde avant 1789. Mais il résulte de nouvelles recherches que c'est au quai Conti que résida ce personnage. Voir l'article relatif à ce quai.

[4] «...Predictus Renerus obligavit expresse domum suam quam habet Parisiis super ripam Secane, prope Nigellam, cum juribus et pertinentiis ipsius domus cui adherent domus Rodolphi Romani, dicti Coquus, sive Le Queux, ab una parte, hortus Nigelli, ab alia, viridarium Nigelle a parte retro et via publica a parte ante.» (*Acte de fondation du collège des Lombards*, imprimé dans les *Preuves* de Félibien.)

[5] Voir la monographie du quai Conti.

RUE DES GRANDS-AUGUSTINS,

AUTREMENT APPELÉE À L'ABBÉ,
AUX ÉCOLES, AUX ÉCOLIERS DE SAINT-DENIS,
ET RUE DE LA BARRE.

La voie connue sous ces divers noms faisait communiquer la grande rue de Laas, de Saint-Germain ou de Saint-André-des-Ars, avec le « chemin sur Saine ». Elle date probablement de la fin du XIIe siècle, époque où l'abbé Hugues bailla à cens le territoire sur lequel elle fut ouverte. Il est certain qu'elle existait en 1262, lors de la fondation du couvent des Sachets, puisque ces religieux y bâtirent leur monastère, en ménageant la principale entrée sur le côté occidental de cette voie, et que, l'année suivante, ce même côté, ainsi que le côté oriental, se borda de constructions élevées par les soins des abbés de Saint-Denis. Alors simple chemin de desserte et de lotissement, elle n'avait pas de dénomination particulière : un acte contemporain de la fondation du couvent des Sachets la désigne par une périphrase empruntée au voisinage de cet établissement religieux : *Via per quam intratur domum de Saccis fratrum.*

L'abbaye de Saint-Germain-des-Prés, en accensant cette portion de son domaine, y avait conservé des terrains et une tuilerie qui bordaient la voie dont il s'agit. Les lettres données en faveur des Sachets par l'abbé de Saint-Germain, en 1263, le lundi après la Pentecôte, parlent d'une place sise à Paris, au territoire de Laas : *quedam platea sita Parisius in Laes, juxta domum fratrum Pœnitentium domini nostri Jesu Christi*, et d'une tuilerie contiguë : *tegularia sita juxta domum predictorum* [1].

A ce moment, la rue bordée par le couvent des Sachets avait encore un aspect rural; mais elle ne tarda point à le perdre. L'importance des constructions élevées par Mathieu de Vendôme, abbé de Saint-Denis, et du pourpris qui les entourait valut, dès 1269, à la nouvelle voie le nom de *rue à l'abbé de Sainct-Denys*. Cette dénomination se trouve dans le rôle de la taille de 1292 et dans le *Dit* de Guillot. On lit dans le rôle de 1313 *rue as escholiers de Sainct-Denys*, et, dans divers actes des XIVe et XVe siècles *rue des Escholes de Sainct-Denys*, du Collège de Saint-Denis, etc.; on rencontre même, dans un titre de 1513, l'appellation abrégée et amphibologique de *rue Sainct-Denis*.

Le nom de rue de la Barre n'apparaît qu'à la fin du XVe siècle; ce qui ne fortifie point l'opinion des partisans d'une enceinte existant sur la rive gauche anté-

---

[1] La pièce a été imprimée par Félibien dans ses *Preuves*, I, p. 207.

rieurement à celle de Philippe-Auguste. On sait que, dans ce système, la *barre*, ou barrière, de la rue des Grands-Augustins se serait rattachée, d'une part, à celle de la rue Hautefeuille, et, d'autre part, à la tourelle du Château Gaillard. Mais alors on se demande comment cette dénomination, dérivant d'un état de choses qui serait antérieur aux Sachets et aux Écoles de Saint-Denis, n'a pas été usitée beaucoup plus tôt, et pourquoi, au xiiie siècle, on trouve la rue désignée par des périphrases empruntées au voisinage de ces deux derniers établissements.

Un censier de 1485 porte : *rue aux Escholiers de Saint-Denis, nommée la rue de la Barre*; un second censier, de 1532, contient cette mention : *rue de la Barre aultrement dicte la rue du Collège Sainct-Denys*; enfin un troisième censier de 1543 donne les mêmes appellations renversées : *rue du Collège Sainct-Denys, aultrement appelée rue de la Barre*. Un arrêt de 1546 emploie même le pluriel : *rue des Barres, prez de la porte de Bussi*.

Jaillot, sans recourir à l'hypothèse d'une enceinte antérieure à celle du xiie siècle, a donné de cette appellation une explication que Berty n'accepte point : « A côté de la *maison des Charités Saint-Denis*, dit l'auteur des *Recherches*, étoit une ruelle qui fut condamnée; on y construisit une écurie et quelques logements, et, pour pouvoir y communiquer plus facilement, une galerie couverte qui fit donner à cette rue le nom de rue de la Barre »[1].

Mais Berty fait observer avec raison que ces sortes de passages, en forme de ponts ou d'arcades, se nomment généralement, dans les anciens titres, *arcs* ou *galeries*, comme l'arc de Nazareth ou de Jérusalem à l'ancienne préfecture de police, celui du collège des Jésuites, à Dôle, etc., et jamais *barres*. « Nous croirions beaucoup plus volontiers, ajoute-t-il, qu'il y avoit, à quelque point de cette rue peu fréquentée, quelque barrière pour laquelle on peut facilement imaginer une raison d'être ». L'explication est un peu vague: la *barre* dont il s'agit pouvait être soit une limite de juridiction conventuelle, dans une rue où se trouvaient deux grands établissements monastiques, soit une barrière placée devant la porte d'entrée de ces établissements, soit un guichet ou porte de sûreté à l'une des extrémités de la rue, peut-être un « degré » ou barre de défense contre les eaux, à son débouché sur le chemin longeant la Seine.

Jaillot a prétendu encore que cette voie portait, au xvie siècle, le nom de « rue des Grands-Augustins » dans sa partie septentrionale longeant le couvent habité par ces religieux. Berty le contredit de nouveau sur ce point, et affirme n'avoir rencontré, antérieurement au xviie siècle, aucun document où cette appellation soit mentionnée.

La rue des Grands-Augustins, qui n'a pas été entamée par les modernes opé-

---

[1] Recherches historiques, etc., *Quartier Saint-André-des-Arts*, p. 20.

rations édilitaires, a conservé en grande partie son ancien aspect, surtout du côté oriental où se voient encore de beaux hôtels des xvie et xviie siècles. Les démolitions et reconstructions opérées sur le côté occidental, ainsi que l'ouverture de la rue du Pont-de-Lodi, en ont modifié la physionomie dans la partie confinant au quai. Pour éviter une confusion entre les *Grands*, les *Petits*, les *Vieux* Augustins et l'ancienne rue *Neuve* de ce nom, la voie dont nous nous occupons pourrait s'appeler simplement aujourd'hui rue des Augustins.

CÔTÉ ORIENTAL
(du Sud au Nord).

CENSIVE ET JUSTICE DE SAINT-GERMAIN-DES-PRÉS.

PAROISSE SAINT-ANDRÉ-DES-ARS.

Partie latérale de la Maison de l'évêque de Thérouenne, formant l'angle oriental de la rue Saint-André-des-Ars. Elle appartenait, vers le milieu du xive siècle, à l'abbé du Jard, et devint en 1391 la propriété de Jean Tabari, évêque de Thérouenne. (Voir l'article que nous avons consacré à cet immeuble dans la monographie de la rue Saint-André [1].)

Deux maisons sans désignation, contiguës à la précédente et n'en ayant primitivement formé qu'une seule. La première ne semble point avoir été habitée par un personnage de marque. La seconde appartenait, avant 1423, à l'évêque de Lisieux, ainsi qu'il résulte de l'extrait du *Compte des confiscations de Paris*, de 1423 à 1427 : «Rue du Collège Saint-Denis, hostel qui fu, — c'est-à-dire avant la domination anglaise, — à l'evesque de Lizieux, scis en ladite rue, tenant d'une part aux louages de l'hostel du comte d'Eu» [2]. Dans le *Compte des confiscations de Paris*, de 1427 à 1434, le même hôtel figure encore avec la désignation suivante : «Hostel qui appartenoit à l'evesque de Lizieux, sciz en la rue du Collège Sainct-Denis» [3].

A quelle époque les évêques de Lisieux étaient-ils venus prendre logis dans la

---

[1] Le Feuve donne, dans ses *Anciennes maisons de Paris*, une liste des propriétaires successifs de cette maison ; nous y renvoyons le lecteur, sans garantir l'exactitude des renseignements fournis.

[2] Sauval, III, p. 317.

[3] *Idem.* Cette confiscation persistante donnerait à penser que l'évêque de Lisieux était un ami de Charles VII ; cependant on trouve dans Sauval (II, p. 257) ce renseignement au moins singulier : «Brande de Chastillon, cardinal et évêque de Lizieux, *un des émissaires de Henry, roi d'Angleterre*, et en grande considération auprez d'Innocent VII et de Grégoire XII, demeuroit, en 1423, à la rue Saint-André, contre l'hostel du comte d'Eu». L'indication de la rue Saint-André est erronée ; mais ce genre d'erreur est fréquent dans Sauval et nous en avons relevé plusieurs exemples. Autrefois, on désignait souvent la principale artère d'une région de Paris, au lieu des petites voies qui y aboutissaient ; ainsi tel particulier demeurant rues Pavée, Gilles-le-Queux, de l'Éperon, des Grands-Augustins, etc., était dit habiter : «en la rue Saint-André».

rue des Écoles de Saint-Denis? Fort peu de temps sans doute avant la mesure de confiscation qui atteignit l'un d'eux. Le *Gallia christiana*, en effet, d'accord avec Sauval, nous apprend que les prélats lexoviens habitaient, dans le cours du XIVe siècle, une maison du Mont Saint-Hilaire. Alphonse Chevrier, l'un d'eux, *morabatur, anno 1377, Parisiis apud montem Sancti Hilarii* [1]. L'un de ses successeurs, Guillaume d'Estouteville, fondateur du collège de Torcy, légua, dit le *Gallia*, pour cette création scolaire, deux maisons qu'il avait acquises près de l'église Sainte-Geneviève. Ce legs est de l'année 1414, et l'ouverture du nouveau collège eut lieu en 1422. Le Mont Saint-Hilaire était très voisin de l'église Sainte-Geneviève : il semble assez probable que l'évêque de Lisieux, comme le firent d'ailleurs tous les fondateurs de collèges, acheta des maisons voisines de la sienne, et affecta le tout à un établissement scolaire. C'est alors qu'il aurait acquis un autre immeuble dans la rue des Écoles de Saint-Denis, et qu'il serait allé l'habiter. Brande de Châtillon lui aurait succédé, en 1422, dans son évêché et dans la jouissance de la maison de Paris. Ce personnage qui était au mieux avec le roi d'Angleterre, puisqu'il était allé négocier le mariage du jeune Henri VI avec Catherine de France, put fort bien, pendant la durée de la domination anglaise, habiter la maison dont il s'agit, malgré la mesure fiscale dont elle avait été l'objet.

MAISON dépendante de l'HÔTEL D'EU, lequel avait ses façades antérieures et latérales sur les rues Saint-André-des-Ars et Pavée. Elle formait primitivement une dépendance de cet hôtel, et lui donnait une sortie sur la rue des Grands-Augustins, disposition commune à plusieurs grands hôtels qui se ménageaient ainsi plusieurs issues, ce qui en facilita plus tard le lotissement. Cette maison fut rebâtie en 1543; elle était alors complètement distincte de l'ancien hôtel d'Eu et de Nevers. (Voir l'article que nous avons consacré à cet hôtel dans la monographie de la rue Saint-André.)

MAISON DES CHARITÉS OU DES TROIS CHARITÉS SAINT-DENIS [2], formant, tant avec les jardins qui la bordaient au nord, qu'avec le collège et l'hôtel dont elle était séparée par la rue, mais auxquels un passage la rattachait, un grand et vaste pourpris borné seulement, à l'occident, par ceux des Augustins et de Nesle. Ainsi que son nom l'indique, la maison des Charités était l'aumônerie dépendant de l'hôtel et du collège. La maison des Charités, s'élevant sur le côté oriental de la rue, ne fut pas comprise dans l'opération édilitaire relative à l'ouverture des rues Dauphine, Christine et d'Anjou, opération qui amena la destruction des bâtiments et le lotissement des terrains de l'hôtel de Saint-Denis, lequel était

---

[1] *Gallia christiana*, Diœc. Lexov., col. 790.

[2] Ces «Trois charités» sont peut-être les trois formes sous lesquelles on exerçait la charité dans cette maison hospitalière, peut-être aussi sont-elles les trois vertus théologales personnifiées en une seule.

situé sur le côté occidental de la même voie. Jaillot nous apprend qu'on l'appelait encore, en 1635, *la Maison de Trois-Charités de Saint-Denis*. «Ce n'est, ajoute-t-il que depuis quelques années qu'on a ôté cette inscription, pour y substituer celle d'*Hôtel de Saint-Cyr*, quoique la maison abbatiale de Saint-Denis eût été réunie au monastère royal de Saint-Cyr par une bulle d'Innocent XII, du 23 janvier 1691 »[1]. Or, Jaillot écrivait en 1773.

Entre la MAISON DES CHARITÉS et les jardins qui en dépendaient, se trouvaient des écuries et autres bâtiments légers dépendant de l'hôtel de Laon et de Nemours, en façade sur la rue Pavée. Nous faisons remarquer, à l'article de cette dernière rue, que l'ouverture d'une voie nouvelle à travers les biens de mainmorte d'une abbaye eût entraîné de longues et difficiles formalités. Tout porte donc à croire qu'une partie des jardins de la MAISON DES CHARITÉS avait été cédée antérieurement aux propriétaires de l'hôtel de Laon et de Nemours [2].

JARDINS DE LA MAISON DES CHARITÉS SAINT-DENIS, s'étendant originairement de la Maison des Charités à l'hôtel de Sancerre et d'Hercule. La partie aliénée devait confiner à cette dernière résidence; il est naturel, en effet, que les abbés aient gardé, de leur ancien pourpris, l'extrémité méridionale touchant à leur aumônerie.

Berty a figuré sur son plan les jardins de la *Maison des Charités*, et il les représente sous la forme d'un vaste rectangle coupé obliquement, au XVIIe siècle, par la rue de Savoie. Les propriétaires de l'ancien hôtel de Laon et de Nemours, ou leurs ayants droit, possédaient encore, vingt-cinq ans plus tard, les terrains situés sur le côté oriental de la nouvelle rue: les deux savants éditeurs de Tallemant des Réaux, Paulin Paris et Monmerqué, disent en effet que, dans l'année 1632, la rue des Grands-Augustins séparait seule l'hôtel de Laon-Nemours-Savoie de celui de la maréchale de Thémines. Or, on sait que cette dernière résidence fut construite sur une partie du pourpris de l'hôtel des abbés de Saint-Denis. Donc la partie septentrionale des jardins de la Maison des Charités avait été, à une époque que l'on ne saurait préciser, annexée au pourpris de l'hôtel de Laon et de Nemours.

MAISONS construites ou appropriées sur cette partie des anciens jardins de la MAISON DES CHARITÉS, après l'ouverture de la rue de Savoie. Berty ne les figure point sur son plan; Le Feuve les confond un peu avec les bâtiments démembrés de l'hôtel de Sancerre et d'Hercule; cependant la maison léguée à Brière de Bretteville, laquelle n'était probablement qu'une aile détachée de l'hôtel de Conflans-

---

[1] RECHERCHES HISTORIQUES, etc., *Quartier SaintAndré-des-Arts*, p. 20. — [2] Voir l'article que nous avons consacré à cet hôtel.

Carignan, paraît avoir appartenu à l'ensemble des constructions de l'hôtel de Laon-Nemours, soit avant, soit après son acquisition par les princes de la maison de Savoie. Divers détails intérieurs et extérieurs témoignent de l'ancienneté de ces bâtiments et du goût qui avait présidé à leur édification.

Partie latérale de l'Hôtel de Sancerre et d'Hercule, lequel avait sa façade principale sur le « chemin de Sainne », ou quai des Augustins. Voir la monographie que nous en avons donnée à l'article de cette dernière voie.

CÔTÉ OCCIDENTAL
(du Nord au Sud).

MÊME JUSTICE ET CENSIVE.

PAROISSE DE SAINT-ANDRÉ-DES-ARS.

Couvent des Sachets, puis des Grands-Augustins, formant, avec son église et ses bâtiments conventuels, l'angle occidental du quai et de la rue, sur une grande partie de laquelle ses constructions s'alignaient. L'importance de ce monastère exigeait une monographie spéciale comprise dans un chapitre distinct; nous l'avons placée à la suite de la présente rue.

Hôtel de Thémines, non figuré sur le plan de Berty, mais construit entre le couvent des Augustins et la rue Christine, qui fut ouverte en 1607. Il occupait une partie du pourpris du collège et hôtel de Saint-Denis, et peut-être une légère bande de terrain ayant appartenu aux Grands-Augustins. La construction de cet hôtel se rattache aux diverses opérations édilitaires accomplies, dans cette région, par les concessionnaires des rues Dauphine, Christine et d'Anjou.

Hôtel et Collège de Saint-Denis. — Cette résidence fut créée en 1263, par Mathieu de Vendôme, abbé de Saint-Denis, d'abord comme habitation parisienne à l'usage des chefs de cette royale abbaye, puis comme établissement scolaire pour les jeunes novices du monastère et quelques autres étudiants, dans des conditions analogues à celles des collèges de Vendôme, de Cluny, des Bernardins et autres. Voici comment l'un des vieux historiens de Paris raconte cette fondation:

« L'an 1263, dit Du Breul, Révérend Père en Dieu Mathieu, abbé de Sainct-Denys en France, print à cens et rentes des religieux, abbé et couvent de Saint-Germain-des-Prez, certaine place de terre sise au terrouer de Laas, tenant d'un costé aux jardins des frères de la Pénitence de Jésus-Christ, autrement dits Sachets, et d'autre à la maison de messire Gilles, dit Le Brun, connestable de France, où il fit bastir une maison pour loger les religieux dudict Sainct-Denys, quand ils viendroient à Paris, et mesme eut permission desdits de Sainct-Germain, de faire construire une chappelle en ladicte maison, sans toutefois y pouvoir avoir cloches ny cimetière, et sauf tout droict parrochial, et à la charge de vingt sols parisis de chef de cens.

« Et en l'an 1268, ledit abbé acheta encore desdicts de Saint-Germain certaine masure et appartenances, chargée envers les susdits d'autres vingt sols parisis de pareil cens. Et depuis, en l'an 1299, les bons abbez et religieux d'alors, ne songeant qu'à l'augmentation de l'honneur de Dieu et proufit de leur église, et non à la ruine totale d'icelle (comme font maintenant les commendataires), acquirent de surplus un jardin d'un nommé Pierre de Columna, lequel leur fut admorty par lesdits de Sainct-Germain, à la charge de vingt-cinq sols parisis de cens, la justice desdits lieux, haulte, moyenne et basse, et tous droits seigneuriaux demeurans ausdicts de Sainct-Germain, comme il se peut voir par les tiltres qui sont au thrésor de ladicte abbaye de Sainct-Germain.

« En l'an 1431, du règne de Charles VII, la France estant encores toute en troubles, l'abbé dudict Sainct-Denys ne peut, à cause des voleurs et mauvais garnemens qui couroient par toute la France, tenir ses assises en la ville de Sainct-Denys, et demanda permission aux religieux dudict Sainct-Germain de les tenir en son hostel qu'il avoit sur leur terre et seigneurie, sans toutefois pour ce pouvoir prétendre aucun droict de justice esdicts lieux, et de ce en bailla lettres auxdits de Sainct-Germain, dattées de l'an susdict »[1].

Il résulte de ce texte :

1° Que Mathieu de Vendôme acquit, en 1263, un terrain s'étendant depuis le couvent des Sachets jusqu'à la maison de Gilles Le Brun, vers l'orient, et, dans la direction de l'occident, jusqu'au jardin des Archers, qui régnait en dedans de la muraille de Philippe-Auguste, parallèlement aux fossés de Nesle ;

2° Qu'en 1268, il ajouta à ce pourpris une « masure avec ses appartenances » ;

3° Que les religieux de Saint-Denis l'accrurent encore en y joignant le jardin de Pierre de Columna ;

4° Que l'abbé y tint ses assises en la calamiteuse année 1431.

Sauval confirme les renseignements historiques donnés par Du Breul, et il en ajoute de nouveaux. Voici son exposé :

« Mathieu de Vendosme, abbé de Saint-Denys et régent du royaume, fit bâtir un autre hôtel à la rue Sainct-André-des-Ars, près la porte de Bussi, sur des

---

[1] Du Breul, édit. de 1639 publiée par Malingre, p. 576.

terres amorties, qu'il prit à cens et rentes en 1263 et en 1268, des religieux de Saint-Germain-des-Prés.

«En 1265, l'ayant agrandie d'une grange qu'il acheta six livres parisis, d'Allix de la Driesche et de ses enfants, et que les religieux amortirent en 1268, il y joignit en 1285 un jardin et des terres qu'il eut par échange de ces mêmes religieux, pour d'autres terres qu'il avoit à Cachan et à Arcueil.

«Gui de Castres, en 1299, y enferma encore un jardin, qui appartenait à Pierre de Columna; Jean de la Groslaye, ou de Villiers, l'augmenta de trois maisons voisines, qu'il acquit en 1486; et enfin il y a grande apparence que Mathieu de Vendosme y fit faire une chapelle, puisque les religieux de Saint-Germain lui en avoient donné la permission en 1263; mais ni lui ni ses prédécesseurs n'y eurent point de cimetière, et je doute même qu'ils y aient jamais eu des cloches. Les religieux alors, par une clause expresse, lui ayant défendu ces deux choses; en un mot, cet hôtel a toujours dépendu, pour le spirituel, du curé de Saint-André, et quant au temporel, des religieux de Saint-Germain; car ce fut encore à ces conditions que Mathieu de Vendosme entra en possession de cette terre.

«En 1431, Guillaume de Faireschal, abbé de Saint-Denys, obtint permission des religieux de Saint-Germain d'y tenir ses assises. En 1487, il y fonda six boursiers; en 1607 ou environ, il fut vendu soixante-six mille livres et ruiné en même temps pour faire la rue Dauphine, la rue Christine et la rue d'Anjou [1]. »

On remarquera que Sauval use d'une appellation erronée, en indiquant la rue Saint-André-des-Ars comme la voie le long de laquelle fut bâti l'hôtel-collège de Saint-Denis. Nous avons déjà fait observer qu'à la principale voie d'une région se rattachaient les petites rues secondaires s'embranchant sur ce tronc commun, et qu'une maison construite dans les rues Pavée, Gilles-le-Queux, des Sachets, de l'Éperon, etc., était dite autrefois «sise en la rue Saint-André-des-Ars».

L'établissement d'un cimetière et d'une chapelle sans cloches est confirmé par Sauval. Cet auteur identifie de plus la masure sans nom mentionnée par Du Breul : c'est la grange d'Allix de la Driesche, incorporée en 1265 au pourpris de Saint-Denis. Il parle, en outre, d'un échange de terres touchant à ce pourpris contre d'autres que l'abbaye possédait à Cachan et à Arcueil, et qu'elle cède pour agrandir son domaine parisien. Enfin, il fait, à l'année 1299, mention de l'annexion du jardin de Pierre de Columna.

Ce ne sont point les seuls points précisés par Sauval; il en est un qui fait confusion chez plusieurs historiens, et que Sauval a débrouillé : nous voulons parler de l'addition de trois maisons réunies, en 1486, à l'hôtel-collège de Saint-Denis, et de la fondation, en 1487, de six bourses en faveur d'autant d'étudiants. On a

---

[1] *Antiquités de la ville de Paris*, t. II, p. 265 et 266.

faussement attribué cette fondation à l'abbé Guillaume de Farréchal, ou Faireschal, qui était mort dès l'année 1439; Sauval en restitue l'honneur à Jean de la Groslaye, ou de Villiers, qui était abbé au moment de l'annexion des trois immeubles et de la création des bourses.

Dom Bouillart ajoute peu de chose aux renseignements fournis par Du Breul et par Sauval: il se borne à désigner l'emplacement concédé par Gérard de Moret, abbé de Saint-Germain, à son confrère de Saint-Denis « dans le territoire de Laas, derrière le jardin des religieux de la Pénitence », et à mentionner la réserve de la juridiction abbatiale, des droits curiaux du curé de Saint-André-des-Ars, ainsi que le payement d'un cens annuel de vingt sols. Quant à la transformation dernière de l'hôtel, Dom Bouillard en parle très sommairement : « Il a été, dit-il, changé dans la suite en maisons qui font aujourd'hui partie des rues Dauphine et Christine, derrière les Grands-Augustins » [1].

Félibien ajoute quelques détails au chapitre des acquisitions faites pour créer le pourpris de l'hôtel et, plus tard, celui du collège; il fait connaître les propriétés achetées et le nom des vendeurs; son exposé complète donc ceux de Du Breul, de Dom Bouillard et de Sauval.

« En 1263, dit-il, Mathieu de Vendôme, abbé de Saint-Denis, et qui fut depuis régent du royaume en 1270, de même que Suger, fit bâtir pour lui et ses successeurs, dans le territoire de Laas, derrière le jardin des religieux de la Pénitence ou Sachets, sur des terres amorties qu'il prit à cens et rentes des religieux de Saint-Germain-des-Prés, en 1263. En 1265, il augmenta son bâtiment d'une grange qu'il acheta d'Allix de la Driesche et de ses enfants, et que les religieux de Saint-Germain amortirent en 1268. En 1285, il y joignit un jardin qu'il eut par échange des mêmes religieux, pour d'autres terres qu'il avoit à Cachan et à Arcueil. Guy de Castres, en 1299, y renferma encore un jardin qui appartenait à Pierre de Columna. Jean de la Groslaye, ou de Villiers, l'augmenta de trois maisons voisines, qu'il acquit en 1486. Mathieu de Vendôme bâtit aussi une chapelle, tant pour son hôtel que pour le collège qui y étoit joint. Il en obtint la permission des religieux de Saint-Germain, à condition qu'il n'y auroit ni cloche ni cimetière, et que cet hôtel ou collège dépendroit pour le spirituel du curé de Saint-André-des-Ars, et pour le temporel de l'abbaye de Saint-Germain. Guillaume de Ferréchal, abbé de Saint-Denis, voulut tenir ses assises en son hôtel en 1431. Il ne l'osa faire sans en demander la permission aux religieux de Saint-Germain-des-Prés [2]. En 1487, on fonda six boursiers au collège Saint-Denis. En 1607,

---

[1] *Histoire de l'abbaye de Saint-Germain-des-Prés*, p. 132.

[2] Les « assises » que l'abbé de Saint-Denis tint en son hôtel parisien ne pouvaient, a dit Du Breul, « estre tenues en la ville de Sainct-Denys, à cause des voleurs et mauvais garnemens qui couroient la

l'hôtel et le collège furent vendus 66,000 livres, et détruits en même temps, pour faire la rue Dauphine, la rue Christine et la rue d'Anjou. En 1610, le Parlement condamna Louis de Lorraine, abbé de Saint-Denis, à donner tous les ans soixante-dix-huit livres de rente au bureau des pauvres, à cause de l'aliénation de son collège, et à faire bâtir ou acheter un autre hôtel pour lui et ses successeurs abbés. En 1611, il acquit la maison de Caumartin, située rue de l'Échelle du Temple » [1].

Jaillot, après avoir cité Sauval, outre Du Breul et Félibien, résume topographiquement leur récit et reconstitue en quelques lignes tout le groupe des propriétés de l'abbaye de Saint-Denis dans la région de Saint-André-des-Ars : « L'hôtel ou collège de Saint-Denis renfermoit, dit-il, tout l'espace compris entre les rues Contrescarpe et Saint-André, et celui où l'on a depuis ouvert les rues d'Anjou et Christine; et de l'autre côté de la rue des Grands-Augustins, une grande maison, avec jardins, qu'on appeloit encore, en 1635, *la Maison des Trois charités Saint-Denis*, ensuite *l'Hôtel des charités Saint-Denis* » [2].

Si étendu que paraisse avoir été le périmètre de l'enclos dans lequel les abbés de Saint-Denis établirent leur hôtel et leur collège, il allait, en réalité, plus loin que ne le dit Jaillot, et Berty a eu raison de le prolonger, par delà la rue d'Anjou, jusqu'à la ruelle de Nevers. Sa limite septentrionale était donc celle du pourpris de Nesle. Le petit séjour de Navarre et d'Orléans, sur l'emplacement duquel ont été construits le grand et le petit hôtel de Lyon, la maison du connétable Gillon Le Brun et celle qui appartint plus tard à M⁰ Benoît Piédalet, puis à un sieur Sédille, formaient autant d'enclaves dans ce vaste enclos.

Les historiens de l'abbaye de Saint-Denis et ceux de l'Université ne disent rien de ces écoliers : ils ne nous apprennent pas s'ils étaient théologiens, décrétistes ou artiens; s'ils appartenaient tous à l'abbaye comme novices, ou si quelques-uns étaient séculiers [3].

France, estant encore en troubles ». L'année 1431 fut, en effet, l'une des plus sombres de notre histoire : c'est la date de la prise et du martyre de Jeanne d'Arc.

Un second événement, d'une certaine importance, eut lieu, un siècle plus tard, au même hôtel : ce fut l'entrée solennelle du cardinal Louis de Bourbon-Vendôme, abbé de Saint-Denis et lieutenant du Roi, reçu pompeusement, en cette dernière qualité, par le Prévôt des marchands, les Échevins et tout le corps de Ville.

[1] Félibien, I, p. 406-407.

[2] Recu., etc., *Quart. S‘-André-des-Arts*, p. 20.

[3] Dom Bouillard semble cependant insinuer que les écoliers du collège de Saint-Denis s'occupaient d'études religieuses : « Mathieu de Vendôme, abbé de Saint-Denis, dit-il, désirant contribuer, autant qu'il lui était possible, à l'instruction de ses religieux, voulut aussi leur bâtir une maison, ou collège, dans le territoire de Laas, derrière le jardin des religieux de la Pénitence. » L'historien de l'abbaye Saint-Germain-des-Prés affirme avoir puisé ce renseignement dans le Cartulaire de Saint-Denis à l'année 1263.

Du Boullay et son continuateur, M. Charles Jourdain, ne les mentionnent même pas. C'est probablement parce que le collège de Saint-Denis, fondation toute monastique, n'était point agrégé à l'Université. Le régime auquel les boursiers de Saint-Denis étaient soumis devait, nous le répétons, être analogue à ceux des écoliers des collèges de Vendôme, de Cluny et des Bernardins, logis destinés à recevoir les jeunes sujets envoyés à Paris pour y étudier, et retourner ensuite à la maison mère après avoir pris leurs degrés.

S'il fallait en croire Rabelais, le collège de Saint-Denis aurait aussi donné asile à des étudiants profanes; le grand railleur, qui a tant ridiculisé l'enseignement universitaire et exalté celui de Ponocratès, a peut-être logé son héros au collège de Saint-Denis, parce que cet établissement ne relevait pas de *l'alma parens*[1].

L'hôtel-collège de Saint-Denis fut, dit L'Estoille, occupé par les lansquenets pendant la Ligue, et c'est là, selon lui, que se serait passée, en 1590, une scène de cannibalisme qu'il raconte tout au long dans son *Journal*[2]. «M. de Saint-Denis», c'est-à-dire l'abbé de ce monastère, était, dit L'Estoille, «frère de M. de Guise»;

---

[1] Voici le passage auquel nous faisons allusion : «En ces mesmes jours, un sçavant homme, nommé Thaumaste, ouyant le bruit et renommée du sçavoir incomparable de Pantagruel, vint du pays d'Angleterre en ceste seule intention de voir Pantagruel, et le cognoistre, et esprouver si tel estoit son sçavoir comme en estoit la renommée. De faict, arrivé à Paris, se transporta vers l'hostel dudict Pantagruel, qui estoit logé à l'hostel Sainct-Denis, et pour lors se pourmenoit par le jardin, avecques Panurge, philosophant à la mode des péripatétiques.» (PANTAGRUEL, liv. II, chap. XVIII.)

[2] Voici le passage où le fait est raconté et accompagné de réflexions peu favorables à la Ligue : «Finallement, la nécessité croissant, deux ou trois jours devant la levée du siège, les lansquenets, gens de soi barbares et inhumains, mourans de male rage de faim, commencèrent à chasser aux enfans comme aux chiens, et en mangèrent trois : deux à l'hostel Sainct-Denis et un à l'hostel de Palaiseau; et fust commis ce cruel et barbare acte dans l'enceinte des murailles de Paris, tant l'ire de Dieu estoit embrasée sur nos testes! Ce que tenant du commencement pour une fable, pour ce qu'il me sembloit que *hoc erat atrocius vero*, j'ai trouvé depuis que c'estoit vérité. confessé et tesmoigné par la propre bouche des lansquenets. De moi, j'ai ouï tenir cette proposition à un grand catholique de Paris, qui estoit du Conseil des Neuf, qu'il y avoit moins de danger de s'accommoder d'un enfant mort en telle nécessité, que de recognoistre le Béarnois, estant hérétique comme il estoit, et que de son opinion estoient tous les meilleurs théologiens et docteurs de Paris, et entre autres, monsieur son curé, qui estoit celui de Saint-André-des-Ars.» (JOURNAL DE L'ESTOILE, *août 1590*, édit. de 1880, t. V, p. 52.)

Ce récit, popularisé par *la Henriade*, a été versifié en latin par un certain de Caux de Cappeval, *Calcius Cappavallis*, qui publia, en 1772, une amplification verbeuse de la scène de cannibalisme dont il s'agit. La mère affamée tue son dernier enfant :

Et super unus erat puer, hac de clade superstes.
Conscendit furibunda toros, cultroque minaci
Devovet illa caput tendentis brachia nati.

Les lansquenets, qui rôdaient autour de la maison, y pénètrent et voient le cadavre de l'enfant, ainsi que la mère qui en préparait un horrible mets.

Juxta fumantem sese fert obvia formam
Corporis, et mulier perfusa cruoribus ardet.

Ils frappent cette mère dénaturée : le bruit de l'événement se répand dans la ville; le peuple accourt, etc. Nous n'avons mentionné cette anecdote que parce qu'elle se rattache à l'hôtel de Saint-Denis, résidence du cardinal de Lorraine et lieu de réunion des ligueurs.

il habitait l'hôtel en 1602. On comprend que, quatorze ans auparavant, il ait abrité le duc de Mayenne et donné asile aux troupes de la Ligue qui défendaient Paris contre le Béarnais. Sauval confirme le fait en ces termes : «Peu de temps avant les barricades (12 mars 1588), Charles de Lorraine, premier duc et pair de Maïenne..., vint loger à l'Hostel Saint-Denys, où s'assemblèrent quelques ligueurs, qu'il assura du secours et de l'assistance du duc de Guise son frère »[1].

Peu d'années après, l'achèvement du Pont-Neuf et le percement des rues Dauphine, Christine, d'Anjou, qui en fut la conséquence, amenèrent la destruction des bâtiments et le lotissement du pourpris de l'hôtel-collège de Saint-Denis. Nous exposons les détails de l'opération à l'article de ces trois rues.

SEPT PIGNONS DE MAISONS ENTRETENANTS, c'est-à-dire tenant les uns aux autres, de manière à former un groupe compact. L'existence de ces maisons à pignons, dont le texte de Berty ne parle point et qui ne sont pas figurées sur son plan, nous est révélée par les *Comptes de confiscation* de 1421 à 1434 : «Sept pignons de maisons entretenants, y est-il dit, sis en la rue du Collège-Saint-Denis, qui furent à M⁰ Benoist Picdalet »[2].

Ces «sept pignons», qui sont dits «sis en la rue du Collège-Saint-Denis», étaient-ils réellement tous en bordure de cette voie, ou bien comprenaient-ils les deux maisons en retour sur la rue Saint-André, dont l'une fut habitée par le connétable Gillon Le Brun, et l'autre possédée, trois siècles plus tard, par un sieur Sédille ? On sait combien les désignations topographiques sont vagues au moyen âge et avec quelle indifférence les scribes du temps placent sur une seule et même rue les propriétés qui étaient en bordure et à l'angle de deux voies. Mais nous savons d'autre part que M⁰ Benoît Picdalet, le propriétaire des sept pignons entretenants, possédait, avant les confiscations anglaises, la maison qui appartint plus tard à M⁰ Sédille, et qui séparait celle du connétable Gillon Le Brun du petit séjour de Navarre et d'Orléans. Le fait résulte de ce fragment de compte, imprimé par Sauval, comme le précédent : — «De 1423 à 1427. — Maison qui fu a M⁰ Benoist Picdalet, jadis procureur au Parlement, scize en ladicte rue de Sainct André des Arts, devant et à l'opposite du séjour d'Orléans »[3]. Nous inclinons à croire que cette désignation s'applique à la maison Sédille plutôt qu'à celle de Gillon Le Brun, parce que la mention de *coin*, qui est constante dans les titres de cette époque[4], eût certainement été faite s'il s'était agi de l'immeuble formant l'angle des rues Saint-André et du collège Saint-Denis.

---

[1] *Antiquités de Paris*, t. II, p. 123.
[2] SAUVAL, III, p. 196.
[3] SAUVAL, III, p. 216.
[4] On trouve constamment, en effet, les locutions suivantes : *faciens cuneum*, *faisant le coing*, *l'encoigneure*, etc.

Il se pourrait donc que la maison de Gillon Le Brun ait compté, en tout ou en partie, au nombre des sept pignons confisqués en 1421, puisqu'il n'en est pas fait mention dans les comptes ultérieurs. Ce lotissement répond assez, d'ailleurs, au parcellaire actuel, qui comporte sept à huit propriétés entre la rue Saint-André-des-Ars et le point de la rue du Collège-Saint-Denis où se trouvait l'hôtel abbatial. Seule, la maison « à l'opposite du séjour d'Orléans » paraît devoir être exclue du groupe de constructions confisquées en 1421, puisqu'elle ne l'a été que de 1423 à 1424. Bien que la mention d'un immeuble confisqué précédemment se retrouve souvent à une date postérieure, dans les comptes imprimés par Sauval, il paraît plus probable que M⁰ Benoît Picdalet fut victime d'une seconde confiscation deux ou trois ans après la première, et alors on doit ranger les « sept pignons entretenants » sur la rue du Collège Saint-Denis, comme il est dit dans le texte imprimé par Sauval.

PARTIE LATÉRALE DE LA MAISON DU CONNÉTABLE GILLON LE BRUN, ayant appartenu, comme nous venons de le dire, à M⁰ Benoît Picdalet. (Voir l'article que nous avons consacré à cet immeuble dans la rue Saint-André-des-Ars[1].)

[1] Page 142.

CHAPITRE XI.

COUVENT DES SACHETS ET DES GRANDS-AUGUSTINS.

Les Sachets, ou frères de la Pénitence de Jésus-Christ, étaient issus de ce mouvement de ferveur extraordinaire qui éclata au commencement du XIIIe siècle, et qui donna également naissance à la famille franciscaine. L'exagération de ce mouvement produisit doctrinalement l'hérésie des Fratricelles, et, dans la pratique, le mode de vie étrange que menaient les Sachets : «Ces frères de la Pénitence, dit Félibien, faisoient profession d'une austérité extraordinaire ; et, parce qu'ils estoient vestus de robes en forme de sac et sans ceinture, on les appela les *Frères Sachets*, en latin, *Saccitæ, Saccarii* et *Saccati* ; ils estoient regardez en Angleterre comme des religieux d'une nouvelle espèce, l'an 1257 ; ce qui fait voir que leur institution n'étoit pas encore fort ancienne» [1]. Les frères de la Pénitence ne fuyaient pas le monde, comme les solitaires de la primitive église ; ils se faisaient une thébaïde dans les villes, et les «frères ermites de Saint-Augustin», qui leur succédèrent à Paris, les imitèrent sur ce point.

Les Sachets mirent à profit les bonnes dispositions de saint Louis, qui avait déjà donné un asile aux Cordeliers et qui venait de faire bâtir la Sainte-Chapelle. Le pieux monarque, toujours enclin à favoriser ces sortes de fondations [2], leur octroya

---

[1] *Histoire de la Ville de Paris*, I, p. 331. En citant Du Breul, Félibien oublie de reproduire le texte de Mathieu Paris : «Eo tempore (1257) novus ordo apparuit Londini, de quibusdam fratribus ignotis et non prævisis, qui, quia saccis incedebant induti, inde fratres saccitæ vocabantur.» (Du Breul, éd. de 1612, p. 49.)

[2] Les motifs invoqués dans la charte témoignent des sentiments de religion et de piété filiale dont saint Louis était animé : «Nos, divini amoris intuitu pro salute anime nostre, nec non et pro remediis animarum inclyte recordationis Ludovici genitoris nostri et regine Blanche genitricis nostre, ac aliorum antecessorum nostrum», etc. (Du Breul, éd. de 1612, p. 552. Félibien, *Preuves*, I, p. 206.) Les mêmes historiens reproduisent le texte entier de la charte de fondation ; nous en citons seulement le passage suivant :

«.... In perpetuum concessimus fratribus de ordine Pœnitentiæ Jesu Christi domum quamdam ad inhabitandum, sitam Parisius, in parrochia S. Andreæ de Arsiciis, cum ejus pertinentiis, ut in ea (si de voluntate et ordinatione dilecti et fidelis nostri episcopi Parisiensis procederet, et presbyteri parrochialis Sancti Andreæ, necnon abbatis et conventus Sancti Germani de Pratis Parisius, consensus adesset), ecclesiam et cimiterium ædificare vellent. Sed, ne forte in posterum, ex adventu et remanentia dictorum fratrum, quantum ad oblationes, obventus et alia jura parrochialia, parrochialis presbyter assereret se esse gravatum, nos, in recompensationem prædictorum, de assensu presbyteri qui nunc est, eidem et successoribus suis in perpetuum concedimus septuaginta solidos Parisienses, singulis annis, in præpositura nostra percipiendos, etc.

«Datum Parisius, anno Domini 1261, mense novembri.»

une charte datée du mois de novembre 1261 et portant concession d'une maison, avec ses dépendances, située dans la paroisse de Saint-André-des-Ars, avec permission d'y établir une église et un cimetière, pourvu toutefois que l'évêque de Paris, l'abbé et les religieux de Saint-Germain y consentissent.

Le curé de Saint-André-des-Ars avait quelque chose à perdre à cet arrangement : la maison cédée aux Sachets était habitée par des paroissiens qui contribuaient aux revenus curiaux; à titre de dédommagement, le roi fit don au curé de Saint-André et à ses successeurs d'une somme annuelle de soixante-dix sous parisis, à prendre dans la prévôté de Paris, et payable moitié à Noël, moitié à la Saint-Jean.

A peine installés, les frères Sachets reconnurent que leur logis était insuffisant, et ils sollicitèrent de l'abbé de Saint-Germain, qui était alors Gérard de Mauléon, la concession d'une « place » ou terrain appartenant à Hugues du Châtelet, et d'une tuilerie contiguë à la maison que leur avait donnée saint Louis. Le bon roi fit encore les frais de cette nouvelle acquisition : il obtint de l'Abbaye qu'elle fit la cession demandée et qu'elle renonçât aux cinquante sous de cens annuel, ainsi qu'aux autres redevances dont le terrain et la tuilerie étaient grevés, moyennant le payement, par le trésor royal, d'une somme de cent livres parisis, représentant le capital de la rente que perdaient les religieux de Saint-Germain-des-Prés. Ce nouvel accord fut consenti, disent les lettres de Gérard de Mauléon, *ad instantiam Domini Regis*, et la place cédée est dite, ainsi que la tuilerie, être située au territoire de Laas, *sita Parisius in Laas* [1].

Cet établissement, auquel avaient concouru le roi, le curé de Saint-André-des-Ars et l'abbaye de Saint-Germain, ne fut pas de longue durée. Les Sachets, ainsi que les Sachettes qui s'étaient logées non loin de là, dans la rue des Deux-Portes ou du Cimetière-Saint-André, n'étaient point, comme nous l'avons dit, un ordre régulièrement approuvé en France; et, si le roi saint Louis avait honoré de sa protection ces religieux et ces religieuses d'origine italienne, ce n'était point une raison pour que son second successeur, Philippe le Bel, en mauvais termes avec la cour

---

[1] Les lettres de Gérard de Mauléon ont été également imprimées par Du Breul et Félibien (*loc. cit.*). Les voici :

« Universis præsentes litteras inspecturis, Gerardus, permissione divina Sancti Germani Parisius humilis abbas et totus ejusdem loci conventus, salutem in Domino. Notum facimus quod nos habuimus et recepimus, ab illustri Domino nostro Ludovico, centum libras paris. in pecunia numerata, convertendas in emptionem ad opus nostri monasterii, pro recompensatione quinquaginta solidorum, quos percipiebamus super quibusdam domibus in platea sita Parisius in Laas juxta, domum fratrum Pœnitentium Domini nostri Jesu Christi, que fuit Magistri Hugonis dicti de Castelleto, clerici, et tegularia, sita juxta domum fratrum predictorum, et pertinentiis ipsius tegularie, concessorum a nobis, ad instantiam Domini Regis, fratribus Pœnitentiæ Jesu Christi prædictis; quittantes dictum Dominum Regem pro dicta summa pecunie sic a nobis habita et recepta, etc. Datum anno Domini 1263, die lune post Pentecosten. »

TOPOGRAPHIE HISTORIQVE DV VIEVX PARIS

FAÇADE DE L'ÉGLISE DU CÔTÉ DU QUAI

E. Hochereau del.   J. Sulpis sc.

COVVENT DES GRANDS AVGVSTINS
d'après un plan manuscrit déposé à la Bibliothèque Nationale

Imp. Ch. Chardon et Sormani, Paris

de Rome, leur continuât les mêmes faveurs. Il leur préféra les ermites de Saint-Augustin. Voici comment Du Breul raconte cette transformation :

« Les frères Sachets ne demeurèrent là que trente-deux ans ; car, y estant entrez au mois de novembre 1261, en l'an 1293, le quatorziesme jour d'octobre, ils ceddèrent et quittèrent, par contract, ès mains de révérend père et très docte personnage frère Gilles de Rome, procureur général de tout l'ordre des hermites de Saint-Augustin, allégans que, sans scrupule de conscience, ils ne pouvoient plus tenir ledict lieu à cause de leur pauvreté, et que ledict ordre diminuoit de jour en autre [1]. »

Sachets et Sachettes avaient, en effet, perdu leur protecteur en la personne de saint Louis, et bien que les libéralités du pieux monarque pussent être considérées comme une autorisation implicite de résider en France à côté des autres ordres mendiants, les Pénitents et les Pénitentes de Jésus-Christ ne tardèrent point à comprendre qu'il n'y avait pas place pour eux à Paris : la protection royale et les aumônes du public leur faisaient également défaut. Illettrés pour la plupart, ils ne pouvaient d'ailleurs vaquer à la prédication comme les Dominicains, ni se faire admettre dans l'Université, comme les Cordeliers, les Carmes et les Bernardins.

Leurs successeurs, mendiants eux-mêmes, les avaient précédés à Paris de dix ans environ. Du Breul, Dubois et Félibien s'accordent à les y faire arriver vers 1250. « Cet ordre, dit ce dernier historien, si connu depuis le XIIIe siècle, sous le nom de *frères ermites de Saint-Augustin*, ne l'est pas de même dans son origine ; on convient, au contraire, que ses commencemens sont fort obscurs et fort incertains. On voit seulement, vers l'an 1200, se former, particulièrement en Italie, diverses congrégations d'ermites habillez de noir ou de blanc, dont les uns se disoient de l'ordre de Saint-Benoist, et les autres de celui de Saint-Augustin. »

Félibien qui expose ainsi les débuts du nouvel ordre, ajoute que, fondus en un seul corps par le pape Alexandre IV, les Augustins eurent, à partir de 1256, une existence régulière, et qu'ils purent dès lors participer aux libéralités royales. « On tient, ajoute-t-il, que leur première église estoit la chapelle de Sainte-Marie-d'Égypte [2], au delà de la porte qu'on appeloit de Saint-Eustache [3], sur le domaine de Paris ; que leur demeure s'estendoit jusques dans la ruë qui a retenu le nom des Vieux-Augustins, et que ce quartier, pour lors encore hors de la ville, estoit tout planté de bois. Ils estoient encore en ce lieu en 1259, comme on le voit par des lettres du mois de décembre de la mesme année [4], où il est parlé de quatre

---

[1] *Antiquitez de Paris*, éd. de 1639, p. 416.
[2] On disait Sainte-Marie-l'Égyptienne et, par corruption, *la Jussienne* : d'où le nom de la rue à l'angle de laquelle la chapelle était située.
[3] Cette porte appartenait à l'enceinte de Philippe-Auguste.
[4] Ces lettres ont été publiées par Dubois (*Historia eccl. Parisiensis*, II, p. 443).

livres parisis, que devoient chaque année à l'évesque de Paris les frères ermites de Saint-Augustin, pour une maison qu'ils avoient achetée, sise hors les murs, par delà la porte Saint-Eustache, en la ruë de Montmartre et dans le fief de l'évesque. Un décret de l'Université[1], de la mesme année, fait voir que les Augustins estoient déjà admis dans l'Université avec les Jacobins, frères Mineurs, Carmes, Cisterciens et autres [2]. »

Nous ne savons au juste pour quel motif les ermites de Saint-Augustin abandonnèrent leur première demeure; mais nous les voyons, quelques années plus tard, s'établir près de la porte Saint-Victor, en dedans de l'enceinte. Était-ce pour vivre plus sûrement derrière une muraille fortifiée? Était-ce pour être plus à portée des écoles? L'un et l'autre probablement.

Ils s'installèrent dans l'un des clos les moins peuplés de cette région, « en un lieu vague, inculte, remply de chardons, dit Du Breul, et qui pour cela s'appeloit *cardinetum, a carduis*»; c'est le clos du Chardonnet. L'emplacement de leur maison est représenté aujourd'hui par ce qui reste des bâtiments de l'ancien collège du cardinal Lemoine. Ils firent en ce lieu diverses acquisitions, et, comme leur nouveau pourpris était encore insuffisant, Philippe le Bel voulut leur faire des avantages analogues à ceux dont jouissaient les Cordeliers et les Jacobins, en leur concédant certaines parties de l'enceinte contiguës à leur couvent: « D'abondant, dit Du Breul, le Roy de France, Philippe quatrième, en l'année ensuivante (1288), concéda aux Augustins l'usage des murs et tournelles de la ville[3]. »
Mais cette concession ne les retint pas en cet endroit, et la même nécessité, qui chassait les frères Sachets du territoire de Laas, fit fuir aux Augustins le clos du Chardonnet, où ils n'avaient pour voisins que de pauvres vignerons et des écoliers besogneux. « Voyants, dit encore Du Breul, qu'en tel lieu ils ne pouvoient commodément vivre, pour le peu d'aumosnes qu'on leur faisoit, du conseil dudict Roy (Philippe le Bel) et de l'évesque de Paris, Simon Matifas de Bucy, ils vendirent ce qu'ils avoient acquiz au Chardonnet et s'en vindrent tenir au lieu où ils sont de présent, que leur cédèrent les frères de la Pénitence de Jésus-Christ [4]. »

Quelques pièces, conservées aux Archives nationales et signalées par H. Cocheris, nous renseignent sur les circonstances dans lesquelles s'accomplirent le départ des Sachets et la prise de possession de leur maison par les Augustins. Les frères de la Pénitence de Jésus-Christ avaient laissé le lieu vide et vacant: *locum quem olim fratres saccorum de Penitentia Jhesu Christi habebant, et quem dicti fratres dimiserunt vacuum et vacantem*, est-il dit dans les lettres données le mardi après la

---

[1] Cité par Du Boulay (*Histoire de l'Univ. de Paris*, III, p. 356). — [2] *Histoire de la ville de Paris*, I, p. 331. — [3] *Antiquitez de Paris*, éd. de 1639, p. 416. — [4] *Ibid*.

Noël de l'année 1293, par l'évêque Simon Matifas de Buci. Ils en avaient confié les clefs à deux clercs qui les remirent à Gilles de Rome, général des Augustins, lorsque celui-ci se fut entendu avec le Trésorier de Beauvais et le Prévôt de Paris, députés à cet effet par le roi Philippe le Bel. Il s'écoula donc un certain temps entre le départ des Sachets et l'entrée des Augustins; ceux-ci, qui avaient leur domicile au clos du Chardonnet et qui en tirèrent tout ce qu'ils purent pour compléter leur installation au clos de Laas, ne se pressèrent point de se transporter en ce dernier endroit.

Ils y trouvèrent sans doute une chapelle et des bâtiments conventuels, puisque les Sachets avaient été autorisés à y construire une église et à y enclore un cimetière; trente-deux ans de séjour avaient dû leur permettre de réaliser ce double établissement, indispensable à toute communauté religieuse. Mais rien ne nous renseigne sur ces premiers bâtiments, qui devaient être peu de chose, à en juger par les travaux que les Augustins y exécutèrent, quelques années après leur prise de possession. De 1299 à 1300 et probablement dans les années suivantes, ils s'occupèrent non seulement à réparer les constructions élevées par les Sachets, mais encore à en faire de nouvelles.

Nous avons lu, aux Archives nationales, trois bandes de parchemin formant cirographe et contenant plusieurs mémoires de fournitures et charrois de matériaux, ainsi que des comptes de journées. Les apports de matériaux sont considérables; il y est constamment question de très grosses pierres, *permagnos lapides*, tirées des carrières du Chardonnet et de Notre-Dame-des-Champs, pour servir aux fondations, *ad facienda fundamenta*. Il y est dit, en outre, que la Seine apportait, à pied d'œuvre, la chaux, le sable et les moellons; ce qui indique un chantier important. Quant aux comptes de journées, ils mentionnent des travaux de fouilles «pour vuider les fondemens»; ce qui exclut l'idée de simples réparations. Plus nombreux sans doute que les Sachets, les Augustins eurent besoin de construire de nouveaux bâtiments conventuels, et d'agrandir ceux que leur avaient légués leurs prédécesseurs. Ainsi s'explique le mot de «réparations», qu'on lit au revers des trois bandes de parchemin, et qui est d'une écriture bien postérieure aux pièces elles-mêmes.

Il y est fait mention de quelques pierres tombales. Les Sachets inhumés en ce lieu étaient d'origine italienne, à en juger par la désinence de leurs noms.

Quant à l'église, il n'en est pas question : peut-être les Sachets ne possédaient-ils que la chapelle de Notre-Dame-de-la-Rive, dont nous parlons plus loin, et à laquelle on a plus tard accolé le chœur de l'église bâtie par Charles V. Ces sortes de chapelles absidales ont souvent précédé la construction de l'édifice définitif, et il se pourrait fort bien, avons-nous dit à l'article de l'église Saint-André-des-Ars, que la fameuse chapelle de Saint-Andéol ait été située au bord de la voie qui s'est appelée plus tard rue du Chevet-Saint-Andry. L'oratoire de Notre-Dame-de-la-Rive aurait été bâti dans les mêmes conditions, à l'angle du «Chemin-sur-Sainne» et de la rue «Aux escholiers de Sainct-Denys».

Jaillot confirme l'existence et la situation de cette chapelle primitive; mais il conjecture, d'après «quelques titres» qu'il ne cite point et dont il n'indique pas le lieu de dépôt, qu'elle ne servit pas longtemps aux Augustins, peut-être parce qu'elle était trop exiguë. Avant la construction de la grande église, dit-il, «le lieu appelé chez eux *le Chapitre*, servit à cet usage»[1].

Le départ des Sachets, qui durent emporter leurs archives, nous a privé des documents de nature à nous renseigner sur ces points obscurs. Quant aux constructions faites par les Augustins, à la fin du xiiie siècle et dans le cours du xive, nous les connaissons par le récit de Du Breul et des autres historiens de Paris.

C'est par eux également que nous connaissons le fait, dont un bas-relief, placé à l'angle de la rue et du quai des Augustins, était destiné à perpétuer le souvenir : il s'agit de l'amende honorable faite par trois huissiers pour meurtre commis sur la personne d'un religieux. Voici le texte de l'inscription placée autour et au-dessous de ce bas-relief :

✠ Cest la representacion de lamede honorable faite a luniusité de.......... eux et couent de ceans pour loccision de feu fr..........is .....c et Religieux profes de..... tris Ycj deuat piteusement .... nee mil cccc xl. Dieu ait lame de lui. Ame.

    Conditur hic Petrus Gougis cognomie dictus
      Huius professor ordinis assiduus.
    Proth dolor occubuit preuentus morte nephanda
      Tranffoss9 latere sacrilego gladio.
    ....ste sui pfus9 saguine leti.
      Inficitur gradi crimine mortifero.
    Hoc tamen ulla dies memori ne substrahat euo
      Indicio firmo figitur iste la[*pis*]
    ....ta qua protulit hui9.
      Urbis prefect9 Judicis arce sedens
    Exegit fieri mundj Jubar atque sophie
      Doctrie alma parens.....
    ....tris auxiliis petri que cernitis omnes.
      Signum iungatur cetibus angelicis.

«Il arriva en 1440, disent Du Breul et Félibien, que des huissiers estant entrez dans le couvent des Augustins, sous prétexte de quelque exploit, tirèrent du cloistre

---

[1] Recherches historiques, etc., *Quartier Saint-André-des-Arts*, p. 34.

AMENDE HONORABLE FAITE AUX GRANDS AUGUSTINS PAR LES HUISSIERS DU CHATELET

par violence le maistre de théologie, nommé Nicolas Aymery, d'où s'ensuivit un tumulte, dans lequel Pierre Gougis, religieux de la maison, fut tué par l'un des huissiers. Un tel excès ne pouvait demeurer impuni. Le recteur de l'Université et le procureur du Roy au Chastelet se joignirent à la complainte des Augustins; et, par sentence du prevost de Paris, en date du 13 septembre 1440, les huissiers furent condamnez à faire trois amendes honorables, l'une au Chastelet, en présence du procureur du Roy, la seconde au lieu où le meurtre avoit esté commis, et la troisième à la place Maubert, ou autre lieu qui seroit indiqué par l'Université. La mesme sentence portoit qu'ilz feraient ces trois amendes honorables sans chaperon et nudz piedz, tenant chascun une torche ardente du poids de quatre livres, et demandant à tous pardon et miséricorde... Au coin de la ruë des Augustins, à l'angle formé par la rencontre de cette ruë avec le haut de l'église de ces religieux, on voit encore un bas-relief qui représente l'amende honorable des huissiers [1]. »

Ce bas-relief, ainsi que le constate l'inscription, était placé au-dessus de l'endroit où l'on avait inhumé Pierre Gougis.

Des réparations et des embellissements furent faits à l'église en 1508, et constituaient, au témoignage de Du Breul, sinon une reconstruction, du moins une restauration importante, car «on voit, dit-il, un escrit contre le lambris d'icelle église, contenant ces mots : L'an 1508 fut parfait ce lambris, le 10 de juin».

Il faut compter encore, au nombre des grands travaux exécutés dans l'église des Augustins, la construction du «tabernacle», don de Léonora Galigaï. La malheureuse prévoyait-elle le sort qui l'attendait, quand elle indiqua «le pied d'iceluy tabernacle pour y estre inhumée, quand il plairait à Dieu disposer de ses jours »?

Tout l'ensemble des bâtiments conventuels, «cloître, église, chapelles, » était encore debout et intact en 1797. Si nous ne possédons point, comme pour l'église Saint-André-des-Ars, un procès-verbal de visite du monastère, rédigé par un architecte, en revanche Millin, qui a vu tomber les constructions du couvent et qui les connaissait bien, nous en a laissé une description semée de détails étrangers, mais fort intéressante par les curieuses particularités dont elle est remplie. Il décrit d'abord l'extérieur de l'édifice; puis il pénètre dans l'église ainsi que dans le cloître, et énumère tout ce qu'il y rencontre :

«L'église, dit-il, est placée sur le quai, auquel elle a donné son nom, ainsi qu'à la rue qui conduit à celle de Saint-André-des-Ars; elle n'a rien de remarquable. Au bas, entre les contreforts, on a bâti plusieurs petites boutiques. La

---

[1] *Histoire de la ville de Paris*, I, p. 830-831.

différence des bâtisses (différence de hauteur, veut dire Millin) prouve que
d'abord on ne construisit que le chœur, depuis la rue des Augustins jusqu'à la

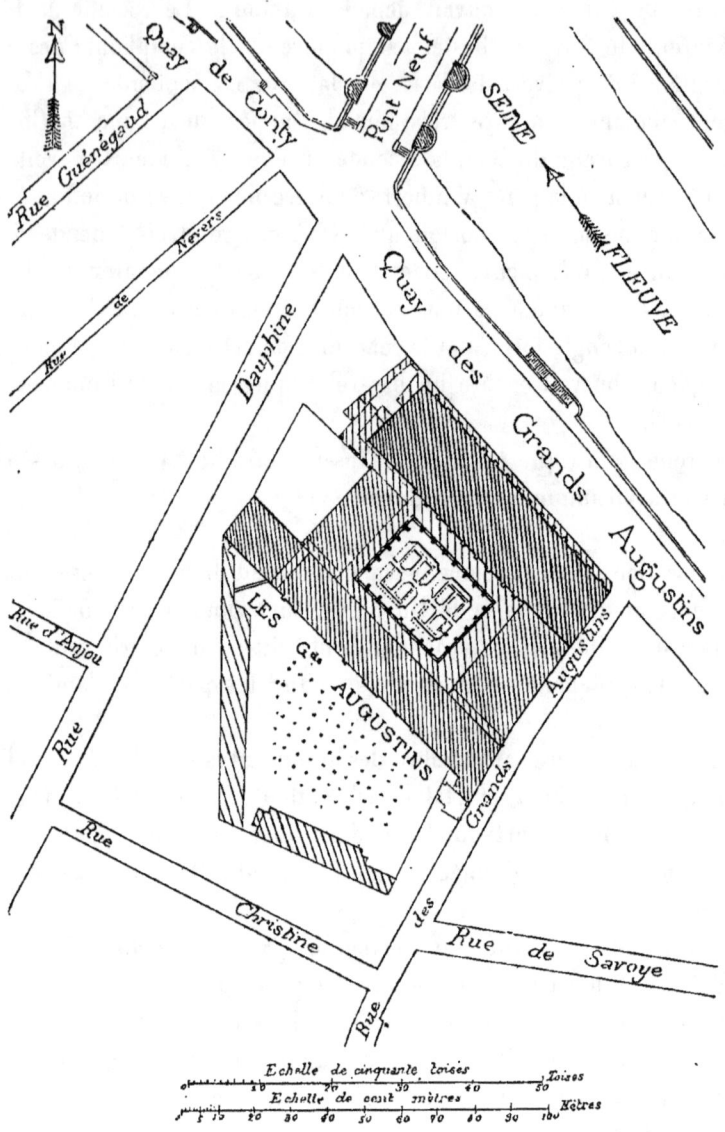

Le couvent des Grands-Augustins et ses abords en 1797. (Fac-similé du plan de Verniquet.)

petite porte qui s'ouvre sur le quai, et qui est décorée de figures[1]. Ce bâtiment
n'avait alors que sept croisées ; c'est probablement celui que Charles V fit con-

---

[1] L'argument tiré de la différence de hauteur existant entre le chœur et la nef n'est pas absolument probant. On cite, en effet, plusieurs édifices construits d'un seul jet et présentant néanmoins cette particularité. Le chœur a toujours été d'ailleurs considéré comme la partie la plus honorable et la plus importante des églises, ce qui explique pourquoi on lui a souvent donné plus de hauteur qu'à la nef.

struire en 1368. Cette même partie ne fut achevée, suivant toute apparence, qu'en 1393, car la couverture ne fut faite que cette année; le clocher a été refait depuis [1]. L'autre partie de l'église, qui a huit croisées sur le quai, a été construite postérieurement, peut-être vers le temps de la dédicace, en 1453. Cette église a, en tout, quinze croisées sur le quai; ces croisées sont toutes en ogive. Entre chacune d'elles, il y a un contrefort, et, entre ces contreforts, on a construit des boutiques qui produisent aux religieux une augmentation de revenus [2]. »

Façade latérale de l'église des Grands-Augustins, avec les boutiques de librairie créées entre les contreforts.
(Fac-similé d'une planche de Millin.)

« On entrait, dit encore Millin, dans le couvent par quatre portes : deux dans la rue des Grands-Augustins, une au milieu de l'église, sur le quai, et une près du Pont-Neuf; c'est le grand portail. »

« Au-dessus de la petite porte qui donne sur le quai, ajoute le même auteur, on voit un bas-relief gothique dans un arc ogival, qui est lui-même dans un plein cintre, car toute la décoration de cette partie est d'architecture moderne. Ce bas-

---

[1] Cette réfection eut lieu en 1747, dit Le Beuf en un français singulier : «La chute du tonnerre, arrivée le 8 juin 1747 sur le clocher et sur la couverture, a occasionné de changer la tuile en ardoise; et le nouveau clocher est beaucoup moins élevé que n'étoit l'ancien.» (Le Beuf, édit. Cocheris, III, p. 35.)

La foudre était tombée sur l'église des Augustins trois siècles auparavant, en 1428 et 1449. Voici la mention qu'on en trouve dans le *Journal d'un Bourgeois de Paris* :

« Et advint que, le XIII° jour de juing, le tonnoire chut à Paris sur le clochier des Augustins, et fouldroia ledit clochier, toute la couverture qui estoit d'ardoise, et le merrien par dedans, que on estimoit le dommaige qu'il fist à VIII° ou mil frans. »

En 1449, le sinistre se reproduit avec aggravation :

« Item, dit le *Bourgeois de Paris*, le XXX° jour de may, fist un terrible tonnoire, environ trois heures après digner, qui descouvry tout le clochier des Augustins d'un costé et d'autre, et rompyt gros chevron, et rompyt le bras à un cruxifis sur l'autel, et abaty de la couverture du moustier grant partie. » (*Journal d'un Bourgeois de Paris*, édit. de M. Tuetey, p. 225.)

[2] Nous donnons plus loin quelques détails sur ces boutiques qui étaient louées à des libraires.

relief a été peint et doré, comme beaucoup de ceux de ce temps. Il offre cinq figures : celle du milieu, plus grande que les autres, est celle de la Vierge. A sa droite est Charles V, dit le Sage, roi de France, qui lui présente l'image de l'église qu'il a fait bâtir en son honneur pour les religieux Augustins, dont on en voit un à côté de lui. De l'autre côté, est saint Augustin ; il présente à la Vierge un religieux qui est à genoux, et qui lui offre le plan en relief d'une chapelle. Ce religieux est Robert de la Porte, docteur en théologie et profès de la maison. Il y avait fait bâtir une chapelle dédiée à la Vierge, pour la confrérie de la Conception ; c'est celle dont il tient la figure, comme symbole de la dédicace. » La construction de la chapelle datait de 1440, et l'installation de la confrérie, de 1443 [1].

« La porte voisine du Pont-Neuf, continue Millin, est la grande entrée du couvent; elle est décorée de trois statues : celle de la Vierge au milieu, celle de Philippe le Bel, à qui l'on doit la première idée de la construction du quai [2], et celle de Louis XIV, bienfaiteur du couvent.

« A gauche de cette porte, on entre dans une petite cour, où est le vrai portail de l'église [3]. C'est dans cette cour que fut inhumé Raoul III de Brienne, comte d'Eu et de Guines, fils de Raoul II, auquel il avait succédé dans la dignité de connétable. »

Nous avons raconté sommairement, à l'article du manoir de Nesles, la fin tragique de ce personnage. Fait prisonnier en 1346, alors qu'il s'était porté au secours de la ville de Caen assiégée par les Anglais, il fut conduit en Angleterre où il passa plusieurs années en captivité, favorablement traité par Édouard III, dont il avait su gagner la bienveillance. Autorisé à rentrer en France pour en rapporter sa rançon, il fut vu de mauvais œil par Jean de La Cerda, qui faisait l'intérim de la connétablie et désirait en devenir titulaire. Le roi Jean, qui venait de monter sur le trône, crut, sur les rapports de La Cerda, à la trahison du comte d'Eu, et, sans autre forme de procès, il le fit décapiter nuitamment dans son propre hôtel [4]. Sauval, et après lui, Millin, ont flétri cet acte de violence et cette inhumation honteuse dans une cour, sans tombe, sans inscription funéraire, en signe de félonie.

---

[1] Le Beuf mentionne une autre confrérie, rivale de celle de Saint-Julien des Ménétriers et ayant son siège dans une des chapelles de l'église des Grands-Augustins : c'était celle de Sainte-Cécile fondée en 1656, par les « Musiciens du Roy » avec l'autorisation de l'archevêque de Paris. Les statuts de cette confrérie avaient été enregistrés en Parlement.

H. Cocheris ajoute qu'il en existait encore une, celle de la Ceinture du couvent des Augustins, qui fut unie, le 16 août 1634, à l'archiconfrérie de la Ceinture de Bologne.

[2] Voir ci-avant l'article relatif au quai des Augustins.

[3] Plusieurs historiens de Paris ont cru que l'église avait pour entrée principale la grande porte latérale décorée des statues de la Vierge, de Philippe le Bel et de Louis XIV, laquelle donnait accès dans l'intérieur du couvent. L'église avait son portail, ou façade, au couchant, dans l'axe de l'édifice ; Du Breuil le fait remarquer expressément.

[4] Voir l'article relatif au manoir de Nesles, p. 44.

L'auteur des *Antiquités nationales* continue sa description de l'église des Augustins, en mentionnant successivement le portail, la nef, les chapelles et le chœur.

« Le portail de l'église, dit-il, est de différents temps : on y voit une voûte à plein cintre, soutenue par des colonnes sous une voûte en ogive. Aux deux côtés, sont les figures de sainte Anne et de Charles V, que Du Breul appelle le fondateur du « second bastiment de l'église des Augustins », ainsi que le témoignent les vers suivants gravés sur le socle de sa statue :

> Primus Francorum rex Delphinus fuit iste,
> Exemplar morum, Carolus dictus, bone Christe,
> Merces justorum, dilexit fortiter iste.
> Hic patet exemplum, tibi nam complevit honore ;
> Hoc presens templum Deo ditetur honore.

« Au milieu de la porte, ajoute Millin, il y a un médaillon de marbre sur lequel on lit : *Templum divæ Annæ Sacrum* ». Avant lui, Le Beuf avait écrit : « l'église des Grands-Augustins est sous le titre de Sainte-Anne », et, depuis, Hippolyte Cocheris a fait cette addition : « on la nommait aussi Notre-Dame-de-la-Rive ».

Nous craignons qu'il n'y ait ici une confusion de vocable. Ce n'est pas l'église tout entière, bâtie dans la seconde moitié du xive siècle, et placée sous l'invocation de sainte Anne, qui a été appelée Notre-Dame-de-la-Rive : c'est la chapelle qui contenait les tombeaux des Commines et qui, ainsi que nous l'avons dit plus haut, paraît avoir été l'oratoire des Sachets. Nous y reviendrons plus loin, à son rang successif. Il se peut que l'appellation se soit étendue plus tard à tout l'édifice, ce qui s'expliquerait par les nombreuses statues de la Vierge dont il était décoré.

Comme dans toutes les églises monastiques, le chœur était, aux Grands-Augustins, plus spacieux que la nef. Celle-ci avait une voûte moins élevée et était encombrée de monuments et d'inscriptions funéraires, dont Millin a fait le relevé. Il cite notamment les armoiries des de Mesmes, et le tombeau de Jean de La Fontaine Solare, noble personnage originaire d'Asti, en Lombardie, et venu en France avec les ducs d'Orléans, comme le versificateur *Astesanus* (citoyen d'Asti), dont nous avons publié le poème descriptif [1].

Du Breul et Millin ne sont pas d'accord sur l'endroit où se trouvait l'inscription commémorative de la consécration de l'église : l'un dit « au derrière du chœur »; l'autre « en entrant dans la nef ». Le texte est identique dans les deux auteurs :

« A tous soit congneu que l'an M IIIIe LIII, le sixiesme jour de may, qui est la feste de Saint Jean Porte Latin, celuy temple dedia et consacra honorable homme de grande sapience, Docteur en Droit civil et Canon, tres venerable et reverend sage Messire Guillaume Chartier, Pasteur et Evesque de la venerable eglise de Paris, en la presence de plusieurs seigneurs d'Eglise et laïcz, c'est à sçavoir en

---

[1] *Paris et ses historiens aux xive et xve siècles*, dans la COLLECTION DE L'HISTOIRE GÉNÉRALE DE PARIS.

la presence de M. d'Albie, de Monseigneur de Chaalons maintenant et auparavant evesque de Nismes, et de Monseigneur d'Avranches, evesque; desquelz un chascun a donné perpetuellement de sa grace du thresor de nostre mere Saincte Eglise, a un chascun vray confes et repentant, annuellement cestuy jour visitant ceste eglise, trente jours de pardon. Et cecy, du consentement du trez reverend pere en Dieu, Monseigneur de Paris dessus nommé; et icelui mesme reverend pere en Dieu, Monseigneur de Paris, mesmement a un chacun qui visitera iceluy jour ceste eglise, a donné quarante jours d'indulgence, a la requeste et honorable supplicacion de frere Nicolas Aimeri, maistre en theologie, et des freres du Couvent, l'an et jour que dessuz nommez. PRIEZ DIEU POUR EUX!

Du Breul, Piganiol et Millin s'appuient sur le texte de cette inscription pour affirmer que l'église des Augustins ne fut point reconstruite en 1453; on ne fit alors que procéder à sa consécration et à sa dédicace. Il serait, en effet, fort invraisèmblable que l'édifice construit par les libéralités de Charles V, à peu près en même temps que la chapelle du château de Vincennes, qui est encore debout aujourd'hui, ait dû être rebâti soixante-dix ans seulement après son achèvement. L'hypothèse d'une reconstruction n'est très probablement qu'une fausse interprétation du texte commémoratif que nous venons de reproduire; il est, d'ailleurs, parfaitement notoire que les consécrations et les dédicaces avaient lieu parfois longtemps après l'achèvement des églises et des chapelles.

En poursuivant sa description, Millin ajoute: « Auprès du chœur, à gauche, est une niche gothique dans laquelle il y avait sûrement un tombeau. Les moines y avaient substitué une vierge barbouillée de rouge, objet d'une grande dévotion pour toutes les vieilles femmes du quartier. » Puis il passe les chapelles en revue, après avoir fait observer que, « au côté gauche de l'église et dans toute sa longueur, il règne une galerie fort basse et mal éclairée, où plusieurs chapelles sont adossées à contre-jour ».

La première, à partir du portail, est celle où se trouvait le tombeau de Le Clerc de Lesseville, conseiller au Parlement.

La seconde, dite de Saint-Augustin, renfermait les tombeaux du baron de Larchant, de Diane de Vivonne de la Châtaigneraye, et de Bernard Chérin, généalogiste et historien.

Dans la troisième, se voyaient ceux de Jacques Polan, comte de Vicence, de Jérôme Luillier, procureur général en la Chambre des comptes, de Charles Brûlart, ambassadeur, etc.

C'est dans la quatrième que les Barentin avaient choisi leur sépulture.

La cinquième chapelle est celle de la Vierge, fondée par Robert de la Porte. La confrérie de la Conception de Notre-Dame y avait son siège.

La sixième, sous le vocable du Saint-Esprit, était à côté du grand autel; elle avait été construite et dédiée en mémoire de l'ordre fondé par Henri III, le dernier jour de l'an 1579. La confrérie des Pénitents blancs, dont le monarque faisait partie, se réunissait dans cette chapelle.

Au fond de l'église, dans une sorte de chapelle absidale qui était la septième, se trouvait le tombeau des Commines [1]. C'est l'historien Philippe qui l'avait fait bâtir sous le vocable de *Beate Marie Virginis de Riva* (Notre-Dame-de-la-Rive), nom qu'elle devait à sa situation sur le bord de la Seine. Nous avons fait remarquer que ce vocable avait pu s'étendre à l'église tout entière, dont la position était la même, mais qu'il n'excluait point celui de Sainte-Anne, attesté par l'inscription dont nous avons reproduit le texte.

« Cette chapelle, dit Millin, a été décorée de plusieurs colonnes de porphyre »; mais il fait remarquer que, de son temps, on en voyait seulement le haut et les chapiteaux, « le bas ayant été enterré lorsqu'on éleva le sol de l'église, soit à cause des inondations qui arrivent très souvent, soit lorsqu'on a bâti le Pont-Neuf ». Millin ajoute que « les chapiteaux de ces colonnes sont d'un goût moitié antique et moitié gothique »; ce qui, dit-il, fait reconnaître l'époque « de la régénération des arts ». La Renaissance, en effet, précéda de plusieurs années les règnes de Louis XII et de François Ier. Les relations des ducs d'Orléans avec le Milanais et l'expédition de Charles VIII en Italie avaient introduit en France les goûts ultramontains et, en particulier, l'usage des marbres, négligés par les architectes des XIIIe et XIVe siècles.

Construite à une époque de transition, la chapelle des Commines manquait d'unité. « Au milieu, dit Millin, est l'autel sur lequel est une Vierge qui a l'air plus gothique que l'architecture et les ornements qui la décorent, ce qui prouve combien on était encore ignorant en sculpture. Cette Vierge, qui était peinte à fresque selon l'usage, est entourée de grands rayons dorés, et derrière, en bas, est un navire avec tous ses agrès. » Millin oublie de nous dire si ce navire symbolisait la proximité de la rivière et motivait le nom de « Notre-Dame-de-la-Rive », ou s'il était un souvenir lointain de *la nave* antique, montée par les Nautes parisiens et les confrères hansés qui leur succédèrent. L'historien de Charles le Téméraire et de Louis XI avait son tombeau dans la chapelle absidale des Augustins; on y voyait également celui de sa fille.

« En sortant de cette chapelle, dit Millin, on trouve, à droite, un des panneaux de la muraille du chœur chargé d'ornements assez élégants et singuliers : il paraît que ce pan de muraille faisait encore partie de la chapelle des Commines, et que la chapelle avait été décorée par la comtesse de Penthièvre, sa fille, car son écusson se retrouve sur le montant, chargé d'ailleurs de feuilles d'eau, d'épis de bled, d'enroulements, de moulures qui indiquent, pour l'art, les règnes de

---

[1] Ce tombeau est aujourd'hui au Louvre (Musée de la Renaissance).

Charles VIII et de Louis XII. Ce qu'on y remarque de plus singulier, c'est la parabole de celui qui voit une paille dans l'œil de son voisin et ne voit pas une poutre dans le sien, représentée par deux hommes habillés en fous, l'un avec de longues manches, comme on figure Momus, l'autre en feuillages. Tous deux se montrent réciproquement au doigt. Entre eux, il y a une pierre carrée, sur laquelle on lit les paroles de cette parabole: *Quid autem vides festucam in oculo fratris tui, trabem autem, que in oculo tuo est, non consideras?* Sur l'enroulement, on lit encore ces mots qui ont rapport à la mort: *nescitis diem neque horam.* Le tombeau et les ornements sont d'un meilleur goût que la chapelle; ils paraissent avoir été faits quelque temps après, par les soins de la famille des Commines [1]. "

Dans cette chapelle, se voyaient encore les épitaphes de Jacques de Sainte-Beuve, le fameux théologien de Port-Royal, de Gui du Faur de Pibrac, auteur des célèbres quatrains, du poète Remi Belleau, qui fit partie de la Pléiade; de J.-B. Sapin, conseiller-clerc au Parlement de Paris, qui fut saisi dans le cours d'une mission et pendu par les huguenots.

La chapelle de Saint-Nicolas-de-Tollentin, qui venait ensuite, c'est-à-dire qui se trouvait à la droite du chœur et touchait aux bâtiments conventuels, renfermait les tombeaux de Pierre Quiqueran, évêque de Senez, de Pierre Dussayer, baron du Poyet, et de quelques autres personnages.

Millin ne mentionne point une chapelle de Saint-Jean et de Saint-Jacques, fondée par l'illustre famille parlementaire des de Mesmes, et contenant la sépulture de plusieurs de ses membres. Peut-être était-ce l'une des trois dont il n'indique point le vocable. Blanchard, auteur d'une monographie des *Présidents à mortier*, supplée, sur ce point, au silence de Millin:

« Jean-Jacques de Mesmes, dit-il, chevalier, seigneur de Roissy et autres lieux, décéda âgé de 79 ans, au mois de novembre, l'an 1569, et fut enterré en la chapelle de Saint-Jean-et-Saint-Jacques de l'église des Grands-Augustins, par lui fondée.

« Son troisième fils, Jean Gabriel de Mesmes, conseiller au Parlement de Paris, mourut au mois d'avril, l'an 1612, et fut enterré avec ses père et mère en l'église, des Grands-Augustins de Paris.

« Henry de Mesmes, seigneur de Roissy, chancelier du royaume de Navarre, conseiller d'État, ambassadeur, décéda en 1596. Il gît aux Grands-Augustins de Paris, avec ses père et mère.

« Jean-Jacques de Mesmes, IIe du nom, chevalier, seigneur de Roissy, fils unique d'Henry (le précédent), conseiller au Parlement, maître des requêtes et conseiller

---

[1] Millin a figuré, dans deux de ses planches, le tombeau des Commines et la parabole de la poutre et de la paille.

d'État, décéda l'an 1642, et fut enterré avec Antoinette Grossaint, sa femme, en la sépulture de cette famille, aux Grands-Augustins de Paris. »

L'église des Augustins, située comme celle de Saint-André-des-Ars en plein quartier parlementaire, servait donc aussi de sépulture aux magistrats qui pouvaient, bien que ce fût un édifice conventuel, y fonder des chapelles. A cet égard nous devons renouveler l'observation précédemment faite, à savoir que la pluralité des vocables n'entraîne pas toujours celle des chapelles, et que plusieurs noms de saints étaient quelquefois donnés à une seule et même chapelle, quand la propriété passait d'une famille à l'autre.

Entre le chœur et la nef, s'élevait un jubé que Millin dit avoir été « d'un dessin très médiocre ». Quant au chœur, il était, au témoignage du même descripteur, « grand, spacieux et avait été décoré par différentes personnes ». Depuis le règne de

Le chœur de l'église des Grands-Augustins et le tabernacle donné par Léonora Galigaï.
(Fac-similé d'une planche de Millin.)

Henri III, on y faisait les cérémonies requises pour la promotion des chevaliers de l'ordre du Saint-Esprit; il était alors tout à fait insuffisant pour la foule des gens de qualité qui s'y pressaient; mais c'est près d'un siècle plus tard qu'on songea à l'agrandir. Les religieux y placèrent des portes et des balustrades, avec grandes cariatides en fer ouvragé et doré. Ces ouvrages de ferronnerie étaient, on le sait, fort en honneur aux XVIIe et XVIIIe siècles.

Il en était de même des grands tableaux à cadres dorés, employés comme décoration du chœur et du sanctuaire, témoin les *mai* de la basilique de Notre-Dame. L'église des Augustins en possédait sept, qui étaient placés au côté droit du chœur et qui représentaient les cérémonies accompagnant la collation de l'ordre du Saint-Esprit. Ils avaient pour auteurs Philippe de Champaigne, l'un des Van Loo et le peintre de Troy : « On y voyait, dit Millin, l'intérieur des Augustins et les lieux où les chapitres se sont tenus. » Ces tableaux offraient donc un intérêt topographique, et il est fort regrettable qu'ils aient péri, avec les « boîtes » de l'ordre.

Au milieu du chœur, s'élevait le grand autel, ainsi que nous le montre une planche de Millin : « Il consistait, dit ce descripteur, en huit colonnes corinthiennes de marbre de savarèche, en brèche violette, disposées sur un plan courbe et soutenant une demi-coupole, au fond de laquelle était le Père Éternel dans sa gloire, en bronze doré et d'après le dessin de Charles Le Brun. Aux côtés, étaient deux anges en adoration, et, un peu plus loin, deux figures plus grandes que nature, dont l'une représentait sainte Anne, et l'autre sainte Monique. L'autel était surmonté d'un riche tabernacle donné, en 1605, par Léonore Galigaï, l'épouse infortunée du maréchal d'Ancre. »

Millin mentionne encore deux vitraux décorant les fenêtres du chœur, avec effigies de Henri II et de Catherine de Médicis, et il relève les inscriptions funéraires de plusieurs personnages marquants, ayant leur tombeau dans le chœur :

Charles Henri de Maison, seigneur de Bercy, bienfaiteur du couvent, l'un des donateurs du grand autel; Engelbert de Clèves, comte de Nevers, d'Eu, de Rhétel et d'Auxerre, troisième fils de Jean Ier, duc de Clèves; Isabeau de Bourgogne, dame de Neauphle, femme de Pierre de Chambely, seigneur dudit lieu; Jeanne de Valois, fille de Charles et sœur du roi Philippe de Valois.

Le reste de l'église n'offrait rien de remarquable : il n'existait point de chapelles latérales à droite de la nef, laquelle prenait jour, de ce côté, sur la cour du monastère, entourée par les bâtiments conventuels.

En face de la grande porte d'entrée ouvrant sur le quai, et à droite de la porte qui donnait accès dans l'église, se trouvait celle du cloître. « Elle était, dit Millin, d'une architecture passable, d'ordre ionique; les colonnes supportaient un fronton en anse de panier, qui était brisé pour faire place à une assez belle statue de saint Augustin, elle était de J. Champagne, élève du cavalier Bernin. »

Quand on avait pénétré dans le cloître, on y apercevait plusieurs pierres tumulaires et deux anciens tombeaux : là était la sépulture de Gilles de Rome, *Ægidius Colonna*, Augustin, devenu archevêque de Bourges, quoique religieux mendiant. Ses restes avaient été apportés, en 1316, d'Avignon où il était mort, au couvent des Augustins de Paris. Les autres tombes étaient celles de Louis Venceman, évêque de Chartres, de Bon de Broé, président au Parlement, et de plusieurs autres magistrats, membres de cette même famille.

En sortant du chœur, on s'engageait dans un passage compris entre la grande porte et une autre porte plus petite donnant dans le cloître. Là se trouvaient plusieurs inscriptions funéraires, en l'honneur des membres des familles de Rohan, de Gondi et de Retz. Millin les a relevées et consignées dans sa monographie du couvent. Ce qui ne pouvait être qu'un passage à l'époque où il écrivait (1791) paraît avoir été une chapelle au temps de Du Breul (1612); cet auteur mentionne, en effet, une chapelle « du Préau », où se trouvaient le tombeau d'un Gondi et celui d'un Retz. Il est probable que, comme il advint à l'église Saint-André-des-Ars, la désaffectation d'une chapelle fut jugée utile au dégagement du chœur et du cloître; celle du Préau, par la situation que nous lui connaissons, était précisément dans ce cas.

Une des curiosités du cloître des Augustins était la célèbre figure de saint François d'Assise, œuvre de Germain Pilon; elle représentait le fondateur des Franciscains, dit Du Breul, « aussi grand que le naturel, habillé comme les Capucins et à genoux sur un rocher, les bras estendus devant un crucifix ». Boutrays l'a décrite en vers latins d'une bonne facture :

> ..... Quis non simulachrum insigne precantis
> Francisci miratur hians? In marmore vivit;
> Usta cutis livescit, uti gens Affra per æstus;
> Hirta tegit pannis, centone cuculla nec uno
> Texta premit lumbos, funis nodoque coercet.
> Et, ni mente Deum votoque silente precetur,
> Ni vetet ordo loqui, suspiria anhela piasque
> Funderet ore preces, quas jussa silentia servant [1].

Millin parle également de cette statue; elle était, dit-il, en terre cuite, et représentait le saint dans l'attitude où il devait être quand il reçut les stigmates de la passion de Jésus-Christ. Il en donne le dessin dans l'une de ses planches.

Les bâtiments conventuels se composaient de trois corps de logis, dont deux, les plus petits, étaient parallèles à la rue des Grands-Augustins; le troisième, parallèle à l'église, avait à peu près la même longueur. On y voyait, outre les

[1] *Lutetia* (1612).

cellules des religieux, plusieurs grandes salles qui ont servi pendant deux ou trois siècles :

1° Aux chapitres généraux de l'ordre royal du Saint-Esprit, institué par Henri III, le 31 décembre, *alias* le 1er janvier 1579 (v. s.);

2° Aux audiences du Parlement et de la Chambre des comptes, lorsque le Palais se trouvait soit en réparation, soit en préparatifs de fêtes, de réceptions ou d'entrées solennelles;

3° Aux assemblées générales du clergé de France, depuis 1605.

Plusieurs estampes représentent les salles des Augustins au moment où ces différents corps y siégeaient; ce sont des documents historiques et topographiques d'une véritable importance, parce qu'ils donnent l'aspect des assemblées et la configuration des locaux qu'elles occupaient dans les bâtiments du monastère.

Un chapitre de l'ordre du Saint-Esprit dans l'église des Grands-Augustins.
(Fac-similé d'une estampe de Sébastien Le Clerc.)

Du Breul et Sauval, qui vivaient au temps de ces assemblées, en ont parlé comme d'événements contemporains. Leur récit contient certains détails topographiques; c'est à ce titre que nous en reproduisons les passages principaux.

Voici d'abord ce que dit Du Breul des séances du Parlement tenues aux Augustins :

L'an 1548, la Cour de Parlement tint son siège aux Augustins, et y donna audience environ sept semaines entières, par crainte de la peste, qui faisoit mourir tous les prisonniers de la Conciergerie.

Ladite Cour tient son siège audit Couvent, toutesfois et quantes que l'on marie les enfants de France, ou qu'il se fait entrée de Roi ou de Reine à Paris, pource que toutes les magnificences se doivent faire en la grande salle du Palais, et ès environs, qui est le lieu où sied d'ordinaire le Parlement.

COUVENT DES SACHETS ET DES GRANDS-AUGUSTINS.

Ainsi est-il arrivé, l'an 1610, que l'on préparoit à Paris la magnifique entrée de notre Reine très chrétienne, veuve du défunt Roy de louable mémoire, Henri le Grand..... Ledit couvent des Augustins fut honoré de la présence de notre Roy Louis XIII: car, s'étant transporté audit lieu et séant en son lit de justice, après avoir été reconnu et honoré de tous comme Roy de France, il déclara sa mère, là présente, Régente du Royaume.

Du Breul rappelle ensuite que les États généraux de 1615 se réunirent dans le même monastère:

L'an 1615, se tinrent au couvent des Augustins les États généraux de France, où se rendirent les Députés des trois ordres, dès l'an 1614. La procession solennelle se fit de ce couvent en l'église de Notre-Dame, où le Roy, Monsieur son Frère, les Princes, Chevaliers de l'Ordre et tous les Députés assistèrent en fort bel ordre. Le jour avant l'ouverture des États, fut célébrée la messe du Saint-Esprit au chœur dudit couvent, où tous communièrent.

L'ouverture étant faite avec les harangues accoutumées, et le serment fait, les Députés se rendirent chacun en leur chambre, *ceux du Clergé, en la salle qui est en l'allée qui sort du couvent en la rue de l'Hostel-Saint-Denis; ceux de la Noblesse, en la salle de théologie* [1], *en la cour dudit couvent, et ceux du Tiers État, en la grande salle du réfectoire.*

En la Chambre du Clergé, présidaient les cardinaux du Perron et de Sourdis; en celle de la Noblesse, le baron de Senecé; en celle du Tiers État, le Président Miron, Prévôt des marchands de la Ville de Paris, et Messire Henri de Mesme, lieutenant civil de la Ville, Prévôté et Vicomté de Paris. En après, chaque Chambre travailla à la compilation de leurs cahiers, jusques au commencement de l'an 1616, qu'ils les présentèrent au Roy, en la salle de Bourbon. Puis chacun d'eux retourna chez soi [2].

Sauval complète les renseignements fournis par Du Breul, en donnant quelques détails sur les assemblées générales du clergé de France:

Jusques en 1605, dit-il, les assemblées du clergé se sont faites en différents endroits....., mais depuis 1605 qu'elles commencèrent à se tenir aux Grands-Augustins, peut-être n'ont-elles pas changé de lieu.

Ces assemblées-là, au reste, s'y font tous les cinq ans, dans une grande salle qui tient à la rue des Augustins, autrement dite (la rue) des Charités-Saint-Denis; mais parce qu'elles durent longtemps, ce qui embarrasse les Religieux, ceux-ci de leur côté, afin de profiter de l'occasion, assez souvent en pleine assemblée, présentent quelques requêtes, où ils donnent à entendre leurs nécessités. Si bien que, par ce moyen, ils en tirent d'assez bonnes sommes, parfois trois mille livres, et parfois quatre.

Or, comme il survient des affaires et que, pour lors, les députés sont obligés de s'assembler extraordinairement, ces affaires-là d'ordinaire se traitent dans une autre salle que le Clergé loue cent écus, et où sont enfermés ses registres et ses archives. Cette salle est dans la cour, dont elle occupe tout le fond [3].

---

[1] Cette salle devait son nom au cours de théologie qui s'y faisait, car, ainsi que le fait remarquer Jaillot (*Quartier Saint-André-des-Arts*, p. 39), le couvent des Augustins de Paris «servoit de collège pour les jeunes religieux des quatre provinces de leur ordre».

[2] *Antiq. de Paris* (éd. de 1639), p. 260 et suiv.

[3] Sauval, II, p. 489.

Pour terminer l'exposé des diverses utilisations qui ont été faites des bâtiments des Grands-Augustins, il nous reste à dire ce qu'en avait fait l'ordre du Saint-Esprit. « Cet ordre, dit Millin, avait fait peindre et sculpter deux salles, où il tenait ses séances. On y voyait les portraits en buste, les écussons et les principales qualifications de tous les cardinaux, prélats, commandeurs et chevaliers reçus dans cet ordre, depuis son établissement jusqu'en 1773. L'abbé de Pomponne et le marquis de Breteuil avaient fait exécuter cette décoration, en cette même année; un religieux la faisait voir aux curieux à des heures indiquées. »

Le couvent des Grands-Augustins avait servi à trop d'usages différents, pour qu'on ne s'empressât pas de l'utiliser lors de la sécularisation des biens d'église. Millin nous apprend que, même avant 1790, les religieux louaient les salles jadis occupées par le Chapitre de l'ordre, le Parlement, la Chambre des comptes et l'Ordre du Saint-Esprit, à des sociétés particulières et à des agents de ventes publiques. En 1790, on y installa des bureaux pour la recette des contributions, et l'imprimeur Didot ne tarda point à y installer ses presses pour le tirage des petits assignats [1].

Au moment où les Augustins durent abandonner leur monastère (9 mars 1790), ils n'étaient plus que dix-huit religieux profès et quatre frères lais. Le sous-prieur, qui était alors François Jausion, docteur en Sorbonne, déclara, au nom du prieur Michel Grise, que le grand Couvent et Collège général des Augustins jouissait d'un revenu de 65,275 livres 14 sous 8 deniers, tandis que les charges ne dépassaient pas 5,674 livres 8 sous. Les religieux, à l'exception de deux moines

---

[1] L'utilisation industrielle et commerciale du couvent des Augustins datait de loin. Nous avons parlé plus haut, d'après Millin, des petites boutiques que représente l'une de ses planches, et qui étaient intercalées entre chaque contrefort de l'église. On y faisait traditionnellement le commerce des livres, qui a toujours été et qui est encore celui du quai et du quartier. Tout récemment encore, nous avons vu les pavillons de l'Institut envahis par les étalagistes en vieille librairie. Tout ce monde de bouquinistes, chassé de partout, étale maintenant sur le parapet des quais.

Il est question, dans beaucoup d'écrits des XVIIe et XVIIIe siècles, des petites boutiques accolées à l'église des Augustins. Voici ce qu'en dit Colletet dans ses *Tracas de Paris* (1652) :

Mais, en chemin faisant, regarde
Tous ces liseurs de nouveautés,
Dans ces boutiques arrêtés.
L'un à son nez met sa lunette,
Afin de lire la Gazette,
Écrite en prose, écrite en vers,
De nouvelles de l'Univers.
C'est un plaisir, pour ces lectures,
De voir les diverses postures.
Parmi ces gens, en voilà deux
Fichés tout droits comme des pieux;
D'autres rangés sous étalages
Tout aussi comme des images;
Ceux-là dessus un banc pressez,
Ceux-ci dans la porte entassés;
Car chaque boutique est si pleine,
Qu'on n'y sauroit tenir qu'à peine.
Celui qui lit plus promptement
Prête à l'autre un commencement.
Un autre curieux demande
Une Gazette de Hollande,
Et celui-cy celle d'Anvers;
Cet autre-là la Lettre en vers,
Non de Loret, fils du Parnasse,
Mais de celui qui tient sa place,
Et qui fait si bien aujourd'hui
Que Loret ressuscite en lui.
Toutes ces choses innocentes
Sont-elles pas divertissantes?

(*Les Liseurs de nouvelles aux petites boutiques des Augustins*, p. 80, 81 des *Tracas de Paris*.)

incapables d'être transportés, à raison de leur grand âge et de leur état de maladie, furent conduits à la maison des Carmes de la place Maubert. On porta l'argenterie à la Monnaie; on vendit sur place les grilles de l'église, et l'on transporta dans les dépôts littéraires les livres et les manuscrits qui étaient tout à la fois rares et nombreux, car c'est aux Augustins de Paris que Gilles de Rome avait légué sa bibliothèque, en 1316 [1]. Les marbres, les vitraux, les bas-reliefs, les portraits, bustes et écussons des dignitaires de l'ordre du Saint-Esprit furent transportés au Musée des monuments français; les Petits-Augustins donnèrent donc l'hospitalité aux épaves des Grands.

L'État demeura en possession des bâtiments du monastère, pendant près de sept ans, et il les employa à divers usages. Le 13 ventôse an v (3 mars 1797) et le 1er brumaire an vi (21 octobre de la même année), il les vendit, et l'on ne tarda point à les démolir. Sur une partie de l'emplacement que couvraient les bâtiments, on perça, en l'an x, la rue du Pont-de-Lodi, commémorative de la victoire du général Bonaparte, et l'on réserva une autre partie, le long du quai, pour y établir le marché à la volaille et au gibier, qui se tenait traditionnellement dans cette région [2].

La construction de ce marché avait été décrétée en septembre 1807, mais la première pierre n'en fut posée que deux ans plus tard. Il occupait à peu près l'emplacement de l'église. Agrandi en 1813 et en 1815, il était encore debout en 1867; la construction des Halles centrales, où un pavillon est affecté à la vente en gros des mêmes denrées, ayant rendu inutile le marché du quai des Augustins, la Ville le vendit, et une partie des hangars dont il se composait servit d'écuries pendant quelque temps. Des maisons particulières, en bordure du quai, un groupe scolaire, sur les rues du Pont-de-Lodi et des Grands-Augustins, couvrent aujourd'hui l'emplacement de cette halle et de ses dépendances.

---

[1] Voici quelle était, selon M. Alfred Franklin, l'importance de cette bibliothèque au moment où Ameilhon en prit possession:

«La Bibliothèque du couvent des Grands-Augustins était installée «dans un superbe vaisseau «bien éclairé». Germain Brice ajoute que la salle «regnoit au-dessus d'un des dortoirs», et l'exactitude de ce renseignement nous a été confirmée par un plan tracé à la main, que nous avons trouvé au Cabinet des estampes de la Bibliothèque impériale, dans la précieuse collection dite *Topographie de Paris*. Cette galerie était entourée de boiseries, et des portes grillées protégeaient les volumes; on y voyait aussi deux beaux globes exécutés par Coronelli, etc.

«La collection renfermait dix-huit mille cinq cent cinquante volumes, y compris quatre cent vingt-six manuscrits.»

[2] Voir, à cet égard, l'article du quai des Augustins. Au marché qui se tenait depuis plusieurs siècles sur ce quai, fut réuni, en 1679, celui de la rue Mauconseil. A cette époque, la dame Le Prévost de Courtalvert et le marquis de Sourches et de Guitry exploitaient, dans la rue Mauconseil, un mauvais hangar étroit et bas, servant de halle et répandant dans tout le quartier une odeur malsaine. Sur la plainte des habitants voisins, il fut décidé que la volaille se vendrait sur le quai des Augustins, où il existait déjà un marché de ce genre, et point ailleurs «sous peine du fouet».

On l'avait surnommée le *Marché de la Vallée*, parce qu'il était situé dans la partie basse de la berge du fleuve, à l'endroit où existait jadis la « saulsaye » dont parlent Du Breul et Félibien, et au point où Philippe le Bel avait jugé nécessaire la construction d'un mur de quai.

Il ne reste donc plus rien aujourd'hui ni du couvent des Grands-Augustins, ni du marché qui lui avait succédé.

CHAPITRE XII.

SUITE DE LA DESCRIPTION DES VOIES PUBLIQUES COMPRISES DANS LA RÉGION OCCIDENTALE DE L'UNIVERSITÉ.

RUE DU BATTOIR.

Comme les rues Pierre-Sarrazin, Serpente, des Deux-Portes, Poupée, des Poitevins, du Jardinet, de l'Éperon, etc., celle du Battoir n'était originairement qu'un sentier de desserte tracé au milieu des terres de Laas et de Gibard, et servant à les lotir. Elle ne se transforma en rue et ne se borda de constructions qu'après le peuplement des voies principales, représentées par les rues Saint-André-des-Ars, Hautefeuille et des Cordeliers. Il y a tout lieu de croire que la rue Serpente, dont elle forme la continuation à l'occident, se peupla la première, parce qu'elle débouchait dans la rue de la Harpe, à l'extrémité de laquelle se trouvait la porte Gibard, l'une des entrées de Paris. Mais le chemin, ou rue du Battoir, aboutissait aux deux rues de la Vieille-Plâtrière et du Chevet-Saint-André, qui ont formé la rue Hautefeuille, ce qui lui donnait un débouché sur une voie de quelque importance. Elle ne tarda donc point à se border de constructions, les terrains qu'elle desservait ayant été, selon toute apparence, compris dans l'accensement ordonné en 1179 par Hugues V, abbé de Saint-Germain.

Il ne faut point s'étonner qu'elle ait été confondue avec celle « de la Serpent », puisqu'elle en était le prolongement vers l'ouest. Ce qui semble plus étrange, c'est que la confusion se soit étendue aux rues Mignon, du Jardinet et de la Vieille-Plâtrière, qui en étaient pourtant fort distinctes. Les « Petits Champs », dont cette région était composée, et qui résultaient sans doute du lotissement déterminé par l'accensement de 1179, sont la cause de cette appellation commune aux trois voies que nous venons de citer. L'extrême division du sol sur ce point s'explique par les nombreux sentiers qui le desservaient, et qui ont formé le réseau de petites rues, au nombre desquelles figure celle du Battoir.

Le « battoir, bastouer ou baptouer » étant très probablement une enseigne, n'est pas aux xiie et xiiie siècles qu'on rencontre cette dénomination dans les titres. Tantôt la voie dont nous nous occupons est considérée comme la continuation de la rue Serpente, et alors elle en porte le nom; tantôt on la regarde comme une dépendance de la rue Hautefeuille, et alors on l'appelle « la viel Plastrière ». La rubrique du Livre de la Taille de 1292 la désigne par la périphrase suivante : « En la rue de la Serpent, du coing de la meson à l'arcevesque de Rouen, jusques au coing de la rue qui va droict à Sainct-Andry et jusques au coing de la meson à labbé de Fesquant ». Les deux aboutissants démontrent qu'il s'agit bien de la rue du Battoir. Dans d'autres documents, cette voie, qui était, en réalité, la continuation de la rue Serpente, est indiquée comme ayant pour prolongement les rues Mignon et du Jardinet. Cette confusion a été faite même par des historiens et des topographes relativement modernes, tels que Du Breul et l'auteur du plan de Saint-Victor.

Un savant contemporain, H. Géraud, dans son commentaire sur le Livre de la Taille de 1292, a identifié l'impasse du Paon — ou Larrey — avec une certaine voie mentionnée dans ce document et portant le nom de Jehan de Fontenoy. Adolphe Berty estime qu'il faut y voir la rue du Battoir, et voici les raisons qu'il en donne :

« Dans le rôle de 1297, la rue Jehan de Fontenoy est énoncée sous la rubrique de la paroisse de Saint-André, à la suite de la rue Gaugain ou de l'Éperon, et avant celle de la Barre, formant la partie septentrionale de la rue Hautefeuille. Le rôle de l'année suivante la mentionne sous la même rubrique, après la rue de la Barre et avant la rue Gaugain. Dans le premier cas, le collecteur part du coin de la rue Saint-André-des-Ars, parcourt la rue de l'Éperon, passe par la voie transversale portant le nom de Jehan de Fontenoy, débouche dans la rue Hautefeuille et se dirige vers l'église Saint-André. Dans le second, il fait identiquement le même trajet, mais en sens inverse, partant du côté gauche, ou méridional de l'église, tandis que, l'année précédente, il était parti du côté droit, ou septentrional. Le premier parcours est mentionné sous la rubrique de la paroisse Saint-André, et le second sous celle de la paroisse Saint-Côme et Saint-Damien, ce qui est parfaitement conforme à la vérité. »

Ce seul rapprochement constitue déjà une forte présomption en faveur de l'identité des rues du Battoir et Jehan de Fontenoy; les deux rôles de 1297 et 1298 nous fournissent un autre argument. La rue Jehan de Fontenoy y est énoncée avant celle des « Vielz Plastrières » — extrémité méridionale de la rue Hautefeuille; — mais le rôle de 1297 la mentionne après la rue du Paon seulement, tandis que celui de 1298 la cite à la suite de cette même rue et de celle du Prince — impasse du Paon — « derrière la meson larcevesque de Reims ». Le collecteur part donc de la rue des Cordeliers, passe par celle du Paon, suit celle de Jehan de Fontenoy pour déboucher dans la rue Hautefeuille, et remonte cette dernière dans la direction de Saint-Côme. Il résulte de cette marche que la rue Jehan de Fontenoy était une voie reliant le point où se réunissaient les rues du Paon et de l'Éperon à celui où se rejoignaient les deux tronçons de la rue Hautefeuille portant les noms de la Barre et « Vielz Plastrières ». Or, ce dernier point était le débouché de la rue Serpente. Donc la rue du Battoir s'identifie avec celle de Jehan de Fontenoy.

On pourrait, il est vrai, mettre en avant ou la rue des Poitevins, ou celle du Jardinet; mais la première est mentionnée dans le rôle de 1298 distinctement et séparément de celle de Jehan de Fontenoy; quant à la seconde, elle ne dépendait pas, à la fois, des paroisses Saint-André et Saint-Côme, condition à laquelle répond parfaitement la rue du Battoir.

Cette dernière appellation ne devient exclusive qu'à partir du xviie siècle, et on ne la trouve point avant 1430. Un document portant cette date la désigne ainsi : « rue de Haulte rue, dicte du Bastouer ». On ne s'explique guère la première qualification — *vicus altus*, la haute rue — qui se rencontre dès 1367; le terrain, en effet, ne présente, dans cette région, aucun mouvement bien sensible, et si la rue du Battoir peut être dite « haute » par rapport à celles des Poitevins, des Deux-Portes, Percée, Poupée, de Saint-André, du Cimetière, des Boucleries, etc., elle est basse relativement à celles des Cordeliers, Pierre-Sarrazin, de Saint-Côme et autres voies montant vers l'enceinte.

C'est surtout aux xve et xvie siècles que fleurissent les synonymies servant à désigner la rue du Battoir. Dans les archives de l'Abbaye, on trouve de nombreuses pièces où sont employées simultanément trois ou quatre appellations : le nom de Serpent ou Serpente, qu'on n'appliquait, d'ailleurs, qu'à la partie orientale de la rue, tend à disparaître; mais les autres persistent, et un censier, celui de 1523, mentionne la « rue de Haulte rue, dicte du Bastouer, autrement la Vieille Plastrière ». Cette dernière dénomination, qu'on trouve dans le *Dit* de Guillot (1300) et dans plusieurs titres postérieurs, était due, selon toute probabilité, à l'existence d'un ancien four à plâtre situé à l'extrémité méridionale des rues Hautefeuille et du Battoir, dans la direction des Cordeliers [1].

Aucune opération de voirie n'a encore entamé la rue du Battoir; elle n'a fait que perdre son nom, lorsque l'ouverture du boulevard Saint-Michel a réduit de moitié la longueur de la rue Serpente. C'est alors que cette dernière s'est annexé celle du Battoir et lui a imposé son vocable.

---

[1] Voir l'article relatif à la rue Hautefeuille.

CÔTÉ MÉRIDIONAL
(d'Orient en Occident).

CENSIVE DU PARLOIR AUX BOURGEOIS.
JUSTICE DE SAINT-GERMAIN-DES-PRÉS.
PAROISSE DE SAINT-ANDRÉ-DES-ARS.

Partie latérale de la maison de la Corne de Cerf, laquelle avait son entrée sur la rue Hautefeuille;

Maison sans désignation sur le plan, mais à laquelle une note d'Adolphe Berty donne le nom de Maison de la Souche;

Maison sans désignation, faisant le coin oriental de la rue Mignon, sur laquelle elle avait peut-être son entrée.

Au delà du débouché de la rue Mignon :

Partie latérale du Collège Mignon, lequel formait un grand rectangle circonscrit, de trois côtés, par les rues du Jardinet ou de l'Écureuil, des Petits-Champs ou Mignon, du Battoir ou « Haulte rue ».

Maison de l'Ymage saint Martin, que le plan nous montre divisée en trois parties distinctes, mais qui, originairement, occupait tout l'espace compris entre les collèges Mignon et de Vendôme. Elle était, disent les titres, « taillée en pierres contre le mur et à deux pignons ». On lui donne pour aboutissants, tantôt la rue du Jardinet, tantôt le jardin de la maison suivante.

Maison sans désignation, provenant d'un démembrement de l'immeuble précédent, et ayant un jardin qui s'étendait sur la rue du Jardinet. Il faut probablement l'identifier avec l'Hôtel d'Enneval, sur lequel le docteur Chéreau possédait des documents originaux pour une période d'un siècle et demi (1556-1702). Il résulte de ces pièces que l'hôtel d'Enneval appartint successivement à :

Guillaume Besançon et Jeanne Bourgoing, sa femme;
Barthélemy Faye et Marie Violle, sa femme;
Jeanne Le Roy, veuve de Jean Grondeau;
Jean de Sanastre, contrôleur général de l'argenterie du roi;
Charles de Prunelay, baron d'Enneval, qui donna son nom à l'hôtel;
Madeleine Pinart, baronne d'Enneval;
Anne de Tornebu, président au Parlement de Rouen;
Françoise de Prunelay, veuve de ce dernier;
Robert Tignaud, marquis de Lussac;
Claude Le Roux, prêtre, seigneur de Bougé.

Collège de Vendôme, formant angle sur les rues du Battoir, de l'Éperon et du Jardinet, et ayant, selon toute apparence, son entrée sur cette dernière voie. Nous lui consacrons plus loin un article spécial. (Voir rue du Jardinet.)

Il est question, dans les notes laissées par Adolphe Berty et non incorporées à son texte, d'une MAISON SANS DÉSIGNATION formant le coin de la rue de l'Éperon (1430) et appartenant, en 1399, à l'abbaye de Vendôme; il faut sans doute l'identifier avec le collège auquel elle a dû être annexée.

CÔTÉ SEPTENTRIONAL
(d'Occident en Orient).

JUSTICE DE SAINT-GERMAIN-DES-PRÉS.
CENSIVE DU PARLOIR AUX BOURGEOIS.
PAROISSES DE SAINT-ANDRÉ-DES-ARS ET DE SAINT-CÔME.

MAISON DE L'YMAIGE NOSTRE-DAME, faisant le coin septentrional de la rue de l'Éperon et devant ce nom à la statuette qui décorait ordinairement les maisons d'angle; celle qui servait d'enseigne à la maison dont il s'agit était placée dans une niche qu'on voit encore et qui forme l'encoignure des deux rues; un bec de gaz y a remplacé la madone. Primitivement, cette statuette surmontait la porte d'entrée, ce qui était la place habituelle des enseignes. Il semble, dit Adolphe Berty, résulter d'un titre du xve siècle, non autrement spécifié, que la maison de l'Image Notre-Dame était formée de trois maisons à pignons.

MAISON DE L'YMAIGE SAINT JEHAN-BAPTISTE (1521), touchant par derrière au cimetière Saint-André.

MAISON DE L'YMAIGE NOSTRE-DAME (1523), touchant également, par derrière, au cimetière Saint-André. On peut s'étonner de voir deux maisons si rapprochées l'une de l'autre et ayant la même enseigne. Peut-être, comme l'indique Berty, n'en formaient-elles originairement qu'une seule avec celle qui les séparait.

GRANCHETTE, GRANCHE et PRESSOUER (1523 et 1520). Nous avons relevé, dans les notes de Berty, à l'année 1518, la mention d'une «maison avec deux pressouers, l'un et l'autre marchant à roue, dans la rue du Bastouer». C'était là sans doute qu'était portée la vendange des vignobles entourant les Chartreux, Notre-Dame-des-Champs et l'ancien territoire du fief des Tombes.

PORTION DE MAISON formant le coin des rues du Battoir et du Pet — Guiart aux Poitevins, — sur laquelle elle avait peut-être son entrée.

Granche, puis MAISON SANS DÉSIGNATION, formant l'angle oriental des mêmes rues et s'étendant jusqu'au delà du retour d'équerre de celle des Poitevins.

MAISON DE L'ESCHIQUIER (1393-1448), aboutissant par derrière sur la rue des Poitevins, et ayant subi, vers la fin du xve siècle ou au commencement du xvie, un démembrement qui donna naissance à trois petites maisons ayant leur entrée sur la rue du Battoir, et probablement à une construction nouvelle sur celle des Poitevins.

MAISON SANS DÉSIGNATION (1397), qui devait dépendre, soit de l'ESCHIQUIER, soit de la POMME ROUGE, auxquels elle était contiguë. Adolphe Berty dit que c'était « peut-être » la MAISON DU FLACON; mais il a cru devoir convertir cette possibilité en fait, puisque la MAISON DU FLACON figure sur son plan.

MAISON DE LA POMME ROUGE (1397), aboutissant, par derrière, à la rue des Poitevins.

MAISON DE L'ESCU DE FRANCE (1425), touchant, par derrière et par côté, à celle de l'YMAIGE SAINCT ANDRY.

PARTIE LATÉRALE DE LA MAISON DE L'YMAIGE SAINCT ANDRY, qui avait son principal développement sur les rues de la Barre et des Poitevins.

RUE DE LA GRANDE-BOUCLERIE
DITE AUSSI
DE LA VIEILLE-BOUCLERIE, DE LA VIEILLE-BOUCHERIE ET DE MÀCON
ET DÉSIGNÉE PLUS EXACTEMENT
PAR LE NOM DE BOUCLERIE OCCIDENTALE.

Ces trois appellations ne suffiraient point à désigner nettement la voie dont nous nous occupons, puisqu'elles ont été appliquées également à celle qui lui était contiguë, et avec laquelle plusieurs historiens ont eu le tort de la confondre. C'est à la situation topographique de ces deux rues qu'il faut emprunter le qualificatif destiné à les distinguer l'une de l'autre. Nous appellerons donc Bouclerie *occidentale* celle qui allait de la rue Saint-André-des-Ars à celle de la Harpe, et Bouclerie *orientale* celle qui, partant de l'extrémité de cette dernière voie, conduisait à l'abreuvoir de Màcon et plus tard au pont Saint-Michel.

Adolphe Berty n'hésite point à considérer la Bouclerie occidentale comme antérieure à l'autre, ou, du moins, comme ayant porté antérieurement le nom de *Bouclerie*, indicatif d'une profession qui s'y exerçait et que la dénomination d'une rue voisine — la Clef — explique suffisamment. Il y avait sans doute sur ce point des *boucliers*, on fabricants de boucles, des serruriers et autres ouvriers en quincaillerie. Tout en repoussant (voir l'article de la rue Saint-André-des-Ars) certaines hypothèses relatives à l'existence d'un groupe d'armurerie sur ce point du vieux Paris, tout en contestant la légitimité des étymologies qu'on a mises en avant, nous inclinons à croire que la fabrication des boucles — objet important dans l'outillage, l'ustensillage et le vêtement au moyen âge — a donné son nom à la Bouclerie d'occident et à celle d'orient [1].

L'antériorité de la Bouclerie occidentale se déduit des faits suivants :

Les titres de la Grande Confrérie, qui datent du xiiie siècle, mentionnent toujours la Bouclerie orientale sous le nom de Regnault le Harpeur; c'est plus tard qu'apparaît la dénomination de petite Bouclerie, et les scribes qui emploient ce mot ont toujours soin de faire remarquer qu'il s'agit de la rue Regnault le Harpeur, et non de la grande ou ancienne Bouclerie.

La délimitation des censives fournit un autre argument non moins probant. S'il est souvent question, dans les archives de la Grande Confrérie, des immeubles bordant la voie que nous appelons Bouclerie orientale, c'est que les propriétés de la Grande Confrérie ne s'étendaient pas au delà. On s'explique alors que ces archives ne les désignent jamais comme étant situées dans la Bouclerie, mais seulement comme bordant la rue Regnault le Harpeur. Au contraire, les archives de l'abbaye Saint-Germain-des-Prés, dont la censive n'atteignait pas la Bouclerie orientale, mais comprenait la rue de Mâcon, ou Bouclerie occidentale, ne contiennent pas une seule mention de la rue Regnault le Harpeur, tandis que la Bouclerie sans qualificatif, c'est-à-dire la rue de Mâcon, y est fréquemment désignée.

Nous trouvons un nouvel argument dans un censier de la Ville, daté de l'an 1292 : on y nomme, comme se continuant en ligne directe, « la rue Regnault le

---

[1] Nous devons cependant faire remarquer, avec Du Cange, que le mot *Bouclerie* a signifié quelquefois un lieu où se fabriquent des boucliers, et c'est sans doute cette acception qui a suggéré à certains écrivains l'idée de grouper dans le quartier Saint-André-des-Ars les industries relatives à l'armement. Aucun document ne confirme cette hypothèse. Jean de Jandun, qui écrivait au commencement du xive siècle, dit qu'on trouvait alors à Paris d'ingénieux constructeurs d'instruments de guerre et des objets nécessaires aux cavaliers : selles, freins, épées, boucliers, lances, javelots, arcs, arbalètes, maillets, flèches, cuirasses, lames de métal, bonnets de fer, casques, etc. (*Traité des Louanges de Paris*, p. 52 et 53); mais il ne dit pas où travaillaient ces «artisans manuels». Guillebert de Metz, qui a décrit Paris un siècle plus tard, ne les place pas davantage dans le quartier Saint-André-des-Ars.

Harpeur, « la plastrière du coing de la Bouclerie et l'abruvoer de Mascon ». Le point précis où se trouvait la plâtrière dont il est question est bien connu : on sait qu'elle était située à l'angle de la Bouclerie orientale et de la Bouclerie occidentale. Donc cette dernière portait seule alors le nom de Bouclerie. Quand l'autre le reçut, on y ajouta l'épithète de *petite,* qui implique nécessairement une idée d'infériorité et de postériorité.

Jaillot dit avoir lu, dans un registre de 1236, les mots *Vicus Boclearia;* nous avons rencontré les mêmes termes et celui de *Bouclearia* dans des titres de la même époque. En 1246, 1265, 1267, nous avons trouvé *Vetus Bouclearia, Vicus veteris Bouclearie, vicus qui vocatur la Bouclerie,* et enfin *la Boclerie.* Les épithètes de *grande* et de *vieille* lui furent données quand on appliqua celle de *petite* à la rue Regnault le Harpeur; c'est ainsi qu'on la trouve dénommée *la grant Bouclerie* dans le rôle de la Taille de 1297, et, dans celui de 1316, *la grant voye Bouclerie.*

Mais, ainsi que nous le faisons remarquer plus loin, lorsque l'achèvement du pont Saint-Michel amena la circulation sur ce point, un débouché plus spacieux fut jugé nécessaire. On élargit alors l'ancienne rue Regnault le Harpeur, et l'importance que cet élargissement lui donna fit qu'on s'habitua peu à peu à la considérer comme étant ou ayant dû être la *grande* Bouclerie. On conclut ensuite de la grandeur à l'ancienneté, et c'est ainsi que la Bouclerie la plus moderne devint la *vieille* Bouclerie, au détriment de celle qui l'avait précédée et qui, d'ailleurs, n'a pas été complètement dépossédée de son ancien nom, puisqu'on le retrouve encore aux xv° et xvi° siècles. Un titre de 1476 dit : « *Vieille Bouclerie, aultrement dicte Mascon* », et deux autres documents, l'un de 1523, l'autre de 1543, portent « rue de la Vieille Bouclerie, dicte de Mascon entre deux portes ». Les petites rues ou ruelles étaient à cette époque, surtout dans la région que nous étudions, assez souvent fermées à leurs extrémités; et le « bourdeau » situé dans la voie qui nous occupe justifiait parfaitement cette mesure de police.

Il nous reste maintenant à expliquer la dénomination de *Mâcon,* que la rue a portée jusqu'à sa suppression. Ici les opinions varient, et Berty semble repousser celle de Sauval, adoptée par Jaillot.

Voici d'abord ce qu'a écrit l'auteur des *Antiquités de Paris* : « Les comtes de Mâcon ont logé si longtemps à la rue de Mâcon, que leur nom est demeuré à la rue où étoit leur hôtel, et même l'abreuvoir, où alloient abreuver leurs chevaux, s'appelle encore l'abreuvoir de Mâcon; et de plus, la rue de la Bouclerie, qui tient à celle de Mâcon, a porté ce nom-là. Je ne sçaurois dire précisément en quel temps ces comtes y sont venus demeurer; ce que je puis assurer est qu'avant l'année 1272, l'abreuvoir de Mâcon fut choisi pour servir de limites à l'étendue de la juridiction de l'abbaye Saint-Germain-des-Prés [1]. »

Jaillot est plus bref, mais non moins explicite : «Ce nom, dit-il, est dû aux comtes de Mâcon, dont l'hôtel s'étendoit sur les deux rues de la Bouclerie; c'est pourquoi on leur a donné à toutes deux les mêmes noms [2]. »

Contrairement à ces deux autorités, Adolphe Berty a écrit : Ce nom de «Mâcon vient d'un *logis à fillettes* appelé Mascon (1416), et qui semble avoir eu quelque célébrité». Il en a eu, en effet, s'il faut en croire Rabelais, que nous citons plus loin, et qui représente les étudiants de son temps comme fréquentant le lupanar dont il s'agit. Mais, si célèbre qu'ait été le «bourdeau de Mascon», il ne semble pas qu'il ait pu contribuer à la dénomination des deux Boucleries, et cela pour une raison d'ordre purement topographique. On peut se convaincre, en consultant le plan de restitution dressé par Berty, que le «logis à fillettes» n'occupait qu'un petit espace dans la Bouclerie occidentale et n'avait ni entrée ni dépendances sur la Bouclerie orientale. L'hôtel des comtes de Mâcon, au contraire, traversait de l'une à l'autre Bouclerie, en façade antérieure ou postérieure sur les deux rues. On s'explique donc qu'il ait servi à les dénommer, étant l'immeuble le plus considérable et le plus ancien situé sur ce point de Paris. On comprend également, comme le fait observer Sauval, que la rue ou ruelle de l'Abreuvoir ait porté le même nom : les chevaux des comtes de Mâcon sortaient de l'hôtel par la Bouclerie orientale, sur laquelle se profilait leur «estable» — l'entrée principale du logis se trouvant sur la Bouclerie occidentale — et se dirigeaient en droite ligne vers la Seine. Autant il est naturel qu'on ait donné à l'abreuvoir le nom des comtes de Mâcon, autant il semble peu raisonnable qu'on l'ait ainsi appelé à cause du «bourdeau», qui n'avait aucune issue de ce côté et ne possédait certainement pas de chevaux qu'on dût y envoyer.

Ainsi que nous le faisons remarquer à l'article de la Petite Bouclerie, ce nom a été fréquemment altéré par les rédacteurs et les transcripteurs d'actes. Jaillot cite plusieurs actes de la fin du xvie siècle où on lit le mot *Boucherie*, et explique ce vocable par le voisinage des boucheries de Saint-Germain, qui, au xiie siècle, étaient situées vers l'extrémité orientale de la rue de l'Hirondelle, c'est-à-dire presque en face de celle de Mâcon. Voici le passage où il formule cette opinion : «Dans un compte, rendu en 1574, on lit : *Rue de l'Abreuvoir Mâcon ou de la Vieille Boucherie*; je ne pense pas que ce soit une faute de copiste ou d'imprimeur, car je crois qu'anciennement on a dit la *Bouclerie* et ensuite la *Boucherie*, parce que la boucherie de Saint-Germain étoit établie, au xiie siècle, à la place dite

---

[1] Sauval, II, p. 133. — [2] Recherches historiques, etc. Quartier Saint-André-des-Arts, p. 95.

depuis du pont Saint-Michel, qui n'existoit pas encore alors. On voit en effet, dans les titres de cette abbaye, qu'on l'appeloit, en 1272 et années suivantes, rue de la *Vieille Boucherie*, ainsi qu'on peut s'en convaincre en lisant l'acte d'amortissement fait à Saint-Étienne-des-Grés, et celui d'une vente faite au chapitre Saint-Marcel, en 1277, dans lequel on indique les *Vieilles Boucheries* et la rue de la *Vieille Boucherie*[1]. »

Malgré de telles autorités, Berty ne voit dans cette leçon qu'une erreur de lecture ou de copie. « Les actes où se trouve le mot *Boucherie* sont, dit-il, en opposition avec l'immense majorité des titres; et d'ailleurs, ajoute-t-il, comment expliquer et écrire rue de la Boucherie, quand les étaux des bouchers n'étaient plus là depuis longtemps, ayant été transférés au bourg Saint-Germain, hors la porte de ce nom, et qu'on ait, au contraire, écrit et dit « rue de la Bouclerie » à l'époque où lesdits étaux s'y trouvaient encore. »

La réponse à cette objection n'est pas impossible. Le commerce de la viande n'est point incompatible avec la fabrication des boucles, et les deux industries pouvaient coexister dans la rue dont il s'agit. Il s'en était même établi administrativement une troisième dont nous avons déjà parlé, et à laquelle on assignait généralement les ruelles et les culs-de-sac : parquée dans cette voie et dans quelques autres, jusqu'à l'édit de 1560, la prostitution était bien là dans son élément, à côté des boucheries et des ateliers bruyants, loin des maisons de la noblesse, de la bourgeoisie et du clergé.

Quant à l'argument tiré du déplacement des étaux, il tombe devant cette note extraite des papiers de Berty et relative à une maison de la rue de Hurepoix : « 1543. — Maison contiguë aux TROIS LOUPS, où souloit d'ancienneté estre une place en laquelle les bouchers de Saint-Germain-des-Prés souloient vendre leur chair par les temps de guerre, encore soumise à cette servitude, le cas échéant. » Les bouchers de Saint-Germain rentraient donc en ville quand un siège, des incursions, des pillages à main armée, ou tout autre acte d'hostilité ne leur permettaient plus de demeurer hors des murs, et ils allaient réoccuper leurs anciens étaux, en vertu d'un droit écrit ou traditionnel. La Grande Bouclerie pouvait alors reprendre, au moins momentanément, son ancien nom de rue de la Boucherie, et cela même au XVIe siècle, époque où le bourg Saint-Germain fut plus d'une fois occupé par des corps armés. Les actes rédigés alors ont donc bien pu mentionner le nom de rue de la Boucherie.

Jaillot trouve ces divers changements de nom fort probables, et il s'en exprime en ces termes. « Lorsque les boucheries de l'abbaye Saint-Germain furent trans-

---

[1] RECHERCHES HISTORIQUES, etc. *Quartier Saint-André-des-Arts*, p. 42 et suiv.

férées, après le milieu du xiiie siècle, dans la rue qui en porte aujourd'hui le nom [1], on redonna à celle-ci — la Grande-Boucherie — le nom qu'elle portoit anciennement. »

L'appellation de *Boucherie* était donc intermittente; après avoir disparu au xiiie siècle, elle reparaissait en temps de guerre, et ajoutait ainsi à la confusion qui a toujours existé entre deux voies si diversement nommées.

La rue dont nous venons de raconter l'histoire n'est plus qu'un souvenir : supprimée complètement lors du percement des boulevards Saint-Michel et Saint-André, elle a été comprise, avec les deux lignes de vieilles maisons qui la bordaient, dans le périmètre de la nouvelle place Saint-Michel. La fontaine de ce nom en marque à peu près la ligne, d'occident en orient.

CÔTE SEPTENTRIONAL
(d'Orient en Occident).

CENSIVE DE SAINT-GERMAIN-DES-PRÉS,

PAROISSE DE SAINT-SÉVERIN.

PARTIE POSTÉRIEURE DE LA MAISON DE L'ÉSPÉE, dont la façade était sur la rue de la Petite-Bouclerie.

MAISON DE LA CORNE DE CERF, paraissant avoir été une dépendance de la Maison de l'ESTOILLE et aboutissant à la Petite-Bouclerie.

PARTIE POSTÉRIEURE DE LA MAISON DU BŒUF COURONNÉ, également en façade sur la Petite-Bouclerie et formant sur la Grande-Bouclerie deux maisons distinctes, l'une de l'IMAGE SAINT JEHAN, l'autre de l'IMAGE SAINT MARTIN. Cette dernière était adossée à la GALLÉE et au CHÊNE VERT, deux immeubles de la rue de la Clef, laquelle faisait suite à celle de Saint-André-des-Ars.

PARTIE POSTÉRIEURE DE LA MAISON DE LA GALLÉE, laquelle avait sa façade sur la rue de la Clef.

PARTIE POSTÉRIEURE DE LA MAISON DU CHÊNE VERT, laquelle faisait partie de L'IMAGE SAINT MARTIN et était contiguë à celle qui faisait le coin de la rue Saint-André-des-Ars.

CÔTE MÉRIDIONAL
(d'Occident en Orient).

CENSIVE DE SAINT-GERMAIN-DES-PRÉS.

PAROISSE DE SAINT-SÉVERIN.

« Le BORDEAU DE MASCON (1419), où il y avoit trois logettes, ès quelles se

---

[1] De nos jours, la rue des Boucheries a été complètement absorbée par le boulevard Saint-Germain.

tenoyent et hantoyent aucunes filles de joye et amoureuses. » On trouve trace de ce lupanar dès 1339, et l'ancien registre vert du Châtelet, reproduit par Sauval, le mentionne de nouveau en 1367 :

« *Ce sont les cas et ordonnances faictes par Hugues Aubryot, garde de la prévosté de Paris, 1367.*

« Item a esté crié que toutes femmes de vie dissolue, tenant bordel en la ville de Paris, aillent demourer et tenir leurs bordeaux ès places et lieux publics à ce ordonnés et accoustumés, selon l'ordonnance de sainct Loys, c'est à sçavoir à l'abreuvoir de Mascon, en la Bouclerie... [1] »

Berty croit que ce mauvais lieu n'existait pas en 1531. Cependant Rabelais, dans son *Pantagruel* publié en 1533, fait dire à un étudiant limousin que la jeunesse des Écoles le fréquentait de son temps ; ce qui prouve qu'il avait eu et qu'il avait encore une certaine célébrité [2].

Maison de l'Eschiquier (1523), appartenant à J. Brinon, premier président de l'Échiquier de Normandie. Le document qui nous donne ce renseignement ajoute ces mots : « Une aultre maison estoit comprise en icelle. »

Partie postérieure de la maison appartenant à messire Philippe de Mesmes, seigneur de Marolles, 1523.

Portion de la Maison du Papegault et de la Barbe d'Or, laquelle aboutissait sur la rue de la Harpe et était contiguë à la maison faisant le coin de cette voie.

Portion de la Maison de la Herpe, laquelle aboutissait également sur la rue de la Harpe, et s'étendait en profondeur sur les deux rues.

---

[1] Les autres lieux dénommés en l'ordonnance sont : «En la rue de Froidmantel, prez du Clos Brunel, en Glatigny, en la cour Robert de Paris, en Baillehoë, en Tyron, en la rue Chapon et en Champflory. »

[2] Voici le passage d'où l'on peut conclure que le «bordeau de Mascon» a subsisté au delà de 1531 : «Nous déambulons par les compites et quadrivies de l'urbe... ; puis cauponisons es tabernes méritoires de la Pomme de Pin, du Castel, de la Magdalene et de la Mule... Certaines diécules, nous invisons les lupanars de Champ-Gaillard, de Matcon, du Cul-de-sac de Bourbon, de Huslieu (Hueleu). » (*Pantagruel*, liv. II, p. 117.)

L'«indigène des régions lémoviques», qui parle aussi librement, use de la même liberté avec l'orthographe des noms de lieu.

RUE REGNAULT OU RICHARD LE HARPEUR,

DÉNOMMÉE PLUS TARD
DE LA PETITE-BOUCLERIE, DE LA VIEILLE-BOUCLERIE,
NEUVE SAINT-MICHEL, DE L'ABREUVOIR MÂCON, DE MÂCON
ET DÉSIGNÉE PLUS EXACTEMENT
PAR LE NOM DE BOUCLERIE ORIENTALE.

Adolphe Berty reconnaît que ce coin du vieux Paris lui a causé le plus grand embarras ; voici l'aveu qu'il a consigné dans ses notes :

« Les rues de la Vieille-Bouclerie, Mâcon et de l'Abreuvoir-Mâcon sont certainement celles de tout Paris dont les noms présentent la confusion la plus embarrassante à élucider. Il arrive souvent, en effet, que l'on ne sait à laquelle de ces rues il faut appliquer les titres. Aussi Jaillot lui-même s'est fourvoyé en en parlant, et nous n'aurions sans doute pas évité cet écueil, sans les éclaircissements que nous ont fournis les notes servant de bases à nos restitutions. Quoi qu'il en soit, aucune question de ce genre ne nous a présenté plus de difficultés à résoudre. »

L'erreur que Berty reproche à Jaillot consiste non seulement à avoir confondu les deux Boucleries, en attribuant à l'une certaines maisons situées dans l'autre, mais encore à ne pas avoir identifié suffisamment avec la rue Regnault le Harpeur la voie qui s'est appelée successivement *Petite-Bouclerie*, *Vieille-Bouclerie*, *Neuve-Saint-Michel* et *de l'Abreuvoir-Mâcon*. Cette double erreur reconnue, il est juste de faire honneur à Jaillot des nombreuses sources qu'il a découvertes et des renseignements utiles que renferme son article.

La plus ancienne mention de la Bouclerie est celle qu'il a trouvée dans les registres de la temporalité de l'église Notre-Dame[1], où elle figure sous le nom de *vicus Boclearia*. Il a rencontré la même appellation, à la date de 1265, dans le cartulaire de la Sorbonne[2]. Mais il se trompe, quand il applique à la voie dont nous nous occupons la dénomination de *vetus Bouclearia*, que les cartulaires de Saint-Victor et de Saint-Germain mentionnent en 1246, 1265 et 1267[3] et qui, à cette époque, appartenait exclusivement à l'autre Bouclerie, celle qui a gardé jusqu'à sa suppression le nom de Mâcon, et qui s'étendait de l'extrémité orientale de la rue Saint-André-des-Arts à l'extrémité méridionale de celle de la Harpe.

---

[1] *Manuscrit de la Bibliothèque nationale*, coté 5185 B, fol. 191 (ancienne cote donnée par Jaillot).

[2] *Cart. de Sorbonne*, fol. 103.

[3] *Cart. de Saint-Victor et de Saint-Germain*, aux années indiquées.

C'est à ce dernier point que commençait la rue dite d'abord de *Regnault le Harpeur* et désignée plus tard par les quatre autres noms placés en tête de cet article : *Petite-Bouclerie, Vieille-Bouclerie, Neuve-Saint-Michel, Abreuvoir-Mâcon*. Berty a porté la lumière dans cette obscurité :

« C'est la rue de la Vieille-Bouclerie (Bouclerie orientale), dit-il, et non celle de la Harpe, comme semble l'avoir cru Jaillot, qui s'appelait *vicus Reginaldi citharatoris* (1247), *vicus Reginaldi dicti le Harpeur* (1265), *vicus Reginaldi le Herpeor* (1269), *vicus Reginaldi cithariste* (1270), et en français, de 1258 à 1283, rue *Regnaud*, ou *Richard le Harpeur*. A la fin du xiiie siècle, cette appellation disparaît pour faire place à celle de *Petite-Bouclerie*. On lit, en effet, dans une charte appartenant aux archives de l'Hôtel-Dieu, et qui est datée de 1284, *vicus Reginaldi le Harpeur, seu parva boucheria* — lisez *boucleria* — et, dans plusieurs autres pièces provenant de la Grande Confrérie, mais postérieures d'un demi-siècle, ces mots significatifs : *La Petite Bouclerie que l'on souloit appeler la rue Richard le Harpeur*, et *rue Regnault le Harpeur, que l'on appelle à présent la Petite Bouclerie*. »

L'identification de la Petite Bouclerie, ou Bouclerie orientale, avec la rue Regnault ou Richard le Harpeur, ressort évidemment de ces textes : à la fin du xiiie siècle et dans la première moitié du xive, on distinguait donc complètement l'une de l'autre, la Grande ou Vieille Bouclerie occidentale — plus connue sous le nom de rue de Mâcon, — de la Petite Bouclerie ou Bouclerie orientale, qui formait la continuation de la rue de la Harpe. Mais la proximité des deux voies et la presque identité des deux noms amenèrent promptement une confusion entre elles. La Petite Bouclerie, qui continuait la rue de la Harpe, conduisant plus directement que la grande à *l'abreuvoir de Mâcon*, on lui donna ce dernier nom vers la fin du xive siècle (1391), et l'on arriva même, en abrégeant, à dire *rue de Mâcon*. Au xve siècle, les deux appellations sont fréquentes, et les titres où on les rencontre induisent facilement en erreur.

Une circonstance nouvelle vint ajouter à la confusion : ce fut la construction du pont Saint-Michel. Pour lui donner un débouché convenable, on fut obligé d'élargir la Petite Bouclerie et, par conséquent, d'en démolir partiellement les maisons. Elle devint ainsi plus importante que la grande. C'eût été le moment de lui rendre son ancien nom de Regnault ou Richard le Harpeur; mais on n'y songea point, et l'on continua à suivre l'usage. Reconstruite sur une plus grande largeur, elle hérita tout naturellement des noms et titres de la Grande Bouclerie ou Bouclerie orientale, laquelle était restée à l'état de ruelle étroite, transversale et sans débouchés de quelque importance. A partir de la seconde moitié du xive siècle, la confusion est complète : ainsi, en 1367, on trouve la voie qui nous occupe appelée : « *rue de la Petite Bouclerie, aultrement de Mascon* ».

En 1390 et 1393, les deux qualificatifs qui servaient à distinguer la Bouclerie occidentale passent à la Bouclerie orientale; on la trouve dénommée *la Grant et la Vieille Bouclerie;* mais il est impossible de s'y méprendre, le texte ajoutant ces mots significatifs « aultrement appellée la rue Neufve du bout du Pont Sainct-Michel ».

Au xv⁰ siècle, la confusion va s'accentuant davantage encore, et toutes les désignations de l'une des deux voies passent à l'autre; on trouve, en 1401 et 1404, *rue Neufve Mascon ou de l'Abbreuvoir Mascon;* en 1409, *rue de l'Abbreuvoir Mascon aultrement la rue Neufve Sainct-Michel;* en 1426, *rue Neufve du Pont Saint-Michel, dicte la Bouclerie;* en 1442, *rue Neufve de l'Abbreuvoir de Mascon, jadis appelée la rue de la Petite Bouclerie;* en 1465, *rue de la Grant Bouclerie, jadis appelée l'Abbreuvoir Mascon;* en 1469, *rue Neufve Sainct-Michel, dicte la Bouclerie.*

Dans la première moitié du xvi⁰ siècle, le nom de la rue de Mâcon étant appliqué exclusivement à la Bouclerie occidentale, celui de *Vieille Bouclerie*, qui lui appartenait sans conteste, puisque les *boucliers* ou fabricants de boucles s'y étaient établis depuis plus longtemps, passe définitivement à la Bouclerie orientale, qui devient alors et qui demeure, jusqu'à l'époque contemporaine, la *rue de la Vieille Bouclerie.*

Il nous reste maintenant à mentionner et à expliquer certaines appellations erronées qui ne sont que des fautes de lecture et de copie, et à donner raison du mot *boucherie* qui se trouve dans un titre de 1284.

Sauval, cité par Jaillot, dit qu'il y avait à Paris deux rues de la Bouclerie, l'une appelée la *Petite* et située dans la Ville — ce serait aujourd'hui la rue du Poirier, suite de la rue Brise-Miche, dans le quartier Saint-Merri[1], — l'autre sise dans l'Université et nommée la *Grande Bouclerie,* la *Vieille Bouquetterie* ou *Bauquetterie*[2]. Il cite, en outre, l'article d'un compte du Domaine, de l'année 1439, dans lequel est énoncée une maison sise « rue qu'on disoit la porte Bouclerière, et de présent communément appelée rue Neufve outre le pont S. Michel »[3].

Berty a relevé d'autres erreurs dont une fort ancienne, puisqu'elle remonte à l'année 1262; à cette époque, la voie dont nous nous occupons était assez fré-

---

[1] Jaillot relève cette erreur de Sauval : « Cet écrivain, dit-il, s'est trompé sur la rue de la Petite Bouclerie, en disant que c'est celle du Poirier. Il est vrai que, dans le quartier Saint-Martin, il y a une rue du Poirier, autrefois appelée la *Bouclerie;* mais celle dont il s'agit étoit située dans le quartier Saint-André. »

Guillot les y place toutes les deux :

> Assez tôt trouva Sacalie
> Et la petite Bouclerie,
> Et la grant Bouclerie aprez
> Et Hirondale tout emprez.

[2] *Antiquités de Paris*, I, p. 118.
[3] *Ibid.*, III, p. 336.

quemment confondue avec celle de la Harpe, puisqu'on la trouve désignée sous le nom de *rue des Juifs*.

Quant au vocable *Boucherie*, qualifié généralement de mauvaise lecture, il a sa raison d'être : « Je ne pense pas, dit Jaillot, que ce soit une faute de copiste ou d'imprimeur, et je crois qu'anciennement on a dit la *Bouclerie* et ensuite la *Boucherie*, parce que la boucherie de Saint-Germain étoit établie, au XIIe siècle, à la place dite depuis du Pont Saint-Michel, qui n'existoit pas encore alors. On voit, en effet, dans les titres de cette abbaye, qu'on l'appeloit, en 1272 et années suivantes, *rue de la Vieille-Boucherie*, ainsi qu'on peut s'en convaincre en lisant l'acte d'amortissement fait à Saint-Étienne-des-Grès, et celui d'une vente faite au Chapitre Saint-Marcel, en 1277, dans lesquels on indique les *Vieilles Boucheries* et la *rue de la Vieille-Boucherie*[1]. »

« C'est par altération du mot *boucherie*, ajoute Sauval, et lorsque celles de l'abbaye Saint-Germain furent transférées, après le milieu du XIIIe siècle, dans la rue qui en porte le nom aujourd'hui[2], qu'on redonna à celle-ci le nom qu'elle portoit anciennement[3]. »

Cette dernière assertion est conjecturale ; mais le fait est vraisemblable, bien que Jaillot l'ait infirmé, dans une certaine mesure, en faisant remarquer que la grande rue Bouclerie ou rue Mâcon « aboutissoit alors à la Boucherie, située au coin de la rue de l'Hirondelle[4] ».

Il y a peu d'années, la rue de la Vieille-Bouclerie était encore presque intacte ; la formation de la nouvelle place de la fontaine Saint-Michel — qu'il ne faut pas confondre avec l'ancienne place de la porte Saint-Michel — et l'ouverture du boulevard, dit d'abord de Sébastopol (rive gauche), puis Saint-Michel, ont réduit à fort peu de chose ce qui reste de cette antique voie. Le côté occidental a complètement disparu, et il ne subsiste, du côté oriental, que quelques maisons comprises entre le débouché des rues de la Harpe et de la Huchette. Le nom de Bouclerie a disparu également : comme au temps où cette petite voie, continuant la rue des Juifs ou de la Juiverie, était désignée par le nom de l'instrument biblique propre au roi David, on l'appelle aujourd'hui rue de la Harpe. C'est une faible compensation donnée à cette ancienne artère de la rive gauche, pour tout ce que le boulevard Saint-Michel lui a enlevé.

---

[1] *F. Arch. de Saint-Germain*, A. 3, 2, 8 et 2, 10 (ancienne cote donnée par Jaillot).

[2] Il s'agit de la rue des Boucheries-Saint-Germain, qui formait, hors de l'enceinte de Philippe-Auguste, la continuation de celle des Cordèles ou des Cordeliers, aujourd'hui rue de l'École-de-Médecine, et qui a été, de nos jours, absorbée par le boulevard Saint-Germain. C'était, au moment de sa destruction, la seule rue des Boucheries existant à Paris.

[3] Recherches, etc. *Quartier Saint-André-des-Arts*, p. 41.

[4] *Ibid.*

COTÉ OCCIDENTAL[1]
(du Sud au Nord).

CENSIVE DE LA SORBONNE ET PRIMITIVEMENT DU PARLOIR AUX BOURGEOIS.

PAROISSE DE SAINT-SÉVERIN.

Maison de la Chiche Face, puis de la Large Face (1512, 1525), nommée aussi de la Belle Image Nostre-Dame en 1537, et des Trois Trompettes en 1575. Cet immeuble, qui a été divisé en trois propriétés distinctes à une époque qu'on ne saurait préciser, formait le coin de la rue Mâcon.

Une note recueillie par Berty jette quelque jour sur l'histoire de ce morcellement; elle est ainsi conçue :

« 1537. Trois maisons entretenantes, sur la grande rue de la Vieille-Bouclerie : l'une, la Belle Image Nostre-Dame, auparavant la Large Face; en l'autre, le Gros Tournoys et, en l'autre, le Cheval Rouge; — Halles tenant, d'une part, et faisant le coin de la Petite-Bouclerie, autrement dite de Mascon et, d'autre part, à l'Hostel du Saulvaige aboutissant, par devant, à ladite grande rue de la Bouclerie et, d'autre bout, par derrière à l'Estoille — et, en la quatrième, il n'y a aucune ymaige, parce que c'est au derrière que anciennement a été des appartenances de la Belle Image[2]. »

Maison du Gros Tournoys (1311). C'est une de celles que mentionne la note précédente, et qui a dû être alternativement réunie aux deux maisons voisines, et séparée d'elles suivant les besoins des familles qui habitaient l'immeuble. L'histoire de ces réunions et de ces disjonctions présente toujours de grandes obscurités.

Maison du Cheval Noir, puis du Cheval Rouge (1443). Ces deux maisons n'étaient encore, en 1512, que des dépendances des propriétés précédentes; elles deviennent plus tard des immeubles distincts.

Maison de la Hache (1524). Ce n'était encore, en 1524, qu'une partie de la maison précédente, avec laquelle on la confondait souvent.

Sur l'emplacement de ces quatre maisons, il n'y en avait, en 1367, qu'une seule dans laquelle se trouvait une plâtrière, genre d'industrie assez fréquent dans

---

[1] Nous ne décrivons ici que le côté occidental de la rue de la Petite ou Vieille Bouclerie, lequel forme, vers l'orient, la limite de la région que nous étudions; le côté oriental, comme celui de la rue de la Harpe, sera décrit dans le volume suivant, consacré à la région centrale de l'Université.

[2] Notes éparses, ou supplément au parcellaire restitué par Berty.

la région. Plusieurs voies, en effet, y ont porté le nom de «vielz plastrieres», notamment les rues Hautefeuille et du Battoir.

Maison ou Hostel du Saulvaige, dont il est question dans la note relative à la Maison de la Chiche Face (1403). En 1608, on la trouve appelée Maison du Saulvage d'Argent.

Maison de l'Estoile Couronnée (1426). Entre cette Maison et la suivante doit être placée la Fleur de Lys, ainsi qu'il résulte de la note suivante recueillie par Berty : «1426. Deux maisons entretenantes, assises en la rue Neufve du Pont-Sainct-Michel, dicte la Bouclerie, en l'une desquelles est l'enseigne de la Fleur de Lys, l'autre l'Estoille Couronnée, tenant au Boeuf Couronné[1].»

Maison du Buef Couronné (1401). On constate, en 1530, qu'elle était, depuis longtemps, à usage d'hôtellerie.

Le parcellaire reconstitué par Berty laisse ici une lacune que nous sommes parvenu à combler, à l'aide des notes éparses dans ses papiers : «1536. Ung hostel, cave, celier, cuisine, cour, estables et autres édifices...., ouquel pend pour enseigne et a esté d'ancienneté le Bœuf Couronné.» — «1463. Rue de la Petite-Bouclerie, dicte de Masçon, tenant à M....; d'autre part à l'hostel du Plat d'Estaing, aboutissant par derrière à la ruelle de Mascon...» Sur cette maison et sur quelques masures y attenantes ont été construites quatre maisons : Le Bœuf Couronné, la Charrue, la Gerbe et l'Épi de Clé»[2]. Ces appellations rustiques indiquent le morcellement d'une propriété appartenant jadis au même individu.

Une troisième note, de même origine et portant la date de 1459, est ainsi conçue :

«Quatre maisons, rue de la Vieille-Bouclerie : 1° la Charrue; 2° le Boeuf Couronné; 3° la Gerbe de Bled; la quatrième joignant lesdites maisons et ayant issue rue Mascon [3].»

Maison de l'Ymaige sainct Jehan (1404). Cette maison, qui aboutissait à la rue de Mâcon, était englobée dans la précédente dès 1436.

Maison du Plat d'Estaing (1486). Il ne faut pas la confondre avec une maison

---

[1] Notes éparses, ou supplément au parcellaire restitué par Berty.
[2] Ibid.

[3] Cette note figure également dans le supplément au parcellaire de la rue Saint-Jacques. (Notes de Berty.)

portant la même enseigne et située de l'autre côté de la rue, au coin de celle de Saint-Séverin.

Maison sans désignation. Elle est indiquée par un astérisque seulement sur le plan, et aucune des notes supplémentaires n'en fait mention.

Maison du Sainct-Esprit et de l'Ange (1436), faisant le coin de la rue Saint-André, en face de la ruelle de l'Abreuvoir-Mâcon et de la rue du Pont-Saint-Michel. Le plan la montre diminuée par un pan coupé, lequel doit être contemporain du pont. On comprend, en effet, que les voyers du temps aient voulu assurer un plus large débouché à la circulation venant de la Cité, du Pont au Change et de la rue Saint-Denis. La Maison du Saint-Esprit a porté également l'enseigne de l'Image saint Michel, au xve siècle, et celle de l'Ange, aux xvie et xviie. Elle paraît avoir appartenu à Perinet Leclerc, et c'est en face qu'on aurait dressé la statue du traître. Un fragment de cette image mutilée aurait servi de borne à la maison contre laquelle on l'avait adossée. On sait que l'Hôtel-Dieu fit acquisition de cet immeuble, en 1501, et qu'on le reconstruisit deux siècles plus tard (1701). Nous avons rappelé ces faits à l'article de la rue Saint-André-des-Ars[1].

La rue de la Petite ou Vieille Bouclerie ayant été primitivement ouverte en censive de Saint-Germain-des-Prés, le pitancier de cette abbaye avait droit de percevoir, sur certaines maisons, des taxes que les comptes de la pitancerie nous font connaître. Nous n'avons pu relever, pour la voie dont il s'agit, que trois articles ainsi conçus :

1372. Item en l'ostel de la Pome, en la Vieille Bouclerie......... iii s.
— Item, en la Maison Guillé, le deschargeur, séant en la Vieille Bouclerie.................................... iii s. vi d.
— Item, en la maison Anseau de la Cailleboutiere, qui fut Richard Beurnau, séant en ladite Bouclerie, laquelle le Pitancier maintient que c'est en ses fonds de terre............. iiii s. [2]

Nous n'avons pu identifier ces trois maisons; ce qui prouve, comme nous l'avons déjà fait remarquer, que les enseignes de la Petite-Bouclerie ont été changées plus d'une fois, et que la propriété a passé en diverses mains.

---

[1] Voir ci-devant, page 156. — [2] Arch. nat., fonds Saint-Germain-des-Prés, liv. 783.

RUE CHRISTINE [1].

La voie qui porte ce nom est une des « quatre ou cinq rues » dont parle Du Breul, qui ont été percées dans les jardins et à travers les dépendances de l'hôtel des abbés de Saint-Denis, « après que le Pont-Neuf eust esté proche de bastir ». La rue Dauphine était le débouché naturel du nouveau pont sur la rive gauche de la Seine; mais il parut bon de lui donner quelques dégagements à droite et à gauche : telle est l'origine des rues d'Anjou et Christine.

Au moment où cette dernière fut ouverte, l'ancien *hôtel* ou *maison de l'abbé et des écoliers de Saint-Denis*, ainsi que la *Maison des Charités*, étaient bien déchus de leur ancienne splendeur; on les traite de « masures » dans les pièces du temps et notamment dans un arrêt du Parlement rendu en l'année 1595, avant l'achèvement du Pont-Neuf. Toutefois, si délabrés qu'en aient été les bâtiments, les jardins et les dépendances en étaient vastes et se prêtaient fort bien à un percement. Des négociations furent donc entamées avec les ayants droit, au moment où le Pont-Neuf allait être livré à la circulation; nous les exposons plus loin, à l'article de la rue Dauphine, la plus importante du groupe.

Nous faisons, en outre, la même remarque qu'aux articles des rues Dauphine et d'Anjou : si les *Registres du Bureau de la Ville* ne mentionnent point cette opération édilitaire, c'est qu'elle exigea seulement l'expropriation de terrains appartenant aux Augustins et aux abbés de Saint-Denis, et que le receveur de la Ville n'eut point à payer de « récompenses ». Il en fut autrement lorsqu'on eut à percer la muraille et à combler les fossés qui faisaient, dans une certaine mesure, partie du domaine municipal.

La rue Christine fut ouverte, comme celle d'Anjou, en 1607, et reçut le nom de la seconde fille de Henri IV et de Marie de Médicis, qui naquit vers cette époque [2]. Les terrains sur lesquels elle fut percée n'étaient pas absolument nus : situés sur le côté occidental de l'ancienne rue « à l'abbé ou aux escoliers de Saint-Denys » et au sud du vaste pourpris des Augustins, ils s'étendaient jusqu'à l'allée ou ruelle des murs; divers bâtiments y avaient été construits, auxquels on accédait

---

[1] Cette rue a été complètement omise par Adolphe Berty.

[2] Cette princesse épousa plus tard le duc de Savoie, propriétaire du grand hôtel de Nemours, situé tout près de là, dans la rue Pavée, et sur les dépendances duquel la rue de Savoie a été ouverte. Devenue duchesse régente, après la mort de son mari, Christine de France refusa de livrer à son frère, Louis XIII, le jeune Emmanuel-Philibert de Savoie, son propre fils; ce qui, dit un auteur du temps, mécontenta fort le cardinal de Richelieu.

par la rue des Grands-Augustins, notamment un séminaire, ou noviciat, pour les jeunes religieux qui venaient étudier à Paris. C'étaient les « escoliers de Saint-Denys ». Les bâtiments de ce collège furent adjugés, le 18 septembre 1606, à la barre de la Cour de Parlement, et divisés en neuf lots faisant front sur la nouvelle rue. Quelques-uns de ces lots furent démolis; mais d'autres ont été respectés, et les portions de bâtiments dont ils se composaient subsistent encore, après divers remaniements et réfections qui en ont totalement changé l'aspect.

Les constructions neuves et les reconstructions donnèrent promptement une physionomie agréable à la nouvelle rue. Du Breul, témoin contemporain, constate qu'il y avait, « le long d'icelle, grand nombre de maisons belles et spacieuses, d'une telle structure et ordonnance, que la vue extérieure seulement en était fort agréable; tous lesquels bastiments ayant esté commencés et achevés du règne de nostre défunt Roy, porteront tesmoignage à la postérité combien Sa Majesté a esté soigneux (sic) de l'embellissement de ceste ville de Paris, la capitale de son royaume »[1].

Le groupe de voies publiques, dont fait partie la rue Christine, semble aujourd'hui bien au-dessous d'un tel éloge; mais il ne faut pas oublier ce qu'étaient le vieux Paris et la région de l'Université en particulier, au commencement du XVIIe siècle. Les rues Dauphine, Christine, d'Anjou, de Savoie purent donc passer, à cette époque, pour de petites merveilles.

Depuis son ouverture, la voie dont il s'agit a conservé le même aspect; elle fait communiquer entre elles les rues Dauphine et des Grands-Augustins, et débouche dans cette dernière, presque en face de celle de Savoie, qui fut percée peu de temps après.

CÔTÉ SEPTENTRIONAL
(d'Orient en Occident).

CENSIVE DE SAINT-GERMAIN-DES-PRÉS.

PAROISSE DE SAINT-ANDRÉ-DES-ARS.

Ce côté de la rue, construit sur les dépendances du couvent des Augustins, offre des maisons moins anciennes que celles du côté méridional, bâti sur les terrains de l'hôtel des abbés de Saint-Denis.

Les divers corps de logis en bordure de la voie publique sont modernes; mais ils masquent d'anciennes constructions restaurées ou appropriées, qui prennent jour sur des cours intérieures et se reconnaissent à des escaliers en pierre, dont les marches sont usées, ainsi qu'à des rampes en fer, telles qu'en produisait la ferron-

---

[1] *Antiquitez de Paris*, p. 519.

nerie des xvie et xviie siècles. Cette observation s'applique aux deux maisons formant l'encoignure de la rue des Grands-Augustins.

Maison sans désignation, portant actuellement le n° 4 et ayant servi d'habitation à Denis Allain, médecin de Louis XIV. Elle touchait, par le fond, au couvent des Augustins. Reconstruite ou restaurée, en 1608, par Étienne Le Tellier, elle appartenait, vers la fin du siècle suivant, à Jean-Louis Carnot, commissaire des guerres, de l'artillerie et de la marine, à Toulon. Les autres maisons, de ce côté de la rue, n'ont pas d'histoire.

CÔTÉ MÉRIDIONAL
(d'Occident en Orient).

MÊMES CENSIVE ET PAROISSE.

Les neuf lots de l'ancien séminaire, ou noviciat des écoliers de Saint-Denis, furent adjugés à divers acquéreurs qui démolirent, réédifièrent ou approprièrent à usage d'habitation les portions de bâtiment à eux échues. Ces lots forment aujourd'hui les numéros impairs de la rue et présentent, sur la voie publique, des façades reconstruites ou restaurées, qui ne sauraient être identifiées sûrement avec les parties du collège de Saint-Denis, dont elles occupent l'emplacement. Une visite minutieuse des arrière-corps de logis permettrait peut-être de reconnaître les portions anciennes et de retrouver trace des anciennes appropriations scolaires. Une de ces maisons appartenait, vers le commencement du xviiie siècle, au chancelier d'Aguesseau; une autre a été, vers la même époque, la propriété de Pierre de Creil, seigneur du Grand-Mesnil. Pour en suivre la transmission, ainsi que pour établir la série des possesseurs des neuf lots adjugés en 1606, il faudrait consulter les minutes des notaires; mais ce travail dépasserait de beaucoup les limites chronologiques dans lesquelles le présent ouvrage doit se renfermer.

RUE DU CIMETIÈRE-SAINT-ANDRÉ,
ACTUELLEMENT RUE SUGER.

Cette voie, qui existe encore dans toute sa longueur, commençait, vers l'orient, au débouché de la rue Poupée dans celles du Chevet-Saint-Andry et de la Barre, et aboutissait, dans la direction du couchant, à la rue Gaugain ou de l'Éperon. Quoique le cimetière de la paroisse Saint-André y ait été établi en 1356, elle n'en prit pas immédiatement le nom. Dans le Livre de la Taille de 1292, on la trouve appelée « rue derrière Saint-Andry », dénomination qui doit avoir précédé celle de « rue des Sachettes ». On sait que cette appellation lui fut donnée à raison de l'hôtel qu'y possédaient les *Sachettes*, communauté de femmes faisant, comme les *Sachets*, profession de pauvreté et portant, à leur imitation, un sac pour tout vêtement. Du Breul et Jaillot font remonter cette dénomination au temps de saint Louis. Un siècle plus tard, on disait « rue des Deux-Portes », ainsi que pour deux autres voies de la même région, parce qu'elle était, comme elles, fermée à ses deux extrémités, fait que l'on constate dès 1356. L'appellation moderne n'a prévalu qu'à la fin du xive siècle, et encore sans faire oublier les anciens noms. Dans le censier de 1543, on lit : « rue des Sachettes, aultrement des Deux-Portes ».

Le mot *Sachettes* n'est pas toujours écrit correctement dans les titres; on trouve *Sachaites* et quelquefois *Sagettes*, ce qui a fait dire à certains auteurs qu'on y vendait des flèches, *sagittæ*. Nous avons, dans notre chapitre préliminaire, ainsi que dans l'article relatif à la rue Saint-André-des-Ars, combattu l'opinion des historiens qui ont rapproché ce mot *Sagettes* des expressions *bouclerie*, *éperon*, *clef*, *rondelle*, *arcs*, et en ont conclu que cette région était le siège des industries relatives au travail des métaux, ainsi que de l'armurerie.

Ces diverses appellations ne sont pas les seules. Le rôle de 1297 nomme la voie dont nous nous occupons « rue du prestre Sainct-Andry », sans doute parce que le curé de Saint-André y avait son presbytère, au coin de la rue du « chevet Sainct-Andry » (voir la rue *Hautefeuille*).

Dans un titre de 1523, nous avons lu « rue des *Sagettes* ou *damors Galoppe* ». Il y a là, selon toute apparence, une erreur de copiste; il faut lire probablement « ou demore Galoppe ». Ce Galoppe était un avocat auquel appartenait alors l'hôtel des Sachettes, aliéné après la suppression de l'ordre, et qui posséda l'une des chapelles de la ceinture de l'église Saint-André.

La rue du Cimetière-Saint-André, dans sa partie orientale, longeait primitivement l'église et était parallèle à la nef collatérale du sud. Depuis la démolition de cet édifice, elle forme le côté méridional de la place et se continue ensuite, vers l'occident, jusqu'à la rue de l'Éperon, sous le nom de l'abbé Suger, appellation qui lui a été donnée, par erreur, en 1844. Les abbés de Saint-Denis avaient bien, à peu de distance de là, dans la rue qui porte aujourd'hui le nom des Grands-Augustins, un hôtel, un collège et une « maison des charités »; mais ces divers immeubles n'avaient été ni construits ni habités par l'abbé Suger, qui possédait un hôtel près de l'archet Saint-Merry, ainsi que nous l'avons exposé dans *Paris et ses historiens aux XIV* et XV* siècles* [1]. Les constructions de la rue des Grands-Augustins, sur les dépendances desquelles ont été ouvertes, au XVII* siècle, les rues Dauphine, Christine et d'Anjou, étaient dues à Mathieu de Vendôme, également abbé de Saint-Denis. C'est ce que Félibien constate dans les termes suivants : « Mathieu de Vendôme, aussi abbé de Saint-Denis, et qui fut depuis régent du royaume en 1270, de même que Suger, fit bâtir un hôtel pour lui et ses successeurs dans le territoire de Laas, derrière le jardin des religieux de la Pénitence, ou Sachets [2]. »

L'attribution du nom de Suger à la rue du Cimetière-Saint-André constitue donc une double inexactitude : d'abord, ce n'est point en cette rue qu'était situé l'hôtel des abbés de Saint-Denis; puis c'est Mathieu de Vendôme qui fit construire cet hôtel, un siècle et demi après Suger.

La rue du Cimetière-Saint-André a conservé son ancien aspect, mais son extrémité orientale disparaîtra lors du percement du boulevard Saint-André.

CÔTÉ MÉRIDIONAL
(d'Orient en Occident).

CENSIVE DE SAINT-GERMAIN-DES-PRÉS.

PAROISSE DE SAINT-ANDRÉ-DES-ARS.

ANCIEN PRESBYTÈRE DE SAINT-ANDRÉ-DES-ARS [3], ayant sa façade latérale sur la rue de la Barre ou Hautefeuille, et son entrée sur celle du Cimetière, vis-à-vis du chevet de l'église, ce qui a valu à cette rue le nom de « rue au prestre Saint-André ». Démoli pour le dégagement du chœur de l'édifice, il fut remplacé par un autre presbytère bâti sur une partie des terrains retranchés du cimetière. Cette seconde réduction eut lieu en 1644; on construisit alors deux maisons en bordure de la rue, pour être habitées par le clergé de la paroisse.

HOSTEL DES SACHETTES (1432), contigu à la maison qui faisait le coin de la rue de la Barre, partie septentrionale de celle de Hautefeuille. C'était le couvent des religieuses vouées à la pauvreté et portant, comme les Sachets, un sac pour vêtement, d'où leur est venu le nom sous lequel elles sont connues dans l'histoire : *Saccitæ*, *Saccariæ* et *Saccatæ*. Les Sachets, ou « frères de la Pénitence de

---

[1] Voir les notes ajoutées au commentaire de Raoul de Presle sur la *Cité de Dieu*.

[2] *Histoire de Paris*, I, p. 406.

[3] Cette ancienne maison presbytérale est indiquée comme faisant le coin des rues du Cimetière et de la Barre, ou du « Chevet Saint-Andry ». Elle a pu occuper successivement l'angle septentrional et l'angle méridional, selon que les dégagements du chevet de l'église, auquel s'adossaient plusieurs maisons, ont modifié le débouché oriental de la rue du Cimetière.

Jésus-Christ », se fixèrent à Paris, en 1261; les Sachettes, dites également sœurs de la Pénitence, y arrivèrent quelque temps après. « Elles eurent, dit Félibien, un couvent à Paris, qui fit donner leur nom à une rue derrière Saint-André, où il était situé; mais les religieux et les religieuses de cet ordre furent supprimez dans la suite [1]. » La maison qu'elles occupaient est désignée, en 1382, comme étant neuve; ce n'était peut-être qu'une reconstruction, puisque Du Breul et Jaillot ont constaté que la rue portait le nom de ces religieuses, dès le règne de saint Louis. Leur logis est dit situé « devant le puys Sainct-Andry ». Adolphe Berty a fait remarquer que l'hôtel des Sachettes n'était plus appelé ainsi au XVIe siècle. Il avait sans doute changé de nom, au moment où la suppression de l'ordre le fit passer en d'autres mains.

Les historiens de Paris ont parlé de la maison des Sachettes. Malingre, dans son édition de Du Breul, s'en exprime ainsi : « En icelle (rue des Sachettes), qui est derrière Saint-André, il y avoit un couvent de pauvres femmes religieuses dénommées Sachettes, à cause des sacs desquelles elles étaient vêtues, et se tenoient en deux grandes maisons qui étoient, en l'an 1523, et ont été depuis à Maître Jean Galloppe, avocat au Parlement, chargées de cinq sols parisis de rente envers le religieux trésorier de l'abbaye de Saint-Germain-des-Prez, comme appert par sentence des requestes données contre ledit Galloppe. Icelles religieuses ont été expulsées du temps du roy saint Louis, et ont seulement laissé à la rue le nom de Sachettes. De même ordre étoient les frères des sacs, appelés en latin *Saccarii*, qui tenoient le lieu où sont maintenant les Augustins mendians [2]. »

Sauval reproduit le passage de Du Breul-Malingre (I, 712), et Jaillot ajoute au même récit le motif de l'expulsion des Sachettes; c'est, dit-il, « parce que cette congrégation de femmes dévotes n'était pas autorisée » [3].

PARTIE POSTÉRIEURE DE L'HÔTEL DU PRÉSIDENT DE THOU, ayant son entrée sur la rue des Poitevins. Le pourpris de cet hôtel était fort étendu et paraît avoir été écorné par les dépendances de la maison du Château-Gaillard, devenue plus tard le collège de Boissy. Le président de Thou l'habitait en 1523; un siècle après, il portait simplement le nom d'hôtel de Thou.

MAISON DU CHASTEAU-GAILLARD où fut fondé, en 1356, le COLLÈGE DE BOISSY.

Félibien raconte cette fondation dans les termes suivants : « En cette même année (1356), fut commencé le collège de Boissy, derrière Saint-André-des-Arcs, par Estienne Vidé, de Boissy-le-Sec, chanoine de Laon, comme exécuteur

---

[1] FÉLIBIEN, I, p. 131, 132.
[2] DU BREUL-MALINGRE, p. 196.
[3] RECHERCHES, etc., *Quartier Saint-André-des-Arts*, p. 16.

testamentaire de Godefroy de Boissy-le-Sec, son oncle, décédé le 20 août 1354. Ils étoient l'un et l'autre du diocèse de Chartres, du village dont ils portoient le nom, et y avoient pris naissance de pauvres parents. Ce collège fut destiné, dès son origine, pour y entretenir, outre un maître principal, douze boursiers, savoir : trois en théologie, trois en droit, trois en philosophie et trois autres en grammaire, entre lesquels il y auroit un chapelain prêtre[1]. On destina pour logement aux écoliers la maison qui avoit appartenu à Godefroy, et où demeuroit alors Étienne, son neveu, avec quelques autres maisons voisines, acquises par celui-ci, tenant, d'un côté à la maison de Godefroy et bornées, de l'autre, par la rue de Gérard aux Poitevins. Toutes ces maisons furent amorties par Geofroy de Coustures, abbé de Saint-Germain-des-Prés, en 1356, pour le prix de cinq cents florins d'or, étant réservé à l'abbaye le droit de justice et de censive[2]. »

L'Université accepta la nouvelle fondation par acte du 7 mars 1358, et des statuts furent donnés au collège en 1366. Ils diffèrent peu de ceux qui régissaient alors les établissements du même genre.

La guerre de Cent ans fut fatale au collège de Boissy, comme à toutes les autres fondations scolaires; le manque de bras, les déprédations des bandes armées diminuèrent, dans une forte proportion, les revenus affectés au principal et aux boursiers; les bâtiments dépérirent faute d'entretien, et le collège ne fit que languir pendant tout le XVe siècle. La discipline s'y était tellement relâchée, un siècle seulement après la fondation de l'établissement, que l'Université dut, en 1404, priver de sa bourse un écolier qui allait et venait, la nuit, hors du collège sans permission, rentrait avec des amis porteurs de grosses épées, et frappait la porte avec de grosses pierres pour se faire ouvrir[3]. Cependant l'Université ne tint pas rigueur à ce petit collège. En 1418, la nation de France prit parti pour lui, dans un procès qui lui avait été intenté à l'occasion d'un legs.

« Ce ne fut qu'en 1503, dit Félibien, que Michel Chartier, qui en estoit le principal, remit les choses en meilleur estat et receut des boursiers à proportion des revenus. En 1519, il renouvela tous les bastiments qu'il augmenta d'une chapelle, dédiée sous le titre de la sainte Vierge, de saint Michel et de saint Jérôme[4]. » Le Beuf nous apprend que la dédicace de cette chapelle fut faite, le 25 octobre 1528, par Gui, évêque de Mégare. Le terrain paraît en avoir été pris

---

[1] Cette disposition libérale se trouve dans l'acte de fondation du collège de Tours. (Voir rue Serpente.) Les collèges du XIVe siècle, fondés par les hauts dignitaires de l'Église, n'étaient donc pas purement et simplement des petits séminaires. Nés comme les cathédrales, ainsi que l'a justement fait observer Viollet-le-Duc, d'un mouvement de réaction contre l'influence monastique, ils étaient destinés sans doute à assurer en partie le recrutement du clergé séculier, mais ils contribuèrent également à faire l'éducation de la société civile.

[2] *Hist. de la ville de Paris*, I, p. 612.

[3] *Hist. de la ville et du diocèse de Paris*, édit. Cocheris.

[4] Pièce analysée par M. Charles Jourdain dans son *Index chronologicus*, p. 212.

sur le pourpris de l'hôtel du président de Thou, à en juger du moins par l'enclave qu'Adolphe Berty a figurée sur son plan.

Un siècle et demi plus tard, les mauvais jours revinrent pour le collège de Boissy, et les bâtiments, ainsi que les boursiers, furent négligés comme au XVe siècle. «Lors d'une inspection faite en 1642, le collège, dit M. Charles Jourdain, offrit la singularité d'un établissement destiné à une seule famille, les Chartier, à laquelle devaient appartenir les dix boursiers. Le principal, qui était alors Me Gervais Le Noir, licencié en droit, tint pendant quarante-six ans la principalité sans y souffrir, la plupart du temps, aucun boursier. Le collège était alors dans une telle obscurité qu'il n'était pas connu, même dans la rue où il est situé [1]. »

Mais l'établissement trouva un second Michel Chartier, dans la personne de Guillaume Hodey, docteur en théologie, qui en fut le réformateur et le restaurateur. «Devenu, dit Félibien, paisible possesseur de la principalité, en 1673, après avoir essuyé plusieurs procès, il employa près de cinquante mille livres à rebâtir la maison, y rétablit les boursiers et s'appliqua à faire exécuter les anciens et les nouveaux statuts [2]. »

Malgré les efforts de cet homme dévoué, que Félibien appelle «le second fondateur du collège de Boissy», l'établissement ne tarda point à tomber en pleine décadence; le dernier boursier en sortit, et il n'y restait qu'un seul habitant, principal de nom, lorsque le Parlement prononça, en 1763, la réunion du collège à l'Université. Le rapport de M. de Laverdy contient, à cet égard, des détails intéressants[3]. Les bâtiments, qui représentent le côté topographique de la fondation, étaient presque neufs lors de la suppression du collège, puisqu'ils avaient été reconstruits en 1693; on les aliéna peu après l'annexion à Louis-le-Grand.

MAISON SANS DÉSIGNATION, aboutissant, dit Adolphe Berty dans ses notes, à la

---

[1] *Histoire de l'Université pendant les XVIIe et XVIIIe siècles*, par M. Charles Jourdain, p. 144.

[2] FÉLIBIEN, I, p. 612, 613. Le savant auteur de l'*Histoire de Paris* nous apprend que Guillaume Hodey avait entrepris d'écrire l'histoire du collège de Boissy, pour assurer la prospérité, si souvent compromise, de cet établissement scolaire. Comme il était situé sur la paroisse de Saint-André-des-Arts, laquelle était la paroisse parlementaire par excellence, «il vouloit y intéresser plusieurs illustres familles de la robe, comme alliées par les femmes à la famille des fondateurs, dont il avoit déjà fait graver plusieurs planches de leurs généalogies. Mais son ouvrage est resté manuscrit à sa mort, arrivée au commencement de février 1717». C'est l'ouvrage que cite Hippolyte Cocheris dans son catalogue d'imprimés relatifs au collège de Boissy : *Abrégé chronologique de la fondation et histoire du collège de Boissy, avec généalogie de la famille de ses fondateurs*, 1724, in-fol. grav. avec pl. de blasons. (Notes et additions à l'*Histoire de la ville et du diocèse de Paris*, III, p. 311.)

[3] D'après les conclusions de ce rapport, le Parlement rendit un arrêt le 19 août 1763, et, le 21 novembre suivant, le roi donna des lettres patentes, aux termes desquelles vingt-sept collèges, parmi lesquels se trouvait celui de Boissy, y étaient supprimés et réunis à Louis-le-Grand, «attendu que le peu de revenu y avoit depuis longtemps fait cesser l'instruction publique».

rue des Poitevins, quoique le plan dressé par lui ne l'y fasse pas aboutir. C'est une de celles qui furent acquises par Étienne de Boissy, neveu de Godefroy, pour être jointes à la maison du fondateur du collège.

Maisons sans désignation, bâties sur un terrain retranché du cimetière en 1542.

Cimetière Saint-André, établi en 1356, l'année même de la fondation du collège de Boissy, et s'étendant originairement jusqu'à la rue de l'Éperon. Divers retranchements le limitèrent, tant vers cette dernière rue que sur celle à laquelle il avait donné son nom. La première emprise faite sur le cimetière est de 1540 et 1542; la seconde est de 1644. A cette époque, l'archevêque de Paris permit de bâtir, sur les terrains retranchés, deux maisons, l'une pour le curé, l'autre pour les prêtres choristes, ou clergé de chœur. « Ces bâtiments, dit Adolphe Berty, doivent être ceux sur la rue, qui formaient clôture. »

Au cimetière Saint-André étaient inhumés un grand nombre de paroissiens, dont on retrouve les noms dans les divers épitaphiers. Le Beuf cite quelques-uns des plus considérables, et il ajoute à cette citation certains détails qui ont leur intérêt topographique :

« Antoine de Montholon, seigneur de la Plisse, passe, dit-il, pour avoir augmenté l'étendue du cimetière de Saint-André, en même temps qu'il a donné la maison du curé. On ajoute même que c'est lui qui est représenté sur la tombe qu'on y voit, à droite en entrant, laquelle contient en relief la figure d'un prêtre en habits sacerdotaux et chasuble à l'antique, avec l'aumuce en tête. Mais comme cet Antoine de Montholon n'est décédé qu'en 1694, simple auditeur des Comptes, tout y répugne, le temps et l'habillement. Dès lors que c'est un Montholon qui est figuré sur cette tombe, il est naturel de penser qu'elle représente un ecclésiastique du nombre de ses ancêtres, et que c'est peut-être Jacques de Montholon, chanoine et grand archidiacre de Chartres, fils du garde des sceaux nommé cy-dessus. Ce qui n'empêche pas qu'Antoine n'ait pu y être inhumé plus de cent ans après. Le fameux jurisconsulte Charles du Moulin, mort en 1566, est pareillement inhumé dans ce cimetière, comme aussi Henri Daguesseau, l'un des plus grands magistrats du dernier siècle, père de M. le chancelier Daguesseau [1]. »

Le sol du cimetière de la paroisse Saint-André-des-Ars, réduit plusieurs fois, est aujourd'hui couvert de constructions.

---

[1] *Hist. de la ville et du diocèse de Paris*, édition Cocheris, t. III, p. 33.

CÔTÉ SEPTENTRIONAL
(d'Occident en Orient).

MÊMES CENSIVE, JUSTICE ET PAROISSE.

Maison sans désignation, formant l'angle septentrional des rues du Cimetière et de l'Éperon.

Partie postérieure de la maison de la Statue, ayant son entrée sur la rue Saint-André-des-Ars, avec encoignure sur la rue de l'Éperon.

Maison à l'abbé de Saint-Augustin. C'est ainsi que cet immeuble est désigné sur le plan dressé par Adolphe Berty. Il est dit appartenir, en 1531, «au prevost de Montlehéry».

Partie postérieure de la maison du Bon Puys, ayant son entrée sur la rue Saint-André-des-Ars.

Partie postérieure d'une maison sans désignation, ayant également son entrée sur la rue Saint-André.

Maison sans désignation (1543), dite alors «aboutissant au Daulphin», dont elle était probablement une dépendance. Située derrière la maison de l'Image Notre-Dame, qui avait son entrée sur la rue Saint-André, elle dépendait peut-être aussi de cet immeuble.

Partie postérieure de la maison du Daulphin, ayant son entrée sur la rue Saint-André-des-Ars.

Partie postérieure de la maison de la Corne de Cerf, ayant son entrée sur la même rue.

Partie postérieure d'une maison sans désignation, ayant sa façade sur ladite rue.

Maison de l'Ymage sainct Jehan, contiguë à l'église Saint-André et ayant issue sur la rue de ce nom par une «ruelle» que Berty a figurée sur son plan. Elle devait masquer en grande partie la façade de l'église, et cependant elle a subsisté jusqu'en 1600, époque où l'on a dégagé l'édifice du côté de l'occident.

En 1463, il était presque entièrement enserré par les habitations, vers l'orient et le midi, c'est-à-dire du côté du chevet et du collatéral de droite, puisque Berty y place un «hostel neuf à J. d'Avignon» et l'ancien PRESBYTÈRE DE SAINT-ANDRÉ, lequel est dit tenir d'une part au «grand hostel neuf», aboutir par devant à la rue des Deux-Portes, c'est-à-dire du Cimetière, et par derrière «à la grant rue Saint-Germain-des-Prez», c'est-à-dire à la rue Saint-André.

Des dégagements ultérieurs ont modifié cet état de choses. C'est surtout au moment de la construction ou de la restauration des chapelles situées sur le flanc méridional de l'église, que la partie de la rue du Cimetière longeant l'édifice a changé d'aspect.

N. B. — Voir, pour élucider cette partie du parcellaire de la rue du Cimetière Saint-André, la monographie de l'église de ce nom.

QUAI CONTI
(PARTIE OCCIDENTALE DU QUAI DES AUGUSTINS ET DES QUAIS DU PONT-NEUF).

La voie publique portant aujourd'hui ce nom n'est, à proprement parler, que la continuation de l'ancien «chemin sur Sainne», depuis les Augustins jusqu'à la porte de Nesle, et le prolongement du quai construit, au commencement du XIVe siècle, par ordre de Philippe le Bel, jusqu'au pourpris dans lequel ont été successivement enclos le Grand et le Petit Nesle, les hôtels de Nevers, de Guénégaud, de Conti, la petite place et l'impasse de ce nom, ainsi que l'hôtel des Monnaies. C'était, avant la construction du Pont-Neuf, une partie intégrante du quai des Augustins, au moins jusqu'à la ruelle de Nevers, qui était le *terminus* oriental du pourpris de Nesle, et au plus jusqu'à la rue Guénégaud, limite réduite de ce pourpris, après aliénation des terrains dont il se composait.

Jusqu'au commencement du XVIIe siècle, l'histoire de cette portion occidentale du quai des Augustins semble se confondre avec la portion principale située vers l'orient. On l'en distingue cependant dans les titres : ainsi, une note portant la date de 1478, recueillie par Berty et insérée dans notre monographie de l'hôtel de Nesle, parle d'un «logis situé à l'endroict du bout du jardin de l'hostel de Nesle, avec un jardin au long duquel souloit estre *rue commune alant des Augustins à la porte joignante de la tour*». Cette «rue commune» ne peut être que notre moderne quai Conti.

Une mention analogue se trouve dans le «procez-verbal des lieux du Grand et du Petit Nesle dressé par Estienne Grandremy et Léonard Fontaine, maistres des œuvres de massonnerie et charpenterie du Roy » en 1571 ou 1572. Cette pièce, que nous avons publiée. *in extenso* dans notre monographie de l'hôtel de Nesle, parle d'un « corps de logis et jeu de paulme sur *la rue et chemin tendant le quay des Augustins, le long de la rivière, à ladicte porte de Nesle*. Item, atenant au jeu de paulme, le long dudict chemyn et quay, y a un corps de logis », etc. [1].

La construction du Pont-Neuf eut pour résultat de séparer la portion occidentale du quai des Augustins de la partie orientale, laquelle était de beaucoup la plus considérable. On les confondit toutes deux d'abord sous la dénomination générale de « quays du Pont-Neuf »; mais on ne tarda pas à les distinguer, avec d'autant plus de raison que la portion occidentale fut alors l'objet d'importantes modifications, résultant de la réfection de la porte de Nesle et des nombreux remaniements qui s'opéraient dans l'ancien pourpris de ce nom.

En 1645, l'entrepreneur Ravière s'engage à reconstruire la porte de Nesle « plus bas que l'ancienne, par le moïen de laquelle le quai de la ville et celluy du faux-bourg seront raccordez » [2].

En 1657, par mandement du Prévôt des marchands, il est fait injonction « aux propriétaires, détempteurs et autres personnes qui occupent les maisons qui sont aux deux extrémitez du quay qui va du Pont-Neuf à la porte de Nesle, qui empesche qu'on ne le peut continuer..., d'apporter leurs tittres..., sinon et faute de ce faire, il sera faict procéder à la continuation dudict quay » [3].

En 1662, s'opposant à la construction du collège Mazarin, selon les plans de Le Vau, la ville de Paris fait observer que « on doit continuer le quay encommencé du costé du Pont-Neuf, suivant son alignement en droicte ligne jusques à la Tour de Nesle, et, depuis icelle, le conduire aussy en ligne droicte jusqu'à la rue des Petits-Augustins »; double travail qui fut exécuté, malgré l'opposition de la Ville, suivant les plans de Le Vau et la volonté du Roi.

La régularisation du quai Conti fut donc la conséquence de la construction du Pont-Neuf, ainsi que des démolitions et reconstructions opérées successivement sur l'emplacement du Grand et du Petit Nesle, le coin le plus tourmenté du vieux Paris. C'est pour ce motif que nous n'avons guère pu séparer l'histoire de ce quai de celle des divers hôtels édifiés sur son parcours. Chacun de ces édifices en a modifié la largeur et la ligne, jusques et y compris l'hôtel des Monnaies [4].

---

[1] Voir ci-avant, à l'article du pourpris de Nesle, p. 54.

[2] Voir ci-dessus, p. 61.

[3] *Registres du Bureau de la Ville*, 1814, fol. 139.

[4] Voir notre monographie du pourpris de Nesle, p. 37 et suivantes.

Mais, dans la partie du quai voisine du Pont-Neuf, il existait un curieux bâtiment, nommé le Château-Gaillard, bâtiment qui joua un certain rôle au xviie siècle, et dont la démolition importait à la rectification de cette voie publique. Le Château-Gaillard avait survécu à la construction du Pont-Neuf et faisait une sorte de pendant à la SAMARITAINE; il ne trouva pas grâce devant les architectes des hôtels de Guénégaud, de Conti et du collège Mazarin, ainsi que devant Louis XIV et la Prévôté des marchands. On le sacrifia au coup d'œil, plus encore qu'aux besoins de la circulation.

Le CHÂTEAU-GAILLARD, bâti sur le bord du fleuve, à peu près vis-à-vis du débouché de la rue Guénégaud, devait son nom à la tourelle dont il était flanqué, et son surnom aux agréments du site. On sait que le qualificatif *gaillard*, diminutif de *gai*, était appliqué communément aux lieux d'un aspect agréable, où l'on jouissait d'une belle vue et d'un bon air, témoin le *Champ-Gaillard*, ou versant oriental de la montagne Sainte-Geneviève. Or, notre château justifiait cette épithète : les vues que nous en avons le représentent sous la forme d'une maison de plaisance, avec une tourelle en encorbellement, qui contenait probablement une vis, ou qui pouvait être l'un de ces belvédères, sorte d'observatoires privés assez fréquents autrefois à Paris. Situé à l'extrémité orientale du pourpris de Nesle, il se rattachait peut-être à cet antique manoir, et n'en fut détaché qu'à l'époque où l'on vendit les terrains qui en composaient le pourpris.

Les partisans d'une enceinte ayant existé, sur la rive gauche, antérieurement à celle de Philippe-Auguste, considèrent le Château-Gaillard comme l'une des extrémités du demi-cercle qu'elle décrivait. Mais nous avons fait observer ailleurs[1] que rien, ni dans les titres, ni dans le sol, ni dans la tradition, ne confirme cette hypothèse; nous ne renouvellerons donc point ici la discussion que nous avons soutenue au chapitre des *Enceintes*. Un seul argument pourrait être invoqué par les tenants de l'opinion que nous croyons devoir repousser : ce serait le fait de la possession du Château-Gaillard par la Ville, copropriétaire des murs, allées, fossés, contrescarpes, portes, poternes et autres bâtiments faisant partie des enceintes fortifiées. Dans une délibération du Bureau de la Ville que nous citons plus loin, il est dit que «la Ville a faict concession du Château-Gaillard, et n'en retire pas grand profit»; mais il ne faut pas oublier que la police des ports et le commerce par eau appartenaient à l'Échevinage parisien, héritier de l'antique corporation des Marchands de l'eau; que la Ville avait, comme elle a encore aujourd'hui, ses bureaux, roulettes et autres installations fiscales sur les bords du fleuve, et qu'en outre les quais, en général, le quai des Augustins, en particulier, — à l'extrémité occidentale duquel s'élevait le Château-Gaillard — avaient été

---

[1] Voir le chapitre sur les *Enceintes*, p. 20.

établis à ses frais. Il n'y a donc, selon nous, point à arguer de la possession du Château-Gaillard par la ville de Paris, possession qui, d'ailleurs, est mise en doute par d'autres documents[1].

Une particularité qui semble plus étonnante, c'est qu'il ne soit question nulle part d'une réclamation quelconque de l'abbaye Saint-Germain-des-Prés, à propos de la démolition du Château-Gaillard. Ce bâtiment se trouvait pourtant compris dans la «perche légale» — *pertica legalis* — que le fameux diplôme de Childebert Ier lui accordait sur la rive du fleuve.

Quoi qu'il en soit, dès 1644, il était question de démolir le Château-Gaillard pour exécuter un plan d'ensemble qui comportait la rectification du quai, la construction d'un mur de soutènement, la destruction de la tour et la réédification de la porte de Nesle. Un traité conclu entre la Ville et Edme Ravière contient, à cet égard, des stipulations formelles[2]. Mais il s'écoula dix années avant qu'on portât la main sur le Château-Gaillard.

C'est en 1654 seulement que son existence est sérieusement menacée : Edme Ravière avait fait atermoyer; mais le nouveau propriétaire de la plus grande partie du pourpris de Nesle, Henri de Guénégaud, ne voulait point attendre; si l'un avait charge de «faire la bastonnade d'une autre porte au lieu de celle de Nesle, construire de nouveaux quays, abbreuvoirs et autres ouvrages», l'autre était fort désireux de régulariser les abords de son hôtel.

Les magistrats municipaux en conviennent naïvement : «Estant allez, disent-ils, visiter ce qu'il est nécessaire de faire pour l'embellissement et décoration de la ville, le quay de la rivière depuis le bout du Pont-Neuf jusques à la porte de Nesle, suivant les résolutions pour ce prises au Bureau de la Ville, *à la prière et requête de M. du Plessis de Guénégaud, secrétaire d'Estat*; ce considéré que la maison appelée le CHASTEAU-GAILLARD empeschait en quelque façon l'ornement dudit quay, qui ne sert d'ailleurs qu'à des divertissements publiques, parmi lesquels il s'y trouve toujours quelques désordres[3], joinct que la Ville, qui en a fait concession, n'en tire pas grand profit, nous avons, en conséquence d'autres précédentes délibéra-

---

[1] Une pièce officielle insérée dans les *Registres du Bureau de la Ville* et publiée par nous aux appendices, parle d'un sieur Ollivier du Bosc, «qui se prétend propriétaire de la maison appelée le Chasteau-Gaillard». Cette pièce est de 1648.

[2] «Plus sera tenu l'entrepreneur d'abattre et desmolir de fondz en comble la maison appellée le CHASTEAU-GAILLARD, et, au lieu de ladicte maison sera faicte une descente commode pour aller à l'eauë, de largeur convenable..., sans néantmoins qu'il puisse estre tenu à aucun dédommagement envers ceux quy jouissent à présent de ladicte maison, en cas qu'il en fust prétendu aucun, dont la Ville l'acquittera, et lui appartiendront les matériaux desdictes desmolitions.» (*Registres du Bureau de la Ville*, H 1807, fol. 251.)

[3] Les «divertissements publiques» ont reparu de nos jours, à quelques pas de l'emplacement où s'élevait le Château-Gaillard; mais ils n'ont pas eu plus de durée que les farces de Brioché.

tions, résolu de le faire abattre et de se servir des démolissions qui en proviendront pour l'establissement d'un quay, qui prendra depuis ledict lieu jusques à la porte de Nesle, en desdommageant les particuliers qui y ont basti par la permission de la Ville[1]. »

Propriétaire du quai des Augustins, ayant le commerce et la police du fleuve et de ses deux rives, la Ville avait donc donné là, comme sur les fossés et allées des murs, des permissions de bâtir qu'elle se voyait obligée de racheter. Les permissionnaires résistèrent sans doute ou, du moins, traînèrent la chose en longueur, car rien n'était encore fait deux ans après, et les magistrats municipaux durent se rendre de nouveau sur les lieux, d'ordre exprès du Roi, renouvelant ainsi la scène d'Étienne Barbette et de Philippe le Bel, en 1313[2].

L'affaire fut moins laborieuse, mais beaucoup plus lente : « Nous nous sommes, disent les officiers de ville, transportez sur les quays du Pont-Neuf, du costé de la porte de Nesle, entrez dans la maison du Chasteau-Gaillard, pour recognoistre ce qu'il est à propos d'en faire, *pour obéir aux ordres du Roy*, Sa Majesté désirant que la Ville face continuer lesdictz quays jusques au delà du quay de Malaquais, mesme faire desmolir la tour qui est joignant ladicte porte de Nesle, avec quelques maisons qui empeschent en quelque façon que l'on ne puisse voir, du Louvre, la beauté desdictz quays et les autres beaux bastimens qui sont le long d'iceux[3]. »

A la suite de telles injonctions, il semble que le Château-Gaillard, définitivement condamné par le Roi et par la Ville, va disparaître à bref délai; mais non; il subsiste encore pendant plus de dix-huit ans, malgré ses puissants ennemis, auxquels se joint le satirique Despréaux[4]. Est-ce l'amour du bouffon et des « divertissements publicques » qui prolonge son existence? Non, sans doute; mais Henri de Guénégaud n'est plus secrétaire d'État; le Roi n'habite point le Louvre et n'éprouve pas le besoin de « voir la beauté des quays ». Les Prévôts des marchands font comme Étienne Barbette, ils temporisent; de son côté, le Roi ordonne de nouveau, mais beaucoup moins impérieusement que Philippe le Bel.

« Voulant, dit Sa Majesté, procurer à sa bonne ville de Paris tout ce qui peut contribuer à sa décoration et commodité... et descharger les quays de plusieurs constructions inutiles[5]..., elle enjoint de supprimer l'abreuvoir estant au devant

---

[1] *Registres du Bureau de la Ville*, H 1814, — 5 novembre 1655. — Les « précédentes délibérations » remontent à 1654.

[2] Voir à l'article du quai des Augustins.

[3] *Registres du Bureau de la Ville*, H 1814, fol. 138, — 19 avril 1657.

[4] Dans sa septième Epître, Boileau parle avec dédain de

... la place où Brioché préside.

[5] Parmi ces « constructions inutiles », l'auteur du *Paris ridicule* plaçait, en 1668, le Château-Gaillard :

J'aperçois là-bas sur la rive
Le beau petit Château-Gaillard.
Il faut bien qu'il en ait sa part,
Puisqu'il est de la perspective.
A quoi sers-tu dans ce bourbier?
Est-ce d'abry, de colombier?
Est-ce de phare, ou de lanterne?

de l'église des Augustins, et d'en faire construire un nouveau à l'endroit où est bastie la maison appellée le Chasteau-Gaillard, dont Sa Majesté a ordonné la démolition par arrest du vingt huictiesme juillet mil six cens soixante quatorze; enjoignant, Sadite Majesté, aux particuliers qui habitent le Chasteau-Gaillard d'en vider incessamment et dans quinzaine, pour toutes préfixions et dellays; après laquelle seront leurs meubles mis sur le carreau[1]. »

Cette fois, les habitants du Château-Gaillard[2], et Brioché en particulier, durent imiter les alouettes de la fable : ils délogèrent dans la quinzaine, et, dès le 4 septembre suivant, «Jean Dattelin, dit Briocher, joueur des menus plaisirs du Roy, » obtenait de la Ville l'autorisation de «faire construire une loge adossée contre la dernière maison du Pont-Marie, du costé d'aval l'eau, suivant allignemens donnez par le maistre des œuvres de ladicte ville, pour servir aux représentations qu'il donne au publicq »[3].

Le Château-Gaillard figure sur les plus anciens plans de Paris. La Tapisserie le représente sous la forme d'un bâtiment rectangulaire élevé au bord de l'eau. Sur le plan de Saint-Victor, il a le même aspect, et la tourelle qui le flanque se termine en toiture conique. Mérian (1615) le figure, faussement sans doute, à cheval sur le mur du quai; or, nous savons que la partie occidentale des «quays du Pont-Neuf n'était point construite alors, et que cette construction entraîna la démolition du Château-Gaillard. Quesnel (1609) est plus exact; il figure un rudiment de quai, au bas duquel est ce bâtiment. On le trouve encore sur les plans de Gomboust (1652) et de Boisseau (1654); mais il ne figure plus sur ceux de Jouvin de Rochefort (1672), quoiqu'il fût encore debout; il était condamné, et les topographes de ce temps n'en tenaient plus aucun compte. Bullet et Blondel, qui publièrent leur plan en 1676, ne le montrent point; il était alors complètement démoli.

Il ne saurait être question ici de l'histoire de Brioché et de ses marionnettes; nous n'avons été amené à en parler qu'à l'occasion du Château-Gaillard, dont il a été l'hôte le plus célèbre. Nous nous bornons à réunir aux appendices quelques documents relatifs au logis qu'il habitait, au genre qu'il exploitait et à quelques particularités de sa vie.

Un érudit, récemment enlevé à la science, lui a consacré quelques lignes où se

---

De quoy? De port ou de soutien?
Ma foi, si bien je te discerne,
Je crois que tu ne sers de rien.

(*Paris ridicule*, par C. Le Petit; Cologne, 1668, in-12.)

[1] *Registres du Bureau de la Ville*, H 1825; fol. 277 et suiv.

[2] *Reg. du Bur. de la Ville*, H 1825; fol. 350, 351.

[3] Quel que fût le bien ou le mal fondé de leur jouissance, les habitants du Château-Gaillard étaient assez nombreux : l'exploit de l'huissier Raince en énonce huit, y compris Brioché, locataire principal; puis il ajoute «et autres». Nous publions cet exploit aux appendices.

sont glissées certaines erreurs : « Jean Brioché, ou Briocis, dit-il, avait un théâtre de marionnettes à l'extrémité nord de la rue Guénégaud, en face d'une petite tour en encorbellement, sur la Seine, qu'on appelait le Château-Gaillard, et dont le dernier reste, le cul-de-lampe de la tour même, n'a disparu que dans ces derniers temps, avec l'escalier de l'abreuvoir, auquel il attenait [1]. »

Le prénom et le surnom seuls sont exacts; quant aux *pupazzi*, ils ont réellement figuré sur le théâtre de la maison appelée plus tard le Petit Dunkerque; mais ils avaient débuté sur celui du Château-Gaillard, ainsi que le témoigne l'exploit de l'huissier Raince, chargé de l'éviction des habitants du logis condamné. Cet officier ministériel « baille assignation à Jean Dattelin, dit Briocher, et ses consorts »; il le qualifie, à tort sans doute, de « propriétaire de la maison appellée le Chasteau-Gaillard..., située sur le quay au bout du Pont-Neuf, vis-à-vis la rue de Guénégaud ». Brioché était le principal locataire de l'immeuble, car c'est à lui que s'adresse l'huissier, « parlant pour tous à la personne dudit Briocher », et c'est lui qui signe la copie de l'exploit : « Jean Dattelin, dit Briocher » [2]. Il eut un fils nommé François, et surnommé Fanchon, qui continua son métier; c'est lui qui dirigeait le théâtre des Marionnettes en 1677, année où parut la septième épître de Boileau, dans laquelle il est désigné.

Une autre rectification est nécessaire : elle est relative au « cul-de-lampe » de la tourelle, qu'Édouard Fournier croit avoir subsisté jusque « dans ces derniers temps ». Ce qui attenait à l'abreuvoir, c'était la demi-tourelle, seule ou géminée, qui flanquait chacune des descentes, et qui datait, comme les autres, du XIV siècle, ainsi que nous l'avons exposé à l'article du quai des Augustins. Le Château-Gaillard fut donc bien et dûment démoli en 1675, puisque ses matériaux servirent à construire le quai; la Ville, d'ailleurs, offrit au comédien une place sur le Pont-Marie pour y établir une logette; ce qui implique une dépossession, pour cause de démolition, et constitue une indemnité en nature.

Il faut, pour compléter l'historique du quai Conti, se reporter tant aux articles du pourpris de Nesle et du quai des Augustins, qu'à ceux des rues Guénégaud et de Nevers, aux angles desquelles s'élevaient des maisons qui se sont trouvées depuis en façade sur le quai, par suite de divers élargissements et réfections. En dehors de ces maisons, du Grand, du Petit Nesle et des hôtels qui leur ont succédé, le seul édifice ayant une certaine importance historique était le Château-Gaillard, sur lequel nous avons recueilli toutes les indications topographiques fournies par les documents, rejetant aux appendices les détails relatifs à Brioché, son principal habitant.

---

[1] *Variétés historiques et littéraires*, par Édouard Fournier, I, p. 279. — [2] *Registres du Bureau de la Ville*, H 1825.

RUE DE LA CONTRESCARPE-SAINT-ANDRÉ, OU DAUPHINE
(ANCIENNE ALLÉE DES MURS, AUJOURD'HUI RUE MAZET).

La rue Dauphine, qui est d'origine relativement moderne et dans laquelle débouchent plusieurs voies secondaires, soit du même temps, soit d'une époque postérieure — rues d'Anjou ou de Nesle, Christine et du Pont-de-Lodi — touche, par son extrémité méridionale, à une petite rue qui a son ancienneté et dont le nom a beaucoup occupé les historiens de Paris. Une contrescarpe étant généralement l'escarpement d'un mur fortifié du côté de la campagne, ou la paroi extérieure du fossé, on en a conclu que l'emplacement occupé par la rue dont il s'agit était en dehors de l'enceinte. Mais le Chemin sur les fossés est bien indiqué par le tracé des rues Mazarine, de l'Ancienne-Comédie et Monsieur-le-Prince — anciennes rues des Fossés-de-Nesle, de Saint-Germain et de l'hôtel de Condé — et la ligne de la muraille de Philippe-Auguste est nettement accusée par ce qui en reste, tant entre les rues Dauphine et Mazarine, que sur le côté oriental du passage du Commerce. L'emplacement occupé par la rue de la Contrescarpe — aujourd'hui rue Mazet — ne peut donc être antérieur à l'enceinte; mais il y touchait de près, et en dedans, car il constitue une portion de ce chemin de ronde, ou « allée des murs », qui régnait le long de la muraille, sur la plus grande partie de son parcours, et n'était interrompu que par les dépendances de certains couvents, prolongées abusivement jusqu'au mur lui-même.

Le fait étant parfaitement établi, il aurait fallu, dit M. A. Bonnardot, donner le nom d'*escarpe* et non celui de *contre-escarpe* à la rue dont il s'agit. C'est la seule protestation que nous ayons rencontrée chez les historiens et les topographes, à propos de l'inexactitude de la dénomination adoptée. Jaillot se borne à dire, d'une façon générale, que « ce nom lui vient de sa situation le long des murs de l'enceinte de Philippe-Auguste »; La Tynna, encore moins précis, le fait dériver « de l'ancienne situation de la rue près de la contrescarpe (terme de fortification) des murs de l'enceinte ».

Deux autres voies publiques, situées dans des quartiers différents, ont porté ce nom, mais à plus juste titre, parce qu'elles étaient, l'une et l'autre, extérieures à l'enceinte : nous voulons parler des rues de la Contrescarpe-Saint-Marcel et de la Contrescarpe-Saint-Antoine. La première était, en effet, située hors de la porte Bordelle, ou Saint-Marcel, et la seconde, hors de la porte Saint-Antoine et le long des fossés de la Bastille. Pour la distinguer de ces deux voies, on avait donné à celle dont nous nous occupons le nom de Contrescarpe *Saint-André*, ou *Dauphine*, à raison de ses aboutissants dans ces deux rues. Un document de 1636, que nous avons déjà cité plusieurs fois, le *Procès-verbal de nettoyement*, l'appelle rue *de la Bazoche*, dénomination dont il est difficile de donner une explication. Serait-ce une allusion aux nombreux hôtels parlementaires qui peuplaient jadis le quartier Saint-André-des-Ars, au point que l'église de ce nom était devenue une paroisse de magistrats, de procureurs, d'avocats et autres hommes de loi? On ne peut émettre, à ce sujet, qu'une conjecture.

La dernière appellation donnée à la rue qui nous occupe est un nom propre; elle le doit au voisinage de l'École de médecine. On a voulu, en 1869, honorer la mémoire du médecin André Mazet, mort, en 1821, de la fièvre jaune qu'il était allé étudier à Barcelone. La plus ancienne, la plus naturelle, celle qui aurait dû lui rester, est «Allée des Murs». Ce chemin de ronde, envahi de tous les autres points par les constructions, n'est plus guère visible qu'en cet endroit, et il eût été bon d'en conserver le souvenir.

Entre les portes de Nesle et de Bussy, l'Allée des Murs fut utilisée par les cordiers[1], les archers et les arbalétriers, comme les fossés le furent pour l'exercice du jeu de paume et pour l'équitation[2]. Nous avons déjà cité, à cette occasion, plusieurs passages et extraits de comptes empruntés à Sauval, lesquels ne laissent aucun doute à cet égard[3]. Parmi les diverses *places* «où les Parisiens prenaient l'arc et l'arbalète par divertissement et pour s'exercer», Sauval cite «le Jardin des archers et arbalétriers, proche la porte de Bussy»[4].

Comme les permissions et concessions de ce genre donnaient lieu à une recette, on en trouve trace dans les comptes de la Prévôté. Sous la rubrique: *Autre recepte à cause des nouveaux murs*, Sauval a publié cet extrait: «*La porte de Bussy, en tirant à la porte de Nesle*: Le logis de la porte de Bussy, avec les allées des murs, depuis ladite porte jusqu'à l'hostel de Nesle et deux tours estant esdits murs, ensemble un appentis édifié en l'allée d'en bas, baillé par ladite Ville aux capitaines et archers d'icelle, dès le seizième mars 1558, pour y édifier, bâtir et entretenir buttes et autres choses nécessaires et convenables pour l'exercice du jeu de l'arc[4].»

La rue de la Contrescarpe eut sa part de ces appropriations, lesquelles disparurent au moment de la construction de la porte Dauphine, de même que les jeux de paume quittèrent les fossés pour s'installer dans des maisons et hangars,

---

[1] Nous avons cité ailleurs, d'après le Mémoire de Bouquet (p. 194), une pièce de laquelle il résulte que, vers 1465, «Simon Aubert, cordier, avoit à louaige la porte de Bussy et les allées des Murs, depuis ladite porte aux Galeries de Neelle, tant hault que bas, pour y filer de son mestier».

[2] C'est sans doute à une partie des fossés que se rapporte ce passage du *Journal de l'Estoile*: «Carrière au long des murs, entre les portes de Bussy et de Nesle, où le Bolonais Turquisé ouvrit son manège» (t. II, p. 81).

[3] Voir au chapitre des *Enceintes, tours et portes*.

[4] Sauval, I, p. 622.

lorsque l'on commença à bâtir sur les chemins des fossés et sur les fossés eux-mêmes. Ce qui explique pourquoi cette petite portion de l'allée des murs a subsisté seule, à l'état de rue, c'est, d'une part, la proximité des deux portes Dauphine et Bussy, qu'elle faisait communiquer entre elles et, d'autre part, l'absorption, dans le pourpris du séjour d'Orléans, du prolongement de l'allée des murs vers la porte Saint-Germain. Sauval appelle cette allée une rue, et en fait la continuation naturelle de celle de la Contrescarpe : « Entre les murs du faubourg Saint-Germain, dit-il, et l'hôtel des ducs d'Orléans, appelé le *Séjour d'Orléans*, il y avait encore, en 1484, une rue parallèle à celle de l'Éperon, qui aboutissait à la porte de Bussy et à la rue Saint-André et qui fut condamnée, depuis ou alors, par celui à qui échut la partie de ce logis la plus proche de la porte de Bussy et des murailles de la Ville[1]. »

L'origine de la rue Contrescarpe ne saurait être plus clairement expliquée; elle formait la suite de celle dont parle Sauval.

CÔTÉ ORIENTAL [2]
(du Sud au Nord).

CENSIVE ET JUSTICE DE SAINT-GERMAIN-DES-PRÉS.

PAROISSE SAINT-ANDRÉ-DES-ARS.

Petit Séjour de Navarre, Hôtel de Bussy et de Lyon. C'est sous cette dernière dénomination que l'immeuble dont nous allons raconter les vicissitudes figure sur le plan dressé par Adolphe Berty; mais, avant de la recevoir, il avait porté d'autres noms et abrité de nombreux hôtes, auxquels les archevêques de Lyon succédèrent [3].

Jaillot résume très brièvement l'histoire de cet hôtel : « Le second hôtel de Navarre, dit-il, était situé de l'autre côté de la rue Saint-André-des-Arts et vis-à-vis du premier. Jeanne, reine de France et de Navarre, le légua, le 25 mars 1304, pour la fondation d'un collège; mais ses exécuteurs testamentaires le vendirent et firent bâtir ce collège à la montagne Sainte-Geneviève. L'hôtel de Bussy fut bâti sur cet emplacement; il a formé, depuis, les grand et petit hôtels de Lyon, rues Saint-André et Contrescarpe, où sont aujourd'hui les carrosses de voitures et les messagers d'Angoulême, Bordeaux, Orléans, etc.[4] »

---

[1] Sauval, I, p. 172.

[2] On ne peut indiquer ici qu'une orientation approximative, la rue Contrescarpe présentant une certaine obliquité.

[3] L'époque où eut lieu cette succession est difficile à préciser. Au commencement du xiv° siècle et probablement avant, les archevêques de Lyon avaient eu, à Paris, plusieurs résidences. Sauval (II, 263) en mentionne une qu'il n'est pas difficile de localiser : « En 1318, dit-il, Pierre de Savoie, archevêque de Lyon, donna entre vifs, à Guichard de Beaujeu, son hôtel qui était situé à la rue des Cordeliers, et tout devant la porte qui aboutissoit à l'hôtel de Reims. »

[4] Recherches historiques, etc. *Quartier Saint-André-des-Arts*, p. 15. L'Almanach royal de 1700

Piganiol fait à peu près le même récit, en ajoutant quelques détails omis par Jaillot : « C'étoit, dit-il, un des huit hôtels que les rois de Navarre avoient à Paris; il s'étendoit depuis la porte de Bussi jusqu'à la rue des Grands-Augustins. »

Le Grand Hôtel de Lyon cesse donc d'être possédé par la Maison de Navarre, en 1304; il est vendu par les exécuteurs testamentaires de la reine Jeanne, épouse de Philippe le Bel, et c'est probablement après avoir passé en diverses mains que nous le voyons possédé, en 1350, par un membre de cette famille de Buci ou Bussy, auquel les religieux de Saint-Germain avaient vendu la porte voisine. C'est sans aucun doute parce qu'il était contigu à cette singulière propriété — dont le séparait seulement l'allée des murs, — que les Buci en firent l'acquisition. Le membre de cette famille, dont il est question en 1350, Simon de Buci, était chevalier et conseiller du roi Jean; c'est lui-même qui avait traité avec l'Abbaye.

Les hôtels annexes, situés de l'autre côté d'une muraille ou d'une rue, comme le petit séjour de Nesle au xive siècle, et la basse-cour du Petit Luxembourg dans les temps modernes, étaient généralement peu importants : on y voyait des « estables », des celliers, des cours, des jardins, des bâtiments de service, etc. On comprend donc que l'acquéreur du Petit Séjour de Navarre en ait utilisé le terrain pour la construction d'un hôtel. Celui qu'il fit bâtir couvrait, avec ses dépendances, tout l'espace compris entre la porte de Buci, ou de Bussy, et la rue de la Barre (des Grands-Augustins); il aboutissait au jardin des écoliers de Saint-Denis, et avait un des côtés de son pourpris sur la rue Saint-André-des-Ars.

Malingre, ou plutôt Du Breul, confirme ces faits et rattache la construction de l'hôtel, dit plus tard de Lyon, à l'achat de la porte de Buci : « Simon de Bussy, dit-il, chevalier et conseiller du Roy, fit réparer et recouvrir la porte, en l'an 1350, et prit à rente annuelle et perpétuelle de vingt livres parisis, de Messieurs les Religieux, abbé et convent de Saint-Germain-des-Prez, la maison qui est au-dessus de ladicte porte et les tours qui la côtoyent, avec *une grande place vague*

---

constate la même transformation, soixante-quinze ans auparavant. Il est à croire que les carrosses et les coches, si plaisamment décrits, en 1652, par Colletet, dans la satire des *Tracas de Paris*, qui précéda celle de Boileau, partaient déjà de l'hôtel de Lyon :

> Je vois déjà de loin venir
> Un carrosse, ou plutôt un coche
> Où pendent pistolets de poche,
> Ou grands fusils tout attachez,
> Étuis de chapeaux accrochez,
> Panniers et mannes qui brandillent,
> Chables et cordes qui pendillent...

> Je crois qu'il tarde à ces personnes (les voyageurs)
> Que le cocher de vin épris,
> Déjà ne soit hors de Paris;
> Car c'est un embarras étrange
> Qu'un si grand coche dans la fange;
> C'est presque un village roulant,
> Qui n'avance que d'un pas lent,
> Et qui trouve dedans les rues
> Toujours quelques coque-cigrues,
> Des carrosses et des charrois,
> Qui l'arrêtent autant de fois,
> Brisent essieu, disloquent roue,
> Et couvrent les passants de boue.

(*Description de Paris*, t. VII, p. 109.)

s'étendant depuis ladicte porte jusqu'à la rue de la Barre, et tenant au jardin du Collège des Escoliers de Sainct-Denys. En laquelle place ledict sieur de Bussy y fist bastir l'hostel de Bussy, où maintenant sont les *petit et grand hostel de Lyon*, et quelques autres maisons adjacentes[1]. »

L'hôtel resta la propriété de la famille de Buci pendant un temps que nous ne saurions préciser. Peut-être servit-il encore, mais à titre de location, de dépendances au grand hôtel, ou séjour de Navarre, devenu séjour d'Orléans, lorsque cet hôtel fut habité successivement par le duc Philippe d'Orléans, par le duc de Berry, par Louis, duc de Guyenne, et enfin par Louis d'Orléans, qui fut roi de France sous le nom de Louis XII. S'il eut cette affectation, il cessa de l'avoir à partir de 1485, date de la vente du séjour d'Orléans par le duc Louis. C'est alors, sans doute, que les descendants ou ayants cause de Simon de Buci l'aliénèrent, et qu'il recommença le cours de ses vicissitudes.

« Après avoir appartenu, dit Adolphe Berty, à l'archevêque de Lyon en 1523, il fut, en 1531, à M⁰ Guillaume Gétrault, puis à Messire Jehan de Bussy et Renée (*sic*), au cardinal de Ferrare en 1543, puis, en 1595, à l'archevêque de Lyon et aux hoirs de Sirvinges, avocat au Parlement[2] ».

Peu de temps avant cette dernière date, une « carrière de l'escuyrie » avait été établie à proximité de l'hôtel : le Journal de l'Estoille nous apprend, en effet, que « le Bolonois Turquisé ouvrit son manège en 1582, le long des murs de la Ville, entre les portes de Bussi et de Nesle » [3].

---

[1] *Théâtre des Antiquitez de Paris*, p. 215.

[2] M. Camille Platon, notre collaborateur, relève assez vivement ces diverses assertions. Nous extrayons de la note qu'il nous a communiquée les observations qui suivent :

« L'archevêque de Lyon, en 1523, était François de Rohan. Il est peu probable qu'il ait acquis l'hôtel, puisqu'il vivait encore lorsque Gétrault l'acheta neuf ans plus tard. Il est moins probable encore que trois acquéreurs se soient succédé dans l'espace de douze ans, de 1531 à 1543, époque où nous voyons l'hôtel habité par Hippolyte d'Este, cardinal de Ferrare, alors archevêque de Lyon et primat des Gaules, dignité qu'il échangea avec le cardinal de Tournon, et dont il reprit possession plus tard. Comment expliquer ensuite qu'un autre archevêque de Lyon, c'est-à-dire Pierre d'Espinac, ait de nouveau possédé l'hôtel en 1595? Il y aurait là, de la part des prélats lyonnais, une série de ventes et de rachats absolument invraisemblables, à une époque où la mainmorte était la règle en matière de biens ecclésiastiques.

« Nous tenons que voici les seules mutations subies par l'hôtel de Lyon de 1523 à 1595 : François de Rohan a transmis à Hippolyte d'Este, qui a transmis à François de Tournon, — lequel habitait l'hôtel en 1553, ainsi que le constatent les *Registres du Bureau de la Ville* (voir le IV⁰ volume imprimé, p. 144), — qui a transmis à Antoine d'Ablon, qui a finalement transmis à Pierre d'Espinac. » Pour parler plus exactement, il n'y a eu que transmission de jouissance, les archevêques qui se sont succédé sur le siège de Lyon n'étant qu'usufruitiers de l'hôtel, comme des autres biens de la mense archiépiscopale.

Quant aux « hoirs de Sirvinges », ce furent ou des locataires ou, peut-être, de véritables acquéreurs. Il est à croire que l'aliénation définitive de l'hôtel eut lieu vers cette époque, dans les dernières années de l'épiscopat de Pierre d'Espinac, ou dans les premières de celui d'Albert de Bellièvre.

En 1599, l'Estoille y place une scène galante dont les acteurs furent Henri IV et Mlle d'Entragues, ce qui porte à croire que l'hôtel était alors ou vendu ou inoccupé.

[3] *Journal de l'Estoille*, t. II, p. 81.

Lorsque l'hôtel de Lyon cessa d'être habité par des prélats, des grands seigneurs ou de riches bourgeois, il se transforma en hôtellerie, et c'est dans ses écuries que logèrent les « carrosses de voitures » dont parle Jaillot.

Petit Hôtel de Lyon, attenant sans doute au grand, et en formant une dépendance. Malingre en atteste l'existence au commencement du xviie siècle.

Maisons adjacentes existant à la même époque, toujours au témoignage de Malingre, mais sans qu'on puisse les localiser exactement. Étaient-elles situées au côté oriental de la rue Contrescarpe, c'est-à-dire dans le pourpris des deux hôtels de Lyon? Bordaient-elles la rue Saint-André-des-Arts, sur laquelle ce pourpris se terminait au sud? Faut-il les identifier avec les maisons Sédille et Gillon Le Brun, qui faisaient suite à l'hôtel, vers l'orient? Nous ne pouvons rien affirmer à cet égard.

CÔTÉ OCCIDENTAL[1].

MÊMES CENSIVE, JUSTICE ET PAROISSE.

Le côté occidental de la rue Contrescarpe était la muraille même de Philippe-Auguste, puisque l'allée des murs constituait le sol de la rue. Nous devons donc renvoyer le lecteur au chapitre des *Enceintes, portes, poternes et tours*, pour tout ce qui concerne les allées des murs en général, et ne consigner ici que les particularités relatives à la partie très courte de ces allées qui a formé la rue Contrescarpe et ses environs immédiats.

Nous avons déjà dit que plusieurs couvents et hôtels avaient abusivement obtenu d'étendre leurs jardins et dépendances jusqu'au mur, et même au delà. Tandis que le Roi octroyait ces sortes de concessions, la Ville, copropriétaire des murs, comme ayant contribué aux frais de construction, cherchait à tirer parti du chemin de ronde intérieur qui les longeait, et louait à des cordiers, à des archers, à des arbalétriers, les portions qui leur étaient nécessaires pour leurs industrie et exercices. « Je laisse, dit Sauval, toutes les autres places où les Parisiens prenoient l'arc et l'arbalètre, par divertissement et pour s'exercer, comme... au jardin des archers et des arbalétriers proche la porte de Bussi[2]. »

Cette proximité désigne l'emplacement de la rue Contrescarpe, puisque, dans un « Compte de recepte à cause des nouveaux murs », il est littéralement parlé du sol de cette rue : « *La porte Bussy, en tirant à la porte de Nesle. Le logis de la porte de Bussy, avec les allées des murs, depuis ladite porte jusques à l'hostel de Nesle et deux tours estant esditz murs, ensemble un appentis édifié en l'allée d'en bas,*

---

[1] Il ne faut pas entendre le mot *occidental* dans un sens rigoureux : l'obliquité de la rue Contrescarpe ne se prête point à une orientation facile. — [2] Sauval, I, p. 622.

baillez par ladite Ville aux capitaines et archers d'icelle dès le seiziesme mars 1558[1]. »

Au moment où ces concessions étaient faites, l'hôtel de Lyon ou « du Lyon », comme le graveur de Berty l'a écrit par erreur, avait été habité par les archevêques de Lyon, et il le fut encore après. L'allée des murs, c'est-à-dire le sol de la rue Contrescarpe, avait été rétrécie aux abords de la porte de Bussy et en face de la tour septentrionale dont elle était flanquée; mais elle reprenait plus loin sa largeur normale. Aujourd'hui encore, la rue Mazet présente un léger rétrécissement et une légère inflexion à son débouché dans la rue Saint-André-des-Ars. La construction de la porte Dauphine et, plus tard, la démolition de la porte de Bussy eurent pour résultat d'en régulariser le parcours.

RUE DAUPHINE[2].

L'ouverture de cette rue a été la conséquence de la construction du Pont-Neuf : il fallait, en effet, plusieurs débouchés à cet ouvrage établissant une communication entre la Cité et les deux rives de la Seine. On s'occupa donc de lui en créer sur les trois points qu'il était appelé à desservir, c'est-à-dire à la jonction des quais de la Mégisserie — ancienne Vallée de Misère — et de l'école Saint-Germain-l'Auxerrois, à la pointe des Jardins du Roi en la Cité, et à l'endroit où se rencontraient les quais de Nesle et des Augustins.

Malingre, qui écrivait au moment où ces diverses opérations édilitaires eurent lieu, s'en exprime en ces termes : « Or, après que le Pont-Neuf eut esté parachevé de bastir, plusieurs nouveaux bastiments furent faits, tant au milieu qu'aux deux extrémités du pont. Et, entre autres, en l'Université, joignant l'église et maisons des Augustins, a esté bastie de neuf la grande rue de trente-cinq pieds de large, appelée communément la rue Dauphine, et ce, en mémoire de la naissance du fils aisné de nostre défunt Roy Henry le Grand, Louis XIII, à présent roi de France et de Navarre et, pour lors, Dauphin de France, par droit d'aînesse[3]. »

---

[1] Sauval, III, p. 630.

[2] Cette rue a été omise par Adolphe Berty, bien que son ouverture soit antérieure, de quelques années, à la date terminale que ce savant s'était fixée (1610).

[3] *Antiquités de Paris*, p. 367.

Raoul Boutrays (*Rodolphus Boterius*), qui composait son poème à la même époque, donne poétiquement les mêmes détails; il rappelle le voisinage du couvent qui portait le nom d'un évêque d'Afrique, le jardin du monastère et le nom princier assigné à la rue :

Nunc ubi turrita se fronte palatia tollunt,
Cœnobio fratrum conterminna præsulis Affri,
Luxuriabat olus, numerosa virebat et arbos,
Lataque vernabant nitido viridaria cultu.
Gentibus urbs cum aucta fuit, sic oportuit ædes
Condere, cumque viri crevere, Lutetia facta est
Altera, et a veteri longe formosior urbe.

Pour réaliser une opération de ce genre, le Roi eut recours aux ressources et à l'industrie des particuliers. C'est, à proprement parler, le commencement de ces grandes entreprises qui se succédèrent pendant près d'un siècle et qui eurent pour chefs les Ravière, les Marie, les Poultier, les Le Regrattier, les Villedo, les Jean Beausire et autres «maçons» ou «maîtres des œuvres», aidés par de riches traitants.

Il ne semble pas, à en juger par le silence que gardent sur ce point les *Registres du Bureau de la Ville*, que l'Échevinage parisien ait participé à cette opération. La première section de la rue Dauphine ne s'ouvrit, en effet, qu'à travers les jardins de deux établissements monastiques, le couvent des Augustins et l'hôtel des abbés de Saint-Denis, qui furent «récompensés» sur l'ordre du Roi, par les entrepreneurs. La Ville n'intervint que plus tard, lorsqu'il s'agit de prolonger la rue à travers l'allée des murs, l'enceinte de Philippe-Auguste et les fossés, qui étaient son domaine propre, ou dont elle partageait la propriété avec le Roi.

La compagnie qui se présenta pour opérer le percement de la nouvelle rue et qui s'était assuré la protection de Henri IV, avait à sa tête un certain Nicolas Carrel. Elle acheta, en 1606, moyennant soixante-seize mille cinq cents livres, l'ancien hôtel ou collège des abbés de Saint-Denis, ainsi qu'une ruelle touchant à l'hôtel de Nevers et une maison dite «la Maison Chappes»; mais cette première acquisition ne suffisait pas; il était nécessaire d'occuper une partie du jardin des Augustins, tant pour avoir un débouché sur les quais, que pour disposer d'une zone de terrain indispensable aux constructions qu'on se proposait d'élever en bordure de la voie nouvelle [1]. Ce second achat fut fait pour le prix de trente mille livres tournois, et aux conditions suivantes :

1° Les matériaux à provenir des démolitions feraient retour aux Augustins;

2° Il serait élevé, aux frais du Roi et de chaque côté de la rue, un mur de trois toises de hauteur, pour isoler la rue du couvent;

3° Il serait établi, sous le sol de la voie nouvelle, deux voûtes souterraines, pour permettre aux religieux de communiquer avec les maisons qui leur appartenaient du côté de l'hôtel de Nevers [2].

Flaminia est de litigero Delphina vocata,
Quod strata, inque vias fuerit secta illa minores,
Fecundata nova cum lilia prole fuerunt.
(*Lutetia*, p. 48.)

[1] A propos des légumes et des arbres que perdirent les Augustins, et que leur jardin produisait en abondance :

Luxuriabat olus, numerosa virebat et arbos,

l'Estoille raconte que les Augustins s'attirèrent une plaisante réponse de Henri IV : «Ils députèrent auprès du Roi, pour l'assurer de leur soumission à son plaisir. Lui ayant remontré qu'ils seroient doresnavant sans jardin, le Roy leur a dit : Ventre-saint-gris, mes pères, l'argent que vous retirerez des revenus des maisons vaut bien des choux!»

[2] Malingre, ou plutôt Du Breul, mentionne expressément ces deux galeries souterraines : «Pour la commodité des Religieux à qui les maisons appartiennent, en haussant la rue on avoit pratiqué,

Ce genre de passage était dans les mœurs du temps : on sait, en effet, que le poète Vauquelin des Yveteaux en avait établi un sous la rue de la Petite-Seine, ou des Petits-Augustins, afin de pouvoir passer librement dans le jardin qu'il possédait sur le côté occidental de cette voie, et où il se livrait à des divertissements mythologiques qui scandalisaient fort ses contemporains [1].

Malingre, auteur contemporain, nous apprend en quel état se trouvaient les terrains acquis par Nicolas Carrel : détachés du pourpris de l'hôtel des abbés de Saint-Denis et de celui du couvent des Augustins, ils renfermaient d'anciens bâtiments abandonnés et diverses dépendances tombant en ruines. « Le lieu où ont esté faits ces nouveaux bastimens, dit Malingre, estoit cy-devant comme inutile, estant occupé d'un grand jardin et de plusieurs vieilles masures, lesquelles, par le commandement de Sa Majesté, ont esté abattues et le lieu rehaussé et applani de gravois, à la hauteur et à l'égal du sol du Pont-Neuf [2]. Outre ce, a esté abattu l'hostel ou collège de Saint-Denys, estant pour lors tout en ruine et décadence, et d'abondant cinq ou six corps d'hostel servant aux religieux Augustins, lesquels estoient à l'avenue du Pont-Neuf, au travers desquels passe maintenant la rue Dauphine, avec de nouveaux bastimens faits de part et d'autre, au lieu des vieux [3]. »

Ces nouveaux bâtiments, qui remplacèrent les deux murs de clôture, dont les Augustins avaient exigé la construction lors de la vente d'une partie de leurs jardins, furent pendant quelque temps, ainsi que les pavillons de la place Dauphine, l'une des curiosités de Paris. Pierre de l'Estoille, qui en était voisin, puisqu'il habitait la rue des Grands-Augustins, allait visiter et signale, dans son journal, « les bastimens des nouvelles maisons de l'hostel Saint-Denys et, entre autres, celui de Guillon » [4]. Une recherche dans les minutes des notaires pourrait seule nous permettre d'identifier ce dernier immeuble.

Entre la date de ces constructions et celle du prolongement de la rue Dauphine, il est peu question de cette voie alors livrée aux architectes et aux maçons. Elle a pourtant sa part dans les projets d'amélioration conçus par la Prévôté des mar-

---

dessous le pavé, deux longues allées voûtées de pierres de taille, qui passent par-dessous la rue et lesdites maisons, pour aller librement de part et d'autre, sans empêchement, chacune de quarante-six pieds de longueur. » (*Antiquités de Paris*, p. 368.)

L'auteur, qui écrivait en 1638, ajoute : « Cette allée n'est plus. » Les passages souterrains furent sans doute détruits, comme inutiles, après aliénation des propriétés que les Augustins possédaient sur le côté occidental de la rue Dauphine.

[1] Voir le volume du *bourg Saint-Germain*, p. 15, et celui du *faubourg Saint-Germain*, p. 257.

[2] Les deux rampes qui montent du quai Conti et de celui des Augustins vers la rue Dauphine, sont un témoignage de ce rehaussement. Le sol ne présentait auparavant aucune déclivité ; la berge du fleuve, fort basse en cet endroit, était au même niveau depuis le pont Saint-Michel jusqu'à la Tour de Nesle.

[3] *Antiquités de Paris*, p. 368.
[4] *Journal de l'Estoille*, VIII, p. 336.

chands : en 1620, notamment, Augustin Guillain, chargé de rechercher « en l'Université les lieux et endroictz où il seroit à propos de placer certaine quantité de fontaines publiques, pour y faire fluer les eaux venant des fontaines de Rongis », indique « le bout de la rue Dauphine, à l'endroict du gros mur de la Ville »[1]. Nous ne savons si la fontaine projetée y fut réellement établie; il n'en est pas question dans le traité dont nous allons parler. Si elle eût existé, il est probable que la Ville en eût stipulé le maintien ou la démolition.

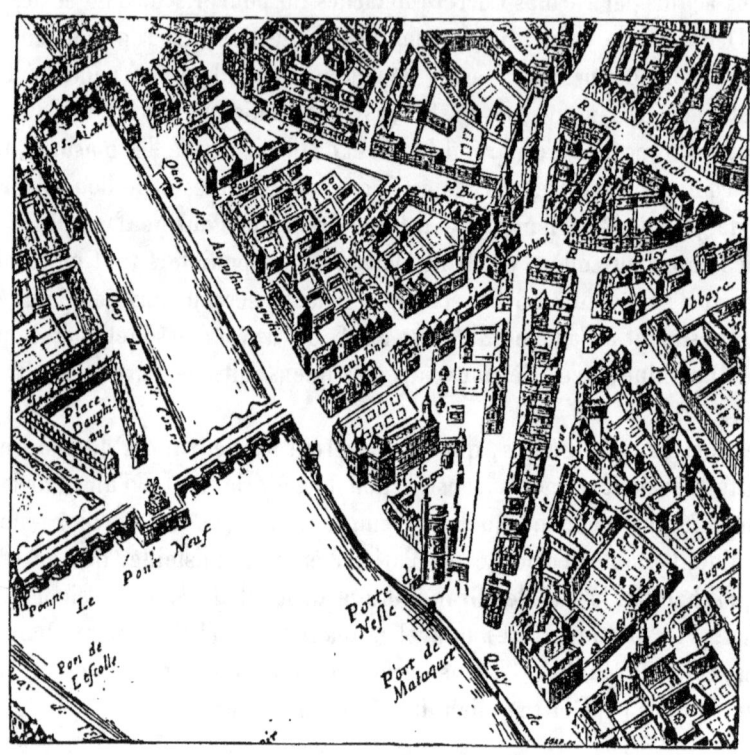

La rue Dauphine coupée par la porte de ce nom, à la hauteur de la rue Contrescarpe.
(Fac-similé du plan de J. Boisseau, 1654.)

La rue Dauphine n'avait été ouverte tout d'abord que jusqu'à l'enceinte fortifiée; pour la conduire jusqu'aux chemins sur les fossés et à la rue ainsi qu'à la porte de Bussy, sa limite naturelle, il fallait pratiquer, à la hauteur de la rue Contrescarpe, une brèche dans la muraille de Philippe-Auguste, combler le fossé, tout en assurant l'écoulement des eaux, niveler les terrains environnants et faire disparaître les constructions légères dont le Roi et la Ville avaient, à diverses reprises, autorisé l'établissement dans les allées des murs. L'opération regardait la Ville ; mais elle était trop complexe pour que celle-ci l'entreprît elle-même; elle en chargea un

---

[1] Voir le chapitre des *Enceintes, tours et portes.*

sieur Edme Ravière, qualifié de « secrétaire de Monseigneur le Prince »[1], et conclut avec lui un traité dont nous avons reproduit le texte à l'article de la porte Dauphine. Les parties de ce traité relatives au prolongement de la rue doivent seules trouver place ici.

Ravière s'engage à continuer « ladicte rue Dauphine au travers du fossé, pour aller, d'un droict allignement, rencontrer les autres rues du fauxbourg Sainct-Germain ». Le texte du registre ajoute ces mots : « laquelle sera nommée... » ; le reste est en blanc ; ce qui explique le dessein d'attribuer une autre appellation au prolongement de la voie, probablement rue de la *Porte* ou du *Faubourg-Dauphine*. Mais la porte n'ayant eu qu'une courte existence, cette dénomination, si jamais elle a été donnée à l'extrémité méridionale de la rue, n'a pas laissé de traces sur les plans contemporains. Ceux de Quesnel (1609) et de Mérian (1615) ne distinguent point les deux parties de la voie situées au delà et en deçà de la porte. Il est vrai qu'alors le prolongement n'était encore qu'en projet.

Le concessionnaire s'engage, en outre, à « récompenser », c'est-à-dire à indemniser les propriétaires d'échoppes voisines de la porte à construire, et « à tirer deux murs à l'issue de ladicte porte au travers du fossé, pour former et construire ladicte rue Dauphine, à la distance l'un de l'autre de cinq thoises ou environ, qui est la largeur de ladicte rue, laquelle passera d'un droict alignement, pour rencontrer les autres rues du fauxbourg ».

Par une pratique abusive, dont il existe de nombreux exemples, et que les ingénieurs du service municipal constatent encore aujourd'hui, lorsqu'ils opèrent des percements dans les vieux quartiers, Edme Ravière est autorisé à « se servir du dessoubz du passage de la rue, entre lesdictz murs, pour faire caves, à condition que les murs et voultes d'icelles seront basties de pierre de taille, jusques à la hauteur des plus haultes eaues, et d'époisseur capable pour porter lesdictes voultes, affin qu'il n'en puisse arriver accident, lorsque les charrois passeront sur icelle, en l'estendue de la rue ».

La Ville impose encore à Ravière l'obligation de « faire ung gros mur au travers du fossé, du costé de la porte de Nesle, lequel prendra depuis la muraille de la ville et sera poursuivi jusques à la rue du fauxbourg, qui descend à la rivière » (rue Mazarine ou de Seine). Elle l'oblige, en outre, à établir un « canal ou aqueduc de sept pieds dans œuvre de largeur, et de plus grande haulteur

---

[1] *Registres du Bureau de la Ville*, H 1799, fol. 427 et 428. Il était, en effet, secrétaire du prince de Condé ; on le trouve aussi qualifié de « advocat et bourgeois de Paris ».

que les lieux le permettront, observant les pantes nécessaires à ce suject, le tout pour recevoir les eaux qui tombent de la porte de Bucy ». Enfin, Ravière devra « faire paver ladicte rue nouvelle ouverte, pour la première fois seulement, comme pareillement le fondz de l'égoust et canal ».

Moyennant quoi, les contractants pour le Roi et la Ville « donnent, délaissent et promettent de faire jouir à l'advenir ledict Ravière, en plaine propriété, touttes les places qui se trouveront dans le fossé, des deux costez de ladicte nouvelle rue, depuis la porte de Bucy en deçà, jusques au susdict mur, qui sera faict du costé de ladicte porte de Nesle et tiré de la muraille de ville jusques sur la rue du fauxbourg qui descend de la rivière, en ce compris le mur de la ville aux endroicts desdictes places, et le tout de fond en comble [1] ».

C'était, dès 1639, le commencement de la destruction du mur de Philippe-Auguste.

Ravière fit son profit des « places, pans de muraille, allées des murs et parties de fossés, qui lui étaient donnés; il y construisit plusieurs maisons et conserva, même après la démolition de la porte, le logis qu'il avait fait bâtir pour le portier. En dehors des maisons qu'il fit élever lui-même pour l'indemniser de ses dépenses, diverses constructions s'alignèrent promptement des deux côtés de la voie nouvelle; ce furent ou des bâtiments neufs, ou des appropriations de bâtiments anciens. Nous avons déjà mentionné, aux articles des rues d'Anjou et Christine, des maisons d'angle paraissant plus anciennes que les deux voies et ayant dépendu de vastes propriétés qui avaient leur entrée sur la rue des Grands-Augustins, ou sur la ruelle dénommée plus tard rue de Nevers. L'examen détaillé des maisons de la rue Dauphine permettrait encore, aujourd'hui, de reconnaître et de distinguer les divers éléments dont cette double ligne de bâtiments se compose.

La nouvelle voie eut d'ailleurs un remaniement partiel à subir, en 1673, lors de la démolition de la porte Dauphine. Bien qu'il soit resté un « jambage » ou pied-droit de cet édifice jusqu'en 1760, au témoignage de Robert de Vaugondy, les deux bâtiments auxquels il s'appuyait durent être modifiés, et la maison du portier dut disparaître.

Une modification plus importante pouvait et devait être la conséquence de la démolition de la porte Dauphine. Lorsque Louis XIV rendit, à Nancy, où il se trouvait alors, l'arrêt par lequel il déclarait vouloir « faciliter la communication du faubourg Saint-Germain avec le quartier des Cordeliers et de Saint-André-

---

[1] *Registres du Bureau de la Ville*, H 1805, fol. 470.

des-Arts », il ne songea point à un prolongement tout indiqué et qui pourtant avait échappé, tant en 1607 qu'en 1639, à la perspicacité royale et municipale. Nous voulons parler de la continuation de cette voie, en ligne oblique, jusqu'au palais de Médicis, à travers le chemin sur les fossés, les rues des Mauvais-Garçons, du Cœur-Volant, des Boucheries-Saint-Germain, des Quatre-Vents, du Petit-Lion et de Tournon.

Plusieurs fois on a exprimé le regret qu'un intervalle de quelques années seulement ait séparé l'achèvement du Pont-Neuf de l'ouverture de la première section de la rue Dauphine. Lorsque la reine mère fit construire son château *extra muros*, le fossé, le mur, l'allée des murs le séparaient du point où aboutissait cette dernière voie, dont le tracé, donné en 1607, ne pouvait naturellement aboutir au futur palais. Depuis, le projet de continuation a été repris, mais sans pouvoir aboutir; diverses questions de censive, de « récompense » et de perspective en ont empêché la réalisation. Lors de la vente des terrains de l'hôtel de Condé, le percement de la rue qui fait face à la nouvelle Comédie-Française fut, dans une certaine mesure, le correctif du non-prolongement de la rue Dauphine.

Cette voie a conservé jusqu'à nos jours son ancien aspect et sa dénomination primitive. Elle n'a changé d'appellation qu'à l'époque révolutionnaire. Le 4 frimaire an I, la Commune de Paris lui donna le nom de *Thionville*, en mémoire de l'héroïque résistance que cette ville venait d'opposer à l'ennemi. Elle a repris son ancien vocable sous la Restauration, et l'a gardé depuis.

CÔTÉ OCCIDENTAL
(du Nord au Sud).

JUSTICE ET CENSIVE DE SAINT-GERMAIN-DES-PRÉS.

PAROISSE DE SAINT-ANDRÉ-DES-ARS.

Maison d'angle, existant probablement avant l'ouverture de la rue Dauphine, et ayant été agrandie et appropriée à cette époque.

Maisons sans désignation, construites sur les terrains retranchés du jardin des Grands-Augustins et ayant, jusqu'au débouché de la rue d'Anjou, leur partie postérieure sur la ruelle de Nevers[1].

---

[1] Nous en avons indiqué plusieurs qui existaient antérieurement à l'ouverture des rues Dauphine et d'Anjou. (Voir l'article relatif à cette dernière rue.)

Les anecdotiers ont signalé un certain hôtel, avec façade sur les rues d'Anjou et Dauphine, ayant abrité les amours de Henri IV et de la belle Gabrielle. Cet hôtel passa, dit-on, à la famille de Genlis, et devint plus tard une maison de jeu.

Nous avons déjà fait observer qu'on ne peut

Maisons formant les deux angles septentrional et méridional de la rue d'Anjou, et construites antérieurement à l'ouverture de cette rue.

Dépendances du Collège ou Hôtel des Abbés de Saint-Denis, lesquelles, au témoignage de Malingre, étaient, à la date de 1607, «tout en ruine et décadence». Quelques parties de ces dépendances ont dû, après réparation, être conservées au fond des cours, comme arrière-corps de logis; mais les terrains en bordure de la rue se sont couverts de constructions neuves.

Passage Dauphine, ancien chemin suivant le mur de clôture du pourpris des Grands-Augustins, et débouchant autrefois dans l'allée des murs. Il fut prolongé jusqu'au chemin sur les fossés, lors de la destruction de l'enceinte de Philippe-Auguste, et l'on construisit des maisons sur chacun de ses côtés, à l'époque où se peuplèrent les rues Dauphine et Mazarine. C'est de ce temps que date le débouché du passage dans cette dernière rue.

Tour dite Dauphine, subsistant encore dans le passage, et incluse dans une maison portant, depuis plus d'un siècle, l'enseigne du Coq. Il subsiste là des traces évidentes de l'enceinte de Philippe-Auguste, notamment des restes de meurtrières et de machicoulis; le mur est dérasé des deux tiers. A ce débris de fortification, dit un chercheur contemporain, attenait un hôtel précédé d'une cour d'honneur, qui appartint d'abord à Jérôme Lhuillier, procureur général en la Chambre des comptes. Désireux d'étendre le pourpris de son hôtel, ce personnage obtint de la Ville la concession d'une partie de l'allée des murs, et il la ferma au moyen de deux portes. En 1613, c'est-à-dire peu après l'ouverture de la rue Dauphine, il transporta son bail à Guillaume Baïf. Les diverses portions de l'allée des murs furent ainsi incorporées aux propriétés ayant façade sur la rue et sur le passage Dauphine [1].

Porte Dauphine, construite en 1639 et démolie en 1673. «Cette porte, dit

---

suivre la construction et la transmission de ces immeubles, qu'en consultant les archives des familles et les minutes des notaires, travail impossible à faire dans son ensemble. Certains chercheurs ont pu indiquer, plus ou moins exactement, les divers propriétaires des maisons les plus importantes parmi celles qui couvrirent le jardin de l'hôtel des abbés de Saint-Denis. On a cité notamment, d'après le plan de Gomboust, un *hôtel de la Curée*, qui appartint plus tard à un marquis de Mouy, à un neveu de La Reynie, à une famille de Rochebrune, et qui fut transformé en hôtellerie. On a mentionné également certaines affectations temporaires données à quelques-uns des immeubles construits sur les terrains vendus par l'abbaye de Saint-Denis : sièges de sociétés savantes, loges de francs-maçons, clubs, écoles dramatiques, etc. Nous ne saurions entrer dans cette voie, qui nous éloignerait du vieux Paris, objet principal de nos études, et nous conduirait à l'histoire contemporaine.

[1] Voir ci-avant le chapitre des *Enceintes, tours et portes*.

Le Maire, était vis-à-vis de la rue Contrescarpe; elle aussi a été abattue, et on a mis une table de marbre à l'endroit où elle étoit, avec cette inscription :

Du règne de Louis-le-Grand, la porte Dauphine, qui étoit en ce lieu, a été démolie en l'année 1673, par l'ordre de Messieurs les Prévôt des marchands et Échevins, en exécution de l'arrêt du Conseil du 19 août dudit an; et la présente inscription apposée suivant l'arrêt du Conseil du 29 septembre 1673, pour marquer l'endroit où étoit cette porte, et servir ce que de raison.»

Maisons sans désignation au nord et au sud de la porte Dauphine, dont quelques-unes faisaient face à la rue de la Contrescarpe. Elles avaient été bâties, comme l'hôtel de Jérôme Lhuillier, tant sur l'allée des murs et les terrains qui la bordaient, que sur l'emplacement de la muraille et du fossé. La plupart de ces maisons touchaient, par le fond, à celles de la rue Mazarine; les plus rapprochées de la porte avaient dû être bâties par Edme Ravière, aux termes de son marché avec la Ville, et sur l'emplacement des «eschoppes», dont il est question dans le traité.

CÔTÉ ORIENTAL
(du Sud au Nord).

MÊMES CENSIVE, JUSTICE ET PAROISSE.

Maisons sans désignation, construites tant sur la place ou terrain vague, précédant la porte de Bussy, du côté de la campagne, et ayant été occupé par les ouvrages extérieurs de défense (pont-levis et pont dormant, ravelin, barbacane, etc.), que sur l'emplacement même de la muraille de Philippe-Auguste, puisque le sol de la rue de la Contrescarpe représente l'allée des murs.

La maison formant l'angle de la rue Saint-André-des-Ars a dû être bâtie sur le bord du fossé, les rues Mazarine et de l'Ancienne-Comédie n'étant autre chose que le chemin qui le longeait. Plusieurs anciens bâtiments compris dans le triangle formé par les rues Dauphine, Saint-André et Contrescarpe, particulièrement au débouché septentrional de cette dernière voie, ont dû appartenir à l'hôtel de Lyon, dont elles formaient les dépendances des deux côtés de la rue, à en juger par l'alignement de leur partie postérieure, ainsi que par l'ancienneté de leur construction [1].

Maisons sans désignation, touchant au côté oriental de la porte Dauphine, et ayant remplacé les «eschoppes» dont il est question dans le traité conclu entre la Ville et Edme Ravière.

---

[1] Voir l'article relatif à la rue Contrescarpe, au petit hôtel de Navarre et d'Orléans, à l'hôtel de Lyon, etc., p. 302.

MAISONS SANS DÉSIGNATION, construites sur les terrains du collège ou hôtel des abbés de Saint-Denis et touchant, par derrière, à l'hôtel de Lyon. La tradition place encore ici un logis habité par une des maîtresses de Henri IV, et y rattache diverses anecdoctes qui ne sont point du domaine de l'histoire topographique.

MAISON formant l'angle méridional ou septentrional de la rue Christine, et ayant été occupée, vers la fin du XVIIe siècle, par le café de la veuve Laurent, où se réunissaient alors les gens de lettres, comme ils se réunirent, cinquante ans plus tard, au café Procope, dans la rue des Fossés-Saint-Germain, en face de l'ancienne Comédie-Française [1].

DÉPENDANCES DU COUVENT DES AUGUSTINS, conservées en partie par les religieux qui s'étaient fait attribuer les matériaux à provenir de la démolition des masures et corps de logis en ruine. Avec ces matériaux, ils construisirent des «louages»,

---

[1] Le *Café de la veuve Laurent*, situé dans la rue Dauphine, au coin de la rue Christine, était, en 1698, la pépinière de toutes les académies. Ceux qui le fréquentaient formaient deux factions, l'une portée pour Jean-Baptiste Rousseau, et l'autre pour La Motte. Le premier avait pour amis les auteurs les plus connus parmi les habitués, entre autres La Fosse et Duché. La Motte avait, de son côté, Saurin, de l'Académie des sciences, etc.

Au mois de février 1710, Rousseau fut accusé d'être l'auteur de plusieurs chansons diffamatoires répandues sous les tables du *Café Laurent*. Rousseau rejeta l'accusation sur Saurin. De là un premier procès. Par sentence du Châtelet de Paris, du 12 décembre 1710, Saurin fut déchargé des accusations contre lui intentées, et Rousseau condamné à 4,000 livres de dommages et intérêts envers ledit Saurin, et aux dépens du procès.

Ce n'est pas tout : Saurin obtint permission d'informer de la subornation de témoins; ce qu'il fit. L'arrêt définitif rendu le 7 avril 1712 porte: «La Cour, ayant égard à la requête de Saurin, déclare la contumace bien instruite contre Rousseau (Jean-Baptiste); et adjugeant le profit d'icelle, pour les cas résultant du procès, a banni et bannit ledit Rousseau à perpétuité du royaume; déclare tous et un chacun des biens dudit Rousseau situés en pays de confiscation, acquis et confisqués à qui il appartiendra», etc.

En 1716, le duc d'Orléans, régent, fit sceller des lettres de rappel en faveur de Jean-Baptiste Rousseau; mais le proscrit les repoussa par ces mots de Commines : «Je préférerai toujours la condition d'être malheureux avec courage à celle d'être heureux avec infamie.»

Ces détails sont empruntés au tome VIII des *Causes célèbres*, ouvrage publié par Richer, avocat au Parlement.

Un curieux passage de Montesquieu (*Lettres persanes*, t. I, p. 121) se rattache évidemment à l'histoire du *Café Laurent*. Il s'agit du géomètre Joseph Saurin, qui fut membre de l'Académie des sciences, et qui fréquentait ce lieu, où les savants et les lettrés étaient sûrs de se rencontrer :

«Je passais l'autre jour sur le Pont-Neuf avec un de mes amis; il rencontra un homme de sa connaissance, qu'il me dit être un géomètre; et il n'y avait rien qui n'y parût, car il était d'une rêverie profonde. Il fallut que mon ami le tirât longtemps par la manche et le secouât, pour le faire descendre jusqu'à lui, tant il était occupé d'une courbe qui le tourmentait peut-être depuis plus de huit jours. Ils se firent tous deux beaucoup d'honnêtetés, et s'apprirent réciproquement quelques nouvelles littéraires. Ces discours les menèrent jusque sur la porte d'un café, où j'entrai avec eux.

«Je remarquai que notre géomètre y fut reçu de tout le monde avec empressement, et que les garçons de café en faisaient beaucoup plus de cas que de deux mousquetaires qui étaient dans un coin. Pour lui, il parut qu'il se trouvait dans un lieu agréable, car il dérida un peu son visage, et se mit à rire, comme s'il n'avait pas eu la moindre teinture de géométrie.»

c'est-à-dire plusieurs corps d'hôtel dont les appartements étaient destinés à des locations particulières. La ligne de ces bâtiments remplaça probablement le mur de clôture que Nicolas Carrel, entrepreneur général du percement de la rue Dauphine, s'était engagé à élever en bordure de la voie nouvelle, pour l'isoler du pourpris des Augustins. Le Maire, qui écrivait vers 1683, constate que les constructions dont il s'agit se faisaient de son temps : « Les religieux Augustins, dit-il, font présentement quelques réparations à leur monastère ; ils font rebâtir leurs écoles et quelques lieux commodes pour mettre leur bibliothèque. *Ils font rehausser d'un étage le grand corps de logis qui est du côté de la rue Dauphine*, pour le louer ensuite à des particuliers. Mais, quelques dépenses que fassent ces religieux mendiants, ils ne peuvent point faire de bâtiments dont la dépense excède trois mille livres, sans avoir obtenu, auparavant, des lettres de chancellerie, ou un arrêt du Parlement [1]. »

Maison sans désignation, faisant l'angle de la rue Dauphine et du quai des Augustins. Son mode de construction et les lucarnes dont le toit est ajouré autorisent à la considérer comme contemporaine de l'ouverture de la rue, si elle n'en a pas précédé le percement.

Il n'est pas possible de pousser plus loin le parcellaire détaillé de la rue, sans dépasser de beaucoup les limites chronologiques dans lesquelles doit se renfermer une histoire topographique du vieux Paris.

RUE DE L'ÉCOLE-DE-MÉDECINE,

ANCIENNE RUE DES CORDELIERS.

Ainsi que nous l'avons dit dans notre chapitre Ier, la rue des Cordeliers, nommée depuis 1790 rue de l'École-de-Médecine, était, selon toute probabilité, le chemin, d'origine gallo-romaine, séparant le clos de Laas des terrains acquis, à une époque que l'on ne saurait préciser, par un particulier du nom de Gibard ou Gibart, Gibert ou Jubert.

Au commencement du XIIIe siècle, ce n'était point encore une rue proprement dite, puisqu'on ne lui trouve point de dénomination particulière. Les Franciscains, ou disciples de saint François d'Assise, qui s'y établirent en 1230, après avoir habité momentanément un autre quartier de Paris, lui valurent sa première

---

[1] *Paris ancien et nouveau*, I, p. 334, 335.

appellation : rue *des Cordèles ou Cordelles, vicus Cordigerorum.* Le Livre de la Taille, de 1292, la désigne sous le nom de «rue as freres meneurs». Quelques années après, Guillot, dans son *Dit des rues de Paris,* l'appelle «rue des Cordeles», mot qui traduisait le latin *Cordigeri*, et prit plus tard la forme régulière de *Cordeliers*. Dans le rôle de la Taille de 1313, on la trouve dénommée «rue Saint-Cosme», à cause de l'église de ce nom bâtie, en 1224, à son extrémité orientale. Le manuscrit de la bibliothèque Cottonienne (1400) et Guillebert de Metz (1407) disent «rue des Cordelles»[1].

Ces trois dénominations, usitées presque concurremment, prouvent que la rue n'avait point encore un vocable propre, puisque le *Journal d'un bourgeois de Paris*, contemporain de la description de Guillebert de Metz, a recours à une périphrase pour la désigner : «rue qui est entre les Cordeliers et la porte Saint-Germain»[2]. On peut induire de ce texte que la partie occidentale de la rue, tout au moins, n'était point encore régulièrement dénommée. Ce qui est certain, c'est que le nom de Saint-Côme, appliqué à la partie orientale de cette rue, ne l'a jamais désignée dans son ensemble, et que l'appellation «des Cordeliers» s'est étendue, au contraire, à toute la rue. La série des plans de Paris, depuis ceux de la Tapisserie, de Truschet et de Saint-Victor, jusqu'à celui de Verniquet, donne cette seule dénomination. Du Breul dit : «la grand'rue qui tend aux Cordeliers[3].»

La rue des Cordeliers a porté, pendant quelque temps, le nom de Saint-Germain, concurremment avec celle de Saint-André-des-Ars. Ce n'est pas, comme le dit Sauval[4], «parce qu'elle tient à la rue et au faubourg Saint-Germain,» mais parce que la fermeture de la porte de Buci, dans les xiv° et xv° siècles, en obligeant les habitants du bourg et de la ville à emprunter cette voie pour aller de l'Abbaye dans la Cité, et réciproquement, a rendu cette appellation toute naturelle.

Sauval lui a découvert un autre nom, celui de «rue des Étuves»; après avoir rappelé la dénomination de «grant rue Saint-Germain» il ajoute : «Si, en 1255, qu'on fonda le collège des Prémontrés, on l'appelait la rue aux Étuves, ce ne fut que pendant quelques années, et lorsqu'il y avoit des étuvistes[5].» Il y a là une confusion manifeste : la rue des Étuves, supprimée depuis longtemps, était une petite voie transversale qui débouchait dans la rue des Cordeliers, mais qui ne lui a jamais donné son nom. Elle formait, du nord au sud, le prolongement de la

---

[1] *Paris et ses historiens aux xiv° et xv° siècles,* p. 176.

[2] «En ce temps, firent les bouchiers de Saint-Germain-des-Prez leur boucherie en une rue qui est entre les Cordeliers et la porte Sainct-Germain, en ung lieu, ou manière de celier, où on descendoit a degrez qui avoient dix marches.» (*Journal d'un bourgeois de Paris,* édition publiée par Alexandre Tuetey, p. 81, 82.)

[3] *Antiquitez de Paris,* p. 292.

[4] *Idem.*

[5] *Ibidem.*

rue Mignon et séparait le collège de Bourgogne de celui des Prémontrés. Le rôle de la Taille, de 1292, la mentionne sous le nom de «rüe au Prince», et on la trouve figurée sur le plan dressé par M. Albert Lenoir, d'après les indications de Géraud.

La rue des Étuves a été supprimée vers 1294, lors de la régularisation du pourpris de chacun des deux collèges qu'elle avait servi à délimiter; ce qui lui valut la qualification de *vicus obturatus* [1].

La rue des Cordeliers paraît avoir été l'une des plus négligées de Paris; dans le *Procez verbail et rapport faict pour le nettoyement et pavaige de la ville, fauxbourgs et banlieue de Paris, avec l'ordre nécessaire pour bien et deuement faire ledict nettoyement et pavaige*» (30 avril 1636), on lit ce qui suit : «Rue des Cordeliers, avons veü grandz tas d'ordures estans contre les deux portes de l'église desdictz Cordeliers, et plus bas, en ceste ruë, aussi veü plusieurs ordures et grauois contre une maison appartenant à M. Boutillier[2].»

Jusqu'à la fin du xviiie siècle, aucune modification de quelque importance ne s'est produite dans la rue des Cordeliers. En 1769, le roi se rendit acquéreur des bâtiments du collège de Bourgogne, et l'architecte Gondouin les démolit pour construire sur leur emplacement de nouveaux amphithéâtres de chirurgie, destinés à remplacer ceux de Saint-Côme. La Faculté de médecine, qui siégeait alors rue de la Bûcherie, et que la Révolution réconcilia avec les chirurgiens, prit possession des bâtiments; ce qui valut à la rue le nom de «rue de l'École-de-Médecine», qu'elle échangea momentanément (1793) contre celui de «rue Marat», en l'honneur du tribun qui y demeurait et y fut assassiné. Elle reprit, peu après, sa dénomination précédente.

La démolition du couvent des Cordeliers modifia l'aspect et l'alignement de la rue de l'École-de-Médecine; une place fut ménagée devant la colonnade de Gondouin, et elle a subsisté jusqu'au moment où ont commencé les travaux de reconstruction de l'École pratique.

En 1846, la rue de l'École-de-Médecine s'est annexé celle des Boucheries-Saint-Germain, située dans le même axe et considérée comme son prolongement. Mais cette usurpation ne lui a pas profité; l'ouverture du boulevard Saint-Germain a fait disparaître complètement l'ancienne rue des Boucheries et supprimé le côté septentrional de celle de l'École-de-Médecine, avec la fontaine qui marquait l'emplacement de l'ancienne porte, depuis la colonnade de Gondouin jusqu'à

---

[1] Voir ci-après l'article consacré à la rue des Étuves. — [2] FÉLIBIEN, *Preuves*, I, 133.

la rue de l'Ancienne-Comédie; le côté méridional est resté, faisant face au nouveau boulevard. Ce n'est pas la seule mutilation que la vieille rue des Cordeliers

La fontaine des Cordeliers (1674) marquant l'emplacement de l'ancienne porte Saint-Germain, d'après une photographie.

ait été condamnée à subir : la reconstruction de l'École pratique, sur de plus grandes proportions, a nécessité la démolition de la plupart des immeubles du côté méridional, entre l'ancienne place et le boulevard Saint-Michel.

CÔTÉ SEPTENTRIONAL
(d'Occident en Orient).

CENSIVE ET JUSTICE DE SAINT-GERMAIN-DES-PRÉS.

PAROISSE DE SAINT-CÔME.

Maison en plusieurs corps (1531), faisant le coin oriental de la rue du Paon.

Démembrée et remaniée à diverses époques, elle a subsisté jusqu'à ces dernières années, avec la pittoresque tourelle élevée à l'angle des deux rues. L'ouverture

La tourelle d'angle élevée au coin des rues du Paon (Larrey) et des Cordeliers, d'après une photographie.

de la deuxième section du boulevard Saint-Germain et l'agrandissement de l'École de médecine en ont exigé la démolition.

«Maison à Jehan de Martigny (1531)». Cette mention sommaire, provenant d'un censier et consignée dans le texte de Berty, peut être complétée par les indications suivantes relevées dans les notes de ce chercheur :

« 1449. Maison tenant à une masure au seigneur de Saint-Benoist, aboutissant à l'hostel de Saint-Jehan en Valée, appartenant audict collège (de Bourgogne), aboutissant audict collège. — Acquisition de cinq maisons, par les moines, de J. de Martigny, en 1491. — 1618. Maison devant les Cordeliers, tenant audict Mᵉ Antoine, d'autre part à l'hostel de Saint-Jehan en Valée, appartenant audit collège, aboutissant audict collège. — 1589. Maison du Dauphin, près et joignant ledict collège (de Bourgogne). — Maison du Dauphin (1657), rue du Paon. — Item, tous les autres manoirs et lieux, tant joignant et prez l'hostel de Reims que prez et environ dudict collège. »

Malgré le vague de ces indications, on peut se rendre compte de l'agencement des immeubles compris entre la maison « en plusieurs corps », faisant le coin de la rue du Paon, et l'hôtel de Saint-Jean en Vallée, qui tenait à l'hôtel de Bourgogne. Ces immeubles, qui n'étaient peut-être que des démembrements de la grande maison d'angle, avaient issue sur la rue et la ruelle du Paon, ainsi que sur la rue des Cordeliers. Ils joignaient donc le collège de toutes parts, comme disent les anciens titres.

Hostel de Sainct-Jehan en Vallée, ayant longtemps appartenu à l'abbaye de ce nom, située dans la banlieue de Chartres, *in suburbio urbis Carnotensis*, dit le *Gallia christiana*. Il est nommé trois fois dans les notes de Berty. Il est dit d'abord appartenir à l'abbaye de Cernay (1449); plus tard on le qualifie de « maison du couvent de Sainct-Jehan en Valée, tenant au collège de Bourgogne »; enfin, il est ainsi localisé dans un censier de 1580 : « Maison de Saint-Jehan en Valée, devant et à l'opposite de la place du couvent des Cordeliers. » Lorsque le couvent chartrain de Saint-Jean en Vallée eut été livré aux Génovefains, son hôtel parisien fut vendu et démembré; une partie devint l'Hôtel de Cahors [1].

Deux passages de Sauval, dont Berty ne paraît pas avoir eu connaissance, permettent de remonter au delà de 1449, pour l'historique des trois immeubles dont nous venons de parler. Le premier de ces passages est ainsi conçu : « Guichard, seigneur de Beaujeu, avait son hôtel à la rue des Cordeliers, qui s'étendoit jusqu'au jardin de l'hôtel de Reims, et que Pierre, archevêque de Lyon, lui donna entre vifs, en 1318 [2]. » Le second passage n'est qu'une note de localisation, complétant la mention précédente : « Cet hôtel, y est-il dit, étoit situé tout devant la porte qui aboutissoit à l'hôtel de Reims. » Nous ne saurions dire si l'hôtel de Guichard, seigneur de Beaujeu, que Berty ne mentionne ni sur son plan ni dans son texte, occupait l'emplacement de l'hôtel de Saint-Jean en Vallée, de la maison de Jean de Martigny, ou du logis à plusieurs corps, qui formait l'angle des rues du Paon et des Cordeliers; mais il est bien localisé par ses aboutissants. Peut-être comprenait-il originairement les trois immeubles, et a-t-il été, entre

---

[1] C'est là qu'habitait Marat lorsqu'il fut assassiné. — [2] *Antiquités de Paris*, II, p. 235.

1318 et 1449, l'objet d'un démembrement analogue à ceux qui se sont opérés sur tant d'autres points du vieux Paris.

Collège de Bourgogne, fondé par Jeanne de Bourgogne, femme de Philippe le Bon, comtesse de haute Bourgogne (Franche-Comté) et dame de Salins.

C'est entre les années 1330 et 1332, c'est-à-dire dans la première moitié du xive siècle, qui vit tant de créations du même genre, que fut institué l'établissement auquel est resté, jusqu'en 1769, le nom de sa royale fondatrice. Nous avons dit, dans notre monographie sommaire de l'hôtel de Nesle, à quelles imputations cette œuvre pie avait donné lieu : Bayle et le poète Jean Second ont prétendu que Jeanne de Bourgogne devait bien cette réparation aux écoliers, pour tout le mal qu'elle leur avait causé[1]. Nous ne reviendrons point sur ce problème historique, que nous avons cherché à résoudre dans notre monographie du pourpris de Nesle, nous bornant à constater que la fondation dut avoir lieu avec le produit de la vente d'une portion seulement de ce pourpris, et non de l'hôtel entier, comme Du Breul, Du Boullay et Félibien le donnent à entendre.

« La Reine, dit ce dernier historien, avoit ordonné que son hostel de Nesle seroit vendu, et le prix employé à la fondation d'un collège... Les exécuteurs testamentaires achetèrent, des deniers provenant de la vente de l'hostel de Nesle, une maison située auprès des Cordeliers, qu'il appelèrent *la maison des écoliers de Madame Jeanne de Bourgogne, reine de France* [2]. » Ce texte n'est guère que la traduction de la charte de fondation approuvée, en 1394, par Guillaume de Chanal, évêque de Paris, et confirmée par une bulle du pape Jean XXII : « Johanna de Burgundia... voluerit, disposuerit et mandaverit quod domus sua de Nigella vocata, quam prope muros civitatis Parisiensis habebat, cum omnibus juribus suis et pertinentiis suis, prout melius posset fieri, venderetur, et pretium exinde recipiendum converteretur totaliter in fondationem unius domus, institutionemque in ea certi collegii [3]. »

La maison acquise des deniers de la vente d'une partie du pourpris de Nesle est ainsi désignée dans la charte de fondation : « Quandam domum ante et prope locum fratrum dicti ordinis Minorum, Parisiis, sitam juxta suos confines, emptam per nos et predictos coexecutores, juxta voluntatem et intentionem domine regine prefate..., cum omnibus juribus et pertinentiis suis, ad opus collegii...; ipsamque domum emptam et ad opus collegii seu congregationis hujus modi dispositam ac

---

[1] Voir ci-devant chapitre III, p. 41 et suiv.
[2] Félibien, *Preuves*, I, p. 637. — Ch. Jourdain, *Index chartarum*, p. 113.
[3] *Charte de fondation du collège de Bourgogne*, relevée dans les archives du collège et imprimée par Félibien, *Preuves*, III, p. 635 et suiv.

etiam deputatam, *Domum scholarium inclite memorie domine regine Johanne de Burgundia intitulamus ac nominamus* [1]. »

Quelle était cette maison achetée par les exécuteurs testamentaires [2] de Jeanne de Bourgogne, pour la fondation du nouveau collège? Les documents contemporains ne le disent point, et nous ne pouvons suppléer à leur silence. Ce qu'il y a de certain, c'est que les exécuteurs testamentaires ne firent point construire; ils achetèrent une maison toute bâtie, qui était déjà appropriée ou qu'ils firent accommoder à usage de collège, et cela sans beaucoup de frais, parce que la vente d'une portion du pourpris de Nesle ne dut produire que peu d'argent.

Faisons remarquer tout d'abord que la maison dont il s'agit ne peut être l'hôtel de Saint-Jean en Vallée, puisque cet immeuble figure, avec son nom, dans un censier de 1449, plus d'un siècle après la fondation du collège de Bourgogne. Serait-ce une portion de cet hôtel de Guichard de Beaujeu dont il est question en 1318, c'est-à-dire douze ans seulement avant la fondation du collège de Bourgogne, et qu'on ne trouve plus mentionné depuis? Berty ne l'a rencontré, en effet, ni dans le censier de 1449, ni dans celui de 1589, sans doute parce que l'hôtel avait perdu ce nom depuis longtemps. L'interposition de l'hôtel de Saint-Jean en Vallée semble, au premier abord, faire obstacle à l'identification d'un des corps de logis de l'hôtel de Guichard de Beaujeu avec le collège de Bourgogne; mais il faut tenir compte de deux circonstances : l'une, c'est que la première mention de l'hôtel de Saint-Jean en Vallée est de 1449 seulement; l'autre, c'est que les propriétés bordant la rue des Cordeliers s'étendaient en profondeur jusqu'à la ruelle de Reims, et semblaient avoir fait originairement partie d'un vaste pourpris. Rien ne s'oppose donc à ce que l'on considère le collège de Bourgogne et l'hôtel de Saint-Jean en Vallée comme deux démembrements du vaste hôtel ayant pour point de départ, à l'occident, la maison à tourelle qui faisait l'angle des rues du Paon et des Cordeliers, et s'étendant peut-être, vers l'orient, jusqu'à la rue des Étuves.

L'histoire du collège de Bourgogne ne se distingue point de celle des autres établissements universitaires créés à la même époque. Les archives de cette maison comprennent, comme celles de tous les collèges : la charte de fondation, les statuts originaux, les titres de fondations successives de bourses et de chapellenies; les pièces relatives aux réformes et règlements nouveaux, à la réduction du nombre des boursiers pour augmenter d'autant la quotité de chaque bourse hebdomadaire, à la nomination des principaux et chapelains, à l'entretien et aux

---

[1] Même charte. — [2] Ces exécuteurs étaient le cardinal Pierre Bertrand, ancien évêque d'Autun, Thomas de Savoie, chanoine de Notre-Dame de Paris, Nicolas de Lyre et Guillaume de Vading, cordeliers.

réparations des bâtiments, aux visites universitaires dont les procès-verbaux, dit Du Boullay, constataient trop souvent *majorem disciplinæ dissolutionem*. Ce sont les incidents ordinaires de la vie de collège, et nous n'avons point à les relater. Nous relevons cependant, dans l'*Index chronologicus chartarum*, de M. Ch. Jourdain, les particularités suivantes :

En 1350, établissement d'une seconde chapellenie et création de quatre nouveaux boursiers par Me Barthélemy de Bruges, à charge de service funèbre;

En 1536 et 1566, arrêts du Parlement relatifs à la principalité, aux chapellenies et aux différends qui s'étaient élevés entre les titulaires de ces charges;

En 1581, rétablissement de la communauté après une interruption d'une année, causée par la peste et les maladies;

En 1589, visite universitaire, dont le procès-verbal original est conservé dans les archives du collège;

En 1607, nouvelle réduction des bourses pour «incongruité» ou insuffisance de portions.

Le collège avait débuté avec vingt pauvres écoliers de la province et comté de Bourgogne (Franche-Comté), devant étudier *in logicalibus et naturalibus* seulement, ce qui donnait à cet établissement le caractère laïque que n'avaient point la plupart des autres fondations universitaires. Ces vingt écoliers recevaient, pour leur bourse, trois sols par semaine; le double était attribué au maître, au principal et au chapelain. En 1536, deux siècles environ après la fondation, la bourse hebdomadaire est portée à dix sols pour ces deux dignitaires, et à cinq pour les écoliers. Enfin, en 1607, on réduit le nombre des bourses à dix; on attribue vingt sols par semaine au principal et aux chapelains, et quatorze seulement aux écoliers.

La décadence des études avait marché de pair avec la diminution du revenu des établissements scolaires, au collège de Bourgogne comme ailleurs; les fondations universitaires du XIVe siècle ne se suffisaient plus au XVIIe, et elles languirent jusqu'à la seconde moitié du XVIIIe. Si nous en avons dit ici quelques mots, c'est pour n'avoir point à y revenir; toutes se ressemblent en ce point : *ab uno disce omnes*.

Dans cette même année 1607, qui vit les boursiers du collège de Bourgogne réduits de vingt à dix, et sans doute à l'occasion de la gêne où se trouvait l'établissement, il se produisit deux incidents qui ont leur intérêt topographique. L'un des chapelains, nommé Arvisenet, s'était fait bâtir, avec ou sans autorisation, une maison dans l'intérieur du collège et avait employé des matériaux qui en provenaient. Il prétendait à la possession exclusive d'une certaine galerie, ou promenoir, joignant cette maison, mais ayant été jusqu'alors à l'usage du principal, des chapelains et des boursiers. De là un procès, que nous font connaître les Registres du Parlement.

La galerie dont il s'agit était, dit le texte de l'arrêt, « subtus domum dicti Arvisenet prætendentis dictum ambulatorium esse de pertinentiis suæ domus; præfatis actoribus contrarium sustinentibus, dictumque ambulatorium esse commune primario, capellanis et bursariis ejusdem collegii, tanquam spectans ad hortum communem ».

« Dicimus, ajoute l'arrêt, esse de dependentiis et pertinentiis domus dicti Arvisenet, primi capellani, sed semper esse et fuisse junctum horto dicti collegii, et reservatum pro communi recreatione primarii, capellanorum et bursariorum ipsius collegii, ad quorum liberam dispositionem dictum ambulatorium spectat et pertinet, nihilque in eo juris peculiaris sibi dictus Arvisenet vindicare potest[1]. »

Il faut croire que cet arrêt toucha le chapelain Arvisenet, et que l'état de gêne dans lequel se trouvait le collège l'amena, non seulement à se départir de ses prétentions sur la galerie, mais encore à faire à l'établissement le sacrifice de sa maison, qui était bien un peu celle du collège, comme on va le voir.

Le mois suivant, en effet, « maître François Arvisenet déclare consentir que le corps de logis que lui Arvisenet a fait bâtir et construire de neuf, dans l'enclos dudit collège, et auquel il a employé quelques matériaux dudict collège, demeure au profit dudit collège, à la charge toutefois que ledit Arvisenet jouira, sa vie durant, tant de l'ancien que du nouveau bâtiment par lui construit...; et pourra d'icelui disposer et le louer, pendant sadite vie naturelle, à personnes qui soient de la qualité portée par les statuts, etc. »[2].

Il faut croire que la faculté de louer certaines parties des bâtiments du collège de Bourgogne, pour en augmenter les revenus, fut mise à profit peu de temps après, car Malingre, qui écrivait de 1630 à 1640, s'exprime ainsi : « A présent en ce collège se tient une congrégation appellée *de Propaganda fide*, et où se font les disputes de controverse. » Pendant la reconstruction de la Sorbonne, les théologiens de cette maison avaient loué sans doute une ou plusieurs salles au collège de Bourgogne et allaient y argumenter, en attendant que l'architecte Lemercier eût achevé son œuvre.

Pendant les xviie et xviiie siècles, les maîtres, chapelains et boursiers du collège

---

[1] Félibien, *Preuves*. — [2] *Ibid.*

de Bourgogne, réduits à une portion de plus en plus « congrue », ne furent désormais qu'une communauté languissante, et, lorsque l'édit de février 1763, rendu après l'expulsion des jésuites, réunit la maison au collège Louis-le-Grand, il ne fit que consommer une ruine déjà passée à l'état de fait accompli.

Les bâtiments, fort négligés pendant les deux derniers siècles, demeurèrent sans emploi de 1763 à 1769. Dans cet intervalle, ils attirèrent l'attention de l'Académie royale de chirurgie, qui se trouvait, dit Jaillot, auteur contemporain, « trop gênée entre l'église des Cordeliers et celle de Saint-Côme ». Elle réclamait, ajoute M. Ch. Jourdain, depuis plusieurs années « les agrandissements, disons mieux, la nouvelle installation que la renommée croissante de ses cours rendait nécessaire, et qui, d'ailleurs, avait été en quelque sorte promise par l'édit du mois de juillet 1750 ».

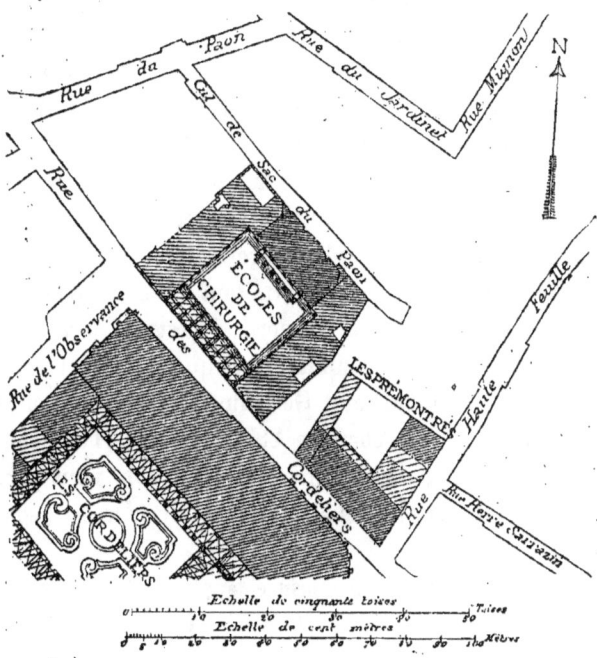

Les Ecoles de chirurgie (ancien collège de Bourgogne), le collège des Prémontrés et une partie du couvent des Cordeliers, d'après le plan de Verniquet.

Elle reçut enfin pleine satisfaction, d'abord par l'arrêt du Conseil, du 7 décembre 1768, qui nomma des commissaires et les autorisa à faire l'acquisition du collège de Bourgogne, ainsi que de quatre maisons en dépendant; puis par les lettres patentes du 24 novembre 1769, enregistrées le 2 décembre suivant et confirmant l'acquisition, faite au nom du Roi, « des terrains, maison et bâtiments appelés le collège de Bourgogne, pour servir à l'emplacement et établissement du collège et académie royale de chirurgie ». A ces lettres sont annexés le contrat d'acquisition, une délibération du Bureau d'administration du collège Louis-le-Grand, auquel avait été réunie la fondation de Jeanne de Bourgogne, et une lettre de l'architecte du collège sur la valeur des immeubles aliénés.

L'architecte Gondouin, chargé de la construction du nouvel édifice, fit table rase, la maison collégiale et les quatre autres qui en dépendaient ne pouvant entrer dans le plan du palais gréco-romain qu'il voulait élever, et dont il a laissé un état descriptif. Les travaux se prolongèrent beaucoup plus qu'on ne l'avait prévu, et le roi Louis XV n'en vit pas le terme. La première année du règne de Louis XVI, le 27 avril 1775, l'Académie royale de chirurgie, désireuse de prendre possession des nouveaux bâtiments, quoiqu'ils fussent encore inachevés, tint, sous la présidence de La Martinière, premier chirurgien du roi, une séance solennelle d'inauguration dans la grande salle, ou grand amphithéâtre, que l'architecte venait de terminer.

La nouvelle école ne servit d'abord qu'aux chirurgiens; mais, « au sortir des orages de la Révolution, dit M. Charles Jourdain, médecins et chirurgiens furent réunis par le législateur dans la même enceinte ». Les vieux bâtiments de la rue de la Bûcherie et l'installation provisoire de la rue du Clos-Bruneau ne pouvaient, en effet, suffire à l'enseignement de la médecine; l'École y était plus à l'étroit que l'Académie de chirurgie dans son amphithéâtre de Saint-Côme.

De nos jours, l'édifice bâti par Gondouin, étant devenu insuffisant, a été complété par des additions monumentales au nord, à l'est, à l'ouest, c'est-à-dire sur les rues du Paon (Larrey) et Hautefeuille, ainsi que sur l'ancienne rue du Jardinet, absorbée par le boulevard Saint-Germain. Ces additions ont entraîné, ou entraîneront, la démolition de la chapelle et de quelques bâtiments de l'ancien collège des Prémontrés, autre établissement scolaire dont nous parlerons à l'article de la rue Hautefeuille, sur laquelle il avait, en dernier lieu, son entrée.

« 1616. — PLACE, à présent en masure appliquée à deux corps d'hôtel, l'un « le Chauldron », l'autre joignant la chapelle du collège de Bourgogne; ladite place contenant six toises par le milieu, ayant quatre toises cinq pouces de fond, c'est-à-dire de profondeur.

« 1628. — Censive de l'Abbaye. — MAISON DU CHAULDRON, tenant de toutes parts au collège. »

Telles sont les indications sommaires que nous avons pu recueillir dans les notes de Berty; l'inspection de son plan aide à les comprendre. Les deux corps d'hôtel dont il est question doivent être placés tant dans la partie occidentale du rectangle que Berty a figuré, sur la rue des Cordeliers, à l'est de la chapelle du collège de Bourgogne, que latéralement au collège et sur la rue des Étuves. Un de ces corps d'hôtel joignait la chapelle du collège; l'autre, qui est proprement la Maison du Chauldron, venait après, et était séparé de la rue des Étuves par la

Maison du Havre, ou Hôtel du Havre de Grâce, appartenant au collège de Bourgogne (1673), et formant l'angle occidental de la rue des Étuves à son débouché dans la rue des Cordeliers, par conséquent avant la suppression de ladite rue des Étuves[1]. Une note de Berty nous apprend que ce logis touchait aux Prémontrés; il n'en était séparé, en effet, que par le sol de la rue des Étuves, avant qu'elle devînt *vicus obturatus*.

Les trois maisons que nous venons d'indiquer complétaient, en le régularisant, le pourpris du collège de Bourgogne. Selon toute apparence, elles ne faisaient point originairement partie du logis acquis par les exécuteurs testamentaires de Jeanne de Bourgogne, lequel est qualifié simplement de maison : *quamdam domum*. Leur situation, en bordure de la rue des Cordeliers, en faisait des maisons de produit, des «louages», analogues à ceux des Augustins. Il est donc à croire que les administrateurs du collège les avaient achetées, ou fait bâtir, pour cet usage.

«Maison qui fut au couvent de Saint-Thierry (1531), contiguë au jardin de la maison des Prémontrés, faisant le coin de la rue Hautefeuille.»
Cette note, ambiguë dans sa rédaction, laisse indécise la situation de l'immeuble dont il s'agit. Nous savons que le collège des Prémontrés occupait l'angle des rues Hautefeuille et des Cordeliers; sa chapelle encore debout, mais vouée à la destruction, le témoigne suffisamment; si donc la maison ayant appartenu au couvent de Saint-Thierry formait le coin d'une rue, en 1531, ce ne pouvait être que celui de la rue des Étuves. Le fait est confirmé d'ailleurs par la nomenclature des immeubles bordant cette dernière voie, nomenclature qui comprend la maison ayant appartenu au couvent de Saint-Thierry.

Emplacement de la chapelle des Prémontrés occupé, en 1442, ainsi qu'il résulte d'une note de Berty, par une série de maisonnettes ou masures, accolées aux flancs du collège. Voici le texte de cette note :

«1442. — Plusieurs maisons en la rue devant la porte aux Cordelliers tenant, d'une part, aux religieux de Prémontré, jusqu'à la maison Nicolas Leblanc, en la rue de la Barre, jusqu'à la Maison de l'Escurel commençant en la rue des Corde-

---
[1] Pour cette suppression, voir ci-après, à l'article de la rue des Étuves.

liers, par devant lesdits religieux de Prémontré, à la maison de maistre Henri de Salmes [1]. »

« Partie latérale du collège de Prémontré ayant, en dernier lieu, son entrée sur la rue de Hautefeuille, vis-à-vis celle de Pierre-Sarrazin. »

Jusqu'en l'année 1672, époque où les vieux bâtiments du collège furent démolis et reconstruits, la porte principale de l'établissement s'ouvrait sur la rue des Cordeliers. C'est, en effet, le long de cette voie et de celle des Étuves que s'alignaient les neuf petites maisons acquises, en 1255, par les Prémontrés, des religieuses de l'abbaye de Saint-Antoine-lez-Paris. La reconstruction, qui eut lieu au XVIIe siècle (1618-1692), se fit sur un plan qui exigeait le déplacement de la porte. La nouvelle chapelle, dont les fondements furent jetés en 1618, et qui était orientée selon la tradition chrétienne, se profile encore aujourd'hui sur la rue de l'École-de-Médecine [2], occupant, avec ses dépendances, une partie de l'emplacement que couvraient les

Neuf maisons acquises, en juillet 1255, de l'abbesse Guillemette, ayant leur entrée sur la rue des Étuves et leurs dépendances latérales à la rue des Cordeliers. Nous en donnons la nomenclature à l'article de la rue des Étuves, et nous faisons remarquer que, eu égard à la faible étendue de terrain qu'elles occupaient, ce devait être de petites maisons de jardiniers et de cultivateurs, comme il en existait beaucoup dans cette région avant le grand accensement de 1179. Voici comment elles ont été désignées dans l'acte de vente : « novem domos sitas Parisius, juxta domum fratrum Minorum, in vico qui dicitur as Estuves. »

Trente-neuf ans après la vente, c'est-à-dire en 1294, l'acquisition faite par les Prémontrés fut confirmée par le payement des droits de finance auxquels elle avait donné lieu. Nous citons le texte de cette pièce à l'article de la rue des Étuves, et nous n'en reproduisons ici que la partie relative à la localisation des immeubles, tant sur cette dernière rue que sur celle des Prémontrés : « . . . . . Ultra Parvum Pontem, prope domum fratrum Minorum, *in vico* Stupharum, ab opposito vici *de Hautefeuille,* faciente cuneum vici Fratrum Minorum et vici Stupharum, tendente, ex illo latere, usque ad domum Thesaurarii Belvacensis, contigua ex altera parte cuidam parve ruelle, que clausa est ad presens, et a parte posteriori domui episcopi Remensis. »

---

[1] Notes non classées par l'auteur. — [2] Cette chapelle, appropriée à divers usages et totalement défigurée, est comprise dans le périmètre des agrandissements de l'École de médecine; elle est donc vouée à une destruction prochaine.

La «ruelle a l'arcevesque de Reims», ou cul-de-sac du Paon après la suppression de la rue des Étuves, est ici clairement désignée.

Partie postérieure de la maison de l'Image Notre-Dame, «sise rue Pierre-Sarrazin, mais aboutissant rue Saint-Côme, ou partie orientale de la rue des Cordeliers», dit une note de Berty sous la date de 1410.

Partie postérieure du collège de Dainville, ayant son entrée sur la rue Pierre-Sarrazin.

Maison des Imaiges ou aux Ymaiges, faisant encoignure sur la rue de la Harpe. «En 1304, dit Berty, elle s'étendait jusqu'à la rue Hautefeuille et appartenait aux Prémontrés. Un document de cette époque la désigne ainsi : «Domum facientem cuneum vicorum Sanctorum Cosmi et Damiani, ex una parte, et Plasterii, ex altera parte, domum scholarium Premonstratensium studentium Parisius.» On sait que la rue Hautefeuille, à son extrémité méridionale, portait alors le nom de rue de la Vieille-Plâtrière.

Il résulte du texte que nous venons de citer que la

Maison des Imayges occupait, sauf quelques petites enclaves, tout le terrain compris entre les rues des Cordeliers, de la Harpe, Hautefeuille et Pierre-Sarrazin, c'est-à-dire le pourpris du futur collège de Dainville, dont les fondateurs en devinrent propriétaires par suite de la vente que leur en firent les Prémontrés. Ces derniers, en effet, séparés par la rue Hautefeuille de cette partie de leur domaine et ayant, d'ailleurs, à payer leurs acquisitions sur la rue des Étuves, aimèrent mieux se défaire de la Maison des Imayges et unifier le pourpris de leur collège.

N. B. — Voir aux articles des rues des Étuves, de la Harpe, Hautefeuille, Pierre-Sarrazin et de l'impasse de Paon, pour l'étude des immeubles de la rue des Cordeliers s'étendant en profondeur sur ces diverses voies.

CÔTÉ MÉRIDIONAL
(d'Orient en Occident).

CENSIVE DE SAINT-GERMAIN-DES-PRÉS.
PAROISSE DE SAINT-CÔME.

Église des Saints Côme et Damien. Nous consacrons plus loin un chapitre spécial à l'étude de cet édifice.

Maison de la fabrique, à laquelle, dit Berty, «pendait l'enseigne de *la Corne de*

Cerf». Une note du même auteur localise rigoureusement l'immeuble dont il s'agit; la voici :

« Saint-Cosme, 1618. Maison de la Fabrique joignant l'église. » Elle ne pouvait la joindre que du côté occidental, puisque le côté oriental de Saint-Côme était riverain de la rue de la Harpe. C'est sans doute dans cette maison que se réunissait le conseil des marguilliers de l'église Saint-Côme. En effet, nous trouvons dans le voisinage les maisons « de la fabrique de Saint-Sévrin, de la fabrique de Saint-Benoist », immeubles qu'il ne faut pas confondre avec ceux que les marguilliers des diverses églises paroissiales possédaient ou administraient dans les différentes rues de Paris. On choisissait généralement, parmi les maisons composant le domaine temporel des paroisses, celles qui étaient le plus rapprochées de l'église, afin d'y établir le siège de l'administration paroissiale.

Écoles de chirurgie, ou Collegium chiriatricum. Nous consacrons plus loin un chapitre spécial à la monographie de cet établissement.

Couvent des Cordeliers. L'importance historique et topographique de ce monastère nous a également déterminé à lui consacrer un chapitre particulier.

Maison sans désignation, attenant à l'église des Cordeliers; elle joignait le portail de l'église du couvent, et est ainsi délimitée dans une note recueillie par Berty :

« 1583. — Maison située et assise près et joignant et partie dessus le portail et entrée de l'église et du couvent, du costé de la Porte S. Germain des Prés. » Berty ajoute : « C'est rue de l'Observance. »

Emplacement occupé, au xviie siècle, par la rue de l'Observance.

Nous disons plus loin, à l'article de cette rue, que l'un de nos collaborateurs a cru pouvoir identifier cet emplacement avec le Petit Champ, *Parvus Campus*, dont il est question dans une charte de saint Louis, de l'année 1269.

Voici le texte de ce document :

« Concessimus ad usum ipsorum (Cordigerorum) quemdam vicum qui vocatur *Parvus Campus*, situm ad latus sinistrum Fratrum predictorum; ita quod ipsum vicum, propter usus suos et ecclesie sue, claudere valeant ac tenere in perpetuum. »

Toute la difficulté de l'interprétation réside dans le sens à donner aux mots *latus sinistrum*. Est-ce par rapport au spectateur tournant le dos à l'église et regardant le nord, qu'il faut entendre ce côté gauche? Ou doit-on, au contraire, considérer l'église des Cordeliers comme un être moral, ayant sa gauche et sa droite? Dans le premier cas, les mots *latus sinistrum* pourraient s'appliquer à l'emplacement occupé plus tard par la rue de l'Observance; dans le second, on ne pourrait identifier le *Parvus Campus* qu'avec la partie supérieure de la rue Hautefeuille, tombée dans le domaine royal après son déclassement, et concédée, à ce titre, par saint Louis. Nous examinons longuement le problème, à l'article de la rue de l'Observance, et nous soumettons au lecteur les divers arguments qui militent en faveur des deux hypothèses.

Maison sans désignation, joignant l'Image sainct Loys et appelée, en 1673, Hôtel de Touraine. C'est l'avant-dernier immeuble du côté méridional de la rue des Cordeliers. Une note de Berty la mentionne dans les termes suivants :

« 1600. — Maison rue des Cordeliers, appartenant au couvent, tenant, d'une part, à la Maison de l'Image saint Louis, proche la porte Saint-Germain, d'autre, audit couvent, par derrière, aux remparts de la Ville, par devant, à la rue des Cordeliers. »

C'est cette maison « avec grand jardin au derrière, pris dans le fond du fossé d'entre les portes Saint-Germain et Saint-Michel », qui portait, en 1673, le nom d'Hôtel de Touraine. Le terrain sur lequel elle s'élevait faisait, avec plusieurs constructions « entretenantes », partie d'un emplacement vendu, en cette même année, à l'Hôtel-Dieu par le Prévôt des marchands et les Échevins, ainsi qu'il résulte de la copie d'un acte inséré dans les *Registres du Bureau de la Ville*. Les administrateurs de l'Hôtel-Dieu avaient, en acquérant ce terrain, le dessein « de le faire valoir par la construction de plusieurs bastiments et l'ouverture d'une rue qui prendroit depuis celle des Cordeliers, à l'endroit où est à présent la grande porte et principale entrée de l'Hôtel de Touraine, jusques à la rue de la Contrescarpe, traversant tout le fossé de la ville; ce qui faciliteroit la communication du faubourg Saint-Germain avec celui des Cordeliers ».

Ce texte permet d'apprécier l'étendue du terrain occupé par l'Hôtel de Touraine, son jardin et ses dépendances, puisqu'il s'étendait depuis le couvent des Cordeliers jusqu'à la maison de l'Image saint Louis, faisant face à la tourelle d'angle de la rue du Paon. C'est là que se succédaient les six maisons « entretenantes », vendues par la Ville à l'Hôtel-Dieu et profilant leurs modestes façades sur la rue des Cordeliers. Ce n'étaient, en effet, sauf la Maison du Roy David, dont nous allons parler, que maisonnettes en pans de bois, élevées d'un étage seulement.

Maison du Roy David (1673), « de moellons de maçonnerie », dit l'acte de vente.

C'était la première, d'orient en occident, et la plus importante des six maisons « entretenantes ». Celle qui venait ensuite était une

Maison sans désignation (1673), dont il n'est pas fait mention spéciale dans l'acte de vente. Elle était contiguë à deux autres.

Maisons sans désignation, indiquées comme occupant « le milieu desdites six maisons ». L'acte de vente (1673) ajoute les renseignements suivants : « Dans l'une desquelles demeure un potier d'étain, dans l'autre un chaudronnier, et dont jouissent les héritiers de Phélipes Brissard pour l'une, et François Fieffé pour l'autre, en vertu de baux amphitéotiques, valables encore pour deux ans, dans lequel temps l'Hostel-Dieu jouira des deux maisons, et, en attendant, il recevra de la Ville, par chascun an, la somme de deux cent quatre vingt livres pour les loyers desdictes deux maisons ».

Maison sans désignation (1673), occupée au moment de la vente par un coutelier. Elle était, ainsi que la suivante, la plus rapprochée du lieu où « étoit l'ancienne porte desmolye », la porte des Cordeliers ou de Saint-Germain, et avait fait retour à la Ville, « en conséquence du délaissement qui lui en avoit esté fait par M° Florent Marquelet, seigneur de la Noue, procureur du Roy de la ville de Meaux, qui avoit droit d'en jouir, comme estant aux droits de Robert, son aïeul, à qui les places sur lesquelles lesdites maisons ont été basties avoient esté données par bail amphitéotique, à la charge de faire lesdits bastimens ».

Maison de l'Image saint Louis, formant l'angle de la rue des Cordeliers et de l'ancienne allée des murs, en face de la rue du Paon. En 1600, dit une note de Berty, elle appartenait aux Cordeliers; en 1673, c'était une propriété de la Ville, puisqu'elle fut comprise dans la vente faite à l'Hôtel-Dieu. Elle était, à cette date, occupée par un bourrelier.

Les clauses et conditions énoncées dans l'acte nous renseignent sur les motifs qui déterminèrent la Prévôté des marchands à cette aliénation : l'architecte Blondel élevait alors un arc de triomphe commémoratif des victoires de Louis XIV, et la Ville avait pris à sa charge les frais de ce monument. Pour obtenir un prix plus considérable, elle offre de grands avantages aux acquéreurs de ses terrains : elle leur « cède, quitte, transporte et délaisse, du tout à toujours, la place et fond de terre où sont à présent construits les murs de la Ville joignant lesdits héritages, tant de face que de côté ». Enfin, il est déclaré dans l'acte que « ces ventes et délaissemens furent faits en échange de la somme de vingt mil livres, destinées au payement des ouvriers travaillant à la Porte Saint-Denis ».

CHAPITRE XIII.

COUVENT DES CORDELIERS, OU FRÈRES MINEURS.

Dans son livre intitulé : *De origine seraphicæ religionis franciscanæ ejusque progressibus*, François Scipion de Gonzague, de la famille de Gonzague-Clèves-Nevers, — à laquelle appartenait l'hôtel qui succéda au vieux manoir de Nesle — élu, en 1579, dans un chapitre tenu à Paris, général de l'ordre des frères Mineurs, raconte et localise, ainsi qu'il suit, l'établissement de ces religieux en la région occidentale de l'Université.

« En l'année 1230, dit-il, entre la porte (de Saint-Germain) et l'église des Saints Cosme et Damien, la petite plante des simples frères Mineurs, d'abord greffée et établie, poussa des racines, s'accrut et se fortifia [1]. »

Voici dans quelles circonstances eut lieu cette « plantation ».

On sait que les premières années du règne de saint Louis furent fécondes en fondations religieuses [2]. Secondée par l'évêque de Paris, Guillaume d'Auvergne, la régente Blanche de Castille favorisa de tout son pouvoir les créations d'églises et les institutions monastiques : en moins de deux ans (1229-1230), le prieuré de Sainte-Catherine-du-Val-des-Écoliers, l'église de Saint-Nicolas-du-Chardonn et et le monastère des frères Mineurs vinrent s'ajouter aux établissements religieux que Paris possédait déjà.

Dès 1210, saint François d'Assise avait eu la pensée de venir en France pour y fonder son ordre ; dissuadé par le pape, il se contenta d'y envoyer, en 1216 ou 1217, quelques disciples qui prirent un logis provisoire et attendirent une occasion favorable pour s'établir définitivement [3]. Encouragés par la régente et

---

[1] « Anno 1230, inter portam et ecclesiam Sanctorum Cosmæ et Damiani, simplicium fratrum Minorum plantula, primo insita et constituta, radices egit, aucta et roborata est. »

[2] André Duchesne reconnaît que saint Louis « déferoit beaucoup aux prestres et religieux » et raconte naïvement l'algarade que lui fit un jour une plaideuse, aïeule de la comtesse Pimbèche. « Une femme nommée Sarriette plaidant par-devant Monsieur saint Louys, et n'estant jugée si tost qu'elle lust voulu, lui dist, comme il descendoit de sa chambre : *Fi! fi! deusses tu estre Roy de France? Moult mieulx fust qu'un autre fust Roy que tu. Car tu es Roy seulement des frères Mineurs et des frères Preschenrs, et des prestres et des clercs.* » (*Antiquités et recherches de la France* (1609), p. 297.)

[3] Corrozet indique, dans les termes suivants, la résidence provisoire des frères Mineurs : « La saincte troupe desquels se tint jadis au mesme lieu où à présent est le collège de Navarre, ainsi qu'encor

le nouveau roi, ils entrèrent en pourparlers avec l'abbé de Saint-Germain-des-Prés et se firent « prêter » par lui un terrain situé en la censive de l'Abbaye. « Nous connaissons par là, dit Félibien, après Du Breul, que l'esprit de saint François et de ses premiers disciples estoit de n'avoir rien du tout en propre, soit en commun, soit en particulier, pas mesme les maisons où ils demeuroient; c'est pourquoi ils ne les recevoient qu'à titre de prest, et supposoient que la propriété en appartenoit toujours à leurs fondateurs [1]. »

L'évêque, Guillaume d'Auvergne, fut appelé à donner son approbation aux arrangements survenus entre les frères Mineurs et les religieux de Saint-Germain-des-Prés. « L'abbé et le couvent de Saint-Germain, dit-il dans ses lettres, auxquels appartient, en fonds et propriété, un certain lieu avec les maisons y construites, situé dans la paroisse des Saints Cosme et Damien, en deçà des murs du seigneur Roy, proche la porte de Gibard, l'ont, par une pensée de divine charité, *prêté* à nos chers fils en Jésus-Christ, les frères de l'ordre des frères Mineurs, afin que ceux-ci puissent y demeurer *comme hôtes*, de telle sorte qu'ils ne pourront y avoir ni cloches, ni cimetière, ni autel consacré, si ce n'est *un autel* portatif, ni chapelle consacrée: *nec campanas, nec cœmeterium, nec altare sacratum, nisi portatile, nec capellam sacratam* [2]. Sauf en toutes choses le droit paroissial de l'église des Saints Cosme et Damien, dont le patronage appartient au monastère de Saint-Germain-des-Prés, l'abbé et le couvent de Saint-Germain auront en ce lieu la justice temporelle, comme ils l'ont dans les autres terres situées en deçà des murs. Mais si dans les temps à venir il arrive, par une circonstance quelconque, que les frères de l'ordre ci-dessusdit quittent le lieu ci-dessus désigné, ce lieu lui-même, avec tous ses bâtiments et accroissements, retournera intégralement et sans aucune contestation au droit et domaine du monastère de Saint-Germain, droit et domaine bien et dûment reconnus [3]. »

---

on voit les marques des dortouers et cellules des frères; mais ce sainct Roy (Louis IX) voyant ce lieu trop mal propre pour la solitude de ces hommes angéliques, les transporta près la Porte Saint-Germain et sur la rue de Haute-Fueille. » (*Les Antiquitez, croniques et singularitez*, etc., éd. de 1586, fol. 82 v°.)

[1] *Hist. de la ville de Paris*, I, p. 285.

[2] Jaillot explique très judicieusement cette interdiction que les historiens de Paris ont relatée, sans en comprendre le sens et la portée:

« Il doit paroître singulier, dit-il, qu'en permettant l'établissement des Cordeliers, on ne leur accorde pas la faculté d'avoir une chapelle, ni un autel, ni des cloches, ni un cimetière. Les historiens pouvoient bien consulter l'original de cette concession, et ne pas s'en rapporter à des copies infidèles : ils y auroient vu qu'on ne leur interdisoit alors que la faculté d'avoir une chapelle et un autel consacré, c'est-à-dire qu'ils ne pourroient avoir une chapelle publique, ni cloches pour appeler les fidèles au service divin. Cette permission eût pu détourner les paroissiens d'aller à l'église de Saint-Côme ainsi qu'ils y étoient obligés, et préjudicier aux intérêts du curé, qui se seroit trouvé lésé par la perte d'une partie des offrandes et par la diminution du revenu des droits curiaux. »

[3] (RECHERCHES, etc., *Quartier Saint-André-des-Arcs*, p. 51.)

Jaillot, qui cite les lettres de Guillaume d'Auvergne, ne veut y voir qu'un simulacre de prêt couvrant un acte de munificence royale. « Il falloit, dit-il, colorer du titre de *prêt* une cession véritable : si ce fut une donation réelle, on peut dire que la libéralité de l'abbé et des religieuses de Saint-Germain fut immense; car, outre les maisons et la vaste étendue de terrain que renferme l'enclos de ce monastère, j'ai lu que le chapitre de Saint-Meri reçut, au mois de mars 1230, de l'abbaye de Saint-Germain, 4 livres pour le rachat de deniers de cens qu'il percevoit sur une partie du terrain enclavé dans celui des Cordeliers. La vérité est que ce fut saint Louis qui acheta de l'abbaye tout ce qu'il paroît qu'elle prêta à ces religieux [1]. »

Quoi qu'il en soit, voilà les Cordeliers hôtes de l'abbaye, sous le patronage du Roi et de l'évêque de Paris; mais la « petite plante » ne pouvait prendre racine dans le terrain nu; il lui falloit un abri; le jeune Roi et sa mère ne tardèrent point à y pourvoir. « Nous trouvons, dit Félibien, après Dubois, l'historien de l'Église de Paris, que, en 1234, la communauté de Saint-Germain-des-Prés donna *un grand logis*, à la recommandation du Roy, qui céda en récompense à l'Abbaye cent sous parisis de rente qu'elle faisoit au Roy, depuis un traité passé, en 1209, avec Philippe-Auguste, pour trois jours de pesche tous les ans, que nos roys s'estoient reservez dans l'estendue de la rivière de Seine, donnée autrefois à l'Abbaye par le roy Childebert Ier, son fondateur [2]. »

Quel était ce « grand logis » donné aux Cordeliers par les religieux de Saint-Germain, et désigné dans le texte latin sous le nom de *porprisium* (pourpris), c'est-à-dire terrain clos et bâti en partie? Sans doute une des maisons dont il est parlé dans l'acte de prêt, et qui servaient à l'exploitation des vastes terrains en culture que possédait l'Abbaye. Séparées des champs et des vignes qui en dépendaient, ces maisons avaient perdu quelque peu de leur valeur, et l'Abbaye avait intérêt à s'en défaire, tout en s'exonérant du payement d'une rente. En les cédant aux Cordeliers, l'abbé et les religieux de Saint-Germain renonçaient au prétendu système de prêt consenti par eux quatre ans auparavant, et les frères Mineurs, déjà propriétaires secrets, en dépit de leur règle, le devenaient ouvertement, malgré leur vœu de pauvreté individuelle et collective.

Six ans plus tard, en 1240, l'Abbaye abandonne en leur faveur les réserves qu'elle avait faites primitivement, preuve que ces réserves n'étaient pas sérieuses. « Les abbés et religieux de Saint-Germain, dit Félibien, leur permirent d'avoir une église avec cloches et cimetière, et, dans la suite, les frères Mineurs accrurent considérablement encore le lieu de leur habitation [3]. »

---

[1] Du Breul (p. 515, éd. de 1612) et Félibien (*Preuves*, I., p. 115) donnent le texte latin de ces lettres.

[2] Recherches, etc., *Quartier Saint-André-des-Arcs*, p. 50.

[3] *Hist. de la ville de Paris*, 1, p. 115.

Nous avons rappelé, à l'article de la porte des Cordèles[1], l'incident relatif aux deux pièces de terre, situées en deçà et au delà de l'enceinte, ainsi que la permission de percer le mur, pour aller de l'une à l'autre [2]. Après avoir fait remarquer que M. A. Bonnardot avait eu tort d'y voir l'origine de la porte Saint-Germain, ou des Cordeliers, nous avons constaté que cette autorisation avait servi de précédent, et que, à l'imitation des frères Mineurs, les Jacobins s'étaient fait octroyer des terrains et même des constructions dans les fossés, au delà des murs de ville.

Les deux pièces de terre dont il s'agit, « que des particuliers mus de charité, dit Félibien, vouloient acheter pour en faire présent aux religieux », étaient situées partie dans le domaine, partie dans la censive de l'Abbaye, c'est-à-dire au delà et en deçà des murs. On sait, en effet, que l'accensement de 1179, ordonné par Hugues V, s'était continué et largement développé au moment de la construction de l'enceinte dite de Philippe-Auguste, de manière à diviser le territoire jadis donné à l'Abbaye en deux parties bien distinctes : censive en deçà, domaine au delà de la fortification nouvelle. Le pourpris des Cordeliers, formé d'une portion du domaine et d'une emprise dans la censive, se trouvait donc « à cheval » sur ces deux sortes de propriétés.

Déjà fort étendu, il le devint bien davantage encore, par diverses extensions sur la censive de l'abbaye de Sainte-Geneviève. Sauval, qui paraît avoir été peu favorable aux Cordeliers, fait, dans les termes suivants, l'histoire de leurs agrandissements successifs :

« Le clos des Cordeliers s'étendait bien avant dans le faubourg Saint-Germain. Les religieux de Sainte-Geneviève amortirent, en 1286, trois pièces de vignes de cinq quartiers, qui en faisaient partie, assises entre Saint-Sulpice et la porte Saint-Michel.

« En 1298, les Cordeliers comptèrent au chambrier de Sainte-Geneviève vingt livres parisis pour l'amortissement d'une autre pièce de vignes qu'ils avoient dans ce clos. Ce clos enfin, avec ses vignes, a tenu à leur couvent jusqu'en 1356, où il en fut séparé pour faire les fossés de la ville. Les Cordeliers, au reste, n'y sont pas rentrés depuis, comme ont fait les Jacobins dans le leur; et cela, pour en avoir été plus que récompensés par Charles V, qui, outre les jardins agréables qu'il leur donna, fit faire encore dans leur maison quantité de logements et de grandes écoles, dont ils se tinrent si contents, qu'en 1370 ils promirent de dire à perpétuité une messe pour lui, pour la reine et pour leurs enfants : ce qui n'a pas empêché pourtant que depuis ils n'aient fait tout leur possible pour y rentrer, et même encore aujourd'hui plus que jamais, quoique sans raison; et enfin portent

---

[1] Voir, ci-avant, chapitre des *Enceintes*. — [2] *Ibid.*

si loin leur prétention que ce ne leur est pas assez de vouloir être seigneurs des maisons bâties sur ce clos, ils veulent aussi en être propriétaires et posséder ceux à qui elles appartiennent[1]. »

Dans ce réquisitoire contre les Cordeliers, Sauval oublie de mentionner le don fait en 1298 à ces religieux, par Philippe le Bel, de la ruelle ou allée des murs depuis la porte Gibard jusqu'à celle de Saint-Germain, celui de deux maisons sises rues de la Harpe et Saint-Côme, à eux fait par Charles V, les travaux de construction payés par ce roi ainsi que par la reine Anne de Bretagne, et beaucoup d'autres libéralités, que nous mentionnerons dans l'ordre chronologique. Qu'il nous suffise de rappeler ici la donation de Philippe le Bel.

1298. Don par Philippe, roy, de la ruelle des Murs.

« Quamdam ruellam retro domum fratrum ipsorum infra muros Paris. existentem, prout a porta que dicitur porta *Inferni* usque ad portam sub scolis eorumdem, quequidem ruella se in longum et latum extendit, prout per experiam (enquête) de mandato nostro inde factam didicimus, propter raram ipsius (ruellæ) habitationem et aliis certis causis, posset in pluribus esse dampnosa, eisdem fratribus, in loci sui ampliacionem, dedimus et concessimus, intentu pietatis, a fine orti Autissodorensis episcopi [2], qui ortus muris civitatis nostre Parisiace concingitur, usque ad portam ipsius ruelle, que est subtus scolas eorum, per ipsos claudendam [3]. »

Mais revenons à l'origine de ces agrandissements et aux constructions qu'ils

---

[1] Cette autorisation devait nécessairement entraîner des abus et amener des contestations entre les Cordeliers, le Roi et la Ville. Elle fut renouvelée en 1540, et eut de fâcheuses conséquences, ainsi que le témoignent les notes suivantes recueillies dans les papiers de Berty :

Permission accordée aux Cordeliers de percer le mur d'enceinte :

« 1540. Permettons auxdits religieux et convent de pouvoir percer le mur de ladite ville estant derrière leur convent, pour faire couler l'eau qui chet et respand de leur puys, après ce que les habitants des environs et les religieux d'icelluy en ont tiré, devant les fossez de ladite ville, pour éviter à ce que l'eau dudit puys ne pourrisse plus les fondements de leurs dortoers, à la charge que le trou qui se fera en ladite muraille sera seulement de six poulces de largeur. »

Le susdit *trou* prit plus tard les dimensions d'une porte et donna lieu à un procès en l'an 1655 ; Gui Patin en parle dans les termes suivants : Il y a ici une plaisante querelle entre les prévost des marchands et eschevins contre les Cordeliers, pour une porte que ceux-ci ont faite au derrière de leur maison, laquelle répond dans le fossé du faubourg Saint-Germain. Cela fera un procès qui ira en la grand'chambre. »

On peut lire dans les *Preuves* de Félibien (III, p. 138), un extrait des Registres du Parlement, relatif à «l'entreprise des Cordeliers sur le rampart de la ville».

[2] *Antiquités de Paris*, II, p. 167.

[3] Il s'agit du jardin de l'hôtel des évêques d'Auxerre, qui avait son entrée sur la rue de la Harpe, et aboutissait à l'enceinte de Philippe-Auguste. Voir à l'article de cette rue.

motivèrent. Pourvus d'un grand logis, ou pourpris embrassant un double enclos *intra* et *extra muros*, les frères Mineurs n'avaient plus qu'à faire édifier une église, puisqu'il leur était permis désormais d'avoir «cloches, cimetière et autel consacré», c'est-à-dire, ainsi que l'explique Jaillot, d'appeler les fidèles à leurs offices; saint Louis les y aida puissamment. Ce fut lui, dit André Du Chesne, «qui la fit bastir de l'argent qu'il fit payer à Enguerrand de Coucy, IV° du nom, pour avoir fait pendre, sans autre forme de procès, trois jeunes gentilshommes flamands qui estudioient la langue françoise dans l'abbaye de Saint-Nicolas-aux-Bois, et qui, en chassant, avoient poursuivi leur gibier jusques sur les terres de ce seigneur.»

Le grand justicier fit payer cher cette entreprise sur l'autorité royale. L'amende à laquelle il condamna le sire de Coucy était de dix mille livres; il en employa une grande partie à faire construire l'église du nouveau couvent, édifice considérable dont les travaux furent «intermis»[1] dit Du Breul, sans doute par défaut d'argent, et dont la dédicace n'eut lieu qu'après le retour de saint Louis. C'était, en effet, avant et pendant sa première croisade qu'on y avait travaillé, et l'on ne voulait pas la consacrer en l'absence du Roi, bienfaiteur du monastère [2].

Aucun des anciens historiens de Paris n'a parlé avec quelque détail de l'église des Cordeliers; toutes les descriptions que nous en avons, sauf celle de François-Scipion de Gonzague, sont postérieures à l'incendie de 1580. Cependant nous en connaissons les dimensions, puisqu'il paraît constant que la nouvelle basilique a été reconstruite sur les fondations de l'ancienne, et qu'on a conservé les gros murs partout où le feu ne les avait point attaqués.

Corrozet, qui la visita avant l'incendie, donne la liste des tombeaux et épitaphes qu'elle renfermait, et son continuateur Bonfons, qui écrivait en 1586, six ans après le sinistre, dit, en reproduisant le texte primitif : «La plus grande partie de tous ces sépultures, tôbeaux et effigies, escrites cy dessus ont esté brisez et rôpus par le désastre et violence du feu qui advint le dixneufiesme jour de novembre 1580...; mais pour ce que le premier autheur de ce livre (Corrozet) les avoit longtemps auparavant recueillis et mis en lumière, je n'ay voulu les oster : aussi que j'espère qu'ils seront restablis avec le temps[3].»

---

[1] «1286. La construction de l'église des Cordeliers a esté longuement intermise, et n'a esté parfaite, sinon après le retour de la Terre Sainte du roy saint Louis, novembre 1262, et en la mesme année (1269), le sixiesme jour de juin, elle fust consacrée et dédiée en l'honneur de sainte Marie-Magdeleine.»

[2] Il convient de mentionner ici le double don que saint Louis fit encore aux Cordeliers : par son testament, il leur légua sa «librairie» et quatre cents livres d'argent, «somme considérable pour le temps», ajoutent les vieux historiens de Paris.

[3] *Antiquitez, croniques et singularitez*, etc., éd. de 1586, fol. 86 v°.

Les « princes, princesses et autres qui s'ensuivent », dont les corps reposaient « sous sepulchres de marbre noir et effigies de blanc marbre et albastre », étaient :

« Madame Marie, royne de France, femme du roy Philippes, fils de S. Loys, fille du duc de Braban ;

« Madame Ieanne, royne de France et de Navarre, comtesse de Brie et Champaigne, dame fonderesse du college de Navarre, femme du roy Philippes le Bel [1] ;

« Madame Ieanne, royne de France et de Navarre, contesse de Bourgongne et d'Artois ;

« Le cœur du roy Philippes le Long, son espoux, roy de France et de Navarre, fils du roy Philippes le Bel ;

« Le cœur de madame la royne Ieanne, royne de France et de Navarre, et espouse du roy Charles, roy desdits royaumes, fils du roy Philippes le Bel ;

« Le cœur de madame Blanche de France, fille du roy Philippes, la longue vestue, religieuse à Lonchamp ;

« Madame Mahaut, fille du comte de S. Paul, femme de monsieur Charles, fils du roy de France, comte de Valois, d'Alençon, de Chartres et d'Anjou [2] ;

« Ainzné, fille du roy de Castille [3] ;

« Madame Blanche, fille de monseigneur saint Loys, roy de France, femme jadis de monseigneur.... [4] ;

« Loys de Vallois, fils de noble Prince mõsieur Charles, fils de France, comte d'Alãçon, de Chartres et d'Anjou [5] ;

« Messire Loys Ainsnez, fils de Robert, comte de Flandres, quens de Rethesc...

« Monsieur Pierre de Bretaigne, fils de Iean, duc de Bretaigne, et de madame Blãche, fille de Thebaut, roy de Navarre ;

« Monseigneur Charles, comte d'Estampes, frere de madame Ieanne, royne de France et de Navarre » [6].

A la suite de ces épitaphes royales et princières, Corrozet mentionne celles de quelques personnages d'un ordre inférieur :

« Au derrière du grand autel, dit-il, joignant la ceinture du cœur est eslevé

« Reverend pere en Dieu, messire Pierre Filhol de Gannat en Bourbonnois, archevesque d'Aix en Provence, lieutenant general pour le roy François Ier au gouvernement de Paris et Isle de France ;

« Du comte de Carpes dont l'effigie est eslevée en cuivre [7]. » Suit une épitaphe en latin.

---

[1] « Cette-cy est seule, ajoute Corrozet, et son épitaphe est rompu ; il n'y a pas long temps qu'on le voyoit en un tableau escrit à la main, lequel on ne voit plus.

« Au-dessous est le monumẽt d'un prince et d'une princesse, chacun tenant un cœur entre les mains : le prince porte en ses armoiries, semées de fleurs de lys, à une bande, et n'y a aucune épita. » (*Antiquitez, croniques*, etc., fol. 83 v°.)

[2] « Pres de Mahaut, ajoute Corrozet, est une autre princesse en habit de nonnain, sans épitaphe. » (*Id.*, fol. 84.)

[3] « Le reste est rompu », ajoute Corrozet.

[4] « Le reste est rompu », dit encore Corrozet.

[5] « Du costé de midy, ajoute le même historien, est le tombeau d'un prince armé, son escu semé de fleurs de lys, à quatre lambeaux.

« Derrière le cœur un chevalier armé et une dame eslevez en pierre sans escriture.

« Du costé de septentrion sont les effigies d'un comte et d'une côtesse, en albastre et sans escriture. »

[6] *Ibid.*, fol. 84 et 85.

[7] Il s'agit de la statue en bronze d'Alberto Pio,

H. Cocheris, dans ses notes et additions au texte de Le Beuf, ajoute à la liste de Corrozet les deux mentions suivantes :

Pierre de Bourbon, qui légua, le 27 janvier 1342, 500 florins de Florence «pour la tombe de son cuer en l'église des freres Meneurs de Paris, au plus pres que l'en pourra bonnement de la tombe de madame Marguerite de Clermont, comtesse de Namur, jadis suer d'iceluy».

Isabeau de Valois, duchesse de Bourbon, qui dans son testament du 25 janvier 1380, écrivait : «Nous eslisons la sepulture d'iceluy nostre corps en l'esglise des freres Meneurs de Paris, en la fosse et soubz la tumbe ou sepulture de marbre où le corps de nostre chière dame et mere, que Diex absoille, gist; sus laquelle tumbe nous voulons et ordenons une ymage d'alabastre fait a nostre semblance estre mis et achepté de nos propres biens.» (Arch. nat., P 1371.)

L'omission de ces deux noms et d'autres encore prouve que Corrozet n'avait pas relevé toutes les inscriptions funéraires, en l'église des Cordeliers, avant l'incendie de 1580. Depuis, il en a été placé plusieurs autres, que les historiens de Paris ont relevées [1].

Bonfons mentionne encore, d'après Corrozet, trois épitaphes antérieures à l'incendie de 1580; il place les deux premières «du costé de septentrion» et la troisième «au cœur d'icelle église des Cordeliers». Elles étaient consacrées à la mémoire de Nicolas, fils de Jean de Saint-Quiric, de l'Italien François Medulla et de l'Allemand Guillaume Frolich, personnages qui avaient rendu des services tant aux Cordeliers qu'aux rois de France.

Les autres monuments funéraires étaient postérieurs à l'incendie [2], et nous n'avons mentionné les premiers que pour donner une idée de l'importance de l'édifice, ainsi que pour confirmer la remarque de deux descripteurs modernes du couvent : «Comme les Jacobins et les Cordeliers, disent les auteurs du *Dictionnaire historique de la ville de Paris*, avoient partagé l'affection et les bienfaits de S. Louis, ils partagèrent aussi l'honneur d'inhumer dans leurs églises plusieurs princes et princesses issus de ce roi [3].»

La basilique, construite par les libéralités de saint Louis, dédiée en 1262, sous le titre de Sainte-Madeleine, et rebâtie de 1282 à 1606 sur ses anciennes fondations, avait environ cent soixante toises de longueur sur quarante-cinq de

prince de Carpi, en Italie, antagoniste d'Erasme, mort à Paris, en 1530, revêtu d'un habit de cordelier, dans lequel, dit Piganiol, il voulut être enterré. Erasme, qui voulait tirer vengeance de son contradicteur, composa, à cette occasion, l'ouvrage intitulé *Exequiæ seraphicæ*, et Marot fit allusion à ces obsèques séraphiques dans sa seconde lettre du *Coq-à-l'âne :*

> Témoin le comte de Carpi,
> Qui se fit moine après sa mort.

Le célèbre Paul Ponce (Paolo Ponzio) avait représenté le prince de Carpi au milieu de ses livres et en habit de guerre.

[1] Piganiol (*Descript. hist. de la ville de Paris*, VII, p. 21 et suiv.) en donne une longue liste.

[2] Nous renvoyons le lecteur à la liste qu'en ont donnée les historiens de Paris, à la *Description des monuments français*, par Alexandre Lenoir, et aux catalogues du Musée de sculpture (Renaissance et temps modernes).

[3] Hurtaut et Magny, II, p. 572.

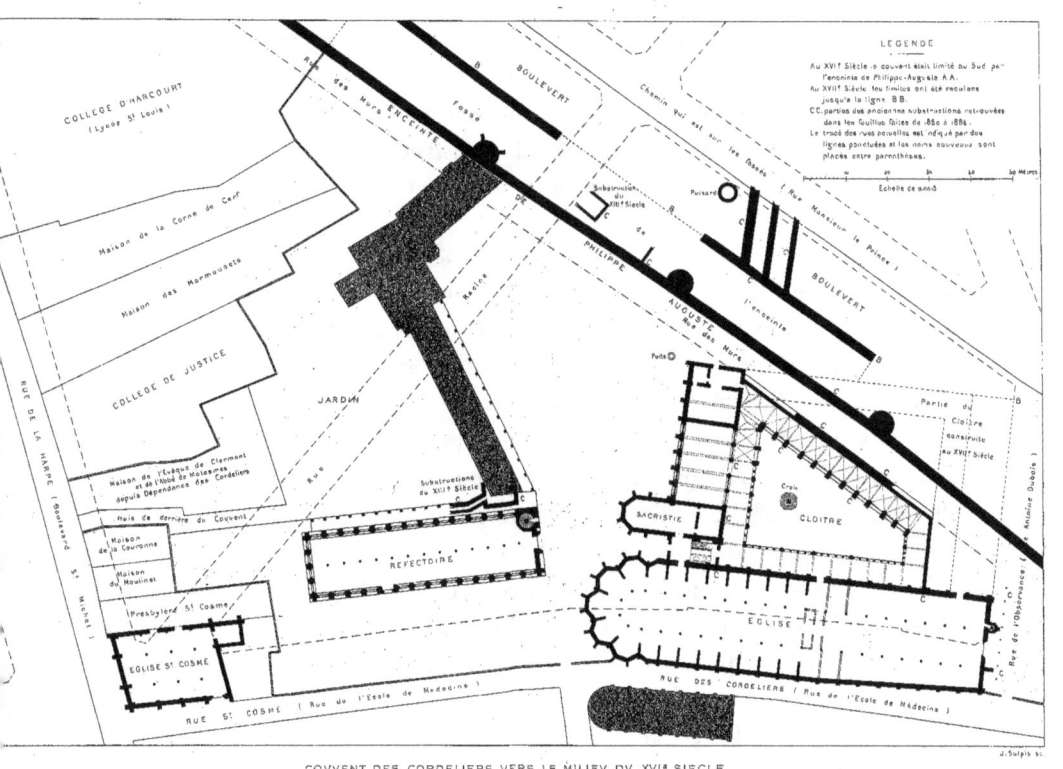

COVVENT DES CORDELIERS VERS LE MILIEV DV XVIᵉ SIECLE

POVRPRIS DV MONASTERE COMPRENANT L'EGLISE, LES BATIMENTS CONVENTVELS, LE REFECTOIRE ET L'INFIRMERIE

d'après les relevés de Th. Vacquer

largeur, y compris les chapelles des bas côtés. La voûte, se composant d'un simple lambris qui fut rétabli après l'incendie, n'avait point exigé l'emploi de contreforts extérieurs. L'édifice, conçu dans le style ogival de la seconde moitié du xiiie siècle et contemporain, par conséquent, de la Sainte-Chapelle, ainsi que de la chapelle de la Vierge à Saint-Germain-des-Prés, œuvres de Pierre de Montreuil, qui fut peut-être aussi l'architecte des Cordeliers [1], devait donc avoir une certaine légèreté, autant du moins que le comportaient les églises monastiques, toujours plus sévères d'aspect que les cathédrales, les collégiales et autres églises séculières. Elle était régulièrement orientée, ayant sa principale façade tournée vers l'occident, sa façade latérale de gauche le long de la rue des Cordeliers, et le chœur dans la direction de Saint-Côme, limité par la partie supérieure de la rue Hautefeuille, laquelle avait été déclassée et incorporée au pourpris du couvent. On sait, en effet, que saint Louis avait ajouté à toutes ses libéralités le don du sol de cette partie de la rue, devenue inutile après la construction de l'enceinte de Philippe-Auguste, qui fermait la rue Hautefeuille à son extrémité méridionale.

Le nombre des chapelles était proportionné à la grandeur de l'église, ainsi qu'à la quantité des monuments funéraires qu'elle renfermait; Berty en a figuré vingt-six sur son plan. Celles qui existaient avant l'incendie furent réparées ou réédifiées, et après la restauration de l'édifice on en établit, tant au dedans qu'au dehors, de nouvelles qui portèrent, comme à Saint-André-des-Ars, le nom de leurs fondateurs ou propriétaires. Parmi les anciennes, nous mentionnerons celles de Saint-François et du Saint-Sépulcre, qui étaient le siège de deux confréries, et celle de Saint-Louis, bienfaiteur du couvent. Les principales chapelles seigneuriales ou parlementaires, postérieures aux deux premières, étaient :

Celle des *Gondi*, qui renfermait le corps de Dom Antonio, roi de Portugal, mort à Paris après avoir été chassé de son royaume; celle des *Longueil*, famille qui avait son hôtel près du couvent; celle des *Besançon*, où étaient inhumés les Bullion et les Lamoignon; celle des *Briçonnet*, consacrée à la sépulture des membres de cette famille; celle de *Sainte-Élisabeth de Hongrie*, construite ou reconstruite en 1672, et où s'assemblaient les confrères de l'ordre de Saint-François. On comprend le vocable de cette dernière chapelle, quand on se rappelle que la pieuse épouse du landgrave de Thuringe avait été elle-même membre du tiers ordre, ainsi que le dit la *Séquence* composée en son honneur :

> Pro Francisci cordula,
> Mantello, tunicula,
> Purpuram deposuit.

---

[1] On ne peut émettre, à cet égard, qu'une conjecture; cependant, comme saint Louis faisait les frais de l'édifice, il semble assez naturel qu'il en ait confié la construction à l'architecte de sa chapelle, à l'homme le plus renommé de son temps pour les «œuvres de massonnerie».

« Une épitaphe qui est au milieu de cette chapelle sur une tombe plate, nous apprend, dit Piganiol, que Marie-Thérèse d'Autriche, reine de France, étoit supérieure de cette confrérie.

« Quant à la chapelle du Saint-Sépulcre, ajoute-t-il, elle doit son origine à quelques bourgeois de Paris qui avoient fait le voyage de Jérusalem. S. Louis, les seigneurs de sa cour et plusieurs autres qui avoient accompagné ce prince au premier voyage qu'il fit en la Terre Sainte, demandèrent à y être agrégés. On croit que ces confrères firent d'abord leurs assemblées dans quelque église, auprès du Palais; mais, dès qu'en 1336 on eut donné la garde du S. Sépulcre de Jérusalem aux Cordeliers, les confrères choisirent l'église de ces Pères pour leur lieu d'assemblée [1]. »

A droite du chœur, dont elle était séparée par un passage et joignant les bâtiments conventuels, s'élevait une sacristie assez étendue, comme il en existait dans la plupart des monastères; elle formait une sorte de grande chapelle annexe, et se rattachait sans doute aux constructions du XIIIe siècle, comme partie intégrante de l'église. C'est en ce sens que nous paraît devoir être entendu le passage suivant du livre du général de Gonzague, élu dans le chapitre de 1579, et ayant, par conséquent, vu le couvent de Paris avant l'incendie : « Tanta fuit christianissimi et sancti regis Ludovici in Deum pietas, et de servulis ejus fratribus Minoribus bene merendi voluntas, ut *præter eximium templum*, — quod habebat longitudinis supra 320 pedes, latitudinis supra 90, — *aliud quoque eidem cohærens, ejusdem structuræ, maximum et firmissimum ædificium construi curaverit.* »

Le doute ne semble pas possible : cet autre temple, tenant au grand, de même structure, très grand et très solide, ne peut avoir été que la sacristie monumentale dont nous parlons, qui avait sa nef, son abside, et présentait architectoniquement les mêmes dispositions que la grande église. Gonzague ajoute qu'on y avait enfermé l'oratoire primitif, sans doute la petite chapelle qui avait précédé la construction de saint Louis, et qu'on y conservait les objets sacrés : *In quo priscum sacrarium, quæ res sacræ conservari solent, continetur.* On ne saurait désigner plus clairement l'ancienne chapelle, transformée en sacristie après l'achèvement du grand édifice.

Ce qui achève de le prouver, c'est que l'ancienne salle où se réunissaient les théologiens de l'ordre, *aula theologica* [2], fut l'objet d'une transformation analogue, après la construction d'un bâtiment plus spacieux pour l'enseignement de

---

[1] *Descript. hist. de la ville de Paris*, VII, p. 12 et 34.

[2] La tablette de marbre noir, sur laquelle étaient sculptés ces deux mots, et qui était placée au-dessus de la porte d'entrée de l'école de théologie des Cordeliers, a été recueillie, lors des dernières démolitions, et déposée au musée Carnavalet, où elle figure dans le grand escalier de l'hôtel.

la théologie. Gonzague déclare positivement qu'elle fut alors vouée à de plus humbles usages, *humilioribus usibus*.

Il nous apprend également que la sacristie n'était séparée du «chapitre» que par un mur, ce que montrent parfaitement les plans anciens et les nouveaux relevés. Le chapitre ou salle capitulaire avait, dit-il, soixante-seize pieds de long et cinquante-cinq de large. Un mur le séparait de cette «cour théologique» dont nous venons de parler et qui continuait, au midi, la ligne des constructions perpendiculaire à l'église. Si modeste qu'ait été la «cour» primitive, celle qui datait de saint Louis, elle fut pendant longtemps le rendez-vous général des théologiens de l'ordre, qui comptait les docteurs par centaines [1]; jugée insuffisante, elle fut remplacée par d'autres bâtiments que Gonzague affirme avoir été beaucoup plus vastes, beaucoup plus élégants et beaucoup plus commodes. Ils dataient, dit Sauval, du règne de Charles V, «qui fit faire encore, dans leur maison, quantité de logements et de grandes écoles» [2].

Ce prince doit, en effet, être considéré comme le troisième bienfaiteur des Cordeliers, les deux premiers étant saint Louis et Philippe le Bel. C'est pour compenser les retranchements qu'on dut faire, après la bataille de Poitiers, dans la partie de leur enclos située *extra muros*, au moment où l'on creusa les fossés sur le pourtour de l'enceinte, qu'on éleva, par ordre et aux frais du Roi, les bâtiments dont nous venons de parler.

Ces retranchements furent considérables, dit Jaillot : ils portèrent sur les vignes du couvent et sur les bâtiments contigus à l'enceinte, «ainsi qu'il est constaté par un procès-verbal de descente fait sur les lieux les 26 et 28 janvier 1655. Charles V eut égard au préjudice qu'on leur avoit fait en démolissant leurs édifices : par ses lettres patentes du mois de juin 1366, il leur donne, par pure aumône, deux maisons situées rues de la Harpe et de Saint-Côme, qu'il avoit achetées des religieux de Molème, et fit faire de grandes écoles et autres bâtiments [3]».

Ces «autres bâtiments» remplacèrent les logettes en bois et en terre qui dataient sans doute du premier établissement et dont la construction, on le voit, avait été

---

[1] Les plus anciens sont Alexandre de Halès, qui fut le maître de saint Bonaventure, Duns Scott, surnommé le Docteur subtil, Nicolas de Lyra, qui eut une grande réputation de savoir en son temps, et plusieurs autres doctes personnages dont Du Breul, Félibien et autres historiens de Paris citent les noms.

[2] Le rimeur M. de Marolles, dans une série de mauvais quatrains, donne, depuis 1600 jusqu'à son époque, la liste des «Pères gardiens du grand couvent des Cordeliers de Paris, lesquels sont tous docteurs en théologie».

Voici le début de cette «rimaille» :

Des docteurs Cordeliers il n'est pas bien facile
De marquer comme il faut ceux qui, de gardiens,
Dans leur charge importante observant tous les biens,
Ont enfin acquitté leur ministère utile.

[3] RECHERCHES HISTORIQUES, etc., *Quartier Saint-André-des-Arcs*, p. 53.

fort négligée, parce que la grande église absorbait alors toutes les ressources. Ces cabanes, *casulæ*, que décrit François de Gonzague étaient situées dans la partie haute de l'enclos des Cordeliers, tandis que l'église, la sacristie et le chapitre occupaient la partie basse. Le terrain, en effet, allait en montant jusqu'à l'enceinte fortifiée, et les cabanes dont il s'agit s'alignaient le long de la muraille, occupant cette portion de l'allée des murs que Philippe le Bel avait donnée aux religieux. Gonzague est très précis dans cette localisation : en fixant les limites de l'enceinte claustrale, il nous apprend que les logettes étaient au midi et qu'elles furent remplacées par de solides bâtiments en pierre de taille, à trois étages de cellules : «Claustrum..., a meridie primo vilibus casulis ligneis et stramineis olim finiebatur; at nunc præalto et maximo ex lapidibus quadris et sectis cœmentoque constructo ædificio, quod tres alios ordines cellularum fratrum in theologia studentium, eleganter sibi superpositarum, comprehendit.»

Ainsi qu'aux Augustins, monastère contemporain qui comptait également saint Louis au nombre de ses protecteurs, le cloître s'appuyait à l'église du côté septentrional, disposition assez générale dans les établissements monastiques; il touchait, vers l'orient, à la sacristie, au chapitre et au dortoir, et, vers l'occident, à des bâtiments de service. Ces détails, que donne encore François de Gonzague, sont confirmés par les plans.

Seul de tous les historiens de Paris, Du Breul mentionne une construction complémentaire, due aux libéralités de Jeanne de Navarre, veuve de Charles le Bel. C'était une double infirmerie, pourvue d'une double chapelle, l'une pour les frères malades, l'autre pour les convalescents : «En ce monastère, dit-il, il y a double enfirmerie et deux chapelles, l'une haute et l'autre basse, auprez laquelle dernière il y a deux pièces de marbre attachées dans le mur, contenans un mesme subiect, l'un en latin et l'autre en françois... :

«Madame Jeanne, Royne de France et de Navarre, iadis épouse de Charles, Roy desdits royaumes, fils du Roy Philippes le Bel; et laquelle fut fille de noble prince monsieur Louys iadis comte d'Evreux, fils du Roy de France, fonda, l'an 1341, ceste double enfermerie, avec la chapelle double, qui est ioignant, à l'usage des pauvres frères malades, et non pas des maistres et bacheliers, selon qu'il est plus à plain contenu en certaines lettres sur ce faictes. Lesquelles ledit Convent a ordonné estre leues deux fois chacun an publiquement au Couvent, afin que ladite ordonnance soit gardée perpétuellement, sans enfraindre, selon la devotiõ parfaite de ladite dame la Royne. Priez pour eux [1].»

Grâce aux libéralités de saint Louis, de Philippe le Bel, de la veuve de Charles

---

[1] *Théâtre des Antiquitez de Paris*, éd. de 1639, p. 393.

le Bel, de Charles V et de « plusieurs particuliers mus de charité », les Cordeliers possédaient non plus comme prêt, mais en toute propriété, un vaste pourpris renfermant tous les bâtiments nécessaires à la communauté. Il ne leur manquait qu'un réfectoire en rapport avec leur église, leur chapitre et leur cloître; ils en durent encore la construction à un acte de munificence royale. La « bonne reine Anne » voulut ajouter son nom à celui de leurs bienfaiteurs et bienfaitrices, en leur faisant bâtir une magnifique salle, encore debout à l'heure présente; situé sur le côté oriental de la partie supérieure de la rue Hautefeuille, qui fut déclassée après la construction de l'enceinte de Philippe-Auguste, ainsi que nous l'avons dit plus haut, ce bâtiment, le seul de tous qui ait été conservé [1], était digne des constructions de saint Louis et de Charles V. Voici la description architectonique qu'en a faite notre collaborateur Th. Vacquer, auquel nous devons les relevés opérés au cours des travaux d'établissement de l'École pratique de médecine et de chirurgie [2].

À l'est de l'église s'élève encore aujourd'hui un bâtiment construit du temps d'Anne de Bretagne et, selon toute vraisemblance, à l'aide de ses libéralités. C'était le réfectoire surmonté d'un premier étage occupé par le dortoir des jeunes frères, et coiffé d'un comble très élevé, avec pignon à chaque extrémité. Ce bâtiment, qui ne comprend pas moins de quatorze

---

[1] On sait qu'il contient les collections composant le musée Dupuytren.

[2] M. Vacquer a communiqué la note suivante, résumant ces travaux de relevés, à la *Société de l'Histoire de Paris et de l'Ile-de-France*, qui l'a insérée dans son Bulletin (12ᵉ année, 5ᵉ livraison).

Les fouilles de l'École de médecine.
Inscriptions du cimetière des Cordeliers.

« Dans la rue Antoine-Dubois, au long des bâtiments de l'École pratique de médecine, c'est-à-dire devant la façade de l'église des Cordeliers, il a existé une galerie ou portique, formée d'une suite de colonnes, qu'on distingue sur les anciens plans de Paris, de 1550 à 1630, notamment sur celui de Mérian (1615).

« Sachant que le dallage de ce portique existait encore sous terre, à 0ᵐ,75 de profondeur, et qu'il était formé de pierres portant des inscriptions, provenant de l'intérieur du couvent, j'ai fait exécuter, pour le service du musée Carnavalet, une fouille en cet endroit, dans le courant du mois d'août 1885.

« J'ai constaté que les colonnes du portique en question, dont on a retrouvé la partie basse, étaient en pierres de 0ᵐ,43 de diamètre, espacées de 3ᵐ,18 d'axe en axe et situées à 3ᵐ,15 en avant de l'église, et en même temps, que le sol avait été exhaussé tout d'un coup de 0ᵐ,73, vraisemblablement dans le premier quart du xviiᵉ siècle.

« C'est de ce dernier dallage, en fort mauvais état, quoiqu'il n'ait duré qu'un temps relativement court, qu'ont été extraites diverses dalles tumulaires, posées la face contre terre. À part quelques morceaux de grandes pierres tombales à moitié effacées, ce sont des épitaphes gravées sur des dalles minces et de dimension réduite, qui ont dû être appliquées contre les murs et non posées sur le sol. Toutes portent en haut un sujet religieux gravé, Notre-Dame-de-Pitié ou autre. Les unes sont en gothique, les plus récentes en lettres romaines, les unes en français, les autres en latin, en prose et en vers; les dates encore visibles vont de 1550 à 1577. On y mentionne divers Franciscains, ce qui prouve qu'elles viennent bien réellement du couvent des Cordeliers. On a, entre autres, les épitaphes d'un infirmier, d'un chirurgien, d'un économe, celle de *Jehan Hébard, marchant, maistre cordonnyer, bourgeois de Paris*, 1563, et celle d'un de ses confrères, *Jehan Thibaut, cordonnier de Henri III, roy de France et de Pologne*. Malheureusement, la date manque à cette dernière.

« Toutes ces dalles gravées ont été transportées au musée Carnavalet. »

travées appuyées par des contreforts, mesure 16^m,75 de large sur 56^m,85 de long. Il est d'une architecture fort simple, ainsi qu'il convenait à un édifice monastique, mais non dépourvue de grandeur.

Près de l'entrée, à droite, se trouve l'escalier en hélice donnant accès au premier étage; tout le reste du rez-de-chaussée, c'est-à-dire le réfectoire, présentait une vaste salle divisée dans le sens de la longueur par une file de poteaux en bois, moulurés à leur base et à leur sommet et contribuant à soutenir le plancher du dortoir [1]. De grandes ogives, percées dans les murs latéraux, y répandaient la lumière. Une sorte de cabinet surélevé, ménagé entre deux des contreforts du côté gauche, formait, comme dans tous les réfectoires de couvents, une chaire pour la lecture qui se faisait durant le repas.

Une restauration prochaine rendra son premier aspect à cet édifice actuellement divisé par des cloisons et des planchers accessoires, et l'on doit d'autant plus s'en féliciter que c'est non seulement le seul reste du riche couvent des Cordeliers, mais un des trop rares exemples, subsistant à Paris, de bâtiments de ce genre [2].

Tel était, avec le magnifique complément dû aux libéralités d'Anne de Bretagne, l'ensemble des constructions composant le monastère parisien des frères Mineurs, lorsque éclata l'incendie du 19 novembre 1580, qui détruisit en quelques heures l'œuvre de plusieurs siècles. Voici comment l'Estoille, narrateur contemporain, raconte les événements :

LE FEU DES CORDELIERS.

Le samedi 19e jour de novembre, à neuf heures du soir, un feu de meschef se prinst au jubé de l'église des Cordeliers de Paris, lequel embrasa de telle furie tout le comble de ladite église, qui n'estoit lambrissé que de bois, qu'il fut ars et consomé en moins de trois heures entièrement, et la pluspart des chapelles d'à l'entour du cœur gastées et bruslées; mesme fut le feu si aspre que les sépulcres de marbre et de pierre érigés dans le cœur, et quelques chapelles de ladite église furent rédigées en pouldre, et celles de bronze fondues et perdues, et la pluspart des piliers de pierre soutenans ledit comble ars et gastés à demi, du costé que le feu y avait touché. Les Cordeliers firent courir le bruit que le feu y avait esté mis par artifice, et en voulut t'on charger les Huguenots; mais enfin fust trouvé qu'il estoit advenu par le mausoing et inadvertence d'un novice, qui laissa, la nuit, un cierge de cire allumé près du bois dudit jubé, au pulpitre [3].

Du Breul, confiné dans sa cellule de l'abbaye Saint-Germain-des-Prés, où il passa tant d'années à réunir les matériaux du *Théâtre des Antiquitez de Paris*, put voir les flammes qui dévoraient l'édifice. Sous ce titre : *Combustio de l'église des*

---

[1] C'est la disposition qu'on remarque également au réfectoire du prieuré de Saint-Martin-des-Champs et à la salle des Pas-Perdus, au Palais de justice. La division en deux nefs, par des piliers, ou colonnes centrales, était particulière aux édifices non consacrés au culte.

[2] Le réfectoire et la cuisine des Cordeliers avaient une réputation analogue à celle qu'ont encore leurs similaires de l'Hôtel des Invalides : «Comme cette comunauté est la plus nombreuse de Paris, dit Piganiol après Sauval, le réfectoire est aussi des plus grands... Le gril, qui est encore plus grand, est monté sur quatre roues, et il est capable de tenir une mannequinée de harengs.»

[3] *Journal de Pierre de l'Estoile*, t. I, p. 373, 374.

Cordeliers, il raconte « l'embrazement advenu le samedy de neuf à dix heures du soir, 19 novembre 1580; lequel, en moins de deux ou trois heures, brusla tout le chœur, clocher, la nef, les aisles et chapelles d'icelles, avec telle force et violence que c'estoit chose effroyable de voir le terrible ravage de ceste belle église, remplie d'une infinité de magnifiques tombeaux de nos Roys, Roynes, Princes et grands seigneurs, démolis et fracassez en un moment, avec telle déformité qu'il ne s'y voyoit pierre entière. Les pilliers et murailles de ladicte église, aussi bien que les tombes esclatées partout de la violence du feu, qui dura trois jours entiers avant que de s'esteindre, se nourrissant parmi les ruines de l'église. Les religieux furent contraints de célébrer le divin service en leur chapitre » [1].

Après avoir constaté que de tant de sépultures monumentales il en était resté cinq seulement à peu près entières, Du Breul, dont le témoignage est précieux, puisqu'il vivait à cette époque dans le voisinage des Cordeliers, nous apprend que « le feu Roy de France et de Polongne, Henri IIIe du nom, fit, en l'année 1582 et années suyvantes, refaire et rebastir le chœur de ceste église des Cordeliers; laquelle est illustrée de belles vitres (où sont représentées les histoires du vieil et nouveau Testament) et d'un lambris où sont les armes dudict Roy, dorées de fin or et azur » [2].

C'est donc par le chœur, comme il était d'usage dans les constructions religieuses, que commencèrent les travaux de réparation de l'église des Cordeliers. Nous employons à dessein le mot de *réparation*, parce que le désastre ne fut pas complet, et qu'on put utiliser, non seulement les fondations, mais encore une partie des murs, des colonnes et des baies. C'est ce qui explique le maintien, par les architectes restaurateurs, des fenêtres ogivales et des piliers avec leurs chapiteaux du XIIIe siècle, à une époque où l'on ne restituait point les édifices dans leur style primitif [3].

Cependant Piganiol affirme que « les colonnes n'ont rien de gothique; leurs chapiteaux et leur base, ajoute-t-il, sont d'un assez beau projet et n'ont d'autre défaut que celui des proportions ».

L'auteur de la *Description historique de Paris* veut dire que le nombre de modules y est plus grand que dans les colonnes grecques et romaines. Son amour du style dit *classique* se révèle, d'ailleurs, dans ce passage de son livre : « On ne

---

[1] *Th. des Antiquitez de Paris*, édit. de 1639, p. 407.

[2] *Th. des Antiquitez de Paris*, loc. cit. Du Breul ne parle pas du concours pécuniaire que prêtèrent aux religieux les membres de l'ordre du Saint-Esprit nouvellement institué par Henri III; les autres historiens de Paris en font expressément mention.

[3] Une très curieuse esquisse peinte, conservée au musée Carnavalet et représentant la pompe funèbre de Marat dans l'église des Cordeliers, montre les colonnes, les chapiteaux et les baies ogivales à demi cachés par des draperies.

voit point aux Cordeliers, comme dans presque tous les édifices gothiques, et même dans quelques-unes de nos églises modernes, ces lourds massifs qui supportent les arcades. Il est vrai qu'on est sur le point d'abandonner cette vieille erreur, et qu'on substituera à ces massifs des colonnes *telles qu'on en voit à Notre-Dame* et dans les nouveaux plans des églises de Sainte-Geneviève et de la Madelaine [1]. »

L'ignorance architectonique de Piganiol est manifeste : les colonnes de la basilique de Notre-Dame ne lui semblent pas «gothiques», parce qu'elles sont d'un seul fût et se distinguent ainsi des massifs flanqués de colonnettes; aux Cordeliers, la voûte, ne se composant que d'un lambris en charpente, n'exigeait pas, pour les retombées, l'emploi de ces massifs.

«L'an 1585, dit encore Du Breul, le 19 novembre, Reverend Pere en Dieu, Iulian de Sainct Germain, docteur en theologie et evesque de Cesaree, a rebenist ceste eglise et dédié le principal autel à l'honneur de Dieu, et en la memoire de la Saincte Magdelene, de S. Roch et S. Sebastien.

«L'an 1602, la nef et les aisles d'icelle eglise (qui avoit esté en ruine 22 ans entiers) furent commencées a rebastir, et en 4 ans parachevées.

«Monsieur le Président Iacques de Thou a fait mettre un tableau de marbre en la nef, au-dessus du portail, contenant, en lettres d'or, le temps de l'édification, de la combustion et réparation de l'église des Cordeliers, en ces termes :

«Iesus-Christ est le commencement et la fin de toutes choses. Ce temple cy, construit plus de trois cens cinquante ans y a par le Roy sainct Louys, neufiesme du nom, ayant esté presque tout reduit en cendres l'an 1580, le 13ᵉ iour des calendes de decembre, et ce par un subit embrazement, duquel le subiect est incogneu, commença d'estre rebasty par la liberalité du Roy Henry troisiesme et aumosnes de gens de bien, à l'instance et poursuite de Messire Christophle de Thou, premier President de la Cour de Parlement. Depuis l'ouvrage a esté intermis et cessé, à cause des guerres allumées aux quatre coins et mitan du royaume. Finalement, la ville estant remise à son devoir et à l'obeissance naturelle qu'elle doit à son Roy, et la paix rendue à la France par la munificence du Roy Henry quatriesme, aumosnes et distributions du tres devot peuple de Paris, poursuites et diligence de Messire Iacques Auguste de Thou, fils de Christophle, il a esté du tout parachevé, l'an de nostre salut mil six cens six [2]. »

---

[1] *Description historique de la ville de Paris*, t. VII, p. 11.

[2] *Th. des Antiquitez de Paris*, édit. de 1639, p. 407 et 408.

Voici le texte latin, en tête duquel est placé le monogramme du Christ, entouré d'un *Alpha* et d'un *Oméga*, ce que Du Breul a traduit par «Jésus-Christ est le commencement et la fin de toutes choses». «Beatæ memoriæ Ludovico nono Rege, templum hoc ante annos trecentos quinquaginta constructum, quum anno millesimo quingentesimo octogesimo, decimo tertio calendas decembris, exorto non satis cognita via incendio, penitus conflagrasset, Henrici tertii liberalitate ac votivis piorum

Du Breul termine son récit de la restauration de l'église des Cordeliers, en mentionnant trois faits historiques qui ont leur intérêt. La confrérie du Saint-Sépulcre, dont nous avons parlé plus haut, et qui comptait de riches et puissants personnages parmi ses membres, donna le signal de la reprise des travaux : « La première vitre mise et attachée en la nef, dit Du Breul, fut celle de la chappelle de Hierusalem : laquelle y fut donnée avecques sa lucarne, au mois de iuin 1603, par Maistre André Favin, advocat en la Cour de Parlement, suivant l'octroy qui lui fut faict desdits lieux par le Pere Pigne, lors gardien dudit couvent... Les Maistres et Gouverneurs de la Confrairie de Hierusalem, qui iusques en l'annee 1605 faisoient dire leur messe au chapitre, commencerent à se remettre en leur chapelle ancienne, la voyant couverte et close de vitres [1]. »

De tout ce qui précède, il résulte que la reconstruction de l'église des Cordeliers ne fut, en réalité, au moins pour certaines parties de l'édifice, qu'une restauration, ou mieux encore une remise en état des lieux dévastés par l'incendie. Détail probant : la voûte lambrissée, qui avait été le principal aliment des flammes, fut rétablie telle qu'elle était primitivement : « Ce bâtiment, dit Piganiol, n'est point voûté ; il est seulement plafonné d'une charpente qui, s'étant noircie à la longue, obscurcit beaucoup le dedans et le rend d'un aspect assez désagréable [2]. »

Les travaux durèrent vingt ans environ, avec des alternatives d'abandon et de reprise. Depuis 1606, date de leur achèvement, les historiens de Paris mentionnent divers « embellissements », c'est-à-dire différentes *modernisations*, qui eurent pour effet d'altérer le style de l'édifice, mais qui étaient dans le goût du temps. « Le maître autel notamment, dit Malingre, a esté fait à la moderne avec colonnes de marbre fort belles, sans closture, par les libéralités de Messire Claude de Bullion, conseiller du Roy en ses Conseils, garde des Sceaux de ses Ordres et surintendant des finances de France, et est à present des plus beaux de Paris [3]. »

Ce même autel, dit Piganiol, « fut réparé et décoré magnifiquement en 1703. Il est, ajoute ce descripteur, orné de plusieurs colonnes de marbre et d'un beau tableau au milieu, qu'on dit avoir été peint par Le Franc en 1585. C'est le feu P. Frassen qui, aidé des libéralités du Roi Louis XIV, décora cet autel d'un tabernacle de marbre, dont la matière et l'ouvrage sont également admirés des connaisseurs » [4]. L'époque était aux décorations de ce genre, empruntées à l'Italie : dorures et revêtements de marbre semblaient parfaitement à leur place dans une

---

largitionibus, curante Christophoro Thuano, Amplissimi Ordinis Præside primario, instaurari cæptum est. Dein, bello longe lateque grassante, opus diu intermissum, recepta urbe et belli tumultu sedato, Henrici quarti munificentia ac religiosissimi populi Parisiensis erogationibus, curante Iacobo Augusto Thuano, Christophori filio, omnino consummatum est, anno salutis millesimo sexcentesimo sexto. »

[1] *Th. des Antiquitéz de Paris*, édit. de 1639, p. 407 et 408.
[2] *Descript. hist. de la ville de Paris*, t. VII, p. 11.
[3] MALINGRE, p. 253.
[4] PIGANIOL, t. VII, p. 12.

église ogivale; la basilique de Notre-Dame elle-même n'était pas à l'abri de ces « embellissements [1]. »

Il ne nous reste plus, pour achever la description de l'église restaurée, qu'à mentionner le jubé, orné, dit Piganiol, « de deux niches remplies par des statues de S. Pierre et de S. Paul, et d'une architecture assez belle pour le temps où il a été construit »; ce qui, dans la pensée de l'auteur, veut dire en style ogival. La même idée reparaît, quelques pages plus loin, à propos de la façade principale située sur la petite place de l'Observance : « Le portail se ressent du goût gothique qui régnoit au commencement du XIIIe siècle, et qui a régné encore longtemps après; la statue de saint Louis, qu'on y voit, est estimée des antiquaires et regardée comme très ressemblante. »

Comme dernier détail, les historiens de Paris parlent de « la grand'porte » du couvent située sur la même ligne que le portail de l'église, avec cette inscription :

LE GRAND COUVENT
DE L'OBSERVANCE DE S. FRANÇOIS
1673.

Cette date était celle de l'achèvement du cloître, le plus beau qu'il y ait à Paris, dit encore Piganiol. Au milieu de « bâtiments anciens et sans symmétrie », le cloître dessinait des lignes régulières, qui faisaient l'admiration de cet écrivain.

« C'est, disait-il, un quarré oblong, au milieu duquel il y a un parterre. Il est construit en pierres de taille et d'une même symmétrie, à cela près cependant, que le corps du bâtiment du côté de l'église n'a été élevé que d'un étage, afin de ne pas ôter le jour aux chapelles; au lieu que les trois autres corps de bâtiment sont élevés de trois étages, et contiennent plus de cent chambres. Le cloître, qui est au-dessous, consiste en quatre corridors voûtés correctement, et dont les arcades, en cintre très surbaissé, sont fermées par des grilles de fer, qui ont été faites aux dépens de plusieurs personnes, dont on a eu soin de conserver la mémoire, en y faisant mettre leurs armes. Ces bâtiments furent commencés en 1673, et achevés dix ans après, comme il paroît par cette inscription mise au-dessus d'une porte qui est à côté du chapitre :

HOC CLAUSTRUM
DECENNIO ELABORATUM
EXTREMAM OBTINUIT MANUM
ANNO 1683.

« Cette salle du chapitre est dans un des côtés de ce cloître. Elle est ouverte

---

[1] On sait que la restauration de la basilique de Notre-Dame, entreprise et menée à bonne fin par Viollet-le-Duc, a fait disparaître toute la marbrerie dont on l'avait « ornée ».

COUVENT DES CORDELIERS DE PARIS

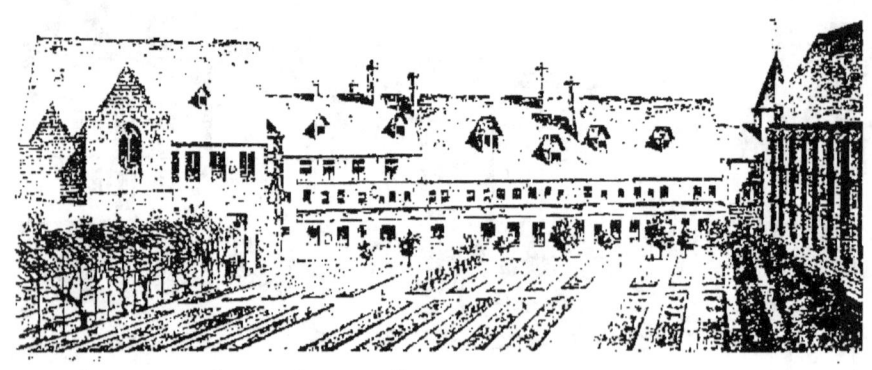

COUVENT DES CORDELIERS DE PARIS

par cinq arcades gothiques non fermées. Elle est ornée d'un côté par la peinture d'une église, du même goût que celle de ce couvent, dont les bas côtés sont représentés en perspective. Dans une très petite frise qui règne tout autour, dans le haut de la menuiserie et directement sous les solives, sont peintes, dans de petits quarrés, les têtes des cardinaux, patriarches, généraux d'ordre, saints et saintes de l'ordre de S. François [1]. »

Dans le voisinage immédiat du chapitre et du cloître, par conséquent en dehors de l'église, avait été bâtie, dans les premières années du xviie siècle, la chapelle de Bullion, dont nous avons déjà parlé, et qui doit sa célébrité à une anecdote [2]. « Il y a, dit Malingre, contemporain de Bullion, en une allée, du côté du cloître, une chapelle fort belle, où sont inhumés plusieurs de la maison dudit sieur de Bullion, et entres autres le sieur Lamoignon, Président à mortier du Parlement de Paris, son oncle, qui mourut au commencement de l'an mil six cent trente cinq, et lui a succédé en son office, Monsieur de Nesmon, son gendre. »

La vie intérieure du couvent des Cordeliers n'est pas de notre domaine; cependant il faut mentionner sommairement certains incidents longuement racontés par Félibien et se rattachant, par quelque côté, à l'histoire topographique de leur monastère.

Les fameuses brèches qu'on leur avait permis d'ouvrir dans la muraille d'enceinte, et l'autorisation à eux accordée d'y adosser leur constructions, puisque l'allée des murs leur avait été donnée par Philippe le Bel, favorisèrent l'évasion d'un certain nombre d'entre eux à la suite d'une singulière rixe. Cette rixe, que Félibien qualifie de « sédition », était survenue, ainsi qu'il est dit dans l'arrêt du Parlement, « a cause d'une desmolition d'aucunes estables qu'avoit faict faire le provincial de France *intra septa conventus*, qui estoit contre les ordonnances de leur ordre, comme disoient cels d'estrange langue d'iceluy convent..., lesquels crierent : *Moriantur omnes gallici!* [3] » Les écuries ayant été démolies nuitamment par les Cordeliers étrangers, une véritable bataille s'engagea le lendemain entre ceux-ci et les Cordeliers français. Le sang coula; les officiers du Roi intervinrent, après avoir

---

[1] *Descript. historique de la ville de Paris*, t. VII, p. 37.

[2] Le P. Bouhours, dans ses *Remarques sur la langue françoise* (t. I, p. 21), cite une anecdote plaisante, qui a son côté topographique, et qui a été fort répétée depuis : « Je ne sais, dit-il, si le surintendant Bullion parla fort juste, quand, ayant fait bâtir une chapelle aux Cordeliers, il répondit aux Pères qui vinrent lui demander à quel saint il voulait qu'elle fût dédiée : « *Hélas! mes Pères, ils me sont tous indifférents; je n'en affectionne aucun en particulier.* » Bullion voulait tout simplement dire qu'il n'avait pas une préférence marquée pour tel ou tel saint.

Ménage, dans ses *Observations* (t. II, p. 212), rapporte également le mot de Bullion. Un étymologiste a prétendu que les Anglais avaient pris à ce bienfaiteur des Cordeliers son nom, pour désigner l'or et l'argent en barre.

[3] Malingre, p. 253.

enfoncé les portes du couvent, et s'emparèrent des mutins, « qui s'estoient coulez dans les fossez de la ville », et les renvoyèrent par-devant les juges au criminel [1].

Une autre « sédition », plus plaisante que tragique, se produisit, en 1502, à l'occasion de la réforme introduite dans le monastère par le cardinal d'Amboise : nous ne la rappelons que pour justifier le nom donné à la petite rue sur laquelle s'ouvraient l'église et le couvent [2]. Les évêques d'Autun et de Castellamare, envoyés par le cardinal pour notifier l'ordonnance de réforme, trouvèrent les Cordeliers au chœur, chantant et psalmodiant à outrance; ils attendirent pendant plusieurs heures; mais les religieux, qui avaient été prévenus de leur arrivée, prolongèrent indéfiniment leur office et renouvelèrent la même scène le lendemain, afin de ne pas laisser aux deux évêques la possibilité de prendre la parole. Le Prévôt et le Gouverneur de Paris, le Procureur général du Roi au Grand Conseil durent intervenir, assistés d'archers et de sergents.

Un an avant l'incendie de leur église, les Cordeliers de Paris tinrent un chapitre général de l'ordre, auquel prirent part plus de douze cents religieux. Le général qui fut élu, François-Scipion de Gonzague, auteur du livre descriptif que nous avons cité, appartenait à la famille princière des Clèves-Gonzague-Nevers; « c'étoit, dit Félibien, un homme de naissance et de grand crédit », qui mena rudement les Cordeliers récalcitrants, et « en fit discipliner quelques-uns par le nonce du Pape » [3].

Enfin, les frères Mineurs, divisés en Observantins et non Observantins [4], en religieux italiens et religieux français, se disputèrent sur les ruines encore fumantes de leur église. En 1582, le Parlement et les officiers du Roi durent encore intervenir et une procédure fut commencée, Félibien en a imprimé huit pièces dans ses *Preuves* [5].

S'il faut en croire l'Estoille, qui n'aimait pas les Cordeliers, et qui rapporte dans son *Journal* plusieurs anecdotes fort injurieuses pour eux [6], ces religieux auraient eux-mêmes mutilé, à l'époque de la Ligue, la statue de Henri III, leur bienfaiteur, qui décorait le maître autel de leur église [7]. C'est peut-être cette muti-

---

[1] Félibien, *Preuves*, t. III, p. 546.
[2] *Ibid.*
[3] *Hist. de la ville de Paris*, t. II, p. 1141.
[4] On sait que le nom de rue de *l'Observance*, ou étroite Observance de Saint-François, n'a été remplacé qu'en 1851 par celui du chirurgien *Antoine Dubois*.
[5] *Preuves*, t. III, p. 13, 14, 15 et 16.
[6] Il s'agit de certains miracles et de certaine paternité, qu'on leur imputait. (*Journal*, t. IX, juin 1608.)
[7] A la date du 5 juillet 1589, le *Journal de l'Estoille* (t. III, p. 278) porte :

« *Passe-temps de moines.*— Ce jour, les Cordeliers ostèrent la teste à la représentation de la figure du Roy, qui estoit paint à genoux, priant Dieu auprès de la Roine sa femme, au-dessus du maistre autel de leur église. Et aux Jacobins, estant peint de

lation qui motiva plus tard l'érection du nouvel autel, dont nous avons parlé précédemment. Quoi qu'il en soit, le successeur de Henri III ne leur tint pas rigueur : la reconstruction de l'église était à peine terminée, qu'il y faisait rendre le pain bénit, et Marie de Médicis l'offrit à son tour, en avril 1610, quelques jours avant l'assassinat du Roi.

Il ne nous reste plus, avant de mentionner les diverses utilisations du couvent des Cordeliers dans les temps modernes, qu'à rappeler le rôle qu'il joua dans la restauration des lettres grecques. Sauval et Félibien racontent qu'on y célébrait tous les ans l'office divin en grec, et que le sermon était prononcé en cette langue [1].

Construits pour un grand nombre de religieux, les bâtiments des Cordeliers furent en grande partie inoccupés, lorsque les vocations se raréfièrent, par suite de la réduction à la portion congrue et de l'attribution de la plus grosse part des revenus à un bénéficiaire. Aussi, dès la fin du xviie siècle, était-il question de transférer les Frères Mineurs aux Célestins et de tirer parti du terrain, ainsi que des bâtiments formant le pourpris du monastère. Il existe, aux Archives nationales, un document original fort intéressant à consulter; c'est une pièce intitulée : «État et observations sur les terrains et bâtiments des Cordeliers, estimés par l'architecte du Roi, le résultat de l'examen qui a été fait, par ordre du directeur général des finances, de la proposition de faire acquérir par le Roi la propriété des Cordeliers, à l'effet de s'assurer si cette opération pouvait être avantageuse au Roi.»

Le projet n'eut pas de suite; mais les vastes locaux du couvent furent l'objet de diverses utilisations. En vertu d'un règlement royal, en date du 25 avril 1728, les chapitres ou assemblées générales de l'ordre de Saint-Michel se tinrent chaque année dans l'une des salles du monastère, le 8 mai, fête de l'apparition de l'archange, et le premier lundi de l'Avent. On sait, d'autre part, que l'ordre du Saint-Esprit, créé par Henri III, a toujours siégé aux Augustins. Les deux couvents fondés par saint Louis ont donc été, en quelque sorte, le chef-lieu des deux ordres royaux.

Une société laïque, qui put donner plus tard l'idée de la création de l'Institut, se réunissait également chaque semaine aux Cordeliers «dont les salles vastes et tranquilles, dit Thiéry, descripteur contemporain, convenoient mieux aux assemblées du *Musée*.» C'était, en effet, le titre qu'elle avait adopté (*Musée de Paris*);

---

ceste façon en leurs cloistres, ils barbouillèrent et lui chafourrèrent tout le visage. Belle occupation et amusement de gens qui n'ont que faire, et ouvrage, disoit-on, digne de moines!»

[1] «En l'année 1620, le jour de Quasimodo, François de Harlay, docteur de Sorbonne, ci-devant archevêque d'Adrianopolis, près Constantinople, et depuis archevêque de Rouen et abbé de Saint-Victor, officia en la messe qui se dit tous les ans en grec en l'église des Cordeliers, et après l'évangile fit une prédication en langue grecque, revêtu de ses habits pontificaux, où assistèrent plusieurs doctes personnages; ce qu'on estime jamais n'avoir encore été fait auparavant depuis la fondation de l'Université de Paris, s'étant la plupart des maîtres de ladite Université contentés d'un commun dire, qu'il suffisoit de parler latin, entendre le grec et lire l'hébreu.» (SAUVAL, *Antiquités de Paris*, t. III, p. 226.)

formée en 1780, elle se composait de quatre classes comprenant des hommes de lettres, des savants et des artistes. Elle eut pour président Moreau de Saint-Méry, qui joua un certain rôle au début de la Révolution.

Mais la plus importante utilisation qui ait été faite, avant cette époque, des locaux du couvent, c'est l'installation des services de triangulation de Verniquet, chargé par une déclaration du Roi, du 10 avril 1783, de lever un nouveau plan de Paris. « C'est, dit encore Thiéry, dans une immense galerie du couvent des Cordeliers, formant le dessus du cloître, du côté de l'église, que s'exécute cet ouvrage important auquel travailloient, depuis deux ans, cinquante à soixante ingénieurs et dessinateurs, sous les ordres de M. Verniquet, architecte... C'est là que se mettent au net toutes les opérations faites dans chaque rue, calculées trigonométriquement avec l'exactitude la plus scrupuleuse. Les princes du sang, les princes étrangers, les ministres, les grands de tous les ordres de l'État, les artistes et tous les savants ont été et vont journellement voir ces travaux[1]. »

Les locaux occupés par la bibliothèque ne paraissent pas avoir été détournés de leur destination; ils se composaient, dit M. Alfred Franklin, de deux grandes salles et de deux cabinets contenant vingt et une armoires à portes grillées, vingt et une divisions en planches et rayons; vingt-cinq mille volumes environ, les archives du monastère et les portraits des hommes illustres de l'ordre remplissaient ces locaux, qui servirent pendant quelque temps de « dépôt littéraire ».

Devenu propriété nationale, le couvent des Cordeliers continua à loger les géomètres de Verniquet, mais il abrita également le fameux club qui en prit le nom et qui occupa la salle de théologie, dont nous avons raconté l'origine. Il y eut, on le pense bien, quelque changement dans les matières qui s'y traitaient. On sait que Camille Desmoulins, Danton et Marat furent les orateurs préférés de cette réunion politique; le premier emprunta au nom du monastère le titre de sa feuille populaire; le dernier, assassiné le 13 juillet 1793, y fut enterré le 16 en un coin du jardin, après une « pompe funèbre » qui eut lieu dans l'église du couvent[2].

Le voisinage de l'École de médecine a été fatal au couvent des Cordeliers qui étaient pourtant les protecteurs du collège de Bourgogne; pour donner de la perspective à la colonnade de Gondouin, tout en conservant le réfectoire et une partie des jardins pour les pavillons de dissection, on a démoli l'église, et l'on a créé sur son emplacement une petite place, à l'extrémité occidentale de laquelle s'ou-

---

[1] *Guide des étrangers voyageurs à Paris*, t. II, p. 370 et suiv. — [2] Le Musée historique de la ville de Paris possède une esquisse originale représentant cette cérémonie.

vraient, il y a peu d'années, les cliniques de la faculté. L'insuffisance de leur installation a déterminé la construction d'une nouvelle école pratique, pour les besoins

Cour de la maison habitée par Marat.
A, fenêtre du cabinet de bain où l'assassinat eut lieu.

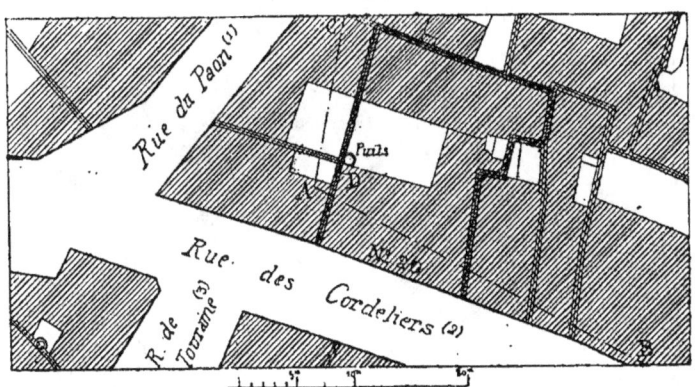

Abords de la maison de Marat.
B A C, limites des nouveaux bâtiments de l'École de médecine.
N° 20, maison habitée par Marat.
D, emplacement du cabinet de bain.
(1), rue absorbée par le boulevard Saint-Germain.
(2), actuellement rue de l'École de médecine.
(3), actuellement rue Dupuytren.

de laquelle on a dû refaire en grande partie l'ancien pourpris des Cordeliers, en jetant bas les maisons modernes élevées tant sur l'emplacement de la muraille de Philippe-Auguste et des fossés, que sur le côté septentrional de la rue Racine, ouverte en 1836 à travers l'enclos du monastère. Cet enclos est donc aujourd'hui à peu près reconstitué, sauf la partie méridionale que lui a enlevée la rue Racine.

Nous le reproduisons d'après le plan de Verniquet, tel qu'il était avant le percement de cette voie, avec les divers établissements dont il était entouré. Le lecteur pourra ainsi comparer l'ancien pourpris avec l'enclos moderne.

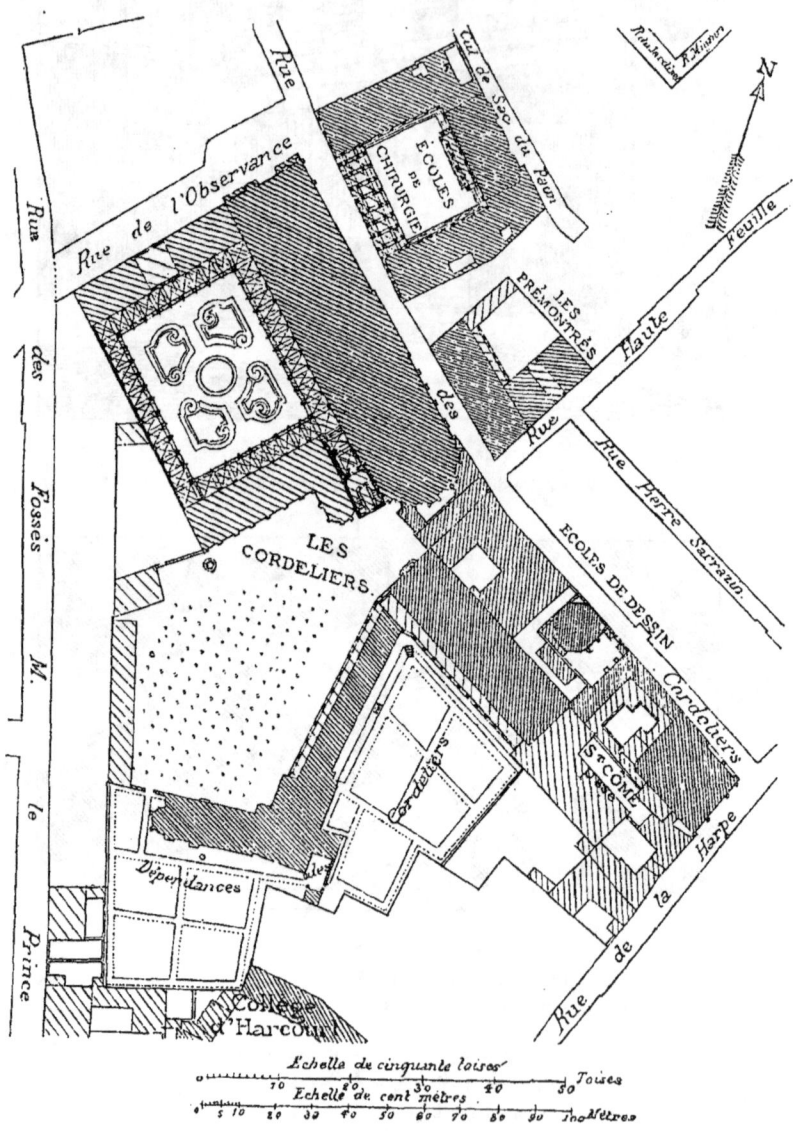

Le groupe des Cordeliers, de Saint-Côme (paroisse et écoles), des anciens collèges de Bourgogne et des Prémontrés, d'après le plan de Verniquet.

CHAPITRE XIV.

ÉGLISE DES SAINTS CÔME ET DAMIEN.

Comme celle de Saint-André-des-Ars, l'église des Saints Côme et Damien eut pour origine, dit D. Bouillard, «le désir qu'avoit l'abbé Jean de Vernon de s'acquérir un droit de patronage dans la ville»[1]. Ce que l'historien de l'Abbaye appelle «la ville», c'était la partie de l'ancien *dominium* de l'Abbaye, enfermée dans Paris par l'enceinte de Philippe-Auguste et déjà couverte de constructions, en vertu de l'accensement de 1179. Nous avons vu, en effet, que «l'abbé Hugues de Monceaux, après son voyage à Rome, permit à plusieurs particuliers de construire des maisons dans une partie considérable des vignes de son abbaye, plantées au territoire de Laas, entre la ville de Paris et le bourg de Saint-Germain, à condition que les propriétaires lui payeroient tous les ans, pour chaque maison, trois sols de redevance»[2].

Les habitants de cette portion de la censive de Saint-Germain-des-Prés étaient paroissiens de Saint-Sulpice. Mais la construction de l'enceinte eut pour résultat de les séparer matériellement de cette église dont ils étaient, en outre, beaucoup plus éloignés que de Saint-Séverin. Le curé de cette dernière paroisse profita de l'occasion pour les revendiquer à son profit, et celui de Saint-Sulpice résista à cette prétention. Une commission arbitrale fut nommée pour trancher le différend et fit d'abord un compromis, en attendant une solution définitive. Les paroissiens, détachés en fait de Saint-Sulpice, furent autorisés à suivre les offices de Saint-Séverin, tant qu'il n'aurait pas été bâti une ou deux églises sur le territoire nouvellement enclos dans la ville, et il fut entendu qu'ils appartiendraient, de droit, à la paroisse ou aux paroisses à créer[3].

C'était encourager l'Abbaye à faire construire au moins une église, afin de conserver non seulement son «patronage» sur le nouveau territoire urbain, mais

---

[1] *Histoire de l'abbaye de Saint-Germain-des-Prés*, liv. III, p. 113.

[2] *Ibid.*, liv. III, p. 98.

[3] Outre la question paroissiale, la seule qui doive nous occuper ici, il y en avait deux autres que Félibien expose fort longuement (t. I, p. 254 et suiv.); nous voulons parler du droit de suzeraineté réclamé par Philippe-Auguste sur le territoire nouvellement enclos dans sa capitale, et de la juridiction spirituelle que l'évêque de Paris prétendait exercer sur ce même territoire, à l'exclusion de l'abbaye de Saint-Germain-des-Prés. Le différend, porté devant le pape Innocent III, qui n'approuva point la décision de la commission arbitrale, ne fut tranché par le Saint-Siège que soixante ans plus tard.

encore les avantages matériels que l'annexion de ce territoire à Saint-Séverin lui aurait fait perdre. Au lieu d'une église, elle en fit bâtir deux, et cela en l'espace de deux ans.

Nous avons, à l'article de l'église Saint-André-des-Ars, reproduit les principales pièces du procès [1]; déboutés de leurs prétentions respectives, les curés de Saint-Sulpice et de Saint-Séverin durent laisser faire l'abbé Jean de Vernon, qui ne perdit pas un moment. Commencée vers la fin de 1210, l'église de Saint-Côme était terminée en 1212, laps de temps très court à une époque où les moyens matériels étaient fort restreints.

L'édifice se ressentit naturellement de cette précipitation. De plus, comme on l'avait, pour ne laisser échapper aucun paroissien, construit à l'extrémité orientale de la censive de Saint-Germain, à l'angle même des rues de la Harpe et des Cordeliers, on ne put lui donner le même développement qu'à l'église Saint-André-des-Ars, dont l'emplacement était moins rigoureusement limité. Gênée, à l'est et au nord, par deux voies publiques, étroitement circonscrite, à l'ouest et au sud, par les dépendances du couvent des Cordeliers, elle dut, avec les charniers dont on l'entoura, affecter la forme d'un quadrilatère irrégulier que nous montrent les anciens plans de Paris, et qui s'est conservée jusqu'en 1836, époque où le prolongement de la rue Racine exigea la démolition de ces vieux bâtiments si hâtivement construits.

L'époque dit assez quel était le style de la nouvelle église. L'ogive triomphait alors du plein cintre, et l'architecture romano-byzantine s'effaçait devant un nouvel art de bâtir. Pressé de construire, l'abbé de Saint-Germain ne se préoccupa point de la question artistique; mais l'architecte auquel il s'adressa, imbu sans doute des idées nouvelles, lui édifia, dans les étroites limites où il était obligé de se mouvoir, une petite chapelle «gothique», peu élevée, à une seule nef, et par conséquent sans bas côtés, sans chapelles collatérales, sans contreforts, tourelles ni clochetons.

Voici ce que dit à cet égard un descripteur *de visu*. Millin a vu Saint-Côme, tel que le xiiie siècle l'avait bâti; cinq siècles et demi, il est vrai, s'étaient écoulés depuis l'achèvement de cette église minuscule; mais, à part quelques détails de distribution et de décoration intérieures, elle était restée telle que l'architecte constructeur l'avait livrée à l'abbé Jean de Vernon.

« L'église paroissiale de Saint-Côme, dit l'auteur des *Antiquités nationales*, avoit été construite vers 1212, par Jean, abbé de Saint-Germain-des-Prés. Il la fit édifier, pour ne pas perdre l'ancien domaine qui lui appartenoit, et dont le curé

---

[1] Voir ci-dessus, p. 162 et suiv.

de Saint-Séverin prétendoit s'emparer à cause du voisinage de son église. Étienne, évêque de Paris, qui était aussi bien aise d'augmenter sa juridiction, représenta que le territoire dont il s'agissoit étoit trop éloigné de Saint-Sulpice, la paroisse du fauxbourg, et qu'il étoit impossible que le curé pût vaquer exactement à toutes ses fonctions, à cause de l'éloignement de ce quartier qui venoit d'être renfermé dans la ville.

« Il s'en falloit cependant de beaucoup que la ville fût aussi peuplée alors qu'elle l'est à présent : le quartier dont il s'agissoit n'étoit même occupé que par quelques maisons de campagne, entourées de vignes et de jardins.

« Le portail de Saint-Côme n'a rien de remarquable; c'est une simple voûte

Le portail de l'église Saint-Côme.
(Fac-similé d'une planche de Millin.)

ogive, ornée de moulures. Au-dessus, dans le fronton coupé, d'une architecture moderne, est une statue de la Vierge entre deux niches vides.

« En entrant dans l'église, qui est petite et placée de biais, on trouve, à main droite, une longue inscription en caractères gothiques, qui indique que la dédicace avoit été faite par le secours de personnes charitables, le dimanche après Saint-Luc de l'an 1426 [1]. »

Millin, qui n'a décrit à Saint-Côme que ce qu'il y voyait, ne parle naturellement que de ce qui avait laissé des traces matérielles dans cette église. Avant lui, Le Beuf s'était borné à mentionner la confrérie des chirurgiens, dont le nom en est inséparable, mais il a oublié la confrérie de Saint-Joseph fondée à Saint-Côme en 1654, par les compagnons charpentiers de Paris, et celle du Saint-Sacrement instituée dix ans plus tard. L'un et l'autre ont donné une liste des personnes de marque inhumées tant dans l'église que dans les charniers, liste qui a été complétée par H. Cocheris [2], et à laquelle nous renvoyons le lecteur [3].

Bornée dans ses limites, la petite église de Saint-Côme l'est également dans son histoire, et les historiens de Paris n'ont relevé qu'un petit nombre de faits ayant quelque importance, soit sous le rapport topographique, soit au point de vue de la décoration extérieure et intérieure de l'édifice. L'événement le plus considérable qui se soit produit à Saint-Côme, depuis la construction hâtive de cet édifice, est la cession à l'Université du droit de présentation à la cure, droit que s'étaient réservé les abbés de Saint-Germain, pour conserver leur « patronage ». Cette cession fut le dernier acte du long drame que jouèrent les religieux et les écoliers, et qui avait pour objectif la possession des deux Prés-aux-Clercs. Après des luttes sanglantes, que nous avons racontées dans notre volume du *Bourg Saint-Germain*, l'Abbaye fut obligée de faire des concessions à l'Université, et elle lui céda, entre autres droits, celui de nommer aux cures de Saint-André-des-Ars et de Saint-Côme.

Cette dernière paroisse était topographiquement plus universitaire que la première; toute entourée de collèges, à quelques pas seulement de la Sorbonne et des Mathurins, elle ne pouvait raisonnablement être une enclave de l'Abbaye dans le domaine de l'Université; aussi, en 1345, elle obtint des religieux de Saint-Germain la concession suivante : « Nos religiosi predicti, pacis vinculo eidem Universitati desiderantes conjungi, et ut magis vigeat inter nos affectio charitatis et Universitatem predictam, jus patronatus, sive presentandi ad duas parrochiales ecclesias sitas Parisius, videlicet S. Andree de Arcubus et SS. Cosme et Da-

---

[1] *Antiquités nationales*, III, art. xxxv.

[2] Notes et additions au texte de Le Beuf, t. III, p. 311.

[3] Les épitaphes et inscriptions funéraires de Saint-Côme, ainsi que celles des Cordeliers, des Grands-Augustins, de Saint-André-des-Ars et des anciens collèges de Paris, décrits au cours du présent volume, trouveront leur place dans *l'Épitaphier général*, dont la Ville a commencé la publication.

miani, ab olim ad nostrum monasterium spectantes, in Universitatem prefatam, conclusu unanimi, pure et libere transtulimus [1]. »

L'Université, dit Crévier après Du Boullay, usa pour la première fois, en 1361, de son droit de présentation: elle présenta pour curé Albert de Saxe, de la nation allemande, qui avait été recteur. Près d'un siècle après, en 1436, un autre recteur était curé de Saint-Côme, et fit ordonner par l'Université que le jour de la fête patronale, 27 septembre, serait jour de fête et de vacances pour elle [2].

Ces deux nominations dans le même groupe universitaire donnèrent à la nation allemande une situation privilégiée à Saint-Côme, et il s'éleva, à cette occasion, un différend qui a son intérêt dans l'histoire topographique de cette église. «Il s'était, dit Millin traduisant Du Boullay, élevé une contestation entre le curé et les marguilliers, d'une part, et la nation allemande, de l'autre. Il s'agissait de conserver à la nation ses bancs qui avaient été changés de place. Elle donna cinquante sols d'or pour la réparation de l'église, aux conditions que le procureur de la nation aurait la première place à l'église et à la procession, que ses bancs seraient cloués, afin qu'ils ne fussent plus déplacés, et qu'on ouvrît les fenêtres pratiquées à la séparation du chevet et de la nef, afin que ceux de la nation pussent voir le célébrant; enfin qu'il y aurait, entre les bancs et le grand autel, une place réservée à la sépulture de ceux des nations d'Allemagne et d'Irlande, sans qu'on y pût enterrer aucun autre particulier [3]. »

Ceci se passait en 1588; nouvel émoi vingt-sept ans plus tard.

La nation allemande prétendit alors, dit Du Boullay, posséder dans le chœur de Saint-Côme «un monument de ses droits». Ce monument, que l'histoire de l'Université ne désigne point autrement, était un banc, ou une suite de stalles, décoré des attributs emblématiques de la nation: «Extitit olim in ecclesiæ choro, ad altare majus, monumentum quoddam, cum ipsius insignibus symbolicis [4]. » Si modeste qu'il fût, ce «monument» offusquait le curé et les marguilliers, qui demandèrent à la nation allemande, en mars 1615, «de raser ledit monument, sauf à transporter les insignes de la nation allemande dans un autre lieu plus apparent». «Petebant, dit Du Boullay en son latin classique, ut ipsis potestatem faceret æquandi solo, sumptibus suis, monumentum quoddam nationis, quod in ipsorum choro situm est, insigniaque nationis, quæ dicto monumento hinc inde affixa sunt, in alio loco conspicuo erigendi [5]. »

Bien que deux curés eussent été antérieurement pris dans ses rangs, la nation

---

[1] *Histoire de l'abbaye de Saint-Germain-des-Prés,* pièces justificatives, p. LXXIX.
[2] *Hist. Univ. Paris.,* t. II, p. 415.
[3] *Hist. Univ. Paris.,* t. II.
[4] *Ibid.,* t. IV, p. 362.
[5] *Ibid.*

allemande dut subir les prétentions du curé de 1615, et des marguilliers. Elle eut beau, dit encore Du Boullay, vouloir que ses insignes fussent partout à Saint-Côme et affirmassent ainsi sa situation privilégiée : « ut insignia dictæ nationis sculpantur, pinganturque in omnibus et singulis operibus, ut parietibus, januis, imaginibus, etc. » [1].

Aussi bien l'influence traditionnelle de l'Université et de ses quatre nations déclinait chaque jour; ce n'étaient plus les clercs, mais les chirurgiens qui avaient le pas à Saint-Côme; et ce qui le prouve, c'est que le banc de la nation allemande avait été remplacé par celui des opérateurs : « On trouve, dit Millin, en face de la grille du chœur, des bancs d'une menuiserie gothique, portant sur le dossier les armes des chirurgiens, d'azur à trois vases d'or, avec un scalpel posé en pal, et cette devise : *Consilio manuque*; et, au bas des armes on lisait aussi, en lettres gothiques : « Aux maistres chirurgiens de Paris »; ce qui nous conduit de Saint-Côme paroisse à Saint-Côme collège de chirurgie.

Mais, avant de parler du *collegium chiriatricum*, il nous reste à présenter, au point de vue topographique seulement, une courte analyse des documents que renferment les archives de Saint-Côme. H. Cocheris, dans ses *additions* au texte de Le Beuf, les a reconnus et en a donné la cote; mais elles n'ont été explorées par personne jusqu'à ce jour. Ces archives ne datent, d'ailleurs, que de la seconde moitié du XVIe siècle, et n'ont trait qu'à de petites questions d'administration paroissiale.

Il y est dit, par exemple, que le presbytère de Saint-Côme appartenait à la fabrique et attenait à l'église, qu'un curé l'avait converti « en hostel garny » vers 1550, et qu'on dut, à la suite de nombreuses dégradations, le reconstruire de 1586 à 1589.

Un document de 1552 fait connaître qu'en cette même année les marguilliers louèrent, pour vingt-neuf ans, « les places situées entre les piliers de l'église, dans la rue de la Harpe, jusqu'à la grand'porte donnant vers les Cordeliers, à la charge de faire bâtir neuf ouvroirs et de payer dix livres de loyer par an, pendant toute la durée du bail ». Il s'agit, comme on le voit, d'une utilisation analogue à celle dont avait été l'objet la façade latérale de l'église des Grands-Augustins. Comme ces religieux, les marguilliers de Saint-Côme tirèrent parti de la situation exceptionnelle de leur église, à l'angle des deux rues les plus fréquentées du quartier de l'Université.

D'autres pièces sont relatives aux « maisons, terres et héritages appartenant à la fabrique de Saint-Cosme », aux trente-trois sous parisis de cens et rente an-

---

[1] *Hist. Univ. Paris.*

nuelle dus aux religieux de Saint-Germain et imposés sur les église, presbytère, jardin et cimetière des Saints-Cosme et Damien, «sciz en la rue de la Harpe». L'Abbaye, on le voit, avait bien cédé son droit de présentation à la cure, mais elle avait conservé ses redevances annuelles.

Deux documents, des 5 novembre 1604 et 26 juin 1605, ont également trait à des cens et rentes dus à l'abbé de Saint-Germain, pour immeubles appartenant à l'église Saint-Côme : trois sous et quatre deniers grèvent «une place où souloit avoir maison manable, à costé du presbytère, et depuis une estable».

Deux autres pièces de 1657 et de 1716 sont relatives, l'une à une petite maison dont le curé se déclare propriétaire, «scize rue de la Harpe, et par derrière est une petite place»; l'autre, «aux biens mouvans de l'abbaye Saint-Germain-des-Prés». Sous forme de déclaration faite, par les marguilliers de Saint-Côme, au cardinal de Bissy, abbé de Saint-Germain, la fabrique énumère les propriétés de l'église qu'elle administre. Ce sont:

«L'église, le presbytère, deux maisons attenantes du côté de la rue de la Harpe tournant le coin de la rue des Cordeliers; une autre maison dans cette rue, tenant d'un côté à une maison des Cordeliers, de l'autre à une maison servant d'école de chirurgie; le tout appartenant à ladite fabrique et, sis depuis un temps immémorial dans la censive de ladite abbaye.»

Enfin un document de 1732, intitulé : *Déclaration des biens de la fabrique*, mentionne :

Une maison, sise rue des Cordeliers, attenant à l'église; une autre maison située rue de la Harpe, entre les rues Serpente et des Deux-Portes [1]; une autre maison où sont logées deux sœurs de la charité, «laquelle, située entre les murs de l'église et la maison curiale, a toujours été à l'église et s'appeloit anciennement le vieil presbytère»; enfin «trois échoppes attenant les murs de l'église, du côté de la rue de la Harpe et des Cordeliers, qui ont été reconstruites à neuf [2]».

On le voit, la petite église de Saint-Côme, bâtie hâtivement sur une «place étroite» à l'angle des deux rues, était enserrée de toutes parts; le peu d'espace qu'elle ne couvrait pas était occupé par les charniers, des maisonnettes, d'humbles boutiques, le presbytère et son jardinet. Plus tard, la construction de l'amphithéâtre de chirurgie vint encore rétrécir ce pourpris déjà si exigu. La paroisse n'avait, d'ailleurs, pas plus d'importance que l'édifice, ainsi que le constatèrent en 1790 les commissaires chargés de recevoir la déclaration du curé.

Les historiens de Paris n'en ont pas moins beaucoup parlé de Saint-Côme, au

---

[1] C'était la maison de «la Gibecière». Voir à l'article de la rue de la Harpe. — [2] Arch. nat. 53318-53319.

point de vue de l'histoire et de l'anecdote. Parmi les curés que l'Université lui donna, on cite l'écossais Hamilton, ligueur fougueux qui dut quitter Paris après l'entrée de Henri IV [1]. Au nombre des singularités que renfermait son cimetière, se trouvait la tombe de « l'homme cornu » [2]. Enfin quelques-uns des monuments funéraires, dont nous n'avons point à relever les inscriptions, offraient un certain

FONTAINE St CÔME
Rue de l'École de Médecine près celle de la Harpe.
Fac-similé d'une planche de Millin.

intérêt sous le rapport décoratif. « Dans la chapelle des fonts, dit Millin, on voyoit un très beau bas-relief, qui représentoit les Juifs attachant Jésus-Christ sur la croix..., et près de la porte de la sacristie étoit la statue d'un homme à genoux, en habit de docteur, élevée sur une colonne de pierre [3]. »

---

[1] Voir la savante *Histoire de Sainte-Barbe* de Jules Quicherat, t. II, p. 93. — [2] L'Estoille et Saint-Foix en parlent fort longuement. — [3] MILLIN, t. III, art xxxv.

L'église de Saint-Côme, son presbytère, ses charniers et autres dépendances, sa fontaine même, dont nous donnons une vue d'après Millin, n'avaient rien qui les recommandât aux rares archéologues de la fin du siècle passé. On se contenta d'abord d'aliéner ou de louer les parties de bâtiments et les terrains utilisables. Réduit, depuis la fondation du collège des chirurgiens et la construction de leur amphithéâtre, le pourpris de Saint-Côme, rigoureusement borné au nord par celui des Cordeliers, n'offrait, d'ailleurs, qu'un champ fort restreint tant aux acheteurs qu'aux locataires.

Vendue, avec son petit cimetière, le 12 nivôse an v, à la condition, par l'acquéreur, de fournir le terrain nécessaire pour l'ouverture d'une rue nouvelle, l'église, comme celle de Sainte-Marine dans la Cité, servit longtemps d'atelier; elle ne fut abattue qu'en 1836, pour élargir les abords de la rue, à son débouché dans celle de la Harpe. On sait, en effet, que la première section de la voie qui porte le nom de Racine eut lieu, en vertu de lettres patentes du 10 août 1770 entre la place du nouveau Théâtre-Français et la rue Monsieur-le-Prince, et que ce percement se rattachait à l'ensemble des opérations éditilaires motivées par la démolition de l'hôtel de Condé. La seconde section, prévue dès 1797, mais ouverte seulement en vertu d'une ordonnance royale du 3 janvier 1822, a été percée à l'extrémité nord de l'enclos des Cordeliers, à travers la ruelle de desserte et les petits bâtiments contigus à Saint-Côme. Les travaux de démolition et de fouilles ont mis à découvert un certain nombre de sépultures en briques et plâtre, analogues à celles qu'on a découvertes sur plusieurs autres points de Paris.

Il ne resterait donc, de Saint-Côme, qu'un souvenir, si l'amphithéâtre voisin ne rappelait, malgré son changement de destination, une fondation charitable de l'un des curés de cette église, fondation qui s'est transformée et qui a eu son importance dans l'histoire des institutions parisiennes.

CHAPITRE XV.

SAINT-CÔME,
ÉCOLES DE CHIRURGIE
(COLLEGIUM CHIRIATRICUM).

Dans sa notice historique sur la paroisse de Saint-Côme, Le Beuf passe de l'église au collège de chirurgie, et c'est la confrérie des chirurgiens qui lui sert de transition.

« Quoique cette église, dit-il, soit très resserrée de tous côtés, on n'a pas laissé que d'y ménager un cimetière et des charniers, et un lieu où plusieurs chirurgiens visitent, tous les premiers lundis des mois, les pauvres malades de tout âge qui se présentent, et leur assignent les remèdes convenables; ce qu'on assure avoir commencé dès le tems de saint Louis, en ce même lieu où étoit leur confrérie; en quoi ils paroissent avoir succédé à l'office charitable qu'exerçoient autrefois, à l'entrée de l'église cathédrale de Paris, les chanoines, médecins ou mires, comme on disoit alors [1]. »

Du Breul et Félibien, beaucoup plus explicites, donnent d'assez longs détails sur les antécédents de la confrérie des chirurgiens. Il est certain qu'une partie au moins de la communauté chirurgicale, les barbiers-chirurgiens, tenait à l'ensemble du régime corporatif; ils figurent, en effet, dans le livre d'Étienne Boileau, à titre de corporation parisienne, et sont soumis à certains statuts et règlements [2]. On ne sait au juste à quelle époque la communauté se constitua; mais il est probable que sa formation fut une première sécularisation du métier. Les chanoines-mires de Notre-Dame, à qui la proximité de l'Hôtel-Dieu donnait beaucoup de facilités pour l'exercice de la profession médicale, durent abandonner aux laïques la médecine opératoire et la chirurgie, autant pour se renfermer dans leurs fonctions religieuses que pour obéir aux prescriptions de l'Église : *Ecclesia abhorret a sanguine*. Constitués, selon l'esprit du temps, en communauté moitié ouvrière et moitié libérale, les chirurgiens laïques quittèrent Notre-Dame et l'Hôtel-Dieu, où ils eussent été trop complètement subordonnés au chapitre de la cathédrale, ainsi

---

[1] *Hist. de la ville et du diocèse de Paris*, édit. Cocheris, t. III, p. 36. — [2] Titre XCVI. « Des cireurgiens. »

qu'aux administrateurs de la maison hospitalière, et ils vinrent établir le siège de leur confrérie en plein quartier de l'Université, espérant sans doute pouvoir être agrégés à l'*Alma mater*, comme ils en eurent toujours le désir, et ne plus compter parmi les artisans « œuvrant de la main ».

« Il n'est pas facile, dit Le Beuf, de découvrir pour quelle raison la seconde église que l'abbé de S. Germain bâtit vers l'an 1210, sur la partie de son ancien territoire, comprise depuis peu dans l'enceinte de Paris, fut bénite sous l'invocation de S. Côme et de S. Damien; on peut seulement conjecturer que, comme il y avoit eu, dès l'an 1163, un des autels du rond-point de Saint-Germain bénit sous le nom de ces martyrs..., le peu de reliques qui en fut tiré fut renfermé dans celui de la nouvelle église [1]. »

Cette explication nous paraît insuffisante : la communauté des chirurgiens, qui avait pour patrons deux anciens confrères martyrisés et inscrits au catalogue des saints, dut s'entendre avec l'abbé Jean de Vernon, constructeur de Saint-Côme, pour y installer, avec leurs reliques tirées de l'Abbaye, le siège de sa confrérie; ce qui était de nature à donner quelque importance à l'église nouvelle. Si cette entente n'eut pas lieu, les chirurgiens, en se séparant des chanoines-mires, allèrent tout naturellement porter le bâton de la confrérie dans un édifice de construction toute récente, placé sous le vocable des saints Côme et Damien, médecins et martyrs.

Selon Du Breul et Félibien, le fait se serait produit soixante ans plus tard.

« La confrairie, dit Du Breul, estoit érigée dès le temps de S. Louys, comme il apparoit par les anciens statuts de ladite confrairie, faits et dressez en l'an 1268, qui est deux ans devant le decedz de S. Louys. Plus en l'arest de la Cour de Parlement, donné au temps du roi Jean, l'an 1355, le 25 février, est fait mention des lettres et privileges de sainct Louys à eux octroyez » [2]. « En effet, ajoute Félibien, les premiers fondemens en furent jettez, sous l'autorité de ce saint Roy, par Jean Pitard, son chirurgien au Chastelet de Paris, homme de merite et fort zélé pour le progrès de sa profession. Il obtint d'abord une charte par laquelle saint Louis lui donnoit... le pouvoir d'examiner et d'approuver, dans la prevosté et vicomté de Paris, ceux qui vouloient y exercer l'art de chirurgie. Ensuite il fit entendre à ce prince qu'il estoit du bien public d'establir, par son autorité royale, un corps de chirurgiens munis de bons reglemens, pour empescher les abus qui se commettoient dans la pratique chirurgicale, par la diversité des opinions de ceux qui l'exerçoient, afin que personne ne fust admis dans ce corps, qu'il ne voulust s'assujettir, tant pour la théorie que pour la pratique, aux maximes receües dans cette espèce d'escole [3]. »

---

[1] *Hist. de la ville et du diocèse de Paris*, loc. cit. — [2] *Th. des Antiq. de Paris*, p. 274. — [3] *Hist. de la ville de Paris*, t. I, p. 438.

En créant une sorte d'orthodoxie chirurgicale, Pitard voulait exclure les chirurgiens italiens qui abondaient à Paris; il y parvint, et ne conserva que le célèbre Lanfranc, de Milan. Mais les deux dates de 1268 et 1278, données par Du Breul et Félibien, semblent devoir être reportées plus haut; la première, en effet, appartient aux dernières années du règne de saint Louis, et la seconde à celui de Philippe le Hardi; or il est certain qu'Étienne Boileau enregistra plusieurs années auparavant les statuts et règlements des chirurgiens.

Quels étaient donc ces chirurgiens que le prévôt de Paris mettait au nombre des artisans manuels, et plaçait à côté des étuvistes? C'étaient les barbiers-chirurgiens, qui formaient le second ordre des opérateurs, et que l'Université ne voulait pas avouer. Ainsi que tous les corps de métiers, ils devaient avoir leur confrérie, et la fondation de la nouvelle église de Saint-Côme dut leur paraître une occasion toute naturelle de s'affirmer, en tant que communauté.

Quoi qu'il en soit, le corps des chirurgiens lettrés, ayant au moins le grade de maître ès arts, et ne voulant avoir aucun rapport avec les membres de la communauté ouvrière, parvint, lui aussi, à se procurer des reliques des saints Côme et Damien, qu'il reconnaissait pour ses patrons, et à les faire transporter à Paris, à la suite d'un accord conclu avec les chanoines de Luzarches, possesseurs de ces reliques. La reine Jeanne de Bourgogne, fondatrice du collège de ce nom, joua un rôle important dans la négociation : les deux confréries de Paris et de Luzarches furent réunies en une seule, et l'église de Saint-Côme devint le siège officiel de la communauté des chirurgiens.

Les historiens de l'Université exposent fort au long les démêlés qu'eurent entre eux les chirurgiens de longue robe et ceux de robe courte, c'est-à-dire les gradués et les barbiers. Ceux-ci, forts de la protection du premier barbier du Roi, Jean de Pracontal, et «voulant entreprendre les grandes opérations de la chirurgie, parce qu'ils avoient réussi dans la saignée», soutinrent le procès que leur intentèrent les gradués, lesquels, dit Du Breul, «vouloient, pour marque et distinction de ceux qui n'ont l'expérience et la science, avoir au-devant de leurs maisons l'enseigne des SS. Cosme et Damian, avec trois bouettes au-dessous»[1]. L'affaire donna lieu à de nombreuses plaidoiries et se termina, au bout de soixante ans, par la fusion des deux communautés en une seule. Nous n'avons pas à en raconter les péripéties. Cette rivalité de métier ne touche à l'histoire de la topographie parisienne que par le côté des fondations et constructions. En lutte avec les barbiers, les chirurgiens de robe longue l'étaient également avec les médecins, et chaque corporation bâtissait pour affirmer sa puissance.

---

[1] *Théâtre des Antiquitez de Paris*, p. 274.

La première construction dont il soit parlé est le bâtiment de 1560. L'office charitable dont parlent les historiens de Paris, et dans l'exercice duquel les chirurgiens laïques avaient succédé aux chanoines-médecins, était la « visitation des pauvres malades et le pansement des navrez », ou blessés, avec obligation toutefois de faire leur rapport aux gens de police. Ils remplirent cette double fonction pendant plusieurs siècles, sans avoir besoin d'un abri autre que celui que leur offraient l'église, le presbytère, les charniers et autres dépendances de Saint-Côme. C'est en 1560 seulement qu'on eut la pensée d'installer ce service de bienfaisance d'une façon moins défectueuse. Il se faisait auparavant, dit Félibien, « les premiers lundis de chaque mois, après le service divin, par les chirurgiens qui s'y estoient fait inscrire... Nicolas Langlois, un des anciens prevosts, en 1555, laissa un fonds pour animer cette visite..., et quelques gratifications au concierge pour allumer du feu dans la chambre, lorsqu'on est obligé, dans la saison froide, de démailloter les enfans pour les visiter et remédier à leurs infirmitez »[1].

Cinq ans plus tard, le curé, qui était alors Claude Versoris, ou Letourneur, les marguilliers et les paroissiens de Saint-Côme s'émurent d'un tel état de choses, et voulurent ajouter quelque aumône aux libéralités de Nicolas Langlois. Ils ne s'adressèrent ni à l'abbaye de Saint-Germain, qui s'était désintéressée de Saint-Côme en abandonnant à l'Université le droit de présentation à la cure, ni à l'Université elle-même, qui n'avait pu jusque-là mettre d'accord les médecins et les chirurgiens; ils allèrent jusqu'au pape, afin d'obtenir la permission de construire « en leur église », c'est-à-dire dans le pourpris ou tour d'échelle de l'édifice, un bâtiment « pour accomoder les pauvres ». Pie IV se rendit à leur vœu, et leur expédia des bulles dont le Parlement autorisa la publication, par arrêt du 19 novembre 1561[2].

Ce bâtiment, dont nous ne possédons aucune vue, paraît avoir été fort simple; il était sans doute appliqué à l'église et y communiquait, puisque l'arrêt du Parlement en autorise la construction « en ladicte église et enclos d'icelle »; mais il devait toucher aussi aux écoles de chirurgie, afin que les opérateurs pussent accomplir plus facilement leur office. Ce bâtiment symbolisait donc l'union de la confrérie des chirurgiens avec l'église de Saint-Côme.

---

[1] *Hist. de la ville de Paris*, I, p. 439.

[2] « Du mercredy xix novembre. La Cour a permis à M. Claude Versoris, curé de S. Cosme et S. Damien à Paris, et aux marguilliers et paroissiens de ladicte église, de jouir de l'effet des bulles de nostre S. Père le pape, a eux accordées pour la construction du bastiment en ladicte église et enclos d'icelle, pour accomoder les pauvres qui, chacun lundi du mois, sont, *par les chirurgiens et barbiers* de ladicte ville, visitez, pansez et medicamentez; et icelles bulles et indulgences faire publier selon la concession de ce faicte par l'evesque de Paris. » (*Extrait des arrêts du Parlement.*)

On voit, par le texte même de cet arrêt, que les chirurgiens de longue robe et les chirurgiens de robe courte, c'est-à-dire les barbiers, aussi bien que les gradués, participaient à la visite des pauvres et des blessés.

Quant au «collège», c'est-à-dire aux salles et amphithéâtres d'enseignement, on n'en trouve aucune mention précise avant 1691, année où les vieilles constructions, dont on s'était contenté jusqu'alors, firent place à un édifice plus digne de la puissante corporation des chirurgiens. On sait seulement qu'en 1615, forts des témoignages de faveur que leur avaient accordés les papes et les rois, ils firent apposer, sur la porte de leur école, une inscription qui leur attira toutes sortes de déboires.

Saint Louis, Philippe le Hardi, Philippe le Bel, Charles V, Henri III, comptaient parmi les protecteurs des chirurgiens; Louis XIII, ou plutôt la reine mère, les prit plus ouvertement encore sous son patronage : considérant que «il avoit plu à Dieu de faire naistre le Roy le jour de la feste des SS. Cosme et Damien», elle fit expédier, en juillet 1611, des lettres patentes portant confirmation des «privilèges, immunités et exemptions du collège des chirurgiens jurez au Chastelet de Paris, faisant partie du corps de l'Université». La même année, le jeune monarque se fit, «par singulière dévotion envers ces SS. martyrs», inscrire parmi les membres de la confrérie, et «orna les armes de la société d'une fleur de lis.... En reconnaissance de ces bienfaits, dans l'inscription qu'elle fit mettre à son collège en 1615, elle y fit graver, avec distinction, le nom de Louis XIII; mais elle y prenoit le nom de *Collège royal des maistres docteurs chirurgiens de Paris*» [1].

Le titre était ambitieux, surtout depuis la fusion des gradués et des barbiers en une communauté unique. La faculté de médecine s'en émut, et intenta aux chirurgiens un nouveau procès qui dura près d'un demi-siècle.

Les médecins avaient gagné l'Université à leur cause : aussi c'est «à la requeste des recteurs de l'Université, doyen et docteurs régens de la faculté de médecine de Paris» que la poursuite est faite et l'arrêt rendu. Nous omettons les détails relatifs aux titres pris par les chirurgiens, à l'emploi du latin dans leurs billets, au port du bonnet et autres insignes universitaires, pour nous borner aux questions matérielles. On les condamne à faire disparaître les deux inscriptions, intérieure et extérieure, ainsi qu'à «oster une chaire haulte en laquelle ils s'ingeroient faire des leçons publiques... Sinon et a faute de ce faire, permis ausdits supplians de les faire oster par le premier des huissiers de ladite Cour, sauf à repeter les frais contre lesdits barbiers-chirurgiens». Le *Collegium chiriatricum* ne devra plus,

---

[1] *Hist. de la ville de Paris*, I, p. 443. L'arrêt du Parlement, en date du 4 août 1660, donne l'inscription en latin; c'est probablement en cette langue qu'elle figurait sur la porte du *Collegium chiriatricum* :

Collegium M. M. D. D. Chirurgorum Parisiensium Juratorum.

Au dedans, on lisait :

Schola regia.

à l'avenir, être qualifié de « college, escolle ou salle ny assemblée royale, mais chambre de jurisdiction du premier barbier du roy »; le tout à peine de prison, en cas de récidive.

Malgré la rigueur d'un tel arrêt, le Parlement ne va pas jusqu'à interdire la profession : les chirurgiens-barbiers ne devront désormais faire « aucunes lectures ou actes publics; ains pourront seulement faire des exercices particuliers pour l'examen des aspirans, mesme des démonstrations anatomiques à portes ouvertes »[1]. Cette concession devait conduire, et elle conduisit, en effet, les chirurgiens à faire la dépense nécessaire pour appeler le public à eux et donner à leurs « démonstrations anatomiques » tout l'éclat dont elles étaient susceptibles. Ils résolurent d'élever un amphithéâtre rival de celui que les médecins avaient fait construire, en 1617, dans le jardin de leur collège, à l'angle des rues de la Bûcherie et des Rats[2], et qui avait été une sorte de protestation contre le patronage accordé par Louis XIII aux chirurgiens-barbiers.

La première pierre du nouvel amphithéâtre anatomique fut posée le 2 août 1691, et l'édifice achevé en 1694. De 1707 à 1710, d'importantes additions y ont été faites; elles consistaient en un second corps de bâtiments « avec une nouvelle sale d'une grande estendue ».

Cette nouvelle et vaste salle était destinée aux examens, et ceux qu'y subissaient les élèves chirurgiens témoignent, par leur nombre ainsi que par leur variété, du sérieux de ces diverses épreuves.

Le premier, nommé *immatricule*, et le second, appelé *la tentative*, n'étaient que des exercices préparatoires, dont on tirait les sujets au sort. Les actes sérieux commençaient avec le troisième, qui portait le titre de *premier examen*. Venait ensuite une série d'épreuves en deux séances, qualifiées de *semaines* : il y avait la semaine d'*ostéologie*, la semaine *anatomique*, celle des *saignées* et celle des *médicaments*. Le tout se terminait par un *dernier examen*, auquel s'ajoutait l'*acte de réception*, comportant un rapport écrit sur la chirurgie légale. « On conviendra aisément, dit Félibien, qu'un jeune chirurgien qui sort avec honneur de toutes ces pénibles épreuves se trouve en estat de rendre service au public [3]. »

Les dépenses occasionnées par ces diverses constructions furent considérables, et les chirurgiens n'auraient pu les supporter s'ils avaient été encore divisés en

---

[1] *Extrait des arrêts du Parlement.*

[2] L'amphithéâtre de la rue de la Bûcherie existe encore avec les bâtiments qui en dépendaient; feu le docteur Chéreau en a fait la monographie, avec le concours du Service historique de la ville de Paris, et nous les décrirons, à notre tour, dans le volume consacré à la région centrale de l'Université. Affectés à des usages plus que profanes, ces bâtiments sont aujourd'hui dans le plus triste état.

[3] *Histoire de la ville de Paris*, 1, p. 444.

deux corporations rivales : leur réunion doubla leurs ressources, ainsi que leur crédit, et leur permit de ne rien épargner pour leur nouvelle installation. « Ce qui a donné lieu à cette augmentation de bastimens, dit Félibien, a esté la réunion en un seul corps de tous les chirurgiens, tant du roy que des maisons royales et autres. Les chefs des deux compagnies des chirurgiens graduez et des chirurgiens-barbiers, en unissant la charge de barbier du roy à celle de premier chirurgien dont ils se trouvoient revestus, avoient employé un grand nombre d'années à bien establir leur jurisdiction et leur autorité dans la compagnie [1]. »

Les nouvelles écoles de chirurgie, plus élégamment construites et mieux situées que celles de la faculté de médecine, furent le signe extérieur du haut rang auquel s'était élevée la corporation : d'abord simple métier soumis à réglementation et placé, comme les autres, sous la main du Prévôt de Paris, la chirurgie avait constitué école, puis collège, et était enfin devenue, sous le règne de Louis XIV, académie royale, titre qu'elle conserva, puisqu'elle le portait encore au moment où Louis XV acquit l'ancien collège de Bourgogne, pour lui assurer une installation de plus en plus digne d'elle.

Les constructions de 1691-1694, de 1707-1710 servirent donc moins d'un siècle aux chirurgiens. Piganiol, qui écrivait au moment où l'enseignement chirurgical y était en pleine activité, les décrit ainsi :

« L'école, telle qu'elle est aujourd'hui, a été nouvellement bâtie aux dépens de la communauté des chirurgiens. On y entre par une grande porte assez bien décorée et sur laquelle est cette inscription en lettres d'or :

AEDES CHIRURGORUM.

« On trouve ensuite deux beaux corps de bâtiments séparés par la cour.

« A main droite, en entrant, est l'amphithéâtre anatomique. La porte de cet amphithéâtre est décorée d'un ordre ionique, et de quelques ornements de sculpture, symboliques de l'art de chirurgie. Sur un marbre sont gravés ces deux beaux vers de Santeul :

> Ad cædes hominum prisca amphitheatra patebant;
> Ut discant longum vivere nostra patent [2].

« De l'autre côté de la cour, et vis-à-vis de cet amphithéâtre, est un beau bâtiment construit aussi aux dépens de la communauté des chirurgiens, en la place de l'ancienne maison où elle faisait ses assemblées et la visite des pauvres malades

---

[1] *Hist. de la ville de Paris*, I, p. 444.

[2] L'antithèse, que suggère le mot d'*amphithéâtre*, devait naturellement venir à l'esprit de Santeul; il l'a fort bien accentuée ici, ainsi qu'il l'a fait d'ailleurs dans ses nombreux distiques inscrits sur les fontaines de Paris. Toutefois, ils y aurait bien quelque chicane grammaticale à lui faire à propos de celui-ci.

qui avaient besoin des secours de la chirurgie. Ce bâtiment fut commencé en 1707 et achevé en 1710. On mit d'abord sur la porte ce distique latin, de la composition du sieur Le Comte, professeur émérite d'humanités au collège Mazarin :

> Hic probat ingenium doctrina, Prudentia dextram,
> Ut certa in cives prodeat inde salus.

« La communauté a fait ôter ce distique depuis quelques années, et a fait mettre en sa place cette inscription que le feu P. Ménestrier, jésuite, lui avait donnée, et dont elle ne voulut pas faire usage dans ce temps-là :

> Consilioque manuque. »

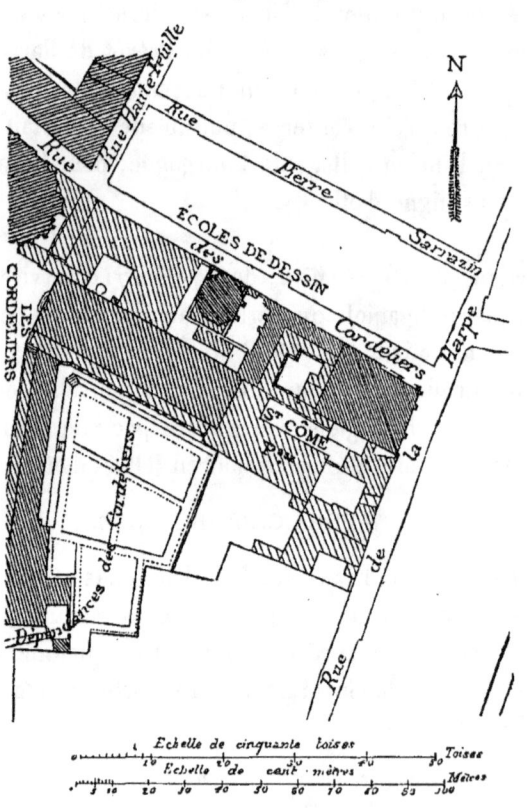

Saint-Côme (église et écoles), d'après le plan de Verniquet.

On sait ce qu'il advint de ces bâtiments, en 1775, au moment où l'Académie royale de chirurgie prit possession du palais, encore inachevé, que l'architecte Gondouin venait de construire sur l'emplacement du collège de Bourgogne. L'école gratuite de dessin, qui avait été installée, en 1764, dans l'ancien collège d'Autun, rue Saint-André-des-Ars, fut transférée à Saint-Côme aussitôt que les chirurgiens eurent évacué les locaux. Elle s'y est maintenue depuis, et elle les occupe encore aujourd'hui sous son nouveau titre : ÉCOLE NATIONALE DES ARTS DÉCORATIFS.

CHAPITRE XVI.

SUITE DES VOIES PUBLIQUES
COMPRISES DANS LA RÉGION OCCIDENTALE DE L'UNIVERSITÉ.

RUE DE L'ÉPERON.

Cette voie, qui subsiste encore dans son intégrité, établissait une communication entre les rues Saint-André-des-Ars et des Cordeliers, par l'extrémité orientale du cul-de-sac de Rouen et la rue du Paon; elle servait, en même temps, de débouché aux rues Serpente, des Poitevins et du Cimetière-Saint-André. Il est probable qu'elle fut ouverte vers la fin du xiie siècle, ou au commencement du xiiie siècle, comme la plupart des voies de ce quartier; sentier ou chemin de desserte dans la région des Petits-Champs, elle dut bénéficier de l'accensement de 1179 et de la construction de l'enceinte de Philippe-Auguste, qui assura la sécurité de toutes ces ruelles. Elle fut cependant moins favorisée que les voies environnantes dont elle est contemporaine, rues Gille-le-Queux, Pavée, des Grands-Augustins, etc., parce que, au lieu de tendre, comme elles, vers la Seine, ce qui leur donnait un débouché commode et spacieux, elle aboutissait, en réalité, à une impasse. On n'y a donc construit ni église, ni collège, ni couvent, ni hôtel; les grandes résidences seigneuriales, situées à l'extrémité occidentale et au côté méridional de la rue Saint-André-des-Ars, étaient bornées au levant par la rue de l'Éperon; mais elles n'y avaient point leur entrée, et elles se sont annexé divers immeubles en bordure de cette voie. La rue de l'Éperon a conservé jusqu'à nos jours ce caractère de voie latérale, et les percements opérés dans ses environs immédiats n'en ont point modifié l'aspect.

Bien qu'il y ait tout lieu de la croire antérieure, d'un demi-siècle au moins, à l'année 1267, on n'en trouve pas de mention avant cette époque. Elle est appelée alors *vicus Galgani*, et, quelques années après (1294) *voie Gaugai*. Un titre de 1296 porte *Gaugain* et on lit *Cauvain* dans le *Dit* de Guillot (1300); Guillebert de Metz ne la mentionne pas.

Ce nom de *Gaugain* ou *Cauvain*, qui était selon toute vraisemblance celui d'un de ses habitants, ou d'un des premiers locataires à cens qui y firent construire, a persisté pendant plusieurs siècles; on le retrouve jusqu'au xvi° siècle sous des formes variées : *Gougaud* en 1521, *Gayain* en 1531, *Goyani* en 1543; c'était la vieille appellation. Mais il s'en est produit d'autres dans l'intervalle : on rencontre en 1430 les vocables suivants : «rue du Chapperon»; en 1485, «rue du Chappeau»; en 1521, «rue du Chappon».

Corrozet, dans sa liste des voies publiques de Paris, lui donne le nom qu'elle porte aujourd'hui : le doit-elle à une corruption du mot *Chaperon*, ou à l'enseigne d'un éperonnier? C'est ce qu'il est fort difficile d'affirmer, en l'absence de documents précis. Il semble que le *Chaperon*, le *Chapeau*, l'*Éperon* ont pour origine une ou plusieurs enseignes. A l'appui de cette conjecture, citons un fait récent : non loin de la rue de l'Éperon, lors de l'ouverture du boulevard Saint-Germain, on a démoli une maison formant l'angle des rues de l'Ancienne-Comédie et de l'École-de-Médecine et ayant pour enseigne un «chapeau fort», grossièrement taillé dans la pierre. La rue dont il s'agit a peut-être possédé une enseigne de ce genre.

Nous avons déjà dit que certaines dénominations, vraies ou altérées, *arcs*, *bouclerie*, *sagettes*, *rondelle*, *éperon*, etc., avaient amené quelques écrivains à croire que la région était le siège d'une fabrication d'armes et autres ustensiles de guerre, parce que ces dénominations semblent groupées dans un rayon assez restreint. Mais cette opinion ne supporte pas l'examen; nous l'avons discutée à l'article de chacune des rues sur l'appellation desquelles on a prétendu la baser.

Adolphe Berty a établi très incomplètement le parcellaire de cette rue; nous nous sommes efforcé de suppléer aux lacunes que présentent ses notes.

CÔTÉ ORIENTAL
(du Nord au Sud).

JUSTICE ET CENSIVE DE SAINT-GERMAIN-DES-PRÉS.

PAROISSE DE SAINT-ANDRÉ-DES-ARS.

MAISON DE LA STATUE, formant le coin oriental de la rue Saint-André-des-Ars, sur laquelle elle avait peut-être son entrée, et paraissant avoir été divisée en deux portions dont l'une aboutissait à la rue du Cimetière-Saint-André. Le nom qu'elle portait lui venait sans doute d'une statue d'angle, comme il en existait aux encoignures d'un grand nombre de rues.

MAISON sans désignation, faisant le coin septentrional de la rue du Cimetière.

DEUX MAISONS ATTENANTES, également sans désignation et ayant été bâties sur une partie du cimetière, à une époque où l'on en réduisait la superficie, probablement vers 1540.

Maison de l'Ymaige Nostre-Dame, formant l'angle septentrional de la rue du Battoir.

Collège ou Hôtel de Vendôme, dont le pourpris était délimité par les rues du Battoir, du Jardinet, de l'Éperon, et qui avait son plus petit côté sur cette dernière rue [1].

CÔTÉ OCCIDENTAL
(du Nord au Sud).

JUSTICE ET CENSIVE DE SAINT-GERMAIN-DES-PRÉS.

PAROISSE DE SAINT-ANDRÉ-DES-ARS.

Maison sans désignation, appartenant, avant 1282, à «Jean le Cirier de Petit-Pont». En 1282, elle est englobée dans le séjour de Navarre, qui prend plus tard le nom d'Orléans, et elle perd son individualité. Elle ne la retrouve qu'en 1485, époque où fut vendu et démembré l'hôtel ou séjour d'Orléans. La partie formant le coin des rues de l'Éperon et Saint-André-des-Ars s'appelle alors la

Maison de Violle, construite ou aménagée sur le lot d'angle acquis par Nicolas Violle [2]. Ce lot, qui ne mesurait que quatorze toises sur la rue Saint-André, occupait selon le plan dressé par le docteur Chéreau, collaborateur de Berty, tout le côté occidental de la rue de l'Éperon.

Sur ce côté occidental, Adolphe Berty place un rectangle qui, à en juger par l'épaisseur des lignes dont il est formé, figurerait un édifice de quelque importance. Aucune légende dans le plan, aucune note dans le texte ne nous renseignent sur cette figuration. Une étoile unique, placée au centre du long trapèze irrégulier qui représente, selon toute apparence, le lot de Violle, semblerait indiquer que ce terrain n'a pas été subdivisé.

Cependant il existait, en 1262, sur le côté occidental de la rue de l'Éperon, une seconde

Maison sans désignation, qui fut englobée, comme celle de Jean le Cirier, dans le séjour de Navarre, et qui se confond dès lors avec cette résidence. Lors de la vente et du morcellement de ce séjour princier, en 1485, cette maison devint

---

[1] Voir la monographie sommaire de l'hôtel ou collège de Vendôme, à l'article de la rue du Jardinet.

[2] Voir à l'article de l'hôtel, ou séjour de Navarre et d'Orléans (rue Saint-André-des-Ars), la note relative à ce personnage qui fut prévôt des marchands.

v.

partie intégrante ou dépendance de la maison de Violle. C'est pour ce motif que Berty ne l'a point distinguée sur son plan.

Peut-être faut-il voir, dans le rectangle figuré par Berty, la maison bâtie par Violle, et, dans le reste du trapèze irrégulier où elle est inscrite, les dépendances de cette maison.

Sauval, qui avait beaucoup étudié cette région, s'était rendu compte des modifications résultant du lotissement des terrains ayant formé le pourpris du séjour de Navarre et d'Orléans. Les nouveaux possesseurs allèrent, dit-il, jusqu'à supprimer des portions de rues ou allées des murs : « Entre les murs du faubourg Saint-Germain et l'hôtel des ducs d'Orléans, appellé le séjour d'Orléans, il y avoit encore, en 1484, une rue parallèle à la rue de l'Éperon, qui aboutissoit à la porte de Bussy et à la rue S. André-des-Ars, et qui fut condamnée depuis ou alors par celui à qui échut la partie de ce logis la plus proche de la porte de Bussy et des murailles de la Ville [1]. »

C'est entre cette rue ou allée supprimée, et celle de l'Éperon, que s'étendaient, d'occident en orient, les terrains lotis.

RUE DES ÉTUVES.

La rue Mignon, qui est à peu près parallèle à celles de la Harpe, de la Barre et de la Vieille-Plâtrière (Hautefeuille), se prolongeait primitivement jusqu'à celle des Cordeliers, traversant ainsi la ruelle du Paon, ou de l'hôtel de Reims, avant sa transformation en impasse, et passant entre les collèges de Bourgogne et des Prémontrés. Elle changeait de nom dans sa partie méridionale et s'appelait, en 1255, « rue aux Estuves, *vicus qui dicitur aux Estuves* [2] ». L'établissement de bains qui lui avait valu cette dénomination dépendait de la maison appartenant à Pierre Sarrazin et acquise par les Prémontrés, en 1252 (voir les rues *Hautefeuille, Pierre-Sarrazin* et *des Cordeliers*).

Du Breul et Félibien, auxquels nous devons la publication de la pièce de 1255, en reproduisent une autre de l'année suivante (1256), où il est spécifié que Jean de Beaumont, bourgeois de Paris, vend également aux religieux du Prémontré une maison sise *in vico Stuffarum* [3].

L'agrandissement de l'hôtel de Reims et la permission, obtenue par le premier président le Maistre, de disposer du sol de la ruelle du Paon, à son extrémité

---

[1] *Antiquités de Paris*, I, p. 172. — [2] Note de Berty. — [3] FÉLIBIEN, *Preuves*, t. I, 200, p. 471.

orientale, pour y faire bâtir une «granche» ainsi que des écuries, amenèrent la suppression de la partie de la rue Mignon comprise entre celle du Jardinet et la nouvelle impasse. «Quand on fonda, dit Sauval, le collège de Prémontré en 1255, il étoit environné de quatre rues, l'une qui passoit de la rue des Cordeliers en la rue Mignon, à travers la rue du Petit-Paon, entre ce collège et celui de Bourgogne, et qui est condamnée depuis tant de tems que nos pères ne se souviennent pas de l'avoir vue; l'autre, que le premier président Le Maistre boucha d'une grange et de ses écuries, et qui se nomme la rue du Petit-Paon, quoique ce ne soit plus qu'un cul-de-sac et venant de la rue du Paon à la rue Hautefeuille[1].»

Adolphe Berty a fait figurer la rue des Étuves sur son plan, en pointillé, et avec cette mention : «Portion de rue supprimée.» Cette portion une fois incorporée dans les dépendances de l'hôtel de Reims, il ne resta plus qu'un tronçon de voie se soudant, en équerre, à la «ruelle de Rains» qui, de la sorte n'était point encore une impasse. Elle ne tarda point à le devenir, par la suppression de la rue des Étuves.

Géraud a cru reconnaître cette dernière voie dans celle que le Livre de la Taille de 1292 appelle «rue au Prince», supposition qui n'a rien de déraisonnable, puisque cette voie touchait de très près à l'hôtel de l'archevêque de Reims, consécrateur des rois et prince de l'Église.

Adolphe Berty, qui avait relevé cette mention dans le même rôle, pense qu'il faut l'appliquer à la rue ou ruelle du Paon, devenue plus tard une impasse. On peut assigner deux motifs à cette préférence : d'abord la ruelle dont il s'agit bordait le pourpris de l'hôtel sur une bien plus grande longueur; puis elle a porté le nom de «rue a larcevesque de Rains», dénomination qu'on ne trouve point appliquée à la rue des Étuves.

Jaillot parle d'une troisième appellation qu'il dit avoir rencontrée dans un acte de 1304; ce document énoncerait une «rue de Sainct-Cosme et Sainct-Damian», qui ne serait autre que la rue des Étuves. Mais il semble difficile d'admettre cette identification : la rue des Étuves, passant entre les collèges de Bourgogne et des Prémontrés, débouchait dans la rue des Cordeliers vers le milieu du collatéral nord de l'église de ce monastère, à cent mètres environ de celle de Saint-Côme; d'autre part, la rue des Cordeliers portait, à son extrémité orientale, le vocable de Saint-Côme, ce qui eût fait confusion avec la rue des Étuves.

M. A. Franklin, dans ses études sur le plan de la Tapisserie, a fait remarquer que la rue dont nous nous occupons n'est point inscrite au rôle de la Taille de

[1] *Antiquités de Paris*, I, p. 186.

1313; elle ne pouvait effectivement y figurer puisque, dans un acte de l'année 1294, lu par Adolphe Berty, elle est nommée voie bouchée, *vicus obturatus*. Ce dernier assure avoir constaté, avant l'ouverture du boulevard Saint-Germain, « des traces du passage de la rue dans la disposition des maisons de cette région ».

Les étuves étaient assez nombreuses à Paris, au moyen âge; il en existait notamment deux fort importantes dans la région que nous étudions, entre l'abreuvoir Mâcon, la Seine et la rue de la Huchette. Sur d'autres points de la ville, dans les quartiers des Lombards, Saint-Honoré, du Beau-Bourg, de la Cité et de la place Maubert, ces établissements ont donné leur nom aux rues, ruelles et impasses dans lesquelles ils étaient situés [1].

Quelques étymologistes, abusés par la ressemblance, ont confondu le mot *stuffæ*, étuves, avec l'expression *stoffæ*, étoffes, et ont rangé dans la série des rues où il existait des étuves, la rue des *Écouffes*, sise au quartier Saint-Antoine. Les *escoffles*, *escouffles*, *escouffes* et *écouffes*, du latin *moffula*, étaient des peaux de mouton servant au vêtement et, par extension, des étoffes de laine.

L'un de nos anciens collaborateurs, H. Legrand, qui avait étudié la question des étuves à Paris, pensait que la tradition des bains s'était perpétuée dans le voisinage du palais des Thermes, et que les étuves des rues Pierre-Sarrazin, Mignon, de la Huchette, de Bièvre notamment, étaient une réminiscence des bains gallo-romains établis dans la résidence impériale. On commença, dit-il, à construire dans les cloîtres des *lavatoria;* puis, à partir du xiie siècle, on substitua aux bains d'eau pure ceux de vapeur, que les Croisés avaient importés d'Orient. Bientôt il s'établit des étuves publiques, l'agencement des maisons du temps ne comportant point une installation de ce genre pour les particuliers peu aisés. Les étuves se spécialisèrent de bonne heure; dans la Cité, par exemple, celles qui étaient situées en la ruelle dite « des Estuves Saint Michel », à l'extrémité de la rue de la Barillerie, avaient la clientèle du Palais de justice; elles étaient qualifiées « estuves pour les gens de robe, procureurs et autres escholiers et membres de la bazoche ».

A la pointe occidentale de la Cité, il existait un îlot, dit *île des Bureaux*, où les rois firent construire un « ostel des Estuves » entouré de jardins que la Seine inondait fréquemment; ces étuves étaient réservées exclusivement aux habitants du palais. Celles qui touchaient à l'abreuvoir Mâcon, celles des rues de Bièvre, Mignon et Pierre-Sarrazin étaient surtout fréquentées par les écoliers. Les bourgeois et marchands allaient soit aux étuves situées dans le cul-de-sac de ce nom, entre

---

[1] Voir la *Description de Paris* par Guillebert de Metz, dans *Paris et ses Historiens aux xive et xve siècles*.

les rues des Lombards et des Écrivains, soit à celle de l'Arbre-Sec, soit à celle de la ruelle de l'Arche-Marion.

On voit que ces sortes d'établissements s'installaient surtout dans les voies étroites et dans les impasses. Il en existait aussi en dehors de la ville, dans le voisinage de l'enceinte et des portes; celles-là, placées loin du centre et dépourvues de surveillance, dégénérèrent promptement en lieux de débauche, surtout quand elles étaient voisines des lupanars. Dans le Beau-Bourg, en particulier, où Guillebert de Metz nous apprend que « avoit des fillettes en cul-de-sac », des étuves avaient été créées dès le XIIIe siècle, par un bourgeois du nom de Geoffroy, d'où le nom de *Gaufridus de Balneolis*, auquel succéda celui de rue des Étuves; elles furent envahies par les « fillettes » qui en étaient voisines, et l'on dut prendre des mesures de rigueur pour arrêter le désordre. Il n'avait pas encore cessé au commencement du XVIe siècle, puisque Maillard, célèbre prédicateur du temps, tonne contre les étuves corruptrices des mœurs.

Les étuveurs parisiens formaient une corporation, dont les statuts ont été enregistrés par Étienne Boileau; il leur était enjoint de ne pas faire l'ouverture de leurs étuves avant le jour, afin d'éviter que les personnes qui s'y rendaient fussent attaquées par les voleurs; on leur interdisait de chauffer les dimanches et jours de fête; enfin on leur recommandait de ne recevoir ni lépreux, ni gens mal famés, ni femmes de mauvaise vie.

CÔTÉ ORIENTAL
(du Nord au Sud).

JUSTICE ET CENSIVE DE SAINT-GERMAIN-DES-PRÉS.
PAROISSE DE SAINT-CÔME.

DÉPENDANCES DE L'HÔTEL DE REIMS. Cet hôtel, qui s'étendait primitivement entre les rues du Paon, du Jardinet et la « ruelle de l'Ostel », devenue plus tard l'impasse du Paon, s'annexa, vers la fin du XIIIe siècle, les terrains qui le séparaient de la rue de la Vieille-Plâtrière; on y construisit divers bâtiments de service, et l'on y ménagea sans doute une issue sur cette dernière rue.

TERRAIN sans désignation sur le plan, mais ayant dû être couvert par la maison de Jean de Beaumont, bourgeois de Paris. Cette maison attenait, en effet, à la maison de Pierre Sarrazin et aboutissait à la rue de la Vieille-Plâtrière. Elle fut acquise, en 1256, par les religieux de Prémontré, pour être jointe à leur collège. Nous citons le contrat d'acquisition dans la monographie de cet établissement. (Voir rue Hautefeuille.)

TERRAIN sans désignation sur le plan, mais ayant certainement fait partie de la maison de Pierre Sarrazin, vendue aux Prémontrés en 1252, par Gilette de Houzel, bourgeoise de Paris, veuve de Pierre Sarrazin. Nous citons également l'acte de vente dans la monographie du collège des Prémontrés.

Partie postérieure du collège des Prémontrés, lequel se trouvait délimité par trois rues, avant la suppression de celle des Étuves.

CÔTÉ OCCIDENTAL

(du Sud au Nord).

MÊMES JUSTICE, CENSIVE ET PAROISSE.

Partie latérale du collège de Bourgogne, bordant la rue, depuis celle des Cordeliers jusqu'à la ruelle de « l'ostel de Rains », appelée plus tard cul-de-sac du Paon.

Dans ce pourpris ont existé cependant, à l'état d'enclaves, trois immeubles bâtis, que le plan ne mentionne point et qui sont :

La maison du Chauldron ;

La maison du Havre ;

La maison ou Couvent de Saint-Thierry.

Cette dernière était parfois confondue avec celle du Havre, qui faisait le coin de la rue des Étuves et de la ruelle de l'hôtel de Reims. Dans la direction des Cordeliers, les bâtiments du collège, affleurant la voie publique, ne permettaient aucune autre construction. Il est probable qu'ils s'étaient substitués aux maisons suivantes, dont la localisation précise est impossible, faute d'indications suffisantes :

Maison des enfants d'Adam le Romain ;

Maison de Marguerite du Celier ;

Maison de Nicolas le Romain ;

Maison de Richard du Porche ;

Maison d'Agnès de Vitri ;

Maison de Denise des Champs ;

Grange et jardin de Gilette du Celier.

Toutes ces maisons furent vendues, en juillet 1255, aux religieux Prémontrés, par *Guilherma* ou Guillemette, abbesse de Saint-Antoine-des-Champs, pour être incorporés dans le pourpris du collège. L'acte de vente les désigne et les localise approximativement : « Novem domos sitas Parisius, juxta domum Fratrum Minorum, in vico qui dicitur *as Estuves*. » Vu le peu d'étendue de terrain qu'elles occupaient, il y a lieu de croire que c'étaient de petites maisons de jardiniers et de cultivateurs, comme il en existait un grand nombre dans cette région avant le grand accensement de 1179 et la construction de l'enceinte de Philippe-Auguste. La « granche » et le jardin de Gillette du Celier ne furent acquis par les Prémontrés et annexés au pourpris de leur collège qu'en 1285.

Neuf ans plus tard, eut lieu la confirmation de la vente par le payement des droits de finance auquel elle donna lieu. Nous trouvons, dans les notes de Berty, le texte même de la quittance.

« 1294. Noveritis nos, noïe (nomine) domini regis et pro eo, recepisse et habuisse a religiosis viris, abbate et conventu monasterii Premonstratensis ducentas decem libras et quindecim solidos Turonenses pro finatōe facta nobiscum ab iisdem religiosis de domo sua Parisiensi, ad opus scolarum totius ordinis Premonstratensis applicata, sita ultra Parvum Pontem, prope domum Fratrum Minorum, *in vico Stupharum*, ab opposito vici *de Hautefeuille*, faciente cuneum vici Fratrum Minorum et vici Stupharum, tendente ex illo latere usque ad domum Thesaurarii Belvacensis (Beauvais), contigua ex altera parte cuidam parve ruelle, que clausa est ad presens, et a parte posteriori domui episcopi Remensis, super novem parvis domibus, de quibus dicti religiosi suam domum construxerunt et edificaverunt. »

N. B. Le lecteur devra se reporter aux rues de Hautefeuille et des Cordeliers, pour compléter l'histoire topographique des collèges de Prémontré et de Bourgogne, dont nous n'avons pu qu'indiquer la formation et les accroissements, par l'acquisition d'immeubles en bordure sur la rue des Étuves.

RUE GÎT-LE-COEUR,

SUCCESSIVEMENT DÉNOMMÉE
GUY-LE-QUEUX, GUY-LE-CONTE, GUILLE-QUEULX,
GUY-LE-PREUX OU LEPREUX, GILLES-LE-QUEUX ET GILLES-COEUR.

Le nom primitif de cette voie paraît avoir été celui d'un cuisinier qui y demeurait au commencement du XIIIe siècle.

Dans une charte de 1215, du fonds de Saint-Germain-des-Prés, elle est énoncée *vicus qui est juxta masuram Guinonis Coci*. Ce Guy le Queux avait peut-être été cuisinier du Roi, comme l'était alors un nommé Odon, son voisin, et probablement son parent.

Dès 1275, on trouve la rue dénommée *Guy le Queux; vicus qui vocatur vicus Guidonis coci* (Cartulaire de Saint-Étienne-des-Grès); *vicus qui dicitur Guidonis coci*, portent presque tous les titres, jusqu'à la fin du xvie siècle. Dès le xive, on avait, du reste, altéré ce vocable; on lit, en effet *Gui le Comte*, dans des titres de 1397 et 1424; d'autres offrent les variantes qui suivent : *Gilles Queux, Guille Queulx* (1540), *Villequeux Gui* et *Le Preux* ou *Lepreux*. Dans les censiers du règne de François Ier, on trouve *rue dict Lequeux;* Corrozet dit *Gilles le Cœur*, et les titres latins de son temps portent *Ægidius Coquus*. Enfin, l'orthographe moderne, *Gît-le-Cœur* se lit sur quelques plans; ce qui a donné l'idée d'une enseigne-rébus, transformée en obscénité par une substitution de mot.

Cette plaisanterie de mauvais goût a sans doute fait supposer que la rue Gît-le-Cœur avait été l'un des lieux assignés à la prostitution par les anciens édits qui la parquaient en certains endroits. Rien, dans les vieux titres, ne désigne cette voie comme ayant été le siège d'un lupanar. Elle était, d'ailleurs, trop rapprochée de la rue de Mâcon, ou de la Bouclerie occidentale, qui avait la spécialité de cette triste industrie.

De tout ce qui précède, et contrairement aux hypothèses de plusieurs historiens de Paris, il résulte que la rue dont nous parlons ne doit nullement son nom à l'un des membres de la famille du célèbre et malheureux argentier de Charles VII[1].

Dans le Livre de la Taille de 1298, on trouve la mention d'une *rue du Jardin de Monseigneur Hue de Bonile*, qui faisait partie de la paroisse Saint-André. Placée entre les rues Pavée et de l'Hirondelle, cette voie ne peut être que celle dont nous nous occupons. La maison du personnage en question n'est autre, en effet, que l'hôtel d'Arras, dont nous parlerons plus loin, et que nous avons longuement décrit à l'article de la rue Saint-André-des-Ars.

La rue Gît-le-Cœur est une des rares voies parisiennes que les percements modernes n'ont pas encore entamées; elle a conservé en grande partie, non point son aspect ancien, mais la physionomie qu'elle présentait au xviie et au xviiie siècle.

---

[1] Sauval avait donné à cette hypothèse l'appui de sa vaste érudition : «On croit, dit-il, que le nom de Gilles Cœur lui vient de quelqu'un des descendants de ce Jacques Cœur, le jouet de la fortune, et qui sert d'un si bel exemple.» (*Antiq. de Paris*, I, p. 139.)

CÔTÉ ORIENTAL
(du Nord au Sud).

JUSTICE ET CENSIVE DE SAINT-GERMAIN-DES-PRÉS.
PAROISSE DE SAINT-ANDRÉ-DES-ARS.

Maison des Évêques de Chartres (1300), de Sancerre (1394). Vendu par le connétable Louis de Sancerre à Monseigneur Guérard Dathys (*alias* Guérart Duthies), archevêque de Besançon, cet hôtel devint la Maison des Évêques de Besançon, en 1397. Dans l'année 1418, alors qu'on le qualifiait de Maison des Évêques de Clermont, il fut confisqué sur Martin Gouge de Charpaigne, évêque de Clermont, au profit de Jacques de Montberon, maréchal de France, et, en 1423, il subit une nouvelle confiscation, de laquelle bénificia Guy le Bouteiller, seigneur de la Roche-Guyon.

Ici, lacune dans la liste des propriétaires de cette résidence, jusqu'à ce que Dauvet, maître des requêtes, en devienne l'acquéreur et y annexe une maison «vis-à-vis la *descente* de la rivière», c'est-à-dire en face de l'un des abreuvoirs du quai des Augustins.

La duchesse d'Étampes occupe, à son tour, ce logis et engage François Ier à se l'adjuger, moyennant une juste et préalable indemnité au propriétaire. La maison épiscopale se transforme alors en Palais d'Amour, communiquant à l'Hôtel de la Salamandre, sis rue de l'Hirondelle.

Au commencement du xviie siècle, ce voluptueux palais, dont on retrouve l'entrée principale au n° 5 de la rue Gilles-Cœur, s'appelait l'Hôtel d'O, et appartenait à celui des membres de la famille Séguier qui, ayant quitté la robe de maître des requêtes pour l'épée, prit le titre de marquis d'O.

Quand Louise-Marie Séguier, fille de ce marquis de nouvelle création, épousa Louis-Charles d'Albert, duc de Luynes, elle lui apporta en dot l'Hôtel d'O, que la voix publique proclama dès lors Hôtel de Luynes, et qui figura, pendant un siècle, au nombre des belles résidences de Paris, ainsi que le prouve une estampe contemporaine, dont nous offrons une reproduction.

En 1671, l'hôtel de Luynes tomba, en majeure partie, sous le marteau des démolisseurs; sur son emplacement, livré à la spéculation, s'élevèrent des demeures moins somptueuses et des maisons de rapport.

Hôtel Berrier (1671), logis nouveau, formé d'une des parties de l'hôtel de Luynes, que l'on avait conservées, et à laquelle on adjoignit des bâtiments annexes, ainsi que le constate un topographe contemporain :

«Dix lots étant faits par Albert de Luynes, duc de Chevreuse, l'année 1671, l'un convint à Berrier, secrétaire du Conseil, et de nouvelles constructions commencèrent, mais en respectant le plus possible les anciennes. Berrier, lieutenant de police, hérita donc, rue Gît-le-Cœur, du logis de son grand-père. »

Hôtel de Saint-Louis, ci-devant de Nivernais (1689). Le topographe que nous venons de citer, le désigne ainsi :

« Un hôtel, nouvellement dit de Saint-Louis, s'étendait rue de l'Hirondelle et comprenait sans doute la Salamandre, mais avec une entrée rue Gît-le-Cœur; il fut adjugé en 1689 au duc de Nivernais, ministre d'État, lieutenant général, académicien. »

Maison de l'Hirondelle, faisant le coin méridional de la rue de ce nom. Adolphe Berty la qualifie de « maison sans désignation », cependant elle paraît avoir eu pour enseigne le nom de la rue adjacente, 1523. (Voir rue de l'Hirondelle.)

Maison de l'Image saint Joseph (1536).

Maison sans désignation (1523), contiguë à la Maison de l'Étoile d'Or.

Maison de l'Étoile d'Or, formant l'angle de la rue Saint-André-des-Ars. Cette maison et celle qui la précédait vers l'orient et sur la rue Saint-André-des-Ars constituaient, dans leur indivision, la Maison de l'Estoille d'Or, en 1466.

CÔTÉ OCCIDENTAL
(du Sud au Nord).

MÊMES JUSTICE, CENSIVE ET PAROISSE.

Hôtel d'Arras (1422), ayant eu pour enseigne l'*Image Notre-Dame*, faisant le coin occidental de la rue Gît-le-Cœur et s'étendant le long de cette rue jusqu'au quai des Augustins.

L'hôtel, qui avait son entrée principale sur la rue Saint-André-des-Ars, a été l'objet d'une première étude à l'article de cette voie; nous y renvoyons donc le lecteur. Cependant, comme sa façade latérale et ses dépendances bordaient la rue Gît-le-Cœur, nous tronquerions le parcellaire de cette rue, si nous ne résumions point ici notre monographie antérieure. Voici d'abord une note recueillie par Adolphe Berty :

« 1443. Ung grant hostel à deux festes sur rue, l'ung sur la grant rue Sainct Andry des Ars, et l'aultre feste sur la rue Guy Lequeux, au coing duquel hostel, faisant division desdicts deux festes, est posé l'ymage Nostre-Dame, avec une court pavée de pierre de rabot, et au bout d'icelle court a ung grant corps d'hostel contenant plusieurs chambres, salles, galeries, courts, puis, cuisines, caves, celiers et estables et ung grant jardin, au derrière duquel y a plusieurs treilles et arbres portant fruits, avec une grante galerie, où y a au-dessus une terrasse pavée de pavement de pierre de lyaiz, etc... nommé vulgairement *l'hostel d'Arras*, dont la maîtresse entrée est en la rue Saint-Germain-des-Prez, tenant ledict ostel tout au long et le coing de la rue Guy-Lequeux, et ayant issue en icelle rue Guy-Lequeux, aboutissant par derrière et ayant issue audict jardin sur le chemin qui va du pont Sainct-Michel en l'église Sainct-Augustin.

«Item, un aultre contigu, rue Sainct-Germain, faisant le coing de la rue Gogain, et depuis nommée la rue Pavée avec dépendances assises en la rue Pavée.»

Cet immeuble aristocratique était la résidence des évêques d'Arras, quand ils ne demeuraient point en leur diocèse, et c'est à eux qu'il devait son nom.

Avant 1422, date antérieure à celle de la description que nous venons de reproduire, le *Compte des confiscations de la ville de Paris* nous apprend que l'hôtel d'Arras avait appartenu à M. Gérard de Montagu, évêque de Paris, et cela sans perdre sa dénomination première. A cette époque et sous le régime de l'occupation anglo-bourguignonne, l'immeuble fut confisqué sur le prélat parisien qui tenait pour Charles VII, et fut donné à un grand seigneur anglais, le comte de Salisbury, qui en eut la jouissance sa vie durant. Après la mort de ce personnage, Louis de Luxembourg, évêque de Thérouanne, chancelier de France, *occupavit dictam domum*, disent les titres du temps. Le *Compte des confiscations*, de 1427 à 1434, que nous avons déjà cité à l'article de la rue Saint-André-des-Ars, contient cette mention significative : «L'hostel d'Arras, qui fut à M. Gérard de Montagu, jadis évêque de Paris, sis en la rue Saint-André-des-Ars, faisant le coin de la rue Villequeux, de laquelle maison le comte de Jaly-Fleury[1] a joui pendant sa vie et, depuis son trépas, M. Louis de Luxembourg, évêque de Thérouenne, chancelier de France.»

Nous devons limiter ici cette histoire résumée de l'hôtel d'Arras, à l'époque où les confiscations jettent le plus grand trouble dans la topographie parisienne. La suite des vicissitudes que cet immeuble eut à subir est racontée à l'article de la rue Saint-André-des-Ars.

Hôtel Montholon (1534). Le rapprochement des dates induirait à croire que la maison, construite en 1534, sur l'emplacement de l'hôtel d'Arras, n'est autre que l'hôtel Montholon. Quelle que soit la date de son édification, cet hôtel se loca-

---

[1] Nous avons déjà fait remarquer que «Joly-Fleury» est une *francisation* du nom anglais Salisbury. L'identité du personnage ainsi dénommé ressort du texte latin, où il est appelé *Dominus Thomas de Monte Acuto, comes de Salisbury*.

lise, ce semble, lui-même par l'importance de son développement et l'ancienneté de son architecture. Un chercheur moderne le désigne dans les termes suivants :

« Après la rue Gît-le-Cœur, ancien logis de l'un au moins des Montholon, père et fils, qui furent gardes des sceaux au xvie siècle. Propriétaire au même endroit en 1650 : Ingrand, conseiller au Parlement de Metz, et puis son fils, intendant du commerce. Locataire en 1793 : Billaud-Varennes, qui organisa le système de la Terreur [1]. »

D'après Sauval, l'hôtel qui nous occupe fut la demeure, non pas uniquement de « l'un des Montholon, mais des deux gardes des sceaux ».

« Les gardes des sceaux de Montholon, dit l'auteur des *Antiquités de Paris*, ont logé à la rue Saint-André, au coin de la rue Gilles-Cœur, dans un logis séparé en deux maintenant et occupé par un cordonnier et un autre artisan [2]. »

Mais comment reconnaître l'hôtel seigneurial des Montholon dans un logis étroit habité par deux ouvriers? Cette disproportion entre la haute qualité des deux personnages et la petitesse de leur habitation ne laisse pas que d'inspirer quelques doutes à l'historien topographe. D'autre part, l'affirmation de Sauval est confirmée par Saint-Foix. L'auteur des *Essais historiques sur Paris* insiste également sur l'étroitesse de la maison dont il s'agit :

« Montholon, dit-il, logeoit, avec toute sa famille, au coin de la rue Saint-André-des-Ars et de la rue Gille-Cœur, dans une maison où il n'y avait qu'une salle et une petite cuisine au rez-de-chaussée, deux chambres au premier étage, deux au second et un grenier au troisième [3]. »

Il n'y a que deux explications possibles de cette singularité. La première, c'est que le logis plus que modeste dont parlent Sauval et Saint-Foix, fut habité par les Montholon avant leur élévation aux grandes dignités [4]; la seconde, c'est que les deux historiens de Paris se sont trompés d'angle, et ont confondu la MAISON DE L'ÉTOILE D'OR, sise au coin oriental des rues Saint-André-des-Ars et Gît-le-Cœur

---

[1] *Les anciennes maisons de Paris*, etc., par LE FEUVE.

[2] *Antiquités de Pairs*, II, p. 150.

[3] *Essais historiques*, etc., IV, p. 35, 36.

[4] François de Montholon, premier du nom, s'était fait une grande réputation comme avocat, et avait été chargé de la cause du connétable de Bourbon contre François Ier et la reine mère, procès dont la perte jeta le prince dans la révolte. Nommé avocat général en 1532, Montholon devint garde des sceaux en 1542, et mourut l'année suivante. Il accompagna, dit Saint-Foix, François Ier à la Rochelle, où une sédition avait éclaté, et reçut en présent, du Roi, l'amende de deux cent mille livres infligée aux Rochelois. Mais il leur en fit généreusement remise, « à la condition qu'ils feroient bastir en leur ville un hospital pour les malades ».

François de Montholon, deuxième du nom, fils du précédent, fut également garde des sceaux, et Jacques de Montholon, son petit-fils, compta parmi les meilleurs avocats de son temps.

avec l'hôtel occupant l'angle occidental. Les deux immeubles n'étaient séparés, en effet, que par la largeur de cette dernière voie. Cette seconde explication paraît être la plus probable, à en juger par l'aspect de la maisonnette qui subsiste encore. Nulle trace de l'architecture de la Renaissance dans cette construction; on y reconnaît, au contraire, la maçonnerie du xv° siècle, et le tout répond trait pour trait au signalement donné par Sauval et Saint-Foix.

Maison sans désignation, tenant à l'encoignure nord-ouest de la rue Gilles-Cœur (point initial du quai des Augustins).

RUE GUÉNÉGAUD.

Le percement de cette voie se rattache aux vicissitudes de l'hôtel et du pourpris de Nesle. Prévu et proposé dès l'année 1552, lorsque Henri II résolut d'aliéner ce domaine, il ne fut exécuté qu'environ un siècle plus tard, lorsque Henri de Guénégaud, ministre et secrétaire d'État, se fut rendu acquéreur de la plus grande partie de l'hôtel de Nevers, dont l'existence avait été si éphémère.

Louis de Gonzague, en prince qu'il était, n'avait point été ménager du terrain; il s'était taillé, dans la partie orientale du pourpris de Nesle, de magnifiques jardins limités par la rue ou ruelle qui prit le nom de l'hôtel. Henri de Guénégaud fut plus modeste; il borna son jardin, de ce côté, à la ligne représentée par la façade latérale de l'hôtel de la Monnaie; d'autre part, la princesse Marie de Gonzague de Clèves, désirant vendre le plus avantageusement possible les terrains situés en dehors du lot acquis par Guénégaud, obtint qu'une rue serait ouverte entre le quai de Nevers, à la descente du Pont-Neuf, et le chemin sur les fossés, depuis rue Mazarine.

Cette voie prit naturellement le nom du personnage qui venait de faire bâtir un logis magnifique sur l'emplacement de l'hôtel de Nevers, et dont le jardin bordait la rue sur une partie de son parcours. Toutefois cette dénomination ne lui fut pas donnée immédiatement : sur le plan de Gomboust, daté de 1652, la rue, encore peu bâtie sans doute, ne porte aucun nom; mais on lit : « R. Guénégaud » sur celui de Bullet et Blondel qui est de 1676.

Gomboust indique nettement la situation et le parcours de la nouvelle voie : elle part du quai de Nevers, presque en face du Château-Gaillard, longe les maisons en bordure du quai, ainsi que le mur de fond de l'hôtel Guénégaud, coupe presque à angle droit une rue projetée entre la place faisant face à l'hôtel et les rues de Nevers et d'Anjou, auxquelles elle devait fournir un débouché [1]; puis elle vient buter contre la muraille, à quelques pas d'une des tours de l'enceinte de Philippe-Auguste.

Le prolongement de la rue de Guénégaud, jusqu'au chemin sur les fossés, était naturellement subordonné à la démolition de la muraille et au comblement du fossé. Cette mesure se fit attendre quelque temps encore, et, dans l'intervalle, de nombreux abus en démontrèrent la nécessité. Les *Registres du bureau de la Ville* contiennent à cet égard plusieurs pièces intéressantes; nous n'en mentionnons que que quelques-unes.

Le 15 décembre 1660, des lettres du Roi déclaraient qu'il fallait, « pour le bien de ladicte ville, que l'on continuast, le long de l'ancien fossé de Nesle, le dessein de la porte Dauphine, qui est de voûter l'égoust qui passe dans ledict fossé, et que les bastimens encommencez soient continués jusque la nouvelle porte qui sera construite [2], et que, pour l'ornement, décoration et embellissement de ladicte ville, la maison, ou mazure, appelée le Chasteau-Gaillard, et quelques autres eschoppes et maisons qui sont le long du quay construit de neuf entre le Pont-Neuf et la Tour de Nesle, soient abattues [3]. »

Il s'agissait, on le voit, de régulariser la rue Guénégaud à ses deux extrémités : considérée jusque-là comme une voie privée, ouverte pour délimiter les jardins du ministre et faciliter la vente des terrains restant de l'ancien pourpris de Nevers, elle entrait dès lors dans le domaine de la grande voirie. La Ville lui ménageait un double débouché, d'une part, sur le quai, « en réservant quatre cens toises accordées à M. Duplessis de Guénégaud, à prendre au derrière et joignant l'orengerie de son hostel, et encore cent trente toises qui seront prises vis-à-vis la rue de Guénégaud, destinées pour la continuation d'icelle au travers dudit fossé [4] »; d'autre part, sur les anciens fossés de Nesle, en continuant « le dessein de la porte Dauphine » et en voûtant « l'égoust qui passe dans ledict fossé », de manière à permettre la continuation des « bastimens encommencez ».

Le percement de la rue Guénégaud a donc eu deux phases, comme celui de la rue Dauphine : arrêtée par l'allée des murs, la muraille et le fossé, cette voie n'a pu joindre le chemin longeant la contrescarpe qu'au moment où la construction du collège des Quatre-Nations donna, sur toute la rive gauche, le signal de la destruction de l'enceinte de Philippe-Auguste.

---

[1] Cette voie est encore représentée aujourd'hui par l'impasse Conti, qui en est l'amorce occidentale; on ne voit pas trace de son existence à la jonction des rues de Nevers et d'Anjou.

[2] Il s'agit de la reconstruction de la porte de Nesle, confiée à Edme Ravière. Voir l'article relatif à cette porte.

[3] *Registres du bureau de la Ville*, H 1815, fol. 576 et suiv.

[4] *Ibid.*

Depuis lors, la rue Guénégaud est restée, comme voie publique, ce qu'elle devint à ce moment. La construction de l'hôtel Conti et de celui des Monnaies en modifia le côté occidental; mais le côté oriental n'a subi aucune modification appréciable. Les historiens de Paris s'en sont peu occupés; Jaillot seul résume en quelques lignes les faits topographiques que nous venons d'exposer [1].

CÔTÉ ORIENTAL
(du Nord au Sud)

JUSTICE ET CENSIVE DE SAINT-GERMAIN-DES-PRÉS.

PAROISSE SAINT-ANDRÉ-DES-ARS.

Maison d'angle, formant le coin de la rue et du quai, en face du Château-Gaillard, et occupant l'emplacement d'une maison qui appartenait, en 1332, à Jean Renier, bourgeois de Paris et apothicaire. Cette maison fut hypothéquée à l'occasion de la fondation du collège des Lombards [2]. Jean Dattelin, dit Briocher ou Brioché, y donnait, vers 1670, ainsi qu'au Château-Gaillard, des représentations qui attiraient la foule. Un siècle plus tard, ce théâtre minuscule, dont les acteurs étaient des marionnettes, était devenu, sans doute après plusieurs métamorphoses,

Le Petit Dunkerque, boutique de « clincaillerie », ainsi nommée probablement à cause du cliquetis que faisaient les marchandises en s'entrechoquant, et qui rappelait le carillon de Dunkerque. Ce magasin fut longtemps à la mode et fit grand tort à la galerie des Merciers, au Palais. Les étrangers de distinction ne manquaient pas de le visiter et, quand la czarine héritière, épouse de Paul Ier, vint à Paris, en 1781, elle crut devoir y aller, pour faire ses acquisitions.

Les autres maisons bâties sur le côté de la rue n'ont pas d'histoire, et les modernes auteurs d'éphémerides n'ont guère fait que relever les noms des personnages qui les ont habitées. C'est ainsi qu'ils logent au n° 9 le député Camus, ancien avocat du clergé, architecte de la République, puis organisateur et garde des Archives nationales. Mais le caractère essentiellement topographique de cet ouvrage ne nous permet pas d'entrer dans cette voie, qui nous conduirait, d'ailleurs, jusqu'à l'époque moderne et aux personnalités contemporaines.

Au point où s'arrêtait la première section de la rue Guénégaud, s'élevait une tour appartenant à l'enceinte de Philippe-Auguste et incorporée, comme les autres, dans la muraille. L'immeuble dans lequel elle est englobée porte aujourd'hui le n° 29; on l'aperçoit à demi enfouie sous un appentis et dans une écurie [3].

---

[1] Recherches critiques, etc. *Quartier Saint-Germain-des-Prés*, p. 54. — [2] Voir à l'article du quai Conti. — [3] Voir le chapitre relatif aux *Enceintes, tours, tournelles, portes, poternes et allées des murs*.

CÔTÉ OCCIDENTAL.

MÊMES JUSTICE, CENSIVE ET PAROISSE.

Les plans de Gomboust (1652) et de La Caille (1714) ne montrent, sur le côté occidental d'une moitié de la rue Guénégaud, que le mur du jardin de l'hôtel auquel elle doit son nom. Un peu au delà, se trouvait l'aboutissant de la rue figurée par Gomboust et restée à l'état de projet. Sur l'emplacement de ce débouché et de ses deux angles, ainsi que dans la partie de la rue conquise sur l'allée des murs, l'enceinte et le fossé, on a construit, postérieurement à 1672, plusieurs maisons qui ont abrité diverses célébrités.

La rue Guénégaud avait auparavant donné asile à la troupe errante de Molière, alors que, n'ayant pas de domicile fixe, elle allait de jeu de paume en jeu de paume. Elle ne fit là, d'ailleurs, qu'un séjour éphémère; après avoir accepté ou payé l'hospitalité du ministre, dont l'hôtel renfermait un petit théâtre où fut répétée *Pomone*, le premier des opéras français, elle dut transporter ses pénates plus loin. Dulaure a raconté ces pérégrinations [1] et, après lui, de nombreux chercheurs ont constaté les mêmes faits.

Le côté occidental de la rue Guénégaud, compris d'abord dans le pourpris du Grand Nesle et de l'hôtel de Nevers, a été fourni successivement par les murs des jardins Guénégaud et Conti, puis par ceux du Garde-Meubles et de l'hôtel des Monnaies. Il suffit à donner une idée des phases diverses par lesquelles a passé ce coin de terre, l'un des plus tourmentés de la région parisienne où il est situé.

---

[1] «En novembre 1673, l'année même de la mort de Molière, elle jouait dans un local de la rue Mazarine, et sans doute dans le jeu de paume du *Bel air*, où l'*opéra* avait pris naissance. C'est là que, le 3 juillet 1673, fut donnée la première représentation du *Comédien poète*, pièce de Montfleuri et de Thomas Corneille.

«Bientôt après, la troupe royale éleva un théâtre dans le voisinage, rue Guénégaud, dans l'hôtel de ce nom, et y débuta par la tragédie de *Phèdre* et par le *Médecin malgré lui*.

«Lorsqu'en 1674 on s'occupa de l'agrégation du collège de Mazarin aux collèges de l'Université, les docteurs de Sorbonne exigèrent, comme condition préliminaire, que le théâtre de la rue Guénégaud fût transféré ailleurs . . . .
. . . .

«Malgré ces plaintes et ce concert de réprobation, la troupe royale se maintint dans l'Hôtel de Guénégaud; et le Roi, par ses lettres du 22 octobre 1680, réunit à cette troupe les comédiens français de l'Hôtel de Bourgogne.

«La troupe, par cette réunion devenue nombreuse, chercha un emplacement plus spacieux que celui de l'Hôtel Guénégaud.» (*Histoire de Paris*, t. VII, p. 92 et suiv.)

RUE DE LA HARPE.

Mutilée à ses deux extrémités, la rue de la Harpe n'offre plus aujourd'hui qu'une image imparfaite de ce qu'elle était autrefois. Au nord, avant l'ouverture du boulevard Saint-Michel, son point de départ était les deux Boucleries, formant, avec la rue Saint-Séverin, une sorte de carrefour analogue à celui que produit la rencontre de cette dernière rue avec celles du Petit-Pont, Galande et Saint-Jacques. Au midi, elle aboutissait à la place intérieure de la Porte ou du Marché-Saint-Michel, précédant la porte de ce nom. Desservant le palais des Thermes, mettant en communication l'un des deux ponts de la rive gauche et le palais de la Cité avec une entrée de Paris, elle offrait une circulation considérable; c'était, après la rue Saint-Jacques, la plus grande artère de la région de l'Université. On ne doit donc point s'étonner du nombre et de l'importance des établissements qui se sont formés le long de cette voie.

Parallèle à la grande voie romaine de *Lutetia* à *Genabum* et à la voie secondaire que représente la rue Hautefeuille, la rue de la Harpe longeait le palais des Thermes; ce qui permet d'affirmer qu'elle dut se peupler de bonne heure. Elle a pu, jusqu'aux incursions des Normands, demeurer à l'état de chemin limitant, à l'orient, le clos de Laas et les terres de Gibard; ainsi que restaient, à l'état de sentier, les rues Serpente, du Battoir, Pierre-Sarrazin, Poupée, des Deux-Portes, des Poitevins, et autres passages transversaux pratiqués au milieu du clos de Laas. Mais, après le départ de ces ravageurs, elle a dû participer, l'une des premières, au relèvement de la région suburbaine, et ce qui le prouve, c'est qu'au moment de la construction de l'enceinte, dite de Philippe-Auguste, une porte fut ménagée dans l'axe de cette rue, comme on en ouvrit deux autres à l'extrémité des rues Saint-André-des-Ars et des Cordeliers. Les trois voies dont il s'agit comptaient donc, dès lors, parmi les plus importantes de ce quartier.

Un autre événement dut contribuer plus tard à la prospérité de la rue de la Harpe : c'est la construction du pont Saint-Michel, la formation de la place précédant ce pont et la régularisation des abords du fleuve auquel conduisait autrefois la ruelle de l'abreuvoir Mâcon.

Les diverses circonstances que nous venons de rappeler ont dû laisser quelques traces dans les écrits contemporains; mais ces documents ne nous sont pas parvenus, et la plus ancienne mention que nous trouvions de la rue qui nous occupe, ne remonte pas au delà de 1182. Encore s'applique-t-elle à la partie haute de cette voie, qui a été pendant longtemps tout à fait distincte de la partie basse. Pour désigner le lieu où se trouvait la vigne dans laquelle a été construit l'hôtel de

Clermont, on se sert de la formule *Apud Gibardum;* ce qui implique l'existence, à l'état de vignoble, de ce territoire, un peu avant la construction de l'enceinte de Philippe-Auguste.

La communauté juive de Paris acheta, à une époque que l'on ne saurait préciser, des terrains « en Gibard » et « en Laas » pour y fonder des écoles, un cimetière et peut-être l'une de ces synagogues que Philippe-Auguste transforma en églises [1]. La rue de la Harpe longeait ces établissements; ce qui lui fit donner le premier nom par lequel nous la trouvons désignée : *La Juiverie* et *la vieille Juiverie*, dénominations semblables à celle d'une rue de la Cité où les Juifs avaient une synagogue, qui subit la transformation dont nous venons de parler et devint l'église de la Madeleine.

La partie basse de la voie, comprise entre le palais des Thermes et les deux Boucleries, a seule porté d'abord le nom de « Juiverie », de rue des Juifs et de rue de la Harpe; un contrat de vente fait, en 1247, par Adeline de Beauvais la désigne sous le nom de : *Vicus Cithare in Judearia* [2]. Dix ans plus tard, on trouve *Vicus Judeorum* [2], ce qui implique l'existence de maisons d'habitation; dans plusieurs actes de 1262 et des années suivantes, on rencontre les expressions : *Vicus Judeorum et Cithare, Vicus qui dicitur vetus Judearia.* Ces deux désignations sont employées concurremment, ainsi que le prouve ce passage d'un nécrologe de Notre-Dame, mentionné par Jaillot : *Domus in Judearia ante domum Cithare;* ce qui prouve que les mots *Judearia*, Juiverie constituaient la dénomination antérieure, et que la maison de la Harpe, *Domus Cithare*, est venue plus tard fournir une nouvelle appellation. Le nom de rue de la Harpe prévaut à partir de la fin du xiiie siècle, et ce nom provenait d'une enseigne, comme le prouve le texte que nous venons de citer.

Le cartulaire de Sorbonne (1270) contient d'autres mentions analogues : *Vicus Harpe, Herpe,* et *Vicus de Cithara* (1284); mais on ne trouve plus d'autres appellations, à partir de ce moment, si ce n'est la périphrase imaginée par Guillot pour le besoin de ses vers : l'auteur du *Dit des rues de Paris* (1300) désigne celle qui nous occupe sous le nom de « rue as hoirs de Harecourt », par allusion au collège de ce nom [3]; mais on ne rencontre cette dénomination nulle part ailleurs [4]; ce n'est qu'une fantaisie de rimeur; encore ne s'applique-t-elle qu'à la partie supérieure de la rue dont il nous reste à parler.

---

[1] In quocumque loco schola vel synagoga fuisset, Ecclesias fecit sacrari pro synagogis.
(*La Philippide*, poème de GUILLAUME LE BRETON.)

[2] *Grand Pastoral*, cité par Jaillot (*Quartier Saint-André-des-Arts*).

[3] *Cartulaire de Saint-Étienne-des-Grès*, cité par Jaillot (*Quartier Saint-André-des-Arts*).

[4] La fondation du collège d'Harcourt est de l'année 1280, voir la monographie que nous en avons rédigée.

Le nom de *Gibard, Gibart* ou *Gibert*, qui est demeuré pendant longtemps attaché à la porte d'Enfer ou de Saint-Michel, a dû désigner également la voie qui y conduisait, témoin l'expression *apud Gibardum* que nous avons citée plus haut; mais la fondation de l'église de Saint-Cosme et Saint-Damien (1224), qui fut l'une des conséquences de la construction de l'enceinte de Philippe-Auguste, vint fournir une nouvelle dénomination à la partie haute de la voie qualifiée de *Juiverie* et de *Vicus Cithare*, dans sa partie inférieure. De nombreux actes cités par Du Breul [1], des pièces de 1254, 1262, 1279, insérées dans le cartulaire de Sorbonne, mentionnent le *Vicus Sanctorum Cosme et Damiani*. Sauval n'a pas contesté le fait : il s'est borné à accuser Du Breul de n'avoir point cité ses sources [2]; mais Jaillot, avec sa conscience habituelle, a lavé de ce reproche le vieux Bénédictin; « il suffisait à Sauval pour s'éclaircir, a-t-il dit, de lire les actes mêmes cités par Du Breul; la rue de la Harpe y est nommée rue Saint-Côme, ainsi que dans plusieurs autres actes » [3].

Les deux appellations ont été simultanément en usage pendant un certain temps : dès la fin du xiii° siècle, la partie supérieure de la voie était désignée par le nom de la *Harpe* et de la *Herpe;* ce qui tenait, croyons-nous, à la situation de cette maison de la Harpe, *Domus Cithare*, dont nous avons parlé plus haut, et qui était devant les écoles des Juifs, *ante scolas Judeorum*, c'est-à-dire entre les rues Serpente et Percée. Elle commandait ainsi aux deux parties de la voie, et a dû leur donner son nom dès le milieu du xiii° siècle. Jaillot, qui la mentionne, n'a pas prêté à ce fait une attention suffisante; en indiquant « la seconde maison à gauche, au-dessus de la rue Mâcon », comme celle où pendait l'enseigne qui a donné son nom à la rue, il a oublié qu'une seconde et une troisième maison de la Harpe, contiguës l'une à l'autre, ou « entretenantes », comme on disait autrefois, existaient dans la direction de l'église Saint-Côme, et qu'elles étaient beaucoup mieux placées que la première pour imposer leur vocable à la partie haute comme à la partie basse de cette voie.

L'ancienne division de la rue en deux tronçons distincts a subsisté toutefois assez longtemps, puisqu'on en trouve encore trace dans la première moitié du xvii° siècle. Le *Procez-verbail* de 1636, que nous avons déjà cité, énumère les voies du quartier et mentionne séparément les deux parties de la rue dont il

---

[1] Le Beuf (*Histoire de la ville de Paris et de tout le diocèse*, t. II, p. 507) la mentionne, mais il n'indique pas d'autre source que le *Dit* de Guillot.

[2] D. Bouillart et, après lui, Félibien racontent tout au long les circonstances qui amenèrent l'établissement des deux paroisses de Saint-Cosme et de Saint-André, dont le territoire se trouvait détaché de celui de la paroisse de Saint-Sulpice, par la construction de la nouvelle enceinte. Voir le résumé des différends qui surgirent à cette occasion entre le Roi, les évêques et les abbés de Saint-Germain et de Sainte-Geneviève, dans notre monographie de l'église de Saint-Cosme et Saint-Damien.

[3] « Le P. Du Breul affirme qu'elle s'appeloit anciennement la rue Saint-Côme, sans dire d'où il l'a appris. » (*Antiq. de Paris*, I, p. 141.)

s'agit, en leur donnant le nom qu'elles portaient autrefois : «Rue de la Harpe, en laquelle avons trouvé grande quantité de boues et immondices seiches, collées contre les murs d'icelle rue; Rue Saint Cosme, entierement orde, salle et pleine d'immondices [1]. » Nous n'ignorons pas que l'extrémité orientale de la rue des Cordeliers a porté autrefois le nom de Saint-Côme; mais Gomboust, dont le plan est postérieur de seize ans seulement au *Procez-verbail de nettoyement* que nous venons de citer, donne le nom de rue des Cordeliers à la voie tout entière; ce qui nous autorise à croire que les visiteurs de 1636 ont bien entendu désigner par le nom de Saint-Côme la partie supérieure de la rue de la Harpe.

Jusqu'à l'époque de l'ouverture du boulevard Saint-Michel, la rue de la Harpe n'avait pas subi d'importantes modifications : la destruction de l'ancienne porte Gibard lui valut une fontaine, celle de Santeuil; la reconstruction de la Sorbonne et la formation d'une place devant cet édifice lui donnèrent un nouveau débouché; plus tard, la réunion des collèges d'Harcourt et de Justice en un seul établissement détermina la construction d'une façade en retrait de l'alignement; enfin le dégagement du palais des Thermes et l'ouverture de la rue Racine s'opérèrent au moyen de quelques démolitions, celle de l'église Saint-Côme en particulier. Mais, en dépit de ces transformations partielles, la rue avait à peu près conservé son ancien aspect.

Le percement du boulevard Saint-Michel, décrété en 1855, pour la partie comprise entre la place du Pont-Saint-Michel et la rue de Médicis, et en 1859 pour celle qui s'étend entre la rue de Médicis et l'avenue de l'Observatoire, a totalement bouleversé cette ancienne voie. Du tronçon qui porta originairement le nom de la *Herpe* et de la *Harpe*, il ne reste plus aujourd'hui que le côté oriental, compris entre la rue Saint-Séverin et l'ancienne rue du Foin, englobée par le boulevard Saint-Germain. Quant à la partie supérieure, celle de *Saint-Côme* et des *hoirs d'Harecourt*, elle n'existe plus que dans les souvenirs et sur les anciens plans : le boulevard Saint-Michel l'a complètement absorbée.

CÔTÉ OCCIDENTAL [2]
(du Nord au Sud).

CENSIVES DIVERSES.

PAROISSES DE SAINT-CÔME, SAINT-SÉVERIN ET SAINT-ANDRÉ-DES-ARS.

Maison de l'Eschiquier ou Estiquier (1373), faisant le coin méridional de la rue de Mâcon à son débouché dans celle de la Harpe, et paraissant avoir été un démembrement de la Maison de la Herpe, de même que celle-ci semble avoir été détachée de la Maison du Papegault et de la Barbe d'Or. Ces deux derniers im-

---

[1] Recherches, etc. *Quartier Saint-André-des-Arts*, p. 72. — [2] Félibien, *Preuves*, I, p. 133.

meubles, en effet, avaient une façade latérale sur la rue de Mâcon, et le parallélogramme qu'ils formaient avec la Maison de l'Échiquier constituait originairement un pourpris d'une certaine étendue.

Deux extraits de censiers donnent, aux dates de 1489 et de 1530, les indications suivantes sur cet immeuble :

« 1489. Maison à deux pignons, à l'opposite de l'Asne rayé : c'est l'Eschiquier, faisant le coin de la ruelle Mascon, tenant, d'une part, et aboutissant à la Herpe.

« 1530. Maison à deux pignons, l'Eschiquier, faisant le coin de Mascon et aboutissant de l'autre costé à la Herpe [1]. »

Une note perdue dans les *Suppléments* de Berty contient, à la date de 1686, la mention suivante, qui s'applique à l'Échiquier, à la Herpe, à la Barbe d'Or, à la Belle Imaige et au Mouton, c'est-à-dire à tout l'espace compris entre les rues de Mâcon et Poupée :

« Maison du chef saint Denys, faisant le coin de la rue de Mâcon, contenant treize pieds et demi sur cette rue, et, sur la rue de la Harpe, vingt-quatre de profondeur;

« Maison de la Herpe, contiguë, ayant douze toises de profondeur, sur trois toises et demie de large par le milieu;

« Les Trois Roys, ci-devant la Barbe d'Or, ayant douze toises et demie de profondeur, sur trois toises et demie de large;

« Notre-Dame, ayant dix toises et cinq pieds de profondeur;

« Maison derrière, ayant entrée sur la rue de la Harpe, par une allée, avec vingt pieds de face sur neuf toises de profondeur, entre la petite cour de devant et ladite allée, qui a six pieds de large [2]. »

Il résulte de cette note que deux des maisons ci-dessus énumérées, l'Échiquier et le Papegault, ou la Barbe d'Or, avaient échangé leurs enseignes contre celles du Chef saint Denis et des Trois Roys.

Maison de la Herpe (1373); de la Grant Harpe (1574); de la Petite Harpe (1603), aboutissant, comme nous venons de le dire, à la rue de Mâcon. Enveloppant la Maison de l'Échiquier, elle était enveloppée elle-même par celle du

---

[1] La rue de la Harpe, avec la Bouclerie orientale qui en formait le prolongement, étant la ligne séparative des régions occidentale et centrale de l'Université, nous n'en décrirons le côté oriental que dans le volume suivant.

[2] *Supplément* aux notes de Berty.

PAPEGAULT. Deux notes, recueillies par Adolphe Berty et portant, l'une la date de 1639, l'autre celle de 1686, contiennent les deux mentions suivantes, applicables soit à la petite, soit à la grande Herpe, sans qu'on puisse déterminer exactement à laquelle des deux elles s'appliquent :

« 1639. Mention d'une maison *ad Citharam*, de laquelle les boursiers prirent possession en 1279, ainsi que d'une autre rue Saint-Côme [1].

« 1686. MAISON DE LA GRANDE HARPE, ayant douze toises de profondeur, sur trois toises et demie de large, par le milieu [2]. »

MAISON DU PAPEGAULT (1370) et DE LA BARBE D'OR (1574), paraissant avoir eu pour enseigne l'Image saint Martin en 1373. Deux notes de Berty se réfèrent à cet immeuble :

« 1574. LE PAPEGAULT, à présent LA BARBE D'OR, tenant au grand médecin du Roy, d'autre part à L'IMAIGE DE LA GRANDE HARPE, par derrière à M. le général de Saultier.

« 1611. LA BARBE D'OR, tenant à la GRANDE HARPE, d'autre part à la BELLE YMAIGE. »

Les maisons « aux Images » étaient nombreuses dans la rue de la Harpe. Le seul côté occidental en comptait huit : LA MAISON AUX YMAIGES, à l'angle septentrional de la rue Pierre-Sarrazin; L'YMAIGE SAINT MARTIN presque au coin de la rue Serpente; L'YMAIGE SAINTE BARBE, qui lui était contiguë; L'YMAIGE SAINT MICHEL et L'YMAIGE SAINT PIERRE, à l'angle méridional de la rue des Deux-Portes; L'YMAIGE SAINT NICOLAS, entre cette voie et la rue Poupée; L'YMAIGE SAINT MARTIN, et L'YMAIGE NOTRE-DAME à l'angle méridional de cette dernière.

L'Image Notre-Dame étant, par excellence, « LA BELLE IMAGE », c'est elle qu'il faut

---

[1] Au XIII° siècle, les étudiants qui fréquentaient les écoles de Paris étaient divisés, comme aujourd'hui, en internes et externes. Ces derniers trouvaient difficilement à se loger. Ce n'était pas toujours le propriétaire qui leur imposait des conditions inacceptables; mais leur turbulence les faisait éloigner des maisons paisibles; il suffisait, en effet, d'introduire un *martinet* ou *galoche* dans un logis, pour le rendre inhabitable.

La papauté et la royauté intervinrent en faveur des clercs parisiens. Contrairement au droit de propriété, et dans l'intérêt du pays latin qui vivait des dépenses faites par les écoliers, on taxa un certain nombre de maisons. Si un propriétaire refusait de livrer ses logements au prix fixé par le commissaire de l'Université, sa maison était interdite durant cinq années. Au nombre de celles qui furent ainsi taxées, en 1281, figure « la maison de M° Guillaume de Charleis, rue Saint-Côme, devant la *maison au Cerf* : 4 livres et demie ». (Voir *Mémoires de la Société de l'histoire de Paris*, t. IV, p. 147.)

[2] *Supplément* aux notes de Berty.

identifier avec la Maison de la Corne de Cerf et de l'Ymaige Notre-Dame (1373) aboutissant rue Poupée, et dans cette partie, dit Berty, étant en censive de Saint-Germain-des-Prés.

CENSIVE DU ROI.

Maison de l'Ymaige saint Martin (1365), puis du Petit Mouton (1391), du Mouton (1409), du Mouton Blanc (1577), faisant le coin septentrional de la rue Poupée, sur laquelle elle avait une façade latérale assez étendue.

Des notes extraites de censiers dépouillés par Berty donnent, sur cet immeuble, les renseignements suivants, aux dates de 1391, 1409 et 1578 :

« Le Petit Mouton, tenant à la rue Poupée... Maison du Mouton faisant le coin de la rue Poupée... Le Mouton tenant de toutes parts à l'abbé de Cernay [1]. » Ce personnage possédait, en 1578, la maison de la rue Poupée, qui appartenait antérieurement au prieur de Longjumeau, sous le nom duquel elle figure dans le plan restitué par Berty.

Maison sans désignation, marquée d'un astérique sur le plan de Berty, et mentionnée dans les censiers de 1481, 1497 et 1595, comme « faisant le coing de la rue Poupée, tenant d'une part et aboutissant au Cheval Blanc, d'autre part à ladite rue Poupée. Elle paraît avoir appartenu au collège de Tours, et tout porte à croire qu'elle était un démembrement de la vaste hôtellerie du Cheval Blanc, laquelle s'étendait en retour jusqu'à la rue Percée, sur laquelle le collège avait un « huis de derrière ».

Hostellerie du Cheval Blanc (1373), n'ayant qu'une étroite façade sur la rue de la Harpe, mais se développant en profondeur jusqu'à l'hôtel de Cramault, lequel avait son entrée sur la rue Hautefeuille. C'est à raison de cette profondeur que l'hôtellerie était dite « en censive de Saint-Germain-des-Prés ».

Maison de la Levrière, alias Levrette (1353), qualifiée hôtellerie au xvie siècle, probablement parce qu'elle était une enclave dans le pourpris du Cheval Blanc. Elle figure sur le plan restitué de Berty, avec deux autres enseignes qu'elle a portées successivement : L'Ymaige saint Nicolas et le Singe; mais une ligne ponctuée indique qu'elle a dû être divisée en deux portions, malgré son peu de largeur; ce qui explique ces deux dernières dénominations. Berty, d'ailleurs, les énumère séparément dans ses notes. Nous avons déjà fait remarquer plusieurs fois que les

---

[1] Voir, à l'article de la rue des Cordeliers, ou de l'École-de-Médecine, la demeure des abbés de Cernay, sise en cette rue.

disjonctions et les réunions de propriétés bâties jettent beaucoup de confusion dans l'ancienne topographie parisienne.

Les *Suppléments* de Berty contiennent diverses notes relatives à LA LEVRIÈRE; il est dit, en 1353, qu'elle a «issue sur la rue Percée»; en 1411, qu'elle est «de la censive du roi»; en 1426, qu'elle a «ung pignon sur la rue de la Harpe, et deux sur la rue Percée»; en 1529, qu'elle est «entre le CHEVAL BLANC et le CINGE» (*sic*); ce qui confirme la division de l'immeuble[1].

MAISON DE LA LANTERNE, DE LA PENNEVAYRE ET DU BARILLET. Encore un démembrement de l'immeuble primitif, qui paraît avoir eu la première de ces enseignes : une ligne ponctuée sur le plan de restitution et deux articles distincts dans les notes de Berty nous autorisent à l'affirmer.

Il est fait mention de LA LANTERNE dans un document de 1290 : «domus dicta de Lanterna, in vico Cithare». Elle appartenait alors à la Sainte-Chapelle, après avoir appartenu à Saint-Séverin, est-il dit dans les notes de Berty. En 1543, elle est signalée comme étant «à l'opposite de L'IMAGE NOTRE-DAME, et aboutissant à Goupil». En 1439 et 1554, elle est dite «aboutir et tenir à LA PENNEVAYRE, et, d'autre part, à L'YMAIGE SAINT NICOLAS».

LA PENNEVAYRE est mentionnée dans un document de 1292, et l'enseigne DU BARILLET, qui lui succéda, apparaît dans un acte de 1438, où il est énoncé que «la maison tient, dans la rue de la Harpe, à l'OSTEL DE L'ANGLE OU DE L'ANGE, ouquel aboutit la maison du Baptouer»[2]. En 1460, LE BARILLET est dit *aboutir* à L'YMAIGE SAINT PÈRE, qui lui faisait face de l'autre côté de la rue Percée; aboutir est donc un mot impropre. L'immeuble conserva l'enseigne du BARILLET; il la portait encore en 1660, ainsi qu'il résulte d'un document de cette année, où il est énoncé «MAISON DU BARILLET, au coin de la rue Percée». Nous avons dit, à l'article de cette dernière voie que le jeu de paume de Miles Jolain était installé dans la MAISON DU BARILLET.

MAISON DE L'YMAIGE SAINT PIERRE (1406) «faisant le coin de la rue Percée», dit un document de 1406, et «aboutissant à LA LEVRIÈRE», est-il dit dans une autre pièce de 1494. C'est à cette maison qu'était suspendue, en 1489, «la poullye de la chesne de ladicte rue». Il s'agit sans doute de la rue Percée, dite aussi des Deux-

---

[1] Les notes de Berty portent «rue Serpente»; mais c'est une évidente erreur de copie : LA LEVRIÈRE, comprise entre les rues Poupée et Percée, ne pouvait avoir d'issue que sur cette dernière voie.

[2] Cet HÔTEL DE L'ANGLE OU DE L'ANGE est figuré sur le plan de Berty, mais un peu plus haut. L'indication est donc, sinon erronée, du moins approximative.

Portes, parce qu'elle était fermée à ses deux extrémités. La chaîne dont il est fait mention contribuait à la clore du côté de la rue de la Harpe.

La maison de l'Ymage saint Pierre appartenait aux Chartreux.

Maison de la Grant Herpe (1327), puis de l'Angle ou Ange (1404). Elle a porté aussi, en 1455, l'enseigne de Saint Michel. Un titre de 1490, qui paraît s'appliquer à cet immeuble, contient le détail suivant : « et y a oudict ostel, ou front de devant, carneaulx ». C'était donc l'une des nombreuses maisons de Paris, pourvue de créneaux, comme on en voit encore à l'Hôtel de Cluny. Adolphe Berty l'identifie avec celle qui est appelée *ad Cytharam* dans un titre de 1260, et « de laquelle les boursiers, — probablement ceux du collège de Tours qui était contigu — prirent possession, en 1279, ainsi que d'une autre, rue Saint-Cosme [1] ». D'autre part, il applique les mêmes indications à la Petite Harpe, dont nous avons parlé plus haut. Les documents où il est fait usage du nom de *Herpe*, ou *Harpe*, sans détermination de la grande ou des deux petites, jettent beaucoup de confusion sur ce sujet; les aboutissants seuls permettent de s'y reconnaître.

Maison de la Petite Herpe (1327), puis du Roi David (1426). A la première de ces dates, elle est dite « en censive du Roy, tenant à la Grande Herpe, d'autre part à Samson Fortin »; à la seconde, c'était « le Roi David, tenant à Samson Fortin, d'autre part à l'Ange ».

Maison de Samson Fortin (1327) et du Barillet d'Argent (1520), touchant par le fond au collège de Tours. En 1448, selon une note de Berty, c'était « une maison à l'enseigne de Samson Fortin, taillée en pierres, tenant, d'une part, à l'hostel du Roy David; d'autre part, à une maison du collège de Tours, par derrière audict collège ». En 1470, d'après une autre note, ce n'était plus que « une masure ».

Lorsque le fondateur du collège de Tours acquit les terrains et maisons nécessaires à cet établissement, l'une des deux constructions existantes s'appelait la Maison aux Deux Testes Lapostoille; l'autre avait pour enseigne le Cheval Rouge. Le fait résulte de la note suivante extraite des suppléments de Berty :

« Le 28 novembre 1331, messire Étienne de Bourgueil, fondateur, acquit de Simon Lapostoille, orfèvre et changeur, deux maisons entretenantes, en la rue de la Harpe, l'une appelée la Maison aux Deux Testes Lapostoille, et l'autre le

---

[1] Voir ce que nous disons ci-avant des écoliers externes (*martinets* et *galoches*) qui se logeaient au dehors, tandis que les boursiers étaient internes, partout où les locaux des collèges permettaient de les loger.

Cheval Rouge, aboutissant toutes deux en la rue Serpente [1], à la maison que ledit Bourgueil avait acquise pour fonder le collège. Sur cet emplacement, le collège fit bâtir trois maisons, deux en la rue de la Harpe, et la troisième au derrière de ces deux maisons, ayant son entrée sur la même rue par une allée commune. » C'est une des rares maisons de Paris ayant porté le nom des deux bourgeois qui l'ont possédée : les hôtels seuls étaient désignés par celui de leurs propriétaires; quant aux habitations de bourgeois et d'artisans, elles étaient suffisamment indiquées par leurs enseignes.

Maison de l'Ymaige sainte Barbe, touchant par le fond, comme la précédente, au collège de Tours, et séparée de la rue Serpente par la Maison de l'Ymaige saint Yves. Il en est question en 1495, dans un document où elle est dite tenir à ce dernier immeuble; Berty lui donne seulement la date de 1520.

Maison de l'Ymaige saint Yves (1411), ayant deux corps d'hôtel sur la rue Serpente, et un seul sur la rue de la Harpe. Elle est mentionnée, dès 1353, comme ayant issue sur la rue Serpente. En 1411, elle est dite « en censive du Roy ». En 1426, on la désigne ainsi : « un pignon sur la rue de la Harpe, et deux sur la rue de la Serpent ». En 1495, mention ainsi conçue : « L'Ymaige saint Yves tenant, d'une part, à l'Ymaige sainte Barbe ou au collège de Tours, et, d'autre part, faisant le coin de la rue Serpente », à laquelle elle aboutissait « par la cuisine ». Elle n'occupait cependant pas l'angle septentrional de cette voie, puisque Berty a fait figurer sur son plan et cite dans son texte une Maison sans désignation, faisant le coin nord de la rue Serpente. Cet immeuble, de peu d'importance, formait enclave dans la Maison de l'Ymaige saint Yves. Berty ne lui assigne aucune date précise.

Maison du Saint-Esprit, faisant le coin méridional de la rue Serpente et occupant une place analogue à celle de la maison précédente, puisqu'elle était enclavée dans le pourpris de la Maison de l'Erbaleste. C'était un immeuble peu étendu et d'une médiocre importance.

Maison de l'Erbaleste, ou de l'Arbaleste (1327) « tenant, d'une part, à Michel l'épicier, d'autre part, à Jacques de Haynault, aboutissant à la maison de l'évêque de Saint-Brieuc ». Telles sont les seules indications que renferment les notes de Berty. L'Arbaleste y est mentionnée plusieurs fois, mais comme contiguë aux maisons voisines et sans autres renseignements. Et cependant elle avait son importance comme étendue : elle enclavait la petite Maison du Saint-Esprit qui était sans

---

[1] Nous devons faire remarquer que la rue Percée a reçu quelquefois le nom de *Serpente*, ou *la Serpente*, dénomination jadis commune à plusieurs voies de cette région, et n'ayant été exclusivement appliquée que plus tard à la rue qui l'a conservée jusqu'à nos jours.

doute celle de Michel l'épicier, et prolongeait sa façade latérale sur la rue Serpente. C'est par là qu'elle touchait à la maison de l'évêque de Saint-Brieuc, laquelle occupait, selon toute apparence, le vaste rectangle que Berty a figuré sur son plan, entre les rues Serpente et des Deux-Portes.

Maison du Sauvage (1628), ayant une façade fort étroite sur la rue de la Harpe et très peu de profondeur sur l'Hôtel de Haynault, dont elle était sans doute un démembrement. Les propriétaires d'un immeuble étendu en détachaient volontiers, afin d'en tirer revenu, la partie qui donnait sur une grande voie. Nous avons constaté, le long de la rue de la Harpe, plusieurs dispositions de ce genre.

Maison de l'Escu de Haynault (1327), de la Clef (1371), puis des Trois Couronnes (1525). Elle appartenait, en 1327, à Jacques de Hainaut, ainsi qu'il appert de la mention relative à la Maison de l'Arbaleste, qui est dite, en 1327, tenir, d'une part, à Simon Faure et Jagnear de Stenant, d'autre part, à Simon Balon, et aboutir à «l'evesque de Sainct-Briot». Au dos de l'acte où se trouvent ces indications, on lit, dit Adolphe Berty, l'intitulé suivant: «Maison du Sauvage et des Trois Couronnes, anciennement la Clef (1371) ou l'Escu de Haynault, proche l'Arbaleste, présentement à l'Hostel-Dieu, 1666.»

Ici encore, il y eut vente de diverses portions du pourpris primitif, et désignation par des enseignes nouvelles des maisons construites sur les parties vendues.

La Maison de l'Arbaleste est dite, en 1714, tenir à la fabrique de Saint-Côme. C'est à cette église, en effet, qu'appartenait la Maison de la Gybeciere (1470), dont il est fréquemment question dans les comptes des marguilliers. Elle avait dû faire originairement partie du pourpris de la Maison de l'Arbaleste; par derrière, en effet, elle touchait aux Trois Couronnes, qui en étaient un démembrement.

Maison des Trois Escriptoires (1492), du Sabot (1470) et du Grand Dauphin (1628).

Nous nous trouvons ici encore en présence d'un morcellement de terrain, opération qui se faisait assez fréquemment dans les propriétés situées à l'angle de deux rues et, par cela même, avantageuses pour l'exercice d'une profession commerciale. C'est ce qui a donné naissance au vieux jeu de mots parisien «le bon coing».

Le pourpris primitif s'étendait, comme celui de l'Escu de Haynault, jusqu'à l'hôtel de l'évêque de Saint-Brieuc; du Sabot (1470) on détacha les Trois Escriptoires (1492), qui prirent, en 1628, l'enseigne du Grand Dauphin.

Maison de la Nef d'Argent, faisant le coin méridional de la rue des Deux-Portes et n'ayant qu'une étroite façade sur celle de la Harpe. Le plan de Berty la montre continuée en profondeur par un jardin ayant fait originairement partie du pourpris de l'Hôtel de Forez et de Bretaigne, dont il sera parlé plus loin. La Nef d'Argent, dit Berty, n'avait, en 1585, «d'autre enseigne que des *Bassins*».

Un document de 1480 localise exactement la maison et le jardin, «lequel tenoit en la ruelle des Deux-Portes jusqu'à l'aboutissant de la Nef d'Argent, séant en la rue de la Harpe, et tout au long audict hostel de la Nef d'Argent, jusques en icelle rue».

Maison du Pilier Verd, ayant dû, selon toute apparence, faire aussi partie du pourpris de l'Hôtel de Forez; elle avait à peu près autant de profondeur que la Nef d'Argent et le jardin qui la continuait, ce qui explique le prix élevé auquel elle fut vendue en 1519 : 21,000 livres, puis 100 livres parisis *d'épingles*, pour la femme du vendeur. Deux notes recueillies par Berty et perdues dans ses papiers sont ainsi conçues : «Trois corps d'hostel, deux devant et un derrière, le Pilier Verd. Le Pilier Vert, tenant d'un part à Grégoire, d'autre part à René Perin, aboutissant à Gilles de Berty.»

Maison des Trois Boettes (1546), démembrement de celle des *Trois Maillets*, dont elle avait primitivement fait partie. La figuration que Berty en a faite est assez irrégulière; prise sur le vaste pourpris de l'Hôtel de Forez, elle aurait formé deux rectangles distincts, aboutissant, par leurs petits côtés, sur la rue de la Harpe.

Maison des Trois Maillets, formée au xve siècle, comme la précédente, par le morcellement du pourpris de l'hôtel de Forez. On constate qu'elle existait déjà en 1512. Sur le plan de restitution dressé par Berty, la Maison des Trois Maillets n'est pas limitée en profondeur; les terrains qui en dépendent ne sont bornés, au couchant, que par l'hôtel d'Alègre, ayant sa façade sur la rue Hautefeuille, et au midi, que par l'ancien cimetière des Juifs, bordant la rue Pierre-Sarrazin.

Maison de la Main Droite (1574), à laquelle Berty a donné, sur son plan, un périmètre distinct, mais qu'il confond, dans son texte, avec celle des Trois Maillets. En réalité, la Nef d'Argent, qui dut à sa position d'angle d'être bâtie avant les autres et détachée du pourpris de l'Hôtel de Forez, et toutes les maisons comprises entre la rue des Deux-Portes et le cimetière des Juifs, et ayant leur façade sur la rue de la Harpe, ont pour origine le lotissement des terrains de l'hôtel que nous allons décrire.

Hôtel de Forez (1303), puis de Bretaigne (1384). Après avoir dit que

« le nom de MAISON DES MAILLETS s'appliquait peut-être à tout l'hôtel », Berty a consacré à la monographie de cette résidence un article dont les éléments sont empruntés à Delamare, qui les avait lui-même empruntés à Sauval; nous le transcrivons littéralement :

« En septembre 1223, un nommé Flatel, et Marie, sa femme, vendirent pour 12 livres parisis, et 20 sols parisis de croît de cens, la part qu'ils avaient à prendre sur une maison et une grauche, près du cimetière des Juifs, *domo et granchia sita, ut dicitur, juxta cimiterium Judeorum*. Cette maison est celle qui devint l'Hôtel de Forest. Elle fut ensuite possédée par un individu nommé *Martinus Hostiarius*, qui, en 1228, reconnut devoir 40 sols parisis de rente sur la maison *juxta cimiterium Judeorum*.

« En 1283, le Roi, en possession duquel elle se trouvait être, en fit don à Mᵉ Guillebert de Suassia, chanoine de Bayeux, pour ses services, et avec toutes ses appartenances, y compris un petit jardin qui en dépendait et avait été usurpé par les Juifs. Ce don ayant été fait avec la facilité, pour Guillebert, d'en disposer en faveur d'une œuvre pieuse, il en fit don par son testament à l'église de Paris, afin de fonder une chapelle en l'honneur de saint Jean l'Évangéliste et de Marie Madeleine, de la valeur de XIII livres parisis de revenu annuel, ainsi qu'il appert de lettres scellées du scel de l'Église de Paris, et datées de 1288, le mardi après la Trinité.

« En mars de cette même année, J. Pierre la bailla à Jehan du Puits, *de Puteo*, bourgeois de Paris, pour 20 livres parisis de cens. Elle était alors contiguë au cimetière des Juifs, et tenait, d'autre part, à Henry le Pateschier, dont la maison était sans doute la même que celle de Pierre le Pâtissier, qui plus tard fit le coin des rues de la Harpe et Sarrazin.

« En 1321, Jean, comte de Forest, qui possédait l'hôtel dès 1303, acquit des religieuses de Poissy et engloba dans son hôtel le cimetière des Juifs qui était contigu à son jardin, et que le roi Philippe le Bel, après l'expulsion des Juifs, avait vendu à ces mêmes religieuses la somme de mille livres de petits tournois. Cette acquisition fut faite au moyen de la terre de Picardie en Brie, près de Meaux, qu'il donna en échange.

« En 1384, Louis II, duc de Bourbon, qui tenait cet hôtel du chef de sa femme Anne, fille unique du comte de Forest, le vendit au roi Charles VI. Celui-ci en fit don, la même année, à Jean, duc de Bretagne, comte de Montfort, qui s'en défit, en 1395, en faveur de Alain de Malestroit.

« En 1427, le mardi 4 novembre, la maison de Forest fut adjugée, après criée, au chapitre de Notre-Dame.

« En 1512, l'hôtel était déjà divisé, puisque la Maison des Maillets existait alors. »

Indépendamment de ces notes, Berty en a laissé plusieurs autres, qui sont des transcriptions de documents, et que nous reproduisons à ce titre :

« 1233. L'emplacement du futur hôtel de Forez est occupé par une maison et une grange situées le long du cimetière des Juifs : « domus et granchia site, ut « dicitur, juxta cimiterium Judeorum ».

« 1281. Une maison dans la rue de la Harpe, près du cimetière des Juifs, laquelle fut autrefois à Martin l'huissier : « domus in vico Cithare, juxta cimiterium « Judeorum, que domus quondam fuit Martini Hostiarii ».

« 1283. Le roi Philippe donne à Me Guillebert *de Suassia*, chanoine de Bayeulx, pour ses agréables services, la meson qui jadis fust Martin dit *Hostiarius, juxta* le cimetiere des Juifs, avec toutes ses appartenances, au cens qu'elle peut devoir : « pro parte jardini qui de pertinenciis dicte domus fuisse dicitur per Judeos ».

« 1288. Le mardy après la Trinité, ledict chanoine laisse ladicte maison, en son testament, à l'Église de Paris, afin de fonder une chapelle de la valeur de XIII livres parisis annuelles de revenu, en l'honneur de Jehan Baptiste et Marie Magdalene.

« 1480. Trois maisons qui furent jadis l'Hostel de Forez et de Bretaigne. — Un grand hostel nommé anciennement l'Ostel de Forest, et de présent nommé l'Ostel de Bretaigne, qui fut jadis à Monsr de Malestroit, séant en la rue de la Harpe, avecques neuf toises en parfond dudit Hostel de Forest, qui fait clôture desdits deux hostels; et en icelles neuf toises est comprinse une partie du grand ostel, qui va jusques au corps d'un autre grant corps d'ostel, qui traverse jusques au bout desdites neuf toises; et lesdits deux corps neufs furent faits en une mesme saison, comme il semble, avecques les louages d'icelluy hostel séant à Paris, en la rue de la Harpe. Ensemble deux petits jardins, l'un séant en la rue des Deux-Portes, et l'autre en la rue Pierre-Sarrazin, tenant d'une part en ladite ruelle aux Deux-Portes, jusques à l'aboutissant de la Nef d'Argent, séant en icelle rue de la Harpe, et tout au long audict Hostel de la Nef d'Argent; jusques en icelle rue de la Harpe, et d'autre part devers ladicte rue Pierre-Sarrazin, aux aboutissans des maisons de Me Pierre de Longueil, et un petit jardin dessusdit, estant en icelle rue Pierre-Sarrazin, et par devers en la rue de la Harpe, tenant à une maison à feste, qui fait le coing de ladite rue Pierre-Sarrazin, qui fu au confesseur de la Royne.

« 1555. Hostel de Forest, puis de Bretaigne, ouquel y a trois demeures, en l'une desquelles pendent pour enseigne les Trois Maillets, et aux deux autres pend le Pillier vert, tenant, d'une part, anciennement à la rue des Deux-Portes et, d'autre part, à l'Escu de Bourbon. »

Dans le texte que nous venons de reproduire et que nous avons trouvé à l'état de fragments parmi les notes de Berty, il y a plutôt les éléments d'une monographie topographique qu'une histoire véritable de l'hôtel dont nous nous occupons. Les nombreuses vicissitudes qu'a subies cette résidence méritent d'être plus exactement et moins brièvement racontées ; la succession de ses propriétaires s'explique, d'ailleurs, par des alliances, des confiscations et des achats qu'il importe de bien établir.

Après Flatel, *Martinus Hostiarius*, Guillebert *de Suassia*, l'Église de Paris, J. Pierre et Jehan *de Puteo*, qui ne possédèrent qu'une partie des terrains et des maisons dont l'ensemble composa plus tard le pourpris de l'hôtel, le plus ancien propriétaire dont on trouve mention est Jean Ier, comte de Forest, fils de Guigues VI et de Jeanne de Montfort, lequel avait épousé, en 1296, Alix de la Tour et du Viennois, fille de Humbert Ier. C'est lui qui, voulant transformer en une résidence vraiment digne de lui les divers immeubles dont il avait fait l'acquisition, en acheta huit autres contigus, et relia probablement le tout par des constructions nouvelles, selon l'usage du temps. On sait, en effet, que l'hôtel royal de Saint-Paul et les hôtels seigneuriaux de Reims, de Rouen, voisins de celui des comtes de Forez, se composaient de bâtiments divers séparés par des cours et des jardins. Sur la formation successive du pourpris de l'hôtel de Forest, enregistrons d'abord les détails recueillis par Sauval.

« Les comtes de Forest, dit l'auteur des *Antiquités de Paris*, avaient leur hôtel à la rue de la Harpe et celle des Deux-Portes, mais pour le rendre plus grand et le porter jusqu'à la rue Pierre-Sarrazin, Jean, comte de Forest, acheta, en 1320 et 1321, sept maisons bâties dans ces trois rues-là, qui lui coûtèrent deux cent douze livres parisis, trente livres de bons petits tournois et cent livres de bons petits parisis ; et, par échange encore, il en eut une autre des religieuses de Poissy, sise en la rue Sarrazin, pour une maison du diocèse de Meaux, de la paroisse de Saint-Fiacre, accompagnée d'un jardin environné de fossés, et quatre-vingt-dix arpents de bois et de terre, qui valoient de revenu soixante-quinze livres tournois amorties [1]. »

Sauval attachait quelque prix à l'histoire topographique de l'hôtel de Forez ; il y revient ailleurs et ajoute les renseignements suivants à la liasse des titres qui concernent cette résidence seigneuriale. L'auteur du *Traité de la Police* n'a fait que les résumer ; voici le texte même de Sauval :

« Lettres scellées en cire verte, datées du mois de mai 1321, par lesquelles les religieuses de Poissy ont donné par échange à Jean, comte de Forest, une place sise à Paris, rue de la Harpe, appelée le « Cimetière des Juifs », tenant à la maison

---

[1] *Antiquités de Paris*, II, p. 238.

de Richard de la Galie et à la grange de Denise, veuve de Guillaume de Balon, d'autre part à la maison du comte, qui fut à Hamont, pâtissier, et aux maisons feu Geoffroi Menignian, M⁰ Gaudichart, médecin, M⁰ Jean Goulart, aboutissant par bas aux maisons des enfants Guillaume, sire de Fury, et de M⁰ Raoul Fultrie, et par haut à ladite rue de la Harpe; et a le comte de Forest délaissé auxdites religieuses la terre de Picardie, au diocèse de Meaux, et par lesdites lettres, le Roi, comme fondateur, a ratifié ledit échange [1]. »

Comment l'Hôtel de Forez, dont la formation avait été si lente et si laborieuse, devint-il l'Hôtel de Bourbon? C'est à l'histoire généalogique des grandes familles de France, si féconde en renseignements topographiques, ainsi que Berty l'a fait judicieusement remarquer, qu'il faut demander le secret de cette énigme. A la mort de Jean I⁰ʳ, comte de Forez, son fils Guigues VII lui succéda. Il avait épousé Anne ou Jeanne de Bourbon, fille aînée de Louis I⁰ʳ, titulaire de ce duché, et il eut d'elle deux fils qui moururent avant leur sœur Anne, laquelle épousa Béraud II, dauphin d'Auvergne, et eut pour fille Anne, comtesse de Forez, dame de Mercœur, mariée en 1371 à Louis II, duc de Bourbon. Par le fait de ce mariage, l'Hôtel de Forez passa dans la maison de Bourbon, qui paraît n'en avoir pris possession que onze ans plus tard, c'est-à-dire en 1382.

Elle n'en resta propriétaire que fort peu de temps: « En 1384, dit Sauval, Louis II, duc du Bourbon, qui tenoit cet hôtel du chef de sa femme, Anne, fille unique du comte de Forest, le vendit au roi Charles VI, et celui-ci en fit don, la même année, à Jean IV, duc de Bretagne, comte de Montfort. » Ce personnage, dont la vie fut fort agitée, eut de nombreux démêlés, tant avec Charles de Blois, qu'il finit par vaincre et tuer à la bataille d'Auray (1364), qu'avec le connétable de Clisson, qu'il fit assassiner par Pierre de Craon. Avant ce meurtre, qui le brouilla complètement avec Charles VI, il possédait les bonnes grâces de ce monarque puisque celui-ci lui octroya l'Hôtel de Forest devenu, depuis si peu de temps, Hôtel de Bourbon.

« En 1384, dit Sauval, Charles VI donna à Jean V, ou Jean IV, — le chiffre est indécis, — duc de Bretagne, mari de sa cousine, l'hôtel de Forest, bâti à la rue de la Harpe, et celui de Pierre Sarrazin [2], qu'il avoit acheté de Louis II, duc de Bourbon, douze mille francs, mais que ce prince donataire, depuis en 1395,

---

[1] *Antiquités de Paris*, III, p. 651.

[2] Il y a là une erreur matérielle de Sauval ou de ses éditeurs. La maison de Pierre Sarrazin, dont nous indiquons l'emplacement à l'article de la rue qui porte son nom, n'a jamais fait partie du pourpris de l'hôtel de Forez; et d'ailleurs, y eût-elle été comprise, que Sauval n'aurait pu, au xvii⁰ siècle, après les transformations que les propriétaires successifs de l'hôtel avaient fait subir aux propriétés dont il se composait, reconnaître dans ce vaste ensemble, et surtout identifier les immeubles primitifs.

céda à Jean de Malestroit et Isabeau de Sarenville, sa femme, pour demeurer quitte d'une somme de douze cents francs de rente, qu'il lui avoit promise en mariage [1]. »

Sauval revient ailleurs sur l'Hôtel de Forez et de Bourbon, et cette fois il ne fait aucune mention de la maison de Pierre Sarrazin. «En 1384, dit-il, Charles VI donna à Jean, duc de Bretagne et mari de Jeanne de Navarre, l'hôtel de Forest, situé à la rue de la Harpe et dans celle des Deux-Portes, qu'il avoit acheté douze mille francs. Depuis, ce prince, en 1395, en fit transport à Jean de Malestroit, pour s'acquitter de douze cents livres de rente qu'il lui avoit promis en mariage [2]. »

Quelques années avant cette cession, le duc Jean de Bretagne était venu prendre résidence en son hôtel parisien, dans les circonstances suivantes rappelées par Sauval: «C'est cette maison où il demeura, en 1388, lorsqu'il vint à Paris demander pardon au Roi de l'injure qu'il avoit faite au connétable de Clisson [3], et que, pour expier cet attentat, le Roi, en son conseil, le condamna à restituer 100,000 francs au connétable et, de plus, à rendre les places de la Roche-Darien, de Josselin, et les autres qu'il avoit usurpées et ravies au connétable, aussi bien que ses joyaux, ses trésors et ses meubles. Ce jugement fut prononcé par le chancelier d'Orgemont, et autorisé par des lettres royales qu'il scella et délivra tant au duc qu'au connétable [4]. »

Le duc de Bretagne descendit encore dans sa maison de la rue de la Harpe, trois ans après son premier voyage. «N'ayant point obéi, dit Sauval, au jugement rendu, comme il vit qu'on alloit marcher contre lui, pour apaiser le Roi, il revint à Paris, en 1391, et descendit encore au même hôtel, accompagné de quatre cents gentilshommes, armés de très belles chemises de maille, qui leur descendoient jusqu'aux genoux, et qui se nommoient haubergeons [5]. »

Quatre ans plus tard, la famille bretonne de Malestroit, qui fait grande figure

---

[1] *Antiquités de Paris*, t. II, p. 81.

[2] *Ibid.*, t. II, p. 132.

[3] Voici en quoi consistait «l'injure» dont parle Sauval: En 1387, le connétable de Clisson ayant été envoyé par le Roi en Bretagne, le duc le chargea de fers, puis ordonna à Balavan, gouverneur de son château de l'Hermine, de coudre le héros dans un sac et de le jeter à la mer. Balavan, «comptant sur le remords de son maître», dit Lobineau, sursit à l'exécution de cet ordre. En effet, le duc, revenu à lui-même, rendit la liberté au captif, en échange d'une grosse rançon.

[4] *Antiquités de Paris*, t. II, p. 132.

Godefroy, dans son *Cérémonial françois*, confirme le dire de Sauval. Après avoir reçu audience du Roi, le duc, dit-il, «retourna le chemin qu'il estoit venu jusques en la rue de la Harpe en son hostel où il descendit». Mais Dom Lobineau assure que le duc coucha au Louvre: «Le Roi ordonna, comme pour témoigner qu'il recevoit le duc en ses bonnes grâces, que l'on préparast un appartement au chasteau du Louvre pour lui.» (*Histoire de Bretagne*, t. I, p. 467.)

[5] *Antiquités de Paris*, t. I, p. 467.

dans l'histoire de la province, entrait en possession de l'hôtel. Les généalogistes donnent sur elle de nombreux détails, mais ne nous apprennent rien sur le séjour qu'elle put faire en sa maison de la rue de la Harpe. Il ne paraît pas que celle-ci ait jamais porté le nom de ses nouveaux possesseurs. Dans les *Comptes des confiscations* anglaises, ainsi que dans les *Comptes de l'ordinaire de Paris*, elle est désignée sous son ancienne appellation d'Hôtel de Bretagne. Ce dernier document contient, à la date de 1416, la mention suivante:

« Une maison sise rue Pierre-Sarrazin, aboutissant par derrière sur les jardins de l'hostel de Bretaigne [1]. »

D'autre part, on trouve, dans les *Comptes de confiscation* pour les deux périodes de 1420 à 1427 et de 1427 à 1434, les articles suivants:

« 1421. Grand hostel appelé l'Hostel de Forest, en la rue de la Harpe, appartenoit à Jean de Malestroit, seigneur de Doudon [2].

« 1434. Hostel de Forest, siz rue de la Harpe [3]. »

Le nom de Malestroit, qui aurait pu lui être donné après l'expulsion des Anglais, ne figure pas plus que celui de Bourbon, et il y a de ce fait une explication toute naturelle: sous la dénomination anglaise même, en 1427, l'hôtel confisqué avait été adjugé au chapitre de Notre-Dame de Paris, ainsi qu'il appert de l'extrait suivant imprimé par Sauval:

« *Du Compte des confiscations de Paris*, de 1423 à 1427:

« Hostel de Forest, qui fut à Jean Malestroit, Breton, chargé, envers le chapitre de Nostre-Dame de Paris, de dix-huit livres parisis de rente; ledict hostel sciz rue de la Harpe [4]. »

Il semble étrange, au premier abord, qu'un immeuble aussi important que l'Hôtel de Forez, de Bourbon, de Bretagne et de Malestroit ait été adjugé comme représentant le capital d'une simple rente de dix-huit livres parisis; mais, pour se rendre compte d'un tel fait, il faut se remettre sous les yeux la situation de Paris et du royaume telle que la domination anglaise l'avait faite. Le *Journal d'un bourgeois de Paris* contient, à l'année 1423, la mention suivante:

« Item, en ce temps, toutes gens qui avoient maisons y renonçoient, puis que elles étoient chargées de rentes, car nulz des censiers, — ceux à qui les cens étoient dus, — ne vouloient rien laisser de leurs rentes et amoient mieux tout perdre que faire humanité à ceulx qui leur devoient rente, tant estoit la foy petite, et par

---

[1] *Antiquités de Paris*, t. III, p. 271.
[2] *Ibid.*, t. III, p. 295.
[3] *Antiquités de Paris*, t. III, p. 578.
[4] *Ibid.*, t. III, p. 315.

celle desfault de foy, on eust treuvé à Paris, de maisons vuydes et croisées saines et entières, plus de xxiiii milliers, ou nulli ne habitoient [1]. »

Pasquier, dans ses *Lettres*, confirme le fait et explique comment le chapitre de Notre-Dame de Paris dut se faire mettre en possession de l'hôtel de Malestroit : « Plus grande démonstration, dit-il, ne pouvez-vous avoir de ceste pouvreté et solitude, que de l'ordonnance qui se trouve aux vieux registres du Chastellet, par laquelle il estoit permis de mettre en criées les lieux vagues de la Ville; et si, pendant les six sepmaines, il ne se trouvoit nul propriétaire qui s'y opposast, le lieu demeuroit à celuy qui se le faisoit adjuger. »

Or, depuis l'année 1288, le chapitre de Notre-Dame tenait de Guillebert *de Suassia*, à titre de legs, l'une des maisons dont la réunion avait formé le pourpris de l'hôtel de Forez. En la cédant, il s'était réservé une rente, qui ne lui était pas servie depuis que les Anglais étaient maîtres de Paris; ce qui lui fournit un prétexte pour se faire adjuger l'hôtel entier, dont la maison léguée par Guillebert *de Suassia* ne constituait qu'une faible partie.

Mais il ne le conserva pas longtemps; lorsque Charles VII eut reconquis sa capitale, les propriétés confisquées par les Anglais et vendues par eux firent retour à leurs propriétaires. Les Malestroit durent donc rentrer dans leur domaine parisien; mais rien ne nous renseigne sur l'usage qu'ils en firent. Il est douteux qu'ils l'aient habité pendant les quatorze années qui suivirent l'entrée de Dunois et de Richemond dans Paris; on les voit, en effet, guerroyer constamment contre les Anglais en Bretagne, et gagner sur eux, en 1450, la célèbre bataille de Formigny. Tout porte à croire que l'hôtel, dégradé par un long abandon, n'était plus logeable, et comme il avait été formé par la réunion d'une dizaine de maisons, les Malestroit, qui n'avaient pas le temps d'y séjourner, le rendirent à son état primitif, en le morcelant.

C'est la conclusion à laquelle est arrivé Berty en écrivant ce qui suit : « L'Hôtel de Bretagne était déjà divisé en 1512, puisque la Maison des Maillets existait. » En mentionnant, à la même date, sur son plan et dans ses notes, la présence des maisons de la Main Droite et des Trois Boettes, au lieu même où avait été l'Hôtel de Forez et de Bretagne, il insinue qu'il ne subsistait plus rien de cette résidence seigneuriale. Cependant on trouve, soixante ans plus tard, des preuves de son existence à l'état d'hôtel, ayant conservé son ancienne dénomination. Sauval, qui a recueilli des masses de documents, imprimés pêle-mêle par ses éditeurs, donne, à la date de 1573, les deux extraits suivants :

« *Rue de la Harpe. Recepte.*

---

[1] *Journal d'un bourgeois de Paris*, édit. Tuetey, p. 192.

«De Laurent le Blanc, procureur au Chastelet, pour son hostel qui fut au comte de Forez, et, depuis, au duc de Bretaigne.

«*Domaine de l'Hostel de ville de Paris.*»

Mention identique à la première [1].

Il est probable que l'hôtel de Forez n'avait été morcelé que partiellement : on s'était borné à en détacher les parties en bordure sur la rue de la Harpe, pour les rendre au commerce et à l'industrie. Quant au corps de logis principal, situé en retrait et dans des conditions analogues à celles où ont été bâtis, aux XVIIe et XVIIIe siècles, les hôtels du faubourg Saint-Germain, on l'avait conservé avec une entrée sur la rue, et c'est ainsi qu'on le voit, en 1573, habité par un homme de robe. Mais alors il était bien réduit : le vaste pourpris du XIVe siècle, qui aboutissait, au couchant sur la rue Hautefeuille, au levant sur celle de la Harpe, au nord sur celle des Deux-Portes, et qui s'était annexé, au sud, une partie de l'ancien cimetière des Juifs, ne comprenait plus, au XVIe siècle, que le centre de l'îlot dont nous venons d'indiquer le périmètre.

Dans la seconde moitié du XIXe siècle, rien ne rappelait en ce lieu l'antique résidence des comtes de Forez, des ducs de Bourbon et de Bretagne; quelques vieilles maisons d'apparence vulgaire, auxquelles s'étaient ajoutés, sur une deuxième ou troisième cour, des arrière-corps de logis divisés en chambres et en petits logements, tel était l'aspect que présentait la partie de la rue de la Harpe faisant face aux ruines du palais des Thermes. Lorsque s'exécuta le percement du boulevard de Sébastopol (rive gauche), auquel on a donné plus tard le nom de Saint-Michel, nul ne songea à ce qui pouvait rester de l'ancien hôtel : on ne recueillit que des fragments de pierres funéraires, couverts d'inscriptions en langue hébraïque; la plupart furent transportés au Musée de Cluny [2].

On sait qu'une riche maison de librairie, établie primitivement rue Pierre-Sarrazin sur l'emplacement des hôtels de Longueil et de Beaulieu, a fait acquisition de la plus grande partie des terrains composant l'îlot délimité par cette rue, ainsi que par celles de la Harpe, de Hautefeuille et des Deux-Portes, cette dernière absorbée plus tard par le boulevard Saint-Germain. Elle a couvert ce vaste emplacement de constructions nouvelles, qui ont fait disparaître tout ce qui restait de l'ancien lotissement.

MAISON DE L'ESCU DE BOURBON (1575), contiguë à la MAIN DROITE et touchant, par

---

[1] *Antiquités de Paris*, t. III, p. 567 et 624.

[2] Quelques-uns appartiennent au Musée historique de la ville de Paris, et sont exposés dans les salles basses de l'Hôtel Carnavalet. Voir ce que nous en disons ci-après à l'article de la rue Pierre-Sarrazin.

le fond, aux terrains jadis occupés par le cimetière des Juifs. Cette maison et les deux suivantes paraissent avoir fait partie du même lotissement, à en juger par la régularité de leur périmètre.

Maison des Quatre Fils Aymon (1520), figurée par Berty comme un démembrement de la suivante. L'enseigne qu'elle portait était fréquente à Paris; elle a servi à dénommer l'une des rues du quartier du Marais.

Maison de la Croix Blanche, séparée, par une ligne ponctuée, de la précédente, sur le plan de restitution dressé par Berty. Elle formait l'angle septentrional des rues de la Harpe et Pierre-Sarrazin.

En 1363, les maisons de la Croix Blanche, des Quatre Fils Aymon et de l'Escu de Bourbon n'en formaient qu'une, bâtie sur une portion des terrains de l'ancien cimetière des Juifs, ainsi que le dit Sauval [1].

Maison du Lyon Noir (1520), formant l'angle méridional des rues de la Harpe et Pierre-Sarrazin. Comme celle de la prise de Calais et des Ymayges, la Maison du Lyon Noir avait été acquise par le collège de Dainville, tant pour étendre le pourpris de cet établissement scolaire, que pour en accroître les revenus. Par leur situation à l'angle de trois rues, Pierre-Sarrazin, de la Harpe, Saint-Côme ou des Cordeliers, ces trois maisons, tout en façade et n'ayant que fort peu de profondeur, donnaient des cens et des rentes, sans gêner le principal et les boursiers du collège.

Maison de la Prise de Calais (1584), figurée sur le plan de Berty comme ne formant qu'un seul immeuble avec la Maison des Ymaiges (1414), dont elle était sans doute un démembrement, et qui formait l'angle septentrional des rues Saint-Côme et de la Harpe [2].

Nous trouvons dans les notes recueillies par Berty, mais non classées par lui, les indications suivantes qui sont des transcriptions de documents et que nous reproduisons, à ce titre, ainsi que nous l'avons déjà fait plus haut :

Collège de Dainville (1584), Maison rue de la Harpe, en face la rue des Mathurins : La Prise de Calais, audit collège (1525), tenant de tous côtés aux héritiers du collège.

---

[1] Voir à l'article de la rue Pierre-Sarrazin, tant pour la vente des terrains du cimetière, que pour la façade de la Maison de la Croix Blanche, qui s'étendait sur cette rue. — [2] Voir, à la même rue, ce qui est relatif aux maisons des Ymaiges et de la Prise de Calais.

« 1522. Maison du Lyon Noir. En 1673, le Cerceau Noir, faisant le coin de la rue Pierre-Sarrazin, aboutissant audit collège.

« 1585. Maison achetée par Michel de Dinville, en 1376, rue de la Harpe, et faisant l'un des coings de la rue des Cordelliers, communément appelée la Maison des Ymaiges (figures en pierre), à icelluy dict colleige Dinville appartenant. En 1541, Maison aux Ymaiges. Honorable homme Jehan de Beauvais, marchant et bourgeois de Paris. »

Église des Saints Côme et Damien, ayant son chevet, son maître autel et l'aboutissant de ses trois courtes nefs sur la rue de la Harpe, où elle ne présentait, au lieu d'abside, qu'une façade postérieure rectiligne. Elle était donc régulièrement orientée comme sa voisine, l'église des Cordeliers. Voir ci-avant la monographie que nous en avons donnée.

Vieil presbytère de Saint-Cosme (1524), s'étendant latéralement au bas côté méridional de l'église. A la date de 1623, il n'était bordé, du côté nord, que par une « place », ou terrain à bâtir. C'était l'emplacement des deux maisons suivantes, qui avaient été démolies. Une note, recueillie par Berty et portant la date de 1732, est ainsi conçue :

« Petite maison entre les murs de l'église et la maison curiale, qu'on appelloit anciennement le Vieil presbytère, qui a toujours été à l'église, rue de la Harpe, aboutissant aux Cordeliers », c'est-à-dire au pourpris du couvent de ces religieux et à la façade postérieure de leur réfectoire, ainsi qu'aux maisons de la Couronne et du Moulinet, qui leur appartenaient dès 1421.

Une seconde note, portant la date de 1524, contient cette désignation :

« Place, ou souloit avoir Maison de la Couronne et aussi du Moulinet, tenant au presbytère, d'autre part et d'un bout, aux Cordeliers, d'autre part, à la rue de la Harpe. »

Si, en 1524, le sol sur lequel avaient été bâties les maisons de la Couronne et du Moulinet, n'était plus qu'une « place », un siècle plus tard, le terrain était couvert par une construction assez importante, puisqu'elle reçut et abrita un dépôt considérable, celui de la bibliothèque du Roi. Dans l'intervalle, les Cordeliers, qui en étaient propriétaires, avaient fait édifier une maison unique sur l'emplacement des deux anciennes, et ils y logèrent, en 1622, les livres et manuscrits royaux auxquels ils donnaient l'hospitalité dans leur couvent, depuis plusieurs années. Comme ils tenaient à en débarrasser leur cloître, ils offrirent au Roi de les faire transporter rue de la Harpe, dans une maison qui leur appartenait et dont, au reste, ils exigèrent un loyer. Deux des anciens plans de Paris indiquent cette maison et mentionnent la destination qui venait de lui être donnée : celui de Gomboust, publié en 1652, et celui de Jouvin de Rochefort, qui fut dressé vers 1690. Les livres y furent placés dans la longue galerie que reproduisent les deux plans; à son extrémité, était une salle destinée aux manuscrits; un peu plus tard, la bibliothèque agrandie occupa le premier et le second étage; de là les noms de «haulte et basse librairies» qui se rencontrent dans quelques actes de cette époque[1].

La bibliothèque du Roi fit là un séjour de quarante-quatre ans : c'est en 1666 que Colbert la fit transporter dans un vaste logis situé rue «de Vivien», ou Vivienne[2], dont il était propriétaire et qui touchait presque à son propre hôtel. Elle n'a pas été déplacée depuis.

Huis de derrière du couvent des Cordeliers (1407). Avant l'acquisition, par les Cordeliers, de la Maison de l'évêque de Clermont et de l'abbé de Molesmes, les Cordeliers ne communiquaient avec la rue de la Harpe que par une simple ruelle longeant, d'une part, la façade méridionale de leur réfectoire, les dépendances du Presbytère de Saint-Côme et la Maison de la Couronne, d'autre part, la demeure épiscopale et abbatiale dont nous venons de parler. Ils élargirent ce passage au xviiie siècle, lorsqu'ils eurent acheté la

Maison de l'évêque de Clermont (1334) et de l'abbé de Molesmes (1347). C'est ainsi que Berty a désigné cet immeuble, en le figurant sur son plan avec cette addition : «depuis, dépendances des Cordeliers». Dans son texte, il consacre quelques lignes à chacune des deux résidences, créées à quatorze ans d'intervalle. La demeure épiscopale, dit-il, fut construite en 1334, sur une portion de vigne nommée, dans les titres, *vinea apud Gibardum*, vigne au territoire de Gibard, laquelle appartenait alors aux chanoines de Saint-Benoît, et fut échangée par eux, en 1307, contre une autre appartenant à l'abbaye Saint-Germain-des-Prés. Sur la seconde portion de cette même vigne, l'abbé de Molesme aurait, en 1347, fait bâtir son pied-à-terre parisien. Un siècle plus tard, en 1449, on voit, dit Berty, cette maison enclavée dans l'Hôtel de l'évêque de Clermont.

L'étroitesse du terrain occupé par les deux immeubles conduit à cette conclusion, qui est celle de Berty : la maison de l'évêque se profilait à l'orient, sur la rue de la Harpe, celle de l'abbé paraît avoir occupé le fond, à l'occident, où elle touchait au pourpris des Cordeliers. Les évêques de Clermont l'acquirent pour en faire les dépendances de leur hôtel.

---

[1] *Les anciennes bibliothèques de Paris*, par A. Franklin, II, p. 262.

[2] Le mot *Vivienne* est une forme féminine analogue à celle de *Mazarine*, nom qui avait été donné à la rue longeant les bâtiments du collège Mazarin.

Ici doit se placer une observation, qui s'applique à la plupart des dates données par Berty : l'année placée en tête de ses notes, ou à la suite du nom de l'immeuble, n'est généralement pas celle de la fondation ou de la construction, mais celle de la pièce où se trouve la plus ancienne mention dudit immeuble.

Ainsi, en ce qui concerne la Maison de l'évêque de Clermont, il est peu probable qu'elle ait été bâtie par Arnauld de Comminges qui occupait, en 1334, le siège épiscopal de Clermont, et qui, dès 1331, habitait Paris, puisque le Roi le mandait pour lui parler d'un projet de croisade [1]. Or, il avait été transféré de Lombez à Clermont en 1328, et il faudrait supposer que son premier soin fut de se donner une résidence parisienne.

Ce qui est plus certain, c'est le fait de la confiscation de l'hôtel épiscopal sous la domination anglaise. Dans les *Comptes de confiscations* de 1423 à 1427, et de 1427 à 1434, publiés par Sauval, on lit :

« Deux maisons entretenantes et jardin derrière, qui furent à Mᵉ Martin Gouge, evesque de Clermont, absent, sises rue de la Harpe, tenant, d'une part, aux Cordeliers de Paris et, d'autre, au Collège de Justice. »

Quant à la Maison de l'abbé de Molesme, « entretenante » avec celle de l'évêque de Clermont, et paraissant avoir eu un jardin commun », elle daterait, selon les auteurs du *Gallia christiana*, de l'année 1239 et non de 1347, au moins comme achat. Comme il n'est fait, dans les censiers parisiens, aucune autre mention de propriétés appartenant à l'abbaye de Molesmes, c'est évidemment à la maison de la rue de la Harpe que s'applique le passage suivant : « Anno 1239, mense octobri, Christophorus, abbas Molismensis, frater Petri de Essoye, Parisiis domos comparavit in censiva Sancti Germani de Pratis, ex tabul. A. B. Pratensi [2]. »

Ce texte fait remonter à plus d'un siècle en arrière l'établissement à Paris des abbés de Molesme. La date de 1347 est peut-être celle d'une appropriation, ou simplement d'un payement de cens. Quant à celle de 1449, relevée par Berty, elle se réfère au gouvernement de l'abbé Guillaume III d'Amoncourt, qui administra fort bien pendant la guerre, dit le *Gallia*, et céda sans doute son hôtel parisien.

Les évêques de Clermont ne jouirent guère de leur hôtel agrandi que pendant un demi-siècle. Une note recueillie par Berty nous apprend qu'en 1508 la maison fut « mise en criée à la requeste de l'Hôtel-Dieu ». Les chanoines de Saint-Benoît justifièrent alors du droit qu'ils avaient de percevoir seize livres parisis de rente sur cet immeuble. C'est à ce moment que l'Hôtel de Clermont devint une propriété privée : en 1605, dit Félibien, il appartenait à Jacques Chouart, avocat au Parlement [3].

---

[1] *Gallia christiana*, II, p. 285. — [2] *Ibid.*, IV, p. 737. — [3] *Hist. de la ville de Paris*, 1, p. 610.

COLLÈGE DE JUSTICE. Topographiquement, la fondation du Collège de Justice a pour point de départ deux actes que Berty a relevés, et que nous transcrivons textuellement :

« 26 novembre 1334, achat de une meson assise à Paris en la rue de la Porte d'Enfer, au dessus de l'église des SS. Cosme et Damian, tenant, d'une part, à la meson de l'evesque de Clermont, et, d'autre part, à la meson Nicolas de Charenton, aboutissant, par derriere, au Jardin des Cordeliers, en la censive de l'Hostel Dieu. »

« 4 mai 1336, achat de mesons assises à Paris en la rue des SS. Cosme et Damian, entre ladicte église et l'une des portes de la ville de Paris, que l'on dit la Porte d'Enfer ; c'est assavoir une grand meson et deux petites entretenantes, tenans, d'une part, devers ladicte Porte d'Enfer, à la meson des escholiers que l'on dit de Bayeulx [1], et, d'autre part, par devers ladicte église des SS. Cosme et Damian, à la meson dudict acheteur qui jadis fut Nicolas Bahuchet. »

Quels étaient les acquéreurs de ces immeubles? Les exécuteurs testamentaires de Jean de Justice, grand chantre de l'église cathédrale de Bayeux, chanoine de Notre-Dame de Paris et conseiller du Roi; ils les avaient achetés en son nom et de son vivant, puisqu'il ne mourut qu'en 1353, et que les acquisitions sont de 1334 et de 1336. A la mort de Jean de Justice, les maisons furent amorties, et, par composition du 11 juillet 1354, les exécuteurs testamentaires s'engagèrent à payer à l'abbé de Saint-Germain, qui était alors Geoffroy de Coustures, « la somme de soixante florins d'or, appréciés au coin du Roi, outre une rente foncière annuelle de douze deniers, et à lui réserver toute justice en sa censive » [2].

La fondation du collège de Justice se rattache au grand mouvement scolaire qui se produisit dans la première moitié du XIVe siècle, et qui s'accentua surtout après la mort de Philippe le Bel. L'année même où mourut ce monarque vit naître les collèges de Laon, de Soissons ou de Presles, et de Montaigu, suivis, à quelques années d'intervalle, de ceux de Narbonne (1317), de Tréguier et Léon (1319), de Cornouailles (1321), du Plessis (1322), des Écossais (1326), de Marmoutier et d'Arras (1329), de Bourgogne (1332), des Lombards, de Tours (1334), de Lisieux (1336), d'Autun (1337), de Hubant (1339), de Chanac, de Mignon (1343), d'Aubusson (1348), de Boncour, de Tournay et des Allemands (1353). Cette dernière date, ainsi qu'on l'a vu plus haut, est celle de la création du collège de Justice.

---

[1] Il ne peut être question ici du collège de Bayeux, qui s'ouvrait sur le côté oriental de la rue de la Harpe, mais d'une maison lui appartenant et qui était située sur le côté occidental. Une note recueillie par Berty, et portant la date de 1544, nous apprend que cette maison avait alors l'enseigne des Marmousets.

[2] *Hist. de la ville de Paris*, I, p. 610.

Les statuts et règlements de cet établissement scolaire diffèrent peu de ceux des autres collèges : nous renvoyons donc à l'appendice spécial où ces documents sont résumés, pour nous occuper uniquement de l'histoire topographique de la fondation faite par le grand chantre de l'église de Bayeux. Resserré entre le pourpris des Cordeliers, auquel il touchait par le fond, la Maison des abbés de Molesmes et des évêques de Clermont, qui le limitaient au nord, et celle des Marmousets qui le bornait au midi, le collège de Justice n'avait même pas acquis cette dernière propriété deux siècles après sa fondation, puisque nous la voyons, en 1544, garder son enseigne et son autonomie. L'emplacement primitif lui fut donc suffisant, et ses bienfaiteurs ultérieurs se contentèrent d'y fonder des bourses : on cite, entre autres, Pierre Lizet, natif de Salers en Auvergne, et devenu premier président au Parlement de Paris, lequel, par acte passé le 13 mars 1563, fit les fonds de cinq bourses, dont deux devaient être attribuées à ses parents ou alliés, et, à leur défaut, à des écoliers de sa ville natale, et trois à des écoliers de Paris ou des environs.

Au collège de Justice, comme dans les autres établissements du même genre, la diminution des revenus, combinée avec l'accroissement des dépenses, amena, d'une part, la réduction du nombre des bourses, et, d'autre part, la location d'une partie des bâtiments, devenus trop vastes pour le personnel enseignant et étudiant. En 1762, avant la réunion du collège à l'Université, les boursiers n'occupaient que la moitié des locaux; le reste servait à des industries diverses et rapportait un assez beau denier qui doubla, l'année suivante, par suite de la location de tout l'immeuble. Un maître de pension s'y établit et continua les traditions de la maison. Malgré cette sécularisation, les bâtiments du collège de Justice furent vendus, avec ceux du collège d'Harcourt, les 3 nivôse an III (23 décembre 1794), 25 thermidor an IV (2 août 1796) et 15 thermidor an VI (2 août 1798). L'institution libre, qui s'y était établie en 1763, disparut en 1812, par suite du rachat que l'État fit alors des bâtiments et terrains des deux collèges, pour former le lycée Saint-Louis.

Maison des Marmousets (1505), paraissant avoir été nommée la Maison du Guichet en 1409. Comme la suivante, elle avait une assez grande profondeur, et touchait aux dépendances des Cordeliers. Une note recueillie par Berty, et portant la date de 1562, contient cette mention : « Maison des Marmousets devant le collège de Bayeulx, appartenant au collège. » Nous avons constaté cette propriété, à propos du collège de Justice.

Maison de la Corne de Cerf (1409-1588), paraissant avoir été appelée la Maison des Trois Pas en 1409; elle est dite alors tenir « au collège d'Harcourt et à la maison du Guichet ». En 1588, on la dit située « entre Tronçon et le collège d'Harcourt ». Ce « Tronçon » était, depuis 1562, locataire de la Maison des Marmousets.

Sur l'emplacement de ces deux maisons, et eu égard à l'étendue du terrain qu'elles occupaient, il y en avait trois au xive siècle, dit Berty.

Maison d'Avranches [1], dans laquelle a été fondé le

Collège d'Harcourt. — Antérieur à tous les établissements scolaires que nous avons énumérés plus haut, celui-ci date du règne de Philippe le Hardi. C'est en 1280 que la fondation en fut commencée, dit Du Breul, par l'achat de « quelques maisons sises en la rue de la Harpe, entre l'église des SS. Cosme et Damian et la porte d'Enfer », achat fait par Raoul d'Harcourt, chanoine de Paris, appartenant à l'une des plus grandes familles de Normandie. « Il fut porté, ajoute Félibien, à faire cette fondation par l'exemple de celle du collège de Sorbonne, dont il voyoit déjà de son temps les heureux succès. Et comme il avoit possédé diverses dignitez en quatre églises de Normandie, où il avoit esté successivement archidiacre dans l'église de Coutances, chancelier en celle de Bayeux, chantre en celle d'Évreux, et grand archidiacre en celle de Rouen, métropole de la province, il voulut que les pauvres escoliers admis dans son collège fussent tirez de ces quatre diocèses [2]. » Malheureusement, ce généreux fondateur mourut « avant que d'avoir donné la dernière perfection à son ouvrage ».

Trente et un ans s'écoulèrent avant que le nouveau collège reçût les développements qui devaient faire de lui l'un des principaux établissements de l'ancienne Université. Il les dut à Robert d'Harcourt, évêque de Coutances, frère du premier fondateur, lequel ne se montra pas moins libéral.

« En qualité d'exécuteur testamentaire de son frère, dit Félibien, il aggrandit le Collège par l'acquest de quelques maisons qui tomboient en ruines, particulièrement d'une qu'on appeloit la maison ou l'Hostel d'Avranches, qu'il rebastit à neuf; à quoi il adjousta deux cent cinquante livres tournois de rente amortie, qu'il destina à l'entretien de vingt-quatre pauvres escoliers, savoir seize étudiant dans la faculté des arts, et huit en celle de théologie. Il assigna aux escoliers des arts et de philosophie trois sous parisis par semaine, et cinq aux théologiens. »

---

[1] La Maison d'Avranches, *domus Abrincensis*, n'est pas autrement désignée dans les titres. Il est probable que c'était la résidence parisienne des évêques de cette ville, et que Robert d'Harcourt, évêque de Coutances, exécuteur testamentaire de son frère Raoul, put l'obtenir de son collègue et voisin, habitant comme lui la presqu'île normande. Cette origine acquiert un nouveau degré de probabilité, quand on voit les maisons des évêques de Clermont et d'Auxerre situées dans le voisinage immédiat de celle d'Avranches.

[2] *Histoire de la ville de Paris*, t. I, p. 446.

Quant aux détails d'installation, qui ont leur intérêt topographique, il stipula que « les escoliers en théologie demeureroient dans la grande maison la plus proche de l'église Saint-Côme, et les autres dans la plus petite vers la porte d'Enfer, et les uns et les autres n'auroient rien de commun dans le logement que la chapelle. Tous auroient des chambres particulières. Les théologiens mangeroient en commun dans une même salle, et les philosophes dans une autre, etc. Les écoliers de dehors, qui voudroient demeurer au collège, y pourront être reçus, en payant leur bourse et leur part des frais communs » [1].

Le même historien donne, sur la discipline intérieure du collège et sur l'enseignement qu'on y recevait, de nombreux détails qui ne peuvent trouver leur place ici; nous ne relevons, dans les documents originaux, que les mentions relatives à l'organisation matérielle de l'établissement. L'acte de fondation complémentaire, qui est du lendemain de la Nativité de la Vierge (9 septembre 1311), et les lettres confirmatives données par Guillaume d'Auvergne, évêque de Paris, le jeudi avant la Saint-Jean-Baptiste de l'année 1312, énoncent les maisons achetées avec les biens et au nom du fondateur, *de bonis executionis predicte ac nomine executoris*. Ce sont : « tres domos cum earum pertinentiis, situatas Parisius, in vico Sancti Cosme, versus portam que dicitur Porta Inferni, que quidem domus Abrincenses communiter nuncupantur. » Une troisième pièce, de l'année suivante, 1313, nous apprend qu'il existait dès lors, au nouveau collège, une chapelle ou un oratoire, puisque le pape Clément V permet d'y célébrer quotidiennement l'office divin, de jour et de nuit, *avec et sans note* [2].

Jaillot ajoute les détails suivants aux renseignements que nous avons donnés plus haut sur les dispositions intérieures des bâtiments, dont la réunion formait le collège d'Harcourt : « En 1313, les artiens occupoient les premiers bâtiments donnés par Raoul de Harcourt, et les théologiens, ceux qui étoient situés vis-à-vis, achetés par son frère. C'étoit de ce dernier côté qu'on avoit construit la chapelle, et, pour faciliter aux artiens le moyen de s'y rendre, on pratiqua sous la rue un passage de communication d'une maison à l'autre. » Il résulte de ce passage que l'auteur des *Recherches historiques sur Paris* a cru pouvoir attribuer au collège d'Harcourt l'immeuble acquis par Jean de Justice et « tenant à la meson des escholiers que l'on dit de Bayeulx » [3]. Cependant il infirme cette attribution, en disant quelques lignes plus loin :

« La prospérité du collège fit penser aux moyens de l'agrandir; on y parvint

---

[1] *Histoire de la ville de Paris*, t. I, p. 446.

[2] C'est la traduction exacte de la bulle autorisant la célébration des messes basses et des messes chantées dans la chapelle du collège d'Harcourt :

« cum nota et sine nota ». (Du Breul, p. 637 et suiv.; Félibien, *Preuves*, t. I, p. 265 et 296.)

[3] Voir, ci-devant, à l'article du collège de Justice.

par l'acquisition des maisons contiguës, qui appartenaient au collège de Bayeux, et de l'Hôtel des évêques d'Auxerre, qui tenait à la Porte d'Enfer et aux murs, une ruelle entre deux.

« Cet espace fut encore augmenté, en 1646, par le don que Louis XIII lui fit d'une place, d'une tour, du mur du rempart, du fossé et de la contrescarpe, ensemble des matériaux et démolitions desdites murailles, à la charge d'y faire construire et édifier une chapelle sous l'invocation de la sainte Vierge et de saint Louis. Les bâtiments élevés sur cet emplacement étant finis, et ceux des anciens étant devenus inutiles, on les loua à des particuliers. On a rebâti, en 1675, ceux où l'on a ouvert la porte du collège [1]. »

Tandis que le collège de Justice, loin d'éprouver le besoin de s'accroître, louait une partie de ses bâtiments à divers industriels, celui d'Harcourt, de plus en plus prospère, avait besoin de nouveaux agrandissements. Par suite de la création de plusieurs bourses qui s'ajoutèrent à celles dont Raoul et Robert de Harcourt avaient été les fondateurs, il devint nécessaire de construire de nouveaux bâtiments dans le pourpris du collège; mais, comme il était limité, au nord, par les maisons des Marmousets et de la Corne de Cerf, qu'on n'eut jamais la possibilité d'acquérir, au sud, par la Maison des évêques d'Auxerre, qu'on parvint à acheter, et au couchant, par l'enceinte de Philippe-Auguste, c'est de ce côté que le proviseur et les boursiers durent tourner les yeux.

Ainsi que le dit Jaillot, on dut acheter « l'hôtel des évêques d'Auxerre, qui tenoit à la Porte d'Enfer et aux murs, une ruelle entre deux »; mais, comme il restait un espace séparant de l'enceinte les anciens et les nouveaux immeubles du collège, il fallut s'adresser au Roi pour régulariser le périmètre de l'établissement.

Invoquant sans doute les précédents dont avaient bénéficié les Cordeliers et les Jacobins, le proviseur et les boursiers obtinrent, en 1646, du roi Louis XIII, la cession de divers ouvrages et terrains dépendant des murs, allées des murs et fossés. Mais cette faveur leur suscita des difficultés avec la Ville, qui se prétendait, non sans raison, copropriétaire de la fortification et de ses dépendances, ainsi que nous l'avons exposé au chapitre des *Enceintes*.

Les *Registres du Bureau de la Ville*, document en grande partie inédit, contiennent, à cet égard, des pièces d'un véritable intérêt. Dès 1647, un an après la cession gracieuse faite par le Roi, les magistrats municipaux protestent contre cette mesure et mandent au Procureur du Roi et de la Ville de s'y opposer, par

---

[1] Recherches historiques, t. V, p. 81 et suiv.

toutes voies de droit. Voici, en effet, ce que nous relevons dans les *Registres* (H 1808, fol. 239 r°) :

A cause des lettres patentes obtenues par le collège d'Harcourt, tendant à avoir la propriété de quelques terres des remparts, contrescarpes et fondz des fossez le long dudit collège.

M° Scipion de la Bretenière, procureur des causes de la Ville en la Cour du Parlement, nous vous mandons vous opposer en nos noms, au parquet et greffe de ladite Cour, à la vérification des lettres pattentes obtenues par les proviseur, principal, procureur, théologiens, maistres, escolliers du collège d'Harcourt, tendant à avoir la propriété de quelques terres qui font portion des remparts, contrescarpes et fondz des fossez de ladicte Ville, estant le long dudit collège, contre et au préjudice d'autres lettres pattentes que ladicte Ville a de Sa Majesté, pour la vente et alliénation à perpétuité de quelques portions du domaine d'icelle, dont les deniers qui en proviendront doibvent estre emploiez tant aux affaires urgentes du Roy qu'à l'acquit des debtes de ladicte Ville, lesquelles lettres nous avons présentées à ladicte Cour pour y estre vériffiées, et pour les autres causes et moiens que nous déduirons en temps et lieux.

Faict au Bureau de la Ville, ce dix neufiesme jour de juillet mil six cens quarente sept.

L'année suivante (1648), l'opposition du Bureau de la Ville aux prétentions du collège d'Harcourt se poursuit sous une nouvelle forme. Ce n'est pas que la Ville tienne absolument à la conservation de l'enceinte; mais elle veut tirer parti, tant pour elle que pour le Roi, des terrains dont se compose cette enceinte, avec ses tours, fossés et allées des murs; elle invoque l'énormité de sa dette, ses obligations envers le Roi, et ne proteste, au fond, que contre la gratuité de la cession faite au collège d'Harcourt.

Contre le collège d'Harcourt, au sujet des letres pattentes obtenues pour la revente des places.

Les Prévost des marchans et Eschevins de la Ville de Paris disent, pour moïens d'opposition contre les proviseur, prieur et principal du collège d'Harcourt, que les lettres pattentes obtenues par ledit collège sont bien postérieures à celles qui ont été obtenues par la Ville, en mil six cens trente six, pour la vente des places en question, et depuis confirmées par autres du mois de décembre mil six cents quarante six, par lesquelles Sa Majesté veult que lesdictes places et lieux soient venduz pour estre, partie des deniers emploiez à l'acquit des debtes de ladicte Ville, quy montent à plus de quatre cens mil livres, et l'autre partie emploiée aux nécessitez présentes de ses affaires, et que sy aucuns baus ont esté faictz, qu'ilz soient cassez, de manière que la cause des lettres obtenues par la Ville est bien aussy considérable que celles portées par les lettres dudict collège, qui veult s'accroistre aux despens de ladicte Ville, qui enferme touttes les communautez et les faict subsister, les grandes debtes auxquelles ladicte Ville est obligée pour les affaires du Roy estans très considérables en cete rencontre, pour conserver le fondz destiné pour l'acquit d'icelles; autrement elle demeurera toujours obérée; et comme il y a déjà procès à la Grand'Chambre pour la vérifficiation desdites lettres accordées par Sa Majesté à ladicte Ville, au rapport de M. de Bernay, il plaira à la Cour joindre ladicte instance d'opposition audit procès pour estre réglée conjoinctement avec les autres contestations qui s'y trouveront. Signé, etc.

M° Scipion de la Bretonnière, procureur de la Ville en la cause du Parlement, nous vous mandons présenter requeste en nos noms, et employer par icelle la production faite pour raison de la vériffication des lettres obtenues par la Ville, qui est du rapport de M. Hennequin, en déduisant les moyens cy-dessus contre les proviseur et gouverneur du collège d'Harcourt. Faict au Bureau de la Ville, le 16° janvier 1648[1].

La pièce suivante non datée, mais insérée dans un folio relatif à l'année 1670, est intéressante en ce qu'elle fait connaître, par le détail, l'étendue de la donation consentie par le Roi en faveur du collège d'Harcourt, en même temps qu'elle expose les moyens d'opposition de la Ville contre ladite donation (H 1822, fol. 213, v°).

Les Prévost des marchands et Eschevins de la Ville de Paris opposans, deffendeurs et demandeurs.

Contre les proviseur, principal et boursiers du collège d'Harcourt, demandeurs et poursuivant l'enthérinement des lettres pattentes par eux obtenues le (blanc) mil six cens soixante quatre, portant confirmation des baux à perpétuité des *places des fossez de ladite Ville, scizes au derrière dudit collège, depuis la quatriesme tour jusques à la sixiesme, en montant de la porte Saint-Germain à celle de Saint-Michel,* opposant à l'enregistrement des lettres obtenues par la Ville ez années mil six cens trente six et mil six cens quarante six, pour la revente de son domaine et places vaines et vagues, à temps et à perpétuité, et deffendeurs.

Disent par-devant vous, nos seigneurs du Parlement, pour moyens d'opposition contre lesdictes lettres obtenues par lesdicts du collège d'Harcourt, par addition aux causes et moyens d'opposition par eux cy-devant fournies, en l'année mil six cens quarante huict, qu'il n'y a pas lieu, sauf la révérence de la Cour, de procéder à l'enregistrement desdictes lettres pour trois raisons :

La première, que lesdictes lettres pattentes, obtenues par lesdicts du collège d'Harcourt, n'ont pour fondement que des baux et des concessions gratuites qui leur ont esté faictes par les Prévost des marchands et Eschevins en charge en l'année mil six cens trente quatre, lesquels sont nuls de plein droit et ont esté laissez comme tels par des lettres pattentes du mois de septembre mil six cens trente six et de l'année mil six cens quarante, lesquelles dernières lettres sont postérieures à celles obtenues par lesdicts du collège d'Harcourt.

La nullité de ces baux résulte de ce qu'ils contiennent des aliénations à perpétuité de places dépendant des fossez de ladicte Ville, sans qu'il y ayt eu des lettres pattentes portant pouvoir de faire ladicte aliénation, sans que l'on y ait observé aucunes formalitez nécessaires pour l'aliénation des biens des communautez, sans information de la commodité ou incommodité de l'aliénation, et sans même qu'il y ait eu aucune descente faite sur les lieux pour en connaistre l'état, ny aucun rapport des maistres des œuvres de ladicte Ville.

En second lieu, ces baux ont esté révoquez par lesdictes lettres pattentes de l'année mil six cens trente six et par celles de l'année mil six cens quarante six qui les confirment, lesquelles lettres étant postérieures à celles dudict collège d'Harcourt, ils dérogent entièrement et les rendent nulles par conséquent.

La seconde raison est que lesdictes lettres desdicts du collège d'Harcourt sont subreptices, lesdicts du collège d'Harcourt ne les ayant obtenues qu'au mois de janvier mil six cens quarante

---

[1] *Registres du Bureau de la Ville*, H 1808, fol. 184 v°.

six, auquel temps lesdicts Prévost des marchands et Eschevins lors en charge poursuivoient l'enregistrement des lettres pattentes qu'ils avoient obtenues au mois de septembre mil six cens trente six, et ayant dissimulé à Sa Majesté que lesdicts Prévost des marchands et Eschevins s'estoient pourveus contre les alliénations qui avoient esté faites par leurs prédécesseurs soit à temps ou à perpétuité, et que le Roy les avoit restituez contre par lesdictes lettres pattentes de ladicte année mil six cens trente six.

La troisiesme raison est que lesdictes alliénations sont purement gratuites, et que le domaine de ladicte Ville y souffre une lezion très considérable et qui résulte de ce que, pour neuf livres de redevance annuelle, on leur fait abandonner huict cens cinquante quatre thoises de places qui vallent plus de quarante mil escus.

Que si l'on dit, les places estant données pour l'accroissement d'un collège, elles doibvent être considérées comme servant à l'usage du publicq, l'on respond que la ville de Paris ayant dailleurs besoin de ces places pour trouver partie du fonds nécessaire pour faire une nouvelle enceinte et closture, il est plus juste qu'elle s'en serve à cet usage qu'à enrichir un collège qui est assez spatieux, comme la Cour le reconnoistra, s'il luy plaist d'ordonner une descente sur les lieux, lesdicts Prévost des marchands et Eschevins ne refusans pas même d'accommoder ledict collège de quelques places et jusques à concurrence de ce qu'il en sera nécessaire pour la construction de la chapelle que lesdicts du collège d'Harcourt sont obligez de faire bastir par lesdictes lettres pattentes.

Que si lesdictes lettres pattentes dudict collège d'Harcourt et les concessions portées par les lieux subsistoient, outre le préjudice et la perte que le domaine de ladicte Ville souffriroit de l'aliénation des huict cens cinquante quatre thoises de places, il se trouveroit encore qu'elle seroit dépouillée de plusieurs autres places qui sont toutes les comoditez d'autres maisons appartenant à ladicte Ville, basties sur la contrescarpe dudict fossé, depuis la cinquiesme tour jusques à la sixiesme, entre autres les maisons estant de la succession dudit sieur Lescuyer, et autres maisons contiguës et désignées au plan de Michel Nohet, maistre des œuvres de la Ville, du treiziesme mars dernier, lesquelles maisons doibvent revenir au domaine de la Ville après l'expiration des baux amphitéotiques; nonobstant quoy on n'a pas laissé de les comprendre dans l'estendue de la concession faite par lesdictes lettres pattentes; ce qui fait encore voir la subreption desdictes lettres et le préjudice que la Ville recevroit de leur exécution.

Mais ce qui doibt d'autant plus faire débouter lesdicts du collège d'Harcourt de l'enregistrement de leursdictes lettres est que, par lesdictes lettres pattentes de mil six cens trente six, ceux au proffit desquels les Prévost des marchands et Eschevins avoient faict des concessions, s'y peuvent conserver et maintenir en faisant la condition de la Ville aussy favorable et bonne que ceux qui se présentent de nouveau pour acquérir lesdictes places; de sorte que toute la difficulté consiste à présent de savoir s'il est juste que le collège d'Harcourt possède pour rien un fonds de quarante mil escus, ou s'il n'est pas plus équitable au contraire que l'on paye la valleur à ladicte Ville, qui luy en donnera en ce cas la préférence; s'il est plus favorable d'appuyer les prétentions du collège d'Harcourt et des lettres pattentes qui n'ont autre fin que de l'enrichir, ou les demandes de la Ville ou les lettres qu'elles a obtenues seulement pour éviter sa perte, et se mettre en estat de subvenir aux despenses où elle est obligée pour l'ornement et la commodité de ladicte Ville, les avantages de tous les habitans, le payement des debtes contractées pour les secours de l'Estat et sa deffense contre les ennemis domestiques et étrangers, au temps des sièges de la Rochelle, de Corbie et de Valentienne, et enfin pour trouver partie des fonds nécessaires pour la nouvelle closture absolument nécessaire à la ville de Paris, tant pour la seureté de ses habitans que pour l'exécution des règlements de police, qui ne peuvent estre observez qu'avec beaucoup de difficulté, la Ville estant ouverte de plusieurs costez; joinct d'ailleurs que cette nouvelle closture doibt servir à la décoration et à l'embellissement de la Ville capitale du royaume et paraistre en l'estat où doibt estre une ville qui est le siège de l'Empire.

Partant, soustiennent lesdicts Prévost des marchands et Eschevins qu'il y a lieu, faisant droict sur leur opposition, de débouter lesdicts du collège d'Harcourt de l'enthérinement desdictes lettres, avec despens.

LEPELLETIER.

Ce long document offre plus d'un genre d'intérêt : après avoir indiqué les différentes parties de l'enceinte, objet de la donation faite par le Roi au collège d'Harcourt, il nous apprend que la Ville avait l'intention de « faire une nouvelle enceinte et closture » pour remplacer celle de Philippe-Auguste, alors attaquée sur tous les points; que la cession gracieuse faite au collège était surtout motivée par la nécessité de construire une nouvelle chapelle, dont la Ville offrait, par mesure de transaction, de céder gratuitement le terrain; que l'ancien chemin sur les fossés, — rues Monsieur-le-Prince et des Francs-Bourgeois, — était couvert de « maisons appartenant à la Ville, basties sur la contrescarpe du fossé, depuis la cinquiesme tour jusques à la sixiesme » et pour lesquelles les « places » cédées au collège étaient des « commoditez »; enfin que la valeur des terrains, généreusement donnés à un collège « riche et spatieux », était de « quarante mille escus ».

Le litige se termina sans doute par une transaction; ce qui est certain, c'est que

Fac-similé d'une gravure de Béguillet.

l'administration du collège d'Harcourt ne fut point arrêtée dans ses projets; elle put construire une nouvelle chapelle et étendre ses dépendances jusqu'au chemin sur les fossés. De ce côté, les limites du moderne lycée Saint-Louis sont encore celles de l'ancien collège.

La reconstruction de la « maison de Sorbonne » par l'architecte Lemercier, et la haute protection dont la couvrait Richelieu avaient sans doute excité le zèle du proviseur du collège d'Harcourt. Une autre fondation rivale, celle du collège Mazarin, dont la magnificence égalait celle de la Sorbonne, si elle ne la surpassait, fut pour Thomas Fortin un nouveau stimulant; il eut à cœur de maintenir le vieil établissement créé par Raoul et Robert de Harcourt à la hauteur de son antique réputation, et il n'épargna rien pour lui donner extérieurement un bel aspect. La question de « closture nouvelle » qui avait été, au moment de la Fronde, un argument pour MM. de la Ville venait, d'ailleurs, d'être résolue contre eux; non seulement on ne songeait plus à une autre enceinte, mais Le Vau et Blondel donnaient, sur tous les points de la rive gauche et de la rive droite, le signal de la destruction de celle de Philippe-Auguste et de Charles V. L'opposition municipale dut alors tomber, et le proviseur du collège d'Harcourt pressa ses travaux de con-

COUR DU COLLÈGE D'HARCOURT.

Fac-similé d'une gravure de Béguillet.

struction et d'embellissement. Ils étaient terminés en 1675, et voici comment Piganiol les décrit :

La porte a de l'apparence et est fort riche en sculpture; elle est en retraite et élevée sur un plan courbe, qui forme un renfoncement, ou voussure, orné de grands refends. Au bas est la porte d'entrée, dont l'ouverture est quarrée, et beaucoup trop basse pour sa largeur. Sur un chambranle fort grossier sont couchés deux lions, qui supportent l'écusson des armoiries de l'illustre et ancienne maison d'Harcourt : aux deux extrémités, deux consoles supportent une corniche très déplacée. Sur cette corniche, dans le haut de la voussure, est un cartouche ovale, où on lit : *Collegium Harcurianum*, et sur le dos de la menuiserie des deux ventaux de la porte : *Thomas Fortin, Provisor et Doctor Harcurianus, œdificavit 1675*. Deux anges assis et adossés à ce cartouche soutiennent une guirlande qui borde les extrémités intérieures du haut de l'arcade de cette grande porte : on voit à leurs pieds les attributs des sciences enseignées dans ce collège.

Cette voussure, fort exhaussée, porte un grand entablement corinthien, orné de modillons et de denticules. Au-dessus de cet entablement s'élève un attique, percé de cinq croisées, que l'œil ne saurait voir à cause de l'énorme saillie de la corniche, et du défaut d'espace dans la rue, qui est plus étroite en cet endroit que dans tout le reste. Enfin cette irrégulière composition est terminée par un grand fronton angulaire qui en fait l'amortissement. Toutes les parties de cette fabrique sont mal distribuées. Elle a plus de cinquante pieds de hauteur, dont on ne saurait voir que la moitié, et par conséquent ni l'attique ni le fronton. Nous avons plusieurs exemples de ces absurdités d'emplacements, dans un grand nombre de façades d'édifices publics décorés à grands frais, et que ne l'on peut appercevoir en entier.

La chapelle est au fond de la cour. Elle fut rebâtie dans le même temps que l'on reconstruisit la porte du collège, c'est-à-dire en 1675.

Depuis 1675 jusqu'à la Révolution française, le collège d'Harcourt resta ce que

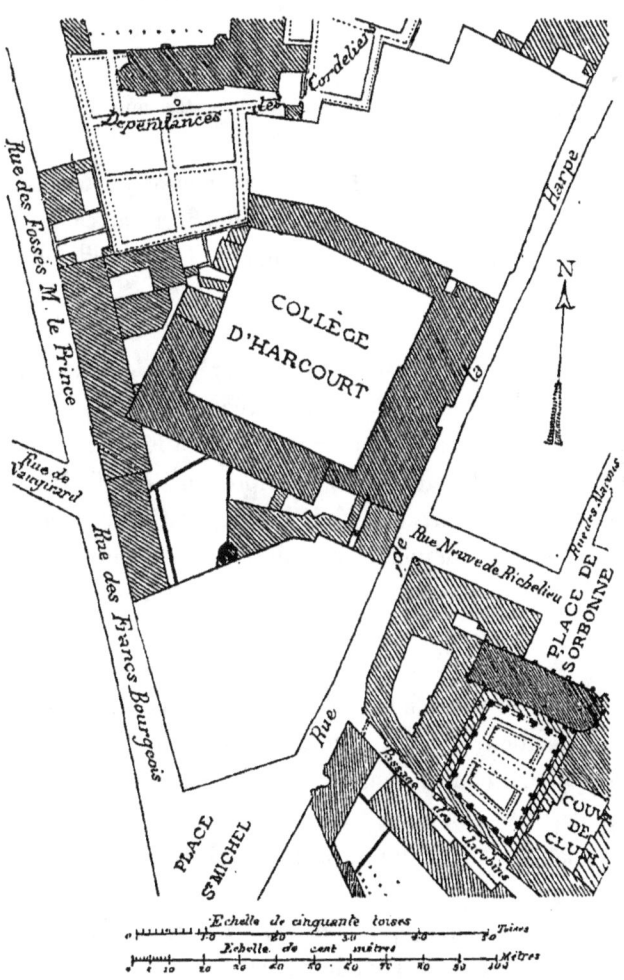

Le collège d'Harcourt et ses environs, d'après le plan de Verniquet.

l'avait fait le proviseur Thomas Fortin : «Malgré de très lourdes charges, dit M. Charles Jourdain, sa prospérité financière n'était pas inférieure à sa bonne renommée, et ne démentait point ses victoires académiques. A la veille de la Révolution, il possédait à Paris vingt-quatre maisons, dont un état conservé aux Archives nationales donne la liste, et dont les revenus s'élevaient ensemble à 39,947 francs. »

Il n'avait point été réuni à l'Université en 1762, comme la plupart des petits collèges, et ne fut fermé qu'en 1793. Peu de temps après, on démolit une partie de ses bâtiments, et l'on en construisit d'autres en 1814. On y logea d'abord de jeunes détenus; puis on y installa, en 1820, l'École normale qui fut transférée plus tard à l'ancien collège du Plessis. Enfin, une ordonnance royale de cette même année rendit l'ancien collège d'Harcourt à l'enseignement secondaire, sous le nom de collège royal de Saint-Louis. On y fit alors d'importants travaux qui furent terminés en 1822. Lors du percement du boulevard Saint-Michel, on a construit une nouvelle façade à l'alignement de cette voie publique.

HÔTEL DES ÉVÊQUES D'AUXERRE. — La monographie de cette résidence épiscopale se déduit des notes recueillies par Adolphe Berty, au cours de ses recherches dans les censiers parisiens, et complétées par M. Camille Platon, l'un de nos collaborateurs.

1257-1270. La résidence parisienne des évêques d'Auxerre, suffragants de l'archevêque de Sens, comme l'étaient les évêques de Paris, doit être au moins contemporaine du règne de saint Louis. On sait que le pieux monarque faisait de fréquents appels aux prélats de la circonscription métropolitaine, ce qui explique leur présence habituelle à Paris. Érard de Lésignes est le premier évêque d'Auxerre dont il soit fait mention, comme ayant habité l'hôtel de la rue de la Harpe; créé cardinal en 1278, il n'y reparut point; mais ses successeurs continuèrent à y séjourner.

1280. A cette date, il est fait mention de l'HOSTEL D'AUXERRE, contigu à une MAISON sans désignation et à l'HOSTEL D'AVRANCHES portant le nom commun de *Domus Abrincensis*. L'évêque normand, qui était alors Raoul de Thiéville, paraît avoir cédé une partie de son hôtel à son collègue d'Auxerre; l'autre partie fut acquise plus tard par les fondateurs du collège d'Harcourt.

1296. L'évêque d'Auxerre, qui était alors Pierre de Mornay, créé chancelier de France en 1304, agrandit l'hôtel parisien et construisit de nouveaux bâtiments sur les terrains de l'ancien hôtel d'Avranches : le *Gallia christiana* affirme le fait dans les termes suivants : « Anno 1296, palatium episcoporum Autissiodorensium, Parisiis instructum, novis operibus ampliavit. » Le mot *palatium* implique évidemment l'idée d'un logis important et somptueux.

1298. «Le roi Philippe, dit Berty, donne aux Cordeliers, pour augmenter leur maison, une ruelle située derrière cette maison, *depuis la fin du jardin de l'évêque d'Auxerre, lequel jardin est contigu aux murailles de notre ville de Paris, jusques à la porte de ladicte ruelle* [1], *qui est au-dessous de leurs écoles.* »

Le périmètre de l'hôtel des évêques d'Auxerre est bien délimité par les titres : au nord, le collège d'Harcourt; au sud, une petite maison tenant à la porte Gibart; au levant, la rue de la Harpe, et au couchant, le mur d'enceinte qui formait la clôture du jardin. Cette partie du pourpris de l'hôtel était un don royal, ainsi que le constate Sauval, auquel Berty a emprunté la substance de ses notes.

«Les évêques d'Auxerre, dit en effet l'auteur des *Antiquités de Paris*, logeoient autrefois près la porte Saint-Michel, dans une grande maison dont Pierre de Mornai, évêque d'Auxerre, qui mourut en 1306, avoit acquis la meilleure partie et qu'il agrandit d'une grande place que lui donna le Roi, où il fit des cours et des jardins qui furent enclos de bonnes murailles, mais qu'on ruina pendant la prison du Roi et sous le règne de Charles V, pour y faire les fossés de l'Université, que nous y voyons encore [2]. »

Ce passage de Sauval est la traduction un peu inexacte du texte suivant extrait des *Gesta pontificum Autissiodorensium* :

« Petrus de Mornays, sexagesimus sextus episcopus Autissiodorensis, acquisivit magnam partem domorum episcopalium (*Hostel d'Auxerre*), quæ sunt Parisiis contiguæ Portæ quæ nominatur Inferni (*Porte S. Michel*), licet antiquitus solebat nominari *de Ferto* [3], et obtinuit a Rege magnam plateam *extra muros contiguos*, in qua construi fecit *curtilia* et *viridaria* amœnissima, et circumivit muris; sed propter guerras, demum ibidem sunt fossata cavata [4]. »

Nous avons souligné quelques mots de ce texte, qui complètent et rectifient la traduction de Sauval. Et d'abord l'auteur des *Antiquités de Paris* en a omis deux qui sont des plus significatifs : la «grande place», objet de la concession royale, était située en dehors de l'enceinte, *extra muros*; comme les terrains donnés aux Cordeliers, aux Jacobins, et plus tard au collège d'Harcourt; ce qui explique les revendications et toutes les instances de la Ville, copropriétaire de l'enceinte et de ses dépendances. Puis, ce sont des courtils et des vergers, *curtilia* et *viridaria*,

---

[1] *Supplément* aux notes de Berty. Cette ruelle est la partie supérieure de la rue Hautefeuille, déclassée après la construction de l'enceinte de Philippe-Auguste, et donnée par le Roi aux Cordeliers pour agrandir le pourpris de leur couvent. Voir aux articles des rues Hautefeuille et des Cordeliers.

[2] *Antiquités de Paris*, II, p. 264.

[3] Voir ci-devant le chapitre relatif à la Porte d'Enfer : la dénomination *Porta de Ferto* figure parmi celles qui lui ont été données.

[4] Passage cité par Sauval dans ses *Preuves*, III, p. 67.

que l'évêque de Mornay établit au delà du mur de Philippe-Auguste; on ne pouvait, en effet créer, à l'usage des écoliers, des cours séparées du collège par une muraille fortifiée. Courtils et vergers furent, du reste, détruits après la bataille de Poitiers, lorsqu'on creusa des fossés autour de l'enceinte.

Diminué de la «grande place» qui lui avait été concédée par le Roi, l'hôtel des évêques d'Auxerre ne paraît avoir subi aucun autre amoindrissement pendant les xve et xvie siècles. Les prélats auxerrois y séjournaient par intervalles, et le plus illustre d'entre eux, Amyot, précepteur des fils de Henri II, grand aumônier du Roi, y faisait sa résidence habituelle. Sa présence y est constatée en 1574, l'année même où mourut Charles IX, et où Henri III revint de Pologne pour succéder à son frère. Le traducteur de Plutarque est certainement l'hôte le plus célèbre de L'Hôtel des évêques d'Auxerre [1].

Moins d'un demi-siècle après sa mort [2], l'un de ses successeurs, Pierre de Broc, vendit cet immeuble au collège d'Harcourt, qui éprouvait le besoin de s'agrandir, et à qui les concessions royales ne suffisaient pas [3]. Mais le vendeur paraît ou s'y être réservé un logement, ou n'en avoir vendu qu'une portion, car il est pris à partie par la Ville en 1643, c'est-à-dire quatre ans après la vente qui avait été consentie en 1639. C'est ce qui résulte de la pièce suivante extraite des *Registres du Bureau de la Ville* :

Contre l'évesque d'Auxerre, à cause de deux maisons proche la porte Sainct-Michel.

De par les Prévost des marchands et Eschevins de la Ville de Paris.

Maistre Gilles de Champhnon, sieur de la Sollaie, advocat au Conseil du Roy, nous vous prions de présenter requeste au Conseil, au nom de la Ville, à ce qu'il plaise à Sa Majesté renvoyer au Parlement l'instance que nous avons pendante au Grand Conseil contre M. l'évesque d'Auxerre, à cause de deux maisons proche la porte Saint-Michel, dont le fondz appartient à ladicte Ville, pour raison duquel elle a ses causes commises en la Grand'Chambre du Parlement, en première instance, celle que Messieurs du Grand Conseil ont retenue par leur arrest du neufiesme décembre mil six cens quarante deux, nonobstant les remontrances qui leur ont été faites, insérées audict arrest. Faict au Bureau de la Ville, ce neufiesme jour de febvrier mil six cens quarante trois. Signé : Le Boullanger, Cramoisy, Tronchot, Demouthers et Baillon [4].

---

[1] M. Quantin, ancien archiviste du département de l'Yonne, nous a obligeamment signalé plusieurs documents existant dans son dépôt et relatifs à l'hôtel des évêques d'Auxerre, ainsi qu'au séjour de plusieurs prélats auxerrois dans la capitale.

[2] Jacques Amyot mourut en 1593, au moment même où Henri IV triomphait de la Ligue.

[3] Voir ci-avant (p. 422 et suiv.), à l'article du collège d'Harcourt, les documents relatifs aux différends de la Ville avec les administrateurs de cet établissement, à propos du don que lui avait fait le roi Louis XIII.

[4] *Registres du Bureau de la Ville*, H 1806. fol. 426, 427.

Quelques années après, ainsi que nous l'avons exposé à l'article du collège d'Harcourt, la Ville exerçait des revendications semblables contre cet établissement scolaire, avec l'espoir que le jeune Roi lui donnerait gain de cause; mais Mazarin, vainqueur de la Fronde, et Louis XIV, ami des magnificences, n'entrèrent pas dans les vues un peu étroites du Corps municipal. Les anciennes enceintes avec leurs portes, leurs allées des murs et leurs fossés, furent condamnées, et la maison des évêques d'Auxerre, incorporée au collège, suivit les destinées de cet établissement. Il n'en est plus question, à partir de la construction du collège Mazarin et de la destruction de la muraille de Philippe-Auguste, qui en fut la conséquence.

Maison sans désignation, joignant, d'une part, l'Hôtel des évêques d'Auxerre, avant la vente qui en fut faite au Collège d'Harcourt en 1639, et, d'autre part, la porte Saint-Michel, à laquelle elle était immédiatement contiguë.

Berty semble avoir ignoré l'existence de cet immeuble, puisqu'il a figuré, sur son plan, la maison épiscopale comme embrassant tout l'espace compris entre la porte et le collège. Cependant l'existence de ladite maison résulte d'un extrait de comptes relevé par Sauval et portant la date de 1573. Ce document établit positivement qu'il existait, en cette année, une maison située entre la Porte Saint-Michel et l'Hôtel des évêques d'Auxerre, maison appartenant alors à la Ville et servant probablement au logement du gardien de la porte. Voici la pièce imprimée par l'auteur des *Antiquités de Paris* :

« 1573. *Recepte*.

« De l'évêque d'Auxerre, pour sa maison sise en la rue de la Harpe, près la porte S. Michel — joignant *une maison appartenant à la Ville en laquelle est demeurant Pierre d'Artois*, — tenant, d'une part, au collège d'Harcourt et, par derrière, à l'allée des murs d'icelle Ville [1]. »

Cette maison, qui avait encore son individualité en 1573, au moment où Jacques Amyot habitait l'Hôtel des évêques d'Auxerre, ne put être comprise dans la vente faite en 1639, puisqu'elle appartenait à la Ville; mais elle dut disparaître avec la Porte Saint-Michel, à laquelle elle était immédiatement contiguë, lorsque l'enceinte de Philippe-Auguste, attaquée par Le Vau, architecte du collège Mazarin, fut démolie par fragments et englobée dans les propriétés privées ayant façade

---

[1] *Antiquités de Paris*, III, p. 624.

sur les chemins des fossés, — rues Mazarine, des Fossés-Saint-Germain, Monsieur-le-Prince et des Francs-Bourgeois-Saint-Michel.

N. B. — Ainsi que nous l'avons dit, en commençant notre étude historique et topographique sur la rue de la Harpe, le volume suivant, consacré à la région centrale de l'Université, contiendra la description du côté oriental de cette voie, laquelle constitue la limite séparative des deux régions.

TOPOGRAPHIE HISTORIQUE DU VIEUX PARIS

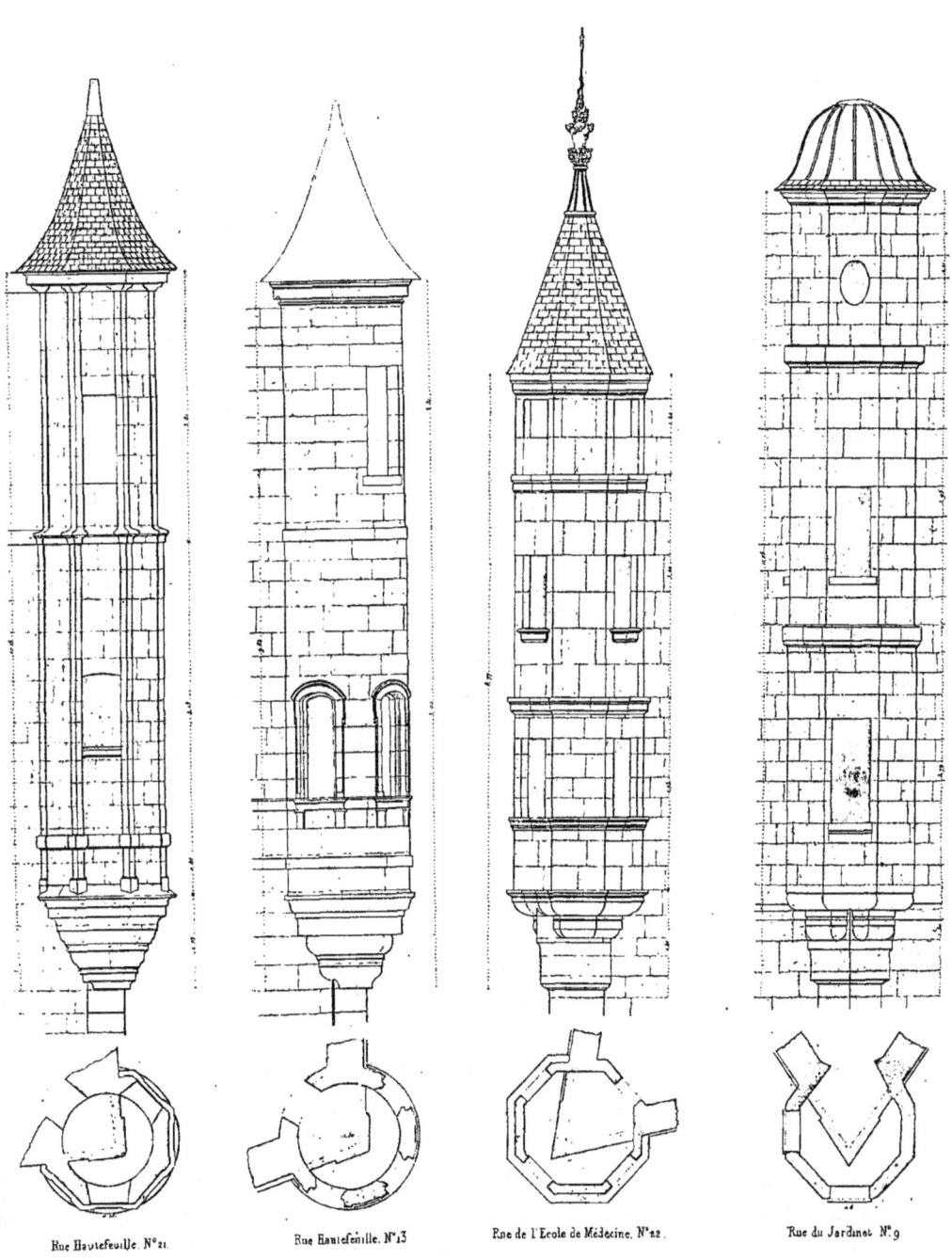

TOURELLES RELEVÉES DANS LA PARTIE OCCIDENTALE DE LA RÉGION DE L'UNIVERSITÉ.

RUE HAUTEFEUILLE.

Nous avons dit que la rue Hautefeuille représentait, selon toute probabilité, une voie gallo-romaine de second ordre, s'embranchant sur celle qui traversait les jardins de l'*Arx*, dans leur partie la plus rapprochée de la Seine, et les délimitant peut-être du côté de l'orient. Après avoir coupé, presque à la hauteur du palais des Thermes, la voie qui est représentée aujourd'hui par l'École de médecine, elle se prolongeait vers le sud, desservait le théâtre romain dont les substructions ont été découvertes sous le sol de la rue Racine, et allait aboutir à ce légendaire château de Hautefeuille, œuvre sarrasine, c'est-à-dire romaine, qui a tant occupé les historiens de Paris. Au delà, elle devait se rattacher soit au chemin qui est devenu la rue d'Enfer, soit à la voie de *Lutetia* à *Genabum*, qu'elle rejoignait peut-être en un point que l'on ne saurait déterminer aujourd'hui.

Il suit de là que le peuplement de cette voie a dû se produire de bonne heure, ne fût-ce que par la construction de maisons d'exploitation rurale échelonnées le long des vignes et des terres en culture. On ne doit pas oublier, en effet, que les jardins des *villæ* gallo-romaines, abandonnés par leurs premiers possesseurs et non entretenus par les nouveaux conquérants de la Gaule, étaient redevenus des champs et des prairies. C'est en cet état que les Normands trouvèrent toute cette région. Après leur départ, la voie représentée par la rue Hautefeuille dut être l'une des premières qui reçut de nouvelles constructions : sa direction du nord au sud, et du pont de la Cité vers la campagne, lui valut sans doute une préférence que ne méritaient pas, au même degré, les chemins et sentiers de traverse se dirigeant d'orient en occident.

Pour toute cette époque et jusqu'au XIIIe siècle, il est impossible de faire autre chose que de la topographie probable; mais, à partir de l'an 1200, date des premiers documents écrits, la certitude topographique s'acquiert, et les pièces d'archives viennent confirmer les inductions fondées sur la vraisemblance.

Il paraît certain que la construction de l'église de Saint-Côme, qui suivit de près l'achèvement de la muraille de Philippe-Auguste sur la rive gauche, et, d'autre part, la fondation du couvent des Cordeliers, qui date de 1230, eurent pour résultat la suppression de la partie de la rue Hautefeuille comprise entre la nouvelle enceinte et la voie représentée aujourd'hui par la rue de l'École-de-Médecine. Les constructeurs de la fortification nouvelle n'ayant pas ménagé d'ouverture dans l'axe de la rue Hautefeuille, sans doute à cause du voisinage de la porte Gibard, la partie supérieure de ladite rue, qui allait buter contre la muraille de la ville, laquelle était alors dépourvue sur ce point de chemin de ronde intérieur, devint ainsi une véritable impasse. Il ne sembla plus alors nécessaire de la conserver, et le sol en fut attribué, soit à l'église Saint-Côme, soit plutôt au couvent des Cordeliers. Les lettres de l'évêque Guillaume, en faveur des Cordeliers (1230), nous apprennent que le fonds et la propriété du lieu où furent bâtis l'église et le couvent, c'est-à-dire le sol des deux côtés de la rue, appartenaient à l'abbé et au couvent de Saint-Germain, qui en disposèrent.

D'autre part, l'acte de reconnaissance fait par les Cordeliers à l'Abbaye mentionne deux pièces de terre situées en dedans et en dehors des murs, partie dans le domaine, partie dans la censive de l'Abbaye [1]. Ces terres furent *prêtées*, selon le mot adopté pour les donations faites aux ordres mendiants, et le roi saint Louis, qui confirma le tout quelques années après, n'eut, pour compléter le pourpris du nouveau couvent qu'à ajouter le don du sol de l'impasse Hautefeuille, qui séparait les diverses parties de l'enclos monastique. La pièce constatant ce don ne nous est point parvenue, à moins que ce ne soit celle que nous citons plus loin; mais le pieux monarque, qui renonça à ses trois jours de pêche dans la Seine pour reconnaître les libéralités de l'Abbaye envers les Cordeliers, qui fit construire leur église à ses frais et leur laissa par testament ses livres, avec une somme de quatre cents livres d'argent[2], ne dut point hésiter à leur donner une sorte de cul-de-sac, qui avait l'inconvénient de couper en deux les dépendances du couvent. On sait, en effet, que le réfectoire des Cordeliers, aujourd'hui musée Dupuytren, est situé à gauche, c'est-à-dire au delà du prolongement de la rue Hautefeuille, par rapport à l'église et aux anciens bâtiments conventuels du monastère.

Jaillot, qui avait étudié la question et qui déclare avoir trouvé des traces sensibles de la partie supérieure de la rue Hautefeuille dans le jardin des Cordeliers, cite à ce sujet un texte qui ne permet plus de douter du prolongement de cette voie. Ce sont des lettres de l'abbé de Saint-Germain-des-Prés, datées du mois d'avril 1288; on y lit ces mots : *in vico de Hauta folia, prope domum episcopi Autissiodorensis*[3]. Or nous savons que l'hôtel des évêques d'Auxerre était situé dans le haut de la rue de Saint-Côme, ou partie supérieure de la rue de la Harpe; pour qu'une maison de la rue Hautefeuille fût contiguë à cet hôtel, il fallait que la rue se prolongeât, au moins originairement, jusqu'au mur d'enceinte. Quoiqu'elle eût été déclassée après la construction de l'enceinte de Philippe-Auguste, on a désigné pendant longtemps encore la partie supérieure de cette voie par le nom qui était resté à la partie inférieure.

Si le prolongement de la rue Hautefeuille, au delà de celle des Cordeliers, ne fait pas doute pour nous, nous hésitons cependant à identifier avec ce prolongement une certaine «ruelle du Petit-Champ», que Louis IX donna aux Frères

---

[1] FÉLIBIEN, *Preuves*, I, p. 115, 116. — [2] André DU CHESNE, V, p. 365. — [3] RECHERCHES HISTORIQUES, etc., *Quartier Saint-André-des-Arts*.

Mineurs en 1260 et qui était située, dit l'acte de donation, au côté gauche de leur église : *Concessimus ad usum ipsorum quendam vicum qui vocatur Parvus Campus, situm ad latus sinistrum ecclesie Fratrum predictorum ; ita quod ipsum vicum, propter usus suos et ecclesie sue, claudere valeant ac tenere in perpetuum.*

Ce texte a beaucoup embarrassé Adolphe Berty.

« Qu'était-ce, dit-il, que le côté gauche de l'église des Cordeliers ? Il semblerait que c'est la rue même qui longeait l'édifice ; mais il est impossible d'admettre que la rue ait jamais été inféodée au couvent. Faut-il entendre qu'il s'agit du côté gauche pour le spectateur placé, non point devant la façade principale, mais au chevet de l'église et regardant l'occident ? Cela est tout à fait invraisemblable, et il ne paraît pas, d'ailleurs, qu'il y eût pu avoir de ruelle au côté méridional de l'église.

« L'expression *latus sinistrum*, ajoute Berty, doit donc être employée par rapport à un spectateur placé rue des Cordeliers. C'est ainsi que nous nous le sommes expliqué, tout en trouvant singulier qu'on n'ait pas écrit *ad caput ecclesie*, ce qui eût été tout naturel. Cette ruelle est-elle la même que la continuation de la rue Hautefeuille? Nous n'en douterions pas, si nous ne voyions que cette dernière s'appelait *Hauta folia*, ce qui constitue non une preuve, la rue pouvant très bien avoir deux noms, mais une présomption en faveur de leur identité. Serait-ce, au contraire, la continuation de cette « rue des Estuves », qui communiquait des rues Mignon et du Jardinet, anciennement appelées aussi des Petits-Champs, avec la rue des Cordeliers ? L'impossibilité où nous sommes actuellement de déterminer si l'emplacement du chevet de l'église des Frères Mineurs était le même du temps de saint Louis qu'à l'époque où l'on trouve des plans du monument, ne nous permet pas de résoudre la question [1]. »

Cette impossibilité n'est point absolue. Au moyen âge, à moins de circonstances exceptionnelles, l'orientation régulière s'imposait aux architectes ; le chœur de l'église des Cordeliers était donc, à l'époque de saint Louis, tourné du même côté qu'après la restauration de l'édifice. Nous savons d'ailleurs, par les nombreux témoignages que nous avons recueillis [2], que l'église des Cordeliers fut réparée et non pas reconstruite ; le chevet a pu être reculé vers l'orient, par suite de l'allongement de la nef, mais il n'a certainement point été reporté à l'occident.

Une troisième hypothèse a été mise en avant, elle consisterait à identifier le *Vicus qui vocatur Parvus Campus* avec la rue de l'Observance ; nous l'exposerons à l'article de cette rue.

Qu'il nous suffise, en ce qui concerne la rue Hautefeuille, de constater que

---

[1] Notes de Berty. — [2] Voir ci-avant notre monographie du couvent et de l'église des Cordeliers.

Berty inclinait à voir le prolongement de cette dernière voie dans la ruelle du Petit-Champ, et qu'il subordonne la question à l'orientation de l'église primitive des Cordeliers, orientation conforme d'ailleurs à celle de toutes les églises de Paris, sauf celle de Saint-Benoît, le *mal tourné*.

Il semble donc, sauf meilleur avis, que la ruelle du Petit-Champ était l'impasse Hautefeuille plutôt que la rue des Étuves, prolongement de la rue Mignon, dite des Petits-Champs. Les Cordeliers, en effet, ne possédaient rien au nord de la rue qui les séparait des collèges de Bourgogne et de Prémontré; or, la donation à eux faite par saint Louis porte aliénation complète du sol de la ruelle supprimée : *Ita quod ipsum vicum, propter usus suos et ecclesie sue, claudere valeant ac tenere in perpetuum.* Restent les deux mots *latus sinistrum*, qui pourraient, à la rigueur, s'appliquer à la rue des Étuves, laquelle venait, en effet, déboucher dans celle des Cordeliers, en face du côté gauche de l'église du couvent; mais ces mots peuvent s'entendre aussi de l'ancienne impasse Hautefeuille, laquelle se trouvait à gauche, non pas du flanc, *latus*, mais du chevet, *caput*, de cette église.

La partie basse de la rue Hautefeuille, que cette digression ne nous a pas fait perdre de vue, était, depuis le xiiie siècle, divisée en trois tronçons portant des noms distincts. Le plus septentrional, qui est aujourd'hui compris dans la place Saint-André-des-Arts, s'étendait depuis la rue de ce nom jusqu'à celle du Cimetière, située en face de la rue Poupée; elle longeait, par conséquent, le chevet de l'église : aussi l'appelait-on, dès 1272, « rue dou Chevez Saint Andrey ». Le tronçon du milieu, qui était limité au sud par les rues Serpente et des Poitevins, portait le nom de « rue Barre ou de la Barre, *vicus Barre* ».

Jaillot insinue que la rue de la Barre devait son nom à « Jean de la Barre, avocat qui demeuroit rue Saint-André, vis-à-vis de celle-ci » (*Quartier Saint-André-des-Arts*, p. 88); mais cette étymologie ne semble pas sérieuse. Sauval croit que le nom de *la Barre* est antérieur à celui de *Hautefeuille*. On a dit, non sans quelque apparence de raison, que la *barre* dont il s'agit était une pièce de bois marquant le point de séparation de la censive de Saint-Germain avec celles qui lui étaient contiguës. De fait, le tracé de la rue Hautefeuille correspond précisément à cet « angle rentrant » dont nous avons déjà parlé, et qui formait une brisure par rapport aux autres lignes périmétrales du fief de l'Abbaye.

On trouve cette partie de la rue Hautefeuille ainsi désignée dans plusieurs actes de 1288, 1297 et années postérieures. Une charte de 1306 fait mention d'une maison « près du chevet de l'église Sainct Andry des Ars, en la rue de la Barre »; elle touchait probablement soit à la rue Poupée, soit à celle du Cimetière-Saint-André. Le troisième tronçon, qui allait jusqu'à la rue des Cordeliers, est dénommé en 1297 et 1298 « rue des Vielz Plastrieres »; en 1386, 1424, 1531, etc.,

« ruë de la Viel Plastrière ». Antérieurement nous avons trouvé, à la date de 1286 et 1330, mention de deux maisons sises « en la rue de la Vieille Plâtrière et devant les Prémontrés »; l'une est dite « fesant le coing de la rue Pierre Sarrazin »; l'autre est énoncée « fesant le coing de la rue que l'on dit entre deux portes, prez de l'église des Cordeliers ». Un ancien four à plâtre avait sans doute donné son nom à cette partie de la rue.

Sauval est le premier qui ait fait remarquer la division de la rue Hautefeuille en trois parties distinctes, division attestée par d'anciens documents : Guillot (1300), le manuscrit de la Bibliothèque Cottonienne (1400), Guillebert de Metz (1407), les *Comptes des confiscations* faites de 1422 à 1437 mentionnent et distinguent les rues de la Barre et du Chevet-Saint-André. Quant à l'appellation générale de rue Hautefeuille, Berty affirme qu'elle a été de tout temps en usage. Peut-être s'est-elle étendue à la partie inférieure de cette voie, après l'incorporation de la partie supérieure aux jardins du couvent des Cordeliers.

L'opinion que nous émettons tient précisément à l'étymologie du mot Hautefeuille, qui a beaucoup occupé les historiens. Sauval a repoussé l'hypothèse qui tend à en faire le nom d'une famille ayant occupé l'édifice romain dont nous avons déjà parlé : « On tient sans fondement, dit-il, qu'elle a pris son nom du château d'un seigneur de Hautefeuille, chef de la famille de Ganelon, dont les romanciers nous ont fait de si horribles peintures et des contes si extravagants[1]. » Ailleurs, il revient sur la question et semble un peu moins affirmatif. « Si nous voulons, dit-il, croire le chroniqueur Turpin, et, après lui, les romans et les fables, Gallon ou Ganelon, cousin ou plutôt neveu de Charlemagne, signalé par ses trahisons sous Louis le Débonnaire, ou sous Charlemagne à la bataille de Roncevaux, logeoit dans un vieux hôtel qu'on découvrit en 1358 et en 1365, dans les fossés qui règnent derrière le monastère des Jacobins. C'étoit un grand et fort château, qui consistoit en quantité de chambres et de tours, dont les pierres étoient si bien liées et cimentées, que les marteaux, les coins et autres ferremens avoient grand peine à y mordre. On disoit alors que les Sarrasins l'avoient bâti, car, quoiqu'ils ne soient jamais venus à Paris, on ne laissoit pas, en ce tems là, de leur attribuer tous les anciens édifices du royaume. On tient qu'il se nommoit le château de Haute-Feuille, et que c'étoit le nom de la famille de Ganuelon; et, bien que la rue Haute-Feuille en soit fort loin, on veut que son nom lui vienne de là[2]. »

Jaillot n'admet pas l'explication tirée du château de Hautefeuille et donnée en premier lieu par Du Chesne; il lui semble plus probable que « ce vieux manoir,

---

[1] *Antiquités de Paris*, I, p. 141. — [2] *Id.*, II, p. 234.

dont on trouva des vestiges vers 1358, en creusant les fossés de l'enceinte de Philippe-Auguste», fut ainsi appelé en raison de la rue qui y conduisait et qui devait elle-même son nom « aux arbres hauts et touffus dont elle pouvoit être bordée »[1]. La « haute feuille » ou « haute feuillée », sous laquelle, ajoute Jaillot, les règlements du couvent des Cordeliers défendaient aux religieux d'aller jouer à la paume, indiquait peut-être tout simplement la situation élevée des arbres bordant la partie supérieure de la rue, par rapport à l'église Saint-André qui en occupait le bas.

Quoi qu'il en soit, et sans vouloir affirmer ou que la rue devait son nom au château, ou que celui-ci avait reçu le sien de la rue, nous ne pouvons nous dispenser de faire remarquer que le continuateur de Guillaume de Nangis, dont nous avons cité le curieux passage dans le chapitre consacré aux enceintes[2], insiste sur l'antériorité de cette vieille construction romaine, et semble ainsi trancher la question : *Ibi olim erat palatium, sive castrum, quod ab antiquis Altum Folium vocatur*. Si les anciens l'appelaient *Haute feuille*, — ce qui signifie peut-être arbres plantés sur un terrain élevé, — cette dénomination remonterait à l'époque gallo-romaine, et ne tiendrait ni à la hauteur du feuillage ni à la possession du château par une famille qui lui aurait imposé son nom.

Les expressions de haute et basse latinité *Altum folium*, *Hauta folia* ont été diversement orthographiées en français. On trouve : *Haute feuille* dans un contrat d'acquisition passé en 1252 par les Prémontrés, ainsi que dans le *Dit* de Guillot (1300), et dans les *Comptes des confiscations* faites de 1423 à 1437; le manuscrit de la Bibliothèque Cottonienne porte *Haulte fueille*; Guillebert de Metz écrit *Haulte fuelle*. Il est le dernier qui donne à la rue deux ou trois appellations; ce qui permet de croire que la dénomination de Hautefeuille n'a été communément appliquée à toute la rue que dans le cours du xve siècle. Corrozet écrit « rue de la Hautefueille », et Du Chesne « rue de Haute fueille ». Depuis on n'a fait de l'adjectif et du substantif qu'un seul mot.

La rue Hautefeuille a eu beaucoup à souffrir des remaniements opérés dans les voies publiques de ce quartier, surtout au coin de la rue Saint-Séverin prolongée (partie occidentale de l'ancienne rue Poupée), ainsi qu'aux angles de la rue Serpente et du boulevard Saint-Germain. Cette dernière voie l'a coupée un peu au-dessous de la rue Pierre-Sarrazin, et l'agrandissement du périmètre de l'École de médecine doit entraîner la démolition des immeubles du côté occidental compris entre le boulevard et la rue des Cordeliers. Ce qui restait du collège des Prémontrés disparaîtra donc dans l'opération, ainsi que les bâtiments

---

[1] RECHERCHES CRITIQUES, etc., *Quartier Saint-André-des-Arts*. — [2] Voir au chapitre des *Enceintes*.

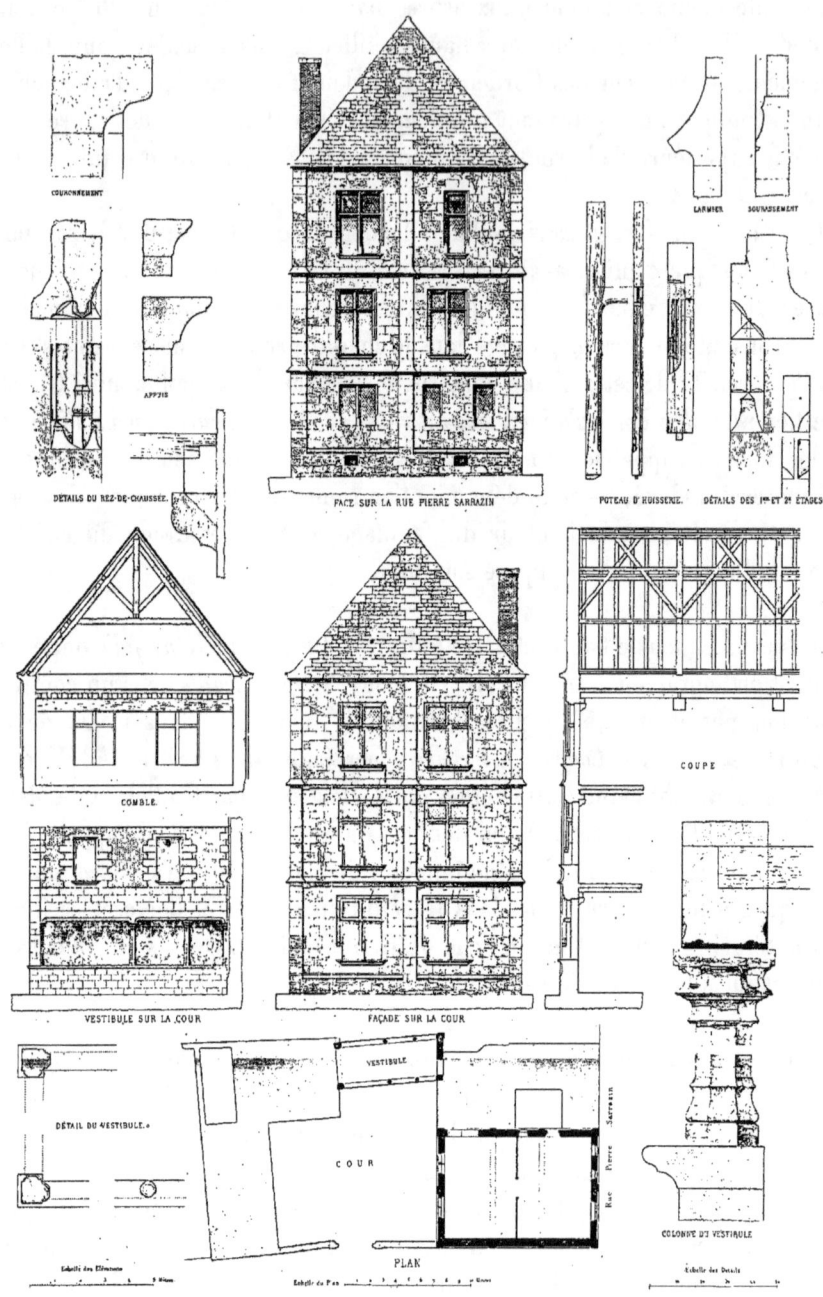

HÔTEL DE LONGUEIL
À L'ANGLE DES RUES HAUTEFEUILLE ET PIERRE-SARRAZIN.
Plan, Façades et Détails.

du collège de Bourgogne ont disparu pour faire place à l'édifice construit par Gondouin. Le nouvel alignement de la rue menace, en outre, les derniers hôtels à tourelles qui donnent un aspect si pittoresque à ce coin du vieux Paris.

Nous ne terminerons point l'historique de la rue Hautefeuille sans mentionner un travail fort important, écrit sur le même sujet par un maître récemment enlevé à la science, M. Jules Quicherat. Après avoir engagé et soutenu Adolphe Berty dans la voie de la topographie parisienne, l'éminent directeur de l'École des chartes a plus d'une fois travaillé à côté de lui. C'est ainsi qu'il a été amené à composer une véritable monographie du château de Hautefeuille, auquel la rue doit son nom. Nous la mettrons à profit dans le volume consacré à la région centrale de l'Université, et nous en donnons quelques extraits aux appendices.

CÔTÉ ORIENTAL
(du Sud au Nord).

CENSIVE DE SAINT-BENOÎT.
PAROISSE DE SAINT-ANDRÉ-DES-ARS.

Partie latérale de la maison faisant l'angle nord-est des rues Hautefeuille et Saint-Côme (extrémité orientale de celle des Cordeliers). Berty l'a marquée d'un astérisque sur son plan restitué, ce qui équivaut à une Maison sans désignation. Voir ce que nous en avons dit à l'article de cette dernière rue.

Hôtel de Longueil, formant l'angle septentrional de la rue Pierre-Sarrazin et construit sur une partie de l'emplacement occupé par le cimetière des Juifs. Les terrains de ce cimetière furent vendus en 1311 aux religieuses de Poissy, par Philippe le Bel, qui avait fondé leur monastère et qui voulait évidemment les favoriser, puisqu'il n'exigea d'elles que mille livres tournois. L'espace occupé par le cimetière était considérable : il s'étendait de la rue Hautefeuille à celle de la Harpe, sur une profondeur de plus de cent toises. Les religieuses ne conservèrent pas longtemps leur acquisition : dès 1321, elles vendirent les terrains du cimetière à Jean, comte de Forez, dont l'hôtel avait son entrée rue de la Harpe, avec des jardins joignant l'ancien cimetière[1]. Il est probable que les jardins, ainsi agrandis, parurent trop considérables au nouveau propriétaire, ou plutôt à ses héritiers, et qu'ils en aliénèrent les parties les plus propres à recevoir des constructions, particulièrement les terrains d'angle.

C'est dans ces conditions que dut être bâti l'hôtel de Longueil appartenant, en 1393, à «Jehan de Longueil, conseiller du roi». Peut-être celui-ci avait-il

---

[1] Voir aux articles des rues de la Harpe et Pierre-Sarrazin, où il est parlé de ces divers lotissements.

acquis le terrain de Jean de Bretagne, à qui Charles VI, qui le tenait de Louis II de Bourbon, époux d'Anne de Forez, en avait fait don l'an 1384. En tout cas, Jean de Longueil ne put acquérir l'emplacement sur lequel s'élevait son hôtel, d'Alain de Malestroit, puisque ce dernier ne devint propriétaire de l'hôtel de Forez et de Bretagne, avec ses dépendances, qu'en 1395 [1]. L'hôtel de Longueil appartenait, en 1480, à Pierre de Luz; depuis, il passe en diverses mains, et l'on ne peut suivre la série de ses possesseurs.

Berty le représente sur son plan de restitution, comme occupant une portion considérable de l'ancien cimetière des Juifs, et enveloppant une partie de l'hôtel de Beaulieu qui le séparait de l'hôtel d'Alègre. Il a de plus figuré, à l'angle de la rue Pierre-Sarrazin, un rectangle représentant la maison dont M. Albert Lenoir a figuré l'aspect dans sa *Statistique monumentale* [2], et dont il donne la description dans son *Explication des planches;* nous la reproduisons après lui [3].

HÔTEL DE BEAULIEU. On en trouve mention plus d'un demi-siècle avant qu'il soit question de celui de Longueil. En 1330, il est dit aboutir «d'une part à Robert de Courpalay, d'autre part aux maisons des enfans Dinry ou Denry, à J. Justice et au jardin du comte de Forez». De ces trois aboutissants, un seul nous est complètement connu : c'est le jardin de l'hôtel de Forez, qui s'était agrandi aux dépens du cimetière des Juifs. Robert de Courpalay était peut-être alors propriétaire du sol où s'éleva plus tard l'hôtel de Longueil; quant aux enfants Dinry et à J. Justice, ils possédaient probablement les terrains situés au sud de Beaulieu et incorporés plus tard dans l'hôtel d'Alègre. En 1440, la maison appartenait à l'abbé de Beaulieu [4]; un titre de cette même année la désigne ainsi : «Ostel de Beaulieu, assis en la rue à présent appelée Hautefueille, tenant d'une part à l'ostel du sire d'Alègre, et d'autre part audit Jehan de Longueil, aboutissant par derrière aux jardins de l'hostel d'Alègre, en la censive du Parlouer aux Bourgeois, 1440.» A la fin du xve siècle, ou au commencement du xvie, l'hôtel de Beaulieu fut réuni à celui de Longueil. En 1501, dit Berty, «c'étoit un jardin,» que la famille de Longueil tenait à rente du collège de Bayeux, et qu'elle avait annexé à sa maison. Une partie de ce jardin, la plus septentrionale sans doute, paraît avoir été comprise dans les dépendances de l'hôtel de Forez et de Bretagne.

---

[1] Nous avons longuement parlé des propriétaires successifs de l'hôtel de Forez, de Bourbon et de Bretagne, à l'article de la rue de la Harpe.

[2] Page 251. M. Albert Lenoir a supposé que l'hôtel de Longueil avait fait partie de celui de Forez; nous avons constaté qu'il en était distinct.

[3] C'est la planche réduite que nous donnons ci-contre.

[4] Cette désignation est fort incomplète : il existait, en effet, onze abbayes de Beaulieu, *Bellus Locus*, et rien n'aide à déterminer celle à la tête de laquelle était placé, en 1440, le possesseur de l'hôtel parisien sis en la rue Hautefueille. Les probabilités sont pour l'abbaye de Beaulieu en Bassigny, au diocèse de Langres, à quelques lieues de Bar-sur-Aube.

Maison sans désignation (1602), « faisant auparavant partie de la suivante »[1]. Berty ne nous apprend rien de plus sur cet immeuble, auquel son plan donne pourtant des proportions assez considérables, et qui semble avoir appartenu originairement à l'hôtel d'Alègre, dans le pourpris duquel il fait hache à la suite de l'hôtel de Beaulieu. Étant donnée la date relativement très moderne que lui assigne Berty, il est probable que la maison dont il s'agit fut construite à la fin du XVIe siècle, ou au commencement du XVIIe, sur un terrain détaché du pourpris de l'hôtel d'Alègre, lequel paraît avoir occupé tout l'espace compris entre les hôtels de Longueil, de Beaulieu, de Forez, les rues Hautefeuille et des Deux-Portes.

Hôtel d'Alègre. Cette maison occupait un espace considérable délimité : au nord, par les hôtels de Beaulieu, de Longueil et leurs dépendances; au midi, par la rue des Deux-Portes; à l'orient, par les jardins de l'hôtel de Forez et Bretagne; au couchant, par la rue de la Vieille-Plâtrière. On la trouve mentionnée, en 1440, dans le titre que nous avons cité plus haut.

Adolphe Berty a relevé, à la date de 1347, la mention d'une maison « qui fust jadis granche, séant à Paris, en la rue de la Vielz Plastriere, faisant le coing de la rue que l'on dict *entre deux Portes*, près de l'église des Cordeliers, et tient, d'aultre costé, par devers ladicte rue de la Vielz Plastriere, a Simon de Fresnoy, et aboutissant par derrière a aultres maisons, vielz places vuides, qui sont aux escolliers de Suesse »[2]. Il semble que cette maison ait dû occuper l'angle nord-est du terrain recouvert plus tard par l'hôtel d'Alègre, puisque la rue de la Vieille-Plâtrière ne prenait ce nom qu'à partir de la rue des Deux-Portes, en remontant vers celle des Cordeliers, et que le seul coin des deux rues est celui que nous indiquons, l'autre se trouvant, non plus dans la « Vielz Plastriere », mais dans la partie de cette voie nommée Hautefeuille, ou de la Barre. Ce dernier angle ne peut, d'ailleurs, être considéré comme celui qu'occupa plus tard l'hôtel d'Alègre, puisqu'il existait sur ce point trois maisons, dont nous constatons plus loin l'individualité, le Cheval Rouge, l'Escu d'Albanye et le Jeu de paume de Vaulgirard. C'est donc à l'autre angle, c'est-à-dire à l'encoignure méridionale des rues des Deux-Portes et de la « Vielz Plastriere », que se trouvait l'hôtel d'Alègre.

Sous ce nom, qui figure dans son plan restitué, Berty ne lui a consacré qu'une mention insignifiante : « Hostel d'Alègre (1440), faisant le coin de la rue des Deux-Portes. » Il ne dit absolument rien de cette famille et de ses divers membres.

---

[1] Nous empruntons à Berty cette locution singulière : elle signifie sans doute qu'il ne restait rien ou peu de chose des constructions de l'hôtel de Beaulieu, tombées à l'état de masure, comme un grand nombre de bâtiments parisiens longtemps abandonnés par leurs propriétaires, surtout pendant la domination anglaise. Voir, à l'article de la rue de la Harpe, ce que nous disons, à cet égard, de l'hôtel de Forez.

[2] Notes de Berty.

Il nous a paru possible d'ajouter quelque chose à ce simple exposé. Et d'abord, le troisième volume des *Antiquités de Paris*, dans lequel les renseignements topographiques abondent, nous en fournit un relatif à l'hôtel d'Alègre :

« *Recepte* (1573).

« M. François d'Alègre, chevalier, comte de Joigny et seigneur de Précy, pour sa maison qui fut à M. de Poitiers, faisant le coin de la rue des Deux-Portes. »

« *Gros cens appartenant à la Ville* (1573).

« Me Jehan d'Alègre, comte de Joigny et seigneur de Précy, au lieu de feu seigneur d'Alègre, pour une maison assise en ladite rue (Hautefeuille), qui fut jadis à M. de Poitiers, faisant le coin d'une petite ruelle appelée la rue des Deux-Portes, tenant d'une part à Me Jehan de Longueil[1]. »

Le personnage désigné sous le nom de M. de Poitiers n'est autre que Simon de Cramault, dont nous parlerons plus loin, à propos de l'hôtel qui a porté son nom. Maître des requêtes sous le règne de Charles VI, chancelier du duc de Berry, successivement évêque de Poitiers, d'Agen, de Béziers, de Carcassonne, d'Avignon, archevêque d'Avignon, patriarche d'Alexandrie et cardinal, il revint, avec cette dernière dignité, à son ancien évêché de Poitiers[2] et fut, en conséquence, appelé « le Cardinal de Poitiers », et plus brièvement « M. de Poitiers ».

Ce fut donc Simon de Cramault qui vendit l'hôtel, sans doute parce qu'il en possédait un autre dans la même rue, et que cette habitation lui suffisait. Mais à quelle époque fit-il cette aliénation? Il est difficile de préciser la date. On connaît mieux, grâce aux extraits de Sauval, celle de la confiscation opérée par les Anglais sur le nouveau propriétaire; le *Compte des confiscations de Paris de 1423 à 1427* porte en effet la mention suivante :

« L'Hostel d'Alègre, qui fut au seigneur d'Alègre et de Torsel, absent, sis rue des Poitevins (*sic*), lequel hostel a esté occupé, avant le présent compte, par le comte de Richemont, jusqu'à ce qu'il s'est absenté de ceste ville, et depuis par le comte de Suffold (Suffolk), Anglais, auquel le Roi l'a donné. »

---

[1] Les généalogistes mentionnent la famille d'Alègre, mais sans nous renseigner sur l'acquéreur de l'hôtel, vendu par Simon de Cramault : « Allègre, dit La Chesnaye des Bois, illustre et ancienne maison d'Auvergne, qui n'est pas moins distinguée par ses alliances que par les grands hommes qu'elle a produits. Elle descend d'Assailli, seigneur de Tourel, qui vivoit en 1364, et servit aux guerres de Guienne et d'Auvergne, sous le maréchal de Sancerre, en 1386. » On ne peut dire si c'est à lui ou à son fils Morinot, favori du duc de Berry, mort en 1418, que la vente fut consentie.

[2] Le *Gallia christiana* place le fait à la date de 1412, et le constate dans les termes suivants : « Anno 1412, Simon cardinalis renuntiatus, galero donatus est anno sequenti, sub titulo S. Laurentii in Lucina. Statim abdicavit se archiepiscopatu, convolavitque denuo ad episcopatum Pictaviensem, unde *Cardinalis Pictaviensis* appellatus est» (t. IX, p. 134).

Le *Compte* de 1427 à 1434 en contient une seconde, qui est ainsi conçue :

« L'Hostel d'Alègre, qui fut au seigneur d'Alègre et de Torzel, absent, scis en la rue des Pottevins (*sic*), néant, parce qu'il a esté occupé par M. le comte de Suffolk, et depuis l'a transporté à M. le Régent, avec les autres terres que ledit Suffolk avoit en France. »

Ces deux articles des *Comptes* ont besoin de commentaires. Il importe d'abord de bien constater l'identité de l'immeuble confisqué. Le scribe le place rue des Poitevins, quoique, en réalité, il fît front sur la rue Hautefeuille. Nous avons déjà fait remarquer, à propos de la rue Saint-André-des-Ars et de celles qui l'avoisinent, combien ces sortes de désignations sont fréquentes : le *vicus* étant une région, un quartier, plutôt qu'une rue, on plaçait indifféremment une maison dans la voie principale, ou dans les voies secondaires de ce quartier ou de cette région, surtout lorsque l'une de ces voies, par l'importance des maisons qu'on y avait construites, semblait être la continuation, en équerre, de la voie principale : elle en empruntait alors le nom, ou lui donnait le sien.

Un autre extrait, fait par Sauval, ne laisse d'ailleurs aucun doute sur la situation véritable de l'hôtel d'Alègre : dans une pièce relative aux louages de l'hôtel de Reims, l'un de ces louages est dit « devers l'hostel des Prémontrés, vis-à-vis l'hostel d'Alègre »[1]. Si cet hôtel était, pour parler le langage des anciens titres, « devant l'hostel de Reims », il développait donc sa façade sur les rues Hautefeuille et des Deux-Portes, et non sur celle des Poitevins.

« Avant ce présent Compte », est-il dit dans le premier extrait de Sauval, le comte de Richemond occupait l'hôtel d'Alègre ; il avait dû en être gratifié dès l'entrée des Anglais à Paris. Artus, fils du duc Jean V de Bretagne, d'abord fidèle à la cause nationale, s'était si vaillamment comporté à la bataille d'Azincourt, qu'on le ramassa grièvement blessé et couvert d'un monceau de cadavres. Fait prisonnier et conduit à Londres, il fut gagné à la cause anglaise, reçut le comté de Richemond, fut autorisé à passer en France et parvint à détacher son frère du parti du Dauphin (1420), ce qui lui valut les titres de duc de Touraine, de comte de Montfort et d'Ivry (1423). Malgré toutes ces faveurs, il rompit, l'année suivante, avec l'Angleterre, rentra en grâce avec Charles VII, et fut élevé à la dignité de connétable (1425). Depuis lors, il ne trahit plus la France : vainqueur des Anglais à Patay, en 1429, il les chassa de Paris en 1436, les battit encore à

---

[1] Voici le texte de cette pièce : « Un des louaiges dudit Hostel de Reims, qui estoit devers l'Hostel des Prémontrés, estoit occupé par une Catherine de Lannoy, que le comte de Suffolk, qui logeoit à l'Hostel d'Alègre qui estoit vis-à-vis, fit sortir pour son mauvais gouvernement, et les noises qui y estoient souvent. » (*Antiquités de Paris*, III, *Preuves.*)

Pontorson et à Formigny (1426-1450), succéda à son père Jean V, comme duc de Bretagne, en 1456, et mourut en décembre 1458. Si, en 1423, alors qu'il jouissait pleinement des fruits de sa trahison, il céda l'Hôtel d'Alègre au comte de Suffolk, ce fut sans doute un arrangement entre eux, moyennant compensation.

Ce second spoliateur était également, malgré l'origine anglaise de son titre, un Français comblé de faveurs par l'Angleterre. Défié, en 1429, au siège d'Orléans, par Jeanne d'Arc, en 1438 par Tanneguy Duchâtel qui le qualifiait de « faulx parjure de la foy mentie », battu plusieurs fois et complètement disgracié par ceux auxquels il s'était vendu, Guillaume de Pole finit tragiquement une vie peu honorable [1].

Nous avons dit en note, d'après Sauval, que le comte, marquis et duc de Suffolk avait marqué son passage à l'Hôtel d'Alègre, en faisant déguerpir une voisine d'en face dont la conduite lui déplaisait. Sauval ne dit pas de quelle nature était le « mauvais gouvernement » de cette femme et les « noises » qui en étaient la conséquence; mais il est facile de le deviner. Suffolk montrait donc plus de scrupule en morale qu'en politique.

De même que Richemond avait cédé la jouissance de l'Hôtel d'Alègre à Suffolk, en vertu d'un arrangement dont nous ignorons les termes, celui-ci fit la même cession au tout-puissant duc de Bedford, déjà gratifié des Hôtels de la Grande et de la Petite Rivière, contigus à l'hôtel de Clisson [2] et confisqués sur Charles Bureau de la Rivière, « pour rébellion et autres crimes de lèse-majesté », c'est-à-dire pour attachement à la cause du Dauphin. Bedford, qui possédait en outre ce même hôtel de Clisson, plus le château ou palais des Tournelles, qu'il habitait, dit-on, de préférence, ne dut faire aucun séjour à l'hôtel d'Alègre; il y logea sans doute, comme à l'hôtel de la Rivière, un jardinier-concierge [3].

[1] « Les affaires ayant changé de face, dit Moreri, il fut accusé d'être la cause de la perte de l'Anjou, du Maine et de la Normandie, du meurtre du duc de Glocester pour s'approprier ses biens, d'avoir consommé les revenus de la trésorerie, retenu la paye des soldats, et d'avoir éloigné les fidèles sujets; sur quoi, le Parlement d'Angleterre le fit arrêter et mettre dans la Tour de Londres, puis le bannit. S'étant mis sur mer pour se retirer en France, il fut attaqué par un vaisseau du duc d'Excester, son ennemi, pris et mené à la rade de Douvres, où il eut la tête tranchée, le 2 mai 1451. »

« Ils lui firent son procès à bord, ajoute Michelet; rien ne manqua pour que la chose eût l'air d'une vengeance populaire ; le pair du royaume eut pour pairs et jurés les matelots qui l'avaient pris. Ils le déclarèrent coupable, lui accordant pour toute grâce, vu son rang, d'être décapité. Ces jurés novices ne l'étaient pas moins comme bourreaux; ce ne fut qu'au douzième coup qu'ils parvinrent à lui détacher la tête avec une épée rouillée. » (Hist. de France, V, p. 213.)

[2] On sait qu'il reste, de cet hôtel, une porte flanquée de deux tourelles, auxquelles est adossée la façade latérale de l'hôtel de Soubise.

[3] Le fait est constaté par l'extrait suivant des Receptes pour 1421 : « Hostel de la Grande Rivière : Néant, parce que Monseigneur le duc de Bethfort le tient, lequel Monseigneur y a mis Jean Robillard, jardinier et concierge. » (Antiquités de Paris, III, p. 653.)

Lorsque Charles VII eut repris possession de Paris, l'hôtel d'Alègre dut, comme les autres maisons confisquées, revenir à Yves de Tourzel, son ancien propriétaire. Nous ignorons à quelle époque précise celui-ci y rentra; mais nous savons qu'il le possédait de nouveau en 1440. Une note de Berty, portant cette date et la rubrique *Parloir aux Bourgeois*, est ainsi conçue :

« Hostel d'Alègre, alors à d'Alègre, tenant à la rue aux Deux-Portes, d'autre part au collège de Bayeux, aboutissant à l'Hostel de Foretz. » Deux ans après, Yves de Tourzel, créé duc d'Auvergne par Charles VII, allait rejoindre les troupes royales à Tartas, où il combattit contre les Anglais, fut blessé devant Dax et mourut (1442).

Rendu à la famille d'Alègre, dans la personne de Yves, premier du nom, l'hôtel paraît n'en être pas sorti depuis, bien qu'il ait dû être peu habité par Jacques, fils et successeur de Yves, lequel fut gouverneur de la Basilicate sous Charles VIII, du duché de Milan, puis de la ville de Boulogne sous Louis XII. Son fils, Gabriel, qui fut prévôt de Paris en 1513, ainsi que le constate une note de Sauval[1], obligé à résidence par sa fonction, dut séjourner dans l'hôtel de ses pères et le transmettre à ses enfants, succession qui nous conduit jusqu'à l'année 1573, date où il en est fait mention dans les *Receptes*, comme appartenant à François d'Alègre et ayant été la propriété de « M. de Poitiers »[2].

Depuis 1573, les Alègre semblent s'y être succédé de père en fils et d'oncle en neveu ; nous ne suivrons point cette filière, parce qu'il ne s'y rattache rien d'intéressant au point de vue topographique. On ne cite, en effet, aucune reconstruction ou décoration analogues à celles dont les hôtels voisins ont été l'objet; la fortune et la situation des Alègre ayant beaucoup baissé aux XVIIe et XVIIIe siècles, il faut en conclure qu'ils habitèrent modestement leur vieille demeure, qu'ils la louèrent ou qu'ils s'en défirent.

Si Jaillot n'a pas fait confusion entre l'angle septentrional et l'angle méridional de la rue des Deux-Portes, c'est l'hôtel d'Alègre qu'il semble désigner dans le passage suivant : « Indépendamment de l'Hostel de Foretz, il y avoit encore, dans la rue Hautefeuille, quelques maisons remarquables, l'une située au coin de la rue des Deux-Portes, ci-devant occupée par M. Joli de Fleuri[3]. » L'illustre avocat général et procureur général au Parlement a parfaitement pu habiter l'hôtel d'Alègre, soit comme locataire, soit comme propriétaire ; mais, pour l'assurer, il

---

[1] « Ordinaire de Paris, 1513.
« Gabriel, seigneur et baron d'Alaigre, prévost de Paris, au lieu de feu Jacques Couligny, seigneur de Chastillon. »

[2] Voir ci-avant le texte de ces comptes de *Receptes*.

[3] Recherches historiques, etc., *Quartier Saint-André-des-Arts*, voir rue Hautefeuille.

faudrait savoir de quel angle a voulu parler Jaillot. Si c'est de l'angle méridional, l'affirmative ne serait pas douteuse; si, au contraire, il a entendu désigner l'angle septentrional, Joly de Fleury aurait habité la Maison du Cheval Rouge et de l'Escu d'Albanye, formant enclave dans le pourpris de l'Hôtel de Miraulmont, dont nous parlons plus loin. Mais ce logis, par sa petitesse, semble avoir été bien peu digne d'un personnage tel qu'était le procureur général au Parlement de Paris, à moins qu'il ne s'agisse de l'hôtel de Miraulmont lui-même.

Ce qui pouvait rester de l'hôtel d'Alègre, contigu à celui de Foretz et ayant, comme ce dernier, occupé une partie de l'ancien cimetière des Juifs, a disparu de nos jours, par suite du percement de la seconde section du boulevard Saint-Germain. L'opulente maison de librairie, dont nous avons parlé à l'article de la rue de la Harpe, a confondu dans ses acquisitions le pourpris des deux hôtels et d'une partie du cimetière.

Berty a figuré, sur son plan de restitution, un rectangle qu'il a marqué d'un astérisque, et qui fait enclave dans l'enclos de l'hôtel. Était-ce la partie bâtie, ou une construction ayant remplacé la vieille demeure des Alègre à une époque indéterminée? Nous ne pouvons rien affirmer à cet égard.

Maison du Cheval Rouge (1552), puis de l'Escu d'Albanye (1586), faisant le coin de la rue des Deux-Portes, et devant probablement cette double dénomination à deux enseignes. Elle existait déjà deux siècles auparavant, puisqu'elle fut léguée, en 1359, au collège de Laon, par Jehan Demont, chanoine de Saint-Denis. En 1552, la Maison du Cheval Rouge avait pour annexe un jeu de paume; la pièce qui nous fournit ce détail dit qu'elle aboutissait « par derrière à M. de la Porte », qu'elle tenait, « d'une part, audict sieur de la Porte, et, d'aultre part, à l'hostel de l'Escu d'Albanye »; ce qui semble indiquer que le Cheval Rouge était originairement distinct de l'Écu d'Albanie, et que les deux maisons ont été réunies vers la fin du XVIᵉ siècle.

Jeu de paulme de Vaulgirard (1552). C'est celui dont nous venons de parler : accolé à la maison du Cheval Rouge et de l'Écu d'Albanie, il semble avoir été, ainsi que ces deux immeubles, une sorte d'enclave dans le vaste pourpris de l'hôtel de Miraulmont.

C'est au Cheval Rouge, à l'Escu d'Albanye et au Jeu de paulme de Vaulgirard que se rapporte la note suivante, trouvée dans les papiers de Berty :

« 1347. Une Maison, qui fut jadis *granche*, séant à Paris, en la rue de la Viel Plastriere, fesant le coing de la rue que l'on dit entre Deux Portes, prez de l'église des Cordeliers, et tient d'aultre côté, par devers ladicte rue de la Viel Plastriere, à Simon de Fresnoy, et aboutissant par derrière aux aultres maisons et places vuides, qui sont aux escolliers de Suesse. »

Hôtel de Miraulmont. Cette maison, dans les dépendances de laquelle paraissent avoir été comprises celles des Deux Licornes et de la Serpente, situées dans la rue de ce nom, ainsi que celle de l'Image saint Kristofle, à l'angle des rues Hautefeuille et Serpente, est mentionnée, en 1523, comme appartenant à « Jehan de Miraulmont, escuyer de la Royne »[1]. Avant lui, elle avait été la propriété de Pierre Poignant, avocat au Parlement, et, en 1553, elle était possédée par Antoine Bochard, conseiller au bailliage [2].

L'Hôtel de Miraulmont, dans le pourpris duquel les maisons du Cheval Rouge et de l'Écu d'Albanie, ainsi que le Jeu de Paume de Vaugirard, semblent avoir constitué des enclaves, était limité, vers le nord, par la Maison de l'Image saint Kristofle, faisant le coin des rues Serpente et Hautefeuille. Il résulte de diverses pièces contenues dans les archives des Chartreux, ainsi que dans les registres de l'Hôtel de ville, et dépouillées par Adolphe Berty, que cette maison était l'une de celles qui occupaient l'emplacement de l'immeuble appartenant, au commencement du xviie siècle, à M. Le Voys et situé en censives de Saint-Germain-des-Prés, de l'Hôtel-de-Ville et de la Grande-Confrérie. On la trouve désignée, en 1468, par l'enseigne de l'Image saint Kristofle. Le Voys, dont le testament est de 1612, en fit don aux Chartreux. La partie qui relevait de la censive de la Grande-Confrérie était de quatre toises de large et de sept de profondeur, sur la rue Serpente; une maison « où demeuroit un chandelier » et un jardin qui en dépendait, appartenant au collège de Laon, étaient contigus à la maison donnée par Le Voys. Celle-ci, dit un titre relevé par Adolphe Berty, avait « cinq toises un pied un quart, depuis le milieu de la jambe estrière, en continuant jusqu'à l'arrest de l'encoigneure des murs et pignon et joignant le trippot ». Ce « trippot » était-il une maison de jeu ou un lieu de débauche? Nous ne saurions le dire d'une façon précise.

L'incorporation de la maison de l'Image saint Kristofle à l'Hôtel de Miraulmont résulte de la mention suivante, extraite des *Registres de l'Hôtel de ville* : « En l'année 1525, Maison en la rue Serpente, faisant le coing de la rue Haultefueille, laquelle est, de présent, appliquée à la grande maison où est assise et fondée la tour faisant le coing d'icelle grand maison, aboutissant à la cuisine; contenant, ladicte petite maison, sept toises de long, ou environ, et quatre toises de large ».

Quatre ans plus tard, en 1529, autre mention, relevée par Berty dans les

---

[1] Notes de Berty. — [2] *Ibid.*

mêmes registres : « 1529. Maison faisant le coing de la rue Serpente, auquel coing y a une tourelle estant des appartenances de ladicte maison, donnant, en partie au Jeu de paulme de Vaulgirard, et, en l'autre partie, en la ruelle[1]. En long, le jardin de ladicte maison, aboutissant aux hoirs de feu le président Thiboust, fust vendu par Marguerite Piedefer à Antoine Bochard, seigneur de Sarinville, conseiller du roy. »

Les notes recueillies par Berty ont besoin d'être reliées entre elles par quelques détails généalogiques de nature à expliquer les diverses transmissions de l'hôtel.

Et d'abord, on peut reculer de cinquante-sept ans la date de la première mention de l'Hôtel de Miraulmont, puisqu'il existe un titre de 1468 relatif à la Maison de saint Kristofle, qui y fut incorporée. On doit ensuite regarder comme un *lapsus* la mention d'une Maison des Deux Licornes en la rue Hautefeuille ou en la rue Serpente; c'est une confusion avec l'immeuble de ce nom sis en la rue de la Harpe. Enfin, les Poignant, les Piédefer, les Bochard, les de la Porte ont eu entre eux des relations et des alliances qu'il faut rappeler sommairement, si l'on veut se rendre compte des mutations de propriétaires.

Les Poignant, propriétaires primitifs de l'immeuble ou de l'une de ses parties, s'allièrent aux Piédefer, qui vendirent aux Bochard. Une Bochard épousa François de la Porte et eut une fille qui, mariée à François du Plessis de Richelieu, fut mère du cardinal. Quant aux Thiboust, vendeurs du jardin dont s'arrondit l'hôtel de Miraulmont, c'était, comme les Poignant, les Piédefer et les Bochard, une famille de robe, et l'on sait que le monde parlementaire avait élu domicile dans les environs de l'église Saint-André-des-Ars. Les Thiboust avaient acquis l'Hôtel des évêques de Saint-Brieuc, en la rue Serpente, à l'époque où le haut clergé vendait ses résidences parisiennes, témoin les aliénations faites par les évêques de Clermont et d'Auxerre, l'abbé de Molesmes, etc.

On sait peu de chose des Miraulmont, dont le nom est attaché à l'hôtel de la rue Hautefeuille. Un Miraulmont vint à Paris, en 1420, apporter le texte du traité de Troyes, comme ambassadeur du roi d'Angleterre et du duc de Bourgogne. Un autre est connu comme érudit [2].

On ignore à quelle époque précise les Miraulmont se défirent de leur propriété; c'est en 1605 seulement qu'on la voit possédée par un sieur Le Voys, qui la lègue aux Chartreux en 1612. Ceux-ci, désireux d'en tirer produit, la divisent en six lots qu'ils couvrent de maisons, dont deux sur la rue Hautefeuille, trois sur la rue Serpente, et une à l'angle de ces deux voies. Cette dernière, qui occupait l'em-

---

[1] Cette «ruelle» n'est autre que la rue Serpente. — [2] C'est l'auteur du *Traité des chancelleries*, de l'*Origine des Cours souveraines* et des *Mémoires sur la prévôté de l'hôtel*.

TOPOGRAPHIE HISTORIQUE DU VIEUX PARIS

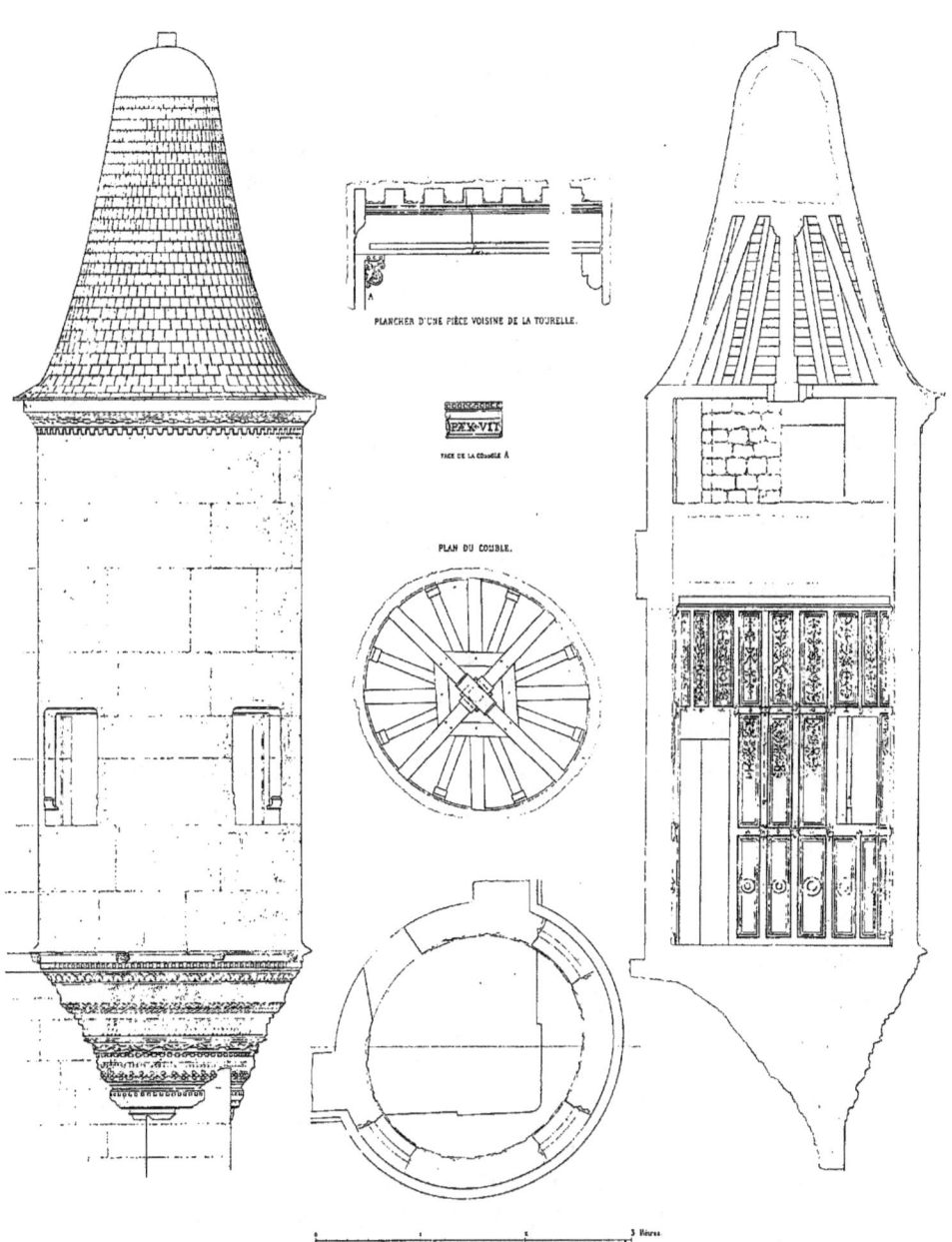

TOURELLE DE L'HÔTEL DE FÉCAMP
ÉLÉVATION, COUPE, PLANS, POUTRE, SOLIVES ET CONSOLES

placement de l'Image saint Kristofle, paraît avoir été indépendante des autres; mais jusqu'au xviii° siècle elle est dite « tenir aux maisons des Chartreux ».

L'hôtel de Miraulmont avait un aspect monumental. Il existe encore, sur ce point, une maison sur la façade de laquelle se profilent trois tourelles à demi engagées; mais le « coing » de la rue Serpente ne possède plus celle dont il est fait mention en 1529. Elle a dû disparaître à l'époque où les Chartreux, légataires de Le Voys, remanièrent les constructions existantes pour bâtir six maisons de rapport.

Le vaste quadrilatère compris entre les rues Serpente au midi, Percée au nord, de la Barre au couchant, le collège de Tours et la maison de l'Image saint Martin au levant, constituait le pourpris de l'

Hôtel de Fescamp, Fesquant ou Fecan, demeure des abbés ou prieurs de ce monastère. Berty n'a consacré à cette résidence abbatiale que deux lignes ainsi conçues : « Hostel de l'abbé de Fécamp (1330), s'étendant jusqu'au coin de la rue Percée, et aboutissant au collège de Tours. » Il est possible d'ajouter quelque chose à cette mention sommaire.

Les auteurs du *Gallia christiana*, après avoir décrit l'abbaye de Fécamp en Normandie et donné la liste de ses abbés, disent de Guillaume V de Putot, qui dirigea le monastère de 1286 à 1297 : « Anno 1292, domum Parisiis comparavit ». Cette maison parisienne ne pouvait être que le logis de la rue Hautefeuille, dont Berty a trouvé trace trente-huit ans plus tard. L'abbé alors en exercice était Robert de Bréchy.

De 1330 à 1523, il s'écoule près de deux siècles pendant lesquels neuf abbés se succèdent au monastère de Fécamp, ou plutôt à l'hôtel parisien, où plusieurs d'entre eux jouissent des revenus de la commende. De ce nombre, quatre sont cardinaux, et un devient pape sous le nom de Clément VI. Sous les règnes de François Ier, de Henri II et de Charles IX, trois cardinaux de Lorraine, Jean, Charles et Louis, occupent successivement le siège abbatial de Fécamp ou plutôt l'hôtel de la rue Hautefeuille, et c'est alors que d'importants travaux de construction et d'embellissement y sont exécutés.

La vaste étendue du pourpris de l'hôtel se prêtait à toutes les fantaisies des architectes : circonscrit par les rues Hautefeuilles, Percée, Serpente, et par le collège de Tours qui le limitait à l'orient, l'hôtel de Fécamp occupait la moitié de l'îlot qui s'étend jusqu'à la rue de la Harpe. Les hauts personnages qui en avaient la jouissance et qui y logeaient les artistes italiens[1], comme François Ier le faisait

---

[1] Georges de Vénitien, peintre au service du cardinal Louis de Lorraine, habitait l'hôtel en 1560.

à Fontainebleau, purent donc leur donner libre carrière. Aux vieilles bâtisses du xiiie siècle succédèrent des constructions élégantes dans le goût de la Renaissance; malgré les appropriations modernes qui les ont défigurées, ces constructions ont laissé des traces, et l'auteur de la *Statistique monumentale*, à laquelle nous empruntons la planche ci-contre, décrit ainsi ce qui en reste :

> Sous le règne de François Ier, un hôtel de Fécamp, qu'on pense avoir été habité par Diane de Poitiers, était situé à l'angle des rues Hautefeuille et Percée; une tourelle élevée à la rencontre des deux rues s'y voit encore; c'est, ainsi qu'une pièce qui l'avoisine, tout ce qui reste de cette habitation de la Renaissance. La tour est privée d'une partie de ses ornements, qui, à la fin du siècle dernier, consistaient en fleurs de lis accompagnées des armes de France et de la salamandre.
>
> Trois fenêtres éclairent cette tourelle, qui repose sur un encorbellement elliptique comme elle, et de la plus grande richesse. Toutes les moulures qui le composent ont les profils qu'on leur donnait au commencement du xvie siècle, et les ornements dont elles sont décorées ont le style de cette époque, durant laquelle on cherchait à reproduire la décoration des moulures antiques; on y remarque cependant quelques souvenirs des feuillages usités dans la période précédente. La corniche qui couronne la tour est conçue dans le même goût que l'encorbellement; les denticules y sont plus prononcés; des perles et des entrelacs les surmontent; un toit conique couvre la construction.
>
> Cette tourelle avait conservé, jusqu'au moment où elle était dessinée, une menuiserie sculptée avec une rare finesse; des arabesques présentant des carquois et des arcs, des boucliers et autres armes suspendus à des feuillages légers, couvraient les panneaux de cete menuiserie. A la rencontre des montants et des traverses en bois qui encadraient ces compartiments, on voyait des restes de matières précieuses incrustées dans le bois. Au-dessus de la pièce ainsi décorée avec tout le luxe du temps, la construction de la tour était brute et portait l'enrayure du comble [1].

Ce sont les armes de France et la salamandre, mentionnées par Piganiol, Jaillot et les autres historiens de Paris, qui ont suggéré à certains anecdotiers l'idée du séjour de Diane de Poitiers à l'hôtel de Fécamp. Aucun renseignement positif ne confirme cette hypothèse. On sait seulement que les trois cardinaux de Lorraine, n'habitant point l'hôtel, ont pu en concéder l'usage à des artistes, à des gens de cour et autres personnes étrangères au clergé séculier et régulier. Il en a été, d'ailleurs, aux xviie et xviiie siècles, comme au xvie; grâce à la faveur des abbés commendataires, divers personnages y ont été logés, jusqu'au moment où la sécularisation des biens d'église fit de l'hôtel des abbés de Fécamp un bien national. Aliéné par l'État, il est devenu une propriété particulière, où différentes industries se sont succédé.

HÔTEL DE CRAMAULT. Berty n'a consacré que quelques lignes à cette maison, dont l'importance était pourtant assez considérable, puisqu'elle constituait, avec

---

[1] STATISTIQUE MONUMENTALE, *Explication des planches*, p. 258, 259.

les hôtels d'Alègre, de Miraulmont et de Fécamp, l'une des quatre grandes résidences de la rue Hautefeuille. Il n'en trouve mention qu'en 1402 et 1486. « Cet hôtel, dit-il, paraît avoir appartenu au patriarche d'Alexandrie, en 1402; il s'étendait depuis le coin de la rue Percée jusqu'à celui de la rue Poupée, et aboutissait à la Maison du Cheval Blanc. Il appartint au père de Jean ou Simon de Cramault, archevêque de Reims, et à lui-même. Il fut reconstruit à la fin du xve siècle, car, en 1486, le 22 avril, Ambroyse de Cambray, conseiller du roi, qui le possédait, obtint du trésorier de l'Abbaye la permission de le faire rebâtir, avec une tourelle ronde sur l'angle, de deux pieds et demi de saillie, longue de six toises, et située douze pieds au-dessus du pavé, et une autre saillie sur rue, de trois pieds. L'entrée principale était rue Poupée. »

A ces indications bien insuffisantes s'ajoutent heureusement d'autres renseignements épars dans les papiers de Berty, où nous les avons recueillis. « On trouve, dit-il, en 1402, la mention d'une maison rue Poupée, tenant au Cheval Blanc, et qui devait aboutir à la Maison du patriarche d'Alexandrie. Il y a toute apparence qu'on l'y a incorporée plus tard. » Une autre note recule de près d'un siècle l'histoire topographique de ce coin du vieux Paris; elle est ainsi conçue :

« 1306. Mesons entretenantes, assises près du chevet de l'église de Saint André des Ars, en la rue de la Barre, entre la rue Poupée et la rue Percíée; dont l'une meson fait le coing sus la rue Poupée, et l'autre meson, joincte à la meson Guillaume Lebis, tenant par devers la rue Percíée, en la censive de S. Germain des Prez. » C'est bien l'emplacement occupé par l'hôtel de Cramault, lequel n'était sans doute pas encore construit à cette époque, et qui dut absorber dans son pourpris les « mesons entretenantes », ainsi que celle du Cheval Blanc.

Les Cramault étaient une famille du Poitou, établie dans le voisinage de Rochechouart. On les voit combattant à la bataille de Poitiers et attachés plus tard à la personne du maréchal Boucicaut, IIe du nom; mais leur illustration date surtout du commencement du xvie siècle, époque où l'un d'eux, Simon, parvient aux plus hautes dignités dans l'Eglise et dans l'État. C'est lui dont le souvenir demeure attaché à l'hôtel de la rue Hautefeuille; Sauval lui a consacré une page que nous reproduisons :

Simon de Cramault, célèbre sous le règne de Charles VI, qui de maître des requêtes devint chancelier du duc de Berri, évêque de Poitiers, d'Agen, de Béziers, de Carcassonne, d'Avignon, enfin archevêque de Reims, patriarche d'Alexandrie et cardinal, avait une maison à la rue Poupée, que Henri, roi d'Angleterre et usurpateur de la France, confisqua en 1423 et donna à Branlart, conseiller au Parlement, en haine de ce qu'il n'avait point voulu abandonner le parti de Charles VII.

Outre ce logis, il en avait un autre au faubourg Saint-Marceau, à la rue Mouffetard, dont les ruines conservent toujours le nom, et qu'on appelle encore le *Patriarche*. C'était apparemment une maison de campagne où il venait se divertir, et encore afin d'être proche de la cour quand le Roi se retirait en ce quartier-là pour prendre l'air. Depuis elle appartint au cardinal Bertrand, patriarche aussi bien que lui, mais de Jérusalem, et qu'il donna avec cinq cents livres de rente pour augmenter la fondation du collège Saint-Michel. Ce logis enfin, nommé tantôt *Patriarche* simplement et tantôt *du Patriarche*, est cette même maison si renommée dans l'histoire de Charles IX, où les huguenots, par sa permission, faisaient leur prêche et la cène, et d'où, en 1561, ils sortirent en furie le jour de Saint-Jean l'Évangéliste, pour piller Saint-Médard et maltraiter les paroissiens qui s'y trouvèrent [1].

Le P. Anselme et les auteurs du *Gallia christiana* donnent, sur le Patriarche, des renseignements biographiques et généalogiques que nous résumons en note [2]; mais ils se taisent sur l'hôtel de la rue Hautefeuille; Sauval seul nous apprend les vicissitudes de cet immeuble sous la domination anglaise.

[1] *Antiquités de Paris*, II, p. 57. L'événement dont la maison du Patriarche fut le théâtre est raconté par tous les historiens de Paris. Le souvenir en reste attaché au passage et au marché «des Patriarches», dont la dénomination, pluralisée à tort, rappelle Simon de Cramault.

[2] Simon de Cramault, cardinal, archevêque et duc de Reims, pair de France, un des grands hommes de son temps, dit le P. Anselme, naquit à la seigneurie de Cramault, qui appartenait à son père, près de Rochechouart en Poitou. Ayant été créé maître des requêtes par lettres du 21 décembre 1380, le roi Charles VI l'envoya à Avignon vers l'antipape Clément VII; il fut chancelier de Jean, duc de Berry, puis évêque d'Agen, le 16 juin 1382. Il se démit de cet évêché l'année suivante, obtint celui de Poitiers en 1385, et en cette qualité souscrivit au contrat de mariage de Louis, duc d'Orléans, en 1386, et en 1389 à celui de Jean, duc de Berry, avec Jeanne d'Auvergne. Il eut ensuite l'administration (mais pour peu de temps) de l'évêché d'Avignon, en 1390; puis de celui de Carcassonne en 1391, et de celui de Béziers en 1404, par l'autorité de l'antipape Benoît XIII. Dès l'an 1390, il avait été fait patriarche d'Alexandrie, et depuis il avait brillé en plusieurs assemblées, surtout à celle de Paris, tenue en février 1395, pour l'extinction du schisme, et en laquelle il présida par ordre du roi Charles VI. Ce prince en faisait tant de cas, qu'il le mena avec lui à Reims pour s'y servir de ses conseils, dans l'entrevue qu'il eut avec l'empereur Venceslas, en 1398. Mais où son érudition et sa fermeté parurent le plus, ce fut en 1409, au concile de Pise.

Tel était Simon de Cramault, lorsqu'il fut fait archevêque de Reims le 10 juillet 1409... Dans l'année suivante (1410), il se brouilla avec l'archidiacre de Reims, qui, ayant grand crédit à Rome, entreprit de l'y faire excommunier: l'affaire portée au Parlement de Paris, le procureur général du roi y fit proposer que *les pairs de France ayant été créés pour soutenir la couronne, on ne devait souffrir qu'un pair fût excommunié, parce que l'on a à converser avec lui pour les conseils du roi.* Le pape Jean XXIII le créa cardinal le 14 avril 1413. Cette nouvelle dignité ne lui permettant plus de résider en son archevêché, il s'en démit aussitôt en faveur de Pierre Trousseau, évêque de Poitiers: on lui redonna l'administration de cet évêché, d'où il fut depuis appelé communément le cardinal de Poitiers. Il se trouva au concile de Constance. Enfin il mourut le 15 décembre 1429, et fut enterré dans la cathédrale de Poitiers.

Le *Gallia christiana* consacre à Simon de Cramault un long article, où nous relevons seulement le nom du chroniqueur parisien Juvénal des Ursins, qui, lui aussi, s'est occupé du patriarche d'Alexandrie. «*Hunc Simonem Johannes Juvenalis dictus de Ursinis appellat præcipium Consistorii regis et nominatissimum clericum; et quidem variis legationibus, pro Ecclesia Gallicana et rege, defunctus est.*» (T. II, p. 1195.)

Le personnage dont le nom et le souvenir demeurent attachés à l'hôtel de la rue Hautefeuille et à la maison du bourg Saint-Marcel, méritait assurément une mention moins sommaire que celle dont Berty s'est contenté pour les autres habitants et résidents de cette région de Paris.

Son assertion repose sur deux extraits des *Comptes des confiscations* anglaises, extraits qu'il a relevés lui-même, et que ses éditeurs ont enfouis, avec beaucoup d'autres choses, dans le troisième volume des *Antiquités de Paris*. Le premier, qui se refère à la période comprise entre 1423 et 1427, est ainsi conçu :

« *Du Compte des confiscations de Paris, de 1423 à 1427.*

« HOSTEL qui fut à Simon de Cramault, cardinal de Poitiers, scis en la rue Poupée, avec plusieurs maisons et un jardin appartenant audit hostel, lequel, avant cedit compte, a esté occupé par M⁰ Jacques Branlart, conseiller du roi, nostre sire, en sa cour de Parlement, qui dit iceluy lui appartenir par don du Roy. »

La seconde mention est plus brève :

« *Du Compte des confiscations de la ville de Paris, de 1427 à 1434.*

« MAISON qui fut à Simon, cardinal de Poitiers, scise en la rue Poupée, laquelle a esté longtemps occupée par M⁰ Jacques Branlart. »

Il résulte de ces deux textes plusieurs faits qu'il importe de noter. Et d'abord, l'HÔTEL DE CRAMAULT est dit situé dans la rue Poupée : il y avait donc une entrée latérale, probablement la plus importante ; mais sa façade principale se profilait sur la rue Hautefeuille où il avait ses fenêtres, et où ses appartements prenaient jour. On voit ensuite que le conseiller Branlart jouissait de l'hôtel « avant cedit compte et par don du Roy », du roi d'Angleterre, bien entendu. La date de sa jouissance ne peut être reportée au delà de 1420 : c'est en cette année seulement que Paris tomba au pouvoir des Anglais ; mais Branlart s'était créé antérieurement des droits à la faveur du monarque anglais. Dès 1417, il était signalé, dit Félibien, avec Longueil, son futur voisin, « comme suspect de liaison avec le duc de Bourgogne », et envoyé en province « pour certaines affaires du Roy »[1], c'est-à-dire expulsé de Paris. Quatre ans après (1421), nous le voyons, avec le même Longueil, siéger « en la Chambre du Parlement, dans un conseil tenu à l'effet de subroger de nouveaux exécuteurs testamentaires à ceux que Charles VI avait nommés par son testament, et qui étaient morts »[2].

Ce ne fut pas le seul service que ce complaisant rendit à ses puissants amis : on le voit encore, en 1426, aider un intrus, le bourguignon Jacques du Chastelier, à

---

[1] *Histoire de la ville de Paris*, II, p. 784.
[2] *Ibid.*, t. IV, p. 587. Le procès-verbal de cette réunion mentionne expressément la présence de Branlart et de Longueil : « Le vendredy xxiii⁰ jour d'octobre, après disner, furent assemblez en la Chambre du Parlement : messire Jehan Le Clerc, chancelier de France, l'evesque de Thérouenne, M⁰ Jehan de Longueil... M⁰ Jacques Branlart, etc. »

s'emparer de l'évêché de Paris, malgré l'élection d'un autre titulaire par le chapitre de Notre-Dame [1].

Après l'expulsion des Anglais et la restitution des biens confisqués à leurs anciens propriétaires, l'hôtel de Cramault dut faire retour à la famille du patriarche d'Alexandrie, représentée alors par Jean de Cramault; mais les renseignements nous manquent, et nous ne pouvons émettre que des conjectures à l'égard des possesseurs ultérieurs de cette maison. Ce sont les gendres ou les petits-gendres de Jean de Cramault qui auront, en 1486, vendu ou cédé l'hôtel, par suite d'alliance, à cet «Ambroyse de Cambray, conseiller du Roi», désigné dans la note de Berty, et dont on ne trouve nulle mention dans la généalogie de cette famille, laquelle était de robe, de cour et d'église.

Ce fut, ainsi que nous l'avons dit plus haut, Ambroise de Cambrai qui fit rebâtir l'hôtel et le décora d'une tourelle en cul-de-lampe, à l'imitation de laquelle fut peut-être construite celle de la maison voisine, séparée seulement par la rue Poupée : nous voulons parler de l'hôtel de Fécamp.

Il n'est plus question de l'hôtel de Cramault dans les trois derniers siècles. Démoli ou remanié à une époque que nous ne saurions préciser, il n'a laissé aucun reste appréciable, et si l'on veut s'en représenter l'aspect, après la reconstruction opérée par Ambroise de Cambrai, c'est l'hôtel de Fécamp, encore debout, qu'il faut voir, en le restituant par la pensée, c'est-à-dire en le dégageant des appropriations modernes qui lui ont enlevé une partie de son caractère.

Entre les rues Poupée et Saint-André-des-Ars, en bordure sur la rue du «Chevet Saint Andry» et vis-à-vis du mur absidal de l'église, trois maisons projetaient leurs façades latérales. Berty n'en a désigné qu'une : c'est la

Maison de l'Échiquier, qu'il ne faut pas confondre avec celle qui formait l'extrémité orientale du même îlot — angle méridional des rues de Mâcon et de la Harpe. — Peut-être avaient-elles originairement fait partie d'un seul et vaste pourpris. Celle dont nous parlons occupait encore un espace considérable, et aboutissait sur trois rues.

---

[1] Le nouvel éditeur du *Journal d'un bourgeois de Paris* mentionne ainsi le fait dans une de ses notes :
«Le régent et sa femme, c'est-à-dire Bedfort et la fille du duc de Bourgogne, se joignirent au duc pour écrire au chapitre en faveur de Jacques du Châtelier, et le firent recommander par le chancelier de Thérouanne, l'archevêque de Rouen et l'évêque de Noyon. Le 8 avril 1427, Jacques du Châtelier, *représenté par Jacques Branlart*, se fit mettre en possession de l'évêché de Paris, qu'il s'était fait adjuger par la cour de Rome, malgré l'élection de Nicolas Fraillon.» (*Journal d'un bourgeois de Paris*, édit. Tuetey, p. 215.)

Maison sans désignation, formant enclave dans la précédente, à l'angle des rues de la Barre et du Chevet-Saint-Andry, au débouché de celle du Cimetière.

Maison sans désignation, faisant le coin des rues du Chevet et Saint-André. Nous en avons parlé à l'article de cette dernière rue, sur laquelle était sa principale entrée.

CÔTÉ OCCIDENTAL
(du Nord au Sud).

CENSIVE DE SAINT-GERMAIN-DES-PRÉS.
PAROISSES DE SAINT-ANDRÉ-DES-ARS ET DE SAINT-CÔME.

Presbytère de Saint-André-des-Ars, faisant le coin septentrional de la rue du Cimetière, sur laquelle il avait son entrée.

Maison sans désignation, formant l'angle méridional des rues de la Barre et du Cimetière; elle avait probablement son entrée sur cette dernière voie et touchait, au couchant, à l'hôtel des Sachettes.

Maison sans désignation, appartenant, en 1523, à Amy de Thou, avocat au Parlement. C'était peut-être un démembrement de l'hôtel du Président de Thou, dont les dépendances s'étendaient de la rue du Cimetière à celle des Poitevins. La partie postérieure de la maison dont il s'agit touchait audit hôtel.

Maison sans désignation, formant le coin de la rue des Poitevins et faisant face à la rue Percée.

CENSIVE DU PARLOIR AUX BOURGEOIS.

Grande maison faisant le coin septentrional des rues de la Barre et des Poitevins et désignée, en 1448, sous le nom de Maison de l'Imaige saint Andry. Elle était divisée en deux maisons distinctes, en 1578 : la première avait conservé l'enseigne de l'*Image saint André;* mais la seconde, qui formait l'angle septentrional des rues de la Barre et du Battoir, paraît avoir porté le nom de la Corne de Cerf; on la trouve, du moins, ainsi désignée dans les titres de 1522. Mais ne serait-ce point une confusion avec la maison formant l'angle méridional des rues Hautefeuille et du Battoir? Cet immeuble est effectivement désigné sous le nom de la *Corne de Cerf,* et comme le précédent est mentionné sans enseigne postérieurement à 1522, n'est-on pas autorisé à croire qu'il y a eu méprise?

Une note recueillie par Berty, mais non utilisée par lui, nous fournit cette mention à la date de 1548 :

« Maison devant la Maison de Fescan, les Deux Conins, faisant le coin des rues du Baptouër et des Poitevins. » Pour que cette immeuble fût à l'angle des deux rues, il fallait qu'on ne l'eût point encore divisé en deux maisons distinctes, ainsi que Berty le figure sur son plan. Nous avons dit plus haut qu'il l'était en 1578.

Maison de la Corne de Cerf, dont il est parlé dans l'article précédent, faisant le coin méridional des rues Hautefeuille et du Battoir.

Plusieurs notes éparses dans les papiers de Berty sont relatives à cette maison :

« 1522. La Corne de Cerf faisant le coin du Batoir. »

« 1548. Maison de la Corne de Cerf tenant à la grange de l'hôtel d'Alègre. » Comme beaucoup de résidences seigneuriales, cet hôtel avait donc ses dépendances de l'autre côté de la rue sur laquelle s'élevait sa façade.

Autre note de même date et de même teneur.

Il existait, dans la rue Mignon, une autre Maison de la Corne de Cerf, presque adossée à la première; peut-être était-ce un démembrement de l'immeuble primitif. La question d'antériorité est difficile à trancher; cependant la rue Hautefeuille ayant plus d'importance que la rue Mignon, et la maison sise dans cette rue n'étant point maison d'angle, comme celle de la rue Hautefeuille, il y a lieu de croire que cette dernière était de date plus ancienne. (Voir rue Mignon.)

A la suite de ces maisons *avec désignation*, le plan dessine trois emplacements vides en apparence, mais ayant dû recevoir des constructions, à moins qu'ils ne dépendissent des deux Cornes de Cerf, ou de la Maison des Carneaulx, sises en la rue Mignon. Toutefois nous devons faire remarquer, en thèse générale, que les façades principales sont sur les rues les plus importantes, et les dépendances sur les voies secondaires. La plus méridionale de ces trois places touchait à la partie orientale de la rue de l'Écureuil, des Petits-Champs, ou du Jardinet, qui fut supprimée pour agrandir les dépendances de l'hôtel de Reims.

Ce ne fut pas la seule suppression causée par l'agrandissement du pourpris de cette résidence archiépiscopale; deux autres voies disparurent, pour que les jardins des archevêques de Reims fussent d'un seul tenant [1] : nous voulons parler 1° du prolongement de la rue Mignon, qui allait se souder à celle des Étuves, laquelle séparait le collège de Bourgogne de celui des Prémontrés; 2° du cul-de-sac du Paon, ou ruelle de l'hôtel de Reims, dont une partie a subsisté jusqu'à ces

---

[1] La ruelle de l'hôtel de Reims a été raccourcie de nouveau, par la permission qu'obtint le premier président Le Maistre de faire construire une grange et des écuries sur cet emplacement. Voir les articles relatifs à la rue des Étuves et à la ruelle de l'Archevêque-de-Reims (impasse du Paon).

dernières années, derrière l'amphithéâtre de l'École de médecine ; ce reste de voie publique n'a disparu qu'au moment où a été percée la seconde section du boulevard Saint-Germain [1].

Au delà de l'extrémité orientale de la ruelle de Reims, se trouvait la

Maison de Jean de Beaumont, bourgeois de Paris, qui touchait à celle de Pierre Sarrazin, et que les Prémontrés acquirent en 1256, comme nous le disons plus bas. Elle était contiguë à celle, ou à l'une de celles que possédait Pierre Sarrazin, et qui faisait face à la rue de ce nom.

Maison de Pierre Sarrazin, immeuble assez important, puisqu'il s'étendait jusqu'à l'angle de la rue des Cordeliers, et qu'il renfermait les étuves ayant donné leur nom à la ruelle qui continuait la rue Mignon. Il était dû quatre livres de cens, sur une portion de cette maison et des étuves qu'elle contenait [2].

Ces deux maisons furent vendues aux religieux de l'ordre de Prémontré, pour l'établissement de leur collège. Le contrat d'acquisition de la maison de Jean de Beaumont est de 1256 ; nous en donnons le texte en note [3]. Quant à la maison de Pierre Sarrazin, elle avait été vendue aux mêmes religieux, quatre ans auparavant, par sa veuve, Gilette de Houzel, bourgeoise de Paris : elle constitua le noyau des bâtiments du collège ; la maison de Jean de Beaumont n'en forma que les dépendances. Nous donnons également en note le texte du contrat de vente [4].

---

[1] Voir aux articles des rue et impasse du Paon.

[2] Voir la pièce latine reproduite dans la note suivante.

[3] Anno 1256. — Notum facimus quod, coram nobis constitutus Joannes de Bello-Monte, civis parisiensis, asseruit quod ipse habebat, tenebat et possidebat quamdam domum sitam Parisius, ultra Parvum Pontem, contiguam domui que fuit Petri Sarraceni, cum porprisio et pertinentiis ejusdem domus. Asseruit etiam idem Joannes coram nobis quod ipse habebat et percipiebat annuatim quatuor libras parisienses annui census, super tribus partibus domus predicte Petri Sarraceni, et super tribus partibus Stuffarum domus ejusdem. Quam siquidem domum predictam, cum porprisio et pertinentiis ejusdem domus, et quas quatuor libras annui census idem Joannes recognoscit se vendidisse et quitasse in perpetuum religiosis viris et conventui Premonstratensi, pro ducentis et quinquaginta libris parisiensibus, tum solutis eidem in pecunia numerata. Et promisit fide dicta, quod contra venditionem et quittationem predictas, per se vel per alium, jure hereditario, ratione conquestus aut alio modo, non veniet in futurum, et quod dictam domum, nec non et dictas quatuor libras census annui habendas et percipiendas singulis annis ab abbate et conventu predictis, super tribus partibus dicte domus Petri Sarraceni, et Stuffarum ejusdem, eisdem abbati et conventui Premonstratensi garantizabit et liberabit quotiescumque opus fuerit, ad usus et consuetudines Francie, contra omnes. (Félibien, Preuves, III, p. 208 et suiv.)

[4] Anno 1252. — Noveritis quod domina Gila dicta de Houzel, civis parisiensis, vidua olim uxor defuncti Joannis Sarraceni, asseruit quod ipsa ex sua propria hereditate habebat, tenebat et possidebat pleno jure, domum quamdam Petri Sarraceni nuncupatam, cum porprisio et pertinentiis ejusdem domus sitam Parisius, ultra Parvum Pontem, in vico de *Hautefeuille*, oneratam in duodecim solidos capitalis census, centum solidos parisienses incrementi census et quatuor libras parisienses annui census, super tribus partibus predicte domus. Quam

Collège de Prémontré ou des Prémontrés. Cette maison fut fondée sous le règne de saint Louis, pour fournir aux jeunes religieux de l'ordre établi à Prémontré, dans le diocèse de Laon, les moyens d'étudier à Paris et d'y prendre leurs degrés. Elle avait donc la plus grande analogie avec les collèges de Saint-Denis, de Cluny et des Bernardins, institués également pour l'instruction des novices.

Comme il arrivait toujours en pareille occasion, on n'acquérait d'abord que les immeubles rigoureusement nécessaires, et l'on s'agrandissait plus tard au fur et à mesure des besoins. C'est pour cela que les religieux de Prémontré n'achetèrent d'abord que les deux maisons de Jean de Beaumont et de Pierre Sarrazin, dont nous venons de parler. La succession de leurs acquisitions immobilières a, du reste, été racontée par les historiens de Paris; Félibien, après Du Breul, l'expose dans les termes suivants :

En 1252, Jean, abbé de Prémontré et général de tout l'ordre, crut lui procurer un avantage considérable en établissant un collège à Paris pour l'instruction de ses jeunes religieux.

Il acheta, à cet effet, de Gilette de Houzel, bourgeoise de Paris, veuve de *Jean* Sarrazin, une maison qui portoit le nom de *Pierre* Sarrazin, située au delà du Petit-Pont dans la rue de Hautefeuille, chargée de douze sous de cens capital, de cent sous parisis de surcens, et de quatre livres parisis de cens annuel, sur les trois parts de cette maison. Le prix de l'acquêt fut de cent vingt livres parisis, une fois payées. Et en cas que la vente fût évincée, à titre de peine et d'intérêt, celle qui faisoit la vente promit de payer aux acheteurs le cinquième denier..., à quoi elle obligea tous ses biens, et particulièrement la maison où elle demeuroit, située au carrefour du Marché Palu, contiguë à celle de Gilles Miette, dans la censive des religieuses de Montmartre, et chargée de six livres de cens. L'acte est de 1252. L'an 1255, Guillemette, abbesse de Saint-Antoine-des-Champs, vendit à l'abbé et à l'ordre des Prémontrés la seigneurie et la censive de neuf maisons situées près des Cordeliers, dans la rue des Estuves, c'est à savoir quatre sous parisis de rente foncière sur la maison des enfants d'Adam le Romain; douze de rente foncière sur la maison de feu Pierre Sarrazin; cent sous parisis de surcens sur la même maison; six parisis de rente foncière sur la maison de Jean de Beaumont; six de pareille nature sur la maison de Marguerite du Celier; quatre sur celle de Nicolas le Romain; autant sur celle de feu Richard du Porche; quarante deniers de même nature sur la maison d'Agnès de Vitri, et autant sur celle de Denise des Champs; le tout faisant sept livres six sous parisis de cens annuel, qui fut acheté par les religieux de Prémontré pour la somme de trois cent cinquante livres parisis, employée en autres fonds par les religieuses de Saint-Antoine. L'année suivante, Jean de Beaumont, bourgeois de Paris, vendit à l'abbé et aux religieux de Prémontré une mai-

domum, prout cum suis pertinentiis se comportat ante et retro et in longo et lato, ipsa Gila, propter hoc coram nobis constituta, vendidit, quitavit et concessit ex nunc perpetuo, seque vendidisse et nomine venditionis, ex nunc perpetuo, quitavisse et concessisse recognovit viris religiosis Joanni abbati et conventui Premonstratensi, pro pretio centum et viginti librarum parisiensium jam sibi soluto in pecunia numerata.

Gilette de Houzel, en garantie de la vente par elle faite, engage, avec délégation spéciale, une autre maison lui appartenant et sise au carrefour du *Marché Palu* dans la Cité. (Félibien, *Preuves*, III, p. 208 et suiv.)

son qu'il avait au delà du Petit-Pont, contiguë à la maison de Pierre Sarrazin, avec quatre livres parisis de cens sur les trois parts de cette maison de Sarrazin et des étuves de la même maison. Il déclara, par l'acte de vente, qu'il avoit été payé, par les religieux, de quatorze livres parisis qu'ils lui devoient pour le louage de la maison qu'il leur vendoit, et pour le cens de celle de Pierre Sarrazin.

Les religieux de Prémontré donnèrent le nom de Prieuré au collège qu'ils avoient fondé à Paris. Ils souhaitèrent d'y avoir une chapelle, etc. En 1285, le collège fut augmenté d'une grange et d'un jardin que leur vendit dans le voisinage Gillette du Celier, veuve de Guillaume le Hongre, le jardin borné par la rue bouchée, ou ruelle des Étuves, qui séparoit ce collège d'avec celui de Bourgogne.

Les fondements de l'église qui se voit aujourd'hui dans le collège de Prémontré furent jetés en 1618. En 1672, la porte de ce collège, qui était du côté des Cordeliers, fut changée et placée dans la rue de Hautefeuille, et l'autel fut tourné de l'orient à l'occident.

Louis XIII, par lettres patentes de 1617, ordonna à tous les abbés de l'ordre de Prémontré en France d'envoyer un ou plusieurs religieux à ce collège pour y être instruits. Cela donna lieu au rétablissement de la vie commune, qui se fit dans ce collège par l'abbé de Prémontré en 1618 [1].

Cet extrait résume ce qu'il importe de savoir pour connaître l'histoire topographique du collège de Prémontré. Après les acquisitions du XIII° siècle, on ferma sans doute les portes des maisons de Jean de Beaumont et de Pierre Sarrazin, qui s'ouvraient sur la rue Hautefeuille, et l'on fit une entrée nouvelle sur celle des Cordeliers. C'est, en effet, le long de cette voie et de la ruelle aux Étuves que s'alignaient les neuf petites maisons acquises, en 1255, de l'abbesse Guillemette. Cet état de choses subsista jusqu'en 1672, époque où l'on crut devoir rétablir la situation primitive, c'est-à-dire l'entrée sur la rue Hautefeuille. Quant au déplacement de l'autel qui, par suite de la reconstruction des bâtiments et de l'édification d'une nouvelle chapelle, fut, dit Félibien, « tourné de l'orient à l'occident », cette disposition se comprend difficilement, à moins qu'il n'y ait là une erreur d'impression. La chapelle subsiste encore, et, quoique défigurée par des appropriations modernes, elle laisse parfaitement apercevoir sa distribution intérieure : le chevet était, comme celui des Cordeliers de Saint-Côme et de Saint-André-des-Ars, à l'orient, c'est-à-dire sur la rue Hautefeuille, et non à l'occident, c'est-à-dire du côté du collège de Bourgogne [2]. Dans quelques années, il ne sera plus possible de le constater.

Piganiol, qui reproduit le plus souvent les indications fournies par Du Breul et Félibien, affirme également que l'autel « fut mis au couchant ». Il donne sur la

---

[1] *Histoire de la ville de Paris*, I, p. 239.
[2] L'un des collaborateurs de l'*Histoire générale de Paris*, M. Alfred Franklin, le dit formellement dans ses *Anciennes bibliothèques* : « Au coin de la rue Hautefeuille et de la rue de l'École-de-Médecine se trouve aujourd'hui un estaminet à qui sa forme a fait donner le nom de *Café de la Rotonde* : il est établi *dans le sanctuaire même* de l'église des Prémontrés. » (*Anciennes bibliothèques de Paris*, I, p. 319.)

décoration extérieure du collège et de la chapelle des renseignements qui ont leur intérêt :

> Le bâtiment de ce collège, dit-il, a été fait à plusieurs reprises. Ce qu'il y a de plus moderne est un grand corps de logis qui règne sur la rue Hautefeuille, et au milieu duquel est la grande porte de cette maison, qui a été construite sous le généralat du P. Michel Colbert, abbé de Prémontré, général de tout l'Ordre. Sur cette porte sont deux écus accolés, dans l'un desquels sont les armoiries de l'Ordre des Prémontrés, qui porte semé de France, à deux crosses en sautoir; et dans l'autre celles du P. Colbert, son général, qui sont d'or à une couleuvre d'azur, tortillée et mise en pal. Les deux crosses des armoiries de l'Ordre marquent la jurisdiction au dedans et au dehors du royaume, et sont d'autant plus honorables qu'elles ont été accordées à cet Ordre par le roi saint Louis.
>
> On commença à rebâtir l'église en 1618, et elle fut dédiée sous l'invocation de sainte Anne. La porte, qui était dans la rue des Cordeliers, fut changée et placée dans la rue Hautefeuille, en 1672. L'autel, qui était au levant, fut mis au couchant. L'on mit aussi pour lors, au frontispice du portail de cette église, l'inscription qui suit :
>
> ECCLESIA CANONICORUM REGULARIUM
> ORDINIS PRÆMONSTRATENSIS
> SUB INVOCATIONE BEATÆ ANNÆ

Supprimé en 1790, comme tous les établissements religieux, le collège de Prémontré fut vendu en plusieurs lots, et les bâtiments convertis en maisons de commerce, d'industrie et d'habitation. Ce qui en reste doit être démoli, et le sol incorporé au pourpris de la nouvelle École de médecine, pour être couvert de constructions nouvelles.

Si l'on veut se rendre un compte exact de la situation topographique du collège de Prémontré, ainsi que ses tenants et aboutissants sur trois voies publiques, il est nécessaire de se reporter aux rues des Cordeliers et des Étuves.

RUE DE L'HIRONDELLE.

Cette voie est une des plus anciennes de la rive gauche, dont on trouve mention dans les titres. Jaillot cite deux textes de l'abbaye Saint-Germain, que nous n'avons pu retrouver, où elle est appelée *rue d'Arrondale en Laas*, en 1200, et *d'Arondelle en Laas*, l'an 1222. L'orthographe de ce nom s'est d'ailleurs beaucoup modifiée, avant d'arriver à être ce qu'elle est de nos jours. Nous avons successivement lu : *vicus qui dicitur Hyrundale* (1224), *de Harondale* (1230), *de l'Arundale* (1256), *Hyrundal* (1257), *de Lyrundelle* (1262), *de Lyrundale* (1263), *de Hyrondale* (1272 et 1292), *de la Rundele* (1297), *de Irondella* (1339), *de Laron-*

delle (1394), *de Herondale* (1396), *d'Arondelle* (1438), *de Hérondelle* (1476), *de Lérondelle* (1476-1531), *de Rondelle, Derondelle* et *de la Rondelle* dans divers titres du xvie siècle.

Cette dernière façon d'écrire a donné l'idée d'un ou de plusieurs ateliers existant dans cette rue, pour la fabrication des boucliers appelés *rondelles*.

Nous avons, à propos de la rue Saint-André-des-Ars, fait remarquer le peu de probabilité de cette hypothèse, qui se lie, d'ailleurs, aux *arcs*, aux *sagettes* et autres armes dont le nom a servi à expliquer la dénomination des rues voisines. Sauval s'est montré sévère pour ces étymologistes :

« Selon quelques modernes, dit-il, il la faut nommer la *rue de la Rondelle*, parce que, disent-ils, elle étoit habitée par des faiseurs de rondelles ou de rondaches, du temps qu'on usoit de cette sorte d'armes. Je ne m'étendrai pas davantage sur une opinion si nouvelle et si absurde; peut-être le nom d'*Hirondelle*, qui d'abord a été donné à cette rue, lui venoit-il de quelque enseigne où cet oiseau étoit peint... Patru prétend qu'il ne faut pas dire *rue de l'Hirondelle*, mais *rue de l'Hérondelle*, parce que le peuple ne la connoît que par ce nom-là [1]. »

Jaillot ajoute qu'on trouve, en 1263, *rue d'Hirondale*, dans le cartulaire de la Sorbonne, et, en 1342, *vicus de Irondella*, dans un acte relatif au collège d'Autun [2].

La Taille de 1292 cite la *rue de Hyrondale* et le *bout de Hirondale;* mais en revanche la *rue Gît-le-Cœur* n'y est pas nommée; il est donc probable que cette dernière n'existait encore qu'entre la *rue de Hyrondale* et le *quai des Augustins*, et que ce retour d'équerre était désigné sous le nom de *le bout de Hirondale*. Guillot (1300) écrit *Herondale*, et le rédacteur de la *Taille de 1313*, *rue de Hérondale*. On lit, dans un *Compte du payeur des œuvres de la Ville pour 1366*, *rue de Herondelles* [3]; dans le manuscrit de la bibliothèque Cottonienne (1400), on trouve ces deux vers :

> Et puis après, en Arondelle,
> Un pinson me féry de l'elle.

On trouve *rue d'Arrondelle* et *rue d'Arondelle* dans le *Compte des confiscations de 1421* [4]; *rue d'Arondelle* dans celui de 1422 à 1427 et dans celui de 1427 à 1434 [5]; *rue de l'Arondelle* dans Guillebert de Metz (1434, ch. xxxiii); *rue d'Arondelle* dans le manuscrit de l'abbaye de Sainte-Geneviève (1450); *rue de l'Arondelle* dans le *Supplément aux Antiquités de Du Breul* (1586, p. 207). Lestoile, dans son *Journal*,

---

[1] *Antiquités de Paris*, I, p. 141.
[2] Recherches, etc., *Quartier Saint-André-des-Arts*, p. 92.
[3] Sauval, t. III, p. 125.
[4] *Ibid.*, p. 294 et 297.
[5] *Ibid.*, p. 318 et 580.

écrit tantôt *rue de Larondelle* (novembre 1589) et tantôt *rue de l'Arondelle* (25 mars 1594 et 19 mai 1604). Les plans postérieurs varient.

Berty n'admet pas l'hypothèse suggérée par Jaillot, laquelle consiste à faire dériver le nom de la rue d'une enseigne, et se base sur le fait de l'existence d'une «maison d'hirondelle» dans cette rue, en 1256. A cette époque, dit-il, lorsqu'on voulait désigner une maison par son enseigne, on ne se servait pas habituellement de DOMUS avec un génitif, et l'on ne disait pas *maison de*, mais bien *maison à*, DOMUS AD. Ainsi DOMUS AD AQUILAM, DOMUS AD CITHARAM, MAISON À LA HUCHETTE, À LA CROIX DE FER, MAISON AU CYGNE, etc. On employait, au contraire, le génitif, lorsque la maison devait son nom à la famille à laquelle elle appartenait; exemples : DOMUS COCATRICIS, LA MAISON DE GLATIGNY, dans la Cité, etc. Puis il est quelque peu douteux qu'en l'an 1200 la rue de l'Hirondelle renfermât déjà des maisons à enseignes. Enfin les formes les plus anciennes de l'appellation excluent l'idée du mot HIRONDELLE, dérivé de *hirundo*; et si les chartes offrent quelques dénominations paraissant en venir, c'est parce que cette confusion devait infailliblement avoir lieu avec le temps, la prononciation des deux vocables offrant la plus grande ressemblance.

Il nous semble donc très probable, dit Berty sous forme de conclusion, que la rue doit son nom à une famille DE ARONDALE, qui existait en effet au XIIe siècle. Le mot *hérondelle* d'abord, puis *hirondelle* ne serait qu'une corruption, ou plutôt une de ces appropriations si fréquentes dans le langage populaire [1].

Quoi qu'il en soit, le nom de *hirondelle* est resté à la rue, qui est demeurée elle-même dans son ancien état, jusqu'au moment où la formation d'une nouvelle place Saint-Michel, sur laquelle devaient s'embrancher deux boulevards, a exigé la suppression de la partie orientale de cette voie. Le percement du boulevard Saint-André, encore à l'état d'amorce à partir de la place Saint-Michel, a surtout contribué à cette amputation. Pour lui livrer passage et le niveler avec le sol de la place, ainsi qu'avec la chaussée du pont, on a dû, après la démolition de la moitié de la rue, enterrer de deux mètres ce qui en restait. Afin de rendre cette

---

[1] La rue de *Arondelle*, de l'*Hérondèle*, ou de l'*Hirondelle*, a fourni à Sauval l'occasion d'exprimer, d'après les anciennes grammaires et les auteurs de son temps, son opinion sur chacun de ces trois formes du même mot :

«L'Université aime mieux *Hirondelle*, à cause de *hirundo*, d'où il est pris...

«Vaugelas, le grand maître de notre langue et qui a traité cette question le premier, regrette *arondelle* absolument, et préfère *hérondelle* à *hirondelle*, pour être plus doux à l'oreille, ce que cherche notre langue, qui aime la douceur.

«La Mothe le Vayer, au contraire, tient que *arondelle* est le meilleur de tous, et le prouve par nos livres gaulois, où on se sert toujours du mot *arondelle*; ce qu'on fait encore en Normandie.

«De cette opinion est aussi l'illustre Patru, autre grand maître pour la langue, avec le savant Guyet, fondés sur l'autorité de Belleau, de Coëffeteau et d'Amyot.

«Et de fait, Amyot use toujours du mot d'*arondelle*; Belleau même a fait une ode de l'*arondelle*; et enfin dans Coëffeteau nous lisons : «une *arondelle* «*ne fait pas le printemps*»; car quant à celui d'*hiron-*

partie accessible, on a ouvert un portique sous l'une des maisons nouvelles, et l'on a établi un escalier de sept marches, fermé le soir par une grille. Grâce à

La partie occidentale de la rue de l'Hirondelle, vue de la nouvelle place Saint-Michel.
A, B, restes de contreforts ayant appartenu à la chapelle du collège d'Autun.

cette disposition, le tronçon occidental de la rue de l'Hirondelle n'est une impasse que pour les voitures.

Une vue prise sur place et figurant l'un des contreforts de la chapelle du col-

delle, Patru ne le peut souffrir comme étant purement latin, et prétend qu'il faut dire la rue de l'*Héroudelle*, parce que le peuple ne la connaît que par ce nom-là.

«Le Prieur Guyet assure que *Hirondelle* ne vaut rien, que *hirondelle* est un correctif d'*héroudelle* et nullement un mot naturel.

«Balzac et d'Ablancourt sont opposés à Guyet et

lège d'Autun, qui alignait sa façade latérale sur le côté méridional de la rue, permet de se rendre compte de cet agencement.

CÔTÉ MÉRIDIONAL

(d'Occident en Orient).

JUSTICE ET CENSIVE DE SAINT-GERMAIN-DES-PRÉS.

PAROISSE DE SAINT-ANDRÉ-DES-ARS.

Maison sans désignation, formant l'angle méridional de la rue de l'Hirondelle et de celle du Pont-Saint-Michel. Berty n'y a vu qu'un immeuble anonyme[1]; mais, si l'on en croit Jaillot, c'est dans cette maison, sise « au coin de la rue de l'Hirondelle », et non ailleurs, qu'étaient installés les étaux de boucherie appartenant à l'abbaye Saint-Germain-des-Prés, étaux auxquels les rues de la Bouclerie orientale et de la Bouclerie occidentale durent temporairement l'appellation de rues de la *Boucherie;* ce qui advint en 1272 et années suivantes. — Voir les articles relatifs à ces deux voies.

Façade postérieure de la Maison de la Fleur de lyz, ayant son entrée principale sur la rue Saint-André-des-Ars (14..). Au xvie siècle, elle s'annexa sa voisine orientale, sur la rue Saint-André-des-Ars. Berty la figure sur son plan, et n'en dit rien dans son texte.

Façade postérieure de la Maison du Porc-Espic, ayant également son entrée principale sur la rue Saint-André-des-Ars (1467). C'est peut-être, selon la conjecture de Berty, l'*Escu de Sancerre,* qui, en 1446, était contigu à la Maison du Croissant.

Façade postérieure de la Maison du Crescent (1439), qui engloba, au xvie siècle, la *Maison de l'Estoille*, sise rue Saint-André-des-Ars; ce qui lui donna une façade antérieure sur cette rue.

Maison de la Soulche (1489). On la confondait souvent avec la Maison de l'Estoille et la Maison de la Chaise, auxquelles elle s'adossait, et qui avaient leur entrée sur la rue Saint-André-des-Ars. Il est probable que, dans l'origine, les trois n'en formaient qu'une; celle de la Soulche ne serait qu'un démembrement opéré au xve siècle.

à Patru; car, quant à Balzac, dans une de ses lettres qu'il écrit à Chapelain, nous trouvons : «Il est beaucoup moins capable de discipline que «ne sont les rats et les *hirondelles*, qu'on ne peut «jamais apprivoiser.»

«Et d'Ablancourt enfin, dans son *Misanthrope,*

dit : «Son héritier laisse pleurer les autres qui bâil-«laient après moi comme de petites *hirondelles*, et «n'ont avalé que du vent.» (*Antiquités de Paris*, I, p. 141.)

[1] Recherches, etc. *Quartier Saint-André-des-Arts,* p. 42 et suiv.

Façade postérieure de la Maison du Barillet (1440), puis de la Pomme de Pin (1476), puis des Troys Roys (1521), ayant sa façade principale sur la rue Saint-André-des-Ars.

Les comptes de la fabrique de Saint-Jacques-de-la-Boucherie (de 1444 à 1452) nous établissent que Nicolas Flamel avait des rentes annuelles et perpétuelles assises sur l'Hôtel du Barillet, rue Saint-André-des-Ars [1].

Écuries de la Maison des Escureulx (1440), et des Escureulx (1476). Sous cette variété d'orthographe, Berty soupçonne un calembour jouant sur les expressions *escurie, escurer, escureurs* [2].

Dépendances orientales du collège d'Autun, et peut-être Maison de l'Hirondelle [3]. «On ne la trouve, dit Berty, mentionnée qu'au xviie siècle.» Il est certain cependant que Pierre Bertrand, fondateur du collège, avait, en 1337, pour augmenter son collège, *acheté quelques maisons voisines de la sienne* [4].

Les dépendances du collège sur la rue de l'Hirondelle ont fort bien pu faire partie de ces acquisitions contemporaines de la fondation même.

Façade postérieure du collège d'Autun (1337). Nous avons, à l'article de la rue Saint-André-des-Ars, sur laquelle il avait son entrée principale, indiqué les diverses constructions dont se composait cet établissement scolaire. La chapelle, régulièrement orientée, profilait sa façade latérale sur la rue de l'Hirondelle. Des quatre contreforts qui la flanquaient, les trois plus petits ont disparu, lorsqu'on a démoli ou remanié les bâtiments du collège; le quatrième, sur lequel s'appuyait la façade, faisait sur l'alignement de la rue une saillie qui est encore visible aujourd'hui [5].

Maison du Petit Cheval Noir (1529), contiguë à la chapelle du collège dont elle devait masquer la façade et touchant, par le fond, à deux maisons ayant leur entrée sur la rue Saint-André-des-Ars; c'étaient l'Image saint Etienne et le Grand Cheval Noir; au couchant, le Petit Cheval Noir touchait à l'avant-dernière maison de la rue, laquelle était une

Maison sans désignation, correspondant au n° 27 actuel [6] et ayant dû, avec la précédente, faire partie des dépendances occidentales du collège d'Autun.

---

[1] *Paris et ses historiens*, dans la *Collection de l'Histoire générale de Paris*, p. 460.

[2] Voir à l'article de la *rue Saint-André des Ars*, pour la Maison des Escureulx. C'est là que demeurait l'avocat Jean de la Barre, auquel Jaillot attribue le nom d'une des sections de la rue Hautefeuille.

[3] Un descripteur contemporain lui donne cette enseigne.

[4] *Hist. de la ville de Paris*, I, p. 592.

[5] Le dessin de M. Hochereau montre parfaitement cette saillie.

[6] Ce numéro représente, avec les deux précé-

Maison sans désignation, selon Berty, qui la marque d'un astérisque sur son plan; mais elle avait existé, dès l'an 1200, avec l'enseigne de l'Hirondelle; ce qui donnerait raison à ceux qui attribuent ce nom de la rue à «l'image d'un oiseau peint». Elle appartenait au collège d'Autun, qui la baillait en location.

CÔTÉ SEPTENTRIONAL
(d'Occident en Orient).

MÊMES JUSTICE, CENSIVE ET PAROISSE.

Maison dite des Évêques, formant l'angle septentrional de la rue de l'Hirondelle à son débouché dans celle de Gilles-Cœur sur laquelle elle se développait jusqu'au quai. Nous l'avons décrite à l'article de cette dernière voie; rappelons seulement qu'elle appartint successivement aux évêques de Chartres (1300); au connétable de Sancerre (1394); à Gérard Duthies, archevêque de Besançon (1397); à Martin Gouge de Charpaigne, évêque de Clermont (1418 et années antérieures)[1]; à Jacques de Montberon, maréchal de France et spoliateur du prélat susnommé (1418); à Guy le Bouteiller, seigneur de la Roche-Guyon et second spoliateur de Martin Gouge de Charpaigne (1423); à Dauvet, maître des requêtes[2] (1454); au roi François Ier; à Séguier, marquis d'O (premières années du XVIIe siècle), et bientôt après à Albert, duc de Luynes, son gendre, qui fractionna l'immeuble en 1671, et le livra à la spéculation.

La partie de la splendide résidence qui avait façade sur la rue de l'Hirondelle, fit place à

L'Hôtel du Nivernais (1689), devenu ensuite la Maison de Saint-Louis. A cette date, relativement récente, on peut, sans crainte d'erreur, recueillir les renseignements donnés par les chercheurs modernes. L'un d'eux écrit : « Un hôtel, nouvellement dit de Saint-Louis, s'étendait sur la rue de l'Hirondelle, mais avec son entrée rue Gît-le-Cœur; il fut adjugé, en 1689, au duc de Nivernais, ministre d'État, lieutenant général, académicien[3]. »

D'ici jusqu'à l'extrémité orientale de la rue, Berty n'a tracé que des lignes sur son plan de restitution; nous nous sommes efforcé d'identifier quelques-uns des immeubles anonymes qu'il s'est borné à délimiter.

---

dents 23, 25 et le suivant 29, l'emplacement occupé, sur la rue de l'Hirondelle, par les bâtiments et les dépendances du collège d'Autun.

[1] Martin Gouge, qui tenait pour le Dauphin, fut l'une des nombreuses victimes des confiscations anglaises, ainsi que le prouvent les *Comptes* de 1423 à 1424, publiés en extraits par Sauval. Son hôtel parisien contigu à la Maison de l'abbé de Molesmes, «tenant d'un costé aux Cordeliers et, de l'autre, au collège de Justice, en la rue de la Harpe», fut confisqué sur ledit évêque de Clermont, comme «absent».

[2] Jean Dauvet, maître des requêtes, devint procureur général en 1458 et premier président en 1465.

[3] *Les anciennes Maisons de Paris*, par Le Feuve.

Maison sans désignation, ayant eu pour enseigne l'Escu de France, en 1424. Ce fut, au cours du xv° siècle, la résidence de Jean de la Vaquerie, premier président du Parlement de Paris, mort en 1497.

L'un de nos anciens collaborateurs, H. Legrand, a laissé, sur ce personnage et sur son hôtel, deux notes étendues que nous insérons en entier, autant pour les renseignements curieux qu'elles contiennent, que pour rendre hommage aux travaux de cet estimable chercheur.

PREMIÈRE NOTE.

La Maison de Jean de la Vacquerie. — On a parlé en 1868 de la demeure de ce premier président du Parlement de Paris, à propos de son portrait placé au Palais dans la galerie qui conduit à la Chambre de Saint-Louis. On s'est contenté de présenter un aperçu d'un inventaire de 1497, fait après sa mort, et de rappeler les circonstances de sa vie.

Mes recherches ne m'ont pas, jusqu'ici, fait découvrir d'autres renseignements certains, et je ne pense pas que la maison dont on parle puisse être, en ce moment, autre que celle portant le n° 22 de cette rue, à côté de la maison de la duchesse d'Étampes, adossée à l'hôtel de François I°, qui donnait sur le quai. Cette maison a une boutique et une salle à gauche, porte cintrée, trois fenêtres de face, dont celle du milieu est plus large que les deux autres. Une petite cour enfermée par les murs de l'hôtel d'Étampes, et un petit escalier à balustres en face de l'allée et sur la cour. Le caractère de cette maison accuse la construction de cette époque, quand les moulures et les sculptures sont absentes; et ici elles font complètement défaut. Dans tous les cas, cette maison est bien petite pour un premier président, si on la compare à celles que l'on connaît de ce temps pour des personnages de ce rang.

Dans ce qui reste de la rue, je ne vois rien qui indique la maison que nous cherchons; les constructions sont du temps de Henri II et de Henri IV.

Il serait possible, comme l'abbé Goujet en fait mention dans la *Bibliothèque française* (t. XI), que le rédacteur de l'article de la *Gazette* ait simplement reproduit ce qu'il lisait, et que la maison ait été démolie lors de la construction de la place actuelle. Jusqu'à présent, je n'ai rien trouvé qui identifie la maison décrite dans l'inventaire avec d'autre que le numéro 22 actuel, parmi celles qui subsistent encore. Ce n'est pas une belle maison; mais au xv° siècle les magistrats étaient modestement logés.

Une hypothèse se présente : la maison du président a bien pu être englobée dans le petit hôtel de la duchesse d'Étampes, et c'est peut-être dans les titres d'acquisitions de ce terrain qu'on retrouvera trace de la maison en question.

SECONDE NOTE.

Dans la rue de l'Hirondelle se trouvait la maison où logeait Jean de la Vacquerie, 26° premier président du Parlement de Paris, sous le roi Louis XI, et, après sa mort, sous la régence d'Anne, sœur aînée de Charles VIII, dame de Beaujeu. Il mourut en juillet 1497, âgé de plus de quatre-vingts ans. Son portrait se trouve au Palais, dans la galerie qui conduit à la Chambre des requêtes, qui fut autrefois la Chambre de Saint-Louis. Son logis était, on le voit, dans une des petites rues du quartier Saint-André-des-Arts, la rue étroite de l'Hirondelle. La maison y existe encore; elle est sombre et n'annonce pas la demeure d'un tel personnage qui eut, sur la dame de Beaujeu, l'influence suffisante pour faire punir Tristan, Olivier le Daim et même Coictier, l'hypocrite médecin du roi. On entre dans la cour par une porte basse, sur laquelle on devine, plutôt qu'on ne voit, une sculpture qui serait le chiffre du premier président. Le mobilier de l'hôtel était bien modeste; c'était dans la salle ou parloir de réception, une tapisserie qui commençait à souffrir de l'humidité des murs qu'elle couvrait, quelques escabeaux en chêne sculpté, une grosse table à pieds sculptés et tors, un grand crucifix en fer pendu au milieu de la muraille. Dans la chambre, un lit, des tabourets couverts en cuir de Hongrie estampé, et une autre table de chêne avec des sculptures. Dans un acte authentique du 21 juillet 1491, il est qualifié *chevalier*[1].

MAISON DES DEUX MOUTONS (1397), selon Berty. Une note de H. Legrand remonte un peu plus haut : « En 1368, la *Maison aus II Moutons*, à maistre Adam Martine, devait à la Pitancerie de Sainct-Germain-des-Prez xv s. vi d. »

Deux siècles environ plus tard, sur l'emplacement de la MAISON DES DEUX MOUTONS et de la MAISON DU CHAPEAU ROUGE, s'éleva l'HÔTEL DE LA SALAMANDRE, appartenant à la duchesse d'Étampes et communiquant au PALAIS D'AMOUR.

L'HÔTEL DE LA SALAMANDRE subsiste encore intact, avec les nombreux lézards symboliques qu'on avait sculptés au fond de la cour et jusque sur la porte cochère. Saint-Foix, qui visita l'hôtel au siècle dernier, s'étonnait déjà de la décadence de ce logis aristocratique; aujourd'hui il s'en affligerait. « Le cabinet de la duchesse d'Étampes, dit-il, sert à présent d'écurie à une auberge qui conserve la *Salamandre*. Un chapelier fait sa cuisine dans la chambre de François Ier, et la femme d'un libraire était en couches dans son petit *Salon des Délices*, lorsque je suis allé pour visiter les restes du palais[2]. » Ces transformations se sont opérées partout à Paris; les hôtels des grands seigneurs sont devenus des ateliers et des maisons de commerce; c'est la loi du déplacement qui préside au développement de toutes les grandes villes.

MAISON DU CHAPEAU ROUGE (1394), aboutissant rue de Hurepoix. Au XVIe siècle, les deux tiers de ce bâtiment avaient été incorporés à la MAISON DES DEUX MOUTONS.

MAISON SANS DÉSIGNATION (1523), « laquelle d'ancienneté soulloit avoir establies à chevaux ».

MAISON DES TROIS MORES (1531), ayant issue sur la rue de Hurepoix.

Des actes, des papiers de famille et autres documents que Berty n'a pas con-

---

[1] Nous engageons le lecteur à rapprocher cette description de celle de la Maison de Coyctier, telle que l'a donnée le docteur Chéreau, auquel nous l'avons empruntée. Voir à l'article de la rue Saint-André-des-Ars.

[2] *Essais historiques sur Paris*, I, p. 58.

nus, mais qui ont été récemment publiés par M. le docteur Le Paulmier[1], établissent que cette maison fut acquise en 1562 des héritiers de Jean Mestreau, par Ambroise Paré, qui possédait déjà la plus grande partie de la MAISON DE LA VACHE, propriété de la famille Mazelin, dans laquelle il était entré par son mariage. Après avoir acheté, de son beau-frère, la partie de cette dernière maison qui ne lui appartenait pas, il y joignit plusieurs immeubles contigus pour en composer son hôtel. Le célèbre chirurgien, dit M. Le Paulmier, «mit l'entrée de sa demeure sur la rue des Augustins — c'est-à-dire sur la rue de Hurepoix, parallèle à celle de l'Hirondelle, — et y transporta sans doute son enseigne, dont le souvenir se conserva longtemps dans le voisinage; car, en 1789, existait encore rue de Hurepoix, n° 14, l'hôtel garni des TROIS MAURES, où maint écolier étudia la chirurgie près des lieux où Ambroise Paré composa ses ouvrages[2]».

MAISON D'ESTABLES (1529). Comme pour la maison qui «d'ancienneté soulloit avoir des chevaux», il est à présumer que, les étables de celle-ci se trouvant sur la rue de l'Hirondelle, sa façade principale bordait la rue de Hurepoix.

Cet immeuble séparait la MAISON DES TROIS MORES de celle de LA VACHE que nous savons avoir été la demeure primitive d'Ambroise Paré; faut-il donc y voir l'une des cinq propriétés possédées par lui, au témoignage du docteur Le Paulmier.

MAISON DE LA VACHE (1476), arrière-corps probable de la MAISON DE LA CROIX DE BOIS, ou de la MAISON DE LHYMAIGE NOTRE-DAME, sises l'une et l'autre rue du Pont-Saint-Michel.

Cet immeuble, dont Berty a trouvé une mention en 1476, appartenait en 1540 aux héritiers de feu Jean Mazelin, valet chauffe-cire de la chancellerie de France, dont la fille Jeanne épousa Ambroise Paré. Celui-ci l'habita sans doute à partir de son mariage, puisque ses enfants furent baptisés à Saint-André-des-Ars, ainsi que l'a constaté M. Jal, et après lui le docteur Le Paulmier. Il paraît y avoir séjourné plus de vingt ans, puisqu'il n'acquit la MAISON DES TROIS MORES et plusieurs autres maisons voisines qu'en 1562, époque où la fortune qu'il devait à son talent lui permit de se créer un logis plus digne de lui.

MAISON DES DEUX PORTES, sur laquelle Berty n'a rencontré aucune espèce de documents, mais qui nous est connue par les pièces qu'a publiées le docteur Le Paulmier. Contiguë à la MAISON DE LA VACHE, elle dut entrer dans le pourpris de l'hôtel que se composa Ambroise Paré.

MAISON DE LA COURONNE (1411), dont nous ne connaissons que le nom et l'em-

---

[1] *Ambroise Paré, d'après de nouveaux documents*, etc., par le docteur Le Paulmier (Charavay frères, 1885). — [2] Même ouvrage, p. 27 et 32.

placement. Peut-être est-elle le cinquième immeuble acquis par Ambroise Paré pour composer le pourpris de son hôtel, à moins que ce ne soit la Maison sans désignation contenant des «estables à chevaux» et contiguë à celle des Trois Mores [1].

Maison de l'Échiquier (1462) formant l'angle septentrional des rues de l'Hirondelle et du Pont-Saint-Michel. Il y avait, dans sa très étroite enceinte, une forge à maréchal en 1438.

Le côté septentrional de la rue de l'Hirondelle était généralement bordé de constructions ayant leur façade principale sur la rue de Hurepoix, dont nous allons parler, comme le côté méridional offrait une ligne de bâtiments dont l'entrée était sur la rue Saint-André-des-Ars.

RUE DE HUREPOIX.

Cette voie n'était, en réalité, que la «montée» ou la «descente» du pont Saint-Michel, qualifié de «Pont-Neuf» jusqu'à la construction de celui qui en porte le nom aujourd'hui, et de «Petit-Pont-Neuf, après l'achèvement de ce dernier. Elle continuait, vers l'orient, le «chemin sur Sainne», ou quai des Augustins, mais sous forme de rue bâtie des deux côtés; c'est pourquoi on la trouve désignée, au commencement du xvie siècle, sous le nom de «rue du quai des Augustins». Elle formait donc un étranglement fort incommode entre les rues Gilles-Cœur et du Pont-Saint-Michel, ce qui nécessita plusieurs retranchements dont on trouve trace dans les *Registres du Bureau de la Ville*. L'extrait suivant fait connaître la manière dont on procédait dans ces sortes d'opérations, et la jurisprudence qu'on suivait en matière de «récompense», ou d'indemnité.

«Le Roy desirant que l'élargissement de la rue du Heurepois, qui faict la comunication du pont Saint-Michel au marché au pain et à la volaille établi depuis peu sur le quay des Augustins, soit continué pour la commodité publique, Sa Majesté, estant en son conseil, a ordonné et ordonne que la maison de maistre Jacques Mareschaux, advocat en la cour, scize en ladite rue de Heurepois, qui y faict enclave, sera retranchée de quatre pieds, à commancer au mur de face de celle du nommé Philipart, pour revenir d'alignement au mur de face de la

---

[1] M. le Paulmier a dressé (p. 172 de son livre) un petit plan des propriétés formant le *presqu'îlot* de maisons circonscrit par les rues de l'Hirondelle, de Hurepoix et la place du Pont-Saint-Michel : c'est l'état topographique contemporain d'Ambroise Paré. Berty, qui a figuré sur son plan de restitution le travail de plusieurs siècles, et à qui d'ailleurs les renseignements faisaient défaut, donne sur ce point un parcellaire différent de celui du docteur Le Paulmier.

maison de Monsieur Bourdeau; et, pour pourvoir au dédommagement qui pourra estre deub tant au susdit Mareschaux, à cause du retranchement de sa maison, qu'audit Philipart, et aux directeurs des créantiers du sieur président Galard, dont les maisons ont esté cy-devant retranchées pour ledit eslargissement, veut, Sadite Majesté, que les propriétaires des maisons de ladite rue, depuis et y compris la maison d'encoignure dudit pont Saint-Michel, des deux costez de ladite rue, soient tenus, chacun à leur égard, de contribuer pour les sommes pour lesquelles ilz seront employez dans le roolle quy sera arresté audit conseil [1]. »

Depuis, on a pratiqué de nouveaux retranchements qui ont fait disparaître successivement tout le côté septentrional de cette petite rue; ce qui en reste, du côté méridional, rappelle, par la saillie des maisons, l'étroitesse qu'elle avait autrefois.

Jaillot explique en quelques lignes sa situation, ses différents vocables et l'origine du nom qu'elle portait en dernier lieu : « On ne la distinguoit pas du quai : on la nommoit *rue de Seine allant aux Augustins;* en 1636, on l'appeloit *rue du Quai des Augustins.* Dès le commencement du dernier siècle, on avoit établi, dans différentes rues, des hôtels garnis pour les personnes de province que la curiosité ou les affaires appeloient à Paris; ces hôtels portoient le nom de quelques-unes de nos provinces dont les habitants alloient s'y loger et le conservent encore. C'est par suite de cette ancienne destination que nous voyons encore des hôtels garnis, qui portent le nom des provinces et des villes. Il y en avoit un au bout du quai des Augustins, où venoient loger les habitants et les marchands du Hurepoix; il en a fait donner le nom à la rue où il étoit situé [2]. »

La rue de Hurepoix, n'ayant point d'existence propre, mais continuant le quai des Augustins, devait tôt ou tard être réunie à cette voie publique. La formation

---

[1] *Registres du Bureau de la Ville*, H 1827, fol. 597, 598.

[2] Le Hurepoix était un petit pays du gouvernement général de l'Île-de-France, ayant Dourdan pour chef-lieu : borné au nord et à l'est par la Seine, qui le séparait de l'Île-de-France proprement dite et de la Brie; au sud, par le pays Chartrain et le Gâtinais orléanais; au sud-est par le Gâtinais français; à l'ouest par le Mantois, il comprenait environ soixante-dix lieues carrées, était arrosé par les rivières d'Orge, de Juine, d'Essonne, de Renarde, d'Yvette et de Bièvre, et offrait un sol généralement fertile.

« Le peuple de Hurepoix, dit le *Dictionnaire de Trévoux*, étoit toujours bafoué par les écoliers de l'Université de Paris; on ne se hâtoit pas de revendiquer ce lieu d'origine, et les plaisants l'appliquoient généralement aux gens irascibles et quinteux. » Quand on vouloit railler la rusticité des *martinets* et des *galoches*, étudiants grossiers et incivils, on disait que l'Université était située en Hurepoix.

Ménage, Fauchet et Expilly donnent diverses étymologies du mot *Hurepoix* : on nomme ainsi cette région, soit parce qu'elle est hérissée de forêts et par conséquent froide, soit parce que ses habitants ont « les cheveux droits et hérissés comme poil de sanglier, la teste duquel en venerie s'appelle *hure* ». On a fait aussi dériver *Hurepoix* de *hupe* « qui est une touffe de plumes levées, qu'une espèce de coq porte sur la teste »; de *houppe* « floc de soie ou de fil noué qui jadis se mettoit au sommet des chapeaux et bonnets »; et enfin des mots latins *Eurus Pagus*, pays du vent d'est, bien que le Hurepoix ne soit pas précisément à l'orient de Paris.

du quai Saint-Michel entre le pont de ce nom et le Petit-Pont (1806) en a fourni l'occasion; de nos jours, la création de la moderne place Saint-Michel a donné à ce qui reste de la rue, sur le côté méridional, un nouvel alignement et un nouveau nivellement. Quelques démolitions feront donc prochainement disparaître les dernières traces de cette ancienne voie.

Nous avons, à l'article du quai des Augustins, rappelé diverses circonstances qui intéressent à la fois ce quai et la rue de Hurepoix; nous y renvoyons le lecteur.

CÔTÉ MÉRIDIONAL
(d'Occident en Orient).

JUSTICE ET CENSIVE DE SAINT-GERMAIN-DES-PRÉS.

PAROISSE SAINT-ANDRÉ-DES-ARS.

Maison du Dieu d'Amours (1411), puis du Mortier d'Or (1521), faisant le coin méridional des rues de Hurepoix et du Pont-Saint-Michel. Bien que la destination en fût identique, il importe de ne pas confondre la Maison du Dieu d'Amours avec le Palais d'Amour, lequel tenait l'angle occidental.

Maison de la Couronne (1411), séparée par une ruelle de la maison angulaire de la rue du Pont-Saint-Michel, c'est-à-dire de la susdite Maison du Dieu d'Amours.

Maison sans désignation (1529). La façade principale de cet immeuble bordait la rue de Hurepoix; mais on accédait à ses «estables» par la rue de l'Hirondelle.

Maison des Trois Mores (1531), avec arrière-façade sur la rue de l'Hirondelle.

Maison sans désignation (1523), «en laquelle d'ancienneté soulloit avoir estables à chevaux».

Maison du Chapeau Rouge (1397). Au xvie siècle, les deux tiers de ce bâtiment avaient été incorporés à la Maison des Deux Moutons, sise rue de l'Hirondelle.

Maison du Pot d'Estain, puis de l'Imaige saint Pierre (1476), et encore du Pot d'Estain, au xvie siècle. C'était une portion de l'Hôtel des Deux Moutons, qui est dite tenir à cet immeuble, sis rue de l'Hirondelle, en l'an 1476.

Complétons ce qui précède par la note suivante trouvée dans les papiers de Berty :

«Maison appelée d'ancienneté les Deux Moutons, ayant son entrée, par devant, *sur la rue des Augustins*, et, par derrière, sur la rue de l'Hirondelle, devant les degrés de l'une des descentes de la rivière de Seyne, et, par derrière, rue de l'Hirondelle, au derrière du collège. 1607.»

Ainsi cette maison, à appellations multiples, est bien déterminée : elle avait son arrière-corps vis-à-vis de la façade postérieure du collège d'Autun, lequel s'étendait jusqu'à la rue de l'Hirondelle, et faisait face à la rivière. La note qui nous fournit ce renseignement contient une autre indication qui a son prix : la *Rue des Augustins*, où la MAISON DES DEUX MOUTONS avait son entrée, n'était pas différente de la rue Hurepoix. Au quai succédait cette rue, qui n'était, en réalité, que la montée du pont Saint-Michel. Berty lui a donné ce nom sur son plan et recommande, dans son texte, de ne pas la confondre avec celle qui longeait la façade orientale du couvent des Grands-Augustins.

MAISON SANS DÉSIGNATION, confinant d'une part à la précédente, d'autre à la MAISON DES ÉVÊQUES, s'adossant à la MAISON DE L'ESCU DE FRANCE, et ayant vue, par devant, sur l'ABREUVOIR. C'est bien l'immeuble que Jaillot désigne, à propos de la MAISON DES ÉVÊQUES, quand il dit : «M. Dauvet, maître des requêtes, qui en était devenu propriétaire, l'agrandit encore en y joignant une maison vis-à-vis la descente de la rivière[1]». Cet énoncé répond parfaitement à la MAISON SANS DÉSIGNATION, objet du présent article.

MAISON, HÔTEL et PALAIS tour à tour, formant l'angle oriental des rues de Hurepoix et Gilles-Cœur, avec extension sur la rue de l'Hirondelle, et ayant successivement appartenu aux évêques de Chartres (1300); au connétable de Sancerre (1394); à Gérard Duthies, archevêque de Besançon (1397); à Martin Gouge de Charpaigne, évêque de Clermont (1418 et années antérieures); à Jacques de Montberon, maréchal de France et spoliateur du prélat arverne (1418); à Guy le Bouteiller seigneur de la Roche-Guyon et second spoliateur du patriote Martin Gouge (1423); à Jean Dauvet, maître des requêtes; au roi François Ier; à Séguier, marquis d'O (premières années du xviie siècle), et bientôt après à Albert, duc de Luynes, son gendre. Ce dernier propriétaire fractionna l'immeuble en 1671, et le livra à la spéculation.

Nous avons déjà consigné cette mention sommaire à l'article de la rue de l'Hirondelle[2]; la monographie de l'hôtel se trouve à l'article de la rue Gilles-Cœur[3].

---

[1] RECHERCHES HISTORIQUES, etc., *Quartier Saint-André-des-Arts*, p. 94. — [2] Voir ci-avant, p. 466. — [3] Voir ci-avant, p. 385.

CÔTÉ SEPTENTRIONAL
(d'Occident en Orient).

MÊMES JUSTICE, CENSIVE ET PAROISSE.

Abreuvoir dont il a été question plus haut, à propos de la Maison sans désignation sise « vis-à-vis la descente de la rivière », maison que Jean Dauvet annexa à celle des Évêques, devenue la sienne [1].

Maison sans désignation, faisant face au Pot d'Estain, et par conséquent contiguë aux degrés servant à descendre à l'abreuvoir. En 1523, elle aboutissait à la Seine.

Boucherie appartenant à l'abbaye de Saint-Germain-des-Prés (1436). On la trouve désignée comme suit dans un acte de 1543 :

« Maison contiguë aux Trois Loups, « où souloit d'ancienneté être une place en laquelle les bouchers de Saint-Germain-des-Prés souloient vendre leur chair par les temps de guerre; encore soumise à cette servitude en 1543. »

Le *Journal d'un bourgeois de Paris* confirme, dans les termes suivants, l'existence de cette maison et de l'étal qu'elle renfermait :

« Item, en ces temps (1436), les bouchers de Sainct-Germain-des-Prez firent une boucherie au bout du pont Sainct-Michel, comme on tourne à aller aux Augustins, et commencèrent à vendre la vigille de Toussains, pour Sainct-Quentin [2]. »

A cette mention succincte, l'éditeur ajoute la glose suivante :

« Une décision des commissaires sur le fait de la justice souveraine autorisa provisoirement les bouchers de la boucherie Saint-Germain-des-Prés à tenir leurs estaulx et à vendre leurs chairs sur la rivière de Seine, au long des murs devant l'ostel où souloit pendre la Coronne, près du pont Saint-Michel; le Parlement prorogea successivement jusqu'en Carême-prenant, et jusqu'à la Saint-Jean-Baptiste de l'année 1437, le délai de Noël 1436, primitivement assigné aux bouchers pour l'exploitation de leur privilège [3]. »

---

[1] Cette descente a été remaniée, mais elle existe encore aujourd'hui.

[2] *Journal d'un bourgeois de Paris*, édit. Tuetey, p. 327.

[3] La pièce originale, analysée par Alex. Tuetey, a été imprimée par Félibien. Voici quelle en est la teneur :

Boucherie de Saint-Germain, transférée pour un temps.

« Du Samedy xvi° jour de mars, aujourd'huy, pour certaines causes et raisons, la cour a prolongé jusques à la feste de sainct Jean-Baptiste prochainement venant, le terme et delay qui avoit esté donné jusques à Caresme-prenant dernier passé, aux bouchers de la boucherie de Sainct-Germain-des-Prez, pour tenir leurs estaux et vendre leur chair par provision au bout du pont Sainct-Michel sur la rivière de Seine, au long des murs devant l'hostel où souloit pendre la Couronne, et sans préjudice des droicts du Roy et des bouchers de la grande boucherie de Paris. » (*Histoire de la ville de Paris, Preuves,* IV, p. 598.)

A l'article de la rue du Pont-Saint-Michel, nous suivons l'histoire de cette boucherie intermittente qui, de prolongation en prolongation, avait fini par s'éterniser, sous forme d'étaux en plein vent. Il fallut qu'un arrêt du Conseil, rendu en 1680, prescrivît le transfert de ces étaux sur la place de la Porte-Saint-Michel, pour en débarrasser les abords du pont. Nous publions, aux appendices, les pièces extraites du *Registre du Bureau de la Ville* et relatives à cette translation.

Maison des Trois Loups (1543), en mitoyenneté avec la Boucherie ci-dessus spécifiée.

Maison sans désignation, tenant à l'angle septentrional des rues de Hurepoix et du Pont-Saint-Michel.

Il reste à justifier la direction et à déterminer l'assiette précise de trois maisons alignées sur le côté septentrional de la rue. L'une s'élevant «en face du Pot d'Étain» était le neuvième immeuble du côté méridional en allant d'orient en occident. La deuxième, où se transportaient, en temps de guerre, les étaux de boucherie de Saint-Germain-des-Prés, était située «devant l'Ostel où souloit pendre la Coronne»; par conséquent elle doit prendre place, avec solution de continuité, sur le flanc oriental de la précédente. Enfin venaient «les Trois Loups», avant-dernière maison du côté septentrional de la rue Hurepoix, peut-être même formant encoignure sur la rue du Pont-Saint-Michel.

Nous ne terminerons point cette restitution topographique sans mentionner une dernière maison ayant probablement fait partie de la rue de Hurepoix, et dont l'existence nous est révélée par un événement intime qui donna lieu à condamnation. Aux termes des *lettres de rémission* accordées par le roi Henri VI, en l'année 1424, il est fait grâce à certaine «femme amoureuse», nommée Jehannette la Bardine, dite *la Noire*, laquelle, pour se défendre contre deux Anglais en train de rompre son huys, à une heure nocturne, lapida l'un de ces *vaunéans*. Cette virago avait son «ostel» assez prez du Pont-Neuf, — c'est ainsi qu'on appelait alors le pont Saint-Michel, — «en allant aux Augustins». Cette indication suffit pour placer la maison de Jehannette la Bardine dans la rue de Hurepoix, mais non pour la localiser complètement.

RUE DU JARDINET.

La rue du Jardinet est sans doute encore un de ces chemins, ou sentiers de traverse, qui occupaient anciennement le clos de Laas et les terres de Gibard, et que l'accensement du xiie siècle transforma en rues et en ruelles. Raccourci à ses deux extrémités, ce chemin devait se prolonger originairement jusqu'à la rue Saint-André, d'une part, et jusqu'à la rue Hautefeuille, de l'autre, mettant ainsi en communication deux des voies les plus importantes de cette région. Diverses acquisitions et constructions, l'agrandissement de l'hôtel de Reims en particulier, le réduisirent au parcours qu'avait la rue avant son absorption par le boulevard Saint-Germain, c'est-à-dire à l'espace compris entre la rue Mignon, au sud, et le cul-de-sac de Rouen, au nord.

Berty a figuré, sur son plan de restitution, la rue du Jardinet comme s'étant prolongée, vers l'orient, jusqu'à celle de la « Vielz Plastrière ». C'est là, en effet, qu'elle aboutissait avant l'extension de l'hôtel de Reims. Les archevêques ayant, en effet, perdu quelque chose de leur pourpris vers le sud, quand le président Le Maistre obtint la permission de bâtir une « granche et des estables » à l'extrémité de la ruelle du Paon qui devint alors une impasse, compensèrent cette perte par des acquisitions vers le nord, et raccourcirent ainsi, dans la direction de l'est, le parcours de la rue du Jardinet.

Nous avons déjà fait remarquer que la région dans laquelle était située cette rue portait, aux xiiie et xive siècles, le nom de *Petits Champs, Parvi Campi*, sans doute par suite de la division du sol résultant de l'existence de nombreux sentiers, et aussi à cause du vaste accensement opéré, en 1179, par Hugues V, abbé de Saint-Germain. La dénomination de *vicus Parvorum Camporum* a été appliquée à trois ou quatre petites rues qui traversaient le territoire ainsi appelé, et celle du Jardinet en était une.

Ce n'est pas le seul nom sous lequel on la trouve désignée. Le Livre de la Taille de 1299 énonce, entre la rue du Paon et celle de Jehan de Fontenoy, que nous avons identifiée avec celle du Battoir, une rue *Martin Alesoires*, qui ne saurait être que l'impasse du Paon, ou la rue du Jardinet, lesquelles aboutissaient toutes deux à la rue Hautefeuille, avant l'agrandissement du pourpris de l'hôtel de Reims. Mais il faut écarter l'impasse du Paon, qui portait alors un autre nom, puisque le Rôle de 1298 l'appelle « rue au Prince ». Reste donc la rue du Jardinet, à laquelle seule paraît pouvoir s'appliquer la dénomination de *Martin Alesoires;* c'était sans doute un des habitants ou notables propriétaires de cette rue.

La pluralité des noms et leur emploi simultané étaient alors chose fréquente, puisque Guillot, qui écrivait l'année suivante (1300), désigne la rue qui nous occupe par son ancienne appellation de *Champ petit* :

> Par la rue de Haute fueille
> Ving en la rue de Champ petit.

Cette dénomination de *Champ petit*, ou des *Petits-Champs*, était pour lui une appellation commune aux rues Mignon et du Jardinet qui se soudaient en équerre, et semblaient, comme la rue des Poitevins, constituer une seule et même voie.

Presque à la même époque, un autre vocable apparaît : c'est celui de l'*Escureil*, de l'*Escureuil*, des *Escureulx*, de l'*Escoulle*, en latin, *vicus Scurelli*. On le trouve dans le Livre de la Taille de 1313, et on l'a fréquemment employé aux xive et xve siècles. Adolphe Berty a même remarqué qu'il était d'un usage presque exclusif au xvie siècle. Cette appellation était due à une maison dite DE L'ESCUREUIL, parce qu'elle avait pour enseigne l'*Escuruel*. Le roi Philippe le Bel en fit don, en 1315, à Marie de Thou [1].

Les dénominations par à peu près jetteraient une grande confusion sur la rue du Jardinet, si des textes positifs n'en établissaient clairement la situation et le parcours : ainsi, on la trouve confondue, du moins par le nom, avec la rue Serpente, à laquelle elle conduisait avant son raccourcissement, et avec la rue Mignon, qui la continuait en retour d'équerre. Tout cet ensemble de petites voies sillonnait l'ancien territoire des *Parvi Campi*.

Il n'est pas jusqu'au nom moderne de *Jardinet*, ou *Petit Jardin*, qui n'ait ajouté à la confusion, en conduisant les historiens à rechercher l'hôtel dont les jardins, s'étendant dans cette direction, auraient pu lui valoir une dénomination nouvelle. Jaillot estime que ce doit être l'hôtel ou collège de Vendôme ; mais on peut objecter que cet hôtel a été détruit en 1441, et que l'appellation de rue du Jardinet ne se rencontre que postérieurement à cette date. Adolphe Berty croit qu'il s'agit plutôt de l'hôtel de Reims, dont les jardins plus étendus ont subsisté beaucoup plus tard, et longeaient la rue du Jardinet dans la plus grande partie de son parcours, tandis que l'hôtel de Vendôme ne la touchait qu'à son extrémité occidentale.

Enfin, comme pour la dénomination de l'*Ecureuil*, on a mis en avant une enseigne du *Jardinet* ou *Petit Jardin*; ce qui n'est point absolument improbable, puisqu'il existe encore, de nos jours, des enseignes de ce genre [2].

La rue du Jardinet a subsisté jusqu'à l'ouverture de la seconde section du boulevard Saint-Germain (1866); cette grande voie l'a absorbée presque tout entière,

---

[1] Notes de Berty. — [2] On en voit une, notamment, au coin du quai des Célestins et de la rue du Pont-Louis-Philippe.

ainsi que la rue et l'impasse du Paon, ne laissant d'autre témoin du groupe de ruelles ayant porté jadis le nom de *vici Parvorum Camporum*, que la partie méridionale de la rue Mignon, laquelle, on le sait, se soudait en équerre avec la rue du Jardinet, et la continuait au nord, depuis que les agrandissements de l'hôtel de Reims avaient amené la suppression de son extrémité orientale.

CÔTÉ SEPTENTRIONAL
(d'Occident en Orient).

JUSTICE ET CENSIVE DE SAINT-GERMAIN-DES-PRÉS.
PAROISSE DE SAINT-ANDRÉ-DES-ARS.

La partie de la rue du Jardinet, de l'Escureul, ou des Petits-Champs, qui fut supprimée, puis englobée dans les dépendances de l'hôtel de Reims, ainsi que nous l'avons exposé à l'article de la rue des Étuves et de l'impasse du Paon, ne paraît pas avoir été bordée de constructions importantes, à en juger du moins tant par le plan de Berty que par les chétifs bâtiments que le percement de la deuxième section du boulevard Saint-Germain a emportés il y a quelques années, et dont l'aspect rappelait un peu les granges et écuries que le président Le Maistre fit établir à quelques pas de là. Voici la succession approximative des immeubles sur ce côté de la rue :

PLACE VIDE, à l'encoignure de la rue de la Vieille-Plâtrière;

TERRAIN contigu à la MAISON DES CARNEAULX, laquelle avait son entrée sur la rue Mignon;

DÉBOUCHÉ méridional de la rue Mignon;

PARTIE LATÉRALE DU COLLÈGE MIGNON, ayant son entrée sur la rue de ce nom.

JARDIN compris dans le pourpris de la MAISON DE L'IMAGE SAINT MARTIN, qui avait son entrée sur la rue du Battoir, et que le plan de Berty nous montre avoir été divisée en trois portions.

HÔTEL D'ENNEVAL, formé du démembrement de la MAISON DE L'IMAGE SAINT MARTIN, et ayant appartenu successivement à dix propriétaires dont le docteur Chéreau a relevé les noms. (Voir à la rue du Battoir.) Cet hôtel occupait, entre les rues du Battoir et du Jardinet, un terrain en forme de rectangle évasé vers le sud. Il avait son entrée sur cette dernière voie, presque en face du débouché de la rue du Paon, était limité, à l'occident, par le collège de Vendôme, et à l'orient par la partie occidentale de la MAISON DE L'IMAGE SAINT MARTIN.

COLLÈGE OU HÔTEL DE VENDÔME. Cet immeuble occupait un terrain irrégulier, de forme trapézoïdale, circonscrit par trois rues, celles du Battoir, de l'Éperon, du Jardinet, et par l'hôtel d'Enneval. Il n'avait pas, à proprement parler, le caractère d'un collège; c'était, comme les maisons d'études fondées à Paris par les Bernardins, les Carmes, les Clunistes, les Cordeliers, les Jacobins, les Prémontrés, une sorte d'hôtel où résidaient les abbés prieurs et religieux de passage à Paris, et où les novices de l'ordre se préparaient à prendre leurs degrés dans les facultés, avant de regagner la maison professe. Le plus considérable de ces établissements était celui des Bernardins, dont le réfectoire existe encore.

Il ne semble pas que le collège ou hôtel de Vendôme ait eu la même importance.

Les bâtiments, dit Berty dans une de ses notes, en avaient été amortis le 15 septembre 1369; mais ils existaient antérieurement, puisque Berty et, avant lui, La Tynna en ont trouvé mention en 1367. Quant à la date précise de la fondation, elle n'est indiquée nulle part, et on le comprend, quand on songe qu'il ne s'agissait point d'un établissement scolaire à construire et à doter, mais bien d'une habitation temporaire pour les novices et religieux profès du monastère bénédictin de Vendôme, lesquels venaient étudier à Paris, aux frais de leur couvent.

C'est parce que la maison dite de Vendôme était plutôt un hôtel qu'un collège, et peut-être aussi parce qu'elle avait pour protecteurs les comtes de Vendôme, que nous la voyons, en 1424, confisquée, avec le comté de ce nom, sur Louis de Bourbon, ainsi qu'il résulte de la note suivante insérée par M. Auguste Longnon dans son savant travail, *Paris sous la domination anglaise* : « Par lettres patentes du 20 septembre 1424, Robert de Willoughby, chevalier anglais, avait reçu de Bedfort, agissant comme duc d'Anjou, le comté de Vendôme, confisqué sur Louis de Bourbon et relevant du duché d'Anjou; ce don fut confirmé le 21 octobre 1425, par le roi Henri VI. La donation comprenait implicitement, dit Sauval[1], l'hôtel de Vendôme situé à Paris devant l'hôtel de Rouen et celui de Reims, à la place que le plan dressé par Berty assigne au collège de Vendôme cité, dit-on, en 1367[2]. »

Le nouveau possesseur du collège, ou hôtel de Vendôme, ne chercha sans doute point à savoir si l'immeuble dont on le gratifiait était propriété seigneuriale ou monastique, s'il servait de logis à un prince ou d'habitation à des religieux étudiants; il s'en empara et le conserva jusqu'à la reprise de Paris par les troupes de Charles VII. En 1436, il était gouverneur de Pontoise, lorsqu'il fut appelé au commandement des forces anglaises chargées de défendre la capitale contre

---

[1] T. III, p. 316, 580 et 589. — [2] *Paris sous la domination anglaise*, dans les *Mémoires de la Société de l'histoire de Paris et de l'Île-de-France*, p. 156.

Richemont et Villiers de l'Ile-Adam. On sait qu'il échoua dans cette tâche. Une note de Berty porte que le collège, ou hôtel de Vendôme, fut démoli en 1441. Naturellement, on ne le trouve figuré sur aucun des vieux plans de Paris, puisque les plus anciens sont postérieurs de plus d'un siècle à sa démolition.

PARTIE LATÉRALE DE L'HÔTEL DES ARCHEVÊQUES DE ROUEN. On sait que cette résidence archiépiscopale formait un vaste pourpris délimité par la rue du Paon, celle du Jardinet et le cul-de-sac ou impasse de Rouen. Sur ces deux dernières voies, elle n'avait que des bâtiments latéraux et des dépendances, l'entrée principale étant située rue du Paon, à peu près en face de celle de l'hôtel de Reims.

CÔTÉ MÉRIDIONAL
(d'Occident en Orient).

MÊMES CENSIVE, JUSTICE ET PAROISSE.

DÉBOUCHÉ ORIENTAL DE LA RUE DU PAON. — PARTIE LATÉRALE DE L'HÔTEL DES ARCHEVÊQUES DE REIMS, dont l'entrée principale était sur la rue et l'impasse du Paon. La chapelle paraît avoir été située sur la rue du Jardinet, à en juger par les vues un peu informes que donnent les plans de Saint-Victor et de Bâle. (Voir la monographie de l'hôtel, à l'article de la rue du Paon.)

PORTION DE RUE SUPPRIMÉE, formant antérieurement jonction entre les rues Mignon et des Étuves. (Voir aux articles de ces deux rues et de celle des Cordeliers, pour les circonstances qui amenèrent la suppression de cette portion de voie publique.)

DÉPENDANCES DE L'HÔTEL DE REIMS. Nous avons également, aux articles des rues Mignon et des Étuves, rappelé dans quelles conditions eut lieu l'extension de l'hôtel, ou plutôt du pourpris dans lequel les bâtiments étaient contenus. L'hôtel de Reims, comme celui de Saint-Paul, se composait de divers corps de logis, de galeries, d'une chapelle, d'un oratoire, le tout réuni par des préaux, des cours et des jardins. L'entrée principale se trouvant sur la rue et l'impasse du Paon, on dut, lors des agrandissements opérés après la suppression de la portion de rue dont nous venons de parler et dans la direction de celle de la Vieille-Plâtrière, rejeter, à cette extrémité du pourpris, les «granches, estables» et autres dépendances de l'hôtel.

Après la vente de l'hôtel, les démolitions et lotissements qui en furent la conséquence, il resta, au n° 9 de la rue du Jardinet, une tourelle ayant appartenu aux bâtiments de cette résidence archiépiscopale. Nous l'avons reproduite, d'après l'une des planches de la *Statistique monumentale*, à la page 440.

RUE MIGNON.

Le nom de Mignon, relativement moderne, n'est pas le premier que cette voie publique ait porté : elle le doit au collège qui y fut fondé, en l'an 1343, *inter vicos Scurelli, Parvorum Camporum et Serpentis*. Nous connaissons les rues de l'Écureuil et « de la Serpente »; la troisième, celle des Petits-Champs, ne peut être que la voie dont nous nous occupons.

Nous avons déjà fait remarquer, à propos de plusieurs rues voisines, celles du *Jardinet*, du *Battoir*, des *Étuves*, du *Paon*, etc., que le territoire compris entre les rues Hautefeuille, des Cordeliers et Saint-André-des-Ars est désigné, dans un grand nombre d'anciens titres, sous le nom de *Parvi Campi*, *Petits Champs*, dénomination provenant sans doute de l'extrême morcellement du sol. Il n'est guère possible de savoir si ce fractionnement du terrain en petites portions cultivées était le fait des nombreux sentiers, ou chemins de desserte, qu'on y avait tracés primitivement, ou résultait du grand accensement de 1179, ordonné par Hugues V, abbé de Saint-Germain. On n'est bien fixé que sur l'appellation de « Petits Champs », donnée à plusieurs petites rues ayant remplacé ces chemins, et, en particulier, à celle qui porta plus tard le nom de Mignon.

Jaillot, interprétant mal un passage de Du Breul, où il est dit que la rue Mignon aboutissait à celle de *la Scurelle*[1], a cru que ce vocable lui avait été appliqué[2]. Une faute de copiste, ou une erreur d'impression, a défiguré sans doute le nom de *Scurel* ou *Scurelle*, traduction du latin *Scurellus*, écureuil. Nous avons vu la rue Mignon fréquemment désignée par ce nom de *Petits-Champs*, ou *Champ petit*, qui a été donné en même temps à plusieurs autres voies. On l'a appelée aussi *rue du Petit-Jardin*, parce qu'on la confondait avec celle du Jardinet, ou du moins parce qu'on la considérait comme une continuation, en retour d'équerre, de cette dernière voie, privée de son ancien débouché sur la rue de la Vieille-Plâtrière.

La dénomination de Mignon, qu'elle devait, avons-nous dit, au collège de ce nom, ne lui a point été donnée, prétend Adolphe Berty, avant le xviiie siècle. Cependant nous avons constaté que Gomboust en 1652, Bullet et Blondel en 1676, écrivent sur leurs plans « rue Mignon ».

Le percement du boulevard Saint-Germain a fait disparaître l'extrémité méri-

---

[1] Jaillot écrit *Semelle*, qui nous paraît être une forme vicieuse; un scribe ignorant et enclin à l'appropriation des termes aura lu *Semelle* pour *Scurelle*, traduction française du latin *Scurellus*, écureuil. Nous avons cité antérieurement plusieurs altérations de ce genre.

[2] Recherches critiques, etc., *Quartier Saint-André-des-Arts*; voir à l'article de la rue Mignon.

dionale de cette rue déjà si courte; ce n'est plus aujourd'hui qu'un tronçon aboutissant d'un côté sur le nouveau boulevard, de l'autre dans la rue Serpente prolongée (ancienne rue du Battoir).

CÔTÉ ORIENTAL
(du Sud au Nord).

CENSIVE DE SAINT-GERMAIN-DES-PRÉS.
PAROISSE DE SAINT-CÔME.

PORTION DES DÉPENDANCES DE L'HÔTEL DE REIMS.

MAISON DES CARNEAUX, l'une des nombreuses maisons crénelées du vieux Paris. Aucune particularité ne distingue celle-ci des autres portant le même nom. Elle fut donnée, en 1605, par arrêt du Conseil d'État, à Claude Cocquelet, ancien principal du collège Mignon, pour en jouir à titre de compensation de la perte de son titre, le collège ayant été adjugé définitivement à l'abbé de Grandmont.

CENSIVE DU PARLOIR AUX BOURGEOIS.

MAISON DE LA CORNE DE CERF, contiguë à celle qui faisait le coin de la rue du Battoir (1569).

MAISON formant l'angle des deux rues, et ayant son entrée sur celle du Battoir.

CÔTÉ OCCIDENTAL
(du Sud au Nord).

MÊMES CENSIVE ET PAROISSE.

COLLÈGE MIGNON, occupant tout le côté occidental de la rue Mignon et tout l'espace compris entre celles du Battoir et du Jardinet. La création de cet établissement est racontée par tous les historiens de Paris. Félibien, en particulier, résume très exactement l'acte de fondation, dont il donne le texte dans ses *Preuves*; mais le récit de Du Breul a plus spécialement le caractère topographique; le voici :

« Maistre Robert Mignon, clerc du Roy en sa Chambre des comptes, eut de sa femme Jeanne deux enfants, Jean et Robert Mignon. Le premier fut archidiacre de Blois, en l'Eglise de Chartres, et conseiller du Roy; lequel acheta, à Paris, plusieurs maisons contiguës, en la censive et justice de l'abbaye de Saint-Germain-des-Prés, tenant à l'ancien hostel de Vendosme et aboutissant de trois costés aux rues de *Semelle*[1], Petits-Champs et de la Serpente. Le second eut un fils nommé Michel Mignon, lequel, suivant l'intention de ses père et oncle, fit assortir et convertir lesdits lieux en collège, moyennant trois cents francs d'or, qu'il bailla aux

---

[1] Voir ci-avant, l'explication que nous donnons de cette forme.

religieux, abbé et convent de Saint-Germain. Et, en outre, réservé à iceux toute justice temporelle et le cens capital de trois sols, six deniers, obole, payable par chascun an au trésorier de ladite abbaye. Le mesme Michel Mignon fit bastir la chapelle d'icelui collège, comme il se lit engravé en pierre sur le portail d'icelle qui répond à la rue, en ces termes :

« *Hanc capellam construi fecit Michael Mignon, domini Regis notarius, ad laudem Dei honoremque beatorum Egidii et Lupi, et precipue in commemorationem omnium fidelium defunctorum. Cujus commemorationis solennitas fit in Ecclesia Dei sancta, anno quolibet, secunda die Novembris.* »

« Et dans icelle chapelle, en la première vitre, du costé du chœur est escrit : « *Maistre Robert Mignon, clerc du Roy en sa Chambre des comptes, Jeanne sa femme, et ses enfants.* »

« En la seconde vitre, du mesme costé droit du chœur : *Magister Johannes Mignon, olim archidiaconus Blesensis, in Ecclesia Carnotensi, fundavit hoc collegium* 1343 [1]. »

Malingre, ou plutôt Du Breul, paraît croire que la fondation du collège Mignon s'est accomplie sans difficultés : elle a été pourtant très laborieuse. Quoique l'acte fût de l'année 1343, rien n'était fait encore dix ans après, et, dans l'intervalle, Jean Mignon était mort, laissant à Robert Mignon, son frère, le soin de réaliser ses volontés. Elles consistaient, dit Félibien, à instituer un collège « pour douze écoliers de sa famille, autant qu'il se pourroit faire ; à quoi il obligeoit tous ses biens et chargeoit les exécuteurs de son testament de donner la dernière perfection à cette bonne œuvre... ; mais la fondation fut longtemps suspendue par la négligence des exécuteurs. L'Université en porta ses plaintes au roi Jean, en 1353 [2]. » Après examen de l'affaire, ce prince ordonna que Robert Mignon, le principal exécuteur testamentaire, achèterait « avant Noël prochain, dans le fief du Roy, huit vingt livres parisis de rente amortie, pour l'entretien de douze écoliers, auxquels il donneroit la maison où demeuroit son frère, ou autre de mesme valeur, en lieu compétent, avec quinze lits garnis, des meubles à proportion et une chapelle [3]. »

---

[1] Malingre, *Antiquitez de Paris*, p. 329.

[2] L'Université, dans sa requête que reproduisent en substance les lettres du roi Jean, affirme qu'il lui appartient de soutenir les droits et franchises de tous ses étudiants, et elle déclare qu'en ajournant l'exécution du testament de Jean Mignon, on a non seulement fait tort aux écoliers, mais encore retardé le salut de l'âme du fondateur ; c'était invoquer, en même temps, la justice et la religion : « *Licet defunctus longo tempore elapso obiisset, infra quod dicta fundatio, nisi per dictos executores stetisset, fieri potuisset et etiam debuisset, quia tamen nundum facta extiterat, seu etiam inchoata, in maximum prejudicium, detrimentum et diminutionem studii parisiensis, nec non retardationem salutis animæ dicti testatoris, et ejus voluntatem testamentariam facere et adimplere temerarie pretermittendo.* » (Lettres reproduites dans les *Preuves* de Félibien, III, 655 et suiv.)

[3] Félibien, I, 595, 596. Après avoir analysé les lettres du roi Jean, nous croyons devoir en extraire la partie relative à l'installation immobilière et mobilière du nouvel établissement : « *Tenebitur magister Robertus dare et tradere domum*

L'arrêt reçut son exécution ; malgré le droit d'option laissé par le Parlement, le collège fut installé dans la maison même du fondateur, contrairement à ce qui eut lieu pour le collège de Navarre, auquel avait été légué le petit hôtel de ce nom, à l'extrémité occidentale de la rue Saint-André-des-Ars et qui fut, néanmoins, par la volonté des exécuteurs testamentaires, établi sur la montagne Sainte-Geneviève.

L'intervention du roi Jean dans cette affaire eut plus tard de graves conséquences : ce prince, d'après Félibien, amortit la maison et les revenus destinés au collège, et en devenant par là le fondateur, il en retint, pour lui et ses successeurs, «la garde, le gouvernement, la visite, l'institution et la destitution des boursiers[1]». C'était mettre l'établissement dans les mains du Roi et annuler, dans une certaine mesure, la fondation de Jean et de Robert Mignon, bien qu'on eût réservé à sa famille «la préférence dans les bourses». Deux siècles plus tard, ce titre de fondateur, gardien et gouverneur fut invoqué contre les descendants du vrai fondateur, dont le nom disparut pour faire place à celui de Grand-Mont, quoiqu'il fût, dit Malingre, «engravé en pierre sur le portail de la chapelle».

Le collège Mignon, qui ne put naître que grâce à des lettres royales, paraît avoir eu en outre plusieurs démêlés avec la justice. Trente-huit ans seulement après la décision judiciaire qui imposait à Robert l'obligation d'exécuter les volontés de son frère Jean, un autre litige survint. L'aumônier du roi, c'est-à-dire le grand aumônier de France, eut à se plaindre du principal, «maistre Cosme Courtillier, soy disant maistre des escoliers Mignon». Il mit dans ses intérêts le procureur général, et obtint contre son adversaire un jugement par lequel la cour commettait «maistre Nicolle de Clamanges, pour gouverner ledict hostel, recevoir les rentes et réparer», sauf à rendre compte de son administration[2]. Ce n'était qu'un arrêt provisoire; nous ne savons quelle suite eut l'affaire.

En janvier 1526 (v. s.), nouvelle plainte : on lit ce qui suit dans les *Extraits de différens registres du Parlement* publiés par Félibien : «Du samedy xxviie jour de janvier, l'evesque de Troyes, confesseur du Roy, est venu en la Cour de ceans, qui a dict que le college Mignon est de la fondation royalle, et auquel a eu, par cy devant, grand nombre d'escolliers et fort bon exercice; toutes fois, de présent, n'y a aucun exercice, pour ce que le principal dudict college est chanoine de Chartres, et ne se tient ordinairement audict college. Et a supplié la Cour commettre

---

quam dictus ejus frater, tempore sui obitus, tenebat et in ea morabatur, seu aliam equivalentem pro habitatione et mansione dictorum scholarium Parisius, in loco competenti situatam, una cum quindecim lectis furnitis et supellectilibus, ac quadam capella pro divino servicio celebrando.»

[1] Félibien, I, 595.
[2] Félibien, *Preuves*, II, 544.

aucuns des conseillers de ceans pour, avec luy, se transporter audict college et procéder à la réformation d'iceluy. » Le défaut de résidence, qui était alors le vice de l'épiscopat, paraît avoir été aussi celui des principaux, ou tout au moins de celui du collège Mignon. L'abus étant flagrant, la Cour chargea trois conseillers de se transporter audit collège, avec l'évêque de Troyes, et de prendre les mesures nécessaires[1].

Elles ne furent pas cependant tellement efficaces qu'il n'ait été besoin, quinze ans après, en août 1539, de procéder à une nouvelle réforme. L'historien Le Maire nous apprend que « Jean Le Veneur, cardinal évêque de Lisieux et grand aumosnier de France, restablit la discipline dans le collège Mignon, tant pour le service divin que pour l'entretien des douze boursiers qui y avoient esté fondez[2] ». C'est en qualité de grand aumônier de France et par conséquent toujours au nom du Roi, considéré comme le véritable fondateur du collège, au détriment de Jean et de Robert Mignon, que le cardinal Jean Le Veneur intervient.

Ce précédent amena, en 1584, une véritable confiscation du collège au profit des Bons-Hommes, ou Minimes de l'ordre de Grandmont. En échange de leur couvent du bois de Vincennes, qui gênait peut-être le Roi dans ses plaisirs cynégétiques, ils reçurent de Henri III le collège Mignon, alors en pleine décadence, et lui donnèrent le nom de leur ordre. Ce fut sans doute à la suite de la fameuse procession faite par le Roi et ses pénitents aux Minimes de Chaillot, en cette même année 1584, que l'arrangement eut lieu[3]. Malingre, ou plutôt Du Breul, l'expose dans les termes suivants : « En l'an 1584, le roi Henri troisiesme laissa a perpétuité ledit collège a l'abbé de Grammont... Mais la cause a esté, par plusieurs années, débattue, s'opposant maistre Claude Cocquelet, doyen de la grande église de Meaux, et maistre Victor Cayet, docteur en théologie, eux se disant principaux dudit collège. Et à iceux se joignit le recteur de l'Université. »

L'affaire traîna en longueur pendant les guerres de religion ; elle ne fut terminée qu'en 1605 par un arrêt définitif du Conseil d'État « déboutant, dit Malingre, les prétendus principaux Cocquelet et Cayet, sinon qu'il est permis audit Cocquelet de jouir de la petite maison sise devant le college, dite des Carneaulx, etc... Et en outre le college s'appellera dorénavant college de Grandmont[4]. »

Après être resté plus d'un siècle et demi entre les mains de ses nouveaux pos-

---

[1] Félibien, *Preuves*, II, 674.
[2] Le Maire, II, 518, et Félibien, I, 596.
[3] Hippolyte Cocheris, dans ses *Notes et additions* au texte de Le Beuf, mentionne, parmi les documents originaux relatifs au collège Mignon, « le contrat d'échange du prieuré de Vincennes, pour le collège, échange ordonné par le Roi et confirmé par le pape Grégoire XIII, le 1er novembre 1584 » (III, 317).
[4] *Antiquitez de Paris*, p. 349 et suiv.

sesseurs, le collège Mignon fut réuni à l'Université, comme tous les autres établissements scolaires sans exercice. Peu d'années auparavant, en 1749, la chapelle avait été, dit Le Beuf, « rebâtie beaucoup plus grande que la précédente, et l'autel placé à l'occident ». Déclarés propriétés nationales en 1790, les bâtiments servirent à divers usages, notamment de dépôt pour les archives du Trésor royal, sous la Restauration; on les aliéna en 1824. Ils ont été convertis depuis en ateliers d'im-

Rue Mignon et partie de la façade du collège,
d'après une photographie.

primerie. La chapelle, reconstruite en 1749, est visible à l'extérieur; on retrouve, à l'intérieur, quelques traces de l'ancien établissement scolaire; mais les appropriations modernes tendent chaque jour à les faire disparaître.

RUE DE NEVERS.

Le procès-verbal de la visite de l'hôtel de Nesle par Etienne Grandremy et Léonard Fontaine, tous deux «maistres des œuvres de massonnerye et charpenterye du roy», mentionne, à la date où il a été rédigé (1571 ou 1572), «une petite ruele entre lesdictz Augustins et ledict hotel (de Nesle), par laquelle on entre et sort dudict quay (le quai de Nesle et des Augustins) au jardin de l'hostel Sainct Denys[1]». Cette voie, dont l'aspect actuel ne dément pas l'ancienne et sordide origine, n'était au xiiie siècle, selon La Tynna, «qu'une ruelle qui servait d'écoulement aux eaux de la maison des frères Sachets et du jardin du collège de Saint-Denis... Elle porta aussi, comme plusieurs autres voies de cette région, le nom de ruelle des Deux-Portes, parce qu'elle se fermait à ses extrémités. Elle a pris son nom actuel de l'hôtel de Nevers, le long duquel elle passait».

C'est sous ce dernier vocable que Berty la fait figurer dans son plan : elle aboutit au «chemin sur Sainne» et vient buter contre la muraille de Philippe-Auguste, à l'extrémité septentrionale du «Jardin des Archiers». Mais elle dut être régularisée dans son parcours et mise en meilleur état de viabilité, lors de l'achèvement du Pont-Neuf et du percement de la rue Dauphine. A cette époque, en effet, c'est-à-dire en 1606, la compagnie qui entreprit d'ouvrir de nouvelles voies à travers les dépendances du couvent des Augustins et les jardins du collège, ou hôtel de Saint-Denis, fut chargée de construire souterrainement deux passages voûtés, pour mettre les propriétés appartenant à ces deux établissements et situées au delà de la nouvelle rue Dauphine, en communication avec les bâtiments conventuels, résidence abbatiale et logis scolaires, ouvrant sur la rue de la Barre. Les propriétés dont il s'agit étaient des maisons en bordure de la ruelle de Nevers, et s'étendant en profondeur jusque sur l'emplacement où fut percée la rue d'Anjou. Nous en avons mentionné, à l'article de cette dernière rue, quelques-unes qui subsistent encore, et qui sont reconnaissables à leur mode de construction.

Moins heureuse que la rue Guénégaud, qui fut prolongée jusqu'au chemin sur les fossés (rue Mazarine), lors du comblement de ces fossés et de la destruction du mur d'enceinte, la ruelle de Nevers est restée au point où elle avait été primitivement arrêtée par la muraille, et son extrémité, formant un petit cul-de-sac au delà du débouché de la rue d'Anjou, marque le point précis où passait la fortification de Philippe-Auguste. Elle fut demeurée elle-même à l'état d'impasse,

---

[1] Voir le texte de ce document à l'article de l'hôtel de Nesle.

masquée qu'elle était par les maisons de fond construites sur les trois voies environnantes, si le percement de la rue d'Anjou ne l'avait pas mise en communication avec la rue Dauphine. Les conditions topographiques dans lesquelles elle est située ont, d'ailleurs, toujours fait obstacle à sa prospérité; la profondeur des constructions élevées en bordure des rues Dauphine et Guénégaud l'ont condamnée à n'être qu'une voie de desserte ou de décharge, comme il en existait au moyen âge, derrière toutes les rues de quelque importance.

CÔTÉ OCCIDENTAL
(du Nord au Sud).

JUSTICE ET CENSIVE DE SAINT-GERMAIN-DES-PRÉS.

PAROISSE DE SAINT-ANDRÉ-DES-ARS.

Appartenances du Grand Nesle, puis de l'Hôtel de Nevers, et en dernier lieu, partie postérieure des maisons ayant leur façade sur la rue Guénégaud.

Avant que ces deux hôtels eussent leurs dépendances sur la ruelle de Nevers, et que les bâtiments bordant la rue Guénégaud s'y étendissent en profondeur, de manière à y avoir leur mur de fond, on y remarquait, en 1332, plusieurs « maisons entretenantes » au nombre desquelles se trouvait une de celles dont il est question dans l'acte de fondation du collège des Lombards par Jean Renier : « Et simili modo predictus Renerus obligavit expresse domum suam quam habet Parisius super ripam Secane, prope Nigellam, cum juribus et pertinentiis ipsius domus, cui adherent domus Rudolphi Romani... dicti Coquus, sive le Queux, ab una parte, hortus Nigelle ab alia, viridarium Nigelle a parte retro, et via publica a parte ante.[1] »

La maison dont il est question dans ce texte était située sur le bord du fleuve, et avait devant elle une voie publique, c'est-à-dire le quai ou « chemin sur Sainne »; elle était bordée, d'un côté par le jardin, de l'autre par le verger de l'hôtel de Nesle; enfin elle attenait aux maisons de Raoul le Romain. L'une de ces maisons devait donc nécessairement faire le coin de la ruelle de Nevers, puisque celle de Jean Renier touchait au pourpris de Nesle, et que, au delà de la ruelle, vers l'orient, on était en plein domaine des Augustins et des Écoliers de Saint-Denis. Les autres constructions se trouvaient nécessairement en façade sur la rivière.

Il suit de là que la maison formant aujourd'hui l'angle occidental de la rue de Nevers a été bâtie sur l'emplacement de l'une de celles que possédait, en 1332, Raoul le Romain, dit Le Queux. Une particularité plus moderne semblait la re-

---

[1] Voir l'article relatif au quai Conti.

commander à l'attention de l'historien; en 1785, Napoléon Bonaparte, alors âgé de seize ans et sortant de l'École militaire de Brienne, y aurait occupé une mansarde d'où sa vue planait sur le Louvre et les Tuileries[1]. Mais un savant moderne, M. Auguste Vitu, a démontré que la maison dont il s'agit était située au coin de l'impasse Conti, et non à l'angle de la rue de Nevers[2].

CÔTÉ ORIENTAL
MÊMES PAROISSE ET CENSIVE.

Dépendances du Couvent des Grands-Augustins.

Jardins et appartenances de l'Hôtel et Collège de Saint-Denis. Ces dépendances et appartenances ont été conservées en partie, lors du percement des rues Dauphine et d'Anjou[3]. Sur tous les autres points, la ruelle de Nevers est bordée par les façades postérieures des maisons construites au fond des cours des propriétés ouvrant sur ces deux voies.

Impasse de Nevers. Elle représente, ainsi que nous l'avons dit plus haut, l'extrémité de la ruelle primitive qui venait buter contre la muraille de Philippe-Auguste. Sa profondeur, à partir de l'angle méridional de la rue d'Anjou, devait être à peu près le double de la largeur de l'allée des Murs; il est à supposer, en effet, que les entrepreneurs auxquels est due l'ouverture de la rue d'Anjou, ménagèrent, à son extrémité occidentale, un espace suffisant pour qu'on pût construire sans empiéter sur le «jardin des Archiers». A ce moment, en effet, l'enceinte de Philippe-Auguste et son chemin de ronde intérieur étaient encore intacts; plus tard, la construction de la porte Dauphine et celle du collège Mazarin donnèrent le signal de leur destruction.

RUE ET PLACE DE L'OBSERVANCE[4],
ACTUELLEMENT RUE ANTOINE-DUBOIS.

La voie qui a porté pendant deux siècles le nom de la *grande* ou *étroite* observance de Saint-François d'Assise, et qui, depuis 1851, porte celui du célèbre

---

[1] Cette maison, qui porte le n° 5 sur le quai Conti, avait reçu, sous le second Empire, une inscription commémorative; la plaque de marbre noir où cette inscription était burinée a été enlevée en 1870, avant qu'on ait constaté qu'elle y avait été indûment placée.

[2] Voir ce que nous en disons, à l'article du quai Conti.

[3] Voir à l'article de chacune de ces deux rues.

[4] Cette voie a été complètement omise par Adolphe Berty.

chirurgien Antoine Dubois, a été ouverte en 1672, comme sa voisine la rue de Touraine. Ce double percement coïncidait avec la destruction de l'enceinte de Philippe-Auguste et la démolition des portes qu'on y avait ménagées. Louis XIV venait d'ouvrir la campagne de Hollande; l'Édilité parisienne, désireuse de consacrer le souvenir des victoires remportées sur le Rhin, s'occupait de faire disparaître les anciennes «bastilles» de Saint-Martin et de Saint-Denis, pour les remplacer par deux arcs de triomphe. Depuis la butte de la Villeneuve, dite de Bonne-Nouvelle ou de Notre-Dame-des-Gravois, jusqu'au palais Cardinal, la vieille muraille du xive siècle et les fossés qui la bordaient sur la rive droite faisaient place à de nouvelles rues[1]. Il fallait bien que le mouvement commencé par Le Vau, constructeur du collège Mazarin et destructeur de la porte, de la tour et de ce qui restait du château de Nesle, se continuât, sur la rive gauche, jusqu'à la porte Saint-Bernard, y compris celle qu'on avait construite au moment de l'ouverture de la rue Dauphine, et qui était pourtant de date récente[2].

Le percement de la rue de l'Observance se rattache à cet ensemble de démolitions. En détruisant la muraille de Philippe-Auguste et en comblant les fossés creusés sous le règne du roi Jean, on éprouva le besoin d'utiliser les terrains que toutes ces destructions rendaient disponibles. Entre l'ancienne porte de Saint-Germain ou des Cordeliers, le couvent de ce nom, et le «chemin sur les fossés», il existait précisément un jardin converti en cimetière, lequel, n'étant plus adossé à la muraille, ne pouvait subsister en cet endroit. On résolut de l'utiliser, et, après entente entre les religieux et le Bureau de la Ville, l'ordonnance suivante fut rendue :

«19 août 1672. Le Roy estant en son conseil, s'estant fait représenter le plan arresté entre les Prevost des marchans et Eschevins de sa bonne ville de Paris, et le sieur président de Mesmes, sindiq apostolique et protecteur général des Cordeliers de France, et en particulier du grand couvent de ladite ville, pour la construction d'une place de 9 thoises de large au devant du grand portail de leur église, sur 18 thoises de long, et d'une rue de 6 thoises de large, qui traversera ladite place jusqu'à la rue des Fossés, vis-à-vis l'hostel de Condé, etc., Sa Majesté, estant en son conseil, a ordonné et ordonne que ledit plan sera exécuté selon sa forme et teneur[3].»

Cette place et cette rue subsistent encore, malgré les démolitions successives qui ont eu lieu sur ce point, et en dépit des remaniements que le sol lui-même a subis. Le couvent des Cordeliers a disparu; l'hôpital des Cliniques a été transféré sur les terrains retranchés des jardins du Luxembourg et ayant fait partie du

---

[1] On connaît, dans *Le Menteur* de Corneille, les vers relatifs à cette transformation. — [2] Voir, ci-devant le chapitre des *Enceintes, tours, tournelles, portes et poternes*. — [3] *Reg. du Bureau de la Ville*, H 1824.

clos des Chartreux; l'École pratique de médecine est en reconstruction sur son ancien emplacement. Quant au sol de la rue, il a pendant longtemps offert une pente rapide, représentant la différence de niveau qui existait entre la rue des Cordeliers et l'ancien chemin sur les fossés (rue Monsieur-le-Prince); depuis, cette déclivité a été rachetée par un escalier divisé en plusieurs perrons. Mais il reste trace de la place et de la rue décrétées en 1672; la place, qui faisait face au portail de l'église des Cordeliers, est représentée par la partie basse de la rue, en retrait sensible sur la partie haute, et la rue est cette partie haute elle-même.

Les historiens de Paris qui ont écrit postérieurement à l'ordonnance de 1672 nous renseignent sur la suite qui lui fut donnée. « Le portail des Cordeliers, dit Piganiol de la Force, est situé sur une petite place où commence la rue de l'Observance, qui fut percée en 1672, et qui a été ainsi nommée à cause que la grande porte du couvent des Cordeliers y donne. Sur cette porte, qui est sur la même ligne que le portail de l'église, on lit cette inscription :

Le grand Couvent
de l'Observance S.-François
1673. »

Jaillot n'est pas moins affirmatif sur l'origine de la rue qui nous occupe : « L'église des Cordeliers, dit-il, étoit un jardin qui fut destiné ensuite à servir de cimetière. On en a pris, depuis, une partie pour faire les rues de l'Observance et de Touraine; le reste est couvert de maisons. Ce jardin aboutissoit à une ruelle qui régnoit le long des murs jusqu'à la porte [1]. »

Mais quelle est l'histoire de ce jardin, transformé en cimetière, et fort étroit sans doute, puisqu'il était limité par la rue et le couvent des Cordeliers, d'une part, la porte Saint-Germain et l'allée des Murs, de l'autre, ce qui lui donnait la forme d'un triangle [2] ? L'un de nos collaborateurs a pensé qu'on pouvait l'identifier avec le *Parvus Campus*, ou Petit Champ, dont nous avons parlé à l'article de la rue Hautefeuille [3], et que nous inclinons à considérer comme la partie haute de cette dernière voie, déclassée depuis la construction de l'enceinte de Philippe-Auguste. Nous devons à ce collaborateur, dont le concours intelligent et dévoué ne nous a jamais fait défaut, l'exposé des raisons qui lui paraissent militer en faveur de son hypothèse.

Elle a pour point de départ une charte de saint Louis datée de 1269, et dont nous extrayons ce passage : « Concessimus ad usus ipsorum (Cordigerorum), quemdam vicum, qui vocatur *Parvus Campus*, situm *ad latus sinistrum* Fratrum predictorum, ita quod ipsum vicum, propter usus suos et ecclesie sue, claudere

---

[1] *Description de Paris*, par Piganiol de la Force, VII, 16.

[2] Ce jardin paraît avoir été, au xviie siècle, la propriété de l'Hôtel-Dieu, qui l'avait acquis de la Ville. Voir l'article relatif à la rue de Touraine.

[3] Voir à la rue Hautefeuille.

valeant ac tenere in perpetuum [1]. » Voilà donc les Cordeliers mis en possession d'une rue, *vicus*, située au *côté gauche* de leur église, et ayant le droit de la fermer et de la garder à tout jamais. Mais quel était ce côté gauche? Tout en regrettant que l'expression *latus*, qui désigne généralement une nef collatérale, n'ait pas été remplacée dans la charte de concession par le mot *caput*, lequel s'appliquerait au chevet de l'église, et constituerait, dans l'espèce, une preuve décisive en faveur de la partie haute de la rue Hautefeuille, nous croyons, dis-je, qu'elle doit s'entendre par rapport au spectateur placé dans la rue des Cordeliers, seul endroit par où il pût approcher de l'édifice. Dans cette situation, si impropre que soit le terme *latus*, il faudrait entendre, par *latus dextrum*, le portail de l'église, à l'ouest, et par *latus sinistrum*, le chevet de l'église, à gauche. Notre collaborateur estime, au contraire, que le mot *latus sinistrum* peut parfaitement s'appliquer à la rue de l'Observance, en supposant le spectateur, ou plutôt le rédacteur de l'acte de 1269, placé, soit dans l'église au milieu de la grande nef, ayant le sanctuaire à droite et le portail à gauche, soit dans la rue des Cordeliers, mais tournant le dos à l'église et s'orientant selon la méthode universelle, c'est-à-dire ayant l'œil fixé vers la Grande Ourse ou l'étoile polaire. Dans cette situation, le mot *latus sinistrum* désignerait évidemment la rue de l'Observance.

Nous devons faire remarquer que l'arrangement de 1672, intervenu entre le Bureau de la Ville et les Cordeliers, semble militer en faveur de cette interprétation. Si la Ville « arrête un plan », d'accord avec les religieux, pour l'établissement d'une rue et d'une place au-devant de leur église, ne serait-ce point parce que le terrain à occuper leur appartenait, et n'aurait-on pas alors quelque raison d'y voir ce *Parvus Campus* que la charte de 1269 leur donne à toujours, *in perpetuum*? Un des termes de cette charte paraît néanmoins assez peu compatible avec l'hypothèse de notre collaborateur: le mot *vicus* s'entend généralement d'une rue et non d'un territoire; on le comprend parfaitement appliqué à la partie déclassée de la rue Hautefeuille; on s'en rend plus difficilement compte lorsqu'il s'agit d'un jardin converti plus tard en cimetière. D'ailleurs, quelle rue, autre que l'allée des Murs, pouvait-il y avoir, en 1269, entre celle des Cordeliers et la muraille de Philippe-Auguste, à quelques pas seulement de la porte Saint-Germain? Aucun document imprimé ou manuscrit ne nous renseigne sur ce point.

CÔTÉ ORIENTAL

JUSTICE ET CENSIVE DE SAINT-GERMAIN-DES-PRÉS.

PAROISSE DE SAINT-CÔME.

PORTAIL OCCIDENTAL DE L'ÉGLISE DES CORDELIERS. Nous le mentionnons seulement

---

[1] RECHERCHES CRITIQUES, etc., *Quartier Saint-André-des-Arts*, p. 55.

comme étant en bordure de la place et de la rue de l'Observance, renvoyant le lecteur à la monographie de cet édifice, que nous avons écrite ailleurs [1]. On le voit se profiler sur tous les anciens plans de Paris et sur un grand nombre d'anciennes estampes. Piganiol de la Force estime qu'il se ressentait « du goût gothique qui régnoit au commencement du treizième siècle, et qui a régné encore longtemps après ». Il ajoute que « la statue de saint Louis » décorant ce portail était « estimée des antiquaires ».

GRANDE PORTE DU COUVENT DES CORDELIERS, placée, selon Piganiol, « sur la même ligne que le portail de l'église », et ornée de l'inscription que nous avons reproduite plus haut.

PAVILLON OCCIDENTAL de l'aile de bâtiment formant le côté sud du couvent, et venant aboutir à l'angle des rues de l'Observance et des Fossés Monsieur-le-Prince.

CÔTÉ OCCIDENTAL
(du Nord au Sud, comme le côté oriental).

MÊMES JUSTICE, CENSIVE ET PAROISSE.

MAISON SANS DÉSIGNATION, formant l'angle de la rue des Cordeliers, et ayant dû exister avant l'ouverture de celle de l'Observance. Celle qui subsiste aujourd'hui, et qui paraît postérieure à 1672, est probablement une reconstruction.

SIX MAISONS sans caractère architectonique, parmi lesquelles il en est trois qui méritent une mention particulière. Ces immeubles, qui communiquent par le fond avec deux autres ayant leur entrée sur le côté oriental de la rue de Touraine, étaient, avant la suppression du couvent des Cordeliers, occupés par les jeunes étudiants en théologie de l'ordre de Saint-François.

C'était donc un collège spécial, analogue à celui de Vendôme et des Bernardins; on le trouve qualifié *aula theologica*, et l'on en constate l'existence dès le commencement du XVIe siècle. Il avait été établi à la suite de la réforme ordonnée en 1502, par le cardinal d'Amboise, légat du Saint-Siège, et opérée, non sans difficulté, par les évêques d'Autun et de Castellamare [2]. Installé dans les dépendances du monastère et en dehors de la clôture, parce qu'il s'agissait de jeunes religieux non encore profès, ce collège se trouva séparé du monastère par le fait du percement de la rue de l'Observance; et cette circonstance suffirait à expliquer l'arrangement qui intervint entre la Ville et le couvent, pour cette opération de voirie. Il est vrai

---

[1] Voir ci-avant, de la page 333 à la page 356 inclusivement.

[2] Félibien raconte assez plaisamment l'histoire de cette réforme et les obstacles que les Cordeliers y apportèrent. (*Histoire de la ville de Paris*, II, 900 et 901.)

qu'elle implique également la possession, par les Cordeliers, du terrain dans lequel notre collaborateur croit voir le *Parvus Campus* de 1269.

Les bâtiments du collège, situés sur la rue de l'Observance, communiquaient, avons-nous dit, avec deux maisons de la rue de Touraine; on les a divisés pour les vendre, lors de la sécularisation des biens d'église. M. Le Feuve, qui les a visités, y a constaté « un puits commun au centre, ainsi que des rapports constants de construction, montrant quelle était l'importance, au xviiie siècle, en tant qu'édifice, du collège de ces religieux de l'ordre de Saint-François[1] ».

Voir, pour plus amples détails sur l'*aula theologica* intérieure et extérieure, la monographie du couvent des Cordeliers.

RUE DU PAON,

DÉNOMMÉE, EN DERNIER LIEU, RUE LARREY.

Cette voie, dont il ne reste plus trace aujourd'hui, mettait autrefois en communication les rues du Jardinet et des Cordeliers (de l'École-de-Médecine). Elle paraît avoir été contemporaine de toutes les petites rues de ce territoire si divisé, véritables sentiers serpentant à travers les « Petits Champs », *Parvi Campi*, entre lesquels se partageait l'ancien clos de Laas, que l'accensement de 1179 et la construction de l'enceinte de Philippe-Auguste contribuèrent si puissamment à peupler.

Il est fait mention, dès 1246, de la rue du Paon : le Cartulaire de Sorbonne l'appelle *vicus Pavonis*, expression que les titres français traduisent par *Paon* ou *Pan*. Cette dénomination provenait sans doute d'une enseigne appendue à une maison de la rue; mais il ne nous a pas été possible de déterminer quelle était cette maison. Quelques auteurs ont cru que ce pouvait être l'hôtel des archevêques de Reims, sur les murs duquel une image héraldique de cet oiseau aurait été peinte ou sculptée, comme la pièce principale de l'écu. Dans la voie des conjectures, on peut aller fort loin : rien d'invraisemblable à supposer que l'un des grands hôtels voisins a possédé un paon dans ses jardins, selon l'usage du temps, et que c'est là l'origine du nom de la rue. La dénomination de celle des Lions-Saint-Paul a une cause identique.

Comme la résidence archiépiscopale occupait un vaste rectangle circonscrit par

---

[1] *Les anciennes Maisons de Paris*, par LE FEUVE.

les rues du Jardinet et de la Vieille-Plâtrière, ainsi que par les rue et impasse du Paon, ces dernières formant les limites occidentale et méridionale, on a pu donner à l'une et à l'autre le nom de « rue et ruelle à larcevesque de Rains ». Le fait n'est pas douteux pour le cul-de-sac du Paon, que l'on trouve généralement appelé « rue de l'hostel », ou de « l'archevesque de Reims », et qui ne devint une impasse qu'au moment où les agrandissements de l'hôtel amenèrent la suppression du tronçon de voie unissant la rue Mignon à celle des Étuves [1]. Il l'est davantage pour la rue elle-même, sur laquelle l'hôtel de Reims n'avait que des dépendances, la façade ou entrée principale paraissant avoir été située à l'angle de la rue et de l'impasse.

Sauval prétend que le nom de « rue de l'archevesque de Reims » se trouve « dans un rôle de taxe imposée du temps du roi Jean », et Mercier l'a répété dans son *Tableau de Paris*. Mais Jaillot a objecté d'abord que la taxe dont il s'agit fut imposée en 1356, et non en 1351, à la suite de la funeste bataille de Poitiers et de la prise du Roi; il a fait remarquer, en outre, que Sauval s'était mépris une seconde fois, en prétendant que « la rue de la Vieille-Plâtrière ne se trouve plus en ce quartier-là, et qu'elle a peut-être changé son nom en celui de la rue du Paon, ou de la cour de Rouen ».

La « Vieille-Plâtrière » dont il est question paraît avoir été située dans l'espace compris entre les rues des Cordeliers, du Paon, du Battoir et la partie supérieure de la rue Hautefeuille, qui en avait pris le nom; la rue du Paon et la cour de Rouen en étaient donc assez voisines; mais il ne semble pas qu'on leur ait jamais appliqué cette dénomination, comme aux rues Hautefeuille et du Battoir.

Jusqu'à ces dernières années, la rue du Paon avait conservé en grande partie son ancien aspect : on avait seulement substitué à son vocable primitif le nom du baron Larrey, célèbre chirurgien militaire du premier Empire. L'ouverture de la seconde section du boulevard Saint-Germain et l'agrandissement du périmètre de l'École de médecine l'ont fait disparaître complètement. L'espace qu'elle occupait est représenté aujourd'hui par le terre-plein formant la pointe occidentale de la nouvelle École, et par le sol du boulevard Saint-Germain, dans la direction du futur boulevard Saint-André.

CÔTÉ OCCIDENTAL
(du Nord au Sud).

JUSTICE ET CENSIVE DE SAINT-GERMAIN-DES-PRÉS.

PAROISSE DE SAINT-CÔME.

HÔTEL DE TOURS. A peu près vis-à-vis du débouché de la ruelle de Reims, ou

---

[1] Voir la rue de ce nom.

impasse du Paon, se trouvait une maison appartenant à la famille Le Bouthillier de Chavigny, dont plusieurs membres ont rempli de hautes fonctions dans l'État et dans l'Église. Trois d'entre eux notamment, Claude, Victor et Léon, comptaient, au XVIIe siècle, parmi les grands personnages du royaume : le premier reçut, en 1618, le portefeuille des affaires étrangères, et fit nommer son neveu Léon, ministre et secrétaire d'État ; le second, Victor, fut évêque de Boulogne, puis archevêque de Tours, et premier aumônier de Gaston de France[(1)]. C'est à lui que l'hôtel Le Bouthillier dut son nom.

Ce prélat descendait, en effet, chez son frère et chez son neveu, lorsqu'il venait à Paris, et le séjour, probablement assez fréquent et assez long qu'il y faisait, fit donner à cette maison de famille le nom d'hôtel de Tours, d'autant plus naturellement que les archevêques de Reims et de Rouen logeaient dans le voisinage, et que l'opinion publique ne distinguait pas entre leur résidence officielle et l'habitation privée de leur collègue.

C'est donc à tort que les auteurs du *Dictionnaire historique de la ville de Paris* ont écrit ce qui suit : «Dans un rôle de 1640, il est dit : *Maison appartenant à M. Boutillier, surintendant des finances, tenue par M. l'archevêque de Tours.* La demeure de ce prélat, et peut-être de quelques-uns de ses successeurs, aura pu faire donner à cet *hôtel garni* le nom qu'il porte encore aujourd'hui[(2)].» Transformer en «hôtel garni» la demeure d'un ministre et d'un archevêque, paraît être une erreur assez lourde ; mais la maison avait sans doute cette destination à l'époque où écrivaient Hurtault et Magny ; le petit hôtel de Lyon, ancienne dépendance du séjour de Navarre et d'Orléans, était bien, à quelques pas de là, métamorphosé en auberge et en remises à carrosses de poste. Il y a donc lieu de croire que les Bouthillier, dont la maison paternelle était située rue de la Couture, ou Culture-Sainte-Catherine, vendirent celle de la rue du Paon, et que le nom d'hôtel de Tours lui resta. A l'époque où écrivait La Tynna (1812), elle le portait encore.

Avant l'ouverture de la deuxième section du boulevard Saint-Germain, qui a fait disparaître la rue et l'impasse du Paon, les bâtiments de l'hôtel de Tours étaient occupés par un établissement de bains, et au fond d'une cour se trouvait, cachée derrière des constructions légères, une des tours de l'enceinte de Philippe-

---

[(1)] Victor Le Bouthiller, coadjuteur de Bertrand d'Eschaux, archevêque de Tours, lui succéda sur le siège le 2 juin 1641. Il reçut le *pallium* le 20 mars 1642, et mourut le 12 septembre 1670, à l'âge de soixante-treize ans. (*Gallia christiana*, XIV, 137, 138.) Il put donc, pendant près de vingt ans, loger dans la maison de la rue du Paon, suivant en cela la coutume des évêques et archevêques de France, que leurs affaires amenaient chaque année à Paris pendant la saison d'hiver, et qui descendaient chez des parents ou chez des amis, quand ils n'y avaient pas de résidence officielle.

[(2)] *Dictionnaire historique de la ville de Paris*, par Hurtault et Magny (hôtel de Tours, III, p. 275).

Auguste : on l'aperçoit distinctement sur le plan de Jouvin de Rochefort. (Voir le chapitre des *Enceintes, tours et portes*.)

HÔTEL DES ARCHEVÊQUES DE ROUEN, situé, dit Jaillot, « à l'extrémité du cul-de-sac de Rouen, et lui en ayant fait donner le nom [1] ». L'affirmation est peut-être un peu hasardée : l'hôtel dont il est question débordait à droite et à gauche de celui de Tours, lequel n'était qu'une enclave dans le vaste pourpris au milieu duquel s'élevait la résidence parisienne du prélat normand. Il semble que l'assertion de Jaillot soit contredite par Sauval qui, écrivant plus d'un siècle auparavant, était mieux en situation de déterminer l'emplacement de cet ancien logis : « l'hostel de l'archevesque de Rouen, dit-il, qui estoit sciz à Paris, près la porte Saint-Germain-des-Prés, *à l'opposite de l'hostel de Reims* [2] ».

La contradiction apparente résulte de l'identité de situation des deux hôtels : placés l'un et l'autre dans un enclos, entre cour et jardins, entourés de bâtiments construits à diverses reprises et dans des conditions analogues à celles de l'ancien hôtel Saint-Paul, ils appartenaient, en réalité, aux différentes rues qui bordaient leurs murs de clôture. L'hôtel de Reims était donc à la fois sur les rues du Jardinet, du Paon, ainsi que sur l'impasse de ce nom, et il touchait par un point à la rue Hautefeuille, ainsi qu'à la partie supprimée de la rue des Étuves. Celui de Rouen, délimité au sud par la rue du Paon, au sud-est par l'extrémité occidentale de celle du Jardinet, à l'est par le cul-de-sac qui lui devait son nom, au nord par la ruelle, ou allée des Murs, longeant les fortifications de Philippe-Auguste, avait probablement une première entrée vis-à-vis de la porte Saint-Germain, et une seconde à l'extrémité de l'impasse. L'une donnait accès dans l'enclos; l'autre, plus rapprochée de la maison d'habitation, la desservait.

Il nous a été impossible de découvrir l'époque de sa construction ou de son acquisition par les archevêques de Rouen ; ce que nous savons, c'est que ces prélats séjournaient fréquemment dans la capitale, et étaient très mêlés aux choses parisiennes. Pour n'en citer que deux, qui comptent parmi les plus célèbres, Gilles Aicelin de Montaigu et le cardinal Georges d'Amboise ont attaché leur nom, l'un à la fondation d'un collège, l'autre à la création de plusieurs bourses en faveur des pauvres écoliers. On en voit d'autres figurer dans un grand nombre de cérémonies, assister à des entrées solennelles, à des processions générales, etc., toutes choses qui impliquent un séjour de quelque durée à Paris.

Les archevêques de Rouen paraissent avoir surtout habité la capitale pendant la domination anglaise. Ils tenaient pour l'étranger qui occupait presque con-

---

[1] RECHERCHES HISTORIQUES ET CRITIQUES, etc., *Quartier Saint-André-des-Arts*, p. 95. — [2] *Antiquités de Paris*, t. III, sous la rubrique 1436.

stamment leur ville archiépiscopale, ainsi que la province de Normandie; et ce sont précisément les documents de cette époque qui jettent quelque jour sur leur hôtel de Paris. De 1408, date de l'entrée des Anglais à Rouen, jusqu'à 1436, année de leur départ de Paris, les prélats rouennais sont pensionnés, gratifiés, enrichis par les rois d'Angleterre. Le *Gallia christiana*, malgré sa réserve, laisse deviner cette particularité en ce qui concerne Louis d'Harcourt. Sauval, moins discret, assimile Louis de Luxembourg, également archevêque de Rouen, à Pasquier de Veaux, évêque de Meaux, dont le temporel fut saisi au retour de Charles VII. Le même auteur nous montre le successeur de ces deux prélats, Jean de la Roche-Taillée, pourvu par Henri VI, ou plutôt par Bedford, de maisons et domaines situés à Vanves, à Saint-Cloud, et ayant appartenu aux bourgeois de Paris, Jean et Simon Tarenne; ce qui semble prouver que cet archevêque habitait alors son hôtel de la rue du Paon, et qu'il put facilement prendre possession des biens confisqués.

En 1436, il fallut rendre gorge et subir en outre, au moins momentanément, une dépossession de l'hôtel archiépiscopal. Deux documents de l'année 1439 nous renseignent à cet égard : dans le Compte, cité par Sauval, des «œuvres et réparations» pour cette année, on lit : «OEuvres et réparations faites en l'hostel qui fut à l'archevesque de Rouen, assis à l'opposite de l'hostel de Reims, prez la porte Saint Germain des Prez[1].» Ces travaux, exécutés aux frais du Trésor, établissent clairement que l'hôtel avait été «mis en la main le Roy». Un passage du *Gallia christiana* nous montre, d'ailleurs, que le titulaire du siège, lequel était alors Louis de Luxembourg, était resté Anglais de cœur : créé cardinal par Eugène IV, en cette même année 1439, il déclara ne pouvoir accepter cette dignité qu'autant que le roi d'Angleterre l'y autoriserait[2]. Peu de temps après, il mourut au delà du détroit.

Nous ne savons à quelle époque précise l'hôtel parisien des archevêques de Rouen fut rendu aux successeurs de Louis de Luxembourg; peut-être la confiscation ne survécut-elle pas à ce prélat. Il y a lieu de croire que les prélats normands y logeaient dès les premières années du siècle suivant, et probablement avant. Le 13 février 1502, «très révérend père en Dieu, Georges d'Amboise, archevesque de Rouen, légat de France», — c'est ainsi que les *Registres du Bureau de la Ville* qualifient le cardinal négociateur qui venait de conclure le traité de Trente entre le roi Louis XII et l'empereur Maximilien, — était annoncé comme devant faire son

---

[1] *Antiquités de Paris*, t. III, année 1436.

[2] Les auteurs du *Gallia christiana* le disent formellement (XI, p. 89) : «Promotus ad purpuram cardinalitiam ab Eugenio IV papa, anno 1439, protestatus est recusaturum hanc dignitatem, nisi accederet regis Henrici consensus... Accessit regis consensus, litteris datis apud Westmonasterium, anno 1440... Anno 1443, obiit Harseldiæ in Anglia.»

entrée solennelle à Paris. Il la fit, en effet, sous un « ciel » porté par les membres du Corps municipal et les chefs des corporations marchandes, ainsi que le constate cet extrait de la délibération prise à ce sujet :

« Mesdicts sieurs les Eschevins porteront ledict ciel depuis la porte Sainct Denis jusques à la fontaine la Royne ; et là le prandront les Drappiers, qui le porteront jusques devant le Sepulcre ; et le bailleront aux Espiciers, qui le porteront jusques à la rue de la Calande ; et là le prendront les Changeurs, qui le porteront jusques à Nostre Dame ; et au retour de Nostre Dame, le porteront les Merciers jusques au coing de Sainct Severin ; et du coing de Sainct Severin jusques à sondict logis le porteront les Orfevres [1]. »

De Saint-Séverin à la rue du Paon, il n'y avait, en effet, qu'une courte distance, et le trajet eût été moins long encore, si le cardinal d'Amboise était descendu à l'hôtel de Cluny, résidence abbatiale de son frère Jacques, qui fit reconstruire ce magnifique logis de 1485 à 1490 ; or il n'est pas improbable qu'il y ait séjourné, étant donné l'itinéraire que nous venons d'indiquer et qui désigne le « coing de Saint-Séverin », c'est-à-dire le carrefour situé à la rencontre des rues de ce nom, Saint-Jacques et Galande, comme lieu de passage du cortège. Mais que le cardinal d'Amboise ait été reconduit à l'hôtel abbatial, ou à « la maison de Rouen », comme l'appellent les *Registres du Bureau de la Ville*, il est certain que cette maison était, vingt-trois ans plus tard, en pleine « ruyne et décadence », ce qui ne s'expliquerait guère, si les successeurs de Georges d'Amboise avaient continué à l'habiter.

Félibien a publié, dans ses *Preuves*, des *Extraits de différents Registres du Parlement*, parmi lesquels il place la pièce suivante, sous la rubrique : *Règlement pour les grands hostels inhabités* :

« An 1525. Dudict jour, le Prévost des marchands a dict à l'Assemblée qu'il y a en ceste ville plusieurs grandes maisons tout ouvertes, qui sont en ruyne et en décadence, ezquelles il n'y a aucuns demourans, et où plusieurs mauvais garçons se pourroient retirer et eulx fortifier, comme l'hostel de la Royne, la *maison de Rouen*, l'hostel de Nevers et aultres ; et est besoin d'y pourvoir, et fault sçavoir si on contraindra ceulx à qui elles sont de les réparer, clorre et fermer. »

L'hôtel de la rue du Paon était du nombre de ces grands logis abandonnés : aux termes de la délibération qui intervint à la suite de la requête présentée par le Prévôt des marchands, les archevêques durent recevoir l'ordre de remédier à

---

[1] *Registres imprimés du Bureau de la Ville*, t. I, p. 68.

cet état de choses. Il fut « advisé, en effet, que, pour le présent, on ne contraindroit point ceux à qui sont lesdictes maisons de les bastir et réparer, mais que on leur feroit faire commandement d'y faire faire portes, et les faire clorre et fermer, et y faire mectre gens, affin que aulcuns mauvais garçons ne y puissent entrer ».

L'état d'abandon dans lequel les archevêques de Rouen avaient laissé leur hôtel parisien prouve évidemment combien peu ils tenaient à cette résidence. Ils la trouvaient sans doute trop « gothique », surtout depuis que l'abus de la commende leur avait donné de plus beaux logis, à l'un l'hôtel des abbés de Cluny, à l'autre le palais abbatial de Saint-Germain-des-Prés. Ce fut précisément le constructeur de ce magnifique logis, encore debout aujourd'hui, qui vendit la vieille « maison de Rouen ». Charles de Bourbon, archevêque de Rouen et abbé de Saint-Germain, fit en effet bâtir le « chasteau » dont une petite rue voisine porte encore le nom [1]; les auteurs du *Gallia christiana* le constatent en ces termes :

« Palatium abbatiæ suæ Sancti Germani a Pratis Parisiensis ædificavit, miro artificio cardinalitia causia in appendice tecti collocata [2]. » Tout occupé de cette construction qui portait le signe extérieur de sa dignité, absorbé d'ailleurs par les Ligueurs, qui voulurent en faire un roi de France, le cardinal de Bourbon se défit de l'hôtel de Rouen vers 1584, et on ne le vit plus dès lors, ainsi que son neveu et successeur, habiter d'autres logis que *Ædes Sangermanenses*, — c'est l'expression du *Gallia christiana*, — soit qu'ils séjournassent à Paris, soit qu'ils n'y fissent que des voyages.

Délabré comme il l'était, composé de divers corps de logis séparés les uns des autres, l'antique hôtel de Rouen dut subir, après la vente, des lotissements et des appropriations qui en dénaturèrent complètement l'aspect. Le vieux mur, bordant l'impasse qui le séparait du séjour de Navarre et d'Orléans, est le seul reste de la clôture limitant le pourpris de cette ancienne résidence archiépiscopale.

CÔTE ORIENTAL
(d'Orient en Occident).

MÊMES JUSTICE, CENSIVE ET PAROISSE.

HÔTEL DES ARCHEVÊQUES DE REIMS. Bien que cette résidence archiépiscopale ait communiqué avec la rue Hautefeuille, à la suite des agrandissements qui eurent pour conséquence la suppression d'une partie de la rue Mignon et le raccourcis-

---

[1] La rue Bourbon-le-Château est contiguë au palais abbatial. — [2] *Gallia christiana*, XI, 99-100.

sement de la ruelle de Reims transformée en impasse du Paon, nous croyons devoir, avec Berty, placer son entrée principale dans la rue et l'impasse de ce nom, disposition qui la mettait en communication directe avec la rue et la porte des Cordeliers [1].

« Il y a si longtemps, dit Sauval, que les archevêques de Reims demeurent a la rue du Paon [2], que je n'ai su découvrir quand ils ont commencé à s'y établir. Je m'imagine que Humbert, patriarche d'Alexandrie, archevêque de Reims, dauphin de Viennois auparavant, y demeuroit en 1353, et que ce fut pour l'agrandir que, cette année-là même, le roi Jean lui donna, au mois de juin, une grange qu'il avoit près des Cordeliers, à la rue de la Vieille-Plâtrière, que je ne trouve plus en ce quartier-là, et qui peut-être a changé son nom en celui de la rue du Paon, ou de la rue de la cour de Rouen. Quoi qu'il en soit, par un traité fait en 1352, entre le même Jean et cet archevêque, le Roi promit de lui rendre, ou sa maison de Reuilly, derrière l'abbaye de Saint-Antoine, ou bien sa maison de la Grève, que Philippe de Valois avait donnée tant à Gui son frère, dauphin, qu'à lui-même, en 1322 et 1338, appelée communément la MAISON AUX PILIERS, ou la MAISON AU DAUPHIN [3]. »

Ce texte de Sauval donne lieu à différentes observations; on y trouve d'abord la date, non de la création, mais des agrandissements de l'hôtel qui amenèrent la suppression et le raccourcissement de deux rues. On a lieu ensuite de s'étonner qu'un érudit tel que Sauval, n'ayant plus trouvé la rue de la Vieille-Plâtrière « en ce quartier-là », ait pensé qu'elle pouvait s'identifier avec celle du Paon, ou avec la cour de Rouen. Il est constant, en effet, au témoignage de Sauval lui-même, que les archevêques de Reims « logeoient depuis longtemps à la rue du Paon »; ce ne peut donc être dans cette direction que les agrandissements eurent lieu; le pourpris des hôtels de Tours et de Rouen, le tracé même des rues du Paon et du Jardinet ne permettaient aucune extension de ce côté. La grange que le roi Jean possédait « près des Cordeliers à la rue de la Vieille-Plâtrière », ne pouvait être située qu'à l'orient de l'hôtel, et comprise entre les extrémités orientales du *vicus Scurelli* (rue de l'Écureuil) et de la « ruelle a larcevesque de Rains », ainsi que nous l'avons fait remarquer à l'article de la rue Hautefeuille. Sur ce point, ladite

---

[1] La Tynna, sans indiquer la source où il a puisé ses renseignements, place l'entrée principale de l'hôtel dans la « ruelle a larcevesque de Rains ». Peut-être a-t-il vu dans cette seule dénomination un motif suffisant pour affirmer le fait.

[2] Le plan de Gomboust (1652) donne à l'impasse le nom de « petite rue du Paon »; celui de Bullet et Blondel (1676), « C. du Paon », abréviation qui signifie cul-de-sac. Il se peut que Sauval ait appelé indifféremment les deux voies *rue du Paon*.

[3] *Antiquités de Paris*, t. II, livre VII, p. 77. A titre de remarque accessoire, il n'est pas sans intérêt de faire observer qu'un archevêque de Reims, antérieurement dauphin de Viennois, a possédé la maison qui est devenue l'Hôtel de Ville, et celle où l'on a établi plus tard une manufacture de glaces. La caserne de Reuilly occupe aujourd'hui l'emplacement de ce dernier immeuble.

grange était à une très faible distance de l'église des Cordeliers; elle pouvait donc être dite «près» de ce monastère.

Un coup d'œil jeté sur le plan parcellaire, malheureusement fort incomplet, qu'Adolphe Berty a dressé, fait voir que l'hôtel de Reims, limité de trois côtés par des voies publiques, n'avait d'extension possible que vers la partie de la rue Hautefeuille appelée Vieille-Plâtrière, et c'est là, en effet, que Sauval lui-même place la grange donnée par le roi Jean.

Nous ne connaissons que très imparfaitement l'hôtel de Reims : deux anciens plans de Paris, ceux de Bâle et de Saint-Victor, nous le montrent tel qu'il était au xvie siècle et ayant subi probablement diverses modifications. La principale entrée paraît être sur la rue et impasse du Paon, où est figurée une façade à pignon et à tourelles; une grande baie semble former l'entrée du cul-de-sac, lequel aurait été une sorte de cour commune aux archevêques et aux autres habitants de la ruelle. Conçu dans les mêmes conditions que l'hôtel Saint-Paul, celui de Reims était un composé de bâtiments, de galeries, de préaux, de cours, de jardins et autres dépendances; on y voyait un oratoire et une chapelle. Il fut donc facile d'en opérer le lotissement et la vente, comme on l'a fait pour l'hôtel Saint-Paul, ainsi que pour une grande résidence qui en était plus voisine : nous voulons parler du séjour de Navarre et d'Orléans, ayant son entrée sur la rue Saint-André-des-Ars.

Maison de l'Ymaige sainct Jehan (1543), faisant le coin méridional du cul-de-sac du Paon.

Maison de la Fleur de Lys (15..), dont nous n'avons trouvé qu'une mention.

Maison du Daulphin (1563) «prez et joignant le collège de Bourgogne». Il résulte d'une note au crayon, relevée dans les papiers d'Adolphe Berty, que «le Dauphin, rue du Paon, doit une rente à la Sorbonne de 1 livre 10 sous».

Mais s'agit-il ici de la grande ou de la petite rue du Paon, c'est-à-dire de l'impasse? La confusion, ayant été faite par Sauval, a pu l'être par d'autres, et notamment par l'auteur auquel Berty a emprunté ces deux mentions. Les mots «prez et joignant le collège de Bourgogne» semblent devoir s'appliquer à une maison contiguë au collège : or cette contiguïté n'est possible que si l'on place la Maison du Dauphin dans le cul-de-sac; en la mettant sur la rue, à la suite de la Maison de la Fleur de Lys, elle est «prez», mais non «joignant le collège», puisque le plan dressé par Berty montre deux propriétés qui l'en séparent. D'un autre côté, on ne saurait identifier cette maison du Dauphin avec l'«hostel du couvent de Sainct Jehan en Vallée» (1449), appartenant à l'abbaye de Cernay, lequel hôtel touchait au flanc occidental du collège de Bourgogne. La localisation de la Maison du Dauphin reste donc douteuse.

Masure sans désignation.

Maison de l'Image saint Leu, faisant le coin de la rue des Cordeliers.

Cette masure et cette maison, situées à droite ou à gauche du Dauphin, dans l'hypothèse où l'on placerait cette dernière en la rue du Paon, sont localisées par la note suivante trouvée dans les papiers de Berty : « Collège de Sorbonne (1464). — Masure près la porte Saint-Germain, tenant à l'évêque de *Banuc*[1], d'autre, à Laigneur, par derrière à l'hôtel de Saint Jean en Vallée. — Maison de l'Image saint Leu, tenant audit sire de Banuc, et de l'autre aboutissant à l'hôtel de Saint Jean en Vallée. »

IMPASSE DU PAON.

Ce qu'on appelait, il y a peu d'années encore, « le cul-de-sac du Paon » était une ancienne rue transformée en impasse, par suite de la suppression de son extrémité orientale. Cette voie étroite, qualifiée de *ruelle* dans plusieurs titres anciens, allait de la rue du Paon à celle de la Vieille-Plâtrière, et longeait le mur méridional du pourpris dans lequel l'hôtel de Reims était enclos. Elle nous apparaît ainsi dans divers documents du xiiie siècle; ce qui prouve qu'elle était contemporaine des rues du Jardinet, du Battoir, des Poitevins et autres voies transversales établissant une communication plus ou moins directe entre les artères principales de cette région, rues Hautefeuille, des Cordeliers et Saint-André-des-Ars.

Deux noms lui sont donnés dans les Livres de la Taille de 1292, 1298 et 1299 : le premier est celui de « rue au Prince ». Le rôle ajoute « *derrière* la meson larcevesque de Rains » : ce qui semble indiquer, contrairement à l'affirmation de La Tynna, que l'hôtel de Reims n'avait pas son entrée principale, ou son *devant* sur cette ruelle. Nous disons ailleurs que deux anciens plans, ceux de Bâle et de Saint-Victor, montrent assez confusément un pignon à tourelles et la baie d'une sorte de porte cochère, à l'angle de la rue et de l'impasse du Paon. La seconde dénomination est celle de « rue Martin Alesoires ». L'une et l'autre appellation s'expliquent, celle-ci par le fait d'un particulier qui habitait la rue ou qui y possédait des immeubles, celle-là par la proximité du logis d'un grand dignitaire

---

[1] *Banuc* ne désigne point un siège épiscopal; c'est un nom de personne, ainsi que le prouve d'ailleurs la suite de la note, où le même personnage est appelé « le sire de Banuc ».

ecclésiastique, du consécrateur des rois de France, et par conséquent d'un « prince de l'Église ». Les noms de *rue* ou *ruelle de-l'archevesque de Reims* donnent lieu à la même explication.

Jaillot croit que la rue ou ruelle dont il s'agit fut réduite à l'état d'impasse par suite de la permission, donnée à un premier président du Parlement, de faire construire, sur le sol même de cette voie, à son débouché de la rue Hautefeuille, une « granche », des écuries et autres dépendances[1]. La haute situation de ce magistrat, que nous avons nommé ailleurs, expliquerait parfaitement cet acte de faveur; mais il semble plus naturel d'attribuer le raccourcissement de la « ruelle a larcevesque de Rains » à un agrandissement du pourpris de l'hôtel habité par ce haut personnage. C'est déjà une extension de ce genre qui motiva la suppression du tronçon de voie publique unissant la rue Mignon à la rue des Étuves; il est donc plus raisonnable de croire que la même cause produisit le même résultat. La plus grande partie du sol de la voie déclassée aura été accordée à l'archevêque; le premier président se sera fait donner le reste. (Voir rue des *Étuves*.)

Jusqu'à la fin du siècle dernier, l'impasse du Paon se prolongeait à une assez grande profondeur : son extrémité orientale atteignait le mur de fond du collège des Prémontrés. Les travaux exécutés par l'architecte Gondouin, pour la transformation du collège de Bourgogne en école de chirurgie, la réduisirent de moitié; elle se termina, dès lors, au demi-cercle formé extérieurement par le mur de l'amphithéâtre. De nos jours, l'agrandissement de l'École et l'ouverture du boulevard Saint-Germain ont fait disparaître ce qui restait de l'impasse du Paon. Comme la rue sur laquelle elle avait son débouché, l'impasse du Paon avait reçu le nom du baron Larrey, chirurgien militaire du premier Empire.

CÔTÉ SEPTENTRIONAL
(d'Orient en Occident).

JUSTICE ET CENSIVE DE SAINT-GERMAIN-DES-PRÉS.
PAROISSE DE SAINT-CÔME.

Partie antérieure et latérale de l'Hôtel de Reims, dont l'entrée principale reste indécise. Les plans de Saint-Victor et de Bâle montrent, sous le nom d'hôtel de Reims, un groupe de bâtiments dont les façades se développent sur les trois rues. A l'angle de la rue et du cul-de-sac du Paon, apparaît un pignon flanqué de deux tourelles, et une grande baie semble être, en même temps, la porte cochère de l'hôtel ainsi que l'entrée de l'impasse. Un édifice surmonté d'un campanile est sur la rue du Jardinet; c'est sans doute la chapelle de l'hôtel. Dans ces condi-

---

[1] Recherches historiques, etc. *Quartier Saint-André-des-Arts*, article relatif au cul-de-sac du Paon.

tions, l'hôtel de Reims, avons-nous dit, aurait eu quelque ressemblance avec l'ancien hôtel Saint-Paul, qui était un ensemble de bâtiments réunis entre eux par des cours et des jardins. Les plans du xviie siècle sont plus confus : celui de Quesnel, malgré sa précision géométrique, ne fait voir qu'un amas de constructions, terminées par une sorte de clocher. Quant à ceux de Mérian et de Vassalieu, ils ne montrent ni le cul-de-sac du Paon ni l'hôtel qu'ils semblent confondre avec le collège Mignon. Sur le plan de Gomboust, la place de l'hôtel de Reims n'est plus indiquée que par un pointillé.

CÔTÉ MÉRIDIONAL
(d'Occident en Orient).

MÊMES JUSTICE, CENSIVE ET PAROISSE.

MAISON DE L'IMAGE SAINT JEAN (1543), formant le coin de la rue et de l'impasse du Paon.

MAISON SANS DÉSIGNATION, n'aboutissant point à la rue des Cordeliers.

PARTIE POSTÉRIEURE DE L'HÔTEL DE SAINT-JEAN-EN-VALLÉE (1449), ayant appartenu à l'abbaye de Cernay.

PARTIE POSTÉRIEURE DU COLLÈGE DE BOURGOGNE.

QUATRE MAISONS SANS DÉSIGNATION, contiguës au collège, « aboutissant, par devant, à la maison dite des Cordeliers, et, par derrière, au cul-de-sac du Paon. » (Note de Berty.)

DÉPENDANCES DU COLLÈGE DES PRÉMONTRÉS, au delà du point où aboutissait la rue des Étuves, et, plus spécialement,

PARTIE LATÉRALE DE LA MAISON DE JEAN DE BEAUMONT acquise par les religieux Prémontrés, en 1256. (Voir le contrat d'acquisition dans la monographie de ce collège, rue Hautefeuille.)

RUE PAVÉE SAINT-ANDRÉ-DES-ARS,

ACTUELLEMENT RUE SÉGUIER.

Les rues *pavées* et *percées* étaient assez nombreuses dans le vieux Paris. La région qui nous occupe en contenait précisément deux qui répondaient à leur étymologie, c'est-à-dire dont l'une avait été ouverte au milieu d'un îlot circonscrit par d'autres voies plus anciennes, et dont l'autre avait reçu un pavage, alors que ses voisines en étaient encore dépourvues.

La rue Pavée Saint-André-des-Ars paraît avoir eu ce privilège de très bonne heure : il en est fait mention dès 1215, et le nom de *Pavée* lui est donné en 1292 et 1296 [1]. Cependant tout porte à croire que la rue Saint-André, ou «grant rue Sainct Germain», artère principale du quartier, ancienne voie romaine tendant du Petit-Pont à l'Abbaye, a dû recevoir un pavage avant les chemins qui la bordaient à droite et à gauche, et que l'accensement de 1179 transforma en rues [2]. Celle dont nous nous occupons et qui conduisait en droite ligne au bord de la rivière, où il existait plusieurs abreuvoirs pour les chevaux des nombreux hôtels du voisinage, a dû être pavée peu après. Les autres sont venues ensuite selon l'ordre d'importance, et c'est probablement dans ce sens qu'il faut interpréter les mots suivants que contient un acte de 1443, lu par Adolphe Berty : «rue Gogain et de présent la rue Pavée». Au lieu d'en conclure, comme l'a fait Berty, que l'ancien nom de la rue de l'Éperon a été, accidentellement et par exception, donné à la rue Pavée qui n'en est pas le prolongement, et avec laquelle on ne l'a jamais confondue, peut-être faut-il penser que la rue Gaugain, pavée seulement dans la première moitié du xve siècle, comme voie d'une moindre importance, a été désignée momentanément par ce qualificatif, peu après l'achèvement du travail de pavage.

Dans les transactions dont nous avons parlé, à propos de la rue Gilles-le-Queux [3], la rue Pavée est énoncée *via que est juxta domum que fuit Guillelmi de Sancto Marcello*, ce qui indique qu'à l'époque où furent passés ces actes, elle

---

[1] A l'époque où fut levée la Taille de 1292, la rue Pavée avait déjà quelque importance à en juger par le nombre des taillables. Voici les noms relevés par H. Géraud : «Jehanne la Seurine et sa fille, Mestre Charles, Enjorren le mesnagier, Guillaume de Corbueil, Robert aux Mottes, Maheut la Breite, Gautier le toillier, Thybaudin le passéeur, Thibaut de Gournay, Jehan Petit, Jehanne Joëte, Robert Bequet, Pierre du Huic, le concierge de Néelle, Loys l'allemant, Simon le Souffle, Gautier l'allemant, tavernier». Il convient de faire remarquer que la taille ne frappait que les bourgeois et habitants ou manants : la classe des valets, c'est-à-dire des ouvriers, et celle des écoliers en étaient exemptes.

[2] Voir à l'article de la rue Saint-André-des-Ars.

[3] Voir ci-avant à l'article de cette rue.

n'avait pas encore reçu le pavage auquel elle doit le nom qu'elle a toujours porté depuis ; car il ne faut considérer que comme une faute de copiste le nom de rue *Barrée*, qu'on lit dans la *Grande Gouache*, réduction modernisée du plan de la Tapisserie.

Comprise dans l'accensement de 1179, la rue Pavée figurait sur les censiers de l'Abbaye, ainsi que sur les comptes de la Pitancerie, comme renfermant des propriétés sujettes à cens. Une double redevance de cinq sous grevait « la maison qui fu mestre Adam de Lille, seant en la rue Pavée », et une autre maison qui n'est pas même désignée par le nom de son propriétaire [1]. La localisation de l'un et de l'autre de ces immeubles est des plus difficiles ; nous ne la tenterons point.

Il est tout aussi malaisé d'identifier deux maisons taxées, en 1281, par les jurés de l'Université, pour le logement des écoliers externes qui en suivaient les cours. Désignées seulement par le nom de leurs possesseurs et par celui d'un propriétaire voisin, elles sont évaluées locativement ainsi qu'il suit :

« La maison de Hugues de Hermen, avec estables, rue Pavée : 8 livres pour la maison ; 10 sous pour estables [2]. »

« La maison des héritiers de Guillaume de Poncel, rue Pavée, près la maison d'Étienne de Moret : 6 livres, 5 sous [3]. »

Nous ne savons si ces louages existaient encore à l'époque où furent fondés les collèges de Saint-Denis, d'Autun et de Boissy, plus voisins de la rue Pavée que ne l'étaient ceux de la Montagne Sainte-Geneviève ; en 1281, ces maisons à usage d'habitation écolière étaient situées presque à l'extrémité de la région universitaire.

Une addition rabelaisienne a été faite, au XVIe siècle, à l'une des rues *pavées* du vieux Paris, celle du quartier Saint-Victor, plus connue sous le nom de rue *du Mûrier* : dans le plan dit de Saint-Victor, parce qu'il était conservé dans la bibliothèque de ce monastère, on lit « rue pavée d'andouilles ». Cette petite voie, qui montait autrefois de la rue Saint-Victor au mur de soutènement du collège de Navarre, et qui a été emportée par les percements nouveaux (rues Monge et des Écoles), n'a pas conservé le singulier complément qu'on lui avait donné ; elle l'a transmis à une autre. Sur le plan de Gomboust, qui date de 1652 et est, par conséquent, postérieur d'un siècle à celui de Saint-Victor, on lit, d'une part, « rue du Meurier » pour désigner la voie située dans le quartier de la place Maubert,

---

[1] Notes relevées dans les Cartulaires par H. Legrand.

[2] Les «estables» ou écuries servaient aux étudiants de bâtiments de décharge, ou dépendances.

[3] *La taxe des logements dans l'Université de Paris*, par M. Charles Jourdain, travail inséré dans les *Mémoires de la Société de l'histoire de Paris*, t. IV, p. 147.

et, d'autre part « rue pavée d'andouilles » pour dénommer celle du quartier Saint-André-des-Ars. Piganiol et plusieurs autres historiens l'appellent ainsi; Jouvin de Rochefort, Bullet et Blondel la font figurer sur leur plan avec cette dénomination. On peut donc, à cette occasion, rappeler le passage de Rabelais, qui est probablement l'origine de cette appellation pantagruélique, à moins qu'il ne faille y voir une locution servant à désigner les boutiques de « chaircuitiers » et autres magasins de victuailles, dont les rues en question auraient été *pavées* [1].

Pour éviter les homonymies, le nom de Séguier, qui est celui d'une grande famille parlementaire, a été donné, en 1864, à la rue Pavée, qui le porte encore aujourd'hui [2].

CÔTÉ ORIENTAL
(du Sud au Nord).

CENSIVE DE SAINT-GERMAIN-DES-PRÉS.

PAROISSE DE SAINT-ANDRÉ-DES-ARS.

Partie latérale du PETIT HÔTEL D'ARRAS, ayant sa façade et son entrée principale sur la rue Saint-André. Comme il arrivait le plus souvent en pareil cas, le petit hôtel d'Arras suivit les destinées du grand, c'est-à-dire qu'il fut morcelé en même temps que la résidence principale. En 1534, dit Berty, les terrains des deux hôtels étaient déjà lotis, et avaient reçu des constructions sur les trois rues qui les délimitaient, Gilles-le-Queux, Saint-André-des-Ars et Pavée. C'est dans une maison bâtie à l'angle de ces deux dernières rues, c'est-à-dire sur l'emplacement du petit hôtel d'Arras, que naquit en 1613 et mourut en 1677 le docteur janséniste Sainte-Beuve.

MAISON SANS DÉSIGNATION, contiguë à celle qui faisait le coin oriental des rues

---

[1] Au chapitre XLII de *Pantagruel*, Rabelais raconte que, son héros ayant consenti à parlementer avec Niphleseth, reine des Andouilles, celle-ci promit que ses sujets « lui envoyeroient soixante et dix huict mille andouilles royales, pour, à l'entrée de table, le servir six mois l'an. Ce que feut par elle faict, et envoya au lendemain, dedans six grandz briguantins, le nombre susdict d'andouilles royalles au bon Gargantua, soubz la conduite de la jeune Niphleseth, infante de l'isle. Le noble Gargantua en feit présent, et les envoya au grand roy de Paris. Mais, au changement de l'aer, aussy par faulte de moustarde (baulme naturel et restaurant d'andouilles) moururent presque toutes. Par l'octroy et vouloir du Grand Roy, feurent, par monceaulx, en ung endroict de Paris enterrées, qui iusques à présent est appelé la *rue pavée d'andouilles* ».

M. A. Franklin, qui cite ce texte à propos de la rue du Mûrier, ne donne pas l'étymologie comme bien sérieuse, et ne lui trouve d'autre mérite que celle d'être contemporaine du plan de Saint-Victor. Peut-être eût-il été bon de rechercher si la dénomination dont il s'agit est antérieure à Rabelais, lequel aurait imaginé la plaisante explication qu'on vient de lire, ou si la lecture de *Gargantua* a donné à certains écoliers folichons l'idée de l'appliquer à une rue *pavée* de leur quartier.

[2] Un membre de cette illustre famille, le président Séguier, a demeuré dans la rue Pavée, de 1803 à 1848, et il y est mort en cette dernière année.

Pavée et Saint-André-des-Ars, et ayant été bâtie sur une partie du terrain occupé par le petit hôtel d'Arras.

Deux Maisons sans désignation, contiguës à la précédente, ayant appartenu à la famille Lemaître, dont un membre, Gilles Lemaître, fut président « en la Cour de Parlement », et étant devenues, en 1700, le siège de « la communauté des frères Cordonniers », sorte de corporation, ou plutôt de confrérie, fondée, en 1645, par le baron de Renty, qui avait pour associé le cordonnier Buch. Leurs statuts avaient été rédigés par Coqueret, docteur en Sorbonne : ils travaillaient, mangeaient, priaient en commun, allaient vêtus de noir avec rabat et chapeau rabattu ; leur communauté reconnaissait pour patron saint Crépin, et en portait le nom. Les trois maisons « entretenantes » qu'ils occupaient, en 1700, dans la rue Pavée avaient été vendues en cette même année par Anne Lemaître et son mari, Charles de la Boulière, sieur de Chagny, à un sieur Jobard, « maître cordonnier privilégié, suivant la cour et conseils de Sa Majesté ». Ce Jobard, qui logeait chez lui cette confrérie, en était sans doute le chef ; peut-être aussi avait-il acquis les trois maisons dont il s'agit comme protecteur et représentant de la communauté, selon l'usage des officiers de la maison du Roi, qui couvraient de leur patronage les corporations ouvrières.

Le plan de La Caille montre, au milieu et sur le côté oriental de la rue Pavée, un petit carré teinté en noir, avec ces mots *C. des Frères Cordoniers*; le texte annexé au plan compte la chapelle de cette communauté au nombre des trois existant dans le quartier Saint-André-des-Ars. L'écrivain auquel nous empruntons une partie de ces détails ajoute que les maisons habitées par la communauté des Frères cordonniers était grevée d'un cens au profit de l'abbaye de Saint-Germain-des-Prés ; c'était la condition à laquelle étaient soumis tous les bâtiments élevés dans cette région, en vertu de l'accensement de 1179.

Sur l'emplacement des trois maisons « entretenantes » possédées, au xviie siècle, par la famille Lemaître et occupées, au xviiie siècle, par les Frères cordonniers, le plan de Berty indique quatre parcelles bâties qui figurent dans son texte sous la dénomination banale de « maison sans désignation ». Nous avons essayé de les identifier. La première était la

Maison du Chapelain de la chapelle des Rametz, dans l'église Saint-André-des-Ars [1]. Il y a lieu de croire que cette maison, dont ladite église avait la propriété ou l'usufruit, est celle qu'occupaient ou dans laquelle siégeaient, vers le milieu du xviie siècle, les marguilliers, administrateurs temporels de Saint-André. On les

---

[1] Voir la description de cette chapelle dans la monographie de l'église Saint-André-des-Ars.

fait figurer à cette époque parmi les propriétaires habitant cette rue; ils ne faisaient sans doute qu'y gérer les biens de la paroisse, et durent favoriser l'installation des Frères cordonniers dans cet immeuble.

La seconde était la MAISON DE SAINT-JEAN-BAPTISTE, dont il est fait mention dans un acte de 1471, relatif à la MAISON DU CHAPELAIN.

La troisième était une

MAISON SANS DÉSIGNATION, qui formait primitivement une dépendance de la suivante, et en fut détachée à une époque que l'on ne saurait préciser.

MAISON DE L'ÉVÊQUE DE LODÈVE, avant 1476, et depuis, DE L'ÉVÊQUE DE RODEZ. C'est sous ce dernier nom qu'elle figure sur le plan de Berty. La situation de cet ancien logis épiscopal, en face du débouché de la rue de Savoie, permet de l'identifier avec l'HÔTEL SAINT-FRANÇOIS qui eut, dès les premières années du xviie siècle, la même destination que l'hôtel de Lyon en la rue de la Contrescarpe. Jaillot nous apprend, en effet, que «vis-à-vis de la rue de Savoie est le bureau des carrosses et messageries pour la Normandie et la Bretagne». Les évêques de Rodez, auxquels ceux de Lodève avaient cédé leur résidence parisienne, s'en défirent donc dans le courant du xvie siècle; elle fut reconstruite en 1590 et possédée par le président Lemaître, avec les maisons dont nous avons parlé plus haut. Les coches de Bretagne et de Normandie y descendaient dès 1617.

Le vocable de Saint-François, sous lequel cet hôtel était placé, avait donné naissance à une légende que Jaillot a combattue : «On prétend, dit-il, que c'était la demeure de saint François de Sales. Les père et mère de ce saint n'avaient point de domicile à Paris, et l'un des auteurs de sa vie dit que l'église qu'il fréquentoit le plus étoit celle de Saint Etienne des Grés, *la plus proche du lieu de sa demeure.*» L'enseigne de *Saint François* qu'avoit cet hôtel, dès 1640, suivant les titres de l'abbaye de Saint Germain, a pu faire confondre le saint dont il portoit le nom avec saint François de Sales, qui ne fut canonisé que le 19 avril 1665 [1].»

Les deux dates sont décisives : l'hôtel ne peut avoir porté, en 1640, le nom d'un pieux personnage qui ne fut mis au nombre des saints que vingt-cinq ans plus tard.

MAISON DE LA NASSE, faisant le coin oriental de la rue Pavée et du quai des Augustins. Elle ne formait, en 1215, qu'une seule et même propriété avec l'HÔTEL D'ARRAS. Le terrain qu'elle occupait avait été concédé à Odon, queux du Roi, à la charge de laisser le chemin libre pour les voitures circulant sur le bord de la

---

[1] RECHERCHES HISTORIQUES, etc., *Quartier Saint-André-des-Arts*, p. 116.

rivière, ou y arrivant par la rue Pavée. En 1543, la maison de la Nasse appartenait à Simon Cornu, procureur au Parlement; elle devint ensuite la propriété des seigneurs de Bruire.

CÔTÉ OCCIDENTAL
(du Nord au Sud).

MÊMES CENSIVE ET PAROISSE.

MAISON SANS DÉSIGNATION, faisant le coin occidental de la rue Pavée et du quai des Augustins.

A cette simple mention consignée dans les notes de Berty, il convient d'ajouter les indications suivantes : en 1368, la maison dont il s'agit appartenait à Rifflart, jadis queux de Monseigneur de Beauvais, et payait quatre sols à la Pitancerie de l'abbaye de Saint-Germain-des-Prés; sous la domination anglaise, elle fut confisquée au préjudice de Me Jean Mengin, partisan de Charles VII; on la voit, en effet, figurer comme telle sur les comptes de confiscations des années 1423 et 1424.

Entre cette maison d'angle et le débouché de la rue de Savoie, les deux plans de Jouvin de Rochefort qui sont, l'un de 1672 et l'autre de 1676, montrent la partie septentrionale du pourpris de l'hôtel de Nemours séparée de la partie méridionale par la nouvelle rue de Savoie, ainsi d'ailleurs que le fait voir le plan de Berty. Ils montrent également les parcelles de terrain, les bâtiments et dépendances utilisés par les spéculateurs qui avaient acquis l'hôtel. Nous exposons plus loin, à l'article de la rue de Savoie, les détails de cette opération édilitaire; ici, nous devons dire d'abord ce qu'avait été l'hôtel dans les siècles précédents, quels en furent successivement les possesseurs et les transformateurs, puis ce qu'on fit, après la démolition de l'hôtel, des terrains en bordure de la rue Pavée, et enfin ce qui reste aujourd'hui de tout ce passé.

HÔTEL DE CHÂTILLON, DE L'ÉVÊQUE D'AUTUN, DES ÉVÊQUES DE LAON, DES DUCS DE SAVOIE ET DE NEMOURS. Le grand logis qui a porté ces divers noms s'étendait sur le côté occidental de la rue Pavée, depuis la maison sans désignation formant le coin du quai, jusqu'à celle DE LA SERAINE, dont nous parlerons plus loin; mais le périmètre était loin d'en être régulier. Selon un usage constant, les résidences de cet ordre, en façade sur une rue où elles étaient plus ou moins limitées par d'autres propriétés, se prolongeaient en profondeur jusque sur la rue parallèle, qui leur servait ainsi de voie de desserte; elles y aboutissaient tantôt largement, tantôt par d'étroits couloirs; mais en revanche elles remplissaient l'îlot intérieur où s'espaçaient leurs dépendances.

Tel paraît avoir été l'hôtel que nous étudions. Malgré les délimitations indiquées sur le plan de Berty, plan trop synthétique, on le sait, où le travail de plusieurs siècles se trouve condensé sur une seule feuille, le pourpris dans lequel l'hôtel était enclos atteignait la rue « à l'abbé et aux escholiers de Sainct-Denys », en écornant, au sud, les jardins de la Maison des Charités, au nord, ceux de l'Hôtel de Sancerre et d'Hercule. Il est difficile de préciser la date de ces diverses extensions : on peut sans témérité faire remonter celles qui eurent lieu du côté des jardins de la Maison des Charités, à l'époque où les évêques d'Autun et de Laon, possesseurs de l'hôtel, purent facilement traiter avec les abbés de Saint-Denis. Il n'est pas question de l'hôtel qui nous occupe avant l'année 1337. A cette époque, Jean de Châtillon, fils du connétable de ce nom, le vendit à Jean d'Arcy, évêque d'Autun.

Le *Dictionnaire de la Noblesse* nous apprend que « Jean de Châtillon, le second fils du connétable Gaucher, IIe du nom, comte de Porcéan, et d'Isabelle de Dreux, sa première femme, fut seigneur de Châtillon-sur-Marne, de Gandelus, Troissi, Marigni et la Ferté en Ponthieu, du chef de sa femme. Il est nommé entre les exécuteurs testamentaires du roi Philippe le Bel, en 1314. Il représenta le Grand Queux de France au sacre de Philippe de Valois, en 1328, et suivit Jean de France, duc de Normandie, au voyage qu'il fit en Flandre, en 1340. Il défendit la ville de Tournay assiégée par les Anglais, en 1341, fut pourvu de la charge de Grand Maître de France en 1350, se trouva à la bataille de Poitiers en 1356 et mourut âgé [1] ».

Cette biographie sommaire prouve que Sauval et les auteurs du *Gallia christiana* ont eu tort de faire de Jean de Châtillon un évêque d'Autun : homme de guerre, marié trois fois selon le *Dictionnaire de la Noblesse*, et quatre fois selon Moréri, il n'eut d'autres rapports avec l'Église d'Autun que ceux de vendeur à acheteur ; c'est lui qui se défit, en faveur de Hugues d'Arcy, de l'immeuble patrimonial bâti sans doute à la suite de l'accensement de 1179, lequel mit en valeur et peupla toute cette région. Si la rue Pavée reçut ce nom dès la fin du XIIIe siècle, c'est, ainsi que nous l'avons dit plus haut, parce que l'importance des constructions qui s'y étaient élevées en rendirent le pavage nécessaire. Or l'hôtel de Châtillon était le plus considérable de ceux qui bordaient la rue ; tout porte donc à croire qu'il avait été bâti dans le cours du XIIIe siècle.

Jean d'Arcy, d'abord évêque et comte de Mende, puis évêque d'Autun et transféré finalement à l'évêché de Langres, avait un neveu, Hugues d'Arcy, qui fut élevé en 1339 sur le siège de Laon. C'est lui que Sauval dit avoir été l'acheteur de l'hôtel de Châtillon [2] ; mais les auteurs du *Gallia christiana* relèvent cette erreur

---

[1] *Dictionnaire de la Noblesse*, article Châtillon. — [2] *Antiquités de Paris*, II, p. 78.

dans les termes suivants : «Sauvallius ait Hugonem, episcopum Laudunensem, emisse anno 1337, a Johanne de Chatillon, episcopo Laudunensi, domum sitam Lutetiæ in vico dicto *Pavée;* quam Ecclesiæ Laudunensi testamento legavit, anno 1352, factus archiepiscopus Remensis; sed ex iis quæ modo diximus..., necesse est Sauvallium errasse in chronologia anni 1337 [1]. » Sauval s'est trompé deux fois en effet, la première, en plaçant Hugues d'Arcy sur le siège de Laon dans l'année 1337, alors qu'il n'en fut nommé évêque que deux ans plus tard; la seconde, en confondant Jean de Châtillon, le vendeur, avec Jean d'Arcy, l'acheteur. Ce qui a pu contribuer à la confusion, c'est que Jean d'Arcy avait été précédé sur le siège d'Autun par son oncle, Hugues Ier du nom (1286-1298), et que, avec l'argent de ce prélat, il s'était rendu acquéreur de l'hôtel de Châtillon : «domum sitam Lutetiæ, in vico suburbii Sancti Germani, cui nomen *rue Pavée*..., emerat a Johanne Castellioneo, ex ære Hugonis d'Arcy, episcopi Augustodunensis, patrui sui ».

Il résulte de ces divers textes que l'acquisition avait un caractère patrimonial : acheté avec les fonds de l'oncle, l'hôtel passa au petit-neveu qui en fit don à ses successeurs, lorsqu'il fut nommé archevêque de Reims. Les titulaires de ce siège jouissaient, en effet, de la magnifique résidence que nous avons décrite à l'article de la rue du Paon, tandis que les évêques de Laon n'avaient point de logis à Paris. L'hôtel de Châtillon n'appartint donc aux d'Arcy que quatorze ans, la translation de Hugues II au siège de Reims ayant eu lieu en 1351 ; l'évêque d'Autun, Jean, ne le posséda que deux ans, ce qui explique pourquoi il ne lui a pas laissé son nom.

Devenu bien de mainmorte, par le don qui en avait été fait aux évêques de Laon, le vieil hôtel de Châtillon demeura plus d'un an entre leurs mains, toujours soumis aux redevances stipulées en l'accensement de 1179. Les nouveaux possesseurs ne s'en acquittèrent pas régulièrement, puisque nous voyons l'un d'eux, Jean de Rouci, homme processif, à ce que disent les auteurs du *Gallia christiana*[2], condamné, en 1393, à payer à l'abbaye de Saint-Germain-des-Prés cinquante sols de cens pour *l'hôtel de Nemours,* comme on l'appela plus tard [3].

C'est à ce prélat qu'il faut attribuer la reconstruction de l'hôtel, laquelle eut lieu en 1406; Jean de Rouci, en effet, occupa le siège de Laon de 1386 à 1419. En rebâtissant la vieille demeure des Châtillon, Jean de Rouci lui donna sans doute de plus vastes proportions, et c'est à cette époque qu'il convient de placer les agrandissements dont nous avons parlé plus haut, agrandissements opérés aux dépens des jardins de l'Hôtel de Sancerre et de la Maison des Charités de Saint-Denis.

---

[1] *Gallia christiana,* IX, p. 547, 548.
[2] *Ibid.*
[3] «Nominatur in actis Parlamenti, annorum 1393 et 1410, quo tempore de jurisdictione ducatus sui contendit cum procuratore regio.» (*Gallia christiana,* IX, p. 551.)

L'hôtel était dans toute sa nouveauté, lorsque la domination anglaise commença à peser sur Paris; il n'échappa point aux mesures de confiscation qui atteignirent les propriétés des partisans de Charles VII. L'évêque de Laon était alors Guillaume de Champeaux, qu'il ne faut point confondre avec le fameux *Guillelmus a Campellis*, le maître d'Abélard, devenu en 1113 évêque de Châlons; un intervalle de plus de trois siècles sépare, on le voit, ces deux personnages. Celui qui occupait le siège de Laon, au moment où il fut dépossédé de l'hôtel, était tout dévoué au légitime héritier de la couronne. Il avait en 1423 baptisé dans la cathédrale de Bourges l'enfant qui fut depuis Louis XI; en 1429 il assista au sacre du roi à Reims, et fut ensuite l'un de ses principaux confidents. Il avait donc tout ce qu'il fallait pour encourir une confiscation. Ce qu'il y a d'étrange, c'est que l'hôtel confisqué fut donné à l'un des collègues et voisins de Guillaume de Champeaux, l'évêque de Thérouanne, Louis de Luxembourg, qui tenait pour les Anglais. Nous avons parlé de ce personnage, avec quelques détails, à l'occasion de l'hôtel d'Arras[1]. Peut-être est-ce à celui de Laon, nouvellement reconstruit et séparé du premier par la rue Pavée seulement, qu'eut lieu la réception dont parle le *Journal d'un bourgeois de Paris*[2]. Les fêtes qui furent données à cette occasion purent avoir les deux hôtels pour théâtre, ainsi qu'on a vu, plus tard, les réjouissances princières s'étendre du Louvre aux Tuileries.

Après l'expulsion des Anglais, l'hôtel de Laon retourna naturellement aux évêques de cette ville, et ils le conservèrent jusque dans la seconde moitié du XVIe siècle, époque où ils le vendirent à un prince de Savoie. La date de cette acquisition ne saurait être précisée; mais il est certain qu'elle eut lieu entre 1562, date de la majorité de l'acquéreur, Jacques de Savoie, et 1585, année de sa mort. Dans cet intervalle, deux évêques, Jean de Bours et Valentin Douglas, se succédèrent sur le siège de Laon; la vente fut donc consentie par l'un ou l'autre de ces prélats, plus probablement le premier. Il est à croire, en effet, que Jacques de Savoie n'attendit pas les dernières années de sa vie pour acquérir l'hôtel de Laon; or il mourut en 1585, et Jean de Bours, en 1581.

Qu'était le nouveau propriétaire de cette ancienne résidence seigneuriale? Il avait pour père Pierre de Savoie, fils puîné de Philippe, dit *sans Terre*, duc de Savoie, auquel François Ier avait, en 1528, donné le duché de Nemours, possédé jusque-là par Louise de Savoie, mère du monarque. Jacques de Savoie, qui n'avait que deux ans à la mort de son père, obtint à son tour en 1547, du roi Henri II,

---

[1] Voir à l'article de la rue *Saint-André-des-Ars*.
[2] M. Tuetey, à qui l'on doit l'édition publiée par la *Société de l'histoire de Paris et de l'Ile-de-France* (p. 361 et 362), se fonde sur un document conservé aux Archives nationales (X¹ᵃ à 1480, fol. 94 et 95) pour dire que la réception eut lieu à l'hôtel d'Arras, résidence du chancelier de Luxembourg, oncle de la duchesse de Bedford. L'évêque de Thérouanne, qui était son cousin, put également lui offrir l'hospitalité.

le duché de Nemours, et cette donation lui fut confirmée par Charles IX en 1561 et 1563. C'est ainsi que se constitua la branche de Savoie-Nemours, maintenue en possession du duché par Louis XIII et par Louis XIV, et que cette double appellation fut appliquée à l'ancien hôtel de Laon et de Châtillon, acquis par Jacques de Savoie.

Reconstruit en 1406, par l'évêque Jean de Rouci, dans le style du temps, et approprié à une habitation épiscopale, l'hôtel dut s'agrandir quand il devint la résidence d'un grand seigneur. C'était, d'ailleurs, l'époque où la Renaissance marquait de son empreinte toutes les vieilles constructions parisiennes, où l'on reconstruisait le Louvre, où l'on bâtissait les Tuileries, où l'on modernisait tous les vieux logis de l'ancienne aristocratie. Mais nous n'avons rencontré aucun document relatif aux travaux dont l'hôtel put être l'objet, et nous en sommes réduit, sur ce point, aux conjectures. Nous savons seulement que sous le règne de Louis XIII, Henri de Savoie, second fils de Jacques[1], y hébergeait à la fois sa belle-mère Marie de Lorraine, femme de Charles de Lorraine, duc d'Aumale, Mademoiselle de Sénecterre, fille d'honneur de Catherine de Médecis, son frère M. de Sénecterre, qui fut père du maréchal de la Ferté, et toute la suite de ces personnages ; ce qui suppose de vastes appartements[2].

Pendant la Ligue, l'hôtel avait été habité par Anne d'Este, veuve de Jacques, duchesse de Savoie et de Nemours. Cette princesse figurait, selon la *Ménippée*, à la fameuse procession qui eut lieu en 1593 : « Item venoit Madame de Nemours, représentant la Reine mère, ou grande mère (*in dubio*) du roi futur »[3]. Les deux fils de cette princesse, Charles-Emmanuel, duc de Nemours, et Henri, marquis de Saint-Sorlin, habitèrent successivement l'hôtel après elle, et, en leur qualité de princes lorrains par leur mère, ils demeurèrent jusqu'au dernier moment fidèles à la Ligue ; mais Henri étant devenu, par la mort de Charles-Emmanuel, arrivée

---

[1] Les commentateurs de Tallemant des Réaux, MM. Paulin Paris et de Monmerqué, donnent quelques détails sur ce personnage qui habita l'hôtel de 1611 à 1626. C'était, disent-ils, un des plus galants hommes de la cour, le premier qui se soit adonné à faire des galanteries en vers, des dessins de carrousels et de ballets. Il est l'auteur du ballet des *Noces imaginaires de la douairière de Bilbahaut*, dansé en 1626. Mademoiselle de Sénecterre, qui logeait chez lui, y avait composé un roman en quatre volumes, intitulé *Orasie* (Paris, 1646).

[2] Malherbe, dans une lettre à Peiresc, datée du 1ᵉʳ août 1611, raconte tout au long une aventure dont l'hôtel de Savoie-Nemours fut le théâtre et Mademoiselle de Sénecterre, l'héroïne. Il s'agit d'une entreprise nocturne, tentée par Henri-Robert de la Marck, comte de Braisne, et suivie d'une demande de réparation faite par René aux Épaules, marquis de Nesle, cousin de la personne outragée.

[3] Les commentateurs de la *Ménippée* nous apprennent que « Anne d'Este, duchesse de Nemours, étoit mère du duc de Mayenne, qui auroit bien voulu se faire roi, et grand'mère du jeune duc de Guise, qui aspiroit aussi à la couronne. Elle avoit épousé, en premières noces, François de Lorraine, duc de Guise, qui fut tué par Poltrot, et s'étoit remariée à Jacques de Savoie, duc de Nemours, duquel le fils, duc de Nemours par le décès de son père, prétendoit pareillement se faire roi ».

en 1595, chef de la maison de Savoie-Nemours, se rallia au parti royal et habita paisiblement l'hôtel.

C'est pendant le séjour qu'il y fit qu'eut lieu l'aventure dont nous avons parlé dans une note de la page précédente. Un autre événement plus tragique ensanglanta l'hôtel de Savoie-Nemours, pendant la dernière année de la Fronde. Charles-Amé, fils aîné de Henri, ayant eu quelques démêlés avec son beau-frère, le duc de Beaufort, bien connu sous le nom de Roi des Halles, un duel s'ensuivit. Il eut lieu à la porte de Richelieu, et le duc de Nemours y fut tué. Son cadavre, disent les auteurs du temps, fut porté à l'église Saint-André-des-Ars « sa paroisse » ; ce qui prouve qu'en 1652 il habitait l'hôtel patrimonial de la rue Pavée. De son mariage avec Élisabeth, fille de César de Bourbon, duc de Vendôme, il avait eu, outre deux princes morts jeunes, deux filles, dont l'une, Marie-Françoise-Élisabeth, fut mariée en 1666 à Alphonse VI, roi de Portugal, et en 1668 à don Pèdre, roi de Portugal, son beau-frère, et dont l'autre, Marie-Jeanne-Baptiste, mariée en 1665 à Charles-Emmanuel, IIe du nom, duc de Savoie, son cousin, vendit l'hôtel à des spéculateurs.

L'ancien logis des Châtillon et des évêques de Laon avait été acquis par Jacques de Savoie, pour être la résidence des ducs français de Nemours ; il fut aliéné un siècle plus tard, lorsque les deux filles de son dernier possesseur, éloignées de Paris par leur mariage, n'eurent plus de motifs pour y résider. Cette aliénation du reste, ainsi que nous l'expliquons à l'article de la rue de Savoie, fut provoquée par le Roi et par la Ville.

Ce qui est relatif au percement de la rue de Savoie, à travers le pourpris de l'hôtel, est exposé à part [1] ; la voie nouvelle, qui ne date que de deux siècles, n'a guère d'autre histoire. Mais il convient de dire ici ce que devinrent les terrains et parties de bâtiments restés en dehors. Ouverte dans la partie du pourpris la moins bâtie, afin de faciliter les constructions en bordure, la rue de Savoie a laissé, à droite et à gauche, des ailes ou corps de logis qu'on a dû utiliser. C'est exactement ce qui s'est passé, de nos jours, lors du percement du boulevard Henri IV à travers l'enclos des Célestins : on s'est borné à pratiquer une ouverture dans les bâtiments, pour le passage de la nouvelle voie, et des portions de constructions sont restées, de chaque côté, à l'état d'isolement.

C'est vers le nord, c'est-à-dire entre la rue de Savoie et le quai, que se trouva la plus grosse partie des bâtiments de l'hôtel de Nemours, non démolis : les deux plans de Jouvin de Rochefort, qui portent la date de 1672 et 1676, et qui, par

---

[1] Voir à l'article de la rue de Savoie.

conséquent, sont contemporains du percement de la rue, montrent, en cet endroit et sous la rubrique Hôtel de Nemours, des terrains et des corps de logis que les spéculateurs Boileau et Brière de l'Épine conservèrent, pour les revendre et diminuer d'autant les frais de l'opération. On y tailla, sauf appropriations, deux maisons, dont l'une, faisant le coin septentrional des rues Pavée et de Savoie, était au commencement du xviii° siècle le

Petit Hôtel Montholon, appartenant à François de Montholon, seigneur d'Aubervillers, membre du Grand Conseil.

L'autre, contiguë à la première, était le

Petit Hôtel de la Houssaye, possédé par Pelletier de la Houssaye, intendant des finances.

Ces deux immeubles portent aujourd'hui les n°⁵ 7 et 5. Ils ont été habités par les princes de Carignan, branche de la famille de Savoie, et sont devenus, par héritage, l'hôtel de Conflans-Carignan ; ce qui prouve que ces parties de l'ancien hôtel de Nemours furent ou réservées lors de la vente, ou acquises ensuite des spéculateurs qui avaient acheté l'hôtel en bloc.

L'immeuble qui vient ensuite, sous le n° 3 et qui est contigu à la maison formant angle avec le quai, a bien authentiquement appartenu à l'hôtel de Nemours, puisqu'on y conserve encore deux écussons de forme ovale, portant les armoiries de Henri de Savoie, frère et successeur de Charles-Amé, qui fut tué par le duc de Beaufort, ainsi que celles de Marie d'Orléans, fille de Henri duc de Longueville [1]. Cette maison, qui touchait au pourpris de l'Hôtel de Sancerre ou d'Hercule, communiquait avec le jardin des Charités et la rue à l'abbé de Saint-Denis, par une ruelle dont il subsiste encore des traces dans un passage de la Maison de la Tortue, lequel conduisait du quai à la rue de Savoie, et peut encore, quoique fermé, être utilisé aujourd'hui. Il existait jadis de ces sortes de voies intérieures dans la plupart des grands hôtels.

Au sud de la rue de Savoie et à son angle méridional avec la rue Pavée, s'élevait, en 1672, une

Maison sans désignation, à laquelle adhérait, en 1535, une autre Maison, également sans désignation [2]. La première, et toutes deux peut-être, avaient dû faire partie des dépendances de l'hôtel de Nemours.

---

[1] Notre collaborateur, M. Camille Platon, a visité cette maison, s'est fait représenter les deux écussons et a reconnu les armoiries.

[2] C'est dans cette maison, communiquant par le fond avec une de celles qui bordent le côté méridional de la rue de Savoie, que François-Ambroise Didot, souche de l'illustre maison de ce nom, avait, au siècle dernier, son imprimerie et sa librairie.

Pour achever l'histoire des transformations que cette ancienne résidence eut à subir, il resterait à exposer ce que devinrent les terrains et les constructions en arrière-façade, c'est-à-dire en bordure de la rue à l'abbé de Saint-Denis (des Grands-Augustins). C'est ce que nous avons fait à l'article de cette dernière voie [1].

MAISON DE LA SERAYNE (1382). Berty en a constaté l'existence en ladite année;

Porte latérale de l'hôtel d'Eu et de Nevers.

mais il n'a pu en faire l'histoire, ni antérieurement ni postérieurement à cette date. D'autres chercheurs l'ont identifiée avec un *Hôtel de Moussy* cédé, en 1695, à titre d'échange, par Henri d'Orléans, marquis de Rothelin, à la veuve de Henri d'Argouges, marquis de Rennes, seigneur de Fleury, gouverneur d'Alençon. La mar-

---

[1] Voir ci-devant, à l'article de cette rue.

quise de Rennes l'aurait légué à la comtesse de la Palue-Bouligneux, laquelle l'aurait transmis en héritage à son cousin le marquis de la Housse, ambassadeur près le roi de Danemark. Ladite maison de la Serayne, ou Hôtel de Moussy, aurait encore changé de maîtres dans le courant du xviiie siècle; donnée en 1728 à Grossoles, marquis de Flammarens, elle aurait été vendue en 1750 à la veuve de Marigny, grand maître des eaux et forêts.

Maison sans désignation d'abord, et contiguë à celle qui, bâtie sur un terrain détaché du pourpris de l'hôtel d'Eu et de Nevers, faisait le coin occidental des rues Pavée et Saint-André-des-Ars; puis Hôtel Poyet[1] au xvie siècle; Hôtel d'Aguesseau[2] aux xviie et xviiie; enfin Hôtel de la Houssaye[3] et de la Roche-Aymon[4].

Façade latérale de l'Hôtel d'Eu et de Nevers (voir rue Saint-André-des-Ars). On y voit encore une porte d'un beau style; nous en reproduisons l'aspect ci-contre.

RUE PERCÉE
DITE AUSSI DES DEUX-PORTES.

L'expression « rue percée », *vicus perforatus*, indique ordinairement, à n'en juger que par l'étymologie, une voie ouverte postérieurement à celles auxquelles elle aboutit; c'est, pour employer un terme moderne, un *percement*. Il ne faut donc point considérer la rue dont il s'agit comme exactement contemporaine de celles de la Harpe et de la Barre, qu'elle faisait communiquer entre elles, et, par conséquent, il y a tout lieu de croire qu'elle n'a point été originairement un de ces sentiers, ou chemins de desserte, existant à travers le clos de Laas, au moment où se produisit le grand accensement de 1179.

La première mention qu'on en trouve est de 1284 : on la rencontre dans les

---

[1] On sait que Guillaume Poyet, successivement avocat en renom, puis avocat général et président à mortier, devint chancelier de France en 1538. C'est lui qui avait plaidé pour Louise de Savoie contre le connétable de Bourbon. Il fut plus tard convaincu de malversation et dépouillé de toutes ses charges.

[2] Henri-François d'Aguesseau, né en 1668, fut nommé, à l'âge de vingt-deux ans, avocat général au Parlement de Paris; six ans plus tard, il y occupait le siège de procureur général. Il fut nommé chancelier de France en 1717. Son père, qui était conseiller d'État et du Conseil royal des finances, avait habité l'hôtel et y était mort, dit Piganiol (*Description de Paris*, VIII, p. 114).

[3] L'intendant des finances La Houssaye était fils de Pelletier de la Houssaye, qui avait acquis ou habité une des maisons formées de l'hôtel de Nemours, après le percement de la rue de Savoie.

[4] Le cardinal de la Roche-Aymon, archevêque de Reims, était ministre de la feuille des bénéfices.

cartulaires de Notre-Dame et de la Sorbonne[1]. Or les rues de la Harpe et Hautefeuille, ou de la Barre, sont mentionnées, la première, dès 1182, et la seconde, en 1252. Le désir d'établir une communication nouvelle entre les deux grandes voies perpendiculaires à la Seine, presque au débouché de la rue des Poitevins, — laquelle était probablement un ancien chemin et qu'on trouve citée dans des titres de la première moitié du xiiie siècle, — peut-être aussi le besoin de créer une ligne séparative entre les hôtels qui ont porté plus tard les noms de Cramault et de Fécamp et qui étaient situés, l'un au nord, l'autre au sud de la nouvelle voie, ont été les causes déterminantes de l'ouverture de la rue Percée. Le Beuf paraît en avoir fait une dépendance de la rue de la Harpe, en disant que « dès l'an 1299 il y avoit dans la rue Percée un certain nombre de Juifs, qui lui avoient fait donner le nom de *Judæaria*[2] ».

Plusieurs documents importants, tels que le Livre de la Taille de 1292, le *Dit* de Guillot, les manuscrits de Sainte-Geneviève et de la bibliothèque Cottonienne, la *Description de Paris* par Guillebert de Metz, ne mentionnent pas la rue Percée. Le rôle de la Taille de 1313 porte « rue Percie ». Dans le *Compte des confiscations* faites en 1421, on relève « une maison rue de la Harpe, au coin de la rue Percée, appartenant à feu Guillaume d'Auxerre, décapité à Paris », et une autre « maison rue Percée, qui fut à Messire Jean de Bonnefons[3] ». Vers 1423, Regnault Savin, procureur au Châtelet, était propriétaire dans cette même rue[4]. En 1489, « Me Ambroise, mestre des requestes, propriétaire d'une maison, rue Percée, obtint de la ville de clore la rue; mais, sur les réclamations de divers propriétaires et du collège, — il s'agit ici du Collège de Tours dont l'entrée principale était sur la rue Serpente, mais qui possédait, dans la rue Percée, la maison de l'Image saint Martin, — on obtint la démolition du mur construit. Jugement du 27 juillet 1493[5] ».

Une seconde appellation lui fut donnée, au xvie siècle, sinon dans toute sa longueur, du moins dans sa partie orientale commençant précisément à cette maison de l'Image saint Martin dont nous venons de parler; on la nomma « rue des Deux-Portes », sans abandonner toutefois l'ancienne dénomination. Corrozet écrit « rue Percée dicte des Deux-Portes ». Cette appellation semblerait plutôt applicable à la rue Poupée, qui était parallèle et formait la continuation de la rue du Cimetière-Saint-André, dite aussi des Deux-Portes.

De plus, sans sortir de la région qui nous occupe[6], une troisième voie, située

[1] *Antiquités de Paris*, III, 54.
[2] *Hist. de tout le diocèse de Paris*, I, 186.
[3] *Antiquités de Paris*, III, 295, 296.
[4] *Idem*, III, 317.

[5] Note de Berty.
[6] Il existait, et il existe encore sur d'autres points, des rues devant leur nom soit aux portes dont elles étaient closes à leurs deux extrémités, soit

entre les rues Serpente et Pierre-Sarrazin, établissant également une communication entre celles de la Harpe et de la Vieille-Plâtrière (Hautefeuille), portait aussi le nom de rue des Deux-Portes. Elle le devait sans doute aux deux huis qui la fermaient à ses extrémités, dans des conditions analogues à celles de nos modernes rues privées. Il y a lieu de croire que le *vicus perforatus* eut originairement ce caractère; ce fut d'abord un percement particulier, qui passa ensuite au rang de voie publique.

La rue Percée a subsisté intégralement jusqu'à l'ouverture du boulevard Saint-Michel. Cette voie l'a raccourcie à son extrémité orientale, et réduite à l'état de cul-de-sac fermé par les hautes constructions qui forment la ligne occidentale du boulevard. Dépouillée de ses anciens noms, la rue Percée n'est plus qu'un tronçon informe, dénommé «impasse Hautefeuille». Une élégante tourelle en encorbellement en fait le coin méridional : c'est l'angle nord-ouest de l'ancien hôtel de Fécamp.

Nous avons déjà mentionné, à l'article de la rue Hautefeuille, la pièce extraite des *Registres du Bureau de la Ville* et relative à un élargissement des rues Percée et Poupée, par le retranchement d'une maison faisant l'angle de ces deux rues. L'hôtel de Fécamp pouvait seul, ce semble, répondre à cette indication, ainsi que nous le faisons remarquer à l'article de la rue Poupée. Voici du reste le texte même du document :

«De par les Prevost des marchands et Eschevins de la ville de Paris,

«On fait asçavoir à tous ceux qu'il appartiendra, qu'il sera, lundy prochain vingt-huictiesme du présent mois de may, mil six cens quatre vingts, dix heures du matin, procédé, au Bureau de la Ville, à la publication et bail au rabais des ouvrages qu'il conviendra faire pour la démolition et retranchement et retablissement de face d'une maison faisant les encoigneures des rues *Poupées* et *Percées* (*sic*), appartenant au sieur Olivier, mentionnez au devis quy en a esté fait, estant au greffe de ladite Ville, y compris le remboursement des étayemens faictz en ladite maison par le maistre des œuvres de ladite Ville, et pilotis qu'il convient aussy faire pour mettre des plattes-formes; dont touttes personnes quy voudroient faire des offres, pourront prendre communication [1]».

au nombre de maisons, ou de portes qu'elles comptaient. Les rues des Deux-Portes Saint-Jean et des Deux-Portes Saint-Sauveur sont dans le premier cas; la rue des Trois-Portes, près de la place Maubert, était probablement fermée sur les rues Galande, de l'Hôtel-Colbert et du Haut-Pavé; quant à la rue des Douze-Portes, aujourd'hui rue Villehardouin, au Marais, elle était bordée primitivement de douze maisons, et par conséquent de douze portes.

[1] *Registres du Bureau de la Ville*, H 1827, f°s 686, 687.

CÔTÉ SEPTENTRIONAL
(d'Orient en Occident).

CENSIVE DE SAINT-GERMAIN-DES-PRÉS.
PAROISSE DE SAINT-ANDRÉ-DES-ARS.

Maison du Baptouer (1483), contiguë à celle de la Pennevayre et du Barillet, que nous avons décrite à l'article de la rue de la Harpe, dont elle faisait le coin septentrional. Elle «aboutissait à un jeu de paume», dit Adolphe Berty dans ses notes, et paraissait, sur le plan dressé par cet érudit, toucher aux dépendances de «l'hostellerie du Cheval Blanc», lesquelles s'étendaient également sur la rue Poupée.

Une note égarée dans les papiers de Berty est ainsi conçue : «1588, maison du Baptouër à Saint-Severin (1483), tenant, d'une part, à une maison appartenant à ladite église, c'est-à-dire le Barillet, faisant le coin de la rue de la Harpe, d'autre part, tenant à Cardon, aboutissant au jeu de paulme de Miles Jolain. En 1440, la masure entretenante à la maison du Bastouer était LA SERAINE».

Il suit de là que «LA SERAINE» et la «MAISON À CARDON» doivent être identifiées. Quant au «jeu de paulme» de Miles Jolain, il était établi dans la «MAISON DE L'YMAIGE SAINCT NICHOLAS ET DU CINGE», ayant façade sur la rue de la Harpe.

Masure de la Seraine (1440), contiguë à la Maison du Baptouer, et reconstruite probablement par Cardon, puisqu'en 1483 elle est appelée Maison à Cardon.

Château-Festu, contigu à la Seraine, ou Maison à Cardon, et devant être identifié avec les dépendances de l'hôtellerie du Cheval Blanc, laquelle paraît avoir eu sa principale entrée sur la rue de la Harpe; elle aboutissait, par un retour d'équerre, à la rue Percée, ou des Deux-Portes, en développant l'une de ses façades latérales, ou l'un des murs de son pourpris, sur la rue Poupée[1]. Cette hôtellerie ou plutôt ses dépendances semblent avoir été de chétives constructions, à en juger par ce nom de «Château-Festu», *castellum festucæ*, c'est-à-dire maison de paille, qu'on donnait alors aux bâtiments légers ou mal entretenus. Peut-être cette dénomination ne s'appliquait-elle qu'aux dépendances, écuries et «granches», ou «granchettes», s'étendant sur les rues Percée et Poupée[2].

---

[1] Nous avons trouvé, dans les «papiers divers» de Berty, une note ainsi conçue : «1372. Le Chasteau-Festu aboutissait à la Seraine, censive de Saint-Germain-des-Prés. Cette maison devait un muid de cens aux religieux de Saint-Germain, qui devaient le venir chercher, à cheval, audit hôtel, une rose à la main.»

[2] Adolphe Berty, rencontrant un «Chasteau Festu» dans la rue Saint-Honoré, a donné de ce nom une explication qu'il nous semble utile de reproduire ici. Il commence par rappeler l'hypothèse de Le Beuf, qui consiste à regarder le Château-Fétu comme une sorte de halle, où l'on déposait les étoffes qui avaient subi ou devaient subir,

RUE PERCÉE.

Partie latérale de l'Hôtel de Cramault, ayant sa principale entrée sur la rue de la Barre.

CÔTÉ MÉRIDIONAL
(d'Orient en Occident).

CENSIVE DE SAINT-GERMAIN-DES-PRÉS.

PAROISSE DE SAINT-ANDRÉ-DES-ARS.

Partie latérale de la Maison de l'Image saint Pierre, ayant son entrée sur la rue de la Harpe, dont elle faisait l'angle méridional. On y voyait appendue une poulie, à laquelle tenait la chaîne servant à fermer la rue Percée, dite des Deux-Portes, parce qu'elle était close à ses deux extrémités.

Maison de l'Imaige Notre-Dame (1533), occupant un emplacement fort restreint et touchant, par le fond, à la maison de la Grant-Herpe, de l'Ange et de l'Imaige sainct Michel.

Maison de l'Imaige sainct Martin (1570), dépendant du collège de Tours, qui avait son entrée dans la rue Serpente, et auquel elle touchait par le fond. Le plan dressé par Berty figure en cet endroit trois divisions, sur lesquelles le texte ne fournit aucun éclaircissement. Le collège de Tours, qui n'utilisait point la maison située à l'extrémité septentrionale de son pourpris, et qui finit par la laisser dégénérer en « masure », en détacha sans doute une ou deux portions qu'il aliéna, et que Berty a représentées par des lignes. L'une d'elles, marquée par un astérisque, formait probablement une maison distincte [1].

Partie latérale de l'Hôtel de Fécamp, ayant son entrée principale sur la rue de

à la Croix du Tiroir, l'opération du tirage par les *tiratoria* ou « poulies à drap »; puis il constate que Le Beuf ne cite aucun fait ou document à l'appui de cette double opinion. « Avant nous, dit-il, Jaillot a fait observer qu'on ne comprend guère le mot de château appliqué à un hangar; il a de plus objecté qu'il existait, en 1348, un autre Château-Fétu, près du port Saint-Landry, et qu'on n'y vendait aucune marchandise. Il faut ajouter que nous connaissons un troisième Château-Fétu (de 1407), rue des Chiens, puis un quatrième, rue de Bièvre, et que les titres relatifs à ce dernier nous permettent d'interpréter ce nom. »

Berty eût pu dire un cinquième, celui des rues de la Harpe, Poupée et Percée. Effectivement, après avoir été énoncé en 1358 « l'hostel appelé Chasteau-Festu », il a été en 1368 nommé « le chastel Malgarny », en 1388 « l'hostel Maugarny », et en 1428 ce n'était plus qu'une « granche ». La conséquence ne semble pas difficile à tirer : fétu est synonyme d'objet sans valeur; « je n'en donnerais pas un fétu », dit-on pour exprimer le peu de cas qu'on fait d'une chose. Château-Fétu, *castellum festucœ* et Château-Malgarni veulent donc dire ironiquement une maison misérable, en mauvais état, n'ayant ni solidité ni prix, comme un fétu de paille. (Topographie historique du vieux Paris, *région du Louvre et des Tuileries*, I, 50.)

[1] L'un de nos collaborateurs nous communique, à cet égard, la note suivante qui ne nous a point paru pouvoir prendre place dans le texte, mais que nous reproduisons à titre de renseignement :

« La maison de l'*Image Notre-Dame* confine à la *maison de l'Image saint Pierre*, encoignure de la la Barre, ou Hautefeuille. Voir la description que nous en avons donnée, à l'article de cette dernière voie, avec la restitution archéologique de la tourelle d'angle.

Tourelle de l'hôtel de Fécamp, à l'angle des rues Percée et Hautefeuille
(d'après une photographie).

RUE PIERRE-SARRAZIN.

La voie qui porte ce nom, depuis sept siècles, était et est encore parallèle à la rue de la Harpe. Elle était microscopique, si le plan de restitution dressé par Berty en a tracé une représentation fidèle. Chose plus anormale, son aire est entourée de huit étoiles, qui la font ressembler à un fragment du ciel.

« A l'ouest, s'étendent deux places vides sur le plan et négligées par le texte. Les maisons assises sur ce double emplacement, comme aussi l'*Image saint Martin*, qui prend place à la suite, nous paraissent avoir été suffisamment désignées par Féli-

partie orientale de la rue des Cordeliers, ou de Saint-Côme, dont elle n'est séparée que par une zone de terrain de peu de profondeur. Comme les rues Serpente, Poupée, du Cimetière-Saint-André, des Poitevins, du Battoir, du Jardinet, etc., elle faisait très probablement partie de cet ensemble de sentiers de traverse, tracés d'occident en orient, pour desservir les terres de Gibard et le clos de Laas.

Il est question de la rue Pierre-Sarrazin dès la première moitié du XIIIe siècle. Sauval et Félibien ont fait remarquer que le bourgeois de Paris ainsi nommé possédait, en face même de cette voie, une maison qu'il vendit en 1252 aux Prémontrés, pour l'établissement de leur collège[(1)], ce qui fait supposer qu'il en était propriétaire depuis un temps plus ou moins long. Peut-être la tenait-il de sa famille, et cette possession remontait-elle à 1179, époque du grand accensement qui eut lieu dans cette région.

Puisque nous sommes dans la voie des hypothèses, pourquoi n'en pas risquer une nouvelle que Le Beuf n'eût point désavouée? Les Sarrazins, aïeux de Pierre, avaient peut-être fait bâtir ou agrandir ce fameux château de Hautefeuille, peu distant de la rue qui nous occupe; dans ce cas, l'expression *opus Sarracenorum*, employée par le continuateur de Guillaume de Nangis, s'expliquerait tout naturellement[(2)]. Si hardie que paraisse cette conjecture, elle s'appuie, du moins, sur ce fait que la famille Sarrazin, *gens Sarracena*, possédait de nombreux immeubles dans cette région: on trouve mention de maisons appartenant à Pierre et à Jean, et pour que la rue entière ait porté leur nom, il faut qu'ils y aient possédé divers immeubles.

Ce qui est hors de doute, c'est que Pierre Sarrazin, qui vendait, en 1252, la maison appelée *domus Petri Sarraceni*, n'existait plus en 1255: un second acte de vente, signé en juin de cette année et publié par Du Breul[(3)], dit formellement qu'il était mort: sa maison est appelée *domus defuncti Petri Sarraceni*. Enfin un troisième contrat d'acquisition, passé l'année suivante (1256), mentionne encore la maison *que fuit Petri Sarraceni*[(4)].

bien, d'accord ici avec l'acte de fondation du collège de Tours.

«En effet, Félibien (t. I, 590) articule ceci: «Bourgueil donna pour demeure (aux écoliers) «une maison située dans la rue Serpente, avec son «verger et *les maisons de derrière.*»

«L'acte de fondation n'est pas moins explicite: «Quibus scolaribus, pro habitatione sua et pro loco «suo principali, damus... quamdam domum sitam «in vico *de la Serpente*, cum virgulto et *domibus* «*retro eam consistentibus et pertinentiis earumdem...*»

«D'où il semble découler que les deux *maisons sans désignation* du plan de Berty étaient, au même titre que l'*Image saint Martin*, des appartenances du collège de Tours.»

[(1)] Sauval, I, 157; Félibien, III, 208 et 210.
[(2)] Nous devons avouer sincèrement que l'hypothèse, très hasardée d'ailleurs, a contre elle ce fait que les monuments romains ont été considérés, sur divers points de la France, à Arles, notamment, comme l'œuvre des Sarrasins, *opus Sarracenorum*.
[(3)] *Antiquitez de Paris*, p. 471.
[(4)] *Histoire de la ville de Paris*, Preuves, I, 210.

Cette maison, qui avait son entrée dans la rue Hautefeuille et faisait face à la voie qu'elle a servi à dénommer, ne tarda pas à être entourée de plusieurs autres constructions qui s'alignèrent dans cette dernière rue. Mentionnée dans les Livres de la Taille de 1292 et de 1313, ainsi que dans le *Dit* de Guillot (1300), la rue Pierre-Sarrazin était déjà une source de revenus en 1320 : une charte de cette année parle de rentes établies *super domibus ultra Parvum Pontem, in vico Petri Sarraceni*[1].

Néanmoins c'était alors un point assez éloigné du centre populeux de la rive gauche; le cimetière des Juifs, qui ne fut confisqué, détruit et couvert de constructions qu'après 1311, existait encore au temps où Guillot rima son *Dit*, et ce descripteur nous apprend qu'on essayait les chevaux dans la rue qui bordait cette nécropole :

> ..... rue Pierre Sarrazin
> Où l'on essaie maint roncin.

Si elle servait de piste à cette époque, c'est qu'elle était encore peu fréquentée et qu'elle confinait à la campagne; les marchés et champs d'essai pour les chevaux sont, en effet, toujours éloignés des habitations.

Sauval, qui a relevé le nom de la rue Pierre-Sarrazin dans un grand nombre d'actes des XIVe et XVe siècles, fait observer que sa dénomination n'a pas varié. Il constate, en outre, qu'en 1421 elle comptait au nombre de ses habitants « Me Jean Hermant, libraire, jadis maistre de la Chambre aux deniers de feu M. de Berry[2] », et que, en 1434, « Pierre de Cerisaie, procureur au Parlement, y demeuroit[3] ».

Les deux seules variantes que nous ayons rencontrées sont celles-ci : *Pierre Gasselin*, erreur de copie tout à fait évidente, par suite d'une certaine similitude entre les dénominations des rues *Perrin Gasselin*, dans le voisinage du Grand-Châtelet, et *Pierre Sarrazin* dans la région de l'Université; *Jehan Sarrazin*, nom qui se lit d'abord dans un acte de février 1272 mentionné par Du Breul[4], puis dans un *Compte de la prévôté de Paris*, de l'année 1513, cité par Sauval[5]. On ne s'explique guère comment ce nom reparaît, après deux siècles et demi, pour désigner la rue connue sous la dénomination traditionnelle de *Pierre-Sarrazin*. Il est probable que le Jehan de 1272 était fils, frère ou cousin de Pierre, et que celui de 1513 descendait de la même famille.

Le terrain que recouvrent les maisons construites dans l'îlot limité, au nord, par la rue des Deux-Portes, représente l'ancien cimetière des Juifs. On y a trouvé récemment, en faisant des travaux de fouille, plusieurs fragments d'inscriptions

---

[1] *Cartulaire de Notre-Dame*, IV, 33. — [2] Sauval, III, 295. — [3] *Idem*, p. 579. — [4] Du Breul, p. 248. — [5] Sauval, III, 558 et 561.

funéraires en langue hébraïque[1]. De semblables découvertes avaient eu lieu plusieurs siècles auparavant, ainsi que le témoignent Félibien et Sauval.

« Philippe le Bel, dit le premier de ces historiens, après avoir exilé les Juifs, vendit, en 1311, leur cimetière de la rue de la Harpe, mille livres tournois aux religieuses de Poissy, qu'il avoit fondées. Comme le cimetière, d'une assez grande étendue, joignoit le jardin de Jean, comte de Forest, celui-ci l'acquit des religieuses, l'an 1321...; ce cimetière fut alors enfermé dans la maison du comte de Forest... Depuis, cet hostel a passé à plusieurs particuliers qui l'ont fait abattre, pour y bastir plusieurs maisons qui font partie de la rue de la Harpe, vis-à-vis celle du Foin. On trouve souvent, dans ces maisons, des épitaphes hébraïques. Génébrard fait mention de deux qu'il a vues, et les propriétaires en conservent plusieurs autres qu'ils montrent aux curieux[2]. »

« Les tombeaux, les ossemens, les tombes et les épitaphes qu'on a, dit Sauval, déterrés dans la rue Pierre Sarrazin, et particulièrement dans celle de M. Talon, avocat général, les inscriptions encore qui composent les murs de l'écurie de M. Doujat, conseiller à la Grand'Chambre, les marches de l'escalier de M. Briçonnet, conseiller au Parlement, dans la rue de la Harpe, près de la rue Pierre Sarrazin, *le nom même de Sarrasin, qui est demeuré à cette rue, et que les Chrétiens donnoient autrefois aux Juifs pour leur faire plus de dépit*, tout cela ensemble et bien d'autres choses... ont fait croire, non sans raison, que les Juifs avoient là un cimetière[3]. » Les mots que nous avons soulignés contiennent une nouvelle et très hypothétique explication du nom de la rue.

Le cimetière de la *Judæaria*, rues de la Harpe et Pierre-Sarrazin, est indiqué dans un grand nombre de documents consultés par Berty[4]. Nous avons relevé dans les notes de ce savant les mentions suivantes : « 1228 : *Martinus Hostiarius* reconnaît devoir 40 sous parisis de rente à Saint-Julien-le-Pauvre, sur sa maison située *juxta cimeterium Judæorum*. — 1233 : une maison et une grange sont dites voisines de ce cimetière : *Domo et granchia sita, ut dicitur, juxta cimeterium Judæorum.* » Il s'agit de dépendances enclavées dans le pourpris de l'hôtel de Forez. En 1283, « lettre du roi Philippe le Hardi, par laquelle il est fait don à M° Guillaume *de Suassia*, chanoine de Bayeux, pour ses agréables services, de la maison qui jadis fut Martin, dit *Hostiarius, juxta* le cimetière des Juifs ». C'est l'immeuble dont nous avons parlé plus haut. Enfin, en 1311, ainsi que nous l'avons déjà dit,

---

[1] Quelques-uns de ces fragments sont conservés à l'hôtel Carnavalet.
[2] Félibien, I, 514.
[3] Sauval, I, 498.
[4] Nous avons utilisé ces documents pour la monographie des hôtels de Forez et de Longueil, qui avaient leur entrée rues de la Harpe et Hautefeuille. L'histoire topographique de la rue Pierre-Sarrazin tient donc à celle des deux grandes voies, sur lesquelles s'ouvraient les hôtels seigneuriaux qui s'étaient agrandis aux dépens du cimetière des Juifs.

la vente du cimetière fut consentie aux religieuses de Poissy par le roi Philippe le Bel, et relatée dans les termes suivants : *Plateam vocatam cimeterium Judæorum sitam Parisius;* le prix en fut fixé à mille petites livres tournois : « *mille librarum turonensium parvarum* ».

La rue Pierre-Sarrazin, que ces diverses mentions concernent, est indiquée nommément dans des documents d'une autre nature, cités par M. Charles Jourdain; nous voulons parler de la *Taxe des logements* à l'usage des écoliers de l'Université. En 1281, les taxateurs Adam de Gouly et Pierre de Vilarceaux, maîtres en théologie, désignent ainsi une des maisons de la rue Pierre-Sarrazin, destinée à loger des étudiants : « La maison de l'hostel Dieu, rue Pierre Sarrazin, prez d'un terrain non basti ». Quelle était cette « maison de l'hostel Dieu » et ce « terrain non basti »? L'identification ne saurait en être que conjecturale. Sept ans plus tard, d'autres taxateurs, au nombre de sept, trois maîtres en théologie et quatre maîtres ès arts[1], évaluent, au point de vue de la location, une autre maison qu'il nous est également impossible d'identifier : « La maison de Pierre de l'Encloistre, rue Pierre Sarrazin, 8 liv. cinq sous. »

Après avoir conservé ses dimensions et son aspect pendant plusieurs siècles, la rue Pierre-Sarrazin a été modifiée par l'ouverture du boulevard Saint-Michel, qui l'a raccourcie à son extrémité orientale, et a déterminé une reconstruction des maisons du côté septentrional. Elle est donc devenue moins longue et plus large. Le côté méridional est resté le même, dans la plus grande partie de son étendue, et à son débouché dans la rue Hautefeuille.

CÔTÉ SEPTENTRIONAL
(d'Occident en Orient).

CENSIVE DE SAINT-GERMAIN-DES-PRÉS.

PAROISSE DE SAINT-CÔME.

Grand Hôtel de Longueil, figuré sur le plan de Berty, comme distinct du petit, qui faisait le coin des rues Pierre-Sarrazin et de la Vieille-Plâtrière, et dont il ne pouvait être qu'un démembrement. Nous avons consacré une étude de quelque étendue à cette résidence, et nous y renvoyons le lecteur. Pour éviter des redites inutiles[2], nous nous bornons ici à résumer les notes assez confuses laissées par Berty. Les titres relatifs à la Maison, ou Hôtel de Beaulieu, qui confinait au Petit Hôtel de Longueil, ne permettent pas, dit ce savant, de douter que les deux im-

---

[1] M. Charles Jourdain donne leurs noms; ce sont : M⁰ Jean de Muni, M⁰ Pierre de Saint-Omer et M⁰ Lambert, dit Boucher, maîtres en théologie; M⁰ Guillaume d'Auxerre, M⁰ Gillet d'Angrene, M⁰ Jean Case et M⁰ Jean Hasse, maîtres ès arts.

(*La Taxe des logements dans l'Université de Paris*, dans le *Bulletin de la Société de l'histoire de Paris et de l'Ile-de-France.*)

[2] Voir ci-devant, à l'article de la rue Hautefeuille.

meubles aient constitué originairement une seule propriété, occupant, ainsi que le plan le fait voir, une portion de l'ancien cimetière des Juifs.

Partie de l'Hôtel de Forez, puis de Bretagne, sur laquelle on construisit des maisons, lors du morcellement du vaste pourpris que l'hôtel occupait. On constate l'existence, sur ce point, d'une maison au xive siècle, et d'une seconde vers la fin du xvie (1585).

Nous avons également, dans notre description du côté occidental de la rue de la Harpe, consigné une monographie aussi complète que possible de l'hôtel de Forez. Nous prions le lecteur de s'y reporter, pour connaître les parties de l'ancien cimetière des Juifs que les propriétaires de l'hôtel incorporèrent au pourpris de leur habitation. Le préambule historique, placé en tête de notre étude sur la rue de la Harpe, donne aussi d'utiles renseignements sur la *Judæaria* et sa nécropole.

Entre la partie méridionale de l'Hôtel de Forez et la Maison de la Croix Blanche, qui formait l'angle oriental nord des rues de la Harpe et Pierre-Sarrazin, le plan dressé par Berty montre trois parcelles dépourvues d'astérisques, c'est-à-dire non bâties. Cependant il résulte de notes éparses, rapprochées et interprétées par nous, qu'il existait sur ce point, à des dates diverses, trois ou quatre maisons dont voici l'ordre successif.

Maison sans désignation, paraissant avoir été, selon un document de 1303, celle « qui fut jadis à Pierre le Mangeur, que len dit le cardinal de Rode, tenant d'un costé... et aboutissant au conte de Forez ». Il s'agit sans doute ici du célèbre *Petrus Comestor*, ou Pierre le Mangeur, qui fut, au xiie siècle, chancelier de l'Université de Paris, et eut sa sépulture dans l'église de l'abbaye Saint-Victor. Il en résulterait alors que le côté septentrional de la rue Pierre-Sarrazin aurait reçu des constructions, dès le premier bannissement des Juifs par Philippe-Auguste, et qu'une partie de leur cimetière, ou tout au moins une bande de terrain contiguë à cette nécropole, aurait été « baillée à bastir ».

Hôtel des Évêques de Laon. L'existence de cet hôtel se déduit d'une note recueillie par Adolphe Berty et ainsi conçue : « Maison, rue Sarrasin, tenant à autre maison, d'autre part, aux evesques de Laon, aboutissant à l'hostel de Forez. » Cet hôtel occupait probablement la parcelle centrale indiquée sur le plan.

Si l'on place à gauche, c'est-à-dire à l'occident, la maison de Pierre Comestor, on est obligé de mettre à l'orient, c'est-à-dire à droite, celle ou l'une de celles que possédait Pierre Sarrazin, et qui ont contribué à dénommer la rue. Il ne faut pas, en effet, confondre la maison sise rue Hautefeuille ou de la Vieille-Plâtrière et appartenant à Pierre Sarrazin, avec celle qui était en bordure de cette dernière voie. La première ne peut en aucune façon s'identifier avec celle que désigne la note suivante recueillie dans les papiers de Berty : «Maison rue de la Harpe, tenant à la grant maison des contes de Forez, d'aultre part *à la maison de feu Sarrazin*, et aboutissant au cimetière des Juifs, 1325.» La seconde, au contraire, se concilie parfaitement avec ce texte. L'immeuble que nous restituons serait donc une

MAISON DE PIERRE SARRAZIN, contiguë, d'une part, à l'hôtel des évêques de Laon, et d'autre part, à la maison de la Croix Blanche, faisant l'angle nord-est de la rue de la Harpe. Ce fut une de celles que le comte de Forez s'annexa, en 1321, après avoir acquis le cimetière des Juifs des religieuses de Poissy, et pour agrandir le pourpris de son hôtel. Jaillot est très affirmatif à cet égard; en parlant de la rue Pierre-Sarrazin, il s'exprime en ces termes : «Ce nom est dû à un bourgeois qui possédoit plusieurs maisons en cet endroit, au XIIIe siècle...; le comte de Forez acheta les autres, situées *entre les rues Hautefeuille et de la Harpe*[(1)].» C'est exactement la situation de l'immeuble que nous venons de localiser. Il faut, ce semble, l'identifier avec une MAISON SANS DÉSIGNATION, dont Berty a trouvé mention dans un document de 1585, et qui, au siècle suivant, portait le nom du PETIT DAUPHIN. Si elle était contiguë à la maison «faisant le coin nord de la Harpe», c'est-à-dire à la CROIX BLANCHE, comme l'indique la note, ce ne pouvait être que l'ancienne maison de Pierre Sarrazin acquise par le comte de Forez, ou du moins une construction occupant le même emplacement. Le plan n'en montre pas d'autre.

PARTIE LATÉRALE DE LA MAISON DE LA CROIX BLANCHE, ayant son entrée sur la rue Saint-Côme, ou de la Harpe. Cette maison, ainsi dénommée sur le plan, est désignée dans les papiers de Berty sous un autre nom. On lit, en effet, dans les notes non classées :

«MAISON DU GRAND DAUPHIN faisant le coin de la rue Sarrasin et de la rue de la Harpe (1623), et le PETIT DAUPHIN, contigu en la rue Sarrasin». La date, relativement moderne, du document où ces indications ont été prises, permet d'affirmer qu'il n'y a eu là, comme en plusieurs autres endroits, qu'un simple changement d'enseigne, probablement après une reconstruction. Celle du PETIT DAUPHIN a été donnée à l'ancienne maison de Pierre Sarrazin, absorbée dans les dépendances de l'HÔTEL DE FOREZ, et celle du GRAND DAUPHIN a succédé à la CROIX BLANCHE. L'identification des deux immeubles n'en est pas moins établie.

[(1)] RECHERCHES HISTORIQUES, etc., *Quartier Saint-André-des-Arts*, p. 117.

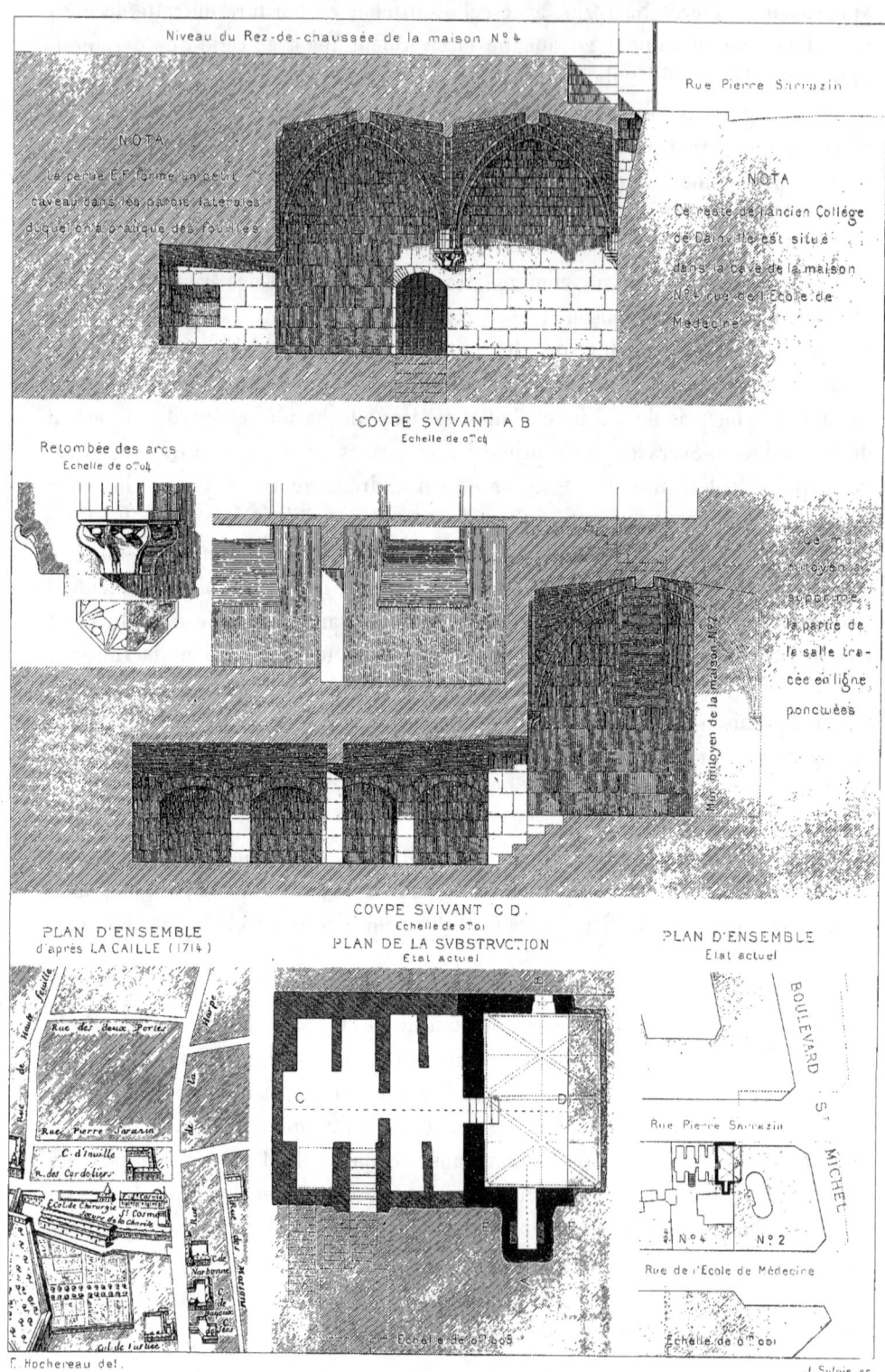

RESTES DE L'ANCIEN COLLÉGE DE DAINVILLE.

A l'article de la rue de la Harpe, nous avons traité plus au long la question de l'identité des immeubles désignés par diverses appellations. L'antériorité ou la succession des enseignes se lie à l'histoire des extensions et des démembrements de l'hôtel de Forez, de Bourbon, de Bretagne et de Malestroit.

CÔTÉ MÉRIDIONAL
(d'Orient en Occident).

CENSIVE DE SAINT-BENOÎT.

PAROISSE DE SAINT-CÔME.

PARTIE LATÉRALE DE LA MAISON DU LYON NOIR, formant l'angle sud-est des rues Pierre-Sarrazin et de la Harpe. Nous en avons parlé à l'article de cette dernière voie, et nous avons constaté qu'elle avait été, ainsi que les MAISONS DE LA PRISE DE CALAIS et des YMAIGES, acquise par le

COLLÈGE DE DAIMVILLE, DAMPVILLE, D'AYMVILLE et D'INVILLE. La fondation de cet établissement, dont le nom est diversement orthographié tant sur les plans que dans les documents écrits, remonte à l'année 1380. Félibien la raconte ainsi à la date de 1379:

« L'année d'après fut fondé le collège de Daimville, vis-à-vis de Saint-Côme, le 19 avril, par Michel de Daimville, archidiacre de l'Église d'Arras, clerc ou chapelain et conseiller du Roy, tant en son nom propre que comme exécuteur de Gérard et Jean de Daimville ses frères, le premier, évêque d'Arras, puis de Térouanne et ensuite de Cambray, et le second, chevalier et maistre d'hostel des rois Jean et Charles V. La fondation était de trois cent dix huit livres seize sous dix deniers de rente sur les halles et les moulins de la ville de Rouen. Outre ces fonds, Michel de Daimville donna sa maison rue de la Harpe, pour servir de demeure aux douze écoliers, ou boursiers, en faveur desquels fut faite la donation [1] ».

Cette maison qui s'étendait sur trois rues, celles de la Harpe, des Cordeliers et Pierre-Sarrazin, avait un pourpris considérable, ainsi que le montre le plan dressé

---

[1] *Histoire de la ville de Paris*, II, 686. L'acte de fondation, que Félibien a publié dans ses *Preuves* (I, 516), spécifie nettement l'établissement et les ressources qu'on y affecte : *Certum collegium duodecim scholarium in grammatica positiva et regulari ac philosophia, nec non in sacrorum canonum scientia, in domo seu hospitio suo sito Parisius, in vico Cythare, coram ecclesia beatorum Cosme et Damiani, studere volentium.... De bonis temporalibus fratrum nostrorum et nobis ab omnium bonorum largitore collatis, videlicet de trecentis octodecim libris sexdecim solidis et decem denariis cum obolo turonensibus annui et perpetui reditus, capiendis anno quolibet in duobus terminis, videlicet medietatem dicti reditus in festo sancte Pasche, per manus nostras in et super hallis et molendinis ville Rothomagensis.... et de domo nostra sita Parisius, in vico Cythare.... prout jacet et se extendit in longitudine, largitudine et profunditate...*

67.

par Berty; c'était le résultat de plusieurs acquisitions, en maisons et terrains, faites par le fondateur en vue de l'établissement qu'il projetait. Indépendamment de la maison du Lyon Noir, qui faisait le coin des rues Pierre-Sarrazin et de la Harpe, le pourpris du collège de Daimville comprenait encore les maisons de la Prise de Calais et des Imayges, sur la rue de la Harpe, ainsi que d'autres immeubles sur la rue des Cordeliers. Loin donc de réclamer des agrandissements, comme la plupart des fondations du même genre trop insuffisamment installées à l'origine, le collège de Daimville put mettre à profit sa situation sur trois rues, et augmenter ses revenus du produit que lui donnaient les maisons existant au moment de la fondation, et celles qu'il fit construire plus tard. Nous en avons déjà cité trois; il est question, en 1413, d'une quatrième «attenant à son jardin».

Moins d'un siècle après (1503), le collège en fait bâtir une attenant également à son jardin, que ces constructions durent beaucoup rétrécir; en 1563, il en achète aux Chartreux une autre, la seule qui n'ait pas été édifiée sur les terrains donnés par le fondateur. Ce n'est pas tout: en 1622 et 1624, il en fait construire trois autres; elles sont situées, dit une note de Berty, «après la grande cheminée faisant saillie dans la maison allant vers la rue Hautefeuille». La même note porte que dix maisons furent bâties, en 1480, sur les terrains du collège. Le fait ne paraît point impossible, étant données l'étendue du pourpris de l'immeuble légué par Michel Daimville et la petitesse des trois maisons du Lyon Noir, de la Prise de Calais et des Ymaiges.

L'une de ces dix maisons qui paraissent avoir été sans désignation, pour la plupart, doit être l'Image Notre-Dame, qu'un titre de 1410 indique comme située rue Pierre-Sarrazin, et aboutissant rue Saint-Côme.

L'installation matérielle et la constitution d'un ample revenu ne furent pas les seules préoccupations du fondateur du collège de Daimville: les études, le régime intérieur, le recrutement des boursiers et autres détails qui ne nous touchent qu'indirectement, ont été réglés par lui avec une grande sollicitude. Les statuts primitifs du collège, avec les additions et modifications qu'on y apporta plus tard, n'occupent pas moins de vingt-six colonnes dans les *Preuves* de Félibien. Nous les résumons très sommairement.

Les boursiers doivent être originaires des diocèses d'Arras et de Noyon, clercs tonsurés, de condition libre et âgés de quatorze ans au plus; la durée de leurs études ne peut excéder six ans, sauf le cas où ils s'adonneraient à l'étude du droit canon, ce qui leur assure une prolongation de quatre ans. Un principal et un procureur, pris parmi les boursiers, administrent le collège. Un religieux pauvre, des diocèses d'Arras ou de Noyon, peut être admis au nombre des boursiers, pour faire ses études canoniques à Paris. Après le décès des fondateurs, la collation des bourses appartient aux chapitres d'Arras et de Noyon. La « visitation et correction » du collège est attribuée au Grand Pénitencier de l'église de Paris, parce que c'est un homme de haute renommée et de grande littérature : « *in ecclesia Parisiensi, magne litterature et famosus homo Penitentiarius semper esse consuevit* ». Le procureur doit avoir un état de tous les revenus de la maison, une liste de tous les boursiers et de tous les étrangers logeant au collège. Ceux-ci doivent être convenablement vêtus, silencieux à table, assidus aux prières du matin et du soir, ainsi qu'aux offices; il leur est enjoint de se confesser au moins quatre fois par an. Les grammairiens et les philosophes doivent parler latin. Chaque boursier, en recevant sa bourse, est obligé de payer au procureur quarante sous parisis pour son entrée, et à ses camarades « un septier de bon vin sans plus, pour son béjaune [1] ». La verge et la férule sont applicables aux grammairiens; la privation temporaire ou définitive de la bourse est la punition réservée aux écoliers des classes supérieures.

Nous passons rapidement sur ces détails scolaires, qui assimilent le collège de Daimville à nos modernes petits séminaires, pour parler de l'installation matérielle des écoliers dans l'établissement. Il n'y a point de salles d'études communes : les boursiers sont logés deux à deux dans une chambre que leur assigne le principal, et qui doit rester ouverte pour assurer la surveillance. L'un des deux est de semaine pour faire les provisions et servir à table; il rend ses comptes tous les vendredis. On mange au réfectoire, et le boursier absent à l'heure du repas « dîne par cœur ».

Le créateur du collège avait un ami, « vénérable et discrète personne », Pierre Cramette, chanoine d'Arras, l'un de ses auxiliaires dans l'œuvre de la fondation; il lui assure un logement au collège, et il règle lui-même son installation viagère. Ce détail a son importance, au point de vue topographique. En l'absence ou en la présence du fondateur, ledit Pierre Cramette aura, pour lui et pour ses gens, dans ladite maison, son logement et ses usages là où il habite maintenant, par haut et par bas, avec un cellier et une chambre pour son clerc, droit de se servir de la grande cuisine pour y faire la sienne, du cellier du collège pour y déposer son vin, de la porte enfin pour entrer et sortir [2].

---

[1] Ce détail, qui peint les mœurs écolières du temps et jette un peu de gaieté sur la sévérité des statuts, vaut la peine d'être cité dans le texte original : « *Statuimus quod, in domo nostra, de novo receptus ultra unum sextarium vini non mediocris suis sociis, pro novo suo ingressu seu BEJANNO, non solvat.* (Félibien, *Preuves*, I, 512.)

[2] Volumus et ordinamus quod dictus magister Petrus ad vitam suam habeat, nobis absentibus vel presentibus, moram et usus suos pro nobis, pro se et gentibus nostris et suis, in dicta domo nostra, in parte illa quam nunc inhabitat alte et basse, cum cellario et camera ubi nunc clericus suus jacere consuevit, usumque suum in coquina majori domus, cellario et cava ad vina nostra et sua, si opus sit, reponenda, cum introitu et exitu porte

Le désir d'être agréable à cet ami suggère au fondateur une autre clause qui nous renseigne sur l'aménagement intérieur de sa maison transformée en collège : il retient, pour lui et pour Pierre Cramette, une chambre haute et une chambre basse sur le jardin situé derrière la maison, chambres dans lesquelles Gérard de Daimville avait fait établir deux cheminées, ce qui était alors une sorte de luxe ; puis une écurie, située près de l'entrée de la maison, et servant à loger ses chevaux ainsi que ceux de son ami. Mais il entend qu'après sa mort et celle de Pierre Cramette, l'écurie soit supprimée ; on ne devra loger au collège les chevaux de qui que ce soit [1].

Ces détails ont leur intérêt : ils montrent comme s'opérait la transformation d'une maison privée en collège, et servent à expliquer la fondation, les aménagements et appropriations de la plupart de ces établissements scolaires.

Confirmés en 1380 par Aymeric, évêque de Paris, les statuts du collège de Daimville furent modifiés en 1383, par Michel de Daimville lui-même ; en 1384, par le Grand Pénitencier de Paris, assisté de Pierre Cramette ; en 1389, par ce dernier, assisté de Robert Coille et de Pierre Fauconnier, chanoines de Noyon, exécuteurs testamentaires de Michel de Daimville. Les changements ne portent que sur la *temporalité* du collège, le recrutement des boursiers et la discipline intérieure. Il n'est question ni des bâtiments, ni des ventes de terrain, ni des constructions de maisons qui eurent lieu plus tard. Le vaste hôtel des frères de Daimville dut suffire, pendant longtemps, à l'installation du principal, du procureur, des douze boursiers, des fondateurs et de leur ami Pierre Cramette.

Maison sans désignation, contiguë au collège de Daimville, et ne s'étendant qu'à moitié de la profondeur du pourpris de cet établissement. C'est l'immeuble acquis des Chartreux, en 1403.

Maison sans désignation, dans le pourpris de laquelle la précédente faisait hache, et qui s'étendait jusqu'à la rue des Cordeliers, où elle avait sans doute son entrée. La disposition actuelle des lieux semble justifier cette assertion.

Maison sans désignation, faisant le coin des rues Pierre-Sarrazin et de la Vieille-Plâtrière (Hautefeuille). Le plan de Berty semble placer son entrée à l'angle

---

domus. » (*Fondation et statuts du collège de Daimville* dans les *Preuves* de Félibien, I, 509.)

[1] «Retinemus ad usum nostrum et suum, quotiens opus erit, cameram altam et bassam ulteriorem super jardinum, in° quibus nuper dominus frater noster Cameracensis duos caminos construi fecit, una cum stabulo prope introitum porte domus nostre, ad usum nostrorum et dicti magistri Petri equorum, quandiu vixerimus in humanis, et non aliorum. Immo statuimus et ordinamus quod, nobis duobus de medio sublatis, in dicto hospitio nostro minime sit stabulum equorum, nec in eo equi persone cujusvis hospitentur. » (*Ibid.*, p. 509.)

même de ces deux voies : si elle n'y avait pas une porte, elle y possédait au moins une tourelle qui subsiste encore, et qui contribue à donner un aspect archaïque à cette partie de la rue. Nous engageons le lecteur à rapprocher cette tourelle de celles des rues Hautefeuille et des Cordeliers, ainsi que des vues restituées par M. Albert Lenoir, pour la *Statistique monumentale*.

Tourelle à l'angle des rues Hautefeuille et Pierre-Sarrazin,
d'après une photographie.

RUE DES POITEVINS.

Il faut répéter, à propos de cette voie, ce que nous avons déjà dit des petites rues voisines : ancien sentier, ou chemin de desserte, pratiqué à travers le clos de Laas, elle a dû demeurer en cet état jusqu'au xiie siècle, époque où l'accensement ordonné par Hugues V, abbé de Saint-Germain, contribua puissamment à la division du sol et créa, ou morcela encore davantage ces petits champs, *parvi campi*, dont le nom a été donné à plusieurs rues du voisinage. Tracée d'occident en orient, comme toutes les petites rues transversales de ce quartier et partant de la rue Hautefeuille, la rue des Poitevins n'atteignait pas celle de l'Éperon, ainsi que sa voisine la rue du Battoir, à laquelle elle était presque parallèle; mais elle tombait et tombe encore brusquement dans celle-ci, par un retour d'équerre, que des circonstances toutes locales ont dû motiver.

Peu de voies, pour un parcours si limité, ont reçu un aussi grand nombre de dénominations. Les titres les plus anciens offrent déjà plusieurs variétés. Au dire de Jaillot[1], cette rue portait, en 1253, le nom de *Gui le Queux*, comme celle qui aboutit dans la rue Saint-André-des-Ars, avec cette distinction toutefois qu'on lui donnait aussi son autre vocable, puisqu'on y ajoutait « dicte des Poitevins ». En 1288, la première appellation a disparu, et la seconde subsiste seule.

Les titres latins de cette époque fournissent plusieurs variantes, qui sont peut-être le fait de l'ignorance ou de l'inhabileté des copistes. On trouve, en 1280, *vicus Guidonis ad Pittaminas*; en 1288, *vicus Guidonis ad Pictavinas*; en 1291, *vicus Grimondi ad Pitas* et *vicus Grimaud ad Pictavinas*.

L'année suivante (1292) les noms de *Gui*, *Grimond* et *Grimaud* se sont transformés en celui de *Guiart*: le Livre de la Taille porte, à cette date, « Guiart as Poitevins ». C'est la dénomination qu'on trouve dans le *Dit* de Guillot (1300); puis viennent de nouvelles variantes provenant soit des corruptions ou transformations populaires, soit de la négligence des scribes. Ainsi le Livre de la Taille de 1313 donne « rue Guiart aux Poitevins »; l'acte de fondation du collège de Boissy (1358) porte *vicus Gerardi aux Poitevins*. Mais, dans la seconde moitié du xive siècle, la forme *des*, *a*, *as*, *au* et *aux Poitevins* prévaut: on la rencontre déjà dans des titres de 1335 et 1338, et on la retrouve dans le manuscrit de la bibliothèque Cottonienne (1400), dans les comptes de confiscations faites de 1422 à 1427, ainsi que dans la description de Paris par Guillebert de Metz (1434). Une erreur de copiste lui fait donner, dans le manuscrit de la bibliothèque Sainte-Geneviève (1450), le nom de rue des Porteurs. On trouve enfin dans les anciens plans de Paris « rue des Pottevins » et « rue Poitevine ».

Deux ans auparavant, un acte la qualifie « grant rue des Poitevins » et fournit ainsi une explication du singulier nom donné à la partie de cette voie aboutissant, en retour d'équerre, dans celle du Battoir. Par l'appellation de « *Grant rue des*

---

[1] RECHERCHES CRITIQUES, etc., *Quartier Saint-André-des-Arts*, p. 119.

Poitevins», on a voulu évidemment désigner la partie la plus étendue de la voie, celle qui était rectiligne et à peu près parallèle à la rue du Battoir. Le retour d'équerre, beaucoup plus court que la voie principale, est appelé, dès 1396, *rue du Pet*, dénomination qui prévaut pendant les xve et xvie siècles, avec l'adjonction des qualificatifs *gros* et *petit*. Aussi on trouve «rue du petit Pet» en 1560, et «du gros Pet» dans Corrozet. Peut-être n'est-il pas hors de propos de faire remarquer que ces dénominations gauloises coïncident avec le séjour de Rabelais dans le quartier et sont contemporaines des «andouilles», dont on a donné le nom à la rue Pavée.

La rue des Poitevins semble avoir été tenue dans un meilleur état de propreté relative que ses voisines : le «Procez verbail faict pour le nettoyement de la Ville» (1639) porte qu'elle «a esté trouvée nette, à la réserve du coing d'en hault, ou il y a deux grandz taz de boues et immundices». C'est précisément le point où la rue recevait l'appellation grossière dont nous venons de parler.

La rue des Poitevins est restée jusqu'ici en dehors des grandes opérations de voirie; l'exécution du boulevard Saint-André, amorcé à partir de la fontaine Saint-Michel, lui offrirait un débouché au point où existe le retour d'équerre; mais ce percement ne semble pas prochain. La rue a donc conservé, en grande partie, son ancien aspect.

CÔTÉ MÉRIDIONAL
(de l'Est à l'Ouest, puis du Nord au Sud).

JUSTICE ET CENSIVE DE SAINT-GERMAIN-DES-PRÉS.
PAROISSES DE SAINT-ANDRÉ-DES-ARS ET DE SAINT-CÔME.

MAISON DE L'IMAGE SAINT ANDRY (1448), couvrant une assez vaste étendue de terrain sur les deux rues Hautefeuille et des Poitevins.

En 1578, elle était déjà divisée en deux corps de logis. Son pourpris s'étendait de la rue des Poitevins à celle du Battoir.

MAISON DE LA POMME ROUGE (1397), aboutissant dans la rue du Battoir, à la MAISON DU FLACON. C'était un JARDIN, en 1466. Elle était de la censive du Parloir aux bourgeois.

MAISON DE L'IMAIGE SAINT NICOLLAS (1521), qui fut donnée au collège de Boissy, en 1471, par M. Jehan Guillart, prêtre. Elle était contiguë, en 1466, à un jardin qui fut, dit Berty, l'emplacement de la maison précédente; ce qui semble difficile, puisque la MAISON DE LA POMME ROUGE datait de 1397. Il s'agirait plutôt de l'immeuble suivant, c'est-à-dire de la

MAISON DE L'ESCHIQUIER (1393-1448), aboutissant par derrière à la rue du

Battoir, sur laquelle elle avait sa plus grande façade. Au commencement du xviᵉ siècle, il y avait, sur l'emplacement de cette maison, du côté de la rue du Battoir, trois maisonnettes sans désignation.

Maison sans désignation, la seule de ce côté de la rue que Berty ait marquée d'un astérisque sur son plan. Est-ce là qu'il faut placer le *campus* de l'Hôpital Jean Mignon? Car, d'après Jaillot[1], en effet, «il y avait autrefois, dans la rue des Poitevins, un hôpital fondé par Jean Mignon, en faveur de vingt-cinq bonnes femmes; il portait le nom du fondateur». Le créateur de cet asile hospitalier n'était autre que Jean Mignon, lequel fonda le collège Mignon, en 1343.

Granchette servant d'estables (1531), sur l'emplacement de laquelle régnaient, en 1543, deux corps d'hôtel faisant l'encoignure saillante de la rue et s'étendant jusqu'à la rue du Battoir. En d'autres termes, cette Granchette, énoncée sur le plan Granche, *puis* Maison, couvrait tout le flanc oriental de la ruelle du Pet, partie de la rue des Poitevins débouchant sur celle du Battoir, en retour d'équerre et presque à angle droit, ainsi que nous l'avons dit plus haut.

CÔTÉ MÉRIDIONAL
(du Sud au Nord, puis d'Occident en Orient).

mêmes justice, censive et paroisse.

Maison sans désignation, formant l'angle nord-ouest de la rue du Battoir.

Maison sans désignation, ayant été, ainsi que la précédente, englobée, au siècle dernier, dans le pourpris d'un vaste hôtel occupé par une grande maison d'imprimerie et de librairie, qui doit surtout sa notoriété à une collection de classiques latins. Ce logis a porté le nom d'Hôtel des États de Blois, peut-être parce que les élections aux États y ont eu lieu. Comme il était très voisin de l'hôtel de Thou, on comprend aussi que les députés aux États généraux aient pu s'y réunir soit avant l'ouverture de la session, soit après l'assassinat du duc de Guise, pour conférer avec un membre de cette famille parlementaire. On sait que ce dernier événement motiva une assemblée générale qui fut tenue à l'Hôtel de Ville, et dont Félibien a imprimé le procès-verbal dans ses *Preuves*[2]. Nous n'avons trouvé aucun autre document de nature à justifier la dénomination donnée à cet hôtel.

Maison sans désignation, adossée à celles du côté méridional de la rue du Cimetière Saint-André, sur laquelle elle avait probablement une issue. Elle était, à

---

[1] Recherches historiques, etc., *Quartier Saint-André-des-Arts*, p. 120. — [2] *Histoire de la ville de Paris*, Preuves, III, p. 303.

proprement parler, la première de la rue des Poitevins, puisqu'elle faisait face au retour d'équerre formé par la rue du Pet. C'est elle que désigne Jaillot, lorsqu'il écrit : « Dans un titre nouvel, du 26 août 1521, on déclare une maison sise ez rues des Poitevins et du Pet, tenant au cimetière Saint-André [1]. »

Cette maison et les deux suivantes, c'est-à-dire la MAISON DE LA CORNE DE DAIM et la MAISON DE L'IMAGE SAINT MICHEL, furent annexées au collège de Boissy, en 1356. Cette annexion résulte d'une note de Félibien ainsi conçue :

« An 1356. — On destina pour logement aux écoliers la maison qui avait appartenu à Godefroy de Boissy-le-Sec, et où demeurait alors Étienne, son neveu, avec quelques autres maisons voisines, acquises par celui-ci, tenant d'un côté à ....., la maison de Godefroy, et bornées, de l'autre, par la rue de Gérard aux Poitevins [2]. »

MAISON DE LA CORNE DE DAIM (1523). Mentionnée par le texte, elle ne figure pas sur le plan, où elle est remplacée à tort par la MAISON DE L'IMAGE SAINT MICHEL. Ce dernier immeuble doit être reporté un peu plus à l'est, et placé dans la partie du pourpris de l'hôtel de Thou limitée, sur le plan, par une ligne ponctuée. Cette portion du grand logis parlementaire a été désignée successivement par les appellations suivantes : PARTIE POSTÉRIEURE DU COLLÈGE DE BOISSY (1471), puis PETIT HÔTEL DE THOU (1555).

Berty a constaté lui-même l'exactitude de ces renseignements en consignant dans ses papiers deux notes ainsi conçues :

« 1471. — L'YMAIGE SAINT MICHEL, rue des Poitevins, est achetée par le collège (de Boissy) en cette année. »

« MAISON DE L'IMAGE SAINT MICHEL (1471), annexée à la maison suivante par le président de Thou, en 1555, appelée au XVIIIe siècle le PETIT HÔTEL DE THOU. »

HOSTEL DU PRÉSIDENT DE THOU. Telle est la désignation qui figure sur le plan de Berty; les notes écrites y ajoutent fort peu de chose; elles se réduisent à ces quelques lignes :

« GRANDE MAISON, habitée, au XVIe siècle, par la famille de Thou, et appelée pour cette raison HOSTEL DE THOU, aboutissant rue du Cimetière. Elle fut agrandie en 1613, de 18 toises, prises sur le collège, vis-à-vis la chapelle. »

[1] RECHERCHES HISTORIQUES, etc., *Quartier Saint-André-des-Arts*, p. 40. — [2] *Histoire de la ville de Paris*, I, p. 612.

68.

540   TOPOGRAPHIE HISTORIQUE DU VIEUX PARIS.

Cette mention, fort insuffisante, a pour complément ce que nous avons dit antérieurement de l'hôtel de Thou, à propos des arrière-corps de logis qu'il possédait sur la rue du Cimetière[1] et de la chapelle Saint-Augustin qui leur faisait face, sur la nef collatérale du midi, dans l'église Saint-André-des-Ars[2]. Agrandi à

Aspect actuel de la rue des Poitevins (partie orientale).
Entrée des maisons ayant remplacé les hôtels de Thou, de Mesgrigny, des États de Blois, etc.,
d'après une photographie.

plusieurs reprises, l'hôtel se composait de divers bâtiments raccordés entre eux, mais séparés par des cours et des jardins, disposition commune à toutes les grandes résidences seigneuriales, ecclésiastiques et parlementaires. Plusieurs corps de logis ayant appartenu à l'hôtel de Thou subsistent encore aujourd'hui;

[1] Voir ci-avant, p. 287. — [2] Idem, p. 168.

mais on les a défigurés en les appropriant à divers usages commerciaux ou industriels.

Le pourpris de l'hôtel était considérable, à en juger par les dimensions que lui donne le plan de Berty.

Maison sans désignation. Faut-il l'identifier avec l'Hôtel de Mesgrigny, que certains érudits ne séparent pas de l'Hôtel de Thou? Ou doit-on se ranger à l'avis de Germain Brice, qui y voit un immeuble entièrement distinct?

« L'Hôtel de Mesgrigny, dit cet historien, n'est pas éloigné de l'Hôtel de Thou; c'est aussi dans la rue des Poitevins : ce dernier est bâti avec beaucoup de régularité, et quoique les appartements n'en soient pas fort spacieux, ils ne laissent pas d'être commodes[1]. » Berty n'a rien ajouté à cette courte mention.

Maison sans désignation, formant l'angle nord-ouest des rues Hautefeuille et des Poitevins. C'est sur cette dernière voie qu'elle avait son plus grand développement et sa principale entrée, ainsi que Berty l'a figuré sur son plan.

RUE ET PLACE DU PONT-SAINT-MICHEL,
CARREFOUR DE L'ABREUVOIR MÂCON.

Les rues de Hurepoix, de l'Hirondelle, de Saint-André-des-Ars, de la Huchette et des Deux-Boucleries avaient pour aboutissant naturel la place, ou carrefour, qui formait, vers l'orient, la limite extrême de la censive de Saint-Germain-des-Prés. Avant la construction du pont Saint-Michel, ou Petit-Pont-Neuf, c'était un lieu de réunion, un point d'autant plus fréquenté que le quai s'interrompait à partir de là, et constituait une sorte d'impasse. Pour en sortir, il fallait ou suivre la rue de la Huchette et gagner le Petit-Pont, ou s'engager dans la rue de Hurepoix et suivre le quai des Augustins. C'est ce qui donna l'idée d'un nouveau pont formant la continuation des ponts au Change et aux Meuniers, et mettant l'Université en communication avec la Cité et la Ville.

Ce pont se couvrit de maisons comme les autres, et les constructions, n'étant gênées, du côté du levant, par aucune rue transversale, se prolongèrent jusqu'au débouché des rues de la Bouclerie orientale et de la Clef, extrémité de la rue Saint-André-des-Ars, absorbant ainsi une partie de la place. C'est alors qu'il se forma

---

[1] *Nouvelle description de Paris*, 8ᵉ édition, t. II, p. 129.

une rue du Pont-Saint-Michel, bordée, d'un côté, par ces constructions et, de l'autre, par les maisons d'angle des rues Saint-André, de l'Hirondelle et de Hurepoix.

Nous avons, dans le premier chapitre de ce volume, et à propos de la région parisienne que nous y décrivons, indiqué sommairement les bornes de la juridiction temporelle de l'Abbaye. C'est ici qu'il convient d'en préciser la limite orientale, puisque le poteau de justice se dressait sur la place même, ancien carrefour de l'abreuvoir Mâcon [1]. Du Breul a publié *in extenso* l'acte de Philippe le Hardi fixant cette limite, et il l'a fait précéder de l'exposé suivant :

De la justice temporelle de l'abbaye de Saint-Germain-des-Prez.

Les religieux, abbé et convent de Saint-Germain-des-Prez, non seulement au bourg dudit saint, ont toute justice, haute, moyenne et basse, mais aussi dedans la ville de Paris, suivant leur privilège de fondation confirmé par les rois Dagobert, fils de Clotaire second, Charlemagne, Loys et Lothaire frères, Charles le Chauve, Robert, Henry premier, Loys le Gros, Loys cinquième, Philippe Auguste, S. Loys et par Philippe troisième, lequel nous borna ladite justice, selon qu'il est contenu en la transaction faite entre ledit roi Philippe et lesdits religieux, dont la teneur suit :

Philippus, Dei gratia, Francorum rex,

Notum facimus universis tam præsentibus quam futuris, quod cum contentio verteretur inter nos, ex una parte, et religiosos viros, abbatem et conventum Sancti Germani de Pratis, juxta Parisius, ex altera, super justitia locorum infra scriptorum, tandem inter nos et dictos abbatem et conventum, de terra sua quam habent infra muros Par., facta fuit concordatio in hunc modum :

Videlicet quod, a cuneo adaquatorii Matisconensis, eundo directe ad portam Sancti Germani (la porte de Bucy), a dextera parte usque ad Sequanam; et a cuneo murorum Sancti Andreæ, a sinistra parte, eundo directe ad prædictam portam S. Germani; et a cuneo murorum S. Andreæ prædicti, eundo directe usque ad cuneum murorum Fratrum Minorum, a dextera parte; et a prædicto cuneo Fratrum Minorum, usque ad cuneum murorum ecclesiæ SS. Cosmæ et Damiani; et ab eodem cuneo usque ad portam Gibardi, a dextera parte; et in omnibus locis, plateis, masuris, domibus et vicis, quæ vel qui continentur infra metas superius nominatas, habebunt dicti religiosi, ex nunc in perpetuum, omnimodam justitiam, altam et bassam...

Actum apud Sanctum Germanum in Laya, anno Domini 1272, mense februario.

La justice abbatiale s'exerça, pendant plusieurs siècles, sur la place Saint-Michel. Sauval en cite un exemple qui date de 1612 [2].

---

[1] Il y en avait un autre, à l'extrémité occidentale de la censive de l'Abbaye. Berty l'a figuré sur son plan de restitution, en un lieu qui correspond à un point de la rue Chevert et de l'avenue de La Motte-Piquet. (Voir le volume consacré à la région du faubourg Saint-Germain.)

[2] *Exécution devant le pont Saint-Michel, lieu de la justice de Saint-Germain-des-Prés.*

«Jean Hiérome, capitaine d'une compagnie d'Égyptiens ou Bohèmes, qui allaient par les provinces sans demeure arrêtée, se mêlant de dire, en regardant dans les mains, la bonne aventure. Étant venu

Les religieux y pratiquèrent, pendant de longues années aussi, l'exercice d'un autre droit moins rigoureux. Leur territoire étant en grande partie planté de vignes, ils avaient des pressoirs sur plusieurs points de leur censive [1], et notamment à la place ou rue du Pont-Saint-Michel; on y fabriquait, dit Jaillot, moyennant rétribution, vin et verjus. Dans leur déclaration de 1790, les représentants de l'Abbaye firent observer qu'ils avaient cessé d'user de ce droit, sans doute parce que la destruction des vignobles ne permettait d'en tirer qu'un revenu insuffisant [2].

Ancien carrefour et lieu de passage très fréquenté depuis la construction du «Petit-Pont-Neuf», la place ou rue Saint-Michel possédait, en outre, «des étaux de boucherie, un marché au pain [3], une barrière des sergents [4], une *blanque* [5]

---

loger au faubourg Saint-Germain, sa femme devint jalouse de ce qu'il paillardait avec une autre jeune Égyptienne, en sorte qu'elle fit complot, avec deux autres, de la tuer et jeter dans la Seine; ce qu'elles exécutèrent, faisant semblant d'aller-promener.

«Mais cet assassinat étant découvert, elles furent menées à l'abbaye Saint-Germain, avec le capitaine Hiérome et deux autres Égyptiennes. Leur procès fait, des cinq femmes égyptiennes, quatre par sentence furent condamnées à être pendues, et l'autre à assister à l'exécution avec le capitaine Hiérome, qui par le même jugement fut banni, et toute sa troupe, des terres et seigneuries de l'abbaye Saint-Germain.

«Appel sur lequel, par arrêt, les trois Égyptiennes qui avaient assassiné furent pendues, le 23 du mois de février 1612, au bout du pont Saint-Michel, à une potence croisée, lieu de la justice dudit Saint-Germain-des-Prés; et les autres bannis du royaume à perpétuité, le vingt-huitième février 1612.» (*Antiquités de Paris*, III, p. 666.)

[1] Voir les volumes du *bourg* et du *faubourg Saint-Germain*.

[2] On a rapproché de ce pressoir réel celui qui était figuré sur le vitrage d'une des chapelles de Saint-André-des-Ars, et qui représentait Jésus-Christ foulé comme le raisin. Le premier, très voisin du second, a pu en suggérer l'idée : toutefois, nous avons fait remarquer, à l'article de l'église Saint-André, que cette image symbolique est empruntée au prophète Isaïe, et nous avons discuté l'interprétation donnée par Le Beuf.

[3] Nous avons parlé de ce marché, à l'article du quai des Augustins. Les *Registres du Bureau de la Ville* (H 1827, f° 597, 598) contiennent un acte dans lequel il est dit que «Sa Majesté désire que le publicq jouisse de toute la commodité qu'on a commencé à lui procurer, en transférant le Marché au pain, qui se tenoit au bout du pont Saint-Michel, sur le quay des Augustins, et que la place au bout dudit pont soit rendue libre et dégagée de ce qui peult empescher le passage».

[4] Quant à la barrière des sergents et aux étaux de boucherie, les mêmes *Registres* nous font connaître ce qu'on en fit :

«Ordonne Sa Majesté que la barriere servant aux sergens, et les estaux de boucherie qui sont sur ladite place Saint-Michel seront transferez, sçavoir : la barriere des sergens dans le Marché neuf, et lesditz estaux de boucherie sur des places estans au delà du lieu où estoit la porte Saint-Michel et celle de Saint-Germain, dans l'estendue de six toises de long, sur deux toises de profondeur, lesquelles places, tant pour mettre ladite barriere, que les estaux, seront désignez par les Prevost des marchands et Eschevins de ladite Ville, auxquelz Sa Majesté enjoint de tenir la main à l'exécution du present arrest, qui sera exécuté nonobstant oppositions ou appellations quelconques.» (*Registres du Bureau de la Ville*, H 1827, f° 598, 599.)

[5] La *blanque*, ou loterie, dont il s'agit avait été établie en 1584, dans un théâtre de bois. Raoul Boutrays, qui écrivait au commencement du XVII° siècle, l'appelle *sortitio per schedulas*, et lui consacre une vingtaine de vers latins. «Le sieur Berthaud» qui composa en 1652, un livre intitulé : *La ville de Paris en vers burlesques*, énumère les lots variés qu'on offrait en appât aux joueurs; c'était une collection de vieilleries.

et des boutiques de toutes sortes de marchandises », dit Lemaire. Elle avait aussi, comme le quai de la Ferraille, la spécialité des enrôlements : « C'est là, dit le *Géographe parisien*, que se promènent tous les députés des régiments qui sont envoyés à Paris pour faire des recrues. » Enfin Jaillot nous apprend que la place du Pont-Saint-Michel était le théâtre de certaines exécutions, autres que celles pour lesquelles il fallait un gibet : « C'est là, dit-il, que se font, les mercredis et les samedis, par le ministère d'huissiers-priseurs, les ventes ordonnées par la justice[1]. »

Il ne reste plus rien aujourd'hui ni de l'ancien pont, ni de la rue : une nouvelle place dite de Saint-Michel, qu'il ne faut pas confondre avec celle qui existait, avant le percement du boulevard, à la jonction des rues de la Harpe et des Francs-Bourgeois, et dont le nom véritable était « place du marché, ou de la porte Saint-Michel », occupe l'emplacement de l'ancienne, agrandie de l'abreuvoir Mâcon et d'une portion des rues de Hurepoix, de l'Hirondelle et de la Clef.

Berty a figuré sur son plan un « carrefour de l'abreuvoir Mâcon » : c'était la partie la plus méridionale de la place du Pont-Saint-Michel, au point où commençait la ruelle conduisant à l'abreuvoir.

CÔTÉ OCCIDENTAL
(du Nord au Sud).

JUSTICE ET CENSIVE DE SAINT-GERMAIN-DES-PRÉS.
PAROISSE DE SAINT-ANDRÉ-DES-ARS.

MAISON DU DIEU D'AMOURS (1411), puis du *Mortier d'Or* (1521), faisant le coin occidental des rues de Hurepoix et du Pont-Saint-Michel. En 1411, c'était une « place vuide ». Il ne faut pas confondre cette maison avec le PALAIS D'AMOUR, qui s'élevait à l'angle des rues de Hurepoix et Gilles-Cœur, et qui eut François Ier pour hôte. Voir à l'article de ces deux rues.

Sur l'emplacement de cette maison, ou sur la partie du terrain qu'elle occupait, était située la MAISON DES TROIS LOUPS, à laquelle touchait la boucherie *intra muros* de Saint-Germain-des-Prés. On sait, en effet, que, dans les temps de guerres ou de troubles, les bouchers de l'Abbaye transportaient leurs étaux « au bout du pont Sainct-Michel, comme on tourne à aller aux Augustins ». Le local où ils étalaient attenait aux TROIS LOUPS, *orientem versus;* il devait occuper, avec ladite maison, tout ou partie de l'angle formé par les rues du Pont-Saint-Michel et de Hurepoix.

Les bouchers de Saint-Germain, après un séjour plus ou moins long dans les en-

---

[1] RECHERCHES HISTORIQUES, etc., *Quartier Saint-André-des-Arts.*

virons du Pont-Saint-Michel, ne devaient pas regagner, en temps de paix, la rue des Boucheries hors la porte des Cordèles, sans chercher à conserver la clientèle qu'ils s'étaient acquise pendant leur installation temporaire. Ils y conservèrent donc quelques étaux, avec l'autorisation de l'Abbaye et du Parlement, ainsi que nous l'avons dit à l'article de la rue de Hurepoix. C'est ce qui explique le maintien de ce commerce sur la place Saint-Michel jusqu'en 1680, époque à laquelle un arrêt du Conseil prescrivit de « rendre la place du bout du pont libre et dégagée de ce qui pouvoit empescher le passage en cet endroit », et ordonna « que les estaux à boucherye, qui estoient sur ladicte place, seroient transférez sur des places estans au delà du lieu où estoit la porte Saint-Michel [1] ».

Maison de l'Hymaige sainct Yves (1521), ayant fait, un siècle auparavant, partie de la précédente; ce qui explique comment le Dieu d'Amours et les Trois Loups ont pu coexister sur le même emplacement.

C'est en face de ces deux maisons que s'élevait le poteau de justice de l'Abbaye.

Maison de l'Hymaige Nostre-Dame (1424), fort étroite, comme la précédente, et touchant par le fond à la Maison de la Couronne, qui avait son entrée sur la rue de Hurepoix.

Maison de la Croix de Bois (1428), n'offrant qu'une très étroite façade, et paraissant avoir été détachée de la suivante.

Maison du Croissant (1462), formant enclave dans la précédente, avec laquelle elle a dû se confondre primitivement. Les comptes de la fabrique de Saint-Jacques-la-Boucherie, publiés par l'abbé Villain, nous apprennent que Nicolas Flamel avait des rentes assises sur un « hostel du Croissant au pont Sainct-Michel ». Peut-être faut-il voir, dans cette désignation sommaire, la maison qui conduisait au pont.

Maison sans désignation (1561), ayant, dit Berty, issue sur la rue de l'Hirondelle; en effet, les trois immeubles occupaient l'antépénultième, le pénultième et le dernier rang sur le côté septentrional de cette voie, quoique le plan représente l'immeuble dont il s'agit comme tout à fait distinct. On ne saurait donc dire avec laquelle de ces trois maisons il communiquait.

Maison de l'Échiquier (1462), faisant le coin septentrional de la rue de l'Hirondelle. On s'explique le peu de place qu'elle occupait, par le fait qu'une forge de maréchal y existait en 1438; c'était donc un atelier plutôt qu'une habitation. Le

---

[1] *Registres du Bureau de la Ville*, H 1828, f° 727 et suiv.

voisinage de l'abreuvoir, où l'on menait boire les chevaux, était probablement sa raison d'être en ce lieu.

DEUX MAISONS SANS DÉSIGNATION, dont l'une formait l'angle méridional de la rue de l'Hirondelle, et l'autre, l'angle septentrional de la rue de la Clef, prolongement de celle de Saint-André-des-Ars.

C'est dans la première que Jaillot place la boucherie intermittente de l'Abbaye, et c'est ainsi qu'il explique le nom donné, dans quelques titres, aux deux Boucleries. Voir ce que nous en disons plus haut, ainsi qu'à l'article de ces deux rues.

CÔTÉ ORIENTAL
(du Sud au Nord).

CENSIVES DE LA GRANDE CONFRÉRIE ET DE LA SAINTE-CHAPELLE.
PAROISSE DE SAINT-SÉVERIN.

De ce côté, les maisons ne commençaient qu'à la hauteur de l'angle méridional de la rue de l'Hirondelle, laissant ainsi un certain espace au débouché des rues de la Clef, de la Bouclerie orientale et de l'abreuvoir Mâcon; ce qui formait le carrefour de ce nom.

Berty a figuré sur son plan neuf divisions; mais il n'a trouvé et nous n'avons, après lui, rien découvert de bien précis sur la division des immeubles formant le côté oriental de la rue. Leur partie postérieure était située sur la descente de l'abreuvoir, et leur façade continuait la ligne des maisons construites sur le pont. Quant à leur identification, elle est difficile, et nous ne pouvons, à cet égard, que reproduire certaines notes éparses, d'où l'on peut dégager quelques renseignements. Ces notes portent les dates de 1419, 1425, 1435, 1460 et 1465. L'époque à laquelle elles se réfèrent est donc postérieure à la construction du pont Saint-Michel: c'est, en effet, après son achèvement que l'on songea à lui donner une sorte d'avenue, en bâtissant des maisons qui formèrent le côté oriental de la nouvelle rue.

Voici, telles quelles, ces notes dont la source n'est point indiquée :

« 1425. MAISON tenant, d'une part, à une maison faisant le bout du pont Saint-Michel; d'autre part, à... »

« 1460. Autre MAISON au bout du pont Saint-Michel, du costé de l'abreuvoir de Mascon, tenant d'une part aux maisons du pont Saint-Michel; ladite appartenant aux Tarenne [1], aboutissant à l'abreuvoir. »

---

[1] Il s'agit sans doute ici des Tarenne, changeurs et bourgeois de Paris, qui avaient de grandes propriétés en ville et au dehors, et qui suivaient le parti de Charles VII. Leurs biens furent confisqués pendant la domination anglaise. Voir le volume du *bourg Saint-Germain*, à l'article de la rue Taranne.

« 1465. Autre Maison au bout du pont Saint-Michel, tenant à la première du coin, appartenant à la Grande Confrérie, aboutissant à l'abreuvoir de Mascon... »

On remarquera que ces trois maisons sont désignées à partir du pont Saint-Michel ; elles formaient donc l'extrémité septentrionale de la rue. Il en est de même de celles qu'indiquent les notes suivantes, et des places restant encore à bâtir. Guillebert de Metz, qui écrivait en 1434, nous apprend que « Pont-Neuf est bien maisonné » ; mais la voie qui y conduisait n'était pas encore entièrement bordée de maisons, ainsi que le constatent les pièces recueillies par Berty.

« 1419. Place au bout du pont Saint-Michel, appartenant au collège de Navarre, au long de l'abreuvoir de Mascon, contenant onze toises et deux pieds de long, où a de présent *cinq maisons à pignon* et *une maison à appentis* ; lesdites maisons appartenant par indivis à la Sainte-Chapelle et à la Confrérie. »

« 1435. Autre Place de onze toises deux pieds de long, où a de présent cinq maisons à pignon et une à appentis, tenant à..., d'autre part aux maisons du pont. »

Les deux notes reproduisent la même désignation, à seize ans d'intervalle, et constatent le même état. La rue du Pont-Saint-Michel n'était pas encore entièrement construite, puisqu'on emploie le mot « place » ; c'est ce que paraissent indiquer les deux lignes ponctuées que Berty a tracées sur son plan, et qui semblent désigner un terrain non bâti.

RUE DES DEUX-PORTES.

Il ne faut confondre cette voie ni avec la rue Percée, ni avec celle du Cimetière-Saint-André qui, toutes deux dans la région, ont porté le nom de rue des Deux-Portes[1]. Elle établissait une communication directe entre celles de la Juiverie (de la Harpe) et de la Vieille-Plâtrière (Hautefeuille), ou « traversait » de l'une à l'autre, selon l'expression consacrée. L'existence d'une clôture à chaque extrémité d'une voie témoigne, en principe, de son peu d'importance. De nos jours, les voies privées, avant leur classement au nombre des rues, sont généralement fermées par des grilles, la circulation y étant fort restreinte. Il en était de même au moyen âge, et cette considération, autant que le besoin de sécurité, déterminait l'apposition de portes à leurs deux extrémités. Les rues Percée, du Cimetière-

---

[1] On trouve cette appellation sur d'autres points de la Ville : rues des *Deux-Portes-Saint-Jean* et des *Deux-Portes-Saint-Sauveur*. Voir la note y relative, à l'article de la rue Percée.

Saint-André et celle dont nous nous occupons n'ont jamais eu l'importance des grandes voies de la région Saint-André-des-Ars, rues Hautefeuille, de la Harpe, Saint-Jacques, des Cordeliers, etc.; aussi a-t-on pu les clore sans dommage pour les passants.

Il existe peu de renseignements sur la rue des Deux-Portes-Saint-André. Plusieurs auteurs l'ont confondue avec la rue Percée, de même que celle-ci a été prise pour la rue du Cimetière-Saint-André. Nous inclinons à croire qu'elle a été, elle aussi, un *vicus perforatus*, c'est-à-dire un percement à travers les terrains compris entre les rues Serpente et Pierre-Sarrazin. Ces terrains, occupés par les Juifs, étaient bornés au sud par leur cimetière, et on dut, pour aider au lotissement, après la première et la seconde confiscation qui furent faites, l'une par Philippe-Auguste, l'autre par Philippe le Bel, ouvrir une voie qui servît à délimiter les portions à vendre, ou à les bailler à cens. La rue des Deux-Portes établit précisément une séparation entre les terrains occupés plus tard par l'hôtel de Miraulmont, au nord, et par ceux d'Alègre et de Forez, au sud.

Les destinées de cette rue ont été modestes, et sa fin sans éclat. Aucune maison de quelque importance n'y avait son entrée, et l'ouverture de la seconde section du boulevard Saint-Germain l'a fait complètement disparaître. Il est resté quelques portions de bâtiments en bordure de cette dernière voie; mais diverses réfections et appropriations les ont à peu près dissimulées aux regards du passant.

CÔTÉ MÉRIDIONAL
(d'Orient en Occident).

CENSIVE ET JUSTICE DE L'ABBAYE.
PAROISSE DE SAINT-CÔME.

PORTION LATÉRALE DE LA MAISON DE LA NEF D'ARGENT faisant le coin méridional de la rue de la Harpe, sur laquelle elle avait son entrée.

PETIT JARDIN (1548), contigu à la maison de la NEF D'ARGENT, dont il dépendait probablement, et aboutissant par derrière à la MAISON DU PILIER VERD, laquelle avait également son entrée sur la rue de la Harpe. A l'article de cette dernière voie, nous avons parlé de ces trois immeubles.

MAISON DES TROIS BOITTES, aboutissant, par un retour d'équerre à la rue de la Harpe et confinant à l'HÔTEL DE FOREZ ET DE BRETAIGNE, qui a dû absorber une partie de ses dépendances, ou dont elle a pu être un démembrement [1].

---

[1] Cet hôtel joue un rôle considérable dans l'histoire topographique de la rue de la Harpe, tant par l'étendue du sol qu'il occupait, que par les absorptions, démembrements, ventes, achats, donations, etc., dont il a été l'objet. Voir l'article que nous lui avons consacré.

Portion de l'Hôtel de Tours, selon Adolphe Berty, et

Dépendances de la Maison du Sabot.

Adolphe Berty place ici, sous cette double rubrique, un terrain qui semble avoir été situé sur le côté septentrional de la rue des Deux-Portes, puisqu'il ne pouvait toucher autrement à la Maison du Sabot et du Grand Dauphin, laquelle formait l'angle septentrional de la rue de la Harpe. Quant à constituer une portion de l'hôtel, ou collège de Tours, la chose n'était possible qu'en supposant une double communication avec cet établissement, d'abord par le côté septentrional de la rue des Deux-Portes, puis par les flancs méridional et septentrional de la rue Serpente. Sous le bénéfice de ces observations, nous transcrivons la note de Berty :

«Entre la partie de l'hôtel de Forez qui se trouvait sur la rue des Deux-Portes et l'hôtel d'Alègre, on trouve la mention, en 1497, d'un jardin qui aboutissait à l'hôtel de Forez et était une dépendance de la Maison du Sabot, sise rue de la Harpe. Nous n'avons pu le restituer, n'ayant aucune idée de ses dimensions.»

Partie latérale de l'Hôtel d'Alègre, dont l'entrée était sur la rue de la Vieille-Plâtrière (Hautefeuille). Voir la monographie de l'hôtel à l'article de cette voie.

CÔTÉ SEPTENTRIONAL
(d'Orient en Occident).

MÊMES JUSTICE, CENSIVE ET PAROISSE.

Maison du Sabot et du Grand Dauphin, faisant le coin septentrional de la rue de la Harpe, et pouvant, à travers une portion de terrain non dénommée, rejoindre le jardin dont il est question plus haut [1].

Maison ou terrain sans désignation, séparant le Sabot du jardin dont nous venons de parler.

Hôtel de Saint-Brieuc ou de Saint-Briot (1327); puis de Me Robert Hubout, président au Parlement (1489).

---

[1] Une note de Berty place un autre Grand Dauphin à l'angle septentrional des rues de la Harpe et Pierre-Sarrazin. Voir, à l'article de cette dernière rue, pour l'explication de ce fait. Le défaut capital du plan restitué du Vieux Paris est de présenter, sur une seule feuille, le travail de plusieurs siècles et, par conséquent, de donner lieu à une confusion entre des enseignes identiques, mais ayant existé à un intervalle de plusieurs centaines d'années.

C'est à travers les dépendances de cet hôtel, que Berty ne nomme pas et dont il se borne à figurer l'emplacement, que le jardin existant sur le côté méridional de la rue des Deux-Portes aurait pu communiquer avec l'hôtel du collège de Tours.

Partie latérale de l'Hôtel de Miraulmont, appartenant, en 1523, à Jean de Miraulmont, «escuyer de la Royne», et, en 1553, à Bocher «conseiller au bailliage». Voir la monographie que nous en avons donnée à l'article de la rue Hautefeuille.

Partie latérale de la Maison du Cheval Rouge et de l'Escu d'Albanye, faisant le coin de la rue de la Vieille-Plâtrière (Hautefeuille). Elle fut léguée au collège de Laon, en 1359.

N. B. — Les maisons d'angle faisant, aux deux extrémités de cette voie, les coins méridional et septentrional des rues Hautefeuille et de la Harpe, sur lesquelles elles avaient leur entrée principale, ont été plus amplement décrites à l'article de chacune de ces deux rues.

RUE POUPÉE.

Parallèle à la rue Percée et traversant, comme on disait au siècle dernier, de la rue Hautefeuille à celle de la Harpe, la rue Poupée mettait également en communication les deux églises de Saint-André-des-Ars et de Saint-Séverin. Elle allait en effet du chevet de la première à la façade occidentale de la seconde, et conduisait ainsi, par les rues qui la contournaient d'occident en orient, du cimetière Saint-André à la place Maubert; ce qui autorise à la regarder comme fort ancienne. C'était probablement un de ces nombreux sentiers, ou chemins de desserte, tracés à travers les terres du clos de Laas pour la commodité de la culture. Aussi la trouve-t-on désignée primitivement sous le nom de *Lias* ou *Laas*, comme plusieurs autres voies de cette même région qui n'avaient, antérieurement à l'année 1179, date du grand accensement ordonné par Hugues V, pas d'autre dénomination que celle du clos lui-même. «La rue Poupée, dit en effet Sauval, fut d'abord nommée rue de *Lias* et de *Laas*, à cause qu'elle fait partie du territoire de Laas[1].»

Les appellations particulières leur vinrent de diverses circonstances: une en-

---

[1] *Antiquités de Paris*, I, 159.

seigne, une clôture, une église, un couvent, le nom d'un propriétaire ou notable habitant, etc. Celle de *Poupée,* qu'on rencontre dès l'an 1200 et qu'on retrouve en 1248 et 1262, sous la forme *Popée,* — nom d'une romaine que ses débauches ont rendue célèbre, — semble avoir une origine beaucoup moins honnête. Comme la rue de Mâcon, l'une des deux Boucleries, qui en était très voisine, la rue Poupée, malgré sa situation entre deux églises, eut pour habitantes des femmes «courtoises, amoureuses et folles de leur corps»[1]. Nous indiquons plus loin l'une des maisons qui leur servaient de retraite.

On sait que le substantif *poupée* est resté, dans le langage populaire, comme synonyme de femme de mauvaise vie. On n'ignore point aussi que les environs des églises et des cloîtres, lieux calmes et retirés, étaient le séjour préféré des filles de joie, témoin Glatigny, ou le «Val d'Amour», voisin de Saint-Landry, Baille-Hou, touchant au cloître Saint-Merry, la cour Robert qui en était assez rapprochée, et le Beau-Bourg qui confinait à Saint-Nicolas-des-Champs. Guillebert de Metz nous apprend que «là demeuroient pluseurs galloises»[2].

Les auteurs ont souvent confondu la rue Poupée avec la rue Percée, qui lui était parallèle. Nous avons nous-même fait cette confusion dans l'ouvrage intitulé *Paris et ses historiens aux XIVe et XVe siècles*[3]. Les deux voies étaient cependant parfaitement distinctes l'une de l'autre, et le peu qui en reste garde cette distinction : la portion occidentale de la rue Percée, qu'a respectée le boulevard Saint-Michel, n'est plus aujourd'hui qu'un cul-de-sac auquel on a donné le nom de *Impasse Hautefeuille,* tandis que la partie analogue de la rue Poupée, élargie et reconstruite, a été considérée comme un prolongement de la rue Saint-Séverin, et en porte aujourd'hui le nom. L'extrémité orientale aboutissant à la grande Bouclerie a subi le même élargissement, et a pris la même dénomination. Le milieu de cette ancienne voie est donc représenté actuellement par la largeur du boulevard Saint-Michel.

Le mot Poupée a été diversement orthographié, ou plutôt défiguré : on trouve, dans les titres et sur les anciens plans, *Popée, Poinpée, Ponpée* et *Pompée.* Toutefois, dès l'an 1300, l'expression était fixée, puisque Guillot, dans son *Dit,* écrit correctement *Poupée.* Ce vocable, qui avait presque sept siècles d'existence, a complètement disparu de la liste des rues de Paris. Jusqu'à l'époque où le percement du boulevard Saint-Michel et l'amorce du boulevard Saint-André ont fait disparaître la plus grande partie de la rue Poupée, cette ancienne voie était restée fort

---

[1] Robert Cenalis dit rue «aux Poupées», et *Via ad Puppes.* (Sauval, I, 159.)

[2] *Description de Paris sous Charles VI* dans *Paris et ses historiens aux XIVe et XVe siècles,* p. 212, etc.

[3] *Ibid.*

étroite, comme sa voisine la rue Percée, dont il reste un tronçon qui permet d'en juger les dimensions.

Nous avons cependant trouvé, dans les *Registres du Bureau de la Ville*, mention d'un retranchement opéré dans des conditions qu'il est assez difficile d'apprécier, étant donné le texte de la pièce. Quelle peut bien être l'encoignure des rues *Percées* et *Poupées* (*sic*)? Serait-ce une maison — l'hôtel de Cramault — qui en aurait formé les deux angles et dont la façade principale aurait régné sur la rue Hautefeuille? Nous avons examiné l'hypothèse à l'article de cette dernière rue. Quant à la pièce elle-même, nous en avons donné le texte à propos de la rue Percée. Toutefois, nous devons faire remarquer que ces sortes de problèmes ont souvent pour origine une erreur de copie, et sont, par cela même, complètement insolubles.

CÔTÉ MÉRIDIONAL
(d'Orient en Occident).

JUSTICE ET CENSIVE DE L'ABBAYE.
PAROISSE DE SAINT-SÉVERIN.

Partie latérale d'une Maison sans désignation, formant l'angle méridional de la rue de la Harpe, sur laquelle elle avait son entrée. On la trouve mentionnée dans les censiers de 1481, 1497 et 1595, comme «faisant le coing de la rue de la Harpe, tenant, d'une part, et aboutissant au Cheval Blanc, d'autre part, à la rue Poupée». Elle paraît avoir appartenu au collège de Tours, et tout porte à croire qu'elle était un démembrement de l'hôtellerie.

Dépendances de l'Hôtellerie du Cheval Blanc, laquelle avait également son entrée sur la rue de la Harpe. Le pourpris de cette hôtellerie s'étendait, d'une part, jusqu'à l'hôtel de Cramault, et, d'autre part, jusqu'à la rue Percée, sur laquelle devait se trouver une issue. Telle est encore la disposition des vieilles auberges de province, avec des cours, des écuries et des remises aboutissant sur les rues et ruelles voisines. Les dépendances de l'hôtellerie du Cheval Blanc paraissent, dit Adolphe Berty, avoir formé primitivement une maison dite de l'Arbalète, dont il est fait mention dans un titre de 1372. Peut-être ont-elles formé, par l'étendue de leur développement sur la rue Poupée, une autre maison mentionnée dans un acte de 1402, comme «tenant au Cheval Blanc» et devant, selon Adolphe Berty, «aboutir à la maison du patriarche d'Alexandrie», c'est-à-dire à l'Hôtel de Cramault.

Partie latérale de l'Hôtel de Cramault, ayant son entrée sur la rue de la

Barre ou Hautefeuille. Nous avons décrit longuement l'hôtel de Cramault à l'article de cette dernière voie, et nous y renvoyons le lecteur.

CÔTÉ SEPTENTRIONAL
(d'Orient en Occident).

MÊMES JUSTICE ET PAROISSE.
CENSIVE DE SORBONNE.

Partie latérale de la Maison de l'Image saint Martin, qu'on trouve dénommée aussi le Mouton et le Petit Mouton, et qui avait son entrée sur la rue de la Harpe, à l'angle septentrional de cette voie et de la rue Poupée. Nous avons donné, à l'article de la rue de la Harpe, quelques renseignements sur cet immeuble.

Maison de l'Image Notre-Dame, contiguë à la précédente et appartenant, en 1324, au prieur de Longjumeau. En 1452, la maison de l'Image Notre-Dame est dite «tenant au *Papegault*, d'une part, et, de l'autre, au *Petit Mouton*, en la rue Poupée, y ayant issue». En 1489, on mentionne la maison de l'Image Notre-Dame comme «tenant à l'Hostel du Mouton, *faisant le coin d'une ruelle*».

Ces renseignements nous sont fournis par deux notes non classées et trouvées dans les papiers d'Adolphe Berty. Une troisième, également à l'état de feuille volante, nous édifie sur la ruelle dont la maison de l'Image Notre-Dame faisait le coin.

A propos d'une «meson neufve en la rue de la Harpe, le censier de 1399 constate, dit Adolphe Berty, que cette maison était à l'opposite d'une ruelle où il y a b....., qui fut Aveline des *Deux-Moutons*». Les établissements de ce genre étaient généralement situés dans des ruelles, où se cachaient les «poupées» qui ont donné leur nom à la rue. Nous avons donc, du même coup, l'explication du vocable qu'elle a porté et la preuve de l'existence d'une ruelle qui n'a laissé aucune trace dans le parcellaire de cette région. Il est possible que cette ruelle ait abouti par derrière à l'une des maisons situées au débouché oriental de la Petite Bouclerie, ou rue de Mâcon, dans laquelle il y avait anciennement plusieurs lupanars. Quant à l'existence de celui de la rue Poupée, elle est confirmée par une quatrième note de Berty ainsi conçue: «A l'opposite de cette maison — la maison neuve de la rue de la Harpe — est la censive de Sorbonne[1], ou maison à haulte justice et voyrie, et y a une ruelle où il y a b....., et une plastrière, qui est à présent à un drapier et à un chaussetier.»

---

[1] Une indication aussi vague ne peut servir à délimiter exactement la censive de Sorbonne.

La maison de l'Image Notre-Dame est dite, dans le censier de 1531, avoir appartenu « au prieur de Longueil ». S'agit-il d'un membre de la famille qui possédait les deux hôtels de Longueil, situés l'un à l'extrémité occidentale de la rue Saint-Benoît, l'autre à l'un des angles des rues Pierre-Sarrazin et de la Vieille-Plâtrière? Cela paraît peu probable. Ces personnages sont qualifiés de « conseillers du Roy », et le titre de *prieur* ne leur est donné nulle part. Peut-être le « prieur de Longueil » était-il à la tête d'un des nombreux monastères de ce nom, et par conséquent étranger à la famille. Peut-être aussi y a-t-il confusion avec le prieur de Longjumeau, auquel appartenait la maison voisine.

Petite maison dont la position et l'agencement sont, dit Berty, difficiles à comprendre. Nous croyons que c'est ici le lupanar « qui fust Aveline des *Deux-Moutons* », et qui touchait à la ruelle dont nous avons parlé. Avait-il une existence distincte de celui ou de ceux de la rue de Mâcon? Nous ne saurions l'affirmer.

Hôtel du président Philippe de Mesmes, seigneur de Marolles (1523), aboutissant à la rue Mâcon. C'était, à en croire une anecdote racontée par Ménage, un fort beau logis, comparable aux *palazzi* italiens [1].

Maison qui fut à l'abbé, ou plutôt au prieur de Saint-Éloi de Longjumeau (1531). Contiguë à l'hôtel du président de Mesmes, elle faisait le coin de la rue Hautefeuille et s'étendait jusqu'à la rue de Mâcon. Adolphe Berty s'est demandé s'il ne fallait pas l'identifier avec la Maison de l'Échiquier; mais il a posé la question sans la résoudre; toutefois, dans son plan, il place cet immeuble rue Poupée.

L'existence de deux maisons ayant appartenu aux prieurs de Saint-Éloi de Longjumeau, et situées à chacune des deux extrémités septentrionales de la rue, semble prouver que l'une des deux, probablement celle qui formait l'angle occidental, était antérieure à l'autre. Les prieurs, l'ayant vendue, en auront acquis ou fait construire une seconde.

On peut s'étonner que des établissements, du genre de celui qui a donné son

---

[1] L'anecdote se trouve dans le *Menagiana* (p. 319 et 320); la voici: «Jules Scaliger, dans sa *Poétique*, dit que les Italiens sont étrangers dans leur langue naturelle qui est la latine: *Mirum est ut Itali sint in sua lingua peregrini*. A ce propos, M. Adrien de Valois m'a dit qu'un jour M. son frère s'était trouvé chez M. le président de Mesmes, le savant, avec M. le cardinal... pour lors nonce du Pape. M. de Mesmes, ayant eu quelques affaires, sortit pour un moment, et pria M. de Valois d'entretenir M. le nonce. La conversation, qui était latine, tomba insensiblement sur la beauté de l'hôtel de M. de Mesmes, que M. le nonce admirait. M. de Valois prit de là occasion de lui parler, en beau latin, de la magnificence de quantité d'hôtels de cette ville. Le nonce en fut charmé, et, voulant dire qu'ils n'avaient pas chez eux un grand nombre de palais qui fussent entièrement réguliers, il disait: *In Italia, nos habemus pulchros cubiculos, pulchros cabinetos.*»

nom à la rue, se soient maintenus, pendant des siècles, dans le voisinage immédiat de plusieurs hôtels occupés par un patriarche, un prieur, un haut magistrat. Le fait s'explique par les ordonnances et édits reléguant les femmes de mauvaise vie dans certaines rues, ou ruelles, qui leur étaient assignées, et d'où elles ne pouvaient sortir pour se fixer ailleurs [1].

N. B. — Nous renouvelons ici une observation déjà faite antérieurement: pour les maisons de la rue Poupée, situées aux coins des rues Hautefeuille et de la Harpe, il faut se reporter aux articles relatifs à ces deux voies, où les immeubles angulaires sont plus longuement décrits, parce qu'ils avaient là leur entrée principale.

CUL-DE-SAC OU IMPASSE DE ROUEN,
CONSIDÉRÉ COMME LE PROLONGEMENT DE LA RUE DU JARDINET.

Le cul-de-sac de Rouen forme un passage terminé par une cour. Avant le percement de la deuxième section du boulevard Saint-Germain, il avait pour point de départ, au levant, le petit carrefour formé par les rues de l'Éperon et du Jardinet, et pour aboutissant, au couchant, une grille donnant accès à la cour et au passage du Commerce. De ce dernier côté, son aspect n'a pas changé; c'est encore une sorte de couloir ménagé entre les murs de fond et de flanc de deux anciens hôtels : celui des Archevêques de Rouen sur la rue du Paon et celui de Navarre, ou séjour d'Orléans, sur la rue Saint-André-des-Ars.

L'impasse de Rouen, improprement appelée de Rohan, formait donc une ligne séparative entre ces deux grandes résidences; elle est restée à l'état de cul-de-sac, parce qu'elle venait buter contre la muraille de Philippe-Auguste, à laquelle sont adossées les petites maisons basses formant le côté oriental du moderne passage du Commerce.

Sauval et Jaillot ne sont pas d'accord sur la situation, ou plutôt sur la principale entrée de l'hôtel archiépiscopal, que l'impasse dont il s'agit séparait du séjour de Navarre et d'Orléans. Le premier écrit : « L'hostel de l'archevesque de Rouen estoit scis à Paris près la porte Saint-Germain-des-Prés, à l'opposite de l'hostel de Rheims [2]. » Le second dit : L'hôtel de l'archevêché de Rouen était situé à l'extrémité du cul-de-sac, et lui en avoit fait donner le nom [3]. » Ainsi que nous le

---

[1] Voir, dans le *Traité de la police*, les diverses ordonnances y relatives. — [2] *Antiquités de Paris*, III, année 1436. — [3] RECHERCHES HISTORIQUES, etc., *Quartier Saint-André-des-Arts*, p. 35.

disons à l'article de la rue du Paon, la résidence parisienne des prélats normands avait été établie dans les mêmes conditions que celle de leurs collègues de Reims : un vaste pourpris, des bâtiments séparés par des jardins et des cours, deux ou plusieurs entrées pour l'habitation et les dépendances, tel était l'aspect que présentaient la plupart des grands logis parisiens au moyen âge. On comprend alors

Impasse formant le prolongement de la rue du Jardinet, et aboutissant à la cour de Rouen,
d'après une photographie.

que l'hôtel de Rouen ait pu être situé en avant de l'impasse, « près la porte Saint-Germain », où était probablement son entrée d'honneur, et en même temps au fond de ce même cul-de-sac, où s'ouvraient sans doute les issues et dégagements de service.

La cour de Rouen, qui occupe une partie de l'ancienne « allée des Murs », bor-

CUL-DE-SAC OU IMPASSE DE ROUEN.

dait à l'occident la maison de l'*Abricotier*, ou *Abri-Coictier*, qui fut bâtie et habitée par le célèbre médecin de Louis XI. Nous en parlons plus complètement à l'article de la rue Saint-André-des-Ars, parce qu'elle avait été construite sur un terrain démembré de l'ancien séjour de Navarre et d'Orléans.

Maisons construites sur l'emplacement du séjour d'Orléans, et ayant vue sur la cour de Rouen, d'après une photographie.

Une note de H. Legrand, prise sur place, est ainsi conçue : « Quand on a pénétré dans la première cour, du côté du passage, ou cul-de-sac de Rouen, on y voit un hôtel du XVIe siècle, mais dont les soubassements sont plus anciens. A gauche, à la porte encorbellée de l'hôtel, conduisant à un escalier, on remarque un puits, dont la margelle de pierre saillit de son épaisseur sur le pavé de la cour; une armature en fer carré simple porte la poulie, et le tout sert encore. C'est le puits de la maison de Jacques Coictier le physicien, médecin de Louis XI. Il demeurait là, à l'intérieur de la muraille de Philippe-Auguste. On remarque encore là une très curieuse tête, formant gargouille et paraissant remonter à la fin du xv° siècle ou au commencement du xvi°.

Puits de la cour de Rouen.
(Anciennes dépendances de la maison de Jacques Coytier.)

La cour ou impasse de Rouen abrite, derrière les murailles de ses vieilles maisons, une des tours de l'enceinte de Philippe-Auguste. Nous en avons parlé précédemment. Voir le chapitre intitulé : *Enceintes, tours et portes.*

« Entre la grille fermant la première cour qui conduit au passage du Commerce, et la rue Saint-André-des-Arts, s'étend une terrasse plantée d'arbres à haute tige et se prolongeant jusqu'à une petite cour, dans laquelle elle supporte ou ferme plusieurs anciennes petites constructions. » Cette note, prise également par H. Legrand, confirme ce que nous avons dit au sujet des tolérances, ou autorisations accordées par le Roi et la Ville, d'occuper certaines portions des « allées des Murs », et d'adosser quelques bâtisses légères à la muraille elle-même.

A deux pas du boulevard Saint-Germain, la cour ou passage de Rouen est un témoin précieux de l'ancien état de choses. On y fait encore d'importantes découvertes, en fouillant les vieilles maisons qui y sont enfouies. Tout récemment, M. Hochereau, conservateur du plan de Paris, y a trouvé des fragments entiers de la muraille de Philippe-Auguste, pourvus de plates-formes en encorbellement, pour la mise en batterie des pièces d'artillerie. Ces plates-formes sont évidemment des additions à la fortification primitive; on sait, d'ailleurs, que la vieille enceinte a été remaniée sur plusieurs points, postérieurement à sa construction, surtout dans le quartier de l'Université, où il n'en a pas été construit d'autre.

RUE DE SAVOIE.

L'ordre chronologique, plus impérieux encore que la succession des lettres de l'alphabet, nous a fait placer, à l'article de la rue Pavée-Saint-André-des-Ars, la monographie détaillée de l'hôtel de Nemours, sur le pourpris duquel a été ouverte la rue de Savoie. Nous nous bornerons à rappeler ici que ce vaste logis, dont l'origine remonte peut-être à l'accensement de 1179, fut d'abord la résidence et probablement le domaine patrimonial de Gaucher de Châtillon, connétable de France; qu'il devint en 1337, et par suite d'une transaction avec Jean de Châtillon, l'hôtel de Jean d'Arcy, évêque d'Autun, lequel le légua, en 1352, à Hugues d'Arcy, son neveu, évêque de Laon. Ce dernier le donna à son église épiscopale; ce qui lui valut dès lors le nom d'hôtel de Laon et en fit la résidence parisienne des évêques de ce siège.

En 1393, un évêque de Laon, Jean de Rouci, fut condamné, par une sentence des Requêtes du Palais, à payer cinquante sols de cens à l'abbaye de Saint-Germain-des-Prés, sur la censive de laquelle l'hôtel avait été bâti. C'est lui qui en opéra la reconstruction en 1406.

De 1423 à 1427, un autre évêque de Laon, Guillaume de Champeaux, qui tenait pour Charles VII, vit l'hôtel confisqué par les Anglais et donné à l'évêque de Thérouenne, qui était de leur parti; mais cette propriété fit retour au siège de Laon, lorsque cessa la domination anglaise, et les évêques de ce diocèse en jouirent jusque dans la seconde moitié du xvie siècle, époque où ils le vendirent à Jacques de Savoie, fils de Philippe, comte de Genevois, et de Charlotte d'Orléans. La vente eut lieu entre les années 1562 et 1585, et le vendeur fut ou Jean de Bours, ou Valentin Douglas, l'un et l'autre évêques de Laon.

L'ancien hôtel de Châtillon et de Laon, devenu, par cet achat, hôtel de Savoie, porta bientôt aussi le nom d'hôtel de Nemours, parce que le duché de Nemours avait été donné, en 1547, par le roi Henri II à Jacques de Savoie, et que la veuve de ce dernier en portait le titre, lorsqu'elle habitait l'hôtel à l'époque de la Ligue. Il fut occupé ensuite par Henri, leur second fils, qui épousa Anne de Lorraine, dont il eut Charles-Amé de Savoie, duc de Nemours. On sait que ce dernier fut tué en duel, l'an 1652, par le roi des Halles, le fameux duc de Beaufort. Il habitait alors l'hôtel de Savoie, puisque son cadavre fut porté à l'église Saint-André-des-Ars, « sa paroisse ».

L'aînée des deux filles qu'il laissa, Marie-Jeanne-Baptiste de Savoie, vendit, en 1670, l'hôtel à des spéculateurs qui se proposaient d'y ouvrir une voie nouvelle, pour faire communiquer entre elles les rues Pavée et des Grands-Augustins. Jaillot raconte le fait dans les termes suivants :

« L'hôtel de Savoie fut vendu, le 30 décembre 1670, au sieur Brière de l'Épine, maître général des bâtiments du Roi, ponts et chaussées de France, et au sieur Boileau, bourgeois de Paris, par Madame Marie-Jeanne-Baptiste, épouse de Charles-Emmanuel, duc de Savoie, prince de Piémont, à laquelle il appartenait, comme seule héritière de Charles-Amédée de Savoie, son père, duc de Genevois, de Nemours et d'Aumale, et de feu Henri de Savoie, son oncle, à cause du délaissement à elle fait par la reine de Portugal, sa sœur, par contrat du 20 mars 1666. Cet hôtel fut vendu, par décret volontaire, auxdits sieurs de l'Épine et Boileau, et à eux adjugé moyennant 260,000 livres, par arrêt du 29 avril 1672 [1]. »

Le « décret », que Jaillot qualifie de « volontaire », ne le fut peut-être pas complètement. La vogue était alors aux embellissements de Paris; c'est à ce moment qu'on détruisait, sur tout leur parcours, les enceintes de Philippe-Auguste et de Charles V, qu'on s'occupait de construire les portes Saint-Denis et Saint-Martin, de créer la place des Victoires, d'édifier le collège Mazarin, et de prolonger la rue Dauphine, en démolissant la porte de ce nom. C'est à cette dernière opération que paraît se rattacher le percement de la rue de Savoie : en la faisant déboucher presque en face de la rue Christine, on la mettait en communication avec la rue

---

[1] RECHERCHES CRITIQUES, etc., *Quartier Saint-André-des-Arts*, p. 122.

Dauphine prolongée, et l'on encourageait l'industrie du bâtiment dans cette région nouvelle, touchant au plus beau pont de Paris. Michel de Marolles, abbé de Villeloin, qui a rimé une foule de choses sur les grands travaux de cette époque, donne à entendre que Marie-Jeanne-Baptiste de Savoie entra, moyennant finances, dans les vues du Roi et du Prévôt des marchands : sous cette rubrique « Grands hostels qui ont changé », il représente les possesseurs de ces anciens logis comme désireux d'en tirer bon parti et se laissant exproprier à l'amiable, mais à beaux deniers comptants :

> Pour l'estenduc, *Vendome* et l'ample *Longueville*,
> Le *Nemours*, le *Chevreuse* et l'hostel d'*Espernon*,
> Ainsi que l'*Angoulesme*, ils ont changé de nom,
> Ou quittent leur splendeur *aux desseins de la Ville.*

Au moment où il fut morcelé pour être revendu et couvert de constructions, l'hôtel de Savoie et de Nemours renfermait, dit-on, dans son pourpris des jardins, des étables, un cellier, de petits bâtiments et diverses dépendances; on y voyait même un pré, c'est-à-dire une pelouse. Il devait, en outre, avoir le long des murs de fond de l'hôtel d'Hercule une issue sur la rue des Grands-Augustins; autrement le percement projeté n'aurait pu avoir lieu. Il eût fallu, en effet, traverser les jardins de la MAISON DES CHARITÉS SAINT-DENIS, bien d'église d'une expropriation difficile et qui, sur le plan de Berty, sépare le pourpris de l'hôtel de la vieille rue des Sachets. Il faut croire ou que les abbés de Saint-Denis consentirent alors aussi, moyennant finances, à livrer passage à la nouvelle rue, ou qu'une partie de leurs jardins avait été cédée antérieurement aux possesseurs de l'hôtel de Savoie et de Nemours. (Voir à la rue des Grands-Augustins.)

La rue de Savoie a conservé, au milieu du quartier où elle a été ouverte, un aspect et un alignement relativement modernes : on s'est borné à en prescrire l'élargissement par mesure ordinaire de voirie. Les maisons qui la bordent sont, sauf les reconstructions partielles, de la fin du xviie siècle et du commencement du xviiie; elles n'ont d'autre histoire que celle de leurs possesseurs et de leurs habitants.

Deux ans après son ouverture (1674), la rue de Savoie faillit avoir un théâtre, celui de Molière, ou plutôt de sa troupe, puisque l'illustre comique était mort l'année précédente. On cherchait naturellement une rue nouvelle dans ce quartier nouveau, ainsi qu'on l'a fait plus tard, en installant la Comédie française d'abord dans la rue des Fossés-Saint-Germain, puis sur les terrains de l'hôtel de Condé. Chassés de la rue Guénégaud, par les exigences de l'Université qui ne voulait point de théâtre dans le voisinage du nouveau collège Mazarin, les comédiens jetèrent les yeux sur la rue de Savoie; mais ils durent y renoncer à cause de l'opposition que leur fit le curé de Saint-André-des-Ars. Voir ce qu'on lit à cet égard dans un écrit du temps cité par Dulaure :

« Les comédiens marchandèrent des places dans cinq ou six endroits; partout où ils alloient, c'étoit merveille d'entendre comme les curés crioient... Le curé de Saint-André-des-Arts, ayant su qu'ils songeoient à s'établir rue de Savoie, vint trouver le Roi et lui représenta qu'il n'y auroit bientôt plus dans sa paroisse que des aubergistes et des coquetiers, et que, si les comédiens venoient, son église seroit déserte. Les Grands-Augustins présentèrent aussi leur requête; mais on prétend que les comédiens dirent à Sa Majesté que ces mêmes Augustins, qui ne vouloient point de leur voisinage, étoient fort assidus spectateurs de la comédie, qu'ils avoient offert de vendre à la troupe des maisons qui leur appartenoient dans la rue d'Anjou[1], pour y bâtir un théâtre, et que le marché se seroit conclu si le lieu avoit été commode. L'alarme fut grande dans tout le quartier, et les comédiens eurent défense de bâtir dans la rue de Savoie [2]. »

RUE SERPENTE.

Cette voie était l'un des sentiers, ou chemins de traverse, qui coupaient autrefois le clos de Laas, d'occident en orient, et faisaient communiquer entre elles les rues Hautefeuille et de la Harpe, considérées comme plus importantes, parce que, se dirigeant du nord au sud, parallèlement à la rue Saint-Jacques — ancienne voie de *Lutetia* à Genabum — elles tendaient vers la campagne et formaient entrée de Paris. La rue Serpente a donc dû se peupler un peu plus tard que les grandes voies dont nous venons de parler; cependant sa transformation en rue et la construction des maisons en bordure ont suivi de près l'accensement ordonné en 1179 par l'abbé Hugues V, puisqu'on trouve, dans l'année suivante, une mention du *vicus Serpentis*[3].

Dans la première moitié du XIIIe siècle, en 1247 notamment, on trouve : *Vicus ad Serpentem*, puis *vicus Serpentis* en 1256, 1260 et 1275[4]. Ces deux appellations sont traduites, par les collecteurs de la Taille de 1292, en « rue de la Serpent »; on trouve, en 1297 et 1299, « *de la Sarpent, à la Sarpent et de la Serpente* ». Le Dit de Guillot (1300), le Livre de la Taille de 1313, un compte de

---

[1] Ce sont les maisons dont il est question aux articles des rues Dauphine, d'Anjou, de Nevers, et pour le service desquelles les entrepreneurs de ces nouvelles voies s'étaient engagés à ouvrir deux passages souterrains. Voir à la rue Dauphine.

[2] *Galerie de l'ancienne Cour*, ou *Mémoires et anecdotes pour servir à l'histoire des règnes de Louis XIV et Louis XV*, t. II, p. 390 et suiv.
[3] *Cartulaire de Notre-Dame*, IV, 159.
[4] *Idem.*

1353 cité par Sauval[1] et le manuscrit de la bibliothèque Cottonienne portent «rue de la Serpent». Les statuts du collège de Tours (1540) qui sont écrits en latin[2] et le *Vidimus* de la fondation du collège des Lombards (1541), rédigé dans la même langue[3], reviennent à l'appellation de 1180, *vicus Serpentis*, de même que celle de 1299, «la Serpente», est reprise par Guillebert de Metz (1434)[4], Corrozet (édition de 1586) et Du Breul (édition de 1612). La rue porte encore ce nom dans le *Procez verbail fait pour le nettoyement de Paris en 1636*[5]. Les plans de Paris, à partir du xvie siècle, portent *Serpente* ou *la Serpente*[6].

L'origine de cette dénomination, qui ne varie que dans la forme, a donné lieu à diverses hypothèses. Selon Sauval, il faudrait l'attribuer à l'existence d'un «hotel de la Serpente» dans la rue dont il s'agit; mais, puisqu'on trouve *vicus Serpentis*, en 1180, il paraît difficile d'admettre, dès cette époque, la construction d'un manoir de quelque importance, en un quartier qui commençait à peine à se former.

Jaillot n'a point accepté cette explication; mais il en a imaginé une autre plus spécieuse que solide: à l'en croire, la rue Serpente devrait son nom «aux sinuosités qu'elle formoit, à l'instar des serpents, avant qu'elle eût été redressée»[7]. Et, pour appuyer son dire sur quelque autorité, il cite «un acte du mois de juin 1263, inscrit dans le Cartulaire de Sorbonne, où on la nomme *vicus tortuosus, qui est ab opposito palatii Termarum*».

Adolphe Berty, qui a constaté, dans la rue, l'existence d'une «maison de la Serpent» a combattu cette opinion. «Nous ne pensons pas, dit-il, que les prétendues sinuosités de la rue Serpente aient pu lui valoir ce nom; on ne voit point, en effet, qu'elle ait été aussi tortueuse que plusieurs de ses voisines, la rue des Deux-Portes notamment, avant qu'on l'ait alignée à nouveau. Pourquoi alors lui avoir donné une appellation qu'elle justifiait moins que les autres?»
Quant au *vicus tortuosus, qui est ab opposito palatii Termarum*, la rue Serpente ne répond guère à cette désignation; au nord, ce serait la rue du Foin; au sud, les rues de la Sorbonne, des Maçons, ou Coupe-Gueule; à l'orient, la rue des Noyers; à l'occident, les rues des Cordeliers ou Pierre-Sarrazin, mais non la rue Serpente, qui est à plus de 80 mètres au-dessous et au nord du palais des Thermes; l'expression *ab opposito* ne peut donc raisonnablement s'y appliquer.

---

[1] T. Ier, p. 162.
[2] Félibien, *Preuves*, I, 419. — [3] *Ibid.*, p. 429.
[4] *Paris aux XIVe et XVe siècles*, p. 175.
[5] Félibien, *Preuves*, II, 133.
[6] Voir, en particulier, La Tapisserie, Truschet, Saint-Victor, Quesnel et Mérian.

[7] Nous avons constaté en Bourgogne, dans les environs de Dijon, l'existence de «combes à la Serpent», assez loin de tout centre habité; ce qui exclut l'idée d'une enseigne ou d'une sinuosité, et témoigne en faveur de l'origine animale du nom de la rue.

Restent deux explications, l'une, qui ferait dériver l'appellation dont il s'agit d'un reptile trouvé sur ce point, soit au milieu des terres, soit dans quelques ruines de constructions romaines[1]; l'autre, qui lui donnerait pour origine une enseigne de « la Serpent ». Adolphe Berty avoue qu'il a constaté l'existence de cette enseigne, dans la rue, au xv⁰ siècle seulement; mais il la croit de beaucoup antérieure.

La rue Serpente avait jadis pour aboutissants les rues de la Harpe et Hautefeuille ; à l'occident, elle était continuée par la rue du Battoir, qui en était parfaitement distincte. De nos jours, l'ouverture du boulevard Saint-Michel, en faisant disparaître la moitié orientale de la rue Serpente, l'a réduite à n'être plus qu'un tronçon auquel on a soudé la rue du Battoir, en les confondant sous une seule et même dénomination. Pareille confusion s'est, du reste, produite avant les remaniements modernes, et l'on voit, dans plusieurs titres, les rues Serpente, du Battoir, Mignon et du Jardinet prises les unes pour les autres, sans doute parce qu'elles avaient été ouvertes simultanément dans cette région des « Petits-Champs » dont nous avons beaucoup parlé, et aussi parce qu'elles se continuaient ou se complétaient sur plusieurs points de leur parcours. Nous engageons le lecteur à se reporter à la monographie de chacune de ces voies.

CÔTÉ MÉRIDIONAL
(d'Orient en Occident).

JUSTICE ET CENSIVE DE SAINT-GERMAIN-DES-PRÉS.
PAROISSE DE SAINT-ANDRÉ-DES-ARS.

Partie latérale de la Maison du Saint-Esprit, faisant le coin de la rue de la Harpe, où elle avait sa principale entrée, et paraissant constituer une enclave dans la Maison de l'Arbaleste, qui lui était contiguë. Comme la plupart des maisons d'angle, celle-ci avait un symbole religieux pour enseigne.

Partie latérale de la Maison de l'Arbaleste ou Erbaleste, puis Maison des Deux Cygnes (1585), plus amplement décrite à l'article de la rue de la Harpe.

Nous avons lu, dans un titre de 1327, que « l'Arbaleste aboutit à l'Evesque de Saint-Brieux », c'est-à-dire à l'hôtel voisin qu'habitait ce prélat.

Hostel de Saint-Brieux ou Saint-Briot (1327). A la suite de la Maison de l'Image sainte Catherine, qui était contiguë à celle du Saint-Esprit et avait été construite sur un terrain dépendant de la maison de l'Arbalète, s'étendait un vaste

---

[1] Recherches critiques, etc., *Quartier Saint-André-des-Arts*, article Serpente.

espace, borné au sud par la rue des Deux-Portes, et ne portant aucune désignation sur le plan dressé par Adolphe Berty. Toutefois les notes, souvent informes, qu'a laissées cet érudit, nous permettent d'affirmer que les évêques de Saint-Brieuc avaient là leur résidence. Outre la citation que nous avons faite à l'article précédent, il existe, également à l'année 1327, une mention relevée par Berty et ainsi conçue: «Maison de l'Erbaleste, rue de la Herpe, tenant à..... d'autre part à Gagneur de Henaut, aboutissant à l'evesque de Saint-Briot.»

En 1489, l'hôtel de Saint-Brieuc appartenait à Me Robert Hubout, président au Parlement, ainsi qu'il appert d'une note relative au collège de Tours et débutant par ces mots significatifs: «1489. Et est notoire que ledict coleige a sa principalle entrée en la rue de la Serpente, au droict de la maison de Maistre Robert Hubout, président au Parlement».

MAISON DE LA SERPENTE, nommée, mais non délimitée sur le plan de restitution; elle fut, ainsi que la suivante, englobée dans le pourpris de l'HÔTEL DE MIRAULMONT, logis seigneurial que nous avons décrit à l'article de la rue Hautefeuille, et auquel nous renvoyons le lecteur.

MAISON AUX ESCOLLIERS DE SUESSE. Adolphe Berty ne mentionne cette maison ni dans son texte, ni sur son plan; à l'occident de l'hôtel de Saint-Brieuc, il ne place que la MAISON DE LA SERPENTE, enclavée plus tard dans le pourpris de l'hôtel de Miraulmont. Mais on peut affirmer que, sur ce point de la rue Serpente, il a existé une maison destinée à loger des écoliers.

Le *Vidimus* de la fondation du collège des Lombards, que Félibien a fait imprimer dans ses *Preuves*, contient la mention suivante: «*Prefatus reverendus pater D. Andreas de Florentia obligavit specialiter domum suam, quam habet Parisius in vico Serpentis, cum juribus et pertinentiis universis ipsius domus, cui, ab una parte, coheret domus scolarium de Suecia, et, ex alia parte, domus Johannis de Dordanna hostellarii, et domus Johannis dicti le Couconnier, et via publica a parte anteriori, et etiam posteriori.*»

D'autre part, le savant continuateur de Du Boullay, M. Charles Jourdain, a constaté que «les premières maisons affectées au collège des Lombards furent un immeuble situé rue Serpente, quelque temps habité par des étudiants d'Upsal».

Nous devons maintenant rapprocher de ces deux textes une note que nous avons trouvée, égarée dans les papiers de Berty:

«1347. Une maison qui fust jadis granche, seant à Paris, en la rue de la Vieil Plastrière, faisant le coin de la rue que l'en dit entre Deux Portes, prez l'église des Cordeliers, et tient, d'aultre costé par devers ladicte rue de la Vieil Plastrière, à Simon de Fresnoy, et aboutissant par derrière à aultres maisons, vieils places vuides, qui sont aux escolliers de Suesse. »

Restes de l'hôtel de Miraulmont reconstruit à l'angle des rues Serpente et Hautefeuille,
d'après une photographie.

La maison qui les abritait était donc située au couchant de l'hôtel de Saint-Brieuc, puisque celui-ci adhérait à l'*Arbalète*, et que le logis des écoliers adhérait lui-même à la maison formant le coin de la rue des Deux-Portes. Peut-être faut-il l'identifier avec la maison de la Serpente.

Après avoir déterminé la situation topographique de la maison des écoliers de Suesse, on peut à première vue s'étonner de trouver une sorte de collège en cet endroit: les étudiants de ce pays possédaient, en effet, dès le XIIe siècle, dans la rue de la Montagne-Sainte-Geneviève, un collège qui leur était commun avec les

Danois et qu'on appelait, pour cette raison, collège de *Dace* ou de *Suesse*. Les bâtiments de ce collège, qui étaient contigus à celui de Laon et au couvent des Carmes, y furent plus tard englobés. D'autre part, les Danois, au témoignage de Félibien, furent transférés dans une maison de la rue Galande, et l'on ne voit nulle part mention d'une translation semblable pour les Suédois.

Qu'était-ce donc que cette « maison des écoliers de Suesse », à laquelle tenait celle que l'évêque d'Arras, André Ghini, de Florence, engage ou hypothèque, en 1333, pour assurer la fondation du collège des Lombards?

Il semble qu'on ne doive y voir qu'un logis à l'usage de quelques étudiants venus d'Upsal et suivant les cours de l'un des nombreux établissements scolaires situés dans le voisinage de la rue Serpente. Peut-être aussi lui donnait-on improprement le nom de « collège », ou de « maison d'écoliers », comme on l'a fait pour les prétendus collèges d'Albuzon ou Aubusson, du Dauphiné ou de Chavesnil, de Maître Clément, de Vendôme surtout, lequel était très voisin de la *domus scolarium de Suecia*, et n'a jamais logé que des abbés ou des religieux.

Le titre de collège était honorifique dans la région de l'Université, et on aimait à le donner aux maisons qui, n'étant ni des hôtels ni des établissements scolaires proprement dits, recevaient pourtant des écoliers; on tenait à les distinguer ainsi, non seulement des maisons bourgeoises et marchandes ayant enseigne, et ne jouissant pas des privilèges attachés aux immeubles universitaires, mais encore de celles que l'Université taxait et qui étaient louées à des étudiants, sans être ni des collèges ni des maisons d'écoliers [1].

Enfin, la maison des écoliers de Suesse ne doit-elle point être identifiée avec ce logis qui, en 1430, était devenu « vuide, vacque et comme inhabitable » et « subhasté » ou vendu aux enchères au Châtelet? Nous livrons ces diverses conjectures à la sagacité du lecteur.

Partie latérale de la Maison de l'Image saint Kristofle, ayant son entrée sur la rue de la Barre, ou Hautefeuille, et incorporée à l'Hôtel de Miraulmont. (Voir la monographie de cette résidence seigneuriale.)

CÔTÉ SEPTENTRIONAL
(d'Occident en Orient).

CENSIVE DU ROI.

PAROISSE DE SAINT-ANDRÉ-DES-ARS.

Partie latérale de l'Hôtel de Fescamp, ayant son entrée principale sur la rue de la Barre.

---

[1] Voir, dans les publications de la *Société de l'Histoire de Paris et de l'Ile-de-France* (t. IV, p. 140 et suiv.), le curieux travail de M. Charles Jourdain sur la *Taxe des logements dans l'Université de Paris*.

Le pourpris de l'hôtel formait un quadrilatère presque régulier, circonscrit par les rues Percée, Serpente, de la Barre, le collège de Tours et la Maison de l'Image saint Martin; nous en avons fait l'histoire, à l'article de la rue Hautefeuille.

Collège de Tours. La fondation de cet établissement est racontée ainsi par Félibien, d'après les lettres de fondation en date de l'année 1333 [1].

« Le collège de Tours fut fondé par Étienne, archevêque de cette ville, surnommé Bourgeuil, pour un principal et six écoliers de son diocèse, auxquels il donna pour demeure *une maison située dans la rue Serpente, avec son verger et la maison de derrière*, qu'il avoit achetée de feu Pierre La Postolle ou L'Apostoille, chanoine de Paris, et où ledit archevêque avoit fait bâtir une chapelle. Pour l'entretien des boursiers, il leur donna *deux maisons situées dans la rue de la Harpe, l'une appelée la maison aux Testes, l'autre la maison aux Chevaux*, qu'il avait achetées de Simon La Postolle, père et héritier de Pierre, avec un bois dans la paroisse de Grisi, et tous les cens, terrages, dîmes et autres revenus et droits qu'il avoit, en vertu de la vente que lui en avoit faite Maufroi de Milan, docteur en médecine, et de plus les dîmes de blés et de vin qu'il avoit acquises en la paroisse des Monts, au diocèse de Tours, de Faverolle, avec dix livres dix sous de rente, sur le bois de Bois-Rideau et les prés voisins, dans la paroisse de la Ville-aux-Dames... Tous ces acquêts, il les a faits comme personne privée, et non comme archevêque de Tours. Il assigne à chacun des boursiers trois sous parisis par semaine, au lieu de deux sous et demi qu'ils avoient jusque-là; ce qui fait voir qu'il avoit déjà formé une assemblée de boursiers avant l'an 1334. Il donne quelque chose de plus au principal et au procureur [2] ».

[1] «Anno 1333... Universis presentes litteras inspecturis, Stephanus, archiepiscopus Turonensis, salutem. Noveritis... quod... sex scolares seculares et unum principalem, seu magistrum collegii, quos perpetuo de civitate vel diocesi Turonensi ordinamus et statuimus assumendos cotannis, fundamus et statuimus in studio Parisiensi predicto, et ipsos in posterum ibidem poni, manere et studere volumus, expensis et bursis nostris; quibus scolaribus, pro habitatione sua et pro loco principali domus, concedimus et assignamus quamdam domum sitam in civitate Parisiensi, in vico de la Serpente, cum virgulto et domibus retro eam existentibus et pertinentiis earumdem, prout protenduntur in longo et in largo, in qua jam dicti scolares habitant, quas domos cum pertinentiis suis, jamdiu et tanquam private persone, ad usum dictorum scolarium, acquisivimus a defuncto magistro Petro La Postolle, canonico Parisiensi, doctore in theologia; in qua domo, ad usum dictorum scolarium, de novo fecimus edificare capellam supra virgultum domus alterius, de qua inferius mentio habetur, protensam..... Ex nunc damus, concedimus et assignamus duas domos sitas in civitate Parisiensi, in vico Cithare, prout protenduntur in longo et largo, cum virgultis et pertinentiis universis earumdem; quarum domorum una vocatur *Domus ad Capita*, et altera vocatur *Domus ad Equos*. Quas domos, cum pertinentiis suis, jamdiu et tanquam privata persona, ad usum dictorum scolarium acquisivimus a Simone La Postolle, patre et solo hærede dicti defuncti magistri Petri La Postolle, sicuti in litteris venditionis de eis nobis factis plenius continetur.» (Félibien, *Preuves*, I, 409.)

[2] Félibien, I, 580, 591.

Du Boullay, l'historien de l'Université, relate cette fondation beaucoup plus brièvement: «Eodem anno (1333), Stephanus de Burgolio, patria Ande-

Le chanoine Pierre La Postolle ou L'Apostoille, et son frère Simon, changeur et bourgeois de Paris, qui avait hérité de lui, vendirent donc à Étienne de Bourgueil les trois maisons dont la réunion forma le collège de Tours; mais ce ne fut pas la seule acquisition faite par le fondateur. Il résulte d'une note recueillie dans les papiers d'Adolphe Berty, malheureusement sans indication de source, que l'archevêque acheta encore deux autres immeubles pour étendre le pourpris du nouveau collège. Cette note est ainsi conçue :

« 1330. Vente par Guy Coquatrix, chanoine de Paris, pour fonder le collège, de deux maisons, l'une rue de la Serpente, l'autre rue Percée, et à chaque maison un jardin, lesquels jardins joignent icelles. »

De tout ce qui précède il résulte que la fondation du collège de Tours ne fut complète qu'au bout de quatre ans, et qu'elle exigea l'acquisition de cinq immeubles possédés par deux chanoines et le frère de l'un d'eux; ce qui dut singulièrement faciliter la transaction. Dès 1330, l'archevêque fondateur installa quelques-uns de ses boursiers dans la première maison qu'il avait achetée; puis il en augmenta le nombre, au fur et à mesure qu'il étendait le pourpris du nouvel établissement, et leur assigna, comme pension hebdomadaire, trois sous parisis au lieu de deux; « ce qui fait voir, dit avec raison Félibien, qu'il avait déjà formé une assemblée de boursiers avant l'an 1334 ». A cette dernière date, l'établissement était complet, et l'on ne voit pas qu'il ait été rien acquis plus tard pour l'agrandir.

Les cinq maisons, aménagées et réunies par leurs jardins et leurs vergers, suffisaient amplement d'ailleurs au logement de six boursiers, d'un principal et d'un procureur. Celle qui était située rue Percée et qu'Étienne de Bourgueil avait acquise du chanoine Guy Coquatrix, paraît même avoir été inutile au collège, puisqu'on la laissa dépérir et tomber à l'état de masure, ainsi qu'il résulte de la note suivante recueillie dans les papiers d'Adolphe Berty :

« 1489... Et est tout notoire que ledict coleige (de Tours) a sa principalle entrée en la rue de la Serpente, au droict de la maison de Maistre Robert Hubout, président au Parlement. Et, au derrière dudict coleige, y a une masure qui respond en ladicte rue Percier, en laquelle souloit avoir maison qui contient trente piez de largeur, ou environ, tout au droict de la maison de mondict Sainct-Marin, archevesque de Cambray, lequel, puis ung mois en çà, a faict clorre et murer ladicte rue Percier, qui est une rue passant, au coing de laquelle pend une chesne, et est ladicte rue pavée de carreaulx, comme les autres grans rues de Paris; en laquelle clousture ledict de Cambray y a compris la masure du coleige. »

gavensis, dignitate archiepiscopus Turonensis, in vico *Serpente*, collegium Turonense instituit et fundavit, atque sex bursariis pauperibus, unique primario addixit, bursarumque collocationem sibi suisque successoribus retinuit. Obiit autem ille anno 1336. » (*Historia Universitatis*, IV, 240.)

Située à l'extrémité du carré long qui formait le pourpris du collège, la masure dont il est question ne pouvait être que la maison de l'Image saint Martin *répondant*, en effet, sur la rue Percée; par son éloignement des bâtiments scolaires, dont elle était séparée par les jardins et vergers mentionnés dans les actes d'acquisition, elle ne pouvait être qu'une «granche», un appentis, une dépendance quelconque.

Une autre note de Berty nous apprend qu'à la fin du xve siècle la chapelle bâtie par l'archevêque fondateur «tombait en ruines»; cependant Étienne de Bourgueil déclare, dans l'acte dont nous avons reproduit le texte, qu'il l'a fait construire à neuf en 1333, dans le verger d'une des maisons acquises, *de novo fecimus œdificare supra virgultum domus alterius*. Il faut croire que l'insuffisance des revenus du collège avait amené le procureur à négliger l'entretien de cette chapelle, comme celui de la maison de l'Image saint Martin. Les malheurs de la guerre de Cent ans avaient dû peser sur les propriétés rurales du collège situées en Brie et en Touraine, et ce qui tend à le prouver, c'est que Félibien évalue à trois mille livres les ressources annuelles que l'établissement possédait au xviie siècle. Vers la fin du xviiie, dit M. Charles Jourdain, d'après Laverdy [1], le collège ne possédait plus qu'un seul boursier, et les revenus se trouvaient réduits à néant. La plupart des petits collèges de Paris étaient dans le même cas, et la mesure qui eut pour objet de les réunir «à l'Université», c'est-à-dire au collège Louis-le-Grand, était en partie motivée sur l'insuffisance ou l'absence de ressources.

Félibien, et après lui M. Charles Jourdain, ont fait remarquer le caractère large et libéral des constitutions qui régissaient le collège de Tours. Nous ne savons si les boursiers primitifs se destinaient exclusivement à l'état ecclésiastique, et si le collège ne fut pas d'abord une sorte de séminaire, comme la plupart des établissements de ce genre créés par les évêques et autres dignitaires ecclésiastiques, en vue d'assurer le recrutement du clergé séculier; mais, en 1540, intervint un règlement qui permettait aux boursiers «suivant l'intention du fondateur, d'étudier à leur choix, en grammaire, logique, médecine, droit canon ou théologie». Clause plus remarquable, fait observer M. Charles Jourdain, celui qui voulait étudier le droit canon devait avoir, au préalable, étudié le droit civil; d'où il résulte que le collège de Tours entretenait de futurs avocats et de futurs médecins.

Le collège de Tours, dont la fondation fut l'œuvre de quatre années, dont les constitutions sont aussi larges qu'elles pouvaient l'être au xive siècle, est donc, nous le répétons, l'un des établissements les plus libéraux de cette époque. Aussi les

---

[1] *Compte rendu du 12 novembre 1763, concernant la réunion des boursiers fondés dans les collèges de non plein exercice, sis en la ville de Paris*, par M. Laverdy.

boursiers conservèrent-ils précieusement la mémoire de son fondateur : après sa mort, survenue en 1336, ils placèrent au-dessus de la porte d'entrée une inscription commémorative, qui a été relevée par Malingre : « Au portail du collège, dit cet historien, les armes du fondateur Estienne de Bourgueil sont engravées en pierre, avec telle escriture : *Stephanus de Burgolio, Turonensis archiepiscopus, hujus collegii fundator magnificus. Obiit anno 1336.* »

« Nous ne saurions dire, écrit le continuateur de Du Boullay, si le collège de Tours a eu des jours prospères. » Une telle recherche serait en dehors de la spécialité de ce livre ; qu'il nous suffise de résumer très sommairement, aux appendices, les statuts de cet établissement et d'y constater, comme dans la plupart des documents de ce genre, cette discipline sévère qui fait les fortes études.

Entre la première maison acquise du chanoine Pierre La Postolle, ou L'Apostoille, pour la fondation du collège de Tours et le débouché de la rue Serpente dans celle de la Harpe, il existait trois maisons « entretenantes », c'est-à-dire contiguës et ainsi dénommées :

Maison aux Testes ;

Maison du Cheval Rouge ;

Maison de l'Image saint Yves.

Le plan incomplet dressé par Berty en figure trois, et n'en dénomme qu'une seule, la dernière.

Les deux premières, nous les connaissons déjà, puisqu'elles sont nommées dans l'acte de fondation du collège. C'est le 28 novembre 1331 que « messire Estienne de Bourgueil, fondateur du collège de Tours, acquit de Simon Lapostoille, orfèvre et bourgeois de Paris, deux maisons « entretenantes », en la rue de la Harpe, l'une appelée la Maison aux Testes L'Apostoille, et l'autre le Cheval Rouge, tenant la première à Louis..., d'autre part, à Guillaume Asselin, aboutissant toutes deux, en la rue Serpente, à la maison que ledit Bourgueil avait acquise pour fonder le collège ; sur l'emplacement desquelles le collège fit bâtir trois maisons, scolaires sans doute : deux, rue de la Harpe, et la troisième, au derrière de ces deux maisons, ayant son entrée sur la même rue par une allée commune, reconstruite en 1728 » [1]. L'acquisition dont il s'agit est donc antérieure de deux ans à la fondation du collège ; elle la préparait.

Deux de ces maisons, tout en aboutissant dans la rue Serpente, développaient

---

[1] Note d'Adolphe Berty.

leur principale façade sur la rue de la Harpe, puisque les lettres que nous avons reproduites en note les disent *sitas in vico Cithare*. Le parcellaire de la rue de la Harpe (voir cette rue) confirme la situation topographique de ces deux maisons : en restituant celles de l'IMAIGE SAINTE BARBE et de SAMSON FORTIN, ou du BARILLET D'ARGENT.

Adolphe Berty a constaté qu'en l'année 1330, où furent faites les premières acquisitions pour la fondation du collège de Tours, les deux immeubles dont il s'agit touchaient au CHEVAL ROUGE et à la maison AUX DEUX TESTES LAPOSTOILLE. Malheureusement, cette contiguïté n'est pas accusée sur le plan.

Avant de terminer notre monographie de la rue Serpente, nous devons mentionner deux maisons qui y étaient situées, et que nous n'avons pu identifier, faute d'indications suffisantes; il s'agit de :

1° La MAISON DE GUILLAUME DE SAINT-CYR, citée par M. Charles Jourdain dans son curieux travail sur la *Taxe des logements dans l'Université de Paris*; maison qui est dite sise rue Serpente, « avec un petit pré et un cellier sous les étables » et que l'on taxe à dix-huit livres pour le logement des écoliers [1];

2° La MAISON AUX ESCOLIERS DE TOURS, qui était redevable à la Pitancerie de Saint-Germain-des-Prés d'une rente annuelle de vingt-cinq sous.

La première de ces maisons était évidemment l'un de ces logis affectés aux élèves externes, dénommés alors *galoches* ou *martinets*, lesquels ne pouvaient, faute de bourse ou de place, être admis dans les bâtiments scolaires. C'est pour eux, dit M. Charles Jourdain, que l'Université avait été amenée au régime de la taxation.
« Comment, écrit le savant continuateur de Du Boullay, la nombreuse jeunesse accourue d'Angleterre, d'Allemagne, d'Italie, même des contrées septentrionales comme la Suède et le Danemark, à plus forte raison des provinces de France, notamment de la Normandie et de la Picardie... parvenait-elle à se loger? Il n'a pas toujours existé à Paris des collèges pour y donner l'hospitalité aux étudiants venus de loin; et, même après l'établissement des premiers collèges, ni les bourses comprises dans leur fondation, ni les pensionnats qui ne tardèrent pas à se multiplier, ne suffisaient pour donner un asile à la foule de ceux qui fréquentaient les écoles de l'Université. Où donc allaient-ils chercher un gîte ? A quelles conditions l'obtenaient-ils? Quelles mesures l'autorité ecclésiastique et l'autorité civile avaient-elles prises à cet égard?... L'acte le plus ancien, à notre connaissance, où il soit fait mention du logement des écoliers, est l'ordonnance promulguée dans

---

[1] Collection de mémoires publiés par la *Société de l'Histoire de Paris et de l'Ile-de-France*, t. IV, p. 147.

le courant du mois d'août de l'an de grâce 1215, par le cardinal Robert de Courson. Il y est dit : « Facere possunt magistri et scholares, tam per se quam cum aliis, obligationes et constitutiones, fide vel pœna, vel juramento vallatas... pro taxandis pretiis hospitiorum. » Seize ans plus tard, le pape Grégoire IX ayant fait appel à l'autorité royale en faveur des écoliers de Paris, et supplié Louis IX de leur accorder le droit de faire établir la taxe des loyers à leur usage, par l'entremise de deux maîtres de l'Université et de deux bourgeois assermentés, celui-ci, de l'avis de son conseil et de sa mère, Blanche de Castille, accéda sans peine au vœu du Souverain Pontife [1].

La maison de Guillaume de Saint-Cyr, à propos de laquelle nous avons rappelé l'ancien régime de la taxe des loyers scolaires, avait été tarifée en 1281, par le ministère de Mᵉ Adam de Gouly et Pierre de Vilarceaux, maîtres en théologie. Quant à celle des écoliers de Tours, c'était ou le collège lui-même, ou quelque maison contiguë affectée au logement des étudiants, par suite de l'insuffisance des locaux et des ressources du collège. La rente qu'elle payait à la Pitancerie de Saint-Germain avait probablement pour origine l'accensement fait en 1179, par Hugues V.

N. B. — Il convient de se reporter aux rues Hautefeuille et de la Harpe pour l'histoire détaillée des maisons formant les angles septentrional et méridional de ces deux voies, et ayant leurs façades latérales sur la rue Serpente.

RUE DE TOURAINE,
ACTUELLEMENT RUE DUPUYTREN.

Cette petite voie publique n'a été ouverte qu'après la démolition du mur de Philippe-Auguste ; elle aboutit, en effet, sur l'ancien chemin des fossés, représenté aujourd'hui par la rue Monsieur-le-Prince, et son faible parcours comprend, pour plus de moitié, l'allée des Murs, la muraille et le fossé.

« Vis-à-vis la porte de l'église des Cordeliers, dit Jaillot, étoit un jardin qui fut destiné ensuite à servir de cimetière ; on en a pris depuis une partie pour faire les rues de l'Observance et de Touraine ; le reste est couvert de maisons. Ce jardin aboutissoit à une ruelle qui régnoit le long des murs jusqu'à la porte. »

Il résulte d'un acte, inséré dans les *Registres du Bureau de la Ville*, que ce jardin,

---

[1] *La taxe des logements dans l'Université de Paris*, p. 141, 142, 143, dans le tome IV des publications de la *Société de l'Histoire de Paris et de l'Ile-de-France*.

avec plusieurs constructions « entretenantes », situées sur une portion de son emplacement, fut vendu à l'Hôtel-Dieu par le Prévôt des marchands et les Échevins, au mois d'août 1673. La partie en bordure sur la rue des Cordeliers était de beaucoup la plus avantageuse; elle ne tarda pas à se couvrir de maisons; nous en donnons la succession et la nomenclature dans l'article relatif à la rue des Cordeliers, ou de l'École-de-Médecine.

Jaillot, dans le passage cité plus haut, oublie de mentionner la date de l'ouverture de la rue de Touraine; c'est en l'année 1672, où eurent lieu la démolition des portes et le comblement des fossés, que fut décrété le percement de cette voie, ainsi que celui de sa voisine, la rue de l'Observance. Nous avons cité, à l'article de cette dernière rue, l'arrêt qui en ordonnait l'ouverture, et nous avons dit ce qu'était le jardin transformé en cimetière, à travers lequel les deux voies ont été tracées.

La rue de Touraine est indiquée sur le plan de Bullet et Blondel, qui porte la date de 1670-1676, et elle figure depuis lors sur tous ceux qui ont été dressés; son appellation seule a été quelque peu défigurée. Contrairement à l'assertion de Jaillot, La Caille n'a point écrit sur son plan *rue Neuve de Thurenne* [1]; le héros de la guerre contre les Impériaux aurait certainement pu être, à l'époque de sa mort qui coïncide avec l'ouverture de la rue de Touraine, le parrain de cette dernière voie; mais on lui a fait plus tard hommage d'une rue plus importante. Jouvin de Rochefort, qui dressait son plan à peu près à l'époque où Bullet et Blondel levaient le leur, a désigné la voie qui nous occupe sous le nom de « rue de Turène ». Est-ce une faute du graveur? Est-ce un hommage rendu à l'illustre maréchal? Nous ne saurions le décider. Ce plan montre la muraille de Philippe-Auguste apparente, au nord et au sud de la rue de Touraine, mais détruite à la hauteur de cette voie.

L'origine du nom de la rue de Touraine a été indiquée sommairement mais inexactement, croyons-nous, par Jaillot: « Comme elle a, dit-il, presque le même alignement que la rue du Paon et qu'elle semble en faire la continuation, on lui donna le nom de *Touraine* à cause de l'hôtel de Tours qui est situé dans cette dernière rue [2]. »

Quel est cet hôtel de Tours ayant servi à dénommer une voie autre que celle où il était situé? Nous en avons parlé à l'article de la rue du Paon, et nous résu-

---

[1] Ce n'est pas sur son plan, mais dans son texte que La Caille a écrit «rue Neuve de Thurenne»; il ajoute «ou de Touraine», conformément à l'orthographe adoptée par son graveur. Peut-être le fatal événement de Salzbach (1675) est-il pour quelque chose dans cette variante.

[2] REMARQUES CRITIQUES, etc., *Quartier Saint-André-des-Arts*, p. 146.

mons ici ce que nous avons dit. L'un des archevêques de Tours, Victor Le Bouthilier de Chavigny, qui occupa ce siège de 1641 à 1670, avait l'habitude de descendre chez son frère Claude, ministre des affaires étrangères et surintendant des finances, lequel possédait une maison de famille dans la rue du Paon. Le séjour de ce prélat fit donner le nom d'hôtel de Tours au logis où il demeurait pendant ses voyages à Paris, et cette désignation fut acceptée d'autant plus facilement que la maison Le Bouthilier était plus voisine des hôtels de Reims et de Rouen. Les trois archevêques se trouvaient donc logés très près les uns des autres, et cette proximité consacra l'appellation d'hôtel de Tours, même après la mort du prélat qui l'avait habité. On comprend alors que le nom de rue de Touraine ait été donné à la voie percée presque en face de la rue du Paon : l'hôtel de Tours se trouvait, en effet, vis-à-vis de la voie nouvelle, et cette dénomination lui avait été conservée, bien que Victor Le Bouthilier fût décédé deux ans auparavant.

Malgré la vraisemblance de cette origine, nous devons en indiquer une autre que nous avons déjà mentionnée à l'article de la rue des Cordeliers; nous voulons parler de «l'hostel de Tourraine avec grand jardin au derrière pris dans le fonds du fossé d'entre les portes Saint-Germain et Saint-Michel». Le terrain sur lequel cet hôtel avait été construit faisait partie d'un jardin, vendu par la Ville à l'Hôtel-Dieu, ainsi qu'il résulte d'un acte inséré dans les *Registres du Bureau de la Ville*, jardin qui fut revendu par les administrateurs de cet établissement hospitalier, pour être couvert de constructions. L'hôtel a dû tout naturellement donner son nom à la rue.

La rue de Touraine a conservé son ancien aspect et n'a perdu son appellation primitive qu'en 1851, époque où le voisinage de l'École de médecine lui fit donner le nom du célèbre baron Jérôme Dupuytren, mort en 1835, après une glorieuse carrière chirurgicale. Rien ne rappelle aujourd'hui le passage de l'enceinte de Philippe-Auguste sur ce point, ainsi que les travaux de défense couvrant extérieurement la porte Saint-Germain. Peut-être en reste-t-il quelques débris sous le sol de la rue et des maisons qui la bordent.

CÔTÉ ORIENTAL
(du Nord au Sud).

JUSTICE ET CENSIVE DE SAINT-GERMAIN-DES-PRÉS.
PAROISSE DE SAINT-CÔME.

Les maisons situées de ce côté de la voie occupent l'emplacement d'une partie du jardin, transformé en cimetière, à travers lequel ont été percées les rues de Touraine et de l'Observance.

Maison sans désignation, formant l'angle des rues de Touraine et des Cordeliers (de l'École-de-Médecine). Bâtie sur l'allée des Murs et sur l'emplacement de la muraille elle-même, elle a été divisée plus tard en deux propriétés distinctes.

Maison également sans désignation, contiguë à celle où fut établie, de nos jours, l'École gratuite de dessin pour les jeunes filles, sous la direction de Rosa Bonheur. Cette école, où la célèbre artiste enseigna pendant plusieurs années, a été récemment transférée dans la rue de Seine.

Deux Maisons également sans désignation, bâties sur l'emplacement du fossé et en bordure de l'ancien « chemin sur les fossés (rue Monsieur-le-Prince) ». Celle qui faisait le coin se trouvait en face des murs fermant le pourpris de l'hôtel de Condé, avant la destruction de cette résidence princière. Celle qui lui était contiguë, sur la rue de Touraine, formait la partie postérieure du Collège de théologie des Cordeliers, *aula theologica*, dont nous avons parlé à l'article de la rue de l'Observance[1].

CÔTÉ OCCIDENTAL
(du Nord au Sud).

MÊMES JUSTICE, CENSIVE ET PAROISSE.

De ce côté également, les maisons ont été construites sur l'emplacement de l'allée des Murs, de la muraille de Philippe-Auguste, des ouvrages extérieurs de la porte Saint-Germain, et du fossé longeant l'enceinte.

Maison d'angle faisant face à l'ancienne tourelle de la rue du Paon, et paraissant plus ancienne que la rue de Touraine. C'était probablement la première maison que l'on rencontrait dans la rue des Cordeliers, après avoir franchi la porte.

Maison sans désignation, qui fut habitée par la veuve de Molière, Armande Béjart; ce qui prouve qu'elle avait été construite au moment du percement de la rue, ou peu après. Molière mourut, en effet, le 17 février 1673, et sa veuve épousa en secondes noces M. Guérin d'Estriches. C'est donc pendant son veuvage, ou son second mariage, qu'elle habita la rue de Touraine.

Deux Maisons sans désignation, dont l'une, celle qui forme le coin de la rue

---

[1] Il ne faut pas confondre la salle de théologie, située à l'intérieur du couvent des Cordeliers et servant aux conférences des religieux profès, avec l'école établie rue de l'Observance, en face même du monastère, pour l'instruction théologique des novices.

Monsieur-le-Prince, a été reconstruite en ces derniers temps. L'autre est encore telle qu'elle fut bâtie il y a deux siècles.

Les exigences de l'ordre alphabétique, adopté par Adolphe Berty qui l'avait emprunté à Jaillot, nous ont conduit à terminer l'histoire topographique de la région occidentale de l'Université par la description d'une petite rue relativement moderne. Nous engageons le lecteur, désireux de rétablir l'ordre chronologique, à consulter le tableau placé à la fin du premier chapitre de ce volume et contenant la plus ancienne mention de chaque rue, telle qu'on la trouve dans les titres. Les inconvénients de l'ordre alphabétique seront ainsi atténués.

APPENDICES
ET PIÈCES JUSTIFICATIVES.

APPENDICES
ET PIÈCES JUSTIFICATIVES.

I

DOCUMENTS ORIGINAUX

RELATIFS AUX ENCEINTES, MURAILLES, FOSSÉS, CONTRESCARPES, ALLÉES DES MURS, TOURS, PORTES, POTERNES, POURPRIS ET MANOIRS DE NESLE, HÔTELS DE NEVERS, DE GUÉNÉGAUD ET CONTI, COLLÈGE MAZARIN ET HÔTEL DES MONNAIES.

La bibliothèque de la ville de Paris possède un dossier composé de documents manuscrits et d'imprimés fort rares, le tout relatif aux deux manoirs de Nesle et à l'hôtel de Nevers. Plusieurs sont des pièces de procédure et des actes notariés contenant des protocoles, des formules et autres longueurs propres à ce genre de documents; mais on y trouve de précieux détails sur les «terrains, places et bastimens» compris dans le pourpris de Nesle, ainsi que des renseignements sur les «ventes, achats, eschanges et mutacions» de cet antique domaine.

La première pièce est de 1552 : ce sont des lettres patentes du roi Henri II pour «faire bail à perpétuité du pourpris, maisons et places du Grand Nesle, joignant d'un long, du costé du levant, au couvent des religieux Sainct-Augustin et au jardin de l'hostel Sainct-Denys, et aux jardins de la Ville» — les jardins des Archers, sans doute, pris sur les allées des murs. — Ces maisons et places font partie de «plusieurs places vuides et maisons ruynées estant au dedans de la ville et faubourgs de Paris» qu'il s'agit de «faire proffitter et mettre en valeur». La situation de ces places et maisons est fort bien indiquée : «une rue commune — c'est la ruelle de Nevers — et une muraille — c'est la clôture orientale du pourpris de Nesle — entre deulx».

La seconde pièce qui porte deux dates — le sixiesme d'aoust 1571 et le vingt huictiesme de novembre 1572 — est le double *Procès-verbal d'Étienne Grandremy et Léonard Fontaine*, que nous avons cité partiellement dans le texte de cet ouvrage. Voici le début de la première partie de ce document :

«De l'ordonnance de nosseigneurs les juges, ordonnez par le Roy pour faire baulx à perpétuité des places et maisons appellées le Grand et le Petit Nesle, et ce qui en deppend, et à la requeste du procureur du Roy au trésor et en ladite commission, nous Estienne Grandremy et Léonard Fontaine, maistres des œuvres de maconnerye et charpenterie du Roy, certiffions à nosdictz sieurs et tous aultres qu'il appartiendra que, suivant le commandement à nous faict par Champigny, huissier audict trésor, nous nous sommes transportez au lieu des Augustins, par-devant monseigneur messire Christophle de Thou, chevallier, premier président en sa Court de parlement et ung desdictz juges: Auquel lieu nous a ledict sieur premier president faict faire le serment solempnel de bien et loyaulment, à nos pouvoirs et consciences, veoir et visiter lesdictes places, hostelz et lieux des Grand et Petit Nesle et ce qui en deppend, assis et situez en la ville de Paris, sur le quay de la riviere de Seyne appellé le quay des Augustins, depuis le monastere et couvent desdictz Augustins jusques à la Tour et Porte de Nesle, aboutissant par devant le long dudict quay desditz Augustins sur ladicte riviere de Seyne, et par derriere aux gros murs de la closture de la ville de Paris, pour priser, estimer et aprécier lesdictz places, hostelz et ce qui en deppend, sçavoir et congnoistre combien on en peult faire de places de baulx à perpétuité et en roture, et en avoir le plus dargent comptant, payé pour une fois, que faire se pourra au prouffict du Roy;

« Suivant lequel serment ainsy par nous faict que dict est, et obtempérant à ladicte ordonnance de nosdictz seigneurs, nous nous sommes transportez sur le Grand et Petit Nesle et ce qui, à nostre advis et suivant nos industries et perices (*sic*), en deppend; lesquelz nous avons veuz et visitez, ainsy qu'il appartient de trouver lesdictz lieux se consister en longueurs, largeurs et mesures, et dedans iceulx estre scituez les logis, edifices, cours et jardins, le tout cy-aprez declairé ainsy et en la maniere qui s'en ensuict, et du parterre (surface, superficie), mesurés, logis, cours et jardins, desquelz avons faict plans et dessingz pour plus ample congnoissance... »

Suit la description que nous avons insérée dans le texte.

Après la description du Grand et du Petit Nesle, vient le projet de lotissement proposé par les deux architectes experts, projet comportant l'ouverture d'une rue destinée à desservir les lots.

« Oultre la censive et fonds de terre, le tout au plus grand prouffict du Roy, avons trouvé, nous semble et est advis à nos consciences, selon nos advis et expériences, que, pour recouvrer le plus dargent comptant une fois payé, avec les cens et fonds de terre..., il seroit bon faire une rue par le meilleu de l'hostel du Grand Nesle, de quatre toises et demie de large, depuis le devant sur le quai des Augustins, jusque contre le mur qui sépare la grand court et le jardin de derriere le Petit Nesle, estant le long des gros murs. Et oudict hostel faire quatre belles places, deux du costé de la gallerie, le long de la ruelle entre ladite gallerie et les Augustins, et les deux aultres du costé du mur de separation entre ledict Grand Nesle et le Petit Nesle. Car d'y faire plus et davantage de places, nous semble n'estre la beaulté et décoration de la Ville, ny le prouffict du Roy..... »

La premiere, du costé de la ruelle en laquelle est la grand porte et entrée prez les Augustins et les galleries où sont les galleries antiennes, closes en partie en bastimens : quarante toises du costé de la rue qui sera faicte, trente cinq toises sur la largeur de vingt troys toises, par le devant, le long du quay et par le derriere à l'aboutissant de la deuxiesme place, vingt quatre toises, le tout ou environ; montant le parterre (superficie) de ladicte premiere place, huit cens quatre vingtz une toises.

Item, la seconde place sera faicte dudict costé où sont les galleries, depuis la separation dessusdicte jusques aux gros murs à l'aboutissant desdicts lieux contenant quarante deux toises le long dudict costé des galleries, et du costé de la rue qui sera faicte jusques au mur du jardin du Petit Nesle à l'aboutissant de ladicte court, et oultre les masures dessusdictes; montant le parterre de ladicte deuxiesme place, huit cens cinquante une toises.

Item, les deux aultres places se feront du costé de la separation dudict Grand Nesle et du Petit Nesle, dont l'une place, faisant la troisyesme des places dudict lieu, sera sur le quay desdicts Augustins et contiendra, le long dudict quay, jusques à l'enclave du Petit Nesle, vingt troys toises de long, et à l'aboutissant d'icelle contre la deuxiesme place, vingt trois toises et demie, du costé de la rue, trente six toises, et du costé de la closture séparant les Grand et Petit Nesle, vingt troys toises jusques à l'enclave dudict lieu qui est au Petit Nesle; montant, ladicte troysiesme place, six cens soixante toises.

Et la quatriesme place contient trente une toises sur la rue qui sera faicte, et le long de la closture du Petit Nesle, vingt troys toises sur vingt troys toises de large contre la troisiesme place, et contre le mur du jardin du Petit Nesle, vingt sept toises; montant, la quatriesme place, six cens soixante et quinze toises,

Que nous avons estimées, c'est assavoir : la premiere place, la somme de quatre mil cinq cens livres, à cause de partie des galleries closes en bastimens estans sur ladicte place;

La seconde et deuxiesme place, à cause qu'il y a grand longueur de bastimens à l'aboutissant, et des galleries autant que contient ladicte place, la somme de six mil livres;

La troysiesme place, troys mil cinq cens livres tournois;

Et la quatriesme, deux mil cinq cens livres tournois, à cause que, en ladicte troysiesme et quatriesme place, n'y a que le parterre nud et vague. »

Ce projet de lotissement du Grand Nesle ne comprenait pas les terrains dépendant du Petit; les deux architectes experts en firent également la division et l'estimation; ce qui donne à leur procès-verbal une valeur de comparaison fort appréciable. Il est, en effet, fort intéressant de rapprocher des prix actuels les évaluations faites il y a plus de trois siècles, pour une mise en vente de terrain à bâtir.

« ... Pour le regard du Petit Nesle, il y a plusieurs logis et maisons, comme en la declaration dessusdicte appert, et qui des à present sont separées, comme le Jeu de Paulme, ung petit corps de logis et un jardin qui se pourroit vendre à part, ainsi que le lieu se comporte et selon les clostures qui y sont.....

Aussy il y a le lieu que tient à present l'abbé de Bellebranche séparé et clos, et dont se peult faire autre vendition, sans y comprendre touttesfois le petit corps d'hostel contre la porte duquel... : avec ladicte porte est entrée ensemble partie de la grand court tendant droict jusque au dehors de la deuxiesme viz hors œuvre des bastimens et derriere des pavallemens, lesdictz bastimens depuys ledict dehors viz et sans comprendre icelle, jusques en la séparation dudict jardin d'icelluy de Bellebranche.

Et si se feroit encore une grande vendition du résidu dudict hostel du Petit Nesle, c'est assavoir de la masure à costé de l'entrée enclavée dedans le Grand Nesle, avec les aultres masures derriere, et petitz edifices et la portion de court, les corps de logis de l'aboutissant depuis ladicte deuxiesme viz, y comprins icelle jusques au jardin le long des murs, et encorres ledict long jardin entre lesdictz murs et le lieu du Grand Nesle, jusques au bastiment dudict Grand Nesle et l'espoisseur des murs, chacun en son endroict, lesquelles quatre places dudict Petit Nesle, faictes comme dessus, nous estimons :

Premierement, le Jeu de Paulme, corps de logis et jardin, et à la charge de l'esquarrir et lui oster les enclaves pour mectre au jardin de Bellebranche, la somme de deux mil cinq cens livres tz.;

La deuxiesme, du logis dudict hostel de Bellebranche, jardin, granche et escarrissement prins au jardin du Jeu de Paulme, comme dict est, et ainsy que le jardin. A l'endroict de son encoigneure sera couppé pour faire l'alignement du troysiesme logis; la somme de quatre mil cinq cens livres tournoiz.

La troysiesme, du petit corps de logis contre la porte, avec ladicte porte et partie de la grand court et les logis derriere et jardin, selon lesdicts logis et allignemens, la somme de cinq mil cinq cens livres tournoys;

Et la quatriesme place des masures petit logis, portion de court et des logis derriere, avec le jardin le long des gros murs et aultres, cinq mil cinq cens livres tournoys.

Touteffois, pour la commodité des lieux, beaulté et décoration de la Ville, et attendu qu'il conviendroit rompre les murailles et en (faire) d'aultres pour la separation des lieux, seroit bon ny faire que deux places, pour bastir deux beaulx logis, dont l'ung seroit de la longueur du Jeu de Paulme, du logis et du jardin d'icelluy, avec ung petit apentis entre ledict jeu et l'abbé de Bellebranche, tendant droict jusques à l'encoigneure de l'estable, oultre les gros murs, et prendre ladicte encoigneure du costé des anciens logis contre les gros murs.

Et la portion où sont les logis dudict abbé de Bellebranche, porte, masure et aultres, la plus grande partie de la grand court, tous les anciens edifices depuis ladicte estable jusques au jardin, et tout ledict jardin et gros murs..... le tout estimé la somme de neuf mil livres tournoys, qui seroit pour ledict hostel du Petit Nesle, ainsy qu'il se comporte à present, la somme de dix huict mil livres tz.»

L'abbé de Bellebranche, dont il est question dans le premier procès-verbal des experts Fontaine et Grandremy, n'est désigné que par sa qualité : il était titulaire de l'abbaye de Bellebranche au diocèse du Mans et devait ce riche bénéfice à la faveur dont il jouissait près de Catherine de Médicis. Félibien l'appelle Jean-Baptiste *Benemouy*, et M. Hauréau, dans le *Gallia christiana*, *Bencivenny*; il était conseiller et aumônier de la reine mère; ce qui autorise à le regarder comme italien, malgré la désinence, évidemment francisée, de son nom patronymique [1].

Benemouy, *Bencivenny* ou *Bencini*, habitait un corps de bâtiment, dans le pourpris de Nesle, au même titre que Benvenuto Cellini, un demi-siècle auparavant. Il était préposé à la garde des livres de la reine mère; aussi lui est-il enjoint, après la mort de cette dernière, «de mettre tous les lesdicts livres et exemplaires entre les mains du sieur de Hémery, choisy et nommé par ledict seigneur — Henri IV — pour maistre de sa librairie, lequel les prendra par inventaire, sur celuy estant devers ledict abbé de Bellebranche». Ce sont les propres termes de l'*Acte d'union de la bibliothèque de Catherine de Médicis à celle du Roy (1596)*. (FÉLIBIEN, *Preuves*, I, p. 31.)

Trois ans après, Benemouy ou Bencivenny étant mort, «le Procureur général du Roy remonstre à la Court de parlement le decez n'aguères advenu de l'abbé de Bellebranche, au logis duquel avoit esté mis en depost la bibliothèque de la feue royne, mère du deffunct roy, ordonnée par le roy regnant estre mise es mains de messire Jacques Auguste de Thou, conseiller au Conseil d'Estat et president en ladicte court». (FÉLIBIEN, *Preuves*, III, p. 38.)

Fin du premier procès-verbal des architectes-experts Fontaine et Grandremy.

«Quant à la porte de Nesle, tant en pavillon, tours, montoir, que gros murs et ravallement, la tour appelée la Tour de Nesle, comme ils se comportent,

Ensemble deux logis assis sur le quay, en partie dans le chemyn allant à ladicte porte de Nesle, ne pouvons bonnement sçavoir s'ilz sont de ce que deppend des Grand et Petit Nesle;

---

[1] Le nom de ce personnage a été quelque peu défiguré; il s'appelait, en réalité, *Giovanni Batista Bencini* et appartenait à une famille de Florence; ce qui explique la faveur dont il jouissait près de Catherine de Médicis, avec laquelle il avait dû venir en France. Dès 1565, il était pourvu de la commende de l'abbaye de Bellebranche (diocèse du Mans, doyenné de Sablé, élection de la Flèche) et du décanat de l'église Notre-Dame de Mantes. La reine mère payait ses services, comme elle avait reconnu ceux des architectes de son château des Tuileries, c'est-à-dire avec des bénéfices ecclésiastiques.

(Note communiquée par M. P. Le Vayer.)

bien appert qu'ilz sont contigus et tenant audict Petit Nesle; et peult on facillement et aysément aller de l'ung à l'autre par les allées des gros murs et aultrement; n'a esté ladicte porte, à notre advis, faicte pour grand porte et passage de harnois, charriots et charrettes, ains pour gens de cheval et de pied, comme une poterne. Et aussi le petit bastiment devant le Jeu de Paulme a esté faict dans partie du chemin de ladicte porte, de l'autre sur le quay de la riviere, qui empesche la veue du Grand Nesle, où on feroit bastimens. Et ne nous est loisible faire estimacion desdictes portes et tours, attendu leur qualité et ce qu'ilz ont cousté. Et quant aux édifices, les conviendroit abatre pour l'usage du chemyn et pour le regard des veues desdicts logis de Nesle, les matériaulx de quoy nous aprécions, faisant les abatages et rendre place nette, la somme de trois cens livres tournoys.

Nous avons trouvé, depuis l'angle et bout des galleries du Grand Nesle, derrière les bastimens qui y sont, à l'endroit d'un pignon auquel y a apparence et forme de derrière pour une chapelle ayant veue sur le fossé jusques à la porte de Bussy, ung long jardin entre les gros murs et avec murailles de closture séparant ledict jardin et le jardin de l'hostel Sainct Denys, contenant cent toises et demye de longueur et quatre toises deux pieds et demy de largeur, le tout ou environ..., servant à présent à jouer de l'arc aux archiers de la ville de Paris, et auquel il y a des petitz apentis sur le devant, à loger ung concierge ou garde pour lesdictz archiers, auquel jardin appert que, dudict Grand Nesle, on entroit par une porte de taille de sept pieds de large, portant un tiers poinct au dessus de la voussure, laquelle porte a esté bouchée et estouppée de pierre et plastre. Aussy en l'estage au dessus y a une aultre porte de pierre de taille, par laquelle on entroit dudict Grand Nesle sur les gros murs, le long dudict jardin et jusques à la porte de Bussy et en la rue, lesquelles portes sont faictes de mesme structure que les bastimens dudict Grand Nesle; et en ledict jardin et dessus les gros murs seroit des deppendances dudict Grand Nesle. L'estimons la somme de quinze cens livres tournoys.

Plus il y a la ruelle entre ledict Grand Nesle et les Augustins et jardin de l'hostel Sainct Denys, qui, à nostre advis, est commune, et y a lieu d'avis que les bastimens qui sont dans les galleries ont leurs esgoutz dans ladicte ruelle, leurs entablemens et larmiers des chemynées portant par saillyes sur encorbellemens des fenestres et aultres indices et vestiges. Toutteffoys n'en faisons aucune estimacion pour ce que ladicte ruelle ne sert que à recepvoir lesdictz égoutz et les boues.

En tesmoing de quoy nous avons signé ce present procès verbal de noz seingz manuelz, le septiesme jour d'avril, l'an mil cinq cens soixante et unze."

Second procès-verbal des mêmes.

La même liasse contient un second procès-verbal des mêmes architectes experts, faisant suite au premier et ayant pour objet principal la visite des «Tour et Porte de Nesle, Portail, Chambre des portiers, Allées ou Galleries, Pont et Fossés d'iceluy». Nous le transcrivons en entier :

«De l'ordonnance desdicts Commissaires ordonnez par le Roy pour faire baulx à perpétuité des places et maisons des Grand et Petit Nesle et de ce qui en deppend, et par vertu de l'arrest donné par le Roy en son privé conseil et suivant le serment, par nous cy après nommez, faict et presté pardevant Monsieur le Président Nicolaï, l'ung desdicts Commissaires, nous, Estienne Grandremy et Léonard Fontaine, maistres des œuvres de maçonnerie et charpenterie du Roy, dessuz nommez, nous sommes transportez en et sur la grosse tour de Nesle, attenant la riviere de Seyne, la porte, portail, logis et chambres des portiers, les murailles, galleries, tours, portaulx et accinctz dudict hostel de Nesle sis sur le grand fossé estant hors d'icelluy hostel, séparant ladicte Ville d'avec les faulxbourgs Sainct Germain des Prez; ensemble sur le jardin et place des archiers, apentiz et loges estant en icelluy, pour veoire et visiter et faire la prise, estimacion et apreciation desdictz lieux. C'est, assavoir, pour le regard des gros murs, tours et aultres choses d'iceulx, à prendre depuis ledict hostel de Nesle jusques à douze pieds prez de la porte de Bussy. Et, pour le regard dudict jardin et place des archiers, apentiz et loges estant en icelluy, à prendre depuis ledict hostel de Nesle jusques à la grande rue Sainct André des Ars, en faire l'estimacion et prisée pour en jouyre présentement par les acquéreurs.

Et, pour le regard de la grosse tour sur la riviere, la porte, portail, logis et chambres des portiers, les galleries allant dudict logis des portiers en ladicte grosse tour, avec le fossé estant hors d'icelluy hostel, en faire l'estimacion et prisée, eu esgard au temps et jusques à ce que la closture desdictz faulxbourgs Saint Germain des Prez et du costé de l'Université soit faicte par la Ville, et ladicte part mise et tenue en deffence.

Lesquelz lieux nous avons veuz et visitez, ainsi qu'il appartient en iceulx, toisés et mesurés en longueurs, largeurs, haulteurs et espoisseurs.

Ce faisant, avons trouvé lesdictz gros murs et anciens murs avoir et contenir quatre vingt treize toises de long, de sept pieds et demy d'espoisseur, à prendre depuis l'hostel de Nesle jusques à deux toises prez de la porte de Bussy; dedans lesquelz gros murs sont faictes et construites deux tours contenant chacune seize pieds d'espoisseur de dehors en dehors, le tout de pierres de taille; lesquelz gros murs et tours, avec la place où ilz sont assis, nous estimons valloir pour le présent la somme de quinze cens livres tournoys. Quant au jardin des archiers et des apentis et loges y estans, n'en faisons aucune apréciation, parce que le tout a esté estimé au raport cy devant par nous faict.

Et, pour le regard de la grosse tour portant chambre des portiers et aultres choses des apartenances d'iceulx, n'en pouvons faire bonnement nulle prisée, à cause qu'il ne nous est loisible savoir le temps de la closture des nouveaulx desseings de nouvelle fortiffication qui se doibt faire de celle part; ne aussy du grand fossé estant oultre ledict hostel de Nesle, depuis le petit pont du portail jusques à ladicte porte de Bussy, contenant deux cens toises de long et vingt toises de large, le tout ou environ, tant en fossé, doz d'asne, donnez large, que en parterre, aprochans à six toises prez des maisons basties audict lieu, lesquelles six toises de restour demeurent pour la largeur de la rue qui demourera et sera lors de l'augmentacion de la Ville et nouvelle fortiffication de celle part. Touttesfois, eu esgard à l'evenement et incertitude du temps desdictes nouvelles fortiffications, nous estimons, tant ladicte tour, porte, portail, chambre des portiers, allées ou galleries, pont d'icelluy, que fossez, la somme de quatre mil cinq cens livres tournois.

Et le tout certiffions estre vray et avoir esté ainsy par nous faict à nos pouvoirs et consciences, tesmoing nos seingz manuelz cy mis.

Faict le vingt huictiesme jour de novembre mil cinq cens soixante et douze.

FONTAINE, GRANDREMY. »

Le dossier que possède la Bibliothèque de la ville de Paris contient encore plusieurs pièces relatives aux « pourpris, places et bastimens de Nesle »; nous les rangeons par ordre chronologique et nous en donnons une analyse succincte, toutes les indications qu'elles nous fournissent ayant été mises à profit pour la rédaction de notre texte.

1572-1576. A ces deux dates se placent deux « arrests du Conseil d'Estat du Roy pour monsieur de Nevers», acquéreur de la totalité des «places» que les architectes Grandremy et Fontaine avaient si soigneusement loties. Le Prévôt des marchands et le Premier Président du Parlement interviennent, l'un pour réserver les droits de la Ville en ce qui concerne les murailles, fossés, contrescarpes et allées des murs, l'autre pour régulariser l'échange entre les parties de terrains abandonnées par la Ville et celles qui lui sont cédées, lesquelles dépendaient de l'ancien parc des Tournelles.

1581. L'abbaye de Saint-Germain-des-Prés intervient à son tour, à raison de la censive sur laquelle le duc de Nevers fait construire son hôtel. L'arrangement conclu entre ce personnage et le propriétaire censier porte le titre de «Mise de fief en roture».

1636-1646. Deux pièces importantes, l'une manuscrite, l'autre imprimée, relatives à la vieille contestation pendante entre le Roi, la Ville et l'Abbaye, sur la propriété des murs, fossés, contrescarpes et allées des murs. Nous avons donné plus haut quelques extraits de la pièce imprimée, qui est une consultation d'avocats.

1645-1646-1648-1649-1650. Pièces relatives à la liquidation de la succession de Nevers et à la transmission régulière de l'hôtel au nouvel acquéreur, Henri de Guénégaud. Il y a d'abord un «arrest du Conseil d'Estat du Roy» pour déterminer les héritiers légitimes de Charles, duc de Mantoue et de Montferrat; puis un projet en latin *farci*, envoyé d'Italie pour opérer la vente de l'hôtel, projet élaboré «in appartaminto palatii ducalis» de Mantoue. Viennent ensuite : un ordre de collocation des créanciers de la famille de Gonzague sur le produit de la vente de l'hôtel de Nevers; une supplique adressée au Parlement par Henri de Guénégaud, pour trancher les difficultés qui retardent son entrée en possession; un contrat passé entre le cardinal de Bourbon et Henri de Guénégaud pour la mise en roture du fief, ensemble une rectification de ce contrat par les religieux de Saint-Germain-des-Prés «sans préjudice des droits de propriété par eux prétendus des fossez et deppendances, depuis la porte de Nesle jusques à celle de Bussy»; un acte notarié auquel figurent Henri de Guénégaud, le Prévôt des marchands, Jérôme Le Féron, le cardinal de Bourbon, abbé de Saint-Germain, et les héritiers de Gonzague, pour régler définitivement leurs droits respectifs.

Le reste du dossier ne comprend plus que des pièces de moindre importance et ne se rattachant qu'indirectement à l'ancien pourpris de Nesle :

1660. Document relatif à la démolition du Château-Gaillard.

1668. Échange de terrains entre Henri de Guénégaud et l'architecte Simon Lambert, pour arrondir le pourpris du nouvel hôtel.

1743. Arrêt du Conseil d'État du Roi ordonnant que «il sera levé un plan figuratif des terrains qu'occupoient les murs, fossés, remparts et contrescarpes de Nesle et lieux adjacens, depuis l'endroit où étoit la porte de Nesle jusqu'à celui où étoit la porte dite Saint-Michel, et des terrains du grand et petit hôtel de Nesle, ainsi que de chacune des maisons étant sur lesdits terrains et lieux adjacents; et que les propriétaires des maisons, terrains et lieux susdits seront tenus de remettre, huitaine après la sommation qui leur sera faite, les titres de leur propriété, ensuite ceux de la propriété de leurs auteurs et tous les autres titres qui pourroient constater la *directe* de Sa Majesté, à l'effet d'en être dressé procès-verbal, etc.»

COPIES DE DOCUMENTS

RELATIFS AUX DEUX HÔTELS DE NESLE.

Parmi les nombreuses pièces imprimées relatives aux deux manoirs de Nesle, il convient de citer celles que Félibien a dans ses *Preuves*. Ce sont :

I. (1446.) Un acte de donation par le roi Charles VII, au duc François de Bretagne, «de l'hostel appellé de Nesle, que teint en son vivant le duc de Berry, avec les entrées, issues, cours, jardins, appartenances et appendances d'iceluy..., affin que il ayt, en la ville de Paris, habitacion honorable pour luy et son train». (*Preuves*, I, p. 561.)

II. (1520.) Un projet d'établissement d'un collège royal «en l'hostel de Nesle pour faire lire la langue grecque, et en iceluy faire construire et ediffier une eglise ou chapelle et en icelle fonder quatre chanoines et chapelains à l'honneur et reverence de Dieu». (*Id.*, I, p. 577.) — C'est le projet que François Ier réalisa plus tard au collège de Cambrai, avec le concours de Guillaume Budé, savant helléniste et prévôt des marchands.

III. (1560.) Un édit du roi François II «portant erection d'une Chambre des comptes en l'hostel du Petit Nesle, pour la reyne sa mère», ensemble «les remonstrances de la Chambre sur icelluy edict». (*Id.*, I, p. 658.) — Il s'agissait d'un service de comptabilité pour les dépenses de construction du château des Tuileries.

IV. (1570.) Mention des «lettres patentes du deuxiesme septembre, par lesquelles le Roy, pour renvoyer les estrangers, reistres et Suisses, a ordonné l'alienation des hostels et places du Grand et Petit Nesle». (*Id.*, II, p. 832.)

V. (1575.) Mention des «lettres patentes données à Paris le deuxiesme d'aoust, obtenues par les Prevost des marchands et Eschevins de la ville de Paris, et les adjudicataires des places du Grand et Petit Nesle, par lesquelles est mandé à la Court de parlement que s'il luy appert que, en l'alienation desdictes places, la place en laquelle les archiers de cestedicte ville se soulloient assembler y soit comprise, elle ayt, oudict cas, à commectre des presidens et conseillers d'icelle qu'elle verra bon estre, pour proceder à la visitation, arpentaige et mesuraige d'un lieu et place prins au parc des Tournelles, qu'ilz trouveront le plus commode, pour estre ledict lieu incorporé et uni au domaine de ladicte Ville». (*Id.*, III, p. 3.)

VI. «Mémoire de la Ville, présenté au roy Louis XIII et à son conseil, au sujet des murs et fossez et anciennes portes de Paris», document dans lequel il est déclaré que «l'on fera apparoir des lettres du feu roy Charles IX..., par lesquelles S. M. enjoinct à son procureur au Trésor de se despartir de la poursuite qu'il faisoit pour bailler à Monsieur le duc de Nevers la tour de Nesle, porte, fossé, arrière-fossé et bordage, voulant S. M. qu'ilz soient delaissez aux Prevost des marchands et Eschevins, comme à eulx appartenans, et dont ils avoient jouy de tout temps.» (*Id.*, III, p. 818.)

Benvenuto Cellini au manoir de Nesle.

Nous sommes, à notre grand regret, contraint de réduire à une simple mention les extraits des *Mémoires* de Benvenuto Cellini, que nous nous proposions de placer parmi les pièces justificatives de ce volume. Ces Mémoires, dont le manuscrit existe à la bibliothèque Laurentienne de Florence, ont été traduits en allemand par Gœthe et en français par plusieurs écrivains, notamment par Farjasse (Audot, 1833); nous pouvons donc y renvoyer le lecteur.

Le séjour du célèbre artiste au manoir de Nesle, les embarras que lui suscita la duchesse d'Étampes, favorite du Roi, dont il avait eu le tort de ne pas flatter la vanité et de ne pas reconnaître l'empire, y sont racontés fort au long; nous en avons cité quelques passages dans notre texte.

CONSULTATION

RELATIVE À LA PROPRIÉTÉ DU SOL SUR LEQUEL ONT ÉTÉ ÉTABLIS LES REMPARTS, FOSSÉS, ESCARPES, CONTRESCARPES ET ALLÉES DES MURS, DE LA PORTE DE NESLE À CELLE DE BUCI OU BUSSY, EN CENSIVE DE L'ABBAYE DE SAINT-GERMAIN-DES-PRÉS.

1647.

La curieuse pièce que nous publions sous ce titre fait partie d'un dossier acquis par la bibliothèque de la ville de Paris et composé de pièces concernant, pour la plupart, le pourpris de Nesle, les deux hôtels, la Tour et la Porte. Son originalité consiste dans l'argumentation contradictoire qu'elle présente : on y trouve, en effet, le *pour* et le *contre*, c'est-à-dire les raisons qui militent en faveur des prétentions de l'Abbaye et celles qu'on peut leur opposer, les unes placées en regard des autres. Nous avons extrait les paragraphes les plus significatifs de cette sorte de *soutenance* signée par douze docteurs... en droit.

EXPOSÉ, OU ARGUMENTS DE L'ABBAYE.	ADVIS CONTRAIRE.
« Le conseil soussigné..... est d'avis que M. l'abbé de S. Germain des Prez et la Communauté des religieux de ladite abbaye sont bien fondez en leur opposition, pour faire dire que les lieux et places des portes de Nesle, Dauphine, Bussy, S. Germain et S. Michel, et lieux et places estans entre lesdites portes, sur les remparts, fossez et contr'escarpe, sont de l'ancien et véritable domaine de ladite abbaye de S. Germain, et que, hors l'usage des murailles, portes, fossez et remparts de la Ville, et pour autant qu'icelles murailles, portes, fossez et remparts sont et demeureront, lesdits sieur abbé et religieux de S. Germain des Prez sont bien fondez à jouyr et disposer desdits lieux et places.....	« Il est mal aysé de donner un bon advis, si les raisons des deux parties ne sont entenduës.....
L'estenduë du fief appellé anciennement le fief d'Issy, donné par le roi Childebert à ladite abbaye, l'an 550, commence au lieu	L'extraordinaire estenduë de ce fief ne fait pas connoistre que les places de Nesle soient du domaine de l'abbaye S. Germain, n'estant

appellé Petit-Pont, tirant par la rue de la Huchette, respondant au carrefour du Pont S. Michel, de là tirant droict par la rue de la Harpe, respondant à la porte S. Michel, dite autrefois la porte Gibart, et d'icelle le long des Chartreux, iceux enclos, au grand chemin qui meine à l'orme de Vanves, et de là passant au dessus de Meudon jusqu'au ru de Sevre, qui chet et descend dans la riviere de Seine, et de là tire tousjours contremont ladite riviere, jusqu'au grand pont de Paris maintenant appellé le Pont Notre Dame, avec une perche royale de chacun costé de la riviere...

Il paroist qu'en toute cette estenduë les habitans estoient, dans les premiers siecles, d'une condition servile et personnes de corps, et leurs corps et biens appartenoient audit S. Germain des Prez, et n'ont esté affranchis pour leurs personnes qu'en 1250; mais tous leurs biens, terres et possessions estant dans les enclaves dudit fief d'Issy, qui est le véritable fief de S. Germain des Prez, sont tousjours demeurez dans ledit fief, et lesdits sieur abbé et religieux ont retenu et conservé en pur domaine ce qui n'a pas esté adcensé ou aliéné par tiltre exprès.....

L'on a trouvé bon de construire des murailles, des fossez, des portes et des remparts dans ledit fief et domaine; mesme dans la suite des temps il s'y est fait quelques tours, tourelles et portes nouvelles, comme il se void à present depuis la tour et porte de Nesle jusques à ladite porte de S. Michel, et que, depuis ladite construction, les habitans et le public ont jouy des lieux où lesdites constructions ont esté faites..., et en jouyssent encore...; et lesdits sieurs abbé et religieux l'ont souffert et le souffrent, à cause de la commodité publique qui a desiré cet usage... Mais cet usage et occupation n'a point estouffé, supprimé, effacé, aboly, prescrit ni consommé le droit de la véritable et juste proprieté desdits lieux et places.....

pas assez désignées; il est besoin d'un tiltre plus précis de proprieté, suivy d'une possession desdites places, depuis la prétendue donation, et continuée depuis qu'elles ont esté converties en fossez; autrement ce n'est qu'un discours en l'air sans aucun fondement.

La remarque du territoire Gibart et de l'Aas, pour faire que l'on ne dise plus S. André des Arts, mais des Aas, ne sert en ce rencontre que pour faire connoistre qu'ils n'ont pour tiltres que leurs antiquitez, qu'ils voudroient bien faire passer pour veritez.....

Cette servitude, qu'ils prétendent avoir euë sur les habitans du faux-bourg S. Germain, ne faict pas connoistre que les places où sont à present situez les fossez ayent appartenu ausdits habitans, et quand cela seroit, lesdits religieux ne pouvoient en ce temps prétendre que la censive qui à present leur peut estre contestée, y ayant jusques au nombre de sept seigneurs dans le faux-bourg S. Germain...

La Ville ayant receu lors accroissement par l'ordre de ses magistrats, les particuliers dont on a pris les places pour servir de fossez, ont esté indemnisez, estant declaré par plusieurs lettres patentes de nos Roys, que les fossez de ladite Ville, comme estans faictz aux despens des habitans d'icelle, leur appartiennent, ce qui induit un remboursement. Pour se conserver la proprieté des fossez au prejudice du public, il faudroit en faire parroistre des actes lors et depuis la closture; autrement, pour parler aux termes de la consultation, le droict est étouffé.....

DOUBLE CONCLUSION DU FACTUM.

Contre la présomption de droict et de faict, il faudroit une preuve escrite et bien constante contre lesdits sieur abbé et religieux; or on n'en rapporte aucune, et partant, en toutes façons, ils sont trez bien fondez en leur opposition. Et de faict, il est bien constant que s'ils eussent esté recompensez quand lesdites constructions ont esté faites, on ne les eust souffert jouyr en ces temps là ny si longtemps depuis.

Les murs, fossez et fortifications d'une ville se font par le soin des magistrats et des deniers publics qui sont particulierement affectez à cela, sur lesquels les particuliers se doivent venger; que si lesdits religieux prétendent avoir esté dépossédez sans argent, qui est un faict contre toute apparence, c'est à eux à faire apparoir de la plainte qu'ils en ont faicte lors et comme elle a esté continuée de temps en temps; autrement l'on croira que, contre leur profession, ils veulent tirer double advantage d'une chose qui ne leur appartient pas.

Deliberé à Paris, le sixiesme avril 1647.

De Lamey, Brodeau, Le Royer, Bataille, L. M. Lhoste, Gaultier, Hillaire, Charron, Lambin, Adam, De Massac, Monnerot. »

DOCUMENTS

EXTRAITS DES REGISTRES DU BUREAU DE LA VILLE.

1624.

CONTRE LE DUC DE NEVERS, POUR RAISON DE PLACES SUR LE BORD ET MUR DU FOSSÉ DE LA VILLE, DERRIÈRE LA RUE DAUPHINE ET PLACE DES ARCHERS.

Entre Messire Charles de Gonzagues de Cleves, duc de Nyvernois et de Rethelois, Pair de France, appellant de la sentence donnée par les Prevost des marchans et Eschevins de la ville de Paris, le vingt troisiesme novembre mil six cens douze, d'une part, et le procureur général du Roy, prenant la cause pour son substitut, en ladicte prevosté, intherimé, et encores ledict de Gonzagues de Cleves, demandeur aux fins de la commission du viii° janvier six cens treize, et lesdictz Prevost des marchands et Eschevins de ceste ville de Paris deffendeurs, d'aultre, veu, par la Cour, ladicte sentence du xxiii° novembre, par laquelle auroit esté donné acte de l'intervention dudit duc de Nyvernois, et sans avoir esgard à celle, par vertu du deffault, donnée contre Nicolas Buisson, masson, deffences auroyent esté faictes, tant audict Buisson que à Simon Mestonnier, aussy masson, de travailler au bastiment sciz sur le bord et mur du fossé de ladicte ville, derrière la rue Dauphine, sinon à trois thoises de distance dudict mur du fossé, sauf, sy ledict duc de Nyvernois prétendoit droict sur ledict mur et bord du fossé, de se pourvoir par les voyes de droict, ainsy qu'il verroit bon estre;

Ladicte commission du huictiesme janvier tendant à ce que lesdictz Prevost des marchans et Eschevins de Paris fussent condamnez à payer audict sieur duc de Nyvernois la valleur de vingt huict thoises que avons prises de la place des Archers, lesquels auroit faict partye de la rue Dauphine, les dix pieds de largeur sur la longueur, de quatre thoises et deux pieds, qu'auroient esté pris pour ung esgoust pour la conduicte des eaux de ladicte rue Dauphine, et trente thoises de long sur quatre thoises deux pieds et demy de large, qui auroient esté pareillement prises sur ladicte place pour la décoration de ceste ville de Paris et commodité publicque d'icelle, à raison de quatre vingtz quatre livres pour chacune desdictes thoises, les proficts et interestz de ladicte somme à laquelle se trouveront monter toutes lesdictes thoises; que deffences fussent faictes ausdictz Prevost des marchands et Eschevins de troubler ny empescher ledit duc de Nyvernois en la possession et jouissance du surplus de ladicte place des Archers, et d'en disposer comme de chose à luy appartenant, et oultre qu'ilz fust condamnés es depens, arrest du quatriesme may mil vi^e xv, par lequel, tant sur ledict appel que demande contenue en ladicte commission, les parties auroyent esté appoinctées au Conseil, escrire et produire advertissement, plaidoiez desdictes partyes, production desdictz duc de Nyvernois et Prevost des marchans, requeste dudict procureur général, du quatorziesme décembre dernier, d'employer pour production ce qui a esté escript et produict par ledict Prevost des marchans, suivant l'arres du dix huictiesme mars dernier, requeste dudict procureur général du quatorziesme décembre dernier employée par contredictz, et ce qui a esté escript et produict et contredict par ledict Prevost des marchans, salvations dudict duc de Nyvernois, acte des vingt trois et vingt neuf décembre dernier, signiffié, à la requeste dudict duc de Nivernois, audict Prevost des marchans et audict procureur général, contenant la redistribution de l'instance;

Tout consideré, dict a esté, la Cour faisant droict tant sur ledict appel que demande et fins de la commission dudict huictiesme janvier, a mis et met lesdictes parties hors de cour de procès sans despens, sauf audict de Gonzagues de Cleves se pourvoir pour le remboursement desdictes places contre qui il verra estre à faire, par raison aultres toutesfois que lesdictz Prevost des marchans et Eschevins de Paris;

Prononcé le treiziesme jour de febvrier mil vi^e xxiiii; signé : LEVESQUE et collationné; et au bas est escript : le dix septiesme febvrier mil vi^e xxiiii, fut le présent signiffié et baillé coppie à Me Gommet procureur, grande partie adverse. Signé : THURIN.

(*Registre*, H 1801, f°s 227 et suiv.)

1640.

À CAUSE DU TRAITÉ FAIT AVEC LE Sr RAVIÈRE POUR LA CONSTRUCTION D'UNE PORTE ET CONTINUATION DE LA RUE DAUPHINE.

Première assignation.

De par les Prevost des marchandz et Eschevins de la ville de Paris.

Me Scipion de la Bretonnière, Procureur des causes de la Ville en la Cour de parlement, nous vous mandons comparoir à l'assignation donnée à Esme Ravière pardevant Messieurs des requestes du Palais, à la requeste de Dames Marie et Anne de Gonzagues de Cleves, princesses de Mantoue, prendre le faict et cause pour ledict Ravière. Et d'autant quil s'agist du faict du domaine de laditte Ville, laquelle a ses causes commises en première instance en la grande Chambre du parlement, demandez l'évocation à laditte Cour, tant de l'instance principale desdictes dames princesses, que de la sommation à nous faite par ledict Ravière; et ce faisant, soustenir lesdictes dames princesses mal fondées en leurs demandes, et que le traité faict audict Ravière, confirmé par lettres patentes vérifiées en la Cour, doibt sortir son effect, suivant la requeste cy attachée. Faict au Bureau de la Ville, ce vingt huictiesme jour d'avril mil six cens quarante. Signé : LE FÉRON.

(*Registre*, H 1805, f°s 571, 572.)

Deuxième assignation.

De par les Prevost des marchandz et Eschevins de la ville de Paris.

Mr Scipion de la Bretonnière, Procureur des causes de la Ville en la Cour de parlement, nous vous mandons comparoir à l'assignation à nous donnée en laditte cour, à la requeste de M. Gabriel Moulin, trésorier des dames princesses de Mantoue, et soustenir que nous ne sommes tenus a luy garantir le bail à luy faict, dès le dernier mars mil six cens vingt trois, pour les causes cy mentionnées, jouint que n'ayant esté faict aucun bastiment sur les lieux y spéciffiez, que, depuis six sepmaines en ça, ledict sieur Moulin faict voir que c'est plustost par entreprise et à desseing d'empescher les ouvrages publicqz et nécessaires, comme est la construction de la porte Dauphine, que pour l'utilité qu'il en pourra recevoir en son particulier, et en cas de plus ample contestation, remonstrer que nous consentons la résolution dudict bail, et que ledict sieur Moulin demeure deschargé de la redevance y mentionnée, en remettant les lieux à la Ville; après laquelle déclaration, demandez absolution de sa demande avec despens. Faict au Bureau de la Ville, le cinquiesme jour de may mil six cens quarante. Signé : Le Féron, Galland, de la Tour, Boué et J. Chuppin.

(*Registre* H 1805, f°s 571 et suiv.)

1660.

ADJUDICATION DES PLACES VAINES ET VAGUES DE L'ANCIEN FOSSÉ DE NESLE.

A tous ceux qui ces presentes lettres verront, Alexandre de Sève, chevalier, seigneur de Chastillonville et de Chastillon le Roy, conseiller ordinaire du Roy en ses conseilz et direction de ses finances, Prevost des marchands et les Eschevins de la ville de Paris, salut.

Le Roy ayant, par ses lettres de déclaration du mois de may mil six cens cinquante neuf, registrées au Parlement le sixiesme septembre audit an, désiré, pour le bien de ladicte Ville et sa satisfaction particulière, que l'on continuast le long de l'ancien fossé de Nesle le dessein de la porte Dauphine, qui est de voulter l'égoust qui passe dans ledict fossé, et que les bastimens encommancez soient continuez jusques à la nouvelle porte qui sera construite, et que pour l'ornement, décoration et embelissement de ladicte Ville, la maison ou mazure appellée le Chasteau Gaillard et quelques autres eschoppes et maisons qui sont le long du quay construict de neuf, entre le Pont Neuf et la tour de Nesle, soient abatües, en dédommageant néantmoins les particuliers qui se trouveront y avoir droict, et pour la construction de ladicte nouvelle porte, quay, abbrevoirs et autres ouvrages qui sont nécessaires de faire ensemble, pour ledict desdommagement la despense estre prise sur lesdicts deniers qui proviendront de la vente que Sa Majesté veult estre faicte des terres vaines et vagues dudict ancien fossé des Nesle, jusque à la riviere, nous aurions, suivant l'injonction à nous faicte par lesdictes lettres, faict mesurer et arpenter lesdictes terres vaines et vagues qui composent ledict fossé, prendre les allignements desdictes porte, port, quay et abbrevoir, et faict visiter lesdictes maisons et eschoppes;

Lesdictes mesures prises, visitation et estimation desdictes maisons et eschoppes faictes par les sieurs Villedo, maistre général des œuvres de maçonnerie des bastiments du Roy, et de Verdun, bourgeois de Paris, dont ils auroient fourny les rapport et procès-verbal, sur lequel, en conséquence desdictes lettres de déclaration et arrest de verification d'ycelles et résultat de l'assemblée tenue en l'Hostel de ladicte Ville, le dixieme febvrier dernier, affiches auroient esté apposées aux lieux ordinaires pour la vente desdictes places et adjudication des ouvrages à faire, et, le dix sept dudict mois, publication faicte sur les propositions d'aucuns particuliers, et ne s'estant présenté personne qui ait voulu faire proposition avantageuse, auroit esté ladicte publication remise pour proceder à l'adjudication à huictaine, précisement auquel jour de huictaine, vingt quatre du mesme mois, le Conseil de Ville assemblé, auroient esté les enchères pour thoise desdictes places receües et portées à soixante unze livres la thoise, et les offres de faire lesdicts ouvrages sur le pied de celles de Maistre Reichard Fébure, de sept vingts mil livres sur lesdictes offres, lesdictes places et ouvrages adjugez, sauf huictaine advenue, laquelle, jour de mardy deuxiesme mars, la compagnie assemblée et informée des offres faictes par le nommé de Launay, de cent livres la thoise desdictes places, receuës au conseil par arrest de vingt huit devant mois de febvrier;

A ces conditions désadvantageuses à la Ville, auroit esté la publication remise sur les enchères faittes audict Hostel de Ville à la huictaine, pour se pourveoir pendant ledit temps contre la prétention dudict de Launay, laquelle n'auroit esté réglée que le seiziesme octobre dernier, par arrest du conseil dudict jour, donné sur les requestes et offres de Louis de Corbye, du quinziesme septembre précédant, insérées audict arrest, par lequel auroit esté ordonné qu'il seroit incessamment procedé à l'adjudication desdictes places et, affiches mises à cet effect, à l'adjudication pure et simple faicte à la huictaine du jour de l'affiche sans autre remise, à condition entr'autres qu'il seroit payé en quatre payemens égaux, en six mois à commencer du jour de l'adjudication desdictes places, la somme de cinquante mil livres audict de Launay et ses associez;

En vertu duquel arrest, nouvelles affiches auroient esté mises, et assemblée du conseil de Ville convoquée pour procéder à l'adjudication desdictes places, sur lesdictes offres, au samedy vingt septiesme jour de novembre dernier, lequel jour deux délibérations et resolutions auroient esté prises, la premiere avant la publication, qui estoit d'entendre les propositions et recevoir les offres qui seroient faictes conjointement avec lesdictes places et ouvrages, ou séparément, soit desdictes places et ouvrages; et sur ce ladicte publication ayant esté faicte, et les enchères reglées pour chacune thoise de place à vingt solz, et desdictes places et ouvrages ensemble à trois mil livres, auroit esté faicte enchère, sur les offres dudict de Corbye, de trois mil livres, et la thoise desdictes places auroit esté à soixante douze livres; et la seconde desdictes résolutions sur lesdictes enchères auroit esté de recevoir les offres séparément, pour les places et séparément pour les ouvrages, à la charge par l'adjudicataire desdictes places de faire voulter l'égoust qui passe dans ledict fossé et iceluy faire cuver et nettoyer de temps en temps;

Et à ladicte charge et autres portées en l'affiche, a esté la publication desdictes places continuée, la thoise de place encherie à soixante dix sept livres et l'adjudication remise au mercredy suivant, premier jour du présent mois, dix heures du matin; advenu lequel jour et voulant procéder à ladicte adjudication, sur les difficultez qui auroient esté proposées au sujet d'icelle, auroit esté arresté pour les lever que la vente desdictes places seroit faicte, en conséquence de ladicte déclaration au Roy et arrest de vérification, qu'en ladicte vente entreront touttes les places vaines et vagues de l'ancien fossé de Nesle, depuis les maisons du feu sieur Ravière jusques au quay qui sera construict, au droit de la tour de Nesle, réservé seulement quatre cens thoises desdictes places accordées à Monsieur Duplessis de Guénégaud, à prendre au derrière en joignant l'orengerie de son hostel, de proche en proche, et encores cent trente thoises qui seront prises vis à vis la rue de Guénégaud, qui demeureront à la disposition de ladicte Ville, laquelle obligeroit l'adjudicataire desdicts ouvrages de rendre faict et parfaict, dans le mois d'octobre de l'année prochaine mil six cens soixante un, le quay qui doit estre construict à l'endroit dudict fossé en l'estendue de la longueur d'iceluy;

Que ladicte Ville feroit homologuer au Parlement ladicte adjudication, et permettre de construire des maisons et autres édifices dans ledict fossé, et que le prix de l'adjudication seroit payé en quatre payements egaulx, le premier desquels seroit faict aussitost l'homologation de ladicte adjudication et deffenses de bastir levées, et les trois autres de six en six mois qui commenceroient au jour de ladicte homologation et levée de deffenses; ce qu'ayant esté faict entendre à touttes les personnes présentes, lecture faitte de l'affiche, auroit esté proceddé à la publication desdictes places aux conditions susdictes et de celles contenues en ladicte affiche, sur les offres dernières de soixante dix sept livres la thoise desdictes places; et sur les feux allumez auroient esté faictes plusieurs enchères par les nommez Martin, Allain, Perrot Lalore et Baudoin; par la dernière desquelles, faictes par ledict Lalore, la thoise desdictes places s'est trouvée monter à cent treize livres;

Sur icelle enchère, ouy le Procureur du Roy et de la Ville en ses conclusions, auroient esté lesdictes places adjugées, sauf samedy prochain quatre de ce mois, dix heures du matin, aux conditions de l'affiche et de celles cy devant mentionnées, lesquelles seroient ajoustées à l'affiche qui seroit mise; et ledict jour de samedy, quatriesme dudict mois de décembre, la publication desdictes places auroit esté continuée sur les affiches pour ce mises, contenant les conditions cy dessus énoncées, et lecture faicte des affiches de ladicte Ville, ensemble dudict arrest du Conseil du deux de ce mois, par lequel Sa Majesté, en interprétant celuy dudict jour seize octobre dernier, nous auroit permis de proceder à l'adjudication desdicts porte et quay conjoinctement et séparement, ainsy que le Conseil de Ville assemblé, nous adviserions le tout aux conditions dudict arrest du seize octobre, et ordonné qu'il seroit passé outre à ladicte adjudication, nonobstant oppositions ou appellations quelconques et sans prejudice d'icelles, auroit esté la chandelle allumée et lesdictes places publiées sur un premier feu, après l'extinction duquel se seroit presenté Maistre [1] Boindin, par lequel, soubs le nom dudict de Corbye inséré audict arrest du huit octobre dernier, auroient esté faictes enchères, sur la réquisition duquel auroient esté les enchères reduictes à dix solz pour thoise desdictes places, et icelles publiées sur l'enchère dudict Boindin à cent treize livres dix sols la thoise, et ensuitte auroient esté divers feus allumez, et ladicte thoise, après plusieurs enchères mise par Maistre Amelin, advocat en Parlement, dernier encherisseur, à six vingt sept livres, et sur ce trois feus auroient esté allumez, et n'ayant esté autre enchère faicte sur iceux, auroient esté lesdictes places adjugées audict Amelin, sauf huictaine, pendant lequel temps nouvelles affiches seroient mises;

Et le samedy unziesme jour de décembre, eschéance de ladicte huictaine, auroit esté procédé à ladicte publication et adjudication, sur les affiches nouvelles mises par ledict Clavier, huissier, qui en auroit faict lecture à haulte et intelligible voix, et ladicte publication faite, sur les offres dudict Amelin, de six vingt sept livres la thoise, et réduction requise de l'enchère à cinq solz pour thoise, et auroit esté la chandelle allumée, et, sur le troisième feu, enchère faicte par Maistre Guillaume Torchebœuf, procureur en l'Hostel de ladicte Ville, et la thoise desdictes places mises à vi^{xx} vii livres v sols, sur laquelle, après plusieurs feux allumez, sans qu'aucun des assistans ait voulu surdire, auroit esté l'adjudication desdictes places faicte audict Torchebœuf, sauf mercredy prochain quinzième de ce mois, dix heures du matin, pendant lequel temps seroient nouvelles affiches mises;

Et ledict jour de mercredy, dix heures du matin, après lecture faicte de l'affiche nouvelle mise par ledict Clavier, huissier, auroient esté lesdictes places publiées sur l'enchère dudict Torchebœuf, et déclaré aux assistants que l'on procederoit sans remise à l'adjudication d'icelles, à l'effect de quoy auroient esté divers feus allumez, auxquelz personne ne s'estant présenté pour faire nouvelle enchère, auroit ledict Torchebœuf requis adjudication pure et simple

[1] Le prénom est en blanc.

luy estre faicte desdictes places, et sur ladicte réquisition auroit esté résolu d'allumer trois feus derniers, lesquels ayant esté allumez et esteincts sans qu'il ait esté faict aucune nouvelle enchère;

Sçavoir faisons qu'aprez que touttes les formalitez requises et nécessaires ausdictes publications pour parvenir à la vente et adjudication desdictes places ont esté gardées et observées, avons ouy sur ce le Procureur du Roy et de la Ville en ses conclusions, baillé et adjugé, baillons et adjugeons par ces présentes à M⁰ Guillaume Torchebœuf, procureur de ladicte Ville, plus offrant et dernier encherisseur, touttes et chacunes les places de l'ancien fossé de Nesle et murs de Ville, depuis les maisons du feu sieur Ravière jusqu'au quay, qui sera construict lors au droict de la Tour de Nesle, à l'alignement du quay Malaquest, de telle largeur qu'il conviendra et qu'il sera par nous advisé, pour le passage de la porte, et à la reserve des quatre cens thoises desdictes places accordées à M⁰ Duplessis de Guénégaud, secrétaire d'Estat, à prendre au derrière en joignant l'orengerie de son hostel, jusques à la maison du sieur abbé Testu, de proche en proche, et encore de cent trente thoises qui seront prises vis à vis la rue de Guénégaud, destinées pour la continuation d'icelle au travers dudict fossé, pour du surplus desdictes places et murs de ville jouir et user, par ledict adjudicataire, des caultions et associez, leurs hoirs et ayans cause à perpétuité, en toutte propriété, en faire et disposer à leur volonté et en faveur de telles personnes qu'ils adviseront, et auront les acquéreurs desdictes places le mesme droict de propriété et jouissance à perpétuité d'icelles et des maisons qu'ils y feront bastir, que ledict adjudicataire, en payant par luy, es mains de Maistre Nicolas Boucot, receveur du Domaine, dons et octrois de ladicte Ville, la somme de six vingt sept livres cinq solz, pour chacune thoise desdictes places, de toutte la quantité qu'il s'en trouvera, suivant le mesurage de thoizé exact qui se faict par Michel Noblet, architecte des bastimens du Roy et maistre des œuvres de maçonnerie de ladicte Ville, et garde des fontaines publicques d'icelle, en la présence devant adjudicataire ou autre part luy, et d'un expert de sa part, suivant lequel mesurage et thoisé ledict adjudicataire sera tenu, ensemble ses caultions et associez, de payer le quart de la somme à laquelle le total desdictes places se trouvera monter, en luy fournissant l'homologation de la présente adjudication, en la Cour de parlement de Paris, pure et simple sans aucune modiffication, opposition ou empeschement, avec la permission de faire bastir et construire des maisons et édiffices sur lesdictes places; et les deffenses qui ont esté faictes par Sa Majesté de bastir et de fournir matériaux, seront levées et ostées pour ce regard, et les autres trois quart restans en trois payements egaulx de six en six mois, à compter du jour du premier payement;

Moyennant quoy, lesdicts sieurs de la Ville seront tenus de faire abattre et demolir incessamment la Tour de Nesle, porte et petites maisons joignant icelle porte et pont dormant, faire faire et construire le quay, depuis le lieu où il est cessé devant l'hostel de Guénégaud jusque au coing de la rue de Seyne, iceluy faire remplir et paver, et ce dans le dernier jour d'octobre prochain, et continuer incessamment le reste du quay, avec le port et autres ouvrages ordonnez estre faicts par la déclaration au Roy, au mois de may mil six cens cinquante neuf, et arrest au Parlement de Paris du mois de septembre audict an, portant enregistrement d'icelle;

Suivant le rapport et devis qui en a esté faict, sera tenu ledict adjudicataire des caultions et associez de souffrir le passage de l'egoust qui conduict les eaux et immondices à la rivière, sur toutte la longueur desdictes places présentement adjugées, iceluy faire bastir, voulter et construire et continuer à leurs frais et despens, jusqu'à l'endroict dudict quay où sera construict par la Ville une voulte pour joindre ledict égoust, et recevoir ce qui en sortira et de faire le nettoiement d'iceluy quand besoing sera, à ses frais et despens; et pour l'exécution des présentes baillera ledict adjudicataire, dans trois jours, bonne et suffisante caultion, qui sera receue avec le procureur du Roy et de la Ville.

En témoin de quoy, nous avons mis à ces présentes le scel de ladicte Prevosté des marchands. Faict au Bureau de la Ville, le quinziesme jour de décembre mil six cens soixante.

(*Registre* H 1815, f° 576 et suiv.)

OBSERVATIONS
RELATIVES À L'EXÉCUTION DU PROJET DE L'ARCHITECTE LE VAU.

1662.

L'an mil six cens soixante deux, le lundy dixiesme jour de juillet, sur ce qui a esté présenté au Bureau de la Ville que l'on prétendoit, suivant et en conséquence d'un arrêt du Conseil, construire et édifier sur le fosse de Neesle, et que les entrepreneurs dudict édiffice avoient dessein d'anticipper sur la rivière..., nous, Prévost des marchands et Eschevins de la ville de Paris, nous sommes transportez sur ledict fossé de Neesle et le long de la rivière, où estant, aprez avoir vu le plan de ladicte construction, desseing des entrepreneurs d'icelle, et examiné les lieux en présence des sieurs Petit, Gamard et Noblet, architectes du Roy, qui ont considéré les lieux et promis donner leur advis par écrit sur la commodité ou incommodité de ladicte construction;

Avons mandé par devant nous Nicolas Moustier, l'un des maistres des pontz de cette Ville, Honnoré Hellot, Noel Chapelain, Pierre Lesguillier, Cristophle Felot et Nicolas Gonnard, marchans voicturiers par eaux, forains, Philippes Richomme, Nicolas Semestre, Jean Sagerret, Jean Hubert, Antoine Tavernier et Guillaume Tavernier, maistres passeurs d'eaux à Paris; lesquels ont unanimement dict que le desseing proposé, s'il avoit effect, ruineroit la navigation, mesmes les maisons qui sont en cette Ville sur le bord de la rivière, d'aultant que, dans le temps des grandes eaues, la rivière estant reserrée et n'ayant pas son cours, à l'endroit dudict fossé de Nesle, ladicte rivière gonflera et que, dans le temps des glaces, les glaces prendront en très peu de temps, ce qui causera infailliblement la perte de tous batteaux et marchandises, tant précieuses que autres, qui se trouveront dans lesdictz temps des grandes eaues et glaces, ez port de l'Ecolle; qu'il est d'ailleurs nécessaire que le quay que l'on prétend construire soit à l'alignement de celuy nouvellement faict devant l'hostel de Guénégaud, en sorte qu'il y ait vingt quatre piedz de là pour le tirage des chevaux; aultrement il n'y auroit aucune assurance dans les portz pour la conservation de batteaux, ce qui obligeroit à chercher des ports au-dessous, du pont des Thuilleries à Chaillot, joint que la rapidité de l'eaue empeschera le montage des batteaux, qui seroit rendu jusques à impossible, sy ce dernier avoit lieu; et ont signé.

Faict les jours et an que dessus, en présence de nousdictz Prévost des marchands et Eschevins, ainsy qu'il est cy devant dit.

Ce jourd'huy, dixiesme jour de juillet mil six cens trente deux, nous soubzsignez ayant esté mandez en l'Hostel de cette ville de Paris, par Messieurs les Prevost des marchands et Eschevins, pour donner nos advis sur les propositions et desseins que leur avoient esté présentez pour la construction de certains bastimentz, sur et le long du quay Malaquest joignant la porte de Nesle, et depuis icelle jusques à l'entrée de la rue de Seyne, après avoir examiné sur les lieux la commodité ou incommodité que le rétrécissement de la rivière et cet allignement proposé, en avançant dans le courant d'icelle, causeroient infailliblement, estant certain que, lors des grandes eaues, plus le canal est estroit, plus elles renflent au-dessus et se deschargent dans les rues et caves de la Ville, ce qui cause les innondations; et, dans les eaues moyennes, lorsque la rivière est marchande, son cours se trouveroit si gros que ledit rétrécissement, et elle seroit si fort rejettée du costé du Louvre, par le coude et l'allignement dudict quay proposé, que les batteaux ny seroient pas en assurance, outre que le reste du courant de la rivière, par ou doibvent monter les batteaux au Pont Neuf et au dessus, se trouverroit si estroit et si rapide qu'il faudrait employer des forces et des fraiz extraordinaires pour les y monter, et qu'on ny pourroit sufire quand la rivière seroit grosse;

De plus, lors du dégel et courant des glaces, elles seroient toutes rejettées par ledit nouveau quay sur les batteaux du costé du Louvre, qui en seroient fort endommagez, et en péril de faire naufrage par la compression et heurtement desdictes glaces, de façon que ledict retrécissement du canal de la rivière, qui se feroit à l'endroit où il est nécessaire qu'elle soit le plus large, à cause du port de touttes les marchandises arrivant, et qui causeroit une rapidité où le plus grand calme est aussy nécessaire, pour y tenir les batteaux en repos et seureté et donner facile passage à ceux qui veullent monter, ne pourroit estre que très préjudiciable à la navigation et commodité publique, sans parler des innondations ausquelles il pourroit aussy contribuer en faisant renfler et regorger l'eau dans la Ville; sy bien que nous n'estimons pas qu'on doive rien anticiper sur le lict ou courant de ladicte rivière en cet endroict là, mais que l'on doit continuer le quay encommancé du costé du Pont-Neuf, suivant son allignement en droitte ligne jusque à la tour de Neesle, et depuis icelle le conduire aussy en ligne droitte jusques à la rue des Petits Augustins, laissant au devant de laditte rue un quay de la largeur de dix à douze toises, conformément aux desseins cy-devant arrestez par Nosseigneurs du Conseil et du Parlement, et les allignements donnez en consecquence aux propriétaires des maisons basties sur ledict quay;

Et quant à ce qui concerne la disposition de deux grands pavillons proposez à bastir sur ledit quay, en advançant vers la rivière, l'un vers la tour de Nesle, icelle comprise, l'autre au devant de la rue de Seyne qui en serait bouchée, nous estimons que cela seroit fort préjudiciable à la décoration dudit quay et au bel aspect de toute cette advenue, qui seroit couppée et interrompue de part et d'autre par les deux pavillons, au lieu de, ladite tour estant abattue, on pourra voir au bout du Pont-Neuf jusques au pont Rouge, tout le long du quay, et d'iceluy en montant on verra toujours l'isle du Palais et la Saincte Chapelle, qui font une des plus belles veues et perspectives de l'Europe, de façon que, sans avoir esgard aux maisons des particuliers qui sont sur ledict quay, nous croyons qu'il est de l'interest publicq de conserver cette décoration, sans qu'il soit faict aucune advence ny saillie considérables de bastimens sur ledit quay, tant pour n'oster pas cette belle veue, que pour n'occupper pas le chemin et le passage destiné à quantité de carrosses qui passent incessamment par cet endroit là;

Pour les autres observations qu'on pourroit faire touchant les incommoditez qu'on recevroit, sy la rue de Seyne estoit bouchée ou du moins coudée par ce bout là, suivant le dessein proposé, d'aultant que c'est de l'interest de quelques particuliers et du fauxbourg Sainct Germain, nous n'en parlons pas, nous contentant de donner notre présent advis pour ce qui concerne le publicq, auquel nous adjoustons que ce beau dessein peut estre exécuté avec la mesme décoration et embellissement pour l'aspect du Louvre, sans changer aucune chose, en se retirant seullement en dehors et mettant les pavillons dans l'allignement, ou avec quelque saillie raisonnable hors des maisons dudict quay, en quoy la despence des places qu'il conviendroit achepter pour cela seroit compensée par l'espargne qu'on feroit des grands fraiz à bastir dans le courant de la rivière, et pour ne boucher pas la rue de Seyne, ny achepter des maisons pour y faire une rue en esquaire;

On pourroit faire de costé du pavillon une grande arcade, et en feindre aultant du costé de la Tour de Nesle; ce qui ne change rien au dessein ny au bel effet que cette façade peut causer à la vue du Louvre.

Faict et délivré ledit jour et an que dessus, et a signé Petit, ingénieur ordinaire du Roy.

Ce jourd'huy dixiesme jour de juillet mil six cens soixante deux, nous soubzsignez, ayant esté demandez en l'hostel de cette ville de Paris par Messieurs les Prevost des marchands et Eschevins, pour donner nos advis sur les propositions et desseins qui leur avoient esté presentez pour la construction de certains bastiments et places, sur et le long du quay Malasquet joignant la porte de Nesle, et après avoir examiné sur lesditz lieux la commodité ou incommodité que l'exécution desdicts desseins pourroit apporter au publicq, notre avis est que le quay, proposé par ledict dessein pour estre construict quatre à cinq toises plus avant que la Tour de Nesle dans le canal de la rivière, ne peut estre faict sans incommoder entierement la navigation, à cause du retraicissement de ladite rivière, et que ladite saillie et advance dudict quay, soustenant et arrestant le cours naturel de ladite rivière, rejetteroit ladite eau du costé du Louvre, non seulement dans les moyennes et grandes eaues, mais du temps des glaces, avec sy grande impetuosité que le port du costé du Louvre se rendroit inutile, et que les batteaux marchans n'y pourroient pas demeurer sans de grandes incommoditez, ladite rivière se trouvant beaucoup plus rapide par la compression, les ponts sur icelle pourroient souffrir et seroient en danger pendant l'hiver;

Et pour faciliter cette affaire, nous jugeons à propos que les quays encommancez soient continuez suivant l'allignement des maisons le long dudit quay, pour former une rue le long d'icelles maisons, de dix à douze thoises de large, ainsy qu'elle a esté arrestée et allignée par les arrestz du Conseil et de la Cour, avec tous les propriétaires desdites maisons; en quoy faisant, ladicte rivière aura son cours naturel, et ladicte Tour de Nesle se trouverra hors d'iceux, laquelle estant abattue, ainsy qu'il a esté arresté, la place qu'elle occupe en dedans ladicte rivière donnera une très grande liberté à ladicte navigation et au cours de l'eau;

Et touchant ce qui regarde la disposition de deux gros pavillons, de dix à douze thoises de large, que l'on nous a marquez sur les lieux, ainsy qu'ils estoient sur lesdicts desseins, et posez au millieu de ladite rue, entre le mur dudict quay et les maisons basties le long d'iceluy, appartenantes à plusieurs particuliers et habitants d'icelle, comme aussy de destourner le bout de la rue de Seyne et celle du fossé pour tourner autour d'un desdits pavillons, et que lesditz pavillons et bastimens empescheraient que toutes les maisons desdits particuliers habitant le long de ladite rue n'auraient plus la veue du Louvre et de la rivière, qu'ils ont accoustumé d'avoir de leurs maisons;

Notre advis est que la voye publicque soit libre, et qu'il ne soit faict aucun bastiment sur icelle qui puisse empescher non seulement la veue mais la liberté publique, et que ce qui passeroit pour un ornement seroit une difformité et très grande incommodité et entièrement à rejetter, d'aultant que le plus bel ornement de la Ville est celuy de la veue le long de l'eau et des quays, laquelle ne doibt point estre bornée, et les plus desgagées sont sans difficulté toujours les plus considérables et les plus belles;

Et tout ce que dessus certiffions estre nos advis, lesquels avons jugé justes et raisonnables, ci inclux.

Signé, les jour et an que dessus;

Et au plus ce seroit aussy entièrement ruyner les desseins qui ont esté cy devant arrestez au conseil, de faire abattre les maisons qui sont entre la rue de Seyne et de Tournon, pour faire une rue despuis le palais de Luxembourg au travers de ladite rue de Seyne, laquelle on regarderoit depuis ledict palais du Luxembourg jusques au Louvre, qui est un embellissement très considérable audict palais de Luxembourg et du Louvre.

Ainsy signé C. GAMARD.

Les Prevost des marchands et Eschevins de la ville de Paris, qui ont veu le plan et dessein du bastiment à faire dans le fossé et sur le rempart de Nesle, après qu'ils se sont transportez sur les lieux, et ouy plusieurs marchans voituriers par eaue, mesmes anciens passeurs d'eau de Ville, sur la commodité ou incommodité de l'exécution dudict dessein, et veu le rapport des sieurs Petit et Gamard, architectes du Roy, et ouy le procureur du Roy et de la Ville en ses conclusions,

Remonstrent très humblement au Roy que, sy le dessein estoict suivy conformément au plan par eux veu, il iroict à la ruyne d'une grande partie des maisons de cette Ville, qui sont sur le bord et le long de la rivière, et boucheroit le passage du quay, qui est très nécessaire pour la descharge et voicture des marchandises qui sont mises à terre le long d'icelluy, et causeroit, dans le temps des grandes eaues, des innondations en cestedite Ville, comme aussy, au temps des glaces, la perte des batteaux de marchandises, qui seroient garrez ez ports de l'Ecolle, au moyen du retraicissement que l'on prétend faire de la rivière en cet endroict; ce qui feroit que les marchans, par la crainte qu'ils auroient de la perte de leurs marchandises et batteaux, seroient nécessitez de chercher des portz ailleurs vers Chaillot, ce qui ne seroit pas seullement incommode ausdictz marchandz, mais grandement préjudiciable du publicq.

C'est pourquoy ilz supplient très humblement Sa Majesté qu'il ne soit rien pris dans sa rivière, ny sur lesdits quays, pour la construction desdits édiffices, et affin d'éviter ausdites pertes et laisser la navigation libre pour la commodité publicque.

Fait au Bureau de la Ville, le douziesme jour de juillet mil six cens soixante deux.

(*Registre* H 1816, f°s 552 et suiv.)

PLACES VAINES ET VAGUES DES ANCIENS FOSSÉS DE LA PORTE DE NESLE.

Au Roy et à Nosseigneurs de son Conseil.

Sire,

Les Prevost des marchands et Eschevins de vostre bonne ville de Paris vous remonstrent très humblement que, par lettres pattentes de Vostre Majesté du mois de may mil six cens cinquante neuf, registrées au Parlement le septiesme septembre ensuivant, Vostredicte Majesté leur auroit faict don des places vaines et vagues des anciens fossez de la porte de Nesle jusqu'à la rivière, à la charge de construire une nouvelle porte et autres ouvrages contenus esdictes lettres; en outre à la charge que le surplus des deniers qui proviendront desdictes places et vente d'icelles, lesdits ouvrages achevez, seroient et appartiendroient à ladicte Ville pour l'acquict de ses dettes.

En conséquence desquelles lettres pattentes, ilz auroient adjugez lesdictes places, le quinziesme octobre mil six cens soixante, à raison de cent vingt sept livres six sols pour thoise, et faict bail au rabais des ouvrages à faire.

Et voulant les ouvriers se mettre en debvoir de parachever lesdicts ouvrages, seroit intervenu arrest de vostre Conseil, du premier juin mil six cens soixante deux, par lequel Vostre Majesté, désirant faire achever son pallais du Louvre et l'accompagner de touttes les décorations qui sy pourroient faire, tant dans l'estendue de la place où il est situé, qu'en tous les lieux advantageux et propres pour en augmenter la beauté et la magnificence, a ordonné que tout ce qui estoit depuis l'hostel de Nevers jusques à la rue de Seyne seroit employé à y faire des bastiments réguliers, nonobstant tous traictez contractez et adjudications de tout ou de partye du fossé de Nesle et des bastimens et ouvrages à y construire, lesquels Vostredite Majesté auroy cassez et annulez, à la charge qu'avant disposer desdictes places, tant les suppliants qu'autres propriétaires ayant droit en icelles seroient entièrement et en deniers comptans remboursez du prix et juste valleur d'icelles, mesme les adjudicattaires desdictes places et ouvrages, de leurs frais et loyaux coustz, en faisant les cessions et subrogations nécessaires.

Ensuitte duquel arrest, Votre Majesté ayant destiné ladicte place pour la fondation faicte par le deffunct sieur Cardinal Mazarini, par autre arrest de vostredict Conseil du huitiesme jour d'aoust mil six cens soixante deux, auroit esté ordonné que les sieurs exécuteurs de la fondation dudict sieur Cardinal Mazarini feroient payer, dans trois jours pour tout delay, entre les mains du receveur de la Ville, la somme de six vingts mil livres, à laquelle Vostre Majesté auroit liquidé ce qui, après lesdicts ouvrages faits, debvoit revenir de bon à ladicte Ville pour l'acquict de ses debtes; et en ce faisant, auroit subrogé lesdicts sieurs exécuteurs en tous les droits de la Ville, à la charge quils demeureroient chargez de tous les ouvrages et de toutes prétentions de dédommagements, indemnitez et remboursemens, soit pour raison des adjudications desdictes places et des ouvrages, prétentions de Jean de Launay et ses associez ou autrement, et mesme de la somme de dix mil livres advancée par les adjudicataires desdictes places au receveur de la Ville, pour acquitter pareille somme adjugée au sieur marquis de Coislin; et généralement de touttes les choses dont lesdicts Prevost des marchands et Eschevins pouvoient estre tenus à cause desdictes adjudications, pour quelque cause et prétexte que ce fut;

Et quoyque ces arrests soient publicqs, que Jean Rupaly, adjudicataire desdictes places, en ayt une parfaite connaissance, néantmoings il n'auroit pas laissé de faire assigner les suppliants audict Conseil et faict signer un appointement par deffaut contre lesdicts suppliants, par lequel auroit esté ordonné que, sur les fins de la requeste audict Rupaly énoncée en l'arrest de vostre Conseil du vingt neuf février dernier, les partyes escriroient et produiroient dans trois jours tout ce que bon leur sembleroit, et joinct à une autre instance pendante audict Conseil entre ledict Rupaly et quelques ouvriers qui avoient commencé de faire quelques ouvrages sur lesdictes places, au dedommagement desquelz il prétend qu'auxdicts Prevost des marchands et Eschevins sont venus.

Mais il est aisé de faire connoistre que cette prétention est sans fondement et que les suppliants ne peuvent estre tenus en aucune manière de garentir ledict Rupaly des poursuites qui sont contre luy faictes par lesdicts ouvriers; et pour cela il suffit de dire que, par lesdicts arrests de vostre Conseil, ilz sont deschargez de toutes les demandes qui pourroient estre faictes allencontre d'eux, tant à la requeste des adjudicataires desdictes places que des adjudicataires desdits ouvrages; lesquelz, pour le remboursement de leurs frais, loyaulx coustz et pour dedommagement, doibvent seulement se pourvoir contre les héritiers dudict deffunct sieur Cardinal Mazarini, et les sieurs exécuteurs de sa fondation.

A ces causes, Sire, plaise à Vostre Majesté donner acte aux suppliants de ce que, pour toute production, ilz employent l'arrest de vostre Conseil du huictiesme aoust mil six cens soixante deux, et le contenu en la présente requeste, et en conséquence envoyer les supplians quittes et absouls des fins et conclusions contr'eux prises par ledict Rupaly, qui sera condamné aux despens.

Et les suppliantz continueront leurs prières pour la prospérité et santé de Vostre Majesté.

(*Registre* H 1819, f°° 136 et suiv.)

1668.

REVENTE DE TERRAINS PAR HENRI DE GUÉNÉGAUD.

Par devant les notaires du Roy au Chastelet de Paris soussignez, furent presens : haut et puissant seigneur, messire Henri de Guénégaud, chevalier, marquis de Plancy et de Guercheville, vicomte de Semoine, baron de Saint-Just, seigneur du Plessy, Fresne et autres lieux, conseiller du Roy ordinaire en tous ses conseils, secretaire d'Estat et des commandemens de Sa Majesté, demeurant à Paris en son hostel sur le quay de Nesle, paroisse Saint-André-des-Arts, d'une part; M⁰ Simon Lambert, architecte et juré du Roy ès œuvres de maçonnerie, et damoiselle Jeanne Thillot, sa femme, de luy autorisée à l'effet des presentes, demeurans sur ledit quay de Nesle, d'autre part; lesquels volontairement reconnurent et confesserent avoir fait les eschanges et permutations qui ensuivent.

C'est assavoir : ledit seigneur du Plessis avoir baillé, cédé, quitté, transporté et délaissé par ces presentes, audict titre d'eschange, dès maintenant à tousjours, et promet garentir de tous troubles, dons, douaires, ypotecques, evictions, alienations et autres empeschemens generalement quelsconques, ausdits sieur et damoiselle Lambert, ce acceptans pour eux, leurs hoirs ou ayans cause, deux places à bastir seizes en la rue de Guénégaud : la premiere contenant onze toises deux pieds et demy de face sur laditte rue, sur unze toises trois pieds et demy de profondeur par le milieu de laditte place, à prendre du point milieu des murs mitoyens, revenant en superficie à la quantité de cent dix toises et demy ou environ, tenant d'une part au mur de closture du jardin de l'hostel dudit seigneur, d'autre à la seconde place cy après déclarée, aboutissant par derriere au jardin d'une autre maison appartenant audit seigneur du Plessis, où est presentement demeurant Monsieur le marquis de Cessac, lequel est séparé d'avec ladite place par un mur nouvellement construit, d'environ dix pieds de haut au-dessus du rez de chaussée, et d'autre bout par devant, sur ladite rue de Guénégaud; dans laquelle place ledit sieur du Plessis se reserve un passage de porte cochere au rez de chaussée, le long dudit mur séparant ledit jardin de l'hostel dudit seigneur, à cettedite première place en toute la profondeur d'icelle, jusques sur ladite rue de Guénégaud; lequel passage aura neuf pieds de large d'ouverture, parallele audit mur du jardin suivant l'inclination d'iceluy, ainsy qu'il est désigné par le plan qui a esté fait desdites places cy après mentionné.

Et aura ledit passage douze pieds de haut, du rez de chaussée du pavé jusque sous les solives, à prendre au milieu de ladite allée, et le mur qui séparera ledit passage aura quinze pouces d'épaisseur et conduit suivant l'inclination et parallèle audit mur dudit jardin; lequel mur de séparation de passage sera fait à frais communs, depuis sa fondation jusqu'à ladite hauteur du passage, à la charge aussy que les arcades d'entrée et sortie dudit passage, sur ladite rue et jardin dudit seigneur, seront faites de pierre de taille aux frais d'iceluy seigneur, le dessus et dessous duquel passage appartiendra audit sieur Lambert, ensemble le bastiment servant d'escurie estant dans ladite place, en toute son estendue jusqu'audit mur d'aboutissant, comme compris au présent eschange;

Et la seconde place contenant neuf toises cinq pieds de face sur ladite rue de Guénégaud, ayant en profondeur huit toises quatre pieds et demy, à prendre aussi du point milieu des murs mitoyens, revenant en superficie à la quantité de cent toises compris aux mesures susdites, l'angle coupé contre les maisons du collège Mazarini, tenant icelle seconde place, d'une part à la première, d'autre auxdites maisons dudit collège, d'un bout par derrière, au jardin d'iceluy et par devant sur ladite rue de Guénégaud; ainsy que lesdites places se poursuivent et comportent et extendent de toutes parts, et selon qu'elles sont particulièrement marquées et figurées sur le plan qui en a esté dressé, conforme à celuy fait pour parvenir à l'eschange passé entre nosseigneurs les executeurs de la fondation dudit collège et ledit seigneur du Plessis, par la transaction cy après mentionnée; lequel plan d'icelles deux places est demeuré annexé à ces présentes, pour y avoir recours sy besoin est, outre deux autres semblables, dont les parties en ont chacune retenu un, après avoir esté l'un et l'autre et celui demeuré annexé à ces presentes, paraphé desdites parties et, à leur requisition, desdits notaires;

Sur lesquelles deux places lesdits sieur et damoiselle Lambert, leurs hoirs ou ayans cause, pourront, quant bon leur semblera, faire bastir et construire tels maisons et lieux qu'ils adviseront bon estre, en toute l'estendue d'icelles, à l'exception toutesfois des endroicts reservez et marquez sur ledit plan joint à ces presentes, pour faire les courts desdites maisons qui y seront construites.

Et pareillement ledit seigneur, ses hoirs ou ayans cause, ne pourront bastir contre et sur les murs aux endroicts destinés pour faire lesdites courts, selon qu'ils sont marqués sur le plan annexé aux presentes, à la charge de rembourser, par lesdits sieur et damoiselle Lambert, la moitié du mur nouvellement construit qui sépare ladite seconde place du jardin dudit college, ainsy que le sieur du Plessis y est tenu par la transaction et eschange qu'il a fait avec nosseigneurs les executeurs de ladite fondation, le vingt uniesme fevrier mil six cens soixante ung, par devant (ici un blanc) et Lefons, notaires, et aux mesmes charges, clauses, conditions et servitude y contenues, lesquelles seront entretenues par les dessusdits respectivement, ainsy que lesdits s^r et damoiselle Lambert ont dit le bien savoir, pour avoir l'expedition par devers eux de ladite transaction.

Mais, à l'égard du mur d'aboutissant de la premiere place, separant icelle d'avec ledit jardin de la maison où demeure ledit marquis de Cessac, appartenant audit sieur du Plessis, sera remboursé entierement par lesdits s^r et damoiselle Lambert, et demeurera neantmoins mitoyen entre ledit seigneur et eux, leurs hoirs ou ayans cause, jusqu'à (ici un blanc) de haut, qui est pareille hauteur qu'à celuy qui sert de closture au jardin de l'hostel dudit seigneur, à l'exception de l'arcade de pierre de taille du passage cy devant reservé, laquelle sera fait, comme dit est, aux frais dudit seigneur; au moyen de quoy ledit mur de closture dudit jardin de son hostel, en l'estendue de ladite premiere place, demeura aussy mitoyen entre iceluy dudit seigneur et lesdits s^r et damoiselle Lambert, sans qu'ils en puissent respectivement demander aucun remboursement, jusqu'à ladite hauteur.

Et pourront aussy lesdits sieur et damoiselle Lambert, leurs hoirs ou ayans cause, bastir, construire et eslever, sur et contre lesdits deux murs ainsy mitoyens entre ledit seigneur et eux, tels bastimens jusqu'à telles hauteurs qu'iceux sieur et damoiselle Lambert desireront, à l'exception toutes fois des endroits marqués sur ledit plan annexé à ces presentes pour faire des courts; ny aussy réciproquement ledit seigneur ne pourra bastir aux endroicts desdites places, sans que iceux s^r et damoiselle Lambert soient tenus de payer et rembourser audit seigneur du Plessis, ses hoirs ou ayans cause, aucunes charges, en laissant neantmoins ledit passage de porte cochere sur ladite premiere place, de la largeur et hauteur qu'il est cy devant dit, lequel appartiendra en propriété audit seigneur, ses hoirs ou ayans cause.

Lesdites deux places appartenans audit seigneur, savoir : la premiere, comme faisant partie de l'ancien hostel de Nevers et de ses deppendances, par lui acquis de Monsieur le duc de Mantoue, par contrat passé par devant (ici un blanc), notaires audit Chastelet, le (ici un blanc), jour de (un blanc) mil vi^e; et la deuxième, au moyen dudit eschange par luy fait aux nosseigneurs les executeurs de ladite fondation dudit college Mazarini, par ladite transaction du vingt et uniesme fevrier mil vi^e soixante cinq.

Et attendu les pretentions desdits seigneurs executeurs, qui sont aux droicts de Messieurs les Prevost des marchands et Eschevins de cette ville de Paris, pour raison des censsives desdites places, lesdites parties declarent ne pouvoir dire precisement de qui lesdites places sont en censive, soit du Roy ou de l'abbaye de St Germain des Prez, ny de quel cens elles sont chargées; ce qu'elles feront aussytost qu'il leur en sera apparu, pour satisfaire à l'ordonnance, pour toutes et sans autres charges ny redevances quelsconques que celles cy devant dites, franches et quittes des arrerages desdits cens du passé, jusqu'au vingt et uniesme fevrier de l'année mil vi^e soixante cinq, pour desdites deux places ausdites conditions, jouir, faire et disposer dès maintenant par le s^r et damoiselle Lambert, leursdits hoirs ou ayans cause, comme à eux appartenans, leur ayant ledict seigneur du Plessis presentement baillé copie collationnée dudit contract d'acquisition par luy faite dudit hostel de Nevers, cy devant datté.

Et pour et en contreschange de ce, lesdicts sieur et damoiselle Lambert ont aussy baillé, cedé, quitté, transporté et delaissé par ces presentes, audit titre dès maintenant à tousjours et promettant l'un pour l'autre, et chacun d'eux seul pour le tout, sans division ne discution, renoncer avec aux beneficces desdicts droicts et de fidejussion, garantir de tous troubles et empeschemens generalement quelsconques, fournir et faire valloir en principal et arrerages, mesmes iceux payer et continuer, où faute y auroit de payement par les debiteurs des rentes cy après declarées, trois mois après chascune année escheue et un exploict de commendement fait aux domicilles esleus par les contracts de constitution cy après enoncez, sans estre tenu de faire aucunes poursuittes, discution ny dilligences, ny veiller sur, contre et à la vente des biens desdits debiteurs, soit volontaire ou en justice, sy bon ne semble, audit seigneur du Plessis, pareillement acceptant pour lui, ses hoirs ou ayans cause, seize cens livres de rente appartenant ausdits sieur et damoiselle Lambert, en quatre parties constituées à iceluy s^r Lambert :

La premiere, de deux cens livres de rente racheptable de la somme de quatre mil livres, par Me Antoine Le Clare, procureur en l'Hostel de cette ville de Paris, à Marie Janneguin, sa femme, par contract passé par devant Loyr et Bouvin, notaires au Chastelet de Paris, le huictiesme octobre mil vi^e soixante cinq;

La deuxiesme de six cens livres de rente, dont le principal est de douze mil livres, par Antoine Bailly, juré du Roy et œuvres de maçonnerie, à Anne Laurent, sa femme, par contract passé devant lesdits notaires le vingt cinquiesme fevrier mil vi^e soixante six;

La troisieme de cinq cens livres de rente.

1678.

Mr René Drouet, qui a vu la coppie à luy signifiée à la requeste de Mr Simon Lambert et de Maistre [1] de Falantin, son advocat et conseil, le vingt neufviesme jour de janvier mil six cent soixante et dix huit,

Dit que la signification et coppie ne suffisent pas pour dispenser ledit Lambert de la juste demande de Drouet, n'estant qu'un contract d'eschange fait entre luy et Monsieur de Guénégaud, sieur Du Plessis, lequel, non plus que ledit Lambert, n'avoit aucune chose aux places des rempart et murs de ville qui forment les places en question, et mentionnées en l'arrest qui a esté signifié audit Lambert à la requeste dudit Drouet, estant lesdits lieux du domaine du Roy, qui ont formé l'ancienne fortification et closture de ladite Ville, et desquelles autres que Sa Majesté n'ont peu disposer.

C'est pourquoy, faute de justifier d'un tiltre plus considerable et authantique, l'eschange dont a esté fourni coppie, proteste iceluy Drouet de se faire adjuger les fins de la demande contenüe en l'arrest du Conseil, protestant au surplus de nullité de ladite signification, et soutient que ledit Lambert doibt defendre à ladite demande, n'y aiant point de garant pour le fait dont il s'agist, qui est une action personnelle procedant du fait dudit sieur Lambert, lequel a usurpé les places en question et y a basti sans permission de Sa Majesté, et au prejudice de ses droicts et des deffenses par elle faites de ne rien entreprendre sur les lieux en question, à peine d'amende et de punition; de sorte que, faute de rapporter le pouvoir qu'il a eu de construire sur lesdits places, remparts et murs de ville, les maisons dont il s'agist, et desquelles il jouist, il doibt

---

[1] Le prénom est en blanc.

encourir la peine de l'ordonnance et estre condamné au payement des sommes demandées et contenues audit arrest.

MENEUST, advocat.

Signifié, le quatre fevrier 1678, à M⁰ de Falantin, advocat.

Signé : DESMARAIS.

1648.

APPOINTEMENT ENTRE MM. DE LA VILLE ET MM. DE L'ABBAYE SAINT-GERMAIN-DES-PREZ,
POUR RAISON DES LETTRES PATENTES DES MOIS DE SEPTEMBRE 1636 ET DÉCEMBRE 1646,
CONCERNANT LA VENTE ET ALIÉNATION À PERPÉTUITÉ DES PLACES,
MAISONS ET HÉRITAGES, ET DROITS DÉPENDANTS DU DOMAINE DE LA VILLE.

Entre les Prevost des marchans et Eschevins de cette ville de Paris, demandeurs et requérant la vériffication et enregistrement des lettres pattentes par eux obtenues, au mois de septembre mil six cens trente six et septiesme decembre mil six cens quarante six d'une part, et M⁰ Henry de Bourbon, evesque de Metz et abbé de l'abbaye S⁺-Germain-des-Prez, et les religieux, prieur et convent de ladicte abbaye opposans à ladite vériffication et enregistrement desdites lettres, d'autre part, après que M⁰ de la Ville, procureur dudit sieur abbé, et M⁰ André Dacolle, procureur desdictz religieux, prieur et convent, ont, en vertu des pouvoirs à eux baillés, declaré ne voulloir persister esdites oppositions desquelles ilz se desistent, sans préjudice de la haulte, moienne et basse justice, police, voirie et censive qui appartient ausditz sieurs abbé et religieux, depuis la rivière proche le port de Malaquest jusques à la porte Sainct-Michel, et à la charge du droict de cens, portant lotz et ventes paiables audict sieur abbé, à raison de douze deniers pour chacune maison qui seront basties sur les murs, fossez et contrescarpes susdiz, paiables au jour Sainct Remy, et de notiffier et communiquer les contractz audict sieur abbé et à ses receveurs; que M⁰ de la Bretonnière, procureur desditz demandeurs, en vertu du pouvoir spécial à luy donné et consenty, a lesdites réserves et conditions appoincté, et que la Cour a donné et donne acte aux parties desdites declarations, consentement et désistement cy dessus, et en conséquence, sur lesdictes appositions, les a mis et met hors de cour et de procès, sans despens, et ne pourront les qualitez nuire ne prejudicier.

De par les Prévost des marchans et Eschevins de la ville de Paris,

M⁰ Scipion de la Bretonnière, procureur des causes de la Ville en la Cour de parlement, nous vous mandons de passer en nos noms l'appoinctement cy devant transcript.

Faict au Bureau de la Ville, le vingt septiesme janvier mil six cens quarante huict. Signé : LE FÉRON, DE BOURGES, YON et HÉLYOT.

(*Registre* H 1808, f⁰⁸ 185 et suiv.)

1677.

CONTRE MM. DE L'ABBAYE DE SAINT-GERMAIN-DES-PREZ, QUI PRÉTENDOIENT ESTRE PROPRIÉTAIRES
DES FOSSEZ, RAMPARTS ET CONTRESCARPES,
DEPUIS LE QUAY MALAQUAY JUSQUES À LA PORTE SAINT-MICHEL.

Sur la requeste presentée au Roy en son Conseil par les Prevost des marchandz et Eschevins de sa bonne ville de Paris, contenant que, leurs prédécesseurs ayant obtenu des lettres pattentes, ès années mil six cens trente six et mil six cens quarante six pour allienner à perpetuité les places des fossez, ramparts et contrescarpes de ladite Ville, les sieurs abbé et religieux de Saint-Germain-des-Prez auroient formé opposition à l'enregistrement desdittes lettres au Parlement, pretendant quilz estoient proprietaires des fossez, ramparts et contrescarpes à prendre depuis le quay Malaquay jusques à la porte Sainct-Michel, lesditz héritages estant compris dans l'estendue du fief d'Issy, quy avoit esté donné par le roy Childebert pour la fondation de ladite abbaye; pour faire cesser laquelle opposition, il y auroit eu transaction passée en l'année mil six cens quarante sept, entre les Prevost des marchands et Eschevins lors en charge, devant lesdits sieurs abbé et religieux de ladite abbaye de Sainct-Germain ; par laquelle lesdits sieurs abbé et religieux se seroient desistez et departys de leurdite opposition, et subrogé lesdits Prevost des marchands et Eschevins en tous leurs droits sur lesdites places, à la reserve de la justice, police, voirye, censive et droits seigneuriaux, moyennant une somme de trente mil livres que lesdicts Prevost des marchands et Eschevins se seroient obligés de payer ausdits sieurs abbé et religieux, des premiers deniers procedans des alienations et ventes desdites places, asçavoir vingt mil livres audit sieur abbé et dix mil livres ausdits religieux.

Et quoyque le payement desdites trente mil livres ne se deust faire que des premiers deniers de l'alienation totale desdites places, et quil en restoit encore plus de la moityé a vendre, que lesdicts sieurs abbé et religieux n'ayent pas executé de leur part touttes les clauses de ladite transaction, pour la garantyr des initions de partages desdites places, dont il a fallu abandonner quatre cens toises au sieur Du Plessis Guénégaud, comme estant au droit du sieur duc de Mantoue, et une grande partye du fossé de la porte Sainct-Germain aux religieux Cordeliers, qui auroient justiffié que partye desdicts fossez auroient esté priz dans leurs héritages, et qu'il soit de notorieté publique que le fermier du domaine de Sa Majesté ayt des pretentions sur lesdites places, et quil ayt esté faict des publications à sa requeste en la chambre souveraine des domaines establye au chasteau des Thuilleryes, et que cette pretention doive suspendre l'exécution de cette transaction.

Néanmoins le sieur Pelisson Fontanier, conseiller de Ladite Majesté et maistre des requestes de son hostel, directeur administrateur général des revenus temporels de ladite abbaye, auroit faict faire, le neuf septembre mil six cens soixante dix sept, un commandement ausdits suplyans de payer ladite somme de trente mil livres et, le. . . . ensuyvant, faict proceder par voye de saisie, entre les mains des loccataires du Pont Nostre-Dame et maisons du Petit-Pont, qui sont de l'ancien domaine de ladicte Ville, faute de payement de ladicte somme de trente mille livres. . . .

Vu ladicte requeste et le rapport du sieur Colbert, conseiller au Conseil royal, controleur général des finances, et tout consideré, le Roy en son Conseil, ayant esgard à ladite requeste, a ordonné et ordonne que ledict sieur Pelisson, audit nom, et les religieux de Sainct-Germain-des-Prez representeront pardevant ledict sieur Colbert les titres en vertu desquelz ils pretendent avoir droit esdites places, depuis le quay de Malaquais jusques à la porte Sainct-Michel, pour, iceux vus et visitez et à son raport au Conseil, estre ordonné ce quil appartiendra.

Cependant faict Sa Majesté deffences aux partyes de se pourvoir au grand Conseil, ny ailleurs, pour raison de la transaction passée entre eux le vingt neuf novembre mil six cens quarante sept; comme aussy faict plainne et entière exécution, mainlevée audicts suplyans des saisies faictes, à la requeste dudict Pelisson, es mains des locataires des maisons du Pont Nostre-Dame et du Petit-Pont et autres débiteurs desdits suplyans; lesquels seront tenus de vuider leurs mains de ce qu'ilz doivent à ladite Ville, a quoy faire ilz seront contraints par les voyes qu'ilz y sont obligez; et, en ce faisant, ils en demeureront bien et vallablement deschargez en vertu du présent arrest, quy sera executé nonobstant oppositions et autres empeschemens quelconques, et sans préjudice d'icelles.

Faict au Conseil d'Estat du Roy, tenu à Paris le vingt cinquiesme jour du mois de septembre, mil six cens soixante dix sept.

Collationné. Signé : Ranchin.

Louis, par la grace de Dieu, Roy de France et de Navarre. Au premier nostre huissier ou sergent sur ce requis, Nous te mandons et commandons que l'arrest dont l'extrait est cy attaché sous le contrescel de nostre chancellerie, ce jourd'huy rendu en nostre Conseil d'Estat, tu signiffies au sieur Pelisson, es noms quil procedde, aux religieux de l'abaye de Sainct-Germain-des-Prez et à tous autres quil appartiendra, en ce quilz n'en prétendent cause d'ignorance, et faict pour l'entière exécution dudit arrest de la représentation, mainlevée et payemens y mentionnez, à la requeste du Prevost des marchands et Eschevins de nostre bonne ville de Paris, tous commandemens, sommations, deffences, contrainctes par les voyes déclarées et autres actes, exploits requis et necessaires, sans autre permission mouvant oppositions ou autres empeschemens quelconques.

Et sera adjousté foy, comme aux originaux, aux copies dudit arrest et ses présentes collationnées par l'un de noz amez et feaux conseillers et secretaires. Car tel est nostre plaisir.

Donné à Paris, le vingt cinquiesme jour de septembre, l'an de grace mil six cens soixante dix sept et de nostre règne le trente cinquiesme. Signé, par le Roy en son conseil, Ranchin, et scellé du grand sceau de cire jaune.

(*Registre* H 1826, f° 458 et suiv.)

DOCUMENTS

RELATIFS AU CHÂTEAU-GAILLARD, AUX QUAIS DU PONT-NEUF (DES AUGUSTINS ET CONTI), À LA DESCENTE ET À LA PLACE DU PONT SAINT-MICHEL.

1657.

1° Sur les quais du Pont-Neuf.

L'an mil six cens cinquante sept, le mercredy dix neufviesme jour d'avril, nous, Prevost des marchands et Eschevins de la ville de Paris, nous sommes transportez sur les quais du Pont-Neuf du costé de la porte de Nesle et entrez dans la maison du Chasteau-Gaillard, pour recognoistre ce qu'il est à propos d'en faire pour obéir aux ordres du Roy, Sa Majesté désirant que la Ville face continuer lesdicts quais jusques au delà du quay de Malaquais, mesme faire desmolir la tour qui est joignant ladicte porte de Nesle, avec quelques maisons qui empeschent en quelque façon que l'on ne puisse voir du Louvre la beauté desdictz quais et les autres beaux bastimens qui sont le long d'iceux;

A quoy nous nous sommes occupez le reste de la journée, et ordonné à la vefve du deffunct sieur Sachet, vivant premier vallet de chambre de la defuncte Royne Marguerite, à qui appartient la plus part desditz lieux, tant en propriété qu'à baux emphiteause de la Ville, de nous apporter, entre dix et unze heures, demain, tous les baux et autres tiltres qu'elle a de la Ville ou autres particuliers; pour ce, laquelle a promis de faire chercher.

(*Registre* H 1814, f° 138.)

Mesme injonction est faicte, par mandement du 21 dudit mois d'avril 1657, aux « propriettaires, détempteurs et autres personnes qui occupent les maisons qui sont aux deux extrémitez du quay qui va du Pont-Neuf à la Porte de Nesle, qui empesche qu'on ne le peut continuer, d'apporter au Bureau de la Ville tous les chacuns des titres en vertu de quoy ils possedent lesdictz lieux...; sinon et faute de ce faire, il sera faict proceder à la continuation dudict quay et à réduire les lieux en l'estat que désire Sa Majesté».

(*Registre* H 1814, f° 139.)

2° CHÂTEAU-GAILLARD.

«Nous, ce jour, estant allez visiter ce qu'il est nécessaire de faire pour l'embellissement et décoration de la Ville, le quay de la rivière, depuis le bout du Pont-Neuf jusques à la Porte de Nesle, suivant les résolutions pour ce prises au Bureau de la Ville, à la prière et requeste de M. du Plessis de Guenegaud, secrétaire d'Estat; ce considéré que la maison appelée le *Chasteau-Gaillard* empeschoit en quelque façon l'ornement dudit quay, qui ne sert d'ailleurs qu'à des divertissements publiques, parmi lesquels il s'y trouve tousjours quelques désordres, joinct que la Ville qui en a faict concession n'en retire pas grand profit; nous avons, en conséquence d'autres précédentes délibérations, résolu de la faire abattre et de se servir des démolissions qui en proviendront pour l'établissement d'un quay qui prendra depuis ledit lieu jusques à la Porte de Nesle, en desdommageant les particuliers qui y ont basty par la permission de la Ville; et, vu la nécessité qu'il y avoit de faire promptement travailler audit quay et soustenir les terres qui y ont esté apportées, ce qui pourroit gaster la rivière, avons ordonné qu'il soit procédé au plustost à la reconstruction dudict quay.

Fait au Bureau de la Ville, le 5 novembre 1655.»

(*Registre* H 1807, 251 v°.)

Dans un traité concernant la Porte de Nesle, en 1645, parmi les articles et conditions accordés par la Ville à Edme Ravière, pour la reconstruction de la Porte de Nesle et la construction d'un quai depuis ladite porte jusqu'au Château-Gaillard, etc., on lit la clause suivante:

A CAUSE DE LA MAISON APPELÉE CHASTEAU-GAILLARD.

«Plus sera tenu l'entrepreneur abattre et desmolir de fondz en comble la maison appelée le *Chasteau-Gaillard*, et au lieu de ladicte maison sera faite une descente commode pour aller à l'eau, de largeur convenable, comme elle estoit cy-devant pour abreuver les chevaux, à la charge d'accommoder ladite descente, parapet et pavez d'icelle, sans neantmoins qu'il puisse être tenu à aucun dédommagement envers ceux quy jouissent à présent de ladicte maison, en cas qu'il en fut prétendu aucun, dont la Ville l'acquittera; et luy appartiendront les matériaux desdictes desmolitions.»

«De par les Prevost des marchands et Eschevins de la ville de Paris,

«M° Scipion de la Bretonnière, procureur des causes de la Ville en la Cour de parlement, nous vous mandons que vous ayez à vous présenter à l'assignation donnée au procureur du Roy et de la Ville en ladite Cour, sur appel interjetté de nostre sentence du huictiesme janvier dernier, à la requeste de Ollivier du Bosc, qui se prétend propriétaire de la maison appelée le *Chasteau-Gaillard*, et prenez en faict et cause en nos noms, pour soustenir que ledict du Bosc n'a aucun droict ny bail de la Ville de ladicte maison, et partant, que le nommé Taillandier, qui soustient en avoir bail dudict du Bosc pour six années, doibt vuider les lieux, et vostre sentence estre exécutée pendant l'appel; vous interviendrez aussy, en nos noms, en la cause de Pierre Dattelin, dit Brioché, poursuivy par lesditz Taillandier et Duboscq, à mesme fin.

Faict au Bureau de la Ville, le treiziesme jour de mars, mil six cens quarante huict.»

(*Registre* H 1808, f° 108 r°.)

APPENDICES ET PIÈCES JUSTIFICATIVES.

RÉGULARISATION DU QUAI DES AUGUSTINS, DE LA DESCENTE, DE LA PLACE ET DU PONT SAINT-MICHEL.

DEVIS DES TRAVAUX À FAIRE POUR LA RÉPARATION DU QUAI.

A tous ceux qui ces presentes lettres verront, Daniel Voysin, chevalier, seigneur de Cérizay, conseiller du Roy en ses Conseils d'Estat et privé, maistre des requestes ordinaire de son hostel, Prevost des marchands, et les Eschevins de la ville de Paris, attendu qu'il estoit nécessaire de faire plusieurs réparations aux murs des quays estans le long de la rivière de Seyne, tant du costé des Augustins que de l'Isle du Pallais regardant la Mégisserie, à l'Arche-Bourbon, aux murs d'appuy et parapets du quay de l'Isle du Palais, partye de l'appuy rampant estant au bout de l'abbreuvoir de l'Isle Nostre-Dame, et enfin à la maçonnerie de la voute de l'égoust du marais près les petits comédiens; nous aurions ordonné à Michel Noblet, architecte des bastimens du Roy et maistre des œuvres de la Ville, nous présenter un estat et devis des ouvrages qu'il convenoit faire pour lesdictes reparations et susdicts lieux, ce qu'il auroit faict et duquel devis la teneur en suict:

Estat des réparations nécessaires de faire et restablir le long du mur du quai des Augustins et descente entre le pont Sainct-Michel et celuy du Pont-Neuf.

« Premièrement, au pied de la descente qui est à la tournée du pont Sainct-Michel avant l'hostel de Luynes, il convient faire et mettre trois grandes marches de dix pieds de long chacune, plus cinq marches de six pieds de long, des largeurs de giron et haulteurs que les autres marches de ladicte descente, avec le massif de maçonnerie au dessoubs desdictes marches, en cas qu'il n'y en ait point de faict; ce qui se reconnoistra quand les décombres qui sont au pied de ladicte descente seront ostées.

« Plus sera restably et fait la continuation de l'appuy rempant de ladicte descente, au bas d'iceluy, de six pieds de long et vingt un poulces de parpin, et de la mesme que celuy qui est faict.

« Plus, au hault de ladicte descente, sera mis une marche de dix pieds de long sur deux pieds de large, se raccordant avec le dessus du pallier.

« Plus, à la première avance hors le mur de quay qui est vis à vis le coing de l'hostel de Luynes, sera continué le mur d'appuy dudict quay de neuf pieds et demy de long sur trois pieds un quart de hault, et faire que ce qui restera de ladicte advance, au derrière dudict appuy, soit conduict en glacis fort rempant.

Plus, à la grande descente qui est vis à vis la rue Pavée, il convient mettre de neuf dix huict marches reduict à neuf toises de long chacune, de treize poulces de large de giron et de six poulces de hault, à comencer au pied de ladicte descente jusques au hault d'icelle et du pavé de la rue, qui sont au nombre de quinze marches de long; chacune se restablira au choix des anciennes marches.

Plus sera restably les deux fractions et manquements de pierres, qui sont aux deux bouts de murs, au hault, et de part et d'autre de ladicte descente, sçavoir: celuy du costé du pont Sainct-Michel contient quinze pieds de long réduict en cinq assises, le fort au foible, et l'autre part de mur, du costé des Augustins, contient cinq pieds de long sur six pieds de hault; et sera mis un quartier de pierre de taille à l'encoigneure du pillier qui porte les deux arcades de ladicte descente.

« Plus sera refaict, au mur du quay attenant ladicte descente du costé de main droicte en descendant, une fraction de quinze pieds de long en cinq assizes de hault et de six pieds de profondeur, le tout réduict.

« Plus, en suite de ladicte descente, du costé de main gauche en descendant et joignant le petit esperon en avance, sera restably le mur du quay en quatre pieds de long réduict, sur douze pieds de hault.

« Plus, à la descente qui est vis à vis l'église des Augustins, il y a quarante une marches en tout, dont trente cinq contiennent treize pieds de long chacune, et les six autres d'en bas, au pied de ladicte descente, contiennent vingt huict pieds de long, compris leur retour du costé du Pont-Neuf; lesquelles six premières marches d'en bas, en ladicte longueur de vingt huict pieds, seront refaictes de neuf de douze poulces de giron, sur six à sept poulces de hault; et pour les trente cinq marches restantes de treize pieds de long, moityé seront refaictes à neuf, et l'autre moitié sera restablie entièrement des anciennes qui se trouvent bonnes : et au hault de ladicte descente sera refaicte une assize de bahu, de la longueur de dix neuf pieds et de quinze à seize poulces de hault.

« Plus, entre les deux grandes descentes cy dessus dictes, sera refaict plusieurs reprises au mur du quay, sçavoir : la première vis à vis la rue et le coing de l'église des Augustins, contenant dix huict pieds de long sur quatre pieds et demy de hault, en quatre assizes, et de trois pieds de profondeur. Les autres reprises qui suivent sont en remontant d'amont l'eau.

« La reprise qui suit contient neuf pieds de long, sur quinze pieds de hault, et de six pieds de profondeur composant unze et douzes assizes.

« Plus une autre assize contenant cinq thoises, sur quatre pieds et demy de hault, en quatre assizes de trois pieds de profondeur.

« Plus une autre reprise de douze pieds de long sur sept pieds de hault, de pareille profondeur.

« Plus, au-dessus de ladite reprise, est une autre de six pieds de long sur trois pieds de hault, en deux assises de semblable profondeur.

« Plus une autre reprise qui contient cinq thoises de long, sur quatre pieds et demy de hault, en quatre assises et mesme profondeur.

« Plus, en deux endroicts au-dessus, est une reprise de trois thoises de long sur trois pieds de hault.

« Plus, toujours en remontant d'amont l'eau, est une autre reprise qui contient neuf pieds de long, sur trois pieds de hault, et deux pieds de profondeur.

« Plus une assise au dessus de la retraicte, contenant six pieds de long sur un pied et demy de hault.

« Plus est un mur à faire à la descente de l'abreuvoir du costé des Orfèvres, du costé du Pallais, contenant douze thoises de long, quatre pieds et demy de hault et de trois pieds d'espoisseur, construict de bon moillon et recouvert d'une assize de pierre qui se prendra sur les lieux. »

(*Registre* H 1820, f°s 173 et suiv.)

1659.

FAICT ESTAT DES OUVRAGES QUI SONT NÉCESSAIRES DE FAIRE À LA DESCENTE DE LA TOURNÉE DU PONT SAINT-MICHEL, ET À QUELQUES AUTRES ENDROICTS DE LADICTE DESCENTE, SUR LE QUAY DES AUGUSTINS.

Premierement est besoin de faire un mur rampant de ladicte descente, le rempiettrement au pied dudict mur de quatre assises à mettre en la longueur de cinq thoises.

Plus est nécessaire de desmolir partie dudict mur rampant de ladicte descente, dont les pièces sont touttes déversées et en danger de tumber, en la longueur de douze pieds sur six pieds de hault.

Plus est nécessaire de restablir quelques marches de la descente qui est un peu au delà de l'hostel de Luynes, sur le chemin de la banquette du quay des Augustins, et faire six marches de l'autre costé de ladicte descente, de sept pieds de long chacune, avec la fondation d'icelles, et raccomoder le pallier.

Plus est besoing de restablir le pissoir en advance hors le parapet dudict quay, qui est vis à vis la rue Pavée, de trois assizes de sept pieds de long.

Plus est encore à faire le rempiettrement du mur en retour, au fond de l'abbreuvoir qui est au devant des Augustins, de deux assises de pierre de taille, en la longueur de trois toises sur trois ou quatre pieds de hault.

Plus est fort nécessaire de restablir le pavé de la descente dudict abbreuvoir, qui contient environ vingt toises de long sur trois toises de large; et suffiroit pour le présent de refaire seulement le bas de ladicte descente jusques à l'encognure de l'arcade pour entrer dans la rivière, en la longueur de sept toises, sur ladicte largeur de trois toises; mettre à ladicte encognure une piece de bois de trois toises de long et, au devant, deux bons pieux bien battus avec la sonnette, pour soustenir la cheute et pente du pavé dudict abbreuvoir et tirant plus hault, environ encores six toises de long sur neuf pieds de large.

Faict et présenté au Bureau de la Ville par moy soubzsigné maistre des œuvres d'icelle, le vingt huictiesme jour de may mil six cens cinquante neuf.

De par les Prevost des marchands et Eschevins de la ville de Paris, il est ordonné à Michel Noblet, architecque des bastiments du Roy et maistre des œuvres de massonnerie de ladicte Ville, de faire faire incessamment, par les ouvriers ordinaires d'icelle Ville, les ouvrages mentionnez au devis devant transcript, desquels ouvrages seront lesdicts ouvriers payez par Me Nicolas Boucot, receveur du domaine, dons et octroys de ladicte Ville, en vertu de nos mandemens.

Faict au Bureau de la Ville, le xxxe may mil six cens cinquante neuf.

(*Registre* H 1814, f°s 554 à 556.)

POUR L'ÉLARGISSEMENT DU PASSAGE DU PONT SAINT-MICHEL AU QUAI DES AUGUSTINS.

Le Roy estant en son Conseil, voulant procurer à sa bonne ville de Paris tout ce qui peut contribuer à sa décoration et commodité, et particulièrement le dégagement des quais et la communication des différens quartiers de Paris, s'estant fait représenter les plans que les Prevôst des marchands et Eschevins ont faict faire par ses ordres, pour l'élargissement du passage qui tourne du pont Sainct-Michel au quay des Augustins, et pour descharger ledit quay de plusieurs constructions inutiles et qui incommodent l'abord de l'église des Grands-Augustins et le passage publicq, Sa Majesté, estant en son Conseil, a ordonné et ordonne aux Prevost des marchands et Eschevins de sa bonne ville de Paris de faire exécuter lesdits plans; ce faisant, de faire retrancher les bastimens des maisons à la feue dame Bordier et aux nommés Philippart et Mareschal, suivant l'allignement marqué sur ledict plan, à la charge néantmoins de desdommager les propriétaires desdictes maisons qui seront retranchées, suivant l'estimation qui en sera faicte par experts et gens à ce connoissans, dont les parties conviendront pardevant les sieurs Poncet et Boucherat, conseillers audit Conseil, et de Paris, trésorier de France, que Sa Majesté a commis à cet effect, lesquels experts feront consideration sur la qualité et profondeur desdictes maisons et sur l'advantage qu'elles recevront par l'eslargissement de ladicte rue;

Ordonne en outre Sadicte Majesté que, pardevant lesdits sieurs commissaires, il sera procedé à la liquidation de ce que les propriétaires des maisons voisines et qui sont de l'autre costé de celles qui seront retranchées debvront contribuer, pour le desdommagement qui sera donné aux propriétaires des maisons retranchées, attandu l'advantage que lesdits propriétaires retireront dudit eslargissement, à l'effet desquelles liquidations, tant des desdommagement que de contribution, seront les propriétaires qui en seront tenus obligez de comparoir à toutes les assignations qui leur seront données pardevant lesdits sieurs commissaires, à la requeste desdits Prevost des marchands et Eschevins de ladite ville, auxquels Sa Majesté enjoinct de faire incessamment desmolir et supprimer les descentes qui sont le long dudit quay et l'abreuvoir estant au devant de l'église des Augustins, et d'en faire construire un nouveau à l'endroit où est bastie la maison appellée le Chasteau-Gaillard, dont Sa Majesté a ordonné la démolition par arrest du vingt huictiesme juillet mil six cens soixante quatorze, enjoingnant Sadite Majesté aux particuliers qui habitent le Chasteau-Gaillard d'en vider incessamment et dans quinzaine, pour toutes prefixions et dellays, après laquelle seront leurs meubles mis sur le carreau et sera le présent arrest, ensemble et ce qui sera ordonné par lesdits sieurs commissaires pour lesdites liquidations, exécuté nonobstans oppositions et appellations quelconques et sans préjudice d'icelles dont, sy aucunes interviennent, Sa Majesté s'est réservée la connoissance, et icelle interdite à toutes ses cours et juges.

Faict au Conseil d'Estat du Roy, Sa Majesté y estant, tenu à S. Germain en Laye le vingt-troisiesme jour de juillet mil six cens soixante quinze. Signé COLBERT.

(*Registre* H 1825, f°s 277 et suiv.)

RÉINSTALLATION DE BRIOCHÉ SUR LE PONT MARIE.

L'an mil six cens soixante quinze, le dix huictiesme jour d'octobre, deux heures de relevée, pardevant nous Pierre Picquet, premier Eschevin de la ville de Paris, commissaire en cette partie, est comparu en nostre hostel Jean Dattelin, dit Briocher (*sic*), joueur des menus plaisirs du Roy, lequel nous auroit requis que, pour l'exécution du jugement rendu au Bureau de la Ville, le quatre septembre dernier, sur la proposition dudict Briocher, par lequel il lui estoit permis de faire construire une loge adossée contre la dernière maison du pont Marie, du costé d'aval l'eau, suivant allignements qui lui en seroient donnez par le maistre des œuvres de ladicte Ville, pour servir aux représentations qu'il donne au publicq, il nous pleust nous transporter sur les lieux, à l'effect de luy donner lesdicts allignements; obtemperant à laquelle réquisition, veu ledict jugement dudict jour, quatriesme septembre dernier, accompagnez de Pierre Bullet, architecte des bastimens du Roy, commis pour l'indisposition du maistre des œuvres de ladicte Ville, nous sommes transportez, avec ledict Briocher, sur ledict pont Marie de l'Isle Notre-Dame, ou estans nous aurions, par ledict Bullet, faict tirer une ligne depuis le mur de la dernière des maisons subsistantes dudict pont Marie, du costé d'aval l'eau, de longueur de cinq thoises; ladicte ligne tirée de face sur la voie publicque dudict pont et le long du pavé; et ayant faict mesurer la largeur de ladicte place sur la susdite longueur, aurions trouvé qu'elle avoit quatre thoises de profondeur, faisant en tout vingt thoises de superficie; sur laquelle place ainsy désignée et dans lesdictes longueurs et largeurs, ledict Dattelin pourra, suivant ladicte permission, faire construire ladicte loge, pour servir aux représentations qu'il donne au publicq.

Faict les jour et an que dessus. Signé PICQUET.

(*Registre* H 1825, f°s 350, 351.)

1682.

TRANSFERT DES ÉTAUX, DU PONT À LA PORTE SAINT-MICHEL.

RAPPORT DES EMPLACEMENTS DES ESTAUX DE LA VILLE, qui estoient sur la place du pont Saint-Michel, dressé tant en exécution de l'arrest du Conseil du huitiesme janvier mil six cent quatre vingt que de l'ordonnance de Messieurs les Prevost des marchands et Eschevins, en la présence de Messieurs Voux et Roberge, deux de mesdicts sieurs les Eschevins, par le commis à la charge de maistre des œuvres de la Ville soussigné qui, après avoir fait tendre les lignes nécessaires au devant des places d'au delà du lieu où estoit la porte Saint-Michel, estime, sauf l'allignement qui peut avoir esté ou pourra estre donné par le grand voyer à l'esgard du pan couppé cy après, qu'à deux toises de chaque costé du poinct de section de ces lignes, qui est à sept toises un pied de l'encoignure allant à la porte Saint-Jacques, il doit estre fait, pour eslargir et egayer le carrefour et faciliter le tournant du passage, un pan couppé aussy de deux toises de face; comme aussy qu'après s'estre reculé de deux autres toises de chaque extrémité de ce pan couppé, les six toises de long, sur deux toises de profondeur, accordées par l'arrest du Conseil cy devant doivent estre faites, sçavoir : trois toises sur la rue de la Harpe et trois toises sur la rue des Francs-Bourgeois ou de la Contrescarpe.

Faict le dix septième juillet mil six cent quatre vingt deux. Signé Deschableaux.

(*Registre* H 1828, f° 731.)

PLACES À LA PORTE SAINT-MICHEL DESTINÉES À METTRE LES ÉTAUX À BOUCHERIE DU PONT SAINT-MICHEL.

Sur ce qui nous a esté remonstré, par le Procureur du Roy et de la Ville, que le Roy ayant, par arrest de son Conseil du huit janvier mil six cens quatre vingt, pour rendre la place du bout du pont Saint-Michel libre et dégagée de ce qui pouvoit empescher le passage en cet endroict, ordonné que les estaux à boucherye, qui estoient sur ladicte place, seroient transferez sur des places estans au delà du lieu ou estoit la porte Saint-Michel et faisant retour sur la rue de la Contrescarpe des fossez d'entre ladite porte Saint-Michel et celle de Saint-Germain, dans l'estendue de six thoises de long sur deux thoises de profondeur qui seroient par nous désignées, il estimoit qu'il estoit nécessaire de commettre tels de nous Eschevins qu'il nous plairoit, pour se transporter sur lesdites places et faire marques et désigner en leurs présences et de luy procureur du Roy et de la Ville, par Jean Deschableaux, commis à l'exercice de la charge de maistre des œuvres de ladite Ville, lesdites six thoises de place de long sur deux de profondeur; et, afin qu'il ne puisse y estre jetté aucunes ordures et immondices, qu'il seroit fait une tranchée autour d'icelles et mis des potteaux, auxquels seroient attachez des escriteaux qui contiendroient ces mots : Icy est la place désignée par nous Prevost des marchands et Eschevins en exécution d'arrest du Conseil.

Nous, ayant esgard aux actes, remontrances et conclusions dudit Procureur du Roy et de la Ville, veu ledit arrest du Conseil dudit jour huit janvier mil six cent quatre vingt, avons ordonné que les sieurs Voux et Roberge, Eschevins, se transporteront demain, deux heures de rellevée, avec ledit Procureur du Roy et de la Ville et ledit Deschableaux, sur lesdittes places étans au dela du lieu ou estoit ladicte porte Saint-Michel, faisant retour sur ladite rue de la Contrescarpe, pour faire marquer et désigner sur icelles, en leurs présences, par ledit Deschableaux, lesdictes six thoises de place de long sur deux toises de profondeur, destinées par ledit arrest du Conseil pour placer les estaux de boucherye qui estoient au bout dudit pont Saint-Michel, et pour empescher qu'il ne soit jetté aucuns gravois et immondices et fait aucunes entreprises sur lesdites places de six thoises de long sur deux de profondeur, ordonnons qu'il sera faict une tranchée autour d'icelles, et planté des poteaux pour appliquer des escriteaux contenant ces mots : Icy est la place désignée par nous Prevost des marchands et Eschevins de cette Ville, en exécution d'arrest du Conseil, dont sera dressé procès-verbal pour servir et valloir ce que de raison.

Fait au Bureau de la Ville, le seiziesme jour de juillet mil six cent quatre vingt deux.

L'an mil six cent quatre vingt deux, vendredy dix septième juillet, deux heures de rellevée, par devant nous Jean de Voux et Louis Roberge, Eschevins de la ville de Paris, commissaires en cette partye, est comparu au Bureau de la Ville le Procureur du Roy et de ladite Ville; lequel nous auroit dit et remonstré que, par jugement dudict Bureau du jour d'hier, rendu sur sa réquisition, il auroit esté ordonné que nous nous transporterions, ledit jour et heure, sur des places estans au delà du lieu où estoit la porte Saint-Michel, et fait retour sur la rue de la Contrescarpe des fossez, d'entre ladite porte Saint-Michel et celle de Saint-Germain, pour, sur icelles, marquer et désigner, en nos présences et dudit Procureur du Roy et de la Ville, par Jean Deschableaux, commis à l'exercice de la charge de maistre des œuvres de ladite Ville, les six thoises de place de long sur deux de profondeur, sur lesquels le Roy, par arrest du Conseil du huitiesme janvier mil six cent quatre vingt, a ordonné que les estaux de boucherye, qui estoient sur la place du pont Saint-Michel, seroient transferez et que, pour empescher qu'il n'y soit jetté aucuns gravois et immondices et fait aucunes entreprises, il seroit fait une tranchée autour d'icelles et planté des potteaux, auxquels seroient attachés des escriteaux qui contiendroient que lesdites six toises de place de long sur deux de profondeur, avoient esté marquées et désignées en exécution dudit arrest, requérant qu'il nous plust nous transporter sur lesdits lieux pour l'exécution dudit jugement et dudit arrest du Conseil;

Inclinant à laquelle réquisition, nous, Eschevins et Commissaires susdits, nous sommes, avec ledit Procureur du Roy et le Greffier de la Ville, transportez sur lesdites places estans au delà de l'endroict ou estoit ladite porte Saint-Michel et faisant retour sur ladite rue de la Contrescarpe de la porte Saint-Germain, où estans, aurions trouvé ledit Deschableaux et les nommez Lefebvre, Lainvergnac et Baptiste, terrassiers, et Jean Adam, masson, mandez de nos ordres par Jean Dorival, serviteur de ladite Ville; et, ayant fait faire lecture audit Deschableaux, par le Greffier de ladite Ville, dudit arrest du Conseil et dudit jugement, nous luy aurions enjoint de procéder à l'exécution d'iceux; et auroit ledit Deschableaux fait tendre à l'instant les lignes necessaires sur lesdites places, après quoy il nous auroit dit qu'il estimoit, sauf l'allignement qui pouvoit avoir esté ou pourroit estre donné par le grand voyer à l'esgard du pan couppé cy-après, qu'à deux thoises de chaque costé du point de section desdites lignes, qui estoit à deux toises au pied de l'encoigneure allant à la porte Saint-Jacques, il devoit estre fait, pour eslargir le carrefour et faciliter le tournant du passage, un pan couppé de deux thoises de face, et qu'après s'estre reculé de deux thoises de chaque extrémité de ce pan couppé, les six thoises de place de long sur deux thoises de profondeur, accordées par ledit arrest du Conseil debvant estre prises, sçavoir : trois thoises sur la rue de la Harpe et trois thoises sur ladite rue de la Contrescarpe.

Dont et de quoy nous, Eschevins et Commissaires susdits, aurions donné acte audit Procureur du Roy et de la Ville, le requérant, et a ordonné audit Deschableaux de nous en donner son rapport pour estre joint au présent procès-verbal, comme aussy de tracer et marquer présentement ausdits ouvriers lesdites neuf places, de trois thoises de long sur deux toises de profondeur, pour faire autour d'icelles des tranchées, au désir dudit jugement.

Ce qu'ayant à l'instant fait, nous aurions fait travailler lesdits ouvriers ausdites tranchées, et cependant donné ordre audit Dorival de faire apporter quatre potteaux, pour planter sur lesdites deux places et y apposer lesdits escriteaux; lesquelles tranchées ayant esté faites, de deux pieds ou environ de large en pareille profondeur, nous aurions fait planter deux desdits potteaux sur chacune desdites deux places aux deux bouts desdites tranchées, que nous aurions fait sceller avecq plastre et moislon, par ledit Adam, pour les rendre plus stables; contre lesquels poteaux nous aurions fait apposer des escriteaux conformément audit jugement, contenant ces mots : « ICY EST LA PLACE DÉSIGNÉE PAR MESSIEURS LES PREVOST DES MARCHANDS ET ESCHEVINS de cette Ville, en exécution d'arrest du Conseil »; et, après y avoir vacqué jusques après huit heures du soir, nous nous serions retirez et dressé le présent procès-verbal pour servir et valloir ce que de raison.

Fait les jours et an susdits, et a ledit Procureur du Roy et de la Ville et ledit Deschableaux signé avec nous.

(*Registre* H 1828, f°s 727 et suiv.)

DÉGAGEMENTS ET DÉMOLITIONS.

1675.

LE CHÂTEAU-GAILLARD ET BRIOCHÉ.

L'an mil six cens soixante quinze, le vingt neuviesme jour d'aoust, à la requeste des sieurs Prevost des marchands et Eschevins de cette ville de Paris, nous, Claude Raince, huissier ordinaire du Roy en sa grande chancellerie, avons montré, signiffié le présent arrest aux fins y contenues et, en vertu d'icelluy, baillé assignation à Jean Dattelin, dit Briochet (*sic*), et ses consors, propriétaires de la maison appellée le Chasteau-Gaillard, y mentionnée et située sur le quay au bout du Pont-Neuf, vis à vis la rue de Guénégaud à Paris, occupée par les nommez Jean Baptiste Duval du Breuil, Jacques Billeron et Jean Bezon, les nommez Joanny et Geneviève, les veufves Viart et Riboult et autres, parlant pour tous à la personne dudit Briocher (*sic*) en ladicte maison, à comparoir à la huictaine, huict heures du matin, pardevant Messieurs Poncet et Boucherat, conseillers ordinaires en ses conseils, et de Paris, trésorier de France, en l'hostel dudit sieur Poncet, scis rue des Francs-Bourgeois, paroisse Sainct-Gervais, à Paris, pour y convenir d'experts qui estimeront le desdommagement qui pourra estre deue auxdits propriétaires à cause de la démolition de ladicte maison; comme aussy avons aux susnommez occupans et habitans ladicte maison, appelé le Chasteau-Gaillard, parlant à leurs personnes, tant en ladicte maison que hors d'icelle, enjoinct de par Sa Majesté, en vertu dudit arrest, d'en vuider incessamment et dans quinzaine à compter de ce jourd'hui pour toutes profixions et delays, et déclaré qu'à faute de ce faire dans ledit temps de quinzaine et icelluy passé les meubles desdits occupans et habitans ladicte maison seront mis sur le carreau, le tout suivant et au desir dudit arrest, duquel et du présent nostre procès-verbal nous avons auxdits propriétaires occupans et habitans ladicte maison parlant comme dit est à leur personne et en leur présence baillé et laissé copie ez mains dudit Jean Dattelin dit Briocher. Signé Raince.

INDEMNITÉS ET VENTES DE TERRAINS.

Monsieur le Prevost des marchans ayant représenté que le Roy desirant, pour le bien publicq, sa satisfaction et decoration de la Ville, que le quay construit de neuf, puis le Pont-Neuf jusques à la porte de Neesle, soit continué, et la tour de Neesle, maisons et eschopfes des environs, mesme la maison appellée le Chasteau-Gaillard, demolis, auroit, pour subvenir à la despence nécessaire à la continuation dudit quay, et indamniser les particuliers qui ont quelque droict auxdicts lieux, ou le pretendent, et au fossé de Nesle, donné lettres patentes du mois de may dernier, pour la vente des places dudict fossé, lesquelles auroient esté vériffiées au Parlement, suivant l'arrest du sixiesme septembre aussy dernier, portant que les adjudications se feroient à l'Hostel de Ville, le conseil d'icelle assemblé, que la compagnie devoit estre informée qu'il y avoit beaucoup de frais et de remboursemens à faire, et particulierement selon les transactions faictes lors de la poursuite de la verifficalion des lettres obtenues par la Ville, pour la revente generalle de son domaine, auquel ledit fossé estoit compris : à Monsieur de Metre, vingt quatre mil livres tournois; à Monsieur de Coaslin, aux mil livres que Monsieur Guénégaud y devoit prendre quatre cens toises de place, et que Monsieur de Brunney avoit quelques pretentions; qu'il faisoit ce détail de frais et remboursemens à faire, affin de prendre pour la Compagnie resolution sur l'execution desdictes lettres, qui portaient mandement à la Ville d'en faire l'enregistrement.

Et après que lecture a esté faicte desdictes lettres et de l'arrest de verifficalion, ouy le Procureur du Roy et de la Ville en ses conclusions, l'affaire mise en délibération,

A esté unanimement conclud et arresté que lesdictes lettres seront enregistrées au greffe de la Ville, pour estre executées selon leur forme et teneur, et qu'à cet effet affiches seront mises pour la vente des places y mentionnées et ouvrages contenus en icelle,

PORTE DE BUCI, PORTE DAUPHINE ET RUE DAUPHINE PROLONGEE.

1680.

ABUS QUI AMENÈRENT LE COMBLEMENT DES FOSSÉS ET LA DESTRUCTION DE L'ENCEINTE DE PHILIPPE-AUGUSTE SUR CE POINT.

DESCENTE FAITE À L'ÉGOUT DE LA PORTE DE BUCI, DANS LEQUEL DES LATRINES ONT LEURS DÉCHARGES.

Entre le Procureur du Roy et de la Ville, demandeur aux fins de l'exploit fait à sa requeste par Nicolas Deschamps, huissier en cette juridiction, et Maistre Louis Sonnois, procureur du sieur Faguet, deffendeur, nous, parties ouyes, avons donné acte au Procureur du Roy et de la Ville de la déclaration faite par ledit sieur Faguet, qui offre, de sa part, contribuer au nettoyement de l'esgout de la porte de Bussy, dans lequel les latrines de sa maison ont leur descharge, et avant faire droit, sur les conclusions du Procureur du Roy et de la Ville, avons ordonné que dessente sera faite sur les lieux par le sieur Levesque, l'un de nous, Eschevin à ce commis, en présence du Procureur du Roy et de la Ville, par Louis Goujon, architecte des bastimens du Roy, et procès-verbal dressé de l'estat dudit égoust et des maisons qui ont la descharge dans ledict égoust, parties présentes ou deuement appelées pour, ledict procès-verbal veu, estre ordonné ce qu'il appartiendra.

Et, par vertu du deffault donné audit Procureur du Roy et de la Ville allencontre des sieurs Raviere, deffendeur defaillans, avons notre présent jugement déclaré commun avec eux, lequel jugement sera exécutoire nonobstant oppositions ou appellations quelconques faites ou à faire, et sans préjudice d'icelles.

Ce fut faict et donné au Bureau de la Ville et prononcé par nous Prevost susdict, le jeudy unziesme jour de janvier mil six cens quatre vingts.

L'an mil six cens quatre vingts, le dix neufiesme jour de janvier, à la requeste de M. le Procureur du Roy et de la ville de Paris, quy a eslu son domicille au greffe de l'hostel de ladite Ville, la sentence cy-dessus et de l'autre part a esté, par moy Nicolas Deschamps, huissier en l'Hostel de Ville de Paris soubzsigné, demeurant rue de la Coutellerye, parroisse Sainct-Jean en

Grève, montrée, signiffiée et d'icelle baillé copie, ensemble du présent exploit, au sieur Ravière y nommez en parlant, au domicile dudit Maistre Ravière, advocat rue des Deux Portes, à sa personne, et au sieur Faguet aussy y nommé, en son domicille rue de Tournon à la Croix Blanche, parlant à sa personne, chacun à leur domicille, à ce qu'ils n'en ignorent, et outre, conformement à icelle, j'ay lesdits sieurs Ravière et Faguet, parlant comme dessus, sommez, interpellez de se trouver ou faire trouver personnes de leur part, demain deux heures de relevée, à l'endroit de l'esgout de la rue Saint André des Arts, pour estre presents à la dessente et visite ordonnée estre faite par ladite sentence, luy déclarant que Monsieur le Procureur du Roy et de la Ville, le sieur Levesque, premier Eschevin, et le sieur Goujon, architecte des bastimens du Roy, se trouvant audit lieu, et procès-verbal dressé de l'estat dudit esgoust et des maisons qui ont la descharge dans ledit esgoust, parties présentes ou duement appellées pour, ledit procès verbal veu, estre ordonné ce qu'il appartiendra, et par vertu du deffault donné audict Procureur du Roy et de la Ville, jour et heure pour procéder à ladite visite, leur déclarant que, faute de s'y trouver, il sera procédé à icelle visite et dressé procès verbal, tant en présence qu'absence et intimation : baillé copie. Signé : Deschamps.

A la requeste de Monsieur le Procureur du Roy et de la ville de Paris, demeurant rue des Quatre Fils Marais du Temple, qui a faict eslection de domicille au Greffe de l'hostel de ville,
Soit sommé, interpellé et donné assignation à Maistre Mathieu de Monthelon, Maistre Charles Ravière et à Mᵉ Prosper Faguet à estre et comparoir, mardy prochain deux heures de relevée, sur et à l'endroit de l'esgout de la porte de Bussy, et y faire trouver et comparoir expert de leur part pour, avec le sieur Goujon, expert nommé par la Ville, estre, suivant la sentence rendue au Bureau de la Ville, le unziesme du présent mois, procédé à la visite dudit esgout de Bussy, en présence de Monsieur Levesque, premier Eschevin de ladite ville, commissaire en cette partye, et estre dressé procès verbal de l'estat d'icelluy et des decombremens quy sont dedans, et d'où ilz proviennent, soit à cause des bastimens construits sur ledit esgout, quy en ont fait fondre la voulte, soit pour ce que les latrines de leurs maisons ont leurs descharges dans ledit esgout; leur déclarant que, faute d'y comparoir, il sera procédé à ladite visite et dressé procès verbal d'icelle, tant en absence que présence et intimation.

Faict et signifié le contenu cy dessus par moy Nicolas Deschamps, huissier de ladicte ville de Paris, soubzsigné, demeurant rue de la Coustellerie, auxdits sieurs de Monthelon, en parlant, pour ledit sieur de Monthelon, à son laquais, rue du Cimetière Saint André en son domicile, aux sieurs Raviere, en parlant pour eux au domicille du sieur Raviere, advocat, rue des Deux Portes, à sa servante de cuisine, et au sieur Faguet parlant à sa personne, en son domicille, à ce qu'ilz n'en ignorent, le vingt deuxiesme jour de janvier mil six cens quatre vingt, et laissé à chacun copie séparément. Signé : Deschamps.

L'an mil six cens quatre vingts, le mercredy vingt quatriesme janvier, deux heures de relevée, pardevant nous Phelipes Levesque, premier Eschevin de la ville de Paris, commissaire en cette partie, est comparu au Bureau de la Ville le procureur du Roy et de ladite Ville, lequel nous a dit et remonstré que, pour l'execution de la sentence rendue au Bureau de la Ville, le unze du present mois, entre luy demandeur d'une part et les sieurs Ravière, Faguet et autres proprietaires de maisons scizes sur et le long de l'esgout de Bucy, il avoit faict assigner à sa requeste, par exploit de Nicolas Deschamps, huissier de ladite Ville, du vingt deux de cedit mois, lesdits sieur Ravière Faguet et de Monthelon, propriétaires desdites maisons, pour comparoir cedit jour, deux heures de relevée, sur et à l'endroict dudit esgout de Bucy, et y faire trouver expert de leur part pour, avec Louis Goujon, expert nommé de la part de ladite Ville, estre procédé à la visite dudit esgout de Bussy en nostre présence, et dressé procès verbal de l'estat d'icelluy et des encombremens estant dans ledit esgout, d'où ils proviennent, tant à cause des bastimens construits sur les esgousts quy en avoient faict fondre la voulte, que des latrines desdites maisons qui avoient leurs descharges dans ledit esgoust, réquérant qu'il nous pleust nous transporter sur les lieux pour l'exécution de la susdite sentence.

Inclinant à laquelle requisition, nous Eschevins et Commissaire susdit, nous sommes, avec ledit procureur du Roy et le greffier de la Ville, assistez dudit Goujon, transportez proche de l'embouchure dudit esgout de Bussy, au lieu où estoit cy devant le pavillon de l'antienne porte.

Auquel lieu nous avons trouvé et seroient comparus par devant nous : Maistre Toussaint Ravière, conseiller du Roy et son procureur en la justice du trésor, tant pour luy que pour Maistre Charles Ravière, advocat en la cour, son frère, et Maistre Mathieu de Monthelon, conseiller du Roy au siège présidial de l'antien Chastellet, et damoiselle Caterine du Four, vefve de M° Claude Robert, procureur au Chastellet, tant pour elle que pour le sieur Prosper Faguet son beau-frere, mareschal des logis de Monsieur le Prince; la damoiselle Robert et ledit sieur Faguet, à cause de la damoiselle sa femme, propriétaires, chacun pour moityé, de la maison où pend pour enseigne l'image de saint Claude, scize rue Dauphine, assistez du sieur Rolland Proust, architecte des bastimens du Roy, et experts par eux nommez et choisis pour la visite dudit esgoust, execution de ladite sentence et fins contenus audit exploit de Deschamps, susdatté.

En la compagnie desquels estans entrez en la maison appartenante audit sieur Monthelon où loge un teinturier, nous auroit ledit procureur du Roy et de la Ville requis que les lieux dont est question fussent visitez par lesdits sieurs Goujon et Proust, le raport dressé par eux de l'estat d'iceux, des ouvertures et percées faites dans la voulte dudit esgout, en quel nombre et souz quelles maisons elles avoient esté faites, et de la cheute de la voulte et muraille dudit esgoust, et d'où elle a esté causée, ce quy a pu causer et peut causer à l'advenir l'encombrement dudit esgoust, et a signé. Signé : TRUC.

Et par ledit sieur Toussaint Ravière, tant pour luy que pour ledit sieur Ravière advocat, son frère, ledit sieur de Monthelon et ladite damoiselle veuve Robert, tant pour elle que pour ledit Faguet son beau-frère, a esté dit qu'ils n'empeschoient estre procédé à la visite dudit esgoust par lesdits Goujon et Proust experts, aux protestations qu'ils faisoient que ladite visite ne puisse leur nuire ny préjudicier, et ont signé. Signé : RAVIÈRE, DEMONTHLON et CATERINE DUFOUR.

Sur quoy, nous Eschevins et Commissaire susdit avons donné acte audit Procureur du Roy et de la Ville et auxdits sieurs Ravière, de Monthlon et vefve Robert, de leurs comparutions, dires et réquisitions, ensemble de la comparution desdits Goujon et Proust, experts susdits, et ordonné qu'il sera par eux procédé à la visite dudit esgout, et raport par eux dressé de l'estat d'icelluy, des encombrements y estans, d'où ils procèdent, ce qu'il convient faire audit esgout pour le réparer, des latrines quy y ont leur descharge, en quel nombre, de quelles maisons elles procèdent et des situations sur les esgousts, pour ledit raport estre joint à nostre présent procès verbal, et en estre par nous refféré au Bureau de la Ville, et y estre pourveu ainsy qu'il apartiendra; à l'effet de laquelle visite et raport nous aurions, desdits Goujon et Proust experts, pris le serment en tel cas requis et accoustumé, quy ont signé.

Faict les jours et an que dessus. Signé : LEVESQUE, GOUJON et LE PROUST.

(*Registre* H 1827, f° 608 et suiv.)

PROJET D'ÉTABLISSEMENT

D'UN NOUVEL HÔTEL DE VILLE SUR L'EMPLACEMENT DU GRAND ET DU PETIT HÔTEL CONTI.

Le développement considérable donné au texte du présent volume nous oblige de réduire les appendices au strict nécessaire. Nous nous bornons donc à indiquer sommairement le projet, formé en 1750, de transférer le palais municipal, jugé trop étroit pour les cérémonies et les fêtes populaires, dans l'ancien pourpris de Nesle, où il aurait couvert l'emplacement occupé par le grand et le petit hôtel Conti. Le prince de Conti, nommé grand prieur du Temple et ayant, en cette qualité, le droit d'habiter le prieuré, vendit, avec l'approbation du Roi, les deux hôtels à la Ville, moyennant un million six cent mille livres. Les architectes se mirent aussitôt à l'œuvre et firent des plans qu'on jugea d'une réalisation trop dispendieuse, ce qui entraîna l'abandon du projet. Les Registres du Bureau de la Ville, auxquels nous renvoyons le lecteur, donnent de grands détails sur cette affaire.

Il fallait cependant utiliser les deux hôtels, et l'on en fit provisoirement un garde-meubles de la couronne, destination qu'ils conservèrent pendant dix-huit ans.

TRANSFORMATION

DU GRAND HÔTEL CONTI EN HÔTEL DES MONNAIES.

La démolition du grand hôtel Conti et la construction, sur son emplacement, d'un hôtel des Monnaies, furent l'objet de lettres patentes données à Versailles le 16 avril 1768. Nous en reproduisons les dispositions principales :

Art. I. Le nouvel hostel des Monnoies, qui devoit être à la place où est notre statue équestre, sera établi et incessamment construit aux anciens grand et petit hôtel de Conti, appartenant à notre ville de Paris, et qui sont actuellement occupés par notre garde-meubles, suivant le plan que nous avons agréé...

Art. II. Ordonnons que l'acquisition desdits anciens grand et petit hôtel de Conti sera faite, pour nous et en notre nom, par les commissaires que nous nommerons à cet effet.

Art. III. Ordonnons pareillement que les Prévôt des marchands et Échevins acquerront, pour nous et en notre nom, les maisons particulières situées même quai de Conti, attenantes le petit hôtel de Conti, jusques et y compris celles faisant l'encoignure de la rue Guénégaud, dont le terrain est nécessaire à la construction dudit nouvel hôtel des Monnoies...

II. DOCUMENTS

RELATIFS À LA PROPRIÉTÉ IMMOBILIÈRE DANS LA RÉGION OCCIDENTALE DE L'UNIVERSITÉ.

LES MAISONS DE PARIS PENDANT L'OCCUPATION ANGLAISE.

Les documents de cet ordre sont assez nombreux; Félibien en a publié quelques-uns dans ses *Preuves*; M. Longnon en cite plusieurs dans son excellent livre : *Paris sous la domination anglaise*, et il indique libéralement les sources où il a puisé. Nous y aurions puisé nous-même pour éclairer l'histoire des vicissitudes qu'ont subies les hôtels de Forez, de Cramault, de Fécamp, de Reims, de Rouen, et autres grandes résidences seigneuriales et ecclésiastiques, si les dimensions du présent volume, déjà très considérables, ne nous l'eussent interdit. Nous ne pouvons que renvoyer le lecteur aux pièces originales que M. Longnon a consultées et qui sont relatives aux cens, aux rentes, à la mise à la criée des immeubles confisqués, vacants ou inhabités. C'est le côté topographique de l'histoire de Paris pendant l'occupation anglaise.

III. FRAGMENTS DE RÉCITS ET DE DESCRIPTIONS

EN VERS FRANÇAIS ET LATINS, RELATIFS À LA DESTRUCTION DES ENCEINTES
DE PHILIPPE-AUGUSTE ET DE CHARLES V,
À L'HERCULE GAULOIS, À L'HÔTEL D'HERCULE, AUX COLLÈGES ET AUX BIBLIOTHÈQUES.

I. Lutetia nova, poème de Santeuil.

Le versificateur élégant qui a composé des distiques pour toutes les fontaines de Paris ne pouvait passer sous silence le travail de transformation dont il fut témoin dans la seconde moitié du xviie siècle, et qui ne put être exécuté qu'aux dépens des vieilles enceintes. Corneille avait déjà célébré dans *Le Menteur* (1642), les merveilles éditilaires accomplies du vivant de Richelieu :

> Que l'ordre est rare et beau de ces grands bâtiments!
> — Paris semble à mes yeux un pays de romans;
> J'y croyais ce matin voir une île enchantée;
> Je la laissai déserte, et la trouve habitée :
> Quelque Amphion nouveau, sans l'aide des maçons,
> En superbes palais a changé ses buissons.
> — Paris voit tous les jours de ces métamorphoses :
> Dans tout le Pré-aux-Clercs tu verras mêmes choses;
> Et l'univers entier ne peut rien voir d'égal
> Aux superbes dehors du Palais-Cardinal;
> Toute une ville entière, avec pompe bâtie
> Semble d'un vieux fossé par miracle sortie.

Santeuil, lui aussi, chante la destruction des anciennes murailles et le comblement des vieux fossés, préliminaire indispensable des travaux de construction que méditaient le Roi, la Ville et les particuliers. Mazarin venait de mourir, et ses exécuteurs testamentaires avaient fait choix du pourpris de Nesle pour y bâtir le Collège des Quatre-Nations; les fortifications de Paris, jugées inutiles, s'écroulaient sur les deux rives. Le Prévôt des marchands, Claude Le

Peletier, auquel Santeuil dédia sa *Lutetia nova*, voulant, comme l'avait fait Henri II, marquer sur un nouveau plan les embellissements qu'il projetait, s'était adressé à Bullet, ami de l'architecte Blondel, et de l'effort combiné de ces deux hommes allait résulter un splendide «pourtraict de Paris», ainsi que deux arcs de triomphe.

Santeuil félicite d'abord Bullet de l'honneur que lui ont fait le «préteur urbain et les édiles» :

> Hinc tibi magna quidem, major sed gloria surgat
> Cum te jamdudum ornandæ qui præsidet Urbi,
> Artificum numero e tanto selegerit unum
> Prætor, et in partem te sponte vocarit honoris.
> Ille novam e veteri meditans molirier Urbem,
> Regifico luxu, remeans quam Cæsar ab hoste
> Invideat, dum celsa subit capitolia Victor,
> Quærebat Rectorem operum insignemque Magistrum,
> Qui vicos urbisque situs describeret omnes,
> Et totam in plumbo descriptam exponeret Urbem.

Le plan achevé et les merveilles monumentales du nouveau Paris, encore en projet, étant figurées sur «le plomb» comme effectives, le Prévôt Claude Le Peletier et le topographe Bullet ont le plus vif désir de les réaliser; mais Louis XIV, dont la modestie n'était pourtant pas la vertu favorite, veut tarder encore; il trouve qu'il n'a pas assez fait pour la gloire, il ajourne à d'autres temps les arcs de triomphe que l'architecte de la Ville a représentés sur son plan, commé déjà érigés :

> Hoc opus urgebat dudum nova gloria Magni,
> Tot tituli pace insignes, et publica vota,
> Et plausus populorum, et parti ex hoste triumphi.
> Quippe triumphales, quos olli Urbs tota parabat
> Erigere, oblatos Princeps damnaverat arcus;
> Nondum parque suis respondens gloria fatis
> Famæ avidum pectus cumulaverat : undique lætos
> Quamvis per populos iret cita Fama per urbes,
> Quæ meritos dudum Victori exposceret arcus.

Mais la campagne du Rhin s'achève :

> Au pied du mont Adule, entre mille roseaux,
> Le Rhin, tranquille et fier du progrès de ses eaux,

voit son lit traversé par l'armée du Roi; le Wahal, le Leck, la Meuse, divinités mythologiques chères à Boileau et à Santeuil, ont les cornes brisées, dit le poète latin; la modestie de Louis XIV n'est plus de saison; il est temps de renverser, sur l'une et l'autre rive de la Seine, les vieilles murailles de Philippe-Auguste et de Charles V. Le Prévôt Claude Le Peletier appelle alors Bullet et lui ordonne de réaliser les projets qu'il a conçus avec Blondel. Il s'agit surtout de détruire la partie de l'enceinte comprise entre la porte Saint-Denis et le Palais-Cardinal; les deux arcs de triomphe, figurés sur le nouveau plan, vont enfin être érigés; c'est la continuation de l'œuvre de démolition commencée par Le Vau sur la rive gauche :

> Prætorem intereà Victoria læta premebat,
> Monstrabat captasque urbes et diruta castra,
> Gentes tot domitas, tot fractis cornibus amnes;

> Dumque nova rerum se totus imagine pascit
> Admirans, vocat artifices operumque magistros,
> Quos inter, Bullete, aderas; stat ponere magni
> Fundamenta operis, grandesque attollere portas,
> Magnificosque arcus, Urbemque ornare triumphis.
> Consulitur; locus ipse favet; res ipsa secundat,
> Bulleto monstrante; aperit sese optima rerum
> Et forma et facies: consultis omnia quadrant.
>   Jamdudum exesa Regina Lutetia palla,
> Annorumque situ et ruga deformis anili,
> Squallebat socias inter despectior urbes.
> At nunc illa novos tandem pulcherrima muros
> Induet, et turres arcesque in pulvere ponet,
> Indignas arces, indignas Principe turres.
>   Rumpuntur portæ antiquæ, rumpuntur et arces,
> Relliquiæ partes murorum, avulsaque saxis
> Saxa jacent; passim aspiceres veteresque columnas
> Subversasque domos, vicos, faucesque viarum
> Laxari angustas, facta spatia ampla ruina,
> Tot loca nuda, novis quamprimum ornanda triumphis [1].

II. L'Hercule gaulois dans la basilique de Notre-Dame.

Dans *Paris et ses historiens aux XIV° et XV° siècles*, nous avons rappelé la vieille légende de l'Hercule gaulois, dont la statue figurait à Notre-Dame sous le nom de saint Christophe : « A l'entrée est l'image de saint Christophe, de merveilleuse hauteur et noble ouvrage. » Du Breul, qui la décrit, ajoute : « Ceste statue de saint Christophle est naïvement décrite par maistre Raoul Boterey, advocat au grand conseil, en son livre intitulé : *Lutecia*. » Avant lui, Knobelsdorf en avait parlé; mais il la donne comme une représentation de l'Hercule gaulois fondateur de Lutèce : « Hercules originem Lutetiæ sibi vindicans. » Après avoir exposé les traditions sur lesquelles repose cette croyance, Knobelsdorf met dans la bouche d'Hercule lui-même la description de cette fameuse statue :

> Ardua præcipui subiturus limina templi,
>   Si vacat, ad dextram lumina flecte manum.
> Stare ubi conspicies metuenda mole gigantem;
>   Hæc monumenta mei corporis esse puta.
> Visitur insigni specie vir grandis, ut illum
>   Jure Cyclopæi sanguinis esse putes.
> Ingentes tollunt humeri caput; æmula setis
>   Barba riget, totis invidiosa genis.
> Magna viro moles, dextram regit ardua pinus;
>   Per maris angustas nititur ire vias.
> Montis habet speciem, tamen hunc curvare videtur,
>   Pondere, quod scapulis fortibus urget onus.
> Sic quondam populo, statua metuendus in alta,
>   Extiteram, priscis nobile nomen avis.
> Ille gerit vastos generosi corporis artus;
>   Me non exiguum pondus habere vides.

[1] *J. B. Santolii operum omnium editio secunda* (Paris, 1698).

Æquora proculcat; mixtum fluitantibus undis
   Syrtes me Lybicas obstupuisse scio.
Exerit ingentem nodoso robore clavam;
   Hac rabidas domui concutiente feras.
Ille poli dominum; nos gestabamus Olympum;
   His humeris æque nobile sedit opus.
Hæc igitur nostri manifesta laboris imago
   Testatur titulum muneris esse mei [1].

III. Description de l'hôtel d'Hercule.

Nous avons dit, à l'article de l'hôtel d'Hercule (quai et rue des Grands-Augustins), que l'Hercule gaulois, dont les exploits étaient représentés sur les murailles de cette somptueuse résidence, lui avait valu le nom sous lequel on le connaît dans l'histoire. On y célébra, en 1606, une cérémonie singulière : c'était un simulacre de mariage entre Philippe de Harlay, désigné sous le nom d'*Olympio*, et Jacqueline du Bueil, décorée pour la circonstance de celui de *Casina*. Barclay, qui s'intitule lui-même *Euphormion*, est invité à cette fête et la raconte longuement à la façon de Pétrone; il y trouve l'occasion de décrire, en termes malheureusement trop vagues dans leur emphase poétique, les magnifiques appartements de l'hôtel d'Hercule :

« . . . . Superbissimam intravimus domum, ubi tot erant artificum labores, tam curiosa varietas, ut... nihil unquam viderim tam simile cœlo... Lucernæ de laureatis pendebant postibus, et florum etiam intempestiva pulchritudo sese, alienis anni temporibus, interserebat. Ipsa janua, quantum a lucernis lauroque vacabat, aurea vibrabat cælatura, non spissioribus quidem laminis exarata, sed quæ fideliter lignorum vilitatem occultaret » [2].

COLLÈGES ET BIBLIOTHÈQUES DE LA RÉGION OCCIDENTALE DE L'UNIVERSITÉ [3].

1° Les Collèges.

. . . .
Il ne faut point parler de Lizieux et *Danville;*
On y fait exercice avecque du succès,
Sans qu'il soit de besoin d'en retrancher l'excès;.
Là j'ai vu Bricius, Bercius et Marcile.
. . . .
Tours rend service aussi, n'ayant qu'un principal
Et des boursiers choisis dans un triple inégal,
Cultivant les vertus et bannissant le vice,
Les collèges *Mignon*, *de Boissi*, *de Justice*,
. . . .
Par la rigueur des temps le cèdent au caprice

---

[1] *Lutetiæ Parisiorum descriptio*, auctore Eustathio a Knobelsdorf, Pruteno (Parisiis, 1543).

[2] *Euphormionis Lusini, sive Jo. Barclaii Satyricon* (Lugduni Batavorum, 1674).

[3] Nous rangeons sous cette rubrique quelques extraits de poésies françaises et latines, relatives au vieux monde universitaire. On a fait, pendant les trois derniers siècles, beaucoup de mauvais vers, dans les deux langues, sur les choses et les personnes de l'Université de Paris.

....
A cette grande étude on doit joindre Saint-Côme,
Qui, par la chirurgie, apprend l'art de guérir
Quelque mal qui mettrait en danger de périr,
Si l'on ne s'opposait au périlleux symptôme
....
Les quatre Mandians ont aussi leurs collèges,
Carmes et *Cordeliers*, Jacobins, *Augustins*
Un pour les *Prémontrés*, un autre aux *Bernardins*,
Considérables tous avec leurs privilèges.
....

2° Les Bibliothèques.

....
L'excellente *de Mesme* et la noble *de Thou*

....
La *Cordelière* est grande, et grande l'*Augustine*
....
Les pères *Prémontrés* ont encor de bons livres.

Michel de Marolles.

IV. DOCUMENTS
RELATIFS À LA FONDATION ET AUX STATUTS
DES COLLÈGES DE LA RÉGION OCCIDENTALE DE L'UNIVERSITÉ.

COLLÈGES D'AUTUN, DE BOISSY, DE BOURGOGNE, DE DAINVILLE, D'HARCOURT, DE JUSTICE,
DE MAZARIN, DE MIGNON,
DES PRÉMONTRÉS, DE SAINT-DENIS, DE TOURS, DE VENDÔME.

COLLÈGE D'AUTUN.

MOBILIER DE LA CHAPELLE, DES SALLES, DES DORTOIRS, DU RÉFECTOIRE ET DE LA CUISINE
D'APRÈS UN INVENTAIRE DE 1462 [1].

S'ensuyvent autres biens trouvez ou revestouer de ladicte chappelle.

Premièrement, ung grant coffre de noyer, d'environ sept pieds, ravalé devant, fermant à clef, que l'on dit appartenir aux exécuteurs de feu Maistre Guillaume Claustre, ou intrant.

Item, deux vielz coffres et une huche, l'un de chaisne, d'environ six piez de long, l'autre de chaisne, d'environ quatre piedz, et la huche d'environ cinq piez et demy, que l'on dit appartenir à Maistre Estienne Vray (*non reperitur*).

Item, unes aumaires, sur lesquelles a une verge de fer et ung chandelier de boys.

[1] La partie de ce curieux inventaire, relative à la composition de la bibliothèque du collège d'Autun, a été publiée par M. Alfred Franklin (*Anciennes bibliothèques de Paris*). Hippolyte Cocheris en a seul donné la partie relative au *revestouer*, aux salles, dortoirs, cuisine et réfectoire.

Item, quatre coffres en façon de tasses, dont les deux sont couvers de toille et les autres non, esquelz a plusieurs comptes, lettres, papiers et autres du païs de Languedoc, avec quatre sacs, esquelz y a plusieurs autres lettres que l'on scet à qui elles sont, et parlent de plusieurs choses.

Item, unes petites orgues, garnies de tuyaulx et de couverture de boys et de soufflez.

Item, une chasuble à diacre et soubzdiacre, avecque une chappe, de mesme tout de boucassin noir, semées de fleurs de lys d'or et d'estoilles d'argent, doublées les unes de sendal vermeil, et les autres de toille vermeille.

S'ensuivent les ournemens et vestemens de l'église, trouvez oudict revetouer.

C'est assavoir : deux chappes de satin noir, toutes doublés de sendal vermeil et toile vermeille, deux paremens d'autel de toille noire, en chascun desquelz a une croix vermeille, et sont doublés de toile verte, avecques ung petit poille de toile noyre, doublé de toile vermeille à une croix rouge.

Item, une chasuble à diacre et soubzdiacre de samy, vermeil ardant, brodée à raynceaulx d'arbres, et sur la chasuble a une orfraye à imaiges de plante, et une estolle avecques le fanon à ymages, doublés de sendal vert d'estam. (Lesdicts estolle et fanon *non reperiuntur.*)

Item, une chappe de veluyau cramoysi, brodée à couppes et à imaiges, doublée de toille perse à orfrayes, à champ d'or et à vieils imaiges.

Item, une autre chappe de diacre blanc, semée d'anges d'or, à une vieille orfraye de brodeus à champ d'or et a demy images, doublés de toille perse.

Item, deux chappes de baudequin d'Angleterre sur champ vermeil, semé de fueilles blanches et vertes, à deux vieilles orfrayes, doublés de toille perse.

Item, une chasuble de marraine, à une orfraye de bordeure à champ d'or à grans imayges, doublée de toille perse, avecques l'aube et amyt pareil, l'estolle et fanon d'icelle fait à l'esguille.

Item, ung diacre et soubzdiacre de drap de soye blanche menu ouvrez, doublés de boucassin noir.

Item, une chasuble de tafetas rayé sendrée, avecques l'estolle et fanon, doublé de toille noire, aube et amyt pareilz de mesmes.

Item, une vieille chasuble de boucassin blanc doublé de noir, qui est trouée à deux endroiz.

Item, une autre chasuble de drap de soye blanche, à petiz bezans, de brodure d'or et d'azur en manières de perles peintes d'azur, laquelle est vieille et doublée de sendal vermeil, estolle et fanon de mesme.

Item, ung diacre et soubzdiacre de sendal vermeil ardant, doublé de toile perse.

Item, ung vieil parement d'autel de drap vert, doublé de toille vermeille.

Item, une vieille chasuble de drap d'or déssirée, doublée de vieil boucassin blanc. (*Non reperitur.*)

Item, une autre vieille chasuble de samy violet, doublée de taffetas blanc. (*Non reperitur.*)

Item, ung parement d'autel à une annunciation de brodeure, poponné de veluyau vert et vermeil d'estam, ouquel sont les armes du fondeur dudict colliege, et est le fons brodé à papillons, doublé de toille blanche.

Item, deux paremens d'autel de vieil drap d'or, qui fut sur chainx vermeil, brodez de toille vermeille autour et doublez de toille perse.

Item, deux autres paremens d'autel de toile d'estame, ouvrée à liteaux en manière de lettres sarazinoises, et une couverture d'autel de mesme, doublé de toille noire.

Item, deux orillées de brodure à sagitaires, bien vieilz et sur satin obscur.

Item, quatre aubes de toille, avecques quatre amyts de toille, parées de plusieurs paremens vieilz tant de brodures que d'autres draps. (Deux amyts des quatre dessusdicts *non reperiuntur.*)

Item, onze aubes que bonnes que mauvaises, et six amyts. (Troys aubes des xi dessusdicts *non reperiuntur.*)

Item, cinq surpliez que bons que mauvais. (L'un des cinq dessusdict *non reperitur.*)

Item, deux estoles et deux fanons, ung parement doublé tout uni. (*Non reperiuntur.*)

Item, huit nappes d'autel à l'œuvre de Paris, une autre à l'œuvre de Bourgoingne, et les autres plaines, tant bonnes que mauvaises, dont une est parée d'un parement de brodeure fait a demyz apostres.

Item, quatre serviettes à essuyer mains. (*Non reperiuntur.*)

Item, deux vieilz trains de toille, l'un ouvré et l'autre de toille d'estame. (L'un d'iceulx *non reperitur.*)

Item, une bourse de brodeure à champ d'or, à ung crucifilz et une annunciacion avecques corporaulx.

Item, une autre bourse de tafetas blanc, plaine de corporaulx.

Item, ung vieil estuy aveques corporaulx.

Item, ung tableau de bois paint d'or et à ymaiges.

Item, ung autre tableau doublé, à pignon de bois doré par dedans, et à ymaiges. Le crucifilz, d'un cousté, et Nostre Dame tenant son enfant d'autre, tenant ensemble à couplets d'argent et fermant à ung crochet d'argent blanc. (Ledit argent *non reperitur.*)

Les joyaulx de ladite chapelle s'ensuyvent autres biens trouvez audit revetouer en ung coffre couvert de fer.

Premièrement, une croix à ung pié tout d'argent, sur quatre lyons, et es quatre coins sur ledit pié sont les quatre euvangelistes esmaillez et les esmails rompus, et est pongnée faicte de maçonnerie a ymaiges esmaillez, et sur ladicte pongnée, d'ung cousté et d'autre, sont Notre Dame et saint Jehan esieuz. Et se oste et met ladicte croix en un tuau oudit pié, et est icelle croix ronde esmaillée de bleu, et y a comme fleurs de violettes dorées parmy ledit esmail. Le tout pesant onze marcs cinq onces.

Item, une aultre croix à ung pié doré, sur quatre pates de lyon, à une pongnée et demye esmaillée, et se oste et met ladite croix en ung tuau estant oudit pié, et se ferme à deux chevilles d'argent, et en la croix n'a que le crucifilz, à quatre esmaulx des euvangelistes, et ou diadesme dudict crucifilz, à une croix esmaillée, et le titre dessus esmaillé pesant cinq marcs sept onces.

Item, ung joyau d'argent doré du coronnement Nostre Dame, ouquel Dieu et Nostre Dame sont enlevez et assis en une chaiere assise sur quatre personnaiges d'ommes : icelle chayere esmaillée, par embas à l'entour, en façon de voyrieres, et par en hault, par le derrière de ladicte chayere, à esmaulx et à petites pierres rouges et bleues, et au dessus fait à pilliers en façon de maçonnerie, et n'y a point de fous par dessoulz, et y fault xii chantons où il y a des pierres telles que dessus, et est la couronne Nostre Dame rompue, pesant, tout ainsi que divisé est, xxxvi marcs moins troys quars d'once.

Item, deux chandeliers d'argent dorez pour église, esmaillez sur le pié de six esmaulx, chascun à apostres, en l'un desquelz fault l'un desdicts esmaulx, et en la pongnée de chascun chandelier a esmaulx et fueillaiges, pesans ensemble treze marcs quatre onces.

Item, un encensier d'argent blanc, garny de chaisnes d'argent blanches, pesant troys marcs quatre onces.

Item, six buretes d'argent de vieille façon, verres ou couvercles, ou milieu d'icellui et aussi ez piez d'icelles, et sont toutes rem.... sans ences, pesans ensemble troys marcs et demy.

Item, une navecte d'argent à mectre encens, verée aux deux boutz, et en chascun desdits bouts une teste de serpent, une paix d'argent à un crucifilz aux armes du fondeur, vérée à l'entour, tout pesant ensemble deux marcs et demy.

APPENDICES ET PIÈCES JUSTIFICATIVES.

Item, ung calice d'argent doré dedans et dehors, esmaillé sur le pié à plusieurs sains tout à l'entour par tourbes, et en la pongnée est esmaillée d'un coronnement Nostre Dame, et dedans icellui est une petite couronne d'argent, de l'ymaige Nostre Dame, du joyau devant dit, pesant ledit calice, comme il est, troys marcs sept onces xv esterlins.

Item, ung autre calice d'argent doré dedans et dehors esmallié, sur le pié qui est ront de trois esmaulx, et à la pongnée esmaillée a ymaiges, et la plateine d'icellui est aussi esmaillée ou milieu, à ung Dieu tenant ung livre et faisant la bénédiction, pesant deux marcs six onces et demye.

Item, ung autre calice doré dehors et dedans, et sur le pié a ung esmail de crucifiment, de Nostre Dame et saint Jehan, et la pongnée d'icellui prononcée et esmaillée aux armes de feu monseigneur de Besançon, et dessoubz le pié sont hachées les armes dudict feu seigneur à une croix, et au milieu de la plateine a ung Dieu en jugement, pesant deux marcs xv esterlins.

Item, ung autre calice d'argent doré vieillement et de vieille façon, et a le pié ront à une croix faicte à ung burin, dont la plateine est ung peu fendue, et au milieu d'icelle a une main faicte au burin hachée, pesant ung marc six onces et demye.

Item, ung autre calice d'argent doré dehors et dedans, et sur le pié a une croix hachée, et en la pongnée a ung esmail à roses, et en la plateine a une croix hachée et une main sous hachée, pesant ung marc sept onces.

Item, ung petit coffre d'ivoire garny de ferrure et de tringles d'argent esmaillé, duquel fault la cliquette, ouquel a deux petites boetes d'yvoire, l'une garnie d'argent et l'autre non, en l'une desquelles a ung escripteau escript de ces motz: *de Sancto Stephano*, et y a comme il semble reliques avecques, une petite fiolle ronde en ung petit baston d'estain.

Item, une ymaige de Nostre Dame, estant en ung petit tabernacle tout d'yvore, tenant à coupplez d'argent.

Item, une autre petite ymaige d'alebastre, de Nostre Dame, laquelle et son enfant ont les testes rompues, et sont de peu de valeur.

S'ensuyvent autres biens et ustencilles de maison, trouvez es chambres dudict colliege.

Premièrenent, en la chambre du maistre dudict colliège, ung banc tournis d'environ huit piez de long, perche, et ung marchepié du long dudit banc.

Item, deux tables de chaisne, longues d'environ huit piez, avecques quatre traiteaux.

Item, ung autre banc d'environ six piez.

Item, un dressouer foncé sans armoire.

Item, deux coffres de noyer fermez à clef, longs d'environ cinq piez.

Item, ung chaslit de boys de chaisne.

Item, ung petit chenet de fer.

En la salle dudit colliege.

Item, en la grant salle, ung grant banc à perche et à marche, d'environ xvii piez de long, une table de pareille longueur, deux traiteaux, une forme et un marche-pié, tout de longueur d'environ ix piez.

Item, une autre table de chaisne, de longueur d'environ ix piez.

Item, ung banc sans perche.

Item, ung autre banc vieil, devers l'entrée de la librayrie.

Item, ung dressouer d'ung fons, ung bassin, ung lavouer et le pié qui tient ledict bassin pour laver les mains.

Item, deux grans chenetz de fer à pommeaulx, atachez contre chemynée à deux petites chaisnes de fer.

Item, une petite cheze pour lire la Bible.

En la despense dudit colliege.

Item, en ladicte despense, deux vieilz coffres de noyer chascun de cinq piez de long ou environ, l'un rompu, et sans serrures sont lesdicts coffres.

Item, ung chandelier de cuyvre.

En la cuysine dudict colliege a esté trouvé ce qui s'ensuit :

Premièrement, ung vieil coffre de noyer, d'environ cinq piez, sans serrure.

Item, cinq potz de cuyvre, l'un tenant environ seau et demy, et deux autres pots tenans chascun environ demy seau, le quart pot tenant environ demy seau, et le quint est plus petit.

Item, deux poisles de fer, une bien petite et l'autre ung peu plus grande.

Item, une lichefrite de fer.

Item, ung mortier doublé de pierre.

Item, ung bassin de cuyvre bien vieil et rompu.

Item, deux quartes.

Item, une grant quarte tenant deux quartes, ung pot tenant troys demys seaux, ung pot a mectre verjust, troys aisguieres desquelles l'un a couvercle, le tout d'estain.

Item, deux platz, sept escuelles, XIII saulsieres et deux salières, le tout d'estain.

Item, une broche de fer et ung trepiez.

COLLÈGE DE BOISSY.

LETTRES D'AMORTISSEMENT ENREGISTRÉES AU PARLEMENT (1640).

« Veu par la Cour les lettres patentes du Roy, données à Soissons au mois de mai 1640, par lesquelles ledict seigneur permet au principal et boursiers du collège de Boissy et leurs successeurs, de tenir et posséder les maisons et héritages et biens contenus en la déclaration par eux fournie, et iceux admortist dès maintenant et à tousjours, sans que lesdicts principal et boursiers et leurs successeurs puissent estre contraincts de les mettre hors de leurs mains, ny qu'ils puissent estre troublez, pour quelque prétexte que ce soit; à la charge toutesfois de payer aux seigneurs particuliers, desquels lesdictes maisons, heritages et biens rellevent, l'indemnité, si aucune ils doivent, etc.

« Ladicte déclaration de biens, y attachée sous le contrescel, avec la quittance de 2,200 livres tournois par eux payée pour le droict d'admortissement, etc.

« Ladicte Cour a ordonné et ordonne que lesdictes lettres seront registrées ès registres d'icelle, pour jouir, par les impétrans de l'effect et contenu en icelles, selon leur forme et teneur. » (FÉLIBIEN, *Preuves*, III, p. 103 et suiv.)

Les statuts du collège d'Harcourt sont fort étendus; ils n'occupent pas moins de dix pages dans Du Boullay (IV, 153-162) et sont divisés en quatre-vingt-six articles; ce qui témoigne de la sollicitude minutieuse avec laquelle les fondateurs ont tout examiné, tout prévu. Nous n'avons dû retenir de ces nombreuses prescriptions que celles ayant trait à l'installation matérielle des écoliers et présentant ainsi quelque intérêt topographique.

Les théologiens vivent séparés des artiens; à ceux-ci la petite maison d'Avranches située près de la porte d'Enfer; à ceux-là le grand hôtel, également d'Avranches qui confine à l'église de Saint-Côme : « Statuimus quod Theologi separatim vivant et cohabitant ab Artistis, videlicet in majori domo quæ est propinquior ecclesiæ Sancti Cosmæ, et Artistæ in minori domo quæ est versus portam Inferni, nec habeant aliquid commune in cohabititione, excepta capella. »

La chapelle n'était pas le seul lieu où ils se rencontraient : ils devaient prendre leurs repas en commun : « Tam Theologi quam Artistæ simul comedant in prandio et in cœna. »

Les uns et les autres avaient droit à des chambres que leur assignait le maître : « Tam Theologis quam Artistis cameræ assignentur per magistrum, prout melius viderit expedire. »

COLLÈGE DE BOURGOGNE.

**BULLE DU PAPE JEAN XXII, PUBLIÉE PAR L'ÉVÊQUE GUILLAUME DE CHANAC,
ET RELATIVE À LA FONDATION DU COLLÈGE.**

« ... Joanna de Burgundia, Franciæ et Navarræ regina, comitissa Attrebatensis et Burgundiæ palatina, ac domina de Salinis, volens... sustentationem pauperum clericorum scholarium Parisiis studere volentium elargiri... inter cætera ordinasset ac voluisset, disposuisset, ac etiam mandavisset quod domus sua de Nigella vocata, quam prope muros civitatis Parisiensis habebat, cum omnibus juribus et pertinentiis suis, prout melius posset fieri, venderetur, et pretium exinde recipiendum converteretur totaliter in fundationem unius domus et institutionem in ea certi collegii seu congregationis pauperum regularium vel secularium clericorum scholarium Parisiis studere volentium..., supradictam domum ante et prope locum fratrum ordinis Minorum Parisiis sitam juxta suos confines, emptam..., de pecunia recepta et habita de dicta domo de Nigella vendita juxta voluntatem dictæ reginæ....; ipsamque domum emptam ad opus collegii seu congregationis hujusmodi dispositam ac etiam deputatam : *domum scholarium inclytæ memoriæ dominæ Reginæ Johannæ de Burgundia* intitulaverunt ac etiam nominaverunt... » (EXTRAITS des statuts insérés dans la bulle du pape Jean XXII, et dans les Lettres de l'évêque Guillaume de Chanac.)

« ... In dicta domo sit etesse debeat collegium, sive congregatio et numerus viginti pauperum clericorum sæcularium in logicalibus vel naturalibus duntaxat, et non in alia facultate ibidem studere volentium...

« De ipsorum viginti scholarium numero sit unus magister domus ipsius, qui in artibus magister, vel saltem licentiatus existat, pro eisdem erudiendis scholaribus et domus ipsius administratione gerenda; quique singulis diebus quibus legendum fuerit, in logicalibus vel naturalibus, legat in domo prædicta scholaribus studentibus in eadem...

« Ac in ipsa domo quamdam campanam habeant, quam pulsent pro matutinis, missa, vesperis, pro comestione et pro claudenda porta domus quolibet sero de die ante noctem; et quod ipsa porta clausa non aperietur usque mane, nec aliquis ipsa domo exire de nocte, vel ingredi permittatur, nisi legitima necessitas id requirat; et quod claves portæ prædictæ recipiat magister, et penes se de nocte servet easdem.

« ... Volumus quod ipsi annui reditus eidem domui, collegio seu congregationi assignati dispensentur, expendantur ac distribuantur... pro quolibet scholari domus ejusdem tres solidos... duntaxat deputamus qualicumque septimana pro victu ultra vero dictos tres solidos singulis scholaribus deputatos constituimus et deputamus tres alios solidos, ejusdem monetæ, magistro et capellano..... Et volumus ac concedimus quod de ipsis tribus solidis quos ultra recipient magister et capellanus, quilibet videlicet eorumdem possint disponere prout sibi videbitur expedire.

« Nullus in dicta domo ad magisterium dictæ domus habendum, nisi in artibus magister vel saltem licentiatus existat, nec quivis capellanus ad capellæ domus ejusdem officium exercendum quoquo modo recipiatur nisi de vita et moribus a fide dignis fuerint commendati.

« ... Nullus unquam recipiatur in collegium seu congregationem scholarium dictæ domus nisi prius per cancellarium Parisiensem et Guardianum fratrum ordinis Minorum Parisiensem...

examinatus diligenter, repertus fuerit sufficienter fundatus in grammaticalibus ad logica vel naturalia audiendum, et nisi honestæ conversationis existat.

« ... Magister et capellanus et omnes et singulari scholares collegii seu congregationis domus ejusdem teneantur semper vivere in communi, et in ipsa domo jacere et morari, districtius prohibentes ne alicui eorumdem separatim vel singulariter, in camera vel alibi, nisi cum aliis comedat in communi et in ipsa domo jaceat et moretur...

« ... Ad usum et servitium Scholarium infirmorum una camera infra ambitum dictæ domus per magistrum domus ipsius specialiter deputetur...

« ... Omnes et singuli scholares de collegio domus ejusdem, Magistro et Capellano duntaxat exceptis, incipiendo ab antiquiore per ordinem, quilibet videlicet eorumdem expensas communes per suam faciant septimanam. Et quod Magister et Capellanus pecuniam... tradant et assignent simul et pro tota septimana ei qui hujusmodi suam faciet septimanam.

« ... Quolibet die Veneris, post prandium ipsius diei, ille qui suam septimanam de communibus expensis fecerit, reddat legaliter computum de expensis quæ fecerit in sua septimana, coram Magistro et Capellano, præsentibus etiam aliis scholaribus dictæ domus qui voluerint interesse. Et si quid forsitan ultra pecuniam deputatam expenderit quilibet scholarium pro rata ipsum contingente, de suo proprio persolvat et refundat eidem qui ejusmodi fecerit septimanam.

« Si vero aliquid superfuerit de hujusmodi pecunia deputata, illud totum quod superesse contingit assignare teneatur et debeat illi ex iisdem scholaribus qui sequentem proxime faciet septimanam in augmentum communium expensarum convertendum.

« Anno vero perfecto, totum illud quod superfuerit de ducentis reditualibus libris annuis dictæ domus, factis ac solutis expensis communibus, prædictis scholaribus et collegio, pro communi ipsorum victu deputatis, nec non omnes obventiones alias domus ejusdem, in arca communi dictæ domus, quam eosdem Magistrum et Capellanum et Scholares habere volumus, poni et conservari statuimus et mandamus, convertendum, deputandum et distribuendum per manus Magistri et Capellani, prout ipsis expedire videbitur, sive pro reparatione domus ejusdem, si eosdem Magistrum, Capellanum et Collegium causam vel litem aut controversiam habere contigerit in futurum; sive pro ipsis domo et collegio, sive pro reditibus et proventibus, vel aliis bonis et juribus domus et collegii recuperandis, vel etiam defendendis.

« ... Magister et Capellanus in arca communi ponant tam libras redituales, cum eas habuerint, quam omnes et singulas obventiones alias ac jura quælibet; quodque hujusmodi arca firmetur tribus diversis seris et clavibus, quarum clavium unam Magister et aliam Capellanus, tertiam vero unus ex scholaribus domus ejusdem, quam Scholares ex se ipsis elegerunt, habeant, teneant ac conservent; et quod ipsa arca numquam aperiatur, nec aliquid extrahatur ex ipsa, nisi præsentibus tribus claves habentibus supradictis; nec ipsi ultra decem solidos..., penes se retinere præsumant.

« ... Magister et Capellanus..., recipiant et gubernent res, jura et bona ac reditus et proventus dictæ domus, et administrationem et curam habeant domus, rerum, jurium, bonorum, redituum et proventuum eorumdem; et quod ipsi Magister et Capellanus de singulis receptis et expensis per ipsos factis et habitis nomine et ad opus domus et scholarium, in præsentia omnium Scholarium ipsius domus tunc ibidem existentium computare bis in anno quolibet teneantur.

« ... Nullus scholaris in domo prædicta instituatur vel recipiatur, qui de bonis patrimonialibus, vel beneficio ecclesiastico, aut alias etiam undequaque habere possit et habeat annuatim ultra summam decem librarum Parisiensium, pro suis in studio faciendis et continuandis expensis, nisi illud quod habere posset ultra dictam summam decem librarum Parisiensium annuatim, Magistro domus ipsius convertendum in augmentum expensarum communium omnium et singulorum Scholarium dictæ domus tradere sit paratus." (Félibien, *Preuves*, III, p. 635 et suiv.)

A la suite de ces statuts, dont nous avons extrait seulement les articles relatifs aux revenus et au gouvernement temporel du collège, Félibien place :

1° La procuration du cardinal Bertrand, évêque d'Autun et fondateur du collège de ce nom, comme exécuteur testamentaire de la reine Jeanne de Bourgogne, ainsi que celle du cordelier Guillaume de Vadenc, en la même qualité ;

2° Le bref du pape et l'autorisation du général des Cordeliers, ratifiant la disposition relative à la nomination de deux frères Mineurs, comme exécuteurs testamentaires de la reine fondatrice ;

3° Les lettres de l'évêque de Paris relatives à l'institution d'un troisième exécuteur testamentaire, qui mourut avant d'avoir rempli son mandat.

ÉTABLISSEMENT D'UN SECOND CHAPELAIN.

L'établissement d'un second chapelain, au collège de Bourgogne, fut autorisé, en 1350, par le duc Jean, fils aîné de Philippe de Valois, peu de jours avant la mort de ce monarque. La mesure n'eut aucun effet sur le gouvernement et l'installation matérielle du collège, le nouveau venu devant être un simple écolier, pourvu d'une bourse comme les autres.

"Ordinamus et stabilimus, dit le duc Jean, quod in domo prædicta, cum Capellano memorato, sit deinceps, loco unius scholaris, alius Capellanus scholaris et studens,... qui consimiles bursas aliis scholaribus prædictæ domus dari consuetas percipiet et habebit." (Félibien, *Preuves*, III, 654.)

CONTESTATION RELATIVE AUX CONNAISSANCES ET AU TEMPS D'ÉTUDES DES BOURSIERS, AINSI QU'À L'ENTRETIEN, RÉPARATION ET LOUAGE DES BÂTIMENTS DU COLLÈGE.

En 1536, le Parlement rend un arrêt entre "les eux disans boursiers du Collège royal de Bourgogne..., et maistre Claude Roillet, soy-disant principal, et Jean Collombet, soy-disant chapellain dudict collège..., empeschant l'enthérinement des arrêts de 1507, 1519, 1524 et 1525, relatifs à la reformation et entretenement dudict collège".

En ce qui concerne les écoliers : "ladicte Cour ordonne que nul ne pourra estre boursier audict collège, qu'il ne soit suffisamment fondé *in grammaticalibus*, pour estudier *in logicalibus et naturalibus*, selon les statuts. Et après que lesdicts boursiers ayant estudié *in logicalibus et naturalibus* l'espace de cinq ans, soit qu'ils aient acquis le degré de licence ez arts, ou de la maistrise ez arts, ou non, ne pourront iceux boursiers plus jouyr desdictes bourses, les cinq ans passez...

"...Et quant aux reparations nécessaires et utiles pour les edifices dudict collège, ladicte Cour a ordonné que celles qui se feront pour le logis desdicts boursiers seront faictes des deniers du coffre commun. Et quant aux édifices qu'il seroit besoin de faire de nouveau, lesdicts boursiers députeront deux d'entr'eux pour assister, avec le Chancelier de Paris, gardien des Cordeliers, et lesdicts principal et chapellain, à faire le marché desdicts edifices, et seront faicts aux despens dudict college, et des deniers communs dudict coffre.

"Et, au regard des grosses reparations, y assisteront pareillement lesdicts deux boursiers, avec lesdicts principal et chapellain, et seront faictes aux despens de la communauté.

« Et quant aux mesmes reparations pour le logis et chambre de ceux qui ne seront boursiers, seront faictes aux despens dudict principal qui tient ledict college à louage.

« Et conviendront lesdictes parties dedans trois jours, pardevant l'executeur de l'arrest; autrement seront nommez par la Cour deux principaux pour arbitres et estimer que vault le louage, par chacun an, des maisons appartenantes à ladicte communauté dudict collège; et particulierement combien vault et peut valloir de louage, par chacun an, ce que les escholiers pensionnaires occuperont desdictes maisons de ladicte communauté. Et sera tenu ledict principal payer ledict louage au profit de ladicte communauté, selon l'advis et estimation qui en sera faicte par les dessusdicts, et la presence dudict executeur de ce présent arrest, nonobstant oppositions ou appellations quelconques...

« ... Ledict principal fournira d'une chambre audict college, pour mettre les boursiers malades de maladie non contagieuse; et pour les malades de maladie contagieuse, sera louée une chambre hors dudict college, aux despens de la communaulté.

« Et quant au payement des bourses, seront d'ores en avant à cinq sols parisis, pour chacun boursier, par sepmaine; et seront les linges et ustensiles requis regis par ladicte communauté, et vivront lesdicts boursiers en commun...

« Et quant aux chambres des boursiers, elles seront garnies et entretenues de chaslis et de leurs draps et couvertures, aux despens de ladicte communaulté; la despense de bourse pour la communaulté pareillement fournie. » (FÉLIBIEN, *Preuves*, III, 757.)

ARRÊT DU PARLEMENT RELATIF À LA PRINCIPALITÉ DU COLLÈGE.

Félibien a également imprimé, dans ses *Preuves*, un arrêt rendu par le Parlement, le 14 novembre 1566, touchant la principalité du collège; mais cet arrêt ne présente aucun intérêt au point de vue des bâtiments et de l'administration temporelle de l'établissement.

Il n'en est pas de même des deux sentences rendues en 1607, par Dubois ou Sylvius de Pierre-Vive, abbé de Notre-Dame de l'île de Noirmoutier, chancelier de l'Université de Paris, assisté de Gille Chehere, gardien du couvent des Cordeliers, l'un et l'autre réformateurs et collateurs des bourses du collège royal de Bourgogne. De ces deux sentences, l'une est relative à la galerie que le chapelain Arvisenet disait être une dépendance de sa maison construite à l'intérieur et avec des matériaux du collège; l'autre a trait à la réduction du nombre des bourses, par suite de l'insuffisance des revenus.

Le premier de ces documents a été analysé pour la monographie du collège de Bourgogne, dans le texte de laquelle est également entré un extrait du *Don de cession d'un corps de logis*, pièce que Félibien a imprimée dans ses *Preuves*. Voici la teneur abrégée de ces deux actes:

SENTENCE RELATIVE À LA GALERIE DU COLLÈGE DE BOURGOGNE.

« In causa mota et pendente coram nobis inter Primarium, secundum Capellanum et Bursarios collegii regalis Burgundiæ, actores ex una parte, et magistrum Franciscum Arvisenet, presbyterum, primum Capellanum dicti collegii, reum seu defensorem, ex altera, visis per nos acto contestationis partium..., quo ordinavimus et permisimus actoribus docere et legere in ambulatorio vulgo *la Gallerie*, subtus domum dicti Arvisenet prætendentis dictum ambulatorium esse de pertinentiis suæ domus; præfatis actoribus contrarium sustinentibus, dictumque ambulatorium esse commune Primario, Capellanis et Bursariis ejusdem collegii, tanquam spectans ad hortum communem... Informationibus per nos factis, testibusque in iisdem per nos summarie auditorum et, ex parte actorum productorum, depositionibus et attestationibus, dictoque ambulatorio prius per nos viso et visitato, omnibus denique quæ in hac parte videnda erant, visis et consideratis.

« *Dicimus* esse de dependentiis et pertinentiis domus dicti *Arvisenet* primi Capellani, sed semper esse et fuisse junctum horto dicti collegii, et reservatum pro communi recreatione Primarii, Capellanorum et Bursariorum ipsius collegii, ad quorum liberam dispositionem dictum ambulatorium spectat et pertinet, nihilque in eo juris peculiaris sibi dictus *Arvisenet* vindicare potest. Et propterea licitum eisdem Primario et Bursariis in dicto loco lectiones publicas facere, quousque classes in alio commodiori loco fuerunt constructæ, sine expensis hinc et inde, attenta qualitate partium. *Signé*: S. DE PIERRE-VIVE. »

DON DE CESSION D'UN CORPS DE LOGIS AU COLLÈGE DE BOURGOGNE.

« Aujourd'huy septiesme de novembre, l'an mil six cens et sept, est comparu par devant nous Sylvie de Pierre-Vive, docteur en la faculté de théologie, abbé de l'abbaye de Nostre-Dame-de-la-Blanche, chancelier de l'église et université de Paris, chanoine de ladicte église, maistre François Arvisenet, prestre, premier chapelain du college royal de Bourgongne, fondé en ladite université de Paris, lequel volontairement, de son bon gré et frenche volonté, a déclaré et declare consentir que le corps de logis que luy Arvisenet a fait bastir et construire de neuf dans l'enclos dudict college, joignant l'ancien logis du premier chapelain d'iceluy, à ses frais et despens, et auquel bastiment il a employé quelques matériaux dudict college, demeure au profit dudict college, pour en disposer à la volonté des Principal, Chapelains et Boursiers d'iceluy; à la charge toutesfois que ledict Arvisenet jouïra, sa vie durant et tant qu'il sera premier chapelain dudict college, tant de l'ancien que du nouveau bastiment par lui construit.

« Et au cas que ledict Arvisenet eust volonté de résigner sadicte chapelle, et la resignast à quelque personne capable, de la qualité portée par les statuts dudict college, et, en ce cas, ledict Arvisenet jouyra librement et sans contredict, sa vie naturelle durant, dudict corps de logis neuf par luy basti, et pourra d'iceluy disposer et le louer, pendant sadicte vie naturelle, à personnes qui soient de la qualité portée par les statuts et arrests de la Cour de parlement.

« Et ne pourront, après le décès dudict Arvisenet, ses héritiers prétendre ne demander aucune chose aux Principal, Chapelains et Boursiers dudict college, pour les frais par lui faicts et deniers deboursez audict bastiment, lesquels, aux charges et conditions que dessus, il a donné et donne en pur don audict college. » (FÉLIBIEN, *Preuves*, III, p. 802.)

SENTENCE RELATIVE À LA RÉDUCTION DES BOURSES DU COLLÈGE DE BOURGOGNE.

Le chancelier de Pierre-Vive et le cordelier Chehere, après avoir rappelé les clauses, conditions, charges et revenus mentionnés dans l'acte de fondation du collège, constatent qu'une première réduction fut faite, en 1536, par arrêt du Parlement.

« Anno Domini MDXXXVI, judicatum fuit non posse sufficere, per Dominos supremi senatus Parisiensis, qui terminando nonnullas controversias tunc inter primarios, capellanos et bursarios ejusdem collegii ortas, ordinaverunt cuilibet eorumdem scholarium seu bursariorum, qualibet hebdomada, quinque solidos Parisienses, Primario vero et primo Capellano et eorum cuilibet decem solidos Parisienses solvi et distribui..... »

Les troubles, les guerres civiles et autres calamités ayant ensuite diminué de beaucoup les ressources du collège, ses administrateurs se demandèrent si la réduction du nombre des bourses n'apporterait pas quelque remède à cet état de choses.

« Sed ex tunc per tumultus bellicos, bella civilia et alias incommoditates, caritas annonæ ac aliarum rerum, eisdem scholaribus pro victu et vestitu necessariarum, eo excrevit ut dictæ summæ vix vel minimis eorumdem scholarium necessitatibus sufficiant. Qui quidem scholares aliquo modo possent juvari, si numerus scholarium minueretur et distributiones augmentarentur, pro rata et proportione servata bonorum et redituum ejusdem collegii, supportatisque et deductis prius nonnullis reditibus annuis passivis, aliisque oneribus debitis per dictum collegium..... »

Les administrateurs, d'accord avec le personnel du collège, s'arrêtent à cet expédient : après payement de certaines dettes pressantes, ils réduisent le nombre des boursiers *effectifs* de vingt à dix; mais, par une sorte de compensation, ils instituent dix boursiers *surnuméraires* ou *expectants*, ayant droit de loger au collège, d'en suivre les cours, sans toutefois y prendre leurs repas, et de bénéficier des premières vacances. Ce curieux arrangement, qui avait d'ailleurs un caractère provisoire, nous a paru devoir être reproduit dans le texte original :

«Nos, disent les deux collateurs et réformateurs, Primarii, Capellanorum et Scholarium seu Bursariorum supplicationibus annuentes, et ut commodius in posterum vivere possint, eorumque victui et vestitui aliisque necessitatibus facilius subveniant, per modum provisionis et donec aliter per nos ordinatum fuerit, antiquum numerum viginti scholarium collegii Burgundiæ ad decem personas seu scholares reduximus et præsentium tenore reducimus, quorum unus erit Primarius, duo Capellani et septem Scholares seu Bursarii; quibus septem Scholaribus seu Bursariis et secundo Capellano solvetur seu distribuetur, qualibet hebdomada, summa quatuordecim solidorum Turonensium; Primario vero et primo Capellano et eorum cuilibet summa viginti octo solidorum Turonensium persolvetur.....

« Quousque dictum collegium in pristinum statum restituatur, ordinamus in prædicto collegio recipi et admitti decem alios Bursarios seu Scholares pauperes, de comitatu Burgundiæ ortos seu originarios, quibus nullæ solventur bursæ seu distributiones; sed tantum habebunt habitionem, seu jus cubiculi, in eodem collegio, et gaudebunt aliis privilegiis cæteris antiquis Scholaribus seu Bursariis concessis. Sed, vacatione adveniente alicujus de septem antiquis bursis primæ fundationis, dictæ bursæ conferentur antiquiori seu antiquioribus ex decem Scholaribus secundi ordinis, juxta ordinem et antiquitatem suæ receptionis et admissionis in dicto collegio. »

En prenant ces dispositions, les administrateurs du collège de Bourgogne crurent avoir assez fait pour les boursiers conservés et pour les boursiers expectants; ils ne voulurent pas que les *semaines* des absents profitassent soit aux uns, soit aux autres; ils les réservèrent expressément pour les besoins *généraux* de la communauté :

«Casu quo contingat in futurum Primarium, Capellanos seu Scholares, vel Bursarios, seu aliquem eorum abesse a dicto collegio, distributiones absentium, durante eorum absentia, non accrescent præsentibus; sed reservabuntur et experientur in urgentibus negotiis communitatis ejusdem collegii curandis et expediendis... » (Félibien, *Preuves*, III, p. 802 et suiv.)

NOUVEAU RÈGLEMENT POUR LE COLLÈGE DE BOURGOGNE.

Dix-sept ans après l'arrangement dont nous venons de parler, intervint une nouvelle réglementation du collège, édictée par le chancelier de Pierre-Vive et le gardien du couvent des Cordeliers, «sur les plaintes et quérimonies de Claude Cretenet, principal, Philippe Brulart, chapelain, et autres boursiers témoignant des déréglemens qui se sont glissez audict college».

Ce nouveau règlement, imprimé dans les *Preuves* de Félibien, est divisé en cinq titres : *Pour le Service divin; Pour le Principal; Pour les Chapelains; Pour les Boursiers; Pour l'administration du Temporel*. On n'y relève aucune particularité relative aux acquisitions, constructions, réparations, entretien des bâtiments et administration temporelle du collège.

Il en fut fait deux autres en 1680 et 1688; on les trouvera dans les *Preuves* de Félibien, III, p. 812 et 845.

COLLÈGE DE DAINVILLE.

EXTRAIT DES LETTRES DE CONFIRMATION DONNÉES PAR AIMERY, ÉVÊQUE DE PARIS.

« ...Certum collegium duodecim Scholarium in grammatica positiva et regulari, ac philosophia, necnon in sacrorum canonum scientia, in domo seu hospitio sito Parisius, in vico Cythare, coram ecclesia Beatorum Cosme et Damiani, studere volentium, per modum et formam inde declarandam..., venerabilis vir magister Michael de Damvilla, archidiaconus Ostrevanensis in ecclesia Atrebatensi..., duxit ordinandum, fundandum et dotandum, et de servitiis et omnibus in eisdem fundatione et dotatione contentis onerandum...

« ...De trecentis octodecim libris, sexdecim solidis et decem denariis cum obolo Turonens. annui et perpetui reditus, capiendis anno quolibet in duobus terminis, videlicet medietatem dicti reditus in festo beati Michaelis archangeli, et aliam medietatem in festo sancte Pasche..., super hallis et molendinis ville Rothomagensis... Ordinamus, creamus et fundamus in dicto collegio unum Magistrum, qui dictos Scholares eligendos et assumendos sciat, debeat et teneatur instruere et docere fideliter et diligenter... In dicto collegio poterunt studere per sex annos et non ultra; quibus transactis, si majorem moram in dicto collegio facere voluerint, habebunt transire ad sacram scientiam canonicam, pro qua acquirenda et audienda, per decem annos completos in hujusmodi collegio et non ultra poterunt remanere...

« ...Constituimus et ordinamus unum Procuratorem, qui reditus agendaque communia et negotia dictæ domus scholarium nostrorum prosequi valeat, gerere ac tractare cum consilio dicti Magistri et visitatoris ejusdem quos scilicet Magistrum et Procuratorem comprehendi volumus in numero dictorum duodecim Scholarium nostrorum, et assumi quoties opus erit, ex diœcesibus Atrebatensi ac Noviomensi.

« ...Magister et Procurator dicti collegii, et eorum quilibet, habeat penes se in scriptis nomina et cognomina omnium et singulorum Bursariorum et etiam aliorum foraneorum..., notatis die et tempore receptionis ipsorum et perceptionis bursarum, nec non recessus et more ipsorum, dum eos aut eorum aliquos ex aliqua causa recedere contingeret...

« ...Quilibet Scholaris, antequam percipiat bursas, sibi de suo provideat de habitu condecenti et honesto, et sic incedat, sive eundo ad sermonem vel ecclesiam, aut alibi per villam, quandiu in perceptione earumdem morabitur...

« ...Quilibet Scholaris bursarius, de novo ad easdem bursas admissus et receptus, antequam aliquid recipiat de propriis bursis, solvat Procuratori quadraginta solidos Parisienses pro introitu suo, in commodo et utilitate ipsius collegii convertendos, et cum hoc mappam sufficientem cum una thobalia, ad usum cotidianum dicti collegii, que ex tunc eidem collegio quesita remanebunt...

« ...Tam Magister et Procurator quam Scholares tenebuntur querere et sibi de suo providere de linteaminibus et cooperturis, ac etiam de libris quos audire voluerint, prout eis placuerit, que sibi et sue dispositioni ac voluntati particulariter remanebunt...

« ...Statuimus quod bini et bini habeant unam cameram in qua jaceant et studeant, volentes quod Magistri discretio cameras dicte domus binis et binis, prout sibi videbitur expedire, dividat et assignet; ita tamen quod ipsis vel eorum altero existentibus in camera de die sive nocte, donec ambo iverunt cubitum, camera non firmetur, ut ad eos Magister facilius accedere valeat, si voluerit, omni hora, et ut iidem Scholares se studio sedulos magis reddant et vacare malis moribus et otiis vereantur; et si expediens videbitur Magistro, de qualibet camera poterit habere clavem.

« ...Omnes simul comedant certa hora et in loco dicte domus ad hoc ordinato; et quod si aliquis vel aliqui absentes fuerint illa hora, nisi rationabilis causa subsit, priventur victualibus illius hore...

« ...Computato bis in anno de receptis et missis ac expensis domus et collegii factisque domorum et edificiorum ac solutis..., nec non et retentis et reparatis utensilibus et aliis mobilibus, cum solutione bursarum, ac ceteris universis necessariis ipsorum domus de collegii primitus adimpletis, si qua pecunia inde remaneat aut supersit, facto compoto predicto, placet nobis et volumus quod residium in deposito servetur pro reditibus ipsorum domus et collegii acquirendis et ampliandis... »

Les prescriptions relatives au coffre commun, à la distribution des bourses, aux semaines de service, aux redditions de comptes par les semainiers, sont les mêmes que pour le collège de Bourgogne. (FÉLIBIEN, *Preuves*, I, 506 et suiv.)

Trois ans après, Michel de Dainville, frère des deux fondateurs, apporte aux statuts quelques modifications de peu d'importance. L'année suivante, les visiteurs et collateurs de bourses du collège font également quelques réformes et remédient à certains abus. Enfin, en 1789, la Commission des exécuteurs testamentaires, composée de Pierre Aramette, Pierre Fauconnier, Jean de Milly et Robert Coiffe, élabore un nouveau règlement, qui reçoit l'approbation des chapitres d'Arras et de Noyon.

Ce règlement, que Félibien a imprimé dans ses *Preuves*, confirme, sur tous les points principaux, les statuts contenus dans l'acte de fondation. (Voir *Preuves*, I, p. 514 et suiv.)

COLLÈGE D'HARCOURT.

1312.

EXTRAIT DES LETTRES DE GUILLAUME DE CHANAC, ÉVÊQUE DE PARIS, PORTANT CONFIRMATION DE LA FONDATION DU COLLÈGE D'HARCOURT.

« ... Devotionem laudabilem sanctumque propositum... Roberti Constantiensis episcopi instituentis de novo et instituere affectantis in brevi viginti quatuor, videlicet sexdecim in artibus et octo in theologiæ facultate scholares, in domibus quæ communiter domus *Abrincenses* vocantur, in vico Sancti Cosmæ Parisius prope portam quæ porta *Inferni* vulgariter nuncupatur, situatas, quas nomine executorio testamenti bonæ memoriæ Radulphi de Haricuria fratris sui, quondam de Constantino in ecclesia Constantiensi archidiaconi acquisivit, ut inibi dicti scholares, juxta ordinationes ejusdem episcopi super hoc editas, convivant.

« Ad quorum quidem scholarium convictum ibidem idem episcopus ducentas libras annui reditus amortizatas deputavit, assignavit ac etiam ordinavit, sub certis conditionibus et statutis super hoc editis ab eodem...

« ... Quantum in nobis est et possumus, auctoritate ordinaria laudamus, ratificamus, approbamus, ac etiam tenore præsentium confirmamus... » (FÉLIBIEN, *Preuves*, I, 295.)

A la suite de ces lettres de confirmation, Félibien a imprimé la bulle adressée d'Avignon, par le pape Clément V, à « ses chers fils les maître et collège des écoliers de la maison de Harcourt, à Paris ».

COLLÈGE DE MAZARIN.

Félibien a imprimé dans ses *Preuves* six pièces relatives à la fondation du collège Mazarin et portant les dates de 1661, 1665, 1674, 1681. Nous en extrayons les passages les plus en rapport avec la spécialité topographique de cet ouvrage :

Acte de fondation.

Cet acte, passé devant «deux notaires garde-notes du Roy au Chastelet de Paris», constate «le dessein qu'avoit Monseigneur Jules cardinal Mazarini, duc de Nivernois et de Donziois, pair de France..., d'establir de ses effets un collège et une académie pour l'instruction des enfants qui auroient pris naissance à Pignerolles, son territoire et aux vallées y jointes, aux provinces d'Alsace et aux pays d'Allemagne contigus, en Flandres, en Artois, en Hainaut et en Luxembourg, en Roussillon, en Conflans et en Sardaigne, ou ce qui est réduit sous l'obeissance du Roy, par le traité fait à Munster le 24 octobre 1648, et par celuy de la paix générale fait en l'isle appellée des Faisans, le 7 novembre 1659...

«Auquel collège S. E. a pris la résolution de joindre la bibliothèque de livres dont il a fait l'amas depuis plusieurs années, de tout ce qui a esté trouvé de plus rare, tant en France qu'en tous les pays estrangers, où il a souvent envoyé des personnes très capables pour en faire la recherche, afin d'en faire une bibliothèque pour la commodité et pour la satisfaction des gens de lettres...

«Lesdits Collège et Académie seront sous le nom et titre de Mazarini : c'est à sçavoir le Collège de soixante escoliers, qui seront des enfants de gentilshommes ou des principaux bourgeois...

«Les quinze personnes pour l'Académie seront tirées du collège, sans aucune distinction desdites nations...; lesdits soixante escoliers du Collège et les quinze personnes de l'Académie seront logez, nourris et instruits gratuitement, au moyen de la présente fondation.

«...L'établissement dudit collège, auquel la bibliothèque est jointe, et de l'Académie, sera fait sous le bon plaisir du Roy, en la Ville, Cité ou Université de Paris, en mesme ou divers lieux, le tout selon que les exécuteurs de la présente fondation le trouveront plus à propos.

«...Le Collège sera composé d'un grand maître, qui sera docteur de la maison et société de Sorbonne...

«...Le procureur commun fera les recettes et dépenses dudit collège...

«...Le principal et le sous-principal de Pignerolles..., seront de l'ordre des religieux Théatins...

«...Les principaux des autres nations seront bacheliers de la maison de Sorbonne.

«...Il y aura audit collège huit classes et autant de régents, sçavoir : six d'humanités et deux de théologie.

«...Il y aura, à l'Académie, un écuyer, un créat, un maistre à danser, un maistre tant à faire des armes qu'à voltiger, un maistre de mathématiques, et les serviteurs nécessaires...»

Par lettres patentes du 8 avril 1665, le roi Louis XIV «confirme, loue, approuve et signe de sa main» le contrat de fondation, et le Parlement enregistre lesdites lettres le 14 août suivant.

Dix-neuf ans plus tard, l'emplacement a été choisi ; les bâtiments du collège sont en pleine construction, et les exécuteurs testamentaires demandent que le nouvel établissement soit «agrégé à l'Université de Paris».

L'Université, pour statuer sur cette demande, tient séance solennelle aux Mathurins; sous la présidence du recteur sont réunis les doyens en facultés de théologie, des décrets, de médecine et les procureurs de quatre nations. L'assemblée fait des réserves en ce qui concerne l'Académie et l'accession des Théatins : elle ne veut ni de l'*ars palæstrica*, ni de l'*ars gladiatoria*, ni des religieux étrangers non agrégés à l'Université. Le collège Mazarini est reçu... mais à correction.

Enfin, toutes les difficultés sont levées, et, le 8 avril 1688, le roi Louis XIV donne des lettres patentes portant règlement pour le collège Mazarin.

Aux termes de ce document, les soixante écoliers devront être « gentilshommes ou enfans des principaux habitans, vivans noblement... sçavoir : vingt des provinces d'Artois, Cambray, Flandres, Haynault et Luxembourg ; quinze d'Alsace, Strasbourg et pays d'Allemagne et Franche-Comté ; quinze de Pignerolles et vallées qui y sont jointes, Cazal et de l'Estat ecclésiastique... ; dix de Roussillon, Conflans et Sardaigne...

« ...Lesquels escoliers seront instruits, logez, nourris et meublez gratuitement, tant en santé qu'en maladie, pendant le cours ordinaire des classes, et leur sera donné à chacun la somme de cent livres tous les ans, pour les habits et linges de leurs personnes... » (FÉLIBIEN, *Preuves*, II, p. 195-207.)

COLLÈGE MIGNON.

1353.

EXTRAITS DES LETTRES D'INJONCTION DONNÉES PAR LE ROI JEAN.

« ...Cum dilectus et fidelis magister Johannes Mignon, clericus et consiliarius noster dum vivebat, ac magister Cameræ compotorum nostrorum Paris., in suo testamento, seu ultima voluntate, quamdam fundationem duodecim Scolarium, amicorum suorum carnalium propinquiorum, si tamen ad hoc idonei reperirentur, de bonis a Deo sibi collatis, Paris. fieri et perpetuo fundari inter cætera ordinasset ; ...partibus ad hæc præsentibus et consentientibus, in modum et in formam qui sequuntur extitit ordinatum :

« Videlicet quod magister Robertus Mignon, frater ac supremus executor defuncti, testamentum prædictum quoad hoc exsolvendo, et voluntatem dicti testatoris adimplendo, pro hujusmodi fundatione dictorum duodecim scolarium facienda, octies viginti libras Paris. annui et perpetui reditus admortizatas, in terra nobis immediate subjecta, infra instans festum Nativitatis Domini acquirere et emere tenebitur et etiam assignare.

« Tenebitur itaque idem magister Robertus dare et tradere domum quam dictus ejus frater tempore sui obitus tenebat, et in ea morabatur, seu aliam æquivalentem, pro habitatione et mansione dictorum scolarium, Parisius in loco competenti situatam, una cum quindecim lectis furnitis et superlectilibus, ac quadam capella pro divino servicio celebrando... » (FÉLIBIEN, *Preuves*, III, p. 655.)

1526.

NOMINATION DE COMMISSAIRES POUR LA RÉFORMATION DU COLLÈGE MIGNON.

« ...L'Evesque de Troyes, confesseur du Roy, est venu en la cour de ceans, qui a dist que le college Mignon est de la fondation royalle, et auquel a eu par cy-devant grand nombre d'escolliers et fort bon exercice ; toutesfois de present n'y a aucun exercice, pour ce que le principal dudict college est chanoine de Chartres, et ne se tient ordinairement audict college. Et a supplié la Cour commettre aucuns des conseillers de ceans, pour, avec luy, se transporter audict college et proceder à la reformation d'iceluy.

« Et, après que le Procureur general du Roy a esté sur ce ouy, la Cour a commis et commet : N. N., etc. » (FÉLIBIEN, *Preuves*, II, p. 674.)

COLLÈGE DE PRÉMONTRÉ.

1252.

CONTRAT D'ACQUISITION DE LA MAISON SUR L'EMPLACEMENT DE LAQUELLE A ÉTÉ CONSTRUIT LE COLLÈGE.

« ..... Domina Gila dicta de Houzel, civis Parisiensis vidua, olim uxor defuncti Johannis Sarraceni, asseruit quod ipsa ex sua propria hæreditate habebat, tenebat et possidebat, pleno jure, domum quamdam Petri Sarraceni nuncupatam, cum porprisio et pertinentiis ejusdem domus, sitam Parisius ultra Parvum Pontem, in vico *de Hautefeuille*, oneratam in duodecim solidos capitalis census, et quatuor libras Parisienses annui census super tribus partibus prædictæ domus, ut dicebat.

« Quam domum, prout cum suis pertinentiis se comportat ante et retro, et in longo et in lato, ipsa Gila.... vendidit, quitavit et concessit ex nunc perpetuo, seque vendidisse, et nomine venditionis ex nunc perpetuo quitavisse et concessisse recognovit, viris religiosis Johanni abbati et conventui Præmonstratensi, pro pretio centum et viginti librarum Parisiensium jam sibi soluto in pecunia numerata...

« De quo pretio quictavit dictos emptores, exceptioni non numeratæ et non receptæ pecuniæ renuntiando per fidem; cedens dictis emptoribus et eorum successoribus, ac penitus transferens in eos omne jus et dominium, omnem possessionem et proprietatem, et omnes actiones reales et personales, etc...

« Et pro recta garandia..., titulo specialis hypothecæ, domum quamdam, in qua ipsa ad præsens moratur, suam, ut dicebat, sitam Parisius in civitate, in quadrivio de *Marché Palu*, contiguam domui quondam Egidii Miette, in censu monialium Montis-Martyrum..., dictis emptoribus obligavit et obligatam reliquit... » (FÉLIBIEN, *Preuves*, I, p. 208.)

1255.

VENTE PAR L'ABBESSE DE SAINT-ANTOINE-DES-CHAMPS, AUX RELIGIEUX DE PRÉMONTRÉ, DE CENS ASSIS SUR SEPT MAISONS EN LA RUE AUX ÉTUVES.

« ..... Cum haberemus dominium fundi terræ et ventarum, nec non et censum septem librarum et sex solidorum Parisiensium annui reditus, super novem domos sitas Parisius juxta domum Fratrum Minorum, in vico qui dicitur *aux Estuves*; videlicet quatuor solidos Parisienses fundi terræ super domum liberorum uxoris Adæ dicti Romani; duodecim solidos Parisienses fundi terræ super domum defuncti Petri Sarraceni; et centum solidos Paris. incremento census super eamdem domum; sex solidos Paris. fundi terræ super domum Johannis de Bello-Monte; sex solidos Paris. fundi terræ super domum Margaretæ dictæ Doucelier; quatuor solidos Paris. fundi terræ super domum Nicolai dicti Romani; quatuor solidos Paris. fundi terræ super domum defuncti Richardi, dicti don Porche; quadraginta denarios Paris. fundi terræ super domum Agnetis de Vitriaco; et quadraginta denarios fundi terræ super domum Dionysiæ de Campis...

« Vendidimus abbati et ordini Præmonstratensi præfatum fundi terræ dominium et ventarum, nec non et omne jus quod cum ipso dominio et cum septem libris et sex solidis Paris. census annui in prædictis domibus et in earum fundo habebamus et habere poteramus, pro trecentis et quinquaginta libris Parisiensis monetæ, in aliam hæreditatem utiliorem nostræ ecclesiæ jam conversis... » (FÉLIBIEN, *Preuves*, I, p. 209.)

1256.

ACQUISITION DE LA MAISON DE JEAN DE BEAUMONT PAR LES PRÉMONTRÉS.

« ... Johannes de Bello-Monte, civis Parisiensis, asseruit quod ipse habebat, tenebat et possidebat quamdam domum sitam Parisius ultra Parvum Pontem, contiguam domui quæ fuit Petri Sarraceni, cum porprisio et pertinentiis ejusdem domus. Asseruit etiam idem Johannes..., quod ipse habebat et percipiebat annuatim quatuor libras Parisienses annui census super tribus partibus domus prædictæ Petri Sarraceni, et super tribus partibus *Stuffarum* domus ejusdem.

« Quam siquidem domum prædictam, cum porprisio et pertinentiis ejusdem domus, et quas quatuor libras annui census idem Johannes recognovit se vendidisse et quitasse in perpetuum religiosis viris abbati et conventui Præmonstratensi, pro ducentis et quinquaginta libris Parisiensibus tum solutis eidem in pecunia numerata, sicut confessus est...

« Et promisit quod dictam domum, nec non et dictas quatuor libras census annui habendas et percipiendas singulis annis, ab abbate et conventu prædictis, super tribus partibus dictæ domus Petri Sarraceni et Stuffarum ejusdem, eidem abbati et conventui Præmonstratensi garantizabit et liberabit, quotiescumque opus fuerit...

« Confessus insuper fuit idem Johannes.., sibi esse satisfactum ab abbate et conventu supradictis de quatuordecim libris Parisiensibus in pecunia numerata...» (FÉLIBIEN, *Preuves*, I, p. 210.)

STATUTS ET RÈGLEMENTS.

Les documents originaux contenant statuts et règlements des collèges établis dans la région occidentale de l'Université ont entre eux, comme les actes de fondation, de très grandes analogies. Leurs principaux objets sont : le mode de nomination des boursiers et de distribution des bourses, la durée des études, la direction de la maison, les sorties, les repas, les récréations, les installations matérielles, le régime scolaire enfin, dans tous ses détails.

De ces nombreuses prescriptions recueillies par Du Breul, Du Boullay, Félibien, Crévier, Ch. Jourdain et autres historiens, dans la volumineuse collection qui constitue les archives de l'Université de Paris, nous avons retenu seulement ce qui, à certains égards, présente un côté topographique. Ce sont des détails se rattachant à l'aménagement et à l'administration temporelle des maisons scolaires.

Dans la région que nous étudions, comme dans tous les pays universitaires, il faut faire une première et importante distinction : les collèges *réguliers*, comme celui de Prémontré, ouverts seulement aux novices de l'ordre et soumis à une réglementation monastique, ne doivent pas être confondus avec les collèges séculiers, comme ceux de Bourgogne, de Dainville, de Tours et autres, qui comprenaient des *artiens*, des *décrétistes*, des élèves *mires*, c'est-à-dire des étudiants en lettres, en sciences, en droit et en médecine. A ces derniers un peu plus de liberté est laissée; toutefois, sauf la fréquence des exercices religieux, les grandes lignes réglementaires sont presque les mêmes.

Généralement on est deux dans une chambre : *bini et bini in eadem camera;* on ne la quitte que pour aller à la chapelle, à la classe, au réfectoire, au *deambulatorium*, jardin, galerie ou préau; elle demeure toujours ouverte au principal et au chapelain. On en descend à cinq heures du matin; on y remonte à neuf heures du soir; on y passe tout le temps de l'étude; on n'y mange point, et l'on n'y reçoit personne.

Les statuts du collège d'Harcourt sont fort étendus; ils n'occupent pas moins de dix pages dans Du Boullay (IV, 153-162) et sont divisés en quatre-vingt-six articles, ce qui témoigne de la sollicitude minutieuse avec laquelle les fondateurs ont tout examiné, tout prévu. Nous n'avons dû retenir, de ces nombreuses prescriptions, que celles qui ont trait à l'installation matérielle des écoliers et présentent ainsi quelque intérêt topographique.

Les théologiens vivent séparés des artiens; à ceux-ci la petite maison d'Avranches située près de la porte d'Enfer; à ceux-là le grand hôtel, également d'Avranches, qui confine à l'église de Saint-Côme : «Statuimus quod Theologi separatim vivant et cohabitent ab Artistis, videlicet in majori domo quæ est versus portam Inferni, nec habeant aliquid commune in cohabitatione, excepta capella.»

La chapelle n'était pas le seul lieu où ils se rencontraient, ils devaient prendre leurs repas en commun : «Tam Theologi quam Artistæ simul comedant in prandio et in cœna.»

Les uns et les autres avaient droit à des chambres que leur assignait le Maître : «Tam Theologis quam artistis cameræ assignentur per Magistrum, prout melius viderit expedire.»

Au collège de Tours, où l'administration était fort économe, les écoliers ne devaient jamais transporter dans leur chambre le bois servant à la cuisine : «Lignum, quod singulis annis emitur sumptibus collegii, pro carnibus et aliis epulis communitatis solummodo decoquendis..., nullus ad suum cubiculum transferat.» Il en était de même du feu produit par la combustion du bois; on devait le couvrir soigneusement après le repas, et aucun écolier ne pouvait ni le découvrir, ni en emporter chez lui; le proviseur était chargé d'y veiller : «Lignum studiose conservari et cum maxima parcimonia comburi satagat, ignem cito post prandium et cœnam cooperiendo aut cooperire faciendo; et si quis postea illum discooperiat... graviter puniatur.»

Personne ne pouvait recevoir l'hospitalité au collège, ou y séjourner, sans la permission du principal ou proviseur : «Nullus hospes in domo sine licentia principalis..., petita et obtenta remaneat, nec etiam hospitetur.»

Deux portes donnaient accès dans le collège de Tours; l'une s'ouvrait sur la rue Serpente, l'autre sur celle de la Harpe. La première était la principale; chaque boursier en avait une clef, et c'est par là seulement qu'il devait passer : «Quia nunc sunt duo ingressus, seu duæ portæ in collegio quorum unus est in vico Serpentis, et alter in vico Citharæ, volumus et ordinamus quod porta in vico Serpentis sita sit porta principalis dicti collegii, sicut fundator voluit; cujus singuli bursarii habeant unam clavem, illam portam semper ut claudant, quando exibunt.» La seconde n'était qu'une porte de service, et le principal seul en avait la clef : «Quantum vero ad portam in vico Citharæ sitam, quæ fuit facta pro munitionibus et commoditatibus collegii, et aliis negotiis necessariis subveniendis, volumus quod sit semper die clausa, et quod solus primarius habeat clavem dicti ostii, per quod nullus, nisi ex causa, poterit ingredi nec egredi collegium.» L'économe lui-même ne pouvait introduire des provisions dans le collège par la porte de la rue de la Harpe, qu'en demandant la clef au principal : «Cum procurator indigebit clave pro necessitatibus collegii, primarius tradet illi unam clavem.»

Comme dans la plupart des collèges parisiens, le principal du collège de Tours distribuait les chambres, à raison d'une pour deux écoliers; le plus ancien avait, de préférence au plus jeune, la garde de la petite bibliothèque dont chaque chambre était pourvue : «Principalis cameras assignabit scolaribus, eruntque duo in uno cubiculo, et antiquior receptus habebit bibliothecam in suo cubiculo existentem, et præferetur posteriori recepto.» Si cependant un boursier était prêtre, lecteur en médecine, en droit canon ou en théologie, on devait lui donner une chambre pour lui seul : «Si tamen aliquis dictorum scolarium sit magister, aut alias...

graduatus, et maxime si sit lector in medicina, canonibus, vel theologia, solus habeat cameram. » Quant au principal, il avait droit à deux chambres, pour lui et ses serviteurs, et à une cave : « Magister domus habebit duo cubicula pro se et suis famulis, cum una cavea. »

Les choses avaient été ainsi réglées à nouveau en 1540; vingt-trois ans après (1563) l'archevêque Simon de Maillé, qui paraît avoir porté beaucoup d'intérêt à son collège, était obligé d'augmenter la bourse, ou pitance hebdomadaire des boursiers et du principal, « parce que notoirement toutes sortes de vivres et choses nécessaires pour la vie et entretenement des personnes sont, à Paris, excessifs, mesme le pain et viandes, et que l'intention du fondateur a esté que les boursiers fussent alimentez, nourris et entretenuz aux despens du revenu du college... lequel, oultre les reparations et aultres charges nécessaires, est suffisant pour avoir, chascun desdicts boursiers, par chascune sepmaine, la somme de quinze sols tournoys, et au principal vingt-deux sols six deniers tournoys. »

L'augmentation parut insuffisante, car vingt-quatre ans plus tard, le vicaire général du même prélat, à ce autorisé sans doute, élevait la bourse des écoliers à vingt-cinq sols, et celle du principal à trente-six sols six deniers, autant « par grande cherté de vivres, que par accroissement des revenus du collège, augmentez environ du tiers, puis quelques années en ça ». Ainsi on ne songeait point à nommer de nouveaux boursiers, quand les ressources de la maison s'accroissaient, mais bien à doter plus largement ceux qui étaient en possession de la bourse; pour en augmenter le nombre, il fallait une nouvelle fondation.

Les mêmes usages, clauses et prescriptions, se retrouvent à peu près dans tous les collèges parisiens. A Dainville, on faisait l'inventaire de tous les biens meubles et immeubles du collège, deux fois par an, à la Saint-Jean et à la Toussaint. Une tenue décente et honnête était de rigueur avant l'obtention de la bourse; un trousseau était exigé, et il en restait une partie au collège après le départ des boursiers, disposition qu'on retrouve dans les prospectus de nos modernes établissements d'instruction publique et privée. Le semainier devait non seulement faire la dépense des repas, mais encore servir à table et manger ensuite avec le lecteur.

Dans tous les statuts et règlements, on remarque la même confusion : réception des boursiers, distribution des bourses, heures du lever, du coucher, des repas et des classes, administration temporelle, réparations et entretien, exercices de piété, services religieux pour le repos de l'âme des fondateurs, prescriptions relatives au costume, aux sorties, aux visites, etc., etc.; tout se suit sans autre ordre que celui auquel a obéi la pensée du fondateur. Aussi voit-on de nombreuses additions et modifications se produire dans les statuts et règlements primitifs. Aux xvie et xviie siècles, les établissements fondés par les Jésuites sont un stimulant et déterminent un certain travail d'unification; au xviiie siècle l'autorité souveraine intervient et réalise l'unité scolaire, en réunissant tous les petits collèges « sans exercice » à celui de Louis-le-Grand.

V. INVENTAIRES DES PIÈCES D'ARCHIVES

QUE POSSÉDAIENT LES COLLÈGES DE PARIS AU MOMENT OÙ CEUX QUI ÉTAIENT SANS EXERCICE
FURENT RÉUNIS À LOUIS-LE-GRAND ;
INDICATION DE LEURS PROPRIÉTÉS URBAINES ET RURALES,
DE LEURS RESSOURCES MOBILIÈRES ET IMMOBILIÈRES ;
MAISONS DE PARIS SUR LESQUELLES ILS AVAIENT DES CENS ET DES RENTES;
DOCUMENTS UNIVERSITAIRES AYANT UN CÔTÉ TOPOGRAPHIQUE.

La Bibliothèque de la ville de Paris a tout récemment acquis un fonds des plus intéressants. C'est une collection de volumes manuscrits, contenant les inventaires analytiques des archives que possédaient les collèges de Paris, en 1763, à l'époque où fut opérée la réunion au collège de Louis-le-Grand de ceux qui n'avaient pas «d'exercice», et ne pouvaient, par conséquent, donner l'enseignement à leurs boursiers ainsi que l'avaient prescrit les fondateurs. Une sorte de liquidation eut donc lieu, et les archives des collèges supprimés furent centralisées au nouveau chef-lieu de l'Université; mais il en fut fait préalablement une analyse méthodique qui a toute la valeur d'un *vidimus*, car l'auteur de ce travail déclare avoir eu les originaux sous les yeux, et confesse loyalement l'absence de ceux qu'il n'a pas vus. Nous ignorons ce qu'a pu devenir cette masse de pièces originales; il en existe un certain nombre aux Archives nationales; mais la plupart ont dû être détournées à une époque que nous ne saurions préciser.

Avisé de cette précieuse acquisition, au moment où le présent volume était sur le point de paraître, nous avons fait diligence pour en tirer tout le parti possible. L'achèvement du texte ne nous a permis que de réunir les éléments d'un appendice; mais nous l'avons rendu aussi complet, aussi substantiel que possible. Le lecteur voudra bien y recourir après avoir pris connaissance de la monographie de chaque collège.

COLLÈGE D'AUTUN.

1341.

Deux originaux en parchemin d'une charte, qui est l'acte de la deuxième fondation du collège d'Autun..... Par cet acte, le cardinal Bertrand donna, pour la fondation du collège, sa maison sise à Paris devant l'église Saint-André-des-Ars, étant dans la censive et couvent de Saint-Germain-des-Prés, avec tous les bâtiments qui en dépendaient, parmi lesquels se trouvait une chapelle qu'il orna de différentes reliques et des choses nécessaires pour le service divin; et pour la dotation du collège, il donna 250 livres parisis de revenu, dont il n'assigna, par cet acte, que 200 livres en quatorze parties de rentes par lui déjà acquise, savoir :

1° Quarante une livres cinq sols parisis, sur la grande arche du Grand-Pont de Paris.	41ˡ	05ˢ
2° Autres quarante une livres cinq sols, sur la même arche................	41	05
3° Vingt livres sur deux maisons situées à Paris, à la Tonnellerie.........	20	00
4° Quinze livres sur la vicomté de Paris............................	15	00
5° Treize livres sur deux maisons, rue de la Tisseranderie...............	13	00
A reporter......................	130	10

Report..	130ˡ	10ˢ
6° Vingt livres sur la grande arche du Grand-Pont de Paris, en deux parties, la première de 12 livres 10 sols, et la seconde de 7 livres 10 sols..............	20	00
7° Dix livres sur la Halle au foin................................	10	00
8° Quatre livres sur la boëte des amendes au Châtelet...................	4	00
9° Quatre livres sur une maison sise rue de la Cossonnerie..................	4	00
10° Trois livres sur une maison Grande rue Saint-Denis.....................	3	00
11° Deux livres sur une maison rue de la Ferronnerie......................	2	00
12° Deux livres sur une maison sise à Paris, vis-à-vis la petite porte de l'église Saint-Leufroy..	2	00
13° Dix sols sur une maison rue Saint-Denis...........................	0	10
14° Et trente livres de petits tournois, revenant à vingt-quatre livres parisis, sur le domaine de Melun..	24	00
	200 liv.	

Ladite maison et lesdites rentes amorties. Le cardinal s'engagea en outre à fournir incessamment les 50 livres parisis qui manquaient pour parfaire les 250 livres par lui données, également amorties..

Original en parchemin d'un mandement donné par le cardinal Pierre Bertrand aux Ecoliers par lui fondés, à l'effet par eux de recevoir les quatorze parties de rentes, faisant ensemble les 200 livres de rentes qu'il leur avait assignées.......................................

Original en parchemin du testament du cardinal Pierre Bertrand, par lequel il lègue au collège 1,200 florins d'or, pour être employés à augmenter les revenus du collège........

1345.

Deux originaux en parchemin d'une charte, qui est l'acte de la troisième fondation du collège d'Autun, par le cardinal Pierre Bertrand, par lequel, pour compléter les 250 livres parisis qu'il avait promis de donner pour la dotation du collège, et dont il n'avait assigné que 200 livres par l'acte de la première fondation, ledit cardinal assigne au collège 50 livres 1 sol parisis en rentes par lui nouvellement acquises, savoir :

1° Dix livres sur une maison en Grève................................	10ˡ	00ˢ
2° Trois livres dix sols sur une maison rue des Moulins-du-Temple.............	3	10
3° Deux livres sur une maison rue de la Tannerie........................	2	00
4° Deux livres sur une maison rue de la Harpe..........................	2	00
5° Quatre livres sur une maison hors la Porte Saint-Denis..................	4	00
6° Dix livres sur une maison rue Saint-Germain-l'Auxerrois..................	10	00
7° Dix livres sur une autre maison, même rue...........................	10	00
8° Six livres sur une maison rue des Écus.............................	6	00
9° Deux livres onze sols sur une maison rue des Lavandières................	2	11
	50ˡ	01ˢ

Le cardinal Bertrand donna en outre, pour augmenter la dotation de son collège :

1° Une maison appelée de l'Hirondelle, située à côté de la porte de la maison du collège;

2° Une autre maison située vis-à-vis l'église Saint-André-des-Ars;

3° La directe sur une autre maison située devant ladite église, avec 3 livres parisis de cens sur icelle, emportant lods et ventes;

4° Cinquante-six livres neuf sols trois deniers parisis, en six parties de rente, savoir :

1° Sur une maison rue Saint-Germain-l'Auxerrois............................	6ˡ 00ˢ 00ᵈ
2° Sur deux maisons contiguës, situées à la Croix du Tirouër................	13 8 00
3° Sur une maison rue des Lavandières...................................	6 8 4
4° Sur une maison rue Saint-Germain-l'Auxerrois..........................	10 12 11
5° Sur une autre maison, même rue......................................	17 00 00
6° Sur une maison rue des Étuves..	3 00 00
	56ˡ 9ˢ 3ᵈ

1397-1398.

La deuxième liasse est relative à la fondation de trois Écoliers, dont un grammairien, un décrétiste et un théologien, par Oudard de Moulins, moyennant le don de « 2,900 francs d'or ». Aucun détail topographique n'est consigné dans les pièces dont se compose cette liasse.

La troisième comprend les titres de fondation de « trois boursiers grammairiens » par André de Sauséa (1643-1644). On n'y relève également aucune indication de l'ordre topographique.

Viennent ensuite diverses pièces, parmi lesquelles nous avons remarqué :

I. La grosse en parchemin d'une transaction, en date du 24 janvier 1515, aux termes de laquelle Étienne Petit, maître de la Chambre des comptes de Paris, notaire, secrétaire et trésorier de l'ordre de Saint-Michel, et dame Catherine Fournier, sa femme, dame de Croissy en Brie et de Valorges en Hurepoix, donnent au collège d'Autun, pour acquit d'une fondation pieuse :

1° Une maison contenant deux corps d'hôtel, ayant pour enseigne LE CHEVAL NOIR, l'un desdits deux corps d'hôtel donnant sur la rue appelée anciennement la vieille rue de Saint-Germain-des-Prés, et maintenant la rue Saint-André-des-Ars, et l'autre sur la rue de l'Hirondelle, joignant la porte de la chapelle du collège.....;

2° 16 livres parisis de rente sur la maison des DEUX MOUTONS, appartenant auxdits sieur et dame, située par devant en la rue des Augustins, sur la rivière de Seine, et par derrière, sur la rue de l'Hirondelle, vis-à-vis ledit collège d'Autun;

3° 10 livres parisis de rente sur une autre maison appelée l'hôtel de l'IMAGE SAINT MARTIN, aussi appartenant auxdits sieur et dame, située rue de l'Hirondelle;

4° .....Plusieurs meubles consistant en une cloche de métal, un calice et sa patène d'argent doré, différents livres à l'usage de la chapelle, plusieurs ornements pour icelle, et enfin 302 volumes de beaux livres de grande valeur et estimation..... *lesdits livres délivrés à ceux du collège et mis en une haute librairie, qu'ils avoient fait dresser à leurs dépens sur la voûte de la chapelle dudit collège.*

II. Deux copies informes, sur papier, d'un acte passé entre les Principal, Proviseur et Boursiers du collège, et Antoine Malingre, procureur au Parlement....., par lequel ce dernier constitue au collège 50 livres tournois de rente sur une maison sise au coin des rues Saint-André-des-Ars et Guy-le-Queux, à lui appartenant.....

III. Diverses grosses et copies d'actes relatifs à des dons d'argent et de rentes, en acquit de fondations pieuses, comme précédemment; lesdicts actes en date des années 1515, 1521, 1522, 1530, 1531, 1535, 1537, 1554, 1557, 1564, 1570, 1575, 1581, 1586, 1590, 1605, 1628, 1652, 1653, 1665, 1668, 1704 et 1737.

Après les pièces relatives aux fondations pieuses, au gouvernement intérieur du collège, aux statuts, visites, réformes et autres actes universitaires, viennent les documents de l'ordre administratif, tels que : pièces de procédure, acquisitions, locations, ventes, perception de rentes, etc. Ils présentent un vif intérêt, au double point de vue de la topographie parisienne et du mode de gestion des affaires scolaires. Ces pièces fort nombreuses s'échelonnent de 1336 à 1762. Le recueil acquis par la Bibliothèque de la ville de Paris n'en contient que l'analyse sommaire; mais elle suffit pour montrer le soin avec lequel étaient gérés les biens des écoliers du collège d'Autun. Aux rentes assises sur les maisons citées précédemment s'en ajoutent successivement d'autres, ayant pour assiette divers immeubles ainsi localisés :

« Une maison scize aux Halles, sous les piliers, ayant pour enseigne LA ROSE;

Une maison située rue par où l'on va de la porte Baudet au cimetierre Saint-Jean;

Une maison située à Notre-Dame-des-Champs-lez-Paris, à l'enseigne de l'IMAGE SAINT JEAN-BAPTISTE;

Une maison rue au Lion;

Une maison située en la Cité, rue de la Pomme;

Une maison en la rue Transnonain;

Deux maisons, ou échoppes, ayant pour enseigne l'ASNE RAYÉ, situées à Paris dessous la halle de Douay, devant la halle au poisson de mer;

Une maison rue Neuve de Mâcon, à l'enseigne du BŒUF COURONNÉ;

Une maison rue de la Harpe, ayant pour enseigne LA BELLE ÉTOILE;

Une maison rue du Figuier, à l'enseigne de LA NEF;

Une maison rue de la Vannerie, à l'enseigne de LA NASSE;

Une maison rue de la Vieille Tisseranderie, à l'enseigne des CRÉNEAUX;

Une maison rue de la Chanvrerie, à l'enseigne de l'ESCHIQUIER;

Une maison scize près du carrefour du Temple, en la rue de la Bretonnerie;

Une maison au Mont-Saint-Hilaire, oultre Petit-Pont;

La maison de LA TÊTE NOIRE et autres y contiguës, rue Saint-Denis;

Une maison rue Pirouette, près les Halles;

Trois maisons à l'Apport-Paris;

La maison du CHAUDRON, entre maison et chantier, rue de la Mortellerie;

Une maison rue de Bussy;

La maison du GROS TOURNOYS, rue Saint-Denis;

Une maison en la ruelle Saint-Sulpice, et une autre en la rue Tripperet, au faubourg Saint-Marcel;

Une maison en la rue des Prouvaires. »

Les liasses de 39 à 50, analysées par le rédacteur du recueil que possède la Bibliothèque de la ville de Paris, sont plus particulièrement consacrées aux rentes non assises sur des immeubles. Plusieurs sont constituées sur «l'ancien et le nouveau clergé», sur «les tailles de la généralité de Paris», sur «les aides et gabelles», etc.

Les liasses numérotées de 50 à 65 inclusivement contiennent une courte mention des nombreux baux consentis par le Collège aux locataires des maisons qu'il possédait en propre. Ces maisons, déduction faite de celles qui avaient été incorporées à l'établissement scolaire, étaient :

Le Broc, rue Saint-André-des-Ars;

Le Cheval Vert et la Bouteille, rue Saint-André-des-Ars;

Le Grand Cheval Noir, rue Saint-André-des-Ars;

Le Petit Cheval Noir, la Couronne, puis la Ville de Lyon, en la rue de l'Hirondelle, attenant à la chapelle du collège.

La liasse 66 contient les extraits des «quittances du rachat des taxes pour les boues et lanternes des maisons».

La liasse 67 est consacrée aux amortissements.

La liasse 68 est relative aux pièces établissant «le cens dû sur les maisons à l'abbaye Saint-Germain-des-Prés».

Les deux dernières, 69 et 70, ne contiennent plus que des mentions de pièces relatives à la liquidation du Collège. Ce sont :

Les comptes antérieurs à la réunion;

Des mémoires, parmi lesquels figure celui «qui a été dressé pour servir à fixer les conditions de la réunion».

COLLÈGE DE BOISSY.

L'ordre suivi pour l'analyse des pièces constituant les archives du collège de Boissy est le même que pour le collège d'Autun.

La première liasse relative à la fondation contient le sommaire des actes, en date des années 1353, 1356, 1359 et 1363, qui ont institué et doté le Collège. Les trois maisons que possédait le fondateur, Étienne Vidé de Boissy, et que ses exécuteurs testamentaires, conformément à ses dernières volontés, assignent au logement des écoliers, y sont clairement indiquées :

1° Une maison située en la grande rue Saint-Germain-des-Prés, dans laquelle demeuroit M° Godefroy de Boissy, au jour de son décès;

2° Une maison située derrière Saint-André-des-Ars, appelé Château-Gaillard;

3° Une autre petite maison aboutissant aux murs du jardin de la précédente, et ayant son entrée par la rue «Guiart aux Poitevins».

Le tout est dit tenir, «d'une part, à la rue aux Deux-Portes, et de l'autre, à une maison qui est d'une chapelle de Saint-Marcel».

La dotation annuelle du nouvel établissement est de cinquante-neuf livres cinq sols, comprenant les rentes suivantes possédées par le fondateur, et assises ainsi qu'il est dit dans les pièces originales :

«1° Douze livres sur deux maisons sises en la grande rue Saint-Germain-des-Prés (Saint-

André-des-Ars), tenant, du côté de l'église Saint-André, à la maison où demeuroit M° Godefroy de Boissy, au jour de son décès, et dans laquelle demeuroit alors ledit M° Étienne Vidé de Boissy;

2° Onze livres sur une maison située même rue, et tenant à la susdite maison d'Étienne Vidé, du côté de la porte Saint-Germain-des-Prés;

3° Dix livres parisis sur une maison haute assise en la boucherie Saint-Germain-des-Prés;

4° Vingt sols sur une maison rue de Hirondale, qui fut Jean Le Queux et de présent Michel Le Vavasseur et Jean Le Bourguignon;

5° Soixante sols sur une située rue de la Harpe, qui fut Jean de Nevers, procureur au Parlement;

6° Seize livres cinq sols parisis sur une maison sise rue de la Ferronnerie, appelée LA MAISON AU MOULINET;

7° Vingt sols sur une maison située au bout de la Ganterie, du côté des Halles;

8° Soixante sols sur une maison située près des Innocens, en la rue du Roy;

9° Quarante sols huit deniers sur une maison près de Saint-Paul, en la censive de l'abbé de Tiron. »

La seconde liasse comprend divers documents relatifs aux statuts, règlements et visites; elle ne présente d'intérêt qu'au point de vue universitaire.

La troisième concerne la fondation Hodey : il s'agit de quatre cents livres de rente sur les aides et gabelles, et non en cens assis sur des immeubles. Le côté topographique est donc absent.

La quatrième qui a trait aux «fondations pies» est intéressante sous ce dernier rapport. Il y est question de :

«Deux maisons joignantes et entretenantes l'une à l'autre, situées à Paris en la rue des Poitevins, l'une grande et l'autre petite, léguées au Collège par Jean Guillard, qui en avait été principal; la grande ayant pour enseigne l'IMAGE SAINT MICHEL, et aboutissant par derrière au jardin du Collège, la petite étant «en appentis sur rue.»

La cinquième liasse contient les pièces relatives à la fondation d'un lit à l'hôpital des incurables, par M° Gervais Le Noir, principal du Collège.

Dans la sixième, figurent les documents relatifs à la généalogie des parents de fondateurs du Collège.

Il faut aller jusqu'à la liasse neuvième pour trouver, sous la rubrique *Rentes foncières*, mention de rentes assises :

«Sur trois maisons joignantes l'une à l'autre, l'une ayant son entrée par la rue Saint-André-des-Ars, et les deux autres par la rue du Cimetière;

Deux maisons situées en la grande rue Saint-Germain-des-Prés;

Une maison et appartenances, situées rue et proche l'église Saint-André-des-Ars, ayant pour enseigne LA CORNE DE CERF, maison qui fut plus tard divisée en trois;

Un hôtel sis rue Saint-Germain-des-Prés, ayant pour enseigne L'IMAGE NOTRE-DAME.»

L'Image Notre-Dame «sur laquelle les écoliers de Boissy avaient droit de prendre onze livres parisis de rente» était contiguë au grand hôtel, «ou souloit pendre pour enseigne le Dauphin, contenant deux corps de maisons, dont l'un sur la rue Saint-Germain-des-Prés, et l'autre étant derrière, partie sur la rue des Deux-Portes à l'opposite de la maison du Collège, et partie sur la rue des Sachettes, ayant issue sur ladite rue».

Ce dernier immeuble était la propriété du Collège; mais il en est mentionné d'autres encore sur lesquels les écoliers avaient des rentes, notamment:

«Une maison rue des Boucheries-Saint-Germain;

Deux maisons rue de Bussy, proche la foire Saint-Germain, l'une ayant pour enseigne le Croissant, tenant d'une part et fesant le coin de la rue de Bussy, tendante à l'abbaye devant et à l'opposite du Pilory dudit lieu.»

Sous la rubrique *Rentes constituées*, et en diverses liasses figurent:

Une rente de 50 livres sur l'Hôtel de Thou, rue des Poitevins, en compensation de la cession, à M° Jacques-Auguste de Thou, d'une place dans le jardin du Collège;

Une rente de 25 livres sur le *Domaine de la Ville*, pour certaines maisons assises en la place de Grève;

Plusieurs rentes de 250, 300, 388, 220, 280, 240, 325 et 720 livres sur les Aides et Gabelles, en représentation de propriétés vendues par le Collège, et sur les États de Bretagne, pour placement de deniers sur lesdits États.

Les «biens de campagne du collège» forment une liasse comprenant les titres de propriété; ils consistent en «terre labourables et prés situés à Silly, en Mulcien, et territoire des environs», ainsi qu'en terres à Vinneuf.

La gestion du domaine parisien est représentée par de nombreux actes d'acquisition de vente et de location. Dans la liasse figurent:

1° Les maisons dont le Collège ne jouit plus, mais qui peuvent servir de renseignements;

2° Les maisons que le Collège a conservées et qui sont situées rues des Poitevins et Saint-Honoré.

Le recueil se termine par des mentions de liasses comprenant les amortissements, des quittances de rachat des taxes pour les boues et lanternes, des «sacs de procédures» et des comptes antérieurs à la réunion.

COLLÈGE DE BOURGOGNE.

Le sommaire des pièces contenues dans le recueil ajoute peu à ce que l'on sait sur les origines et les ressources du Collège.

Les biens étaient surtout ruraux; ils se composaient, en majeure partie, des domaines et fiefs de Villecendrier, près Provins. Quant aux propriétés urbaines, elles comprenaient, «outre la maison appelée le collège de Bourgongne ayant son entrée principale par la rue des Cordeliers, et une autre entrée par le cul-de-sac du Paon», cinq maisons données par M. de Martigny, et huit autres maisons que les administrateurs avaient fait construire: cinq étaient situées sur la rue des Cordeliers, une sur la rue du Paon et deux dans l'impasse de ce nom.

En 1563 et 1564, le Collège prit à rente «des religieux, abbé et couvent de Saint-Jean en Vallée-lez-Chartres, une maison vulgairement appelée Saint-Jean-Baptiste, située devant et à l'opposite de l'église des Cordeliers, ensemble tous et chacun des autres manoirs, lieux, places, etans près et ès maisons dudit collège de Bourgongne, desquels lieux une grande partie étoient alors en ruine, et ce moyennant une rente foncière de 70 livres tournois".

Le Collège, est-il dit dans les « Observations sur les maisons de Paris », fit par la suite construire, sur l'emplacement de cette maison, une autre maison qui a toujours été connue sous le nom de l'*hôtel du Havre*, et qui est toujours demeurée chargée de la rente de 70 livres due aux religieux de Saint-Jean-en-Vallée.

Les rentes du Collège en argent et en nature consistaient en :

250 livres sur le domaine de Paris;

16 muids de grain, moitié blé et moitié avoine, mesure de Gerberoy, due sur le fermage de Granvilliers, appartenant à l'abbaye Saint-Lucien de Beauvais;

70 muids de blé froment, mesure de Paris, sur la Ferme des Postes;

13 livres 14 sols 3 deniers, sur les tailles de la Généralité de Paris;

660 livres sur les Aides et Gabelles, plus 500, 420 et 333 livres 6 sols et 8 deniers ayant la même assiette, plus 720 autres livres;

2,500 livres, sur les États de Bretagne;

500 livres, sur les marchands drapiers et merciers;

Le tout provenant du placement des épargnes faites par les administrateurs du Collège, et constituant l'emploi des fonds produits par la vente de quelques-uns de ses immeubles.

Une liasse, la quatorzième, contient l'analyse des pièces concernant les ventes au Roi de plusieurs maisons pour l'établissement des Écoles de chirurgie. Ce sont les constructions que nous avons énumérées plus haut et qui entouraient le Collège sur la rue des Cordeliers, la rue et le cul-de-sac du Paon.

COLLÈGE DE DAINVILLE.

Le recueil ne comprend pas moins de 86 liasses, où les documents sont méthodiquement classés et analysés.

La première, relative à la fondation, aux statuts et règlements du Collège, ne contient que des pièces connues.

La seconde concerne la fondation faite, en 1733, par Louis de Targny, abbé commendataire de Saint-Lô, et consistant en deux bourses nouvelles, garanties par une rente de 600 livres sur les Aides et Gabelles.

Viennent ensuite d'autres « fondations pies » assises sur divers biens mobiliers et immobiliers. Le Collège fait généralement emploi des sommes qui lui sont léguées, soit pour acheter, soit pour faire construire des maisons, rue Pierre-Sarrazin et Cloître-Saint-Benoît. Les rentes sont constituées sur le clergé et les États de Bretagne.

Une liasse est consacrée aux « biens de campagne situés au terroir d'Hébuterne en Artois, du Tremblay et de la Cour-Neuve près de Saint-Denis ».

Plusieurs autres indiquent les propriétés urbaines et en analysent les titres de propriété. Elles sont situées rues des Cordeliers, de la Harpe et Pierre-Sarrazin ; nous les avons énumérées dans le texte du présent volume. Le Collège avait acquis, en outre, l'an 1480, une maison rue du Marché-Palu, moyennant le payement d'un cens dû au fief de Gloriette.

Aux ressources que produisaient ces propriétés s'ajoutaient diverses rentes :

318 livres 16 solz et 10 deniers obole tournois, sur les halles et moulins de Rouen;

76 livres 4 solz, sur une maison appelée L'HOSTEL DE BEAUVAIS, sise à Paris, rue des Vieux-Augustins;

24 livres, sur l'ancien clergé;

940 livres 12 solz 6 deniers, sur les Aides et Gabelles;

390 livres, ayant la même assiette;

600 livres, pareillement gagées;

300 livres, plus 1,000 livres hypothéquées de même;

200 plus 500 livres, sur les États de Bretagne, plus 120, plus 600;

280 livres, sur les États de Languedoc;

800 livres, sur le clergé de France;

100 livres «d'augmentation de gage sur la Communauté des contrôleurs des bois quarrés de la ville de Paris».

Après l'ordonnance de réunion, le collège de Damville eut sa part dans le produit de l'emprunt de 250,000 livres, que le collège de Louis-le-Grand fut autorisé à faire; cette part était de 400 livres.

Une somme de 10,000 livres, provenant des épargnes du Collège, fut placée à rente sur «les marchands drapiers et merciers de la ville de Paris»;

Trois rentes, la première de 600, la seconde de 320, la troisième de 360, sur le Domaine de la Ville, lesdites rentes en représentation de la valeur des propriétés du Collège.

COLLÈGE MIGNON ET DE GRANDMONT.

Ce petit collège occupe peu de place dans le travail analytique que nous résumons. Sa fondation, sa réunion à l'ordre de Grandmont y sont mentionnées. On y trouve également l'indication des maisons parisiennes que possédait le Collège, ou sur lesquelles il avait des rentes, ainsi que la liste de ses propriétés rurales.

Les bâtiments du Collège, qui existent encore, furent pris à bail, dès 1769, par Simon, imprimeur du Parlement, et l'industrie typographique s'y est perpétuée.

Deux maisons appartenant au collège et situées, l'une rue du Jardinet, l'autre au coin de cette voie et de la rue Mignon, avaient été construites sur une partie de l'emplacement de la maison donnée par le fondateur.

Les propriétés rurales consistaient en vignes sur le territoire de Bagneux et Châtillon. Quant aux rentes, elles se réduisaient à :

450 livres sur l'État des finances, et 777 livres 15 sols 8 deniers sur les Aides et Gabelles.

COLLÈGE DE JUSTICE.

Les documents relatifs à cet établissement sont assez nombreux; on les a répartis en 52 liasses que nous avons soigneusement compulsées, et dans lesquelles nous avons relevé seulement les indications ayant trait aux propriétés urbaines et rurales du Collège, aux maisons qui lui devaient rente et aux autres ressources qu'il possédait.

L'Hôtel-Dieu de Paris avait 42 sols parisis de cens à prendre «sur la grande maison en laquelle trespassa feu maître Jehan Justice, sise en la ruë de la Harpe, au dessus de Saint-Cosme et Saint-Damien, tenant d'une part à la maison que l'on dit à l'eveque de Clermont, d'autre part, à plusieurs maisons acquises par ledit feu M° Jehan Justice, aboutissant aux Cordeliers de Paris, estant la dernière maison en la censive et seigneurie des freres et sœurs de l'Hostel-Dieu».

« De plus, lesdits freres et sœurs avoient droit de percevoir 31 sols parisis de croist de cens, ou rente annuelle sur plusieurs petites maisons joignantes à la grande, situées en ladite ruë de la Harpe, estant en la censive et seigneurie des abbés et religieux de Saint-Germain-des-Prés; lesquelles M° Jehan de Justice avoit acquises de plusieurs personnes».

Une liasse spéciale est consacrée à la fondation de M° Etienne Haro, proviseur du collège, lequel, en 1510, institua deux bourses, moyennant le versement d'une somme de 1,200 livres. Lors de la réunion à Louis-le-Grand, cette somme fut placée en rente sur les États de Bretagne.

En 1545, Pierre Lizet, premier président du Parlement, fonda cinq bourses et les garantit par un don de 300 livres de rentes constituées sur particuliers.

En 1562, Nicolle Maillard, doyen de la Faculté de théologie et exécuteur testamentaire de Pierre Lizet, s'associe à la fondation et la garantit en transportant et délaissant « deux maisons louées alors 200 livres, qui avoient appartenu à M° Lizet, situées à Paris, l'une ruë *au Feurre* (aujourd'hui dite *aux Fers*), ayant pour enseigne LES TROIS CUILLÈRES, l'autre ruë de la Mortellerie, ayant pour enseigne L'IMAGE SAINT JACQUES..., chargées les deux dites maisons de deux rentes, celle de la rue au Feurre, de 108 sols 10 deniers parisis envers les abbesses et religieuses de Longchamps, et de 51 sols 2 deniers parisis envers les maîtres et gouverneurs de Saint-Jacques de l'Hospital..., et la maison de la rue de la Mortellerie chargée de 40 sols parisis de rente envers les Célestins de Paris».

Les « fondations piës » sont nombreuses; quelques-unes ont un côté topographique que nous devons signaler. Celle de 1582, notamment, faite par Nicolas Morel « pédagogue en l'Université de Paris, demeurant au College de Justice », a pour but de « subvenir aux frais de la reconstruction d'un nouveau corps de logis entre les deux cours du Collège ».

Les documents relatifs à l'administration des biens du Collège remplit plusieurs liasses.

Au Collège étaient contiguës plusieurs maisons : la première se trouvait « rue de la Harpe, à main droite, en entrant, de la porte cochère de la maison du Collège »; la seconde était « à main gauche, en entrant, de la même porte ». Une troisième, également attenante, avait aussi sa façade sur la rue de la Harpe. Il était dû, sur chacune d'elles, des cens et rentes à l'Hôtel-Dieu et à l'abbaye de Saint-Germain-des-Prés.

La maison de L'IMAGE SAINT JACQUES contenait « deux corps d'hôtel, aisances et dépendances »; celle de la rue aux Fers (LES TROIS CUILLERS) était moins importante.

Comme les autres collèges, celui de Justice avait racheté en argent les impositions mises sur les maisons pour les boues et lanternes. Une liasse contient les quittances de ces rachats. Une autre mentionne les *amortissements*. Une troisième est relative à la vente du fief de Mareil près Saint-Germain-en-Laye, lequel était productif d'une rente en nature.

Viennent ensuite les indications relatives aux rentes foncières dont jouissait le Collège :

120 livres, sur la vicomté de Rouen;

12 livres 10 sols, sur le domaine du Roi, à Paris;

6 livres, sur l'ancien clergé;

19 livres 6 sols 9 deniers, sur les tailles de la Généralité de Paris;

500 plus 300, plus 375 livres, sur les Aides et Gabelles;

400 livres, sur les États de Bretagne;

240 livres, sur le clergé de France;

150 livres, sur les marchands drapiers et merciers.

Ces diverses rentes avaient été constituées au moment de la réunion, pour représenter l'actif du Collège.

COLLÈGE DE TOURS.

L'abréviateur des documents formant les archives du collège de Tours déclare, au début du recueil, que «l'acte originaire de la fondation n'existe plus». Heureusement les titres de propriété avaient été conservés; nous les mentionnons sommairement dans l'ordre où on les énumère :

Acte relatif aux «diximes de bled et vins, potages, chanvres et autres choses en la paroisse de Monts, en fief à l'archidiacre de Tours..... et deux grandes cuves en l'hébergement de Bueil.....»

Maisons dans Paris : «cinq, dont l'une appelée *le Collège*, située rue Serpente; deux maisons contiguës l'une à l'autre, situées rue de la Harpe; une autre maison étant derrière, et enfin une maison rue Percée, au derrière de la maison du Collège, ayant pour enseigne L'IMAGE SAINT MARTIN».

Sur l'emplacement des deux maisons de la rue de la Harpe ayant pour enseignes : LES DEUX TÊTES, L'APOSTOILLE et LE CHEVAL ROUGE, le Collège, est-il dit, «fit construire trois maisons, savoir : deux situées sur la ruë de la Harpe, et une troisième au derrière de ces deux maisons, ayant son entrée par la même ruë, par une allée qui leur est commune». Il les vendit, en 1747, pour payer les travaux de réparations et de reconstructions faites en 1728, travaux dont les frais avaient été considérables, et qui exigèrent également la vente des biens ruraux formant la seigneurie de Grisy-en-Brie, près de Brie-Comte-Robert.

Le recueil se termine, comme pour les autres collèges, par l'analyse des pièces de gestion, à partir de la réunion à Louis-le-Grand.

La collection ne comprend aucune pièce relative aux autres collèges de la région occidentale de l'Université.

ADDITIONS ET CORRECTIONS.

Page xviii de l'*Introduction*, ligne 13, *effacez* : ayant fait partie de l'hôtel de Thou.

Page 37, ligne 17, *au lieu de* : Cession... de l'hôtel de Navarre, *corrigez* : Cession... de l'hôtel de Nesle.

Page 44, lignes 10 et 11, *au lieu de* : l'hôte de la rue, *lisez* : l'hôtel de la rue.

Page 51, lignes 21 et 22, *au lieu de* : le monnayage a cessé, puisque le domaine de Nesle est mis en vente, *corrigez* : Une pièce insérée dans les *Registres du Bureau de la Ville*, tome IV, sous la date du 3 juillet 1554, prouve que le monnayage fonctionnait encore dans l'îlot de la Gourdaine et à Nesle; et d'une phrase du *Journal de l'Estoile*, citée par nous à la page 52 du présent volume, il résulte que l'état de choses antérieur n'avait été nullement modifié en 1600, du moins quant à l'atelier monétaire de la Gourdaine.

Page 52, lignes 9 et 10, *au lieu de* : une pièce importante que nous transcrivons en note, *corrigez* : quatre pièces importantes (insérées au tome III des *Registres du Bureau de la Ville*, pages 247, 248, 250 et 252), dont une seule par nous transcrite en note.

Page 56, *au lieu de* : prince de Nevers, *corrigez* : duc de Nevers.

Page 110, lignes 25 et 56, *au lieu de* : H 2829, *lisez* : H 1829.

Page 132, lignes 10 et 11, *au lieu de* : dont il reste un contrefort, *corrigez* : dont il reste deux contreforts.

Page 140, lignes 26 et suivantes, *effacez* : Maison et Jardin (1381), etc. Ces deux immeubles doivent être identifiés avec la Maison de l'évêque de Thérouenne.

Page 154, ligne 1, *au lieu de* : la date de 1617, *lisez* : la date de 1607.

Même page, lignes 1 et 2 de la note, *effacez* : à en juger par la lucarne que nous reproduisons.

Page 168, lignes 2 et 3 de la note, *au lieu de* cet intitulé : *Les Présidents au mortier à Parlement*, *lisez* cet autre : *Les Présidents à mortier du Parlement*.

Page 206, la note (1) appartient à la Maison de la Nasse, page 205.

Même page et même note, *au lieu de* : seigneurs de Buéré, *lisez* : seigneurs de Bruire.

Page 209, ligne 12, *au lieu de* : Bernard III, *corrigez* : Béraud III.

Même page, ligne 19, *au lieu de* : Bernard II, *corrigez* : Béraud II.

Page 227, lignes 22 et 23, *effacez* : abritait le *Théâtre des Marionnettes* du fameux Watelin, ou Datelin, dit Brioché.

Page 231, ligne 29, *au lieu de* : auxquels un passage la rattachait, *corrigez* : auxquels une galerie aérienne la rattachait.

Page 250, ligne 16, *au lieu de* : Raoul III de Brienne, fils de Raoul II, *corrigez* : Raoul II de Brienne, fils de Raoul I*er*.

Même page, ligne 24, *au lieu de* : Jean de La Cerda, *corrigez* : Charles de La Cerda.

Page 262, lignes 5 et 6, *au lieu de* : Il ne reste plus rien aujourd'hui du marché, *corrigez* : Il reste au moins un tiers des bâtiments du *Marché de la Vallée*.

Page 272, ligne 20, *effacez* : loin des maisons de la noblesse, de la bourgeoisie et du clergé.

Page 280, ligne 20, *au lieu de* : LA GERBE ET L'ÉPI DE CLÉ, *lisez* : LA GERBE ET L'ÉPI DE BLED.

Page 289, ligne 13, *au lieu de* : en 1673, *lisez* : en 1693.

Page 299, ligne 14, *au lieu de* : antérieur à l'enceinte, *corrigez* : extérieur à l'enceinte.

Page 302, dernière ligne de la note, *au lieu de* : Description de Paris, t. VII, page 109, *corrigez* : *Les Tracas de Paris*, pages 19, 20 et 21.

Page 303, note (2), seconde colonne, *au lieu de* : Antoine d'Ablon, *lisez* : Antoine d'Albon.

Page 320, ligne 17, *effacez* : Il est dit d'abord appartenir à l'abbaye de Cernay.

Page 321, lignes 3 et 4, *au lieu de* : femme de Philippe le Bon, *corrigez* : femme de Philippe le Long.

Page 321, lignes 10 et 11, *au lieu de* : Bayle et le poète Jean Second ont prétendu que, etc., *corrigez* : On a prétendu que, etc.

Pages 330, *sub fine*, et 435, *sub initio*, charte datée d'abord de 1269 et ensuite de 1260.

Page 331, lignes 5 et 6, *au lieu de* : concédée par saint Louis, *corrigez* : concédée par Philippe le Bel.

Page 337, lignes 5 et 11, *au lieu de* : la ruelle des murs, *corrigez* : la partie supérieure de la rue Hautefeuille.

Même page, ligne 6, *au lieu de* : depuis la porte Gibard jusqu'à celle de Saint-Germain, *corrigez* : depuis la porte Gibard *usque ad portam ipsius ruelle*.

Page 341, lignes 12 et 13, *au lieu de* : On sait que saint Louis, *corrigez* : On sait que Philippe le Bel.

Page 342, note (2), *au lieu de* : l'école de théologie des Cordeliers, *corrigez* : l'école de théologie du collège du cardinal Lemoine.

Page 344, ligne 21, *au lieu de* : Jeanne de Navarre, veuve de Charles le Bel, *corrigez* : Jeanne de Navarre, veuve de Philippe le Bel.

Page 365, ligne 6, *au lieu de* : borné au nord par celui des Cordeliers, *corrigez* : borné à l'ouest par celui des Cordeliers.

Même page, lignes 18 et 19, *au lieu de* : percée à l'extrémité nord, *corrigez* : percée à l'extrémité méridionale.

Page 375, lignes 2 et 3, *au lieu de* : par l'extrémité orientale du cul-de-sac de Rouen, *corrigez* : par l'extrémité occidentale de la rue du Jardinet.

Même page, ligne 13, *au lieu de* : On n'y a construit ni église, ni collège, ni couvent, ni hôtel, *corrigez* : On n'y a construit ni église, ni couvent.

Page 378, lignes avant-dernière et dernière, *au lieu de* : la permission obtenue par le premier président Le Maistre, *corrigez* : la permission obtenue par Pierre Le Maistre, II du nom, conseiller au Parlement et président des enquêtes.

Page 379, lignes 1, 2 et 3, *effacez* : amenèrent la suppression de la partie de la rue Mignon comprise entre celle du Jardinet et la nouvelle impasse.

ADDITIONS ET CORRECTIONS.

Page 387, ligne 10, *au lieu de* : résidence des évêques d'Arras, *corrigez* : résidence des comtes d'Arras.

Page 391, lignes 13, 14 et 15, *effacez* : Jean Dattelin, dit Brioché, y donnait, vers 1670, ainsi qu'au Château-Gaillard, des représentations qui attiraient la foule.

Page 393, ligne 6, *au lieu de* : place intérieure de la Porte ou du Marché Saint-Michel, *corrigez* : place extérieure de la Porte ou du Marché Saint-Michel.

Page 396, ligne 29, *effacez* le renvoi à la note (2).

Page 399, note (1), à propos de la demeure des abbés de Cernay, *au lieu de* : sise en cette rue, *corrigez* : sise à l'angle méridional des rues de la Harpe et du Foin.

Page 414, ligne 14, *au lieu de* : du côté du nord, *corrigez* : du côté du sud.

Pages 435, *sub initio*, et 330, *sub fine*, charte datée ici de 1260 et là de 1269.

Page 439, ligne 16, *effacez* : nord-est.

Page 440, lignes 5 et 6, *au lieu de* : appartenait, en 1480, à Pierre de Luz, *corrigez* : était habitée, en 1480, par Pierre de Luz; mais appartenait encore, en 1585, à Jean de Longueil, VIII du nom, qui l'animait de sa présence.

Même page, lignes 6 et 7, *au lieu de* : depuis il passe en diverses mains, et l'on ne peut suivre la série des possesseurs, *corrigez* : depuis il passe en diverses mains, mais sans sortir de la famille de Longueil, et l'on peut suivre la série des propriétaires de l'immeuble jusqu'à sa chute en quenouille entre les mains de Marie-Renée de Belleforière, marquise de Soyecourt.

Même page, ligne 21, *au lieu de* : les terrains situés au sud, *corrigez* : les terrains situés au nord.

Page 441, lignes 10 et 11, *au lieu de* : au nord, *corrigez* : au sud.

Même page, ligne 11, *au lieu de* : au midi, *corrigez* : au nord.

Page 444, lignes 1 et 2, *au lieu de* : succéda à son père Jean V, *corrigez* : succéda à son frère Jean V.

Même page, lignes 5 et 6, au sujet de Guillaume de Poole, duc de Suffolk, *effacez* : Ce spoliateur était, malgré l'origine anglaise de son titre, un Français comblé des faveurs de l'Angleterre.

Même page, ligne 9, *effacez* : disgracié par ceux auxquels il s'était vendu.

Page 449, dernière ligne, *au lieu de* : Georges de Vénitien, *lisez* : Georges le Vénitien.

Même page et même ligne, *au lieu de* : Louis de Lorraine, *corrigez* : Charles de Lorraine.

Page 454, ligne 16, *au lieu de* : Il n'est plus question de l'hôtel de Cramault dans les trois derniers siècles, *corrigez* : Il est question de l'hôtel de Cramault dans une pièce sous la date de 1680, pièce extraite des *Registres du Bureau de la Ville* et publiée à la page 521 du présent volume.

Page 455, ligne 14, *au lieu de* : Amy de Thou, *corrigez* : Augustin de Thou.

Même page, ligne 15, *au lieu de* : C'était un démembrement de l'hôtel du président de Thou, *corrigez* : C'était une dépendance de l'hôtel du président de Thou.

Page 456, en note, *au lieu de* : la permission qu'obtint le premier président Le Maistre, *corrigez* : la permission qu'obtint Pierre Le Maistre, II du nom, conseiller au Parlement et président des enquêtes.

Page 463, ligne 7, *au lieu de* : l'un des contreforts, *corrigez* : deux des contreforts.

Page 464, ligne 4, *au lieu de* : d'Occident en Orient, *corrigez* : d'Orient en Occident.

Page 465, ligne 20, *au lieu de* : les trois plus petits, *corrigez* : les deux plus petits.

Même page : ligne 21, *au lieu de :* le quatrième, *corrigez :* les deux autres.

Page 469, lignes 6 et 7 en remontant, *au lieu de :* sur laquelle Berty n'a rencontré aucune espèce de documents, *corrigez :* sur laquelle Berty n'a rencontré que peu de documents.

Page 475, ligne 13, *au lieu de :* du côté méridional, *corrigez :* du côté septentrional.

Page 476, lignes 4 et 5, *effacez :* ce chemin devait se prolonger originairement jusqu'à la rue Saint-André.

Page 477, ligne 13, *au lieu de :* Philippe le Bel, *corrigez :* Louis le Hutin.

Page 478, lignes 2 et 3, *au lieu de :* la partie méridionale, *corrigez :* la partie septentrionale.

Même page, ligne 7, *au lieu de :* d'Occident en Orient, *corrigez :* d'Orient en Occident.

Page 479, ligne 21, *au lieu de :* elle avait pour protecteurs les comtes de Vendôme, *corrigez :* elle avait pour propriétaires avérés les comtes de Vendôme.

Page 480, aux dernière et avant-dernière lignes, *au lieu de :* Nous l'avons reproduite, d'après l'une des planches de la *Statistique monumentale*, à la page 440, *lisez :* Nous l'avons reproduite, d'après l'une des planches de la *Statistique monumentale*, à la page 432.

Page 495, lignes 6 et 7, *effacez :* les agrandissements de l'hôtel amenèrent la suppression du tronçon de voie unissant la rue Mignon à celle des Étuves.

Page 497, ligne 21, après les mots : au nord par, *ajoutez :* l'hôtel de Navarre, et à l'ouest par.

Page 499, ligne 13, *au lieu de :* qui fit reconstruire ce magnifique logis de 1485 à 1490, *corrigez :* qui reprit, en 1490, la construction de ce logis interrompue depuis 1485.

Page 500, ligne 25, *effacez :* Le vieux mur bordant l'impasse, etc.

Même page, ligne 32, *effacez :* agrandissements qui eurent pour conséquence la suppression d'une partie de la rue Mignon et le raccourcissement de la ruelle de Reims transformée en impasse du Paon.

Page 501, ligne 19, *effacez :* qui amenèrent la suppression et le raccourcissement de deux rues.

Page 502, lignes 6 et 7, *effacez :* C'est là que Sauval lui-même place la grange donnée par le roi Jean.

Même page, ligne 35, *effacez :* appartenant à l'abbaye de Cernay.

Page 504, ligne 11, *effacez :* C'est déjà une extension de ce genre qui motiva la suppression du tronçon de voie publique unissant la rue Mignon à la rue des Étuves.

Page 505, lignes 14 et 15, *effacez :* ayant appartenu à l'abbaye de Cernay.

Page 512, ligne 26, *au lieu de :* en faveur de Hugues d'Arcy, *corrigez :* en faveur de Jean d'Arcy.

Page 514, note (2), *effacez :* L'évêque de Thérouanne, qui était son cousin, put également lui offrir l'hospitalité.

Page 517, les paragraphes quatrième et cinquième doivent être transférés page 233, entre la ligne quatrième et la cinquième.

Page 521, ligne 17, *au lieu de :* L'hôtel de Fécamp pouvait seul, *corrigez :* L'hôtel de Cramault pouvait seul.

Même page, lignes 5 et 6 en note, *au lieu de :* sur les rues Galande, de l'Hôtel-Colbert et du Haut-Pavé, *corrigez :* sur la ruelle Augustin et sur les rues de l'Hôtel-Colbert et du Haut-Pavé.

Page 529, ligne 13, au lieu de : Entre la partie méridionale de l'Hôtel de Forez, *corrigez :* Entre le flanc oriental de l'Hôtel de Longueil.

ADDITIONS ET CORRECTIONS.

Page 538, ligne 16, *au lieu de* : Côté méridional, *corrigez* : Côté septentrional.

Même page, lignes 21, 22 et 23, *effacez* : occupé par une grande maison d'imprimerie et de librairie, qui doit surtout sa notoriété à une collection de classiques latins.

Page 544, ligne 27, *au lieu de* : Sur l'emplacement de cette maison, ou sur la partie du terrain qu'elle occupait, *corrigez* : Sur un emplacement sis au nord de cette maison et du côté opposé de la rue de Hurepoix.

Page 545, lignes 12 et 13, *effacez* : ce qui explique comment le Dieu d'Amours et les Trois Loups ont pu coexister sur le même emplacement.

Page 546, ligne 30, après les mots : d'autre part à..., *ajoutez* : Cet immeuble portait, en 1561, la dénomination de Maison de l'Image saint Jehan.

Page 551, lignes 32, 33 et 34, *au lieu de* : Jusqu'à l'époque où le percement du boulevard Saint-Michel et l'amorce du boulevard Saint-André ont fait disparaître la plus grande partie de la rue Poupée, *corrigez* : Jusqu'à l'époque où le percement du boulevard Saint-Michel a fait disparaître, etc.

Page 554, entre le premier et le deuxième paragraphe, *ajoutez* : Maison du Prieur de Lonjumeau.

Page 564, lignes 8 et 9, *effacez* : qui était parfaitement distincte.

Même page, lignes 11 et 12, *effacez* : en les confondant sous une seule et même dénomination.

Page 568, ligne 13, *au lieu de* : père et héritier de Pierre, *corrigez* : frère et héritier de Pierre.

Page 628, lignes 38 et 39, *au lieu de* : qui confine à l'église Saint-Côme, *corrigez* : que sept immeubles séparent de l'église Saint-Côme.

Pages 628 et 629, *reportez* le paragraphe commençant à la ligne 32, et les trois suivants, à la page 636, sous la rubrique Collège d'Harcourt.

Page 633, ligne 10, *au lieu de* : Don de cession d'un corps de logis, *corrigez* : Cession d'un corps de logis.

Page 641, lignes 7 et 8, *au lieu de* : qui confine à l'église Saint-Côme, *corrigez* : que sept immeubles séparent de l'église Saint-Côme.

Page 644, ligne 26, *au lieu de* : première fondation, *corrigez* : deuxième fondation.

www.ingramcontent.com/pod-product-compliance
Lightning Source LLC
Chambersburg PA
CBHW061956300426
44117CB00010B/1355